한 번에 합격, 자격증은 이기적

이렇게 기막힌 적중률

오직 스터디 카페 멤버에게만 주어지는 특별 혜택!

이기적 스터디 카페

합격을 위한 기적 같은 선물
또기적 합격자료집

혼자 공부하기 외롭다면?
온라인 스터디 참여

모든 궁금증 바로 해결!
전문가와 1:1 질문답변

1년 내내 진행되는
이기적 365 이벤트

도서 증정 & 상품까지!
우수 서평단 도전

간편하게 한눈에
시험 일정 확인

합격까지 모든 순간 이기적과 함께!
이기적 365 EVENT

QR코드를 찍어 이벤트에 참여하고 푸짐한 선물 받아가세요!

1 기출문제 복원하기

이기적 책으로 공부하고 시험을 봤다면 7일 내로 문제를 제보해 주세요!

2 합격 후기 작성하기

당신만의 특별한 합격 스토리와 노하우를 전해 주세요!

3 온라인 서점 리뷰 남기기

온라인 서점에서 책을 구매하고 평점과 리뷰를 남겨 주세요!

4 정오표 이벤트 참여하기

더 완벽한 이기적이 될 수 있게 수험서의 오류를 제보해 주세요!

※ 이벤트별 혜택은 변경될 수 있으므로 자세한 내용은 해당 QR을 참고해 주세요.

기적의 적중률, 여러분의 참여로 완성됩니다
기출 복원 EVENT

영진닷컴 쇼핑몰

30,000원

기출 복원하기 ▶

전원 지급

N Pay

네이버페이 포인트 쿠폰

최대 **20,000원**

1 이기적 수험서로 공부하고 시험에 응시했다면 누구나 참여 가능

2 응시일로부터 7일 이내 복원 문제만 인정(수험표 첨부 필수!)

3 중복, 누락, 허위 문제는 당첨 대상에서 제외

※ 이벤트별 혜택은 변경될 수 있으므로 자세한 내용은 해당 QR을 참고해 주세요.

도서 인증하면 고퀄리티 강의가 따라온다!

100% 무료 강의

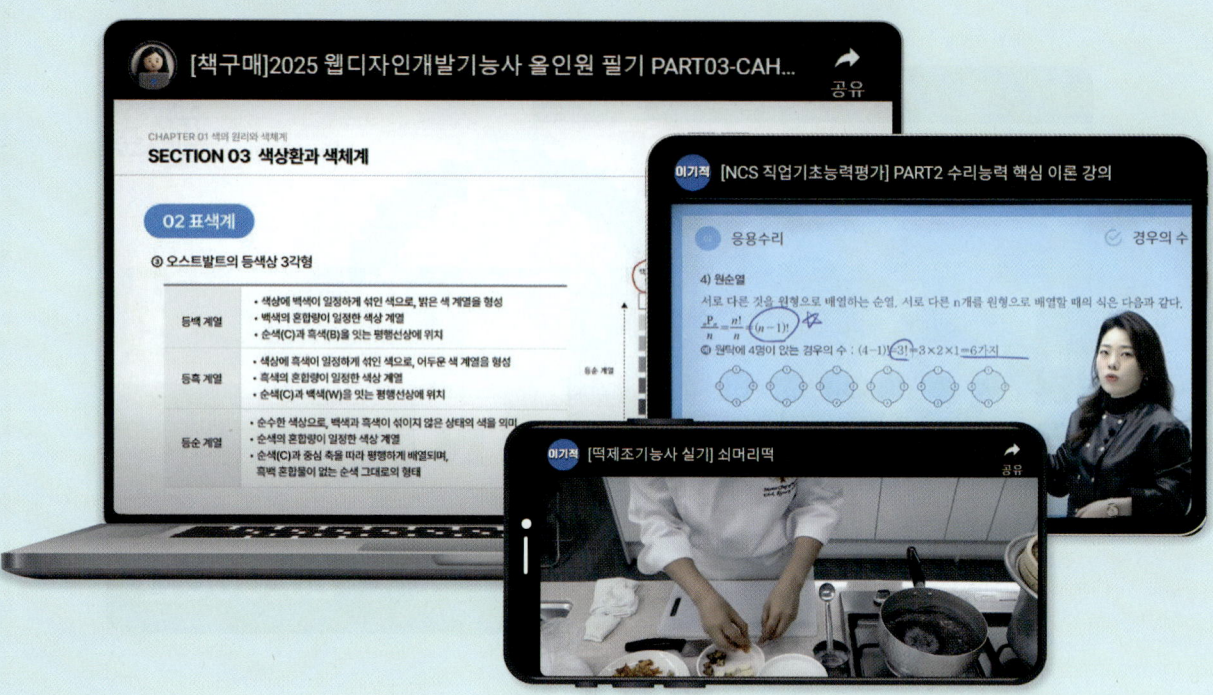

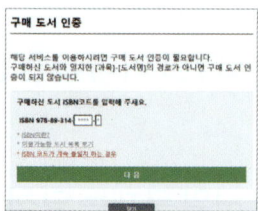

◀ 이기적 홈페이지 바로가기

영진닷컴 이기적

합격을 위해 모두 드려요.
이기적 합격 솔루션!
이기적이 여러분을 위해 준비했어요

전문가가 직접 알려 주는, 무료 동영상 강의

도서와 연계된 동영상 강의 제공!
책으로만 이해하기 어려웠던 내용을 영상으로 쉽게 공부하세요.

무엇이든 물어보세요, 1:1 질문답변

1:1 질문답변부터 다양한 이벤트까지~
이기적 스터디 카페에 접속해서 시험에 관련된 정보들을 받아 가세요.

마지막까지 이기적과 함께, 핵심요약 PDF

시험장에서 많이 떨리실 거예요.
마지막으로 가장 많이 출제되었던 핵심 개념을 정리해 보세요.

언제 어디서든 내 손 안의 시험장, CBT 온라인 문제집

연습도 실전처럼 하고 싶으시죠?
사이트에 접속해서 터치 몇 번만 하면 언제 어디서든 실력을 점검할 수 있어요.

※ 〈2026 이기적 리눅스마스터 1급 (1 · 2차) 기본서〉를 구매하고 인증한 회원에게만 드리는 자료입니다.

◀ 모든 혜택 한 번에 보기

정오표 바로가기 ▶

또, 드릴게요! 이기적이 준비한 선물

또기적 합격자료집

또, 드릴게요! 이기적이 준비한 선물

또기적 합격자료집
이기적 구매인증자료

Youngjin.com Y.

도서구매자 신청 시 100% 증정

PDF 파일 제공

---

1 ### 시험에 관한 A to Z 합격 비법서
책에 다 담지 못한 혜택은 또기적 합격자료집에서 확인

2 ### 편리하고 똑똑한 디지털 자료
PC · 태블릿 · 스마트폰으로 언제든 열람하고 필요한 부분만 출력 가능

3 ### 초보자, 독학러 필수 신청
혼자서도 충분한 학습 플랜과 수험생 맞춤 구성으로 한 번에 합격

※ 도서 구매 시 추가로 증정되는 PDF용 자료이며 실제 도서가 아닙니다.

◀ 또기적 합격자료집 받으러 가기

이렇게
기막힌
적중률

리눅스마스터
1급(1·2차) 기본서
1권·이론서

"이" 한 권으로 합격의 "기적"을 경험하세요!

차례

출제빈도에 따라 분류하였습니다.

🔴 : 반드시 보고 가야 하는 이론
🟢 : 보편적으로 다루어지는 이론
🟡 : 알고 가면 좋은 이론

▶️ 표시된 부분은 동영상 강의가 제공됩니다.
이기적 홈페이지(license.youngjin.com)에 접속하여 시청하세요.

▶ 본 도서에서 제공하는 동영상은 1판 1쇄 기준 2년간 유효합니다.
　단, 출제기준안에 따라 동영상 내용은 변경될 수 있습니다.

차례

부록
BONUS **또기적 합격자료집**   **PDF**

- 시험장 스케치 & 스터디 플래너
- [합격 3종 패키지] 핵심명령어250, 리눅스마스터 개념지도 키워드 100, 리눅스마스터 1급 N제

※ **참여 방법** : '이기적 스터디 카페' 검색 → 이기적 스터디카페(cafe.naver.com/yjbooks) 접속 → '구매 인증 PDF 증정' 게시판 → 구매 인증 →
　메일로 자료 받기

Q 1차 시험과 2차 시험을 서로 다른 지역에서 응시할 수 있나요?

A 그렇습니다. 1차(필기)와 2차(실기)를 별도로 접수하기 때문에, 각 시험에서 원하는 지역 시험장을 따로 선택할 수 있습니다. 다만, 2차 실기 시험은 지정 고사장이 상대적으로 적고 인원이 제한적이므로, 원하는 지역이 조기에 마감될 수 있습니다. 따라서 2차 시험은 접수 시작 후 빠르게 신청하는 것이 좋습니다.

Q 시험장(지역, 고사장)을 바꾸려면 어떻게 해야 하나요?

A 시험일로부터 10일 전까지 시험장은 지역본부, 지역은 홈페이지에 문의하면 변경할 수 있습니다.

Q 1차 시험에 합격했는데 2차 시험에 떨어졌습니다. 실기는 몇 번까지 응시할 수 있나요?

A 1차 시험에 합격하면 합격 발표일 기준 2년 동안 2차 실기 시험에 응시할 수 있습니다. 그 기간 안에서는 횟수 제한이 없으므로, 불합격해도 다시 접수해서 여러 번 도전할 수 있습니다. 단, 매번 응시 수수료(77,000원)는 별도로 납부해야 합니다.

Q 수험표는 언제부터 뽑을 수 있나요?

A 시험 접수를 완료한 경우, 수험표 출력은 시험 5일 전부터 시험 당일까지 출력할 수 있습니다.

Q 수험표는 꼭 지참해야 하나요?

A 반드시 지참해야 하는 것은 아니나, 시험에 필요한 정보(수험번호, 시험실, 안내사항 등)가 기재되어 있으니 지참하시는 것을 권장합니다. 수험표를 지참하지 않은 경우에는 본인의 시험실과 수험번호를 확인 후 입실하시면 됩니다.

Q 시험이 많이 어려워서 합격률이 많이 낮다고 하던데, 최근 5년간의 합격률은 어떻게 되나요?

A 도표에서 보실 수 있듯이 합격률이 30%를 밑돌고 있습니다.

연도	접수자수(명)	응시자수(명)	취득자수(명)	합격률(%)
2024	2,812	2,051	184	8.97
2023	2,528	1,774	195	10.99
2022	2,220	1,567	233	14.87
2021	1,872	1,176	214	18.2
2020	1,364	845	249	29.47
*	10,796(합계)	7,413(합계)	1,075(합계)	16.50(평균)

※ 출처 : 민간자격정보서비스

이 책의 구성

STEP 1 핵심만 정리한 이론

STEP 2 합격을 다지는 예상문제

현직자의 눈으로
핵심만 간추린 이론

예상문제로 개념 다잡고
합격까지 일취월장

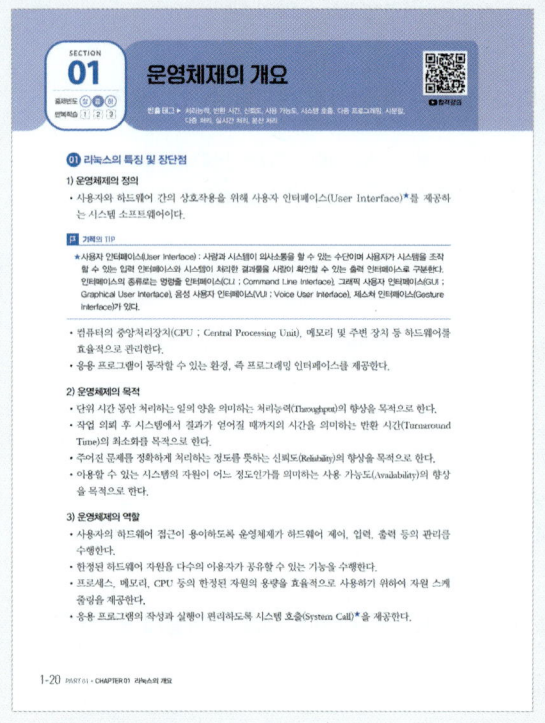

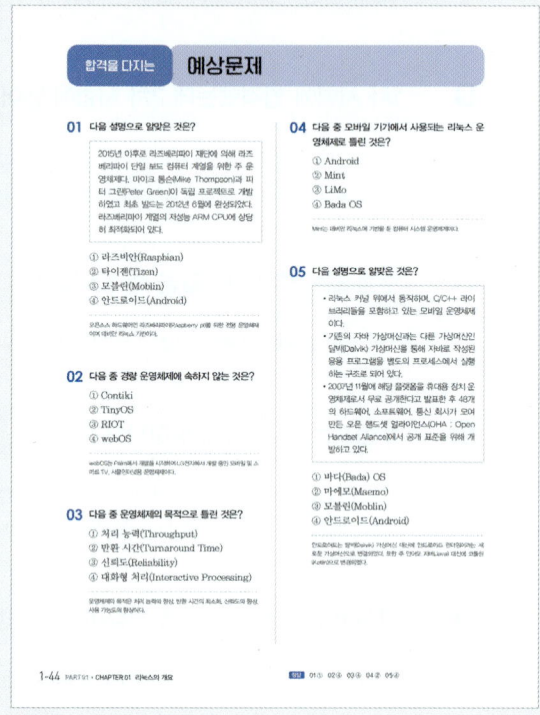

- ✅ 학습 전 출제빈도와 빈출태그 확인
- ✅ QR 코드로 현업자의 합격 강의 수강
- ✅ 다양한 학습도구로 학습 능률 향상

- ✅ 전문가가 엄선한 예상문제로 개념 다지기
- ✅ 방대한 기출문제의 기조 파악
- ✅ 문제 아래의 정답과 해설로 보충하기

최신 기출문제

BONUS

또기적 합격자료집

해답과 함께 · 해답과 따로
각각 6회분으로 실전 감각 기르기

도서 구매자 특별 제공

핵심요약집 포켓북

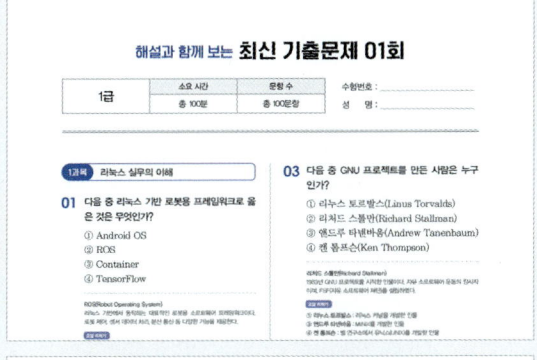

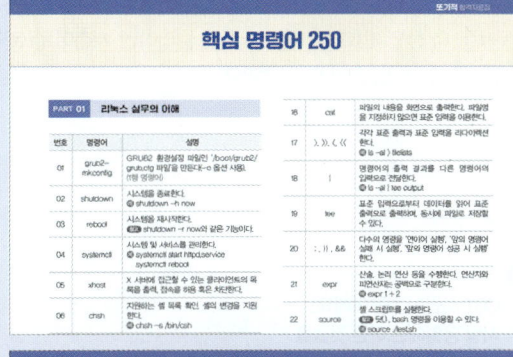

- ✔ 학습한 이론의 적용 및 약점 보완 가능
- ✔ 꼼꼼한 해설로 3중(보충, 응용, 심화) 학습 가능
- ✔ 다양한 팁으로 학습 능률 향상

- ✔ 시험장 스케치
- ✔ 스터디 플래너
- ✔ [합격3종 패키지] 핵심명령어250, 개념지도,
  리눅스마스디 1급 N제

CBT 시험 가이드

CBT란?

CBT는 시험지와 필기구로 응시하는 일반 필기시험과 달리, 컴퓨터 화면으로 시험 문제를 확인하고 그에 따른 정답을 클릭하면 네트워크를 통하여 감독자 PC에 자동으로 수험자의 답안이 저장되는 방식의 시험입니다.

CBT 응시 유의사항

- 수험자마다 문제가 모두 달라요. 문제은행에서 자동 출제됩니다!
- 답지는 따로 없어요!
- 문제를 다 풀면, 반드시 '제출' 버튼을 눌러야만 시험이 종료되어요!
- 시험 종료 안내방송이 따로 없어요!

FAQ

Q CBT 시험이 처음이에요! 시험 당일에는 어떤 것들을 준비해야 좋을까요?

A 시험 20분 전 도착을 목표로 출발하고 시험장에는 주차할 자리가 마땅하지 않은 경우가 많으므로, 대중교통을 이용하는 것을 추천합니다. 무사히 시험 장소에 도착했다면 수험자 입장 시간에 늦지 않게 시험실에 입실하고, 자신의 자리를 확인한 뒤 착석하세요.

Q 기존보다 더 어려워졌을까요?

A 시험 자체의 난이도 차이는 없지만, 랜덤으로 출제되는 CBT 시험 특성상 경우에 따라 유독 어려운 문제가 많이 출제될 수는 있습니다. 이러한 돌발 상황에 대비하기 위해 이기적 CBT 온라인 문제집으로 실제 시험과 동일한 환경에서 미리 연습해 두세요.

Q 풀었던 문제의 답안 수정은 어떻게 하나요?

A 마킹한 답안을 수정할 경우에는 문제지 화면에서 수정하고자 하는 문제의 답을 다시 클릭하면 먼저 체크한 번호는 없어지고 새로 선택한 번호가 검은색으로 마킹됩니다.

Q 문제를 다 풀고 나면 어떻게 하나요?

A 문제를 다 풀고 시험을 종료하려면, '시험 종료' 버튼을 클릭하면 됩니다. 마킹하지 않은 문제가 있을 경우 남은 문제의 문제번호 목록을 보여 주고, 남은 문제번호를 선택한 다음 [문항으로 이동] 버튼을 클릭하면 문제화면에 클릭한 문제가 나타납니다. 남은 문제가 없을 경우 최종적으로 종료 여부를 확인하는 대화상자가 나타나며 [예]를 클릭하면 시험이 종료되고 수험자가 작성한 답안은 자동으로 저장되어 서버로 전송됩니다.

CBT 진행 순서

| 좌석번호 확인 | 수험자 접속 대기 화면에서 본인의 좌석번호를 확인합니다. |

| 수험자 정보 확인 | 시험 감독관이 수험자의 신분을 확인하는 단계입니다.
신분 확인이 끝나면 시험이 시작됩니다. |

| 안내사항 | 시험 안내사항을 확인하고, 다음을 클릭합니다. |

| 유의사항 | 시험과 관련된 유의사항을 확인합니다. |

| 문제풀이 메뉴 설명 | 시험을 볼 때 필요한 메뉴에 대한 설명을 확인합니다.
메뉴를 이용해 글자 크기와 화면 배치를 조정할 수 있습니다.
남은 시간을 확인하며 답을 표기하고, 필요한 경우 아래의 계산기를 이용할 수 있습니다. |

| 문제풀이 연습 | 시험 보기 전, 연습을 해 보는 단계입니다.
직접 시험 메뉴화면을 클릭하며, CBT가 어떻게 진행되는지 확인합니다. |

| 시험 준비 완료 | 문제풀이 연습을 모두 마친 후 [시험 준비 완료] 버튼을 클릭하면 시험 감독관의 지시에 따라
시험이 시작됩니다. |

| 시험 시작 | 시험이 시작되었습니다. 수험자는 제한 시간에 맞추어 문제풀이를 시작합니다. |

| 답안 제출 | 시험을 완료하면 [답안 제출] 버튼을 클릭합니다. 답안을 수정하기 위해 시험화면으로 돌아가고
싶으면 [아니오] 버튼을 클릭합니다. |

| 답안 제출 최종 확인 | 답안 제출 메뉴에서 [예] 버튼을 클릭하면, 수험자의 실수를 방지하기 위해 한 번 더 주의 문구가
나타납니다. 시험 문제 풀이가 완벽히 끝났다면 [예] 버튼을 클릭하여 최종 제출합니다. |

| 합격 발표 | CBT 시험이 모두 종료되면, 퇴실할 수 있습니다. |

이제 완벽하게 CBT 필기시험에 대해 이해하셨나요?
그렇다면 이기적이 준비한 CBT 온라인 문제집으로 학습해 보세요!

이기적 온라인 문제집 : https://cbt.youngjin.com

이기적 CBT
바로가기

시험의 모든 것

시험 알아보기

● 시행처 및 관련부처
- 시행처 : 법정 사단법인 한국정보통신진흥협회
- 관련부처 : 과학기술정보통신부

● 자격 개요
전 세계 IT 인프라의 핵심 운영체제인 리눅스 기반 시스템의 관리 및 활용 능력을 검증하는 국가 공인 자격

● 응시 자격
- 1차 시험 : 응시 제한 없음
- 2차 시험 : 1차 시험 합격자에 한해, 합격 성적 공개일 기준 2년 이내 응시 가능

● 시험 방식
- 1차(필기)
  - 객관식 선다형(사지선다, CBT)
  - 시험시간 100분, 총 100문항
- 2차(필기+실기)
  - 필기 : 주관식 서술형 · 단답형(필답), 시험시간 100분, 총 10문항
  - 실기 : 작업형, 시험시간 100분, 총 5~7문항

● 시험 공식 버전
- 필기 : 커널 4.x이상
  - 레드햇 계열 : RHEL/Rocky Linux 8
  - 데비안 계열 : ubuntu 18.04 이상
- 실기 : Rocky Linux 8.8(VirtualBox를 활용하여 리눅스 구동)

※ 출제 버전이 유지되는 기간과 새 출제 버전이 발표되는 시기는 일정치 않으며, 공식 홈페이지에서만 발표되니 수시로 접속하여 확인하시기 바랍니다.

출제 기준

● 적용 기간
(사)한국정보통신진흥협회에서 발표한 출제기준표입니다.

출제 기준 상세 보기

● 과목별 기준

과목	검정항목	검정내용
리눅스 일반	리눅스의 개요	- 운영체제의 개요 - 리눅스기초
	리눅스 시스템의 이해	- 리눅스와 하드웨어 - 리눅스의 구조 - X 윈도우 - SHELL - 프로세스
	네트워크의 이해	네트워크 기초 및 설정
리눅스 시스템 관리	일반 운영관리	사용자 파일 시스템 · 프로세스 · S/W 설치 및 관리
	장치 관리	- 장치의 설치 및 관리 - 주변장치 관리
	시스템 보안 및 관리	- 시스템 분석 - 시스템 보안 및 관리 - 시스템 백업
네트워크 및 서비스의 활용	네트워크 서비스	- 웹 · 인증 · 파일 · 메일 · DNS 관리(설치 및 설정) - 가상화 관리 및 기타 서비스
	네트워크 보안	- 네트워크 침해 유형 및 특징 - 대비 및 대처 방안

※ 출제기준이 유지되는 기간과 새 출제기준이 발표되는 시기는 일정치 않으며, 공식 홈페이지에서만 발표되니 수시로 접속하여 확인하시기 바랍니다.

접수 및 응시

● 시험 접수

- 응시 지역 : 서울, 부산, 대구, 광주, 대전, 인천, 수원, 제주
- 검정 수수료 : 1차 55,000원, 2차 77,000원
- 자격증 발급 수수료 : 5,800원(정보이용료 별도)

● 시험 응시

- 준비물
  - 신분증, 한국정보통신진흥협회(KAIT) 국가공인자격증 및 국가기술자격증 등, 공무원증
  - 컴퓨터용 사인펜(OMR), 검정 볼펜(단답식)
- 시험 시간
  - 입실 완료 시각 : 1·2차 모두 13:50
  - 응시 시간 : 1·2차 모두 14:00~15:40
- 시험 진행 중 유의사항
  - 시험 시간 중에는 신분증을 자기 책상의 좌측 상단에 배치하여 놓습니다.
  - 시험 시간의 50%가 지난 시점부터 퇴실할 수 있으며, 다른 응시자에게 방해가 되지 않도록 조용히 퇴실합니다.
  - 시험 시간 중 화장실 이용 등의 외부 출입이 불가합니다.

● 합격 기준과 과락

- 1차 : 60점 이상(과목당 40% 미만은 과락)
- 2차 : 60점 이상

● 연기 및 환불

- 접수 기간~시험 당일 10일 전 : 신청서 제출 시 연기 또는 응시 비용 전액 환불
- 시험일 9일 전~시험 당일 : 신청서 및 규정된 사유의 증빙서류 제출 시 연기 및 응시 비용 전액 환불
- 시험일 이후 : 환불 불가

※ 온라인 1차 시험의 경우 응시 접속 이력이 없을 경우 접수 기간 내에의 환불만 신청할 수 있습니다.

합격 발표

● 합격 발표

- 1차 : 시험일로부터 20일 후
- 2차 : 시험종료 즉시

● 자격증 발급

- 자격증 발급수수료 : 6,300원(배송료 포함)
- 정보이용료(별도) : 신용카드/계좌이체 650원, 가상계좌입금 300원

● 자격 특전

- 취득 시 이점
  - 1급 자격은 리눅스 기반 시스템의 관리능력을 평가하는 자격으로, NCS(국가직무능력표준) 등을 바탕으로 SW 기술자의 체계적 역량 가이드라인 ITSQF(IT분야역량체계)의 IT 시스템관리자(L5, L3)로 인정받을 수 있다.
- 자격활용처
  - 인사고과 반영, 졸업 인증, 취득 시 장학금 지급, 학점 인정, 직무교육 대체, 채용 우대, 자격 우대
- 자격활용현황
  - 학점은행제 인정 : 1급 14학점, 2급 5학점
  - 고등학생 재학 중 취득 학교생활기록부 기재 인정 : 1급, 2급
  - 현역병 군지원(모병)대상자 복무선정 : 1급, 2급
  - 육군 학군부사관 모집 가점 : 1급

※ 활용처의 사정에 따라 달라질 수 있으며, 공식 홈페이지에서 공시되니 수시로 접속하여 확인하시기 바랍니다.

고사장 및 시험 관련 문의

- 시행처 : 한국정보통신진흥협회
- www.ihd.or.kr

☎ 1899-0628

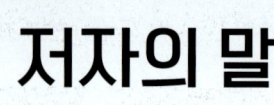

"기출문제 풀이를 반복하고
명령어도 직접 입력하며 연습하세요!"

리눅스마스터 1급 자격시험 합격에 최적의 교재가 되면 좋겠다는 바람과 실제 업무에 도움이 되는 내용을 담고 싶은 마음으로 본 수험서를 집필하였습니다. 이를 위해 다음과 같은 내용으로 구성하였습니다.

1. 리눅스마스터 1급 시험을 주관하는 KAIT(한국정보통신진흥협회)가 제시한 출제기준에 충실하게 구성하였습니다. 리눅스 시스템에 대한 이해, 각종 명령어, 서비스 설치 및 운영, 보안 등 넓이와 깊이가 방대한 학습 범위를 시험이라는 특징을 고려하여 다듬었습니다.

2. 이론을 설명하는 PART 01~PART 03은 시험대비라는 목표와 함께 실무에 도움이 되는 내용을 담고자 노력하였습니다. 출제 동향을 분석 후 출제 예상 주제를 수록하고 실무에서 꼭 알아야 할 내용 중심으로 구성하였습니다.

3. 기출 및 최신 유형문제로 구성한 PART 04~PART 05는 합격을 위한 공부라는 목표에 충실하였습니다. 한 문제를 풀어보더라도 도움이 될 수 있도록 문제와 답에 대한 해설을 담았습니다.

4. 용어와 내용의 정확도를 위해 리눅스 원문 매뉴얼을 기준으로 하였고 가능한 명령어를 직접 입력 후 실행 결과를 확인하여 본문에 담았습니다.

저자들도 리눅스/윈도우 시스템 프로그래밍 현업에 오랫동안 종사하며 자격증 취득을 위해 여러 공부를 하였고, IT 교육과 컨설팅 활동도 겸하고 있기에 조심스레 다음과 같이 학습가이드를 안내 드리고 싶습니다.

먼저, 기출문제를 빠르게 훑어보고 문제의 특징과 학습의 범위를 가늠하면 좋겠습니다. 문제 하나 하나에 대한 세부적인 이해보다는 출제 동향에 대한 느낌을 갖는 것이 중요합니다. 어떤 주제는 명령어의 옵션 하나하나에 대해 자세히 물어보지만 어떤 주제는 개념 정도만 묻습니다.

이러한 감이 형성되면 이론 부분의 학습을 시작하시기 바랍니다. 특히 빈출 주제 영역은 좀 더 자세히 살펴보시고 출제되지 않은 영역은 빠르게 읽고 넘어가시면 좋겠습니다. 그리고 시험 막바지에는 기출 풀이를 반복하고 중요 내용을 암기하면서 마무리하시기 바랍니다.

시간이 허락하는 범위 내에서 직접 명령어를 입력하고 결과를 확인한다면 내용 이해에 큰 도움이 될 것입니다. 참고로 이때 리눅스 명령어, 패키지 설치, 삭제 등에 따라 표시되는 세부 정보는 여러분의 실습 환경에 따라 다르게 표시될 수 있습니다.

리눅스를 학습하고자 하시는 수험생 여러분을 위해 집필하였다고는 하였으나, 집필하는 과정에서 저자들의 부족함을 알게 되고 더 많은 배움을 얻는 기회가 되었습니다.

놀라울 정도로 꼼꼼하게 점검하며 편집해 주신 영진닷컴에 감사하고, 본 수험서를 통해 공부하시는 IT 동료, 후배, 선배분들께 더 큰 감사를 드리며 합격을 기원합니다.

저자 김윤수, 최정현

김윤수

IT 인프라와 DevSecOps에 관심이 많은 소프트웨어 개발자이다.
테크노니아(www.technonia.com)의 수석연구원으로 인공지능과 사물인터넷 서비스 개발에 참여하였으며, 세종사이버대학교(www.sjcu.ac.kr)의 컴퓨터 · AI 공학과 겸임교수로 유닉스/리눅스 시스템 등의 전공 교과목을 담당하고 있다.
한국소프트웨어산업협회, 한국정보통신기술협회, 멀티캠퍼스 등에서 SW 개발, IT 인프라, 정보보안 등을 주제로 강의와 집필을 병행하고 있다.

최정현

보안 업계에서 풍부한 경험을 바탕으로 여러 보안 커널 엔진 개발에 참여했디.
다양한 디바이스와 시스템을 위한 장치 드라이버 및 시스템 프로그램 개발 및 컨설팅도 성공적으로 수행해 왔다.
현재 데브구루에서 연구소장으로 재직 중이며, 멋진 팀과 함께 좋은 소프트웨어 개발을 위한 연구와 개발에 집중하고 있다.

01

리눅스 실무의 이해

파트 소개

리눅스 실무의 기초를 학습하는 파트로, 운영체제 개념부터 리눅스의 구조와 동작 원리를 체계적으로 이해하도록 구성했다. GNU와 오픈소스 생태계, 시스템 구조, 셸과 프로세스, 네트워크 등 실무에 필요한 기본 요소를 다룬다. 배포판이 달라도 공통적으로 적용되는 원리를 이해하는 것이 핵심이므로, 각 요소의 개념과 기능을 명확히 정리하고 실습·명령어 학습으로 이어지는 기반을 마련하는 데 중점을 두었다.

01

리눅스의 개요

학습 방향

이 챕터에서는 운영체제의 기본 개념과 구조를 먼저 다진 뒤, 이를 기반으로 리눅스가 어떤 특징을 가진 운영체제인지 이해하는 데 초점을 둔다. 운영체제의 기능, 프로세스 관리 방식, 커널과 셸의 역할, 오픈소스 모델의 특성을 하나의 흐름으로 묶어 보면 리눅스의 동작 원리가 자연스럽게 잡힌다. 특히 리눅스와 GNU의 관계, 라이선스 구조는 시험에서 반복적으로 출제되므로 개념을 명확히 구분해 정리해야 한다. 운영체제 전체를 큰 틀로 파악한 뒤, 리눅스 고유의 구조와 장단점으로 좁혀서 학습하면 효과적이다.

SECTION 01 운영체제의 개요
SECTION 02 리눅스의 기초

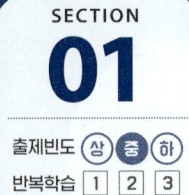

빈출 태그 ▶ 처리능력, 반환 시간, 신뢰도, 사용 가능도, 시스템 호출, 다중 프로그래밍, 시분할,
다중 처리, 실시간 처리, 분산 처리

01 리눅스의 특징 및 장단점

1) 운영체제의 정의

- 사용자와 하드웨어 간의 상호작용을 위해 사용자 인터페이스(User Interface)★를 제공하는 시스템 소프트웨어이다.

> **기적의 TIP**
>
> ★사용자 인터페이스(User Interface) : 사람과 시스템이 의사소통을 할 수 있는 수단이며 사용자가 시스템을 조작할 수 있는 입력 인터페이스와 시스템이 처리한 결과물을 사람이 확인할 수 있는 출력 인터페이스로 구분한다. 인터페이스의 종류로는 명령줄 인터페이스(CLI ; Command Line Interface), 그래픽 사용자 인터페이스(GUI ; Graphical User Interface), 음성 사용자 인터페이스(VUI ; Voice User Interface), 제스쳐 인터페이스(Gesture Interface)가 있다.

- 컴퓨터의 중앙처리장치(CPU ; Central Processing Unit), 메모리 및 주변 장치 등 하드웨어를 효율적으로 관리한다.
- 응용 프로그램이 동작할 수 있는 환경, 즉 프로그래밍 인터페이스를 제공한다.

2) 운영체제의 목적

- 단위 시간 동안 처리하는 일의 양을 의미하는 처리능력(Throughput)의 향상을 목적으로 한다.
- 작업 의뢰 후 시스템에서 결과가 얻어질 때까지의 시간을 의미하는 반환 시간(Turnaround Time)의 최소화를 목적으로 한다.
- 주어진 문제를 정확하게 처리하는 정도를 뜻하는 신뢰도(Reliability)의 향상을 목적으로 한다.
- 이용할 수 있는 시스템의 자원이 어느 정도인가를 의미하는 사용 가능도(Availability)의 향상을 목적으로 한다.

3) 운영체제의 역할

- 사용자의 하드웨어 접근이 용이하도록 운영체제가 하드웨어 제어, 입력, 출력 등의 관리를 수행한다.
- 한정된 하드웨어 자원을 다수의 이용자가 공유할 수 있는 기능을 수행한다.
- 프로세스, 메모리, CPU 등의 한정된 자원의 용량을 효율적으로 사용하기 위하여 자원 스케줄링을 제공한다.
- 응용 프로그램의 작성과 실행이 편리하도록 시스템 호출(System Call)★을 제공한다.

★시스템 호출(System Call) : 운영체제에서 제공하는 기능을 응용 프로그램이 사용할 수 있도록 커널에서 제공하는 서비스이다. 예를 들어 프로세스를 새로 생성하려면 운영체제의 프로세스 관리자 기능이 필요한데, 커널이 제공하는 fork( ) 시스템 콜을 사용하면 프로세스를 생성할 수 있다.

- 예상치 못한 오류가 발생하더라도 시스템을 중단하지 않고 실행할 수 있도록 오류 복구 기능을 제공한다.
- 사용자의 다양하고 수많은 데이터를 조직화하고 저장할 수 있는 파일 관리 및 데이터베이스 기능을 제공하고 원격의 컴퓨터와 연결할 수 있는 네트워크 기능을 제공한다.
- 사용자에게 편리한 사용자 인터페이스를 제공한다.

02 운영체제의 구조와 기능

1) 운영체제의 구조

- 사용자는 시스템의 기능을 이용하기 위해 필요한 응용 프로그램을 실행하거나 셸(Shell), GUI, 배치 작업(Batch Jobs)★를 통하여 운영체제의 기능을 사용한다.
- 응용 프로그램은 시스템 호출을 통하여 커널의 서비스를 이용할 수 있다.
- 운영체제는 다양한 하드웨어에 대한 이식성을 향상하기 위해 하드웨어 추상 계층(HAL ; Hardware Abstraction Layer)★을 제공한다.

★ 배치 작업(Batch Jobs) : 작업을 실시간으로 처리하지 않고 특정 시점에 일괄적으로 실행이 필요한 작업을 의미한다.
★ 하드웨어 추상 계층(HAL ; Hardware Abstraction Layer) : 하드웨어마다 다른 기능에 적응하고, 소프트웨어를 하드웨어 추상 계층에 의존하여 작성한다면 다양한 하드웨어에 대한 이식성을 향상할 수 있다. 즉, 새로운 하드웨어가 추가되어도 하드웨어 추상 계층만 지원을 해 주면 소프트웨어는 수정 없이 동작할 수 있다.

2) 운영체제의 기능

- 프로세스, 메모리, 장치 I/O, 파일 시스템 등 리소스 관리 기능을 제공한다.
- 자원의 효율적인 사용을 위하여 자원 스케줄링 기능을 제공한다.
- LAN 카드, USB 장치, 디스크 등 다양한 하드웨어의 관리와 네트워크의 주소 할당, 네트워크 생성, 경로 설정 등 다양한 네트워크 제어 기능을 제공한다.
- 파일 시스템이나 데이터베이스를 통해 데이터의 생성·저장·조회 등의 데이터 관리 기능과 파일 및 네트워크와 같은 자원 공유 기능을 제공한다.
- 사용자, 프로세스와 같은 주체가 파일이나 네트워크와 같은 자원에 무분별하게 접근하는 것을 방지하기 위한 자원 보호 기능을 제공한다.
- 디스크 및 파일 시스템과 같은 시스템의 손상이 있는지 점검하기 위한 오류 검사 기능과 오류 발생 시 복구할 수 있는 기능을 제공한다.
- 자원의 유휴 시간을 최소화 하기 위해 물리적 컴퓨터에 가상의 컴퓨터를 여러 대 실행할 수 있는 가상화 기능을 제공한다.

03 운영체제의 운용 기법

1) 운영체제 운용 기법의 종류

① 일괄 처리 시스템(Batch Processing System)

- 초기 운영체제의 형태로서 여러 작업을 한 번에 묶어서 처리한다.
- 운영체제가 작업들을 처리하기 시작하면, 결과가 나올 때까지 기다려야 한다.
- 작업들이 처리 중일 때 시스템을 이용하지 못하므로 자원 사용의 효율성이 떨어진다.

② 다중 프로그래밍 시스템(Multi Programming System)

- 일괄 처리 시스템은 작업 처리를 위해 입출력 중일 때 CPU는 유휴 상태(Idle)가 된다. '이 시간에 다른 작업을 실행할 수 있다면 효율적이지 않을까?'에서 시작된 개념이 다중 프로그래밍 시스템이다.
- 하나의 작업이 입출력 중일 때 다른 작업을 할당하여 CPU 사용률과 처리량을 향상시키는 운용 기법이다.
- 사용자 입장에서는 하나의 CPU이지만 동시에 여러 프로그램이 실행되는 것처럼 보인다.

③ 시분할 시스템(Time Sharing System)

- 다중 프로그래밍 시스템이 작업 단위로 CPU 스케줄링을 수행했다면 시분할 시스템은 '타임 슬라이스(Time Slice)' 또는 '타임 퀀텀(Time Quantum)'이라 부르는 단위 작업 시간 동안 작업을 실행하고, 이 시간이 모두 만료되면 대기 큐에서 다음 작업을 실행하는 운용 기법이다.
- 다중 프로그래밍 시스템보다 CPU 사용률과 처리량을 더욱 향상할 수 있다.
- 사용자 입장에서는 다중 프로그래밍 시스템보다 더욱 동시에 여러 작업이 실행되는 것으로 보인다.

④ 다중 처리 시스템(Multi-Processing System)

- 지금까지는 하나의 CPU에 대한 운용 방식이었다면 다중 처리 시스템은 여러 개의 CPU를 통하여 동시에 여러 개의 작업을 처리하는 운용 기법이며, 병렬 처리 시스템(Parallel Processing System)이라고도 한다.
- 다중 처리 시스템은 비대칭적 다중 처리(Asymmetric Multi-processing)와 대칭적 다중 처리(Symmetric Multi-processing) 유형으로 나눌 수 있다.
- 비대칭적 다중 처리는 프로세스 간 주종 관계가 있으며 주프로세스의 명령에 따라 종프로세스가 작업을 처리한다.
- 대칭적 다중 처리는 다시 SMP(Symmetric Multi-Processing)와 MPP(Massively Parallel Processing)로 나눌 수 있다.

⑤ 실시간 처리 시스템(Real Time Processing System)

- 작업의 요청에서 수행 결과가 나올 때까지 요구한 시간 안에 수행해야 하는 시간적 제약을 갖는 운용 방식이다.
- 시간적 제약의 엄격한 정도에 따라 경성 실시간 처리 시스템(Hard Real Time Processing System)과 연성 실시간 처리 시스템(Soft Real Time Processing System)으로 나눈다.
  - 경성 실시간 처리 시스템은 제한된 시간 안에 반드시 작업을 처리 완료해야 하는 것으로, 무기 제어, 산업 로봇 등에서 사용된다.
  - 연성 실시간 처리 시스템은 제한된 시간 안에 작업을 완료하지 못하더라도 시스템에 큰 영향을 미치지 않는 시스템으로, 동영상 재생 시스템 등이 이에 해당한다.

⑥ 다중 모드 시스템(Multi-Mode System)

- 일괄 처리, 다중 프로그래밍, 시분할, 다중 처리, 실시간 처리 시스템을 모두 혼용하여 사용할 수 있는 운용 시스템을 뜻한다.

⑦ 분산 처리 시스템(Distribute Processing System)

- 개별 프로세서, 하드웨어 자원과 이를 구동하는 운영체제를 갖는 독립적인 시스템들 간에 통신망을 연결하고 시스템이 수행해야 할 작업을 분산하고 각 시스템의 자원을 공유하여 처리량과 응답시간, 가용량을 극대화하기 위한 시스템이다.
- 하나의 운영체제 하에서 여러 개의 프로세서가 하나의 메모리를 공유하는 방식인 강결합(Tightly-Coupled)이 아닌 둘 이상의 독립된 시스템이 통신으로 연결되고 상호작용하는 약결합(Loosely-Coupled) 방식이다.
- 물리적인 시스템 간 연결을 넘어서 유휴 자원의 효율적 활용을 위해 가상화 기술을 기본적으로 내장하거나 커널(Kernel)단에서 지원함으로써 가상화 시스템 간 또는 가상화 시스템과 물리적 시스템 간의 분산 처리 형태로 진화하고 있다.

2) 운영체제 운영기법의 발전

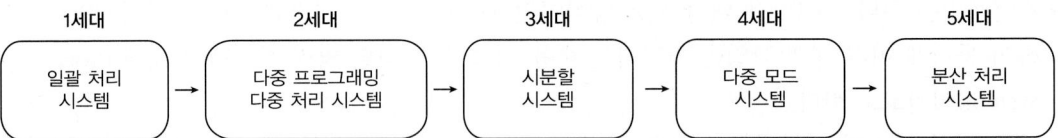

- 운영체제 운영기법은 한 번에 하나의 작업을 처리하는 일괄 처리 시스템을 시작으로 지역적으로 분산된 여러 시스템이 동시에 여러 작업을 처리할 수 있는 분산 처리 시스템으로 발전하였다.

04 운영체제의 사례

1) 데스크톱 및 서버 운영체제

① 윈도우(Windows)

- 1975년 빌 게이츠(Bill Gates)와 폴 앨런(Paul Allen)이 설립한 마이크로소프트에서 제작한 그래픽 사용자 인터페이스 기반 개인용 컴퓨터 운영체제이다.
- 현재 윈도우의 최신 버전은 Windows 11이며 2021년 10월 4일에 190여 개국에 출시했다.
- Windows 10은 출시 이래로 매년 2차례씩 정기적으로 대규모 업데이트를 수행하고 있다. 처음엔 RedStone이라는 코드명을 사용하였으며 RS1~RS5까지 5차례 업데이트가 있었고, 그 후에는 코드명에 출시 시기를 알 수 있도록 직관적으로 19H1이라는 이름으로 2019년 5월 업데이트가 릴리즈되었다.
- Windows 10의 모체가 되는 운영체제는 NT 커널을 탑재하면서 기업용 OS였던 Windows NT 3.1이다. 커널의 안정적 성능을 인정받아 기존의 PC용 OS에도 NT 커널을 탑재하여 Windows XP가 출시되었다. 그 이후 Windows Vista, Windows 7, Windows 8까지 출시한 바 있다.

② macOS

- 스티브 잡스(Steve Jobs)와 스티브 워즈니악(Steve Wozeniak)이 설립한 애플에서 개발한 유닉스/다윈 기반 Mac 기기 전용 운영체제이다.
- 스티브 잡스가 설립했던 NeXT에서 만든 NeXTSTEP 후속 운영체제이다.
- 2016년 6월 13일 WWDC에서 Siera를 발표하면서 운영체제의 명칭이 OS X에서 macOS로 변경되었다.
- 데스크톱 환경에서 윈도우 다음으로 점유율이 높으며 사용자 친화적 인터페이스와 직관적 사용법, 안정성, 무료 업그레이드 등이 장점이다.

③ 리눅스(Linux)

- 핀란드의 헬싱키 대학 학생이었던 리누스 토발즈(Linus B. Torvalds)는 자신의 386 컴퓨터에서 유닉스에 호환되는 운영체제를 개발하였고 1991년 9월 17일에 리눅스 0.01 버전을 개발하였다. 하지만 일반인에게 공개하지는 않았다.
- 1991년 10월 5일에 리눅스 커널의 첫 정식 버전 0.02이 뉴스그룹(comp.os.minix)에 발표되면서 리눅스의 역사가 시작되었다.

- 리눅스 커널은 전세계의 수많은 개발자들이 공동으로 개발하는 공개 프로젝트 형식으로 진행되었다.
- 리차드 스톨만이 진행하고 있던 GNU 프로젝트는 리눅스 커널에서 동작할 수 있는 다양한 애플리케이션을 개발하고 제공하였으며 이를 패키지로 묶은 리눅스 배포판이 릴리즈되기 시작했다. 그 가운데에는 데스크톱용 리눅스도 있었다.
- 데스크톱용 리눅스 배포판으로는 우분투(Ubuntu), 페도라(Fedora), 데비안(Debian), 오픈수세(openSUSE) 등이 있다. 서버 용도로 적합한 배포판으로는 레드햇(Red Hat Enterprise Linux), CentOS, 로키 리눅스(Rocky Linux), 우분투 서버(Ubuntu Server) 등이 있다.

④ 유닉스(UNIX)

- 유닉스는 1969년 미국의 AT&T 사의 벨 연구소의 켄 톰슨(Ken Tompson) 및 데니스 리치(Dennis Ritchie)에 의해 개발된 교육 및 연구개발용 범용 다중 사용자 방식 시분할 운영체제이다.
- 상당수 C언어로 개발되어 있어 새로운 플랫폼에 이식하기가 용이하였고 명령행 인터프리터, 계층적 파일 시스템, 장치와 프로세스 간 통신을 파일을 매개체로 수행하는 특징이 있었으며, 리눅스에 영향을 주었다.
- 유닉스는 AT&T에서 처음에 무료로 여러 연구소 및 대학교에 소스코드와 보급하면서 다양한 버전의 유닉스가 등장한 계기가 되었으며, 대표적으로 System V 계열과 BSD 계열이 있다.

2) 모바일 및 임베디드 운영체제

① 안드로이드(Android)

- 안드로이드는 2005년에 안드로이드사를 구글에서 인수한 후 2007년 11월에 안드로이드 플랫폼을 휴대용 장치 운영체제로서 무료 공개한다고 발표한 이래로 다양한 벤더(Vender)사를 통하여 스마트폰 및 모바일 기기를 위한 운영체제로 개발되고 있다.
- 안드로이드는 리눅스 커널과 네이티브 환경에서 구동하는 C/C++ 라이브러리와 안드로이드 런타임을 기반으로 하여 동작하는 애플리케이션 프레임워크와 이를 사용하는 애플리케이션으로 구성된다.
- 안드로이드는 스마트폰 및 모바일 기기를 위한 미들웨어, 사용자 인터페이스, 웹 브라우저, 이메일 클라이언트, 메시지(SMS, MMS) 등의 표준 응용 프로그램을 포함하고 있는 일종의 소프트웨어 스택이기도 하다.
- 안드로이드는 기존의 가상 머신이었던 달빅(Dalvik)을 더 이상 채용하지 않고 안드로이드 런타임이라는 새로운 가상 머신을 제공하며, 이를 기반으로 자바와 코틀린으로 개발된 애플리케이션을 별도의 프로세스에서 실행하는 구조로 되어 있다.
- 2007년 11월에 해당 플랫폼을 휴대용 장치 운영체제로서 무료 공개한다고 발표한 후 48개의 하드웨어, 소프트웨어, 통신 회사가 모여 만든 오픈 핸드셋 얼라이언스(OHA ; Open Handset Alliance)에서 공개 표준을 위해 개발하고 있다.

② iOS, watchOS, iPadOS, tvOS

- iOS는 애플이 제작한 iPhone, iPod Touch, iPad를 구동하기 위한 운영체제이다. macOS는 Mac을 겨냥한 운영체제였기 때문에 모바일 기기에는 적합하지 않아 모바일 전용 운영체제를 개발하였다.
- watchOS는 애플이 개발한 Apple Watch를 구동하는 운영체제이다. 작은 화면과 배터리 등 한정된 자원과 다양한 센서를 제어하는 목적으로 개발한 웨어러블용 운영체제이다.
- 애플은 그동안 iOS를 통하여 iPhone과 iPad를 모두 지원하였지만 iPad가 점점 컨텐츠를 소비하는 기기에서 생산하는 기기로 사용자의 관심이 이동하자 이를 충족하기 위하여 iPad 전용 OS를 개발하였고 그것이 iPadOS이다.
- tvOS는 애플 TV 4세대에서 발표한 애플 TV용 iOS 기반 운영체제이다.

③ 타이젠(Tizen)

- 인텔과 삼성의 주도로 리눅스 재단, MeeGo 개발자가 합류하여 개발한 리눅스 기반 오픈소스 모바일, 웨어러블, IVI★ 기기용 운영체제이다.

기적의 TIP

★IVI(In-Vehicle Infotainment, 차량용 인포테인먼트) : 자동차 안에서 제공하는 주행 정보(Information)와 컨텐츠(Entertainment)를 의미한다. 기존에는 네비게이션과 DMB 장비를 통한 방송 재생 정도의 단순 기능에서 자율주행을 위한 실시간 운전 환경 및 교통 정보와 스마트 기기와의 연동 등 커넥티드 카(Connected car)로서 발전하고 있다.

- 구글의 안드로이드를 견제하기 위한 목적으로 개발을 시작하고 2014년 6월 2일 타이젠 스마트폰 삼성Z가 공개된 이래로 다양한 스마트폰에 탑재를 수 차례 시도하였으나, 2018년 9월 26일 삼성전자는 타이젠폰 개발을 사실상 중단했다.
- 그 이후 삼성전자는 모바일 분야가 아닌 스마트 TV 및 스마트 워치에 타이젠을 탑재하여 플랫폼 확산에 공을 기울이고 있다.

④ 임베디드 리눅스(Embedded Linux)

- 라즈비안(raspbian)은 영국의 라즈베리파이 재단에서 만든 초소형/초저가 오픈소스 하드웨어로서, 라즈베리파이(raspberry pi)용 데비안 리눅스 기반 운영체제이다.
- webOS는 Palm에서 시작하여 LG전자에서 개발 중인 모바일 및 스마트 TV, IoT용 운영체제이다. 2016년 LG전자가 webOS에 대한 모든 권한을 HP로부터 인수받아 개발 중이며, 모바일 분야보다는 스마트 TV, 디지털 사이니지(Digital Signage)★, 스마트 냉장고 등 틈새 영역의 디바이스에 탑재하여 확산을 노리고 있다.

기적의 TIP

★디지털 사이니지(Digital Signage) : 공공장소나 상업 공간 등의 공개 공간에서 광고, 홍보, 정보 전달 목적으로 뉴스, 스포츠, 날씨, 교통 정보, 재난 정보 등 다양한 정보를 화면에 보여 주는 서비스이다.

- IVI에는 MS의 Windows Embedded Automotive, QNX, GENIVI, Android Auto, Apple Carplay와 같은 다양한 IVI용 OS들이 존재한다.

3) IoT(Internet of Things) 운영체제

① Linux

- Android Things : 2016년 12월 31일에 공개된 안드로이드 기반 사물 인터넷 플랫폼으로, 저전력·한정된 자원·센서 중심 디바이스에 맞춰 디자인되어 우리가 일반적으로 생각하는 안드로이드와는 형태가 다름
- Ubuntu Core : IoT를 위해 보안성을 강화하고 가볍고 안정적으로 동작하도록 우분투를 최적화한 운영체제

② Windows IoT

- 마이크로소프트가 기존의 윈도우 임베디드 운영체제를 IoT에 맞게 최적화하여 개발한 윈도우 계열의 운영체제이다.
- Windows IoT는 엔터프라이즈, 모바일 엔터프라이즈, IoT 모바일, 코어 에디션으로 구분된다.

③ RTOS

- FreeRTOS : 소형 저출력 엣지 디바이스를 쉽게 프로그래밍, 배포, 보안, 연결 및 관리할 수 있는 마이크로컨트롤러용 오픈소스 운영체제
- VxWorks : 미국의 윈드리버 시스템사가 만들어 판매하는 실시간 운영체제(RTOS)
- QNX : 유닉스 기반의 실시간 상업용 운영체제로, 임베디드 시장에서 주로 사용되며 최초의 상용 마이크로 커널 운영체제로 꼽히며, 블랙베리 기기에 탑재되었고, 자동차 산업에서 활발히 활용됨

④ 경량 OS

- Contiki : 한정된 메모리·저전력·무선 통신·IoT 디바이스에 초점을 둔 BSD(Berkeley Software Distribution) 라이선스 기반의 오픈소스 네트워크 운영체제로, 스마트 도시의 거리 조명 제어·사운드 및 방사선 모니터링·각종 알람 시스템 등에 적용함
- TinyOS : 세계 최대 센서 네트워크 커뮤니티를 보유한 UC 버클리에서 개발한 센서 네트워크용 무료 운영체제로, 다양한 하드웨어·MAC/네트워크 프로토콜·센서 인터페이스의 소스를 완전 공개하여, 지속적인 플랫폼 발전이 이루어지는 중
- RIOT : IoT를 겨냥한 실시간 운영체제로, 리눅스가 적용하기 어려운 8/16/32bit 플랫폼을 주 대상으로 하며, 특히 32bit 플랫폼의 경우 RAM이 20KB 이하인 소형 하드웨어를 지원 대상으로 함

➕ 더 알기 TIP

리눅스 및 경량 OS 비교

운영체제	최소 RAM	최소 ROM	C언어 지원	C++ 지원	멀티쓰레드	모듈	실시간
Contiki	<2kB	<30kB	일부 지원	미지원	일부 지원	일부 지원	일부 지원
Tiny OS	<1kB	<4kB	미지원	미지원	일부 지원	미지원	미지원
Linux	~1MB	~1MB	지원	지원	지원	일부 지원	일부 지원
RIOT	~1.5kB	~5kB	지원	지원	지원	지원	지원

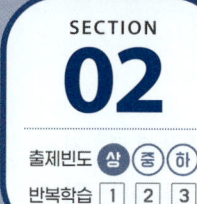

리눅스의 기초

▶ 합격강의

빈출 태그 ▶ GNU, GPL, 자유 소프트웨어, 카피레프트, 오픈 소스, 모놀리딕 커널, 가상 메모리,
스왑, 파이프, 리다이렉션

01 리눅스 개요

1) 리눅스의 정의 및 의미

① 리눅스의 정의

• 1991년 리누스 토발즈(Linus Torvalds)에 의해 오픈소스로 개발되었고 개인용 컴퓨터, 서버, 메인 프레임, 모바일 기기, 임베디드 기기를 위한 유닉스 호환 운영체제이다.

② 리눅스의 의미

• 리눅스가 리누스 토발즈에 의해 처음 개발된 당시에는 지금과 같은 파일 관리, 네트워크 관리, X Window, 개발자 도구 등의 다양한 패키지를 포함하는 운영체제의 형태는 아니었고, 단지 리눅스 커널만을 의미했다.

• 현재는 FSF(Free Software Foundation)가 GNU 프로젝트를 통해 리눅스 커널 기반으로 다양한 라이브러리와 애플리케이션이 포함된 리눅스 배포판을 제공하고 있으며, 이를 강조하고자 특별히 GNU/Linux라고도 부른다.

2) 리눅스의 일반적 특징

① 이식성(Portability)

• 대부분의 코드가 C언어로 작성되어 있고 최소한의 플랫폼에 종속적인 부분만 어셈블리언어로 작성되어 있어 다양한 하드웨어에 쉽게 이식이 가능하다.

• 처음에는 인텔 x86 CPU를 기본으로 지원하였으나 최근에는 인텔 ia64, x64와 PPC, SPARC, ARM, ARM64 등 어떤 운영체제보다 다양한 CPU 아키텍처에 적용되고 있다.

② 자유 소프트웨어(Free Software)

• 리눅스는 단일 기업에 의해 운영되는 것이 아니라 전세계 개발자들의 기여를 통해 진화하고 있다.

• 리눅스의 소스코드는 자유롭게 사용·수정·배포할 수 있다. 단, 수정된 프로그램의 실행 복사본은 언제나 소스코드와 함께 배포되어야 한다.

• 리눅스의 소프트웨어들은 상당수 GPL(General Purpose License)이나 LGPL(Library/Lesser General Purpose License) 라이선스를 따른다.

③ 멀티 유저(Multi-User)

- 다수의 사용자가 네트워크를 통하여 한 시스템의 CPU, 메모리, 저장소 등의 자원에 접근하고 사용할 수 있다.

④ 멀티 프로그래밍(Multiprogramming)

- 다수의 프로그램을 메모리에 적재하고 동시에 실행 가능하다.

⑤ 계층적 파일 시스템(Hierarchical File System)

- 리눅스는 시스템과 사용자를 위한 표준화된 디렉터리 구조를 정의한다.
- 예를 들어, 장치 관련은 /dev에 위치하고 사용자를 위한 파일은 /usr 이하에 위치한다.

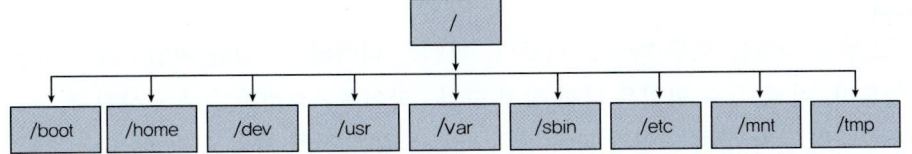

⑥ 셸(Shell)

- 리눅스의 다양한 기능을 수행할 수 있도록 명령어 기반 프로그램을 제공한다. 사용자는 이 프로그램을 통하여 커널에게 명령을 내리고 셸은 명령어를 해석하여 그에 맞는 프로그램을 실행한다.
- 셸은 명령어 해석 기능, 프로그래밍 기능, 사용자 환경설정 기능을 제공한다.

⑦ 보안(Security)

- 유닉스의 보안 모델을 이어 받아 임의접근제어(Discretionary Access Control)★를 제공하고 이를 향상한 확장 임의접근제어(Extended DAC) 또한 제공한다.

⨎ 기적의 TIP

★임의접근제어(Discretionary Access Control) : 주체마다 객체에 대한 접근 정책을 설정하여 제한하는 접근 통제 모델(Access Control Model)이다.

- 리눅스는 네트워크 정책에 따라서 네트워크상의 노드나 라우터로 동작할 수 있으며 네트워크 인터페이스에서 발생한 트래픽을 서버로 안전하게 전달할 수 있다. 이를 위해 netfilter, iptables, ebtables, arptables 등의 모듈을 제공한다.
- 또한 네트워크 스택은 IPSec을 제공하여 IP 통신할 때 안전하게 데이터를 송수신할 수 있다.
- 강제접근제어(Mandatory Access Control)★를 강화한 SELinux(Security Enhanced Linux)가 존재한다.

⨎ 기적의 TIP

★강제접근제어(Mandatory Access Control) : 주체와 객체에게 각각 보안 등급을 부여하고 주체와 객체의 보안 등급을 서로 비교하여 객체의 접근을 제한하는 접근 통제 모델이다. 예를 들어, 낮은 보안 등급의 주체는 높은 보안 등급을 가진 정보에 접근할 수 없다.

---

3) 리눅스의 기술적 특징

① 모놀리딕 커널(Monolithic Kernel)

- 파일 시스템, 프로세스 간 통신, 입출력 기능, 장치 관리, 프로세스 처리기 등 운영체제가 제공하는 서비스를 하나의 커널로 구현하여 제공하는 방식을 말한다.
- 단일 커널로 운영체제의 기능이 제공되기 때문에 커널에 포함된 일부 기능을 변경하려면 커널을 다시 컴파일해야 하는 수고스러움이 발생한다.
- 리눅스는 기본적으로 모놀리딕 커널이긴 하지만 동적 로드가 가능한 커널 모듈과 동적 설정을 위한 프로퍼티 기능 제공을 통해 커널의 유연성을 확보하고 있다.

② 장치의 파일화

- 리눅스는 시스템의 자원을 모두 파일로 다룬다. 파일은 디렉터리 · 일반 파일 · 특수 파일로 구분할 수 있으며, 이 중 특수 파일은 다시 장치 파일 · 파이프 · 소켓 등으로 구분한다.
- 장치의 유형에 따라 문자 장치 파일과 블록 장치 파일과 같은 장치 파일을 제공한다.
- 프로세스 간 통신을 위해 파이프 파일을 제공한다.
- 응용 프로그램이 소켓 프로그래밍이 가능하도록 소켓 파일을 제공한다.

③ 다양한 파일 시스템의 지원

- 리눅스는 ext2, ext3, ext4와 같은 리눅스 자체 파일 시스템을 제공한다.
- 리눅스는 FAT32, NTFS와 같은 윈도우용 파일 시스템도 제공하며 네트워크 파일 시스템인 SMB, CIFS의 파일 시스템도 지원한다.
- 시스템 충돌 및 전원 문제로 복구 가능한 저널링 파일 시스템(Journaling File System)을 지원한다.

④ 가상 메모리(Virtual Memory)

- 물리적인 메모리의 크기를 극복하기 위한 메모리 관리 기법이다.
- 프로세스들이 접근하는 메모리를 가상 메모리에 매핑하고 가상 메모리는 페이지를 통하여 물리 메모리에 매핑한다.
- 시스템에서 동작 중인 프로세스가 사용하는 메모리만을 물리 메모리에 로드하며, 사용빈도가 낮은 메모리는 디스크에 저장한다. 이를 요구 페이징(Demand Paging)이라고 한다.
- 이러한 가상 메모리는 넓은 주소 공간과 각 페이지에 대한 보호 매커니즘, 이미지와 데이터 파일을 프로세스의 주소 공간에 매핑하는 메모리 매핑, 프로세스 간 공유 메모리 기능을 제공한다.

⑤ 스왑(Swap)

- 물리 메모리 사용량이 가득 차서 프로그램을 메모리에 로드할 수 없는 경우, 메모리에 대한 접근 또는 실행 빈도가 낮은 데이터나 프로그램들을 디스크로 옮기고 물리 메모리를 확보하여 프로그램을 메모리에 다시 로드할 수 있다. 디스크로 옮기는 동작을 스왑 아웃(Swap Out)이라고 하며 디스크에서 다시 메모리로 옮기는 작업을 스왑 인(Swap In)이라고 한다.
- 이때 디스크상의 공간을 특별히 스왑 공간(Swap Space)라고 부르며 이를 위한 전용 파일이나 전용 파티션이 존재해야 한다.

- 최대 절전 기능을 사용하기 위해서 스왑 파티션(Swap Partition)이 필요하다. 메모리에 저장된 데이터는 전원 공급이 중단되면 사라지는 휘발적 특성을 갖고 있기 때문에 비휘발성 특성을 갖는 디스크에 데이터를 저장하는 것이 필요하다.
- 스왑 빈도를 변경하기 위해서는 /etc/sysctl.conf의 vm.swapiness를 설정한다. 만약 10으로 설정한다면 메모리의 가용량이 10%일 때 스왑을 시도할 것이다.
- free 명령어로 스왑 영역의 용량을 확인할 수 있다. 물론 메모리의 상태도 확인할 수 있다.
- 물리 메모리의 한계를 극복하고 효율적으로 메모리 공간을 활용할 수 있다는 장점이 있지만, 동적으로 스왑의 크기를 조절할 수 없어 하드디스크의 공간을 차지한다는 단점도 있다.

⑥ 동적 라이브러리와 정적 라이브러리

- 동적 라이브러리를 메모리에 한번 적재하고 나면 여러 프로세스가 매번 동일한 라이브러리를 로드할 필요 없이 공용으로 라이브러리를 사용할 수 있다.
- 정적 라이브러리는 실행 프로그램이 컴파일될 때 링크되어 프로세스가 실행될 때 정적 라이브러리도 함께 메모리에 로드된다. 동일한 정적 라이브러리를 링크한 서로 다른 프로세스가 실행될 때 각각의 정적 라이브러리는 메모리에 중복으로 적재될 것이다.
- 동적 라이브러리는 메모리 실행 프로그램의 크기가 작고 메모리를 효율적으로 사용할 수 있는 반면, 실행 속도가 상대적으로 느리고 배포에 제약이 존재한다.
- 정적 라이브러리는 실행 속도가 빠르고 배포에 제약이 없으나, 실행 파일의 크기가 상대적으로 크다.
- 로더는 환경변수 LD_LIBRARY_PATH와 환경설정 파일 /etc/ld.so.conf를 검색하여 동적 라이브러리를 로드한다. 또한 리눅스는 빠른 동적 라이브러리 경로 검색을 위해 /etc/ld.so.cache 파일을 유지하는데, ldconfig 명령을 통해 생성할 수 있다. 즉, /etc/ld.so.conf 파일 변경 시 ldconfig 명령어를 통해 /etc/ld.so.cache 파일의 갱신이 필요하다.

⑦ 파이프(Pipe)

- 프로세스의 표준 출력을 다른 프로세스의 표준 입력으로 보낼 수 있는 프로세스 간 통신 방식이다.
- 터미널에서 사용할 수 있는 파이프 기호는 '|' 이다.

⑧ 리다이렉션(Redirection)

- 프로세스의 표준 입출력을 파일, 화면, 장치 등에서 입력을 받거나 출력할 수 있도록 입출력을 재지정할 수 있는 매커니즘이다.

⑨ 가상 콘솔(Virtual Console)

- 하나의 화면에서 여러 개의 콘솔을 사용할 수 있는 기능을 제공한다. 이 콘솔은 텍스트 기반 터미널일 수도 있고 X 윈도우와 같은 그래픽 화면일 수도 있다.
- 리눅스는 총 6개의 콘솔을 제공하고 [Ctrl]+[Alt]+[F1]~[F6]을 통해 콘솔을 생성할 수 있다. 특히 X 윈도우의 경우 [Ctrl]+[Alt]+[F7] 단축키를 사용한다.
- 콘솔 간 전환을 위해서는 [Alt]+각 펑션키([F1]~[F6])를 눌러 빠르게 이동 가능하다.

4) 리눅스의 장단점

① 리눅스의 장점

- 오픈소스이기 때문에 상용 운영체제 대비 라이선스 비용이 들지 않아 경제적이다.
- 오픈소스 정신을 지지하는 전세계의 수많은 개발자들이 공개된 리눅스의 커널 소스를 수정하고 개량함으로써 운영체제를 더욱 안정적으로 개선하고 보안성을 강화하고 있다.
- 리눅스는 이더넷(Ethernet), SLIP, PPP 등의 다양한 네트워크 환경을 지원하며 TCP/IP, IPX 등의 네트워크 프로토콜도 지원한다.
- 리눅스는 서버, 개발용, PC용 등 다양한 목적으로 사용할 수 있고, 이에 따른 다양한 배포판이 존재한다. 또한 임베디드 리눅스와 같이 특정 하드웨어에 맞게 커널의 기능을 더하거나 덜어내어 제품에 맞게 커스터마이징(Customizing)도 가능하다.

② 리눅스의 단점

- 전세계의 개발자들이 리눅스를 발전시키고 있지만, 리눅스를 사용함에 있어 발생하는 여러 사용자들의 이슈를 해결해 줄 수 있는 체계적인 기술지원 네트워크가 없다.
- 다양한 오픈소스 소프트웨어가 존재하지만, 마이크로소프트 오피스와 같은 쓸 만한 리눅스용 상용 소프트웨어가 부족한 것도 사실이다.
- 최신 하드웨어 기기에 대한 디바이스 드라이버 지원이 느리다. 하드웨어 제조사에서 리눅스용 드라이버를 제공하는 경우에는 문제가 없지만 그렇지 않은 경우에는 오픈소스 개발자들이 하드웨어 기기를 역분석(Reverse Engineering)★하여 드라이버를 만들어내는 데까지 오랜 시간이 걸린다.

기적의 TIP

★역분석(Reverse Engineering) : 타사 또는 타인의 소프트웨어를 분해하거나 분석하여 그 소프트웨어의 구현 방법, 제조 방법, 기술 등을 추출하는 활동이다.

---

02 리눅스와 GNU 그리고 오픈소스 라이선스

1) 리눅스와 GNU(GNU's not Unix)

① GNU GPL 라이선스(General Public License)를 갖는 리눅스

- 리눅스는 유닉스의 주요 아키텍처에서 아이디어를 얻고 유닉스의 POSIX 표준을 따르고 있으나 진정한 자유 소프트웨어를 구현을 위해 유닉스 소스코드를 일체 사용하지 않고 모든 소스를 새롭게 작성한 것으로 유명하다.
- 리눅스는 GNU GPL 라이선스를 갖는다. 따라서 리눅스의 소스코드는 누구나 자유롭게 사용, 변경, 배포가 가능하다.
- GNU GPL에 따라 배포되는 소프트웨어를 특히 자유 소프트웨어(Free Software)라고 부른다. 자유 소프트웨어 운동은 1983년에 시작되어 현재는 전세계적인 움직임으로 확산되어 활발하게 진행 중이다.

- GNU GPL에 따라 리눅스를 자유롭게 복제 · 개작 · 배포할 수 있지만, GPL 라이선스를 갖는 코드를 가져다 쓰는 경우 해당 소프트웨어도 GPL 라이선스로 배포되어야 한다는 제약이 있다. 이것은 개발자들이 서로 기술 공유를 통하여 자유 소프트웨어의 개발과 기술 발전을 추구하기 위한 의도이다.
- 리눅스 운영체제는 가격이 무료인 운영체제를 추구하는 것이 아니며 일반 저작권을 반대하기 위한 것도 아닌 소스코드의 자유로운 공유를 통한 기술 발전 및 소프트웨어 산업 발전을 목적으로 한다.

② GNU(GNU's Not Unix)

- GNU는 재귀적 약어로서 GNU's Not Unix 즉 'GNU는 유닉스가 아니다'라는 뜻을 갖는다.
- 소프트웨어의 상업화에 반대하고 소프트웨어를 자유롭게 사용할 수 있도록 리차드 스톨만(Richard Matthew Stallman)을 주축으로 자유 소프트웨어를 갈망하는 개발자들이 모여 공동체를 형성하였고 그 안에서 다양한 소프트웨어가 개발되었다.
- GNU는 유닉스와 호환된다는 의미와 그렇지만 다른 운영체제라는 이중적 의미를 갖고 있다.
- 1983년 시작된 이래 GNU C 컴파일러(gcc), 문서편집기(GNU Emacs), X 윈도우(GNOME), 파일압축(tar), 셸(bash), 부트매니저(Grub) 등과 같은 다양한 분야의 응용 프로그램을 개발하였다.

③ 자유 소프트웨어(Free Software)의 정의

- 자유 소프트웨어는 다음과 같은 4가지 종류의 자유를 내포한다.
  - 자유0 : 프로그램을 어떠한 목적을 위해서도 실행할 수 있는 자유
  - 자유1 : 프로그램의 작동 원리를 연구하고 이를 자신의 필요에 맞게 변경시킬 수 있는 자유
  - 자유2 : 이웃을 돕기 위해서 프로그램을 복제 및 배포할 수 있는 자유
  - 자유3 : 프로그램을 향상하고 이를 공동체 전체의 이익을 위해 다시 환원할 수 있는 자유
- 소스코드 없이 자유 1과 자유 3을 지키는 것은 비현실적이기 때문에 소스코드의 제공이 필요하다고 피력하고 있다.

④ 카피레프트(Copyleft)

- 카피레프트(Copyleft)는 저작권을 뜻하는 카피라이트(Copyright)의 반대 의미를 갖는다.
- 저작물에 대한 저작권자의 권리를 보호하기 위해 카피라이트를 사용한 것처럼 자유 소프트웨어를 사용자가 자유롭게 사용할 수 있도록 법률적 보장을 위해 만들어진 개념이 카피레프트이다.
- 카피레프트를 실제로 구현한 라이선스가 GNU GPL 라이선스이다. 카피레프트를 통해 현재는 수 많은 자유 소프트웨어를 사용자가 자유롭게 사용할 수 있는 권리가 보장되고 있다.

2) 오픈소스(Open Source)

① 오픈소스의 개념

- 오픈소스는 소프트웨어나 하드웨어의 저작자 권리를 지키면서, 원시 코드를 누구나 열람할 수 있도록 한 소프트웨어를 말한다.

- 오픈소스와 자유 소프트웨어는 전체적으로 비슷한 맥락을 공유한다.
- 오픈소스 진영에서도 자유 소프트웨어의 GPL 등의 라이선스를 오픈소스 라이선스로 허용하고 있으며, 자유 소프트웨어 진영에서도 오픈소스가 추구하는 바가 결국 자유 소프트웨어와 일맥상통한다고 인정하고 있다.

② 오픈소스의 역사

- 1998년 2월 3일, 캘리포니아 팔로알토(Palo Alto)에서 열린 전략회의 중 넷스케이프(Netscape) 소스코드를 어떤 형태로 공개할지를 논의하는 과정에서 '오픈소스(Open Source)'라는 용어가 처음 사용된 것으로 알려져 있다.
- 같은 해 2월, 브루스 페렌스(Bruce Perens)와 에릭 레이먼드(Eric Raymond)는 오픈소스 이니셔티브(OSI ; Open Source Initiative)를 설립하여 오픈소스 소프트웨어의 보급과 정착을 도모했다.

③ 오픈소스의 특징

- 오픈소스와 자유 소프트웨어는 전체적으로 비슷한 철학과 목적을 공유한다. 오픈소스 진영에서는 자유 소프트웨어의 GPL 같은 라이선스를 오픈소스 라이선스로 인정하고 있으며, 자유 소프트웨어 진영에서도 오픈소스가 추구하는 바가 결국 자유 소프트웨어의 가치와 일치한다는 점을 인정하고 있다.
- 다만 자유 소프트웨어 진영에서는 '오픈소스'라는 용어가 소스코드 공개에만 초점을 둔다고 보고, "모든 소프트웨어는 자유롭게 사용되어야 한다"는 본래 취지를 충분히 반영하지 못한다고 비판한다. 이 때문에 자유 소프트웨어 진영에서는 오픈소스 대신 '자유 소프트웨어'라는 용어의 사용을 주장하기도 한다.

➕ 더 알기 TIP

오픈소스이니셔티브에 등록되기 위한 오픈소스의 10가지 조건

① 자유 배포(Free Redistribution)
② 소스코드 공개(Source Code Open)
③ 2차적 저작물(Derived Works) (허용)
④ 소스코드 수정 제한(Integrity of The Author's Source Code)
⑤ 개인이나 단체에 대한 차별 금지(No Discrimination Against Persons or Groups)
⑥ 사용 분야에 대한 제한 금지(No Discrimination Against Fields of Endeavor)
⑦ 라이선스의 배포(Distribution of License)
⑧ 라이선스 적용상의 동일성 유지(License must not be specific to a product)
⑨ 다른 라이선스의 포괄적 수용(License must not contaminate other software)
⑩ 라이선스의 기술적 중립성(License must be Technology-Neutral)

3) 다양한 오픈소스 라이선스

① GPL(General Public License) 라이선스

- GPL은 GNU 프로젝트로 배포된 프로그램의 라이선스로 이용하기 위해, 자유 소프트웨어 재단에서 만든 자유 소프트웨어 라이선스로 소프트웨어의 실행·연구·공유·수정의 자유를 최종 사용자에게 보장한다.

- GPL은 가장 널리 알려진 카피레프트를 구현한 라이선스이다.
- GPL은 GPLv1, GPLv2, GPLv3 총 3개의 버전이 존재한다.

➕ **더 알기** TIP

소프트웨어에 관련된 다섯 가지 의무

GNU GPL 라이선스는 누구에게나 다음의 다섯 가지의 의무를 저작권의 한 부분으로서 강제한다.
① 컴퓨터 프로그램을 어떠한 목적으로든 사용할 수 있다. 다만 법으로 제한하는 행위는 할 수 없다.
② 컴퓨터 프로그램의 실행 복사본은 언제나 프로그램의 소스코드와 함께 판매하거나 소스코드를 무료로 배포해야 한다.
③ 컴퓨터 프로그램의 소스코드를 용도에 따라 변경할 수 있다.
④ 변경된 컴퓨터 프로그램 역시 프로그램의 소스코드를 반드시 공개 배포해야 한다.
⑤ 변경된 컴퓨터 프로그램 역시 반드시 똑같은 라이선스를 취해야 한다. 즉 GPL 라이선스를 적용해야 한다.

GPL 버전	발표일	주요 내용
GPLv1	1989년 1월	• 바이너리 형태의 프로그램을 GPLv1로 배포할 때는 사람이 이해 가능한 소스코드를 함께 배포해야 함 • GPLv1 프로그램을 수정한 프로그램도 원래 프로그램과 마찬가지로 GPLv1 라이선스를 가져야 함
GPLv2	1991년 6월	특정 이유(가령, 특허)로 GPL프로그램 배포 시 소스코드 공개를 불허하려 한다면 프로그램 바이너리 공개도 하지 못하도록 라이선스를 보완해야 함
GPLv3	2007년 6월 29일	주요 변경사항으로 소프트웨어 특허에 대한 대처, 다른 라이선스와의 호환성, 원시 코드의 구성법, 디지털권리관리(DRM ; Digital Restrictions Management) 관련 내용을 추가함

② LGPL(Library/Lesser General Public License) 라이선스

- GNU GPL 라이선스의 강력한 카피레프트 조건과 BSD 라이선스의 사용허가서나 MIT 라이선스의 단순 사용허가를 절충하여 만든 자유 소프트웨어 재단의 자유 소프트웨어 라이선스이다.
- 리처드 스톨만이 이벤 모글렌(Eben Moglen)의 법률 자문을 받아 1991년 작성하고 1999년 LGPL 2.1 버전으로 개정하였다. 명칭도 라이브러리라는 용어가 주는 혼란을 예방하기 위해 Library General Public License에서 Lesser General Public License로 변경하였다.
- LGPL은 프로그램 자체에 카피레프트를 적용하나 이 프로그램을 이용하는 프로그램에게는 카피레프트를 적용하지 않는다.
- LGPL 프로그램을 응용 프로그램에 정적 혹은 동적으로 링크하는 경우 해당 응용 프로그램은 소스코드를 공개할 필요가 없다.
- LGPL 프로그램의 소스코드를 수정하였다면 2차적 파생 저작물에 해당하므로 수정한 LGPL 프로그램의 소스코드도 제공해야 한다.
- LGPL 프로그램의 소스코드를 수정하여 개발하고 GPL 라이선스로 변경하는 것은 가능하나 반대는 불가하다.

③ BSD(Berkley Software Distribution) 라이선스

- 버클리 캘리포니아 대학에서 배포하는 공개 소프트웨어 라이선스이다.

- 아래 표의 각 조항을 준수하는 경우 해당 프로그램을 누구나 개작할 수 있고 수정한 프로그램을 제한 없이 배포할 수 있다.
- 수정본의 재배포는 의무사항이 아니며 따라서 2차적 파생물에 대한 원시 소스코드 비공개가 가능하다.
- 상용 소프트웨어에서 BSD 라이선스를 갖는 프로그램을 이용하여도 소스코드를 공개하지 않아도 된다.

조항	조항 세부 설명
일반 조항	• BSD 라이선스가 적용된 프로그램을 사용하는 경우 해당 저작권자의 이름과 BSD 라이선스의 내용을 같이 배포해야 함 • BSD 라이선스가 적용된 프로그램으로 인해 발생한 법률상/도의상 피해에 대해 그 책임을 저작권자에게 물을 수 없음
3조항(3-clause) 이상	저작권자의 이름을 광고에 사용할 수 없음
4조항(4-clause) 이상	광고에서 BSD 소프트웨어를 사용, 포함한 경우 저작권자를 표기해야 함

④ 아파치(Apache) 라이선스
- 아파치 소프트웨어 재단에서 만든 소프트웨어 라이선스이다.
- 아파치 라이선스 1.1은 2000년에 ASF에 의해 승인되었고 2004년 1월에 버전 2.0이 채택되었다.
- 누구나 아파치 라이선스가 적용된 소프트웨어에서 파생된 프로그램을 제작할 수 있고, 저작권을 양도 · 전송할 수 있다.
- 누구나 자유롭게 아파치 소프트웨어의 소스코드를 다운받아 부분 혹은 전체를 개인적 혹은 상업적 목적으로 이용할 수 있다.
- 재배포 시에는 원본 소스코드 또는 수정한 소스코드를 반드시 포함할 필요는 없다. 단 아파치 라이선스를 따른다는 사실은 명시해야 한다.

⑤ MPL(Mozilla Public License) 라이선스
- BSD 라이선스와 GPL 라이선스의 혼합적인 성격을 가지고 있다.
- 1.0판은 넷스케이프 커뮤니케이션 코퍼레이션의 변호사, 미첼 베이커(Mitchell Baker)에 의해 작성되었고 1.1판은 모질라 재단이 작성하였다.
- MPL 소스코드 수정 시 수정한 소스코드를 공개해야 한다.
- MPL 소스코드와 혼합하여 다른 프로그램을 개발한 경우 MPL 소스코드 외의 소스코드까지 공개할 필요는 없다.
- 모질라 애플리케이션 스위트, 모질라 파이어폭스, 모질라 선더버드 및 그 외의 모질라 소프트웨어에 적용되었다.

⑥ MIT(Massachusetts Institute of Technology) 라이선스
- 미국 MIT 대학교에서 소프트웨어 공학도를 돕기 위해 개발한 소프트웨어 라이선스이며 X11 라이선스, X 라이선스로 부르기도 한다.

- GNU GPL 라이선스의 엄격함을 피할 수 있어 사용자에게 인기가 있다.
- BSD 라이선스를 기초로 작성되었고 GPL과 달리 카피레프트가 아니며 오픈소스 여부에 관계없이 재사용을 허용하고 있다.

라이선스	필수사항(Required)	허락조건(Permitted)	금지조건(Forbidden)
GPL	• 수정한 소스코드 혹은 GPL 소스코드를 활용한 소프트웨어 모두 GPL로 공개 • 라이선스 및 저작권 명시 • 변경사항 안내	• 상업적 이용 가능 • 배포 및 수정 가능 • 특허 신청 가능 • 사적 이용 가능	• 보증책임 없음 • 2차 라이선스
LGPL	• 수정한 소스코드 LGPL로 공개(단순 활용 시 공개 의무 없음) • 라이선스 및 저작권 명시	• 상업적 이용 가능 • 배포 및 수정 가능 • 특허 신청 가능 • 사적 이용 가능 • 2차 라이선스	보증책임 없음
BSD	라이선스 및 저작권 명시	• 상업적 이용 가능 • 배포 및 수정 가능 • 사적 이용 가능 • 2차 라이선스	보증책임 없음
Apache	• 라이선스 및 저작권 명시 • 변경사항 안내	• 상업적 이용 가능 • 배포 및 수정 가능 • 특허 신청 가능 • 사적 이용 가능 • 2차 라이선스	• 보증책임 없음 • 상표권 침해 금지
MPL	• 수정한 소스코드 MPL로 공개(단순 활용 시 공개 의무 없음) • 라이선스 및 저작권 명시 • 특허기술이 구현된 프로그램의 경우 관련 사실을 'LEGAL' 파일에 기록하여 배포	• 상업적 이용 가능 • 배포 및 수정 가능 • 특허 신청 가능 • 사적 이용 가능 • 2차 라이선스	• 보증책임 없음 • 상표권 침해 금지
MIT	라이선스 및 저작권 명시	• 상업적 이용 가능 • 배포 및 수정 가능 • 사적 이용 가능 • 2차 라이선스	보증책임 없음

03 리눅스의 역사와 리눅스 배포판

1) 리눅스의 역사

① 1984년~1991년도 : 리차드 스톨만의 자유 소프트웨어 운동 시작

- 1984년, 리차드 스톨만은 자유 소프트웨어 운동을 위해 GNU 프로젝트를 시작하면서 GNU 라이선스 개발도 착수하였다.
- 1985년, 리차드 스톨만은 자유 소프트웨어 재단(FSF ; Free Software Foundation)을 설립하였다.
- 1989년, 리차드 스톨만과 FSF 재단은 GNU GPLv1을 개발하고 발표하였다.
- 1991년 6월, GNU GPLv2를 발표하였다.

② 1991년 10월~1993년 : 리누스 토발즈의 리눅스 커널 및 배포판 릴리즈

- 1991년 10월 5일, 리누스 토발즈는 리눅스 커널 공식 버전 0.02를 뉴스 그룹에 발표하였고 GNU GPL 라이선스를 사용하였다.
- 1992년 2월, 리눅스 커널과 X 윈도우를 제외한 몇 프로그램을 포함한 최초 리눅스 배포판 MCC interim이 릴리즈하였다.
- 1992년 5월, X 윈도우와 TCP/IP를 포함하는 소프트랜딩 리눅스 시스템(Softlanding Linux System)이 릴리즈되었다.
- 1993년 7월, 현존 가장 오랜 역사를 갖는 슬랙웨어 리눅스가 릴리즈되었다.
- 1993년 8월, Ian Murdock에 의해 데비안이 릴리즈되었다.

③ 1994년 : 리눅스 커널 정식 1.0 버전 출시

- 1994년, 리눅스 커널 1.0이 정식 릴리즈되었다.
- 1994년, 리눅스 커널 1.0 기반 리눅스 배포판 개발을 위해 레드햇(RedHat)이 설립되었고, 1994년 10월에는 레드햇 리눅스 할로윈 버전이 릴리즈되었다.

④ 1998년 : 오픈소스 소프트웨어의 태동

- 1998년 2월, 넷스케이프 커뮤니케이터의 소스코드 논의 과정에서 '오픈소스'라는 용어가 탄생하였다.

⑤ 2003년~2005년 : 다양한 배포판의 보급

- 2003년 12월, 대형 엔터프라이즈급 시스템에서도 본격적으로 채용되었던 리눅스 커널 2.6.0 버전이 발표되었다.
- 2003년 12월, 레드햇 리눅스의 개인 사용자 버전인 CentOS가 시작되었다.
- 2004년 10월, 데비안 기반 우분투(Ubuntu)의 첫 버전 4.10이 릴리즈되었다.
- 2005년, 2003년에 설립되었던 Android. Inc.가 구글에 인수되면서 안드로이드 개발에 착수하였다.

⑥ 2007년 : GPLv3의 발표로 GPL 라이선스 완성

- 2006년 1월, 초안이 발표되었던 GPL v3가 2007년도에 정식 버전이 발표되었다.

⑦ 2011년 이후 : 전세계 개발자와 함께하는 리눅스 커널의 지속적인 발전

- 2011년 7월 21일, 리누스 토발즈는 리눅스 커널 버전 3.0을 릴리즈하였다. 기존의 리눅스 2.6.39 대비 큰 기술적 변화의 의미는 아니며 단지 커널의 20주년을 3.0으로 표현하였다고 한다.
- 2013년 6월, 리눅스 3.10이 출시되었고 15,803,499줄에 다다랐다.
- 2015년 6월, 리눅스 4.1이 출시되었고 약 14,000명의 프로그래머가 컨트리뷰션한 코드를 포함하여 19,500,000줄 이상으로 성장하였다.

⑧ 2020년 이후 : CentOS의 개발 중단에 따른 로키 리눅스(Rocky Linux) 등장

- 2020년 12월 8일, 레드햇은 'CentOS Stream'이라는 새로운 업스트림 개발을 위해 레드햇 리눅스의 다운스트림 버전이었던 CentOS의 개발의 중단을 발표하였다.
- 이에 대응하여 CentOS 창립자인 Gregory Kurtzer는 CentOS의 개발 목표를 지속적으로 달성하기 위해 CentOS 공동 설립자 Rocky McGaugh를 기려 로키 리눅스(Rocky LInux) 프로젝트를 시작하였고 초기 릴리스 버전을 2020년 12월 22일을 목표로 한다고 발표하였다.
- 당초 목표보다 늦어진 2021년 4월 30일 첫 번째 RC 버전을 공식적으로 발표하였고, 2021년 6월 21일에 로키 리눅스(Rocky Linux) 8.4 정식 버전을 출시하였다.
- 로키 리눅스는 Rocky Enterprise Softawre Foundation(RESF) 조직에서 관리한다.

➕ 더 알기 TIP

리눅스의 역사와 계보

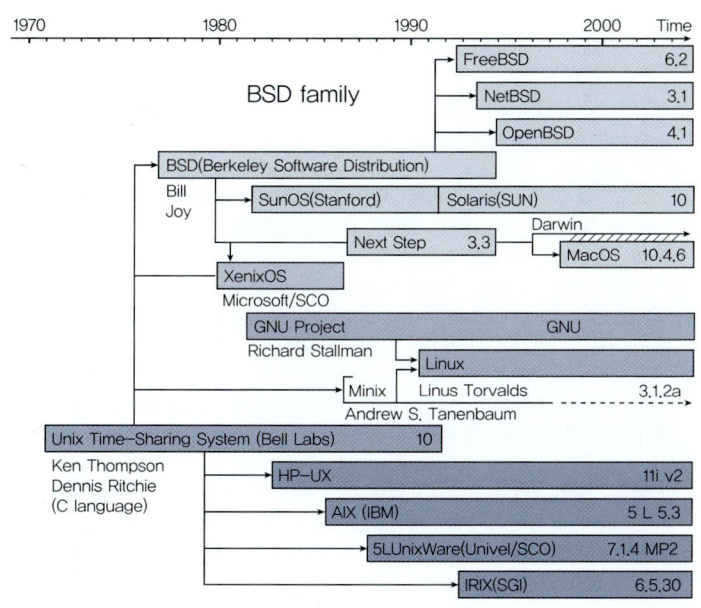

2) 리눅스 배포판의 분류 및 특징

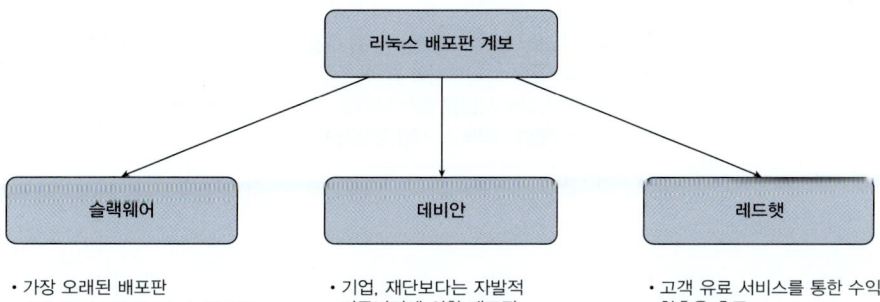

리눅스 배포판 계보

슬랙웨어
- 가장 오래된 배포판
- 가장 유닉스다운 리눅스 배포판

데비안
- 기업, 재단보다는 자발적 커뮤니티에 의한 배포판
- APT 패키지 관리자를 통한 패키지 설치 및 업그레이드의 편리함

레드햇
- 고객 유료 서비스를 통한 수익 창출을 추구
- 일반 사용자를 위한 무료 배포판 제공

3) 리눅스 배포판 세부 설명

분류	종류	설명
레드햇 계열	RHEL (RedHat Enterprise Linux)	페도라를 기반으로 레드햇에서 개발한 리눅스 배포판이며, 안정성을 목적으로 제작되었고 유료 라이선스로 제공되며 레드햇이 기술지원을 제공
	CentOS (Community ENTerprise Operating System)	페도라가 최신기술을 담아내는 데 집중한 나머지 RHEL을 제대로 반영하지 못하자, RHEL을 완벽하게 호환하여 무료 기업용 컴퓨팅 플랫폼 제공 목적으로 개발된 리눅스 배포판
	CentOS Stream	• RHEL의 다운스트림 버전이었던 CentOS Linux 8의 지원이 종료되면서 업스트림 버전인 CentOS Stream이 등장 • RHEL의 업스트림 배포판으로서 RHEL의 다음 릴리스에 포함될 변경 사항을 미리 사용할 수 있는 기회를 제공함
	Rocky Linux	• CentOS의 종료에 따라 대안으로 등장한 커뮤니티 기반 엔터프라이즈급 리눅스 배포판 • 기존 CentOS와 같이 여전히 무료로 사용 가능하고 커뮤니티의 지원을 받을 수 있는 RHEL 호환 배포판
	Fedora	• 레드햇의 후원과 페도라 커뮤니티의 지원 아래 범용 목적으로 개발된 것으로, RPM 기반의 소프트웨어가 결합된 리눅스 배포판 • MeeGo, SailFish OS, Tizen
	Oracle Linux	2006년부터 GNU GPL 라이선스에 따라 레드햇 소스코드를 공유하면서 오라클의 어플라이언스에 최적화된 리눅스 배포판
	Scientific Linux	RHEL 기반의 자유 및 오픈소스 운영 체제로서 상용 기업형 배포판에 근접하도록 만들기 위한 목적으로 페르미 국립 가속기 연구소가 개발한 리눅스 배포판
데비안 계열	우분투	• 마크 셔틀워스가 우분투의 보급을 위해 세운 영국의 컴퓨터 소프트웨어 회사인 캐노니컬 유한회사(Canonical Ltd)에서 개발한 리눅스 배포판 • 전세계 사람 누구나 리눅스를 쉽게 사용하자는 미션을 바탕으로 사용자 편의성에 초점을 맞춘 리눅스
	Raspbian	마이크 톰슨과 피터그린이 독립 프로젝트로 시작한 라즈비안은 2012년 6월 처음 완성된 이래로 2015년부터 라즈베리파이 재단에 의해 공식 지원을 받고 있는 라즈베리파이 전용 리눅스
	ChromeOS /Chromium OS	• 크롬OS는 구글이 설계하고 개발한 웹 애플리케이션 전용 운영체제로 사용자 인터페이스는 크롬 브라우저와 유사 • 사용자가 대부분의 시간을 브라우저를 이용하여 인터넷을 탐색한다는 점에 착안을 두어 개발한 리눅스 기반 운영체제

슬랙웨어 계열	Slackware	• 가장 먼저 대중화된 현존하는 가장 오래된 배포판으로, 1993년 패트릭 볼커딩에 의해 개발 • 간결함을 설계 철학으로 하여 유닉스 자체 학습에 적합
	openSUSE	• Slackware 리눅스로부터 파생되었으며, 독일에서 제작하였고 유럽에서 많이 사용 • 유료 라이선스인 SUSE Linux Enterprise와 무료 버전인 openSUSE 두 가지로 배포
	Vector Linux	로벨트 S. 란게와 다렐 스타벰에 의해 개발된 SOHO, Standard, Light, Live판을 갖는 슬랙웨어 계열 리눅스 운영체제
안드로이드 계열	안드로이드	• 휴대용 기기에 최적화된 리눅스 기반 모바일 운영체제 • 리눅스 커널을 기반으로 안드로이드 런타임 실행 • 안드로이드 런타임상에는 웹브라우저, 이메일 클라이언트, 단문 메시지 서비스(SMS) 등 다양한 응용 프로그램이 구동하고 이러한 앱을 위한 풍부한 런타임 라이브러리 제공
	AOSP(Android Open Source Project)	• 안드로이드는 구글에 의해 개발되지만 소스코드는 AOSP를 통해 운영 • AOSP를 통해 다양한 디바이스에 최적화된 안드로이드를 포팅 및 커스터마이즈할 수 있음
국내 계열	하모니카	• 2014년, 과기정통부의 전신인 미래창조과학부에서 발표한 "공개SW 활성화 계획"의 일환으로 정부가 주도로 개발한 리눅스 민트 기반 개방형 운영체제 • 기존 배포된 리눅스 민트보다 한글화가 잘 되어 있음
	넘버원 리눅스	독자적인 토종 리눅스 개발을 목표로 PCLinux 기반 KDE 환경을 제공하는 리눅스 배포판
	구름OS	과학기술정보통신부와 한국전자통신연구원(ETRI) 산하 국가보안기술연구소 및 한글과 컴퓨터가 개발한 개방형 OS

04 리눅스의 활용 분야

1) 서버, 메인 프레임

- 웹서버를 호스팅하는 대부분의 서버들은 리눅스를 이용하고 있다.
- 메인 프레임★에서도 낮은 비용과 오픈소스 모델에 힘입어 리눅스 배포판의 채용이 꾸준히 증가하고 있다.
- 대부분의 슈퍼 컴퓨터★에서도 리눅스 배포판을 이용하고 있다.

기적의 TIP

★ 메인 프레임(Mainframe) : 대규모 연산 처리와 높은 안정성을 요구하는 기업 · 금융용 중앙 집중식 컴퓨터 시스템이다.
★ 슈퍼 컴퓨터 : 과학 계산, 기상 예측, 시뮬레이션 등 초고속 연산을 수행하는 고성능 컴퓨터이다.

2) 스마트 디바이스

- 스마트폰, 태블릿 컴퓨터, 스마트 TV, IVI 시스템 등에 리눅스가 탑재되고 있다.
- 안드로이드는 스마트폰용 운영체제 중 가장 인기 있는 운영체제이며 리눅스 커널을 기반으로 한다.
- Parm Pre 스마트폰용으로 개발되었던 webOS 또한 리눅스 기반이다.
- 모질라의 FireFoxOS도 하드웨어 추상계층과 웹 표준 기반 런타임 환경★과 사용자 인터페이스를 웹 브라우저와 통합한 리눅스 기반 운영체제이다.

> ▣ **기적**의 TIP
>
> ★런타임 환경(Runtime Environment) : 응용 프로그램이 실행되는 소프트웨어 환경을 의미한다.

3) 임베디드 디바이스

- 임베디드 시스템은 하드웨어의 제어를 통해 특정 기능을 수행하며 컴퓨터 시스템 내에 존재하는 전자 시스템이다.
- 임베디드 시스템은 운영체제가 포함되지 않고 펌웨어만으로 동작하는 시스템과 운영체제를 통해 구동되는 시스템으로 나눌 수 있다.
- 이러한 운영체제에 주로 리눅스 커널을 포팅하고 해당 시스템을 위한 특수 기능을 수행하는 응용 프로그램을 개발하여 디바이스를 완성한다.
- 소형 임베디드 시스템은 최근 IoT 분야에 활용되고 있다. 각종 센서류와 실시간 스케줄링을 위해 리눅스 기반 전용 운영체제도 선보이고 있으며 Android Things, Ubuntu Core 등이 그 예이다.
- 교육을 목적으로 오픈소스 하드웨어가 널리 보급되어 사용되고 있으며, 데비안 기반 라즈비안이 라즈베리파이를 위한 운영체제로 사용되고 있다.

4) 게이밍 디바이스

- 2013년 2월 14일 밸브(Valve)사는 개인용 컴퓨터에서 게임을 즐길 수 있도록 스팀(Steam) 리눅스 버전을 출시하였다.
- 수많은 스팀 게임이 리눅스에 포팅★되고 있다.
- 밸브사는 리눅스 데스트크톱에 게임 엔진을 포팅하였고 VOGL과 OpenGL을 개발하였다.
- 2013년 엔비디아(NVIDIA)는 안드로이드 기반 게임 플랫폼 실드(Shield)를 릴리즈하였다.
- 2018년 밸브 사는 불칸 기반 DirectX 11과 12를 구현하고 스팀 시스템과 통합하는 등 바닐라 와인 기능을 개선한 프로톤(Proton)★을 릴리즈하였다.

> ▣ **기적**의 TIP
>
> ★포팅(Porting) : 특정 운영체제나 하드웨어 환경에 맞게 소프트웨어를 이식하는 작업을 의미한다.
> ★Proton : 리눅스에서 윈도우 게임을 실행하기 위한 호환 레이어이다.

5) 리눅스 클러스터

① 고계산용 클러스터(HPC ; High Performance Cluster)

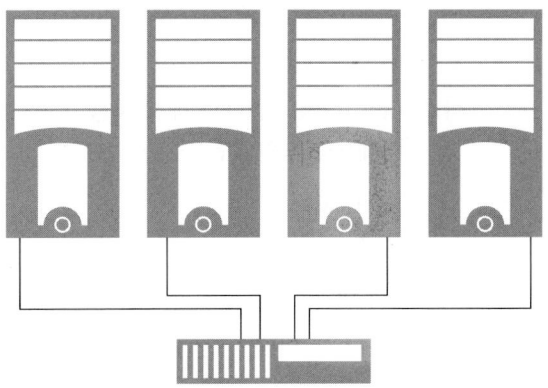

▲ HPC Cluster

- 과학 계산용으로 주로 활용되며 고성능 계산 능력을 제공하기 위한 목적으로 HPC가 사용된다.
- 큰 계산을 위해 고가의 메인 프레임을 사용하기보다는 중소형급 시스템 여러 대를 묶어 효율성을 높이는 기술로서 리눅스가 사용되고 있다.

② 부하분산 클러스터(LVS ; Linux Virtual Server)

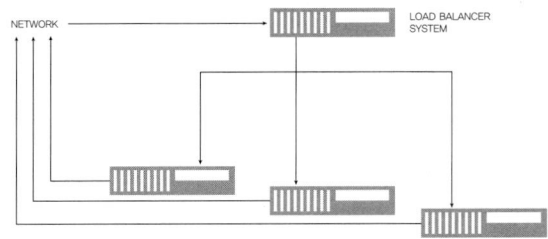

▲ Load−Balancing Cluster

- 로드 밸런서(Load Balancer)를 운영하여 대규모의 트래픽을 여러 대의 서버로 분산하는 기술로 대규모의 서비스를 제공하는 웹 서비스에서 널리 사용되고 있다.

③ 고가용성 클러스터(High Availability Cluster)

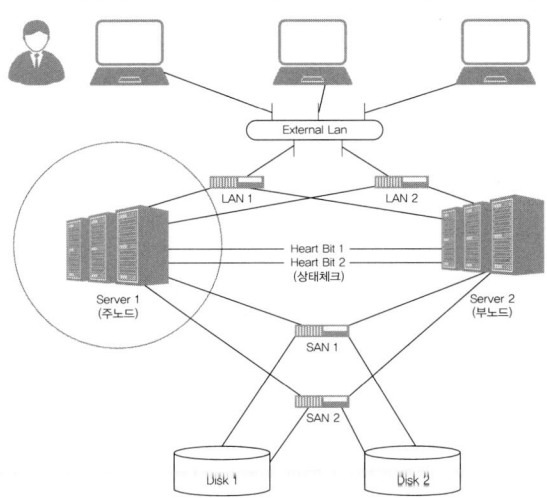

▲ High−Availability(HA) Cluster

- 웹서비스를 제공하는 서버가 오류로 인해 정상 서비스를 하지 못한다면 사용자는 불편함을 느낄 것이다. 재난 시스템이나 인명과 연관된 시스템이라면 불편함을 넘어 생명과 연결되는 문제이므로 고가용성을 갖는 클러스터를 구축하는 것이 중요하다.
- 부하 분산 클러스터와 혼합하여 주노드(Primary Node)가 부하 분산 처리를 수행하고 부노드(Backup Node)가 주노드의 상태를 체크하고 있다가 이상이 발견되면 서비스를 이어 받아 서비스를 지속 가능하게 하는 서버 구축 방법이다.
- 이중화 기술이라고도 하며 시스템의 다운으로 인한 장애 시간을 제로로 만드는 것을 궁극적 목표로 한다.

01 다음 설명으로 알맞은 것은?

> 2015년 이후로 라즈베리파이 재단에 의해 라즈베리파이 단일 보드 컴퓨터 계열을 위한 주 운영체제다. 마이크 톰슨(Mike Thompson)과 피터 그린(Peter Green)이 독립 프로젝트로 개발하였고 최초 빌드는 2012년 6월에 완성되었다. 라즈베리파이 계열의 저성능 ARM CPU에 상당히 최적화되어 있다.

① 라즈비안(Raspbian)
② 타이젠(Tizen)
③ 모블린(Moblin)
④ 안드로이드(Android)

오픈소스 하드웨어인 라즈베리파이(Raspberry pi)를 위한 전용 운영체제이며 데비안 리눅스 기반이다.

02 다음 중 경량 운영체제에 속하지 않는 것은?

① Contiki
② TinyOS
③ RIOT
④ webOS

webOS는 Palm에서 개발을 시작하여 LG전자에서 개발 중인 모바일 및 스마트 TV, 사물인터넷용 운영체제이다.

03 다음 중 운영체제의 목적으로 틀린 것은?

① 처리 능력(Throughput)
② 반환 시간(Turnaround Time)
③ 신뢰도(Reliability)
④ 대화형 처리(Interactive Processing)

운영체제의 목적은 처리 능력의 향상, 반환 시간의 최소화, 신뢰도의 향상, 사용 가능도의 향상이다.

04 다음 중 모바일 기기에서 사용되는 리눅스 운영체제로 틀린 것은?

① Android
② Mint
③ LiMo
④ Bada OS

Mint는 데비안 리눅스에 기반을 둔 컴퓨터 시스템 운영체제이다.

05 다음 설명으로 알맞은 것은?

> • 리눅스 커널 위에서 동작하며, C/C++ 라이브러리들을 포함하고 있는 모바일 운영체제이다.
> • 기존의 자바 가상머신과는 다른 가상머신인 달빅(Dalvik) 가상머신을 통해 자바로 작성된 응용 프로그램을 별도의 프로세스에서 실행하는 구조로 되어 있다.
> • 2007년 11월에 해당 플랫폼을 휴대용 장치 운영체제로서 무료 공개한다고 발표한 후 48개의 하드웨어, 소프트웨어, 통신 회사가 모여 만든 오픈 핸드셋 얼라이언스(OHA ; Open Handset Aliance)에서 공개 표준을 위해 개발하고 있다.

① 바다(Bada) OS
② 마에모(Maemo)
③ 모블린(Moblin)
④ 안드로이드(Android)

안드로이드는 달빅(Dalvik) 가상머신 대신에 안드로이드 런타임이라는 새로운 가상머신으로 변경되었다. 또한 주 언어도 자바(Java) 대신에 코틀린(Kotlin)으로 변경되었다.

06 다음 중 최근 운영체제의 동향으로 틀린 것은?

① 단일 사용자 시스템 기반 다중 작업 시스템을 지원한다.
② 편리한 사용자 인터페이스를 제공한다.
③ 가상화 기술을 지원하여 자원의 효율성을 최대화한다.
④ 스마트폰과 태블릿 등 모바일 운영체제가 보편화되었다.

운영체제는 동시 사용자 수에 따라 단일 사용자 시스템과 다중 사용자 시스템으로 분류하고 작업처리 방법에 따라 단일 작업 시스템과 다중 작업 시스템으로 분류한다. 현대 운영체제는 다중 사용자 시스템과 다중 작업 시스템을 모두 제공한다.

07 다음에서 설명하는 운영체제로 알맞은 것은?

- 모바일 분야에 처음 적용을 시도하였으나 개발을 중단한 상태이고 현재는 스마트 TV 및 스마트 워치에 탑재하여 플랫폼 확산에 공을 기울이고 있다.
- 인텔과 삼성전자의 주축으로 개발된 오픈소스 운영체제이다.
- HTML5를 기반으로 만들어졌으며 자바 스크립트, CSS와 같은 웹 표준을 지원한다.

① QNX
② LiMo
③ Android
④ Tizen

타이젠은 인텔과 삼성의 주도로 리눅스 재단과 MeeGo 개발자가 합류하여 개발한 리눅스 기반 오픈소스 모바일, 웨어러블, IVI 기기용 운영체제이다.

08 다음에서 설명하는 것으로 알맞은 것은?

- 메모리 공간이 가득 차서 프로그램 실행시킬 수 없게 될 경우, 실행할 수 있도록 예비 공간 역할을 하는 영역이다.
- free 명령어로 해당 영역의 용량을 확인할 수 있다.
- 단점으로는 동적으로 크기를 조정할 수 없어 하드디스크의 공간을 차지한다.

① 페이징(Paging)
② 스왑(Swap)
③ 루틴(Routine)
④ 링크(Link)

스왑이란 한정적인 물리 메모리를 극복하기 위해 디스크의 공간을 활용하는 기술이다. 메모리에서 디스크로 옮기는 동작을 스왑 아웃(Swap Out)이라고 하며 반대로 디스크에서 메모리로 올리는 작업을 스왑 인(Swap In)이라고 한다.

09 다음 중 운영체제의 특징으로 틀린 것은?

① 운영체제는 커널, 미들웨어, 응용 프로그램 실행환경과 사용자 인터페이스 프레임 워크를 모두 포괄하여 정의될 수 있다.
② 운영체제의 처리 방식은 '단순 순차처리 → 분산 네트워크 → 다중 프로그래밍 → 모바일 및 임베디드' 형식으로 발전되어 왔다.
③ 스마트폰과 태블릿에 설치되는 모바일 운영체제, 웹 브라우저만 있으면 사용 가능한 웹 운영체제도 사용되고 있다.
④ 최근의 운영체제는 유휴 자원의 효율적 활용을 위해 가상화 기술을 기본적으로 내장하거나 커널(Kernel)단에서 지원하고 있다.

운영체제의 처리 방식은 '단순 순차처리 → 다중 프로그래밍 → 시분할 → 나중 모드 → 분산 네트워크 → 모바일 및 임베디드' 형식으로 발전되어 왔다.

10 다음에 제시된 운영체제 관련 기술 중 물리적 메모리의 용량 한계를 극복하기 위한 기술로 가장 알맞은 것은?

① 가상 메모리
② 가상 콘솔
③ 라이브러리
④ 파이프

물리적 메모리의 용량 한계를 극복하기 위하여 가상의 메모리를 할당한 후, 이를 실제 물리 메모리의 주소와 매핑하여 사용하는 방식이다. 프로그램(Program 혹은 Process)은 가상 메모리 기법을 이용하여 고유의 메모리 공간에서 독립적으로 실행될 수 있다.

11 다음 중 관련 라이선스가 적용된 <u>소스코드를</u> 수정하여 만든 2차적 저작물에 대해 소스코드의 비공개가 가능한 라이선스로 틀린 것은?

① BSD
② Apache License
③ GPL
④ MIT

GPL 라이선스를 갖는 소프트웨어를 변경할 경우 해당 소프트웨어도 GPL 라이선스로 배포되어야 한다. 따라서 소스코드가 공개되어야 한다.

12 다음 설명에 해당하는 리눅스의 기술적인 특징으로 알맞은 것은?

> 보조기억장치(예 하드디스크)의 일부를 주기억 장치(예 메모리)의 확장에 사용하는 가상 메모리 시스템에서, 주기억장치와 보조기억장치의 메모리 영역을 교체하는 관리 기법이다.

① 파이프(Pipe)
② 스와핑(Swapping)
③ 리다이렉션(redirection)
④ 가상 콘솔(Virtual Console)

스와핑은 물리 메모리를 효율적으로 사용하기 위해 실행 빈도가 낮은 데이터나 프로그램을 디스크에 보관하고 필요시 메모리에 다시 로드하는 기술이다. 메모리에서 디스크로 데이터를 옮기는 동작을 스왑 아웃(Swap Out)이라 하고 반대로 디스크의 내용을 메모리로 로드하는 동작을 스왑 인(Swap In)이라고 한다.

13 다음 중 리눅스를 활용해서 특수 목적을 위해 개발된 전용 시스템을 구성할 때 가장 알맞은 것은?

① Embedded System
② High Availability Cluster
③ Linux Virtual Server Cluster
④ High Performance Computing Cluster

임베디드 시스템은 운영체제가 포함되지 않고 펌웨어로 구동하는 시스템과 운영체제를 통해 구동하는 시스템으로 구분된다.

14 다음 중 (   ) 안에 들어갈 내용으로 알맞은 것은?

> 1991년 6월 FSF의 리처드 스톨먼은 (㉠) 라이선스의 강력한 카피레프트 조건과 단순한 사용 허가를 위한 절충안으로 (㉡)(을)를 발표하였다. (㉠)(은)는 자유 소프트웨어를 만들 때에만 사용하나 (㉡)(은)는 자유 소프트웨어뿐만 아니라 독점 소프트웨어에서도 사용 가능하다.

① ㉠ LGPL   ㉡ GPL
② ㉠ GPL   ㉡ MPL
③ ㉠ MPL   ㉡ GPL
④ ㉠ GPL   ㉡ LGPL

GPL에 따라 배포되는 소프트웨어를 특히 자유 소프트웨어(Free Software)라고 부른다. GPL을 사용하거나 수정한 경우 해당 소프트웨어도 GPL 라이선스를 따라야 하기 때문에 독점 소프트웨어에서 사용하기 어렵다. 반면에 LGPL은 동적 또는 정적으로 라이브러리를 링크하는 경우 소스코드를 공개할 의무가 없기 때문에 독점 소프트웨어에서도 사용 가능하다.

15 다음 중 리눅스의 특징으로 틀린 것은?

① 리눅스는 이더넷(Ethernet), SLIP, PPP 등의 다양한 네트워크 환경을 지원하며 TCP/IP, IPX 등의 네트워크 프로토콜도 지원한다.

② 리눅스는 Windows FAT32, NTFS, 네트워크 파일 시스템인 SMB, CIFS 등의 다양한 파일 시스템을 지원하지만, 시스템 충돌 및 전원 문제로 복구 가능한 저널링 파일 시스템은 아직 지원하지 않는다.

③ 리눅스는 서버, 개발용, PC용 등 다양한 목적으로 사용할 수 있고, 이에 따른 다양한 배포판이 존재하며, 유료 버전과 무료 버전이 존재한다.

④ 리눅스는 다른 운영체제에 비해 이식성과 확장성 등이 뛰어나지만, 특정 하드웨어에 설치가 어렵고 모든 플랫폼에서 작동하지는 않는다.

리눅스는 저널링 파일 시스템(Journaling File System)을 지원한다.

16 다음 중 리눅스 배포판의 종류와 설명으로 틀린 것은?

① 수세 : 1994년 독일에서 배포된 상용 소프트웨어로 패키지 관리를 위해 YaST 유틸리티를 제공

② 우분투 : 데비안 리눅스를 기초로 만든 리눅스 배포판으로 고유한 데스크탑 환경인 유니티를 사용

③ Rocky Linux : 현재까지 유상으로 배포되고 있으며, RPM 패키지 방식을 사용

④ 데비안 : 패키지의 설치, 삭제 등은 dpkg 명령어로 수행되고 apt를 이용하면 쉬운 설치나 업데이트가 가능

레드햇 리눅스(RHEL)는 상업용 리눅스이지만 Rocky Linux는 개인 사용자용으로 무상으로 배포되고 있다.

17 다음 설명으로 알맞은 것은?

라이브러리가 메모리에 한번 적재되고 나면 여러 프로세스가 매번 동일한 라이브러리를 로드할 필요 없이 한 번만 로드하여 공용으로 사용할 수 있다.

① 계층적인 파일 구조
② 장치의 파일화
③ 가상메모리
④ 동적 라이브러리

동적 라이브러리는 실행 프로그램의 크기를 작게 만들 수 있고 메모리 효율성이 우수하나 실행 속도가 상대적으로 느리고 배포 시 제약이 존재한다.

18 다음 설명으로 알맞은 것은?

> 1985년 자유 소프트웨어의 생산, 보급, 발전을 위해 리처드 스톨만이 세운 비영리 조직이다. 자유 소프트웨어란 무료 프로그램을 의미하는 것은 아니며, '구속되지 않는다'는 관점에서의 자유(Free)로서 프로그램의 변경이나 수정의 자유를 말한다.

① BSD
② FSF
③ GPL
④ GNU

FSF는 1985년 리처드 스톨만이 설립한 자유 소프트웨어 재단(Free Software Foundation)이다.

19 다음 설명으로 알맞은 것은?

> 각종 사물에 센서와 통신 기능을 내장하여 인터넷에 연결하는 기술이다. 즉, 무선 통신을 통해 각종 사물을 연결하는 기술을 의미한다. 인터넷으로 연결된 사물들이 데이터를 주고받아 스스로 분석하고 학습한 정보를 사용자에게 제공하거나 사용자가 이를 원격 조정할 수 있는 인공지능 기술이다.

① 사물인터넷(IoT)
② 클라우드(Cloud)
③ 임베디드 시스템(Embedded System)
④ 빅데이터(Big Data)

사물인터넷은 센서(Sensor), 장치(Device), 컴퓨팅 시스템 등이 인터넷으로 상호 연결되어 데이터를 교환하고 서비스를 제공하는 것을 의미한다.

20 다음 중 데비안 계열의 리눅스 배포판으로 틀린 것은?

① Ubuntu
② Knoppix
③ Corel
④ Fedora

Fedora는 레드햇의 지원으로 개발된 RPM(Redhat Package Manager) 기반의 리눅스 배포판이며, yum을 이용하여 패키지를 설치 및 관리한다.

02

리눅스 시스템의 이해

이 챕터는 리눅스 시스템을 구성하는 핵심 요소를 실무 관점에서 살펴보며, 하드웨어 – 부트로더 – 커널 – 파일시스템 – 셸 – 프로세스로 이어지는 흐름을 하나의 체계로 이해하는 데 중점을 둔다. systemd의 구조, 부트 매니저의 역할, 디렉터리 표준(FHS), X 윈도우 환경 등도 개별 항목으로 따로 보기보다, "리눅스가 어떻게 부팅되고 사용자 환경을 제공하는가"라는 연속된 과정으로 파악하면 훨씬 수월하다. 시험 범위가 넓어 보이지만 기본 원리를 잡아두면 각 요소가 자연스럽게 연결되므로, 구성요소의 위치와 기능을 명확히 정리하며 학습하는 것이 중요하다.

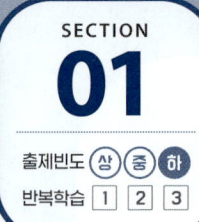
리눅스와 하드웨어

▶ 합격강의

빈출 태그 ▶ CPU, RAM, ROM, BIOS, RAID, Striping, Mirroring, SATA, SCSI, SAS

01 하드웨어의 이해

1) 컴퓨터의 구성 요소

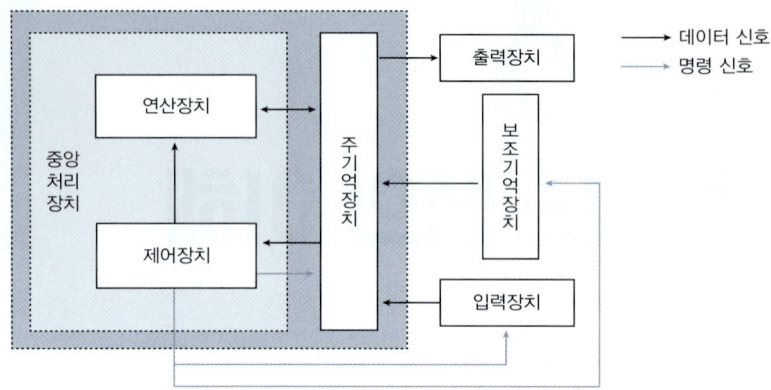

① 중앙처리장치(CPU ; Central Processing Unit)

- 외부에서 정보를 입력받아 컴퓨터 프로그램의 명령어들을 해석하여 연산하고 결과를 반환함으로써 컴퓨터 시스템을 통제하는 컴퓨터 제어장치이다.
- CPU는 레지스터(Register)와 연산장치(ALU ; Arithmetic-Logic Unit) 그리고 제어장치(Control Unit)로 구성된다.
  - 레지스터는 CPU가 연산을 처리하기 위한 임시 저장소 역할을 수행하며 작은 데이터만을 저장할 수 있지만 액세스 속도는 빠르다.
  - 연산장치는 데이터들 간의 비교, 판단, 연산을 수행한다.
  - 제어장치는 입력된 명령어를 해석하고 해석한 명령을 연산장치 등으로 보내고 주소를 디코드하여 레지스터에 데이터를 저장하는 역할을 수행한다.

② 주기억장치(Main Memory)

- CPU가 처리할 명령어와 데이터를 저장하기 위한 컴퓨터 하드웨어 장치이다.
- 메모리는 휘발성 메모리인 RAM(Random Acesss Memory)과 비휘발성 메모리인 ROM(Read Only Memory)으로 분류할 수 있다.
  - RAM은 전원의 공급이 중단되면 기록된 정보가 손실되는 특성이 있으며 메모리상 어느 주소에 접근하든지 액세스 시간이 동일하다.
  - RAM은 DRAM(Dynamic Random Access Memory)과 SRAM(Static Random Access Memory)으로 나눌 수 있다.

- ROM(Read Only Memory)은 전원이 공급이 중단되더라도 ROM에 저장된 데이터가 소멸하지 않는다.
- ROM은 컴퓨터를 처음 켰을 때 구동하기 위한 BIOS와 같은 프로그램이 적재된다.
- ROM은 저장 데이터를 변경할 수 없는 MASK ROM, 저장된 데이터를 1회 수정할 수 있는 PROM(Programmable ROM), 메모리에 저장된 데이터를 수회 삭제 및 저장할 수 있는 EPROM(Erasable PROM)으로 구분된다.

③ 입출력장치

- 컴퓨터의 빠른 연산 능력을 활용하기 위해서는 컴퓨터에 다양한 데이터를 입력할 수 있어야 한다. 반대로 컴퓨터의 연산 결과를 효과적으로 확인하기 위해서는 다양한 방식으로 출력장치를 제공해야 한다.
- 입력장치에는 키보드, 마우스, 카메라, 스캐너, OMR(Optical Mark Reader), OCR(Optical Character Reader), MICR(Magnetic Ink Character Reader), 트랙볼, 터치패드, 바코드, 조이스틱 등이 존재하며 모바일 디바이스에서는 터치스크린, 3DTouch, 제스처, 다양한 센서류 등이 모두 입력장치에 해당한다.
- 출력장치에는 대표적으로 모니터, 프린터 등이 존재한다. 모니터는 LCD, OLED, QLED 등 다양한 재질의 디스플레이 기술이 존재한다. 3차원 공간에 조형물을 만들 수 있는 3D 프린터와 가상세계를 경험할 수 있는 HMD(Head Mount Display) 등도 출력장치로 볼 수 있다.

④ 보조기억장치

- 주기억장치는 속도가 빠르나 용량이 작고 가격이 비싸다. 모든 데이터를 주기억장치에 적재하려면 비용이 비싸고 전원 공급이 사라지면 데이터가 소멸되기 때문에 보조기억장치가 필요하다.
- 보조기억장치는 주기억장치 대비 속도는 느리나 용량이 크고 가격이 비교적 저렴하다.
- 보조기억장치는 사용자의 데이터를 저장하거나 주기억장치의 메모리가 부족함을 해결하기 위해 가상메모리를 위한 스왑 영역으로 사용된다. 또한 운영체제 및 사용자 프로그램도 보조기억장치에 저장되어 있다가 시스템 구동 시 주기억장치로 적재된다.
- 보조기억장치에는 하드디스크, SSD(Solid State Drive), CD-ROM, DVD, BD(Blu-ray Disc) 등이 있다.

➕ 더 알기 TIP

구성 요소별 특징 한 줄 요약
- CPU는 레지스터 · ALU · 제어장치의 역할 구분이 핵심이며 빈출 비교 포인트이다.
- 주기억장치는 RAM과 ROM의 구분과 DRAM · SRAM, ROM의 종류별 특징이 자주 출제된다.
- 입출력장치는 OCR · OMR · MICR 구분, 신개념 출력장치(3D 프린터, HMD)가 시례형으로 나온다.
- 보조기억장치는 비휘발성 · 대용량, 스왑을 통한 가상메모리 용도와 부팅 시 적재 흐름이 중요하다.

---

2) 리눅스 설치를 위한 하드웨어 요구사항

① CPU(Central Process Unit)

- 리눅스는 CPU에서 제공하는 어셈블리 언어와 쉽게 이식 가능한 C언어로 개발이 진행되고 있다. 따라서 CPU 종속 특성 부분만 어셈블리 언어로 구현하고 나머지의 경우 C언어로 구성되어 있기 때문에 GNU C가 지원하는 CPU 환경이라면 이론적으로는 리눅스를 이식하여 구동할 수 있다.
- 리눅스 배포판의 경우 인텔사의 x86, x64, x86_64와 같은 x86 계열 혹은 AMD 계열 CPU는 기본적으로 구동한다.
- 임베디드나 모바일 등 리눅스가 활용되는 영역까지 넓혀 보면, 모토롤라, SPARC, Alpha, PowerPC, ARM, MIPS 등 매우 다양한 CPU 아키텍처를 지원하고 있음을 알 수 있다.
- 최근의 CPU는 32bit CPU보다는 보다 많은 메모리를 주소 지정할 수 있는 64bit CPU를 기본 선택하고 있다.
- 병렬성(Parallelism)★을 높여 CPU의 최대 성능을 높이기 위해 CPU의 코어의 개수를 고려해야 한다.

> **기적의 TIP**
>
> ★병렬성(Parallelism) : 동시에 많은 계산을 수행하기 위해 비트 수준, 명령어 수준, 데이터 수준, 작업 수준으로 동시에 계산을 수행하는 정도를 의미한다. 하나의 프로세서에서 여러 개의 작업을 동시에 처리하는 정도를 뜻하는 동시성(Concurrency)과는 구분된다. 병렬성은 여러 개의 코어나 여러 개의 프로세서 또는 여러 대의 컴퓨터를 통해 동시에 계산을 수행한다.

- 가상 머신의 성능을 극대화하기 위하여 CPU에서 가상화 기술(VT ; Virtualization Technology)을 제공하는지 여부도 고려해야 한다.
- 리눅스 배포판마다 CPU 지원 여부가 상이하므로 선택한 리눅스 배포판의 사양을 살펴봐야 한다.

② 메인 보드

- 리눅스는 거의 대부분의 메인보드를 지원한다. 만약 리눅스가 제대로 설치되지 않는 경우 바이오스를 업그레이드하는 것만으로도 해결되는 경우가 있다.

③ 메모리(RAM)

- 과거에는 SDRAM, RD-RAM, DDR-RAM 등 메모리의 종류에 따라 호환성이 달라지기도 했지만 이제는 거의 모든 메모리를 지원한다.
- 메모리의 크기는 스왑 파티션의 크기와 연관성이 있기 때문에 고려하여 결정해야 한다.
- 과거 32bit CPU에서 4G 이상의 메모리의 사용이 필요한 경우 PAE(Physical Address Extension) 기술을 사용하여 극복하였으나 이제는 64bit CPU의 사용이 보편화되면서 레드햇 계열 6 기준 64TB까지도 사용할 수 있게 되었다.
- 지원 가능한 최대 메모리 양은 지원하는 리눅스 배포판마다 상이할 수 있음을 상기해야 한다.

➕ **더 알기 TIP**

CentOS의 최대 메모리

아키텍처	x86	x86_64
Rocky Linux 8	아키텍처 미지원	64TB

④ 하드디스크

- 리눅스는 IDE(Integrated Driver Electronics), E-IDE(Enhanced IDE), SCSI(Small Computer System Interface), S-ATA(Serial ATA) 등 대부분의 인터페이스를 지원한다.
- 하드디스크 공간을 효과적으로 나누기 위한 파티션 설정이나 메모리를 효율적으로 사용하기 위한 스왑 설정을 수행할 수 있다.
- 리눅스는 장치를 하나의 파일을 통해서 관리하는 특징을 가지고 있으며 IDE 또는 ATA 인터페이스의 경우 파일 시스템상 /dev/hdX 파일과 매핑되고 S-ATA, USB 메모리, SSD, SCSI 등은 모두 /dev/sdX 파일과 매핑이 된다.

⑤ 모니터와 그래픽 카드

- 대부분의 모니터와 그래픽 카드를 지원하여 리눅스 배포판을 설치하면 별도의 모니터나 그래픽 카드의 드라이버 설치 없이 사용할 수 있다.
- 만약 화면이 제대로 표시되지 않는다면, 제조사의 모니터 또는 그래픽 카드의 드라이버 제공 여부를 확인해 봐야 한다.
- 보통 듀얼 모니터를 설정할 때 제대로 되지 않는 경우가 있으며, 이때 시스템에 맞는 드라이버를 설치하면 해결되는 경우가 많다.
- 시스템에 장착된 그래픽 카드를 알아보는 명령은 lspci | grep -I vga와 같이 사용할 수 있다.

⑥ LAN 카드

- 리눅스는 Intel, 3COM, Hp, Realtek, Broadcom 등 대부분의 LAN 카드를 기본으로 제공하고 있다.
- 리눅스는 이더넷, 모뎀, SLIP, PPP, ATM, FDDI, USB 등 다양한 네트워크 카드 규격을 지원한다.
- 리눅스는 유선뿐만 아니라 무선을 위한 무선랜 어댑터도 지원한다.
- 만약 네트워크 설정이 제대로 되지 않았다면 제조사의 웹사이트에 방문하여 리눅스 드라이버 제공 여부를 확인해야 한다.
- 네트워크 설정을 위해 IP 주소, 넷마스크, 게이트웨이 주소, DNS 서버 주소 등을 해당 조직이나 기관의 네트워크 관리자를 통해 확인해야 한다.

⑦ 키보드 및 마우스

- 현재 존재하는 거의 대부분의 키보드와 마우스를 지원한다.
- 통신 인터페이스도 PS/2, Serial, USB 방식 등 모두 제공한다.

02 하드웨어의 선택

1) RAID의 개요

- 하드디스크의 고성능 구현과 신뢰성을 위해 여러 개의 하드디스크를 구성하고 일부에 중복된 데이터를 나눠서 저장하는 복수 배열 독립 디스크(Redundant Array of Independent Disks) 기술이다.
- RAID 0은 고성능 구현을 추구하고, RAID 1은 무정지 구현을 위해 사용된다(RAID 1+0과 RAID 0+1은 이 둘을 혼합한 형태이다).
- RAID 5와 RAID 6은 고성능과 무정지 둘 다 추구한다.
- 하나의 RAID는 운영체제에서 논리적으로 하나의 하드디스크로 인식된다.
- 스트라이핑 기술은 디스크의 성능 향상을 위해 연속된 데이터를 여러 개의 디스크에 라운드 로빈 방식으로 기록하는 기술이다.
- 미러링 기술은 무정지를 위한 핵심기술로서, 디스크에 에러 발생 시 디스크 운용 정지를 막기 위해 추가적으로 하나 이상의 장치에 중복 저장하는 기술이다.

2) RAID의 종류

① RAID 0

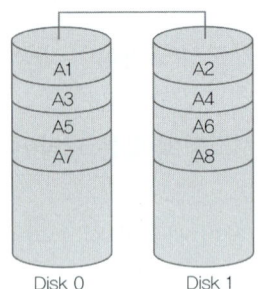

Disk 0   Disk 1

- 데이터를 하나의 디스크가 아닌 여러 디스크에 걸쳐 저장하는 스트라이핑 기술을 사용하여 데이터를 디스크에 분산 저장한다.
- 데이터를 저장할 때 여러 디스크에 동시에 쓸 수 있으므로 처리속도가 빠르다.
- 데이터 중복이 없고 패리티 기술★을 사용하지 않기 때문에 구성된 디스크 중 하나라도 오류가 발생하면 복구가 불가하다.

기적의 TIP

★패리티 기술 : 패리티 비트(Parity Bit)를 추가하여 데이터가 유실되었는지 손상되었는지 확인하는 기술이다.

---

② RAID 1

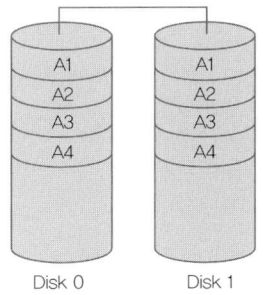

Disk 0   Disk 1

- 패리티나 스트라이핑 없이 미러링 방식으로 두 개의 디스크에 동일한 데이터를 동시에 기록하며, 디스크 장애 시에도 데이터 복구가 가능하다.
- 읽기 작업은 두 디스크에서 병렬로 수행할 수 있어 성능이 향상되지만, 쓰기 작업은 동시에 수행되므로 성능 향상에 큰 효과는 없다.
- 데이터가 중복 저장되므로 저장 공간 효율은 50%로 감소한다.

③ RAID 2

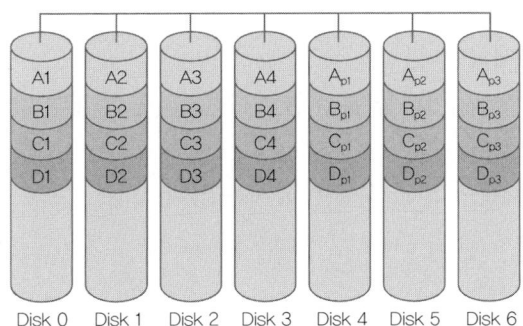

Disk 0   Disk 1   Disk 2   Disk 3   Disk 4   Disk 5   Disk 6

- 비트(bit) 레벨의 스트라이핑을 통하여 최소 3개의 디스크에 데이터를 분산 저장한다.
- 오류 정정 부호(ECC)를 기록하는 전용의 하드디스크를 이용한다.
- ECC를 통해 오류를 복구할 수 있지만 추가 연산이 필요해 입출력 속도가 떨어진다.

④ RAID 3

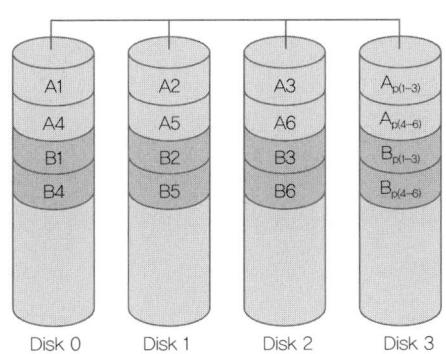

Disk 0   Disk 1   Disk 2   Disk 3

- 바이트(byte) 수준의 스트라이핑을 통해 데이터를 분산 저장한다.
- 한 번 읽거나 쓸 때 각 디스크에 동시에 접근 가능하므로 순차적 쓰기 성능과 순차적 읽기 성능이 우수하다.
- 패리티를 제공하므로 오류 체크 및 복구를 수행할 수 있다.

⑤ RAID 4

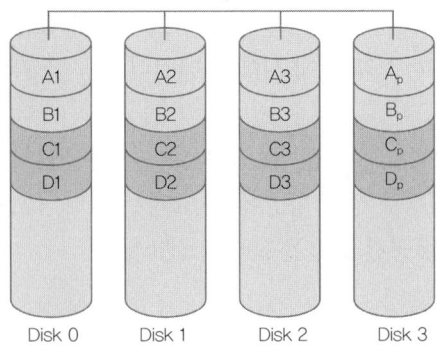

- 블록(Block) 레벨의 스트라이핑을 통해 데이터를 분산 저장한다.
- 패리티를 이용하므로 에러 체크 및 정정 기능을 제공한다.
- 블록 단위로 데이터가 저장되므로 단일 디스크에서 데이터를 읽어 들일 수 있고 여러 개의 디스크에서 동시에 데이터를 읽어 들일 수 있다.
- 데이터를 쓸 때마다 패리티 디스크도 접근하기 때문에 쓰기 성능이 좋지는 않다.

⑥ RAID 5

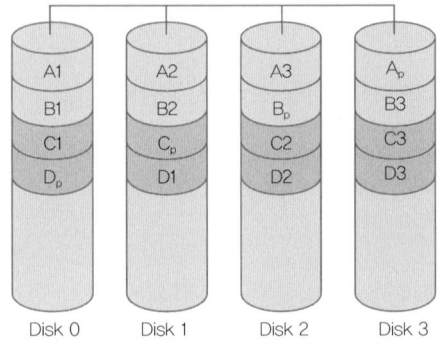

- RAID 4와 같이 블록 수준 스트라이핑으로 저장되며 패리티도 별도의 디스크가 아닌 모든 디스크에 나뉘어 저장된다.
- 성능 면에서 RAID 0보다 부족하지만, 성능 · 안정성 · 용량 세 부분을 모두 고려하여 현장에서 많이 사용한다.

⑦ RAID 6

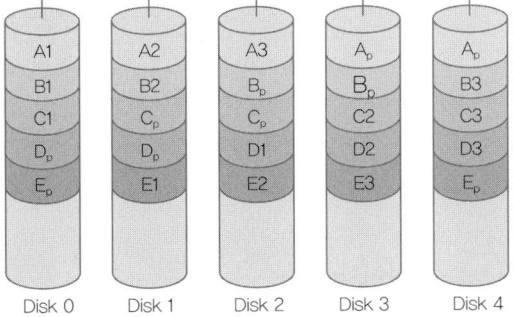

- RAID 5와 유사한 구성이며 추가적으로 2차 패리티 구성을 포함한다.
- RAID 5의 경우 1개의 디스크 오류만 대처 가능하지만 RAID 6은 2개의 디스크 오류에 대처 가능하다.

⑧ RAID 0+1

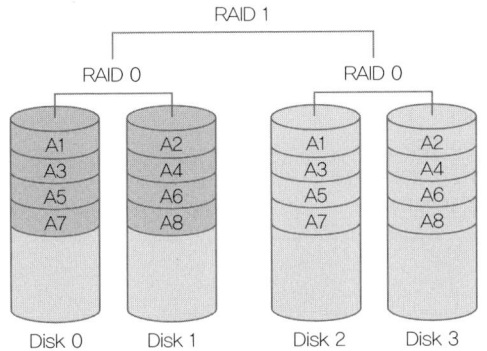

- 디스크 2개를 스트라이핑 기술을 사용하는 RAID 0으로 구성하고, 이러한 RAID 0 구성 세트를 다시 미러링 기술을 사용하는 RAID 1로 구성하는 방식이다.

⑨ RAID 1+0

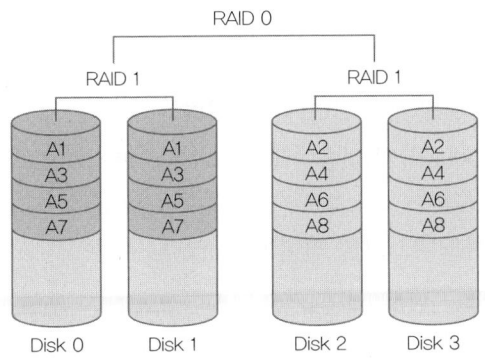

- 디스크 2개를 RAID 1로 구성하고, 이 세트를 다시 RAID 0으로 구성하는 방식이다.
- RAID 1보다 높은 성능을 제공하지만 가격이 비싸다.

⑩ RAID 5+3

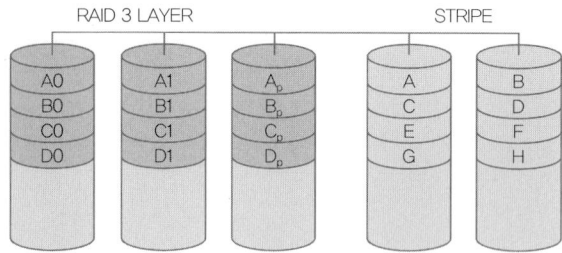

- RAID 3 방식에 스트라이프 어레이(Array)를 구성하는 방식이다.
- RAID 3보다 높은 성능을 제공하지만 가격이 더 비싸다.

➕ 더 알기 TIP

RAID별 특징 한 줄 요약
- RAID 0 : 스트라이핑으로 성능은 최고이나 장애 허용이 전혀 없는 구성이다.
- RAID 1 : 미러링으로 안정성은 높지만 저장 공간 효율이 50%로 낮다.
- RAID 2 : 비트 단위 스트라이핑과 ECC 전용 디스크를 사용하는 이론적 RAID이다.
- RAID 3 : 바이트 단위 스트라이핑과 전용 패리티 디스크를 사용하는 구조이다.
- RAID 4 : 블록 단위 스트라이핑과 전용 패리티 디스크로 읽기는 빠르나 쓰기 병목이 발생한다.
- RAID 5 : 블록 스트라이핑과 분산 패리티로 성능 · 안정성 · 용량의 균형을 갖춘 구성이다.
- RAID 6 : RAID 5에 이중 패리티를 적용하여 디스크 2개 장애까지 허용한다.
- RAID 0+1 : 스트라이핑한 RAID 0을 다시 미러링한 방식으로 장애 허용성이 낮다.
- RAID 1+0(RAID 10) : 미러링한 RAID 1을 스트라이핑한 방식으로 성능과 안정성이 우수하다.
- RAID 5+3 : RAID 3 기반에 스트라이핑을 결합한 고성능 · 고비용의 특수 구성이다.

3) 디스크 인터페이스

① IDE(Integrated Driver Electronics)
- 가장 오래된 규격으로, 40개의 핀으로 구성된 병렬 인터페이스이다.
- 병렬 전송을 강조하여 PATA(Parallel Advanced Technology Attachment)라고 부르기도 한다.
- 초기형 IDE보다 성능이 향상된 E-IDE(Enhanced IDE)가 있으며 133.3MB/s 속도로 데이터를 전송한다.

② S-ATA
- IDE의 성능 한계를 극복하기 위해 직렬로 데이터를 전달하는 인터페이스이다.
- SATA1은 초당 150MB 성능을 내고 SATA2는 초당 300MB의 전송속도를 보인다. 마지막으로 SATA3는 6Gbps의 속도를 제공한다.
- SATA2는 허브를 이용해 하나의 포트에 여러 개의 하드디스크를 연결할 수 있다.

③ SCSI(Small Computer System Interface)
- 고성능과 안정성, 신뢰성을 중시하는 워크스테이션 및 서버 시장에서 주로 사용하던 디스크 인터페이스이다.
- IDE와 마찬가지로 병렬 전송 방식이며, 10000RPM에 달하는 고성능 하드디스크 장착으로 최적의 성능을 제공했으나 병렬 방식을 사용한 성능의 한계가 존재한다.

④ SAS(Serial Attached SCSI)

- SCSI의 한계를 극복하기 위해 시리얼 방식을 도입한 디스크 인터페이스이다.
- SCSI의 안정성과 확장성, 신뢰성을 이어가면서 시리얼 전송을 통해 속도를 향상하였다.

➕ 더 알기 TIP

디스크 인터페이스별 특징

구분	IDE(PATA)	SATA	SCSI	SAS
전송 방식	병렬	직렬	병렬	직렬
주요 용도	구형 PC	일반 PC, 서버	서버, 워크스테이션	서버, 데이터센터
핀/케이블	40핀 리본 케이블	슬림 직렬 케이블	병렬 케이블	직렬 케이블
전송 속도	최대 133.3MB/s (E-IDE)	• SATA1 : 150MB/s • SATA2 : 300MB/s • SATA3 : 6Gbps	고RPM 기반 고성능 (병렬 한계 존재)	고속 직렬 전송
특징	• 단순 구조 • 구형 규격	• 병렬 한계 극복 • 보급형	안정성 · 신뢰성 우수	• SCSI 장점 계승 • 속도 향상
현재 활용도	거의 사용 안 함	매우 높음	감소 추세	고급 서버 환경

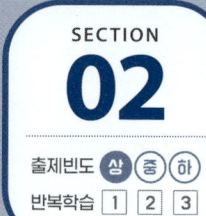
리눅스의 구조

▶합격강의

빈출 태그 ▶ MBR, GRUB2, system, Runlevel, Target, FHS, /etc, ext4, XFS, btrfs

01 부트 매니저

1) 부트 매니저의 개요

① 부트 매니저의 정의

- 부트 매니저(Boot Manager)는 보조기억장치에 위치한 운영체제를 주기억장치로 로드하기 위한 프로그램이며 부트로더(Boot Loader)라고도 한다.

② 부트 매니저의 동작 원리

- 시스템이 켜지면 BIOS는 디스크의 첫 번째 섹터(0번 섹터)인 부트 섹터에서 512바이트의 MBR(Master Boot Record)을 읽는다. MBR은 크기가 제한되기 때문에 IPL(Initial Program Loader)이라 불리는 부트로더의 일부가 먼저 실행된다. IPL은 파티션 테이블을 검사하여 부트로더의 나머지 코드의 위치를 알아내 실행한다.
- 리눅스의 대표적인 부트 매니저 프로그램은 LILO(LInux LOader)와 GRUB(Grand Unified BootLoader), GRUB2가 있다.

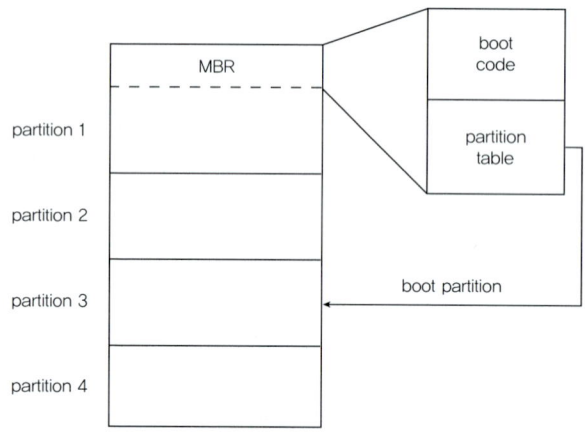

2) 부트 매니저의 종류

① LILO(LInux LOader)

- 모든 리눅스 배포판의 표준이자 가장 오래된 부트로더로서, 리눅스 커뮤니티의 지속적인 지원을 받고 있다. 그 예로 과거에 1,024개의 실린더 인식 한계가 있었던 부분도 현재는 개선이 된 상태이다.
- LILO 설정은 /etc/lilo.conf 설정 파일에서 이루어진다. 설정 파일을 변경 후 LILO stage 1 부트로더를 MBR로 다시 쓰기 위해 lilo 명령을 반드시 수행해야 한다.

② GRUB(Grand Unified Boot Loader)

- GNU 프로젝트에서 만든 부트로더이다.
- LILO와 달리 대화형 명령어 인터페이스를 제공하고 네트워크 부팅을 제공한다.
- 배포판마다 설정 파일명이 다를 수 있는데 일반적으로 /boot/grub/grub.conf 파일이 존재한다. LILO와 달리 GRUB은 설정 파일 변경 후 특별한 조치 없이 적용된다.

③ GRUB2

- 기존의 GRUB의 한계를 해결하기 위해 GRUB2를 완전히 다시 작성하였다. 기존의 GRUB은 GRUB Legacy라고 한다.
- GRUB Legacy는 x86 및 x86-64 아키텍처만을 지원했지만 GRUB2는 이뿐 아니라 PowerPC, SPARC(Scalable Process Architecture)와 같은 다양한 아키텍처를 지원한다.
- BIOS, EFI, OpenFirmware와 같은 다양한 펌웨어 유형을 지원한다.
- GRUB는 공식적으로 MBR을 통한 부트로더 동작만을 지원하고 GPT(GUID Partition Table)은 비공식적으로만 지원하고 있었으나, GRUB2는 정식으로 GPT를 지원한다.
- GRUB2는 RAID 및 LVM(Logical Volume Manager)을 지원한다.
- GRUB2는 GRUB이 지원했던 ext2fs, FAT, JFS, ReiserFS, XFS와 같은 리눅스용 파일 시스템뿐만 아니라 Apple사의 HFS+(Hierarchical File System), 마이크로소프트의 NTFS 파일 시스템, 썬(Sun)의 ZFS 등 다른 벤더의 파일 시스템도 지원한다.
- GRUB2는 리눅스, FreeBSD, NetBSD, OpenBSD와 같은 운영체제뿐 아니라 macOS 및 Darwin 커널과 같은 XNU도 부팅할 수 있다.
- GRUB2의 환경설정 파일의 기본 경로는 GRUB Legacy와 마찬가지로 /boot/grub/grub.cfg이나 일부 리눅스 배포판은 GRUB Legacy와 동시 설치가 가능하도록 /boot/grub2/grub.cfg를 사용하고 있다.
- GRUB2는 대부분의 리눅스 배포판에서 기본 부트로더로 선택하고 있다. 우리에게 익숙한 레드햇 계열 7 및 Ubuntu 9.10 이후의 버전에서 기본 부트로더로 이미 사용되고 있다. 참고로 이전 버전인 레드햇 계열 6 버전의 기본 부트로더는 GRUB이다.

3) GRUB2 사용해 보기

① GRUB2 초기화면

- 부팅하면 GRUB2의 메뉴를 바로 볼 수 있으며 카운트다운이 시작된다. 아무 키도 누르지 않으면 기본 선택된 메뉴 항목으로 부팅이 되고 [Esc]를 누르면 카운트다운을 멈출 수 있다.
- 위와 아래 화살표로 부팅하고자 하는 메뉴 항목으로 이동할 수 있다. [Enter]를 누르면 선택한 메뉴 항목으로 부팅을 시작한다.
- [E]를 누르면 선택한 항목에 대해 편집이 가능하다.
- [C]를 누르면 명령 줄 모드로 진입할 수 있다.

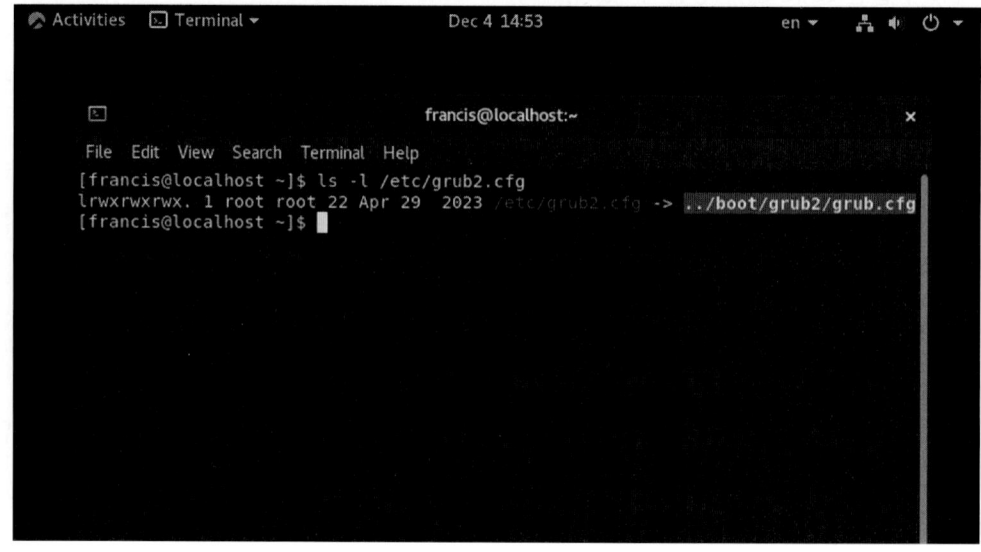

```
Rocky Linux (4.18.0-477.10.1.el8_8.x86_64) 8.8 (Green Obsidian)
Rocky Linux (0-rescue-0d0b4a03fe924d0a898d27bc3674e8eb) 8.8 (Green Obsid→




                                  Use the ↑ and ↓ keys to change the selection.
                                  Press 'e' to edit the selected item, or 'c' for a command prompt.
```

② GRUB2 편집화면

• E 를 누르면 선택한 메뉴 항목에 대한 환경설정이 화면에 표시되며 수정할 수 있다. 이 환경
설정은 /boot/grub2/grub.cfg의 정의된 내용과 동일하다.

• 변경을 원하는 항목에 대해 수정 후 Ctrl + X 를 누르면 수정된 내용으로 부팅이 시작된다.

• 이 화면에서 환경설정을 수정하여도 /boot/grub2/grub.cfg 파일에 저장되는 것은 아니다. 즉
영구 적용이 아닌 임시로 수정하는 것이다.

```
 Activities    Terminal ▾                    Dec 4 14:53                         en ▾    🔊 ⏻ ▾


  ⊡                              francis@localhost:~                                  ✕

  File  Edit  View  Search  Terminal  Help
  [francis@localhost ~]$ ls -l /etc/grub2.cfg
  lrwxrwxrwx. 1 root root 22 Apr 29  2023 /etc/grub2.cfg -> ../boot/grub2/grub.cfg
  [francis@localhost ~]$
```

```
load_video
set gfx_payload=keep
insmod gzio
linux ($root)/vmlinuz-4.18.0-477.10.1.el8_8.x86_64 root=/dev/mapper/rl-root ro\
 crashkernel=auto resume=/dev/mapper/rl-swap rd.lvm.lv=rl/root rd.lvm.lv=rl/sw\
ap rhgb quiet
initrd  ($root)/initramfs-4.18.0-477.10.1.el8_8.x86_64.img $tuned_initrd
e_




      Press Ctrl-x to start, Ctrl-c for a command prompt or Escape to
      discard edits and return to the menu. Pressing Tab lists
      possible completions.
```

③ GRUB2 환경설정 파일

- GRUB2의 환경설정 파일은 /boot/grub2/grub.cfg이다. 또한 /etc/grub2.cfg 파일이 해당 파일로 심볼릭 링크되어 있다.
- 이 파일은 직접 수정하면 안 되고 grub2-mkconfig 명령어를 사용해야 한다. 이 명령어는 /etc/grub.d 이하의 스크립트로 작성된 템플릿 파일들과 /etc/default/grub에 정의된 GRUB2 메뉴를 위한 설정값을 가지고 /boot/grub2/grub.cfg 파일을 만들어낸다.
- 아래는 간단한 GRUB2 환경설정 파일에 대한 예시이다.

```
set timeout=10

set default=0


menuentry "Rocky Linux" {

    set root=(hd1,8)

    linux16 /vmlinuz-3.10.0-1160.el7.x86_64 root=/dev/mapper/centos-root ro crashkernel=auto spectre_
v2=retpoline rd.lvm.lv=centos/root rd.lvm.lv=centos/swap rhgb quiet LANG=en_US.UTF-8

    initrd16 /initramfs-3.10.0-1160.el7.x86_64.img

}


menuentry "Windows 7" {

    set root=(hd1,2)

    parttool (hd0,1) hidden+

    parttool (hd1,5) hidden-

    chainloader +1

}
```

- set 키워드를 통해 각 옵션에 대한 값을 설정할 수 있다.
- default 옵션을 통해 기본 부팅 항목을 설정한다. 여기에서 "0"은 menuentry의 첫 번째 항목을 의미한다.
- timeout 옵션은 사용자가 메뉴 항목을 선택하기를 기다리는 시간이고 default은 기본으로 부팅할 메뉴 항목을 가리킨다. 0은 첫 번째 메뉴 항목을 뜻하고 숫자 대신에 메뉴 항목의 이름을 그대로 설정할 수도 있다.
- 나머지는 menuentry가 연속되며 중괄호 "{ }"를 통해 시작과 끝을 알 수 있다.
- root는 루트 디바이스 위치를 설정하며 GRUB 환경설정 파일의 root 항목과 동일한 역할을 수행한다.
- linux16은 커널 이미지 경로를 설정하며 GRUB 환경설정 파일의 kernel 항목과 동일한 역할을 수행한다.
- initrd16은 램디스크 이미지에 대한 경로를 설정하며 GRUB 환경설정 파일의 initrd와 동일한 역할을 수행한다.

④ /etc/default/grub 파일

- grub.cfg가 생성될 때 메뉴 항목에 대한 설정들은 /etc/default/grub 파일의 내용을 취하여 생성한다.
- /etc/sysconfig/grub 파일은 /etc/default/grub 파일에 대한 심볼릭 링크이다.
- 아래는 /etc/default/grub 파일의 내용이며 각 항목 수정 시 grub2-mkconfig 명령을 사용하여 grub.cfg 파일을 갱신해야 한다.

```
GRUB_TIMEOUT=5
GRUB_DISTRIBUTOR="$(sed 's, release .*$,,g' /etc/system-release)"
GRUB_DEFAULT=saved
GRUB_DISABLE_SUBMENU=true
GRUB_TERMINAL_OUTPUT="console"
GRUB_CMDLINE_LINUX="crashkernel=auto resume=/dev/mapper/rl-swap rd.lvm.lv=rl/root rd.lvm.lv=rl/swap rhgb quiet"
GRUB_DISABLE_RECOVERY="true"
```

- GRUB_TIMEOUT은 메뉴 항목이 표시된 후 사용자의 입력을 기다리는 시간이다. 위 설정은 5초로 설정되어 있다.
- GRUB_DISTRIBUTOR 메뉴 항목의 제목(title)을 나타낸다.
- GRUB_DEFAULT는 부팅할 때 기본으로 선택할 항목을 뜻한다. 0은 첫 번째 메뉴 항목, 1은 두 번째 메뉴 항목이다. "saved" 값은 grub2-set-default 명령어와 grub2-reboot 명령어로 설정된 값을 기본 부팅 항목으로 사용하겠다는 의미이다.
- GRUB_DISABLE_SUBMENU는 메뉴 항목 하위에 서브 메뉴로 표시할 것인지 여부를 결정한다.

- GRUB_CMDLINE_LINUX 커널 부트 파라미터를 설정한다.
- GRUB_DISABLE_RECOVERY가 true이면 복구를 위한 메뉴 항목이 기본으로 보인다.

➕ 더 알기 TIP

기본 부트 항목 변경하기

- grub2-set-default 명령어를 통해 기본 메뉴 항목을 변경한다. 숫자로 입력도 가능하지만 다음과 같이 메뉴 항목명을 입력할 수도 있다.

```
# grub2-set-default "Rocky Linux 8"
```

- /etc/default/grub의 GRUB_DEFAULT 변수에 숫자(0부터 시작) 또는 문자열을 입력하여 기본 항목을 변경할 수 있다. 이때 grub2-mkconfig 명령어로 GRUB 환경설정을 갱신해야 한다.

```
# grub2-mkconfig -o /boot/grub2/grub.cfg
```

- grub2-editenv 명령어를 통하여 잘 적용되었는지 확인해 보자.

```
# grub2-editenv list
saved_entry=Rocky Linux 8
```

02 주요 디렉터리 구조

1) 리눅스 파일 시스템 표준(FHS ; File system Hierarchy Standard)

- 리눅스 파일 시스템 표준은 BSD 파일 시스템 계층 구조 기반의 리눅스 디렉터리 구조 표준이다. 이 표준은 비영리 조직인 리눅스 재단이 유지 및 관리를 수행하고 있다. 리눅스 재단은 HP, 레드햇, IBM, Dell과 같은 주요 소프트웨어 및 하드웨어 공급 업체들로 구성되어 있다.
- =최신 버전은 2004년 1월 29일에 발표된 2.3이다.

2) 리눅스의 주요 디렉터리

/	리눅스 파일 시스템의 최상위 디렉터리
/bin/	• 모든 사용자가 사용할 수 있는 주요 명령어들이 위치 • 대표 명령어 : ls, cp, mkdir, mv, rm, cat, tar 등
/boot/	• 커널 파일이나 initrd 등 부팅이 필요한 파일이 위치하는 디렉터리 • 부트로더인 grub 관련 파일도 이 디렉터리 이하에 위치
/dev/	하드디스크, CPU, 네트워크, 입출력장치 등 디바이스 파일이 존재하는 디렉터리이다.
/etc/	• 보통 Editable Text Configuration이니 Extended Tool Chest와 같은 약어로 해석되고 있음 • 이 디렉터리에는 시스템 환경설정 파일과 시스템 초기화 시 수행되는 여러 스크립트 파일들이 위치 • 가령 init 프로세스가 수행하는 환경설정 파일도 이 위치에 있음
/home/	• 로그인한 사용자의 파일, 개인설정, 기타 등을 포함하는 사용자 전용 홈 디렉터리 • 이 디렉터리 이하에는 각 사용자 계정으로 폴더가 생성되고 그 이하에 사용자별 데이터가 저장됨

/lib/	• 시스템에 설치되어 있는 각종 라이브러리가 저장되어 있는 디렉터리 • 특히 /lib/modules에는 설치된 커널의 모듈이 위치
/media/	CD-ROM이나 이동식 디스크가 시스템에 마운트 시 이 디렉터리를 사용
/mnt/	다양한 디바이스가 마운트할 때 사용하는 임시 디렉터리
/opt/	추가 애플리케이션 소프트웨어 패키지
/proc/	• 메모리에 존재하는 모든 프로세스들이 파일 형태로 매핑됨 • 디스크상에 실재 존재하는 것이 아닌 가상 파일 시스템으로 구현되어 있음 • 이 디렉터리를 통해 프로세스의 상태 정보, 하드웨어 정보, 기타 시스템 정보를 확인할 수 있다.
/root/	루트 사용자의 홈 디렉터리
/sbin/	• 시스템 종료 명령어인 shutdown, 네트워크 인터페이스 관련 명령어인 ifconfig, 시스템 점검과 복구 등 root가 사용하는 시스템 관리 명령어가 포함되어 있음 • Sbin은 'system Binary'의 약자
/tmp/	• /var/tmp와 같은 공용 디렉터리로, 퍼미션은 1777이고 Sticky Bit가 설정되어 있음 • 각종 프로그램들이 임시 파일을 생성하는 디렉터리
/usr/	사용자들이 사용하기 위해 설치한 주요 명령어들이 위치
/usr/bin/	• 대부분의 사용자 명령어를 포함 • 가령 Perl과 같은 명령어도 이곳에 위치
/usr/include/	C, C++ 등 프로그래밍 언어가 사용하는 헤더 파일이 위치
/usr/lib/	/usr/bin/과 /usr/sbin/에 있는 바이너리에 링크하기 위한 라이브러리
/usr/sbin/	주로 시스템 관리자가 사용하는 명령들이나 상대적으로 중요하지 않은 명령어들이 위치
/usr/src/	다양한 바이너리의 소스코드가 위치하며, 리눅스 커널의 소스코드도 이곳에 위치
/var/	• 로그, 스풀 파일 등 임시로 생성되거나 상황에 따라 생성되거나 삭제될 수 있는 데이터가 보관됨 • 가령 로그 파일은 /var/log에 위치하고 메일은 /var/spool/mail에 저장되고 cron의 설정 파일은 /var/spool/cron에 위치
/sys/	• 핫플러그(Hot Plug) 장치를 위한 sysfs 가상 파일 시스템을 통해 장치 정보를 제공 • 프로세스를 위한 정보를 제공하는 /proc과 유사한 방식
/run/	• 부팅 이후 시스템의 실행 중인 프로세스 또는 로그인한 사용자와 같은 런타임 데이터(Runtime Data)를 포함하고 있는 디렉터리이다. • /var/run은 /run에 대한 심볼릭 링크

03 부팅과 셧다운

1) 부팅의 개요

- 부팅이란 컴퓨터의 전원이 켜진 후 사용자가 시스템을 사용할 수 있도록 운영체제를 기동하는 절차 혹은 과정을 의미한다.
- 부팅을 위해서는 BIOS는 MBR로부터 부트로더를 실행한다. 부트로더는 지정된 위치에서 커널을 메모리에 읽어 들인 후 초기화 프로세스를 실행한다. 특히 리눅스의 경우 사용자가 지정한 실행 레벨에 따라 지정된 스크립트를 수행하여 운영체제의 나머지 초기화를 완료한다.

2) 부팅의 상세 절차

시스템 시작 및 재시작

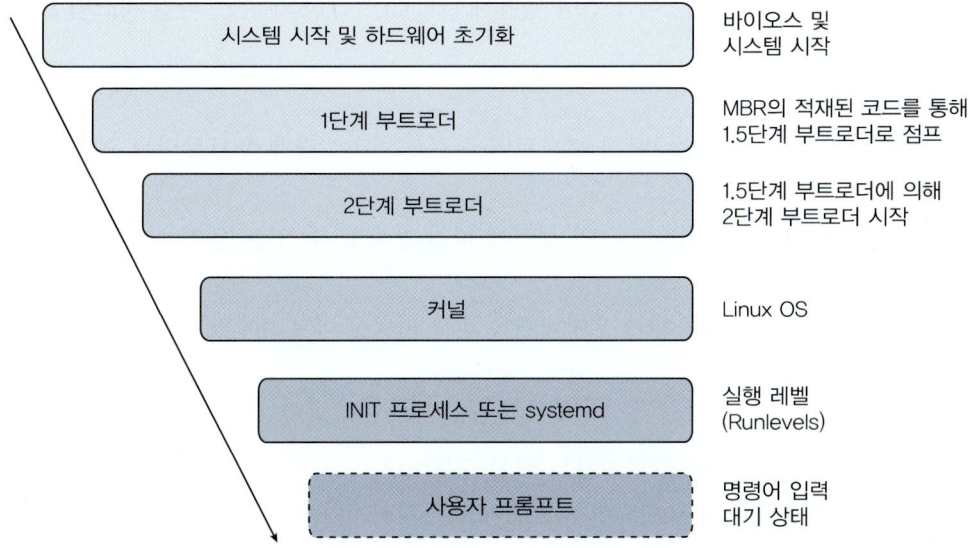

시스템 시작 및 하드웨어 초기화	바이오스 및 시스템 시작
1단계 부트로더	MBR의 적재된 코드를 통해 1.5단계 부트로더로 점프
2단계 부트로더	1.5단계 부트로더에 의해 2단계 부트로더 시작
커널	Linux OS
INIT 프로세스 또는 systemd	실행 레벨 (Runlevels)
사용자 프롬프트	명령어 입력 대기 상태

① 시스템 시작 및 하드웨어 초기화

- 컴퓨터 메인보드의 ROM 영역에 저장된 프로그램으로 시스템을 켜면 가장 먼저 실행된다.
- 컴퓨터 하드웨어 인식과 각 장치들의 사용을 위한 준비를 수행하는 등 POST(Power On Self Test)★ 기능을 수행한다.

🏳 기적의 TIP

★POST(Power On Self Test) : 컴퓨터가 전원이 켜진 후 테스트 과정을 화면에 보여 줘야 하기 때문에 그래픽 카드를 먼저 체크한다. 그 다음 메인보드와 각 주변 장치가 정상 동작하는지 테스트하고 그 과정 및 결과를 모니터에 출력한다.

② 1단계 부트로더

- 하드디스크의 0번 섹터를 특별히 MBR이라고 하며 운영체제 로드를 위한 1단계 부트로더인 boot.img가 위치한다.
- 다음 단계인 2단계 부트로더는 파일 시스템상에 위치한다. 하지만 0번 섹터는 512바이트에 불과하므로 1단계 부트로더가 파일 시스템을 해석할 수 있는 기능을 담기에는 공간이 턱없이 부족하다. 이에 2단계 부트로더를 위해 파일 시스템을 해석할 수 있는 기능을 가진 중간 단계인 1.5단계 부트로더(core.img)가 필요하며 boot.img에서는 1.5단계 부트로더인 core.img로 점프하는 역할까지만 수행한다.
- 1.5단계 부트로더는 0번 섹터 이후 다음 파티션 이전의 공간에 위치한다. 다음 파티션은 63번 섹터에 위치하므로 약 62개의 섹터 공간(약 30킬로바이트)에 걸쳐 1.5단계 부트로더가 위치할 수 있다. 1.5단계 부트로더는 이 공간을 활용해 ext, fat, NTFS와 같은 파일 시스템 드라이버를 포함할 수 있다.

③ 2단계 부트로더

- 1.5단계 부트로더인 core.img는 2단계 부트로더를 로드하고, 2단계 부트로더는 파일 시스템상에 위치한다.
- GRUB legacy 및 GRUB2는 grub.conf의 설정에 따라 선택할 수 있는 운영체제 목록을 표시한다.
- 사용자가 운영체제를 선택하면 해당 운영체제를 위한 커널을 메모리에 로드하고 해당 커널에게 제어권을 전달한다.

④ 커널

- 커널은 하드웨어와 소프트웨어를 관장하는 핵심 모듈이다.
- 커널은 한 번 메모리(RAM)에 로드되면 시스템이 리부팅하거나 종료할 때까지 상주한다.
- GRUB으로부터 제어권을 이어받은 커널은 /sbin/init의 프로그램을 실행한다. 리눅스 배포판에 따라 차이가 있을 수 있는데 레드햇 계열 6에서는 init 프로세스를 그대로 실행하고 레드햇 계열 7 이후로는 심볼릭 링크되어 있는 systemd 프로세스를 실행한다.

⑤ INIT 프로세스

- INIT 프로세스는 부팅을 위해 필요한 초기화 작업을 실제로 수행한다.
- INIT 프로세스는 가장 먼저 모든 시스템의 프로퍼티, 하드웨어, 디스플레이, SELinux, 커널 모듈, 파일 시스템 마운트 등을 체크하기 위해 /etc/rc.d/rc.sysinit 스크립트를 수행한다.
- INIT 프로세스는 /etc/inittab 파일을 읽어 실행 레벨을 확인하고, 그에 맞는 스크립트를 실행한다. 가령 실행 레벨이 5인 경우 /etc/rc5.d 디렉터리에 위치한 스크립트가 실행된다.
- 실행 레벨과 관련된 스크립트가 모두 수행되고 나면 INIT 프로세스는 /etc/rc.local에 정의된 프로세스를 마지막으로 실행한다.

레벨 0	시스템의 종료를 의미하며, 실행 레벨을 0으로 설정하면 시스템이 종료됨
레벨 1	단일 사용자 모드(Single User Mode) 또는 시스템 복원모드라고 하며, Root 권한 셸을 얻을 수 있음
레벨 2	다중 사용자 모드(Multi User Mode)라고 하며, 네트워크 기능을 제공하지 않는 텍스트 기반 유저 모드
레벨 3	네트워크 기능을 제공하는 다중 사용자 모드
레벨 4	현재 사용되고 있지 않은 모드
레벨 5	X 윈도우를 사용하는 다중 사용자 모드
레벨 6	시스템을 재부팅할 때 사용하는 실행 레벨

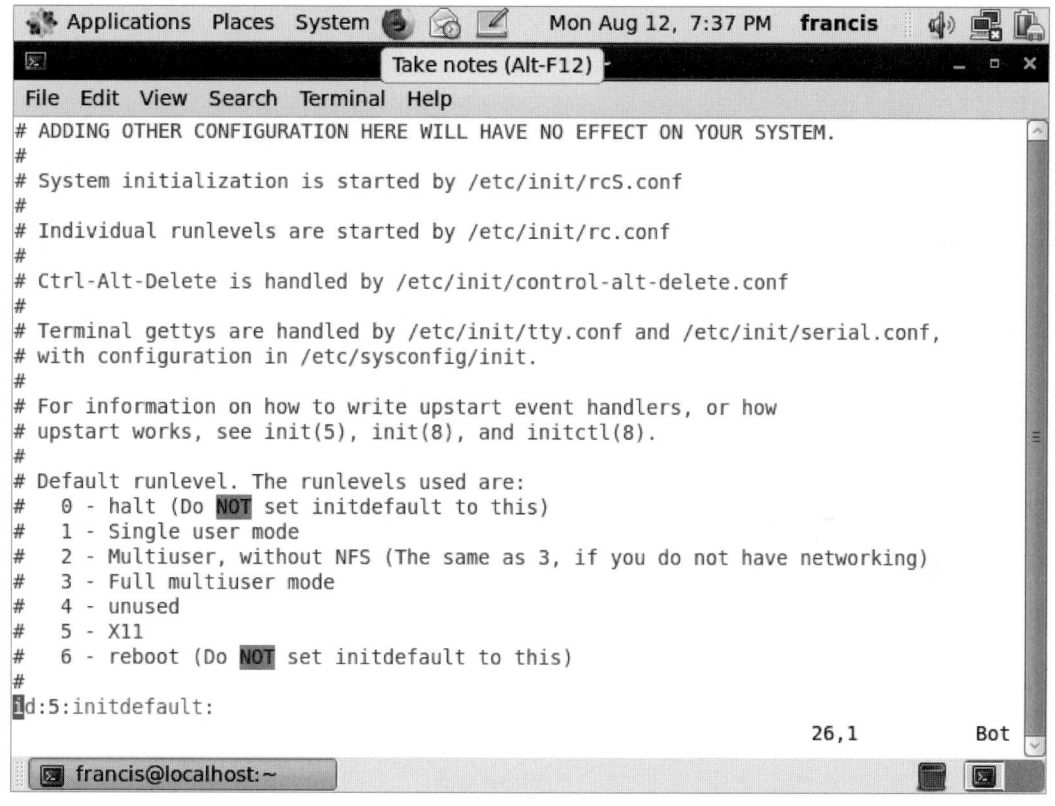

⑥ systemd

- systemd는 유닛(Unit)이라는 단위로 시스템 및 서비스를 제어하는 관리자이다.
- 기존에는 /sbin/init 경로에 위치하는 System V 계열의 INIT 프로세스가 PID 1을 가졌지만 레드햇 계열 7부터는 /sbin/init에 심볼릭 링크가 걸려 있는 /usr/lib/system/systemd가 그 역할을 수행한다.
- systemd는 부팅 시 여러 서비스 스크립트를 병렬로 실행할 수 있어 리눅스 부팅 시간을 단축할 수 있다. 단 서비스 간의 의존성이 있는 경우는 순차적으로 실행된다.
- systemd는 기존의 System V의 init 스크립트와 호환성을 가지지만 몇몇 옵션에서 제약이 있다.
- systemd는 다양한 유닛을 제공하며 INIT 프로세스의 실행 레벨의 개념에 대응하는 Target 유닛에 대해 알아 두어야 한다.

➕ **더 알기** TIP

systemd의 Target 구조와 부팅 방식
- systemd는 부팅 시에 default.target 유닛에 심볼릭 링크되어 있는 Target 유닛을 실행한다.
- 만약 default.target 유닛이 multi-user.target으로 심볼릭 링크되어 있다면 부팅 시 multi-user.target과 연관된 유닛들이 실행될 것이다.

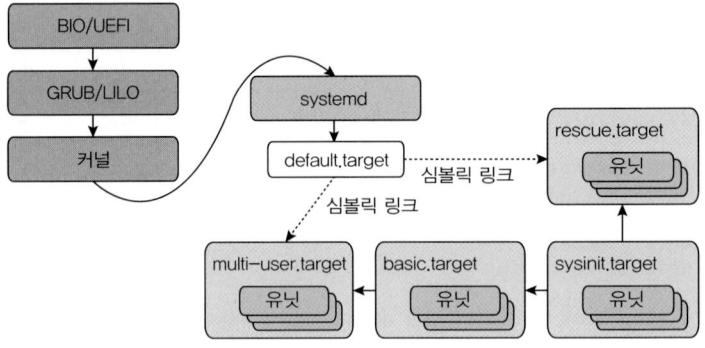

➕ **더 알기** TIP

NIT 프로세스의 각 실행 레벨과 대응하는 Target 유닛

레벨	Target 유닛	
	Runlevel	Systemd Target
0	runlevel0.target	poweroff.target
1	runlevel1.target	rescue.target
2	runlevel2.target	multi-user.target
3	runlevel3.target	multi-user.target
4	runlevel4.target	multi.-user.target
5	runlevel5.target	graphical.target

⑦ **사용자 프롬프트(User Prompt)**

- 모든 초기화가 완료되면 실행 레벨에 따라 다르지만 X-Window가 표시되거나 Terminal을 통해 사용자의 입력을 받을 준비가 완료된다.

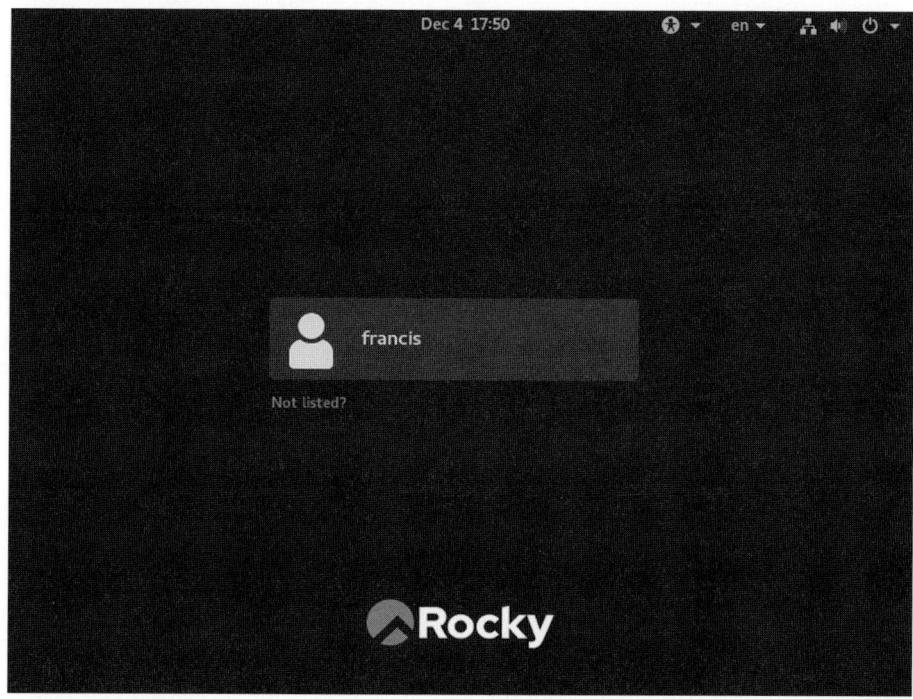

3) 로그인과 로그아웃

① 로그인

- 리눅스는 멀티 유저(Multiuser)를 지원하는 운영체제이기 때문에 아이디와 패스워드를 통해 사용자를 식별하고 사용자 간 실행환경을 독립적으로 제공한다.
- INIT 프로세스 또는 Systemd 프로세스의 실행 레벨에 따라 단일 사용자 모드, 멀티 유저 모드, X 윈도우를 통한 멀티 유저 모드로 나눌 수 있다.

모드	실행 레벨	내용
단일 사용자 모드	1	시스템에 연결된 화면과 키보드를 통해 단일 사용자 로그인이 가능
멀티 유저 모드(터미널)	2, 3	• 실행 레벨 2의 경우 네트워크를 통한 로그인이 제공되지 않음 • 실행 레벨 3의 경우 네트워크를 통한 로그인이 제공됨
멀티 유저 모드(X-윈도우)	5	X 디스플레이 매니저를 통해 구현되는 그래픽 화면을 통해 아이디와 패스워드 입력하여 로그인이 가능

로그인 공지 기능

로그인 전후, 사용자에게 메시지를 보여 줄 수 있다.

설정 파일	표시 시점	설명
/etc/issue	로그인 전	로컬에서 접속 시도 시 해당 파일의 내용을 표시
/etc/issue. net	로그인 전	telnet이나 ssh와 같은 프로토콜을 통하여 원격지에서 접속 시도 시 해당 파일의 내용을 표시
/etc/motd	로그인 후	로컬, 원격에 관계없이 로그인에 성공하면 해당 파일의 메시지를 사용자에게 표시

② 로그아웃

- 로그인 후 시스템의 사용이 모두 종료되면 로그아웃을 해야 한다. 로그아웃을 하지 않으면 악의적 사용자에게 시스템이 노출될 가능성이 있다.
- 터미널로 로그인 하였을 경우 logout 명령어를 통해 로그아웃할 수 있다.
- X-Windows에서 터미널을 실행하였을 경우 exit 명령어를 사용하여 로그아웃할 수 있다. 또는 키보드의 Ctrl+d 단축키를 통해서도 로그아웃이 가능하다.

자동 로그아웃 설정하기

- /etc/profile 파일을 열어서 TMOUT에 초단위로 설정한다. 아래는 10초로 설정하였다.

```
# vi /etc/profile
# /etc/profile


TMOUT=10
```

- 설정이 반영되었는지 확인하기 위해 logout하고 다시 login하거나 아래와 같이 source 명령으로 설정 파일을 재로드할 수 있다.

```
$ source /etc/profile
```

- 10초간 기다리면 자동으로 로그아웃된다.

4) 시스템 종료(Shutdown)

① X 윈도우 환경에서 셧다운하기

- 우측 상단의 전원 모양 아이콘을 클릭하여 시스템을 종료하거나 재시작할 수 있다.

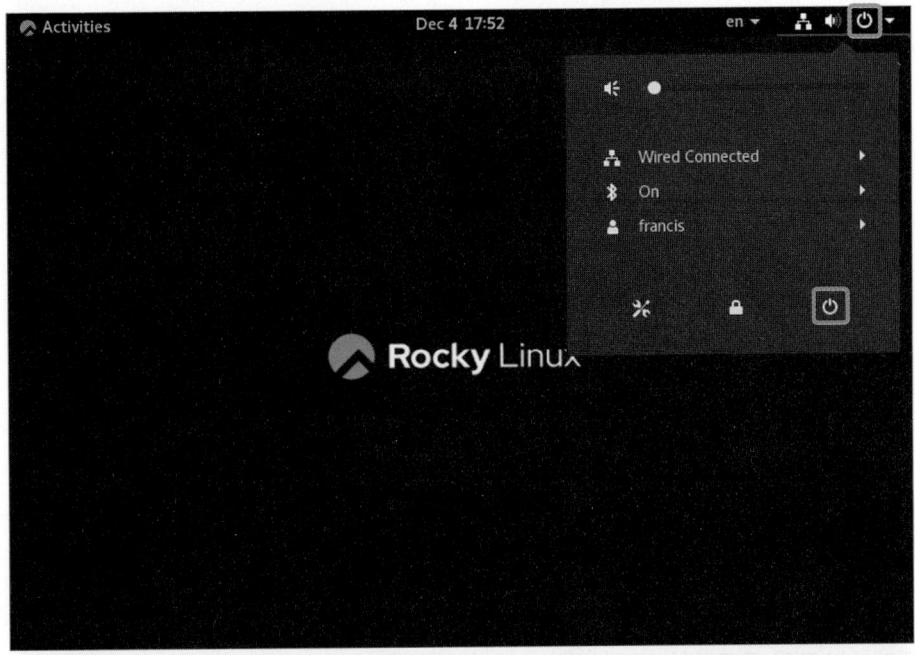

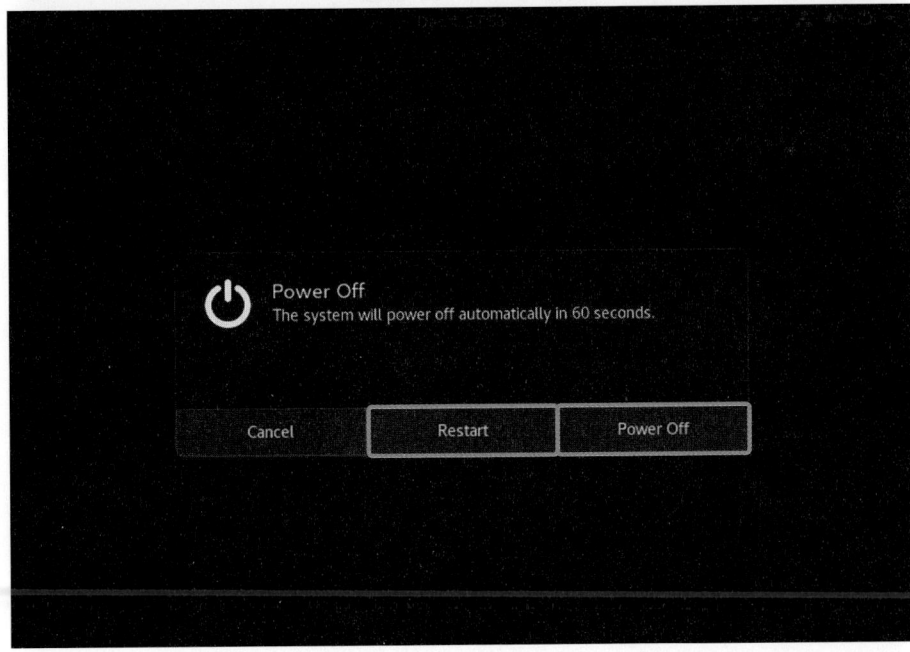

② 시스템 종료 방법

• shutdown, halt, poweroff, init을 통하여 시스템을 종료할 수 있다.

```
# shutdown -h now

또는

# halt

또는

# poweroff

또는

# init 0
```

③ 시스템을 재부팅하는 방법

• 시스템을 재부팅하기 위해 shutdown, reboot, init 명령어를 사용할 수 있다.

```
# shutdown -r now

또는

# reboot

또는

# init 6
```

④ 예약된 시간에 시스템을 종료하거나 재시작(Reboot)하는 방법

• 5분 뒤 종료 : # shutdown -h +5
• 특정 시각에 종료 : # shutdown -h 10 : 00
• 5분 뒤 재부팅 : # shutdown -r +5

```
$ sudo shutdown -r +5

Shutdown scheduled for Sat 2020-12-19 14:38:03 KST, use 'shutdown -c' to cancel.


Broadcast message from root@localhost.localdomain (Sat 2020-12-19 14:33:03 KST):


The system is going down for reboot at Sat 2020-12-19 14:38:03 KST!
```

5) GRUB 패스워드 설정 및 복구

① GRUB Legacy 패스워드 설정

- 기본적인 방법은 패스워드를 생성하여 /boot/grub/grub.conf에 password로 시작하는 환경설정 줄을 추가하는 것이다. 패스워드를 생성하는 방식은 3가지가 있다.
- 첫 번째는 가장 안전한 방법으로 SHA-256 또는 SHA-512로 패스워드를 생성하는 것이다.
  - SHA-256 또는 SHA-512 알고리즘을 통해 패스워드의 해시값을 생성하는 방법이다.
  - 해시 생성은 grub-crypt 명령어를 사용하고, grub.conf에는 hiddenmenu 다음 줄에 password--encrypted 뒤에 생성했던 해시값을 입력한다.

```
# grub-crypt
Password:
Retype password:
$6$s01AYPxiNT5Lzci6$VuXmfzG4A0.gJH3gtodemNGRsBxJUoop9gaTIlf8dRytEbYcTDAxXloLemrjDl9dlQfDkotb
REC1guACa95L1


# vi /boot/grub/grub.conf
(중간 생략)
hiddenmenu
password --encrypted $6$s01AYPxiNT5Lzci6$VuXmfzG4A0.gJH3gtodemNGRsBxJUoop9gaTIlf8dRytEbYcTDAx
XloLemrjDl9dlQfDkotbREC1guACa95L1
(중간 생략)
```

- 두 번째는 MD5 방식으로, 이 방법은 해킹에 취약하여 현재는 권장되지 않는다.
  - M D5 알고리즘을 통해 패스워드의 해시 값을 생성하는 방법이다. 해시 생성은 grubmd5-crypt 명령어를 사용하고 grub.conf에는 hiddenmenu 다음 줄에 password -md5 뒤에 생성했던 해시값을 입력한다.
- 마지막으로 패스워드의 해시를 생성하지 않고 그대로 사용하는 방법이다.
  - 패스워드를 해시 값으로 지정하지 않고 평문으로 지정한다면 grub.conf의 hiddenmenu 다음 줄에 옵션 없이 password 뒤에 원하는 비밀번호를 입력하면 된다.

```
# vi /boot/grub/grub.conf
(중간 생략)
hiddenmenu
password my-password
(중간 생략)
```

② GRUB Legacy 패스워드 복구

- root 암호를 알고 있다면 부팅하여 /boot/grub/grub.conf의 password 줄을 삭제하면 된다.
- root 암호마저 잊어 버렸다면 설치 디스크를 통해 부팅해야 한다.
  - 부팅 후 나타나는 메뉴에서 'Rescue installed system'을 선택한다.
  - 해당 메뉴 진입 시 기본 선택에서 네트워크는 'No', 마운트는 'Continue'를 선택한다.
  - 셸에서 /mnt/sysimage/boot/grub/grub.conf을 편집해 설정했던 password 줄을 삭제하여
    GRUB 패스워드를 제거한다.

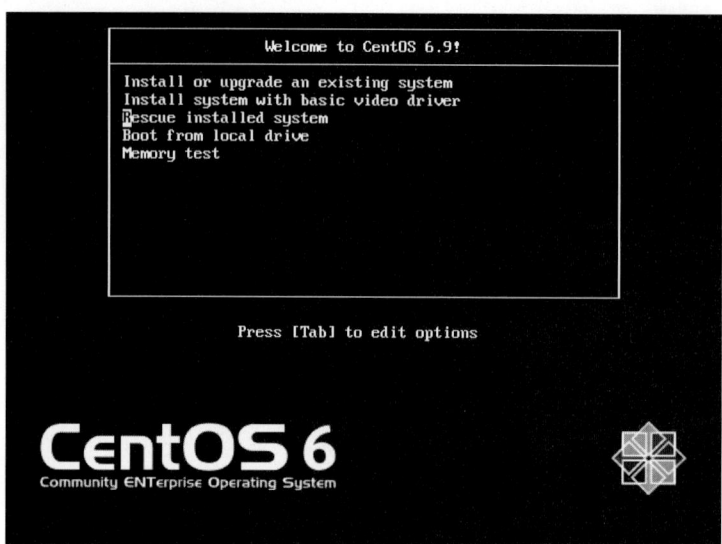

6) GRUB2 패스워드 설정 및 복구

① GRUB2 패스워드 설정

- GRUB2의 패스워드 설정 또한 GRUB Legacy의 방식과 유사하다.
  - grub2-mkpasswd-pbkdf2 명령어를 사용하여 패스워드에 대한 해시를 생성한다.

```
$ grub2-mkpasswd-pbkdf2
Enter password:
Reenter password:
PBKDF2 hash of your password is grub.pbkdf2.sha512.10000.10479EF9336E9F9B0BE733C24FE4B3A1363D26D
1218ED1A8EFFFD30E488B56EEC3CB0CA73A144E53D6176007BB8E3BB0BAF819583ECB6BB7907036B42A028
1FB.8E239876F5ABCA54A1837FF7B63289A86BA6496B29D3ABD45DE17805A069768FCD2268E248BA50F4FFA
515F6D442DF303FCC7BBA96F9D85C22E543635C8AC5D
```

- /etc/grub.d/40_custom에 set superusers="root" 줄을 입력하고 다음 줄에 password_pbkdf2 root 줄 그리고 생성한 패스워드를 이어서 입력한다.

```
# vi /etc/grub.d/40_custom

#!/bin/sh
exec tail -n +3 $0
# This file provides an easy way to add custom menu entries.  Simply type the
# menu entries you want to add after this comment.  Be careful not to change
# the 'exec tail' line above.
set superusers="root"
password_pbkdf2 root  grub.pbkdf2.sha512.10000.10479EF9336E9F9B0BE733C24FE4B3A1363D26D1218ED1
A8EFFFD30E488B56EEC3CB0CA73A144E53D6176007BB8E3BB0BAF819583ECB6BB7907036B42A0281FB.
8E239876F5ABCA54A1837FF7B63289A86BA6496B29D3ABD45DE17805A069768FCD2268E248BA50F4FFA
515F6D442DF303FCC7BBA96F9D85C22E543635C8AC5D
```

- grub2-mkconfig 명령어를 통해 grub.cfg를 갱신하는데, 잘 갱신되었는지 확인하려면 /boot /grub2/grub.cfg 파일을 열어서 정상적으로 반영되었는지 확인하면 된다.

```
# grub2-mkconfig -o /boot/grub2/grub.cfg
Generating grub configuration file ...
Found linux image: /boot/vmlinuz-3.10.0-1160.el7.x86_64
Found initrd image: /boot/initramfs-3.10.0-1160.el7.x86_64.img
Found linux image: /boot/vmlinuz-0-rescue-eaf9926f43fe4c3fb0a58ba4447b6b34
Found initrd image: /boot/initramfs-0-rescue-eaf9926f43fe4c3fb0a58ba4447b6b34.img
done
```

- 재부팅한 후 GRUB 메뉴에서 'e' 명령을 통해 편집하고자 한다면 GRUB2는 username과 password를 요구할 것이다.

```
Enter username:
root
Enter password:
_
```

- /etc/grub.d/40_custom 파일이 아닌 /etc/grub.d/00_header 파일을 수정할 수도 있지만, 00_ header 파일은 GRUB 패스워드 설정 외에도 다양한 설정이 존재하므로 혼란을 피하기 위해 40_custom 파일을 사용하는 것이 좋다.
- 암호화된 패스워드를 사용하지 않는 경우 password_pbkdf2 대신 password를 사용하면 된다.

② GRUB2 패스워드 복구

- root 패스워드를 알고 있는 경우라면 GRUB legacy와 마찬가지로 grub.conf에 설정하였던 항목들을 삭제하면 된다. GRUB2의 경우 grub2-mkconfig 명령어를 통해 grub.conf 파일을 갱신해주는 것만 잊지 않으면 된다.
- root 패스워드를 잊어버린 경우라면 일단 복구 시디로 부팅한 후 "Troubleshooting" 메뉴로 진입하면 GRUB2 환경설정 파일에 접근 가능한 셸로 진입할 수 있다. 그 다음 /etc/grub.d/40_custom에서 GRUB2 패스워드 설정 부분을 제거하고 grub2-mkconfig 명령으로 갱신해 주면 된다.

```
# chroot /mnt/sysimage
# vi /etc/grub.d/40_custom
# grub2-mkconfig -o /boot/grub2/grub.cfg
```

04 systemd

1) systemd의 개요

① 정의

- systemd는 이전 버전의 리눅스에서 사용하였던 SysV init 시스템을 대체하기 위한 시스템 및 서비스를 위한 매니저 역할을 수행한다.
- 레드햇사의 Lennart Poettering과 Kay Sievers가 처음 개발하였고, LGPL 라이선스이다.

② 특징

- 기존의 SysV init 스크립트와 호환성을 유지하도록 설계되었다.
- 부팅 시 시스템의 서비스들의 병렬로 시작할 수 있는 기능을 제공한다.
- 데몬이 필요한 순간 실행하여 시스템 리소스를 절약할 수 있는 온디맨드 액티베이션(On-demand Activation) 기능을 제공한다. 구체적으로 D-Bus, 소켓, 장치, 경로 기반 온디맨드 액티베이션 기능을 제공한다.
- 서비스 간 의존성을 고려하여 서비스의 시작 순서를 제어할 수 있는 기능을 제공한다.
- 시스템 서비스, 소켓상 패킷의 수신 대기, 실행 레벨(Run Level) 등의 시스템 및 서비스와 관련된 정보를 '유닛(systemd units)'이라는 단위로 추상화하여 관리한다.

2) systemd의 구조

① 유닛(systemd units)

- systemd는 시스템을 관리하기 위해 Service, Target, Automount, Device, Mount, Path, Scope, Slice,Snapshot, Socket, Swap, Timer 등 다양한 유닛을 제공한다.

유닛 유형	확장자	설명
Service unit	.service	시스템상에서 동작하는 서비스 또는 데몬과 연관된 유닛
Target unit	.target	- 다수의 유닛을 하나의 그룹을 관리할 수 있는 유닛 - 대표적인 예로 SysV Init에 존재하였던 실행 레벨(Run Level)을 Target 유닛으로 관리할 수 있음
Device unit	.device	- 커널이 인식 가능한 장치와 연관된 유닛 - 가령 특정 USB 장치가 연결될 때 특정 서비스 유닛을 실행할 수 있음
Mount unit	.mount	파일 시스템의 마운트 포인트를 나타내는 유닛
Path unit	.path	파일 시스템의 파일과 디렉터리와 연관된 유닛
Socket unit	.socket	프로세스 간 통신을 의미하는 IPC(Inter-process Communication)를 위해 사용하는 소켓과 연관된 유닛
Timer unit	.timer	systemd 타이머와 연관된 유닛

② 유닛을 위한 파일 경로

• 각 경로에 동일한 유닛이 발견된다면 표상 아래에 위치한 경로의 유닛이 우선하게 된다.

경로	설명
/usr/lib/systemd/system/	RPM 패키지로 배포되어 설치된 유닛은 이 경로에 존재
/run/systemd/system/	실행 시 생성된 유닛 파일이 위치하는 곳이며 /usr/lib/systemd/system/ 경로보다 이 경로에 위치한 유닛이 우선
/etc/systemd/system/	systemctl enable 명령을 통해 생성된 유닛이 위치하는 경로이며 /run/systemd/system/ 경로보다 이 경로에 위치한 유닛이 우선

③ 유닛 파일의 구조

• 유닛 파일은 [Unit], [Unit type], [Install]와 같이 3개의 섹션으로 구성된다.

섹션	설명
[Unit]	- 유닛 공통의 일반적인 사항을 포함하고 있음 - Description은 유닛에 대한 설명을 하고 Documentation은 유닛의 설명이 있는 웹 경로(URIs)를 지정 - After는 유닛이 시작할 순서를 정의하고 Requires는 유닛의 의존관계를 지정 - Wants는 Requires보다는 약한 의존성을 지정할 수 있음
[Unit type]	- 유닛 유형마다의 특성을 기술 예를 들이 Service 유닛은 [Service]라는 섹션 이름을 갖는데, [Service] 섹션의 ExecStart는 유닛이 실행될 때 실행될 명령어나 스크립트를 지정하며, ExecStop은 유닛이 중지할 때 실행할 명령어나 스크립트를 지정
[Install]	- systemctl enable 또는 disable 명령어로 유닛을 제어할 때 필요한 정보를 담고 있음 - RequireBy는 해당 유닛에 의존하고 있는 유닛의 목록을 지정 - WantedBy는 유닛에 약한 의존관계를 갖고 있는 목록을 지정

3) systemd의 주요 명령어

① 서비스 관리

기능	명령어
서비스 시작	systemctl start name.service
서비스 중지	systemctl stop name.service
서비스 재시작	systemctl restart name.service
서비스 실행 중인 경우만 재시작	systemctl try-restart name.service
서비스 설정 갱신	systemctl reload name.service
서비스 상태 확인	systemctl status name.service
서비스 목록 확인	systemctl list-units --type service --all

② 타겟 유닛

기능	명령어
기본 타겟 확인	systemctl get-default
현재 로드된 모든 타겟 확인	systemctl list-units --type target
기본 타겟 변경	systemctl set-default name.target
현재 타겟 변경	systemctl isolate name.target
복구 모드 변경	systemctl rescue
응급 모드 변경	systemctl emergency

③ 전원 관리

기능	명령어
시스템 끄기(Halt)	systemctl halt
시스템 전원 끄기(Power Off)	systemctl poweroff
시스템 재시작	systemctl reboot
시스템 서스펜드	systemctl suspend
시스템 하이버네이트	systemctl hibernate
시스템 하이버네이트 및 서스펜드	systemctl hybrid-sleep

④ 원격 제어

- 원격 시스템에 실행 중인 sshd 서비스에게 명령어를 전달하여 원격 시스템의 서비스를 제어할 수 있다.
- systemctl의 --host 또는 -H 옵션을 사용하여 원격지의 sshd 서비스에 연결할 수 있다.

```
$ systemctl -H root@linuxserver.example.com status httpd.service
```

05 파일 시스템의 이해

1) 파일 시스템의 개요

- 파일 시스템이란 디스크에 사용자의 데이터를 효율적으로 저장하기 위한 파일과 디렉터리를 조직화한 체계를 말한다.
- 디스크에 포맷 작업을 한다는 의미는 A4 종이에 글씨를 쓰기 좋도록 미리 줄을 긋는 것과 비슷하다. 포맷은 디스크를 일정한 크기로 분할하고 주소를 설정하여 사용자의 자료를 조직적으로 보관할 수 있게 해 준다.
- 사용자의 데이터는 파일 단위로 관리가 되며 디스크에 저장할 때에는 레코드 단위 혹은 블록 단위로 저장된다. 각 파일은 디렉터리에 속하여 그룹을 생성할 수 있기 때문에 많은 파일을 체계적으로 관리할 수 있다.
- 파일 시스템은 파일 입출력 시 발생하는 오류에 대하여 복구할 수 있는 기능도 제공한다.
- 디스크 입출력은 메모리에 비해 속도가 느리기 때문에 파일 시스템은 캐시 기능을 제공하여 디스크의 입출력을 최소화한다.

2) 리눅스 파일 시스템의 구조

① ext2의 파일 시스템 개요

- ext3와 ext4는 모두 ext2를 근간으로 발전하였다. ext2 파일 시스템의 구조를 이해하면 리눅스 파일 시스템이 어떻게 파일을 조직하고 관리하는지 이해하는 데 도움이 될 것이다.

② 부트 섹터(Boot Sector)와 블록 그룹(Block Group)

- ext2 파일 시스템은 부트 섹터와 그에 뒤따르는 여러 개의 블록 그룹들로 구성된다.
- 블록 그룹은 모두 같은 블록 개수를 가진다. 단, 마지막 블록 그룹은 예외이다.

```
0  2
┌─┬──────────┬──────────┬──────────┬──────────┐
│ │  블록 그룹  │  블록 그룹  │  블록 그룹  │  블록 그룹  │
│ │    0     │    1     │    2     │    n     │
└─┴──────────┴──────────┴──────────┴──────────┘
↑ 부트 섹터
```

③ 블록 그룹

- 블록 그룹은 여러 개의 블록으로 구성된다. 한 파일이 여러 블록에 나누어서 저장되어야 하는 경우, 단편화를 최소화하기 위해 동일 블록 그룹에 위치하려고 스케줄링한다.
- 블록 그룹은 슈퍼 블록(Super Block), 그룹 디스크립터 테이블(Group Descriptor Table), 블록 비트맵(Block Bitmap), 아이노드(Inode) 그리고 실제 사용자의 데이터를 담고 있는 블록(Block)으로 구성된다.
- 슈퍼 블록과 그룹 디스크립터 테이블은 0번 블록 그룹에만 포함되어도 기능상 문제가 없으나, 손상되면 파일 시스템 접근이 불가능하므로 다른 블록 그룹에도 사본이 보관되어 있다.
- 블록 비트맵은 그룹 내의 각 블록이 할당되어 있는지 여부를 비트(bit)로 표현한다. 즉 4KB 크기의 블록이라면 한 바이트는 8개의 비트로 구성되므로 총 32,768개의 블록 할당 여부를 표현할 수 있다.

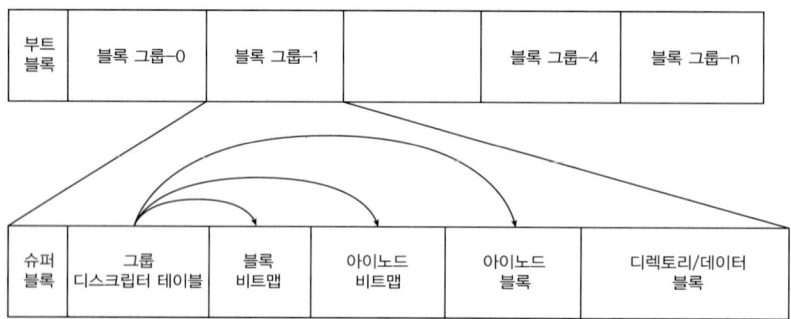

④ 슈퍼 블록(Super Block)

- 파일 시스템의 전체 내용을 담고 있는 블록으로 1KB만 사용한다. 즉 4KB의 블록을 사용하더라도 1KB만 사용하고 나머지 3KB는 비워 둔다.
- 슈퍼 블록에는 블록의 크기, 총 블록의 개수, 블록 그룹의 개수, 아이노드의 개수, 그룹 내 블록의 개수, 그룹 내 아이노드의 개수 등에 대한 정보가 포함되어 있다.

⑤ 그룹 디스크립터 테이블(Group Descriptor Table)

- 블록 그룹에 대한 정보를 담고 있으며 32bytes 크기인 그룹 디스크립터의 목록이다. 만약, 블록 크기가 1KB라면 총 32개의 그룹 디스크립터가 포함될 수 있다.
- 그룹 디스크립터 테이블은 블록 비트맵의 블록번호, 아이노드 비트맵의 블록번호, 첫 번째 노드 테이블의 블록 번호, 그룹 안에 있는 빈 블록 수, 그룹 안에 있는 아이노드 수, 그룹 안에 있는 빈 디렉터리 수이다.

⑥ 블록 비트맵(Block Bitmap)

- 블록 비트맵은 블록의 할당 여부를 비트로 표현한다.
- 각 비트에 해당하는 블록이 사용 중이면 1, 사용 중이지 않으면 0으로 나타낸다.

⑦ 아이노드(Inode)

- 아이노드는 실제 파일과 디렉터리의 데이터 위치를 알고 있는 자료구조이다.

- 아이노드는 Inode Number, 파일모드, 하드링크 수, 소유자 ID, 파일 크기, 마지막 접근, 마지막 수정, Inode 수정, 데이터 블록 수의 정보를 가지고 있다.
- 모든 파일과 디렉터리는 각 1개의 아이노드를 가지고 있고 고유한 주소를 가지고 있다.
- 아이노드의 주소를 알고 있다면 해당 아이노드가 가리키는 블록 그룹을 찾아갈 수 있다.
- 아이노드 1번은 슈퍼 블록, 2번은 루트 디렉터리 등 10번까지 예약되어 있다.

⑧ 아이노드 비트맵(Inode Bitmap)
- 아이노드의 할당 여부를 비트로 나타낸다.

⑨ 아이노드 테이블(Inode Table)
- 단일 블록이 아닌 연속된 블록으로 이루어져 있으며 각 블록은 미리 정의된 아이노드 개수를 포함한다.
- 아이노드의 첫 번째 블록의 번호를 그룹 디스크립터 테이블에 저장한다.
- 모든 아이노드의 크기는 128바이트로 동일하다. 예를 들어 아이노드 테이블 블록이 1,024byte 라면 아이노드를 8개 포함할 수 있다.

➕ 더 알기 TIP

아이노드를 통한 파일 블록 찾아가기

디렉터리 블록에서 파일이 속한 아이노드 번호를 안다면 아이노드 테이블에서 해당 아이노드를 찾아 실제 파일을 찾아갈 수 있다.

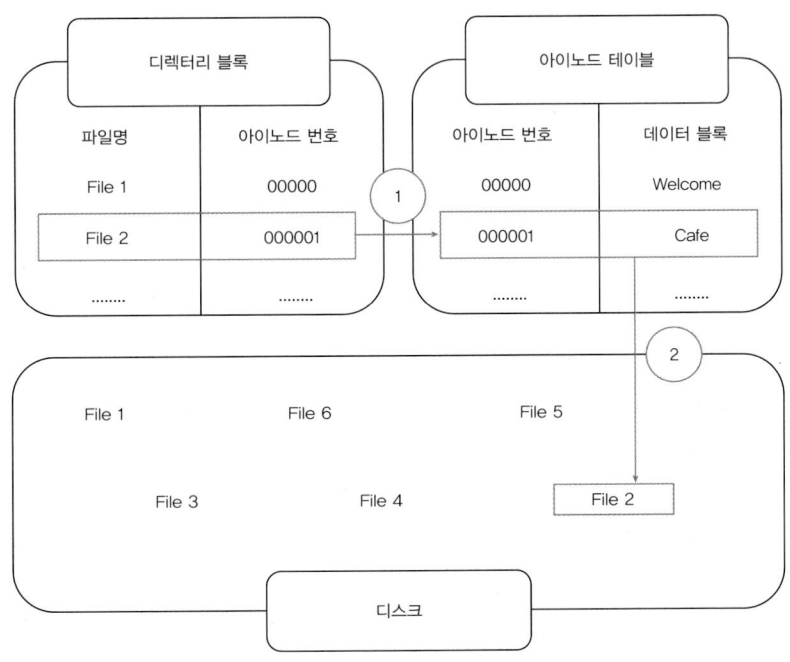

⑩ Ext2 아이노드

내부는 15개의 포인터가 있는 구조이며, 그 중 처음부터 12번까지는 직접 블록을 위한 것이다. 13번 포인터는 간접 블록을, 14번째 블록은 이중 간접 블록을, 그리고 15번째 포인터는 삼중 간접 블록을 가리킨다.

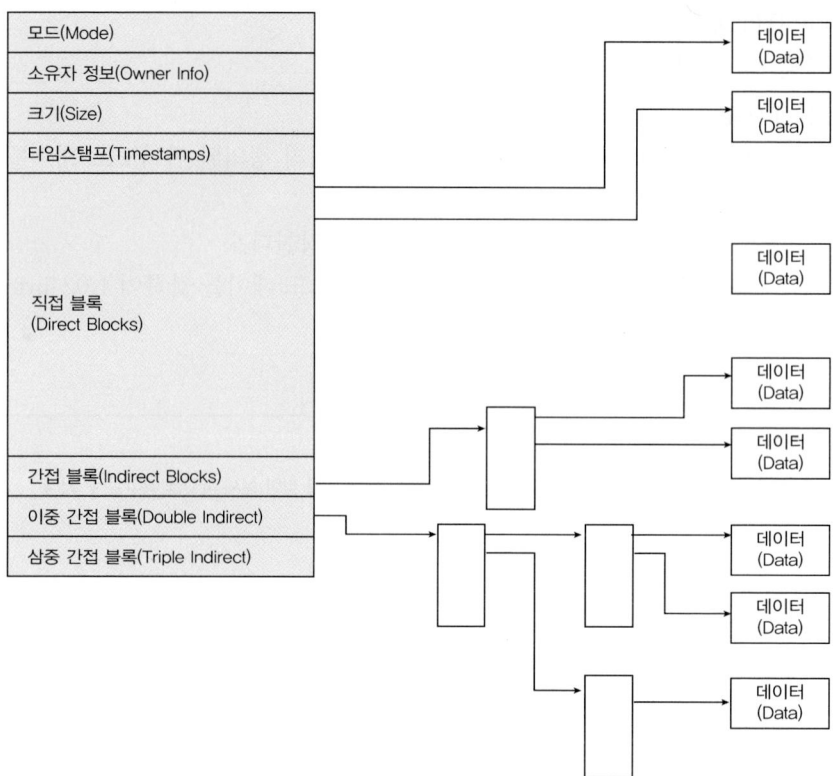

Ext2 아이노드

3) 리눅스 로컬 파일 시스템(Local Filesystems)

① Ext

- minix 파일 시스템을 개선하기 위해 레미카드(Remy Card)는 최대 2기가의 파티션과 255까지의 파일명을 지원하는 Ext 파일 시스템을 개발하였다.
- 파일 접근에 대한 타임스탬프 기능, 아이노드 수정 기능의 부재와 조각화 이슈가 있었다.

② Ext2

- Ext의 한계를 극복하기 위해 만들어진 파일 시스템이다.
- 타임스탬프 기능, 아이노드 수정 기능, 쓰면 쓸수록 느려지는 조각화 이슈를 해결하였다.
- 파일 시스템에 데이터를 쓰는 동안 전원이 끊어지면 데이터가 제대로 저장되지 않는 문제가 있다. 문제가 발생하면 관리자는 fsck 명령어를 사용하여 복구해야 하는데, 시간이 오래 걸렸다.
- 파일 시스템의 크기는 블록 단위에 따라 2TiB~32TiB이다.
- 파일 크기도 블록 단위에 따라 16GiB~2TiB이다.

③ Ext3

- 커널 2.4.15 버전부터 포함된 리눅스의 대표 저널링 파일 시스템이다.
- 파일 시스템에 데이터를 쓰는 동안 전원이 끊어지더라도 복구할 수 있는 기능을 제공하기 위해 로그를 통해 파일 시스템을 복구하는 저널링 기술을 채용하였다.
- 저널링에는 저널 모드(Journal Mode), 순서 모드(Ordered Mode), 쓰기 저장(Writeback Mode) 모드가 있다.
- 온라인 파일 시스템 증대, 큰 디렉터리를 위한 HTree 인덱싱 기능, ACL을 통한 접근 제어를 제공한다.
- 온라인 조각모음 프로그램이 없다는 것이 단점이다.
- Ext2와 마찬가지로 최대 파일 크기는 16GiB~2TiB이고 최대 파일 시스템의 크기는 2TiB~32TiB이다.

④ Ext4

- Ext2와 Ext3를 호환하면서 기능을 확장하였으며 48비트 블록 주소 지정을 통하여 1EiB까지의 디스크 볼륨과 16TiB까지의 파일을 지원한다.
- 큰 파일 처리를 개선하고 단편화 현상을 줄이기 위해 Ext2, Ext3의 간접 블록 매핑(Indirect Block Mapping) 방식 대신 Extents 방식을 사용한다. 간접 블록 매핑 방식은 하나의 블록을 가리키기 위해 하나의 엔트리가 필요한데 반해, 물리적으로 연속된 블록들의 묶음인 Extents 방식을 사용하면 하나의 엔트리로 여러 블록을 가리킬 수 있게 된다.
- Ext2, Ext3를 Ext4 방식으로 마운트하여 성능이 향상된 상태로 사용할 수 있으며, Ext4는 Ext3 방식으로 마운트될 수 있다. 그러나 Extents를 사용하는 Ext4 파티션은 Ext3 방식으로 마운트될 수 없다.
- 파일 시스템 손상 가능성을 줄여 주는 저널 체크섬 기능을 제공한다.
- Ext3의 32,000개 서브 디렉토리 제약을 극복하고 64,000개로 늘어났다.
- XFS, ZFS, btrfs, Reiser4와 같은 현대 파일 시스템에서 사용되는 지연된 할당 기능(Delayed Allocation)을 제공한다. 이는 프로세스가 write를 호출하더라도 즉시 디스크에 블록을 할당하지 않고 캐시에 보관하는 것이다. 이는 디스크에 대한 I/O를 최소화하고 mballoc 할당자를 통해 한 번에 여러 블록을 할당할 수 있으므로 성능 개선에 도움이 된다.
- Ext3의 블록 할당자는 한 시점에 하나의 블록(4KiB)만 할당할 수 있으나 Ext4는 여러 블록을 동시에 할당할 수 있는 멀티 블록 할당자(mballoc)를 제공한다. 이는 하나의 호출 시점에 여러 블록을 할당할 수 있기에 성능 개선에 도움이 되며 지연 할당과 Extents를 동시에 사용할 때 더욱 성능 개선 효과가 크다.
- 나노초 단위의 파일 스탬프를 제공한다.
- Ext2, Ext3, Ext4의 매직넘버는 0xEF53이다.

⑤ btrFS

- 2007년 오라클에 재직 중이던 크리스 메이슨이 개발한 B−Tree 파일 시스템이다.
- 전체 파일 시스템이 아닌 특정 파일, 볼륨, 하위 볼륨의 스냅샷 찍기 기능을 제공한다.
- 저렴한 디스크의 RAID를 제공한다.
- 역참조는 파일 시스템 개체에 I/O 오류를 매핑한다.
- 자동 압축 기능을 제공한다.
- 데이터 및 메타 데이터의 체크섬을 제공한다.

⑥ ZFS

- 유닉스의 파일 시스템을 대체하기 위해 SUN에서 개발한 파일 시스템으로 Solaris 10에서 소개되었다.
- 단순한 파일 시스템을 넘어 볼륨 매니저 역할까지 수행한다.
- 단일 파일 시스템에 여러 개의 개별 저장장치를 처리하는 볼륨 관리 기능, 블록 수준 암호화, 데이터 손상 탐지 기능, 자동 손상복구, 신속한 비동기 증분 복제, 인라인 압축 등 많은 기능을 제공한다.

⑦ Reiserfs

- 독일의 한스 라이저가 개발한 저널링 파일 시스템이다.
- 커널 2.4.1에 포함되었다.

⑧ XFS

- 1993년 실리콘 그래픽스가 만든 고성능 64비트 저널링 파일 시스템으로 커널 2.4.20에 포함되었다.
- XFS는 64비트 파일 시스템이며 최대 파일 시스템의 크기는 8EiB −1이다. 하지만 32비트 리눅스 시스템의 경우 파일과 파일 시스템의 최대 크기를 모두 16TiB로 제한하고 있다.
- Extents 기반 할당을 사용하며 조각화를 줄이면서 성능 향상을 위한 사전 할당(Explicit Pre−Allocation) 및 지연 할당(Delayed Allocation) 등과 같은 다양한 할당 방법을 제공한다.
- 빠른 복구를 가능하게 하는 메타데이터 저널링(Metadata Journaling)을 제공한다.
- 마운트가 활성화되어 있는 상태에서도 조각 모음이 가능하고 볼륨의 확장이 가능하다.
- XFS는 b−트리 알고리즘을 사용하여 모든 사용자 데이터 및 메타데이터를 인덱스하여 우수한 I/O 확장성을 제공한다.

⑨ JFS

- IBM에 의해 개발한 64bit 저널링 파일 시스템으로 커널 2.4.24에 포함되었다.

4) 클러스터 파일 시스템(Clustered Filesystems)

① Raw Partitions

- 파일 시스템이 설정되어 있지 않은 상태이다.
- 운영체제의 버퍼캐시를 사용하지 않으므로 고성능의 입출력이 가능하다.
- 파일 시스템을 통하는 오버헤드가 없다.
- 파일 시스템을 이용하지 않기 때문에 숙련된 관리자의 관리가 필요하다.

② Oracle Cluster FilesSystem(OCFS)

- Raw Partition의 다루기 어려운 문제를 해결하면서 RAC(Real Application Cluster)의 사용 목적을 위해 설계된 파일 시스템이다.
- Raw Partition보다 단지 2~5% 정도 속도가 느린 것으로 알려져 있다.
- OCFS의 다음 버전인 OCFS2는 POSIX를 호환하는 범용 클러스터 파일 시스템으로 개발되었다.

5) 기타 리눅스 파일 시스템

① minix

- 1987년 앤드류 태넌바움(Andrew S. Tanenbaum)이 교육 목적으로 minix 운영체제를 개발하였고 minix 파일 시스템이 포함되어 있었다. Tanenbaum의 책을 구매하면 69달러에 소스코드까지 구매할 수 있어서 매우 인기가 좋았다.
- 토발즈도 초기 리눅스 개발 시 MINIX를 파일 시스템으로 채용했었다.
- 파티션 사이즈가 64MB 제한이 있고 파일 이름도 14자까지 지원한다.
- 단일 타임스탬프를 사용한다.

② xiafs

- Minix 파일 시스템의 기초가 되었고 프랭크 시아(Frank Xia)가 개발한 리눅스 커널을 위한 파일 시스템이다.

③ vfat

- 마이크로소프트의 FAT32 파일 시스템 호환을 목적으로 개발한 파일 시스템이다.

④ isofs

- ISO 기준을 따르는 표준 CD-ROM 파일 시스템이다.

⑤ nfs

- 네트워크상에서 파일 시스템을 공유하기 위한 파일 시스템이다.

⑥ proc

- 프로세스 등 커널의 정보를 표현하는 리눅스의 가상 파일 시스템이다.

⑦ smb

- SMB 프로토콜을 지원하는 네트워크 파일 시스템으로 최근 CIFS로 확장되었다.

X 윈도우

▶합격강의

빈출 태그 ▶ X윈도우, X프로토콜, X서버, X클라이언트, Xlib, XFree86, Xorg, 디스플레이,
디스플레이매니저, 윈도우매니저

01 X 윈도우의 개념

1) X 윈도우의 정의

• X 윈도우란 유닉스 및 리눅스의 윈도우 시스템이다.
• 플랫폼 독립적으로 작동하는 GUI 환경을 구현하기 위해 서버 클라이언트 구조를 기반으로 X 프로토콜을 통해 디스플레이 장치에 윈도우를 그려 주고 마우스 및 키보드 등 입력장치를 통한 사용자와의 상호작용을 가능하게 하는 플랫폼이다.

2) X 윈도우의 역사

1980년대	1984년	IBM과 MIT, DEC 공동의 아데나 프로젝트를 통하여 밥 쉐이플러(Bob Scheifler)와 짐 게티스(Jim Gettys)가 처음 개발함
	1986년	밥 셰이플러가 누구나 자유롭게 X를 사용하고 배포할 수 있도록 오픈소스화하기 위한 디자인을 수행함
	1987년	오픈소스 프로젝트하에 X11을 발표함
	1988년	수많은 컴퓨터 제조업체로 이루어진 X 컨소시엄이 조직되어 X11R2가 릴리즈됨
1990년대	1996년	• X 컨소시엄은 X11R6.3 버전을 발표하면서 해체됨 • 오픈 소프트웨어 재단과 X/Open으로 형성된 오픈 그룹이 X11R6.4 버전을 발표함 • 그러나 오픈 그룹의 기존 공개 배포 라이선스 정책을 무시하고 XFree86와 같은 수많은 프로젝트와 일부 상용 제조업체들의 참여를 가로막는 새로운 라이선스 정책이 환영받지 못한 채 그해 가을 X11R6.4를 기존 배포 라이선스 정책으로 다시 배포함
	1999년	오픈 그룹은 X.org를 만들었고 X11R6.5.1이 릴리즈됨
2000년대 ~현재	2004년	• X.org 재단이 만들어졌고 XFree86 4.4RC2와 X11R6.6을 기반으로 X11R6.7 버전을 개발함 • 9월 투명창 지원, 체계적인 시각 효과 및 해상도 변경 기능, 3차원 가상 현실 디스플레이 장치 도구 지원, 썸네일 기능 등 다양한 시각적 기능과 효과를 지원하는 X11R6.8 버전도 발표함
	2012년	6월, 현재까지 가장 최신 버전인 X11R7.7이 발표됨
	2019년~	현시점 기준, X11R7.8의 개별 컴포넌트의 개발은 모두 완료되었고 릴리즈 매니저를 맡아 줄 자원자를 기다리고 있는 상태임

3) X 윈도우의 특징

- X 프로토콜이라 불리는 네트워크 프로토콜을 사용하고 서버 클라이언트 모델을 사용하여 네트워크로 연결될 수만 있다면 X 윈도우를 이용할 수 있다.
- X 서버는 X 클라이언트의 요청에 대하여 처리 후 응답하거나 이벤트를 직접 X 클라이언트에게 보낼 수 있다.
- X 클라이언트는 원격지의 X 서버 시스템에서 동작하는 응용 프로그램을 실행할 수 있다. 즉 X 클라이언트를 사용하는 사용자가 응용 프로그램을 직접 설치할 필요가 없다.
- X 윈도우는 사용자 인터페이스에 독립적이다. 즉 KDE, GNOME, XFCE 등의 데스크톱환경은 X 윈도우 환경에서 구현된 X 클라이언트일 뿐이다.
- 서버 클라이언트 모델을 사용하므로 이론적으로 X 프로토콜만 준수할 수 있다면, 어떤 시스템이든 쉽게 X 윈도우를 이식할 수 있다.

02 X 윈도우의 구조

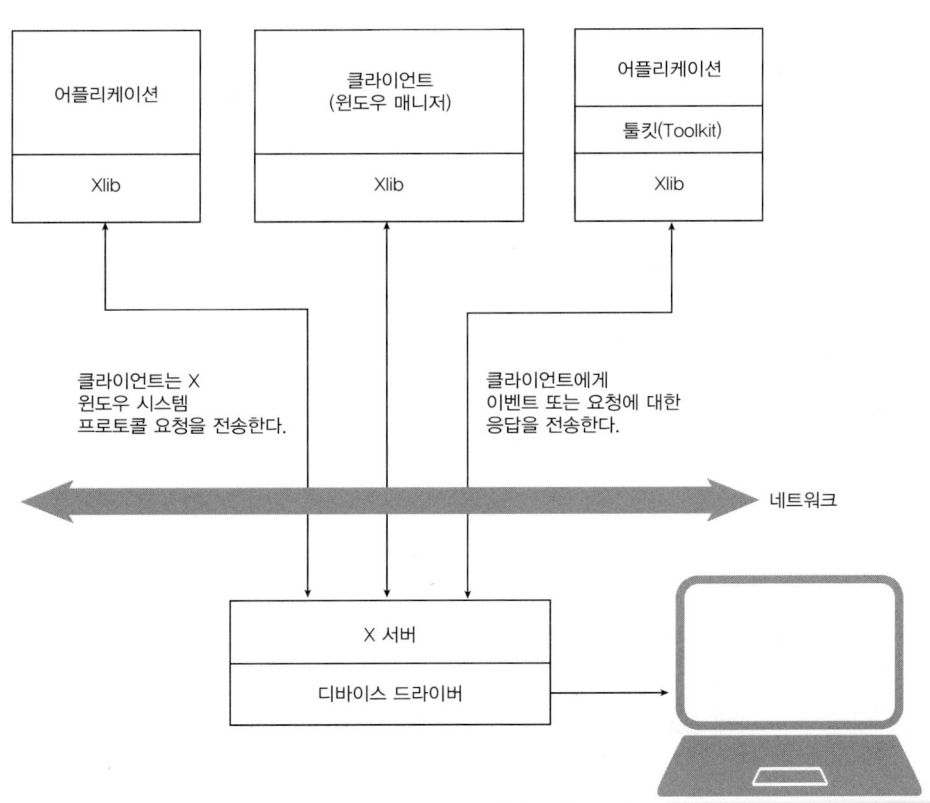

1) X 서버

- 키보드, 마우스, 화면과 같은 디바이스와 직접 통신을 수행하고 관리한다.
- 특히 디스플레이 장치를 제어하여 X 클라이언트에게 디스플레이 서비스를 제공한다.
- X 서버는 로컬의 X 클라이언트와 통신하기 위해 /tmp/.X11-unix/X0이라는 유닉스 도메인 소켓(Unix Domain Socket)을 사용한다.
- X 서버는 원격지의 X 클라이언트와 통신하기 위해 TCP 포트 6000번을 사용한다.
- 로컬 및 원격지의 다수의 X 클라이언트 연결을 허용한다.
- 대표적 오픈소스 프로젝트로 XFree86과 X.org가 있다.

2) X 클라이언트

- Xlib을 사용하여 작성된 일종의 응용 프로그램이다.
- '윈도우를 생성하라'와 같은 디스플레이 관련 서비스를 X 서버에게 요청한다.
- 마우스 입력과 같은 X 서버에서 발생한 이벤트를 받아 처리한다.

3) X 프로토콜

- X 프로토콜이란 X 서버와 X 클라이언트가 정보를 주고 받기 위한 메시지 형식을 정의한 통신 규약이다.
- X 프로토콜의 기본 메시지는 Request, Reply, Event, Error로 구성된다.
- X 서버와 X 클라이언트는 X 프로토콜의 메시지를 처리하기 위해 Request Queue, Event Queue를 운용한다.
- X 프로토콜을 통해 X 서버와 X 클라이언트는 높은 이식성을 갖게 되었고, 원격지에서도 로컬에서 접속하는 것과 같은 동일한 사용자 경험을 갖는 것이 가능하게 되었다.

4) Xlib/XCB

- Xlib은 1985년 C 언어로 작성된 X 윈도우 시스템 프로토콜 클라이언트 라이브러리이다.
- 개발자는 X 프로토콜에 대한 상세 내용을 알지 못해도 Xlib에서 제공하는 API를 통해 X 클라이언트를 개발할 수 있다.
- 또한 Xlilb 기반으로 강력한 라이브러리가 제공되고 있다. 예를 들면 Xt(X Toolkit Intrinsic), XaW(Athena Widget Set), Motif, FLTK, GTK+, Qt, Tk, SDL, SFML 등이 모두 Xlib 기반 라이브러리들이다.
- XCB는 Xlib을 대체하기 위해 2001년 바트 매시(Bart Massey)에 의해 시작된 프로젝트로 X.org에서는 XCB를 직접 사용하고 있다.

5) XToolkit

- Xt라고도 불리는 XToolkit은 X 윈도우 시스템에서 GUI 프로그램 개발을 위해 C/C++로 개발된 API 프레임워크를 뜻한다.
- Xlib는 X 클라이언트용 X 프로토콜을 구현한 라이브러리이지만 버튼, 메뉴와 같은 그래픽 요소와 연관된 기능은 제공하고 있지 않아 XToolkit이 등장하였다.
- XToolkit은 그래픽 요소를 지원하지만 직접 제공하지 않고 XaW, Motif, OLIT와 같은 다른 라이브러리를 통해 구현되어 제공된다.
- 반면, FLTK, GTK+, Qt와 같은 최근 툴킷은 Xlib/XCB 기반으로 구현되었고 XToolkit을 사용하지 않는다.

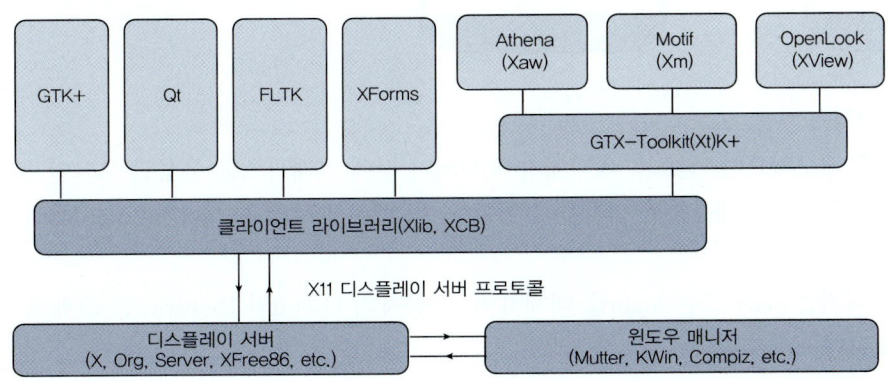

③ XFree86과 X.org

1) XFree86

- IBM 호환 시스템을 사용하는 리눅스 및 유닉스 계열 오픈소스 X 서버 프로젝트이며 1992년에 시작되었고 2004년 초기까지 가장 널리 사용되었다.
- 2004년 2월에 발표된 4.4.0 버전이 GPL 라이선스와 호환되지 않으면서 X.org 프로젝트를 더 많이 사용하기 시작했다.

2) X.org

- XFree86의 4.4RC2 버전과 X11R6.6 버전을 기반으로 X.org 파운데이션과 freedesktop.org에서 개발하였고 2004년에 시작되었다.
- XFree86이 회사 주도로 프로젝트가 진행된 반면, X.org는 커뮤니티 주도 프로젝트를 운영하였고 누구나 참여가 쉽도록 하였다.

04 X 윈도우의 계층

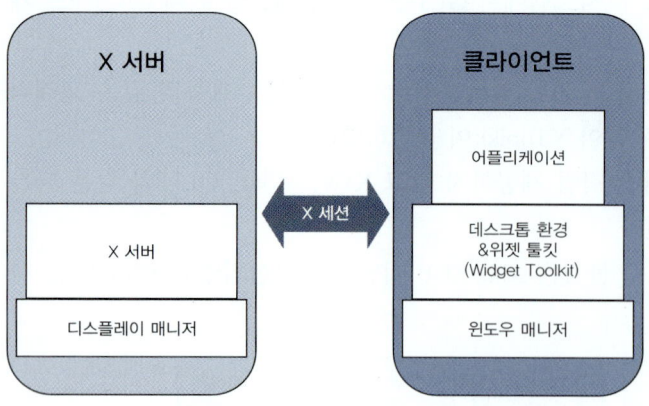

1) 디스플레이 매니저

- X11R3에서 처음 선보였으며, 윈도우 매니저가 표시되기 전에 그래픽으로 구성된 로그인 유저 인터페이스를 사용자에게 제공하는 역할을 수행한다. 이 때문에 로그인 매니저(Login Manager) 라고도 불린다.
- 디스플레이 매니저는 getty 또는 login을 대체하며, 사용자의 Userid와 Password를 그래픽 방식으로 입력받는다.
- 원격지의 윈도우 매니저를 실행시키는 역할도 수행한다.
- 대표적 디스플레이 매니저로는 X11R3부터 사용하던 XDM(X Display Manager), GNOME에서 사용하는 GDM(GNOME Display Manager), KDM(KDE Display Manager)이 있다.

▲ XDM

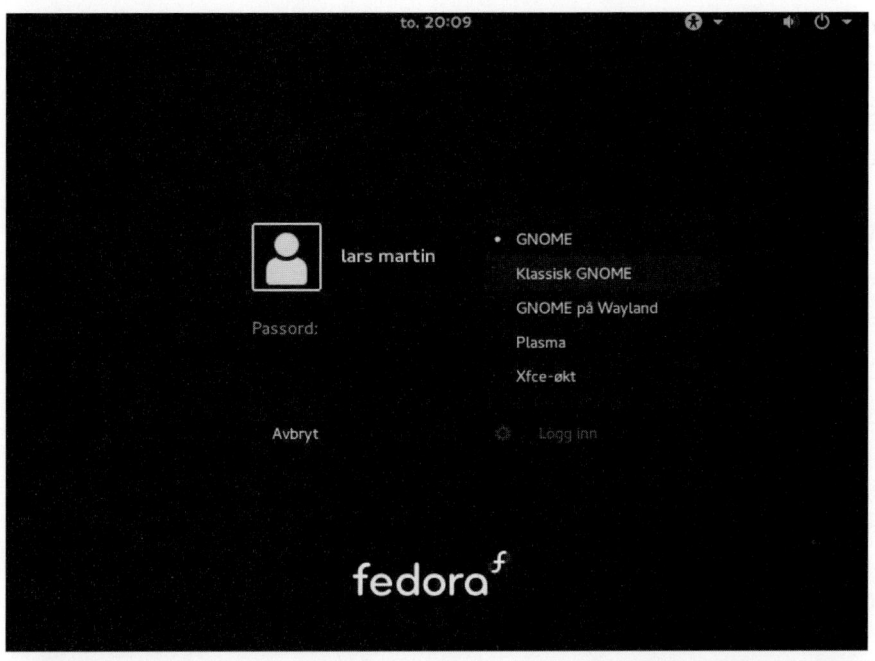

▲ GNOME

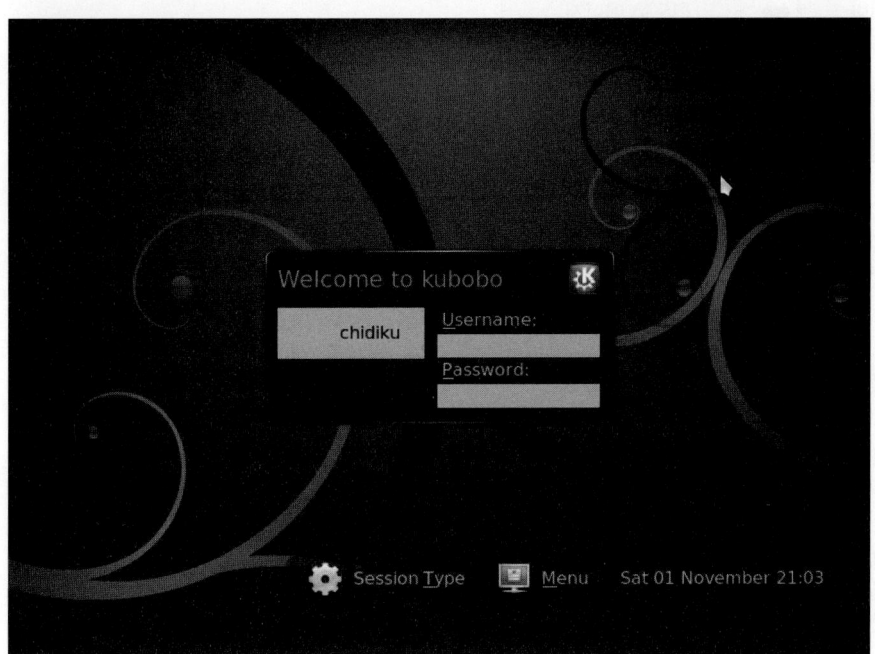

▲ KDE

2) X 세션(X Session)

- X 서버에 X 클라이언트가 연결되면 X 세션이 형성된다.
- 생성된 X 세션을 통해 X 프로토콜에 맞춰 메시지가 송수신될 수 있다. 때로는 X 서버에서 발생한 마우스 입력과 같은 이벤트가 X 클라이언트에게 전달되기도 한다.

3) 윈도우 매니저(Window Manager)

- X 윈도우상에서 윈도우의 생성 위치, 윈도우의 이동/크기 변경, 윈도우의 외관(Look and feel) 등 윈도우의 그래픽 요소를 관리하는 매니저 프로그램이다.
- 도크(Dock), 태스크 바(Task Bar), 프로그램 런처(Program Launcher), 데스크톱 아이콘(Desktop Icon), 바탕화면(Wallpaper) 등과 같은 유용한 유틸리티를 제공한다.

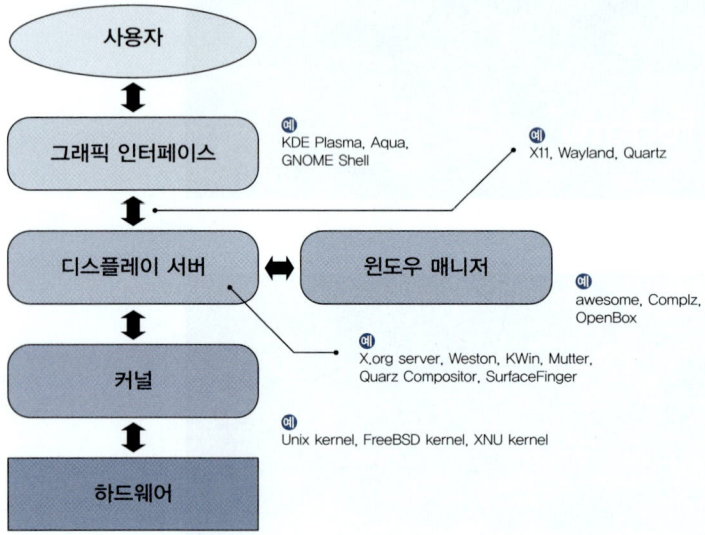

- 윈도우 매니저의 유형

유형	설명	사례
스택형 (Stacking)	책상 위 종이들처럼 윈도우 위에 여러 다른 윈도우를 쌓는 형태로 관리하는 방식	Amiwm, Blackbox, Enlightenment, Fluxbox, FVWM, IceWM, MWM, Openbox, Window Maker
타일형 (Tiling)	윈도우와 윈도우가 서로 겹쳐지지 않고 부엌의 타일과 같이 화면이 분할되어 관리되는 방식	Awesome, dwm, ion, larswm, ratpoison, Stumpwm, wmii, i3, xmonad, XWEM
복합형 (Compositing)	스택형과 유사하나 각 윈도우는 자신의 버퍼를 가지며 렌더링되고, 그 결과 각 윈도우 간의 시각 효과를 가질 수 있게 되는 방식	GNOME의 Mutter 및 Metacity, Xfce의 Xfwm, Unity의 Compiz, KDE의 Kwin
가상형 (Virtual)	디스플레이 장치가 가진 해상도보다 더 높은 해상도를 가질 수 있는 다수의 가상 스크린을 사용할 수 있는 방식	FVWM, Tvtwm, HaZe

4) 데스크톱 환경(Desktop Environment)

- 마이크로소프트 윈도우와 같은 사용자 환경을 제공하기 위하여 윈도우 매니저뿐만 아니라 계정 관리, 디바이스 관리, 시작프로그램 관리, 네트워크 관리, 문서 관리 등 데스크톱 구성을 위한 모든 애플리케이션을 포함한 패키지 형태를 말한다.
- 대표적인 사례로 GNOME, KDE, XFCE, LXDE 등이 데스크톱환경에 해당한다.

05 데스크톱 환경 구성 사례

1) KDE의 구성

- 1996년, 튀빙겐 대학교 학생이었던 마티아스 에트리히(Matthias Ettrich)가 Qt 라이브러리 기반 데스크톱 환경 개발을 시작하였다.
- Qt 라이브러리가 자유 소프트웨어 라이선스를 사용하지 않았기 때문에 이를 걱정하는 개발자들은 GNOME 프로젝트를 시작하기도 하였다.
- 1998년 11월, Qt 라이브러리는 QPL 라이선스를 채용하고 오픈소스로 공개되었지만 GPL과 호환성 논의는 계속 이어졌다.
- 2000년 9월, 트롤테크(Trolltech)는 Qt 라이브러리의 유닉스용은 GPL로 공개하였다.
- Qt 4.0부터 공개용 버전에 대한 지원을 사용 버전과 같은 수준으로 지원하면서 KDE 프로그램 또한 리눅스뿐 아니라 FreeBSD, Solaris, macOS, Windows 플랫폼을 모두 지원하게 되었다.
- 디스플레이 매니저는 KDM을 사용한다.
- 파일 관리자는 Konqueror을 사용하고 윈도우 매니저는 Kwin(KWM)을 사용한다.

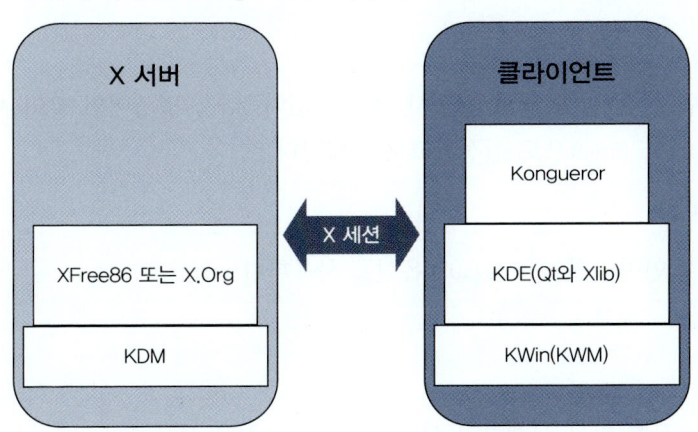

2) GNOME(GNU Network Object Model Environment)의 구성

- GNU에서 개발한 공개형 데스크톱 환경이다.
- GPL라이선스가 아닌 Qt 라이브러리를 사용하였던 KDE의 대안으로 개발되었다.
- 디스플레이 매니저는 GDM을 사용하였다.
- GNOME은 LGPL 라이선스를 갖는 GTK+ 라이브러리를 사용했으며, LGPL 라이선스였기 때문에 GNOME용 응용 프로그램이 활발히 개발되었다.
- 파일관리자는 Nautilus를 사용하였고 윈도우 매니저로는 GNOME2에서는 Metacity가 사용되고 GNOME3에서는 Mutter가 사용되었다.

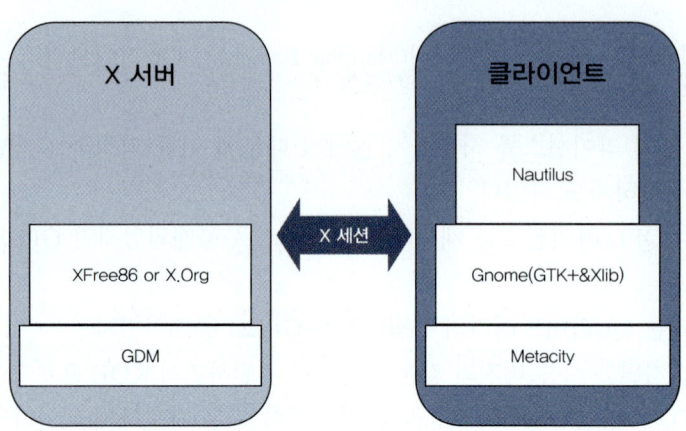

06 X 윈도우 실행

1) 시스템 시작 시 X 윈도우 실행하기

- systemctl 명령어를 통해 시스템 시작 시 X 윈도우를 시작할 수 있다. 다음 명령어와 같이 시스템 시작 시 기본 타겟을 graphical.target으로 설정하고 재부팅한다.

```
# systemctl set—default graphical.target
```

- 기본값이 잘 변경되어 있는지 확인하려면 get—default 옵션을 사용한다.

```
$ systemctl get—default
graphical.target
```

- 추가로 터미널 모드에서 X 윈도우를 바로 실행하고 싶다면 isolate 옵션을 사용한다.

```
# systemctl isolate graphical.target
```

- graphical.target 대신에 runlevel5.target을 사용하여도 동일한 결과를 얻을 수 있다.

2) 터미널에서 X 윈도우 실행하기

- 실행 레벨이 3으로 설정되어 있다면 터미널 모드로 부팅된다.

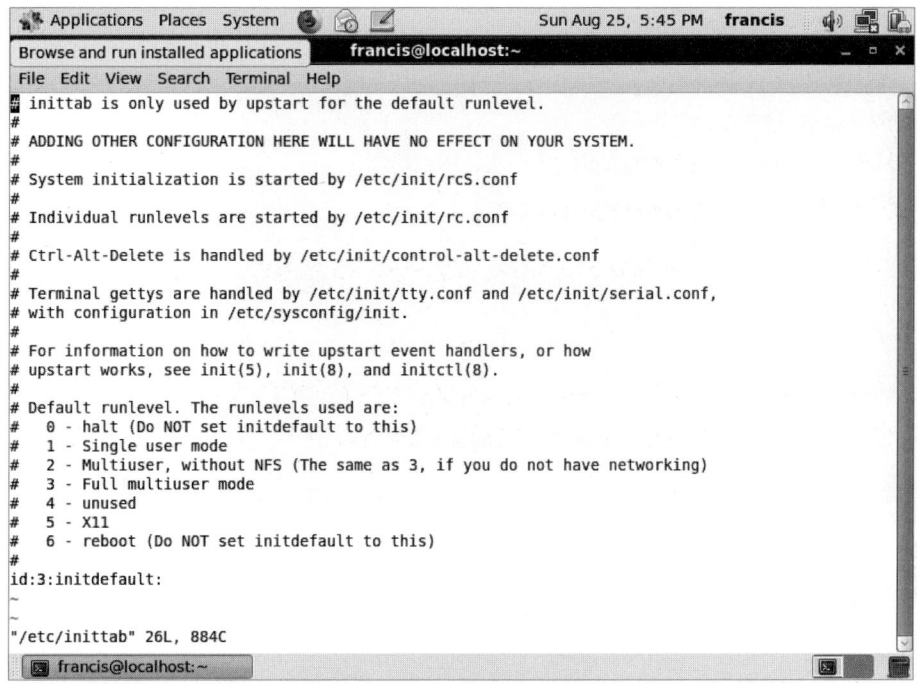

- userid와 password를 입력하고 로그인한다.

- 로그인이 완료되면 startx 명령어를 통해 X 윈도우를 실행한다.

- startx 명령은 −−을 통해 인자값(Argument)을 전달할 수 있다.

> startx −− −depth 16 (하이컬러 모드로 X 윈도우 실행)
>
> startx −− :1 (두 번째 윈도우 터미널에 X 윈도우 실행)

```
[francis@localhost ~]$ startx
xauth:  file /home/francis/.serverauth.3317 does not exist

X.Org X Server 1.20.4
X Protocol Version 11, Revision 0
Build Operating System:  3.10.0-957.1.3.el7.x86_64
Current Operating System: Linux localhost.localdomain 3.10.0-1160.el7.x86_64 #1 SMP Mon Oct 19 16:18
:59 UTC 2020 x86_64
Kernel command line: BOOT_IMAGE=/vmlinuz-3.10.0-1160.el7.x86_64 root=/dev/mapper/centos-root ro cras
hkernel=auto spectre_v2=retpoline rd.lvm.lv=centos/root rd.lvm.lv=centos/swap rhgb quiet LANG=en_US.
UTF-8
Build Date: 01 April 2020  05:04:29AM
Build ID: xorg-x11-server 1.20.4-10.el7
Current version of pixman: 0.34.0
        Before reporting problems, check http://wiki.x.org
        to make sure that you have the latest version.
Markers: (--) probed, (**) from config file, (==) default setting,
        (++) from command line, (!!) notice, (II) informational,
        (WW) warning, (EE) error, (NI) not implemented, (??) unknown.
(==) Log file: "/var/log/Xorg.0.log", Time: Sat Dec 19 14:44:44 2020
(==) Using config directory: "/etc/X11/xorg.conf.d"
(==) Using system config directory "/usr/share/X11/xorg.conf.d"
VMware: No 3D enabled (0, Success).
                                xinit: connection to X server lost
waiting for X server to shut down (II) Server terminated successfully (0). Closing log file.
```

3) 원격지에서 X 윈도우 실행하기

① xhost 명령어

- xhost를 통하여 X 서버에 접근할 수 있는 클라이언트를 지정하거나 해제할 수 있다.
- 사용 형식

```
# xhost [+|−] [address|hostname]
```

- 현재 설정된 접근 목록을 출력한다.

```
# xhost
```

- 모든 클라이언트의 접속을 허용한다.

```
# xhost +
```

- 모든 클라이언트의 접속을 차단한다.

```
# xhost −
```

- 특정 IP의 접속을 허용한다.

```
# xhost + 192.168.100.39
```

- 특정 IP의 접속을 차단한다.

```
# xhost − 192.168.100.39
```

② DISPLAY 환경변수

- X 클라이언트 프로그램이 윈도우를 표시할 서버의 주소를 설정하는 환경변수이다. ' : 0.0'은 기본값으로서 현재 시스템의 첫 번째 X 윈도우의 첫 번째 모니터를 뜻한다.
- X 클라이언트 프로그램의 화면 출력을 특정 IP로 보낸다.

```
# export DISPLAY="192.168.100.41:0.0"
```

- X 클라이언트 프로그램의 화면 출력을 특정 IP의 두 번째 모니터로 보낸다.

```
# export DISPLAY="192.168.100.41:0.1"
```

③ xauth

- .Xauthority 파일에 쿠키 내용을 추가 및 삭제하거나, 쿠키의 리스트를 출력하는 유틸리티이다.
- xhost가 호스트 기반 인증 방식이라면 xauth는 MMC(MIT Magic Cookie)★ 기반 인증 방식이다.
- 설정된 값을 보기 위해서는 xauth list 명령을 사용하고, 설정을 추가하기 위해서는 xauth add 를 사용한다.

기적의 TIP

★ MMC : 메사추세츠 공과대학교(Massachusetts Institute of Technology)에서 개발한 인증 프로토콜(Authorization Protocol)이다. 서버를 시작하면 매직 쿠키(Magic Cookie)가 생성되며, 사용자가 서버로 패킷을 전송할 때 사용자의 매직 쿠키가 포함된다. 서버가 사용자의 패킷을 수신 후 패킷에 포함된 사용자의 매직 쿠키가 서버의 매직 쿠키와 동일한지 비교하여 접속 승인 여부를 결정한다.

---

07 X 윈도우 응용 프로그램

- 이미지 편집, 미디어 재생기, 문서관리 프로그램 등 다양한 응용 프로그램이 존재한다.

이미지 편집	• GIMP(GNU Image Manipulation Program) • ImageMagick • Eog(Eye of GNOME) • kdegraphics
미디어 재생	• Totem • KMid
음악 재생	Rhythmbox
문서관리	• evince • LibreOffice

셸(Shell)

▶ 합격 강의

빈출 태그 ▶ 셸, 배시셸, 본셸, C셸, PATH, 환경변수, 로그인셸, stdin, 리다이렉션, 파이프,
셸스크립트

01 셸의 이해

1) 셸의 개념

① 일반적인 셸의 정의

• 셸(Shell)은 사용자가 커널의 서비스 기능을 사용할 수 있도록 하기 위한 통로 또는 인터페이스이다.

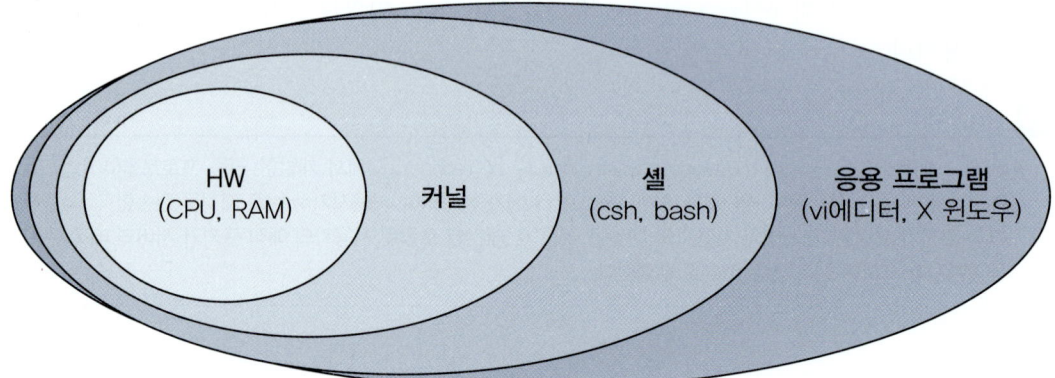

• 셸은 명령줄 인터페이스 방식(CLI ; Command-Line Interface)과 그래픽 유저 인터페이스 방식(GUI ; Graphical User Interface)으로 구분된다.
• Windows나 macOS는 파일 탐색기나 Finder와 같은 주로 GUI 방식 셸을 사용하는데, 물론 Linux에서도 X 윈도우를 통한 GUI 셸을 사용할 수 있지만 전통적으로 리눅스에서의 셸이라고 하면 CLI 방식을 주로 떠올린다.
• 본 도서는 리눅스의 CLI 방식 셸 중심으로 내용을 기술하고 있다.

② 리눅스 셸의 역사

• 1971년, 최초 버전의 유닉스에 도입된 최초의 유닉스 셸은 켄 톰프슨(Kenneth Lane Thompson)이 작성한 톰프슨 셸(Thompson shell)이다.
• 1977년, 유닉스 버전 7에 포함된 기본 유닉스 셸은 본셸(Bourne shell, sh)이며 AT&T 벨 연구소의 스티븐 본(Stephen Bourne)이 개발했다.

- 1970년대 후반, 캘리포니아 버클리 대학의 빌 조이(Bill Joy)가 C언어를 기반으로 강력한 셸 프로그래밍 기능을 가진 C셸을 개발하였다.
- 1983년대, 벨 연구소의 데이비드 콘(David G. Korn)이 본셸과 하위 호환하면서 벨 연구소의 사용자들이 요청하였던 C셸의 수많은 기능을 포함한 콘셸(Korn shell)을 개발하였다.
- 자유 소프트웨어 진영에서 특허권이 없는 셸을 추구하였고 그 당시 인기 있던 셸과 본셸을 개선하여 bash셸(Bourne Again Shell)이 등장하였다. 리눅스 시스템에는 다양한 셸이 포함되었지만 기본 셸은 bash이다.

③ 리눅스 셸의 특징

- 사용자로부터 명령어를 입력받고 해석하여 내장 및 외장 명령어를 처리하는 대화형 사용자 인터페이스이다.
- 사용자가 직접 커널에게 명령을 내리는 것은 어렵기 때문에 셸을 통해서 쉽게 파일 관리, 프로세스 관리, 배치 프로세싱, 성능 모니터링, 환경설정 등 커널의 기능을 사용할 수 있다.
- 셸은 특별한 방식으로 작성된 응용 프로그램이 아니라 일반 응용 프로그램과 같이 커널이 제공하는 시스템 콜을 통해 구현되었다. 즉 사용자가 커널에게 쉽게 명령을 내릴 수 있는 목적으로 만들어진 기본 탑재 응용 프로그램이다.

2) 셸의 유형

본셸 계열	sh (Bourne Shell)	• 1977년 스티븐 본 개발 • 1971년 유닉스 최초의 셸이었던 톰프슨 셸을 대체하였던 유닉스 버전 7의 기본 유닉스 셸인 본셸은 유닉스의 기본 셸로서 오랫동안 인기를 누림
	ksh (Korn Shell)	• 1983년 데이비드 콘 개발 • 본셸과 호환이 되며 명령어 히스토리(history) 기능과 별칭(alias) 기능, 작업 제어 기능이 추가되었고 명령행 편집 기능을 제공
	bash (Sourne Again Shell)	• 1989년 브라이언 폭스 개발 • 리눅스에서 가장 많이 사용하는 셸이며 GPLv3 라이선스를 따름 • 리눅스, macOS, Windows 등 다양한 운영체제에 이식됨 • bash의 명령어 문법은 sh와 호환되며 ksh와 csh에서 많은 영향을 받아 명령 히스토리, 디렉터리 스택, 명령어 치환, 명령어 자동완성 기능 등을 제공
C셸 계열	csh (C Shell)	• 1978년 빌 조이 개발 • C언어를 기반으로 강력한 프로그래밍 기능을 제공하고 히스토리, 별명, 작업 제어 등의 기능을 제공
	tcsh (TC Shell)	• 1981년 켄 그리어 개발 • 티넥스(Tenex) 시스템의 명령줄 완성 기능과 명령줄 편집 기능의 영향을 받아 tcsh가 개발되었고 ooh와 호환

3) 셸의 설정 및 확인

① 현재 셸의 확인

• 환경변수 SHELL을 통하여 현재 로그인한 사용자의 셸을 확인할 수 있다.

```
$ echo $SHELL
/bin/bash
```

② 시스템이 지원하는 셸 목록 확인

• chsh 명령어의 −l, −−llist−shells 옵션을 사용하여 시스템이 지원하는 셸 목록을 확인할 수 있다.

```
$ chsh −l
/bin/sh
/bin/bash
/sbin/nologin
/bin/dash
/bin/tcsh
/bin/csh
```

• 또 다른 방법으로 /etc/shells 파일에 시스템이 지원하는 셸 목록이 기록되어 있으므로 이 파일을 확인하는 방법이 있다.

```
$ cat /etc/shells
/bin/sh
/bin/bash
/sbin/nologin
/bin/dash
/bin/tcsh
/bin/csh
```

③ 셸의 변경

• chsh 명령어의 −s 옵션을 사용하여 셸을 변경할 수 있다.

```
$ chsh −s /bin/csh
Changing shell for francis.
Password:
Shell changed.
```

④ 특정 사용자의 셸 확인

- /etc/passwd 파일의 7번째 필드에 해당 사용자가 사용하는 셸이 무엇인지 기입되어 있으며, 내가 원하는 사용자의 셸만 필터링하기 위해서 grep 명령어를 활용할 수 있다.

```
$ cat /etc/passwd | grep francis
francis:x:500:500:francis:/home/francis:/bin/csh
```

⑤ 환경변수를 통한 설정 확인

- 대표적인 환경변수 리스트를 표로 정리하였다.

구분	환경변수	설명
시스템 정보	HOSTNAME	시스템의 호스트명
	OSTYPE	실행 중인 시스템의 운영체제 유형에 대한 정보
	DISPLAY	X 윈도우 트래픽을 처리할 X 디스플레이 서버의 위치
	PATH	실행 파일이 위치한 디렉터리의 집합
	LANG	셸 사용 시 기본으로 지원되는 언어
셸 정보	PS1	PS는 Prompt Statement 또는 Prompt String의 약자이며, 그 중 PS1는 기본 프롬프트 표시명을 뜻함
	PS2	PS2는 하나의 명령어를 여러 줄로 입력할 때 표시하는 프롬프트 표시명
	SHELL	로그인한 사용자의 셸을 보여 줌
	HISTFILE	history 정보가 저장되어 있는 파일 경로
	HISTFILESIZE	history 파일의 크기
	HISTSIZE	history 파일의 명령어 개수
사용자	UID	로그인한 사용자의 UID
	USER	로그인한 사용자의 계정명
	HOME	로그인한 사용자의 홈 디렉터리
	PWD	로그인한 사용자의 현재 작업 디렉터리의 경로
응용 프로그램	TERM	로그인한 사용자의 터미널 종류
	MAIL	수신한 메일이 저장되어 있는 경로

• 대표적인 환경변수의 실제 예를 set 명령어로 확인해 보았다.

```
$ set
DISPLAY=:0.0
HISTFILE=/home/francis/.bash_history
HISTFILESIZE=1000
HISTSIZE=1000
HOME=/home/francis
HOSTNAME=localhost.localdomain
LANG=en_US.UTF-8
MAIL=/var/spool/mail/francis
OSTYPE=linux-gnu
PATH=/usr/lib/qt-3.3/bin:/usr/local/bin:/bin:/usr/bin:/usr/local/sbin:/usr/sbin:/sbin:/home/francis/bin
PS1='$ '
PS2='> '
PWD=/home/francis
SHELL=/bin/bash
TERM=xterm
UID=500
USER=francis
```

⑥ 환경변수를 통한 환경설정 예제

• 환경변수값 확인 : echo 명령어와 printenv 명령어를 통해 환경변수의 값을 확인할 수 있음

```
$ echo $HOME
/home/francis
$ printenv PWD
/home/francis
```

• 환경변수값 설정 : export 명령어를 통해 환경변수를 추가 정의할 수 있음

```
$ export MYENV=this-is-my-environment-variable
$ echo $MYENV
this-is-my-environment-variable
```

• 환경변수값 변경 : export 명령어를 통해 기존 환경변수의 값에 새로운 값을 추가할 수 있음

```
$ export PATH=/mypath:$PATH
$ echo $PATH
/mypath:/usr/lib/qt-3.3/bin:/usr/local/bin:/bin:/usr/bin:/usr/local/sbin:/usr/sbin:/sbin:/home/francis/bin
```

➕ 더 알기 TIP

셀 설정과 환경변수 관리

- echo $SHELL은 사용자의 기본 로그인 셀을 확인하는 방법이다.
- 사용자의 셀 정보는 /etc/passwd의 7번째 필드에 저장되며, chsh 명령으로 변경한다.
- chsh로 변경 가능한 셀은 /etc/shells에 등록된 셀만 가능하다.
- /sbin/nologin은 로그인을 차단하는 셀로, 시스템 계정에 주로 사용된다.
- export로 설정한 환경변수는 현재 셀과 하위 프로세스까지만 적용되며 재로그인 시 사라진다.
- PATH는 앞에 추가한 경로가 우선 적용되므로 설정 순서에 주의해야 한다.

4) 셀의 시작과 종료

① 로그인 셀과 비로그인 셀

- 로그인 셀(Login Shell)은 사용자가 uesrid와 passwd를 입력하여 셀에 진입하는 방식을 뜻한다. 예를 들어 putty와 같은 터미널에서 원격 서버에 ssh로 접속하거나 X 윈도우에서 userid와 passwd를 입력하여 로그인하는 것도 이에 해당한다.
- 비로그인 셀(Non-Login Shell)은 말 그대로 로그인 없이 셀을 실행하는 것을 말한다. 가령, 이미 셀에 로그인한 상태에서 bash 명령어를 사용하여 셀을 다시 실행하거나 X 윈도우에서 터미널을 실행하는 것 등이 이에 해당한다.

② 인터랙티브 셀과 비인터랙티브 셀

- 인터랙티브 셀(Interactive Shell)은 사용자가 대화형으로 셀을 통해 명령을 입력하고 결과를 받을 수 있는 상태의 셀을 의미한다.
- 비인터랙티브 셀(Non-Interactive Shell)은 셀 스크립트에서 셀을 실행하는 경우이다. 가령 스크립트의 가장 첫 줄에 #!/bin/bash를 기입하면 스크립트를 해석할 때 #! 다음에 나오는 경로의 셀을 실행한다.

③ 리눅스 셀의 시작

- 로그인 셀 여부와 인터랙티브 셀 여부에 따라 읽어 들이는 환경설정 파일이 다르다.
- 로그인 셀인 경우, 시스템 전역 설정 파일인 /etc/profile과 /etc/profile.d/*을 읽어 실행하고, 사용자별 실행 파일인 ~/.bash_profile이나 ~/.bash_login 그리고 ~/.profile 순서로 먼저 존재하는 파일의 설정을 읽어 들여 적용 및 실행한다.
- 로그인 셀이 아니라면 인터랙티브 셀 여부를 확인한다.
  - 인터랙티브 셀인 경우, 시스템 전역 설정 파일인 /etc/bashrc 파일을 읽어 들이고, 사용자 설정 파일인 ~/.bashrc를 실행한다.
  - 인터랙티브 셀 또한 아니라면, 환경변수 $BASH_ENV에 설정되어 있는 스크립트를 source 명령어를 통해 실행한다.

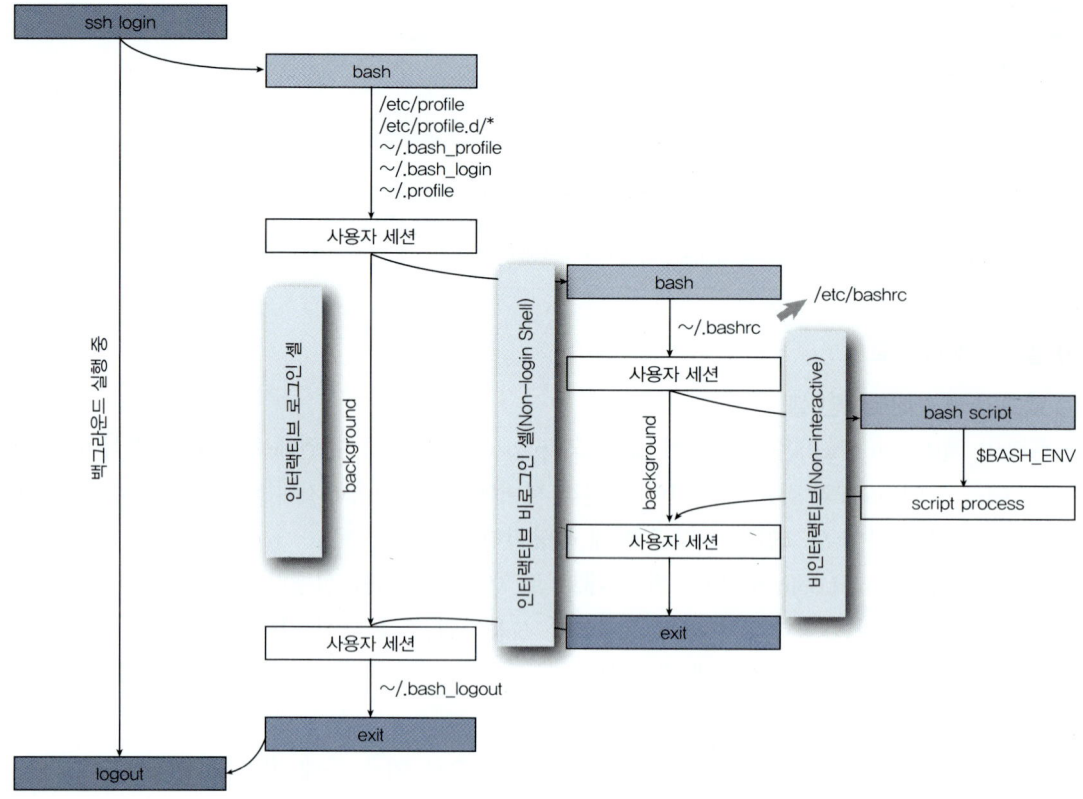

▲ Bash Flow

④ 리눅스 셸의 종료

- logout 명령, exit 명령, 혹은 Ctrl + D 조합키로 로그아웃하면 사용자용 ~/.bash_logout 설정 파일이 실행된다.

⑤ 리눅스 셸의 설정 파일

구분	설정 파일	설명
시스템 설정 파일	/etc/profile	시스템 전역으로 설정할 수 있는 셸 설정 파일
	/etc/profile.d/*	사용자가 로그인할 때 /etc/profile.d 디렉터리 안에 있는 모든 셸 스크립트를 실행
	/etc/bashrc	시스템 전역의 성격을 갖고 있으며 셸에서 또 다른 셸을 실행하는 비로그인 셸을 실행할 때마다 로드되는 파일
사용자 설정 파일	~/.bash_profile ~/.bash_login	• 사용자가 시스템에 로그인할 때마다 실행되며, 개별 사용자마다 설정이 필요한 내용이 있을 때 이 파일에 기재 • 한번 로그인되면 로그아웃될 때까지 유지 • 만약 설정이 변경되었다면 source 명령어를 통해 즉시 반영이 가능
	설정 파일	• 사용자가 시스템에 로그인할 때마다 실행 • 주로 bash와는 직접 관련이 없는 사항을 기재

~/.bashrc	• 비로그인 셸에서 실행 • 즉 로그인한 상태에서 새로운 터미널을 열 때마다 이 파일이 로드 • 보통 alias 설정이나 함수를 저장
~/.bash_ logout	• 로그인한 셸을 로그아웃할 때마다 실행하는 설정 파일 • 꼭 필요한 파일은 아니지만, 사용자 계정의 임시 파일을 제거하는 등의 사용자 관리 목 적으로 유용하게 사용할 수 있음

5) 셸의 기능

① 자동완성 기능(bash-completion)

- 사용자의 입력을 줄이기 위해 입력한 문자와 매칭되는 명령 후보를 자동으로 보여 준다.
- 가령 현재 경로에 .profile이라는 파일이 있을 때 cat .p까지만 입력하고 Tab 을 입력하면, 현재까지 입력한 스트링과 매칭되는 파일명이 유일할 경우 바로 자동완성을 해 준다.
- 만약 매칭되는 파일명이 여러 개라면 Tab 을 여러 번 눌러서 각 후보를 확인할 수 있다.

② 히스토리(History) 기능

- 사용자가 입력한 명령어는 지정한 개수만큼 보관되고 저장한 명령어를 열람하거나 특정 명령어를 실행할 수도 있다.
- 저장한 명령어를 확인하기 위해서는 history 명령을 옵션 없이 사용하면 된다.

```
$ history
    1  history
    2  echo $SHELL
    3  ls -l
    4  ls
    5  history
```

- 특정 명령어를 실행하기 위해서는 history 명령을 통해 열람한 명령어의 번호를 !와 붙여 사용하면 된다.

```
$ !2
echo $SHELL
/bin/bash
```

- 사용자가 입력한 명령어는 홈 디렉터리의 .bash_history 파일에 저장되므로 사용자가 로그아웃하여도 히스토리는 유지된다.
- 지금까지 입력했던 명령어 이력을 지우기 위해서는 -c 옵션을 사용한다.

```
$ history -c
$ history
    1  history
```

- 바로 직전 명령어를 실행하기 위해서는 !!를 입력한다.

```
$ !!
echo $SHELL
/bin/bash
```

- 가장 최근 3개의 히스토리만 보고 싶을 경우 history 3을 입력한다.

```
$ history 3
    5  history
    6  echo $SHELL
    7  history 3
```

③ Alias 기능

- 입력하기 복잡하거나 기억하기 어렵거나 자주 사용하는 명령어는 alias로 별칭을 만들면 손쉽게 입력할 수 있다.
- 가령 /etc/passwd 파일을 자주 열람하는 사용자가 있다면 아래와 같이 'show-me-passwd'라는 alias를 만들어 사용하면 편리할 것이다.

```
$ alias show-me-passwd='cat /etc/passwd'
$ show-me-passwd
root:x:0:0:root:/root:/bin/bash
bin:x:1:1:bin:/bin:/sbin/nologin
daemon:x:2:2:daemon:/sbin:/sbin/nologin
adm:x:3:4:adm:/var/adm:/sbin/nologin
lp:x:4:7:lp:/var/spool/lpd:/sbin/nologin
sync:x:5:0:sync:/sbin:/bin/sync
```

- 이미 지정된 alias를 확인하려면 아래와 같이 간단히 alias라고 입력하면 되고 alias를 해제하기 위해서는 unalias 명령어를 사용하면 된다.

```
$ alias
alias l.='ls -d .* --color=auto'
alias ll='ls -l --color=auto'
alias ls='ls --color=auto'
alias show-me-passwd='cat /etc/passwd'
alias vi='vim'
alias which='alias | /usr/bin/which --tty-only --read-alias --show-dot --show-tilde'
$ unalias show-me-passwd
$ alias
alias l.='ls -d .* --color=auto'
alias ll='ls -l --color=auto'
alias ls='ls --color=auto'
alias vi='vim'
alias which='alias | /usr/bin/which --tty-only --read-alias --show-dot --show-tilde'
```

④ 셸 키보드 단축키

- 키보드 단축키를 이용해 셸의 화면, 커서의 움직임, 텍스트의 복사와 붙이기 그리고 삭제를 할 수 있다.

화면 제어하기	- `Ctrl`+`L` : 화면을 모두 지움 - `Ctrl`+`S` : 화면의 출력을 멈춤 - `Ctrl`+`Q` : `Ctrl`+`S`로 멈추었던 화면을 다시 재개함
커서 움직이기	- `Ctrl`+`A` : 줄의 맨 앞으로 이동 - `Ctrl`+`E` : 줄의 맨 끝으로 이동 - `Alt`+`B` : 왼쪽으로 한 단어 이동 - `Ctrl`+`B` : 왼쪽으로 한 글자 이동 - `Alt`+`F` : 오른쪽으로 한 단어 이동 - `Ctrl`+`F` : 오른쪽으로 한 글자 이동
자르고 붙이기	- `Ctrl`+`W` : 커서 위치 이전의 단어를 잘라 클립보드에 복사함 - `Ctrl`+`K` : 커서 위치 이후의 줄을 잘라 클립보드에 복사함 - `Ctrl`+`U` : 커서 위치 이전의 줄을 잘라 클립보드에 복사 - `Ctrl`+`Y` : 클립보드의 내용을 붙여넣음
텍스트 삭제하기	- `Ctrl`+`D` : 커서 위치의 글자를 삭제 - `Alt`+`D` : 현재 커서 이후의 한 단어 삭제 - `Ctrl`+`H` : 커서 이전의 글자 삭제

⑤ 명령어 치환 기능(Command Substitution)

- 명령어의 실행 결과를 명령어의 인자로 바로 넘길 수 있는 기능이다. 명령어를 아래와 같이 역따옴표(`command`)나 $(command) 형식으로 작성하면 명령어 치환 기능이 수행된다.

```
$(command)
또는
`command`
```

- 예제 : touch 명령어를 통해 현재 시각을 파일명으로 갖는 파일이 생성되었음

```
$ touch "$(date)"
$ ls
Thu Aug 29 18:55:32 KST 2019
```

⑥ 표준 입출력 기능

- 리눅스 커널은 사용자로부터 기본으로 입력 받을 장치와 사용자에게 결과를 출력할 장치라는 개념을 통해 사용자의 입력을 프로그램에게 전달하고 프로그램의 결과를 사용자에게 보여준다.

구분	약어	파일 디스크립터	설명
표준 입력 (Standard Input)	stdin	0	• 프로그램에게 데이터를 전달할 때 사용하는 기본 장치를 의미 • 기본 표준 입력은 키보드로부터 받음
표준 출력 (Standard Output)	stdout	1	• 프로그램의 출력을 표시한 기본 장치를 의미 • 기본 표준 출력은 모니터로 설정되어 있음
표준 에러 (Standard Error)	stderr	2	• 프로그램에서 오류가 발생했을 때 출력할 기본 장치를 의미 • 기본 표준 에러는 모니터로 설정되어 있음

- 아래의 그림을 보면 프로세스 A의 표준 입력은 키보드이고, 표준 출력과 표준 에러는 화면으로 설정되어 있다.

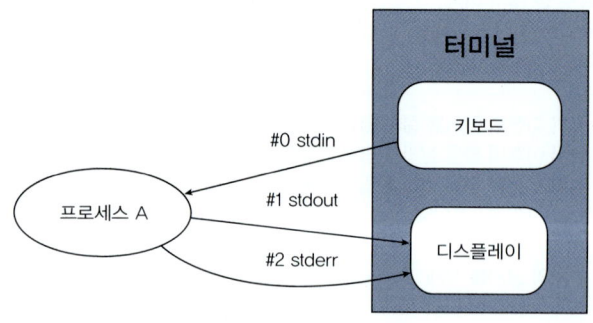

- echo 명령어에게 문자열 hello를 출력하라고 지시하면, 표준 출력인 화면으로 결과가 나타난다.

```
$ echo hello
hello
```

- cat 명령어를 옵션 없이 사용하면 표준 입력으로부터 데이터를 기다린다. 사용자가 'this is stdin'이라고 입력하면 cat은 이 데이터를 받아 표준 출력인 화면으로 'this is stdin'을 출력한다. cat을 종료하려면 단축키인 Ctrl + D 를 입력한다.

```
$ cat
this is stdin
this is stdin
output is twice
output is twice
[ctrl+d]
```

- cat 명령어의 인자로 존재하지 않는 파일을 지정하면 다음과 같이 오류 메시지가 출력된다. 하지만 표준 출력과 표준 에러가 모두 화면으로 표시되기 때문에 구분이 되지 않는다. 아래 예제와 같이 표준 출력만을 리다이렉션하는 파이프로 sed 명령어를 사용하여 스트링 치환을 적용해 보면 여전히 스트링 치환이 되지 않음을 알 수 있다. 즉 cat 명령어의 오류 메시지는 표준 출력이 아닌 표준 에러로 출력되고 있음을 알 수 있다.

```
$ cat not-exist-file
cat: not-exist-file: No such file or directory
$ cat not-exist-file | sed 's/No such/NO SUCH/'
cat: not-exist-file: No such file or directory
```

⑦ 리다이렉션 기능

- 프로그램의 표준 입력 및 표준 출력을 다른 장치로 재지정하는 것을 말한다. 표준 출력과 관련하여 '>', '>>' 가 있고 표준 입력과 관련하여 '<', '<<'가 있다.

>	프로그램의 출력을 표준 출력에서 지정한 출력으로 변경
>>	프로그램의 출력을 표준 출력에서 지정한 출력으로 변경하고 추가
<	프로그램의 입력을 표준 입력에서 지정한 입력으로 변경
<<	프로그램의 입력을 여러 줄 받을 때 사용하며, 지정한 문자열을 입력하면 입력이 종료

- ls -l 의 출력 결과를 listing-file 파일로 표준 출력을 재지정하였다. cat 파일로 확인해 보면 ls 명령어의 출력 결과가 정상적으로 저장되어 있음을 확인할 수 있다.

```
$ ls -l > listing-file
$ cat listing-file
total 4
drwxrwxr-x. 3 francis francis 4096 Aug 29 20:30 abc
-rw-rw-r--. 1 francis francis    0 Aug 29 21:47 listing-file
```

- 음악 파일의 재생을 표준 출력이 아닌 오디오 장치로 재지정하였다.

```
$ cat kpop.mp3 > /dev/audio
```

- 표준 입력을 파일로 재지정하여 sort 프로그램에게 데이터를 전달하였다. sort 프로그램이 전달 받은 데이터를 정렬하여 표준 출력인 화면으로 표시하였다.

```
$ sort < listing-file
drwxrwxr-x. 3 francis francis 4096 Aug 29 20:30 abc
-rw-rw-r--. 1 francis francis    0 Aug 29 21:47 listing-file
total 4
```

- cat 명령어의 옵션에 존재하지 않는 파일을 지정하면 에러가 표준 에러로 발생한다. 이 에러를 표준 에러에서 파일로 재지정하였다.

```
$ cat no-file 2>errorsfile
$ cat errorsfile
cat: no-file: No such file or directory
```

- 표준 에러의 재지정은 사용자가 스크립트를 실행할 때 에러만을 따로 파일로 저장할 수 있고 화면 출력에는 에러 없이 정보만을 전달할 수 있어 유용하다.

```
# tmp 디렉터리에 존재하는 파일을 먼저 확인한다.

$ ls /tmp

gconfd-francis        ssh-tunztG6627          virtual-francis.kb3kln

gconfd-gdm            virtual-francis.2g1k8v  virtual-francis.ovXx02

gconfd-root           virtual-francis.4unsw9  virtual-francis.Tkv1uE

keyring-IH9z68        virtual-francis.8tDKDS  virtual-francis.Ts87dR

keyring-zBmtpS        virtual-francis.au9lDf  virtual-francis.WPuCy3

orbit-francis         virtual-francis.DfHfuR  virtual-francis.xyPZnm

pulse-9UACuUNpJG3o    virtual-francis.DS9xX4  virtual-francis.yUYk1P

pulse-aPtHWnnB6di0    virtual-francis.H3qQiz

pulse-fC6j774VGVtc    virtual-francis.ioFO3P

# tmp 폴더에 'pulse'로 시작하는 파일을 찾고 표준 에러는 error.log 파일로 재지정하였다. 그 결과 찾은 파일은 표
준 출력인 화면에 잘 표시되었다.

$ find /tmp -name 'pulse*' 2>error.log

/tmp/pulse-9UACuUNpJG3o

/tmp/pulse-aPtHWnnB6di0

/tmp/pulse-fC6j774VGVtc

# 파일을 찾다가 에러가 발생했다면 error.log에 저장되었을 것이다. 확인해 보니 일부 디렉터리는 권한이 없어 찾기
실패하였다.

$ cat error.log

find: '/tmp/gconfd-gdm': Permission denied

find: '/tmp/pulse-9UACuUNpJG3o': Permission denied

find: '/tmp/gconfd-root': Permission denied

find: '/tmp/pulse-aPtHWnnB6di0': Permission denied
```

- 프로그램의 에러에 관심이 없을 경우 null 장치★로 보낼 수도 있다.

```
$ no-exist-command 2> /dev/null
```

P 기적의 TIP

★null 장치 : 실제 손새하지 않는 논리적 장치이나.

- 리눅스 관리자가 어떤 명령어의 실행 결과와 에러를 모두 한 파일로 표준 출력을 재지정하고 싶어할 수도 있다. 아래는 그 예제이다. 특히 표준 에러를 의미하는 파일 디스크립터 2를 '&'를 통해 표준 출력을 의미하는 파일 디스크립터 1로 재지정하였다.

```
# 존재하지 않는 디렉터리 Deskto와 존재하는 디렉터리 Documents의 출력 결과와 에러를 모두 dirlist 파일로 재지
정하였다.
$ ls Deskto Documents > dirlist 2>&1
# cat 명령어를 사용하여 dirlist의 내용을 보면 존재하지 않는 디렉터리 Deskto에 대한 오류와 Documents 디렉터리
내의 파일이 무엇이 있는지 보여 주고 있다.
$ cat dirlist
ls: cannot access Deskto: No such file or directory
Documents:
myfiles
```

⑧ 파이프 기능

- 여러 프로그램의 기능을 하나의 명령줄로 효과적으로 구성할 수 있도록 프로그램의 출력 결과를 또 다른 프로그램의 입력으로 전달할 수 있는 일종의 프로세스 간 통신 기술(Inter Process Communication)이다.
- '|'로 파이프 기능을 사용할 수 있고, 아래의 예처럼 파이프를 중첩하여 사용할 수도 있다.

```
command1 | command2 | command3
```

- 아래와 같이 ls −l 명령어의 출력이 한 화면을 넘어간다면, 파이프를 통해 그 결과를 less 명령어로 넘겨 마우스 스크롤이나 키보드로 결과를 살펴볼 수 있다.

```
$ ls −l | less
```

➕ 더 알기 TIP

tee
- tee 명령어는 표준 입력으로부터 데이터를 읽어 표준 출력으로 출력하거나 또는 이와 동시에 파일에 저장할 수 있다.
- tee는 표준 출력과 파일 저장을 동시에 수행할 수 있기 때문에 하나의 파이프라인을 두 갈래로 나누어 보낼 수 있다.

- tee 명령은 단독으로 사용 가능하고, 파일명을 지정한 경우 표준 출력과 파일에 동시에 보낼 수 있다. 또한 다른 프로그램의 출력 결과를 표준 입력으로 받을 수도 있다.

```
# tee 명령만 단독으로 사용하면 표준 입력(stdin), 즉 키보드 입력을 기다리고 입력이 들어오면 표준 출력(stdout)인
화면에 표시된다.
$ tee
Hello
Hello


# tee 명령 뒤에 파일명을 적으면 표준 출력과 동시에 파일도 저장된다.
$ tee hello-file
hello
hello
$ ls -l | grep hello
-rw-rw-r--. 1 francis francis    6 Aug 30 15:53 hello-file


# 파이프('|')를 사용해서 ping 명령의 출력 결과를 표준 입력으로 받아 화면과 동시에 파일에 저장할 수 있다.
$ ping google.com -c 1 | tee result.txt
PING google.com (172.217.161.78) 56(84) bytes of data.
64 bytes from nrt20s09-in-f14.1e100.net (172.217.161.78): icmp_seq=1 ttl=53 time=34.7ms


--- google.com ping statistics ---
1 packets transmitted, 1 received, 0% packet loss, time 37ms
rtt min/avg/max/mdev = 34.767/34.767/34.767/0.000ms
$ ls result.txt
result.txt
```

- tee에 -a 옵션을 사용하고 파일명을 기재하면 파일이 새로 생성되는 것이 아니라 파일 맨 끝에 추가된다.

```
$ ping google.com -c 1 | tee -a result.txt
```

⑨ 그룹 명령 기능

- 제어 연산자(Control Operator)★인 ';'와 '||' 그리고 '&&'를 통해 한 번에 여러 개의 명령어를 입력할 수 있다.

▶ **기적의 TIP**

★ 제어연산자 : 명령어의 흐름·실행 순서를 제어하기 위해 사용하는 특수 기호이다. 이전 명령어의 종료코드를 확인하기 위한 '$?'과 프로세스를 백그라운드로 보내 실행하기 위한 '&' 그리고 주석을 의미하는 '#'이 모두 제어 연산자이다. 그 외에 제어 연산자를 무효화하거나 여러 줄의 명령어를 사용하기 위한 '\'와 리다이렉션을 위한 '|'도 제어 연산자이다.

- ';' 는 나열한 순서대로 명령어를 실행하고자 할 때 사용한다.

```
$ echo "first" ; echo "second" ; echo "third"
first
second
third
```

- '||'은 앞의 명령어의 실행이 성공하면 그 결과를 출력하고 실패하면 그 다음 명령어를 실행한다. '||'은 여러 번 사용할 수 있다.

```
$ rm abc || echo "second"
rm: cannot remove 'abc': No such file or directory
second
```

- '&&'은 앞의 명령어의 실행이 성공한 경우에만 다음 명령어를 실행한다. '||'과 마찬가지로 여러 번 사용할 수 있다. 아래의 예제를 보면 ls 명령어에 잘못된 옵션을 넣은 경우 'succeed'가 출력되지 않았지만 올바른 옵션인 '-l'을 입력한 경우에는 'succeed'가 출력되었다.

```
$ ls invalidoption && echo 'succeed'
ls: cannot access invalidoption: No such file or directory

$ ls -l && echo 'succeed'
total 4
drwxrwxr-x. 3 francis francis 4096 Aug 29 20:30 abc
succeed
```

- ( )를 사용하여 명령어 그룹의 출력 결과를 파일로 리다이렉션할 수도 있다.

```
$ (date; pwd; ls) > result.txt
```

⑩ 작업 제어 기능(Job Control Command)

- 셸에서 실행하는 프로세스를 잡(Job) 혹은 작업이라고 부른다.
- 작업은 각각 포어그라운드(Foreground), 백그라운드(Background), 멈춤(Stopped)의 3가지 상태를 갖는다.
- 작업을 백그라운드로 실행할 땐 &를 사용한다.
- 작업 간 전환을 위해 fg, bg 명령을 사용한다.
- 현재 셸에서 실행한 작업의 목록은 jobs 명령어로 알 수 있다.

⑪ 산술 논리 연산 기능

- expr 명령어를 통해 산술, 논리 연산을 수행할 수 있다.
- expr 명령어에 산술 논리 연산 시, 연산자와 피연산자는 공백으로 반드시 구분되어야 한다.

```
# 공백을 주지 않으면 연산이 아닌 스트링 입력으로 간주한다.

$ expr 1+2

1+2
```

- expr를 위한 기호가 특수문자에 해당하면 \, " ", ' ' 등을 사용해야 한다.

```
$ expr 2 * 2

expr: syntax error

$ expr 2 \* 2

4

$ expr 2 '*' 2

4

$ expr 2 "*" 2

4
```

- |(파이프)는 OR 논리 비교를 수행한다. 앞의 피연산자가 0이거나 ' '이면 뒤의 피연산자를 출력한다. 그렇지 않으면 앞의 피연산자를 출력한다.
- &(앰퍼샌드)는 AND 논리 비교를 수행한다. 앞 또는 뒤의 피연산자가 0이거나 ' '이면 0을 리턴한다. 그렇지 않으면 앞의 피연산자를 출력한다.

구분	기호	설명	예제
산술	+	더하기	$ expr 1 + 2 3
	−	빼기	$ expr 3 − 1 2
	*	곱하기	$ expr 2 ₩* 3 6

	/	나누기	$ expr 4 / 2 2
	%	나머지	$ expr 5 % 2 1

논리			OR	$ expr 2 '|' 3
				2
				$ expr 0 '|' 3
				3
				$ expr 'a' '|' 3
				a
				$ expr ' ' '|' 3
				3
				$ expr ' ' '|' ' '
				0

	&	AND	$ expr 0 '&' 2
			0
			$ expr ' ' '&' 'a'
			0
			$ expr 'a' '&' 0
			0
			$ expr 'a' '&' ' '
			0
			$ expr 1 '&' 3
			1
			$ expr 5 '&' 3
			5

➕ 더 알기 TIP

expr 명령어의 스트링 연산과 정규식 기능

- expr 명령어는 /usr/bin에 위치하지만 bash에서는 내장된 expr을 사용한다.
- expr 명령어는 산술 논리 연산뿐 아니라 스트링 길이 계산, 서브스트링(Substring), 스트링 매칭과 같은 스트링 연산과 정규식 계산이 가능하다.
- expr 명령어에 length 옵션을 사용하여 스트링의 길이를 구할 수 있다.

```
$ expr length "hello"
5
```

- expr 명령어의 substr 옵션을 통해 서브스트링을 구할 수 있다.

```
$ expr substr 'hello world!!!' 7 5
world
```

- :(콜론)을 통해 두 스트링이 몇 글자 매칭되는지 알 수 있다.

```
$ expr helloworld : hello
5
```

⑫ **프롬프트 제어 기능**

- 환경변수 PS1, PS2, PS3, PS4를 통하여 셸 프롬프트를 변경할 수 있다. 다음 예제는 셸 프롬프트를 $에서 dollar로 변경한다.

```
$ export PS1="dollar"

dollar
```

⑬ **확장된 내부 명령어**

- 외부 명령어가 아닌 셸 자체적으로 수행 가능한 빌트인(Built-in) 명령어, 즉 내부 명령어를 다양하게 제공한다.

구분	명령어	설명
입출력	echo	변수나 표현식을 표준 출력으로 출력
	printf	형식화된 출력을 수행 예 $ printf "%s %s/n" hello world 　　hello world
	read	변수값을 표준 입력에서 읽어 들임
파일 시스템	cd	디렉터리 변경
	pwd	현재 디렉터리 표시
	pushd, popd, dirs	디렉터리 스택에 푸시, 팝하거나 현재 스택의 목록을 볼 때 사용
변수	let	변수에 대해 산술 연산 수행
	eval	인자를 명령어로 변환
	set	내부 스크립트의 변수값 변경
	unset	스크립트의 변수를 null로 지움
	export	변수에 값 설정
스크립트	source	지정한 파일을 스크립트로 실행
	exit	스크립트 종료함
	exec	프로세스를 실행할 때 포크(Fork)★하지 않고 셸 자체에서 실행

기적이 TIP

★포크(Fork) : 프로세스 실행 방식의 하나로 셸에서 프로세스를 실행할 때 새로운 자식 프로세스로 실행하여 셸과 자식 프로세스를 분리하는 방식을 의미한다. 반면 exec는 새로운 프로세스를 실행하지 않고 프로세스를 실행한 그 자신의 프로세스가 수행된다.

6) 셸과 메타문자

- 하나의 명령은 명령어와 명령어 인자 그리고 명령어 옵션과 옵션 인자로 구성되어 있고 공백 (Space)으로 구분한다.
- 셸이 명령어에게 명령어 인자, 옵션 인자 등을 전달하기 전에 특별히 해석하는 특수문자가 있는데 이를 메타문자(Metacharacters)라고 한다.

기호	설명
〉	표준 출력 리다이렉션
〉〉	표준 출력 리다이렉션(데이터 끝에 추가)
〈	표준 입력 리다이렉션
〈〈	표준 입력 리다이렉션(여러 줄 입력)
*	파일 매칭을 위한 와일드카드이며 0개 이상의 글자와 매칭됨
?	파일 매칭을 위한 와일드카드이며 단 1개의 글자와 매칭됨
[ ]	파일 매칭을 위한 와일드카드이며 브라켓(Bracket) 사이에 열거한 글자들과 매칭
`cmd`	명령어 치환 기능(Command Substitution)을 위해 사용
$(cmd)	명령어 치환 기능(Command Substitution)을 위해 사용
|	파이프 기능을 위해 사용
;	그룹 명령 기능을 위해 사용하며 순차적으로 명령어들을 실행
||	그룹 명령 기능을 위해 사용하며 앞 명령어의 실행 결과가 실패하면 다음 명령어를 실행
&&	그룹 명령 기능을 위해 사용하며 앞 명령어의 실행 결과가 성공하면 다음 명령어를 실행
( )	여러 개의 명령어들을 그룹화할 수 있고, 연산자의 우선순위 조절에도 사용할 수 있음
&	명령어를 백그라운드에서 실행
#	• 셸은 이 기호에 대하여 아무런 해석도 하지 않음 • 명령어에 대한 설명을 하기 위한 주석으로 사용
$	셸에서 사용하는 변수를 의미하며 변수가 담고 있는 값을 반환
\	• 탈출(Escape) 문자이며 해당 기호 다음 특수문자의 해석을 하지 않도록 셸에게 지시 • 명령어 입력 시 여러 줄로 입력하고자 할 때 줄 끝에 입력하기도 함

02 셸 프로그래밍

1) 셸 프로그래밍의 개요

① 셸 프로그래밍의 개념

- 셸 프로그래밍(Shell Programming)이란 특정 목적을 달성하기 위한 셸 스크립트를 작성하는 활동을 의미하며 셸 스크립팅(Shell Scripting)이라고도 한다.
- 셸 스크립트(Shell Script)란 셸에서 제공하는 여러 명령어를 나열한 일종의 파일이다. 이를 실행하면 여러 명령어를 일일이 입력할 필요 없이 한 번에 일련의 명령어를 실행할 수 있다.
- 셸 스크립트를 통해 주기적인 백업, 시스템 모니터링 등 반복 작업을 자동화할 수 있다.
- 셸 스크립트는 프로그래밍 언어★에 비해 문법이 간단하여 작성하기 쉽고 빠르게 작성할 수 있다. 또한 인터프리터★가 명령어 해석을 바로바로 하기 때문에 디버깅이 쉽다.

> **기적**의 TIP
>
> ★프로그래밍 언어 : 시스템을 구동하기 위해 컴퓨터에 명령을 내리기 위한 일련의 명령 집합을 뜻한다. 프로그래밍 언어는 컴파일과 인터프리터 방식으로 실행될 수 있다. 컴파일 방식 프로그래밍 언어에는 대표적으로 C, C++, Java, Swift, Kotlin 등이 있고 인터프리터 방식 프로그래밍 언어에는 lisp, basic python 등이 있다.
>
> ★인터프리터 : 프로그래밍 언어의 소스코드를 바이너리로 변환하는 과정 없이 텍스트의 구문을 해석하여 바로 실행하는 방식을 말한다.

② 셸 스크립트의 형식

- 첫 번째 줄에는 해당 스크립트가 사용할 셸을 '#!'를 통하여 명시한다.
- 두 번째 줄부터는 일련의 명령어를 기술한다.

```
#!/bin/bash
echo "Hello World!"
```

> **더 알기** TIP
>
> **#! (shebang)**
> - 실행 파일은 바이너리 형태이거나 스크립트처럼 텍스트 형태일 수 있는데 프로그램 로더(Program Loader)는 '#!' 매직넘버(Magic Number)를 통해 해당 실행 파일인지 바이너리인지 스크립트인지 구분할 수 있다.
> - '#!' 이후에 실행할 셸 종류를 지정하기 때문에 프로그램 로더는 지정한 셸을 통하여 스크립트를 실행할 수 있게 된다.

> **기적**의 TIP
>
> ★프로그램 로더(Program Loader) : 하드디스크와 같은 외부기억장치에서 메모리와 같은 주기억장치에 프로그램을 적재하고 실행하는 역할을 수행하는 시스템 프로그램이다.
>
> ★매직넘버(Magic Number) : 프로그램이 대상을 식별하기 위한 개발자가 지정한 고유한 값이다. 프로그램 로더는 바이너리인지 스크립트인지 구분하기 위해 파일의 시작이 '#!'의 Hex값인 0x023, 0x21로 시작하는지 확인한다.

③ 셸 스크립트의 실행

- 셸 스크립트를 실행할 때 별도의 프로세스로 실행하는 방법과 현재 셸에서 바로 실행하는 방법이 있다.

- 별도의 프로세스로 실행하기 위해서는 스크립트 파일의 퍼미션에 실행 권한을 주고 실행한다. 이때 현재 경로를 의미하는 './'를 꼭 붙여야 한다.

```
$ chmod +x hello.sh
$ ./hello.sh
Hello World!
```

➕ 더 알기 TIP

셸스크립트 실행할 때 './'를 붙이는 이유

셸은 환경변수 PATH에 지정된 경로에서만 실행 파일을 찾기 때문에 './'를 꼭 붙여야 한다.

```
$ echo $PATH
/usr/lib/qt-3.3/bin:/usr/local/bin:/bin:/usr/bin:/usr/local/sbin:/usr/sbin:/sbin:/home/francis/bin
```

- 실행할 때 셸의 인자로 스크립트 파일 경로를 넘겨서 직접 실행할 수도 있다.

```
$ bash hello.sh
Hello World!
```

- 현재의 셸에서 바로 실행하기 위해서는 source 명령어나 dot(.) 명령어를 이용하여 실행한다.

```
# source를 사용하여 실행하기
$ source hello.sh


# .을 사용하여 실행하기
$ . hello.sh
```

➕ 더 알기 TIP

셸의 스크립트 실행 방식

- 셸이 스크립트를 별도의 프로세스로 분리하여 실행하는지 현재 셸상에서 실행하는지 확인하기 위해 다음 스크립트를 만들어 보자.

```
#!/bin/bash
exit
```

- bash로 실행해 보자. 독립된 프로세스에서 스크립트가 실행되기 때문에 아무런 일도 일어나지 않는다.

```
$ bash exit.sh
$
```

- source로 실행해 보자. 현재 셸에서 exit 명령어를 사용하였으므로 보고 있던 터미널이 종료될 것이다.

```
$ source exit.sh
```

2) 셸 스크립트의 기본 문법

① 주석

- 주석은 프로그램의 이해를 돕기 위한 설명을 의미한다. 셸 스크립트에서는 '#'을 사용하여 주석을 작성할 수 있다.
- 다음 예제를 보면 $1, $2, $3가 무엇인지 모르더라도 주석을 읽어보면 첫 번째 인자, 두 번째 인자, 세 번째 인자 각각에 대응하는 위치 매개변수(Positional Parameter)를 알 수 있다.

```
#!/bin/bash

# 스크립트 첫 번째 인자, 두 번째 인자, 세 번째 인자를 사용하여 메시지를 출력한다.

echo "My first name is $1"

echo "My surname is $2"

echo "Total number of arguments is $#"
```

② 변수

- 변수는 스크립트의 동작을 위해 필요한 데이터를 저장하거나 읽어오거나 조작할 수 있는 메모리상 저장 공간이다.
- 사용하는 형식은 VAR=value이며 공백을 허용하지 않는다. 보통은 변수 이름은 대문자로 표기한다. VAR는 변수 이름이고 value는 변수에 저장될 값이다.

  - var.sh

```
#!/bin/bash
MSG="Hello World"
echo $MSG
```

  - var.sh의 실행

```
$ bash var.sh
Hello World
```

- 변수의 형식은 스트링만 제공한다. expr 명령어를 사용하여 변수 x에 1을 더해 보지만 오류가 발생한다.

```
$ x="hello"
$ expr $x + 1
expr: non-numeric argument
$
```

- 변수에 값을 할당할 때 다양한 방법이 존재한다.
  - var2.sh

```
#!/bin/sh

# 변수값 초기화
name="Choi Jung Hyun"

# 변수값 출력
echo "\${name} =${name}"

# 스트링의 길이를 출력한다.
echo "length=${#name}"

# ${name:offset}
# 변수의 특정 오프셋 이후 반환한다.
echo "offset=${name:5}"

# ${name:offset:length}
# 변수의 특정 오프셋 이후 길이만큼 반환한다.
echo "length from offset=${name:5:4}"

# ${name:+value}
# name 변수값이 null 아니면 값을 반환하지만 변수에 할당하지는 않는다.
echo "\${name} =${name:+Hello}"
echo "\${name} =${name}"

# ${name:-value}
# name 변수값이 null이면 value 값을 출력한다. 그렇지 않으면 원래 값을 출력한다.
echo "name =${name:-123456}"
echo "name2=${name2:-123456}"

# ${name:?value}
# name 변수값이 null이 아니면 name 값을 출력하고, null이면 value 값을 출력 후 오류를 발생시킨다.
echo "name3=${name3:?123456}"
```

- 변수에 값을 할당할 때 다양한 방법이 존재한다.
  - var2.sh의 실행 결과

```
$ bash var2.sh
${name} =Choi Jung Hyun
${name} =Choi Jung Hyun
    length=14
    offset=Jung Hyun
    length from offset=Jung
${name} =Hello
${name} =Choi Jung Hyun
  name =Choi Jung Hyun
  name2=123456
var2.sh: line 32: name3: 123456
```

- 현재 셀의 모든 변수와 환경변수를 확인하고자 할 때는 set 명령어를 사용하고 오직 export된 변수만을 출력하고자 할 때는 env 명령어를 사용한다.

➕ 더 알기 TIP

변수의 범위(Scope)

변수를 선언하면 선언한 셀에서만 유효하다. 셀을 벗어나면 해당 변수에 접근할 수 없다. 이를 지역(Local) 변수라고 한다. 지역변수를 선언할 때 VAR=value 형식도 가능하지만 export 명령어를 사용할 수도 있다. 선언한 변수를 해제할 때는 unset 명령어를 사용한다.

- 변수 NAME에 francis 값을 설정하고, my-name-is.sh 스크립트를 한 번은 bash로 별도의 프로세스에서 실행하고 다른 한 번은 현재 셀에서 실행할 수 있도록 dot(.) 명령어로 실행해 보았다. 그 결과 bash로 실행한 경우 변수에 접근할 수 없어 공란으로 출력된다.
  - my-name-is.sh

```
#!/bin/bash
echo My Name is $NAME.
```

  - my-name-is.sh 사용 예제

```
# export NAME=francis와 같이 선언할 수도 있다.
$ NAME=francis
$ bash my-name-is.sh
My Name is.
$ . my-name-is.sh
My Name is francis.
$
```

- 셸에 관계없이 접근 가능한 변수를 선언하고자 할 때는 사용자 환경변수나 시스템 환경변수를 선언해서 사용해야 한다. 사용자 환경변수는 .bashrc에 선언해서 사용하고 시스템 환경변수는 /etc/bash.bashrc에 선언해서 사용한다.

③ 위치매개변수

- 명령줄에 지정된 인자의 위치를 나타내는 특별한 변수이다. $0은 명령어를 나타내고 $1, $2는 첫 번째 인자와 두 번째 인자를 나타낸다. $@ 또는 $*은 모든 위치매개변수를 뜻한다.

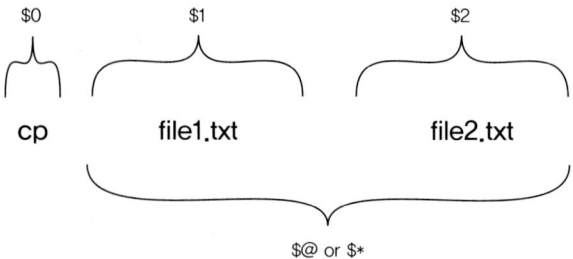

- 그 외에도 인자의 개수를 갖고 있는 $#과 셸 스크립트의 PID를 담고 있는 $$와 스크립트 실행 결과 값을 가지고 있는 $?와 셸의 옵션 플래그를 갖고 있는 $-가 있다.

➕ 더 알기 TIP

$@와 $*의 차이점(1)

- $@은 환경변수 $IFS 설정된 구분자를 통해 위치 매개변수를 분리하여 보관한다.
- $*은 모든 위치 매개변수를 하나의 스트링으로 보관한다.

➕ 더 알기 TIP

$@와 $*의 차이점(2)

- pos-param.sh

```
#!/bin/sh
# $@를 for 구문을 통해 출력한다.
echo "exam: \$@=$@"
for pos_param in "$@"
do
        echo $pos_param
done
# $*를 for 구문을 통해 출력한다.
echo "exam: \$*=$*"
for pos_param in "$*"
do
        echo $pos_param
done
```

• pos-param.sh의 실행

```
$ bash pos-param.sh first second third
exam: $@=first second third
first
second
third
exam: $*=first second third
first second third
$
```

④ echo문

- echo 명령은 스트링을 화면에 출력한다.
- echo 명령에 −e 옵션을 사용하면 '\n'과 같은 특수문자를 사용할 수 있다.

```
$ echo "Hello\nWorld"
Hello\nWorld
$ echo −e "Hello\nWorld"
Hello
World
$
```

- echo 명령에 사용할 수 있는 특수문자는 다음과 같다.

\b	백스페이스(Backspace)를 입력
\f	폼피드(Formfeed)를 입력
\n	새로운 줄(Newline)을 입력
\r	캐리지리턴(Carriage-Return)을 입력
\t	탭(Tab)을 입력
\\	백슬래시(Backslash)를 입력

⑤ 다양한 조건식

• 두 개의 숫자를 비교하여 더 큰지, 같은지, 작은지 등을 비교할 수 있다.

num1 −eq num2	num1과 num2가 같으면 참
num1 −ge num2	num1이 num2보다 크거나 같으면 참
num1 −gt num2	num1이 num2이 보다 크면 참
num1 −le num2	num1이 num2보다 작거나 같으면 참
num1 −lt num2	num1이 num2보다 작으면 참
num1 −ne num2	num1과 num2가 다르면 참
!num1	num1이 참이면 거짓이고 반대로 거짓이면 참
num1 −a num2	num1과 num1을 AND함(모두 참이어야 참)
num1 −o num2	num1과 num2를 OR함(둘 중 하나만 참이어도 참)

• 두 문자열을 비교하여 같은지 다른지 어느 쪽이 큰지 또는 길이를 비교할 수 있다.

var1 = var2	var1과 var2가 같으면 참
var1 != var2	var1과 var2가 다르면 참
var1 〈 var2	var1보다 var2가 크면 참
var1 〉 var2	var1이 var2보다 크면 참
−n var1	var1의 길이가 0보다 크면 참
−z var1	var1의 길이가 0이면 참

• 파일이 블록 디바이스인지 문자 디바이스인지 디렉터리인지 파일인지 등을 비교할 수 있다.

−b file	file이 블록 디바이스이면 참
−c file	file이 문자 디바이스이면 참
−d file	file이 디렉터리이면 참
−e file	file이 존재하면 참
−x file	file이 존재하고 실행 가능하면 참
−r file	file이 존재하고 읽기 가능하면 참
−w file	file이 존재하고 쓰기 가능하면 참
−f file	file이 존재하고 정규 파일이면 참
−g file	file에 Set−GID(Set Group ID bit)가 있으면 참

명령행에서 2가지 비교법

• '[' 와 ']' 사이에 표현식을 넣어 비교할 수 있다.

```
$ \[ hello != hello \]
$ echo $?
1
$ [ 2 -gt 1 ]
$ echo $?
0
```

• test 명령어 다음에 표현식을 넣어 비교할 수 있다.

```
$ test 1 -eq 2
$ echo $?
1
$ test -c /dev/console
$ echo $?
0
```

3) 셸 스크립트의 조건문

① if문

• if문의 표현식이 참이면 then 구문의 명령문이 실행된다. 그렇지 않으면 fi 구문 이후의 명령문이 실행된다. if 구문의 표현식은 '[' 과 ']' 사이에 공백을 둬야 한다.

```
if [ 표현식 ]
then
    명령문
fi
```

• if-else문의 표현식이 참이면 then 구문의 명령문을 실행하고, 그렇지 않으면 else 구문의 명령문을 실행한다.

```
if [ 표현식 ]
thon
    명령문
else
    명령문
fi
```

- if-elif-else-fi문은 if 구문의 표현식이 참이면 then 이하의 명령문을 실행하고, 그렇지 않으면 elif 구문 이하의 표현식이 참인지 확인한다. 참이면 then 구문 이하의 명령문을 실행하고 그렇지 않으면 else 구문 이하의 명령문을 실행한다.

```
if [ 표현식 ]
then
    명령문
elif [ 표현식 ]
then
    명령문
else
    명령문
fi
```

- if-then-else-if-then-fi-fi문(중첩 if문)은 if의 표현식이 참이면 then 이하의 명령문을 실행하고, 그렇지 않으면 else 이하의 구문을 실행한다. 그리고 그 명령문은 동일한 if 구문을 중첩하여 실행할 수 있다.

```
if [ 표현식 ]
then
    명령문
else
    if [ 표현식 ]
    then
        명령문
    fi
fi
```

- if 구문에서 첫 번째 인자가 "cool"이라면 then 이하의 구문 "Cool wind"를 화면에 출력한다. 그렇지 않다면 첫 번째 인자가 "warm"과 같은지 확인하고 같다면 then 이하의 구문 "warm wind"를 출력한다. 그렇지 않으면 "Not warm wind"를 출력한다.

```
#!/bin/bash

if [ "$1" = "cool" ]
then
    echo "cool wind"
elif [ "$1" = "warm" ]
then
```

```
        echo "warm wind"
else
        echo "Not warm wind"
fi
```

② case문

- case문은 $ 변수와 상응하는 패턴의 명령문을 실행한다.

```
case  $변수  in
패턴1)
명령문
패턴2)
명령문
*)
명령문
esac
```

- $NOW가 'Mon'이라면 "Full backup"을 출력하고 Tue, Wed, Thu, Fri 중에 하나라면 "Partial backup"을 출력한다. Sat인 Sun이라면 "No Backup"을 출력한다. 그 외라면 "Error"를 출력한다.

```
#!/bin/bash
NOW=$(date +"%a")
case $NOW in
   Mon)
            echo "Full backup";;
   Tue|Wed|Thu|Fri)
            echo "Partial backup";;
   Sat|Sun)
            echo "No backup";;
   *)
echo "Error";;
esac
```

4) 셸 스크립트의 반복문

① for문

- 변수에 값1을 할당하고 명령문을 실행하고, 변수에 값2를 할당하고 명령문을 실행한다. in 구문 이하의 값을 모두 순차적으로 할당할 때마다 명령문을 실행한다.

```
for $변수 in 값1, 값2
    do
        명령문
    done
```

- 변수 i에 1을 할당하고 "Loop … number $i"를 출력하고 변수 i에 2를 할당하고 "Loop … number $i"를 출력한다. 순차적으로 i에 3, 4, 5를 할당하고 마찬가지로 echo문을 실행한다.

```
#!/bin/sh
for i in 1 2 3 4 5
do
  echo "Looping ... number $i"
done
```

② while문

- 표현식이 참일 동안 do와 done 사이의 명령문을 실행한다. 표현식이 거짓일 경우 반복문을 종료한다.

```
while 표현식
do
    명령문
done
```

- INPUT_STRING 변수에 bye가 입력될 때까지 "You typed : $INPUT_STRING"을 출력한다. bye가 입력되면 반복문이 종료된다.

```
#!/bin/sh
INPUT_STRING=hello
while [ "$INPUT_STRING" != "bye" ]
do
  echo "Please type something in (bye to quit)"
  read INPUT_STRING
  echo "You typed: $INPUT_STRING"
done
```

③ until문

- 표현식이 만족할 때까지 명령문을 실행한다.

```
until 표현식
do
    명령문
done
```

- 변수 i가 6보다 클 때까지 "Welcome $i times."를 출력한다.

```
#!/bin/bash
i=1
until [ $i -gt 6 ]
do
        echo "Welcome $i times."
        i=$(( i+1 ))
done
```

- 다음은 위의 셸 스크립트의 실행 결과이다.

```
Welcome 1 times.
Welcome 2 times.
Welcome 3 times.
Welcome 4 times.
Welcome 5 times.
Welcome 6 times.
```

④ select문

- 메뉴 중 숫자로 항목을 선택하고 그에 대응하는 명령어를 수행하기 위한 반복문이다.

```
select $변수 in 메뉴1 메뉴2 메뉴3 ...
do
    수행할 명령어
done
```

- who 또는 whoami 메뉴 항목을 숫자로 선택하면 해당 명령어를 실행하고, quit 메뉴 항목의 숫자를 선택하면 셸을 종료한다.

```
#!/bin/bash
select menu in who whoami quit
do
  case $menu in
  who) who;;
  whoami) whoami;;
  quit) break;;
  *) echo "wrong menu item";;
  esac
done
```

5) 셸 스크립트의 함수

① 함수 구문 문법

- 함수의 정의는 function 지시어를 통해 함수 이름을 선언하고 함수가 수행할 명령문을 기술한다.

```
function 함수 이름
{
    명령문
}
```

- 함수의 호출은 함수 이름을 명시하여 호출한다.

```
#!/bin/bash
함수 이름
```

- "Oh! actually, it works"를 출력하는 myfunction을 정의하였고, 호출할 때는 함수 이름을 그대로 사용하였다.

```
myfunction( )
{
    echo "Oh! Actually, it works"
}
myfunction
```

6) 셸 스크립트의 부분 문자열 제거(Substring Removal)

- 스트링과 패턴을 비교하여 매칭된 문자열을 소거하는 4가지 방법이 있다.

${string#pattern}	맨 앞부터 패턴과 가장 짧게 매치된 문자열을 지움
${string##pattern}	맨 앞부터 패턴과 가장 길게 매치된 문자열을 지움
${string%pattern}	맨 뒤부터 패턴과 가장 짧게 매치된 문자열을 지움
${string%%pattern}	맨 뒤부터 패턴과 가장 길게 매치된 문자열을 지움

- 문자열의 앞부터 A로 시작해서 1로 종료하는 패턴 중, 가장 짧은 매칭을 삭제하거나 가장 긴 매칭을 삭제한다.

```
STR=ABC123abc123ABC

#    |--|          가장 짧은 문자열 (#)

#    |--------|    가장 긴 문자열 (##)

echo ${STR#A*1}    # 23abc123ABC

echo ${STR##A*1}   # 23ABC
```

- 문자열의 뒤부터 3으로 시작해서 C로 종료하는 패턴 중, 가장 짧은 매칭을 삭제하거나 가장 긴 매칭을 삭제한다.

```
STR=ABC123abc123ABC

#               |--|      가장 짧은 문자열 (%)

#          |--------|     가장 긴 문자열 (%%)

echo ${STR%3*C}    # ABC123abc12

echo ${STR%%3*C}   # ABC12
```

프로세스

▶합격강의

빈출 태그 ▶ 프로세스, PID, PPID, init, systemd, 데몬, 포어그라운드, 백그라운드, 시그널, systemctl

01 프로세스의 개요

1) 프로세스의 개념

① 프로세스의 정의

- 프로세스는 디스크의 프로그램을 메모리에 적재하고 실행한 상태이다.
- 하나의 프로그램은 여러 개의 프로세스로 중복 생성될 수 있기 때문에 프로세스는 프로그램의 인스턴스라고 정의할 수 있다.

② 프로세스의 특징

- 프로세스는 생성, 실행, 대기, 중지, 좀비, 종료 등의 라이프 사이클을 갖는다.
- 프로세스는 고유의 아이디(PID)를 갖고 부모 프로세스와 자식 프로세스의 관계를 맺으며 실행 우선순위와 프로세스의 상태를 갖는다.
- 프로세스는 생성 시간, 시스템 실행 시간, 사용자 실행 시간 등의 시간 정보와 주기적인 이벤트 발생을 위한 타이머를 가질 수 있다.
- 프로세스는 사용 가상 메모리, 프로세스 컨텍스트, 파일 핸들 정보 등의 리소스 정보를 갖는다.

2) 프로세스의 유형

① 최상위 프로세스

- 시스템상의 모든 프로세스의 부모 프로세스이다.
- 부트로더에 의해 리눅스의 초기화를 위해 가장 먼저 실행하는 프로세스이며 커널이 직접 시작한다.
- 최상위 프로세스의 부모 프로세스는 존재하지 않고 프로세스 ID(PID)는 항상 1이다.
- 레드햇 계열 6의 최상위 프로세스는 init 프로세스이며 파일 위치는 /sbin/init이고, 레드햇 계열 7 이후는 systemd이며 파일 위치는 /usr/lib/systemd/systemd이다.
- 특히 systemd는 init 프로세스의 단점을 보완하기 위해 레나토 포터링(Lennart Poettering)과 케이 세바스(Kay Sievers)에 의해 개발되었다. systemd는 최소한의 필요한 서비스로만 시작하고 실제 필요한 시점에 서비스를 실행하는 On-demand 방식을 제공한다. 또한 최대한 병렬로 서비스를 시작해 부팅시간을 단축한다.

init 프로세스의 PID 확인하기

pidof 명령어의 프로세스 이름을 인자로 넘기면 PID를 확인할 수 있다.

```
$ pidof systemd
1
```

② 부모 프로세스와 자식 프로세스

- 현재 실행 중인 프로세스 A가 특정 실행 파일을 실행하여 프로세스 B가 생성되었다면, 프로세스 A를 부모 프로세스라 하고 프로세스 B를 자식 프로세스라고 한다.
- 자식 프로세스의 프로세스 ID를 PID라고 하고 부모 프로세스의 PID를 PPID라고 한다.

③ 고아 프로세스와 좀비 프로세스

- 자식 프로세스가 부모 프로세스를 잃어버렸을 때 고아 프로세스가 된다. 잃어버린다는 의미는 부모 프로세스가 강제 종료되어 없어졌다는 것이다. 고아 프로세스의 부모 프로세스는 init 프로세스로 변경된다.
- 자식 프로세스가 종료될 때 부모 프로세스가 wait( ) 시스템 콜 등으로 자식 프로세스의 종료 코드를 회수하지 못한 경우 좀비 프로세스가 된다. 프로세스가 사용하던 파일 핸들, 메모리 등 리소스는 모두 반환되었지만 프로세스 테이블상에 자식 프로세스는 아직 지워지지 않은 상태로 남아 있다. 부모 프로세스가 wait( ) 시스템 콜을 통해 자식 프로세스의 종료 코드를 회수하면 프로세스 테이블에서도 PID가 삭제된다.

좀비 프로세스 확인해보기

- 터미널에서 zombie.sh를 실행하고 약 5초 후에 ps 명령어로 확인해 보면 프로세스의 상태(STAT)가 좀비 상태('Z')가 되었음을 확인할 수 있다.
- 부모 프로세스에게 SIGCONT 시그널을 보내 상태를 실행으로 변경하면 wait( ) 시스템 콜을 통해 자식 프로세스의 종료 코드를 회수하게 되어 좀비 프로세스가 사라짐을 확인할 수 있다.
- zombie.sh

```
#!/bin/bash
# 부모 프로세스가 될 현재 프로세스의 PID를 변수에 저장한다.
OUR_PID=$$


# 자식 프로세스를 생성한다. 자식 프로세스는 5초간 실행하다 종료한다.
sleep 5 &


# 자식 프로세스가 실행될 때까지 약간 기다린다.
sleep 1
```

```
# 부모 프로세스의 상태를 정지로 변경한다.

echo "parent process stopped: PID is $OUR_PID"

kill -SIGSTOP $OUR_PID
```

─ zombie.sh의 실행 결과

```
$ bash zombie.sh

chiled process created, but they will be died after 5 seconds

parent process stopped: PID is 11623


[2]+  Stopped                bash zombie.sh
$ ps aux | grep 'Z'

USER       PID %CPU %MEM    VSZ   RSS TTY      STAT START    TIME COMMAND

francis  11624  0.0  0.0      0     0 pts/0    Z    21:19   0:00 [sleep] ⟨defunct⟩

francis  11627  0.0  0.0   4424   772 pts/0    S+   21:19   0:00 grep Z


$ kill -SIGCONT 11623


$ ps aux | grep 'Z'

USER       PID %CPU %MEM    VSZ   RSS TTY      STAT START    TIME COMMAND

francis  11629  0.0  0.0   4424   768 pts/0    S+   21:19   0:00 grep Z

[2]+  Done                   bash zombie.sh
```

④ 데몬

- 시스템 부팅 시 대부분 자동으로 시작되며 백그라운드로 실행한다.
- 데몬은 사용자가 직접 제어하지 않고 보통 특정 이벤트나 상태와 같은 주기적이고 지속적인 서비스의 요청을 처리하기 위해 데몬의 관련 핸들러가 실행하는 방식이다.
- 작업 예약(cron), 파일 전송(ftpd), 프린터(lpd), 원격 접속(rlogind), 원격 명령(rshd), 텔넷 (telned) 등이 데몬의 좋은 예이다.

➕ 더 알기 TIP

다양한 프로세스 유형

- 프로세스가 실행하는 메모리 공간에 따라 사용자 메모리에서 실행하는 프로세스는 사용자 프로세스, 커널 메모리에서 실행하는 프로세스는 커널 프로세스라고 한다.
- 프로세스의 성격에 따라 터미널이나 X 윈도우와 같은 사용자와 직접 반응하는 프로세스를 대화형(Interactive) 프로세스, 미리 정해진 작업을 순서에 따라 실행하면 배치(Batch) 또는 자동(Automatic) 프로세스라고 한다.

3) 프로세스와 식별자

① PID(Process Identifier)

• 시스템에서 실행 중인 프로세스를 각각 구분하기 위해 시스템에서 유일한 아이디를 부여받는데 이를 PID라고 한다.

② PPID(Parent Process Identifier)

• 생성된 프로세스의 부모 프로세스의 아이디를 특별히 PPID라고 한다.

③ UID(User Identifier) 또는 GID(Group Identifier)

• 생성된 프로세스가 속한 사용자 또는 그룹의 아이디로, 보통 부모 프로세스로부터 상속받는다.

02 프로세스의 동작 원리

1) 프로세스 생성하기

① exec 방식

• exec( ) 시스템 콜은 현재 프로세스의 이미지를 새로운 프로세스의 이미지로 교체한다.
• 셸에서도 명령어 앞에 exec를 붙여서 exec 방식으로 프로세스를 실행할 수 있다.

```
$ exec ls -l
```

② fork 방식

• 프로세스가 fork( )를 호출하여 프로세스를 생성할 수 있다. fork( )를 호출한 프로세스를 부모 프로세스라 하고 생성된 프로세스를 자식 프로세스라고 한다. 자식 프로세스는 시스템상 유일한 PID를 할당 받으며 자식 프로세스의 부모 프로세스는 fork( )를 호출한 프로세스의 PID가 된다.
• fork( )는 프로세스를 생성할 때 호출한 프로세스를 복제하는 방식으로 새로운 프로세스를 생성한다. 그러나 부모 프로세스의 메모리 락과 세마포어와 비동기 I/O 등은 상속되지 않는다.

③ fork( )와 exec( )를 통한 프로세스 생성 과정

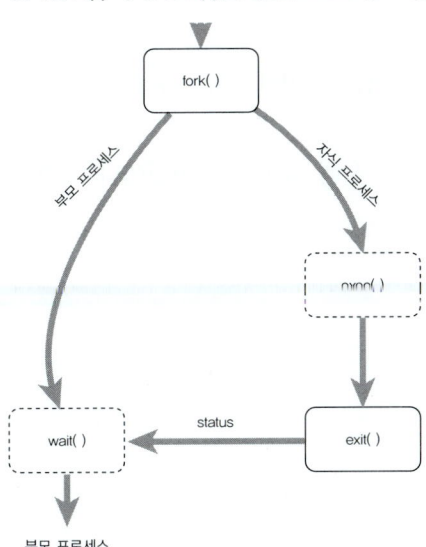

• 프로세스가 생성하고 종료하는 과정을 보면 fork( )를 통해 부모 프로세스를 복제하여 자식 프로세스가 생성되고 exec( ) 호출을 통해 자식 프로세스의 프로그램으로 교체가 된다.
• 자식 프로세스가 exit( )를 호출하면 부모 프로세스는 wait( ) 시스템 콜을 통해 자식 프로세스의 종료 코드를 회수한다.

pstree를 통한 프로세스 구조 확인

• pstree 명령어를 통해 프로세스의 관계를 확인할 수 있다.

• init 프로세스가 fork( )와 exec( )를 통해 다양한 데몬과 프로세스를 실행하고 있고, 각 프로세스가 생성한 자식 프로세스들도 확인할 수 있다.

```
$ pstree
init─┬─NetworkManager
     ├─2*[VBoxClient───VBoxClient───{VBoxClient}]
     ├─VBoxClient───VBoxClient
     ├─VBoxClient───VBoxClient───2*[{VBoxClient}]
     ├─VBoxService───7*[{VBoxService}]
     ├─abrtd
     ├─acpid
     ├─atd
     ├─auditd───{auditd}
     ├─automount───4*[{automount}]
     ├─bonobo─activati───{bonobo─activat}
     ├─certmonger
     ├─clock─applet
     ├─console─kit─dae───63*[{console─kit─da}]
     ├─crond
     ├─cupsd
     ├─2*[dbus─daemon───{dbus─daemon}]
```

2) 프로세스 제어하기

① 포어그라운드 프로세스(Foreground Processes)

• 사용자가 명령어나 프로그램을 실행하면 프로세스가 실행되는 사이에 셸은 블록이 되는데, 이러한 프로세스를 포어그라운드 프로세스라고 한다.

• 포어그라운드 프로세스는 사용자의 입력을 받을 수 있고 그 실행 결과를 터미널이나 그래픽 유저 인터페이스를 통해 확인할 수 있다.

② 백그라운드 프로세스(Background Processes)

- 명령어의 수행 결과를 받을 때까지 오랜 시간이 걸릴 경우 백그라운드에서 프로세스를 실행할 수 있다.
- 백그라운드에서 프로세스를 실행하려면 명령어 뒤에 '&'를 붙인다. '['와 ']' 사이의 숫자는 작업 번호(Job Number)이며 그 뒤 숫자는 PID이다.

```
$ ls ch*.ppt &
[1] 12131
```

③ 포어그라운드 프로세스와 백그라운드 프로세스 전환

- 포어그라운드 프로세스를 백그라운드 프로세스로 전환하기 위해서는 Ctrl+Z를 입력하여 프로세스를 서스펜드(Suspend)한 후 bg 명령어로 백그라운드로 실행한다.

```
$ find / -ctime -1 > /tmp/changed-file-list.txt


$ [CTRL^Z]
[2]+  Stopped                 find / -ctime -1 > /tmp/changed-file-list.txt


$ bg
```

- 현재 실행 중인 작업의 정보를 보기 위해서는 jobs 명령어를 사용한다.

```
$ jobs
[1]   Running                 bash download-file.sh &
[2]-  Running                 evolution &
[3]+  Done                    nautilus .
```

- 백그라운드 프로세스를 포어그라운드 프로세스로 되돌리기 위해서는 fg 명령어를 사용한다.

```
$ fg %1
```

④ 우선순위의 설정

- 리눅스 커널에 의해 관리되고 설정되는 PR(Priority)과 사용자가 우선순위를 조절할 수 있는 NI(Nice)가 있다.
- 특히 NI는 nice 명령어를 통해 프로세스 시작 시 설정할 수도 있고 renice 명령어를 통해 프로세스 실행 중 조절할 수도 있다.
- PR은 0부터 139의 값을 가지며 그 중 0부터 99는 실시간 태스크에게 할당되고 사용자를 위해서는 100부터 139의 값이 할당된다.
- NI는 -20부터 19까지 할당될 수 있지만 음수 값은 root 사용자만이 설정할 수 있다.

3) 프로세스 중지하기

① 키보드 단축키 [Ctrl] + [C]

- [Ctrl] + [C] 는 SIGINT 시그널을 해당 프로그램에 보내는 동작이다.
- 터미널에서 다음과 같이 명령어를 입력하면 10초마다 "I'm alive!" 메시지를 출력하는 프로세스가 실행된다. 프로세스를 종료하기 위해 키보드로 [Ctrl] + [C] 를 입력하면 프로세스가 종료된다.

```
$ while true; do echo "I'm alive!"; sleep 10; done
```

② kill 명령어 사용하기

- kill 명령어의 인자에 프로세스의 PID를 지정하면 해당 프로세스를 종료할 수 있다.
- 사용자는 사용자가 직접 생성한 프로세스만 kill할 수 있다.
- 오직 root 사용자만이 시스템 프로세스를 kill할 수 있다.
- 오직 root 사용자만이 다른 사용자가 생성한 프로세스를 kill할 수 있다.
- 해당 프로세스가 다양한 수준으로 적절히 종료할 수 있도록 kill 명령어의 특정 시그널을 옵션으로 지정할 수 있다.

```
$ kill –SIGKILL 50123
```

➕ 더 알기 TIP

시그널(Signal)

- 프로세스가 다른 프로세스에게 어떤 의미를 담은 신호를 주기 위한 방식이다.
- 운영체제에서 제공하는 시그널은 kill ㅣ 옵션을 통해 확인할 수 있다.
- kill 명령을 통해 시그널을 전달할 수도 있고 키보드 입력을 통해 시그널을 전달할 수도 있다. 예를 들어, [Ctrl] + [C] 를 입력하면 해당 프로세스에게 SIGINT 시그널을 보낸다.

시그널 번호	시그널 이름	설명
1	SIGHUP	터미널의 접속이 연결이 끊어질 때 보내는 시그널
2	SIGINT	[Ctrl] + [C] 를 통해 인터럽트 발생 시
3	SIGQUIT	[Ctrl] + [\] 를 입력 시
9	SIGKILL	프로세스를 강제 종료 시
15	SIGTERM	프로세스를 정상 종료 시
18	SIGCONT	STOP 시그널을 통해 정지된 프로세스를 재개할 때
19	SIGSTOP	프로세스를 중지할 때
20	SIGTSTP	프로세스를 대기(suspend)하기 위해 [Ctrl] + [Z] 를 입력 시

4) 프로세스의 상태

- 프로세스는 실행해서 종료할 때까지 R, D, S, Z, T와 같은 다양한 프로세스 상태 코드를 갖는다.
- 이러한 상태 코드는 ps 명령어나 top 명령어를 통해 프로세스의 상태를 확인할 수 있다.

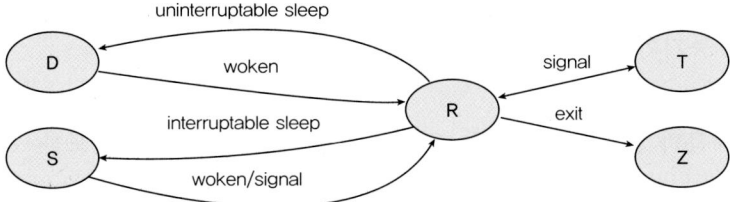

- 프로세스 상태 코드

R	프로세스가 현재 실행 중
D	I/O와 같은 인터럽트할 수 없는 슬립(Sleep) 상태
S	특정 이벤트가 시그널될 때까지 기다리기 위한 인터럽트 가능한 슬립 상태
Z	좀비 프로세스
T	중지 상태

5) 프로세스의 구조

① PCB(Process Control Block)

- 프로세스를 실행하고 스케줄링하고 상태가 변경될 때마다 그 정보를 저장하기 위해 커널에서는 PCB라고 불리는 자료구조로 프로세스에 대한 정보를 관리하고 있다.

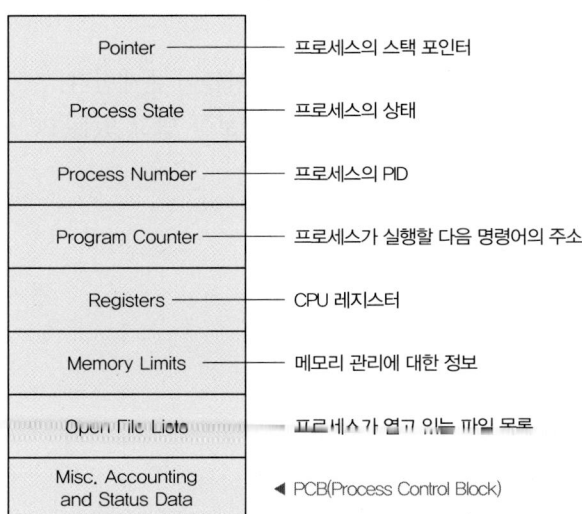

◀ PCB(Process Control Block)

Pointer	프로세스의 스택 포인터
Process State	프로세스의 상태
Process Number	프로세스의 PID
Program Counter	프로세스가 실행할 다음 명령어의 주소
Registers	CPU 레지스터
Memory Limits	메모리 관리에 대한 정보
Open File Lists	프로세스가 열고 있는 파일 목록
Misc. Accounting and Status Data	

6) 프로세스 간 통신

① 프로세스 간 통신의 개념

- 프로세스 간 통신(IPC ; Inter-Process Communication)은 서로 다른 프로세스들이 데이터를 주고받거나 실행 순서를 조정하는 등의 동기화 작업을 위해 시스템에서 제공하는 매커니즘이다.
- 각 프로세스는 독립된 주소 공간에서 실행되기 때문에 이러한 매커니즘 없이는 다른 프로세스의 데이터를 읽거나 상호 동기화 작업을 수행할 수 없다.

② 프로세스 간 통신의 유형

- 프로세스 간 통신 방법은 다음과 같으며 lsipc 또는 ipcs 명령어를 사용하여 관련 정보를 조회할 수 있다.

파이프(Pipe)	• 두 개의 프로세스 간에 파이프를 연결하여 단방향 통신을 수행 • 하나의 프로세스가 데이터를 파이프에 쓰면 다른 프로세스는 파이프로부터 데이터를 읽을 수 있음
메시지 큐 (Message Queue)	FIFO(First-In, First-Out)의 자료구조를 갖는 메모리 공간을 통해 여러 프로세스 간에 데이터를 주고받을 수 있음
공유 파일 (Shared File)	여러 프로세스 간 동일 파일에 데이터를 읽고 씀으로써 프로세스 간 통신을 구현하는 방법
공유 메모리 (Shared Memory)	여러 프로세스 간 동시에 데이터를 읽고 쓸 수 있는 메모리 영역을 공유하는 통신 방법
세마포어(Semaphore)	다수의 프로세스 간 실행 순서를 조정하고 임계 영역을 보호하기 위한 동기화 객체
소켓(Socket)	• 네트워크 연결의 양 끝단을 소켓이라 하고, 소켓은 IP주소와 포트 번호 등 속성을 가짐 • 소켓을 통해 통신 채널을 형성할 수 있으며 이를 통해 프로세스 간 통신도 가능
시그널(Signal)	특정 이벤트나 상태를 다른 프로세스에 전달하는 비동기적 통신 방법

③ 프로세스 테이블(Process Table)

- 시스템에 실행하고 있는 모든 프로세스를 관리하기 위한 프로세스 테이블이 존재한다.
- 프로세스 테이블은 현재 실행 중인 프로세스의 PID와 프로세스의 정보를 담고 있는 PCB를 담고 있다.
- 프로세스가 종료하면 프로세스 테이블에서도 삭제된다.

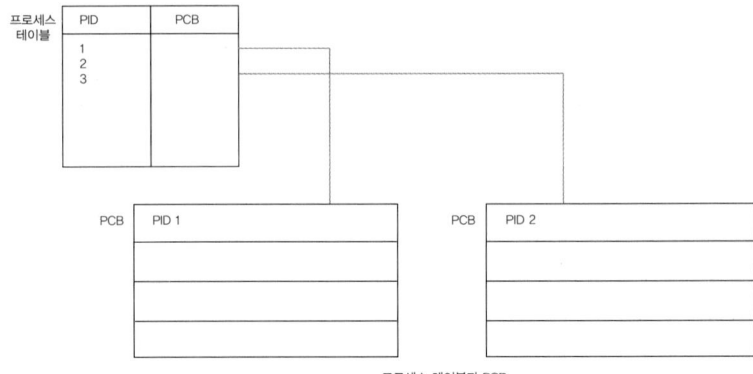

프로세스 테이블과 PCB

⑬ 데몬

1) 데몬의 실행 방식

① Standalone 방식

- 사용자의 요청 없이 시스템 시작 시 자동으로 시작하여 백그라운드에서 대기한다. 클라이언트에서 요청 발생 시 즉각적으로 서비스를 제공한다.
- 데몬이 항상 실행되고 있기 때문에 사용자의 서비스 요청에 즉각적으로 응답할 수 있지만 사용하지 않을 때도 시스템의 메모리를 점유하고 있기 때문에 비효율적이다.
- 서비스의 요청이 빈번하게 있는 경우에 적합한 방식이다.
- /etc/systemd/system에 파일 이름이 .service로 끝나는 데몬 스크립트가 위치한다. 스크립트의 [Install] 섹션을 통해 시스템 시작 시 실행할 타겟을 명시할 수 있다.

```
[Unit]
Description = Example service


[Service]
ExecStart = /path/to/example/sbin/start-all.sh


[Install]
WantedBy = multi-user.target
```

② xinetd 방식(eXtended InterNET)

- 시스템 시작 시 xinetd를 Standalone 방식으로 실행하고 사용자의 서비스 요청이 있을 때만 관련 데몬을 시작하여 서비스를 제공한다. 사용자의 접속이 종료되면 데몬도 자동으로 종료된다.
- 데몬이 필요할 때 로드되기 때문에 자원 효율이 좋으나 사용자의 서비스 요청에 대하여 Standalone 방식 대비 상대적으로 느리다.
- 커널 2.2 버전까지는 inetd 데몬이 서비스를 관리하였으나 커널 2.4 버전부터는 xinetd 데몬이 이 역할을 수행하고 있다.
- 서비스의 요청이 빈번하지 않을 때 유리하다.

③ systemd의 온디맨드(On-Demand) 방식

- systemd는 xinetd 방식과 같은 데몬 실행 방식을 제공하며, 이를 온디맨드(On-demand) 방식이라고 한다.
- systemd에서 온디맨드로 데몬을 실행하기 위해 소켓 파일(*.socket)과 서비스 파일(*.service)이 필요하다. 소켓 파일은 프로토콜이나 포트번호와 같은 소켓 정보를 가지고 있고, 서비스 파일은 해당 소켓에서 요청이 발생할 경우 시작할 데몬의 실행 파일과 관련된 정보를 가지고 있다.

2) 데몬 시작하기

① systemd를 통해 데몬 시작하기

- systemd는 유닛 단위로 서비스를 관리한다. 시스템에 로드된 모든 유닛을 확인하려면 list-units 명령을 사용한다. 서비스 타입의 유닛만을 확인하려면 -t 옵션을 사용하고 로드되지 않은 유닛까지 확인하려면 --all 옵션을 사용한다.

```
$ systemctl list-units -t service
UNIT                        LOAD     ACTIVE   SUB       DESCRIPTION
abrt-ccpp.service           loaded   active   exited    Install ABRT coredump hook
abrt-oops.service           loaded   active   running   ABRT kernel log watcher
abrt-xorg.service           loaded   active   running   ABRT Xorg log watcher
abrtd.service               loaded   active   running   ABRT Automated Bug Reporting
accounts-daemon.service     loaded   active   running   Accounts Service
alsa-state.service          loaded   active   running   Manage Sound Card State (rest
atd.service                 loaded   active   running   Job spooling tools
```

- 설치된 모든 유닛 파일을 보려면 list-unit-files 옵션을 사용한다.

```
$ systemctl list-unit-files -t service | grep httpd
httpd.service                               disabled
```

- 데몬의 실행을 중지한다.

```
# systemctl stop httpd.service
```

- 데몬의 실행을 시작한다.

```
# systemctl start httpd.service
```

- 데몬을 재시작한다.

```
# systemctl restart httpd.service
```

- 데몬의 환경설정 파일을 갱신한다.

```
# systemctl reload httpd.service
```

- 데몬의 환경설정 파일을 갱신 후 재시작한다.

```
# systemctl reload-or-restart httpd.service
```

- 데몬의 상태를 확인한다.

```
$ systemctl reload-or-restart httpd.service
$ systemctl status httpd.service
● httpd.service - The Apache HTTP Server
    Loaded: loaded (/usr/lib/systemd/system/httpd.service; enabled; vendor preset: disabled)
```

```
        Active: active (running) since Sat 2021−01−02 14:49:28 KST; 19min ago
          Docs: man:httpd(8)
                man:apachectl(8)
      Main PID: 5570 (httpd)
        Status: "Total requests: 0; Current requests/sec: 0; Current traffic:    0 B/sec"
        CGroup: /system.slice/httpd.service
                ├─5570 /usr/sbin/httpd −DFOREGROUND
                ├─5912 /usr/sbin/httpd −DFOREGROUND
                ├─5913 /usr/sbin/httpd −DFOREGROUND
                ├─5914 /usr/sbin/httpd −DFOREGROUND
                ├─5915 /usr/sbin/httpd −DFOREGROUND
                └─5916 /usr/sbin/httpd −DFOREGROUND
```

② systemd를 통해 원하는 타겟 실행 시 데몬 시작하기

- 부팅 시 서비스가 시작할 수 있도록 서비스를 등록한다. 서비스 파일의 설정에 따라 /etc/system/system 디렉터리 이하에 지정한 서비스에 대한 심볼릭 링크가 생성된다.

```
$ sudo systemctl enable httpd.service
Created symlink from /etc/systemd/system/multi−user.target.wants/httpd.service to /usr/lib/systemd/system/
httpd.service.
```

- 서비스를 해제한다. 생성되었던 심볼릭 링크도 함께 삭제된다.

```
$ sudo systemctl disable httpd
Removed symlink /etc/systemd/system/multi−user.target.wants/httpd.service.
[francis@localhost ~]$ sudo systemctl enable httpd
```

- 서비스의 시작 타겟을 변경하기 위해 service 파일의 [Install] 섹션을 수정한다. 수정 후 systemctl 명령어를 통해 enable하면 변경된 설정으로 service를 등록할 수 있다.

```
$ sudo vi /usr/lib/systemd/system/httpd.service
(중간 생략)
[Install]
#WantedBy=multi−user.target
WantedBy=graphical−user.target
```

3) 데몬 실행 설정 도구

① systemctl

- 앞에서 systemctl을 통해 데몬을 시작, 중지, 재시작, 상태 확인 방법 및 데몬의 등록, 해제 등의 기본적인 사용법에 대해 살펴 보았다. systemctl은 그 외에도 다양한 시스템 및 서비스 제어 옵션을 제공한다.
- 원격지에 있는 서비스를 재시작한다.

```
# systemctl -H root@192.168.100.100 restart httpd.service
```

- 원격지에 있는 서비스의 상태를 확인한다.

```
# systemctl -H root@192.168.100.100 status httpd.service
```

- 서비스의 CPU 사용량 및 메모리 사용량을 제한한다. 일시적으로 적용하려면 -runtime 옵션을 추가로 사용한다.

```
# systemctl set-property httpd.service CPUShares=600 MemoryLimit=400M
```

- 현재 연결 대기 중인 소켓 목록을 확인한다.

```
$ systemctl list-sockets
```

- 지정한 유닛에 대한 의존 관계를 출력한다.

```
$ systemctl list-dependencies httpd.service

httpd.service
├──.mount
├─system.slice
└─basic.target
  ├──microcode.service
  ├─rhel-dmesg.service
  ├─selinux-policy-migrate-local-changes@targeted.service
  ├─paths.target
  ├──slices.target
  │ ├──.slice
  │ └─system.slice
  ├─sockets.target
```

- 부팅하면서 시작 실패한 데몬을 확인한다.

```
$ systemctl --failed
```

② systemd-cgtop

- 이 명령어는 cgroup(Control Groups)에 속한 데몬에 대한 CPU 사용률, 메모리 사용량, I/O 입출력에 대한 실시간 정보를 제공한다.

Path	Tasks	%CPU	Memory	Input/s	Output/s
/	215	3.8	1.5G	–	–
/system.slice	–	0.5	2.5K	–	–
/system.slice/gdm.service	2	0.4	–	–	–
/system.slice/vmtoolsd.service	1	0.1	108.0K	–	–
/system.slice/tuned.service	1	0.0	–	–	–
/system.slice/rngd.service	1	0.0	–	–	–
/system.slice/httpd.service	6	0.0	–	–	–
/system.slice/rsyslog.service	1	0.0	8.0K	–	–
/system.slice/polkit.service	1	0.0	84.0K	–	–
/system.slice/ModemManager.service	1	–	–	–	–
/system.slice/NetworkManager.service	2	–	–	–	–
/system.slice/abrt-oops.service	1	–	–	–	–
/system.slice/abrt-xorg.service	1	–	–	–	–
/system.slice/abrtd.service	1	–	–	–	–
/system.slice/accounts-daemon.service	1	–	–	–	–
/system.slice/alsa-state.service	1	–	–	–	–
/system.slice/atd.service	1	–	–	–	–
/system.slice/auditd.service	3	–	4.0K	–	–
/system.slice/avahi-daemon.service	2	–	–	–	–
/system.slice/bluetooth.service	1	–	–	–	–

＋ 더 알기 TIP

cgroup(Control Groups)

- cgroup이란 시스템상에서 계층적으로 정렬된 프로세스 그룹에 대하여 CPU 사용률, 메모리 사용량, 네트워크 대역폭과 같은 리소스를 할당할 수 있는 리눅스 커널 기능이다.
- cgroup을 사용하여 시스템 관리자는 시스템 리소스에 대하여 할당, 할당 거부, 우선순위화, 모니터링 등 미세한 제어가 가능하게 된다.
- 기존에는 시스템상의 실행 중인 프로세스의 niceness 값을 통해 제어를 하였다. 그 결과 더 많은 프로세스를 가지고 있는 애플리케이션이 시스템 자원을 확보하기 유리했다. 하지만 cgroup을 통해 리소스 관리의 단위를 프로세스가 아닌 애플리케이션 수준으로 관리하여 이러한 불균형을 해소하였다.

③ systemd-cgls

- cgroup에 대한 정보를 계층적으로 출력한다. 하나의 유닛에 여러 프로세스가 포함될 수 있음을 확인할 수 있다.

```
$ systemd-cgls

(중간 생략)

└─system.slice
  ├─httpd.service
  │ ├─11335 /usr/sbin/httpd -DFOREGROUND
  │ ├─11336 /usr/sbin/httpd -DFOREGROUND
  │ ├─11337 /usr/sbin/httpd -DFOREGROUND
  │ ├─11338 /usr/sbin/httpd -DFOREGROUND
  │ ├─11339 /usr/sbin/httpd -DFOREGROUND
  │ └─11340 /usr/sbin/httpd -DFOREGROUND
  ├─fwupd.service
  │ └─3187 /usr/libexec/fwupd/fwupd
  ├─geoclue.service
  │ └─2697 /usr/libexec/geoclue -t 5
  ├─colord.service
  │ └─2372 /usr/libexec/colord
  ├─wpa_supplicant.service
  │ └─2286 /usr/sbin/wpa_supplicant -u -f /var/log/wpa_supplicant.log -c /etc/wp
  ├─packagekit.service
  │ └─2284 /usr/libexec/packagekitd
  ├─bolt.service
  │ └─2277 /usr/libexec/boltd
  ├─upower.service
  │ └─2104 /usr/libexec/upowerd
  │   ├─ 2504 /usr/libexec/gvfsd-fuse /run/user/1000/gvfs -f -o big_writes
  │   ├─ 2586 /usr/bin/ssh-agent /bin/sh -c exec -l /bin/bash -c "env GNOME_SHEL
  │   ├─ 2604 /usr/libexec/at-spi-bus-launcher
  │   ├─ 2609 /usr/bin/dbus-daemon --config-file=/usr/share/defaults/at-spi2/acc
  │   ├─ 2615 /usr/libexec/at-spi2-registryd --use-gnome-session
  │   ├─ 2641 /usr/bin/gnome-shell
```

```
|        ├── 2651 /usr/bin/pulseaudio --start --log-target=syslog
|        ├── 2669 ibus-daemon --xim --panel disable
|        ├── 2673 /usr/libexec/ibus-dconf
└──system.slice
  ├──httpd.service
  |   ├──11335 /usr/sbin/httpd -DFOREGROUND
  |   ├──11336 /usr/sbin/httpd -DFOREGROUND
  |   ├──11337 /usr/sbin/httpd -DFOREGROUND
  |   ├──11338 /usr/sbin/httpd -DFOREGROUND
  |   ├──11339 /usr/sbin/httpd -DFOREGROUND
  |   └──11340 /usr/sbin/httpd -DFOREGROUND
  ├──fwupd.service
  |   └──3187 /usr/libexec/fwupd/fwupd
  ├──geoclue.service
  |   └──2697 /usr/libexec/geoclue -t 5
  ├──colord.service
  |   └──2372 /usr/libexec/colord
  ├──wpa_supplicant.service
  |   └──2286 /usr/sbin/wpa_supplicant -u -f /var/log/wpa_supplicant.log -c /etc/wp
  ├──packagekit.service
  |   └──2284 /usr/libexec/packagekitd
  ├──bolt.service
  |   └──2277 /usr/libexec/boltd
  ├──upower.service
  |   └──2104 /usr/libexec/upowerd
  |      ├── 2504 /usr/libexec/gvfsd-fuse /run/user/1000/gvfs -f -o big_writes
  |      ├── 2586 /usr/bin/ssh-agent /bin/sh -c exec -l /bin/bash -c "env GNOME_SHEL
  |      ├── 2604 /usr/libexec/at-spi-bus-launcher
  |      ├── 2609 /usr/bin/dbus-daemon --config-file=/usr/share/defaults/at-spi2/acc
  |      ├── 2615 /usr/libexec/at-spi2-registryd --use-gnome-session
  |      |   2641 /usr/bin/gnome-chell
  |      ├── 2651 /usr/bin/pulseaudio --start --log-target=syslog
  |      ├── 2669 ibus-daemon --xim --panel disable
  |      ├── 2673 /usr/libexec/ibus-dconf
```

④ systemd-analyze

- systemd-analyze 명령어를 통해 부팅 시 걸린 시간을 확인할 수 있다.

```
$ systemd-analyze
Startup finished in 1.469s (kernel) + 3.011s (initrd) + 29.736s (userspace) = 34.217s
```

- blame 옵션을 통해 각 서비스의 시작 시간을 확인할 수 있다.

```
$ systemd-analyze blame
        14.495s kdump.service
        10.867s tuned.service
         7.242s postfix.service
         6.413s vmware-tools.service
         5.585s vmware-tools-thinprint.service
         4.090s systemd-udev-settle.service
         3.221s NetworkManager-wait-online.service
         2.922s lvm2-monitor.service
         2.838s vdo.service
```

➕ 더 알기 TIP

systemd 기반 데몬 관리와 자원 제어

- systemctl은 systemd의 핵심 제어 도구로, 데몬의 시작·중지뿐 아니라 cgroup을 이용한 CPU·메모리 자원 제한도 수행한다.
- systemctl ──failed와 list-dependencies는 부팅 실패 원인과 서비스 의존 관계 분석에 사용되며 시험에 자주 출제된다.
- systemd-cgtop은 서비스 단위의 자원 사용량을 실시간으로 확인하는 명령으로, 프로세스 중심의 top과 구분된다.
- systemd-cgls를 통해 하나의 서비스가 여러 프로세스로 구성될 수 있음을 계층 구조로 확인할 수 있다.
- systemd-analyze blame은 부팅 지연 서비스 식별에 사용되며, 비활성화 대상 선정 문제로 자주 등장한다.

01 다음 ( ) 안에 들어갈 내용으로 알맞은 것은?

```
[root@localhost ~] # cat sample
#!/bin/bash
var=0
cnt=$0
while [ "$var" -le ( ㉠ ) ]
do
var=`expr $var + 1`
done
echo $var
[root@localhost ~] # ./sample
( ㉡ )
```

① ㉠ ${#cnt}   ㉡ 9
② ㉠ "$cnt"   ㉡ 9
③ ㉠ ${#cnt}   ㉡ 10
④ ㉠ "$cnt"   ㉡ 10

$(#변수)는 변수에 저장된 문자열의 길이를 반환한다. $0은 실행한 스크립트의 전체 경로명을 담고 있다.

02 다음에서 설명하는 데몬 관련 유틸리티로 알맞은 것은?

리눅스 서비스의 시작, 정지, 재시작 등을 제어하는 명령어로 레드햇 계열 7부터 기본 명령어로 사용된다.

① systemctl
② chkconfig
③ ntsysv
④ service

---

service 명령어는 레드햇 계열 6까지 기본 명령어로 사용되었으며, 레드햇 계열 7부터는 systemctl 명령어를 기본 명령어로 사용한다.

03 다음 설명에서 두 명령어를 실행한 것과 동일한 결과를 한 번의 명령으로 실행시키고자 할 때 알맞은 것은?

```
# which groups
/usr/bin/groups
# ls -l /usr/bin/groups
-rwxr-xr-x. 1 root root 27992 Jun 20  2018
/usr/bin/groups
```

① ls -l && which groups
② ls -l grep which groups
③ ls -l $(which groups)
④ ls -l "which groups"

'$(명령어)'의 형식을 이용하며 리눅스 명령어의 표준 출력을 변수처럼 사용할 수 있다.

04 다음 중 X 윈도우에 관한 설명으로 틀린 것은?

① 현재 리눅스를 비롯하여 유닉스 대부분이 X11 기반의 X 윈도우 시스템을 사용하고 있다.
② 디스플레이 장치에 의존적이지 않고 서로 다른 기종을 함께 사용할 수 있다.
③ 윈도 매니저는 그래픽으로 구성된 로그인 유저 인터페이스를 사용자에게 제공하는 역할을 수행한다.
④ X 윈도우는 서버와 클라이언트가 독립적으로 동작하는 네트워크 지향 시스템이다.

윈도 매니저는 X 윈도우 환경에서 윈도의 배치와 표현을 담당하는 시스템 소프트웨어이다. ③의 설명은 디스플레이 매니저에 대한 설명이다.

05 systemd에 대한 설명으로 틀린 것은?

① /etc/inittab에서 실행 레벨을 변경할 수 있다.
② 리눅스 커널이 실행하는 첫 번째 프로세스이다.
③ 온디맨드 액티베이션 기능을 제공한다.
④ Service, Target, Socket와 같은 유닛 단위로 시스템 및 서비스를 관리한다.

SysV init에 존재하였던 실행 레벨은 Target 유닛을 통해 제공한다.

06 다음 중 ( ) 안에 들어갈 내용으로 알맞은 것은?

(㉠)(은)는 RAID-0의 단점인 결합 허용을 지원하지 않는 점과 RAID-1의 저장 공간의 비효율성을 보완한 레벨로 디스크의 개수를 늘릴수록 저장공간의 효율성이 좋아진다. (㉡)(은)는 2개의 패리티를 사용하여 2개의 디스크 오류에도 데이터를 읽을 수 있고 최소 4개의 디스크로 구성해야 한다.

① ㉠ RAID-1   ㉡ RAID-2
② ㉠ RAID-3   ㉡ RAID-4
③ ㉠ RAID-5   ㉡ RAID-6
④ ㉠ RAID-7   ㉡ RAID-8

RAID-5는 순환식 패리티 어레이를 포함하며 3개 이상의 디스크 어레이가 필요하고, RAID-6은 2차 패리티 정보를 분산 저장하고 2개의 저장장치에 문제가 발생한 경우에도 복구할 수 있다.

07 다음 중 프로세스에 대한 설명으로 틀린 것은?

① 실행(Executing) 중인 프로그램을 말한다.
② TCB(Thread Control Block)를 지닌 프로그램을 말한다.
③ 사용자가 실행한 프로세스는 중간에 중지시킬 수 있다.
④ 백그라운드 프로세스와 포어그라운드 프로세스로 나눌 수 있다.

프로세스는 PCB(Process Control Block)를 지닌 프로그램이다.

08 다음에서 설명하는 내용으로 알맞은 것은?

이것은 X 서버에 접근할 수 있는 클라이언트를 지정하거나 해제할 수 있는 명령어이다.

① init
② xauth
③ startx
④ xhost

xhost +는 특정 클라이언트 또는 모든 클라이언트의 접속을 허용하고 xhost -는 특정 클라이언트 또는 모든 클라이언트의 접속을 거부한다.

09 다음 중 리눅스에 관한 설명으로 틀린 것은?

① 최근 리눅스 운영체제는 SSD(Solid State Drive)를 지원한다.
② 리눅스는 이더넷(Ethernet) 등 대부분의 네트워크 인터페이스를 지원한다.
③ 최근 64비트 리눅스 운영체제는 물리적 메모리 용량을 64TB까지 지원한다.
④ 대부분 리눅스 배포판에서는 인텔사의 x86 계열 CPU만을 기본적으로 지원한다.

인텔사의 x86, x64, x86_64와 같은 x86 계열 혹은 AMD 계열 CPU는 기본적으로 구동한다. 또한 임베디드나 모바일 등 리눅스가 활용되는 영역까지 넓혀 보면, 모토롤라, SPARC, Alpha, PowerPC, ARM, MIPS 등 매우 다양한 CPU 아키텍처를 지원하고 있음을 알 수 있다.

10 다음 중 시그널(Signal)에 대한 설명 중 틀린 것은?

① SIGKILL은 프로세스를 강제로 종료시킨다.
② SIGINT는 키보드로부터 오는 인터럽트 시그널로 실행을 중지시킨다.
③ SIGQUIT는 터미널에서 입력된 정지 시그널로 Ctrl + \ 입력 시 보내진다.
④ SIGSTOP은 실행 정지 후 다시 실행하기 위해 대기시키는 시그널이다.

SIGSTOP은 프로세스를 중지할 때 발생시키는 시그널이다.

11 다음 중 원격지에서 사용자 기반 인증 X 클라이언트를 이용하기 위해 관련된 명령어 또는 환경변수로 틀린 것은?

① xhost
② xauth
③ DISPLAY 환경변수
④ startx

startx는 로컬에서 X 윈도우를 시작할 때 사용하는 명령어이다.

12 다음 중 아래의 파일을 실행하는 방법으로 틀린 것은?

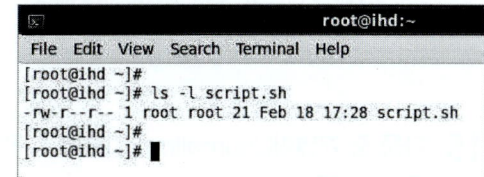

```
root@ihd:~
File  Edit  View  Search  Terminal  Help
[root@ihd ~]#
[root@ihd ~]# ls -l script.sh
-rw-r--r-- 1 root root 21 Feb 18 17:28 script.sh
[root@ihd ~]#
[root@ihd ~]#
```

① #sh script.sh
② #./script.sh
③ #. script.sh
④ #source script.sh

script.sh는 실행권한이 없으므로 실행파일을 실행하는 방법으로는 실행할 수 없다.

13 현재 터미널에서 아파치 웹 서버 데몬(httpd)을 실행하기 위한 명령으로 틀린 것은?

① /etc/rc.d/init.d/httpd start
② service httpd start
③ /etc/init.d/httpd start
④ ntsysv httpd on

ntsysv는 터미널에서 부팅 시 실행할 데몬을 설정할 수 있는 유틸리티이다.

14 다음 중 ( ) 안에 들어갈 정규표현식 내용으로 알맞은 것은?

```
# ls
a.txt b.txt c.txt d.txt

# ls (      ).txt
b.txt c.txt d.txt
```

① [bd]
② [!bcd]
③ [b-d]
④ [b~d]

....

a.txt~d.txt 파일 중 b.txt~d.txt 파일만 출력해야 하므로 대괄호 '[ ]' 안에 알파벳 b~d 범위를 지정할 수 있는 'b-d' 패턴을 사용한다.

15 다음 중 저널링(Journaling) 기술의 특징으로 틀린 것은?

① 데이터를 디스크에 쓰기 전에 별도의 로그에 데이터를 남겨 놓는 기술이다.
② 저널링 기술이 적용된 파일 시스템은 ext3, JFS, ReiserFS 등이 있다.
③ 전원 공급 문제나 시스템 오류와 같은 상황에 복구가 불가하다.
④ fsck로 복구하는 것보다 속도가 빠르고, 복구의 안정성도 뛰어나다.

....

저널링 시스템은 파일 시스템에 데이터를 쓰는 동안 전원이 끊어지더라도 복구할 수 있는 기능을 제공하기 위해 로그를 통해 파일 시스템을 복구하는 기술을 채용하였다.

16 다음 중 LVM의 구성 요소에 대한 설명으로 틀린 것은?

① VG(Volume Group) : PV들의 집합(Group)이며 LV를 할당할 수 있음
② PE(Physical Extent) : 실제 디스크에 물리적으로 분할한 파티션, /dev/sdb1, /dev/sdc1 등이 이에 해당
③ PV(Physical Volume) : 블록 장치 전체 혹은 파티션들을 LVM에서 사용할 수 있도록 변환한 것을 의미
④ LV(Logical Volume) : VG에서 사용자가 필요한 만큼 할당하여 만들어지는 공간, 물리적 디스크에서 분할하여 사용하는 파티션

....

PE는 PV를 구성하는 일정한 크기의 블록으로 LVM2에서 기본 4MB의 크기를 갖는다.

17 다음 중 셸(Shell)의 특징으로 틀린 것은?

① bash(배시셸)는 Tab를 이용한 자동완성 기능을 제공한다.
② 사용자의 로그인 셸 정보는 /etc/passwd 파일의 7번째 필드에 기록되어 있다.
③ ksh은 history 명령어를 이용하여 최근 사용한 명령어를 검색하고, 'r [옵션]' 형식으로 재실행할 수 있다.
④ 리눅스에서는 sh(본셸)를 기본으로 bash(배시셸)와 csh(C셸) 계열의 장점만 결합한 ksh(콘셸)을 표준으로 하고 있다.

....

리눅스의 표준 셸은 bash셸이다.

네트워크의 이해

학습 방향

이 챕터는 네트워크의 기초 이론부터 리눅스 환경에서의 네트워크 설정과 진단까지 실습 기반으로 학습하는 내용을 다룬다. 먼저 OSI 7계층, TCP/IP 구조, 주요 프로토콜의 관계를 정리한 뒤, 네트워크 설정 명령어(ifconfig, ip, nmcli 등)와 진단 명령어(ping, netstat, ss, traceroute 등)를 비교해 이해하면 전체 구조가 체계적으로 잡힌다. 리눅스의 네트워크 관리 방식은 배포판마다 일부 차이가 있지만 기본 원리는 동일하므로, 공통 개념을 중심으로 흐름을 먼저 정리하고 그 위에 실무 명령어를 덧붙여 학습하는 것이 효과적이다.

네트워크의 기초

▶ 합격 강의

빈출 태그 ▶ OSI, 이더넷, TCP, UDP, IP, 서브넷마스크, LAN, WAN, DNS, IPv6

01 OSI 7 계층

1) OSI 7 계층의 개요

① OSI 7 계층의 정의

• OSI 7 계층(Open Systems Interconnection Reference Model)은 이기종 시스템 간 상호 통신을 위하여 국제표준화기구(ISO)에서 컴퓨터 네트워크 프로토콜 디자인과 통신 계층을 구성하여 개발한 네트워크 모델이다.

② OSI 7 계층의 특징

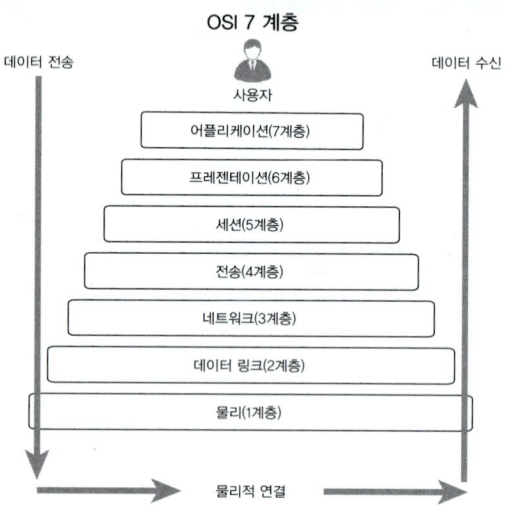

• OSI 7 계층은 개념적 모델만 존재할 뿐 실제 구현에 대한 언급은 없으며 실제 네트워크 구현 시 참조 모델로 사용한다.

• 각 계층은 하위 계층이 제공하는 서비스를 이용하고 상위 계층에게 서비스를 제공한다.

• 상위 계층에서 하위 계층으로 데이터를 전달할 때 헤더와 트레일러를 추가하여 데이터에 대한 캡슐화를 수행한다. 반대로 데이터를 수신할 경우 헤더와 트레일러를 제거하고 분석하여 상위 계층으로 전달하는 역캡슐화를 수행한다.

• OSI 7 계층은 물리적 연결과 맞닿아 있는 물리 계층, 데이터 링크 계층, 네트워크 계층, 전송 계층, 세션 계층, 프레젠테이션 계층, 응용 계층으로 구성된다.

2) OSI 7 계층 세부 설명

① 1계층 : 물리 계층(Physical Layer)

• 네트워크의 전기적이고 물리적 연결을 담당한다.

• 유선의 경우 케이블의 종류, 무선의 경우 무선 주파수 링크가 여기에 해당한다.

• 그 밖에 핀 배치, 전압, 물리 요건 등을 정의하고 사용자의 디지털 데이터를 물리 계층의 매체가 전달할 수 있는 신호로 변환하여 비트 단위로 전송한다.

- 네트워크 연결 장애 발생 시 물리적 연결이 제대로 되어 있는지 확인하기 위해 모든 케이블의 단선은 없는지 라우터나 스위치 등 네트워크 장비에 전원은 제대로 공급되는지 등의 확인이 필요하다.
- 관련 네트워크 장비로는 허브와 리피터가 있다.

② 2계층 : 데이터 링크 계층(Data Link Layer)
- 2개의 노드가 직접 연결되어 있을 때 프레임 단위로 데이터 전송을 수행한다. 그리고 각 노드는 식별 가능하도록 MAC(Medium Access Control) 주소를 가지고 있다.
- 수신 노드의 수신 속도에 맞추기 위해 송신 노드가 데이터를 느리게 보내는 흐름제어를 수행하며, 대표적 방법으로 정지-대기(Stop-and-wait)와 슬라이딩 윈도우(Sliding Window)가 있다.
- 신호 간의 충돌현상이 발생하지 않도록 회선제어 기능을 제공한다.
- 오류 검출과 재전송 기능을 수행하는 오류제어 기능을 제공한다. 수신측에서 오류를 감지하면 NAK를 반환하고 전송측에서는 패킷을 재전송한다. 이러한 재전송 과정을 ARQ(Automatic Repeat Request)라고 한다. 대표적 기법으로 정지-대기(Stop-and-wait) ARQ, Go-Back-N ARQ, SR(Selective Repeat) ARQ가 있다. 재전송하지 않고 직접 오류를 정정하는 방법을 FEC(Forward Error Control)라고 한다.
- 좀 더 세부적으로 매체접근제어(MAC) 계층과 논리연결제어(LLC) 계층으로 나눌 수 있다.
- 관련 네트워크 장비는 브리지(Bridge)와 스위치(Switch)가 있다.

③ 3계층 : 네트워크 계층(Network Layer)
- 2개의 노드가 여러 네트워크를 거쳐 연결되어 있을 때 데이터를 패킷(Packet) 단위로 분할하고 논리적 주소를 설정하여 정확하게 전송하는 역할을 수행한다.
- 송신 노드와 수신 노드 사이에는 여러 노드가 존재하고 이들 사이의 경로 설정, 즉 라우팅 기능을 제공한다.
- 그 외에 혼잡 제어(Congestion Control), 패킷의 분할 및 병합, 인터네트워킹 기능을 제공한다.
- 관련 네트워크 장비는 라우터(Router)가 있다.

④ 4계층 : 전송 계층(Transport Layer)
- 송신 측의 프로세스와 수신 측의 프로세스 간 연결을 제공하고 이들 간에 신뢰성 있는 통신이 가능하도록 역할을 수행한다.
- 신뢰성 있는 통신을 위해 프로세스를 위한 주소 및 포트 지정, 연결제어, 오류 복구, 흐름제어 기능을 제공한다.
- 전송 계층에서는 세그먼트 단위로 데이터를 전송하고 네트워크 계층은 이를 다시 패킷으로 나누어 전송한다.
- 보통 커널의 시스템 콜을 통하여 상위 계층에게 기능을 제공한다.
- 가장 잘 알려진 전송 계층의 구현 사례가 TCP/IP이다.

⑤ 5계층 : 세션 계층(Session Layer)
- 연결된 노드 간에는 메시지 단위로 데이터를 전송하며 세션 설정 및 유지, 동기 기능, 대화 기능을 제공한다.
- 동기 기능은 통신 양단에서 논리적으로 상호 데이터 전송이 잘 되었다는 의미로 동기점(Synchronization Point)을 설정하고, 이후에 데이터 전송에서 전송 오류가 발생하면 동기점 후의 데이터만 복구한다.
- 대화 기능은 데이터 전송 기능을 의미하고 신뢰성 있는 전송을 보장하기 위해, 시간 경과에 따라 순차적으로 동기점을 부여하면서 단계적으로 데이터를 전송한다.

⑥ 6계층 : 표현 계층(Presentation Layer)
- 송신자와 수신자가 서로 다른 표현 방식을 사용하면 데이터를 받았어도 그 의미를 해석할 수가 없다. 표현 계층은 다양한 표현 방식을 제공하고 송신측과 수신측이 동일한 표현 방식을 사용할 수 있는 기능을 제공한다.
- 유니코드로 인코딩된 파일을 ASCII로 변환하여 형식을 맞추는 기능을 포함한다.
- 데이터 암호화와 복호화(해독) 기능, 압축 및 압축 해제 기능도 제공한다.

⑦ 7계층 : 응용 계층(Application Layer)
- 사용자에게 편리한 응용 환경을 제공하는 기능을 수행한다.
- 전자우편(SMTP), 웹서비스(HTTP), 원격접속(TELNET), 파일전송(FTP) 등이 응용 계층에 해당한다.

3) OSI 7 계층의 전송 단위 및 프로토콜

① OSI 7 계층의 전송 단위

계층	계층 이름	전송 단위	설명
7계층	응용 계층	메시지	사용자가 전송하고자 하는 데이터를 메시지 단위로 전송
6계층	프레젠테이션 계층	메시지	
5계층	세션 계층	메시지	
4계층	전송 계층	세그먼트	메시지를 전송에 최적화한 세그먼트 단위로 나누어 전송
3계층	네트워크 계층	패킷	세그먼트를 패킷 단위로 나누어 전송하며 논리적 송수신 주소 및 정보를 담고 있는 헤더 추가
2계층	데이터 링크 계층	프레임	패킷을 프레임 단위로 나누어 전송하며 송수신 측의 물리적 주소 및 오류 검출을 위한 CRC 값을 포함한 헤더 및 트레일러 추가
1계층	물리 계층	비트	프레임을 물리 매체에 따라 비트 단위로 전송

② OSI 7 계층의 프로토콜

7계층	응용 계층	HTTP, SMTP, POP3, IMAP, DNS, NFS, FTP, TELNET, SSH
6계층	프레젠테이션 계층	SMB, AFP, ASN.1
5계층	세션 계층	SSL, TLS, NetBIOS
4계층	전송 계층	TCP, UDP, RTP
3계층	네트워크 계층	IP, ICMP, ARP, RARP, IGMP, BGPG, RIP, IPX
2계층	데이터 링크 계층	Ethernet, Token Ring, FDDI, ATM
1계층	물리 계층	RS-232, USB, I2C, IEEE802.15.4, 10BASE-T, 100BASE-T, 1000BASE-T, Bluetooth

➕ **더 알기 TIP**

- OSI 7 계층은 '개념 모델'이며, 실제 구현은 TCP/IP 모델이라는 점을 반드시 구분해야 한다.
- 전송 단위 암기 포인트는 4계층 = 세그먼트, 3계층 = 패킷, 2계층 = 프레임, 1계층 = 비트이다.
- 장비 매칭 문제에서 허브·리피터 = 1계층, 스위치·브리지 = 2계층, 라우터 = 3계층을 혼동하지 말아야 한다.
- 암호화·압축은 6계층, 포트 기반 통신은 4계층, 사용자 서비스는 7계층이라는 기능 중심 구분이 잘 출제된다.

02 네트워크 장비

1) LAN 구성 장비

① 네트워크 카드(Network Card)

- 컴퓨터를 네트워크에 연결 가능하게 하는 네트워크 장치이다.
- NIC(Network Interface Controller)라고도 하고 네트워크 어댑터(Network Adapter)라고도 한다. LAN(Local Area Network) 환경에서 연결하는 네트워크 카드는 보통 LAN 어댑터, LAN 카드라고 부르고, 이더넷 방식으로 연결하는 경우에는 이더넷 카드라고도 부른다.
- OSI 7 계층 중 1계층과 2계층의 기능을 수행하고 맥(MAC) 주소라는 고유한 주소 지정 기능을 제공한다.
- 네트워크 카드는 ISA 방식, PCI 방식을 지원하였으나, 인터넷의 대중화와 가격 절감을 위해 마더보드에 온보드되어 제공되는 경우가 많았다. 그 외에도 PCIe, Firewire, USB, Thunderbolt 등 다양한 방식의 인터페이스의 네트워크 카드들이 제작되고 있다.
- 이더넷 카드는 연결 속도에 따라 10Mbit/s, 100Mbits/, 1000Mbit/s 이더넷까지 선보이고 있다.

② 케이블

- 케이블은 네트워크 신호를 전달하는 물리적인 전송 매체이다.
- 이더넷을 구성하는 케이블로는 꼬임선(Twisted Pair Wire), 동축 케이블(Coaxial cable), 광섬유(Optical fiber cable) 등이 있다.
- 꼬임선 케이블은 신호의 변형을 최소화하기 위해 두 개의 선이 서로 꼬인 형태의 케이블이다. 가격이 저렴하고 설치가 쉬우나 약 100m 정도의 거리 제약이 있고 잡음에 약하다.
- 동축 케이블은 가정에 들어오는 케이블 TV의 안테나선을 생각하면 된다. 중심 도체에 절연체를 감싸고 그 위에 다시 외부 도체를 넣고 다시 외부 피복으로 감싸는 케이블이다. 대역폭이 넓고 데이터 전송률이 높기 때문에 광대역 전송에 적합하다. 외부 간섭이나 누화 영향이 적고 아날로그와 디지털에 모두 사용 가능하다. 케이블 TV 분배망이나 LAN과 초기의 장거리 전화 등에 사용되었다.
- 광섬유는 매우 가느다란 유리 섬유나 플라스틱 섬유 등을 이용해 정보를 보낸다. 약 3.3GHz의 넓은 대역폭을 갖고 전송속도는 1Gbps 이상으로 매우 빠르다. 또한 빛을 이용해 정보를 보내기 때문에 전기적 간섭에서 자유롭고 오류 발생도 적다. 광섬유의 한쪽 끝은 광원이 위치하고 다른 한쪽 끝은 광탐지기가 존재한다.

③ 허브

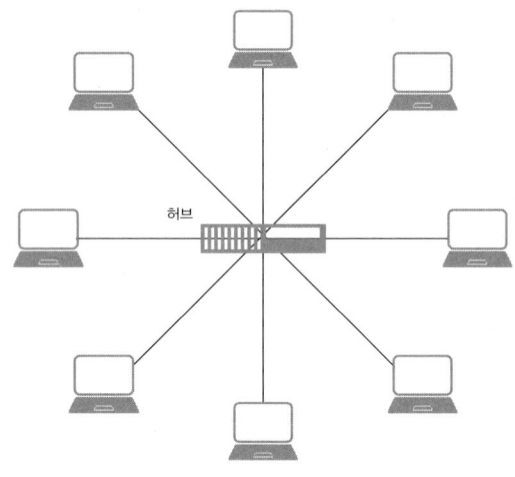

허브

- 허브는 다수의 장치를 LAN에 접속할 수 있도록 한 장치에서 전송한 데이터 프레임을 모든 장비에게 전송하는, 즉 플러딩(Flooding)하는 네트워크 장치이다.
- 허브에 다수의 장치를 연결할 때 허브를 중심으로 장치들을 스타(Star)형으로 연결한다.
- 허브는 리피터와 마찬가지로 신호를 증폭하는 역할도 수행하기 때문에 전송 거리를 연장하는 효과가 있다.
- 간편하게 네트워크를 확장할 수 있다는 장점이 있지만, 하나의 장치에서 보낸 패킷을 허브의 모든 포트로 브로드캐스트하기 때문에 데이터의 충돌이 발생할 가능성이 높고 그에 따라 네트워크의 성능도 떨어진다. 따라서 어느 정도 규모가 있는 기업에서는 허브 대신에 스위치를 사용하고 있다.

2) 인터네트워크 장비

① 리피터

- 케이블을 통해 데이터가 전송될 때 감쇄(Attenuated) 현상으로 인해 신호가 약해지는데 이를 증폭하고 재생하여 전송하는 OSI 1 계층 네트워크 장비이다.
- 리피터는 최대 4개까지 사용할 수 있으며 만약 10Base5 케이블을 이용한다면 최대 전송거리는 500m이므로 이론적으로 전송거리는 2.5km까지 연장될 수 있다.

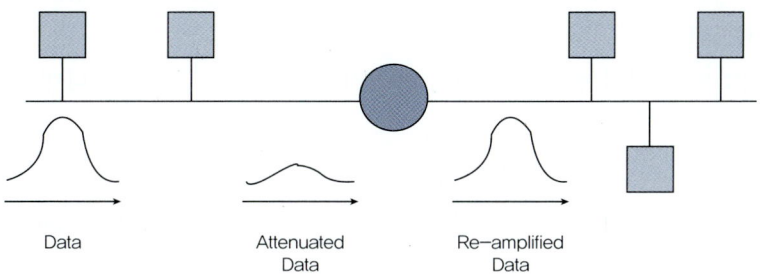

② 브리지

- 여러 개의 네트워크 세그먼트를 연결하기 위하여, 데이터 프레임의 MAC 주소를 보고 해당 포트로 데이터를 포워딩하는 OSI 2 계층 데이터 링크에서 동작하는 네트워크 장비이다.
- 모든 포트로 플러딩하지 않기 때문에 효과적으로 프레임을 전달할 수 있다. 데이터 프레임을 전송할 포트를 빠르게 찾기 위해 브리지 테이블을 관리한다.

③ 라우터

- 각기 독립된 네트워크를 서로 연결하고 송신 측의 패킷을 목적지까지 전달하기 위해 가장 효과적인 경로를 찾아 데이터를 포워딩하는 네트워크 장비이다.
- 라우터는 네트워크를 서로 연결해 주고 한 포트의 패킷을 다른 포트로 전달하는 포워딩 기능을 제공하며 라우팅 테이블을 통해 경로 설정 기능을 제공한다.
- 일반적으로 IP 패킷을 라우팅하기 때문에 OSI 3 계층에서 동작하고 사전에 라우팅 정보를 설정하는 정적 라우팅과 실시간으로 라우팅 정보를 설정하는 동적 라우팅이 있다.

④ 게이트웨이

- 일반적으로 서로 다른 프로토콜이나 통신망을 사용하는 네트워크를 연결하기 위해 두 네트워크의 이종 프로토콜의 변환 기능을 수행하는 네트워크 장비이다.
- 랜이나 무선랜을 인터넷이나 다른 통신망에 연결하기 위해 중간에 게이트웨이가 필요하다.

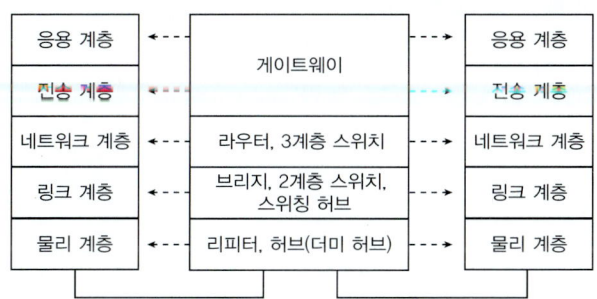

03 데이터 통신의 기본 이해

1) 네트워크 토폴로지

① 스타형(Star형, 별형, 성형)

- 중앙의 노드와 사용자의 노드는 Point-to-pint 방식으로 연결하면서 다수의 사용자 노드와 연결하는 네트워크 구조이다. 이더넷 네트워크에서는 보통 중앙에 허브가 위치한다.
- 확장이 비교적 용이하고 사용자의 노드가 결함이 발생하더라도 다른 노드에는 영향을 주지 않는 결함 허용 능력을 제공한다.
- 사용자의 노드 수가 증가하면 패킷이 충돌 가능성이 높아지고, 중앙 노드가 고장 나면 전체 네트워크가 중단된다.

② 버스형(Bus형, 선형)

- 단일 회선(Bus)에 사용자 노드가 T자 모양으로 연결하고 회선의 끝에는 종단기(Terminator)를 설치하여 신호의 반사를 방지하는 네트워크 구조이다.
- 한 시점에 하나의 사용자 노드만 회선을 점유할 수 있도록 CSMA/CD나 토큰 패싱(Token Passing)과 같은 전송 방식을 사용한다.
- 구조가 간단하여 사용자의 노드를 추가하거나 제거가 용이하고 스타형과 마찬가지로 결함 허용 능력을 제공한다.
- 버스의 대역폭을 공유하기 때문에 사용자의 노드의 수가 증가하면 네트워크 성능이 저하된다는 단점이 있다.

③ 링형(Ring형, 고리형, 환형)

- 네트워크의 노드가 원형으로 연결되어 앞의 노드에서 받은 데이터를 다음 노드로 전달하는 네트워크 구조이다.
- 버스형과 같이 하나의 회선에 연결되기 때문에 설치 비용이 저렴하고 토큰 패싱을 통해 데이터 충돌을 방지할 수 있고 넓은 지역에도 설치가 가능하다는 장점이 있다.
- 통신 효율성이 낮고 한 노드에 장애가 발생하면 전체 네트워크가 중단되고 넓은 지역에 구축 시 비용이 많이 든다.

➕ 더 알기 TIP

토큰 패싱(Token Passing)
- 토큰을 소유한 노드만이 데이터 전송을 할 수 있다.
- 데이터 전송을 완료 후 토큰도 다음 노드에 전달해 데이터를 전송할 기회를 준다.
- 충돌 발생을 억제할 수 있고 성능 저하가 적은 방식이나 설치 비용이 비싸고 구현이 복잡하다.
- 또한 노드가 많아지지만 성능이 떨어지고 토큰 분실의 위험이 있다.

---

④ 망형(그물형, 메시형, Mesh형)

- 네트워크에 연결된 모든 노드가 서로 개별적으로 그물처럼 연결된 네트워크 구조이다.
- LAN을 구성할 때보다는 라우터를 이용하여 LAN과 LAN을 연결하거나 백본(Backbone)망을 구성 시 사용한다.
- 특정 사용자 노드에 장애가 발생해도 다른 경로로 데이터 전송이 가능하고 가용성이 높고 효율성이 우수하다.
- 네트워크의 설치, 관리, 재구성이 어렵고 많은 링크가 필요하기 때문에 설치 비용이 많이 든다.

➕ 더 알기 TIP

토폴로지별 형태

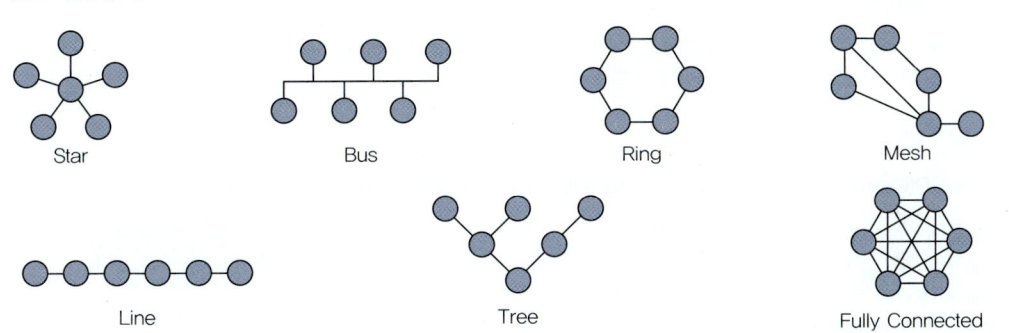

---

2) 네트워크 통신 방식

① 이더넷(Ethernet)

- 이더넷은 LAN, MAN, WAN을 구축하기 위해 일반적으로 사용하는 네트워크 기술이며 1983년에 IEEE 802.3으로 표준화되었다.
- 통신을 시작하기 전에 연결 설정이 불필요한 비연결 모드이며, 프레임이 전송 중 손상되더라도 이를 검출하고 복구하는 오류 제어는 상위 계층의 프로토콜에서 수행한다.
- 버스 혹은 스타형 네트워크 토폴로지를 구성하여 네트워크를 단순하게 구성할 수 있기 때문에 비용면에서 경제적이다.
- 전송속도는 기본 10Mbps에서 기가비트까지 지원하고 비동기식 직렬 통신과 부호화 방식으로 맨체스터 인코딩을 사용한다.
- 네트워크상 각 노드를 유일하게 식별할 수 있도록 48비트로 고정된 MAC 주소를 갖는다. 데이터는 이더넷 프레임 형식으로 전달되며 송수신 MAC 주소를 포함하는 헤더는 14바이트이고 최대 전송 크기는 1500바이트이다. 마지막에는 FCS(Frame Check Sequence)가 붙는다.
- 전송 매체는 동축(BNC), UTP, STP 등이 사용되고 네트워크에 기기를 연결하기 위해 허브, 스위치, 리피터 등의 장치를 사용한다.
- 이더넷은 반이중통신(Half Duplex)을 지원하고 CSMA/CD(반송파 감지 다중 접속 및 충돌 탐지)로 데이터를 전송한다.
- 전송속도는 10Mbps, 100Mbps, 1Gbps를 지원한다.

- 2, 5는 동축 케이블을 의미하는데 약 200m, 500m의 전송거리를 의미한다.
- T, TX, FX, SX, LX는 전송 매체를 의미한다. T는 Twsited 케이블, TX는 UTP-5또는 STP, FX는 광케이블, SX는 단파장 광섬유, LX 장파장 광섬유를 의미한다.
- 특히 SX는 최대 220~550m의 전송거리를 갖고 LX는 다중모드일 경우 550m, 단일 모드인 경우 5km까지 전송거리를 갖는다.

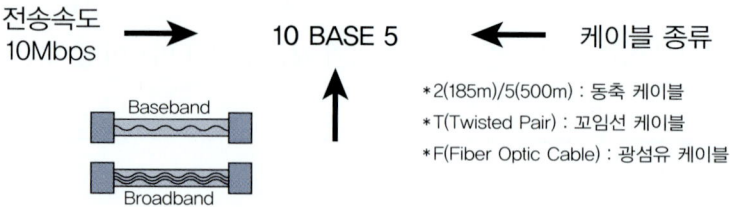

전송속도 10Mbps → 10 BASE 5 ← 케이블 종류

Baseband
Broadband

*2(185m)/5(500m) : 동축 케이블
*T(Twisted Pair) : 꼬임선 케이블
*F(Fiber Optic Cable) : 광섬유 케이블

*Baseband : 주파수 변경 없이 디지털 신호를 전송매체에 그대로 실어서 전송함
*Broadband : 여러 개의 다른 주파수들로 변조 전송하여 신호를 많이 보냄

➕ 더 알기 TIP

CSMA/CD(Carrier Sense Multiple Access with Collision Detection)

- 네트워크에 데이터가 전송 중인지 반송파를 확인하고 전송 중이 아닌 경우 전송을 시작한다.
- 전송 시 충돌이 발생하면 충돌을 알리는 Jam 신호를 보내 다른 노드가 충돌을 감지할 수 있도록 한다.
- 그 후 다시 반송파를 감지하고 네트워크에 데이터가 없으면 다시 전송을 시작한다.

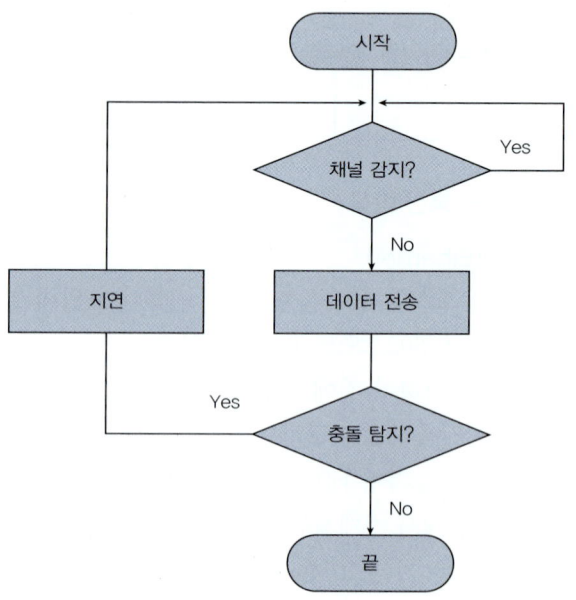

② 토큰링(Token Ring)

- LAN을 구축하기 위해 토큰을 획득한 노드만 데이터를 전송할 수 있는 네트워크 기술이다.
- 1980년대 초반 IBM이 개발하였고 IEEE 802.5로 표준화되었다.
- 전송속도는 4Mbps에서 16Mbps 수준이며 동축 케이블이나 광 케이블을 매체로 한다.
- 3바이트의 토큰이 링을 순환한다. 데이터를 보내고자 하는 노드는 토큰을 다음 노드로 보내지 않고 대신에 데이터를 보낸다. 이 데이터는 링을 순환하다가 목적지 노드에 도착하면 데이터를 복사하고 그 다음 노드로 데이터를 보낸다. 데이터를 보냈던 노드에 데이터가 다시 도착하면 이 데이터는 폐기하고 토큰링을 다시 내보낸다.

- 토큰링은 이더넷보다 이론적으로 빠르고 안정적 기술로 각광받았으나 스위치 이더넷이 개발 및 보급되면서 급격하게 쇠퇴하였다.

③ FDDI(Fiber Distributed Data Interface)

- LAN들을 연결하는 백본(Backbone)망을 구성하기 위해 주링(Primary Ring)과 부링(Secondary Ring)으로 구성된 이중 링(Dual Ring)에 스테이션이 연결하여 약 100Mbps의 대역폭을 갖는 네트워크 기술이다.
- 링에는 최대 1000개 정도의 스테이션 연결이 가능하고, 링의 최대 전송길이는 단일 모드 회선인 경우 100~200km 정도이고 다중 모드 회선인 경우 약 2km 정도이다.
- IEEE 802.5 토큰링 프로토콜과 유사하지만 IEEE 802.4 타임드 토큰(Timed Token) 프로토콜을 사용하고 있고 광섬유 케이블을 매체로 한다.

3) 네트워크의 유형

① LAN(Local Area Network)

- 한정된 지역에서 컴퓨터와 여러 전자 기기 간의 자유로운 정보 교환을 위한 네트워크이다.
- 유선 방식으로는 이더넷과 TCP/IP를 통하여 네트워크 구축을 하는 것이 일반적이며 무선 방식으로는 IEEE 802.11 표준에 따라 무선랜을 구축한다.
- LAN은 OSI 7 계층 중 데이터 링크 계층과 물리 계층에 해당한다. 특히 IEEE 802.11에서 데이터 링크 계층을 MAC(Media Access Control) 계층과 LLC(Logical Link Control)로 나누어 설명하고 있다.

② MAN(Metropolitan Area Network)

- LAN보다는 범위가 크고 WAN보다는 작은 규모에서 컴퓨터끼리 연결하거나 네트워크끼리 연결하여 데이터, 음성, 화상을 통합 전달하는 도시권 통신망이다.
- 도시 내의 여러 LAN 사이를 이어 주는 백본(Backbone Network)을 의미하기도 한다.
- MAN의 표준은 IEEE 802.6에 정의된 DQDB(Distributed Queue Dual Bus) 토폴로지 기법을 사용한다. 두 개의 단방향 버스를 사용하는 이중 버스(Dual Bus) 토폴로지를 사용하고 전송 매체로는 광섬유 혹은 동축 케이블이 사용된다. 속도는 45Mbps~622Mbps를 제공하고, 전송 거리는 통상적으로 50~100km이다.

③ WAN(Wide Area Network)

- 거리, 장소의 제약을 극복하면서 넓은 지역을 연결할 수 있는 광역 통신망이다.
- WAN은 전세계를 연결할 만큼 거리의 제약은 없지만 다양한 경로 설정이 필요하고 전송거리가 길기 때문에 LAN보다 속도가 느리고 전송 에러율도 높다.
- WAN의 구성 방식에는 전용 회선 방식과 교환 회선 방식이 있다. 전용 회선 방식은 통신 사업자가 계약을 체결한 사용자 간에 전용 선로를 제공하고 연결하므로 안정성이 우수하나 비용이 높다.

4) 교환 방식

① 회선 교환 방식(Circuit Switched Network)

- 데이터 통신을 할 사용자 간에 미리 연결을 설정하고 회선을 점유하여 데이터를 송수신하는 방식이다.
- 사용자끼리 연결되어 있는 사이에는 대역폭을 온전히 연결된 사용자끼리만 사용할 수 있으므로 안정적인 성능을 기대할 수 있으나, 통신이 없는 사이에도 연결이 유지되기 때문에 낭비가 발생할 수 있다.
- 사용자가 연결되어 있는 사이 다른 사용자는 해당 회선이 사용 중이 아닐 때까지 기다려야 한다.
- 대표적 회선 교환 방식으로 전통적인 전화 연결이나 PSTN이 있다.

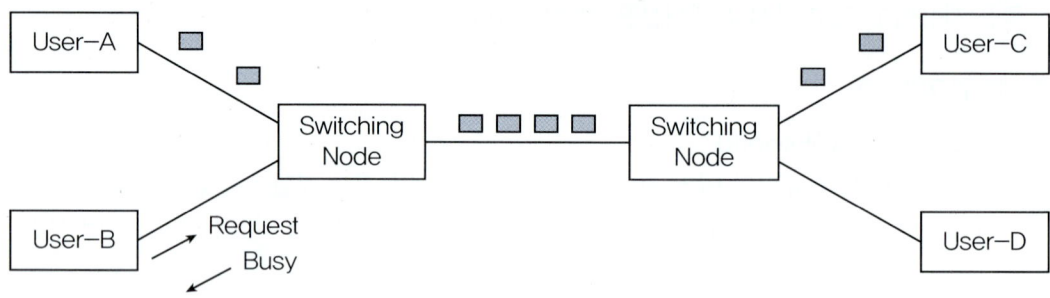

▲ Circuit Swithched Network

② 패킷 교환 방식(Packet Switch Network)

- 회선 교환 방식의 대역폭 낭비를 최소화하기 위해 데이터를 일정 크기로 분할한 패킷을 송수신하는 교환 방식이다.
- 여러 사용자의 패킷이 동시에 회선을 공유하여 전달할 수 있기 때문에 대역폭 이용 효율을 극대화할 수 있다.
- 특정 사용자를 위해 회선을 점유하지 않으므로, 이론적으로는 무제한 사용자 연결이 가능하고 패킷마다 우선순위를 부여하여 중요한 패킷이 먼저 도달할 수 있게 만들 수 있다.
- 회선 교환 방식에 비해 패킷을 생성하기 위한 헤더가 추가되므로, 오버헤드로 인한 성능 저하와 지연 현상이 발생할 수 있다.

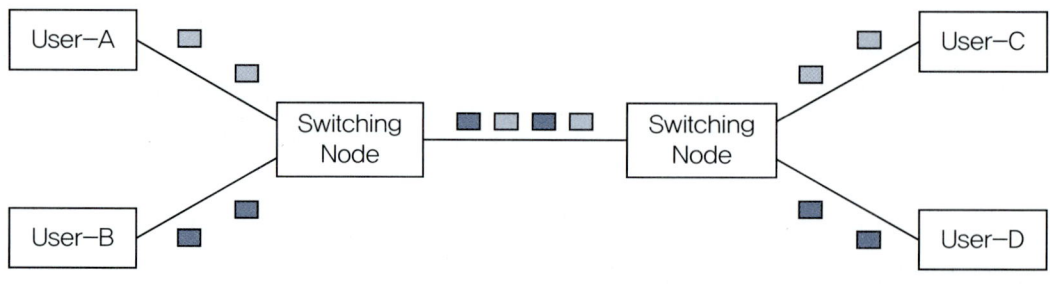

▲ Packet Switsh Network

- 패킷 교환 방식은 데이터그램(Datagram) 방식과 가상 회선(Virtual Circuit) 방식으로 다시 구분된다.
  - 데이터그램 방식은 논리적 연결 설정 없이 패킷이 독립적으로 전송된다. 하나의 메시지에서 분할된 패킷들은 여러 라우터를 거칠 때마다 경로 설정을 수행하여 전달하므로 도착 순서가 뒤바뀔 수 있다. 짧은 메시지의 일시적 전송일 때 적합하다.
  - 가상 회선 방식은 논리적 연결을 먼저 설정하고 데이터를 전송한다. 또한 경로 설정을 한 번만 수행하므로 메시지에서 파생된 여러 패킷은 동일 경로를 통하여 전달되고 따라서 도착 순서도 보장된다. 다량의 데이터를 연속적으로 전송할 때 적합하다.

5) 패킷 교환 기술

① X.25

- 초기 컴퓨터 통신망은 전화망을 이용하였는데, 원거리의 고품질 데이터를 서비스하기에는 부적합하여 통신회사들마다 독자적인 프로토콜을 사용하여 패킷 네트워크를 구축하고 서비스를 시작하였다. 그러나 이렇게 설치된 네트워크 간에는 호환성 문제가 생겨 ITU-T에 의해 표준화된 통신 규약이 개발되었는데, 그것이 X.25이다.
- X.25는 DTE(Data Terminal Equipment)와 DCE(Data Circuit-terminating Equipment) 간의 점대점 인터페이스를 정의하고 있다.
- X.25는 연결 지향 프로토콜로서 가상 회선(Virtual Circuit) 기능을 제공한다.

② 프레임 릴레이

- LAN 및 광 케이블의 사용이 일반화됨에 따라 고속망에 대한 사용자 요구에 대응하기 위해 개발한 패킷 교환 기술이다.
- X.25와 동일하게 가상 회선 기능을 제공하나 통계적 다중화(Statistical Multiplexing) 기능을 제공하여 효율적인 대역폭 사용을 제공한다. 또한 통신 기술의 발달로 오류 제어 기능을 단순화하고 데이터 재전송과 같은 오류 복구 기능을 상위 프로토콜에 일임하였다.
- X.25는 OSI 7계층 중 1, 2, 3계층에서 동작하나 프레임 릴레이는 1, 2계층에서 동작하여 성능을 향상시켰다.

③ 셀 릴레이(ATM ; Asynchronous Transfer Mode)

- 셀 릴레이는 ATM(비동기 전송 모드) 기술을 사용하여 프레임 릴레이보다 고속의 데이터 통신 서비스를 제공할 수 있는 방식이다.
- ATM은 모든 정보를 48바이트씩 구분하여 블록을 생성하고 각각에 5바이트의 헤더를 붙인 셀을 만들어 전송·교환하는 방식이다. ATM 셀의 전달은 가상 경로와 가상 채널을 설정하는 연결성 통신 방식에 기초를 두고 있다.
- 전송속도는 보통 56kbit/s에서 초당 수 기가비트에 이르며 흐름제어나 오류제어 기능이 없고 OSI 7 계층 중 1, 2계층만 제공한다.

04 TCP/IP 및 네트워크 프로토콜의 이해

1) 프로토콜

① 프로토콜의 개요

- 프로토콜(Protocol)이란 컴퓨터나 통신 장비 사이에 메시지를 주고 받는 양식 혹은 규칙의 체계이다.
- 프로토콜은 형식(Syntax), 의미(Semantic), 타이밍(Timing)으로 구성된다. 형식(Syntax)은 데이터의 구조나 형식을 말하고, 의미(Semantic)는 형식에 따라 담긴 데이터를 어떻게 해석할 것인가 어떤 기능을 수행하는가를 말한다. 타이밍(Timing)은 이러한 형식에 맞춘 의미를 담은 데이터가 어떤 순서로 오고 가야 하는지 어떤 속도로 전달되어야 하는지 정의한 것이다.

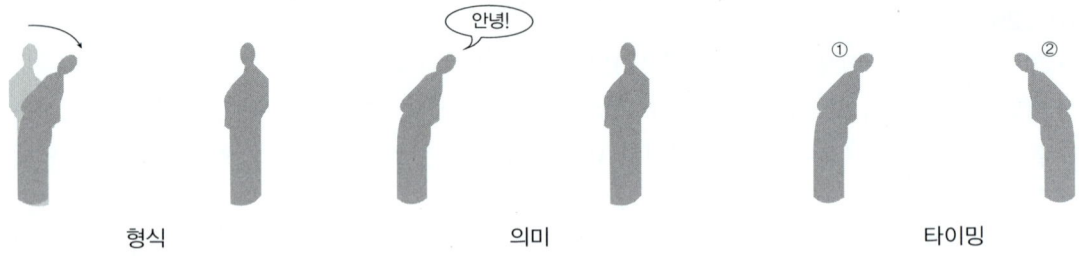

| 형식 | 의미 | 타이밍 |

② 프로토콜의 기능

에러제어(Error Control)	데이터 전송 중 에러 검출 및 에러 정정을 정의
캡슐화(Encapsulation)	통신 계층상에서 계층마다의 특정 제어 정보를 정의
연결제어(Connection Control)	연결 지향 통신에서 연결의 설정, 데이터 송수신, 연결 종료의 절차를 정의
순서제어(Sequence Control)	패킷 순서의 역전과 중복 패킷 발생을 방지
흐름제어(Flow Control)	보낼 데이터의 양을 조절
혼잡제어(Congestion Control)	대기하고 있는 패킷의 양을 조절하여 패킷이 혼잡해지지 않도록 조절
동기화(Synchronization)	데이터 송신 측과 수신 측의 타이머 값, 윈도우 크기 등 매개변수 정보를 일치하는 방법을 제공
주소지정(Addressing)	여러 개체 중 하나의 개체를 식별할 수 있는 방법을 제공
단편화 및 재조정 (Fragmentation And Reassembly)	데이터를 분할 전송하고 다시 재조립하는 방법을 제공
데이터의 형식화(Data Formatting)	전송하는 데이터의 형식이 무엇인지 방법을 제공

③ 표준 제정 위원회

국제표준기구(ISO)	• International Standards Institute • 1947년에 창설하였고 각국의 표준제정위원회에서 선정된 위원들로 구성된 다국적 기구 • OSI 참조 모델이나 OSI 프로토콜에 관련한 업무를 담당하였고 상호 호환성, 품질 개선, 생산성 향상, 가격 저하를 위한 모델 제공 • 과학, 기술, 경제 분야 공헌
미국국립표준협회(ANSI)	• American National Standards Institute • 사립 비영리 법인으로 미국 및 미국 시민의 복리를 위해 수행 • ISO 내에서 미국을 대표하는 구성원
국제전기통신연합(ITU)	• International Telecommunications Union • UN 산하기구로 CCITT(Consultative Committee for International Telegraphy and Telephony)를 전신으로 운영하고 있음 • 일반 전기 통신, 전화, 데이터 통신 시스템 표준
전기전자공학회(IEEE)	• Institute of electrical and electronic engineers • IEEE 802.3과 IEEE 802.5와 같은 LAN의 접속 규격과 처리에 대한 표준 제정 • 전기공학, 전자공학, 무선공학, 컴퓨터와 통신의 국제 표준 개발을 하는 세계에서 가장 규모가 큰 전문공학학회
전자산업협회(EIA)	• Electronic Industries Association • 전자산업발전 촉진을 위한 제조업체 중심의 비영리 기관 • 데이터 통신의 물리적인 연결 인터페이스와 전자신호 규격 규정
한국정보통신기술협회(TTA)	• Telecommunications Technology Association • 1988년 12월에 설립하였고 통신 사업자, 산업체, 학계, 연구기관 및 단체 등의 상호 협력과 유대 강화를 목적으로 함 • 국내외 정보통신분야의 최신 기술 및 표준에 관한 각종 정보 수집, 조사 연구 및 보급 활용하고 정보통신 산업 및 기술 진흥과 국민 경제 발전에 기여

2) TCP/IP

① TCP/IP의 개요

- 근거리 통신망이나 인터넷에서 네트워크를 구현하기 위해 임의의 서브 네트워크에 접속한 장비들과 종단 호스트 간의 연결과 라우팅을 제공하는 인터넷 프로토콜이다.
- 컴퓨터 기종에 관계없이 정보 교환을 목적으로 1960년대 말 미국방성(DARPA)에서 연구를 시작하였고 1980년대 초 공개된 프로토콜이다. 1980년대 초 유닉스에 TCP/IP를 기본적으로 포함하기 시작하였고, 1983년 인터넷의 전신인 ARPANET이 기존의 NCP(Network Control Program)의 사용을 폐지하고 TCP/IP로 대체하며, 지금의 인터넷으로 발전하였고, 이와 동시에 TCP/IP노 대중화되었다.
- TCP/IP 프로토콜을 구성하는 주요 프로토콜은 TCP와 IP이나 보통 UDP(User Data Protocol), ARP(Address Resolution Protocol), RARP(Reverse ARP) 등 관련된 프로토콜도 아우른다.

② TCP/IP의 구조

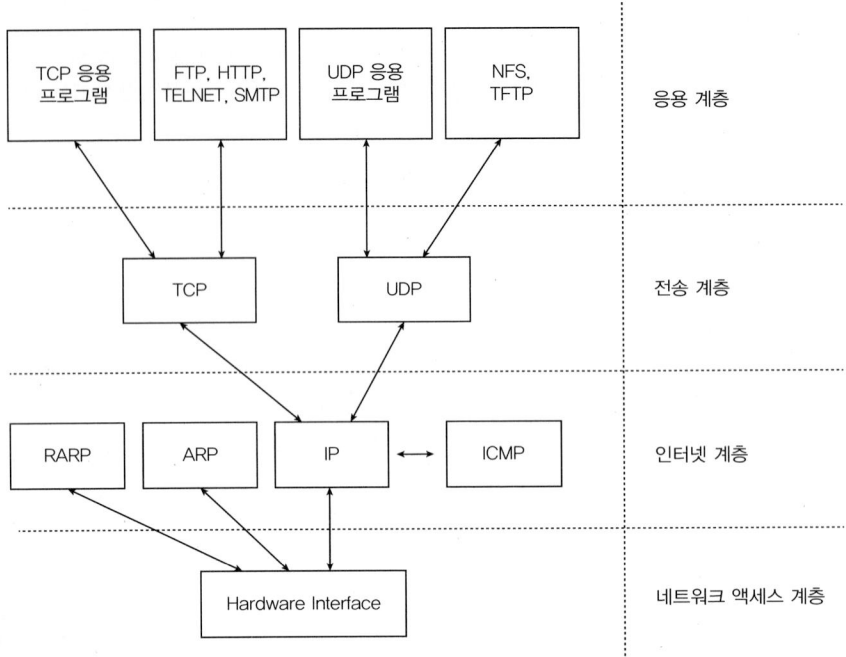

- TCP/IP는 네트워크 액세스 계층(Network Access), 인터넷 계층(Internet), 전송 계층(Transport), 응용 계층(Application) 등 총 4개의 계층으로 구성되어 있다.
- 네트워크 액세스 계층
  - 실제 통신을 수행하는 하드웨어 인터페이스이다.
  - dial-up 회선, LAN, X.25, 위성 통신 등이 네트워크 액세스 계층이 될 수 있다. 특히, CSMA/CD와 MAC 프로토콜을 사용하는 이더넷이 네트워크 액세스 계층으로서 가장 널리 사용되고 있다.
  - 인터넷 계층에서 전달한 패킷을 프레임으로 구성해 물리적 매체에 싣고 반대로 물리적 매체에서 프레임을 받아 상위 계층으로 패킷을 전달하는 역할을 수행한다.
- 인터넷 계층
  - 전송 계층에서 전달한 패킷을 서브 네트워크와 무관하게 목적지 주소까지 효율적으로 전달하는 역할을 수행한다.
  - 패킷이 정확히 도착하였는지 손상되었는지 여부를 확인하지 않고 상위 계층에 위임한다.
  - 추가적으로 네트워크 상태를 진단하거나 IP 주소와 MAC 주소 간의 변환을 수행한다.
  - 관련 프로토콜로 IP, ICMP, ARP, RARP가 있다.

- 전송 계층
  - 응용 계층에서 전송한 데이터를 연결 지향 데이터 스트림 지원, 신뢰성, 흐름제어, 다중화 같은 네트워크 서비스를 제공하기 위해 세그먼트(Segment)나 데이터그램(Datagram)으로 구성해 전송한다.
  - 대표적 프로토콜로 TCP와 UDP가 있다.
- 응용 계층
  - 응용 프로그램 간 통신 접속을 위한 통신 프로토콜을 보유한 추상 계층이다.
  - 응용 계층의 프로토콜들은 전송 계층의 프로토콜을 기반으로 호스트 간 연결을 수행한다.
  - 대표적 응용 계층 프로토콜로 HTTP, SMTP, POP3, IMAP, DNS, NFS, FTP, TELNET, SSH 등이 있다.

③ TCP와 UDP

TCP	• 연결을 먼저 설정하고 데이터를 주고 받는 연결 지향(Connection Oritented) 전송 프로토콜이며 가상 회선 방식을 제공 • 3-way Handshake 과정을 통해 연결을 설정하고 4-way Handshake를 통해 해제 • 패킷이 원활히 전달될 수 있도록 흐름제어 및 혼잡제어를 제공 • 패킷 재전송을 통해 높은 신뢰성을 보장 • 패킷 전송 후 ACK 패킷 수신 여부를 확인하기 때문에 UDP보다 속도가 느림 • 전송과 수신을 동시에 수행할 수 있는 전이중(Full-Duplex) 방식이며 호스트와 호스트 간 점대점(Point to Point) 연결을 제공
UDP	• 비연결형 서비스로 데이터그램 방식으로 사용자의 데이터를 전달 • 사용자의 데이터를 주고 받을 때 데이터가 제대로 전송되었는지 확인하는 절차가 없음 • UDP 헤더의 CheckSum 필드를 통해 최소한의 오류만 검출 • 데이터가 정확히 전달되었는지 확인하는 메커니즘이 없기 때문에 신뢰성이 낮음 • TCP보다 속도가 빠름

➕ 더 알기 TIP

TCP의 3-way Handshaking

- 클라이언트가 SYN 패킷을 전달하면 서버는 SYN-ACK 패킷을 응답한다.
- 클라이언트는 연결을 확실히 하기 위해 다시 ACK를 전달해 연결을 설정(Establish)한다.

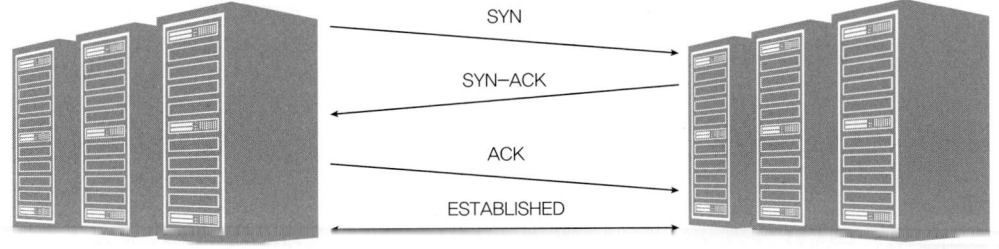

SYN

SYN-ACK

ACK

ESTABLISHED

클라이언트   서버

④ **포트 번호**

- 전송 계층의 TCP와 UDP 프로토콜은 상위 응용 계층의 다양한 프로그램을 다중화하기 위해 각각의 포트를 부여하며, 포트는 0~65535 사이의 정수값이다.
- 그 중 0~1023번은 잘 알려진 포트(Well-known Port)로 이미 시스템에서 사용하는 포트들이다.
- /etc/services 파일에서 주요 포트 번호를 확인할 수 있으며 그 중 주요 포트는 아래와 같다.

포트	TCP	UDP	설명
0		UDP	예약됨; 사용하지 않음
13	TCP	UDP	DAYTIME 프로토콜
20	TCP		FTP (파일 전송 프로토콜) - 데이터포트
21	TCP		FTP - 제어포트
22	TCP		SSH(Secure Shell) - ssh scp, sftp같은 프로토콜 및 포트 포워딩
23	TCP		텔넷 프로토콜 - 암호화되지 않은 텍스트 통신
25	TCP		SMTP(Simple Mail Transfer Protocol) - 이메일 전송에 사용
37	TCP	UDP	TIME 프로토콜
53	TCP	UDP	DNS(Domain Name System)
67		UDP	BOOTP(부트스트랩 프로토콜) 서버, DHCP로도 사용
68		UDP	BOOTP(부트스트랩 프로토콜) 클라이언트, DHCP로도 사용
80	TCP	UDP	HTTP(HyperText Transfer Protocol) - 웹 페이지 전송
110	TCP		POP3(Post Office Protocol version 3) - 전자우편 가져오기에 사용
123		UDP	NTP(Network Time Protocol) - 시간 동기화
143	TCP		IMAP4(인터넷 메시지 접근 프로토콜 4) - 이메일 가져오기에 사용
161		UDP	SNMP(Simple Network Management Protocol) - Agent 포트
443	TCP		HTTPS-SSL 위의 HTTP(암호화 전송)
873	TCP		rsync 파일 동기화 프로토콜

⑤ **소켓**

- 네트워크 프로그램이 데이터 통신을 하기 위한 접점(Endpoint)이다.
- 네트워크 프로그램은 데이터 통신을 위해 소켓을 생성하고, 상대방 소켓에 접속하여 상호 간 데이터를 교환한다.
- 소켓은 인터넷 프로토콜, 로컬 시스템의 IP 주소 및 포트번호, 원격 시스템의 IP 주소와 포트 번호로 구성된다.

3) IP 주소(Internet Protocol Address)

① IP 주소

- 컴퓨터 네트워크에서 장치들이 서로 통신하기 위해 노드를 식별하기 위한 특수한 번호이다.
- IP 주소를 통하여 발신지와 송신지를 명시하고, 데이터를 네트워크상 원하는 곳으로 전달할 수가 있다. IP 주소를 통하여 라우터가 최적의 경로를 계산하여 전달할 수 있는 근간이 된다.
- IP 주소를 할당하는 방식은 DHCP 서버에 의한 동적 할당과 미리 설정하는 고정 할당이 존재한다.
- IP 주소의 크기는 32비트로 보통 0~255 사이의 값을 사용하고 십진수로 표기하여 .(Dot)으로 구분한다. 따라서 IP 주소가 가질 수 있는 값은 0.0.0.0부터 255.255.255.255까지가 된다. 이론적으로는 42억9496만7296개의 IP가 존재한다.
- 중간의 일부 번호들은 특별한 용도를 위해 예약되어 있다. 예를 들면 127.0.0.1은 Localhost(로컬 호스트)로 자기 자신을 가리키는 의미로 예약되어 있다.
- IP 주소는 첫 번째 1바이트의 값에 따라 A, B, C, D, E 클래스로 나눌 수 있다. 클래스 A~C 클래스는 일반 목적으로 사용하고 D, E 클래스는 특수 목적으로 사용한다.

② IP 주소의 클래스

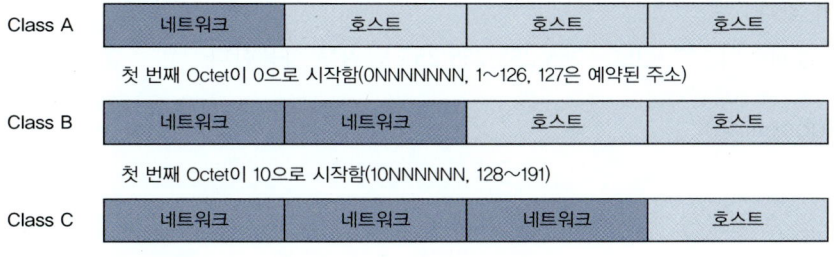

- A 클래스는 첫 번째 바이트 중 첫 번째 비트가 0으로 시작한다. 나머지 1~126은 주소로 사용할 수 있고, 127은 예약되어 있는 주소이다.
- B 클래스는 첫 번째 바이트 중 앞선 두 비트가 10이다. 나머지 128~192는 주소로 사용한다.
- C 클래스는 첫 번째 바이트 중 앞선 세 비트가 110이다. 나머지 192~223은 주소로 사용한다.
- D 클래스는 첫 번째 바이트 중 앞선 네 비트가 1110이다. 나머지 224~239는 주소로 사용할 수 있으며 다중방송봉신(Multicast)용으로 예약되어 있다.
- E 클래스는 첫 번째 바이트 중 앞선 네 비트가 1111이다. 연구용으로 예약되어 있다.

③ IP 주소의 범위와 호스트 수, 네트워크 수

클래스	첫 번째 Octet IP	최상위 비트	범위	호스트 수	네트워크 수	블록
Class A	0~126	0	0.0.0.0~127.0.0.0	16,777,216	128	/8
Class B	128~191	1	128.0.0.0~191.255.0.0	65,536	16,384	/16
Class C	192~223	11	192.0.0.0~223.255.255.0	256	2,097,152	/24
Class D	224~239	111	224.0.0.0~239.255.255.255	N/A(268,435,456)		N/A
Class E	240~255	1111	240.0.0.0~247.255.255.255	N/A(268,435,456)		N/A

④ 특수 목적 IP 주소

- 인터넷 연결을 위한 일반적 목적 외에 특별한 용도만으로 사용하는 IP 주소가 있다. 대표적으로 내부 네트워크를 구축하기 위한 사설 IP 주소(Private IP Address)와 자기 자신을 가리키는 루프백 IP 주소(Loopback IP Address)가 있다.
- 사설 IP 주소는 A 클래스에 1개의 네트워크, B 클래스에 16개 네트워크, C 클래스에 256개의 네트워크가 할당되어 있다.
- 루프백 IP 주소는 A 클래스의 127.0.0.0~255.255.255.255 범위를 사용한다.

4) 서브넷과 서브네팅(Subnetting)

① 서브넷의 필요성

- 서브넷은 호스트 주소 중 일부를 서브넷의 네트워크 주소로 사용하여 네트워크를 분할하는 기법이다.
- 브로드캐스트의 크기를 작게 하고 주소를 절약하며 라우팅 정보의 크기를 줄이기 위해 서브넷이 필요하다. B 클래스를 사용한다면 호스트의 수가 65,536개나 되고 C 클래스를 사용하면 호스트의 수가 256개밖에 되지 않는다. 그러나 서브넷을 사용하면 B 클래스와 C 클래스 사이의 호스트 수를 가진 네트워크를 구축할 수 있다.

② 서브넷마스크(Subnet Mask)

- 서브넷마스크는 넷마스크(Netmask)라고도 부르는데 IP 주소를 네트워크 주소와 호스트 주소로 분리하는 데 사용된다. 서브넷마스크와 IP 주소를 AND 연산하면 네트워크 주소를 분리할 수 있고 IP 주소 중 서브넷마스크의 0에 해당하는 부분이 호스트 주소가 된다.

```
11000000.10101000.01111011.10000100 - IP 주소(192.168.123.132)

11111111.11111111.11111111.00000000 - 서브넷마스크(255.255.255.0)

11000000.10101000.01111011.00000000 - 네트워크 주소(192.168.123.0)

00000000.00000000.00000000.10000100 - 호스트 주소(000.000.000.132)
```

- 일반적으로 A 클래스는 네트워크 주소가 상위 1바이트이므로 서브넷마스크는 255.0.0.0이고, B 클래스는 네트워크 주소가 상위 2바이트이므로 서브넷마스크는 255.255.0.0이다. 마찬가지로 생각해 보면 C 클래스는 255.255.255.0이 된다.
- 동일한 IP 주소를 서로 다른 서브넷마스크를 적용했을 때, 네트워크 주소와 호스트 주소가 어떻가 달라지는지 예시를 들어 보았다.

IP 주소	서브넷마스크	네트워크 주소	호스트 주소
13.13.10.2	255.0.0.0	13.0.0.0	13.10.2
13.13.10.2	255.255.0.0	13.13.0.0	10.2
13.13.10.2	255.255.255.0	13.13.10.0	2

③ 서브넷마스크와 호스트의 개수

- 서브넷마스크가 255.255.255.0일 때 IP 192.168.123.132의 네트워크 주소는 192.168.123.0이 되고 해당 네트워크가 가질 수 있는 호스트의 수는 192.168.123.0부터 192.168.123.255까지 총 256개이다.
- 이 중 192.168.123.0은 네트워크 주소, 192.168.123.255는 브로드캐스트 주소로 예약되어 있어, 총 256개 중 2개를 제외한 254개의 IP 주소를 호스트 주소로 사용할 수 있다.
- 하지만 인터넷 사용을 위한 네트워크 구성일 경우, 외부망과의 통신을 위한 게이트웨이 주소가 추가로 1개 필요하므로, 실제로 사용할 수 있는 호스트 주소는 253개가 된다.

④ C 클래스 기준 서브넷 구성해 보기

- 서브넷마스크를 이용하여 할당받은 네트워크를 더 작은 서브넷으로 나눌 수 있다. 가령 C 클래스의 서브넷마스크 255.255.255.0을 사용하는 경우 하나의 네트워크만 운영할 수 있지만 서브넷마스크를 255.255.255.192로 설정하면 4개의 서브넷으로 나누어 운영할 수 있다.
- 아래는 C 클래스였던 네트워크의 호스트 주소 부분 중 2비트를 서브넷의 네트워크 주소로 활용하면 4개의 서브넷으로 나눌 수 있다. 예시로 192.168.123.0 네트워크에 서브넷마스크 255.255.255.192를 적용하여 4개의 서브넷으로 나누는 과정을 표로 정리하였다.
- C 클래스의 호스트 주소 중 2비트를 서브넷의 네트워크 주소로 활용하였다. 2비트는 00, 01, 10, 11 총 4개의 네트워크 주소를 만들어 낼 수 있다.

서브넷 네트워크 주소	서브넷 네트워크 주소	유효한 호스트 주소
11111111.11111111.11111111.00000000	192.168.123.0	192.168.123.1~62
11111111.11111111.11111111.01000000	192.168.123.64	192.168.123.65~126
11111111.11111111.11111111.10000000	192.168.123.128	192.168.123.129~190
11111111.11111111.11111111.11000000	192.168.123.192	192.168.123.193~254

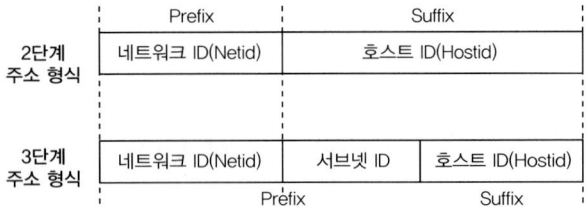

	Prefix	Suffix	
2단계 주소 형식	네트워크 ID(Netid)	호스트 ID(Hostid)	

	Prefix		Suffix
3단계 주소 형식	네트워크 ID(Netid)	서브넷 ID	호스트 ID(Hostid)

➕ **더 알기 TIP**

접두어 길이 표기(Prefix Length Notation)

- 서브넷마스크는 .(Dot)으로 구분하는 10진수 4자리로 표기할 수도 있지만 '/24'와 같이 서브넷마스크의 비트 길이로 표기할 수 있다.
- 예를 들어 255.255.255.0과 /24는 동일한 의미이다. 즉 192.168.100.100/24와 같이 IP 주소와 서브넷마스크를 동시에 표기할 수 있다.
- IP 주소 192.168.123.100과 서브넷마스크 255.255.255.192를 같은 요령으로 표기하면 192.168.123.100/26으로 표기할 수 있다.

5) 도메인(Domain)

① 도메인네임(Domain Name)

- 도메인네임이란 숫자로 구성한 IP를 사람이 기억하기 쉽도록 이름을 부여하는 메커니즘이다.
- 도메인네임은 국제인터넷주소자원관리기관(ICANN)에서 새로운 도메인을 계속적으로 발행하는 등 관리하고 있고 영어 이외에 한글, 중문 등 다양한 언어로도 제공하고 있다.

② 도메인 체계

- 도메인 체계는 .(Dot)으로 구분하는 다단계 계층 트리 구조이다. 루트 도메인(Root Domain)은 도메인 이름(Name)과 최상위 도메인(TLD ; Top-Level Domain)으로 구성되고 그 앞에는 서브 도메인(Subdomain)이 올 수 있다. 프로토콜(Protocol)은 통신 시 사용하는 규약을 의미한다.

- 1단계 도메인인 최상위 도메인(TLD)은 일반 최상위 도메인(gTLD ; generic TLD)과 국가 코드 최상위 도메인(ccTLD ; country code TLD)으로 나눌 수 있다. 일반 최상위 도메인은 com, net, org, edu, gov, mil, int 등이 해당한다. 국가코드 최상위 도메인은 ISO-3166에 따라 kr, cn, us 등이 해당한다.

• 2단계 도메인은 co, go, or과 같이 기관 이름이나 기관 종류가 오고 논리적으로 3단계, 4단계 도메인으로 확장 기술할 수 있다.

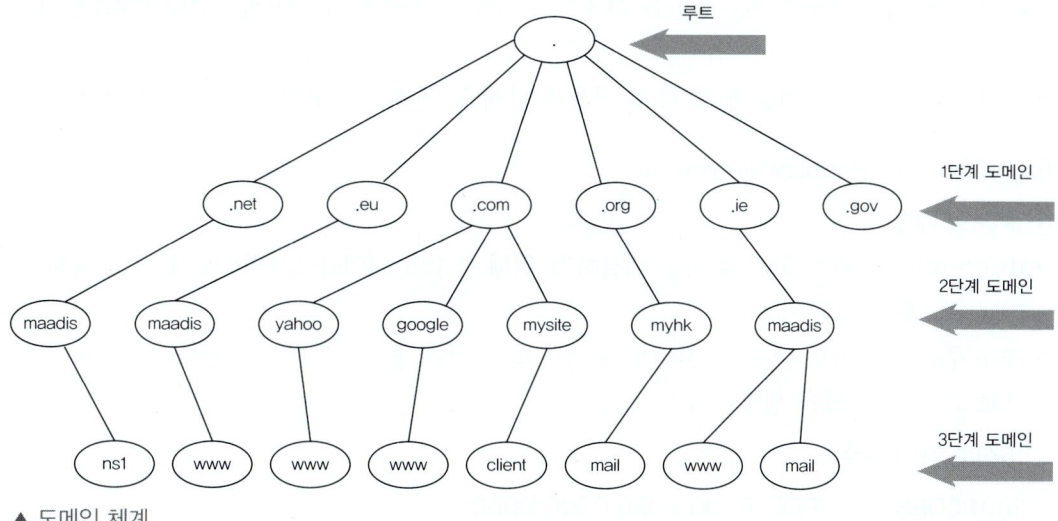

▲ 도메인 체계

③ 도메인네임 시스템(DNS ; Domain Name System)

• 도메인네임 시스템이란 호스트의 도메인네임을 IP 주소로 변환해 주는 시스템을 말한다.

• ARPANET 시절 HOSTS.TXT 이름의 텍스트 파일을 통해 도메인네임과 매핑하는 IP 주소를 관리하였던 것이 그 시작이며, 단순 파일로 관리하기에는 인터넷의 사용자의 증가와 발전으로 체계적인 시스템의 도입이 필요하게 되었다.

• 인터넷 사업자가 제공하는 DNS 서버에 도메인네임을 질의하면 IP 주소를 반환한다. DNS 서버에 질의하는 과정은 도메인네임의 계층 구조에 따라 단계별로 수행할 수 있다.

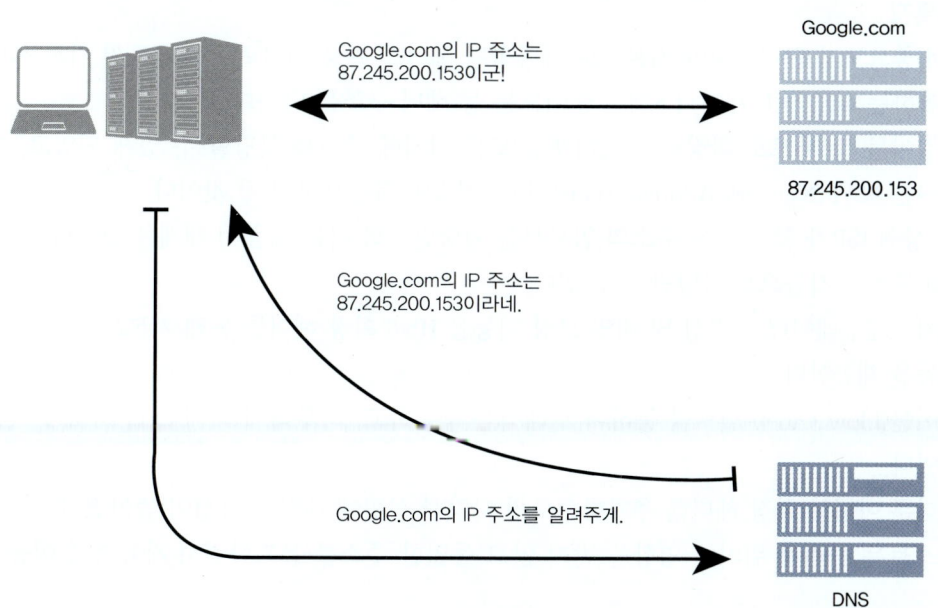

④ ICANN(Internet Corporation for Assgined Names and Numbers)

- 인터넷 DNS의 기술적 관리, IP 주소 공간 할당, 프로토콜 파라미터 지정, 루트 서버 시스템 관리 등의 업무를 조정하는 역할을 수행하기 위해 1998년에 설립한 국제인터넷주소관리기구 이다.
- 인터넷의 비즈니스, 기술계, 학계 및 사용자 단체 등 회원으로 구성된 비영리 기관이다.

6) IPv6(Internet Protocol version 6)

① IPv6의 개요

- IPv6는 IPv4의 주소 고갈 문제를 해결하기 위해 주소의 길이를 128비트로 확장한 차세대 인터넷 프로토콜이다.
- IPv6 주소는 16비트 단위로 8자리로 구성되고, 각각은 콜론(:)으로 구분된다. 보통 16진수 값으로 표기되고 0값은 생략될 수도 있다.

16진수 표기 IP주소

2001:0DB8:AC10:FE01:0000:0000:0000:0000

연속된 0은 생략할 수 있음

2001:0DB8:AC10:FE01

0010000000000001:0000110110111000:1010110000010000:1111111000000001:

0000000000000000:0000000000000000:0000000000000000:0000000000000000

② IPv6의 특징

- IPv4에서 중요도가 떨어졌지만 기본으로 제공했던 헤더를 확장 헤더로 옮김으로써 기본 헤더에서 포함하는 필드가 12개에서 8개로 줄어드는 등 헤더 구조를 단순화하였다.
- 주소의 길이를 128비트로 확장하여 인터넷상 모든 기기에 주소를 할당할 수 있게 되었고, 더 이상 IPv4는 NAT(Network Address Translation) 기술이 불필요하게 될 것이다.
- ISP에서 상위 ISP가 할당 받은 주소의 일부분을 할당받도록 하는 계층적 체계를 갖는다.
- 호스트의 주소를 자동으로 할당받을 수 있다.
- 패킷 출처 인증, 데이터 무결성 및 비밀 보장 기능을 IPv6 확장 헤더를 통해 기본으로 인증 및 보안 기능을 제공한다.
- 흐름 레이블(Flow Label) 필드를 통하여 트래픽을 구분하고, 라우터에 의해 QoS 처리가 가능하게 되었다.
- 기본 헤더뿐 아니라 확장 헤더를 추가함으로써 다양한 상황에 대한 확장성이 높아졌다.
- IPv6 호스트는 물리적 위치에 영향을 받지 않고 동일한 주소를 유지하면서 자유롭게 이동할 수 있다.

③ IPv4와 IPv6의 비교

구분	IPv4	IPv6
주소 길이	32비트	128비트
주소 개수	약 43억개	약 (43억)^{4}개
품질 제어	품질 보장 곤란 (QoS 일부 지원)	품질 보장 용이 (등급별, 서비스별 패킷을 구분 가능)
보안 기능	IPsec 프로토콜 별도 설치	확장 기능으로 기본 제공
자동 네트워킹	곤란	가능(Auto-configuration)
이동성 지원	곤란(비효율적)	용이(효율적)

➕ 더 알기 TIP

DNS 동작 원리와 IPv6 주소 구조

- DNS 질의는 항상 재귀(resolver)와 반복(iterative) 질의 구조를 거친다는 점을 구분해야 하며, 로컬 캐시에 정보가 있으면 루트 서버까지 가지 않는다.
- TLD는 관리 주체 기준으로 gTLD와 ccTLD로 나뉘며, kr 도메인은 KISA가 관리하지만 최종 루트 존은 ICANN이 통제한다.
- 도메인 이름은 대소문자를 구분하지 않지만(DNS는 case-insensitive), 실제 문자열 비교 문제로 출제되기도 한다.
- IPv6에서는 NAT 개념이 거의 사용되지 않으며, 이로 인해 방화벽 정책은 주소 변환이 아닌 패킷 필터링 중심으로 설계된다.
- IPv6의 :: 표기법은 주소 전체에서 한 번만 사용 가능하며, 여러 번 사용할 수 없다는 점이 단골 함정이다.
- IPv6는 브로드캐스트를 사용하지 않고 멀티캐스트만 사용하므로, IPv4의 브로드캐스트 관련 설명이 나오면 오답일 가능성이 높다.
- IPv6의 자동 주소 설정은 SLAAC 기반이며, DHCPv6과 혼동하지 않도록 주의한다.

네트워크의 설정

▶ 합격 강의

빈출 태그 ▶ nmcli, ifconfig, ip, route, ping, netstat, traceroute, ethtool, nslookup,
hostnamectl

01 환경설정

1) 리눅스 네트워크 환경설정의 개요

① 리눅스 네트워크의 호환성

• 대부분의 리눅스는 네트워크 디바이스의 호환성을 제공한다. 리눅스 배포판에서 가지고 있는
네트워크 디바이스가 호환되는지 확인하기 위해서는 리눅스 배포판에서 운영하고 있는 사이
트를 참조하면 된다.

• 예를 들면 레드햇(Redhat) 리눅스는 http://hardware.redhat.com/hcl/ 링크★를 통해 호환하는
하드웨어가 무엇인지 확인할 수 있다.

🏳 **기적**의 TIP

★링크는 해당 업체에서 수정하여 달라질 수 있다.

② 리눅스 네트워크의 다양성

• 리눅스는 다양한 네트워크 프로토콜과 다양한 네트워크 디바이스를 기본적으로 제공한다. 모
든 네트워크의 기본이 되는 Ethernet은 기본으로 제공하면서 ppp, slip, x.25, atm, wlan, can,
fddi, bluetooth, zigbee, 6lowpan 등의 다양한 네트워크 기능을 제공한다.

• 만약 리눅스에서 제공하지 않는 네트워크 디바이스라면, 해당 디바이스의 제조사 사이트를
참조하여 사용하고 있는 리눅스 배포판 버전이나 커널 버전과 호환되는 모듈 파일을 다운로
드받아 설치해야 한다.

2) 인터넷 접속을 위한 이더넷 카드(Ethernet Card) 설치하기

• 대부분의 이더넷 카드 드라이버는 리눅스 배포판에 포함되어 있어서 별도의 작업이 필요 없
다. 하지만 최신 이더넷 카드의 경우 드라이버가 포함되어 있지 않을 수도 있는데, 그럴 경우
제조사의 사이트에서 적합한 드라이버를 다운로드받아 설치해야 한다.

• 드라이버를 다운로드받은 후 modprobe나 insmod를 통해 드라이버를 시스템에 로드해야 하
며, 시스템을 재부팅 시 드라이버가 자동 로드될 수 있도록 /etc/modprobe.d 디렉터리 안에
설정이 필요하다.

➕ 더 알기 TIP

이더넷 카드 드라이버 설치하기

• 제조사의 사이트에서 다운받은 소스코드를 압축 해제한다.

```
$ tar e1000e.tar.gz
```

• 압축 해제된 디렉터리로 이동 후 소스코드를 빌드하고 드라이버를 시스템에 설치한다.

```
$ make clean
$ sudo make install
```

• 시스템에 드라이버를 로드한다.

```
$ sudo modprobe e1000e
```

3) 인터넷 접속을 위한 네트워크 인터페이스 설정 방법

① GUI 기반 네트워크 설정

• 방법 1 : X 윈도우의 상단 패널에서 [Applications] 〉 [System Tools] 〉 [Settings] 〉 [Network]
를 선택하여 네트워크 설정에 진입

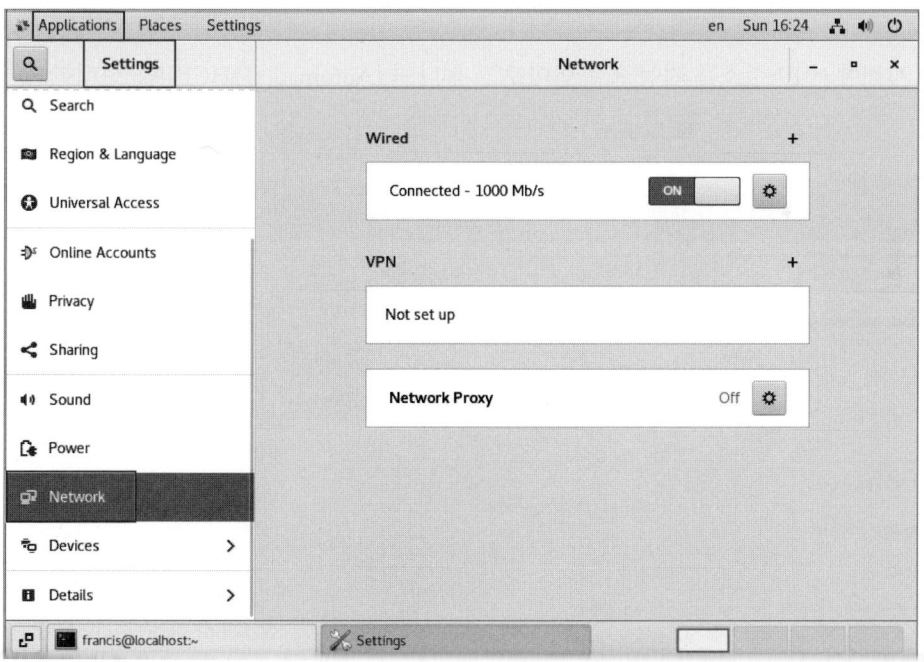

• 방법 2 : 터미널에서 다음과 같이 입력

```
$ nm-connection-editor &
```

– 현재 설치되어 있는 네트워크 인터페이스 목록을 확인할 수 있으며, 설정하고자 하는 네트
워크 인터페이스를 선택하고 [Edit…] 버튼을 선택한다.

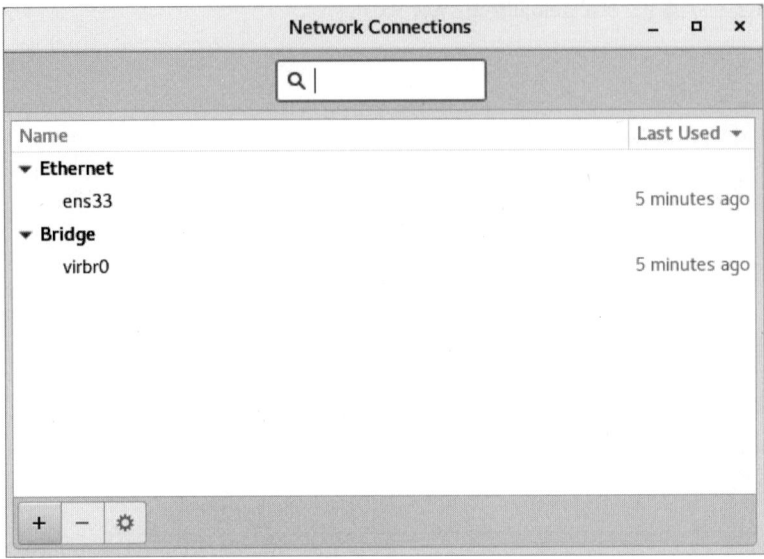

– DHCP 서버에서 IP 주소를 자동으로 받아오고 싶다면 [Automatic(DHCP)]를 선택한다.

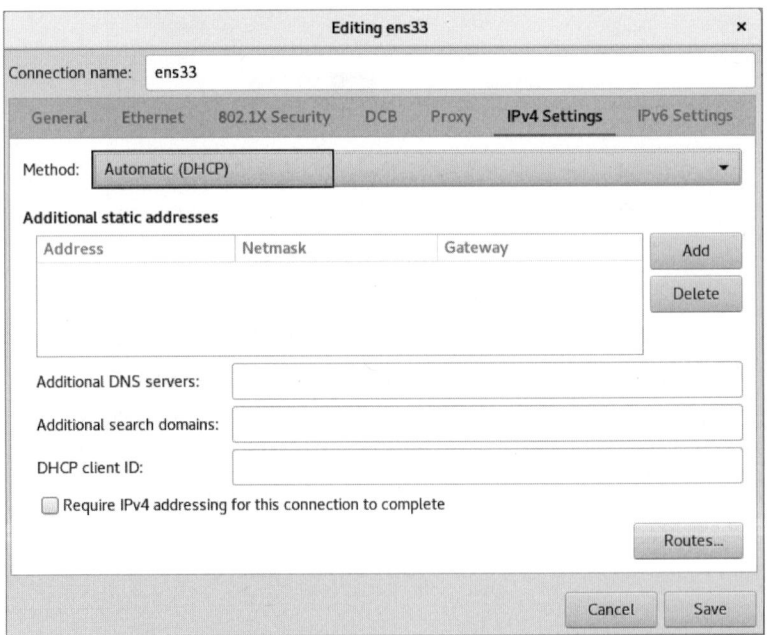

– 사용자가 직접 IP 주소와 넷마스크 그리고 게이트웨이 주소를 입력하고 싶다면 [Manual]을 선택한다.

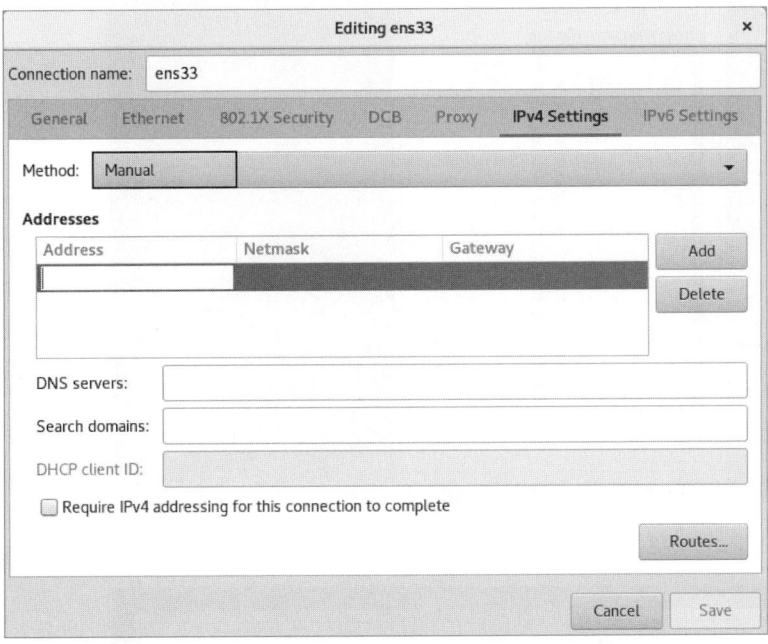

② 텍스트 기반 네트워크 설정

• nmtui 명령어를 사용하여 Network Manager를 실행하고 'Edit a connection'을 선택한다.

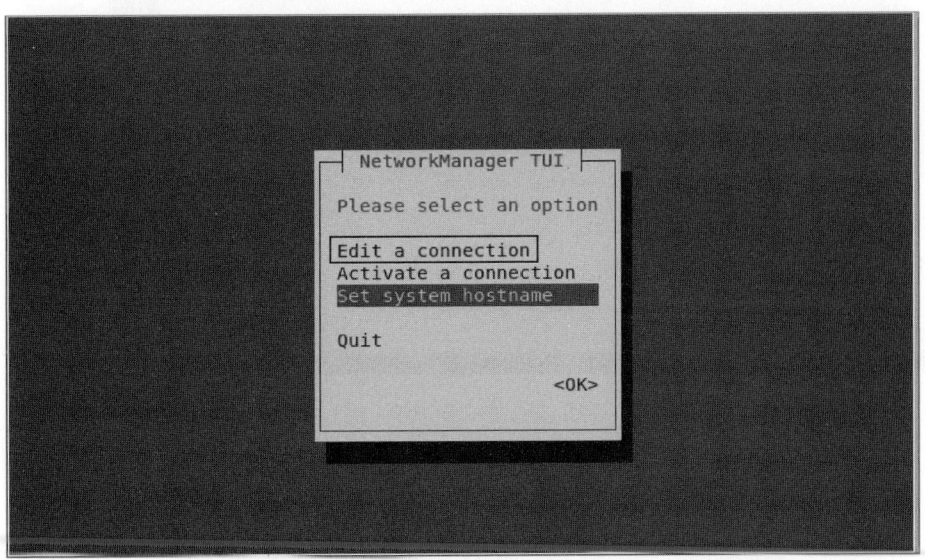

• 원하는 네트워크 인터페이스로 커서를 움직인 후 〈Edit...〉를 선택한다.

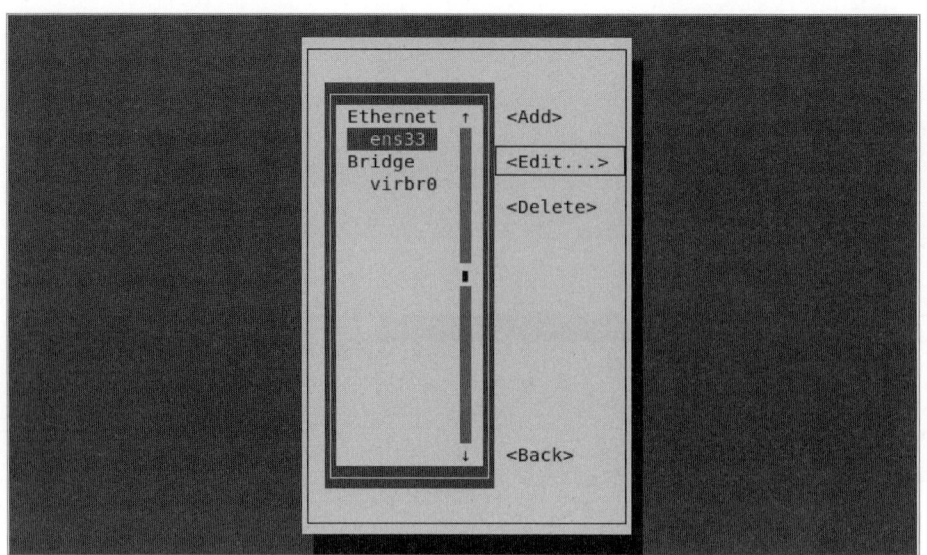

• 텍스트 화면에서도 DHCP 서버로부터 IP주소를 자동 할당하거나 수동으로 설정할 수 있다.

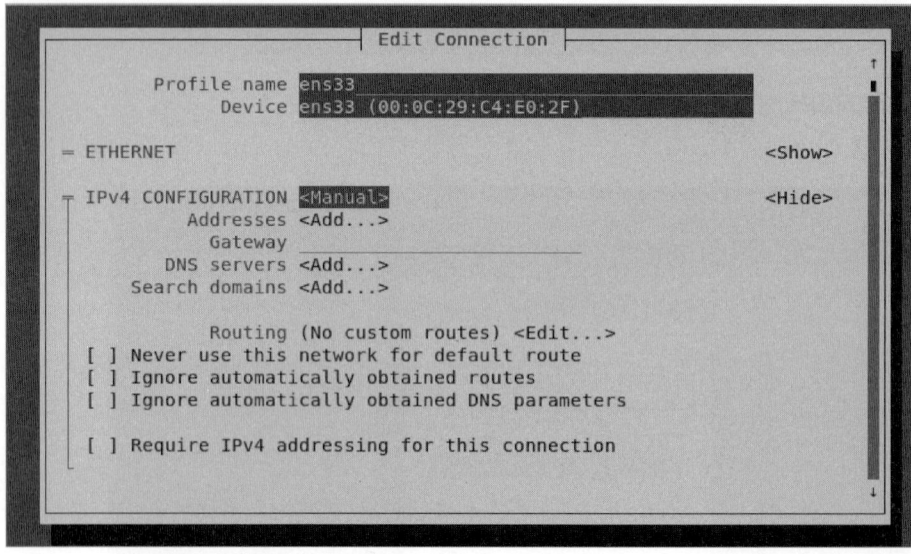

- 설정화면에서 빠져 나와 다음과 같이 네트워크 서비스를 재시작해야 반영된다.

```
# systemctl restart network.service
```

- service 명령어를 사용하여 네트워크 서비스를 재시작하여도 무방하다.

```
# service network restart
Restarting network (via systemctl):                    [  OK  ]
```

③ 명령어를 통한 IP 수동 설정

- ifconfig 명령어를 사용하여 IP를 수동 설정할 수 있다.
- 아래 예시는 ens33 인터페이스에 IP 주소 192.168.100.100을 설정한 것이다. 넷마스크와 브로드캐스트의 주소는 기본으로 입력된다.

```
# ifconfig ens33 192.168.100.100
```

- 아래 예시는 ens33 인터페이스에 IP 주소 및 넷마스크, 브로드캐스트 주소를 함께 입력한 것이다.

```
# ifconfig ens33 192.168.100.100 netmask 255.255.255.0 broadcast 192.168.100.255
```

- 접두어 길이 표기법으로 간단히 입력할 수도 있다.

```
# ifconfig ens33 192.168.100.100/24
```

- 네트워크 인터페이스가 활성화되어있지 않다면 아래와 같이 활성화해야 네트워크 통신이 가능하다.

```
# ifconfig ens33 up
```

- 설정한 값은 영구적이지 않으며 시스템을 리부팅하거나 아래와 같이 네트워크 서비스를 재시작하면 수동 설정값이 지워진다.

```
# service network restart
```

- 아직까지 게이트웨이 주소를 입력하지 않았기 때문에, 현재 네트워크 외부로 패킷이 전송될 수 없다. 다음과 같이 라우팅 테이블에 게이트웨이 주소를 추가해야 한다.

```
# route add default gw 192.168.100.1
```

④ 네트워크 설정 파일을 통한 IP 수동 설정

- 네트워크 설정 파일을 통해 IP 주소 및 넷마스크, 게이트웨이 주소, 호스트 이름, DNS 등의 설정을 수행할 수 있다. 설정 변경 후 'systemctl restart network'를 통해 서비스를 재시작해야 반영이 된다.

네트워크 설정 파일	설명

/etc/sysconfig/network-scripts/ifcfg-ens33	– 네트워크 인터페이스마다 환경설정을 수행 가능
	– 첫 번째 이더넷 카드는 ifcfg- ens33, 두 번째 이더넷 카드는 ifcfg- ens34 등의 파일명으로 저장됨
	– 디바이스명, 프로토콜, IP 주소, 넷마스크, 게이트웨이, DNS 주소, 부팅 시 활성화 여부 등 다양한 IP 설정을 수행 가능
	
	# 설정 대상이 되는 이더넷 인터페이스
	DEVICE = ens33
	# IP 할당 방법 설정 : 수동 설정 시 static, 동적 설정 시 dhcp 기입
	BOOTPROTO=static
	# 이더넷 카드의 Mac 주소
	HWADDR=xx:xx:xx:xx:xx:xx
	# 브로드캐스트 주소
	BROADCAST=
	# IP 주소
	IPADDR=
	# 넷마스크 주소
	NETMASK=
	# 네트워크 주소
	NETWORK=

/etc/sysconfig/network-scripts/ifcfg-eth0	# 게이트웨이 주소
	GATEWAY=
	# 시스템 시작 시 자동 활성화 여부
	ONBOOT=yes
	# dhcp 서버의 dns 정보를 resolv.conf 파일에 저장 여부를 설정
	PEERDNS=yes
	# 1차 DNS 서버의 주소
	DNS1=
	# 2차 DNS 서버의 주소
	DNS2=
	# 일반 계정 권한으로 제어 가능 여부
	USERCTL=no
	# 네트워크 매니저(Network Manager) 사용 여부
	NM_CONTROLLED=yes

/etc/sysconfig/network	– 시스템 전체에 적용할 기본 게이트웨이 주소, 호스트명, 네트워크 연결 허용 여부, 게이트웨이 장치 파일 설정, NIS 도메인 이름을 설정 # 네트워크 연결 허용 여부 NETWORKING= # 호스트명 HOSTNAME= # 게이트웨이 GATEWAY= # 게이트웨이 장치명 GATEWAYDEV= # NIS 도메인 이름 NISDOMAIN=

/etc/resolv.conf	– 네임 서버 설정과 기본으로 사용할 도메인명 설정 # 호스트가 속한 도메인 설정 search # DNS 서버의 IP 주소 입력 nameserver
/etc/hosts	– IP 주소와 도메인 이름 간의 매핑 테이블 – 해당 시스템에서만 사용하는 정보를 사전에 입력 가능

- /etc/sysconfig/network-scripts/ifcfg-ens33을 편집하여 IP 주소, 브로드캐스트 주소, 게이트 웨이 정보 등을 입력한다.

```
# vi /etc/sysconfig/network-scripts/ifcfg-ens33

DEVICE=eth0
BOOTPROTO=static
NM_CONTROLLED="yes"
ONBOOT=yes
IPADDR=192.168.100.152
BROADCAST=192.168.100.255
GATEWAY=192.168.100.1
```

- /etc/sysconfig/network는 시스템 전역으로 적용할 정보를 입력한다.

```
vi /etc/sysconfig/network

NETWORKING=yes
HOSTNAME=francis.com
GATEWAY=192.168.100.1
```

- /etc/resolv.conf는 DNS 서버 주소와 기본으로 사용할 도메인 이름을 설정한다.

```
vi /etc/resolv.conf

# Generated by NetworkManager
search francis.com
nameserver 192.168.100.2
nameserver 192.168.100.3
```

- /etc/hosts를 통해 issue.francis.com 도메인 이름이 192.168.100.150에 매핑됨을 설정하였다. 브라우저에 my.francis.com을 입력하면 hosts 파일을 통해 192.168.100.150에 접속할 것이다.

```
$ cat /etc/hosts

127.0.0.1    localhost

192.168.100.150    my.francis.com
```

02 네트워크 설정 명령어

1) ifconfig

① 설명

- 네트워크 인터페이스에 대한 환경설정을 수행하는 역할을 한다.
- 보통 시스템이 시작된 후 네트워크 설정을 조절하기 위해 사용한다.
- 아무런 옵션 없이 사용하면 현재 활성화된 네트워크 인터페이스에 대한 정보를 보여 준다.
- 네트워크 인터페이스명을 옵션으로 주면 해당 인터페이스에 대한 설명만 볼 수 있다.
- -a 옵션을 주면 모든 네트워크 인터페이스에 대한 설명을 볼 수 있다.
- 만약 ifconfig 명령어가 기본 탑재되어 있지 않다면 'yum install net-tools' 명령어를 통해 관련 패키지를 설치하면 된다.

② 형식

```
ifconfig [interface]

ifconfig interface options | address ...
```

③ 네트워크 설정 보기

- 아무런 옵션 없이 명령어를 입력하면 활성화된 네트워크 인터페이스의 설정을 보여 준다.

```
$ ifconfig

ens33: flags=4163⟨UP,BROADCAST,RUNNING,MULTICAST⟩  mtu 1500

        inet 192.168.0.113  netmask 255.255.255.0  broadcast 192.168.0.255

        inet6 fe80::93b4:7ee0:3b31:9767  prefixlen 64  scopeid 0x20⟨link⟩

        ether 00:0c:29:c4:e0:2f  txqueuelen 1000  (Ethernet)

        RX packets 108  bytes 23239 (22.6 KiB)

        RX errors 0  dropped 0  overruns 0  frame 0

        TX packets 103  bytes 14793 (14.4 KiB)

        TX errors 0  dropped 0 overruns 0  carrier 0  collisions 0
```

```
lo: flags=73〈UP,LOOPBACK,RUNNING〉 mtu 65536
        inet 127.0.0.1  netmask 255.0.0.0
        inet6 ::1  prefixlen 128  scopeid 0x10〈host〉
        loop  txqueuelen 1000  (Local Loopback)
        RX packets 384  bytes 33408 (32.6 KiB)
        RX errors 0  dropped 0  overruns 0  frame 0
        TX packets 384  bytes 33408 (32.6 KiB)
        TX errors 0  dropped 0 overruns 0  carrier 0  collisions 0
```

- ifconfig가 보여 주는 각 출력 정보에 대한 설명은 아래와 같다.

Link encap	네트워크 인터페이스의 유형
Hwaddr	이더넷 카드의 MAC 주소
inet addr	IP 주소
Bcast	브로드캐스트 주소
Mask	넷마스크 주소
UP	인터페이스 활성화 상태
BROADCAST	브로드캐스트 사용
RUNNING	인터페이스 동작 중
MULTICAST	멀티캐스트 사용 가능
MTU	MTU(Maximum Transmission Unit) 설정값
Metric	라우팅 정보로서 거리값
RX/TX	RX는 수신 패킷이고, TX는 송신 패킷
Collisions	충돌 패킷 개수

④ 모든 네트워크 인터페이스의 설정 보기
- −a 옵션을 통해 모든 네트워크 인터페이스의 설정을 볼 수 있다.

```
$ ifconfig −a
```

⑤ 특정 네트워크 인터페이스의 설정 보기
- 네트워크 인터페이스 이름을 지정하면, 해당 네트워크 인터페이스의 설정만 볼 수 있다.

```
$ ifconfig eth0
```

⑥ 특정 네트워크 인터페이스 활성화 및 비활성화하기

• 네트워크 인터페이스가 비활성화되어 있으면 해당 인터페이스를 통해 아무런 데이터도 송수신되지 않는다. 네트워크 인터페이스가 활성화되면 그 시점부터 통신을 시작할 수 있다.

• 네트워크 인터페이스를 활성화하려면 네트워크 인터페이스와 up 키워드를 사용한다.

```
# ifconfig eth0 up
```

• 네트워크 인터페이스를 비활성화하려면 네트워크 인터페이스와 down 키워드를 사용한다.

```
# ifconfig eth0 down
```

⑦ 네트워크 설정하기

• 고정 IP를 설정하기 위해서는 인터페이스 이름과 IP 주소를 입력한다.

```
# ifconfig wlan0 192.168.100.100
```

• 넷마스크를 설정하기 위해서는 netmask 키워드를 사용한다.

```
# ifconfig wlan0 netmask 255.255.255.0
```

• 브로드캐스트 주소를 설정하기 위해서는 broadcast 키워드를 사용한다.

```
# ifconfig wlan0 broadcast 192.168.100.253
```

• IP 주소, 넷마스크, 브로드캐스트 주소를 한 번에 변경할 수도 있다.

```
# ifconfig wlan0 192.168.100.100 netmask 255.255.255.0 broadcast 192.168.100.253
```

• IP 주소, 넷마스크, 브로드캐스트 주소를 한 번에 변경하면서 인터페이스를 활성화한다.

```
# ifconfig wlan0 192.168.100.100 netmask 255.255.255.0 broadcast 192.168.100.253 up
```

2) nmcli

① 설명

• nmcli 명령어를 사용하여 Network Manager를 실행하고 'Edit a connection'을 선택한다.

② 형식

```
nmcli [OPTIONS] OBJECT { COMMAND | help }
```

• OBJECT에는 g, cn, d 등이 올 수 있다. g는 NetworkManger의 전체 정보를 의미하고, cn은 네트워크 연결을 의미하며 connection이라고 사용할 수도 있다. d는 NetworkManager가 관리하는 장치를 의미하며 device라고 사용할 수도 있다.

③ NetworkManager의 정보

- NetworkManager의 전체적인 정보를 출력한다.

```
$ nmcli g
STATE          CONNECTIVITY      WIFI-HW      WIFI       WWAN-HW     WWAN
connected      full              enabled      enabled    enabled     enabled
```

④ 네트워크 장치

- 네트워크 장치 목록을 출력한다. 'nmcli d'로 줄여서 입력할 수도 있다.

```
$ nmcli device
DEVICE          TYPE          STATE          CONNECTION
ens33           ethernet      connected      ens33
virbr0          bridge        connected      virbr0
lo              loopback      unmanaged      --
virbr0-nic      tun           unmanaged      --
```

- -f 옵션을 사용하여 원하는 필드만 출력할 수 있다.

```
$ nmcli -f DEVICE,IP4-CONNECTIVITY d
DEVICE          IP4-CONNECTIVITY
ens33           full
virbr0          limited
lo              unknown
virbr0-nic      none
```

⑤ 네트워크 연결

- 현재 활성화되어 있는 연결을 출력한다. 'nmcli connection'으로 풀어서 입력할 수 있다.

```
$ nmcli c
NAME      UUID                                        TYPE        DEVICE
ens33     efffd62d-d8ec-48bc-8d05-c2f0d3f24eed        ethernet    ens33
virbr0    6486d9f5-5de2-479d-bb62-6454d35b5402        bridge      virbr0
```

- -f 옵션을 주고 'all'을 입력하면 모든 필드를 출력한다.

```
$ nmcli -f all c
NAME      UUID                                        TYPE        TIMESTAMP    TIMESTAMP
ens33     efffd62d-d8ec-48bc-8d05-c2f0d3f24eed        ethernet    1609663833   Sun 03 Ja
virbr0    6486d9f5-5de2-479d-bb62-6454d35b5402        bridge      1609663833   Sun 03 Ja
```

- 지정한 네트워크 상치를 IP 자동 설성하고 부팅 시 사동 언결하도록 실정한다. m은 modify를 의미하며, ens33은 네트워크 장치이다. IP 자동 설정하기 위해 ipv4.method를 auto로 설정하고 부팅 시 자동 연결하도록 connection.autoconnect를 yes로 설정한다.

```
$ nmcli c m ens33 ipv4.method auto connection.autoconnect yes
```

- ip를 수동 설정하기 위해서 ipv4.method를 manual로 설정하고, ipv4.addresses에 IP를 입력한다. 게이트웨이 설정을 위해 ipv4.gateway를 이용하고, dns 설정을 위해 ipv4.dns를 사용한다.

```
# nmcli c m eth0 ipv4.method manual connection.autoconnect yes ipv4.addresses 10.20.30.41/24 ipv4.gateway
10.20.30.254 ipv4.dns "168.126.63.1 168.126.63.2"
```

3) route

① 설명
- 시스템에 설정된 라우팅 테이블을 표시하거나 수정한다.
- 패킷의 목적지 주소와 넷마스크(Netmask)를 AND 연산하여 알아낸 네트워크 주소와 라우팅 테이블에 매칭되는 경로가 있다면, 해당 경로에 설정된 네트워크 인터페이스를 통해 패킷을 라우팅한다.

② 형식

```
route
route  add [−net|−host] target [netmask Nm] [gw Gw] [[dev] If]
route  del [−net|−host] target [gw Gw] [netmask Nm] [[dev] If]
```

③ 라우팅 테이블 출력하기
- 아무런 옵션 없이 명령어를 입력하면 시스템의 라우팅 테이블 정보를 보여 준다.

```
$ route
Kernel IP routing table
Destination    Gateway     Genmask        Flags    Metric    Ref      Use Iface
10.0.2.0       *           255.255.255.0  U        1         0        0 eth0
default        10.0.2.2    0.0.0.0        UG       0         0        0 eth0
```

- −n 옵션을 사용하면 심볼을 출력하지 않고 있는 그대로 숫자로 표시한다. 예제를 보면 Destination의 default 대신에 0.0.0.0을 표시하고 있고, Gateway의 * 대신에 0.0.0.0을 있는 그대로 숫자로 표시하고 있음을 알 수 있다.

```
$ route −n
Kernel IP routing table
Destination    Gateway     Genmask        Flags    Metric    Ref      Use Iface
10.0.2.0       0.0.0.0     255.255.255.0  U        1         0        0 eth0
0.0.0.0        10.0.2.2    0.0.0.0        UG       0         0        0 eth0
```

- 라우팅 테이블의 각 정보에 대한 설명은 다음과 같다.

Destination	목적지 호스트나 네트워크의 주소
Gateway	외부 네트워크와 연결되어 있는 게이트웨이 주소
Genmask	– 패킷의 목적지 주소에서 네트워크 주소를 계산하기 위한 넷마스크 주소이다. – '0.0.0.0'이나 '*'인 경우 내부 네트워크임을 뜻함
Flags	**라우팅 경로의 플래그** – U : 라우팅 정보가 유효함 – H : 목적지가 호스트 – G : 목적지로 가려면 게이트웨이 경유 필요 – D : 데몬 또는 ICMP 리다이렉트 메세지를 통해 설치된 상태 – M : 데몬 또는 ICMP 리다이렉트 메시지를 통해 수정된 상태
Metric	– 목적지 호스트나 네트워크까지 도달하기 위한 비용을 숫자로 환산한 특정 값을 의미 – 결국 라우터는 최적의 경로를 찾기 위해 Metric이 작은 값을 선택
Ref	경로를 참조한 횟수
Use	경로를 탐색한 횟수
Iface	목적지 네트워크나 호스트로 패킷을 내보낼 네트워크 인터페이스

④ 디폴트 게이트웨이 추가 및 삭제하기
- add 옵션을 사용하고 default gw 옵션을 사용하여 디폴트 게이트웨이를 추가한다.

```
# route add default gw 10.0.2.2 dev eth0
```

- del 옵션을 사용하여 디폴트 게이트웨이를 삭제한다.

```
# route del default gw 10.0.2.2
```

- 디폴트 게이트웨이를 추가한 후 라우팅 정보를 보면 Destination에 default가 설정되고 Flags에는 G 플래그가 설정됨을 확인할 수 있다.

⑤ 특정 네트워크에 대한 라우팅 정보 추가 및 삭제하기
- —net 옵션과 netmask 옵션을 사용하여 특정 네트워크를 목적지로 하는 라우팅 정보를 추가한다.

```
# sudo route add —net 10.0.2.128 netmask 255.255.255.128 gw 10.0.2.2 dev eth0
```

- del 옵션을 사용하여 디폴트 게이트웨이를 삭제한다.

```
# sudo route del —net 10.0.2.128 netmask 255.255.255.128 gw 10.0.2.2 dev eth0
```

⑥ 특정 호스트에 대한 라우팅 정보 추가 및 삭제하기

- −host 옵션을 사용하여 특정 호스트를 목적지로 하는 라우팅 정보를 추가한다.

```
# route add −host 10.0.2.50 dev eth0
```

- del 옵션과 −host 옵션을 사용하여 특정 호스트를 목적지로 하는 라우팅 정보를 삭제한다.

```
# sudo route del −host 10.0.2.50 dev eth0
```

- −host 옵션을 사용하여 라우팅 정보를 추가하면, Flags에 'H'가 표기됨을 확인할 수 있다.

4) arp

① 설명

- 이더넷 기반 IP 통신을 위해서는 호스트 주소를 랜카드의 HW 주소, 즉 MAC 주소로 변환하는 것이 필요하다.
- 호스트 주소에 대한 MAC 주소를 알아내기 위해 ARP 프로토콜을 사용하는데, 이때 알아낸 MAC 주소를 ARP 캐시에 저장한다.
- 이후 또다시 동일한 컴퓨터에 통신을 시도할 경우, 이미 ARP 캐시에 호스트 주소에 대한 MAC 주소가 보관되어 있기 때문에 다시 ARP 프로토콜을 수행할 필요가 없게 된다.

② 형식

```
arp [−a] [hostname]
arp −s hostname hwaddr
arp −d hostname
```

③ arp 캐시 보기

- 옵션 없이 arp 명령을 사용하면 ARP 캐시를 확인할 수 있다. −e 옵션을 사용하여도 동일한 결과를 얻을 수 있고 BSD 스타일로 표시된다.

```
$ arp
Address          HWtype  HWaddress         Flags Mask       Iface
10.0.2.2         ether   52:54:00:12:35:02  C                eth0
```

- −a 옵션을 사용하면 BSD 스타일이 아닌 리눅스 스타일로 ARP 캐시를 살펴볼 수 있다.

```
$ arp −a
? (10.0.2.2) at 52:54:00:12:35:02 [ether] on eth0
```

- −a 옵션에 IP 주소를 입력하여 특정 호스트의 MAC 주소를 확인할 수도 있다.

```
$ arp −a 10.0.2.2
```

④ arp 캐시에 정보 추가 및 삭제하기

- −s 옵션을 사용하여 ARP 캐시에 직접 IP 주소와 MAC 주소를 입력할 수 있다.

```
$ arp −s 10.0.2.3 11:22:33:44:55:66
```

- −d 옵션을 사용하여 ARP 캐시에서 특정 IP 주소의 정보를 삭제할 수 있다.

```
$ arp −d 10.0.2.3
```

⑤ 그 밖의 옵션

- −n 옵션은 출력 정보를 도메인 주소 대신에 IP 주소로 출력한다.
- −v 옵션은 관련 정보를 자세하게 출력한다.

03 네트워크 진단 명령어

1) ethtool

① 설명

- ethtool은 네트워크 인터페이스 카드(NICs)를 위한 유틸리티 또는 설정 도구이다.
- 네트워크 속도(Speed), 포트(Port), 자동 설정(Auto−negotiation)과 같은 네트워크 카드의 설정을 변경할 수 있다.

② 형식

```
ethtool [options] interface
```

③ 예제

- 네트워크 인터페이스의 정보를 본다.

```
$ ethtool ens33
```

- 네트워크 인터페이스의 디바이스 드라이버 정보를 본다.

```
$ ethtool −i eth0
driver: e1000
version: 7.3.21−k8−NAPI
firmware−version:
bus−info: 0000:00:03.0
supports−statistics: yes
supports−test: yes
supports−eeprom−access: yes
supports−register−dump: yes
supports−priv−flags: no
```

• 네트워크 인터페이스의 통계 정보를 본다.

```
# ethtool --statistics eth0
NIC statistics:
     rx_packets: 47
     tx_packets: 59
     rx_bytes: 7407
     tx_bytes: 5598
     rx_broadcast: 0
     tx_broadcast: 5
```

• 네트워크 인터페이스의 설정을 변경한다(아래 예제는 speed, duplex, autoneg의 값을 변경하고 있음).

```
# ethtool --change eth0 speed 100 duplex full autoneg off
```

2) ip

① 설명
• 시스템의 네트워크 인터페이스에 주소를 할당하거나 파라미터 설정 기능을 수행하는 ifconfig를 대체하는 명령어이다.

② 형식

```
ip [options] [command] [address] [dev interface]
```

③ 주요 옵션

route	라우팅 테이블에 항목을 추가하거나 삭제
addr	네트워크 인터페이스의 IP 정보를 출력
link	네트워크 인터페이스에 상태를 설정
neighbor	ARP 캐시를 관리

④ 네트워크 인터페이스의 정보 출력
• 모든 네트워크 인터페이스의 정보를 출력한다.

```
$ ip addr
또는
$ ip addr show
또는
$ ip addr list
```

⑤ IP 할당 및 제거

• 네트워크 인터페이스에 IP를 할당한다.

```
# ip addr add 192.168.100.100 dev eth0
```

• 네트워크 인터페이스에 IP와 넷마스크를 할당한다.

```
# ip addr add 192.168.100.100/255.255.255.0 dev eth0
또는
# ip addr add 192.168.100.100/24 dev eth0
```

• 네트워크 인터페이스에 브로드캐스트 주소를 할당한다.

```
# ip addr add broadcast 192.168.100.255 dev eth0
```

• 네트워크 인터페이스에서 IP 주소를 삭제한다.

```
# ip addr del 192.168.100.100/24 dev eth0
```

⑥ 네트워크인터페이스 상태 및 파라미터 변경

• 네트워크 인터페이스를 비활성화한다.

```
# ip link set dev eth0 down
```

• 네트워크 인터페이스를 활성화한다.

```
# ip link set dev eth0 up
```

• 네트워크 인터페이스의 MTU(Maximum Transfer Unit)를 변경한다.

```
# ip link set mtu 9000 dev eth0
```

⑦ 네트워크 인터페이스의 ARP 캐시 관리

• 네트워크 인터페이스의 ARP 캐시 정보를 출력한다.

```
$ ip neighbor show
```

• 네트워크 인터페이스의 ARP 캐시 정보를 추가한다.

```
# ip neighbor add 192.168.101.10 lladdr 11:22:33:44:55:66 dev eth0 nud perm
```

• 네트워크 인터페이스의 ARP 캐시 정보를 삭제한다.

```
# ip neighbor del 192.168.101.10 dev eth0
```

⑧ 라우팅 정보 관리

- 라우팅 정보를 출력한다.

```
$ ip route
또는
$ ip route list
```

- 라우팅 정보를 추가한다. 특정 IP 주소에 대한 라우팅 정보를 추가하려면 IP 주소를 명시하고 기본 게이트웨이를 지정하고 싶은 경우 default 키워드를 사용한다.

```
# ip route add 10.0.2.128/25 via 10.0.2.130 dev eth0
```

- 라우팅 정보를 삭제한다.

```
# ip route del 10.0.2.128/25
```

➕ 더 알기 TIP

ifconfig와 ip 비교

Old Command(Deprecated)	New Command
ifconfig −a	ip a
ifconfig enp6s0 down	ip link set enp6s0 down
ifconfig enp6s0 up	ip link set enp6s0 up
ifconfig enp6s0 192.168.2.24	ip addr add 192.168.2.24/24 dev enp6s0
ifconfig enp6s0 netmask 255.255.255.0	ip addr add 192.168.1.1/24 dev enp6s0
ifconfig enp6s0 mtu 9000	ip link set enp6s0 mtu 9000
ifconfig enp6s0:0 192.168.2.25	ip addr add 192.168.2.25/24 dev enp6s0
netstat	ss
netstat −tulpn	ss −tulpn
netstat −neopa	ss −neopa
netstat −g	ip maddr
route	ip r
route add −net 192.168.2.0 netmask 255.255.255.0 dev enp6s0	ip route add 192.168.2.0/24 dev enp6s0

route add default gw 192.168.2.254	ip route add default via 192.168.2.254
arp −a	ip neigh
arp −v	ip −s neigh
arp −s 192.168.2.33 1:2:3:4:5:6	ip neigh add 192.168.3.33 lladdr 1:2:3:4:5:6 dev enp6s0
arp −i enp6s0 −d 192.168.2.254	ip neigh del 192.168.2.254 dev wlp7s0

3) ping

① 설명

- ping은 ICMP(Internet Control Message Protocol)을 이용한 네트워크 상태 진단 도구이다.
- 원격의 호스트가 네트워크에 연결된 상태인지 확인하고 네트워크 지연시간도 측정할 수 있다.

② 형식

```
ping options hostname|address
```

③ 주요 옵션

- 호스트 이름이나 IP 주소만 입력하여도 ping을 보낼 수 있지만 다양한 옵션을 사용하여 ping 전송 횟수, ping 전송 간격, ping 데이터 크기 등을 설정할 수 있다.

−c, −−count	ping을 보낼 횟수(기본 값은 무제한)
−i, −−interval	ping을 보낼 시간 간격(기본값은 1초)
−s, −−size	ping을 보낼 데이터의 크기(최대 65507)
−f	• ping을 최대한 많이 보냄(flood ping) • −i 옵션을 지정하지 않는다면 0 값으로 기본 설정되며, 가능한 한 많은 ping 요청을 전송
−w, −−seconds	ping 시작 후 몇 초 뒤에 실행을 멈출지 결정
−I, −−interface	네트워크 인터페이스가 다수일 경우 ping을 보낼 인터페이스를 지정함

④ ping 전송하기

- −c 옵션을 사용하여 ping을 10번 보낼 때마다 −s 옵션으로 설정한 데이터를 1,000byte씩 보낸다. −i 옵션을 통해 0.2초(200ms)나 8.8.8.8 주소로 ping을 전송한다.

```
$ ping -c 10 -s 1000 -i 0.2  8.8.8.8

PING 8.8.8.8 (8.8.8.8) 1000(1028) bytes of data.

76 bytes from 8.8.8.8: icmp_seq=1 ttl=53 (truncated)

76 bytes from 8.8.8.8: icmp_seq=2 ttl=53 (truncated)

76 bytes from 8.8.8.8: icmp_seq=3 ttl=53 (truncated)

76 bytes from 8.8.8.8: icmp_seq=4 ttl=53 (truncated)

76 bytes from 8.8.8.8: icmp_seq=5 ttl=53 (truncated)

76 bytes from 8.8.8.8: icmp_seq=6 ttl=53 (truncated)

76 bytes from 8.8.8.8: icmp_seq=7 ttl=53 (truncated)

76 bytes from 8.8.8.8: icmp_seq=8 ttl=53 (truncated)

76 bytes from 8.8.8.8: icmp_seq=9 ttl=53 (truncated)

76 bytes from 8.8.8.8: icmp_seq=10 ttl=53 (truncated)


--- 8.8.8.8 ping statistics ---

10 packets transmitted, 10 received, 0% packet loss, time 1846ms

rtt min/avg/max/mdev = 34.422/34.992/37.421/0.858 ms
```

⑤ 정한 시간 동안 ping하기

• -w 옵션을 사용하여 8.8.8.8 주소로 3초간 ping을 수행한다.

```
$ ping -w 3 8.8.8.8

PING 8.8.8.8 (8.8.8.8) 56(84) bytes of data.

64 bytes from 8.8.8.8: icmp_seq=1 ttl=53 time=34.3 ms

64 bytes from 8.8.8.8: icmp_seq=2 ttl=53 time=35.7 ms

64 bytes from 8.8.8.8: icmp_seq=3 ttl=53 time=136 ms


--- 8.8.8.8 ping statistics ---

3 packets transmitted, 3 received, 0% packet loss, time 3000ms

rtt min/avg/max/mdev = 34.341/68.806/136.368/47.777 ms
```

• icmp_seq를 통하여 ping 순서를 알 수 있고, TTL(Time To Live)을 통하여 라우터를 얼마나 거쳤는지 알 수 있다.

• time은 응답시간을 의미한다. 이 시간이 짧을수록 네트워크 상태가 좋거나 거리가 가깝다는 의미이다.

더 알기 TIP

TTL(Time To Live)값의 의미

- ping을 전송하면 ICMP 패킷이 여러 라우터를 거쳐 상대방이 도달할 것이다. 이때마다 TTL값이 하나씩 감소한다. 가령 TTL 기본 값이 64인 시스템에서 ping을 전송했을 때 TTL이 53이라면 11개의 라우터를 거쳤다는 의미가 된다.
- TTL은 OS마다 기본값이 다르다. 가령 윈도우의 경우 128이고 리눅스는 64이다. 기본값은 아래와 같은 명령어로 변경도 가능하다.

```
# sysctl net.ipv4.ip_default_ttl=129

또는

# echo 129 | tee /proc/sys/net/ipv4/ip_default_ttl
```

4) netstat

① 설명

- 네트워크 연결, 라우팅 테이블, 인터페이스의 통계 정보, 마스커레이드 연결, 멀티캐스트 멤버십 등 다양한 네트워크 정보를 출력한다.

② 형식

```
netstat options
```

③ 주요 옵션

- 옵션 지정 시 첫 번째 옵션은 다음과 같다.

옵션 지정 안 함	열려 있는 소켓의 모든 정보를 출력
-r, --route	라우팅 테이블을 조회
-g, --groups	IPv4와 IPv6를 위한 멀티캐스트 그룹 멤버십 정보를 조회
-i, --interfaces	모든 네트워크 인터페이스에 대한 정보를 출력
-M, --masquerade	마스커레이드 연결의 정보를 출력
-s, --statistics	각 프로토콜의 통계 정보를 출력

• 첫 번째 옵션 지정 후 그 다음은 아래의 옵션들이 올 수 있다.

−v, −−verbose	풍부한 정보를 제공
−n, −−numeric	심볼릭 호스트, 사용자, 포트 대신 숫자로 표기
−A, protocol=family	• 주소 패밀리(Address Family)를 지정 • inet, inet6, ax25(AMR AX.25), netrom(AMPRNET/ROM), ipx(Novell IPX), d에 (appletalk DDP), x25(CCITT X.25)를 지정 가능 • inet은 raw와 udp 그리고 tcp 프로토콜의 소켓을 포함
−c, −−continuous	매초 계속적으로 정보를 출력
−p, −−program	소켓과 연관된 프로그램 이름과 프로세스 아이디(PID)를 출력
−l, −−listening	Listen 소켓에 대한 정보를 출력
−a, −−all	Listen 소켓과 Listen 소켓이 아닌 경우 모두 정보를 출력
−t	TCP 소켓의 정보를 출력
−u	UDP 소켓의 정보를 출력
−g	멀티캐스트 그룹 멤버십의 정보를 출력

④ 연결되어 있는 모든 소켓 정보 출력하기

• −a 옵션을 통해 연결되어 있는 모든 소켓 정보를 출력하고 −n 옵션을 통해 호스트명이나 포트명과 같은 심볼릭 이름을 사용하지 않고 숫자로 출력한다.

```
$ netstat −an
```

⑤ 라우팅 정보 출력하기

• −r 옵션을 사용하여 라우팅 정보를 출력한다.

```
$ netstat −rn
Kernel IP routing table
Destination    Gateway      Genmask        Flags   MSS Window   irtt Iface
10.0.2.0       0.0.0.0      255.255.255.0  U       0 0          0 eth0
0.0.0.0        10.0.2.2     0.0.0.0        UG      0 0          0 eth0
```

⑥ 특정 주소 패밀리(Address Family)에 대한 정보만 출력하기

• −−inet 또는 −A inet 옵션을 통하여 IPv4 관련 정보를 출력한다.

```
$ netstat −A inet
```

• −−inet6 또는 −A inet6 옵션을 통하여 IPv6 관련 정보를 출력한다.

```
$ netstat −A inet6
```

netstat의 소켓 상태(State) 자세히 살펴보기

- netstat 명령을 입력하면 가장 끝 열에 State 정보를 볼 수 있다. 이 State는 소켓의 연결 상태를 보여 주는 것인데, 클라이언트의 연결을 기다리는 중이라면 LISTEN 상태가 되고, 클라이언트와 연결이 완료되었다면 ESTABLISHED가 표시된다.

Active Internet connections (servers and established)

Proto	Recv-Q Send-Q	Local Address	Foreign Address	State
tcp	0	0 0.0.0.0:111	0.0.0.0:*	LISTEN
tcp	0	0 0.0.0.0:6000	0.0.0.0:*	LISTEN
tcp	0	0 0.0.0.0:22	0.0.0.0:*	LISTEN
tcp	0	0 127.0.0.1:631	0.0.0.0:*	LISTEN

- State의 의미는 연결과 연결 종료 시의 각 소켓의 상태를 의미한다. 3-way Handshake 시 State 변화에 대해 알아보자. 서버는 LISTEN 상태에서 클라이언트가 SYN 패킷을 보내면 클라이언트는 SYN_SENT 상태가 된다. 서버가 SYN을 받았다면 SYN_RECEIVED 상태가 된다. 서버가 SYN과 ACK 패킷을 클라이언트에게 전달하면 클라이언트는 ESTABLISHED 상태가 된다. 클라이언트는 다시 ACK 패킷을 서버에게 보내면 서버도 비로소 ESTABLISHED 상태가 된다.

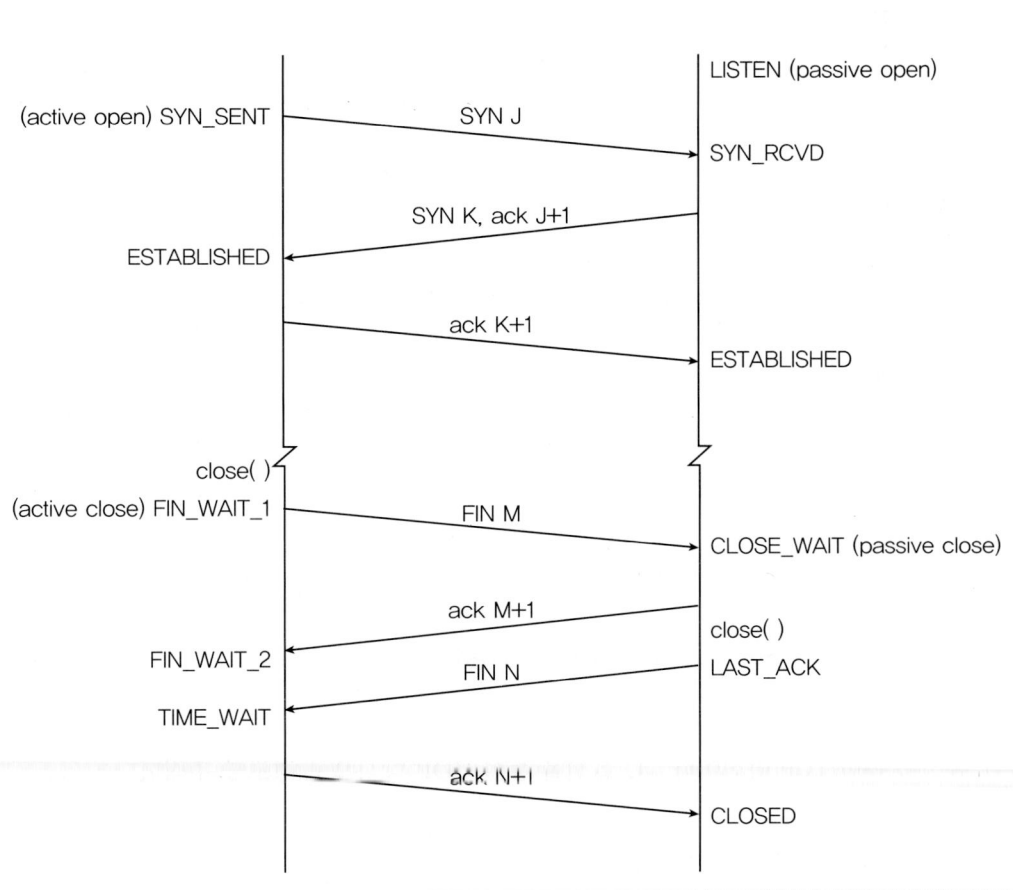

5) traceroute

① 설명

- 네트워크의 장애 분석을 위하여 패킷이 어떤 경로로 전송되는지 추적하기 위한 명령어이다.

② 형식

traceroute hostname | address

③ 특정 사이트에 어떤 경로로 패킷이 전달되는지 추적하기

- www.google.com에 대한 라우팅 과정을 출력한다.

```
$ traceroute www.google.com
```

- 8.8.8.8에 대한 라우팅 과정을 출력한다.

```
$ traceroute 8.8.8.8
```

④ 다양한 방식을 통해 경로 추적하기

- −I 옵션을 사용해 icmp 방식으로 경로를 추적한다.

```
# traceroute −I www.google.com
[sudo] password for francis:
traceroute to www.google.com (216.58.197.228), 30 hops max, 60 byte packets
 1  10.0.2.2 (10.0.2.2)  0.191 ms  0.129 ms  0.191 ms
 2  * * *
 3  100.71.26.129 (100.71.26.129)  3.765 ms * *
 4  * * *
 5  * 10.222.18.134 (10.222.18.134)  8.259 ms *
 6  * 10.222.19.65 (10.222.19.65)  7.107 ms *
 7  * * 10.222.14.131 (10.222.14.131)  6.093 ms
 8  10.222.6.59 (10.222.6.59)  3.280 ms  3.215 ms  3.215 ms
 9  74.125.51.146 (74.125.51.146)  35.854 ms *  37.609 ms
10  108.170.242.161 (108.170.242.161)  49.609 ms  43.124 ms  40.213 ms
11  72.14.237.223 (72.14.237.223)  41.743 ms  36.677 ms  45.758 ms
12  nrt13s49−in−f228.1e100.net (216.58.197.228)  85.022 ms *  35.437 ms
```

- −T 옵션을 통한 TCP 방식이나 −U 옵션을 통한 UDP 방식으로 경로를 추적한다.

```
# traceroute −T 8.8.8.8
또는
# traceroute −U 8.8.8.8
```

6) mii-tool

① 설명

- mii-tool(Media Independent Interface Tool)은 네트워크 인터페이스의 연결 상태를 확인하고, 설정을 변경하는 데 사용하는 도구이다.

② 형식

```
mii-tool [option] interface
```

③ 네트워크 인터페이스 정보 출력

- -v 옵션을 사용하여 네트워크 인터페이스의 상세 정보를 출력한다.

```
# mii-tool -v eth0
[sudo] password for francis:
eth0: no autonegotiation, 100baseTx-FD, link ok
  product info: vendor 00:50:43, model 2 rev 4
  basic mode:    autonegotiation enabled
  basic status: autonegotiation complete, link ok
  capabilities: 100baseTx-FD 100baseTx-HD 10baseT-FD 10baseT-HD
  advertising:  100baseTx-FD 100baseTx-HD 10baseT-FD 10baseT-HD flow-control
  link partner: 100baseTx-FD 100baseTx-HD 10baseT-FD 10baseT-HD
```

④ 네트워크 인터페이스 정보 출력

- -r 옵션을 사용하여 네트워크 인터페이스를 재시작한다.

```
# mii-tool -r eth0
restarting autonegotiation...
```

⑤ 네트워크 인터페이스 설정 변경

- -F 옵션 또는 --force 옵션을 사용하여 네트워크 인터페이스의 정보를 강제로 변경한다.

```
# mii-tool -v -F 100baseTx-FD eth0
```

7) ss

① 설명

- 소켓에 대한 정보를 제공해 주는 도구이다.

② 형식

```
ss [options] [filter]
```

③ 옵션

- n, -- numeric	서비스 이름 대신 숫자로 표기
- r, -- resolve	숫자 형태의 IP 주소나 포트를 이름으로 표기
- a, -- all	모든 소켓의 정보를 출력
- l, -- listening	Listen 소켓의 정보를 출력
- o, -- options	타이머의 정보를 출력
- e, -- extended	확장된 소켓 정보를 출력
- m, -- memory	소켓 메모리 사용량을 출력
- p, -- processes	소켓을 사용하고 있는 프로세스를 출력
- i, -- info	내부 TCP 정보를 출력
- s, -- summary	소켓의 요약 정보를 출력
- 4, -- ipv4	IPv4 소켓 정보만 출력
- 6, -- ipv6	IPv6 소켓 정보만 출력
- 0, -- packet	PACKET 소켓 정보를 출력
- t, -- tcp	오직 tcp 소켓 정보만 출력
- u, -- udp	오직 udp 소켓 정보만 출력
- f, -- family, -- FAMILY	해당하는 주소 패밀리의 소켓만 출력

④ 주요 예제

• 현재 연결된 소켓 정보를 출력한다.

```
$ ss
```

• 모든 소켓 정보를 출력한다. 예를 들면 listen 소켓은 기본으로 출력하지 않는다. -a 옵션은
listen 소켓을 포함할 모든 정보를 출력한다.

```
$ ss -a
```

• listen 소켓의 정보를 출력한다.

```
$ ss -l
```

• TCP 소켓의 정보를 출력한다.

```
$ ss -t
```

- 특정 상태의 소켓만 출력한다. 아래 예제는 established 상태의 소켓만 출력하고 있다.

```
$ ss -t state established
```

- 필터링 기능을 제공한다. 아래는 송신지 포트 500과 같거나 작은 소켓만 출력한다.

```
$ ss -ltn sport le 500
```

04 DNS 명령어

1) nslookup

① 설명

- 네임 서버의 정보를 조회하거나 IP를 통해 도메인명을 질의할 수 있는 명령어이다.

② 형식

```
nslookup [option] hostname|address [dns]
```

③ 대화형으로 네임 서버 질의하기

- 옵션 없이 nslookup을 입력하면 '>' 표시가 나타나며 사용자의 입력을 기다린다. 원하는 도메인 주소를 입력하고 Enter를 누르면 네임 서버의 정보가 출력된다.

```
$ nslookup
> www.google.com
Server:          192.168.100.151
Address:   192.168.100.151#53


Non-authoritative answer:
Name:    www.google.com
Address: 172.217.25.68
```

- exit를 입력하면 대화모드를 종료할 수 있다.

④ 옵션으로 네임 서버 질의하기

- 옵션으로 도메인명을 입력하면 된다.

```
$ nslookup www.google.com
```

- 옵션으로 IP 주소를 입력하면 된다.

```
$ nslookup 8.8.8.8
```

⑤ DNS 중 MX(Mail Record) 조회하기

- google.com의 메일 서버 설정에 대한 정보를 조회한다.

```
$ nslookup -type=mx google.com
```

⑥ CNAME과 NS 레코드 조회하기

- CNAME을 조회한다.

```
$ nslookup -q=cname example.com
```

- NS 레코드를 조회한다.

```
$ nslookup -type=ns google.com
```

⑦ 조회할 네임 서버를 변경하기 위해서는 마지막 옵션에 DNS 서버의 주소를 입력한다.

```
$ nslookup redhat.com 8.8.8.8
Server:          8.8.8.8
Address:   8.8.8.8#53


Non-authoritative answer:
Name:    redhat.com
Address: 209.132.183.105
```

2) dig

① 설명

- nslookup과 기능적으로는 큰 차이가 없다. 다만 사용이 간결하고 출력이 풍부하며 셸 스크립트에서 사용하기 용이하다.

② 형식

```
dig [@nameserver] hostname|address [querytype]
```

③ dig을 통해 다양한 정보 조회하기

- www.google.com의 IP 주소 조회하기

```
$ dig www.google.com
```

- www.google.com의 메일 서버 정보 조회하기

```
$ dig www.google.com MX
```

• www.google.com의 네임 서버 정보를 조회한다.

```
$ dig -t ns www.google.com
```

• 지정한 네임 서버를 통해 질의한다.

```
$ dig @8.8.8.8 www.google.com
```

3) host

① 설명

• 네임 서버에 질의하여 호스트의 정보를 얻을 수 있는 가장 간단한 도구이다.

② 형식

```
host [option] hostname
```

③ 주요 옵션

-t, --type	• 지정한 type의 정보를 얻음 – A : 호스트 IP 주소 – NS : 검색한 호스트의 네임 서버 호스트명 – MX : 메일 서버 – ANY : 타입의 모든 정보
-v	자세한 정보 출력
-a	-v -t ANY와 동일

④ 주요 예제

• 호스트의 IP 주소를 출력한다.

```
$ host www.google.com
www.google.com has address 172.217.26.4
www.google.com has IPv6 address 2404:6800:4004:809::2004
```

• 호스트의 상세 정보(Verbose)를 조회한다.

```
$ host -v www.google.com
```

• 호스트의 NS 레코드를 조회한다.

```
$ host -t NS www.google.com
```

4) hostname

① 설명
- 시스템의 호스트 이름을 조회하거나 설정할 때 사용하는 도구이다.

② 형식

```
hostname [option] [hostname]
```

③ 주요 옵션

-a	호스트명에 대한 별칭(Alias)을 출력
-d	도메인명을 출력
-f	완전한 FQDN을 출력
-i	호스트의 IP 주소를 출력
-s	FQDN 정보에서 첫 번째 점까지의 정보만 출력
-v	호스트 설정이나 호스트명을 자세히 출력

④ 주요 예제
- 호스트명을 출력한다.

```
$ hostname
localhost.localdomain
```

- 호스트의 FQDN을 조회한다.

```
$ hostname -f
localhost
```

- 호스트명을 변경한다.

```
# hostname francis.localdomain
```

- 호스트의 IP 주소를 출력한다.

```
$ hostname -i
127.0.0.1 127.0.0.1
```

5) hostnamectl

① 설명

- 리눅스의 호스트이름을 변경하기 위해 systemd가 제공하는 명령어이다. 이 명령어를 사용하면/etc/hostname 파일을 직접 수정할 필요가 없어 편리하다.

② 형식

```
hostnamectl [OPTIONS...] COMMAND ....
```

- COMMAND에는 status, set-hostname, set-icon-name, set-chassis 등이 올 수 있다.
  - status : 현재 호스트 이름 설정 확인
  - set-hostname : 지정한 호스트 이름으로 변경
  - seticon-name : 호스트를 위한 아이콘 이름 설정
  - set-chassis : 호스트를 위한 섀시 이름 설정

③ 예제

- 현재 호스트명을 출력한다. hostnamectl status라고 입력해도 된다.

```
Static hostname: localhost.localdomain
        Icon name: computer-vm
          Chassis: vm
       Machine ID: 1335b3e1682b465cabe40d25e8a21141
          Boot ID: bd8bf6d089c6407eb43abd0a0c8e93ef
   Virtualization: vmware
 Operating System: Rocky Linux 8.8 (Green Obsidian)
     CPE OS Name: cpe:/o:rocky:rocky:8:GA
           Kernel: Linux 4.18.0-477.10.1.el8_8.x86_64
     Architecture: x86-64
```

- 지정한 호스트명으로 설정한다.

```
# hostnamectl set-hostname francis.localdomain
```

05 네트워크 응용 프로그램

1) telnet

① 설명

- telnet 프로토콜 기반 대화형 통신을 위한 텔넷 서버에 접속하기 위한 명령어이다.

② 형식

```
telnet [options] addresss
```

③ 주요 예제

- mysite.com에 텔넷 접속을 수행한다.

```
telnet mysite.com
```

- 192.168.100.80에 텔넷 접속을 수행한다.

```
telnet 192.168.100.80
```

- mysite.com의 6666 포트를 통해 텔넷 접속을 수행한다. -l 옵션을 통해 사용자 계정을 my-username으로 설정하였다.

```
telnet -l myusername mysite.com 6666
```

- 대화형으로 텔넷 접속을 한다.

```
$ telnet
telnet> open mysite.com
```

2) ftp

① 설명

- 파일 전송을 위한 FTP 서버에 접속하기 위한 명령이다.
- 해당 명령어로 FTP서버에 파일을 업로드하거나 다운로드할 수 있다.

② 형식

```
ftp hostname | addres
```

③ 예제

- IP 주소를 통해 ftp 서버에 접속한다.

```
$ ftp 192.168.100.77
```

- 호스트 이름을 통해 ftp 서버에 접속한다.

```
$ ftp ftp.my.com
```

01 다음 중 OSI 7 계층의 상위 계층부터 하위 계층 순으로 사용하는 전송 단위를 바르게 나열한 것은?

① 비트-프레임-패킷-세그먼트-메시지
② 비트-프레임-세그먼트-패킷-메시지
③ 메시지-세그먼트-패킷-프레임-비트
④ 메시지-패킷-세그먼트-프레임-비트

· 물리 계층은 비트(bit) 단위, 데이터 링크 계층은 프레임(Frame) 단위, 네트워크 계층은 패킷(Packet) 단위, 전송 계층은 세그먼트 단위, 세션/프리젠테이션/응용 계층은 메시지(Message)를 전송 단위로 사용한다.
· 하위 계층에서 상위 계층으로 전달될 때마다 각 계층을 위한 헤더가 추가되며 이를 캡슐화(Encapsulation)라고 한다.

02 다음 중 리눅스 시스템에 설정된 게이트웨이의 주소 값을 확인하는 명령으로 틀린 것은?

① ip
② route
③ arp
④ netstat

arp는 IP 주소를 MAC 주소로 변환하는 명령어이다.

03 다음 설명과 같을 때 설정하는 서브넷마스크 값으로 가장 알맞은 것은?

> C 클래스에 속한 1개의 네트워크를 할당받은 상태이다. 이 네트워크 대역을 사용하는 부서가 8곳이라 8개의 서브넷을 구성하려고 한다.

① 255.255.255.8
② 255.255.255.64
③ 255.255.255.192
④ 255.255.255.224

C 클래스 네트워크 대역이므로 255.255.255.0이 기본 서브넷마스크가 되는데, 이를 비트로 표시하면 11111111.11111111.11111111.00000000이 된다. 여기서 8개의 서브넷을 구성한다고 하였으므로, 마지막 값이 11100000이 되어 255.255.255.224가 서브넷마스크가 된다.

04 다음 설명에 해당하는 네트워크 관련 파일로 알맞은 것은?

> 시스템 전체에 네트워크 연결 허용 여부, 호스트명, 기본 게이트웨이 주소를 설정하기 위한 파일이다.

① /etc/hosts
② /etc/resolv.conf
③ /etc/sysconfig/network
④ /etc/sysconfig/network-scripts

시스템 전체에 적용할 기본 게이트웨이 주소, 호스트명, 네트워크 연결 허용 여부, 게이트웨이 장치 파일 설정, NIS 도메인 이름을 설정하는 네트워크 환경설정 파일이다.

05 다음 설명에 해당하는 관련 기구로 알맞은 것은?

> 이기종 시스템 간 상호 통신을 위하여 컴퓨터 네트워크 프로토콜 디자인과 통신 계층으로 나눠 설명한 네트워크 참조 모델이다.

① ISO
② EIA
③ IEEE
④ ICANN

OSI 참조모델에 대한 설명이며 국제표준화기구(ISO)에서 개발하였다.

06 다음 (   ) 안에 들어갈 내용으로 알맞은 것은?

> B 클래스 주소 대역 하나를 할당받아 서브넷 마스크를 255.255.192.0으로 설정하였다. 이 경우 생성되는 서브네트워크의 개수는 (㉠)이다. 또한 인터넷 연결이 가능한 구성을 기준으로 할 때, 하나의 서브네트워크당 사용 가능한 IP 주소 수는 (㉡)이다.

① ㉠ 2 ㉡ $2^{16}-2$
② ㉠ 2 ㉡ $2^{16}-3$
③ ㉠ 4 ㉡ $2^{14}-2$
④ ㉠ 4 ㉡ $2^{14}-3$

- 서브넷마스크 값인 255.255.192.0를 이진수 형식으로 표현하면 11111111.11111111.11000000.00000000가 되며, 각 2^{14}개의 IP 주소로 이루어진 4개의 서브네트워크로 구성된다.
- 전체 2^{14}개의 IP 주소 중 첫 번째는 네트워크 주소, 마지막은 브로드캐스트 주소로 예약된다. 문제에서 인터넷 연결이 가능한 구성이라고 했으므로, 게이트웨이 주소로 1개를 추가로 제외해야 한다. 따라서 실제로 사용할 수 있는 IP 주소는 $2^{14}-3$개이다.

07 다음 설명에 해당하는 LAN 구성 방식으로 알맞은 것은?

> 단일 회선(Bus)에 사용자 노드가 T자 모양으로 연결하고 회선의 끝에는 종단기(Terminator)를 달아 신호의 반사를 방지하는 네트워크 구조이다. 한 시점에 하나의 사용자 노드만 회선을 점유할 수 있도록 CDMA/CD나 토큰 패싱(Token Passing)과 같은 전송 방식을 사용한다.

① 망형
② 링형
③ 버스형
④ 스타형

버스형은 각 네트워크 장비가 하나의 전송 라인(Bus)을 공유하는 네트워크 구성 방식이다.

08 다음 설명에 해당하는 OSI 7 계층으로 알맞은 것은?

> 양 끝단 간 신뢰성 있는 데이터 전송을 수행한다. TCP, UDP와 같은 프로토콜과 게이트웨이 등의 장비가 있다.

① 네트워크 계층
② 전송 계층
③ 세션 계층
④ 표현 계층

전송(Transport) 계층은 종단 간 데이터 전송을 위한 제어와 에러를 관리한다. TCP, UDP 등의 프로토콜과 게이트웨이(Gateway) 장비가 포함되고 TCP는 세그먼트(Segment), UDP는 데이터그램(Datagram) 단위로 데이터를 전송한다.

09 다음 중 설정된 IP 주소를 확인하는 명령으로 알맞은 것은?

① ip addr show
② ip show addr
③ ip show
④ ip list

리눅스에서 네트워크 장치의 정보와 IP 주소를 확인할 수 있는 명령어는 ip addr show와 ifconfig가 있다.

10 다음 중 OSI 7 LAYER의 애플리케이션 계층과 거리가 먼 것은?

① HTTP
② FTP
③ TCP
④ SNMP

TCP는 전송 계층과 연관이 있다.

11 다음에서 설명하는 장치의 이름으로 가장 알맞은 것은?

> 각기 독립된 네트워크를 서로 연결하고 송신측의 패킷을 목적지까지 전달하기 위해 가장 효과적인 경로를 찾아 데이터를 포워딩하는 네트워크 장치

① Repeater
② Bridge
③ Gateway
④ Router

라우터는 여러 개 네트워크 인터페이스를 갖고 있어 각 목적지에 따라 최적의 경로로 패킷을 전송하는 네트워크 장치이다.

12 route 명령의 실행 결과가 다음과 같을 때 169.254.0.0/16 대역의 라우팅 테이블을 삭제하려고 한다. (   ) 안에 들어갈 내용으로 알맞은 것은?

```
[ihd@www ~]$ route -n
Kernel IP routing table
Destination   Gateway       Genmask        Flags Metric Ref Use Iface
192.168.159.0 0.0.0.0       255.255.255.0  U     1      0   0   eth0
169.254.0.0   *             255.255.0.0    U     0      0   0   eth0
0.0.0.0       192.168.159.2 0.0.0.0        UG    0      0   0   eth0
[ihd@www ~]$ cat << __EOF__ >> /etc/sys-
config/network
> (            )
> __EOF__
```

① NOZEROCONF=no
② NOZEROCONF=yes
③ ZEROCONF=no
④ ZEROCONF=yes

Zero Configuration Networking 서브넷을 제거하려면, /etc/sysconfig/network 설정 파일에 NOZEROCONF=yes를 추가한 후 네트워킹 서비스를 재시작한다.
단, systemd를 탑재한 레드햇 계열의 7 버전 이상에서는 "NOZEROCONF" 항목이 더이상 유효하지 않다. 대신, Zero Configuration Networking을 수행하는 avahi-daemon을 비활성화하는 방법을 사용할 수 있다. 아래 명령어를 통해 avahi-daemon을 중지하고, 시스템 리부팅 후에도 자동으로 시작되지 않도록 설정할 수 있다.
- sudo systemctl stop avahi-daemon
- sudo systemctl disable avahi-daemon

13 다음 (   ) 안에 들어갈 내용으로 알맞은 것은?

> (   )(은)는 루프백(Loopback) 주소라고도 하며, 보통 localhost로 정의되어 프로세스 간 데이터 통신 혹은 테스트 서버 구동 등에 사용한다.

① 127.0.0.0
② 169.254.0.0
③ 127.0.0.1
④ 0.0.0.0

127.0.0.1은 루프백 주소이다. 0.0.0.0은 BOOTP 서버에 초기 요청을 보낼 때 자체 IP 주소를 모를 때 사용하는 IP 주소이다.

14 다음은 nslookup 명령어 결과이다. www. ihd.or.kr 도메인에 대한 HOST IP를 출력하기 위해 수정해야 할 파일로 알맞은 것은?

> [ihd@www ~]$ nslookup www.ihd.or.kr
> ;; connection timed out; trying next origin
> ;; connection timed out; no servers could be reached

① /etc/dnsmasq.conf
② /etc/host.conf
③ /etc/hosts
④ /etc/resolv.conf

지문의 nslookup 명령어의 결과를 보면 DNS를 쿼리하기 위한 네임 서버에 접속하지 못하고 있다. 따라서, 네임 서버를 지정하는 설정 파일인 /etc/resolv.conf 파일을 수정한다.

15 다음에서 설명하는 OSI 7 계층에 해당하는 프로토콜로 알맞은 것은?

> • 전송 계층에서 받은 패킷을 목적지까지 효율적으로 전달하는 역할을 한다.
> • 라우팅, 흐름 제어, 세그멘테이션, 오류 제어 등의 역할을 수행한다.
> • 이 계층에서 동작하는 장치에는 라우터(Router)가 있다.

① TCP
② AFP
③ FTP
④ ICMP

네트워크 계층에 대한 설명으로 IP, ICMP, ARP 등의 프로토콜이 이에 해당한다.

16 다음 중 ( ) 안에 들어갈 내용으로 알맞은 것은?

> 각각의 응용 프로그램은 할당된 포트를 이용해 통신할 데이터를 주고받는다. 포트는 번호로 관리되고, 0번부터 (㉠)번까지는 잘 알려진 포트(Well-known Port)라 하여 주로 시스템에서 사용하고 있다. 리눅스에서는 (㉡) 파일에서 주요 포트 번호를 확인할 수 있다.

① ㉠ 128   ㉡ /etc/protocols
② ㉠ 1024   ㉡ /etc/protocols
③ ㉠ 65536   ㉡ /etc/services
④ ㉠ 1023   ㉡ /etc/services

잘 알려진 포트(Well-known Port)는 0번~1023번까지의 번호로 HTTP(80), TELNET(23)과 같은 주요 프로토콜에 할당되어 있다.

17 다음과 같은 조건일 때 최대로 사용 가능한 호스트 IP 주소 개수로 알맞은 것은?

> • C클래스 IP 주소 대역을 사용한다.
> • 넷마스크 값은 255.255.255.0이다.
> • 인터넷에 연결시키려 한다.

① 252
② 253
③ 254
④ 256

C클래스 대역은 총 256개의 IP 주소를 가지며 그 중 예약된 네크워크 주소, 게이트웨이 주소, 브로드캐스트 주소를 제외하면 총 253개의 호스트 IP 주소를 사용할 수 있다.

18 네트워크 장애 발생으로 통신 여부를 확인하기 위해 특정 호스트까지 패킷이 도달하는지 여부와 서버의 응답 시간 등을 확인할 수 있는 진단 도구는?

① ping
② route
③ nslookup
④ traceroute

ping은 ICMP 프로토콜을 사용하여 네트워크를 진단할 수 있는 명령어이다.

19 다음 OSI 7 계층 중 응용 계층에 해당하는 프로토콜과 포트번호 조합으로 틀린 것은?

① Telnet : 20
② SSH : 22
③ POP3 : 110
④ FTP : 21

Telnet의 프로토콜 번호는 23번이다. Telnet, SSH, POP3, FTP 모두 응용 계층에 해당한다.

20 다음 중 netstat의 state 결과 값에 대한 설명으로 틀린 것은?

① LISTEN : 서버로 들어오는 패킷을 위해 소켓을 열고 기다리는 상태
② CLOSE-WAIT : 원격 호스트가 종료되고 소켓도 종료된 상태
③ ESTABLISHED : 3way-handshaking이 완료 후 서버와 클라이언트가 서로 연결된 상태
④ TIME-WAIT : TCP 프로토콜의 연결 종료 과정에서 마지막 FIN 신호에 대한 ACK 전달 후 최종 Close까지 2MSL(Maximum Segment Life Time) 동안 대기하는 상태

CLOSE-WAIT는 원격 호스트가 종료되어 소켓이 종료되기를 기다리는 상태이다.

02

리눅스 시스템 관리

파트 소개

파트 02는 리눅스 시스템을 안정적으로 운영하기 위한 핵심 관리 기능을 다룬다. 사용자 · 파일시스템 · 프로세스 · 패키지 관리부터 장치 관리, 보안, 백업까지 실무 운영에 필요한 요소를 하나의 흐름으로 정리하는 것이 핵심이다. 특히 계정 구조, 권한, 서비스 동작, 장치 인식, 보안 정책과 로그 분석은 시험 출제 비중이 높아 체계적 이해가 필요하다. 전체적으로 "시스템이 어떻게 구성되고 보호되는가"를 압축적으로 이해하는 파트이다.

일반 운영 관리

학습 방향

이 챕터는 "패키지 관리 방식의 공통 구조를 파악하고, 설치·업데이트·질의·압축의 핵심 명령을 정확히 익히는 것"이 핵심이다. 패키지 관리는 배포판마다 달라 보이지만 구조는 대부분 유사하다. 그래서 레드햇(RPM·YUM·DNF)과 데비안(DPKG·APT)의 기본 틀만 잡으면 전체 흐름을 쉽게 정리할 수 있다. 소스코드 컴파일은 configure−make−install이라는 동일한 절차를 따르고, 아카이브·압축 도구도 tar를 중심으로 gzip·bzip2·xz 방식만 비교하면 된다.

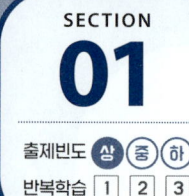

사용자 관리

▶합격강의

빈출 태그 ▶ root, UID, useradd, passwd, su, usermod, /etc/passwd, /etc/shadow,
/etc/group, login.defs

01 사용자의 분류

1) 사용자의 종류

① 리눅스의 사용자

- 루트(Root) 계정 : 시스템에 대한 모든 권한을 가진 특별한 사용자
- 시스템 계정 : 리눅스 설치 시, 기본적으로 생성되는 계정으로 역할별로 제한적인 권한을 가짐
- 사용자 계정 : 사용자 계정은 실제 리눅스 사용자를 위한 계정

② 계정 분류의 목적과 필요성

- 보안 강화 : 루트 권한을 최소화하고 시스템 계정 · 사용자 계정을 분리하여 서비스별 권한을 제한
- 자원 및 역할 관리 : 시스템 데몬, 서비스, 일반 사용자의 작업 환경을 계정별로 분리해 충돌을 방지
- 운영 안정성 확보 : 서비스용 계정이 독립적으로 동작해 서비스 장애가 사용자 환경에 영향을 주지 않도록 함
- 사용자 환경 분리 : 사용자별 홈 디렉터리 · 설정 · 권한을 분리해 관리 편의성과 보안성을 동시에 확보

02 루트(root) 계정 관리

1) 루트(root) 계정 설명

① 설명

- 시스템 접근에 대한 제한을 받지 않고 완전한 권한을 갖는 사용자로서, 슈퍼유저(Superuser)라고도 불린다.
- 루트 계정은 제한 없이 어떤 명령어이든 사용할 수 있다.
- 보통 누구나 루트 계정을 갖는 것은 아니고, 해당 시스템의 대표 관리자가 루트 계정을 보유한다.

② UID

- 루트 계정의 UID는 0이다.

2) 루트 계정 권한 획득 방법

① root 사용자로 로그인

- 기본적으로 root 사용자는 로그인할 수 없도록 설정되어 있다. 아래와 같이 root의 패스워드를 설정하여 root로 로그인할 수 있다.

```
$ sudo passwd root
[sudo] password for francis:
Changing password for user root.
New password:
Retype new password:
passwd: all authentication tokens updated successfully.
```

- su 명령어를 사용하여 root 사용자로 전환하여 로그인할 수 있다. su 명령어만 사용하면 root로 로그인만 되지만 su −를 사용하면, root 사용자의 환경변수도 로드하면서 로그인된다.

```
$ su
또는
$ su −
```

- root 사용자로 한번 로그인되면 시스템의 제약 없이 어떤 작업도 가능하므로 보안에 유의해야 한다.

② root 사용자로 임시 전환

- 일반 사용자이지만 명령어를 실행할 때마다 필요시 root 사용자의 권한으로 실행할 수 있다.
- root 권한을 필요로 하는 명령어를 실행할 때마다 비밀번호를 입력해야 하고, 해당 명령이 종료되면 root 권한도 사라진다.
- sudo 명령어를 통하여 root 권한으로 해당 명령어를 실행한다.

```
$ sudo vi /etc/passwd
```

③ 현재 사용자를 root 사용자로 지정

- root 사용자의 UID가 0이라는 점에 착안하여 /etc/passwd 파일에서 사용자의 UID를 0으로 입력하면 해당 사용자는 root 권한을 갖게 된다.

3) 루트 계정 관리 방안

- root 사용자는 시스템의 초기 환경설정 시에만 이용하고 SSH(Secure Shell)를 통해 root 사용자 로그인이 되지 않도록 설정해야 한다.
- 시스템상 root 계정은 유일해야 한다. /etc/passwd를 조사하여 UID가 0인 다른 사용자가 없도록 해야 한다.
- PAM(Pluggable Authentication Modules)를 통하여 root 사용자로 로그인할 수 없도록 설정한다.

- root 계정으로 부득이 로그인하더라도 환경변수 TMOUT을 설정하여 자동으로 로그아웃되도록 설정한다.
- root 계정으로 로그인하는 것은 지양하고, 필요시 sudo 명령을 사용하여 명령어를 실행하는 것이 좋다.

4) 루트 패스워드 분실에 대응하기

- GRUB2 부트 메뉴에서 환경설정을 변경하기 위해 'e'를 입력한다.
- linux16 의 옵션 중 'ro' 부분을 'rw'로 변경하고 'init=/sysroot/bin/sh'를 추가로 입력한다.
  - 〈변경 전〉

```
        linux16 /vmlinuz-3.10.0-1160.el7.x86_64 root=/dev/mapper/centos-root r\
o crashkernel=auto spectre_v2=retpoline rd.lvm.lv=centos/root rd.lvm.lv=centos\
/swap rhgb quiet LANG=en_US.UTF-8
```

  - 〈변경 후〉

```
        linux16 /vmlinuz-3.10.0-1160.el7.x86_64 root=/dev/mapper/centos-root r\
w init=/sysroot/bin/sh crashkernel=auto spectre_v2=retpoline rd.lvm.lv=centos\
root rd.lvm.lv=centos/swap rhgb quiet LANG=en_US.UTF-8
```

- Ctrl + X 를 눌러 단일 사용자 모드로 부팅을 시도한다.

```
[    0.293868] [Firmware Bug]: the BIOS has corrupted hw-PMU resources (MSR 189
 is 40003c)
[    2.563796] sd 0:0:0:0: [sda] Assuming drive cache: write through

Generating "/run/initramfs/rdsosreport.txt"


Entering emergency mode. Exit the shell to continue.
Type "journalctl" to view system logs.
You might want to save "/run/initramfs/rdsosreport.txt" to a USB stick or /boot
after mounting them and attach it to a bug report.


:/# _
```

- 시스템에 접근하기 위해 아래의 명령을 입력한다.

```
:/# chroot /sysroot
```

- root의 패스워드를 변경한다.

```
:/# passwd root
```

- selinux 정보를 갱신한다.

```
:/# touch /.autorelabel
```

- chroot를 종료한다.

```
:/# exit
```

- 시스템을 재부팅한다.

```
:/# reboot
```

ssh 서비스의 root 로그인 막기

- sshd_config 파일을 root 권한으로 수정한다.

```
$ sudo vi /etc/ssh/sshd_config
```

- 파일 내용 중 PermitRootLogin 항목을 no로 설정한다(주석이 되어 있다면 주석을 해제함).

```
# Authentication:


#LoginGraceTime 2m
PermitRootLogin no
#StrictModes yes
#MaxAuthTries 6
#MaxSessions 10
```

- sshd 서비스를 재시작한다.

```
$ sudo systemctl restart sshd
OR
$ sudo service sshd restart
```

ⓞ³ 시스템 계정 관리

1) 시스템 계정 설명

① 설명

- 시스템 계정은 메일 관리, SSH 연결 등 시스템의 특정 서비스에 대한 권한을 행사할 수 있는 계정이다.
- bin, daemon, adm, lp, sync, shutdown, halt, mail과 같은 계정들이 시스템 계정이며, /etc/passwd 파일에서 uid가 1~499를 갖는 계정을 살펴 보면 된다.

```
$ vi /etc/passwd
root:x:0:0:root:/root:/bin/bash
bin:x:1:1:bin:/bin:/sbin/nologin
daemon:x:2:2:daemon:/sbin:/sbin/nologin
adm:x:3:4:adm:/var/adm:/sbin/nologin
lp:x:4:7:lp:/var/spool/lpd:/sbin/nologin
sync:x:5:0:sync:/sbin:/bin/sync
```

```
shutdown:x:6:0:shutdown:/sbin:/sbin/shutdown

halt:x:7:0:halt:/sbin:/sbin/halt

mail:x:8:12:mail:/var/spool/mail:/sbin/nologin

uucp:x:10:14:uucp:/var/spool/uucp:/sbin/nologin

operator:x:11:0:operator:/root:/sbin/nologin

games:x:12:100:games:/usr/games:/sbin/nologin

gopher:x:13:30:gopher:/var/gopher:/sbin/nologin

ftp:x:14:50:FTP User:/var/ftp:/sbin/nologin
```

② UID
- 시스템 인스톨 시 기본으로 설정되는 시스템 계정은 보통 0~99(root 계정 포함)의 범위를 갖는다.
- 시스템 관리자에 의해 시스템 운용하면서 추가될 수 있는 시스템 계정은 레드햇 계열인 경우 100~499를 갖고 데비안 계열인 경우 100~999의 범위를 갖는다.
- 이 범위는 사용하고 있는 배포판마다 상이할 수 있으므로 확인이 필요하다.

2) 시스템 계정 관리 방안
- 서비스별로 권한을 분리하여 시스템 계정을 생성해야 한다.
- 리눅스를 설치하면 기본으로 설치되는 시스템 계정을 보면 메일 관리는 mail 사용자가 담당하고, ssh 서비스 관리는 ssh 계정이 담당하고 있음을 알 수 있다.

04 사용자 계정 관리

1) 사용자 계정 설명

① 설명
- 일반적인 사용자들은 일반 사용자 계정으로 생성된다. 시스템 파일과 디렉터리에 제한적으로 접근하도록 설정하여 시스템을 보호한다.
- 일반 사용자 계정은 그룹에 속할 수 있고 리눅스는 그룹 단위로 파일 접근 권한설정과 프로세스 관리를 수행할 수 있다.

② UID
- 레드햇 계열 6 버전의 UID는 500 이상의 값을 갖는다. 그러나 레드햇 계열 7 이후의 버전과 오픈수세, 데비안의 UID는 1000 이상의 값을 갖는다.
- 일반 사용자 계정의 UID 범위는 /etc/login.defs에 정의되어 있다.

```
$vi /etc/login.defs

#
```

```
# Min/max values for automatic uid selection in useradd
#
UID_MIN   500
UID_MAX  60000
```

2) 사용자 생성하기

① useradd를 통한 사용자 계정 생성

- 사용자를 생성하기 위해서는 useradd 명령어나 adduser 명령어를 사용한다.

② 형식

```
useradd [options] username
```

③ 옵션

옵션	설명
-d, --home	• 홈 디렉터리를 지정 • 홈 디렉터리의 기본값은 기본 경로에 사용자이름으로 생성 • 지정한 홈 디렉터리의 상위 경로가 존재해야 함
-D, --defaults	사용자 생성 시 사용하는 기본값을 보거나 설정할 수 있음
-e, --expiredate	• YYYY-MM-DD 형식으로 계정의 만기일을 지정 • 지정한 날짜가 지나면 계정은 비활성화됨 • 지정되어 있지 않으면 만기일은 없음 • 만약 지정하지 않으면 /etc/default/useradd의 EXPIRE 필드를 따름
-f, --inactive	• 패스워드 만료일 이후 유효기간을 설정 • 1 이상의 숫자이면 해당 일수만큼 패스워드가 유효하고, 0이면 패스워드가 만료되자마자 패스워드가 잠기고, -1이면 해당 기능을 사용하지 않음 • 설정하지 않는다면 /etc/default/useradd의 INACTIVE값을 따름

-g, --gid GROUP	• 사용자의 그룹을 설정함(이때, 그룹은 이미 존재하는 그룹이어야 함)
	• 만약 설정하지 않으면 /etc/login.defs의 USERGROUPS_ENAB 변수를 봄
	  - yes로 설정되어 있으면 사용자 이름과 동일한 그룹에 설정
	  - no로 설정되어 있다면 /etc/default/useradd의 GROUP을 지정

-G, --groups	기본 그룹 외에 추가로 그룹을 설정할 때 사용하고 ,를 통해 여러 그룹을 지정할 수 있음
-k, --skel SKEL_DIR	-m 옵션을 통해 홈 디렉터리 생성할 때 복사할 기본 파일을 지정할 때 사용
-m, --create-home	• 홈 디렉터리를 지정할 때 사용하고 디렉터리가 없으면 생성 • -k 옵션과 같이 사용해서 홈 디렉터리 생성 시 복사할 기본 파일 경로도 지정 • 기본적으로 -m 옵션을 사용하지 않고 /etc/login.defs에 CREATE_HOME 변수도 지정되어 있지 않으면 홈 디렉터리를 생성하지 않음
-M	CREATE_HOME가 설정되어 있더라도 홈 디렉터리를 생성하지 않음

-N, --no-user-group	• 사용자와 동일한 이름으로 그룹을 생성하지 않음 • 그러나 -g 옵션이나 /etc/default/useradd의 GROUP 변수에 지정된 그룹으로 사용자 　가 추가될 수 있음
-p, --password PASSWORD	• 평문이 아닌 암호화된 패스워드를 설정할 수 있음 • 이 옵션은 사용자에게 패스워드 노출이 가능하므로 사용을 권장하지 않음
-r, --system	• 시스템 계정을 생성 • -m 옵션을 사용하지 않는 한 홈 디렉터리를 생성하지 않음
-s, --shell SHELL	• 사용자가 사용할 셸을 지정 • 지정하지 않는다면 /etc/default/useradd의 SHELL 변수를 사용
-u, --uid UID	• 사용자의 유일한 UID값을 설정 • 값은 음수이면 안 되고 UID_MIN보다는 크고 UIX_MAX보다는 작은 값이어야 함

④ 주요 예제

• 사용자를 생성한다.

```
# useradd blue
```

• 홈 디렉터리를 지정하여 생성한다. /home/color 경로는 미리 생성되어 있어야 한다.

```
# useradd -d /home/color/blue
```

• UID와 그룹을 지정하여 사용자를 생성한다. color 그룹은 미리 생성되어 있어야 한다.

```
# useradd -u 999 -g color blue
```

• 사용자 계정의 만료일을 지정하면서 생성한다.

```
# useradd -e 2019-12-25 blue
```

• 사용자 생성 시 기본 옵션을 열람한다.

```
$ sudo useradd -D
[sudo] password for francis:
GROUP=100
HOME=/home
INACTIVE=-1
EXPIRE=
SHELL=/bin/bash
SKEL=/etc/skel
CREATE_MAIL_SPOOL=yes
```

➕ 더 알기 TIP

useradd와 adduser의 차이

- 레드햇 계열에서는 adduser는 useradd에 대한 링크이기 때문에 useradd와 adduser는 차이가 없지만, Ubuntu에서는 차이가 존재한다.
- Ubuntu에서 useradd 명령을 사용할 경우 –m 옵션으로 홈 디렉터리를 지정하고 passwd를 통한 패스워드 지정이 필요하다.
- 그러나 adduser를 사용하면 대화식으로 사용자 정보를 입력하여 생성할 수 있다.

```
$ ls –l /usr/sbin/adduser

lrwxrwxrwx. 1 root root 7 Aug 11 17:00 /usr/sbin/adduser –> useradd
```

3) passwd를 통한 패스워드 설정하기

① 설명

- useradd 명령어를 통해 사용자를 생성하고 나면 패스워드를 설정하기 전까지 로그인할 수 없으므로 passwd를 통하여 패스워드를 설정해야 한다.
- 패스워드를 입력 후 사용자의 패스워드를 삭제하거나 변경 기간을 설정하는 등의 관리 목적으로 사용할 수 있다.

② 형식

```
passwd [options] [username]
```

③ 옵션

옵션	설명
–d, ––delete	• 패스워드를 삭제함 • 비밀번호 없이 로그인할 수 있음
–e, ––expire	• 사용자의 패스워드를 만료시킴 • 사용자는 다음 로그인할 때 패스워드를 변경해야 함
–i, ––inactive	사용자의 패스워드가 만료된 이후로 사용자 계정을 비활성화할 때까지 유예기간을 일수로 지정함
–l, ––lock	사용자의 패스워드에 락(LOCK)을 걸어 로그인을 막음
–n, ––mindays	• 비밀번호를 변경할 수 있을 때까지 유지해야 할 일수를 설정 • 0으로 지정하면 언제든지 패스워드를 변경할 수 있음
–q, ––quiet	아무런 화면 출력 없이 명령을 수행한다.
–S, ––status	로그인에 대한 다양한 정보(사용자의 로그인명, 패스워드 상태, 패스워드 설정 여부, 마지막으로 변경한 날짜, 패스워드 변경까지 남은 기가 등)를 얻을 수 있음
–u, ––unlock	–l 옵션으로 락(LOCK)을 걸었던 패스워드를 다시 해제
–w, ––warndays	패스워드 만료 전 경고 날짜를 지정
–x, ––maxdays	패스워드 최대 사용기간을 설정

④ **주요 예제**

• root 사용자만이 사용자의 패스워드를 설정할 수 있다.

```
$ sudo passwd blue
```

• 현재 사용자의 패스워드를 변경한다.

```
# passwd
```

• 지정한 사용자의 패스워드를 만료한다. 다음 로그인 시 패스워드를 재지정해야 한다.

```
$ sudo passwd -e test
[sudo] password for francis:
Expiring password for user test.
passwd: Success
```

• 지정한 사용자의 패스워드 상태를 출력한다.

```
$ sudo passwd -S blue
```

• 지정한 사용자의 패스워드에 락(LOCK)을 건다. 관리자가 -u 옵션을 사용하여 언락(UN-LOCK)할 때까지 로그인할 수 없다.

```
$ sudo passwd -l blue
```

• 지정한 사용자의 패스워드를 삭제한다. /etc/shadow의 2번째 필드인 패스워드를 삭제한다. 이 경우 아이디만 입력하여도 로그인할 수 있다.

```
$ sudo passwd -d blue
```

• 패스워드를 변경한 후 7일간 다시 변경할 수 없다. 패스워드는 365일간 사용할 수 있고 5일 전부터 패스워드 변경 경고를 한다. 패스워드 만료 후 10일의 유예기간이 있다.

```
$ sudo passwd -n 7 -x 365 -w 5 -i 10 blue
```

4) su 명령어로 사용자 전환하기

① **설명**

• su는 substitute user 또는 switch user의 약자로서 현재 로그인 세션에서 다른 사용자의 권한으로 실행하고자 할 때 사용한다.

• 보통 root 권한이 필요한 경우, 일반 사용자로 로그인했다가 su 명령어를 사용하여 root 사용자로 전환하여 필요한 작업을 수행하고, exit 명령어로 원래 사용자로 돌아오는 방법을 많이 사용한다.

② 형식

```
su [options] username
```

③ 옵션

-c, --command	지정한 사용자로 셸이 실행할 명령어를 지정
-, -l, --login	사용자가 직접 로그인했을 때와 동일하게 환경변수 등이 설정되고 홈 디렉터리로 이동
-s, --shell	명시된 셸을 사용

④ 주요 예제

- root 사용자로 전환한다. 로그인 환경은 기존의 로그인 사용자의 환경을 따른다.

```
$ su
```

- root 사용자로 전환한다. root 사용자의 환경변수 등 root 사용자의 로그인 환경을 설정한 후 전환한다. 로그인 후 현재 경로를 보면 root의 홈 디렉터리로 이동한 것을 확인할 수 있다.

```
$ su -
또는
$ su -l
또는
$ su -login


# pwd
/root
```

- 사용자 전환을 하지 않고 일시적으로 지정한 명령을 실행한다.

```
$ su root -c "vi /etc/passwd"
```

- 지정한 사용자로 전환한다. root 사용자의 경우 패스워드 입력이 필요 없으나, 일반 사용자는 패스워드를 입력해야 한다.

```
# su - blue
```

5) usermod를 사용하여 사용자 설정 변경하기

① 설명

- 사용자 셸, 홈 디렉터리, 그룹, UID, GID 등 사용자 설정을 변경한다.
- useradd 명령어에서 할 수 있는 설정 대부분을 수정할 수 있으며 동일한 옵션은 간추려 설명하였다.

② 형식

```
usermod [options] username
```

③ 옵션

옵션	설명
-a, --append	사용자에게 그룹을 추가하기 위해 -G 옵션과 함께 사용
-c , --comment	사용자에 대한 간단한 정보를 입력
-d, --home	• 사용자의 홈 디렉터리를 변경 • 만일 -m 옵션을 함께 사용한다면 현재의 홈 디렉터리의 내용이 새로운 홈 디렉터리로 복사되고 디렉터리가 존재하지 않는다면 생성도 함
-e, --expiredate	YYYY-MM-DD 형식으로 지정한 날짜 이후로 사용자 계정은 비활성화됨
-f, --inactive	패스워드가 만료된 이후 며칠 동안 유효할 것인지 지정
-g, --gid	존재하는 그룹의 이름이나 GID를 입력하여 변경
-G, --groups	현재 지정된 그룹에 추가할 그룹을 지정 복수 개로 지정할 수 있음
-l, --login	사용자의 로그인 이름을 변경
-L, --lock	사용자의 패스워드에 락(LOCK)을 걸어 로그인을 막음
-m, --move-home	• 사용자의 홈 디렉터리의 내용을 새로운 홈 디렉터리로 옮김 • -d 옵션과 함께 사용
-p, --password	암호화된 패스워드를 설정
-s, --shell	사용자의 새로운 셸을 지정
-u, --uid UID	사용자의 UID를 지정
-U, --unlock	사용자의 패스워드에 걸린 락(LOCK)을 해제

④ 주요 예제

- 사용자의 홈 디렉터리를 변경한다. -m 옵션까지 입력하면 내용도 복사한다.

```
# usermod -d /home/whiteblue blue
```

- blue 사용자의 그룹을 photo 사용자 그룹으로 변경한다.

```
# usermod -g photo blue
```

6) userdel을 사용한 사용자 계정 삭제하기

① 설명

- 사용자 계정을 삭제한다.

② 형식

```
userdel [option] username
```

③ 주요 예제

- 사용자 계정을 삭제한다. 그러나 홈 디렉터리 및 그 안의 파일들은 그대로 남아 있다.

```
# userdel blue
```

- −r 옵션을 통해 사용자 계정을 삭제한다. 홈 디렉터리 및 사용자 계정과 관련된 메일도 모두 삭제된다.

```
# userdel -r blue
```

- −f 옵션을 통해 사용자 계정을 삭제한다. 사용자가 로그인되어 있더라도 강제로 삭제한다.

```
# userdel -f blue
```

7) chage를 통한 패스워드 관리하기

① 설명

- 사용자의 패스워드 만료 정보를 설정한다.

② 형식

```
chage [options] username
```

③ 옵션

옵션	설명
− d, − − lastday	패스워드를 변경해야 할 날짜 수를 지정
− E, − − expiredate	계정이 만료되는 날을 설정
− I, − − inactive	계정 만료 후 패스워드가 비활성화될 때까지 유예기간을 설정
− l, − − list	계정의 패스워드 만료 정보를 보여 줌
− m, − − mindays	패스워드를 변경할 때까지 최소 날짜를 지정

– M, – – maxdays	패스워드를 변경할 때까지 최대 날짜를 지정
– W, – – warndays	패스워드 만료에 대한 경고 메시지를 보여 줄 날짜를 지정

④ 주요 예제

• 지정한 사용자의 패스워드 만료 정보를 보여 준다.

```
$ sudo chage –l test

[sudo] password for francis:

Last password change                                    : Sep 23, 2019

Password expires                                        : never

Password inactive                                       : never

Account expires                                         : never

Minimum number of days between password change          : 0

Maximum number of days between password change          : 99999

Number of days of warning before password expires: 7
```

• test 계정의 패스워드 최소 사용 날짜는 7일이다. 최대 사용 날짜는 365일이다. 만료 5일 전부터 경고 메시지를 보여 준다. 만료 후 3일까지는 비활성화되지 않는다.

```
$ sudo chage –m 7 –M 365 –W 5 –l 3 test
```

• test 계정의 만료일을 2019–12–24로 지정한다.

```
$ sudo chage –E 2019–12–24 test
```

• test 계정의 패스워드 변경일을 10000으로 설정한다.

```
$ sudo chage –d 10000 test
```

➕ **더 알기** TIP

복잡한 패스워드 만료 설정

• 마지막 패스워드 변경일을 기준으로 계산한다. 마지막 패스워드 변경일은 –d 옵션을 통하여 강제 지정할 수도 있다.
• –m 옵션을 사용하여 적용한 날짜 이후로 패스워드를 변경할 수 있고 –M 옵션으로 지정한 날 수 이후에는 패스워드가 만료된다.
• –W 옵션으로 지정한 날 동안 경고 메시지를 출력하며 –l 옵션을 사용한 기간만큼 패스워드 비활성화를 유예한다.

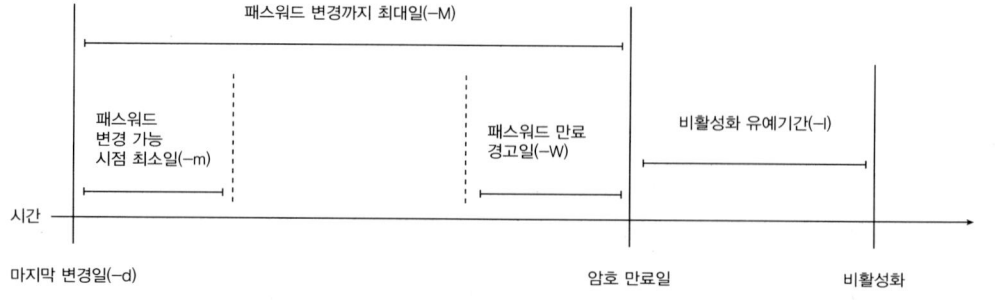

05 그룹 계정 관리

1) 그룹(Group)의 개요

- 그룹이란 사용자를 하나로 묶어 관리 가능하게 하는 메커니즘으로, 모든 사용자는 그룹에 속하도록 되어 있다. 즉 모든 사용자는 사용자에 대한 식별자인 UID와 그룹에 대한 식별자인 GID를 갖는다.
- 사용자를 그룹을 통하여 관리하면 각 그룹에게 보안 설정, 접근 설정, 권한 등을 주고 일괄적으로 그룹에 속한 사용자에게 적용할 수 있으므로 편리하다. 또한 파일, 디렉터리, 장치에 대한 접근도 그룹 단위로 설정할 수 있다.
- 레드햇 계열은 사용자를 생성할 때 사용자 이름과 동일한 그룹을 생성하여 포함시키는데, 이는 시스템 관리자가 의도하지 않게 사용자를 기본 그룹에 추가하여 기본 권한을 갖는 것을 방지하기 위해서이다.

2) groupadd를 통한 그룹 생성

① 설명

- groupadd는 새로운 그룹을 생성하기 위한 명령어이다.
- GID값을 지정하여 특정 값으로 설정할 수도 있다. 그렇지 않으면 기본값으로 설정된다.

② 형식

```
groupadd [options] groupname
```

③ 옵션

-f, --force	• 그룹을 생성할 때 이미 생성되어 있더라도 성공으로 간주 • -g 옵션을 사용하여 이미 존재하는 GID를 설정하면 다른 유일한 GID가 대신 선택됨
-r, --system	• 시스템 그룹을 생성 • GID_MIN~GID_MAX값 대신에 login.defs 파일에 정의되어 있는 SYS_GID_MIN~SYS_GID_MAX 사이의 GID가 선택됨
-g, --gid, --GID	• 그룹의 양수의 GID를 지정 • -o 옵션을 선택하지 않는다면 유일한 값을 설정해야 함
-o, --non-unique	그룹을 생성할 때 중복된 GID값을 허용

④ 주요 예제

- 그룹을 생성한다.

```
$ sudo groupadd colors
```

- GID를 지정하여 그룹을 생성한다.

```
$ sudo groupadd -g 550 colors
```

3) groupmod를 통해 그룹 정보 변경하기

① 설명

- groupmod는 그룹 관련 설정 파일인 /etc/group, /etc/gshadow, /etc/passwd에서 그룹 관련 속성을 변경한다.

② 형식

```
groupmod [options] groupname
```

③ 옵션

-g, --gid	• 변경할 GID를 설정 • -o 옵션을 주지 않는다면 유일한 정수값이어야 함
-n, --new-name	그룹의 이름을 변경

④ 주요 예제

- 그룹의 이름을 변경한다. colors 그룹을 newcolors 그룹으로 변경한다.

```
$ sudo groupmod -n newcolors colors
```

- colors 그룹의 GID를 567로 변경한다. 이 값은 정수이면서 유일한 값이어야 한다.

```
$ sudo groupmod -g 567 colors
```

4) groupdel을 통해 그룹 삭제하기

① 설명

- groupdel은 지정한 그룹을 삭제한다.
- 주 그룹에 존재하는 사용자가 없어야 하고, 있다면 사용자를 삭제한 이후에 그룹을 삭제할 수 있다. 또한 파일 중 그룹이 설정된 파일이 없어야 한다.
- groupdel은 자동으로 그룹 설정되어 있는 파일을 체크하지 않으며 사용자가 직접 찾아 다른 그룹으로 설정해야 한다.

② 형식

```
groupdel [options] groupname
```

③ 주요 예제

- 그룹을 삭제한다.

```
$ sudo groupdel colors
```

5) gpasswd를 통해 그룹 패스워드 변경하기

① 설명

- gpasswd는 그룹의 패스워드를 변경한다.
- 그룹의 패스워드 정보는 /etc/group과 /etc/gshadow에 저장되어 있다.

② 형식

```
gpasswd [options] groupname
```

③ 옵션

-a, --add user	그룹에 사용자를 추가
-d, --delete user	그룹에서 사용자를 삭제
-r, --remove-password group	• 그룹의 패스워드를 제거 • 그룹 멤버는 newgrp 명령어를 사용해 그룹에 참가할 수 있음
-R, --restrict group	• 그룹의 접근을 제한한다. • 패스워드를 가진 그룹 멤버만 newgrp를 통해 그룹에 참가할 수 있음
-A, --administrators user,...	관리자로 지정할 사용자를 설정
-M, --members user,...	그룹 멤버를 설정

④ 주요 예제

- 그룹에 사용자를 추가한다. colors 그룹에 blue 사용자를 추가한다.

```
$ gpasswd -a blue colors
```

- 그룹에 사용자를 삭제한다. colors 그룹에서 blue 사용자를 삭제한다.

```
$ gpasswd -d blue colors
```

- 그룹에 패스워드를 설정한다. colors 그룹에 패스워드를 지정한다.

```
$ gpasswd colors
```

- 그룹에 패스워드를 제거한다. colors 그룹의 패스워드를 제거한다. 패스워드는 빈 값이 입력된다.

```
$ gpasswd -r colors
```

- 그룹의 접근을 제한한다. colors 그룹의 접근을 제한한다. 패스워드는 "!" 값이 입력된다.

```
$ gpasswd -R colors
```

- colors 그룹의 관리자로 blue를 설정한다.

```
$ gpasswd -A blue colors
```

- colors 그룹의 멤버로 red, blue를 설정한다.

```
$ gpasswd -M red, blue colors
```

6) newgrp으로 그룹 참여하기

① 설명

- newgrp는 현재 로그인되어 있는 세션의 GID를 변경한다.
  - '-'(하이픈)이 인자에 포함되어 있다면 로그인할 때와 마찬가지로 사용자 환경이 초기화되고, 포함되어 있지 않으면 현재 로그인 환경을 그대로 따른다.
  - newgrp는 지정한 그룹의 GID로 현재 GID를 변경하며, 지정하지 않는다면 /etc/passwd에 명시된 그룹으로 변경한다.
- root 사용자가 이 명령어를 사용하면 그룹 패스워드를 요구하지 않는다.
  - 해당 그룹에 소속된 일반 사용자의 경우 패스워드 입력 없이 가능하다.
  - 그룹 패스워드가 존재하는데 그룹에 속하지 않은 사용자가 이 명령어를 사용하려면 패스워드 입력이 필요하다.

② 형식

```
newgrp groupname
```

③ 주요 예제

- 현재 그룹 대신 colors 그룹으로 전환한다.

```
$ newgrp colors
```

06 사용자 환경설정 파일

- 사용자 계정과 그룹 정보는 /etc 디렉터리 이하에 존재한다.
- 또한 useradd를 통해 사용자 추가 시 기본 설정이나 홈 디렉터리 구성이 필요한 정보를 담고 있는 설정 파일도 존재한다.

구분	파일명	설명
계정 및 그룹 설정 파일	/etc/passwd	사용자 계정의 아이디, 그룹 정보 등 계정 정보
	/etc/shadow	암호화된 패스워드 및 정책 설정 정보
	/etc/group	사용자 그룹의 기본 정보
	/etc/gshadow	사용자 그룹의 암호화된 패스워드 정보
계정 환경설정 파일	/etc/default/useradd	useradd 명령을 사용할 때 기본 설정
	/etc/login.defs	로그인 수행 시 기본 설정
	/etc/skel	홈 디렉터리 생성 시 기본으로 제공할 파일

1) /etc/passwd

① 설명

- 로그인할 때 필요한 UID, GID, 홈 디렉터리, 셸 등의 사용자의 계정 정보를 포함하고 있다.
- 기본적으로 모든 사용자에 대하여 읽기 권한을 가진 환경설정 파일이다.
- 루트 사용자나 루트 권한을 획득한 사용자만이 쓰기가 허용된다.

```
$ vi /etc/passwd

root:x:0:0:root:/root:/bin/bash

bin:x:1:1:bin:/bin:/sbin/nologin

daemon:x:2:2:daemon:/sbin:/sbin/nologin

adm:x:3:4:adm:/var/adm:/sbin/nologin

lp:x:4:7:lp:/var/spool/lpd:/sbin/nologin

sync:x:5:0:sync:/sbin:/bin/sync

shutdown:x:6:0:shutdown:/sbin:/sbin/shutdown

halt:x:7:0:halt:/sbin:/sbin/halt

mail:x:8:12:mail:/var/spool/mail:/sbin/nologin

uucp:x:10:14:uucp:/var/spool/uucp:/sbin/nologin

operator:x:11:0:operator:/root:/sbin/nologin

games:x:12:100:games:/usr/games:/sbin/nologin
```

② /etc/passwd의 파일 구조

```
ftp : x : 14 : 50 : FTP User : /var/ftp : /sbin/nologin
ⓐ    ⓑ   ⓒ    ⓓ      ⓔ           ⓕ            ⓖ
```

- ⓐ 사용자명 : 로그인할 때 사용하는 사용자 이름이며 1에서 32의 길이를 가짐
- ⓑ 비밀번호 : x는 암호화된 패스워드를 /etc/shadow에 보관하고 있다는 의미이며, 이를 변경하기 위해서는 passwd 명령어의 사용이 필요함
- ⓒ UID : 사용자에게 할당된 사용자 ID
- ⓓ GID : /etc/group 파일에 보관된 주 그룹 ID
- ⓔ 사용자 설명 : 사용자에 대한 추가 설명을 할 수 있는 필드
- ⓕ 홈 디렉터리 : 사용자에게 할당된 기본 디렉터리이며 절대 경로로 설정
- ⓖ 셸 : 셸의 위치를 절대 경로로 지정

2) /etc/shadow

① 설명

- 사용자 패스워드를 해시 알고리즘으로 암호화한 값과 패스워드와 연관된 여러 속성을 담고 있는 파일이다.
- /etc/passwd 파일의 각 사용자들에 대한 암호 정보를 담고 있다.

② /etc/shadow의 구조

```
francis : $6$fKtHS4HcZAWFPX60$AddoPJ4TuiAVziJnPauQT : 18119 : 0 : 99999 : 7 : ____ : ____ :
   ⓐ                        ⓑ                           ⓒ    ⓓ    ⓔ      ⓕ    ⓖ      ⓗ
```

- ⓐ 사용자명 : 로그인 사용자 이름
- ⓑ 패스워드 : 암호화된 사용자의 패스워드로, 패스워드의 형식은 idsalt$hashed임($id는 암호화 알고리즘). 또한 암호화 해독을 어렵게 하기 위한 솔트를 의미하는 $salt와 실제 사용자 패스워드의 해시값인 $hashed로 구성됨
- ⓒ 마지막 변경일 : 마지막으로 패스워드를 변경한 날짜를 1970년 1월 1일 이후 계산한 값이며, 만약 1이라면 마지막 패스워드 변경일은 1970년 1월 2일이 됨
- ⓓ 패스워드 최소 사용일 : 패스워드 변경 후 최소 유지해야 하는 일수로, 1이라면 최소 하루는 패스워드를 유지해야 하고 바꿀 수 없으며 이틀째 패스워드 변경이 가능
- ⓔ 패스워드 최대 사용일 : 패스워드가 유효한 최대 일수로, 이 기간이 넘으면 패스워드를 변경해야 함(99999이면 패스워드를 변경할 필요가 없음)
- ⓕ 패스워드 만료 경고일 : 패스워드가 만료되어 사용자에게 패스워드를 변경하라고 경고하는 일수
- ⓖ 유예기간 : 패스워드 만료 후 계정이 비활성화될 때까지의 일수
- ⓗ 만료일 : 사용자의 계정의 비활성화 날짜를 1970년 1월 1일 이후로 계산한 값

패스워드 필드 중 $id의 의미

사용자의 패스워드를 암호화하기 위해 사용한 해시 알고리즘을 의미한다.

항목	해시 알고리즘
1	MD5
$2a$	Blowfish
$2y$	Blowfish
5	SHA-256
6	SHA-512

(3) /etc/default/useradd

① 설명

• useradd 명령으로 사용자 생성 시 사용되는 기본 설정 값이 저장된 환경설정 파일이다.

② 기본값

• /etc/default/useradd 파일을 직접 열어 보거나 useradd 명령어의 -D 옵션을 사용하여 파일의 내용을 확인할 수 있다.

```
# sudo vi /etc/default/useradd
또는
# useradd -D
GROUP=100
HOME=/home
INACTIVE=-1
EXPIRE=
SHELL=/bin/bash
SKEL=/etc/skel
CREATE_MAIL_SPOOL=yes
```

③ 항목 설명

GROUP	사용자가 속할 기본 그룹이 GID이다.
HOME	사용자의 홈 디렉터리를 생성한 기본 디렉터리이다.
INACTIVE	• 비밀번호가 만료되고 계정이 비활성화될 때까지의 일수 • -1은 제한이 없음을 의미하므로 계정이 항상 활성화되어 있음

EXPIRE	계정이 만료일을 YYYY-MM-DD 형식으로 지정한다.
SHELL	기본 로그인 셸을 지정한다.
SKEL	사용자 홈 디렉터리 생성 시 기본으로 필요한 파일이 들어 있는 위치이다.
CREATE_MAIL_SPOOL	사용자 생성 시 메일 파일 생성 여부를 지정한다.

4) /etc/login.defs

① 설명

- 섀도 패스워드 스위트(Shadow Password Suite)를 위한 읽기 전용 환경설정 파일이다.
- 패스워드 최대 사용일(PASS_MAX_DAYS), 패스워드 최소 사용일(PASS_MIN_DAYS), 패스워드 만료 경고일(PASS_WARN_AGE) 등을 설정할 수 있다.

② 형식

- 한 줄에 하나의 환경설정을 기재할 수 있다.
- 환경설정은 '이름'과 '값'의 쌍으로 구성되고 공백으로 구분된다.

```
$ cat /etc/login.defs
#
# If useradd should create home directories for users by default
# On RH systems, we do. This option is overridden with the -m flag on
# useradd command line.
#
CREATE_HOME     yes


# The permission mask is initialized to this value. If not specified,
# the permission mask will be initialized to 022.
UMASK           077


# This enables userdel to remove user groups if no members exist.
#
USERGROUPS_ENAB yes


# Use SHA512 to encrypt password.
ENCRYPT_METHOD SHA512
```

③ 환경설정

- /etc/login.defs에서 설정할 수 있는 대표적인 환경설정 항목은 아래의 표와 같다.

MAIL_DIR	사용자의 메일 보관함 위치
PASS_MAX_DAYS	패스워드를 사용할 수 있는 최대일
PASS_MIN_DAYS	패스워드를 기본적으로 유지해야 하는 최소일
PASS_MIN_LEN	패스워드의 최소 길이
PASS_WARN_AGE	패스워드 만료 전 경고 일수
UID_MIN	useradd 명령어를 통해 UID 자동 생성 시 최소값
UID_MAX	useradd 명령어를 통해 UID 자동 생성 시 최대값
GID_MIN	groupadd 명령어를 통해 GID 자동 생성 시 최소값
GID_MAX	groupadd 명령어를 통해 GID 자동 생성 시 최대값
CREATE_HOME	• useradd 명령어 사용 시 홈 디렉터리 생성 여부를 지정 • useradd의 −m 옵션을 사용한다면 이 설정보다 우선
UMASK	• 사용자의 umask값을 설정 • 설정값이 없으면 022로 설정됨
USERGROUPS_ENAB	• Yes로 설정되어 있다면 userdel을 통해 사용자 삭제 시 그룹도 삭제됨 • 단 그룹에 속한 사용자가 없어야 함
ENCRYPT_METHOD	• 패스워드 암호화를 위한 기본 알고리즘을 설정 • DES, MD5, SHA256, SHA512 등의 값을 가질 수 있음

➕ 더 알기 TIP

섀도 패스워드 스위트(Shadow Password Suite)

- 사용자와 그룹 관리와 관련된 명령어의 모음이다.
- 각 명령어를 사용하여 /etc/login.defs의 관련 설정을 변경할 수 있다.

명령어	설명	관련 환경설정
chfn	사용자의 정보를 설정	CHFN_AUTH, CHFN_RESTRICT, LOGIN_STRING
chgpasswd	배치(Batch Mode)에서 그룹의 패스워드를 갱신	ENCRYPT_METHOD, MAX_MEMBERS_PER_GROUP, MD5_CRYPT_ENAB SHA_CRYPT_MAX_ROUNDS, SHA_CRYPT_MIN_ROUNDO
chpasswd	배치(Batch Mode)에서 사용자의 패스워드를 갱신	ENCRYPT_METHOD, MD5_CRYPT_ENAB SHA_CRYPT_MAX_ROUNDS, SHA_CRYPT_MIN_ROUNDS

chsh	리눅스의 셸을 변경	CHSH_AUTH, LOGIN_STRING
gpasswd	그룹의 패스워드를 설정	ENCRYPT_METHOD, MAX_MEMBERS_PER_GROUP, MD5_CRYPT_ENAB, SHA_CRYPT_MAX_ROUNDS, SHA_CRYPT_MIN_ROUNDS
groupadd	그룹을 추가	GID_MAX, GID_MIN MAX_MEMBERS_PER_GROUP, SYS_GID_MAX, SYS_GID_MIN
groupdel	그룹을 삭제	MAX_MEMBERS_PER_GROUP
groupmems	루트 권한 없이 사용자가 그룹을 관리할 수 있는 명령어	MAX_MEMBERS_PER_GROUP
groupmod	그룹의 정보를 수정	MAX_MEMBERS_PER_GROUP
grpck	그룹의 무결성을 검증	MAX_MEMBERS_PER_GROUP
grpconv	그룹의 패스워드 정책을 섀도로 변경 (/etc/gshadow 생성)	MAX_MEMBERS_PER_GROUP
grpunconv	섀도우 패스워드 정책을 사용하지 않음 (/etc/gshadow 삭제)	MAX_MEMBERS_PER_GROUP
login	특정 호스트에 로그인	CONSOLE, CONSOLE_GROUPS, DEFAULT_HOME, ENV_HZ, ENV_PATH, ENV_SUPATH, ENV_TZ, ENVIRON_FILE, ERASECHAR FAIL_DELAY, FAILLOG_ENAB, FAKE_SHELL, FTMP_FILE, HUSHLOGIN_FILE, ISSUE_FILE, KILLCHAR, LASTLOG_ENAB, LOGIN_RETRIES, LOGIN_STRING, LOGIN_TIMEOUT, LOG_OK_LOGINS, LOG_UNKFAIL_ENAB, MAIL_CHECK_ENAB, MAIL_DIR, MAIL_FILE, MOTD_FILE, NOLOGINS_FILE, PORTTIME_CHECKS_ENAB, QUOTAS_ENAB, TTYGROUP, TTYPERM, TTYTYPE_FILE ULIMIT, UMASK, USERGROUPS_ENAB
newgrp	현재 세션의 그룹을 변경	SYSLOG_SG_ENAB
newusers	파일을 통해 사용자를 생성	ENCRYPT_METHOD, GID_MAX, GID_MIN, MAX_MEMBERS_PER_GROUP, MD5_CRYPT_ENAB, PASS_MAX_DAYS, PASS_MIN_DAYS, PASS_WARN_AGE, SHA_CRYPT_MAX_ROUNDS, SHA_CRYPT_MIN_ROUNDS, SYS_GID_MAX, SYS_GID_MIN, SYS_UID_MAX, SYS_UID_MIN, UID_MAX, UID_MIN UMASK
passwd	패스워드를 변경	ENCRYPT_METHOD, MD5_CRYPT_ENAB, OBSCURE_CHECKS_ENAB, PASS_ALWAYS_WARN, PASS_CHANGE_TRIES, PASS_MAX_LEN, PASS_MIN_LEN, SHA_CRYPT_MAX_ROUNDS, SHA_CRYPT_MIN_ROUNDS

pwck	사용자 계정의 무결성을 검증	PASS_MAX_DAYS, PASS_MIN_DAYS, PASS_WARN_AGE
pwconv	패스워드를 위한 섀도 파일을 사용	PASS_MAX_DAYS, PASS_MIN_DAYS, PASS_WARN_AGE
su	사용자를 변경	CONSOLE, CONSOLE_GROUPS, DEFAULT_HOME, ENV_HZ, ENVIRON_FILE, ENV_PATH, ENV_SUPATH, ENV_TZ, LOGIN_STRING, MAIL_CHECK_ENAB, MAIL_DIR, MAIL_FILE, QUOTAS_ENAB, SULOG_FILE, SU_NAME, SU_WHEEL_ONLY, SYSLOG_SU_ENAB, USERGROUPS_ENAB
useradd	사용자를 추가	CREATE_HOME, GID_MAX, GID_MIN, MAIL_DIR, MAX_MEMBERS_PER_GROUP, PASS_MAX_DAYS, PASS_MIN_DAYS, PASS_WARN_AGE, SYS_GID_MAX, SYS_GID_MIN, SYS_UID_MAX, SYS_UID_MIN, UID_MAX, UID_MIN, UMASK
userdel	사용자를 삭제	MAIL_DIR, MAIL_FILE, MAX_MEMBERS_PER_GROUP, USERDEL_CMD, USERGROUPS_ENAB
usermod	사용자를 수정	MAIL_DIR, MAIL_FILE, MAX_MEMBERS_PER_GROUP

5) /etc/group

① 설명

- 그룹에 속한 사용자를 관리하는 파일이다. 그룹에는 여러 사용자가 속할 수 있고, 한 사용자는 여러 그룹에 속할 수 있다.
- /etc/passwd에 기재되어 있는 GID는 사용자의 주 그룹(Primary Group)을 의미하고, /etc/group은 사용자의 보조 그룹(Secondary Group)에 대한 정보가 포함되어 있다.

② /etc/group의 구조

```
mail  :  x  :  12  :  mail,postfix
 ⓐ      ⓑ     ⓒ        ⓓ
```

- ⓐ 그룹명 : 그룹의 이름
- ⓑ 패스워드 : 그룹의 암호화된 패스워드이며, 'x'는섀도 파일(/etc/gshadow)을 사용한다는 의미
- ⓒ GID : 그룹을 식별하기 위한 유일한 숫자
- ⓓ 멤버 목록 : 그룹에 속한 사용자

6) /etc/gshadow

① 설명

- 그룹의 암호화된 비밀번호 정보를 포함하고 있다.
- 일반 사용자는 읽을 수 없고 루트 권한 사용자만이 접근이 가능하다.

② /etc/gshadow의 구조

```
 test  :  $6$ej.bQ/asp$ADcO/RhQljkso25GvrFnpbi78fwHwSKR/OPq  :  test  :  francis
  ⓐ                         ⓑ                                   ⓒ      ⓓ
```

- ⓐ 그룹명 : 그룹의 이름
- ⓑ 패스워드 : 그룹의 암호화된 패스워드로, 패스워드 형식은 /etc/passwd와 동일하게 idsalt$hashed
- ⓒ 그룹 관리자 : 그룹의 관리자로, 여러 사용자가 관리자가 될 수 있고 관리자는 그룹의 패스워드를 변경하거나 그룹의 멤버를 관리할 수 있음
- ⓓ 멤버 목록 : 그룹에 속한 사용자를 의미하며, 다수의 사용자가 속할 수 있음

07 사용자 및 그룹 정보 관련 명령어

1) users

① 설명

- 현재 호스트에 로그인되어 있는 모든 사용자를 출력한다.

② 형식

```
users
```

③ 주요 예제

- 현재 로그인하고 있는 사용자는 francis, eve, adam 총 3명이다.

```
$ users
francis eve adam
```

2) who

① 설명

- 현재 호스트에 로그인되어 있는 모든 사용자의 정보를 출력한다.
- 터미널 종류, 로그인 시각 등이 기본적으로 출력된다.

② 형식

who [options]

③ 옵션

옵션	설명
-a, --all	-b -d --login -p -r -t -T -u 옵션을 모두 준 것과 같음
-b, --boot	시스템의 마지막 부팅 시간을 출력
-d, --dead	좀비 프로세스를 출력
-H, --heading	출력하는 각 컬럼의 헤더를 출력
-l, --login	시스템 로그인 프로세스를 출력
-m	표준 입력과 관련된 사용자만 출력
-p, --process	init 프로세스가 생성한 프로세스를 출력
-q, --count	로그인한 모든 사용자의 이름과 개수를 출력
-r, --runlevel	현재 실행 레벨(Runlevel)을 출력
-t, --time	마지막으로 시스템 시간이 변경되었던 시간을 출력
-T, -w, --mesg	• 터미널의 연결 상태를 의미하는 기호를 출력 • '+'는 터미널이 쓰기 가능하다는 의미이고 '-'는 그렇지 않다는 의미 • '?'는 터미널이 현재 오류 상태라는 의미
-u, --users	각 사용자의 유휴시간(Idle Time)과 프로세스 ID를 출력

④ 주요 예제

• 현재 로그인한 모든 사용자의 정보를 출력한다.

```
$ who
francis  tty1        2019-09-26 16:49
francis  pts/0       2019-10-07 17:55 (:0.0)
```

• 현재 로그인한 사용자의 정보를 출력한다. -m 옵션을 사용한 것과 동일하다.

```
$ who am i
francis  pts/0       2019-10-07 17:55 (:0.0)
```

• 사용자에 대한 모든 정보를 각 컬럼에 헤더와 함께 출력한다.

NAME	LINE	TIME	IDLE	PID	COMMENT	EXIT
$ who -aH						
	system boot	2019-09-26 16:49				
	run-level 3	2019-09-26 16:49				
LOGIN	tty2	2019-09-26 16:49		2322	id=2	
francis	+ tty1	2019-09-26 16:49	old	2320		
LOGIN	tty3	2019-09-26 16:49		2324	id=3	
LOGIN	tty4	2019-09-26 16:49		2326	id=4	
LOGIN	tty5	2019-09-26 16:49		2330	id=5	
LOGIN	tty6	2019-09-26 16:49		2332	id=6	
francis	+ pts/0	2019-10-07 17:55	.	25528	(:0.0)	
	pts/1	2019-10-07 17:54		0	id=/1	term=0 exit=

3) whoami

① 설명
• 현재 로그인한 사용자의 사용자명을 출력한다.
• id 명령어에 -un 옵션을 사용한 것과 동일하다.

② 주요 예제
• 현재 로그인한 사용자는 francis이다.

```
$ whoami
francis
```

4) w

① 설명
• 현재 로그인한 사용자가 어떤 시스템에서 로그인했는지 어떤 프로세스를 실행하고 있는지 출력한다.

② 형식

```
w [options] [user]
```

③ 옵션

- h, - - no-header	각 컬럼의 헤더를 출력하지 않음
- s, - - short	• 정보를 간략히 출력 • 즉, LOGIN@, JCPU, PCPU를 출력하지 않음

④ 주요 예제

- 현재 시각은 18시 25분 10초이며 부팅한지 5일 13시간 32분이 경과되었다. 로그인한 사용자 는 총 2명이다.

```
$ w
 18:25:10 up 5 days, 13:32,  2 users,  load average: 0.00, 0.00, 0.00
 USER     TTY     FROM          LOGIN@      IDLE   JCPU   PCPU    WHAT
 francis  tty1    -             26Sep19 11days 0.04s  0.00s  /bin/sh  /usr/bi
 francis  pts/0   :0.0          17:55        0.00s  0.02s  0.00s   w
```

- 로그인 사용자 중 francis에 대한 정보를 출력한다.

```
$ w francis
 18:27:53 up 5 days, 13:35,  2 users,  load average: 0.00, 0.00, 0.00
 USER     TTY     FROM          LOGIN@      IDLE   JCPU   PCPU    WHAT
 francis  tty1    -             26Sep19 11days 0.04s  0.00s  /bin/sh  /usr/bi
 francis  pts/0   :0.0          17:55        0.00s  0.03s  0.00s   w francis
```

5) logname

① 설명

- 현재 로그인한 사용자의 로그인 이름을 출력한다.

② 주요 예제

- 현재 로그인 사용자는 francis이다.

```
$ logname
francis
```

6) id

① 설명

- 지정한 사용자의 사용자 정보와 그룹 정보를 출력하거나 현재 사용자의 정보를 출력한다.

② 형식

```
id [options] [username]
```

③ 옵션

-Z, --context	현재 사용자의 보안 컨텍스트 정보를 출력
-g, --group	이펙티브 그룹 ID(Effective Group ID)를 출력
-G, --groups	모든 그룹 ID를 출력
-n, --name	-u, -g, -G 옵션을 사용할 때 숫자 대신 이름으로 출력
-r, --real	-u, -g, -G 옵션을 사용할 때 이펙티브 ID(Effective ID) 대신에 리얼 ID(Real ID)를 출력
-u, --user	이펙티브 사용자 ID(Effective User ID)를 출력

④ 주요 예제

• 현재 사용자의 UID와 GID 등의 정보를 출력한다.

```
$ id
uid=500(francis) gid=500(francis) groups=500(francis),501(test) context=unconfined_u:unconfined_r:unconfined_
t:s0-s0:c0.c1023
```

• francis 사용자가 속한 그룹의 GID 대신 그룹 이름으로 출력한다.

```
$ id -Gn francis
francis test
```

7) groups

① 설명

• 특정 사용자나 현재 로그인한 사용자가 속한 그룹을 표시한다.

② 주요 예제

• 현재 로그인한 사용자는 francis, test 그룹에 속해 있다.

```
$ groups
francis test
```

• francis 사용자는 francis, test 그룹에 속해 있다.

```
$ groups francis
francis : francis test
```

8) lslogins

① 설명

- wtmp 및 btmp 로그를 바탕으로 시스템의 전체 사용자를 출력한다.
- 정보 취득을 위해 필요한 경우 /etc/shadow와 /etc/passwd 파일도 참조한다.

② 형식

lslogins [options]

③ 옵션

-a, --acc-expiration	마지막 패스워드 변경일과 만료날짜를 출력
-g, --groups	지정한 그룹의 정보를 출력
-L, --last	사용자의 마지막 로그인 정보를 출력
-u, --user-accs	시스템 사용자를 제외한 사용자의 정보를 출력

④ 주요 예제

- 모든 사용자의 정보를 출력한다.

```
$ lslogins
  UID    USER     PWD-LOCK    PWD-DENY      LAST-LOGIN     GECOS
  0      root                 Aug26/16:48   root
  1      bin                                bin
  2      daemon                             daemon
  3      adm                                adm
  4      lp                                 lp
  5      sync                               sync
  6      shutdown             Sep25/19:24   shutdown
  7      halt                               halt
  8      mail                               mail
  10     uucp                               uucp
  11     operator                                          operator
  12     games                                             games
  13     gopher                                            gopher
  14     ftp                                               FTP User
  29     rpcuser                                           RPC Service User
  32     rpc                                               Rpcbind Daemon
  38     ntp
```

42	gdm		
48	apache		Apache
68	haldaemon		HAL daemon
69	vcsa		virtual console memory owner
72	tcpdump		
74	sshd		Privilege-separated SSH
81	dbus		System message bus
89	postfix		
99	nobody		Nobody
113	usbmuxd		usbmuxd user
170	avahi-autoipd		Avahi IPv4LL Stack
173	abrt		
496	vboxadd		
497	saslauth		Saslauthd user
498	pulse		PulseAudio System Daemon
499	rtkit		RealtimeKit
500	francis	18:28:21 francis	
501	test	Aug26/17:09	
65534	nfsnobody		Anonymous NFS User

• 시스템 사용자를 제외한 사용자의 정보를 출력한다.

```
$ lslogins -u
```

UID	USER	PWD-LOCK	PWD-DENY	LAST-LOGIN	GECOS
0	root			Aug26/16:48	root
500	francis			18:28:21	francis
501	test			Aug26/17:09	
65534	nfsnobody				Anonymous NFS User

9) pwconv, pwunconv, grpconv, grpunconv

① 설명

- pwconv는 /etc/passwd로부터 /etc/shadow를 생성한다.
- pwunconv는 /etc/passwd와 /etc/shadow를 통해 /etc/passwd를 생성하고 /etc/shadow를 삭제한다.
- grpconv는 /etc/group로부터 /etc/gshadow를 생성한다.
- grpunconv는 /etc/group과 /etc/gshadow를 통해 /etc/group을 생성하고 /etc/gshadow를 삭제한다.

② 예제

- pwunconv를 하면 /etc/shadow는 지워지고 /etc/passwd의 패스워드 항목에 암호화된 패스워드가 설정된다.

```
$ sudo cat /etc/passwd |grep francis

francis:x:500:500:francis:/home/francis:/bin/bash

$ sudo pwunconv

$ sudo cat /etc/shadow

cat: /etc/shadow: No such file or directory

$ sudo cat /etc/passwd |grep francis

francis:$6$fKtHS4HcZAWFPX60$AddoPJ4TuiAVziJnPauQTpACfvhnielDgJ0aMo6mRLjiL91L4JhFnqzcroms7TKWzY

wjfMgc4AYtcU9Xtp4tn0:500:500:francis:/home/francis:/bin/bash
```

10) pwck, grpck

① 설명

- pwck는 /etc/passwd에 잘못된 내용이 있는지 점검하는 명령어이다.
- grpck는 /etc/group에 잘못된 내용이 있는지 점검하는 명령어이다.

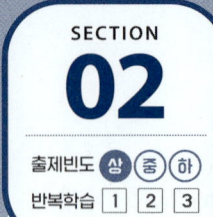
파일 시스템 관리

▶ 합격 강의

빈출 태그 ▶ ownership, permission, chmod, chown, umask, Set-UID, Set-GID, sticky bit,
hard link, symbolic link

🕐 파일 및 디렉터리 관리

1) 소유권(Ownership)과 허가권(Permission)

① 소유권과 허가권 확인하기

- 파일이나 디렉터리의 소유권과 허가권을 확인하기 위해서는 ls -l 옵션이나 ls -n 옵션을 사용한다.

```
$ ls -l loop.sh
-rw-rw-r--. 1 francis francis 68 Sep  2 21:22 loop.sh
```

- 출력 결과는 파일유형-허가권-소유권 순서로 구성된다.
  - 파일 유형은 출력 대상이 일반 파일인지, 디렉터리인지 등이 표시된다.
  - 허가권은 소유자·그룹·다른 사용자 허가권으로 구분하여 설정할 수 있으며, 각 소유자·그룹·다른 사용자에 대하여 파일이나 디렉터리에의 읽기(r)·쓰기(w)·실행(x) 권한으로 세분화하여 설정할 수 있다.
  - 소유권은 사용자 소유권과 그룹 소유권으로 나누어 표시된다.

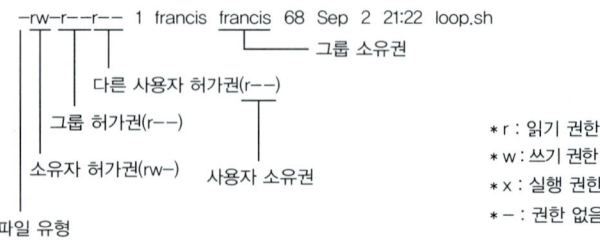

② 파일 유형

-	일반 파일
d	디렉터리
l	심볼릭 링크
b	블록 디바이스
c	캐릭터 디바이스
p	FIFO
s	소켓

③ 허가권(Permission)

- 허가권은 소유자 허가권, 그룹 허가권, 다른 사용자 허가권으로 구분된다.

소유자 허가권	파일이나 디렉터리를 소유한 사용자의 허가권을 의미
그룹 허가권	파일이나 디렉터리를 소유한 그룹의 허가권, 즉 그룹에 속한 사용자에 대한 허가권
다른 사용자 허가권	소유자나 그룹에 속하지 않은 사용자에 대한 허가권

- 소유자, 그룹, 다른 사용자에게 읽기, 쓰기, 실행 권한을 부여할 수 있다.

허가권	파일	디렉터리
읽기 권한(r)	파일의 내용을 확인하거나 복사할 수 있음	ls 명령어 등으로 디렉터리 내에 포함된 파일과 디렉터리를 확인 가능
쓰기 권한(w)	파일의 내용을 수정할 수 있음	디렉터리가 포함하고 있는 파일 등을 수정(생성·삭제)할 수 있음
실행 권한(x)	• 실행 가능한 파일이라면 파일을 실행할 수 있음 • 가령 읽기 권한과 실행 권한을 셸 스크립트에 부여하면 해당 스크립트를 실행할 수 있음	• 디렉터리 안으로 접근할 수 있는 권한 • 실행 권한이 없다면 cd 명령어로 디렉터리 안으로 들어갈 수 없음

④ 소유권(Ownership)

- 리눅스는 다수의 사용자가 공동으로 사용할 수 있는 멀티 유저 시스템이다. 따라서 각 파일이나 디렉터리를 소유할 사용자나 그룹을 지정함으로써 다수의 사용자 가운데 시스템의 리소스를 보호할 수 있다.

사용자 소유권	파일이나 디렉터리를 소유한 사용자
그룹 소유권	파일이나 디렉터리를 소유한 그룹, 즉 그룹에 속한 사용자가 소유권을 가짐

⑤ 허가권 변경하기

- 파일이나 디렉터리에 대한 허가권을 변경하기 위해 chmod 명령어를 사용할 수 있다. chmod는 기호(Symbolic)를 통하거나 8진수 숫자(Octal Number)를 통해 허가권을 변경할 수 있다.

기호 (Symbolic)	• 읽기는 'r', 쓰기는 'w', 실행은 'x'로 표기 • 권한의 추가는 '+', 삭제는 '−', 지정은 '='으로 표기 • 사용자 허가권은 'u', 그룹 허가권은 'g', 다른 사용자 허가권은 'o'로 표기하며, 특별히 'a'는 사용자, 그룹, 다른 사용자 모두를 의미
8진수 숫자 (Octal Number)	• 읽기는 '4', 쓰기는 '2', 실행은 '1', 권한을 주지 않으려면 '0'으로 표기 • 이들은 조합(+)으로 표현할 수 있음(⑩ 읽기 및 쓰기 퍼미션은 4+2하여 6으로 표현) • 8진수 중 4번째 자리는 특수 권한이고 3번째 자리는 사용자 허가권, 2번째 자리는 그룹 허가권, 1번째 자리는 다른 사용자 허가권을 의미 • 예를 들어 755라면 사용자 허가권은 읽기, 쓰기, 실행 권한을 모두 갖고 그룹과 다른 사용자 허가권은 읽기, 실행 권한을 가짐을 의미

• 형식

```
chmod [option] mode file(s)
```

• 옵션

-R, --recursive	특정 디렉터리 내의 파일과 디렉터리에 대하여 재귀적으로 허가권을 변경
-C, --changes	변경된 파일이나 디렉터리에 대한 자세한 정보를 출력
-f, --silent, --quite	대부분의 에러 메시지의 출력을 제한
--reference	모드 대신에 파일에 지정한 모드를 사용

• 예제

- myfile.txt의 사용자는 읽기, 쓰기 권한을 부여하고 그룹과 다른 사용자는 읽기 권한만 부여한다.

```
$ chmod 644 myfile.txt
```

- myfiles 디렉터리 이하의 모든 파일과 디렉터리에 대해 사용자는 읽기, 쓰기, 실행 권한을 부여하고 그룹과 다른 사용자는 읽기 및 실행 권한을 부여한다.

```
$ chmod -R 755 myfiles
```

- myfile.txt에 대하여 사용자에 대해 읽기 및 쓰기 권한을 부여한다.

```
$ chmod u=rw myfile.txt
```

- myscript.sh에 대하여 사용자는 읽기, 쓰기, 실행 권한을 부여하고 그룹과 다른 사용자는 읽기 및 실행 권한을 부여한다.

```
$ chmod 755 myscript.sh
```

- file.txt에 대하여 사용자, 그룹, 다른 사용자 모두에게 읽기, 쓰기 권한을 부여한다.

```
$ chmod a=rw file.txt
```

⑥ 사용자 및 그룹 소유권 변경하기

- 파일이나 디렉터리의 사용자 및 그룹의 소유권을 변경하기 위해 chown 명령어를 사용할 수 있다. 소유권 변경은 오직 루트 사용자만이 가능하다.
- 사용자 및 그룹의 소유권은 이름뿐 아니라 UID, GID를 의미하는 숫자로 지정이 가능하다.
- 형식

```
chown [options] owner[:group] file(s)
```

- 옵션

-R, --recursive	특정 디렉터리 내의 파일과 디렉터리에 대하여 재귀적으로 소유자를 변경
-C, --changes	변경된 파일이나 디렉터리에 대한 자세한 정보를 출력
-f, --silent, --quite	대부분의 에러 메시지의 출력을 제한
--reference	지정한 파일에 설정되어 있는 사용자와 그룹으로 소유자를 설정

- 예제
  - myfile.txt에 대하여 사용자 소유자를 myuser로 변경한다.

```
$ sudo chown myuser myfile.txt
```

  - myfile1.txt myfile2.txt myfile3.txt에 대하여 소유자를 myuser로 변경한다.

```
$ sudo chown myuser myfile1.txt myfile2.txt myfile3.txt
```

  - myfile.txt에 대하여 사용자는 myuser, 그룹은 mygroup으로 소유자를 변경한다.

```
$ sudo chown myuser:mygroup myfile.txt
```

  - myfiles 디렉터리 이하의 모든 파일 및 디렉터리에 대하여 사용자는 myuser, 그룹은 mygroup으로 소유자를 변경한다.

```
$ sudo chown -R myuser:mygroup myfiles
```

  - myfile.txt에 대하여 그룹 소유자만 mygroup으로 변경한다. 사용자 소유자는 변경되지 않고 유지된다.

```
$ sudo chown :mygroup myfile.txt
```

  - myfile.txt에 대하여 사용자는 UID가 2000으로 변경되고 그룹은 GID가 2001로 소유자가 변경된다.

```
$ sudo chown 2000:2001 myfile.txt
```

⑦ 그룹 소유권만 변경하기

- 파일이나 디렉터리의 그룹 소유권만 변경할 때는 chown 대신에 chgrp을 사용한다. chown은 루트 사용자만이 사용 가능했지만 chgrp는 본인이 소유한 파일에 대해 본인이 속한 그룹 내에서 소유권을 변경할 수 있다.

- 형식

```
chgrp [options] group file(s)
```

- 옵션

-R, --recusive	특정 디렉터리 내의 파일과 디렉터리에 대하여 재귀적으로 그룹 소유자를 변경
-c, --changes	변경된 파일이나 디렉터리에 대한 자세한 정보를 출력
-f, --silent, --quite	대부분의 에러 메시지의 출력을 제한
-h, --no-dereference	• 심볼릭 링크 자체의 파일 및 그룹의 소유권을 변경 • 이 옵션을 설정하지 않으면 심볼릭 링크가 가리키는 파일의 소유권을 변경

- 예제
  - blue.txt에 대하여 그룹을 colors로 변경한다.

```
$ chgrp colors blue.txt
```

  - color_files 디렉터리 이하 모든 파일과 디렉터리에 대하여 그룹을 colors로 변경한다.

```
$ chgrp -R colors color_files
```

⑧ 기본 허가권 변경하기

- 시스템상에 파일이나 디렉터리를 생성할 때 기본 허가권을 지정하기 위해 umask 명령을 사용한다. 리눅스의 기본 허가권 값은 파일의 경우 666(rw-rw-rw-)이고, 디렉터리의 경우 777(rwxrwxrwx)이다. 파일이나 디렉터리 생성 시, 이 값에서 umask에 설정된 마스크(Mask) 값을 뺀 결과값을 허가권으로 지정한다. 예를 들어 umask가 022라면 파일 생성 시 644(rw-r--r--)가 기본 허가권이 되고 디렉터리의 경우 755(rwxr-xr-x)가 된다.

- 형식

```
umask [option] [mask]
```

- 옵션

-S	umask 값을 숫자 대신 문자(Symbolic)로 표기

- 예제
  - 시스템상의 현재 umask값을 확인하기 위해서는 옵션 없이 명령어를 입력한다. 또는 −S 옵션을 사용하여 문자로 확인할 수 있다. 파일의 기본 허가권인 666에서 002를 뺀 664가 기호로 표기된다.

```
$ umask
0002
$ umask −S
u=rwx,g=rwx,o=rx
```

  - umask 설정 시 문자를 사용하여 설정할 수 있다. u는 사용자, g는 그룹, o는 다른 사용자를 뜻한다. 설정된 값을 umask로 다시 확인하면 0022와 동일함을 알 수 있다. 또한 임의의 파일을 생성하면 파일의 기본 허가권 666에서 설정된 umask값인 022를 뺀 644(rw−r−−r−−)가 설정되어 있음을 확인할 수 있다.

```
$ umask u=rwx,g=rx,o=rx
$ umask
0022
$ ls −l myfile
−rw−r−−r−−. 1 francis francis 0 Oct 22 08:56 myfile
```

2) 특수 권한(Special Permission)

① 특수 권한의 개요

- 지금까지 설명하였던 소유자 허가권, 그룹 허가권, 다른 사용자 허가권, 사용자 소유권, 그룹 소유권 그리고 읽기, 쓰기, 실행 권한만으로는 시스템을 운영할 때 한계가 있다. 이를 위해 Set−UID 권한 비트, Set−GID 권한 비트, 스티키 비트라는 특수 권한이 존재한다.

② Set−UID 권한 비트(Set User ID Bit)

- 파일에 Set−UID 비트가 설정되면 사용자가 파일을 실행했을 때, 해당 사용자의 권한이 아닌 파일의 소유자 권한으로 실행된다.
- 대표적인 예로 /usr/bin/passwd 프로그램은 root만이 읽기 가능한 /etc/shadow 파일에 접근할 수 있도록 설정되어 있다. 이 설정대로라면 일반 사용자는 passwd 프로그램을 사용하지 못한다. 그러나 passwd는 일반 사용자도 패스워드 변경을 위해 필요한 프로그램이기 때문에, Set−UID 비트를 설정하여 passwd를 실행할 때 임시로 루트의 권한으로 실행할 수 있도록 한다. ls 명령으로 확인해 보면 소유자 허가권에 'x' 대신 's'로 표기되어 있어 Set−UID 비트가 설정되었음을 알 수 있다.

```
$ ls -l /usr/bin/passwd
-rwsr-xr-x. 1 root root 25980 Nov 24  2015 /usr/bin/passwd
$ ls -l /etc/shadow
-r--------. 1 root root 1208 Oct  7 19:16 /etc/shadow
```

- 만약 실행 권한이 없는 파일에 Set-UID 비트를 설정하면 'S'로 표기된다.

```
$ ls -l select.sh
-rwSrw-r--. 1 francis francis 80 Sep  1 00:22 select.sh
```

- Set-UID 비트를 설정하기 위해 소유자 허가권(g)에 's'를 추가(+)하거나 문자 또는 숫자 방식 으로 설정할 수 있다. 숫자 방식으로 설정할 때는 가장 앞에 '4'를 붙인다.

```
$ chmod u+s hello.sh
$ chmod u=srwx,g=r,o=r hello.sh
$ chmod 4744 hello.sh
```

③ Set-GID 권한 비트(Set Group ID bit)

- 파일이나 디렉터리에 Set-GID 비트를 설정할 수 있다. 파일에 Set-GID를 지정하면 Set-UID와 비슷한 의미로 사용자의 그룹이 아닌 해당 파일의 그룹으로 실행한다.
- 디렉터리에 Set-GID를 지정하면 하나의 디렉터리를 두고 여러 사용자가 공동작업하기 편리 하다. 만약 Set-GID를 지정하지 않으면 여러 사용자가 공용 디렉터리에 파일이나 디렉터리 를 생성할 경우 각 사용자의 소유자와 그룹을 따르기 때문에 공동작업을 하기 어렵다. 그러나 공용 디렉터리에 Set-GID를 지정하면 해당 디렉터리에 파일이나 디렉터리를 생성하더라도 공용 디렉터리의 그룹으로 생성되기 때문에 공동작업이 가능해진다.
- Set-GID 비트를 설정하기 위해 그룹 허가권(g)에 's'를 추가(+)하거나 문자 또는 숫자 방식으 로 설정할 수 있다. 숫자 방식으로 설정할 때는 가장 앞에 '2'를 붙인다. Set-GID도 Set-UID 와 마찬가지로 실행 권한이 없는 파일이나 디렉터리에 설정할 경우 'S'로 표기된다.

```
$ chmod g+s hello.sh
$ chmod u=rwx,g=sr,o=r hello.sh
$ chmod 2744 hello.sh
```

④ 스티키 비트(Sticky Bit)

- 스티키 비트는 디렉터리에만 적용 가능하다. 모든 사용자가 모두 접근 가능하도록 특정 디렉 터리에 모든 권한(rwxrwxrwx)을 지정할 수 있다. 하지만 이런 경우 사용자 누구라도 해당 디 렉터리를 지울 수 있기 때문에 보안 결점이 발생한다. 이때 누구나 접근 가능한 디렉터리이지 만 삭제는 원하지 않을 때 스티키 비트를 사용한다. 스티키 비트를 디렉터리에 지정하면 누구 나 그 안에 디렉터리나 파일을 생성할 수는 있지만, 삭제는 오직 그 파일을 소유한 사용자만 가능하다.

- 스티키 비트의 가장 대표적인 예로 /tmp 폴더가 있다. 권한이 모든 사용자, 그룹, 다른 사용자에게 읽기, 쓰기, 실행 권한이 있지만 스티키 비트 't'가 설정되어 있다. 따라서 /tmp 디렉터리 내의 디렉터리나 파일은 각 파일이나 디렉터리의 소유자만 삭제할 수 있고 다른 사용자는 삭제할 수 없다.

```
$ ls -ld /tmp/
drwxrwxrwt. 19 root root 4096 Oct 22 23:14 /tmp/
```

- 스티키 비트를 추가하기 위해서 문자 방식인 경우 't'를 사용하고 숫자 방식인 경우 '1'을 사용한다.

```
$ chmod o+t dir1
$ chmod 1777 dir1
```

3) 파일 링크(File Link)

① 파일 링크 개요

- 리눅스에는 윈도우의 바로가기 기능과 같이 시스템에 이미 존재하는 파일에 대한 포인터를 갖는 파일 링크 기능을 제공한다.
- 리눅스의 파일 링크에는 크게 하드 링크(Hard Link)와 심볼릭 링크(Symbolic Link)가 있다.
  - 하드 링크는 해당 파일의 아이노드를 가리키고, 심볼릭 링크는 해당 파일의 경로를 가리킨다.
  - 하드 링크의 경우 대상 파일이 사라지더라도 해당 파일에 대한 참조가 0이 아니기 때문에 삭제되지 않으므로 링크를 통해 실제 파일에 접근이 가능하다.
  - 심볼릭 링크는 소프트 링크(Soft Link)라고도 한다.
  - 심볼릭 링크의 경우 단순히 경로만을 참조하므로, 대상 파일이 삭제되면 심볼릭 링크는 존재하지 않는 파일을 가리키게 된다.
- 스티키 비트를 설정하지 않으면서 디렉터리를 공용으로 사용하고자 한다면, 하드 링크를 사용하는 것도 하나의 방법일 수 있다. 하드 링크의 특성상 대상 파일을 삭제하더라도 하드 링크가 동일한 아이노드를 가리킴으로써 실제 대상 파일에 접근할 수 있기 때문이다.
- 심볼릭 링크는 라이브러리의 업그레이드 시 용이하다. 아래 lib 디렉터리의 libudev.so.0을 보면 실제 libudev.so.0.5.1을 가리키고 있다. 애플리케이션이 libudev.so.0.5.1을 직접 가리키는 것보다 libudev.so.0이라는 파일 링크를 참조한다면, 라이브러리를 libudev.so.0.6.0으로 업데이트하더라도 애플리케이션의 수정이 필요치 않다. 단순히 libudev.so.0의 파일 링크를 libudev.so.0.6.0으로 변경하면 되기 때문이다.

```
$ ls -l /lib/libudev*
lrwxrwxrwx. 1 root root    16 Aug 11 16:59 /lib/libudev.so.0 -> libudev.so.0.5.1
-rwxr-xr-x. 1 root root 60160 Sep  6  2016 /lib/libudev.so.0.5.1
```

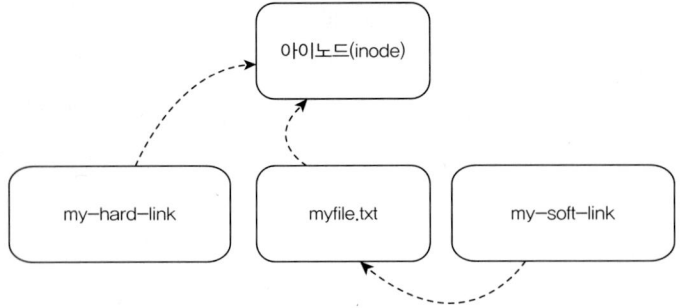

② 하드 링크(Hard Link)

- 동일한 파일 시스템 내에서만 하드 링크를 생성할 수 있다.
- 디렉터리를 링크할 수 없다.
- 하드 링크는 대상 파일과 동일한 아이노드 번호와 허가권을 가진다.
- 대상 파일의 허가권을 변경하면 하드 링크의 허가권도 변경된다.
- 하드 링크는 대상 파일과 동일한 아이노드 번호를 갖기 때문에 대상 파일을 옮기거나 삭제하더라도 대상 파일을 참조할 수 있다.
- ln 명령어를 통하여 하드 링크를 생성할 수 있다. ls -lia 명령어를 사용하여 대상 파일과 하드 링크의 아이노드값이 675802로 동일한 것을 확인할 수 있다.

```
$ln source.file hardlink.file

$ ls -lia *.file

675802 -rw-rw-r--. 2 francis francis 0 Oct 23 20:47 hardlink.file

675802 -rw-rw-r--. 2 francis francis 0 Oct 23 20:47 source.file
```

③ 심볼릭 링크(Symbolic Link)

- 심볼릭 링크를 생성할 때 원본 파일과 대상 파일이 서로 다른 파일 시스템에 위치하여도 무방하다.
- 디렉터리에 대한 심볼릭 링크를 생성할 수 있다.
- 심볼릭 링크와 대상 파일은 아이노드 번호와 파일 허가권이 다르다.
- 심볼릭 링크의 허가권이 변경되더라도 대상의 허가권이 변경되지 않는다.
- 심볼릭 링크는 대상 파일의 아이노드가 아닌 대상 파일의 경로만을 참조한다.
- ln -s 명령어를 사용하여 심볼릭 링크를 생성할 수 있다. softlink.file과 sorce.file의 아이노드 번호가 다름을 알 수 있고 '->' 기호를 통하여 심볼릭 링크가 어떤 파일을 가리키는지 정보도 출력하고 있다. 마지막으로 생성한 심볼릭 링크의 허가권은 rwxrwxrwx이지만 실제 대상 파일의 허가권은 이와 다른 rw-rw-r--이다.

```
$ ls -lia *.file

675802 -rw-rw-r--. 2 francis francis  0 Oct 23 20:47 hardlink.file

675801 lrwxrwxrwx. 1 francis francis 11 Oct 23 20:49 softlink.file -> source.file

675802 -rw-rw-r--. 2 francis francis  0 Oct 23 20:47 source.file
```

4) 디렉터리 관리

① pwd

- 현재 파일 시스템상 어떤 디렉터리에 있는지 출력한다. 이 디렉터리를 보통 작업 디렉터리 (Working Directory)라고 부른다.
- pwd는 셸에 내장된 명령어와 bin 디렉터리에 위치한 외부 명령어, 2가지가 있다. 현재 사용하고 있는 pwd가 무엇인지 알기 위해서는 type 명령어를 사용한다.

```
$ type pwd
pwd is a shell builtin
$ type /bin/pwd
/bin/pwd is /bin/pwd
```

- 현재 작업 디렉터리를 확인하기 위해서는 옵션 없이 명령어를 입력하면 된다.

```
$ pwd
/home/francis
```

② cd

- 작업 디렉터리를 변경하기 위해 사용한다. 디렉터리 변경 시 상대 경로, 절대 경로, 현재 경로, 부모 경로, 홈 디렉터리, 이전 디렉터리 등으로 이동할 수 있다.
- '/' 는 루트 디렉터리를 뜻한다. 디렉터리가 '/'로 시작하면 루트 디렉터리를 기점으로 생성된 경로를 의미하고 이를 절대 경로라 부른다. 절대 경로를 통해 디렉터리 변경이 가능하다.

```
$ pwd
/tmp
$ cd /home/francis/Documents
$ pwd
/home/francis/Documents
```

- '/'로 시작하지 않으면 현재 디렉터리를 기점으로 경로를 생성한다. 이를 상대 경로라고 한다. 상대 경로를 통해 디렉터리 변경이 가능하다.

```
$ pwd
/home
$ cd francis/Documents
$ pwd
/home/francis/Documents
```

- '..'는 부모 디렉터리를 의미한다. 만약 /home/francis/Documents에서 cd .. 명령을 사용하면 /home/francis가 된다.

```
$ pwd
/home/francis/Documents
$ cd ..
$ pwd
/home/francis
```

- '.'는 현재 디렉터리를 의미한다. 명령을 수행하더라도 현재 디렉터리에서 현재 디렉터리의 이동이므로 변화가 없다.

```
$ pwd
/home/francis/Documents
$ cd .
$ pwd
/home/francis/Documents
```

- '~'는 현재 로그인한 계정의 홈 디렉터리를 나타낸다. 다음과 같이 홈 디렉터리를 일일이 타이핑할 필요 없이 간단히 홈 디렉터리로 이동 가능하다.

```
$ cd ~/Documents
$ pwd
/home/francis/Documents
```

- '−'은 이전 디렉터리를 나타낸다.

```
$ pwd
/home/francis
$ cd Documents
$ pwd
/home/francis/Documents
$ cd −
/home/francis
```

③ mkdir
- 파일 시스템상 디렉터리를 생성하는 명령어이다.
- 형식

```
mkdir [option] directory …
```

- 옵션

– m, – – mode	• 디렉터리 생성 시 설정할 허가권을 지정 • 허가권의 형식은 chmod 명령어의 허가권 설정 방식과 동일
– p, – – parents	디렉터리 생성 시 상위 디렉터리도 필요하다면 생성

- 예제
  - photos 디렉터리를 생성한다.

```
$ mkdir photos
```

  - photos, papers, data 디렉터리를 한 번에 생성한다.

```
$ mkdir photos papers datas
```

  - photos 디렉터리를 생성할 때 albums 디렉터리가 존재하지 않으면 함께 생성한다.

```
$ mkdir -p ./albums/photos
```

  - photos 디렉터리를 생성할 때 파일 허가권은 777로 지정한다.

```
$ mkdir –m 777 photos

또는

$ mkdir –m u=rwx,g=rwx,o=rwx photos
```

④ rmdir

- 파일 시스템상 비어 있는 디렉터리를 삭제하는 명령어이다. 디렉터리가 비어있지 않다면 삭제되지 않고 디렉터리 내의 다른 빈 디렉터리만이 삭제된다. rm –d 명령어와 기능상 동일하다. 만약 비어 있지 않은 디렉터리를 삭제하고 싶다면 rm 명령어에 –r 옵션을 사용한다.
- 형식

```
rmdir [option] directory …
```

- 옵션

– p	• 지정한 경로 중 가장 아래 디렉터리부터 상위 디렉터리로 거슬러 올라가면서 삭제 • 디렉터리가 비어 있으면 삭제하고 비어 있지 않으면 삭제하지 않고 멈춤

- 예제
  - mydir1 디렉터리를 삭제한다. 이 디렉터리는 비어 있어야 한다.

```
$ rmdir mydir1
```

  - mydir1과 mydir2 디렉터리를 모두 삭제한다.

```
$ rmdir mydir1 mydir2
```

– mydir3, mydir2, mydir1 순서로 디렉터리를 제거한다. 단, 디렉터리는 비어 있어야 하고, 비어 있지 않으면 해당 디렉터리는 삭제되지 않고 멈춘다.

```
$ rmdir −p mydir1/mydir2/mydir3
```

5) 파일 관리

① ls

• 지정한 경로에 존재하는 파일과 디렉터리의 리스트를 출력한다. 또한 파일의 크기, 소유자, 수정한 시간 등 다양한 정보도 함께 보여 준다. 옵션을 지정하지 않으면 현재 디렉터리에 존재하는 파일 및 디렉터리를 알파벳 순으로 목록을 출력한다.

• 형식

ls [option] file …

• 옵션

− a, − − all	숨겨진 파일 즉 '.'으로 시작하는 파일도 모두 출력
− F, − − classify	• 파일명마다 파일의 유형을 뜻하는 문자를 붙여 줌 • '@'는 심볼릭 링크, '*'는 실행 파일, '='는 소켓, '|'는 파이프(Named Pipe), '/'는 디렉터리를 의미
− l	파일이나 디렉터리 각각 한 줄씩 자세한 정보를 출력
− d, − − directory	디렉터리에 포함된 파일이나 디렉터리가 아닌 디렉터리 자체에 대한 정보를 출력
− t	마지막 수정 시간을 최신 기준으로 정렬하여 출력
− u	−lt 옵션과 주로 함께 사용하며 마지막 수정 시간 대신 접근 시간을 출력
− i, − − inode	각 파일의 아이노드 번호를 출력
− r, − − reverse	정렬 순서를 반대로 함 예 알파벳 순서로 정렬되고 있다면 알파벳 역순으로 출력 예 마지막 수정 시간의 최신 기준으로 정렬되고 있다면 오래된 항목부터 출력할 것임
− R, − − recursive	목록 중 디렉터리가 존재한다면 그 안의 파일 목록도 출력
− S	파일 크기 기준으로 정렬
− 1	한 줄에 하나의 항목만 출력

- 예제
  - 현재 경로의 파일과 디렉터리를 모두 출력한다. 각 파일과 디렉터리의 허가권, 디렉터리 내의 파일 개수, 소유자, 그룹, 파일 크기, 마지막 수정 시간, 파일명 또는 디렉터리명이 출력된다.

```
$ ls -l
-rwxr-xr-x. 1 francis francis   30  Aug 31 21:49  hello.sh
-rwxr-xr-x. 1 francis francis   68  Sep  2 21:22  loop.sh
-rwxr-xr-x. 1 francis francis   35  Aug 31 21:57  my-name-is.sh
-rwxr-xr-x. 1 francis francis   32  Aug 31 18:59  run.sh
-rwxr-xr-x. 1 francis francis   80  Sep  1 00:22  select.sh
drwxr-xr-x. 2 francis francis 4096  Aug 11 17:52  Videos
```

  - 숨겨진 파일을 포함한 모든 파일을 출력하고 각 파일과 디렉터리는 파일 유형을 뜻하는 문자를 붙여 준다. 아래의 예제를 보면 파일 유형인 경우 '*'로 표시하고 디렉터리인 경우 '/'로 표시한다.

```
$ ls -alF
drwxr-xr-x. 36 francis francis 4096  Oct 23 22:11  ./
drwxr-xr-x.  5 root    root    4096  Sep 23 18:32  ../
-rwxr-xr-x.  1 francis francis   30  Aug 31 21:49  hello.sh*
-rwxr-xr-x.  1 francis francis   68  Sep  2 21:22  loop.sh*
-rwxr-xr-x.  1 francis francis   35  Aug 31 21:57  my-name-is.sh*
-rwxr-xr-x.  1 francis francis   32  Aug 31 18:59  run.sh*
-rwxr-xr-x.  1 francis francis   80  Sep  1 00:22  select.sh*
drwxr-xr-x.  2 francis francis 4096  Aug 11 17:52  Videos/
```

  - Videos 디렉터리 자체의 정보를 보여 주고 있다. '-d' 옵션을 주지 않으면 해당 디렉터리 내부의 파일과 디렉터리 항목을 출력한다.

```
$ ls -ld Videos
drwxr-xr-x. 2 francis francis 4096 Aug 11 17:52 Videos
```

  - '-i' 옵션을 사용하면 Videos의 아이노드 번호를 추가로 출력한다.

```
$ ls -ldi Videos
149779 drwxr-xr-x. 2 francis francis 4096 Aug 11 17:52 Videos
```

② cp
- 지정한 파일이나 디렉터리를 복사하는 명령어이다. 일반 다른 명령어와 달리 파일 복사가 성공한 경우 아무런 출력이 없으며, 출력 결과를 확인하고 싶으면 '-v' 옵션을 사용해야 한다.

- 또한 파일 복사 시 이미 존재하는 경우 기본적으로 덮어쓰기가 된다. 이를 원치 않을 경우 '-i' 옵션을 사용한다.
- 형식

```
cp [option] source … destination
```

- 옵션

-r, -R, --recursive	디렉터리 내의 파일이나 디렉터리도 복사
-i, --interactive	존재하는 파일을 덮어쓰기 전에 사용자에게 확인을 받음
-f, --force	이미 존재하는 파일에 덮어쓸 수 없는 경우 해당 파일을 삭제 후 다시 복사를 시도
-b	대상 파일이 이미 존재할 때 기존의 파일명 뒤에 '~'를 붙여 백업
-s, --symbolic-link	- 파일을 복사하는 대신에 심볼릭 링크를 생성 - 단, 모든 소스 파일은 절대 경로여야 하고 대상 경로는 현재 디렉터리가 아니어야 함
-p	- 허가권, 사용자 소유권, 그룹 소유권, 마지막 파일 접근 시간과 수정 시간을 보존하여 복사 - 이 옵션을 사용하지 않으면 현재 사용자의 정보가 사용됨
-v, --verbose	항목의 정보를 상세히 출력
-d	심볼릭 링크가 참조하는 파일이 아닌 심볼릭 링크 자체를 복사
-a, --archive	- 복사할 때 원본 파일이 갖고 있는 모든 정보를 유지하여 복사 - '-dR --preserve=ALL'과 동일
-l, --link	파일을 복사하지 않고 하드 링크를 생성
-u, --update	원본 파일이 대상 파일보다 최신이거나 대상 파일이 존재하지 않을 때 복사

- 예제
  - 현재 작업 경로의 resume.doc를 같은 경로에 myresume.doc로 복사한다. 동일한 파일이 존재하면 사용자 확인 없이 덮어쓴다.

```
$ cp resume.doc myresume.doc
```

  - 홈 디렉터리의 resume.doc를 /tmp 경로로 복사한다.

```
$ cp ~/resume.doc /tmp
```

  - 홈 디렉터리의 Documents 디렉터리의 모든 docx 파일과 scores.xls과 readme.txt를 홈 디렉터리의 SendTo 경로로 복사한다.

```
$ cp ~/Documents/*.docx ~/Documents/scores.xls ~/Documents/readme.txt ~/SendTo
```

- 홈 디렉터리의 Documents 의 모든 파일, 디렉터리뿐만 아니라 그 하위 디렉터리까지 모두 복사한다. '-r' 옵션을 사용하여도 동일하다.

```
$ cp -R ~/Documents ~/DocumentsBackup
```

- library-10.so 에 대한 심볼릭 링크를 library.so 파일명으로 생성한다.

```
$ cp -s library-10.so library.so
```

- /home/francis의 모든 파일과 디렉터리의 모든 속성을 유지하면서 /backup 디렉터리에 복사한다.

```
$ cp -a /home/francis/*  /backup/
```

③ rm

- 지정한 파일을 삭제하는 명령어이다. 옵션을 사용하지 않으면 디렉터리는 지우지 않는다. 디렉터리를 삭제하려면 '-r' 또는 '-R' 옵션을 사용해야 한다.
- rm 명령어는 파일 시스템상에서 파일 이름과 실제 데이터와의 링크를 제거할 뿐 데이터 자체를 지우지는 않는다.
- 윈도우의 휴지통과 같은 임시 저장소로 이동하는 것이 아니므로 파일을 삭제할 때 유의해야 한다.
- 형식

```
rm [option] file …
```

- 옵션

-i	삭제하기 전에 사용자의 확인을 받음
-f, --force	파일이 존재하지 않더라도 무시
-r, -R, --recursive	디렉터리와 그 이하의 파일 및 디렉터리를 모두 삭제

- 예제
  - 만약 파일에 '-'를 포함한다면 파일 이름이 아닌 옵션으로 잘못 해석할 수 있기 때문에 삭제 시 '--'를 파일 이름 전에 기입해야 한다. 또는 '.'를 통해 경로를 지정하거나 절대 경로를 사용하는 것도 하나의 방법이다.

```
$ rm -- -dashfile.txt
또는
$ rm ./-dashfile.txt
```

– photo.jpg를 삭제한다. 만약 photo.jpg가 쓰기 보호(Write Protect)가 된 상태라면, 사용자에게 삭제 여부를 확인한 후 삭제한다.

```
$ rm photo.jpg
```

– photo.jpg를 삭제한다. 만약 photo.jpg가 쓰기 보호가 된 상태라도 삭제할 수 있다면 사용자 알림 없이 삭제한다.

```
$ rm -f photo.jpg
```

– 현재 경로의 모든 파일을 삭제 시도한다. 삭제하기 전에 사용자에게 확인을 받는다.

```
$ rm -i *
```

– 홈 디렉터리의 photos 디렉터리의 모든 파일 및 디렉터리 그리고 각 디렉터리 이하의 모든 내용까지 삭제한다. 이때 쓰기 보호 파일이 있더라도 사용자에게 묻지 않고 모두 삭제하므로 주의하여 사용해야 한다.

```
$ rm -rf ~/photos
```

➕ 더 알기 TIP

shred 명령어

• rm 명령어는 파일 시스템상 실제 데이터를 지우지는 않는다. 다만 파일 이름과 데이터 간의 링크를 제거하고 해당 파일의 크기만 큼 디스크의 가용 용량을 수정할 뿐이다. 만약 데이터까지 지우고 싶다면 shred 명령을 사용한다. shred 명령은 추후에 데이터를 재생할 수 없도록 다른 데이터로 덮어쓴다.

• file.txt를 삭제한다. 그리고 데이터를 복구할 수 없도록 일련의 방식으로 데이터를 여러 번 덮어쓴다.

```
$ shred -u file.txt
```

④ mv

• 지정한 파일이나 디렉터리를 지정한 경로로 이동하거나 이름을 변경할 수 있다.

• 형식

```
mv [option] source … destination
```

• 옵션

-I, --interactive	파일의 허가권과 관계 없이 존재하는 파일을 덮어쓰기 전에 사용자에게 확인을 받음
-f, --force	– 사용자 확인 없이 해당 파일이 이미 존재하더라도 덮어씀 – 다수의 파일을 이동할 때 기존의 파일이 읽기 전용인 경우, 해당 옵션을 사용하면 사용자에게 매번 확인을 받을 필요가 없기 때문에 유용함
-b	– 대상 파일이 이미 존재하는 경우, 덮어쓰기 전에 백업 파일을 만듦 – 백업 파일의 파일명은 원본 파일명 뒤에 '~'가 붙음

−u, −−update	−대상 파일이 최신인 경우, 덮어쓰지 않음 −즉 대상 파일이 오래되거나 존재하지 않으면 덮어씀
−t, −−target− directory	모든 원본 파일을 지정한 경로로 이동

• 예제
 − musicbox가 디렉터리라면 music.mp3를 musicbox 안에 복사한다. 그렇지 않고 파일이라면 music.mp3를 musicbox로 이름을 변경하여 덮어쓴다. 만약 존재하지 않는 파일이면 이름을 변경한다.

```
$ mv music.mp3 musicbox
```

 − 지정한 3개의 파일은 musicbox 디렉터리로 이동한다.

```
$ mv music.mp3 spring.mp3 fall.mp3 musicbox
```

 − −t 옵션을 지정하면 이동할 대상 디렉터리를 지정할 수 있다. 아래는 3개의 파일을 musicbox 디렉터리로 이동하고 있다.

```
$ mv −t musicbox music.mp3 spring.mp3 fall.mp3
```

 − 현재 경로의 musicbox 디렉터리를 musics 디렉터리로 이름을 변경한다.

```
$ mv musicbox/ musics/
```

⑤ touch
• 파일의 마지막 접근 시간(Access Time), 수정 시간(Modification Time), 변경 시간(Change Time)과 같은 파일스탬프 정보를 수정하는 명령어이다. 파일이 없는 경우 빈 파일을 생성한다.
• 형식

```
touch [option] filename
```

• 옵션

−a	atime만 변경
−m	mtime만 변경
−t	− 이 옵션을 사용하면 현재 시간 대신에 지정한 타임스탬프를 설정할 수 있음 − 타임스탬프의 형식은 [[CC]YY]MMDDhhmm[.ss] − 타임스탬프를 미래나 과거로 임의로 변경하려면 쓰기 권한이 필요하고 파일의 소유자여야 함
−r, −−reference	− 현재 시간이 아닌 지정한 파일의 타임스탬프로 변경 − 이 옵션을 사용하려면 옵션으로 지정한 파일에 대한 쓰기 권한 및 소유자여야 함
−c, −−no−create	파일을 생성하지 않음

- 예제
  - 파일이 존재하면 atime, mtime, ctime을 현재 시스템 시간으로 변경한다. 파일이 존재하지 않으면 빈 파일을 생성한다.

```
$ touch file.txt
```

  - 파일이 존재하는 경우에만 파일스탬프를 현재 시스템 시간으로 변경하고 존재하지 않으면 빈 파일을 생성하지 않는다.

```
$ touch -c file.txt
```

  - file.txt의 atime만 변경한다. mtime은 변경되지 않고 ctime은 atime이 변경되었기 때문에 변경될 것이다. 파일이 존재하지 않으면 생성한다.

```
$ touch -a file.txt
```

  - file1.txt의 atime 및 mtime으로 file2.txt의 타임스탬프 정보를 변경한다.

```
$ touch -r file1.txt file2.txt
```

  - file.txt의 mtime을 2021년 10월 25일 오후 5시 00분으로 변경한다.

```
$ touch -m -t 202110251700 file.txt
```

➕ 더 알기 TIP

리눅스에서는 다음 3가지의 타임스탬프를 관리한다.

유형	설명	축약어
접근 시간(Access Time)	파일을 읽은 마지막 시간	atime
수정 시간(Modification Time)	파일의 내용이 변경되었던 마지막 시간	mtime
변경 시간(Change Time)	• 파일의 허가권과 같은 상태가 변경되었던 시간 • atime과 mtime도 파일의 상태가 포함되므로 이들이 변경되면 ctime도 변경됨	ctime

⑥ file
- 파일의 유형을 확인하는 명령어이다.
- 형식

```
file [option] filename
```

- 옵션

-b, --brief	파일명은 출력하지 않고 파일 유형만 출력

- 예제
  - a.txt의 파일 유형은 ASCII 텍스트이다.

```
$ file a.txt
a.txt: ASCII text
```

  - −b 옵션을 사용하면 파일명이 나오지 않는다.

```
$ file a.txt
ASCII text
```

⑦ find
- 파일이나 디렉터리의 이름, 생성 날짜, 수정 날짜, 소유자, 허가권 등 사용자가 지정한 조건에 부합하는 파일 시스템에 존재하는 파일과 디렉터리를 찾는 명령어이다.
- 옵션

− name	• 패턴과 파일 이름과 부합하는 파일을 찾음 • 파일 이름은 파일 경로는 제외
− user	지정한 사용자가 소유한 파일을 찾음
− group	지정한 그룹에 속한 파일을 찾음
− uid	파일의 UID가 지정한 UID와 같은 파일을 찾음
− gid	파일의 GID가 지정한 GID와 같은 파일을 찾음
− perm	• 지정한 허가권과 일치하는 파일을 찾음 • 만약 지정한 특정 비트 모두 일치하는 파일을 찾고자 하는 경우 '−'를 사용하고, 지정한 특정 비트 중 하나라도 일치하는 파일을 찾고자 하는 경우 '/' 를 사용 • 예전에는 '/'가 아닌 '+'를 사용하였지만 현재는 사용하지 않음(Deprecated) 예 − perm 666 → 허가권이 rw−rw−rw−과 정확히 일치하는 파일 − perm −u=w,g=w → 사용자 허가권과 그룹 허가권에 모두 쓰기 권한이 있는 파일 − perm /u=w,g=w → 사용자 허가권이나 그룹 허가권 중 하나라도 쓰기 권한이 있는 파일

− type	지정한 파일 유형인 파일을 찾음	
	b	블록 장치 파일
	c	캐릭터 장치 파일
	d	디렉터리
	p	파이프
	f	파일
	l	심볼릭 링크
	s	소켓

− atime	파일의 마지막 접근 시간이 지정한 일(Day) 이전의 파일을 찾음

−ctime	파일의 마지막 변경 시간이 지정한 일(Day) 이전의 파일을 찾음
−mtime	파일의 마지막 수정 시간이 지정한 일(Day) 이전의 파일을 찾음
−exec	패턴에 부합하는 파일을 찾을 때마다 실행할 명령어를 지정할 수 있음
−ok	−exec 옵션과 동일한 기능을 수행하지만 사용자에게 명령을 수행할지 먼저 물어 봄
−print	• 표준 출력으로 개행 문자로 종료하는 전체 파일 경로를 출력 • find 명령어의 결과를 파이프로 다른 프로그램에게 보낼 때 해당 프로그램이 경로의 끝을 개행 문자로 인식하는 경우 유용함 • 만약 널(Null) 문자로 끝나기를 원한다면 −print0을 사용
−fprint	• 지정한 파일에 찾은 파일의 전체 파일 경로를 출력 • 지정한 파일이 없다면 생성하고, 존재한다면 합침
−ls	ls −dils 형식으로 찾은 파일에 대한 정보를 출력
−size	• 지정한 크기의 파일을 찾음 • '+'와 '−'를 사용하여 파일 크기의 범위를 지정할 수 있음 • 예를 들어 −size +512c −size −1024c라고 하면 512바이트보다는 크고 1024보다는 작은 범위를 뜻하는데, 여기서 'c'는 바이트(Byte)를 뜻함 • 그 외 단위는 아래와 같음 <table><tr><td>b</td><td>512바이트 블록(기본값)</td></tr><tr><td>c</td><td>바이트(Bytes)</td></tr><tr><td>w</td><td>워드(Words)</td></tr><tr><td>k</td><td>킬로바이트(Kilo Bytes)</td></tr><tr><td>M</td><td>메가바이트(Mega Bytes)</td></tr><tr><td>G</td><td>기가바이트(Giga Bytes)</td></tr></table>
−inum	지정한 아이노드 번호의 파일을 찾음
−iname	−name과 동일하지만 대소문자를 구분하지 않음
−maxdepth	• 지정한 깊이의 디렉터리까지만 찾음 • 0으로 지정하면 하위 디렉터리까지 찾지는 않고 지정한 디렉터리 내의 파일과 디렉터리만 찾음
−prune	찾은 파일이 디렉터리인 경우 그 하위 내용까지 검색하지 않음
−empty	파일의 크기가 0이거나 비어있는 디렉터리를 찾음
−newer	지정한 파일보다 최근에 수정된 파일을 찾음
−cnewer	지정한 파일보다 최근에 변경된 파일을 찾음

- 예제
  - 옵션을 사용하지 않거나 현재 경로 '.'를 지정하면 현재 경로의 파일 및 디렉터리 그리고 그 이하의 모든 파일과 디렉터리를 출력한다.

  ```
  find
  또는
  find .
  ```

  - 현재 경로와 /home/francis 그리고 /home/chris의 모든 파일과 디렉터리 그 이하의 모든 내용을 출력한다.

  ```
  find . /home/francis /home/chris
  ```

  - 현재 경로에서 확장자가 zip인 모든 파일을 찾는다. 여기서 '-iname'을 사용한다면 대소문자를 구문하지 않는다.

  ```
  find . -name '*.zip'
  ```

  - 파일 유형이 파일이고 파일 이름이 'apple'인 파일을 찾는다.

  ```
  find . -name 'apple' -type f
  ```

  - 그룹이 데몬인 파일과 디렉터리를 현재 경로에서 찾는다.

  ```
  find . -group daemon
  ```

  - 사용자 소유권이 francis인 파일을 찾는다.

  ```
  find . -user francis
  ```

  - 파일 접근 시간이 5일 이상된 파일과 디렉터리를 찾는다. '+5'가 아닌 '-5'로 설정한다면 5일 이내의 파일과 디렉터리를 찾는다.

  ```
  find . -atime +5
  ```

  - 현재 경로에서 허가권이 rwxr-xr--인 파일을 찾는다. 또는 허가권을 숫자로 설정할 수 있다.

  ```
  find . -perm u=rwx,g=rx,o=r
  또는
  find . -perm 754
  ```

– 파일 크기가 5GB 이내의 파일을 찾는다.

```
find . –size –5G
```

– 파일 크기가 1GB 이상인 파일을 찾으면 홈 디렉터리의 bigfiles 경로로 이동한다.

```
find . –size +1G –exec mv '{}' ~/bigfiles ₩;
```

– 파일 이름이 '.log'로 끝나는 파일을 찾아 파일을 삭제한다.

```
find . –name '*.log' –print0 | xargs –0 rm –f
```

– 정규식 표현으로 패턴을 지정할 수 있다. 파일 이름이 a와 b와 c로 시작하는 파일을 찾는다.

```
find . –name '[abc]*'
```

– 마지막 변경시간이 하루에서 이틀 사이인 파일을 찾는다.

```
find . –ctime +1 –ctime –2
```

6) 텍스트 관련 명령어

① cat

• 텍스트 파일의 내용을 보거나 텍스트 파일을 다른 새로운 파일로 복사하거나 또는 기존의 텍스트 파일과 합치는 기능을 수행한다.

• 형식

```
cat [option] file
```

• 옵션

– b, – – number – nonblank	빈 줄을 제외하고 행 번호를 붙임
– n, – – number	모든 줄에 행 번호를 붙임
– E, – – show – ends	각 줄의 끝에 '$'를 표시
– T, – – show – tabs	탭 문자를 '^'로 표시
– v, – – show – nonprinting	인쇄 불가한 문자도 표시
– A, – – show – all	–vET 명령어와 동일함
– s, – – squeeze – blank	반복되는 빈 줄은 무시

• 예제
  – 파일을 읽어서 화면에 출력한다.

```
$ cat readme.txt
또는
$ cat < readme.txt
```

  – 두 파일을 모두 화면에 출력한다.

```
$ cat readme.txt readme2.txt
```

  – readme.txt를 읽어서 newreadme.txt를 생성한다. 이미 존재한다면 덮어쓴다.

```
$ cat readme.txt > newreadme.txt
```

  – readme.txt를 읽어서 another—readme.txt의 뒷부분에 붙인다. 만약 존재하지 않으면 생성한다.

```
$ cat readme.txt >> another—readme.txt
```

② head
• 지정한 파일의 앞 부분을 출력한다. 옵션을 지정하지 않는다면 첫 10줄을 출력한다.
• 형식

```
head [option] file
```

• 옵션

– n, – – lines	– 출력할 줄 수를 지정 – 만약 숫자 앞에 '–'를 붙이면 모두 출력하되 지정한 수만큼 마지막에 출력하지 않음
– c, – – byte	– 출력한 바이트 수를 지정 – 만약 숫자 앞에 '–'를 붙이면 모두 출력하되 지정한 바이트 수만큼 마지막에 출력하지 않음

• 예제
  – readme.txt를 읽어 처음 10줄만 보여 준다(기본값).

```
$ head readme.txt
```

  – readme.txt를 읽어 처음 5줄만 보여 준다.

```
$ head –n 5 readme.txt
또는
$ head –5 readme.txt
```

– readme.txt를 읽어 마지막 5줄만 제외하고 모두 출력한다.

```
$ head -n -5 readme.txt
```

③ tail

- 지정한 파일의 끝 부분을 출력한다. 옵션을 지정하지 않는다면 10줄만 출력한다. 보통 로그 파일이나 실시간 이벤트 확인 시 최근의 정보를 확인할 때 유용하다.
- 형식

```
tail [option] file
```

- 옵션

– n, – – lines	파일의 마지막에서 지정한 줄만큼 출력
– c, – – bytes	파일의 마지막에서 지정한 바이트 수만큼 출력
– f, – – follow	– 새로운 데이터가 들어올 때까지 모니터링함 – 데이터가 추가되면 출력하기를 반복

- 예제
  - readme.txt의 마지막 10줄을 출력한다(기본값).

```
tail readme.txt
```

  - readme.txt의 마지막 5줄을 출력한다.

```
tail -n 5 readme.txt
```

  - readme.txt의 마지막 10줄을 출력하고 새로운 줄이 추가되기를 모니터링한다.

```
tail -f readme.txt
```

➕ 더 알기 TIP

tail 명령어를 사용하여 로그 모니터링하기
- 특정 IP에 대한 로그가 발생하는지 모니터링하기 위한 명령어 예시이다.
- access.log 파일의 갱신을 모니터링하다가 192.168.100.100 IP 주소에 대한 로그가 추가되면 해당 내용을 출력한다.

```
$ tail -f access.log | grep 192.168.100.100
```

---

④ more

- 텍스트 파일의 내용이 많을 때 한 페이지씩 보여 주는 명령어이다.
- 형식

```
more [option] file
```

• 옵션

−num	스크린에 한 번에 보여 줄 줄 수를 설정

• 예제
  − /etc/passwd 파일을 읽어서 화면에 출력한다.

```
$ more /etc/passwd
```

  − /etc/passwd 파일을 읽어서 한 화면에 10줄씩 보여 준다.

```
$ more −10 /etc/passwd
```

  − /etc/passwd 파일을 읽어서 한 화면씩 보여 준다.

```
$ cat /etc/passwd | more
```

⑤ less

• more 명령어와 같이 텍스트의 파일 내용을 페이지 단위로 보여 주는 명령어이다. more 명령어와 달리 다양한 옵션을 제공한다. 또한 vi 명령어와 같이 프로그램 시작 전 텍스트 파일을 모두 읽어 메모리에 올리지는 않기 때문에 프로그램 시작이 빠르다. 커서(Cursor) 키를 사용하여 상하좌우 화면 이동이 가능하고 vi에서 사용하는 익숙한 명령어도 사용이 가능하다.

• 형식

```
less [option] file
```

• 옵션

−c, −−clear−screen	화면을 지우고 최상단부터 결과를 출력
−s, −−squeeze−blnak− lines	연속된 빈 줄을 합쳐 하나의 빈 줄로 만듦
−e	− 파일 끝에서 한 번 더 파일 끝으로 이동하면 자동으로 프로그램이 종료됨 − 기본 동작은 'q' 명령어를 입력해야 종료됨
−N	줄마다 행 번호를 함께 출력

• 예제
  − 지정한 파일을 한 페이지씩 출력한다.

```
$ less /var/log/yum.log
```

  − 지정한 파일을 각 줄마다 행 번호를 붙여 한 페이지씩 출력한다.

```
$ less −N /var/log/yum.log
```

– 지정한 파일의 80줄부터 한 페이지씩 출력한다.

```
$ less +80 /var/log/yum.og
```

⑥ grep

- 텍스트 파일을 한 줄씩 읽어서 지정한 패턴과 일치하는 문자열을 보여주는 명령어이다.
- 형식

```
grep [option] pattern file …
```

- 옵션

− b, − − byte − offset	– 지정한 패턴과 일치하는 줄의 offset을 줄 앞에 출력 – 만약 −o 옵션과 함께 사용하면 패턴과 일치하는 위치마다 offset을 출력
− c, − − count	패턴과 일치하는 줄이 몇 줄인지 표시
− h, − − no−filename	파일 이름을 출력하지 않음
− I, − − ignore− case	패턴과 입력 파일 모두 대소문자를 구분하지 않음
− n, − − line−number	출력 결과에 1부터 시작하는 행 번호를 붙임
− v, − − invert−match	패턴과 매칭되지 않는 항목을 출력
− w, − − word− regexp	패턴과 한 단어가 일치하는 줄을 출력
− x, − − line− regexp	패턴과 전체 줄과 일치할 때 출력
− l, − − files−with−matches	정상적인 파일 출력 대신에 파일 이름을 출력
− r, − − recursive	지정한 디렉터리의 모든 파일에 대하여 패턴을 찾음
− o, − − only− matching	패턴과 일치하는 부분만 출력
− E, − − extended−regexp	패턴을 확장 정규식으로 사용
− F, − − fixed− strings	패턴을 고정된 문자열의 리스트로 사용

- 예제
  - /etc/passwd에서 francis 문자열을 찾는다. 또는 cat 명령어와 파이프를 통해 grep에게 파일의 내용을 보내 패턴을 찾을 수도 있다.

```
$ grep francis /etc/passwd
또는
$ cat /etc/passwd | grep francis
```

– 루트의 www 디렉터리 이하의 모든 파일에서 francis 문자열을 찾는다.

```
$ grep -r francis /www/
```

– 지정한 파일에서 francis와 정확히 일치하는 단어가 있는 경우 출력한다. 가령 'francisco'라는 단어가 포함되어 있는 줄이 있더라도 'francis'와는 일부는 매칭되지만 단어 전체가 매칭되지 않아 결과가 출력되지 않는다.

```
$ grep -w francis /etc/passwd
```

– /etc/passwd에 'francis'와 일치하는 줄이 몇 줄인지 출력한다.

```
$ grep -c francis /etc/passwd
```

– /etc/ 디렉터리에 지정한 패턴과 일치하는 파일의 이름을 모두 출력한다.

```
$ sudo grep -lr francis /etc
[sudo] password for francis:
/etc/mtab
/etc/gshadow-
/etc/shadow
/etc/passwd
/etc/cups/subscriptions.conf.O
/etc/passwd.OLD
/etc/group
/etc/gshadow
/etc/group-
/etc/fstab
/etc/passwd-
/etc/shadow-
/etc/sudoers
```

– 정규표현식으로 패턴을 지정하였다. 소문자 a~z를 포함하는 줄을 모두 출력한다.

```
$ grep "[a-z]" readme
```

➕ 더 알기 TIP

정규표현식(Regular Expression)

특정한 규칙을 가진 문자열의 집합을 표현하는 일종의 형식 언어로, 주로 문자열 검색 및 치환할 때 사용한다.

.	하나의 문자와 매칭
a*	a라는 문자가 없거나 a, aa, aaa 등 여러 개일 수 있음 ⑩ 가령 ca*r의 경우 cr, car, caar, caaar 등이 매칭됨

[abc]	어떤 문자열이라도 a, b, c 중 하나라도 포함하면 매칭됨
[^abc]	어떤 문자열이 a, b, c를 포함하고 있지 않으면 매칭됨
[a-zA-Z]	a~z 또는 A~Z의 문자열만 매칭됨
th(e|is|at)	the, this, that과 같은 문자열과 매칭됨
'^pattern'	지정한 패턴으로 줄이 시작하는 경우 매칭됨
'pattern$'	지정한 패턴으로 줄이 끝나는 경우 매칭됨
'₩<pattern'	지정한 패턴으로 단어가 시작하는 경우 매칭됨
'pattern₩>'	지정한 패턴으로 단어가 끝나는 경우 매칭됨

⑦ wc
- 지정한 파일에 대해 단어, 개행문자, 문자의 개수 등을 셀 수 있는 명령어이다.
- 형식

```
wc [option] file …
```

- 옵션

−l, −−lines	줄 수를 셈
−w, −−words	단어의 개수를 셈
−c, −−bytes	바이트 수를 셈
−L, −−max−line−length	가장 긴 줄의 길이를 출력

- 예제
  - /etc/passwd는 36줄이고 55개의 단어 1706개의 문자로 구성되어 있다.

```
$ wc /etc/passwd
  36   55 1706 /etc/passwd
```

  - /etc/passwd의 줄수는 36이다.

```
$ wc −l /etc/passwd
36 /etc/passwd
```

  - /etc/passwd의 가장 긴 줄은 79이다.

```
$ wc −L /etc/passwd
79 /etc/passwd
```

⑧ sort

- 텍스트 파일을 한 줄씩 읽어서 정렬하는 프로그램이다.
- 형식

```
sort [option] file
```

- 옵션

− b, − − ignore − leading − blanks	공백은 무시
− d, − − dictionay − order	오직 공백과 알파벳 문자만을 대상으로 정렬
− f, − − ignore − case	대소문자 구분을 하지 않음
− r, − − reverse	정렬 결과를 반대로 출력
− o, − − output	출력 결과를 지정한 파일에 저장
− c, − − check	입력값이 정렬되어 있는지 체크하나, 실제 정렬하지는 않음
− n, − numeric − sort	숫자를 문자가 아닌 숫자 값으로 정렬
− u, − − unique	줄이 중복되면 처음 하나만 출력
− M, − − month − sort	월 표시 문자를 인식하여 정렬 ◍ 가령 'JAN' 〈 'FEB' 〈 … 〈 'DEC'와 같은 순으로 정렬됨
− t, − − field − separator	이 옵션을 통해 필드 구분자를 변경할 수 있음(기본값은 공백)
− k, − − key	정렬할 필드를 정함

- 예제
  - person.txt를 정렬한다.

```
$ cat person.txt
02 Francis Sr.Developer
01 Chris Sr.Manager
03 John Sr.Developer
04 Evan Jr.Developer
bash−4.1$ sort person.txt
01 Chris Sr.Manager
02 Francis Sr.Developer
03 John Sr.Developer
04 Evan Jr.Developer
```

– person.txt를 정렬하고 결과는 반대로 출력한다.

```
$ sort -r person.txt
04 Evan Jr.Developer
03 John Sr.Developer
02 Francis Sr.Developer
01 Chris Sr.Manager
```

– person.txt를 정렬하고 person_sort.txt 파일에 저장한다.

```
$ sort -r person.txt -o person_sort.txt
04 Evan Jr.Developer
03 John Sr.Developer
02 Francis Sr.Developer
01 Chris Sr.Manager
```

– person.txt를 3번째 필드 기준으로 정렬한다.

```
$ sort -k 3 person.txt
04 Evan Jr.Developer
02 Francis Sr.Developer
03 John Sr.Developer
01 Chris Sr.Manager
```

– person.txt를 3번째 필드 3번째 글자 이후를 기준으로 정렬한다.

```
$ sort -k 3.3 person.txt
02 Francis Sr.Developer
03 John Sr.Developer
04 Evan Jr.Developer
01 Chris Sr.Manager
```

– 2번째 필드의 첫 번째, 두 번째 글자를 기준으로 정렬한다.

```
$ sort -k 2.1,2.2 person.txt
01 Chris Sr.Manager
04 Evan Jr.Developer
02 Francis Sr.Developer
03 John Sr.Developer
```

⑨ cut

- 텍스트 파일을 한 줄 또는 여러 줄을 잘라낼 수 있는 명령어이다.
- 형식

```
cut [option] file …
```

- 옵션

- c, -- characters	각 줄의 문자를 선택
- f, -- fields	각 줄의 필드를 선택
- d, -- delimiter	필드 구분자를 변경(기본값은 TAB)

- 예제
  - scores.txt를 생성하여 3번째 필드를 출력한다.

```
$ cat > scores.txt
francis         evan        conner      kay
90              60          90          100
bash-4.1$ cut -f 3 scores.txt
conner
90
```

  - 1, 2번째 필드를 출력한다.

```
$ cut -f 1-2 scores.txt
francis         evan
90              60
```

  - 각 줄에서 3개 글자만 출력한다.

```
$ cut -c 1-3 scores.txt

fra

90
```

⑩ split

- 파일을 고정 크기의 여러 파일로 분할하는 명령어이다.
- 형식

```
split [option] file [file_name]
```

- 옵션

- b, -- bytes	각 파일당 저장할 크기를 지정
- C, -- line-bytes	각 파일당 행의 크기를 주어진 값이 맞춰서 씀
- l, -- lines	각 파일당 줄 수를 지정

- 예제
  - /etc/passwd를 10줄씩 나눠서 파일을 분리한다. 분리된 파일의 이름을 지정하지 않아 x로 시작하는 xaa, xab, xac, xad 파일로 분리되었고 각각은 10줄, 10줄, 10줄, 6줄로 분리되었다.

```
$ split -l 10 /etc/passwd
$ ls x*
xaa  xab  xac  xad
$ wc -l /etc/passwd
36 /etc/passwd
$ wc -l xaa
10 xaa
bash-4.1$ wc -l xab
10 xab
bash-4.1$ wc -l xac
10 xac
bash-4.1$ wc -l xad
6 xad
```

  - /etc/passwd를 1024바이트 단위로 분리하여 newpasswd로 시작하는 이름으로 저장하였다. 총 2개의 파일로 분리되었는데, 첫 번째 파일은 크기가 1024바이트이고, 2번째 파일은 682바이트이다.

```
$ split -b 1024 /etc/passwd newpasswd
bash-4.1$ ls -l newpasswd*
-rw-rw-r--. 1 francis francis 1024 Oct 27 15:14 newpasswdaa
-rw-rw-r--. 1 francis francis  682 Oct 27 15:14 newpasswdab
```

02 파일 시스템 관리 및 복구

1) 파일 시스템 생성

① 파일 시스템 생성의 개요

- 하드디스크를 새롭게 추가하거나 기존의 하드디스크 중 아직 사용하지 않는 영역이 있다면 파일 시스템을 설정하여 정보를 저장하는 데 사용할 수 있다.
- fdisk -l을 통해 하드디스크가 시스템에 정상적으로 인식되었는지 확인하고, 마찬가지로 fdisk를 통해 파티션을 생성할 수 있다. mkfs 명령어로 원하는 파일 시스템으로 포맷한 뒤, mount 명령어로 시스템상 마운트할 수 있다. 시스템 리부팅 후에도 계속 마운트가 유지될 수 있도록 /etc/fstab 파일에 파일 시스템을 등록한다.

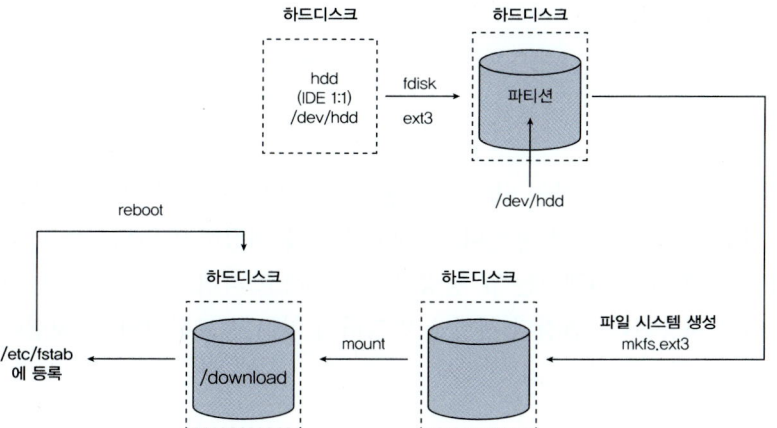

② fdisk를 통한 파티션 관리

- 디스크상에서 파티션을 생성, 삭제, 수정할 수 있는 명령어이다.
- 형식

fdisk [option] device

- 옵션

−l	• 지정한 디스크의 파티션 정보를 출력 • 만약 디스크를 설정하지 않으면 /proc/partitions의 장치의 파티션 정보를 출력
−b	섹터당 크기를 설정하며, 512, 1024, 2048, 4096 중 하나를 선택할 수 있음
−s	파티션의 크기를 출력하며 단위는 block임

- 예제
  - /dev/sda/ 장치의 파티션 정보를 출력한다. /dev/sda1과 /dev/sda2, 2개의 파티션이 존재한다.

```
$ sudo fdisk −l /dev/sda


Disk /dev/sda: 16.1 GB, 16106127360 bytes

255 heads, 63 sectors/track, 1958 cylinders

Units = cylinders of 16065 * 512 = 8225280 bytes

Sector size (logical/physical): 512 bytes / 512 bytes

I/O size (minimum/optimal): 512 bytes / 512 bytes

Disk identifier: 0x00023bbc

    Device    Boot      Start        End      Blocks       Id      System
   /dev/sda1    *          1         64      512000       83       Linux
   Partition 1 does not end on cylinder boundary.
   /dev/sda2              64       1959    15215616       8e       Linux LVM
```

- /dev/sda1의 크기는 512000이다.

```
$ sudo fdisk -s /dev/sda1
512000
```

- 파티션을 생성하고자 하는 장치를 지정하여 fdisk를 실행한다. 파티션 생성 시에는 'n' 명령어를 사용하고 삭제할 때는 'd' 명령어를 사용한다. 변경된 설정을 저장하기 위해서는 'w'를 사용한다. 파티션 정보를 확인하기 위해서는 'p' 명령어를 사용하고 파티션의 속성을 변경하기 위해서는 't' 명령어를 사용한다. 변경된 사항을 반영하지 않고 종료하려면 'q' 명령어를 사용한다.

```
$ sudo fdisk /dev/sda
WARNING: DOS-compatible mode is deprecated. It's strongly recommended to
        switch off the mode (command 'c') and change display units to
        sectors (command 'u').
Command (m for help): m
Command action
    a   toggle a bootable flag
    b   edit bsd disklabel
    c   toggle the dos compatibility flag
    d   delete a partition
    l   list known partition types
    m   print this menu
    n   add a new partition
    o   create a new empty DOS partition table
    p   print the partition table
    q   quit without saving changes
    s   create a new empty Sun disklabel
    t   change a partition's system id
    u   change display/entry units
    v   verify the partition table
    w   write table to disk and exit
    x   extra functionality (experts only)
```

③ mkfs를 통한 파일 시스템 생성

- mkfs는 일반적으로 하드디스크를 사용할 수 있도록 파일 시스템을 생성하는 명령어이다.
- 형식

```
mkfs [option] device
```

- 옵션

−t, −−type	파일 시스템의 유형을 지정하는데, 지정하지 않으면 기본값인 ext2가 사용됨
−c	파일 시스템을 생성하기 전에 배드블록을 체크

- 예제
    - /dev/sda2를 ext4 파일 시스템으로 생성한다.

```
$ sudo mkfs −t ext4 /dev/sda2
```

④ mke2fs를 통한 파일 시스템 생성

- mke2fs 명령어는 파일 시스템을 실제로 생성하는 명령어이다. mkfs도 내부적으로는 mke2fs 명령어를 호출한다.
- 형식

```
mke2fs [option] device
```

- 옵션

−j	− 저널링 파일 시스템인 ext3로 생성 − 이 옵션을 사용하기 위해서는 커널이 ext3를 지원해야 함
−t	− 생성할 파일 시스템 유형을 지정 − ext2, ext3, ext4와 같은 파일 시스템을 지정할 수 있고 이 옵션을 사용하지 않으면 /etc/mke2fs.conf에 지정된 기본값을 사용함
−b	− 블록 사이즈를 지정할 수 있음 − 블록 사이즈는 블록당 1024, 2048, 4096 중 하나
−E	− 파일 시스템에 대한 확장 옵션을 설정할 수 있음 − 이전 버전은 −R 옵션을 사용했는데, 호환성을 유지하기 위해 여전히 −R 옵션도 사용할 수 있음 − 확장 옵션의 예시로 RAID를 위한 "stride=stride−size", "stripe−width=strip−width" 등이 있음
−T	− 블록 크기, 아이노드 크기, 파일 시스템 기능 등 파일 시스템의 파라미터를 지정할 수 있는 옵션 − /etc/mke2fs.conf을 통해 설정된 파일 시스템 파라미터를 옵션으로 입력할 수 있음 − 보통 small, floppy, news, largefile, largefile4 등이 미리 설정되어 있고 임의로 추가하거나 제거할 수도 있음

• 예제

    − /dev/sda2 장치를 저널링 파일 시스템인 ext3로 생성한다.

```
$ sudo mke2fs −j /dev/sda2
```

    − /dev/sda2 장치를 저널링 파일 시스템인 ext3로 생성하고, 블록 사이즈는 2048로 한다. 스트라이프당 블록 사이즈를 32로 지정한다.

```
$ sudo mke2fs −j −b 2048 −E stride=32 /dev/sda1
```

    − /dev/sda2 장치를 저널링 파일 시스템인 ext3로 생성하고, 파일 시스템의 유형을 largefile로 설정한다.

```
$ sudo mke2fs −j −T largefile /dev/sda2
```

✚ 더 알기 TIP

mkfs.xfs

• mkfs −t xfs 명령어를 사용하거나 mkfs.xfs 명령어를 사용하여 xfs 파일 시스템을 생성할 수 있다.
• 예제

    −/dev/sda2 장치를 xfs 파일 시스템으로 생성하기

```
# mkfs.xfs /dev/sda2
```

    −/dev/sda2 장치를 xfs 파일 시스템으로 생성하고 저널 관련 로그는 다른 장치(/dev/sdb)에 생성하기

```
# mkfs.xfs  −l logdev=/dev/sdb, size=1000b /dev/sda2
```

⑤ mount를 통해 시스템에 장착

• mount 명령어는 하드디스크 전체나 특정 파티션을 현재 존재하는 파일 시스템의 디렉터리 구조에 붙여서 접근 가능하게 하는 명령어이다.

• 형식

```
mount [option] [device] [directory]
```

• 옵션

−a, −−all	/dev/fstab에 명시된 모든 파일 시스템을 마운트할 때 사용하는 명령어
−t, −−types	− 파일 시스템의 유형을 지정 − msdos, vfat, ntfs, ext2, ext3, ext4, xfs, iso9660, smbfs, cifs, nfs, udf와 같은 파일 시스템 유형을 지정할 수 있음 − −t 옵션을 사용하지 않거나 auto로 설정하면 커널이 /etc/filesystems 등을 참고하여 파일 시스템 유형을 추정 − 파일 시스템 유형에 'no'라고 붙이면 해당 파일 시스템은 제외할 수 있음
−o, −−options	− 파일 시스템 마운트 시 옵션을 추가할 수 있음 − 옵션은 여러 개 입력 가능하며 콤마(,)로 구분 − 예를 들어 ro는 읽기 전용으로 마운트하고 rw는 읽기쓰기용으로 마운트

• 예제

– 현재 시스템에 마운트된 모든 장치의 정보를 출력한다.

```
$ mount
/dev/mapper/VolGroup-lv_root on / type ext4 (rw)
proc on /proc type proc (rw)
sysfs on /sys type sysfs (rw)
devpts on /dev/pts type devpts (rw,gid=5,mode=620)
tmpfs on /dev/shm type tmpfs (rw,rootcontext="system_u:object_r:tmpfs_t:s0")
/dev/sda1 on /boot type ext4 (rw)
/dev/sdb5 on /home/francis/tmp type ext4 (rw)
none on /proc/sys/fs/binfmt_misc type binfmt_misc (rw)
```

– 현재 시스템에 마운트 장치 중 xfs 파일 시스템의 정보를 출력한다.

```
$ mount -t xfs
/dev/mapper/rl-root on / type xfs (rw,relatime,seclabel,attr2,inode64,logbufs=8,logbsize=32k,noquota)
/dev/nvme0n1p1 on /boot type xfs (rw,relatime,seclabel,attr2,inode64,logbufs=8,logbsize=32k,noquota)
```

– /etc/fstab에 정의된 모든 파일 시스템을 마운트한다.

```
$ sudo mount -a
```

– msdos와 ext 파일 시스템을 제외한 모든 파일 시스템을 마운트한다.

```
$ mount -a -t nomsdos,ext
```

– /dev/cdrom 장치를 /mnt 디렉터리에 마운트한다. 읽기 전용이며 파일 시스템의 유형은 iso9660로 지정한다.

```
$ mount -t iso9660 -o ro /dev/cdrom /mnt
```

– ISO 이미지인 linux.iso를 /mnt/linux에 마운트한다. 이를 위해선 loop 옵션을 추가해야 한다.

```
$ mount -o loop linux.iso /mnt/linux
```

mount 명령어의 추가 옵션 설정하기

mount 명령어의 −o 옵션을 통해 추가 옵션을 부여할 수 있다. 이 옵션은 파일 시스템과 관계없이 사용할 수 있는 옵션과 파일 시스템 전용 옵션으로 구분할 수 있다.

구분	옵션	설명
공통	ro	읽기 전용 마운트를 수행
	rw	읽기, 쓰기용 마운트를 수행
	atime과 noatime	• noatime은 파일 시스템상에 파일 접근 시 접근 시간 변경을 하지 않음 • atime은 noatime 기능을 사용하지 않음을 뜻함
	auto과 noauto	• auto는 자동으로 파일 시스템을 마운트할 수 있음을 뜻함 • noauto는 마운트할 파일 시스템을 명시적으로 지정해야 함을 의미
	remount	마운트를 해제했다가 다시 마운트
ext2, ext3	acl	파일 시스템에서 제공하는 접근 제어 리스트(Access Control List)를 사용하여 마운트할 때 사용
fat	blocksize	• 블록 크기를 512, 1024, 2048 중 하나로 지정 • 기본값은 512
	fat	• FAT12, FAT16, FAT32인지 지정 • 숫자값만 12, 16, 32 중 하나를 지정할 수 있음
iso9660	block	• 블록 크기를 지정 • 512, 1024, 2048 중 하나의 값을 지정할 수 있음(기본값은 1024)
loop	loop	• iso 이미지 등 파일을 파일 시스템에 마운트할 때 /dev/loopX의 루프 장치를 사용할 수 있음 • −o loop로 지정하면 현재 시스템에서 사용할 수 있는 루프 장치가 자동으로 선택되며, −o loop=/dev/loop3과 같이 명시할 수도 있음
cifs	username	파일 시스템 접근을 위한 사용자명을 입력
	password	파일 시스템 접근을 위한 비밀번호를 입력
	domain	파일 시스템 접근을 위한 도메인을 입력

⑥ unmount를 통해 시스템 해제

• unmount 명령어는 mount 명령어로 마운트했던 파일 시스템을 해제할 때 사용하는 명령어이다.

• 형식

```
unmount [option] device
unmount [option] directory
```

• 옵션

−a	/etc/mtab에 설정된 모든 파일 시스템을 언마운트
−t	지정한 유형의 파일 시스템만 언마운트

• 예제
  − /etc/mtab 파일을 통해 현재 마운트되어 있는 파일 시스템의 정보를 확인한다.

```
$ cat /etc/mtab
/dev/mapper/VolGroup-lv_root / ext4 rw 0 0
proc /proc proc rw 0 0
sysfs /sys sysfs rw 0 0
devpts /dev/pts devpts rw,gid=5,mode=620 0 0
tmpfs /dev/shm tmpfs rw,rootcontext="system_u:object_r:tmpfs_t:s0" 0 0
/dev/sda1 /boot ext4 rw 0 0
/dev/sdb5 /home/francis/tmp ext4 rw 0 0
none /proc/sys/fs/binfmt_misc binfmt_misc rw 0 0
```

  − /etc/mtab에 지정된 모든 파일 시스템을 언마운트한다.

```
$ sudo unmount -a
```

  − ext4 파일 시스템만 언마운트한다.

```
$ sudo unmount -t ext4
```

  − /dev/sda1 장치를 언마운트한다.

```
$ sudo unmount /dev/sda1
```

  − /dev/francis/tmp에 마운트된 장치를 언마운트한다.

```
$ sudo unmount /dev/francis/tmp
```

⑦ eject를 통한 미디어 꺼내기

• 지정한 장치의 미디어를 꺼내는 명령어이다. 장치 파일의 이름이나 마운트된 위치 또는 장치의 전체 경로를 통해 지정할 수 있다. 이름을 지정하지 않고 사용하면 기본적으로 cdrom이 사용된다. eject 명령어를 사용하면 자동으로 언마운트하는 효과가 있다.

• 형식

```
eject [device]
eject [directory]
```

- 예제
  - 기본 장치의 미디어를 꺼낸다.

```
eject
```

  - 아래와 같이 장치명을 입력하거나 마운트된 경로를 입력하여 미디어를 꺼낼 수 있다. 아래
    는 cdrom 장치에서 미디어를 꺼낸다.

```
eject cdrom
또는
eject /dev/cdrom
또는
eject /mnt/cdrom
```

⑧ /etc/fstab를 통한 영구 마운트 설정

- /etc/fstab 파일은 리눅스 파일 시스템의 마운트 위치 및 마운트 옵션에 대한 정보를 담고 있는
  중요한 파일이다. 리눅스가 부팅할 때 이 파일의 정보에 따라 파일 시스템을 자동으로 마운트
  한다. mount, umount, fsck 등의 명령어가 이 파일을 참조하며 총 6개의 필드로 구성되어 있다.

```
$ cat /etc/fstab


#
# /etc/fstab
# Created by anaconda on Sun Aug 11 19:13:59 2019
#
# Accessible filesystems, by reference, are maintained under '/dev/disk'
# See man pages fstab(5), findfs(8), mount(8) and/or blkid(8) for more info
#
/dev/mapper/VolGroup-lv_root /                      ext4      defaults         1  1
UUID=084c6feb-0a54-42c2-b386-1502a02474e1 /boot     ext4      defaults         1  2
/dev/mapper/VolGroup-lv_swap swap                   swap      defaults         0  0
tmpfs                   /dev/shm                    tmpfs     defaults         0  0
devpts                  /dev/pts                    devpts    gid=5,mode=620   0  0
sysfs                   /sys                        sysfs     defaults         0  0
proc                    /proc                       proc      defaults         0  0
```

- 첫 번째 필드 : 블록 디바이스
  - 마운트할 블록 디바이스 장치를 지정한다. 해당 장치는 보통 /dev 디렉터리 이하에 위치한다. 예를 들어 sda 장치의 첫 번째 파티션은 /dev/sda1이다. 다른 방법으로 LABEL 또는 UUID를 사용할 수 있다. 특히 UUID는 시스템 전역적으로 유일한 이름을 보장받을 수 있어 선호된다.
- 두 번째 필드 : 마운트 위치
  - 파일 시스템상 마운트 위치를 뜻한다. 이 디렉터리를 통해 블록 디바이스에 접근할 수 있다.
- 세 번째 필드 : 파일 시스템 유형
  - 블록 디바이스나 파일 시스템에 대한 유형을 뜻한다. 운영체제가 지원하는 유형을 사용할 수 있다. 보통 sdb 디바이스의 파일 시스템 유형은 ext2, ext3, ext4 등을 지정할 수 있다. 삼바와 같은 원격 블록 디바이스의 경우 cifs를 지정하고 네트워크 파일 시스템의 경우 nfs를 지정한다.
- 네 번째 필드 : 마운트 옵션
  - 마운트할 때 사용할 옵션을 뜻한다. 파일 시스템에 관계없이 사용할 수 있는 공통 옵션과 파일 시스템마다 다른 옵션을 사용할 수 있다. 기본값을 사용하기 위해서는 defaults를 사용한다. defaults 값은 rw, Set-UID, dev, exec, auto, nouser, async를 뜻한다.
- 다섯 번째 필드 : 덤프 여부
  - dump 프로그램에 의해 백업되어야 하는지 정한다. 0이면 백업되지 않고 1이면 백업된다.
- 여섯 번째 필드 : 파일 시스템 점검
  - 부팅 시 파일 시스템을 점검할 순서를 지정한다. 보통 루트 파일 시스템은 1로 지정하여 가장 빨리 점검하고, 나머지 파일 시스템은 2로 지정하여 그 다음에 수행할 수 있도록 한다. 0이면 해당 파일 시스템은 점검하지 않는다.

2) 파일 시스템 점검

① fsck(File System Consistency Check)

- 파일 시스템을 점검하고 손상된 영역을 복구하는 명령어이다. 부팅할 때 특정 조건이 되면 fsck를 실행한다. 가령 파일 시스템이 데이터의 일관성이 깨졌음을 의미하는 더티(Dirty) 상태이거나 파일 시스템 없이 여러 번 마운트되었다면 fsck를 실행한다.
- 형식

```
fsck [option] device
```

• 옵션

-a	사용자 확인 없이 파일 시스템을 자동으로 복구
-r	– 파일 시스템을 복구할 때 사용자의 확인을 받음 – 다수의 fsck 명령어를 동시에 실행 중일 때 이 옵션을 사용하는 것은 불편함
-A	/etc/fstab 파일에 정의된 모든 파일 시스템에 대하여 점검을 수행
-P	–A 옵션과 함께 사용할 때 루트 파일 시스템과 그 외 파일 시스템을 병렬로 점검
-R	–A 옵션과 함께 사용할 때 루트 파일 시스템의 점검을 제외
-N	실제 처리 없이 어떤 명령을 수행하는지 보여줌
-s	– fsck의 동작을 직렬화함 – 다수의 파일 시스템을 대화형으로 점검할 때 유용함
-t	– 점검할 파일 시스템의 유형을 지정 – 만약 –A 옵션을 설정하고 –t 옵션을 설정하면 모든 파일 시스템 중 지정한 유형의 파일 시스템만 점검

• 예제
  – fsck는 언마운트된 상태에서 수행해야 한다. 단일 사용자 모드(실행 레벨 1)로 변경하고 언마운트한다.

```
$ sudo init 1
# umount /dev/sda1
```

  – sda2 파티션을 점검한다.

```
$ sudo fsck /dev/sda2
```

  – /dev/fstab에 정의된 모든 파일 시스템을 점검한다.

```
$ sudo fsck –A
```

② e2fsck
• fsck 명령어의 확장형으로 ext2, ext3, ext4 파일 시스템을 점검하는 명령어이다.
• 형식

```
e2fsck [option] device
```

- 옵션

−n	사용자의 모든 확인을 'no'로 응답
−y	사용자의 모든 확인을 'yes'로 응답
−c	배드블록(Bad Block)을 찾아 해당 아이노드에 파일이나 디렉터리를 할당하지 않음
−f	파일 시스템 손상이 없더라도 일단 점검을 수행

- 예제
  - /dev/sdb1에 대하여 파일 시스템을 점검할 때 사용자 질의는 자동으로 yes로 답한다.

```
$ sudo e2fsck −y /dev/sdb1
```

③ df
- 파일 시스템 전체 크기, 가용 용량 등 파일 시스템에 대한 자세한 정보를 출력한다.
- 형식

```
df [option]
```

- 옵션

−h, −−human−readable	1K, 234M, 2G와 같이 용량의 단위를 표시
−k, −−block−size	킬로바이트(KB) 단위로 출력
−m	메가바이트(MB) 단위로 출력
−T	파일 시스템의 유형을 출력
−i	블록 사용량 대신에 아이노드의 정보를 출력

- 예제
  - 모든 파일 시스템을 확인하려면 −a 옵션을 사용한다.

```
$ df −a
```

  - 파일 시스템의 정보를 한눈에 들어오게 정리하여 출력한다.

```
$ df −h
```

  - 블록 사용량 대신에 아이노드(i−node)의 개수를 표시한다.

```
$ df −i
```

④ du

- 디렉터리 또는 파일들이 차지하는 공간 정보를 출력한다.
- 형식

```
du [option] file
```

- 옵션

−h	1K, 234M, 2G와 같이 사람이 읽을 수 있는 형식으로 프린트함
−b, −−bytes	실제 프린터에 추가가 필요함
−k	킬로바이트 단위로 출력
−m	메가바이트 단위로 출력
−a, −−all	디렉터리에서 존재하는 모든 파일에 대한 각각의 크기를 보여 줌
−s	지정한 옵션의 출력 결과에 대한 합계를 보여 줌

- 예제
  - 현재 디렉터리의 각 파일의 크기를 출력한다.

```
$ du −s *.txt
```

  - 현재 디렉터리 내의 모든 파일과 디렉터리에 대한 크기를 KB, MB 단위로 출력한다.

```
$ du −h
4.0K        ./Music
4.0K        ./.gvfs
8.0K        ./.local/share/gegl−0.1/plug−ins
12K         ./.local/share/gegl−0.1
12K         ./.local/share/gvfs−metadata
48K         ./.local/share/applications
84K         ./.local/share
88K         ./.local
4.0K        ./Templates
4.0K        ./test1/aaa
4.0K        ./test1/abc/abc/abc
8.0K        ./test1/abc/abc
24K         ./test1/abc
32K         ./test1
```

```
8.0K        ./.sane/xsane

12K         ./.sane

4.0K        ./.gimp-2.6/fonts

4.0K        ./.gimp-2.6/gradients

4.0K        ./.gimp-2.6/interpreters

4.0K        ./.gimp-2.6/curves

4.0K        ./.gimp-2.6/fractalexplorer

4.0K        ./.gimp-2.6/scripts

4.0K        ./.gimp-2.6/plug-ins

(중간 생략)
```

‐ 현재 디렉터리의 총 사용량만 단위를 붙여서 출력한다.

```
$ du -sh

3.6G
```

‐ francis 사용자의 총 사용량을 메가바이트 단위로 출력한다.

```
$ du -shm ~francis

3650        /home/francis
```

03 스왑(Swap)

1) 스왑의 개요

- 시스템이 물리 메모리를 모두 소모하였을 때 스왑을 활용하면, 부족한 메모리 공간을 극복하는 데 도움이 된다.
- 시스템이 물리 메모리를 모두 소진하고 더 많은 메모리 공간이 필요할 때, 메모리상의 비활성화된 메모리를 스왑 공간으로 이동하여 메모리 공간을 확보하는 기술을 '스왑'이라고 한다.
- 보통 스왑은 물리 메모리보다 액세스 속도는 느리나 가격이 저렴하고 용량이 큰 하드디스크를 사용한다. 스왑 공간은 보통 스왑 파티션(Swap Partition)이나 스왑 파일(Swap File) 형태로 만든다.
- 과거에는 스왑의 크기가 RAM의 크기와 비례하여 증가하였다. 그러나 요즘 시스템은 RAM의 크기가 수십, 수백 기가에 이를 수 있어 무작정 스왑의 크기를 늘리는 것은 무의미하다. 결국 스왑 공간의 크기는 시스템이 실제 사용하는 메모리의 양에 근거하여 설정해야 효과적이다.
- 보통 스왑 공간의 크기는 리눅스 설치 시에 결정하는데, 이 시점에는 실제 어느 정도 메모리를 소모할지 예측하기 어려워 보통 다음과 같은 기준으로 스왑 공간을 마련하기를 권장하고 있다.

시스템의 물리 메모리 크기	권장 스왑 공간
4GB RAM 이하	최소 2GB
4GB~16GB RAM	최소 4GB
16GB~64GB RAM	최소 8GB
64GB~256GB RAM	최소 16GB
256GB~512GB RAM	최소 32GB

2) 스왑 파일 생성하기

① 스왑 목적으로 사용할 파일 생성하기

- dd 명령어를 사용하여 1048576 블록으로 구성된 /swapfile을 생성한다. 블록 한 개의 크기는 1024바이트이다.

```
$ sudo dd if=/dev/zero of=/swapfile bs=1024 count=1048576
1048576+0 records in
1048576+0 records out
1073741824 bytes (1.1 GB) copied, 8.46451 s, 127 MB/s
```

② 스왑 파일의 허가권 설정하기

- 스왑 파일은 루트 사용자만 읽고 쓰기가 가능하도록 허가권을 설정한다.

```
$ sudo chmod 600 /swapfile
```

③ 스왑 파일을 초기화하기

- 스왑 역할을 수행할 수 있도록 지정한 파일을 초기화한다.

```
$ sudo mkswap /swapfile
```

④ 스왑 파일을 시스템에 인식하기

- 시스템에 새로운 스왑 파일을 등록한다.

```
$ sudo swapon /swapfile
```

⑤ 스왑 상태 확인하기

- swapon -s 옵션을 사용하여 스왑 상태를 확인한다.

```
$ sudo swapon -s
Filename        Type        Size        Used        Priority
/dev/dm-1       partition   1572860     0           -1
/swapfile       file        1048572     0           -2
```

⑥ 스왑 파일 설정을 영구적으로 저장하기

- /etc/fstab 파일에 스왑 설정을 추가한다. 시스템을 리부팅해도 스왑 설정은 유지된다.

```
/swapfile swap swap defaults 0 0
```

3) 스왑 파일 삭제하기

① 스왑 파일 해제

- 시스템에서 스왑 파일을 해제한다. swapon -s 명령어로 확인하여도 목록이 보이지 않는다.

```
$ sudo swapoff -v /swapfile
```

② /etc/fstab 항목 삭제

- 스왑 파일 설정을 영구적으로 저장하기 위해 사용하였던 항목을 삭제한다.

③ 스왑 파일 삭제

- 추후에 스왑 파일을 다시 활성활 계획이 없다면 스왑 파일을 삭제한다.

```
$ sudo rm /swapfile
```

4) 스왑 파티션 생성하기

① 새 파티션 생성하기

- 디스크의 사용하지 않은 영역이나 새로운 디스크를 추가한 후 파티션을 생성한다. 아래 예제에서는 2GB 크기의 디스크인 /dev/sdc에 대해 새로운 파티션을 설정하고 있다. 설정 순서는 'n → p → 1 → enter → enter'이다.

```
$ sudo fdisk /dev/sdc
Command (m for help): n
Command action
   e   extended
   p   primary partition (1-4)
p
Partition number (1-4): 1
First cylinder (1-261, default 1):
Using default value 1
Last cylinder, +cylinders or +size{K,M,G} (1-261, default 261):
Using default value 261
Command (m for help):
```

② 파티션 타입 변경하기

- 파티션 타입을 스왑용으로 변경해야 한다. 스왑용 파티션의 코드는 '82'이고, 설정 순서는 't → 82 → w'이다.

```
Command (m for help): t

Selected partition 1

Hex code (type L to list codes): 82

Changed system type of partition 1 to 82 (Linux swap / Solaris)

Command (m for help): w

The partition table has been altered!

Calling ioctl() to re-read partition table.

Syncing disks.

$
```

③ 스왑 파티션 초기화하기

- '-L' 옵션을 사용하여 레이블이 MySwap이고 '-c' 옵션을 사용하여 배드블록을 검사한 후 스왑 파티션을 초기화한다.

```
$ sudo mkswap -L MySwap -c /dev/sdc

mkswap: /dev/sdc: warning: don't erase bootbits sectors

        on whole disk. Use -f to force.

Setting up swapspace version 1, size = 2097148 KiB

LABEL=MySwap, UUID=b4ecaee3-ff1b-465d-858d-7296e9cfba4c
```

④ 스왑 파티션 활성화하기

- 스왑 파일을 시스템에 인식할 때와 마찬가지로 스왑 파티션 /dev/sdc를 활성화한다. 정상 수행되었는지 확인하려면 swapon -s 명령어를 사용한다.

```
$ sudo swapon /dev/sdc

$ swapon -s

Filename          Type        Size        Used        Priority

/dev/dm-1         partition   1572860     0           -1

/dev/sdc          partition   2097148     0           -2
```

⑤ 스왑 파티션 설정 영구 적용하기

- 설정을 영구적으로 적용하려면 /etc/fstab에 다음의 항목을 추가한다.

```
/dev/sdc            swap            swap    defaults    0 0
```

5) 스왑 명령어 세부 설명

① mkswap

- 지정한 디스크나 파티션에 스왑 영역을 설정하는 명령어이다.
- 형식

```
mkswap [option] swap_file 또는 swap_partition
```

- 옵션

– c, – – check	스왑 영역을 생성하기 전에 배드블록(Bad Blocks)을 체크
– L, – – label	라벨을 지정한다. 이 라벨을 통해 swapon할 수 있음
– f, – – force	지정한 파일이나 파티션보다 더 큰 스왑 영역을 설정하려 한다면 실패해야 하나 무시하고 수행

- 예제
  - 10240킬로바이트의 스왑 파일을 생성한다. 스왑 크기는 사실 생략 가능하고 지정하지 않는 편이 낫다. 단지 이전 버전 호환성을 위해 남겨진 기능일 뿐이다.

```
$ sudo /swap-file 10240
```

② swapon

- 지정한 스왑 파일이나 스왑 파티션에 대한 스왑 기능을 활성화한다.
- 형식

```
swapon [option] swap_file 또는 swap_partition
```

- 옵션

– a, – – all	– /etc/fstab에 설정된 모든 항목에 대하여 스왑 기능을 활성화함 – 단 no auto 옵션을 사용한 항목은 제외
– s, – – summary	– 스왑 기능이 활성화된 스왑 파일이나 스왑 파티션의 목록을 출력 – 'cat /proc/swaps'와 동일한 기능

- 예제
  - /etc/fstab 파일의 모든 항목에 대해 스왑 기능을 활성화한다.

```
$ sudo swapon -a
```

  - 스왑 기능이 활성화된 항목이 무엇이 있는지 확인한다. swapon이 제대로 잘 되었는지 확인할 때 사용한다.

```
$ sudo swapon -s
```

③ swapoff

- 지정한 스왑 파일이나 스왑 파티션에 대한 스왑 기능을 비활성화한다.
- 형식

```
swapoff [option] swap_file 또는 swap_partition
```

- 옵션

-a, --all	/etc/fstab상의 모든 항목에 대한 스왑 기능을 비활성화

- 예제
  - 모든 스왑 기능을 비활성화한다.

```
$ sudo swapoff -a
```

④ free

- 물리 메모리의 사용량, 스왑 메모리의 사용량, 커널의 메모리 사용량, 사용 가능한 메모리 양 등 메모리의 사용 상태를 출력하는 명령어이다. buffer/cache나 swap의 미사용 중인 메모리 (Free)가 부족하면, 메모리 업그레이드를 고려해야 한다. 이 메모리가 부족하면 잦은 하드디스크 접근이 발생할 우려가 있고, 이는 성능 저하로 이어지기 때문이다.
- 형식

```
free [option]
```

- 옵션

-b, --bytes	메모리 정보를 바이트 단위로 출력
-k, --kilo	메모리 정보를 킬로바이트 단위로 출력
-m, --mega	메모리 정보를 메가바이트 단위로 출력
-g, --giga	메모리 정보를 기가바이트 단위로 출력
-h, --human	모든 필드의 단위를 값에 따라 자동으로 선택하여 출력
-s, --seconds	지정한 시간(초 단위)마다 출력을 갱신

- 출력 형식

total	시스템에 부착된 메모리 크기
used	사용 중인 메모리
free	미사용 중인 메모리
shared	tmpfs에 의해 사용 중인 메모리 크기
buffers	커널 버퍼로 사용 중인 메모리 크기
cached	캐시 메모리로 사용 중인 메모리 크기
−/+ buffers/cache	버퍼 및 캐시의 총 사용량(used는 사용 중, free는 미사용 중)
Swap	스왑 영역의 메모리 사용량(used는 사용 중, free는 미사용 중)

- 예제
  - 메모리 사용량을 주어진 값에 맞춰 단위를 자동으로 선택하여 1초마다 출력한다. 아래의 예제에서 전체 메모리 크기(total)는 기가바이트 단위이고 나머지는 메가바이트 단위로 출력하고 있다. 또한 1초마다 출력을 반복함을 알 수 있다.

```
$ free −hs 1
                    total     used      free      shared    buffers   cached
Mem:                3.8G      731M      3.1G      3.6M      151M      353M
−/+ buffers/cache:            225M      3.6G
Swap:               3.5G      0B        3.5G

                    total     used      free      shared    buffers   cached
Mem:                3.8G      731M      3.1G      3.6M      151M      353M
−/+ buffers/cache:            225M      3.6G
Swap:               3.5G      0B        3.5G

                    total     used      free      shared    buffers   cached
Mem:                3.8G      731M      3.1G      3.6M      151M      353M
−/+ buffers/cache:            225M      3.6G
Swap:               3.5G      0B        3.5G

(생략)
```

04 디스크 쿼터(Disk Quota)

1) 디스크 쿼터 개요 및 설정 방법

① 디스크 쿼터 개요

- 리눅스는 다중 사용자(Multi-user) 시스템이다. 디스크는 크기가 정해진 한정된 자원이기 때문에, 사용자별 디스크 사용량을 할당할 수 있는 방법을 제공한다. 또한 사용자가 할당량을 모두 사용했을 때 관리자에게 알림을 통지할 수도 있다.
- 디스크 쿼터는 사용자마다 또는 그룹마다 설정할 수 있다.

② 디스크 쿼터 설정 방법

- /etc/fstab 파일을 편집하여 디스크 쿼터 기능을 활성화한다. 분할된 파티션에 설정해야 한다. 여기서는 별도의 디스크(/etc/sdb5)를 생성하고 4번째 필드에 usrquota와 grpquota를 지정하여 사용자 쿼터와 그룹 쿼터를 활성화한다.

```
$ sudo cat /etc/fstab
/dev/mapper/VolGroup-lv_root /                    ext4    defaults                    1 1
UUID=7d359f5d-23a3-42ce-b0d1-293edf346968 /boot   ext4    defaults                    1 2
/dev/mapper/VolGroup-lv_swap swap                 swap    defaults                    0 0
tmpfs                        /dev/shm             tmpfs   defaults                    0 0
devpts                       /dev/pts             devpts  gid=5,mode=620              0 0
sysfs                        /sys                 sysfs   defaults                    0 0
proc                         /proc                proc    defaults                    0 0
/dev/sdb5                    /quota-test          ext4    defaults,usrquota,grpquota  1 1
```

- /etc/fstab의 수정사항을 반영하기 위해 해당 파일 시스템을 remount한다.

```
$ sudo mount -o remount /quota-test
```

- SELinux를 비활성화한다.

```
$ sudo setenforce 0
```

- 사용자를 위한 쿼터 파일을 생성하고 디스크 사용량을 설정한다.

```
$ sudo quotacheck -mf /quota-test
```

- 그룹을 위한 쿼터 파일을 생성하고 디스크 사용량을 설정한다.

```
$ sudo quotacheck -gm /quota-test
```

- francis 사용자에 대해 쿼터 정책을 설정한다.

```
$ sudo edquota francis
```

- mygroup 그룹에 대해 쿼터 정책을 설정한다.

```
$ sudo edquota -g mygroup
```

- 디스크 쿼터 기능을 시작한다.

```
$ sudo quotaon /quota-test
```

- 사용자 쿼터 기능과 그룹 쿼터 기능이 잘 설정되었는지 확인한다.

```
$ sudo repquota /quota-test
또는
$ sudo repquota -g /quota-test
```

2) 디스크 쿼터 관련 명령어

① quotacheck

- 지정한 파일 시스템에 대한 사용량을 체크하여 쿼터 기록 파일을 생성하거나 기존의 파일을 갱신한다.
- 체크할 디렉터리를 지정할 때 독립적으로 분리된 파티션의 마운트 지점(Mount Point)이어야 한다. 분리된 파티션이 없다면 루트 디렉터리인 '/'를 지정한다.
- 쿼터 기록 파일의 파일 이름은 aquota.user, aquota.group이다. 이때 기존의 파일을 갱신하지 않고 새로 생성하려면 '-c' 옵션을 사용하면 된다.
- 사용량 체크할 때 다른 프로세스의 파일 시스템 접근을 막고, 파일 시스템을 읽기 전용으로 만들기 위해 remount 동작을 수행한다. 이 기능을 사용하지 않으려면 -m 옵션을 사용한다. 만약 읽기 전용 파일 시스템의 사용량 체크가 실패한다면 -M 옵션을 통해 읽기 쓰기용으로 다시 remount한 후 파일 시스템 사용량 체크를 강제할 수도 있다.
- 형식

```
quotacheck [option] filesystem-directry
```

- 옵션

-a, -all	/etc/mtab 내의 NFS 파일 시스템을 제외한 모든 로컬 파일 시스템의 사용량을 모두 체크
-M, --try-remount	파일 시스템을 읽기 전용으로 remount한 후 동작이 실패했을 때 읽기 쓰기용으로 다시 remount하고 동작을 재시도
-m, --no-remount	파일 시스템을 읽기 전용으로 remount하는 동작을 수행하지 않음
-f, --force	이미 쿼터 기능이 활성화된 상태에서 사용량을 체크하여 새로 쿼터 파일을 생성하고자 할 때 사용
-u, --user	사용자용 쿼터 파일을 체크할 때 사용하는 옵션으로, 기본 옵션
-g, --group	그룹용 쿼터 파일을 체크할 때 사용하는 옵션
-c, --create-files	존재하는 쿼터 파일을 읽지 않고 새롭게 사용량을 검색하고 쿼터 파일을 새로 생성

- 예제

  – /quota-test 파일 시스템에 대하여 사용자 쿼터 체크를 한다.

  ```
  $ sudo quotacheck /quota-test
  ```

  – /etc/mtab에 정의된 모든 로컬 파일 시스템에 대하여 사용자 및 그룹 쿼터 체크를 한다.

  ```
  $ sudo quotacheck -aug
  ```

  – /quota-test 파일 시스템에 대하여 읽기 전용 remount 없이 사용자 쿼터 체크를 한다.

  ```
  $ sudo quotacheck -mf /quota-test
  ```

  – 기존의 쿼터 파일을 참조하지 않고 다시 검색하여 새로 생성한다.

  ```
  $ sudo quotacheck -cf /quota-test
  ```

② edquota

- 사용자 또는 그룹을 위한 쿼터를 편집하는 명령어이다. 기본값으로 지정한 사용자나 그룹에 대한 쿼터 파일이 VI 에디터를 통해 열린다. 설정을 변경 후 저장하면 설정값이 변경된다.

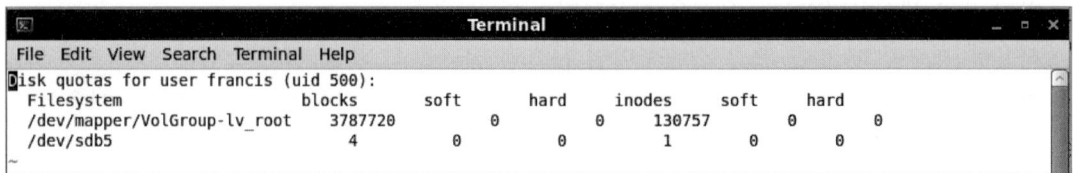

Filesystem	쿼터를 지정할 파일 시스템의 장치 파일
blocks	현재 사용 중인 블록의 개수(KB 단위)
soft	사용자가 할당받은 최대 용량(KB 단위)이며 단 유예기간 동안 hard 제한까지 좀 더 사용할 수 있음
hard	사용자가 할당받은 최대 용량(KB 단위)이며 이 설정값을 넘어설 수 없음
inodes	현재 사용 중인 아이노드의 개수
soft	사용자가 할당받은 최대 아이노드 개수이며 단 유예기간 동안 hard 제한까지 좀 더 사용할 수 있음
hard	사용자가 할당받은 최대 아이노드 개수이며 이 설정값을 넘어설 수 없음

- 형식

```
edquota [option] user or group
```

• 옵션

-u	지정한 사용자의 사용자 쿼터를 설정하며, 기본값임
-g	지정한 그룹의 그룹 쿼터를 설정
-t	각 파일 시스템에 대하여 soft time 제한에서 hard time 제한까지의 유예시간을 설정
-p	특정 사용자의 쿼터 설정을 다른 사용자에게 복제할 때 사용하는 옵션

• 예제
- 지정한 francis 사용자의 쿼터 설정을 변경한다. -u 옵션은 기본 옵션이므로 특별히 옵션을 주지 않아도 된다.

```
$ sudo edquota francis

또는

$ sudo edquota -u francis
```

- 지정한 mygroup의 쿼터 설정을 변경한다.

```
$ sudo edquota -g mygroup
```

- francis의 쿼터 설정을 그대로 chris 사용자에게 복사한다.

```
$ sudo edquota -p francis chris
```

- 각 파일 시스템의 유예기간을 설정한다.

```
$ sudo edquota -t
```

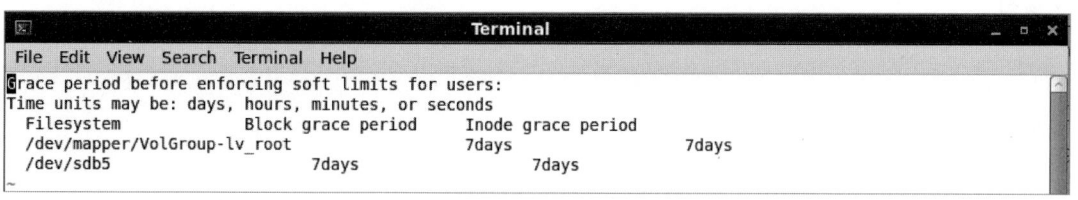

Filesystem	쿼터를 지정할 파일 시스템의 장치 파일
Block grace period	블록의 soft 제한을 넘어서 hard 제한 전까지 용량을 추가로 사용할 수 있는 유예기간
Inode grace period	이아느드의 soft 제한을 넘이시 hard 제한 전까지 용량을 추가로 사용힐 수 있는 유예기간

③ repquota

- 시스템상 사용자 및 그룹의 파일 시스템 사용량과 쿼터의 정보를 출력한다.
- 형식

```
repquota [option] filesystem-directory
```

- 옵션

-a, --all	/etc/mtab상의 모든 파일 시스템의 정보를 출력
-u, -user	사용자 쿼터 정보를 출력하며, 기본값임
-g	그룹 쿼터 정보를 출력

- 예제
  - /quota-test 경로의 사용자 쿼터 정보를 출력한다.

```
$ sudo repquota /quota-test
```

  - /quota-test 경로의 그룹 쿼터 정보를 출력한다.

```
$ sudo repquota -g mygroup /quota-test
```

  - /etc/mtab에 설정된 모든 파일 시스템에 대한 모든 쿼터 정보를 출력한다.

```
$ sudo repquota -a
```

④ quota

- 사용자의 디스크 사용량과 쿼터 정보를 출력하는 명령어이다.
- 형식

```
quota [option] user or group
```

- 옵션

-u, --user	사용자 쿼터 정보를 출력하며, 기본값임
-g, --group	그룹 쿼터 정보를 출력

• 예제
  – 현재 사용자에 대한 파일 시스템 사용량 및 쿼터 정보를 출력한다.

```
$ sudo quota
```

  – 특정 사용자인 francis에 대한 쿼터 정보를 출력한다.

```
$ sudo quota -u francis
```

⑤ quotaon, quotaoff

• quotaon은 지정한 파일 시스템의 쿼터 설정을 활성화하고 quotaoff는 쿼터 설정을 비활성화한다.

• 형식

```
quotaon [option] filesystem-directory
quotaoff [option] filesystem-directory
```

• 옵션

-u, --user	지정한 사용자의 쿼터 기능을 활성화 또는 비활성화
-g, --group	지정한 그룹의 쿼터 기능을 활성화 또는 비활성화
-f, --off	quotaon에 이 옵션을 사용하면 quotaoff와 동일한 기능을 수행

• 예제
  – francis 사용자의 쿼터 설정을 활성화한다.

```
$ quotaon francis
또는
$ quotaon -u francis
```

  – mygroup 그룹의 쿼터 설정을 활성화한다.

```
$ quotaon -g mygroup
```

  – francis 사용자의 쿼터 설정을 비활성화한다.

```
$ quotaoff francis
```

⑥ setquota

- vi 편집기 대신 명령줄에서 사용자 및 그룹의 쿼터 설정을 수행한다.
- 형식

```
setquota [option] user or group block-soft block-hard inode-soft inode-hard
setquota -t block-grace inode-grace filesystem-directory
```

- 옵션

-u, --user	사용자를 위한 쿼터 설정을 변경
-g, --group	그룹을 위한 쿼터 설정을 변경
-t, --edit-period	각 파일 시스템에 대하여 soft time limit에서 hard time limit에 도달할 때까지 유예기간을 초 단위로 변경

- 예제
  - bob 사용자가 루트 파일 시스템인 '/'를 사용할 때 2GB의 사용량 제한과 백만 개의 아이노드 제한을 설정한다.

```
$ sudo setquota -u bob 2097152 2097152 1000000 1000000 /
```

  - 루트 파일 시스템인 '/'에 대하여 블록의 유예기간과 아이노드의 유예기간을 8시간으로 설정한다.

```
$ sudo setquota -t 28800 28800 /
$ sudo edquota -t
Grace period before enforcing soft limits for users:
Time units may be: days, hours, minutes, or seconds

  Filesystem                        Block grace period    Inode grace period
  /dev/mapper/VolGroup-lv_root      7days                 7days
  /dev/sdb5                         8hours                8hours
```

프로세스 관리

빈출 태그 ▶ ps, top, kill, killall, pkill, jobs, fg, bg, nice, crontab

▶ 합격 강의

01 프로세스 관련 명령어

1) 프로세스 정보

① ps

- 시스템에서 실행 중인 프로세스에 관한 정보를 보여 주는 도구이다. 프로세스의 정보는 PID를 중심으로 옵션에 따라 상세 정도를 정할 수 있다. ps 명령어는 /proc 디렉터리 이하에 프로세스와 연관된 가상 파일 시스템의 내용을 토대로 프로세스 정보를 출력한다.
- ps 옵션은 '–'를 사용하지 않는 Unix 스타일, '–'를 사용하는 BSD 스타일, '––'를 사용하는 GNU 스타일이 있다. '–'의 사용 유무에 따라 옵션의 역할도 달라지므로 주의해야 한다.
- 형식

```
ps [options]
```

- 옵션 : 기본 프로세스 출력

a	[UNIX 스타일] ps 명령어는 기본으로 현재 사용자 프로세스만 출력하는데, 해당 옵션을 사용하면 모든 사용자가 소유한 프로세스를 모두 출력
x	[UNIX 스타일] ps 명령어는 기본으로 터미널과 연관된 프로세스만 출력하는데, 해당 옵션을 사용하면 터미널에 연관되지 않은 프로세스도 출력할 수 있음
–A	[BSD 스타일] 모든 프로세스를 출력(-e 옵션과 동일)
–e	[BSD 스타일] 모든 프로세스를 출력(-A 옵션과 동일)
–a	[BSD 스타일] 세션 리더1와 터미널과 연관되지 않은 프로세스를 제외하고 모든 프로세스를 출력

- 옵션 : 지정한 프로세스 출력

p	– [UNIX 스타일] 지정한 Process ID 목록의 정보만 출력 – –p와 ––pid 옵션과 동일
–C	– 지정한 프로세스의 실행 파일 이름의 정보만 출력 – 다수 입력이 가능
–u	– 특정 사용자의 프로세스 정보를 출력 – 다수 입력이 가능 – U 명령과 ––user와 동일

• 옵션 : 프로세스 표시 형식

u	[UNIX 스타일] 프로세스의 소유자 정보를 함께 출력
l	– [UNIX 스타일] BSD 형식의 긴 형식으로 출력 – F, UID, PID, PPID, PRI, NI, VSZ, RSS, WCHAN, STAT, TTY, TIME, CMD 순으로 출력
e	[UNIX 스타일] 프로세스 정보와 함께 프로세스의 환경변수 정보도 출력
−l	긴 포맷(Long Format)으로 출력
−o	– [BSD 스타일] 사용자 정의 형식 지정이 가능 – o와 −format과 동일

• 옵션 : 프로세스 장식

f	[UNIX 스타일] 프로세스의 계층을 텍스트 형식의 트리 구조로 보여 줌
−f	• [BSD 스타일] 전체 포맷(Full Format)으로 출력한다. • 유닉스 스타일 옵션과 함께 사용하여 컬럼을 추가할 수 있음

• 주요 예제
  – 현재 셸과 관련된 프로세스를 출력한다.

```
$ ps
PID             TTY                TIME    CMD
25679           pts/1          00:00:00    bash
26196           pts/1          00:00:00    ps
```

  – 현재 실행 중인 모든 프로세스를 출력한다.

```
$ ps −A

또는

$ ps −e

        PID   TTY           TIME    CMD
          1   ?         00:00:02    init
          2   ?         00:00:00    kthreadd
          3   ?         00:00:00    migration/0
          4   ?         00:00:00    ksoftirqd/0
          5   ?         00:00:00    stopper/0
          6   ?         00:00:02    watchdog/0
          7   ?         00:02:01    events/0
```

– 현재 실행 중인 모든 프로세스의 정보를 전체 포맷(Full Format)으로 출력한다.

```
$ ps -ef
UID        PID    PPID    C    STIME    TTY         TIME   CMD
root         1      0     0    Oct02    ?       00:00:02   /sbin/init
root         2      0     0    Oct02    ?       00:00:00   [kthreadd]
root         3      2     0    Oct02    ?       00:00:00   [migration/0]
root         4      2     0    Oct02    ?       00:00:00   [ksoftirqd/0]
root         5      2     0    Oct02    ?       00:00:00   [stopper/0]
root         6      2     0    Oct02    ?       00:00:02   [watchdog/0]
root         7      2     0    Oct02    ?       00:02:01   [events/0]
root         8      2     0    Oct02    ?       00:00:00   [events/0]
(중간 생략)
```

– 현재 실행 중인 모든 프로세스의 정보를 전체 포맷(Full Format)보다 더 많은 정보로 출력
한다.

```
ps -elf
F  S   UID   PID   PPID   C   PRI   NI   ADDR   SZ   WCHAN   STIME   TTY      TIME   CMD
4  S   root    1     0    0    80    0    –     725    ?      Oct02    ?    00:00:02   /sbin
1  S   root    2     0    0    80    0    –       0    ?      Oct02    ?    00:00:00   [kth]
1  S   root    3     2    0   -40    –    –       0    ?      Oct02    ?    00:00:00   [mig]
1  S   root    4     2    0    80    0    –       0    ?      Oct02    ?    00:00:00   [kso]
1  S   root    5     2    0   -40    –    –       0    ?      Oct02    ?    00:00:00   [sto]
1  S   root    6     2    0   -40    –    –       0    ?      Oct02    ?    00:00:02   [wat]
1  S   root    7     2    0    80    0    –       0    ?      Oct02    ?    00:02:01   [eve]
1  S   root    8     2    0    80    0    –       0    ?      Oct02    ?    00:00:00   [eve]
(중간 생략)
```

– 터미널에 연관되지 않은 프로세스를 포함한 모든 사용자의 프로세스를 소유자 정보와 함
께 프로세스 정보를 출력한다.

```
$ ps aux
USER   PID   %CPU   %MEM   VSZ    RSS    TTY   STAT   START   TIME   COMMAND
root     1    0.0    0.0    2900   1432    ?     S     Oct02   0:02   /sbin/init
root     2    0.0    0.0       0      0    ?     S     Oct02   0:00   [kthreadd]
root     3    0.0    0.0       0      0    ?     S     Oct02   0:00   [migration/0]
root     4    0.0    0.0       0      0    ?     S     Oct02   0:00   [ksoftirqd/0]
root     5    0.0    0.0       0      0    ?     S     Oct02   0:00   [stopper/0]
root     6    0.0    0.0       0      0    ?     S     Oct02   0:02   [watchdog/0]
root     7    0.0    0.0       0      0    ?     S     Oct02   2:01   [events/0]
root     8    0.0    0.0       0      0    ?     S     Oct02   0:00   [events/0]
```

– PID가 2861인 프로세스의 소유자와 프로세스 이름을 출력한다. 단 프로세스 이름의 헤더
는 출력하지 않는다.

```
$ ps -p 2861 -o user -o comm=
USER
francis  gvfsd-burn
```

- ps 명령어의 주요 항목

F	– 프로세스 플래그 – 1이면 fork되었지만 exec하지 않은 상태이고, 4이면 슈퍼유저 사용자 권한을 의미
S	프로세스 상태 코드를 의미하며, STAT으로 표현되기도 함
UID	프로세스 소유자 이름
PID	프로세스의 고유 식별자
PPID	프로세스의 부모 프로세스의 PID
C	프로세서 사용률이며, %로 표기
PRI	프로세스의 우선순위이다. 높은 값이 낮은 우선순위
NI	nice 값이며 19에서 −20의 값을 가짐
SZ	프로세스 이미지가 차지하는 물리적 페이지의 크기
WCHAN	프로세스가 대기 중일 때 커널 함수의 이름
STIME	프로세스가 시작한 시간
TTY	터미널의 종류
TIME	총 CPU 사용 시간
CMD	프로세스의 실행 시 명령줄

- 프로세스 상태 코드
  - ps 명령어의 출력 결과 중 'STAT' 또는 'S'에는 아래의 값이 올 수 있다.

D	인터럽트가 불가능한 대기 상태로, 일반적으로 입출력 시를 의미
I	커널 쓰레드가 유휴 상태임을 의미
R	프로세스가 실행 중이거나 실행 가능한 상태를 의미
S	인터럽트가 가능한 대기 상태로 일반적으로 이벤트가 발생하기를 기다리는 상태
T	작업(Job) 제어 신호에 의해 멈춘 상태
t	디버깅 중 디버거에 의해 멈춘 상태
X	프로세스가 죽은 상태
Z	좀비 프로세스를 의미하며 부모 프로세스의 신호를 기다리고 있는 상태
〈	높은 우선순위 상태
N	낮은 우선순위 상태

L	페이지가 락(Lock)된 메모리를 갖고 있음
s	세션 리더
l	멀티 쓰레드
+	포어그라운드 프로세스 그룹

② pstree

- 프로세스를 트리 형태로 출력한다.
- 형식

```
pstree [options]
```

- 옵션

-a	프로세스의 명령줄 인자를 출력
-h	현재 프로세스와 부모 프로세스를 강조 표시
-n	프로세스 이름 대신에 PID순으로 정렬하여 출력
-p	PID를 함께 출력
-s	특정 프로세스의 부모 프로세스를 출력

- 주요 예제
  - 모든 프로세스를 트리 형식으로 출력하고, 현재 프로세스와 부모 프로세스는 강조 표시를 한다.

```
$ pstree -h
```

③ top

- 시스템에서 현재 실행 중인 프로세스에 대한 정보를 실시간으로 제공한다. 출력되는 정보에는 시스템에 대한 간략한 요약 정보와 현재 실행 중인 프로세스나 쓰레드의 통계정보나 리소스 사용량 등이 있다.
- 형식

```
top [options]
```

- 옵션

-n	지정한 숫자만큼 화면 출력을 갱신한 후 명령을 자동 종료
-u	지정한 사용자의 프로세스를 모니터링

-b	출력 결과를 파일이나 다른 프로그램으로 전달
-d	화면 갱신 주기를 초 단위로 설정
-p	지정한 PID의 프로세스를 모니터링

• 주요 예제

　－ francis 사용자의 프로세스를 모니터링한다.

```
$ top -u francis

top - 08:54:39 up 5 days, 17:30,  3 users,  load average: 0.00, 0.00, 0.00

Tasks: 162 total,   2 running, 160 sleeping,   0 stopped,   0 zombie

Cpu(s): 3.3%us,  0.3%sy,  0.0%ni, 96.3%id,  0.0%wa,  0.0%hi,  0.0%si,  0.0%st

Mem:   4020304k total,   922724k used,  3097580k free,   160608k buffers

Swap: 1572860k total,        0k used,  1572860k free,   546700k cached

  PID USER      PR  NI  VIRT  RES  SHR  S  %CPU %MEM   TIME+   COMMAND
25528 francis   20   0  60420  12m  9892  S   1.7  0.3  0:08.33  gnome-terminal
26440 francis   20   0   2708 1168   900  R   0.3  0.0  0:00.49  top
 2340 francis   20   0   5260 1688  1400  S   0.0  0.0  0:00.03  bash
 2363 francis   20   0   5068 1204  1064  S   0.0  0.0  0:00.00  startx
 2379 francis   20   0   3456  884   736  S   0.0  0.0  0:00.01  xinit
 2387 francis   20   0   2444  744   648  S   0.0  0.0  0:00.02  ck-xinit-sessio
 2394 francis   20   0   3668  664   436  S   0.0  0.0  0:00.00  dbus-launch
 2395 francis   20   0  13800 1540   832  S   0.0  0.0  0:00.37  dbus-daemon
```

　－ PID 2394의 정보를 1초 단위로 갱신하여 보여 준다.

```
$ top -p 2394 -d 1


top - 08:55:55 up 5 days, 17:32,  3 users,  load average: 0.03, 0.01, 0.00

Tasks:   1 total,   0 running,   1 sleeping,   0 stopped,   0 zombie

Cpu(s): 0.0%us,  1.0%sy,  0.0%ni, 99.0%id,  0.0%wa,  0.0%hi,  0.0%si,  0.0%st

Mem:   4020304k total,   922616k used,  3097688k free,   160620k buffers

Swap: 1572860k total,        0k used,  1572860k free,   546700k cached

  PID USER      PR  NI  VIRT  RES  SHR  S  %CPU %MEM   TIME+   COMMAND
 2395 francis   20   0   3668  664   436  S   0.0  0.0  0:00.00  dbus-launch
```

• top의 주요 항목

PID	프로세스의 ID
PR	프로세스의 우선순위
SHR	프로세스가 점유하고 있는 공유 메모리의 양(KB 단위)
VIRT	프로세스의 전체 가상 메모리
USER	프로세스의 소유자 이름
%CPU	CPU 사용량
TIME+	%CPU와 동일하나 1/100초 단위로 세세하게 표시
NI	– 프로세스의 Nice 값 – 음수이면 높은 우선순위, 양수이면 낮은 우선순위를 의미
%MEM	프로세스의 메모리 사용량

• top 실행화면 단축 명령어

l, t, m	'l'은 요약 정보를 토글하고, 't'는 태스크와 CPU 통계를 토글하며, 'm'은 메모리 정보를 토글
f, o	'f'는 표시할 필드를 추가하거나 삭제하며, 'o'는 필드의 표시 순서를 변경
F 또는 O	F 또는 O는 정렬할 필드를 선택
⟨, ⟩	– 정렬할 필드를 선택할 수 있음 – '⟨'는 다음 필드이고, '⟩'는 이전 필드임
R, H	'R'은 정렬 시 오름차순/내림차순을 토글하고, H는 쓰레드도 표시
c, i	'c'는 명령어 이름 및 라인을 토글하고, 'i'는 유휴 태스크를 보여 줌
x, y	'x'는 정렬 기준 필드를 강조 표시하고, 'y'는 실행 중인 태스크를 강조 표시
u	특정 사용자만 표시
k, r	'K'는 특정 프로세스를 종료하고, 'r'은 우선순위를 재조정
W	현재 설정을 파일로 저장
q	top을 종료
Space 또는 Enter	화면을 갱신
h 또는 ?	도움말을 표시

2) 프로세스 종료

① kill

- kill 명령어는 프로세스에게 특정 시그널(Signal)을 보낸다. 시그널을 지정하지 않는 경우 기본 값으로 프로세스 종료를 위한 TERM 시그널을 보낸다.
- 형식

```
kill [options] [pid]
```

- 옵션

− signal, − s signal	지정한 시그널을 보냄
−l	사용 가능한 시그널의 목록을 출력

- 예제
  - PID가 1인 프로세스를 제외하고 모든 프로세스를 강제 종료한다.

```
$ kill −9 −1
```

  - 사용 가능한 시그널의 목록을 테이블로 표시한다.

```
$ kill −l
 1) SIGHUP         2) SIGINT         3) SIGQUIT        4) SIGILL         5) SIGTRAP
 6) SIGABRT        7) SIGBUS         8) SIGFPE         9) SIGKILL       10) SIGUSR1
11) SIGSEGV       12) SIGUSR2       13) SIGPIPE       14) SIGALRM       15) SIGTERM
16) SIGSTKFLT     17) SIGCHLD       18) SIGCONT       19) SIGSTOP       20) SIGTSTP
21) SIGTTIN       22) SIGTTOU       23) SIGURG        24) SIGXCPU       25) SIGXFSZ
26) SIGVTALRM     27) SIGPROF       28) SIGWINCH      29) SIGIO         30) SIGPWR
31) SIGSYS        34) SIGRTMIN      35) SIGRTMIN+1    36) SIGRTMIN+2    37) SIGRTMIN+3
38) SIGRTMIN+4    39) SIGRTMIN+5    40) SIGRTMIN+6    41) SIGRTMIN+7    42) SIGRTMIN+8
43) SIGRTMIN+9    44) SIGRTMIN+10   45) SIGRTMIN+11   46) SIGRTMIN+12   47) SIGRTMIN+13
48) SIGRTMIN+14   49) SIGRTMIN+15   50) SIGRTMAX−14   51) SIGRTMAX−13   52) SIGRTMAX−12
53) SIGRTMAX−11   54) SIGRTMAX−10   55) SIGRTMAX−9    56) SIGRTMAX−8    57) SIGRTMAX−7
58) SIGRTMAX−6    59) SIGRTMAX−5    60) SIGRTMAX−4    61) SIGRTMAX−3    62) SIGRTMAX−2
63) SIGRTMAX−1    64) SIGRTMAX
```

  - 프로세스 123과 2345에게 기본 시그널을 보낸다.

```
$ kill 123 2345
```

– 프로세스 5555에게 SIGKILL을 보낸다.

```
$ kill -9 5555

또는

$ kill -s 9 5555

또는

$ kill -s SIGKILL 5555

또는

$ kill -s KILL 5555

또는

$ kill -KILL 5555

또는

$ kill -SIGKILL 5555
```

② killall

- 지정한 이름에 부합하는 모든 프로세스에게 시그널을 보낸다. 시그널을 지정하지 않으면 SIGTERM이 전송된다.
- 지정한 프로세스 이름에 매칭되는 프로세스가 모두 종료되므로 여러 프로세스를 띄우고 있는 데몬을 종료할 때 유용한다.
- 형식

killall [options] processname

- 옵션

-I, --ignore-case	대소문자 구분을 무시
-g, --process-group	프로세스가 속한 그룹의 프로세스에게 모두 시그널을 보냄
-l, --list	사용할 수 있는 시그널의 목록을 표시
-s, --signal	SIGTERM 대신 보낼 시그널을 지정
-u, --user	지정한 사용자의 모든 프로세스에게 시그널을 보냄
-v, --verbose	시그널이 성공적으로 보내졌는지 표시
-w, --wait	모든 프로세스가 종료할 때까지 기다림
-i	프로세스 종료 전 사용자에게 물어 봄

- 주요 예제
  - 지정한 이름의 모든 프로세스를 종료한다.

```
$ killall Not_Response_Daemon
```

  - 지정한 이름의 모든 프로세스를 종료한다(대소문자 구분하지 않음).

```
$ killall −I Not_Response_Daemon
```

  - 프로세스 이름이 bash인 프로세스에게 SIGKILL을 전송한다. 보내기 전에 사용자에게 확인을 한다.

```
$ killall −9 −i bash
Signal bash(2341) ? (y/N) n
Signal bash(2972) ? (y/N) n
```

③ pkill

- 프로세스 이름과 지정한 패턴이 부합하는 프로세스만을 종료한다.
- 형식

```
pkill [options] pattern
```

- 옵션

− signal, − − signal signal	보낼 시그널을 지정한다.
− g, − − pgroup pgrp,...	지정한 그룹의 프로세스 중 패턴이 매칭되는 프로세스에게 시그널을 보냄
− G, − − group gid,...	지정한 리얼 그룹 ID(Real Group ID)의 프로세스 중 패턴이 매칭되는 프로세스에게 시그널을 보냄
− t, − − terminal term,...	특정 터미널과 연관된 프로세스 중 패턴이 매칭되는 프로세스에게 시그널을 보낸다.
− u, − − euid euid,...	특정 이펙티브 사용자 ID(Effective User ID)의 프로세스 중 패턴이 매칭되는 프로세스에게 시그널을 보냄
− U, − − uid uid,...	특정 리얼 사용자 ID(Real User ID)의 프로세스 중 패턴이 매칭되는 프로세스에게 시그널을 보냄

- 예제
  - 패턴이 syslogd와 프로세스 이름이 매칭되는 프로세스에게 HUP 시그널을 전송한다.

```
pkill −HUP syslogd
```

3) 프로세스 전환

① jobs

- 현재 실행 중인 모든 잡(Jobs)의 목록을 출력한다.
- 형식

```
jobs [options] [job name or number]
```

- 옵션

-l	PID 정보를 추가로 표시
-p	PID만 표시

- 예제
  - 모든 잡(Jobs)의 목록을 출력한다. top 잡이 멈춘 상태이며 Job Id는 1이다.

```
$ jobs
[1]+  Stopped                 top
```

  - PID 정보를 추가하여 모든 잡의 목록을 출력한다.

```
$ jobs -l
[1]+  3554 Stopped (signal)      top
```

② fg

- 백그라운드에서 멈춰 있던 잡을 포어그라운드로 보내 셸 프롬프트상에서 다시 실행하는 명령어이다.
- 형식

```
fg [job]
```

- 예제
  - 가장 최근의 잡을 포어그라운드로 전환한다.

```
$ fg
```

  - 잡 번호가 3인 잡을 포어그라운드로 전환한다.

```
$ fg %3
또는
$ fg 3
```

③ bg

- 포어그라운드의 잡을 백그라운드로 전환한다.
- 형식

```
bg [job]
```

- 옵션

job	– 백그라운드에서 실행하고 싶은 잡을 지정 – 잡 번호가 1이라면 %1로 기재하고, 2라면 %2로 기재 – 현재 잡은 %, %+, %% 중 하나를 사용하고, 이전 잡은 %−, − 중 하나를 사용

- 예제
  - 잡 번호가 3인 잡을 백그라운드로 실행한다.

```
$ bg %3
```

4) 프로세스 우선순위

① nice

- 프로세스의 우선순위를 의미하는 nice 값을 설정한다. 이 nice 값은 기본적으로 사용자 프로세스 사이에서 우선순위를 조정할 수 있고 프로세스의 스케줄링에 영향을 줄 수 있다. top 명령어 등으로 프로세스의 정보를 보면 NI 필드로 표현된다. nice 값은 높은 우선순위를 뜻하는 −20에서 낮은 우선순위를 뜻하는 19 범위 안에서 설정할 수 있으며, 기본값은 0이다. nice 값이 낮으면 많은 CPU 시간이 할당되고, nice 값이 높으면 적은 CPU 시간이 할당된다.
- 형식

```
nice [options] [command arg]
```

- 옵션

− n, −− adjustment	– nice 값을 기존의 값에 더함 – 값을 지정하지 않으면 기본값 10을 더함

- 예제
  - 프로세스가 생성될 때 기본 nice 값을 출력한다. 일반적으로 0이다.

```
$ nice
0
```

- myfile.txt 인자를 넘기면서 nano 프로세스를 실행한다. 이때 기존의 nice 값에 13을 증가한다. nice 값을 변경하면 PRI 값도 변경된다. 기존의 PRI 값에 NI 값이 더해진 값이 새로운 PRI 값이 된다.

```
$ ps -efl |grep nano
F  S  UID      PID  PPID  C  PRI  NI  ADDR   SZ WCHAN   STIME   TTY      TIME CMD
0  S  francis  4012 3538  0  80   0   -    1171 -       21:37   pts/0  00:00:00 nano myfile.txt

$ nice -n13 nano myfile.txt
또는
$ nice -13 nano myfile.txt

$ ps -efl |grep nano
F  S  UID      PID  PPID  C  PRI  NI  ADDR   SZ WCHAN   STIME   TTY      TIME CMD
0  S  francis  4012 3538  0  93   13  -    1171 -       21:37   pts/0  00:00:00 nano myfile.txt
```

- bash의 nice 값을 10 감소한다.

```
$ nice --10 bash
```

② renice

- nice 명령어는 새롭게 실행하는 프로세스를 대상으로 nice 값을 지정하지만, renice는 현재 실행 중인 프로세스의 nice 값을 변경할 수 있다. nice는 현재 nice 값 기준으로 증가 · 감소하는 식으로 설정하였지만, renice는 기존 값과 관계없이 설정한 값으로 반영한다.
- 형식

```
renice [-n] priority [option]
```

- 옵션

-n, --priority	nice 값을 지정
-g, --pgrp	지정한 프로세스 그룹에게 설정
-u, --user	지정한 사용자에게 설정
-p, --pid	지정한 PID에게 설정

- 예제
  - PID 987과 32인 프로세스와 daemon 사용자와 root 사용자의 프로세스의 nice 값을 13으로 설정한다.

```
renice 13 987 -u daemon root -p 32
```

③ nohup

- nohup의 의미는 'no hangup'이다. 일반적으로 시스템에서 로그아웃하면 관련된 모든 프로세스가 자동으로 종료된다. 로그아웃한 세션과 연관된 모든 프로세스에게 HUP 시그널을 보내기 때문이다. 그러나 nohup을 사용하면 해당 시그널을 가로채 무시하기 때문에, 로그아웃하더라도 프로세스를 계속 실행할 수 있다.

- 형식

```
nohup command
```

- 예제
  - google.com 호스트에 5번 ping을 보낸다. '&'를 쓰지 않았기 때문에 ping 명령이 끝나면 프롬프트로 복귀한다. 출력 결과로 현재 디렉터리나 홈 디렉터리에 nohup.out 파일이 생성된다.

```
$ nohup ping -c 5  google.com
nohup: ignoring input and appending output to 'nohup.out'
$ cat ./nohup.out
PING google.com (172.217.24.142) 56(84) bytes of data.
64 bytes from syd09s06-in-f14.1e100.net (172.217.24.142): icmp_seq=1 ttl=53 time=36.2 ms
64 bytes from syd09s06-in-f14.1e100.net (172.217.24.142): icmp_seq=2 ttl=53 time=34.2 ms
64 bytes from syd09s06-in-f14.1e100.net (172.217.24.142): icmp_seq=3 ttl=53 time=36.2 ms
64 bytes from syd09s06-in-f14.1e100.net (172.217.24.142): icmp_seq=4 ttl=53 time=34.8 ms
64 bytes from syd09s06-in-f14.1e100.net (172.217.24.142): icmp_seq=5 ttl=53 time=34.0 ms
—— google.com ping statistics ——
5 packets transmitted, 5 received, 0% packet loss, time 4041ms
rtt min/avg/max/mdev = 34.068/35.128/36.232/0.952 ms
```

  - '&'를 사용하여 google.com 호스트에 5번 ping을 보낸다. ping은 백그라운드에서 실행된다. 또한 터미널이 종료되더라도 실행을 유지한다. 잡 ID(4146)를 통해 fg 명령어를 사용하여 포어그라운드로 전환할 수도 있고, kill 명령어를 사용하여 강제 종료할 수도 있다.

```
$ nohup ping -c 5  google.com &
[1] 4146
[francis@localhost ~]$ nohup: ignoring input and appending output to 'nohup.out'
[1]+  Done                nohup ping -c 5 google.com
```

5) 프로세스 검색

① pgrep

- 프로세스 이름 전체 또는 일부가 매칭되거나 특정 프로세스 속성을 기반으로 현재 실행 중인 프로세스를 검색할 수 있는 명령어이다.

- 형식

```
pgrep [options] [pattern]
```

- 옵션

−x	패턴과 정확히 일치하는 프로세스의 PID를 출력
−g, −−pgroup	지정한 프로세스 그룹 ID를 갖는 프로세스의 PID를 출력
−G, −−group	지정한 프로세스 리얼 그룹 ID(Real Group ID)를 갖는 프로세스의 PID를 출력
−u, −−euid	이펙티브 사용자 ID(Effective User ID)와 매칭하는 프로세스의 PID를 출력
−U, −−uid	리얼 사용자 ID(Real User ID)와 매칭하는 프로세스의 PID를 출력
−t, −−terminal	지정한 터미널과 관련된 프로세스의 PID를 출력

- 예제
  - root 사용자 중에 프로세스명이 crond와 전체 혹은 일부 매칭하는 프로세스의 PID를 출력한다.

```
$ pgrep −u root crond
2261
```

  - 사용자가 root이고 cron과 정확히 일치하는 프로세스의 PID를 출력한다. cron 프로세스는 없기 때문에 아무런 출력이 없다.

```
$ pgrep −x −u root cron
$ pgrep −x −u root crond
2261
```

  - tty1 터미널과 관련된 프로세스의 PID를 출력한다.

```
$ pgrep −t tty1
2358
2381
2397
```

02 프로세스 관련 파일

1) /proc 디렉터리

① 설명

- /proc 디렉터리는 커널 내의 다양한 정보를 포함하고 있다. 디스크상에 존재하는 실제 디렉터리는 아니며 procfs라는 가상의 파일 시스템(Pseudo-filesystem)이다. procfs는 ls, cat과 같은 파일 접근 명령어를 통해 프로세스뿐만 아니라 CPU, 장치, 파일 시스템 등 시스템의 정보를 조회할 수 있게 해 준다.
- 시스템이 부팅할 때 자동으로 procfs가 /proc에 마운트된다.

```
$ cat /proc/mounts | grep proc
proc /proc proc rw,relatime 0 0
```

- 다음과 같은 명령어로 터미널에서 직접 마운트할 수도 있다.

```
# mount -t proc proc /proc
```

② 프로세스 정보

- /proc/PID : 시스템에서 실행 중인 각 프로세스는 고유 식별자인 PID를 가지며 /proc/PID 디렉터리 이하에 프로세스의 정보를 가짐
- /proc/self : /proc 디렉터리를 접근하고 있는 현재 프로세스의 정보를 확인할 수 있으며, 아래는 /proc/self가 PID가 3054인 프로세스 경로로 링크되었음을 확인할 수 있음

```
$ ls -l /proc/self
lrwxrwxrwx. 1 root root 64 Oct 11 14:28 /proc/self -> 3054
```

- 프로세스의 상태, 명령줄, 작업 디렉터리, 환경변수, CPU 정보, 메모리 정보 등의 다양한 정보를 확인할 수 있다.

/proc/PID/cmdline	명령줄 인자(Command Line Argument)
/proc/PID/cwd	현재 프로세스의 작업 디렉터리
/proc/PID/environ	프로세스의 환경변수
/proc/PID/exe	프로세스의 실행 프로그램
/proc/PID/fd	프로세스가 가지고 있는 파일 디스크립터(File Descriptor)
/proc/PID/maps	실행 프로그램과 라이브러리 등 메모리 맵 정보
/proc/PID/mem	프로세스의 메모리
/proc/PID/root	프로세스의 루트 디렉터리
/proc/PID/stat	프로세스의 상태

/proc/PID/statm	프로세스의 메모리 상태
/proc/PID/status	프로세스의 상태(읽기 가능한)

➕ 더 알기 TIP

프로세스의 메모리 맵 살펴보기

- 프로그램이 메모리에 적재되어 실행 중인 인스턴스를 프로세스라고 한다. 프로그램은 실행 프로그램과 실행 프로그램의 실행에 필요한 여러 라이브러리로 구성된다. 프로그램이 메모리에 적재된다는 의미는 이러한 실행 프로그램과 라이브러리들이 메모리상에 자리를 잡는다는 의미이며 이를 메모리 맵(Memory Map)이라고 한다.
- 현재 프로세스의 메모리 맵을 확인하기 위해서는 /proc/self/maps를 열람하면 된다. /bin/cat이라는 실행 프로그램과 /lib/ld-2.12.so, /lib/libc-2.12.so 등의 라이브러리가 메모리에 적재됨을 확인할 수 있다.

```
$ cat /proc/self/maps
00768000-00769000 r-xp 00000000 00:00 0              [vdso]
008eb000-0090a000 r-xp 00000000 fd:00 137986         /lib/ld-2.12.so
0090a000-0090b000 r--p 0001e000 fd:00 137986         /lib/ld-2.12.so
0090b000-0090c000 rw-p 0001f000 fd:00 137986         /lib/ld-2.12.so
00912000-00aa3000 r-xp 00000000 fd:00 137987         /lib/libc-2.12.so
00aa3000-00aa5000 r--p 00191000 fd:00 137987         /lib/libc-2.12.so
00aa5000-00aa6000 rw-p 00193000 fd:00 137987         /lib/libc-2.12.so
00aa6000-00aa9000 rw-p 00000000 00:00 0
08048000-08053000 r-xp 00000000 fd:00 269855         /bin/cat
08053000-08054000 rw-p 0000a000 fd:00 269855         /bin/cat
08ec5000-08ee6000 rw-p 00000000 00:00 0              [heap]
b757f000-b777f000 r--p 00000000 fd:00 30334          /usr/lib/locale/locale-archive
b777f000-b7780000 rw-p 00000000 00:00 0
b7790000-b7791000 rw-p 00000000 00:00 0
bf9ad000-bf9c2000 rw-p 00000000 00:00 0              [stack]
```

③ 시스템 정보

/proc/cmdline	부팅 시 커널로드할 때 인자로 넘어온 옵션 정보
/proc/cpuinfo	CPU 제조사, 모델, 속도, 코어 개수 등 CPU 정보
/proc/devices	현재 시스템에 로드된 디바이스 드라이버 목록
/proc/fb	프레임 버퍼 정보
/proc/filesystems	커널이 지원하는 파일 시스템 목록
/proc/interrupts	시스템에서 사용 중인 인터럽트(IRQ) 정보

/proc/iomem	메모리맵 I/O 정보
/proc/ioports	포트 I/O 정보
/proc/kallsyms	커널 심볼 정보
/proc/loadavg	1분, 5분, 15분간 시스템의 평균 부하량
/proc/meminfo	전체 메모리 크기, 캐시, 활성화, 비활성화, 스왑 등 메모리 정보
/proc/misc	기타 장치의 정보
/proc/mounts	마운트된 장치의 정보
/proc/partitions	파티션 정보
/proc/stat	시스템의 상태 정보
/proc/swaps	스왑 파일 및 파티션의 크기와 사용량 및 우선순위
/proc/uptime	시스템 동작 시간
/proc/version	리눅스 커널 정보

03 작업 예약

1) at

① at 명령어

- at 명령어는 지정한 시간에 원하는 명령을 실행할 수 있으며, 간단한 알림 메시지부터 복잡한 스크립트 등을 실행할 수 있다.
- at 명령과 시간을 지정하여 실행하면 at 명령어 전용 프롬프트가 나타나고, 지정한 시간에 실행할 명령어나 스크립트 등을 입력할 수 있다.
- 모든 입력이 완료되면 Ctrl + D 를 입력한다.
- 예약된 작업은 /var/spool/at 디렉터리에 개별 파일로 저장된다.
- 사용자의 at 명령어 실행 결과는 /usr/sbin/sendmail을 통해 메일로 전송된다.
- /etc/at.allow와 /etc/at.deny 환경설정 파일을 통해 at 명령어에 대한 접근제어가 가능하다.
- 형식

```
at [options] time
```

• 옵션

−q	− 작업을 위한 큐를 지정 − 큐는 a~z, A~Z 중 한 가지를 지정할 수 있음 − 지정하지 않는 경우 기본값은 'a' 큐이고 배치 작업은 'b' 큐임 − 더 높은 글자일수록 nice 값도 올라감 − '=' 큐는 잡(Job)을 위한 특별한 큐임
−m	작업이 완료되면 사용자에게 메일을 발송
−M	사용자에게 메일을 보내지 않음
−f	명령줄이 아닌 파일로부터 실행할 명령을 입력 받음
−l	atq −l과 동일하며 큐에 있는 모든 작업을 출력
−d	예약한 작업을 삭제(atrm 명령과 동일)

• 시간 지정
  − 현지 시간이 2020년 10월 9일 금요일 오전 10시라고 했을 때, 시간 지정을 위한 다양한 표현식과 실제 계산된 예약 시간을 표로 정리하였다.

noon	12:00 PM October 9 2020
midnight	12:00 AM October 9 2020
teatime	4:00 PM October 9 2020
tomorrow	10:00 AM October 10 2020
noon tomorrow	12:00 PM October 10 2020
next week	10:00 AM October 16 2020
next monday	10:00 AM October 12 2020
sun	10:00 AM October 11 2020
NOV	10:00 AM November 9 2020
9:00 AM	9:00 AM October 10 2020
6:30 PM	6:30 PM October 9 2020
1430	2:30 PM October 10 2020
2:30 PM tomorrow	2:30 PM October 10 2020
6:30 PM next month	6:30 PM November 9 2020
2:30 PM Sun	2:30 PM October 11 2020

2:30 PM 10/21	2:30 PM October 21 2020
2:30 PM Oct 21	2:30 PM October 21 2020
2:30 PM 10/21/2020	2:30 PM October 21 2020
2:30 PM 21.10.20	2:30 PM October 21 2020
now + 30 minutes	10:30 AM October 9 2020
now + 1 hour	11:00 AM October 9 2020
now + 2 days	10:00 AM October 11 2020
4 PM + 2 days	4:00 PM October 11 2020
now + 3 weeks	10:00 AM November 30 2020
now + 4 months	10:00 AM February 9 2020
now + 5 years	10:00 AM October 9 2025

- 예제
  - 5:22 PM에 my-jobs.txt의 명령어가 실행되고 그 출력 결과는 모두 메일로 전송된다.

```
$ at -m 17:22 < my-jobs.txt
job 1 at 2019-10-11 17:22
```

  - 큐의 모든 작업을 출력한다.

```
$ at -l
1        2019-10-12 16:56 a francis
```

  - 큐의 작업을 삭제한다.

```
$ at -d 1
또는
$ atrm 1
```

② atq
- 현재 예약된 작업 목록을 확인하는 명령어이다. at -l 옵션과 동일한 기능을 수행한다.
- 예제
  - 현재 큐에 들어있는 작업 목록을 보기 위해 atq 명령어를 입력한다. 작업 번호(Job Number), 예약된 시간, 사용자명 순으로 출력된다.

```
$ atq
3        2019-10-12 10:45 a francis
```

– atq 명령어는 현재 사용자의 정보만 출력한다. 시스템의 전체의 예약 작업을 확인하기 위해서는 루트 권한을 통해 실행한다.

```
$ sudo atq
3       2019-10-12 10:45 a francis
4       2019-10-12 10:48 a test
```

③ atrm

- 예약된 작업을 삭제한다. at -d 옵션과 동일한 역할을 수행한다.
- 예제
  – 작업번호가 3인 예약 작업을 삭제한다.

```
$ atrm 3
```

④ 사용자 접근제어

- at 명령어는 기본적으로 root 사용자만 사용할 수 있으며 일반 사용자는 사용할 수 없다. /etc/at.allow과 /etc/at.deny 파일을 통해 일반 사용자도 at 명령어를 사용할 수 있도록 허용하거나 차단할 수 있다. 각 파일은 한 줄에 한 명의 사용자 이름을 입력하면 된다.

```
$ cat /etc/at.allow
francis
test
```

- at.allow 파일에 사용자를 입력하면 해당 사용자만 at 명령어를 사용할 수 있고 at.deny에 사용자를 기재하면 해당 사용자만 사용할 수 없다. at.deny 파일보다 at.allow 파일이 우선한다. 즉 at.deny 파일이 존재하더라도 at.allow 파일이 존재한다면 at.allow에 기재된 사용자만 at 명령어를 사용할 수 있다.

/etc/at.allow	at 명령어 사용을 허가하는 사용자 목록
/etc/at.deny	at 명령어 사용을 제한하는 사용자 목록

+ 더 알기 TIP

at.deny 파일이 빈 파일이라면?

리눅스를 설치하면 기본적으로 at.allow 파일은 존재하지 않고 at.deny 파일은 존재하나 내용이 없다. 즉, 빈 파일이다. 이런 경우 일반 사용자는 at 명령어를 사용할 수 있을까? 답은 사용할 수 있다. at.allow는 존재하지 않고 at.deny는 존재하므로 at.deny 파일이 명시된 사용자만 사용 불가이고 나머지는 모두 사용할 수 있다. 그런데 at.deny에는 어떤 사용자도 기재되어 있지 않으므로 모든 사용자가 at 명령어를 사용할 수 있게 된다.

```
$ ls /etc/at.*
/etc/at.deny
$ cat /etc/at.deny
```

2) 크론(cron)

① 설명

- 미리 정한 시간에 명령어, 프로그램, 작업 등을 실행할 수 있는 서비스이다. at 명령어는 단 1회만 예약 시간에 작업을 실행할 수 있지만 크론 서비스는 매일, 매주, 매달 등 반복적으로 실행할 수 있는 것이 특징이다.
- 크론 서비스는 현 시각 기준 작업을 실행해야 하는 작업이 있는지 체크하고, 작업이 있다면 이를 실행하는 크론 데몬(crond)과 예약 작업 정보가 담겨있는 설정 파일로 구성된다.

② 크론 동작 방식

- 크론 데몬은 시스템 전역 사용 목적을 위한 /etc/crontab과 시스템 유틸리티 등 개별 패키지에 의한 작업 예약을 위한 /etc/cron.d, 그리고 개발 사용자를 위한 /var/spool/cron 파일을 감시한다. 추가로 매시간, 매일, 매주, 매달마다 작업 예약을 위한 /etc/cron.hourly, /etc/cron.daily, /etc/cron.weekly, /etc/cron.monthly 파일도 존재한다.

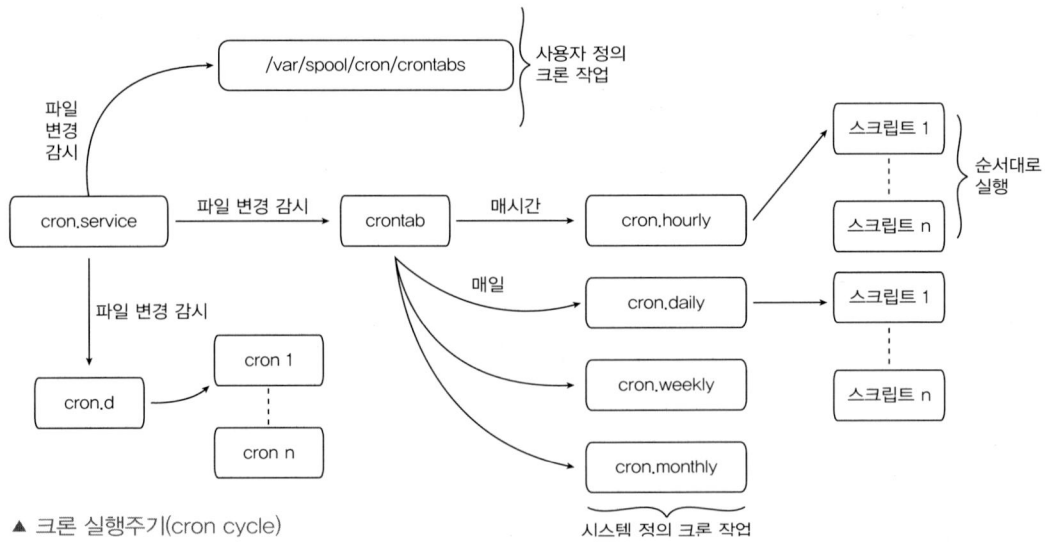

▲ 크론 실행주기(cron cycle)

③ 크론 설정 파일

- 크론 설정 파일에 크론 작업을 정의할 수 있다. 총 7개의 필드로 구성되어 있으며 분(minute), 시간(hour), 일(day of month), 월(month), 요일(day of week), 사용자명(user-name), 실행할 명령어(command to be executed) 순으로 기재한다.

```
| - - - - - - - - - - - - - - - - -  minute (0-59)
| | - - - - - - - - - - - - - - -  hour (0-23)
| | | - - - - - - - - - - - -  day of month (1-31)
| | | | - - - - - -  month (1-12) OR jan, feb, mar, apr ...
| | | | | - - - -  day of week (0-6) OR sun, mon, tue, wed, thu, fri, sat
| | | | |
* * * * *  user-name command to be executed
```

- minute : 분을 지정하며 0~59분을 지정할 수 있음
- hour : 시간을 지정하며 0~23시를 지정할 수 있음
- day of month : 일을 지정하며 1일~31일을 지정할 수 있음
- month : 월을 지정하며, 숫자(1~12)나 문자열(jan, feb, mar, apr 등)로 지정할 수 있음
- day of week : 요일을 지정하며, 숫자(0~6, 0 또는 7은 일요일, 월요일은 1, 화요일은 2) 또는 문자열(sun, mon, tue, wed, thu, fri, sat)로 지정할 수 있음
- user-name : 사용자 이름을 명시
- command to be executed : 실행할 명령어를 지정
- 크론 설정 파일 예제
  - 매년 1월 월요일마다 23:01 PM에 backup.sh 스크립트를 실행한다.

```
01 23 * 1 Monday /home/francis/backup.sh
```

  - 매일 오전 9시부터 오후 6시까지 hourly-archive.sh 스크립트를 실행한다.

```
00 09-18 * * * /home/carl/hourly-archive.sh
```

  - 매 토요일 오전 9시와 오후 6시 2차례에 걸쳐 script.sh를 실행한다.

```
0 9,18 * * Sat /home/francis/script.sh
```

  - 주간(월~금)마다 22:30PM에 backup 명령어를 실행한다.

```
30 22 * * Mon,Tue,Wed,Thu,Fri /usr/local/bin/backup
```

④ crontab 명령어

- 사용자가 반복적으로 수행할 작업을 예약할 때 사용하는 명령어이다. 설정 파일을 직접 편집하는 것보다 crontab을 통해 실행한 vi를 통해서 편집하는 것을 권장한다. 설정 파일은 /var/spool/cron 밑에 사용자 이름으로 파일이 생성된다.

```
$ sudo ls /var/spool/cron
francis  root
```

- 형식

```
crontab [options] file
```

• 옵션

file	특정 파일에 설정되어 있는 내용을 크론 설정 파일에 반영
-u [user]	crontab을 열람하고 수정할 수 있는 사용자를 지정
-l	현재 crontab 설정을 표시
-r	현재 crontab 설정을 제거
-e	- crontab 설정을 편집 - 환경변수 VISUAL 또는 EDITOR에 지정되어 있는 편집기가 실행됨

• 예제
  - crontab 설정을 편집한다.

  ```
  $ crontab -e
  ```

  - crontab 설정을 표시한다.

  ```
  $ crontab -l
  ```

  - crontab 설정을 삭제한다.

  ```
  $ crontab -r
  ```

  - francis 사용자의 crontab 설정을 편집한다.

  ```
  $ crontab -e u francis
  ```

  - mycronjob.txt 파일에 있는 내용을 crontab에 반영한다.

  ```
  $ crontab mycronjob.txt
  ```

⑤ crontab 접근제어

• at 명령어의 접근제어와 동일하다.
• crontab 명령어는 기본적으로 root 사용자만 사용할 수 있으며 일반 사용자는 사용할 수 없다. /etc/cron.allow와 /etc/cron.deny 파일을 통해 일반 사용자도 cron 명령어를 사용할 수 있도록 허용하거나 차단할 수 있다. 각 파일은 한 줄에 한 명의 사용자 이름을 입력하면 된다.
• cron.allow 파일에 사용자를 입력하면 해당 사용자만 cron 명령어를 사용할 수 있고 cron.deny에 사용자를 기재하면 해당 사용자만 사용할 수 없다. cron.deny 파일보다 cron.allow 파일이 우선한다. 즉 cron.deny 파일이 존재하더라도 cron.allow 파일이 존재한다면 cron.allow에 기재된 사용자만 cron 명령어를 사용할 수 있다.

/etc/cron.allow	cron 명령어 사용을 허가하는 사용자 목록
/etc/cron.deny	cron 명령어 사용을 제한하는 사용자 목록

➕ 더 알기 TIP

프로세스 관찰 · 제어 실전 포인트

- ps는 /proc(procfs) 기반으로 프로세스 정보를 출력하며, 옵션은 Unix/BSD/GNU 스타일에 따라 의미가 달라질 수 있으므로 ps -ef와 ps aux를 혼동하지 않도록 주의한다.
- ps의 STAT(S)는 상태+플래그 조합이며, D(I/O 등 인터럽트 불가 대기), S(인터럽트 가능 대기), R(실행/실행 가능), Z(좀비) 구분이 자주 출제된다.
- pstree는 PID/PPID 관계를 트리로 보여 주므로 pstree -p 결과를 ps의 PPID와 연결해 해석한다.
- top은 프로세스 목록보다 요약부(로드 평균, CPU, Mem/Swap) 해석이 핵심이며, -p(특정 PID), -u(사용자) 옵션이 단골 출제요소 이다.
- kill은 PID 기준으로 시그널을 전송하며 기본은 SIGTERM(15)이고, SIGKILL(9)은 정리 절차 없이 강제 종료하므로 용도를 구분한다.
- jobs/fg/bg는 현재 셸의 잡 제어이므로 %번호, %%(%+), %- 표기를 정확히 구분한다.
- nice는 실행 시 NI 부여, renice는 실행 중 NI 변경이며, NI는 -20(높음)~19(낮음) 범위로 스케줄링에 영향을 준다.
- nohup은 로그아웃 시 전송되는 SIGHUP을 무시해 세션 종료 후에도 실행을 유지하며, &와 함께 백그라운드 실행으로 자주 묶여 나온다.

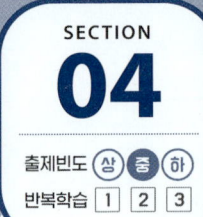
설치 및 관리

▶합격 강의

빈출 태그 ▶ rpm, dpkg, yum, dnf, apt-get, tar, gzip, bzip2, xz, gcc

01 패키지를 통한 소프트웨어 설치

1) 패키지를 통한 소프트웨어 설치 개요

- 리눅스는 소프트웨어를 시스템상에 설치, 업그레이드, 제거하기 위한 패키지 도구(Package Tool)를 제공한다. 초기에는 오직 소스코드 형태로만 배포되었기 때문에 함께 배포되는 빌드 매뉴얼과 환경설정 파일을 통해 소스코드를 직접 컴파일해 실행 파일을 생성했다. 하지만 현재는 미리 컴파일된 프로그램을 패키지(Package)라는 형태로 제작하고 배포하여 사용자가 손쉽게 설치할 수 있게 되었다.
- 하나의 패키지가 정상 동작하기 위해선 외부의 공유 라이브러리나 다른 패키지가 필요할 수 있다. 패키지 관리 시스템은 이러한 의존성이 있는 소프트웨어를 먼저 설치하는 것을 보장한다.
- 리눅스의 배포판들은 각자의 패키지 도구를 사용한다. 레드햇 계열은 rpm, 데비안 계열은 dpkg, openSUSE도 rpm을 사용한다. 패키지 도구들은 서로 호환되지 않으나 사용법은 유사하다.
- 패키지 도구는 저수준 패키지 도구와 고수준 패키지 도구로 분류할 수 있다. 저수준 패키지 도구는 패키지의 설치·업그레이드·제거 등의 개별 동작을 제공하고, 고수준 패키지 도구는 저수준 패키지 도구를 이용하여 패키지의 의존성까지 고려하여 설치한다.

배포판	저수준 패키지 도구	고수준 패키지 도구
레드햇 계열	rpm	yum, dnf
데비안 계열	dpkg	apt-get, apt, aptitude
openSUSE 계열	rpm	zipper/YaST

2) 저수준 패키지 도구의 사용법

① 패키지 설치하기

- 레드햇 계열의 패키지 명령어는 rpm이고 패키지 확장자도 마찬가지로 rpm이다. 데비안 계열의 패키지 명령어는 dpkg이고 확장자는 deb이다. 패키지를 설치할 때 양쪽 모두 '-i' 옵션을 사용한다. 배포 레파지터리에 패키지가 존재한다면 apt 명령어나 yum 명령어 같은 고수준 패키지 도구를 통해 설치할 수 있지만 없다면, 개별 패키지를 찾아서 다운로드 받아 직접 설치해야 한다. 또한 저수준 패키지 도구이기 때문에 먼저 설치가 필요한 라이브러리 등이 존재하지 않는다면 설치할 때 에러가 발생한다.

```
# rpm -i file.rpm

# dpkg -i file.deb
```

② 패키지 업그레이드하기

- rpm 명령어는 '-U' 옵션을 사용하고 dpkg는 '-i' 옵션을 사용해 기존에 설치되어 있던 패키지를 명령어의 인자로 지정한 패키지로 업그레이드할 수 있다.

```
# rpm -U file.rpm

# dpkg -i file.deb
```

③ 설치된 패키지 확인하기

- 이미 설치된 모든 패키지를 확인하기 위해서는 rpm 명령어는 '-qa' 옵션을 사용하고 dpkg는 '-l' 옵션을 사용한다.

```
# rpm -qa

# dpkg -l
```

- 특정 패키지가 설치되었는지 확인하기 위해서는 rpm은 '-q' 옵션을 사용하고 dpkg는 '--status' 옵션을 사용한다.

```
# rpm -q package_name

# dpkg --status package_name
```

- 특정 패키지가 설치되었는지 확인하기 위해 옵션 대신에 grep을 사용해서 확인할 수도 있다.

```
# rpm -qa | grep sysdig

# dpkg -l | grep mysql-common
```

④ 특정 파일을 설치한 패키지 찾기

- 시스템에 설치된 파일이 어떤 패키지를 통해 설치되었는지 확인하기 위해서는 rpm은 '-qf' 옵션을 사용하고 dpkg는 '--search' 옵션을 사용한다.

```
# rpm -qf file_name

# dpkg --search file_name
```

- 예를 들어 시스템에 설치된 '/usr/share/git-core/contrib/hooks/setgitperms.perl' 파일이 포함된 패키지는 git-1.7.1-9.el6_9.i686이다.

```
$ rpm -qf /usr/share/git-core/contrib/hooks/setgitperms.perl

git-1.7.1-9.el6_9.i686
```

3) 고수준 패키지 도구의 사용법

① 패키지 검색하기

- 레드햇 계열은 yum 명령어를 사용하여 설치된 패키지를 검색할 수 있다. 'search' 옵션은 먼저 패키지명을 검색하고 발견되지 않으면 패키지 설명에서 검색한다. 'search all' 옵션은 패키지에 대한 모든 정보에서 검색을 시도한다.

```
# yum search package_name
# yum search all package_name
# yum whatprovides "*/package_name"
```

- 'whatprovides' 옵션은 특정 파일이 포함된 패키지를 찾는 명령이다.

```
$ yum whatprovides /usr/share/git-core/contrib/hooks/setgitperms.perl
Loaded plugins: fastestmirror, refresh-packagekit, security
Determining fastest mirrors
 * base: mirror.kakao.com
 * extras: mirror.kakao.com
 * updates: mirror.kakao.com
git-1.7.1-9.el6_9.i686 : Fast Version Control System
Repo        : base
Matched from:
Filename    : /usr/share/git-core/contrib/hooks/setgitperms.perl
git-1.7.1-9.el6_9.i686 : Fast Version Control System
Repo        : installed
Matched from:
Other       : Provides-match: /usr/share/git-core/contrib/hooks/setgitperms.perl
```

- 데비안 계열은 apt-cache, apt, aptitude 명령어 등을 사용하여 설치된 패키지를 검색할 수 있다. 모두 옵션으로 '-search'를 사용하지만 그 동작에는 약간의 차이가 있다. apt-cache는 패키지명 및 패키지의 설명 등의 키워드를 찾아 주고 apt와 aptitude는 패키지명만을 비교하여 찾는다.

```
$ apt-cache search git-1.7.1-9.el6_9.i686
$ apt search git-1.7.1-9.el6_9.i686
$ aptitude search git-1.7.1-9.el6_9.i686
```

② 패키지 설치하기

- yum과 apt-get 모두 'update' 옵션을 사용해 레파지터리의 패키지 정보를 갱신하고, 'install' 옵션을 통해 패키지를 레파지터리에서 다운로드 받아 설치한다.

```
# yum update && yum install package_name
# apt-get update && apt-get install package_name
```

③ 패키지 제거하기

- 패키지를 제거하기 위해 yum 명령어는 'erase' 옵션을 사용하고, apt-get 명령어는 'remove' 옵션을 사용한다. 이때 패키지와 관련된 환경설정 파일은 지워지지 않는다. 이러한 환경설정 파일도 깨끗이 삭제하려면 'purge' 옵션을 사용한다.

```
# yum erase package_name
# apt-get remove package_name
```

④ 패키지 정보 출력하기

- 패키지의 정보를 확인하기 위하여 yum 명령어는 'info' 옵션을 사용하고 apt-cache, apt, aptitude 명령어는 'show'를 사용한다.

```
# yum info package_name
# apt-cache show package_name
# apt show package_name
# aptitude show package_name
```

- yum 명령어를 통해 git 패키지의 정보를 확인하면 다음과 같이 출력된다.

```
$ yum info git
Loaded plugins: fastestmirror, refresh-packagekit, security
Loading mirror speeds from cached hostfile
 * base: mirror.kakao.com
 * extras: mirror.kakao.com
 * updates: mirror.kakao.com
Installed Packages
Name    : git
Arch    : i686
Version : 1.7.1
Release : 9.el6_9
Size    : 14 M
```

② 레드햇 패키지 관리와 데비안 패키지 관리

1) 레드햇 패키지 관리(RPM ; Red Hat Package Manager)

① RPM의 개요

- RPM은 소스코드 또는 패키지를 시스템에 설치하기 위한 오픈소스 패키지 관리 시스템이다.
- 레드햇 사에서 처음 개발하였지만 현재는 Novell NetWare, IBM's AIX, CentOS, Fedora, Oracle Linux 등 다양한 배포판에서 널리 사용되고 있다.
- RPM은 패키지 파일(.rpm)을 의미하기도 하고 패키지 관리 프로그램 자체를 의미하기도 한다.
- RPM 패키지는 주로 사용하는 파일 형식이 있다. 아래의 파일명을 보면 git는 패키지 이름을 뜻하고, 1.7.1은 패키지 버전이며, 9.el6_9는 릴리즈를 의미하는데 동일 버전을 9번 빌드하였고 enterprise linux 6.9임을 뜻한다. 마지막으로 i686은 intel 호환 아키텍처를 뜻한다.

```
git-1.7.1-9.el6_9.i686.rpm
```

② RPM 사용법

- RPM 명령어의 옵션에 따라 패키지를 설치, 제거, 업그레이드, 질의, 검증을 할 수 있다.

```
rpm [options] package_name
```

③ 일반적인 옵션

−v	상세한 정보를 출력
−−quiet	에러 메시지 외에는 아무런 정보를 출력하지 않음
−−version	rpm의 버전을 출력

④ RPM 설치 및 업데이트

- 옵션

−i	동일한 패키지가 이미 설치되지 않는 경우 패키지를 새로 설치
−h	설치하거나 업그레이드할 때 경과를 '#'로 표시
−U	− 현재 설치된 패키지를 최신으로 업그레이드 − 만약 설치된 패키지가 없다 하더라도 패키지를 설치
−F	이전 버전이 설치되어 있는 경우에만 업그레이드
−−force	− 기존에 패키지가 설치되어 있더라도 강제로 설치 − −−replacepkgs, −−replacefiles, −−oldpackage 옵션을 동시에 사용한 것과 같음
−−nodeps	패키지를 설치하거나 업그레이드하기 전에 의존성 체크를 하지 않음
−−test	실제 설치하지 않고 잠재적 충돌이 있는지 체크

- 예제
  - '-i' 옵션을 사용하여 package.rpm을 설치한다. '-v'는 상세 출력 결과를 보여 주는 역할을 하고 '-h'는 설치 경과를 '#'으로 표시한다.

```
$ sudo rpm -ivh package.rpm
```

  - 패키지명 대신에 인터넷 URL을 사용하여 설치할 수도 있다.

```
$ sudo rpm -ivh https://example.com/package.rpm
```

  - '-U' 옵션을 사용하여 패키지를 최신버전으로 업그레이드한다. 패키지가 설치된 상태가 아니라면 최신 버전으로 설치한다. 만약 패키지를 설치하기 전에 먼저 설치해야 할 패키지가 있다면 설치를 중단하고 그 목록을 표시한다. 사용자는 직접 해당 패키지를 찾아서 설치해야 한다.

```
$ sudo rpm -Uvh package.rpm
```

  - '--nodeps' 옵션을 통해 의존성이 있는 패키지들이 아직 설치되지 않은 상태라도 강제로 패키지를 설치한다.

```
$ sudo rpm -Uvh --nodeps package.rpm
```

  - '--test' 명령어를 사용하여 패키지를 설치하거나 업그레이드를 실제로 하지 않고 테스트로 수행해 본다. 이 테스트를 통해 실제 설치 가능한 상태인지 확인할 수 있다.

```
$ sudo rpm -Uvh --test package.rpm
```

⑤ RPM 제거

- 옵션

-e	패키지를 삭제
--nodeps	패키지 삭제 시 의존성 체크를 하지 않음
--test	- 실제 삭제하지 않고 모의로 삭제 - -vv 옵션과 사용하면 디버깅하는 데 효과적
--allmatches	- 패키지의 모든 버전을 제거 - 만약 패키지와 매칭되는 서로 다른 패키지가 존재한다면 에러가 발생

• 예제

– '-e' 옵션을 사용하여 패키지를 제거한다.

```
$ sudo rpm -e package.rpm
```

– '--nodeps' 옵션을 사용하여 의존성 체크를 하지 않고 패키지를 제거한다. 이런 경우 다른 패키지가 제대로 실행되지 않을 수 있다.

```
$ sudo rpm -ev --nodeps package.rpm
```

– '--test' 명령어를 사용하여 패키지를 실제로 삭제하지 않고 테스트로 수행해 본다. 이 테스트를 통해 실제 패키지 삭제가 가능한 상태인지 확인할 수 있다.

```
$ sudo rpm -ev --test package.rpm
```

⑥ RPM 질의

• 옵션

-q	– 질의를 위해 기본적으로 사용해야 하는 옵션 – 패키지 이름과 버전, 릴리즈 등 간단한 정보가 표시됨
-i	패키지 정보, 이름, 버전, 설명 등 패키지에 대한 자세한 정보를 표시
-l	패키지의 목록을 출력
-f	지정한 파일을 설치한 패키지를 출력
-a	설치된 모든 패키지에 대하여 질의
-c	패키지의 설정 파일이나 스크립트 파일을 출력
-s	– 패키지의 각 파일 상태를 표시 – 각 파일의 상태는 normal, not installed, replaced로 표시됨

• 예제

– '-q' 옵션을 사용해 JDK 1.7.0이 설치되어 있는지 확인한다. 설치되어 있다면 패키지 이름이 표시된다.

```
$ sudo rpm -q java-1.7.0-openjdk
java-1.7.0-openjdk-1.7.0.231-2.6.19.1.el6_10.i686
```

– '–i' 옵션을 사용해 패키지의 부가 정보를 출력할 수 있다.

```
$ sudo rpm -qi java-1.8.0-openjdk
Name        : java-1.8.0-openjdk
Epoch       : 1
Version     : 1.8.0.392.b08
Release     : 4.el8_8
Architecture: x86_64
Install Date : Thu 04 Jan 2024 05:26:32 PM KST
Group       : Development/Languages
Size        : 1377414
(이하 생략)       .
```

– '–l' 옵션을 사용해 패키지가 설치한 모든 파일 목록을 볼 수 있다.

```
$ sudo rpm -ql package
```

– '–f' 옵션을 사용해 특정 파일이 속한 패키지의 정보를 볼 수 있다.

```
$ sudo rpm -qf /path/to/file
```

– '–a' 옵션을 사용해 시스템에 설치된 모든 패키지의 정보를 볼 수 있다.

```
$ sudo rpm -qa
```

⑦ RPM 검증

• 옵션

-V	검증 시 사용하는 기본 옵션
-a	시스템에 설치되어 있는 모든 패키지에 대해 검증

• 예제
– 설치되어 있는 패키지를 검증하기 위해 '–V' 옵션을 사용한다. 만약 검증 실패 항목이 있다면 내용을 출력하고 없다면, 아무것도 출력하지 않는다.

```
sudo rpm -V openldap-2.4.46-9.el8.x86_64
```

- '-a' 옵션을 추가해 시스템에 설치된 모든 패키지에 대하여 검증을 수행한다.

```
sudo rpm -Va
.......T.  c /etc/inittab
.M....G.. /var/log/gdm
.M....... /var/run/gdm
missing     /var/run/gdm/greeter
....L.... c /etc/pam.d/fingerprint-auth
....L.... c /etc/pam.d/password-auth
....L.... c /etc/pam.d/smartcard-auth
....L.... c /etc/pam.d/system-auth
S.5....T.   /usr/lib/firefox/bundled/lib/gtk-3.0/3.0.0/immodules.cache
S.5....T. c /etc/at.deny
S.5....T. c /etc/ssh/sshd_config
.......T. c /etc/dnsmasq.conf
.......T. c /etc/profile
.M....... c /etc/shadow
S.5....T. c /etc/sudoers
```

➕ 더 알기 TIP

rpm 패키지의 검증 코드

총 9개의 검증을 수행한다. '.'은 검증을 통과하였음을 의미하고, '?'는 권한 등의 문제로 검증 시도를 못한 경우이다. 나머지 검증에 실패한 경우 아래의 검증 코드가 표시된다.

S	파일 크기가 다름
M	파일 모드가 다름
5	MD5가 다름
D	장치 파일의 메이저 및 마이너 번호가 다름
L	링크 경로가 다름
U	파일 소유자가 다름
G	파일 그룹 소유자가 다름
T	파일 시간이 다름
P	권한이 다름

⑧ 소스 RPM(SRPM ; Source RPM) 빌드하기

- 소스파일(.src.rpm)을 통해 패키지(.rpm)를 생성하는 명령어이다.
- 빌드가 성공하면 ~/rpmbuild/RPMS/i386 디렉터리에 패키지가 생성된다. i386은 시스템의 아키텍처이다. x86_64 아키텍처라면 x86_64 디렉터리에 생성된다.

```
$ sudo rpmbuild -rebuild /tmp/mypackage-1.0.0-1.src.rpm
```

2) yum(Yellowdog Updater, Modified)

① 설명

- yum은 듀크 대학(Duke University)에서 RPM 설치 방식을 개선한 패키지 관리자이다. yum은 패키지와 패키지가 가지고 있는 의존성을 체크하여 방대한 레파지터리에서 검색하여 쉽게 패키지를 설치할 수 있게 한다.
- yum은 학교, 회사, 소그룹 등에서 개별 목적에 따라 편리하게 패키지를 설치할 수 있도록 로컬 레파지터리 기능을 제공한다. 이를 통해 외부 네트워크 트래픽을 절약할 수 있고 공개된 레파지터리에 제공되지 않는 패키지도 쉽게 로컬 레파지터리에 등록하여 설치할 수 있다.
- 데비안 패키지 관리 도구 중 하나인 apt-get, apt, aptitude와 유사하다.

② 로컬 레파지터리 만들기

- createrepo 패키지를 설치한다.

```
$ sudo yum install createrepo
```

- 특정 디렉터리를 선정하고 원하는 패키지를 모두 복사한다.

```
$ copy *.rpm /mnt/local_repo
```

- createrepo 명령어를 통해 레파지터리를 생성한다.

```
$ sudo createrepo /mnt/local_repo
```

③ yum 명령어 형식

```
yum [options] [command] [package_name]
```

④ yum 옵션

-y	- 모든 선택에 'yes'로 답변 - 이 옵션을 사용하면 설치가 한 번에 이루어짐
-v	자세한 정보를 출력

⑤ yum 명령어

• yum 명령어를 통해 패키지를 설치, 업그레이드, 삭제할 수 있다.

list	사용 가능한 패키지들의 목록과 관련 정보를 출력
info	지정한 패키지의 정보를 출력
install	– 패키지나 패키지의 그룹의 최신 버전을 설치 – 레파지토리에 패키지 이름과 동일한 패키지가 존재하지 않으면 일부만 매칭하는 패키지라도 설치
update	– 특정 패키지를 최신 버전으로 업그레이드 – 패키지명을 명시하지 않으면 설치되어 있는 모든 패키지를 업그레이드
check–update	시스템에 설치된 패키지 중 업데이트가 필요한 패키지가 있는지 확인
remove	– 패키지를 삭제 – 패키지와 의존성이 있는 패키지도 함께 제거
provides	특정 파일이나 기능을 제공하는 패키지를 찾음
search	패키지의 설명, 패키지 이름, 패키지 제공자 등 RPM 패키지의 모든 필드에서 지정한 키워드와 매칭되는 패키지를 찾음
localinstall	시스템의 로컬 경로에서 패키지를 설치
clean	– yum 캐시 디렉터리에 축적된 데이터를 삭제 – expire–cache, packages, headers, metadata, dbcache, rpmdb, plugins, all 등 다양한 옵션을 추가로 붙일 수 있음 – 특히 모든 캐시를 지우기 위해서는 clean all을 사용
repolist	**설정된 모든 레파지터리의 목록을 살펴볼 수 있음** – repolist enabled : 활성화된 모든 레파지터리 – repolist disabled : 비활성화된 모든 레파지터리 – repolist all : 모든 레파지터리
grouplist	패키지 그룹에 대한 정보를 출력
groupinfo	지정한 패키지 그룹명에 대한 정보를 출력
groupupdate	지정한 그룹 패키지를 업데이트
groupinstall	지정한 그룹 패키지를 설치
groupremove	지정한 그룹 패키지를 제거
whatprovides	파일이 포함된 패키지를 찾거나 관련 기능을 제공하는 패키지를 찾을 때 사용

⑥ yum 환경설정

- yum의 환경설정은 /etc/yum.conf 파일에 저장된다. 다음은 그 예시이며 [main] 옵션에 cache-dir, keepcache, debuglevel, logfile 등 설정값이 지정되어 있다.

```
[main]
cachedir=/var/cache/yum/$basearch/$releasever
keepcache=0
debuglevel=2
logfile=/var/log/yum.log
exactarch=1
obsoletes=1
gpgcheck=1
plugins=1
installonly_limit=5
```

- /etc/yum.conf는 [repository] 옵션도 가질 수 있으나, 편의상 /etc/yum.repos.d 디렉터리 밑에 확장자가 repo인 파일로 별도로 보관한다. 예를 들면 네트워크용 레파지터리는 Rocky-BaseOS.repo에 환경설정이 보관되고 CD-ROM, DVD-ROM과 같은 보조기억장치를 통한 레파지터리 설정은 Rocky-Media.repo에 보관된다.

```
$ ls /etc/yum.repos.d

Rocky-AppStream.repo      Rocky-HighAvailability.repo     Rocky-ResilientStorage.repo
Rocky-BaseOS.repo         Rocky-Media.repo                Rocky-RT.repo
Rocky-Debuginfo.repo      Rocky-NFV.repo                  Rocky-Sources.repo
Rocky-Devel.repo          Rocky-Plus.repo
Rocky-Extras.repo         Rocky-PowerTools.repo
```

- /etc/yum.repos.d 디렉터리에 .repo 파일을 추가하거나 삭제한 경우, yum 캐시를 비워 줘야 갱신된 내용이 반영된다.

```
$ yum clean all
```

⑦ yum-utils

• yum 레파지터리를 관리하고 패키지 관리를 편리하게 할 수 있도록 도와주는 유틸리티이다.
'yum install yum-utils'를 사용하여 별도 설치를 해야 한다.

debuginfo-install	패키지 설치 과정을 디버깅하기 위해 debuginfo 패키지를 설치
package-cleanup	중복 패키지, 고아 패키지(Orphaned Package), 의존성 불일치 등을 해결하기 위해 패키지를 정리
repo-graph	패키지의 의존성을 출력
repoclosure	각 패키지의 메타데이터를 조사해서 해결되지 않은 각 패키지의 의존성을 출력
repodiff	여러 yum 레파지터리 목록 간의 차이점을 비교
repomanage	지정한 패키지의 최신 버전이나 가장 오래된 버전을 출력
repoquery	패키지의 설치 유무나 의존성 정보 및 패키지에 포함된 파일 등 패키지의 추가적 정보 획득을 위해 yum 레파지터리에 질의
reposync	원격 레파지터리와 로컬 디렉터리를 동기화
yumdownloader	– 지정한 패키지와 의존성이 존재하는 패키지를 포함하여 RPM 패키지를 다운로드 – 단, 패키지를 설치하지 않음

⑧ yum 예제

• httpd 패키지를 설치한다.

```
$ sudo yum install httpd
```

• httpd 패키지를 설치할 때 '설치 진행하겠습니까?'와 같은 질의에 사용자의 응답을 기다리지 않고 기본적으로 'yes'로 응답한다.

```
$ sudo yum install httpd -y
```

• 현재 설치된 패키지 중 업데이트 가능한 패키지가 있는지 체크한다.

```
$ sudo yum check-update
$ sudo yum check-update
[sudo] password for francis:
Loaded plugins: fastestmirror, refresh-packagekit, security
Loading mirror speeds from cached hostfile
firefox.i686                                          60.9.0-1.el6.centos
updates
java-1.7.0-openjdk.i686                         1:1.7.0.231-2.6.19.2.el6_10
```

updates	
kernel.i686	2.6.32-754.23.1.el6
updates	
kernel-devel.i686	2.6.32-754.23.1.el6
updates	
kernel-firmware.noarch	2.6.32-754.23.1.el6
updates	
kernel-headers.i686	2.6.32-754.23.1.el6
updates	
libsmbclient.i686	3.6.23-52.el6_10
updates	
openssl.i686	1.0.1e-58.el6_10
updates	
samba-client.i686	3.6.23-52.el6_10
updates	
samba-common.i686	3.6.23-52.el6_10
updates	
samba-winbind.i686	3.6.23-52.el6_10
updates	
samba-winbind-clients.i686	3.6.23-52.el6_10
updates	
samba-common.i686	3.6.23-52.el6_10
updates	
samba-winbind.i686	3.6.23-52.el6_10
updates	
samba-winbind-clients.i686	3.6.23-52.el6_10
updates	

• bash 패키지를 업데이트하며 기본 응답은 yes로 한다.

```
$ sudo yum update bash -y
```

• yum-utils 패키지를 다운로드 받으면 yumdownloader 명령어를 사용할 수 있다. 그리고 un-bound 패키지를 설치하지 않고 rpm 파일만 다운로드 받는다.

```
$ sudo yum install yum-utils -y
$ sudo yumdownloader unbound
```

- yumdownloader로 다운로드 받은 패키지는 localinstall을 통해 설치할 수 있다.

```
$ sudo yum localinstall unbound—1.4.20—26.el7.x86_64.rpm
```

- httpd 패키지를 삭제한다.

```
$ sudo yum remove httpd
```

- 패키지를 재설치한다. 'yum remove 후 yum install' 동작과 유사하지만 관련 환경설정 파일을 삭제하지는 않는다. 참고로 yum remove는 관련 환경설정 파일도 모두 제거한다.

```
$ sudo yum reinstall httpd —y
```

- /etc/yum.repos.d 디렉터리에 설정된 모든 레파지터리 목록을 출력한다.

```
$ sudo yum repolist
```

- repolist는 활성화된 레파지터리만 출력한다. 비활성화된 레파지터리도 모두 보려면 repolist all 명령어를 사용한다.

```
$ sudo yum repolist all
```

- git 패키지의 정보를 출력한다.

```
$ sudo yum info git
```

- /etc/yum.repos.d 디렉터리에 .repo 파일을 직접 추가하는 대신에 yum-config-manager 명령어의 도움을 받아 쉽게 레파지터리를 추가할 수 있다.

```
$ sudo yum—config—manager ——add—repo="https://mirror.aarnet.edu.au/pub/centos/7"
```

- 특정 레파지터리를 활성화하고 패키지를 설치하거나 특정 레파지터리만 비활성화 후 패키지를 설치할 수 있다.

```
$ sudo yum ——enablerepo=disabled—repo install package—example
```

- 패키지 이름이나 요약 설명에 php 키워드가 들어 있는 패키지를 모두 찾는다.

```
$ sudo yum search php
```

- 특정 명령어나 특정 파일을 제공하는 패키지를 찾는다.

```
$ sudo yum provides iscsiadm
또는
$ sudo yum provides /etc/httpd/conf/httpd.conf
```

- yum을 통해 설치, 삭제 등 수행한 동작의 이력을 확인한다.

```
$ sudo yum history

Loaded plugins: fastestmirror, refresh-packagekit, security
```

ID	Login user	Date and time	Action(s)	Altered
7	francis 〈francis〉	2019-09-25 21:52	Install	2
6	francis 〈francis〉	2019-08-26 17:03	Install	2
5	francis 〈francis〉	2019-08-26 16:05	Install	11
4	francis 〈francis〉	2019-08-11 18:16	I, U	194 EE
3	francis 〈francis〉	2019-08-11 18:08	Update	1
2	francis 〈francis〉	2019-08-11 18:05	I, U	55
1	System 〈unset〉	2019-08-11 16:58	Install	1127

- 7번 히스토리에 대한 상세 정보를 확인한다.

```
$ sudo yum history info 7
```

- 7번 히스토리의 동작을 되돌린다.

```
$ sudo yum history undo 7 -y
```

- 7번 히스토리의 동작을 다시 수행한다.

```
$ sudo yum history redo 7 -y
```

- /var/cache/yum 디렉터리의 모든 종류의 캐시를 삭제한다.

```
$ sudo yum clean all
```

- 현재 설치된 패키지 목록을 출력한다.

```
$ sudo yum list installed
```

- 레파지터리에서 설치 가능한 모든 패키지를 출력한다.

```
$ sudo yum list available
```

- 서로 연관이 있는 패키지는 패키지 그룹으로 묶을 수 있다. 패키지 그룹의 목록을 출력한다.

```
yum grouplist
```

• 'Basic' Web Server' 패키지 그룹의 정보를 출력한다.

```
yum groupinfo "Basic Web Server"
```

• 'web server' 패키지 그룹을 설치한다.

```
yum groupinstall "web server" -y
```

➕ 더 알기 TIP

dnf(Dandified yum)

dnf는 yum의 후속 도구로, 최신 리눅스(레드햇 버전 8 이상)에서 기본 패키지 관리자 역할을 수행한다. 이 도구는 yum에 비해 패키지 처리 속도가 빠르고, 메모리 사용량이 적으며, 의존성 해결과 오류 메시지 출력이 더욱 우수하다. 사용법은 대부분 yum과 동일하여, 기존 yum 사용자는 큰 변화 없이 사용할 수 있다. 또한, 최신 리눅스에서는 yum 명령어를 입력하더라도 실제로는 dnf가 내부적으로 호출되어 실행된다.

예

```
$ sudo yum install vim → $ sudo dnf install vim

$ sudo yum update → $ sudo dnf upgrade

$ sudo yum groupinstall... → $ sudo dnf group install...
```

3) 데비안 패키지 관리(Debian Package Management)

① 데비안 패키지 관리의 개요

• 데비안 계열 운영체제에 패키지 설치를 위해 패키지 간의 의존성 관계, 소프트웨어 환경설정, 패키지 설치 자체를 편리하게 도와주는 소프트웨어 일체를 뜻한다.

• 데비안 패키지 관리는 몇 가지 계층으로 나눌 수 있다. 가장 저수준의 패키지 관리 도구는 dpkg이며, 상위 수준 패키지 관리 도구는 apt-get, apt가 있다. 그리고 apt-get, apt와 비교하였을 때 설치 목록상에서 패키지를 검색하는 기능, 패키지를 자동 또는 수동으로 설치할 것인지 설정하는 기능, 패키지를 업그레이드 불가 상태로 변경하는 기능을 추가로 수행할 수 있는 aptitude 도구도 존재한다.

② dpkg

• dpkg 명령어는 데비안 패키지 관리 명령어 중 하나로, 의존성 관계를 고려하여 .deb 확장자의 패키지 설치, 제거, 질의의 역할을 수행한다. dpkg를 활용한 가장 친숙한 프론트 엔드 관리 도구는 aptitude이다. aptitude는 dpkg가 제공하는 명령어를 통하여 패키지 관리를 제어한다.

• 패키지 파일 형식은 'package_version_architecture.package-type'이다. 아래와 같이 dpkg-name 명령어를 사용해 bar-foo.deb 패키지 이름을 형식에 맞게 변경해 준다. 예를 들어 'bar-foo_1.0-2_i386.deb'와 같은 이름으로 변경된다.

```
$ dpkg-name bar-foo.deb
```

• 패키지 파일 형식 설명

package	패키지의 이름
version	패키지의 버전을 의미하며 경우에 따라 한 버전을 몇 번 빌드했는지 알려 주는 릴리즈 정보가 포함되기도 함
architecture	패키지가 사용 가능한 CPU 아키텍처를 의미 **예** amd, armel, i386, ia64 등
type	확장자로 .deb가 사용됨

• 형식

dpkg [option…] action

• 옵션

− i, − − install	− 패키지를 설치 − −R 옵션을 사용하면 패키지명 대신에 디렉터리를 지정해야 함
− R, − − recursive	− i 또는 − −unpack 옵션과 함께 사용하며 지정한 디렉터리 하위에 있는 모든 .deb 패키지를 설치할 때 사용
− l, − − list	설치되어 있는 패키지를 출력
− I, − − info	패키지에 대한 정보를 출력
− c, − − contents	패키지가 설치하는 파일 정보를 출력
− L, − − listfiles	시스템에 지정한 패키지가 설치한 파일을 출력
− r, − − remove	− 환경설정 파일을 제외하고 패키지를 제거(환경설정 파일을 남겨 두면 다음에 다시 설치 시 그 환경 그대로 사용할 수 있음) − −P 옵션을 사용하면 환경설정 파일까지 모두 지울 수 있음
− P, − − purge	환경설정 파일을 포함하여 패키지를 삭제
− S, − − search	지정한 패턴과 일치하는 설치된 패키지 이름을 출력
− C, − − audit	설치가 모두 완료되지 않은, 즉 일부만 설치된 패키지를 찾음
− − unpack	환경설정 없이 압축만 해제하고, −R 옵션을 함께 사용할 경우 디렉터리를 지정해야 함
− − configure	− − −unpack 옵션으로 압축 해제된 패키지를 환경설정할 때 사용 − 만약 −a 옵션이나 −pending 옵션을 패키지 이름 대신에 사용한다면 압축 해제된 패키지 중 환경설정이 되지 않은 패키지를 모두 찾아 환경설정을 함
− s, − − status	지정한 패키지의 상태를 출력

- 환경설정 파일

/etc/dpkg/dpkg.cfg	기본값을 가지고 있는 환경설정 파일
/var/log/dpkg.log	기본 로그 파일
/var/lib/dpkg/available	사용 가능한 패키지 목록
/var/lib/dpkg/status	− 사용 가능한 패키지의 상태를 알려 줌 − 패키지가 제거되었는지 설치되었는지의 정보를 담고 있음

- 예제
  - 설치되어 있는 모든 패키지 목록을 출력한다.

```
$ sudo dpkg −l'
```

  - git와 관련된 모든 패키지의 목록을 출력한다.

```
$ sudo dpkg −l '*git*'
```

  - 사용 가능한 패키지의 목록을 직접 살펴본다.

```
$ sudo less /var/lib/dpkg/available
```

  - git 패키지를 삭제한다.

```
$ sudo dpkg −r git
```

  - vim 패키지를 설치한다.

```
$ sudo dpkg −i vim_4.5−3.deb
```

  - debpackages 디렉터리 이하에 존재하는 모든 .deb 패키지를 설치한다.

```
$ sudo dpkg −R −i debpackages/
```

  - vim 패키지의 내용, 즉 포함하고 있는 파일 목록을 출력한다.

```
$ sudo dpkg −c vim_4.5−3.deb
```

  - vim 키워드를 포함하고 있는 패키지가 설치되어 있는지 찾는다.

```
$ sudo dpkg −s vim
```

  - vim 패키지가 설치한 파일과 파일 경로의 목록을 출력한다.

```
$ sudo dpkg −L vim
```

– 패키지를 압축 해제만 하고 설치하거나 환경설정을 하지 않는다.

```
$ sudo dpkg ——unpack flashplugin—nonfree_3.2_i386.deb
```

– 압축 해제된 패키지를 다시 환경설정한다.

```
$ sudo dpkg ——configure flashplugin—nonfree_3.2_i386.deb
```

③ apt—get

- apt—get 명령어는 내부적으로 dpkg의 명령어를 사용하여 패키지 설치, 제거, 패키지 관련 명령을 수행하는 고수준 패키지 관리 도구이다. 데비안 계열이나 우분투 및 리눅스 민트의 기본 패키지 관리 도구이다.
- 최근에는 apt—get과 apt—cache를 통합한 apt 명령어나 GUI 기반 설치가 가능한 aptitude 등의 명령어를 좀 더 선호하는 추세이다.
- 형식

```
apt—get [option] [command] [package]
```

- 옵션

−y, −−yes, −−assume−yes	– 사용자에게 묻는 모든 질의에 'yes'로 자동 응답함 – 해당 명령어로써 설치를 중단 없이 수행할 수 있음 – 만약 사용 중인 패키지를 변경하거나 필수 패키지를 제거하려 하는 바와 같이 더 이상 진행이 불가할 때는 해당 동작이 취소됨
−−purge	remove 명령을 수행할 때 환경설정까지 같이 제거할 때 사용

- 명령어

update	– 레파지터리로부터 최신 패키지 설치 정보 목록을 가져올 때 사용 – /etc/apt/sources.list에 지정된 서버로부터 정보를 가져옴
upgrade	/etc/apt/sources.list에 지정된 서버로부터 현재 설치된 패키지의 최신 버전을 다운로드 받아 업그레이드
install	– 지정한 패키지를 설치할 때 사용 – deb 파일들이 /var/cache/apt/archive에 임시 생성됨
remove	지정한 패키지를 삭제
clean	서버로부터 다운받아 생성된 /var/cache/apt/archive 내의 패키지를 모두 삭제

- 예제
    – libc6 패키지를 설치한다.

```
$ sudo apt—get install libc6
```

– 크로미움(Chromium) 패키지를 제거한다.

```
sudo apt-get remove chromium
```

– 패키지 설치를 위해 임시로 생성되었던 패키지 파일을 디스크 용량 확보 목적 등으로 삭제한다.

```
sudo apt-get clean
```

– 설치는 하지 않고 패키지만 다운로드한다. 다운로드한 .deb 패키지는 dpkg −−install 명령어를 통해 설치할 수 있다.

```
apt-get download ruby
```

03 소스 코드 컴파일을 통한 소프트웨어 설치

1) 소스 코드 컴파일을 통한 소프트웨어 설치 개요

① 설명

• 리눅스는 배포판의 종류, 커널 버전, CPU 아키텍처 등 다양한 환경마다 실행 가능한 패키지를 하나하나 제공하는 것은 어려운 일이다. 그래서 실행 가능한 패키지 대신에 사용자에게 소스코드를 배포하고 시스템에서 소스코드를 직접 컴파일하여 각자의 시스템 환경에 맞는 패키지를 생성하는 방식으로 발전하였다.
• 소스코드는 보통 tar로 소스코드를 아카이브한 후 파일 크기를 줄이기 위해 gzip이나 bzip2로 압축한다. gzip을 통해 압축한 파일은 package-name.version.tar.gz라는 파일 이름을 갖고 bzip2을 통해 압축한 파일은 package-name.version.tar.bz2라는 이름을 갖는다.

② 소스 코드 컴파일 및 설치 절차

• tar로 .gz 또는 bz2를 압축 해제를 해제한다.

```
$ tar -xvzf package-name.version.tar.gz
또는
$ tar -xvjf package-name.version.tar.bz2
```

• 해당 디렉터리로 이동한다.

```
$ cd package-name.version
```

• 해당 디렉터리에서 아래의 3가지 명령을 입력하면 시스템에 맞는 환경설정 및 소스코드 컴파일 그리고 설치까지 간단하게 완료된다.

```
$ ./configure
$ make
$ sudo make install
```

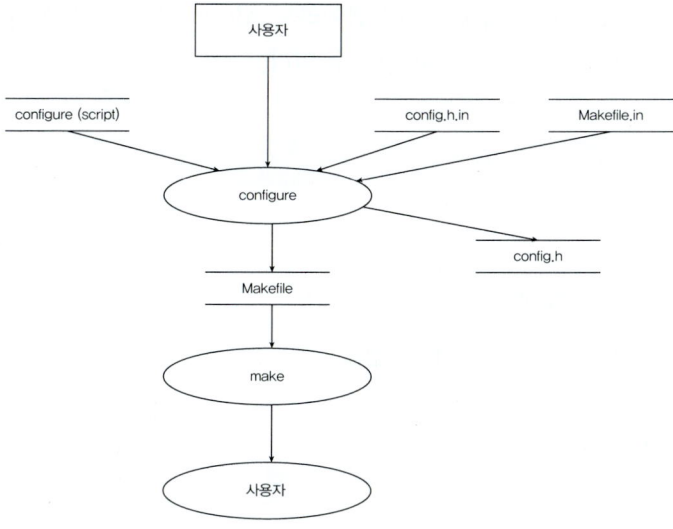

- configure 스크립트와 config.h.in 파일을 automake에게 전달하여 Makefile.in을 생성한다. configure 명령어는 Makefile.in을 바탕으로 시스템의 환경변수와 관련 패키지 설치 유무 등을 고려하여 시스템을 위한 Makefile과 config.h 파일을 생성한다. make 명령어는 Makefile에 정의되어 있는 컴파일해야 할 소스코드 경로 및 패키지가 사용하는 라이브러리 정보를 바탕으로 컴파일을 수행한다. 마지막으로 make install 명령을 통해 컴파일된 패키지를 시스템에 설치하면 모든 것이 완료된다.

2) 빌드 도구

① CMake(Cross Platform Make)

- 크로스플랫폼★에서 소스코드를 빌드할 수 있도록 해당 시스템에 적합한 Makefile의 생성만을 수행하는 기존 make의 발전된 빌드 도구이다. 직접 컴파일하지 않고 Makefile만 생성하므로 Meta Make라고도 한다.

> **기적의 TIP**
>
> ★크로스플랫폼(Cross Platform) : 하나의 시스템이 아닌 서로 다른 여러 시스템에서 동작 가능한 능력을 뜻한다. 크로스플랫폼 대신 멀티플랫폼(Multiplatform)이라는 용어를 사용하기도 한다.

- make는 유닉스 및 리눅스 시스템에서만 이용 가능하지만 cmake는 윈도우 계열에서 컴파일할 수 있는 Makefile 생성이 가능하다. 즉 소스코드만 있으면 유닉스, 리눅스, macOS 및 심지어 윈도우에서도 컴파일이 가능하다. 최근 마이크로소프트에서는 Visual Studio 개발 도구에 cmake 지원 기능도 추가하였다.
- cmake는 수많은 오픈 소스 프로젝트에서 채용하고 있다. 가령 KDE, MySQL, LMMS, Open-LieroX, OpenSceneGraph, OpenSourceComputerVision, SuperTux, VTK 등이 있다.
- cmake를 통해 Makefile이 생성되면 기존과 같이 make 명령어로 컴파일하면 된다.

3) 컴파일러

① gcc(GNU Compiler Collection)

- cc는 GNU 프로젝트에서 개발하였고 C, C++, Objective-C, Fortran, Java, Ada, Go 등 다양한 프로그래밍 언어를 지원하는 컴파일러이다. gcc는 리눅스 커널뿐만 아니라 GNU 프로젝트, 리눅스 등 대부분의 프로젝트의 표준 컴파일러로 사용되고 있다.
- gcc는 소스코드를 컴파일하는 컴파일러와 다른 시스템 환경에서도 컴파일 가능하게 하는 툴체인(Toolchain) 등 크게 2가지로 구성된다. 비록 x86 시스템이라도 ARM의 툴체인을 설치하면 ARM 플랫폼에서 실행 가능하도록 소스코드를 컴파일할 수 있다.
- 형식

```
$ gcc [options] 파일명 …
```

- 옵션

- o	컴파일할 때 기본 이름 대신에 실행 파일의 이름을 지정하는 옵션
- c	- 지정한 소스코드를 컴파일하여 목적 파일(.o 파일)을 생성 - 이때 목적 파일을 하나로 합치는 링크는 수행하지 않음
- std	- 컴파일할 언어의 버전을 선택 - 예를 들어 -std=c11이라고 하면 C언어 11 버전으로 컴파일을 수행

- 예제
  - hello.c를 컴파일하여 목적 파일(hello.o)을 생성하고 링크하여 실행 파일을 생성한다. 실행 파일의 이름은 hellogcc이다.

```
$ gcc hello.c -o hellogcc
```

  - hello.c와 world.c를 컴파일하여 helloworldgcc 실행 파일을 생성한다.

```
$ gcc hello.c world.c -o helloworldgcc
```

  - hello.c를 컴파일하여 목적 파일(hello.o)만을 생성한다.

```
$ gcc -c hello.c
```

  - C언어 11 버전으로 hello.cpp를 컴파일하고 hellogcc 실행 파일을 생성한다.

```
$ gcc -std=c11 hello.cpp -o hellogcc
```

4) 아카이브하기

① tar(Tape Archive)

- 백업하거나 다른 사람에게 배포할 필요가 있을 때 수많은 파일을 하나의 아카이브 파일(Archive File)로 만드는 유틸리티이다. 이렇게 생성된 아카이브 파일을 특별히 타르볼(Tarball)이라고도 한다.
- 타르볼(Tarball)은 각 파일 자체의 데이터뿐만 아니라 파일 이름, 타임스탬프, 소유권, 파일 접근 허가권, 디렉터리 구조 등 다양한 파일 시스템의 파라미터도 함께 묶인다.
- 타르볼의 파일 구조는 POSIX.1-1988으로 표준화되었고 후에 POSIX.1-2001로 개정되어 지금까지 널리 사용하고 있다.
- 유닉스의 tar는 순수하게 파일을 아카이브하는 역할만을 수행하지만, 리눅스의 tar는 그뿐만 아니라 compress, gzip, bzip2, xz 등으로 압축하는 것도 지원한다.
- 형식

```
tar [options] [filename]
```

- 옵션

−c, −−create	− 새로운 tar 파일을 생성 − 인자로 여러 파일 이름을 지정해 tar 파일을 만들 수도 있고, 디렉터리를 지정해 하위의 모든 파일과 디렉터리에 대한 tar 파일을 생성할 수 있음 − −−no-recursion 옵션이 주어지면 바로 하위의 파일만 아카이브가 됨
−x, −−extract	− 묶인 tar 파일을 여러 파일로 다시 해체 − 만약 아카이브된 파일을 선택하면 해당 파일만 추출할 수도 있음
−v, −−verbose	− 각 명령마다 사용자에게 보여 주는 정보량을 늘려 주는 옵션 − 가령 −c 옵션과 함께 사용하면 tar 파일에 묶이는 파일을 확인할 수 있음
−f, −−file	생성되는 tar 파일의 이름을 지정
−r, −−append	이미 생성된 tar 파일에 또 다른 파일들을 추가할 수 있음
−t, −−list	− tar 파일 안에 묶여 있는 파일의 목록을 출력 − 인자로 tar 파일 내의 파일을 지정하면 해당 파일의 존재 유무를 확인할 수 있음
−h, −−dereference	링크 파일이 가리키고 있는 원본 파일도 tar에 포함
−C, −−directory	어떤 명령을 수행할 디렉터리를 지정
−p, −−preserve−permissions	tar 파일에서 파일을 추출할 때 사용자의 권한을 그대로 유지
−Z, −−compress, −−uncompress	− compress를 사용하여 압축 − 예전 UNIX 계열 표준 압축 파일인 tar.Z를 생성
−z, −−gzip, −−gunzip	− gzip을 사용하여 압축 − tar.gz 형식으로 생성

– j, – – bzip2	– bzip2를 사용하여 압축 – tar.bz2 형식으로 생성
– J, – – xz	– xz를 사용하여 압축 – tar.xz 형식으로 생성
– g, – – listed – incremental	– 새로운 버전의 GNU 형식의 증분 백업을 지원한다. – 백업 기준으로 사용할 스냅샷(Snapshot File) 파일을 지정할 수 있다. – 기존 아카이브가 없을 경우 모든 파일과 디렉터리를 하나로 묶어 레벨 0 덤프로 생성하며, 이에 대한 정보가 스냅샷 파일에 기록됨 – 두 번째 백업부터는 스냅샷 파일을 기준으로 변경된 파일만 아카이브하여 레벨 1 덤프를 생성하며, 이 과정에서 스냅샷 파일 역시 최신 정보로 갱신됨 – 아카이브를 반복할 때마다 레벨 번호가 증가하여 레벨 N 덤프로 구성됨
– G, – – incremental	구 버전의 GNU 형식 증분 백업을 지원

• 예제
  – file1과 file2를 묶어 archive.tar 파일을 생성한다.

```
$ tar –cf archive.tar file1 file2
```

  – archive.tar 파일에 속한 파일들을 자세한 정보와 함께 출력한다.

```
$ tar –tvf archive.tar
```

  – archive.tar 파일의 모든 파일들을 추출한다.

```
$ tar –xf archive.tar
```

  – archive.tar.gZ를 gzip으로 압축 해제하고 모든 파일을 추출한다. 이때 상세 정보도 표시한다.

```
$ tar –xzvf archive.tar.gz
```

  – mydir의 모든 파일과 디렉터리를 대상으로 archive.tar를 생성한다.

```
$ tar –cf archive.tar mydir/
```

  – mydir의 모든 파일과 디렉터리를 대상으로 gzip으로 압축 후 archive.tar.gZ를 생성한다.

```
$ tar –czf archive.tar.gz mydir/
```

  – myfile.tar.gZ를 gzip으로 압축 해제 후 모든 파일을 추출한다. 이때 상세 정보도 표시한다.

```
$ tar –zxvf myfile.tar.gz
```

– archive.tar의 특정 파일을 추출한다.

```
$ tar -xvf archive.tar documents/work/linuxmaster.xls
```

– archive.tar의 특정 디렉터리만을 추출한다.

```
$ tar -xvf archive.tar documents/work/
```

– archive.tar의 특정 패턴의 파일만 추출한다.

```
$ tar -xvf archive.tar --wildcards '*.xls'
```

– archive.tar에 특정 파일을 추가한다.

```
$ tar -rvf archive.tar documents/work/linux.xls
```

– archive.tar에 있는 파일보다 최신 파일인 경우 추가한다.

```
$ tar -uvf archive.tar documents/work/linux.xls
```

– 특정 디렉터리의 아카이브 크기를 구한다. 파일명 대신 '-'을 주면 tar 실행 결과를 표준 출력으로 보내서 wc와 같은 명령어로 그 개수를 셀 수 있다.

```
$ tar -cf - documents/work/ | wc -c
```

– MyPhotos에서 ship.jpg를 제외하고 모든 파일을 묶어 airplain.tar.gz를 생성한다.

```
$ tar -czf airplaine.tar.gz --exclude='ship.jpg' MyPhotos
```

5) 압축하기

① compress, uncompress

- 파일의 크기를 줄이기 위해서 압축 알고리즘으로 렘펠지브(Lempel-Ziv)를 사용하고 파일 권한을 유지하며 압축하는 유틸리티이다. 확장자는 파일명 끝에 '.Z'를 붙이고 파일명 중 '.Z'를 이미 포함한다면 추가로 '.Z'를 붙이지 않는다. 또한 파일 사이즈가 줄어들 수 없다면 파일 압축 대상에서 제외한다.
- 설치

```
$ sudo yum install ncompress
```

- 형식

```
compress [options] filename
uncompress [options] filename
```

• 옵션

-c	– 압축이나 압축 해제 시 파일의 수정 없이 출력을 표준 출력으로 보냄 – 원본 파일보다 압축한 파일의 크기가 크더라도 압축은 진행됨
-v	– 파일이 얼마나 압축되었는지 출력 – -c 옵션 사용 시 이 옵션은 무시됨
-f	– 사용자 확인 없이 파일을 덮어 씀 – 파일의 크기가 줄어들지 않더라도 압축을 계속 수행
-r	지정한 파일 이름이 디렉터리라면 그 내부의 모든 파일까지 압축

• 예제
  – myfile 파일을 myfile.Z로 압축한다.

```
$ compress -v myfile
```

  – mydir 이하의 모든 파일을 압축한다. 예를 들어 하위에 a, b, c 파일이 있다면 각각 a.Z,
    b.Z, c.Z로 압축된다.

```
$ compress -rv mydir
```

  – 압축 결과를 표준 출력으로 보낸다. 아래에서는 표준 출력을 다시 new.Z 파일로 생성하고
    있다.

```
$ compress -c example.xls > new.Z
```

  – 현재 경로의 모든 파일을 tar로 묶고 그 결과를 표준 출력으로 보내며, compress는 표준 출
    력을 표준 입력으로 받아 myfiles.tar.Z를 생성한다.

```
$ tar cvf - * | compress > myfiles.tar.Z
```

  – uncompress는 myfiles.tar.Z를 압축 해제하여 표준 출력으로 보내고, tar는 리다이렉션을 통
    해 표준입력으로 받아 tar 내의 모든 파일을 추출한다.

```
$ uncompress -c myfiles.tar.Z | tar xvf -
```

② gzip, gunzip
• gzip은 파일의 크기를 줄이기 위해 렘펠지브(Lempel-Ziv, LZ77) 알고리즘을 사용하여 파일
  을 압축한다. 가능하면 원본 파일과 동일한 소유권, 접근 권한, 파일 수정 시간 등을 유지하
  면서 파일 이름의 뒤에 .gz로 교체된다. '-'을 사용하면 표준 입력을 받거나 표준 출력으로 실
  행 결과를 받거나 보낼 수 있어 다른 명령어와 파이프 조합을 통해 편리하게 사용 가능하다.
  대부분의 일반적인 파일을 압축 시도하나 링크 파일(Symbolic Links)은 제외된다.

- 형식

```
gzip [options] filename
gunzip [options] filename
```

- 옵션

-d, --decompress	- 압축 파일을 압축 해제할 때 사용 - gunzip과 zcat도 동일한 동작을 함
-#, (--fast), --best	- --1 또는 -fast를 사용하면 압축시간을 최소화하는 방식으로 압축하는데, 이때 압축률이 떨어질 수 있음 - --9 또는 -best를 사용하면 압축률을 최대로 압축하는데, 이때 압축 시간이 오래 걸릴 수 있음 - 기본값은 압축 시간과 압축 효율을 모두 고려한 -6임
-c, --stdout, --to-stdout	실행 결과를 표준 출력으로 보내며 원본 파일의 변경 없이 유지됨
-l, --list	- 압축된 파일의 정보를 출력 - 압축 크기, 원본 파일 크기, 압축률, 원본 파일 이름 등이 출력됨

- 예제
  - myfiles.tar를 압축하여 myfiles.tar.gZ를 생성한다.

```
$ gzip myfiles.tar
```

  - 여러 파일을 압축하여 하나의 파일로 생성할 수 있다.

```
$ gzip -c file1 file2 > foo.gz
```

  - myfiles.tar.gZ의 압축을 푼다.

```
$ gzip -d myfiles.tar.gz
또는
$ gunzip myfile.tar.gz
```

  - myfiles.tar.gZ의 압축을 풀고 tar로 모든 파일을 추출한다.

```
$ gzip -cd myfiles.tar.gz | tar xvf -
```

➕ 더 알기 TIP

zcat

zcat은 zunzip, gzip -d와 동작이 동일하며, 보통 압축된 파일의 내용을 확인하고 싶을 때 사용한다. 다음은 file.Z 압축 파일의 원본 파일의 크기를 확인하는 명령어이다.

```
zcat file.Z | wc -c
```

③ bzip2, bunzip2

- 파일의 크기를 줄이기 위해서 버로우 휠러 알고리즘(Burrows-Wheeler Block Sorting Text Algorithm)과 허프만 코딩(Huffman Coding)을 사용하여 압축한다. 단, 압축 효율은 좋지만 압축 속도가 느리다는 단점이 있고, 압축하면 원본 파일의 파일명 끝에 .bz2가 붙는다.
- 형식

```
bzip2 [options] filename
bunzip2 [options] filename
```

- 옵션

옵션	설명
-d, --decompress	- 압축 파일을 압축 해제할 때 사용 - bunzip2와 bzcat 또한 동일하게 압축을 해제
-z, --compress	파일을 압축
-#, (--fast), --best	--1 또는 -fast를 사용하면 압축시간을 최소화하는 방식으로 압축하는데, 이때 압축률이 떨어질 수 있음 --9 또는 -best를 사용하면 압축률을 최대로 압축하는데, 이때 압축 시간이 오래 걸릴 수 있음 - 기본값은 압축 시간과 압축 효율을 모두 고려한 -6임
-c, --stdout, --to-stdout	실행 결과를 표준 출력으로 보내며 원본 파일의 변경 없이 유지됨
-f, --force	이미 출력 파일이 존재하더라도 덮어씀

- 예제
  - 주어진 파일을 압축한다.

```
$ bzip2 -z myfiles.txt
또는
$ bzip2 myfile.txt
```

  - 주어진 파일을 압축 해제한다.

```
$ bzip2 -d myfiles.txt.bz2
또는
$ bunzip2 myfile.txt.bz2
```

④ xz, unxz
- gzip이나 bzip2와 같이 파일을 압축할 수 있는 일반적인 유틸리티이다. 압축 알고리즘은 LZMA를 사용함에 따라 높은 압축률을 보인다. 확장자는 .xz를 사용하고 파일명을 지정하지 않고 '-'를 사용하면 수행 결과를 표준 출력으로 보내는 것도 기존의 명령어와 동일하다.
- 형식

```
xz [options] file_name
unxz [options[ file_name
```

- 옵션

-z, --compress	- 압축하는 옵션 - 옵션이 지정되지 않았을 때 기본으로 압축을 수행
-d, --decompress	- 압축을 해제할 때 사용하는 옵션 - unxz도 동일한 역할을 수행
-l, --list	압축된 파일의 정보를 출력

- 예제
  - backup.tar를 압축하여 backup.tar.xz 파일을 생성한다.

```
$ xz backup.tar
또는
$ xz -z backup.tar
```

  - backup.tar.xz를 압축 해제하여 backup.tar를 생성한다.

```
$ unxz backup.tar.xz
또는
$ xz -d backup.tar.xz
```

⑤ zip, unzip
- 다수의 파일을 압축할 수 있는 명령어이다. 특히 Unix, OS/2, Windows, Minix, macOS 등 다양한 OS에서 압축 기능을 제공하고 있다. 확장자는 .zip이다.
- 형식

```
zip [options] archive inpath inpath …
unzip [options[ archive
```

- 옵션

−r	디렉터리를 압축할 경우 하위의 파일과 디렉터리를 모두 압축

- 예제
  - backup.tar를 압축하여 backup.zip 파일을 생성한다.

```
$ zip backup backup.tar
```

  - data 디렉터리 하위 모든 파일 및 디렉터리를 압축하여 backup.zip 파일을 생성한다.

```
$ zip −r backup data.
```

  - backup.zip을 압축 해제한다.

```
$ unzip backup.zip
```

➕ 더 알기 TIP

소스 코드 컴파일을 통한 소프트웨어 설치 개요
- 배포판 · 아키텍처 · 커널 버전에 종속되지 않고 설치할 수 있다는 점이 핵심이다.
- 패키지 관리 시스템(rpm, apt)과 달리 설치 · 삭제 이력이 자동으로 관리되지 않는다.
- 기본 설치 경로가 /usr/local인 경우가 많아 PATH 설정 여부를 확인해야 한다.

빌드 도구
- make는 실제 컴파일을 수행하고, cmake는 Makefile을 생성하는 도구이다.
- CMake는 크로스플랫폼 환경을 지원하며 Windows에서도 빌드 설정이 가능하다.
- 최근 오픈소스 프로젝트는 autotools보다 CMake 기반인 경우가 많다.

컴파일러
- gcc는 컴파일과 링크를 모두 수행하는 표준 컴파일러이다.
- −c 옵션은 목적 파일(.o)만 생성하고 링크는 수행하지 않는다.
- 툴체인을 이용하면 x86 시스템에서도 ARM용 바이너리를 생성할 수 있다.

아카이브하기
- tar는 압축이 아닌 파일 묶기(아카이브) 도구이다.
- 파일 권한, 소유자, 타임스탬프 등 메타데이터를 함께 보존한다.
- 시험에서는 −c/−x/−t/−t 옵션 조합이 자주 출제된다.

압축하기
- gzip은 빠른 속도, bzip2와 xz는 높은 압축률이 특징이다.
- −c 옵션과 파이프(|)를 이용한 표준 입출력 연계 문제가 단골이다.
- tar + 압축 명령 조합 형태(tar.gz, tar.bz2, tar.xz)를 정확히 구분해야 한다.

합격을 다지는 **예상문제**

PART 01
PART 02
PART 03
PART 04
PART 05

01 다음 (   ) 안에 들어갈 내용으로 알맞은 것은?

```
[ihduser@www ~]$ umask (    )
[ihduser@www ~]$ touch a.txt
[ihduser@www ~]$ mkdir aaa
[ihduser@www ~]$ ls -l
-rw-r--r--. 1 ihduser ihduser 0 09:11 a.txt
drwxr-xr-x. 2 ihduser ihduser 4096 09:22
aaa
```

① 011
② 022
③ 644
④ 755

일반 파일의 퍼미션은 '666-umask'의 값을 갖고, 디렉터리의 퍼미션은 '777-umask'의 값을 갖는다. 현재 일반 파일의 퍼미션은 644이고, 디렉터리의 퍼미션은 755이므로 이를 모두 만족하는 umask는 022이다.

02 다음과 같이 /etc/passwd 파일만으로 사용자 계정을 관리하였으나 보안상의 문제로 인해 다시 /etc/shadow 파일에 사용자 패스워드를 관리하려고 할 때 사용하는 명령으로 알맞은 것은?

```
[root@www ~]# grep ihduser /etc/passwd
ihduser:$6$uBH9Mnug$dCJ9i9DJx4NfQiTDeIghpmsGw3cPGJuXgq53v
otVLQ2sAuTPVW3Wc0EtPuBaHNlbaUebIqX9mGHPQ.G4mthft/:502:502
::/home/ihduser:/bin/bash
[root@www ~]#
```

① pwck
② pwunconv
③ pwconv
④ vipw

pwconv는 /etc/passwd로부터 /etc/shadow를 생성한다.

03 다음 (   ) 안에 들어갈 내용으로 알맞은 것은?

```
# tar (㉠)xvf mysql-boost-5.7.22.tar.gz
# tar (㉡)xvf httpd-2.2.34.tar.bz2
# tar (㉢)xvf php-5.36.tar.xz
```

① ㉠ z ㉡ j ㉢ J
② ㉠ z ㉡ J ㉢ j
③ ㉠ J ㉡ j ㉢ z
④ ㉠ j ㉡ J ㉢ z

tar의 z 옵션은 .tar.gz 형식을 다루고, j 옵션은 tar.bz2를 다루고, J 옵션은 tar.xz를 다룬다.

04 다음은 기존에 생성되어 있는 backup.tar 파일에 추가로 파일을 묶은 후에 확인하는 과정이다. (   ) 안에 들어갈 내용으로 알맞은 것은?

```
# tar (㉠) backup.tar lin.txt joon.txt
# tar (㉡) backup.tar
```

① ㉠ cvf ㉡ tvf
② ㉠ tvf ㉡ rvf
③ ㉠ cvf ㉡ rvf
④ ㉠ rvf ㉡ tvf

기존의 tar 파일에 파일을 추가하기 위해서는 r 옵션을 사용하고, tar 파일의 내용을 확인하기 위해서는 t 옵션을 사용한다.

05 다음 중 프로세스의 우선순위를 변경하거나 모니터할 때 사용하는 명령으로 틀린 것은?

① top
② jobs
③ nice
④ renice

jobs은 백그라운드로 실행 중인 프로세스나 현재 중지된 프로세스의 목록을 출력하는 명령어이다.

06 월, 수, 금요일 오전 9시 30분에 백업 스크립트가 동작하도록 cron을 설정하는 과정이다. 다음 (   ) 안에 들어갈 내용으로 알맞은 것은?

```
# vi /etc/crontab
(    ) /etc/backup.sh
```

① 21 30 * * 1,3,5
② 30 21 * * 1,3,5
③ 9 30 * * 1,3,5
④ 30 9 * * 1,3,5

cron을 설정할 때 분, 시, 일, 월, 요일, 명령어로 작성한다.

07 다음 중 사용자를 추가할 때 사용자의 홈 디렉터리에 기본으로 복사할 파일이 위치한 곳은?

① /etc/skel
② /etc/shadow
③ /etc/login.defs
④ /etc/default/useradd

사용자 계정이 생성될 때 /etc/skel/ 디렉터리의 내용들이 사용자의 홈 디렉터리로 복사된다. 대표적으로 .bash_logout, .bash_profile, .bashrc가 있다.

08 다음 설명과 같은 경우에 실행하는 명령으로 가장 알맞은 것은?

ihduser의 패스워드를 오랜 시간 변경하지 않아 임의로 패스워드를 만료 설정한다.

① passwd −d ihduser
② passwd −e ihduser
③ passwd −l ihduser
④ passwd −r ihduser

−e 옵션은 패스워드를 만료시켜 다음 로그인 시 패스워드를 무조건 변경하도록 강제한다.

09 다음 설명에 해당하는 명령으로 알맞은 것은?

애플리케이션은 /lib/libudev.so.0 라이브러리를 링크하고 있다. 실제로 이 라이브러리는 /lib/libudev.so.0.5.1를 링크하고 있다. 최근 몇 가지 버그가 수정된 /lib/libudev.so.0.5.2를 애플리케이션 수정 없이 적용하려 한다.

① ln −h /lib/libudev.so.0 /lib/libudev.so.0.5.2
② ln −s /lib/libudev.so.0 /lib/libudev.so.0.5.2
③ ln −h /lib/libudev.so.0.5.2 /lib/libudev.so.0
④ ln −s /lib/libudev.so.0.5.2 /lib/libudev.so.0

애플리케이션은 /lib/libudev.so.0 라이브러리를 링크하고 있으므로, 해당 라이브러리에 대한 링크를 /lib/libudev.so.0.5.2로 지정하면, 애플리케이션 수정 없이 라이브러리 업데이트가 가능하다.

10 다음 그림과 같을 때 ihduser라는 계정이 lin.txt 파일을 삭제할 수 있도록 권한을 설정하는 명령으로 알맞은 것은?

```
[root@www ~]# ls -ld /data
drwxr-xr-x. 2 root root 4096 Jul 4 16:46 /data
[root@www ~]# ls -l /data
total 4
-rw-r--r--. 1 root root 33 Jul 4 16:47 lin.txt
[root@www ~]#
```

① chmod u+w /data
② chmod u+w lin.txt
③ chown ihduser /data
④ chown ihduser.ihduser /data

디렉터리 내의 파일을 삭제하기 위해서는 디렉터리에 쓰기 권한이 필요하다. /data 디렉터리에 다른 사용자(Other)에게 쓰기 권한을 주거나 해당 디렉터리의 소유자를 ihduser로 변경해야 한다.

11 다음 중 시스템 전체에서 사용자, 그룹, 다른 사용자의 퍼미션이 모두 읽기, 쓰기만 부여된 파일을 전부 찾는 명령으로 알맞은 것은?

① find / -type f -perm 666
② find / -type f -perm 777
③ find / -type -f -perm 666
④ find / -type -f -perm 777

find 명령어의 -type 옵션으로 파일 유형을 지정할 수 있고, -perm 옵션으로 찾을 퍼미션을 지정할 수 있다. 사용자, 그룹 다른 사용자의 퍼미션이 모두 읽기, 쓰기라면 퍼미션은 666이다.

12 다음 설명에 해당하는 명령으로 알맞은 것은?

> hack.c 파일을 컴파일하여 hack.o라는 목적 파일을 생성한다.

① gcc -c hack.c
② gcc -e hack.c
③ gcc -p hack.c
④ gcc -o hack.c

gcc는 C언어의 소스코드를 컴파일하는 명령어로서 목적 파일을 생성하기 위해 -c 옵션을 사용한다.

13 다음 중 yum을 이용해서 telnet-sever 패키지를 설치하는 명령으로 알맞은 것은?

① yum install telnet-server
② yum setup telnet-server
③ yum add telnet-server
④ yum inst telnet-server

yum 명령어의 install 옵션을 사용하여 패키지를 설치할 수 있다.

14 다음 중 httpd와 같이 프로세스 이름을 인자 값으로 사용하는 명령으로 틀린 것은?

① killall
② pkill
③ nice
④ kill

kill 명령어는 PID(Process ID)를 인자로 사용한다.

15 다음은 rpm 명령을 이용해서 httpd 패키지를 제거하는 과정이다. (   ) 안에 들어갈 내용으로 알맞은 것은?

```
# rpm ( ㉠ ) httpd
error: Failed dependencies:
httpd >= 2.2.0 is needed by (installed)
gnome-user-share-2.2.28.2-3.el6.i686
# rpm ( ㉠ ) httpd ( ㉡ )
```

① ㉠ -e   ㉡ --force
② ㉠ -e   ㉡ --nodeps
③ ㉠ -r   ㉡ --nodeps
④ ㉠ -r   ㉡ --force

rpm 명령어를 통해 패키지를 제거하려면 -e 옵션을 사용한다. 의존성을 무시하고 삭제하려면 -nodeps 옵션을 추가한다.

16 다음 중 백그라운드에서 실행 중인 작업을 포어그라운드로 전환하는 명령으로 알맞은 것은?

① bg
② fg
③ jobs
④ pgrep

bg는 포어그라운드에서 실행 중인 작업을 백그라운드로 전환하는 명령이고, jobs는 백그라운드 프로세스나 중지된 프로세스의 목록을 확인할 때 사용하는 명령이며, pgrep은 ps 명령과 grep 명령을 하나로 통합한 명령이다.

17 다음 중 파일의 시간 정보를 현재 시간으로 변경하는 명령으로 알맞은 것은?

① ls
② info
③ stat
④ touch

ls 명령어는 파일 목록을 확인하는 명령이고, info는 명령어에 대한 상세한 설명을 제공하는 명령이며, stat은 파일의 다양한 정보를 제공하는 명령이다.

18 vi 편집기를 이용하여 사용자 혹은 그룹의 디스크 쿼터를 설정하는 명령으로 알맞은 것은?

① quota
② edquota
③ repquota
④ quotacheck

edquota 명령어는 사용자 또는 그룹을 위한 쿼터를 편집하는 명령어이다.

19 시스템에 로그인한 사용자의 ID들을 출력하는 명령으로 알맞은 것은?

① w
② who
③ whoami
④ lslogins

lslogins 명령어는 wtmp 및 btmp 로그를 바탕으로 시스템에 로그인한 사용자의 ID를 출력한다.

20 다음 설명 중 올바른 root 사용자 관리 기법으로 틀린 것은?

① 무의미하게 장시간 로그인되어 있지 않도록 한다.
② root 이외에 UID가 0인 사용자를 생성하지 않는다.
③ ssh로 접근 시 root로 직접 로그인 허용하면 관리가 편리하다.
④ PAM(Pluggable Authentication Modules)을 이용해서 접근을 제어한다.

ssh로 접근 시 root의 로그인을 허용하면 외부로부터의 시스템 공격에 취약해진다.

CHAPTER

02

장치 관리

학습 방향

리눅스의 장치 관리는 디스크·스토리지처럼 필수 자원을 다루기 때문에 구조를 먼저 이해하고 명령어를 흐름대로 연결해 익히는 게 핵심이다. 디스크 추가 → 파티션 생성 → 포맷 → 마운트 → fstab 등록까지의 절차는 시험에서 반복 출제되므로 실제 실습 흐름대로 정리해야 한다. LVM과 RAID는 개념 구조와 주요 명령어 체계를 비교해 이해하면 빠르게 정리된다. 특히 PV-VG-LV 관계, mdadm 옵션, CUPS 기반 프린터/스캐너 설정은 장치 관리 파트의 대표 출제 영역이다.

SECTION 01 장치의 설치 및 관리
SECTION 02 주변장치 관리

SECTION 01

출제빈도 ⓢ ⓜ ⓗ
반복학습 1 2 3

장치의 설치 및 관리

▶ 합격 강의

빈출 태그 ▶ uname −r, kernel.org, make menuconfig, bzImage, make modules_install, LKM,
lsmod, insmod / rmmod / modprobe, modules.dep / depmod, /lib/modules/(uname −r)

01 리눅스 커널

1) 커널의 개요

① 설명
- 리눅스 커널은 유닉스 운영체제를 바탕으로 리누스 토발즈(Linux Torvalds)가 처음 개발하였고 GNU GPL(General Public License) v2 라이선스하에 모두에게 무료로 공개되었다. 현재는 전세계의 개발자(Contributors)가 커뮤니티를 통해 커널 개발에 참여하고 있고 현재도 계속 발전하고 있다.
- 리눅스 커널은 모노리딕 커널이며 선점형 멀티태스킹, 가상메모리, 공유 라이브러리, 메모리 관리, 네트워킹, 쓰레딩 등 현대 운영체제가 갖춰야 할 모든 특징을 갖추고 있다.

② 버전 관리 및 배포
- uname −r을 통해 현재 커널 버전을 확인할 수 있다. 가장 앞의 4는 주(Major) 버전을 의미하고 18은 부(Minor) 버전을 의미한다. 0은 동일한 3.10 버전에 대해 첫 번째 빌드임을 뜻한다. 주 버전은 시스템의 중대한 변화가 생겼을 때 갱신되고, 부 버전은 기능에 변화가 생기거나 추가되었을 때 갱신된다.

```
$ uname −r
4.18.0−477.10.1.el8_8.x86_64
```

- kernel.org를 통해 최신 커널 소스코드를 다운로드 받을 수 있으며 버전별 이력을 확인할 수 있다.

2) 커널 컴파일 순서

① 커널 소스코드 다운로드
- 커널 컴파일을 위해 가장 먼저 해야 할 일은 원하는 커널 버전의 소스코드를 다운받는 것이다. kernel.org의 안내에 따라 커널 소스코드를 위한 타르볼(Tarball)이나 깃허브(Github)★를 통하여 다운로드가 가능하다. 다운로드는 원하는 경로에 어디든 상관없으며, 보통 /usr/src에 다운로드 받는다.

```
$ wget https://git.kernel.org/torvalds/t/linux−4.17−rc2.tar.gz
```

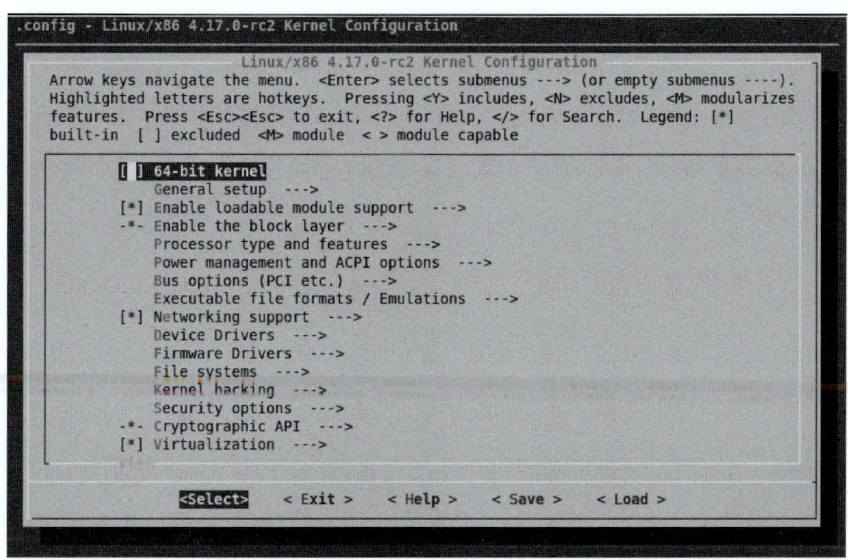

기적의 TIP

★ 깃허브(Github) : 소스 관리 도구인 Git을 기반으로 한 소프트웨어 개발 커뮤니티이다. 전세계의 개발자가 프로젝트를 개설하고 소스코드를 공유함으로써 오픈소스 프로젝트에 기여할 수 있다.

• 다운로드 받은 패키지를 압축 해제한다.

```
$ tar xvzf linux-4.17-rc2.tar.gz

$ cd linux-4.17-rc2
```

② 커널 컴파일에 필요한 필수 도구 설치

• yum 명령어를 통해 커널 컴파일에 필요한 컴파일러 및 설치 도구를 설치한다.

```
$ sudo yum update

$ sudo yum install -y ncurses-devel make gcc bc bison flex elfutils-libelf-devel openssl-devel grub2
```

③ 커널 환경설정

• 커널 환경설정을 하기 전 기존의 오브젝트 파일, config 파일, 다양한 백업 파일을 모두 제거한다. 만약 커널 컴파일을 처음 하는 것이라면 이 과정은 생략 가능하다.

```
$ make mrproper
```

• 커널 컴파일이 정상적으로 수행되기 위해서는 환경설정이 필수적이다. 기존의 커널 설정파일을 복사해서 필요한 부분만 수정하면 편리하다.

```
cp /boot/config-$(uname -r) .config
```

• make menuconfig 명령어를 통해 원하는 커널의 기능을 활성화하거나 비활성화한다. 모든 설정을 마치고 저장(Save)하면 .config 파일이 갱신된다.

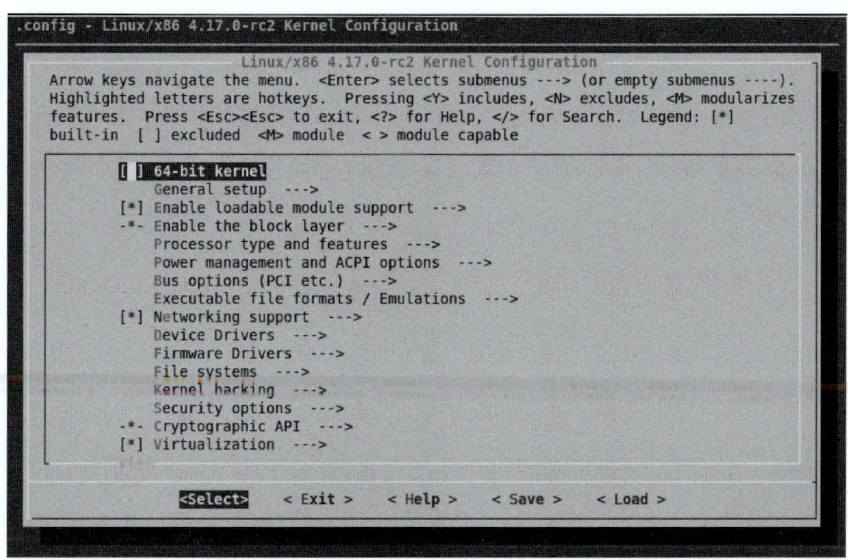

④ 커널 컴파일

- 커널 이미지를 생성하기 위해 컴파일한다. 대표적인 방법으로 zImage와 bzImage가 있는데 zImage는 1MB 미만의 작은 커널 크기일 때 유용하고 그 이상의 커널을 컴파일해야 할 때는 bzImage를 사용한다.
- 만약 zImage로 컴파일했을 때 'System is too big' 오류가 발생했다면 더 많은 부분을 모듈로 만들어 커널 크기를 줄이거나 bzImage로 컴파일해야 한다. 특히 bzImage는 커널 생성 후 bzip2로 압축해야 한다.

```
$ make bzImage
```

- 커널에서 사용할 모듈을 컴파일한다.

```
$ make modules
```

- 컴파일 완료된 모듈을 /lib/modules/kernel−version 이하에 설치한다.

```
$ sudo make install
```

- 커널 이미지 복사 및 부트로더 환경설정(grub.conf) 등 커널을 시스템에 설치한다.

```
$ sudo make modules_install
```

- 시스템을 재부팅한다.

```
$ sudo reboot
$ uname −r
```

3) 그 외 커널 컴파일 명령

① 클린 타겟(Cleaning Targets)

- 이전에 커널을 컴파일했다면 그로 인해 여러 오브젝트 파일과 환경설정 및 기타 부수적인 파일들이 존재할 것이다. 이렇게 남아 있는 파일들로 인해 새로운 컴파일에 영향을 줄 수 있으므로 깨끗하게 지워 줄 필요가 있다. 리눅스에서는 이를 위해 make 명령어의 clean, mrproper, distclean 옵션을 제공한다.

make clean	커널 환경설정을 제외한 대부분의 파일을 모두 제거
make mrproper	커널 환경설정을 포함하여 모든 파일을 모두 제거
make distclean	mrproper의 동작을 모두 수행하고 추가로 백업 및 패치 파일도 모두 제거

② 커널 환경설정

- 텍스트 기반 커널 환경설정부터 그래픽 기반 커널 환경설정까지 다양하다. 환경설정이 해당 항목을 포함하려면 'y(yes)', 미포함하려면 'n(no)', 모듈로 포함하려면 'm(module)'을 선택한다.

make config	텍스트 기반 환경설정 도구
make menuconfig	텍스트 기반 컬러 메뉴, 목록, 다이얼로그를 통한 환경설정 도구
make nconfig	– 좀 더 향상된 텍스트 기반 컬러 메뉴를 통한 환경설정 도구 – 펑션키(F1~F9)의 활용이 가능하고 커서로 쉽게 설정 가능
make xconfig	– X 윈도우 환경의 Qt 기반의 환경설정 도구 – Qt 4.8 이상 설치가 필요
make gconfig	– X 윈도우 환경의 GTK+ 기반의 환경설정 도구 – GTK+ 2.0 이상 설치가 필요

⑫ 모듈(Module)

1) 모듈의 개요

① 모듈의 정의

- 커널의 기능을 확장하기 위해 메모리에 동적으로 로드 가능한 커널 오브젝트 파일이다. 확장자는 .ko이다.
- 시스템 중단 없이 메모리에 동적으로 로드하고 언로드할 수 있어 리눅스에서는 특별히 LKM(Loadable Kernel Module)이라고 한다.

② 모듈의 필요성

- 모듈 없이 운영체제가 제공하는 모든 기능이 커널에 포함되어 있다면, 기능 각각의 사용 여부에 관계 없이 항상 시스템 메모리를 차지하고 낭비가 발생할 것이다. 또한 새로운 기능을 추가하기 위해서는, 커널의 소스코드를 수정하여 기능을 추가하고 컴파일한 후, 커널을 교체한 후에 시스템을 다시 시작해야 할 것이다.
- 모듈을 사용하면 커널은 그대로 두고 사용자가 필요할 때만 모듈을 메모리에 로드했다가 필요 없을 때는 메모리에서 제거할 수가 있다. 또한 필요한 기능이 있다면 모듈로 작성하여 시스템 중단 없이 운영체제가 동작 상태에서 모듈을 동적으로 메모리에 올려 사용할 수도 있다.

③ 모듈의 특징

- 시스템 재시작 없이 모듈을 로드하고, 필요가 없어지면 메모리에서 삭제할 수 있다.
- 모듈은 사용자 프로그램이 아닌 커널 일부분으로서 시스템의 제약 없이 기능을 수행할 수 있다. 그러나 모듈이 잘못된 동작을 하면 시스템이 패닉(Panic)★에 빠질 수 있다.

₽ 기적의 TIP

★패닉(Panic) : 운영체제 내부에서 치명적인 오류를 감지하였을 때, 즉 복구 불가능한 오류가 발생했을 때 운영체제를 중단하고 현재의 상태를 로그 파일로 저장한 후 사용자에게 오류를 보여 준다. 비슷한 예로 윈도우의 블루스크린(BSOD ; Blue Screen Of Death)이 있다.

- 시스템의 모듈은 일반적으로 /lib/modules/kernel-version/kernel 이하에 위치한다. uname -r 명령어를 사용해 현재 사용하고 있는 커널의 모듈을 확인할 수 있다.

```
$ ls /lib/modules/$(uname -r)/kernel
arch crypto drivers fs kernel lib net sound
$ ls -l /lib/modules/$(uname -r)/kernel/drivers/usb/storage
total 232
-rwxr--r--. 1 root root 14732 Jul  2 22:22 ums-alauda.ko
-rwxr--r--. 1 root root  6660 Jul  2 22:22 ums-cypress.ko
-rwxr--r--. 1 root root 11612 Jul  2 22:22 ums-datafab.ko
-rwxr--r--. 1 root root  6656 Jul  2 22:22 ums-freecom.ko
-rwxr--r--. 1 root root 11928 Jul  2 22:22 ums-isd200.ko
-rwxr--r--. 1 root root  9504 Jul  2 22:22 ums-jumpshot.ko
```

2) 모듈 관련 명령어

① lsmod

- 현재 로드된 모듈의 리스트와 정보를 출력한다. /proc/modules 파일의 내용을 기반으로 좀 더 보기 좋게 출력된다.
- 형식

```
lsmod
```

- 예제
  - 현재 로드된 모듈을 출력한다. Module은 모듈명이고 Size는 모듈이 메모리에서 차지하고 있는 크기이다. Used by는 모듈을 사용하고 있는 인스턴스의 개수를 의미하는데, 0인 경우 아무도 사용하지 않고 있다는 의미이다.

```
$ lsmod
Module          Size    Used by
fuse            67949   0
autofs4         21140   3
8021q           16681   0
garp             5735   1 8021q
stp              1626   1 garp
llc              4226   2 garp,stp
vboxsf          33543   0
```

② insmod

- 커널에 모듈을 로드한다. 경로를 지정하지 않고 모듈의 파일명만 입력하면 /lib/modules /$(uname -r)에서 모듈을 찾아 로드한다. 모듈의 전체 경로를 입력하여 모듈을 로드할 수도 있다. 일반적으로 이 명령어보다는 모듈의 의존성을 고려하는 modprobe를 주로 사용한다. 참고로 modprobe는 내부적으로 insmod를 사용하여 구현하였다.

• 형식

Insmod [filename] [module-options …]

• 예제
　－ 파일명으로 모듈을 로드한다.

$ sudo insmod dummy

　－ 모듈의 전체 경로를 통해 로드한다.

$ sudo insmod /home/francis/Desktop/dummy.ko

　－ 모듈을 로드할 때 모듈에게 옵션을 넘겨 줄 수 있다.

$ sudo insmod /home/francis/Desktop/dummy.ko mode="standalone"

③ rmmod

• 커널에서 모듈을 언로드한다. 보통 의존성을 고려하는 modprobe −r 옵션을 통한 모듈 언로드를 선호한다.

• 형식

rmmod [filename]

• 예제
　－ 파일명으로 모듈을 언로드한다.

$ sudo rmmod dummy

④ modprobe

• modprobe는 모듈의 의존성을 고려해 모듈을 커널에 로드하거나 언로드한다. 모듈을 로드하기 전에 먼저 로드해야 할 모듈이 있다면, 즉 의존성이 있는 모듈이 있다면 해당 모듈을 먼저 로드하고 그 다음 대상이 되는 모듈을 로드한다. 모듈의 의존성은 depmod 명령어에 의해 생성된 modules.dep 파일을 참조한다. insmod나 rmmod를 통해 수동으로 이와 같은 동작을 할 수 있지만, modprobe를 사용하는 것이 간편하다. 실제로 modprobe 내부적으로는 insmod와 rmmod를 사용하여 모듈을 로드하거나 제거하고 있다.

• 형식

modprobe [option] filename

• 옵션

−l, −−list	로드 가능한 모듈의 리스트를 출력

−r, −−remove	− 모듈을 제거 − 의존성이 있는 모듈이 존재하고 참조가 없다면 이들도 함께 자동으로 언로드함 − 여러 모듈을 지정할 수도 있음
−c, −−showconfig	모듈 관련 환경설정 파일의 내용을 모두 출력

- 예제
    - 파일명으로 모듈을 로드한다.

```
$ sudo modprobe dummy
```

    - 파일명으로 모듈을 제거한다.

```
$ sudo modprobe −r dummy
```

    - 로드 가능한 모듈을 모두 보여 준다.

```
$ sudo modprobe −l
```

    - 모듈에게 옵션을 넘기면서 로드한다.

```
$ sudo modprobe e1000e EEE=1
```

⑤ modinfo
- 지정한 모듈에 대한 정보를 출력한다. 경로가 주어지지 않는다면 /lib/modules/$(uname −r) 경로에서 모듈을 찾는다.
- 형식

```
modinfo [option] filename
```

- 예제
    - e1000 모듈의 정보를 출력한다.

```
$ modinfo e1000
filename:     /lib/modules/2.6.32−754.17.1.el6.i686/kernel/drivers/net/e1000/e1000.ko
version:      7.3.21−k8−NAPI
license:      GPL
description:  Intel(R) PRO/1000 Network Driver
author:       Intel Corporation, <linux.nics@intel.com>
retpoline:    Y
srcversion:   09230688616F1CFB42D204A
```

3) 모듈 관련 설정 파일

① /etc/modprobe.d

- modprobe 명령을 위한 환경설정 디렉터리이다. 해당 디렉터리 이하에 *.conf인 파일을 생성하면 된다. 커널 2.6 버전 이전에는 /etc/modprobe.conf 한 파일에 모든 설정을 담았지만 현재는 /etc/modprobe.d를 사용한다. 지금까지도 /etc/modprobe.conf 파일을 임의로 생성할수도 있지만, 언제 없어질지 모르기 때문에 권장하고 있지는 않다.

```
$ ls /etc/modprobe.d

anaconda.conf      dist-alsa.conf      dist-oss.conf      libcxgb4.conf      mlx4.conf

blacklist.conf     dist.conf           libcxgb3.conf      libmlx4.conf       openfwwf.conf
```

- /etc/modprobe.d/ 디렉터리 이하의 .conf 파일을 통해 모듈에 대한 별칭(Alias), 옵션(Options), 설치(Install), 제거(Remove), 블랙리스트(Blacklist)를 지정할 수 있다.

- 예제
  - 부팅 시 e1000 모듈을 로드한다. 단순히 모듈명만 기재하면 된다.

```
e1000
```

  - dummy라는 모듈에 대해 dummy0 별칭을 사용한다.

```
#syntax: alias wildcard modulename

alias dummy0 dummy
```

  - b43 모듈이 커널에 적재될 때마다 nohwcrypt=1 옵션과 qos=0 옵션을 입력한다.

```
#syntax: options modulename option…

options b43 nohwcrypt=1 qos=0
```

  - modprobe를 통해 ieee1394 모듈을 로드하려고 할 때, 실제로는 /bin/true 명령을 실행하게 하여 모듈이 로드되지 않도록 한다. 이때 /bin/true 대신에 다른 셸 명령을 입력할 수도 있다.

```
#syntax: install modulename command…

install ieee1394 /bin/true
```

  - modprobe를 통해 ieee1394 모듈을 제거하려할 때, 실제로는 /bin/true 명령을 실행하게 하여 모듈이 제거되지 않도록 한다. 이때 /bin/true 대신에 다른 셸 명령을 입력할 수도 있다.

```
#syntax: remove modulename command…

remove ieee1394 /bin/true
```

- i8xx_tco 모듈이 로드하는 것을 막는다.

```
#syntax: blacklist modulename
blacklist i8xx_tco
```

② modules.dep

- depmod 명령을 사용하여 생성한 모듈 의존성 파일이다.
- /lib/module/${uname −r} 디렉터리 이하의 모듈을 검사하여 해당 디렉터리에 modules.dep 파일을 생성한다.

```
$ sudo depmod −a
$ $ cat /lib/modules/2.6.32−754.17.1.el6.i686/modules.dep |more
kernel/arch/x86/kernel/cpu/mcheck/mce−inject.ko:
kernel/arch/x86/kernel/cpu/cpufreq/powernow−k8.ko: kernel/arch/x86/kernel/cpu/cp
ufreq/mperf.ko
kernel/arch/x86/kernel/cpu/cpufreq/mperf.ko:
kernel/arch/x86/kernel/cpu/cpufreq/acpi−cpufreq.ko: kernel/arch/x86/kernel/cpu/c
pufreq/mperf.ko
kernel/arch/x86/kernel/cpu/cpufreq/pcc−cpufreq.ko:
kernel/arch/x86/kernel/cpu/c
```

- modprobe는 modules.dep 파일을 바탕으로 모듈 간 의존성을 파악하고 모듈을 로드한다.

➕ 더 알기 TIP

커널 컴파일과 모듈 의존성

- 리눅스 커널은 모노리딕 커널이며, 필요한 기능을 커널에 직접 포함하거나 LKM(.ko) 모듈로 분리해 동적으로 로드할 수 있다.
- 커널 컴파일은 보통 소스 다운로드 → 필수 도구 설치 → 기존 빌드 흔적 정리(mrproper/clean) → .config 설정(menuconfig 등) → bzImage · modules 빌드 → modules_install · install 후 재부팅 흐름으로 간다.
- 모듈은 /lib/modules/$(uname −r)/ 아래에 모여 있고, lsmod는 /proc/modules 기반으로 현재 로드된 모듈을 보여 준다.
- insmod/rmmod는 '그 모듈만' 직접 올리고 내리지만, modprobe는 depmod가 만든 modules.dep를 참고해 의존 모듈까지 자동 처리하므로 실무 · 시험 모두에서 기본 선택이다.
- 추가로 /etc/modprobe.d/*.conf에서 alias · options · blacklist를 설정해 부팅/로드 정책을 제어할 수 있다는 점이 함정 포인트다.

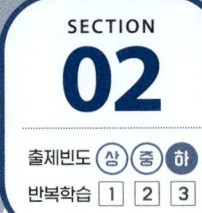

SECTION 02 주변장치 관리

출제빈도 상 중 **하**
반복학습 1 2 3

빈출 태그 ▶ fdisk, mkfs, mount, fstab, LVM, PV, VG, LV, mdadm, CUPS

01 디스크 확장

1) 디스크 확장의 개요

- 리눅스 시스템을 운영할 때, 하드디스크의 잔여 용량이 남지 않거나, 저장소의 용량을 증설하기 위해서 새로운 하드디스크를 추가 장착할 수 있다.
- 보통 리눅스 시스템에서 하드디스크를 추가하는 과정은 다음과 같다.

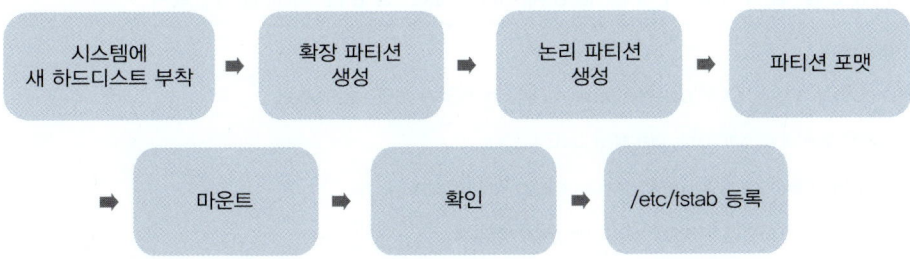

2) 하드디스크 추가하기

① 하드디스크 시스템에 부착하기

- 시스템을 끄고 새로운 하드디스크를 시스템에 장착하고 시스템을 켠다.
- fdisk 명령어의 '-l' 옵션을 통해 하드디스크가 장착되었는지 확인한다.
- 기존에 없던 /dev/sdb 장치가 추가되었음을 확인할 수 있다.

```
$ sudo fdisk -l

[sudo] password for francis:


Disk /dev/sda: 16.1 GB, 16106127360 bytes

255 heads, 63 sectors/track, 1958 cylinders

Units = cylinders of 16065 * 512 = 8225280 bytes

Sector size (logical/physical): 512 bytes / 512 bytes

I/O size (minimum/optimal): 512 bytes / 512 bytes

Disk identifier: 0x00023bbc

  Device Boot     Start      End    Blocks      Id   System

  /dev/sda1   *       1       64    512000      83   Linux

  Partition 1 does not end on cylinder boundary.
```

```
/dev/sda2          64       1959     15215616          8e     Linux LVM
```

```
Disk /dev/sdb: 8589 MB, 8589934592 bytes

255 heads, 63 sectors/track, 1044 cylinders

Units = cylinders of 16065 * 512 = 8225280 bytes

Sector size (logical/physical): 512 bytes / 512 bytes

I/O size (minimum/optimal): 512 bytes / 512 bytes

Disk identifier: 0x0000000
```

② 확장 파티션 생성하기

- 디스크가 시스템에 인식되었으므로 포맷하기 전에 파티션을 생성한다.
- 다음과 같이 명령을 입력하면 파티션 설정에 대한 기본 설명을 확인할 수 있다.

```
$ sudo fdisk /dev/sdb

Device contains neither a valid DOS partition table, nor Sun, SGI or OSF disklabel

Building a new DOS disklabel with disk identifier 0x1723e5ac.

Changes will remain in memory only, until you decide to write them.

After that, of course, the previous content won't be recoverable.

Warning: invalid flag 0x0000 of partition table 4 will be corrected by w(rite)

WARNING: DOS-compatible mode is deprecated. It's strongly recommended to

        switch off the mode (command 'c') and change display units to

        sectors (command 'u').

Command (m for help):
```

- 어떤 명령어를 사용해야 할지 잘 모를 경우에는 'm' 옵션을 사용한다.

```
Command (m for help): m

Command action

   a   toggle a bootable flag

   b   edit bsd disklabel

   c   toggle the dos compatibility flag

   d   delete a partition

   l   list known partition types

   m   print this menu

   n   add a new partition

   o   create a new empty DOS partition table

   p   print the partition table

   q   quit without saving changes
```

```
s   create a new empty Sun disklabel
t   change a partition's system id
u   change display/entry units
v   verify the partition table
w   write table to disk and exit
x   extra functionality (experts only)
Command (m for help):
```

- 새로운 파티션을 만들기 위해서 'n' 명령어를 사용한다.

```
Command (m for help): n
Command action
   e   extended
   p   primary partition (1-4)
```

- 파티션은 부팅 가능 여부에 따라 주 파티션과 확장 파티션으로 구분된다. 부팅 가능할 필요가 없으므로 여기에서는 'e' 명령을 사용하여 확장 파티션을 생성한다.

```
Command action
   e   extended
   p   primary partition (1-4)
```

- 파티션 번호와 첫 번째 실린더 번호, 마지막 실린더 번호를 입력해야 하는데, 기본값으로 선택한다.

```
Partition number (1-4): 1
First cylinder (1-1044, default 1):
Using default value 1
Last cylinder, +cylinders or +size{K,M,G} (1-1044, default 1044):
Using default value 1044
Command (m for help):
```

- 아직까지는 실제 디스크에 반영되지 않은 상태이므로, 지금까지의 파티션 설정을 디스크에 직접 적용하기 위해 'w' 옵션을 사용한다.

```
Command (m for help): w
The partition table has been altered!
Calling ioctl() to re-read partition table.
Syncing disks.
$
```

• 다시 fdisk −l을 사용하면 이전에는 보이지 않던 확장 파티션이 생성되었음을 알 수 있다.

```
$ sudo fdisk −l

[sudo] password for francis:


(중간 생략)


Disk /dev/sdb: 8589 MB, 8589934592 bytes

255 heads, 63 sectors/track, 1044 cylinders

Units = cylinders of 16065 * 512 = 8225280 bytes

Sector size (logical/physical): 512 bytes / 512 bytes

I/O size (minimum/optimal): 512 bytes / 512 bytes

Disk identifier: 0x1723e5ac


Device Boot       Start      End        Blocks     Id   System
/dev/sdb1             1      1044      8385898+      5   Extended
```

③ 논리적 파티션 생성하기

• 파티션은 논리적으로 여러 개의 파티션으로 나눌 수 있다.

• 논리적 파티션 생성을 위해 다시 fdisk 명령을 사용한다.

```
$ sudo fdisk /dev/sdb

WARNING: DOS−compatible mode is deprecated. It's strongly recommended to

        switch off the mode (command 'c') and change display units to

        sectors (command 'u').

Command (m for help):
```

• 논리적 파티션을 만들려면, 확장 파티션을 만들 때와 같이 일단 'n' 명령을 사용한다. 이때 논리적 파티션과 주 파티션 중 고를 수 있는데, 여기에서는 논리적 파티션 생성을 위해 'l' 옵션을 사용한다.

```
Command (m for help): n

Command action

   l   logical (5 or over)

   p   primary partition (1−4)

l
```

- 여러 개의 논리적 파티션을 염두에 두고 있다면, 첫 번째 실린더와 마지막 실린더의 값을 적절히 지정해야 하지만, 여기에서는 하나의 논리적 파티션만을 생성할 것이기 때문에, 기본값을 사용하고 Enter 를 누른다. 그리고 마지막에는 'w' 옵션을 사용하여 디스크에 적용한다.

```
First cylinder (1–1044, default 1):

Using default value 1

Last cylinder, +cylinders or +size{K,M,G} (1–1044, default 1044):

Using default value 1044


Command (m for help): w

The partition table has been altered!


Calling ioctl() to re–read partition table.

Syncing disks.
```

- 다시 fdisk –l을 사용하여 논리적 파티션이 생성되었는지 확인한다.

```
$ sudo fdisk –l


(중간 생략)


Disk /dev/sdb: 8589 MB, 8589934592 bytes

255 heads, 63 sectors/track, 1044 cylinders

Units = cylinders of 16065 * 512 = 8225280 bytes

Sector size (logical/physical): 512 bytes / 512 bytes

I/O size (minimum/optimal): 512 bytes / 512 bytes

Disk identifier: 0x1723e5ac


Device Boot      Start       End       Blocks    Id   System

/dev/sdb1            1      1044     8385898+    5   Extended

/dev/sdb5            1      1044     8385867    83   Linux
```

파티션 확인하기

/proc/partitions 파일을 통해 시스템의 파티션 정보를 확인할 수 있다.

```
$ cat /proc/partitions

  major     minor     #blocks     name


      8         0     15728640     sda

      8         1       512000     sda1

      8         2     15215616     sda2

      8        16      8388608     sdb

      8        17            1     sdb1

      8        21      8385867     sdb5

    253         0     13639680     dm-0

    253         1      1572864     dm-1
```

④ 파티션 포맷하기

• ext4 파일 시스템으로 방금 생성한 논리적 파티션 /dev/sdb5를 포맷★한다.

```
$ sudo mkfs.ext4 /dev/sdb5
```

🏳 **기적의 TIP**

★ 포맷(Format) : 파티션에 파일을 읽고 쓰기 가능한 형태로 만들기 위해 지정한 파일 시스템의 형태로 디스크를 초기화한다.

⑤ 마운트하기

• 포맷을 마친 /dev/sdb5를 /home/francis/tmp 경로로 마운트한다. 마운트 대상이 되는 디렉터리는 미리 생성되어 있어야 하고 마운트할 때 −t 옵션을 사용하여 마운트 대상의 파일 시스템이 무엇인지 지정해야 한다.

```
$ sudo mount −t ext4 /dev/sdb5 /home/francis/tmp
```

⑥ 확인하기

• df 명령어를 통해 하드디스크가 제대로 마운트되었는지 확인할 수 있고, 하드디스크의 크기와 사용 가능한 용량도 확인할 수 있다.

```
$ df −h
Filesystem                     Size     Used     Avail     Use%     Mounted on
/dev/mapper/VolGroup−lv_root    13G     4.0G      8.1G      34%     /
tmpfs                          2.0G     300K      2.0G       1%     /dev/shm
/dev/sda1                      477M      73M      380M      16%     /boot
/dev/sdb5                      7.8G      18M      7.4G       1%     /home/francis/tmp
```

⑦ /etc/fstab 파일 등록하기

- 시스템 리부팅 후에도 자동 마운드될 수 있도록 /etc/fstab 파일의 끝에 다음의 정보를 입력한다.

```
$ sudo vi /etc/fstab
(중간 생략)
/dev/sdb5          /home/francis/tmp     ext4    defaults     1 1
```

3) LVM(Logical Volume Manager)

① LVM의 개요

- 블록디바이스를 유연하게 관리하기 위해 여러 블록디바이스를 가상의 Logical Volume에 매핑하고 스토리지를 관리하는 커널 기능이다.
- 기존에는 블록디바이스에 직접 I/O를 수행했지만, LVM 기반 시스템은 블록디바이스 대신 LVM이 매핑한 Logical Volume에 I/O를 수행한다.
- LVM을 통해 유연한 용량, 크기 조절 가능한 스토리지 풀, 온라인 데이터 재배치, 디스크 스트라이핑, 미러 볼륨, 볼륨 스냅샷 기능을 제공할 수 있다.

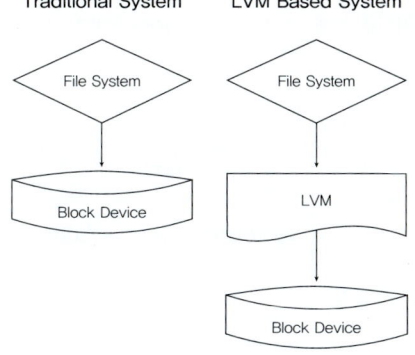

② LVM의 구성도

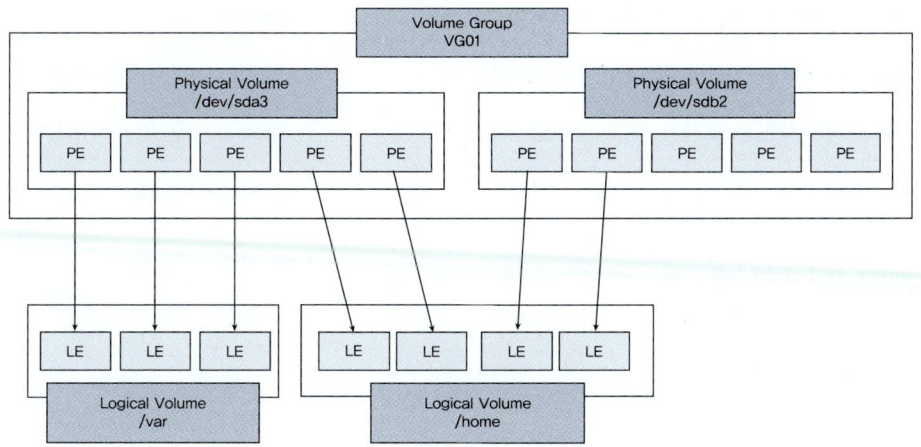

③ LVM의 구성요소

- PV(Physical Volume) : 기존의 블록 디스크를 LVM에서 사용할 수 있도록 변환한 볼륨 형식
- PE(Physical Extent) : PV는 PE라 불리는 일정 크기의 블록으로 구성되며 기본 크기는 4MB임
- VG(Volume Group) : 여러 PV를 하나의 VG로 묶어 통합하고, 해당 VG에 LV를 할당 가능
- LV(Logical Volume) : VG에서 필요한 만큼 할당하여 만들어지는 공간이며 사용자는 LV를 통해서 하드디스크에 접근 가능
- LE(Logical Extent) : LV를 구성하는 일정 크기의 블록으로, 기본 크기는 PE와 마찬가지로 4MB임

④ PV(Physical Volume) 관련 주요 명령어

명령어	설명	예제
pvcreate	디스크 또는 파티션을 PV로 초기화하여 생성	pvcreate /dev/sdb1
pvs	시스템에 존재하는 PV 목록을 요약하여 출력	pvs
pvdisplay	개별 PV의 상세 정보를 출력	pvdisplay /dev/sdb3
pvscan	진단 및 복구를 목적으로 시스템 전체에서 PV를 검색	pvscan
pvremove	LVM용 PV를 일반 디스크나 파티션으로 되돌려 LVM 메타데이터를 삭제	pvremove /dev/sdb1

⑤ VG(Volume Group) 관련 주요 명령어

명령어	설명	예제
vgcreate	하나 이상의 PV를 묶어 새로운 VG를 생성	vgcreate my_vg /dev/sdb1
vgs	시스템에 존재하는 VG 목록을 요약(이름, 크기, PV수, LV수 등 포함)하여 출력	vgs
vgdisplay	개별 VG의 상세 정보를 출력	vgdisplay my_vg
vgscan	진단 및 복구를 목적으로 시스템 전체에서 VG를 검색	vgscan
vgextend	기존 VG에 새로운 PV를 추가하여 VG 용량을 확장	vgextend my_vg /dev/sdc1
vgreduce	기존 VG에서 특정 PV를 제거하여 VG 용량을 축소	vgreduce my_vg /dev/sdc1
vgrename	VG 이름을 변경	vgrename my_vg new_vg
vgremove	• VG를 삭제 • 이때, 해당 VG에 속한 LV들도 함께 제거되므로 주의해야 함	vgremove my_vg

⑥ LV(Logical Volume) 관련 주요 명령어

명령어	설명	예제
lvcreate	• VG에서 논리 볼륨을 생성 • 사용될 수 있는 명령어의 목록은 아래와 같음 　-L : 용량　　　　　　　-n : 이름 지정 　-s : 스냅샷 생성　　　　-n : 이름 지정	lvcreate -L 5G -n my_lv my_vg
lvs	시스템에 존재하는 LV 목록을 요약하여 출력	lvs
lvdisplay	LV의 상세 정보(경로, 크기, 상태 등)를 출력	lvdisplay /dev/my_vg/my_lv
lvscan	시스템 전체에서 LV를 스캔하여 상태(활성/비활성 등)를 확인	lvscan
lvextend	• 기존 LV의 용량을 확장 • 사용될 수 있는 명령어의 목록은 아래와 같음 　-L : 크기 지정　　　　　-l : PE 단위 확장 　-r : 파일시스템 자동 확장	lvextend -L +2G /dev/my_vg/my_lv
lvreduce	• 기존 LV의 용량을 축소 • 사용될 수 있는 명령어의 목록은 아래와 같음 　-L : 크기 지정 　-l : PE 단위 축소(데이터 손실 주의)	lvreduce -L 5G /dev/my_vg/my_lv
lvresize	• LV의 크기를 조정(확장/축소, 통합) • 사용될 수 있는 명령어의 목록은 아래와 같음 　-L, -l : 크기 조정 　-r : 파일시스템 자동 조정	lvresize -L 8G /dev/my_vg/my_lv
lvrename	LV의 이름을 변경	lvrename my_vg my_lv new_lv
lvremove	• LV를 삭제 • 이때, 데이터가 완전히 삭제되므로 주의해야 함	lvremove /dev/my_vg/my_lv

⑦ 기타 명령어(파일시스템 크기 조정)

명령어	설명	예제
resize2fs	ext 계열 파일시스템(ext2/3/4)의 크기를 조정	resize2fs /dev/my_vg/my_lv
fsadm	• LVM과 함께 사용하는 파일시스템 도구 • 'check'는 파일 시스템 점검, 'resize'는 크기 조정용으로 사용	fsadm resize /dev/my_vg/my_lv

• lvextend, lvreduce 명령어 등으로 LV를 확장/축소한 후에만 사용할 수 있다.

• lvresize 명령어는 위 명령어 필요없이 자체적으로 파일시스템 크기를 조정한다.

⑧ LVM 볼륨 그룹 구성 및 자동 마운트 설정 절차

- 새롭게 추가된 디스크 /dev/sdb에 파티션을 만든 다음, LVM을 구성하여 /mnt/data에 5GB 크 기의 논리 볼륨을 생성하고, 마운트(부팅 시 자동 마운트 포함)할 때 아래의 절차를 따른다.

단계	명령어	설명
1	fdisk /dev/sdb	/dev/sdb1 파티션 생성하고 LVM 타입(8e)으로 설정
2	pvcreate /dev/sdb1	파티션을 LVM의 PV로 초기화
3	vgcreate my_vg /dev/sdb1	PV를 묶어 my_vg라는 VG를 생성
4	lvcreate −L 5G −n my_lv my_vg	5GB 크기의 my_lv라는 LV을 생성
5	mkfs.xfs /dev/my_vg/my_lv	논리 볼륨에 파일시스템(xfs)을 생성
6	mkdir /mnt/data	마운트 지점 /mnt/data를 생성
7	mount /dev/my_vg/my_lv /mnt/data	LV를 /mnt/data에 마운트
8	echo '/dev/my_vg/my_lv /mnt/data xfs defaults 0 0' 〉〉 /etc/fstab	부팅 시 자동 마운트를 설정

02 RAID

1) 리눅스의 RAID 개요

① 개념

- RAID(Redundant Array of Independent Disks)는 복수의 물리적 보조기억장치를 묶어서 마치 하나의 논리적 보조기억장치처럼 사용하는 기술이다.
- md(Multiple Devices)는 리눅스 커널에서 여러 개의 블록 장치를 묶어 하나의 논리 디바이스 로 사용하는 서브시스템이다.

② 기능

- md 장치는 주로 RAID 구성에 사용되며, /dev/md0, /dev/md1 등의 이름으로 생성된다.
- md 서브시스템은 다양한 RAID 구성(RAID 0, RAID 1, RAID 5, RAID 6, RAID 10), 디스 크를 합쳐 용량을 늘릴 수 있는 linear 모드, 장애 테스트에 사용하는 faulty 모드 등을 지원 한다.

2) 주요 명령어 및 파일

① mdadm(Multiple Device Administration)

- 개념 : md 장치를 관리하기 위한 도구
- 기능 : RAID 장치의 생성(--create), 조립(--assemble), 정지(--stop), 제거(--remove), 상태 확인 (--detail) 등

옵션	의미	예시
--create	새로운 RAID 장치 생성	mdadm --create /dev/md0 ...
--level(-l)	RAID 레벨 지정	--level=1
--raid-devices(-n)	사용할 디바이스의 수 지정	--raid-devices=2
--assemble(-A)	기존 RAID 조립	mdadm --assemble /dev/md0 /dev/sdb / dev/sdc
--detail(-D)	RAID 상세 정보 확인	mdadm --detail /dev/md0
--examine(-E)	디바이스의 RAID 메타데이터 확인	mdadm --examine /dev/sdb
--stop(-S)	RAID 장치 정지	mdadm --stop /dev/md0
--remove	RAID에서 디바이스 제거	mdadm /dev/md0 --remove /dev/sdb
--detail --scan	설정 정보를 출력 (/etc/mdadm.conf용)	mdadm --detail --scan

② /proc/mdstat

- 개념 : 현재 시스템에서 작동 중인 md 장치(RAID)의 상태를 확인할 수 있는 가상 파일
- 예시

```
$ cat /proc/mdstat
Personalities : [raid1]
md0 : active raid1 sdc[1] sdb[0]
   104320 blocks [2/2] [UU]

unused devices: ⟨none⟩
```

- md0는 활성 상태(active)의 RAID 1 장치로, 디스크 sdb와 sdc 두 개로 구성되어 있다.
- 디스크 두 개 중 두 개([2/2]) 모두 정상적으로 동작하고 있으며, /proc/mdstat에서는 [2/2] [UU] 상태로 표시된다.

3) RAID 구성하기(예: RAID 레벨1)

- mdadm 명령어 중 --level 옵션을 통해 RAID 레벨을 설정할 수 있고, 각 레벨이 요구하는 디스크의 수 및 디스크 장치를 제공하여 RAID를 구성할 수 있다.

	단계	명령어	설명
1	디스크 확인	lsblk	RAID에 사용할 디스크를 확인(/dev/sdb, /dev/sdc 등)
2	RAID 1 생성	mdadm --create /dev/md0 --level=1 --raid-devices=2 /dev/sdb /dev/sdc	RAID 1 장치에 /dev/md0를 생성하고, 미러링을 구성
3	상태 확인	cat /proc/mdstat mdadm --detail /dev/md0	RAID 동기화 진행 상태 및 상세 정보를 확인
4	파일 시스템 생성	mkfs.ext4 /dev/md0	RAID 장치에 ext4 파일 시스템을 생성
5	마운트 디렉터리 생성	mkdir /mnt/raid1	RAID 장치를 마운트할 디렉터리를 생성
6	마운트	mount /dev/md0 /mnt/raid1	RAID 장치를 /mnt/raid1에 마운트
7	구성 정보 저장	mdadm --detail --scan >> /etc/mdadm.conf	재부팅 시 인식할 용도로 RAID 구성을 /etc/mdadm.conf에 저장
8	fstab 등록	echo '/dev/md0 /mnt/raid1 ext4 defaults 0 0' >> /etc/fstab	부팅 시 자동 마운트를 위해 /etc/fstab에 등록

4) RAID 장애 및 복구

- mdadm 명령어의 --fail 옵션을 사용하면, 임의로 디스크를 고장난 상태로 설정할 수 있다. 이로써 RAID의 장애 감지, 동작 상태 확인 및 복구를 실습할 수 있다.

목적	명령어	설명
디스크 고장 시뮬레이션	mdadm /dev/md0 --fail /dev/sdb	• /dev/sdb 디스크를 고장 상태로 설정 • 복구하기 위해서는 디스크 제거 및 추가를 다시 수행해야 함
고장 디스크 제거	mdadm /dev/md0 --remove /dev/sdb	RAID에서 고장난 /dev/sdb 디스크를 제거
새 디스크 추가	mdadm /dev/md0 --add /dev/sdd	새로운 디스크 /dev/sdd를 RAID에 추가
디스크 복구 확인	cat /proc/mdstat	RAID 구성이 정상적으로 복구되었는지 확인

03 프린터

1) 리눅스 프린팅 시스템(Linux Printing Systems)의 개요

- 초기 프린터는 고정 크기, 단일 폰트를 갖는 텍스트 형식으로 한 줄씩 출력하는 라인 프린터 (Line Printers)를 사용하였다. 라인 프린터는 속도가 느리기 때문에 시스템의 성능을 향상하기 위해 스풀링(Spooling ; Simultaneous Peripheral Operation On Line)★방식이 처음 소개되었고 이 방식은 지금도 여전히 적용되고 있는 개념이다.

> **F 기적의 TIP**
>
> ★스풀링 : CPU가 프린터가 출력을 직접 제어한다면 프린트가 끝날 때까지 CPU는 아무 작업도 하지 못한다. 때문에 CPU는 일련의 큐에 프린터 작업을 등록하고 우선순위를 정하며 프린터에게 출력을 요청한다. 즉, CPU는 다른 작업을 수행하다가 프린터가 출력할 데이터가 필요할 때마다 데이터를 전송함으로써 CPU 사용 효율을 높이는 방식이다.

- 라인 프린터를 지원하기 위해 초기 리눅스 프린팅 시스템은 BSD(Berkely Software Distribution) 프린팅 시스템을 이용하였다. 그 구성은 서버에서 동작하는 라인 프린터 데몬 (LPD ; Line Printer Daemon)과 프린트 요청을 위한 lpr 명령어를 포함하는 클라이언트이다. 당시 프로토콜은 Line Printer Daemon Protocol이며 IETF의 RFC1179로 표준화되었다.
- System V도 BSD 프린팅 시스템과 기능적으로는 동일하지만 명령어 사용법이 달랐던 별도의 프린팅 시스템을 가지고 있었다. 예를 들면 BSD 계열의 lpr 명령어가 System V에서는 lp 명령으로 구현되었다.
- 그 후 다양한 폰트 지원, 이미지 출력, 가변폭 글자 지원뿐만 아니라 커닝(Kerning), 리가처 (Ligature) 등 프린터 출력 기술이 개선되었다. 기존의 lpd, lpr의 BSD 프린팅 시스템을 호환하면서 LPRng(LPR next generation)과 CUPS(Common Unix Printing System)와 같은 새로운 프린팅 시스템이 개발되었다.
- LPRng를 포함하여 기존의 프린팅 시스템이 가지고 있었던 프린터 제조사마다 형태가 달라 상호 호환을 맞추기가 어려웠던 문제점을 극복하기 위해 모듈 방식으로 개발한 CUPS는 현재 리눅스 및 유닉스 호환 시스템의 표준 프린팅 시스템이 되었다.

2) CUPS(Common Unix Printing System)

① CUPS의 개요

- CUPS는 다양한 프린터를 지원하기 위해 프린터 인쇄를 요청하는 클라이언트와 인쇄를 처리하기 위한 프린트 서버로 구성되어 있는, 리눅스를 포함한 유닉스 호환 운영체제를 위한 모듈러 프린팅 시스템(Modular Printing System)이다.
- 1997년 개발을 시작해 베타 버전이 1999년에 선보였으나 LPD의 빈약한 기능과 프린터 제조사 간 호환성 이슈로 IPP(Internet Printing Protocol)가 그 자리를 대체하였다. 2002년 애플 (Apple Inc.)이 Mac OS X 10.2에 프린팅 시스템으로 CUPS를 채용한 이후로 급속히 발전하여 리눅스의 기본 프린팅 시스템이 되었다.

② CUPS의 특징

- 프린터마다 독자적으로 사용했던 장치 드라이버의 작성을 용이하게 하였다.
- 라인 프린터, 포스트스크립트 프린터뿐만 아니라 매킨토시, 윈도우에서 제공하던 프린터 형식을 유닉스 계열 운영체제에서도 사용할 수 있도록 지원한다.
- HTTP 기반 IPP 프로토콜을 사용하고 SMB 프로토콜도 지원한다.
- BSD와 System V 계열 명령어를 모두 지원한다.
- 웹 서버의 Common Log Format 형태의 로그 파일 제공하며 웹상에서도 lpadmin 명령을 통해 관리자 기능 수행이 가능하다.

③ CUPS의 구성도

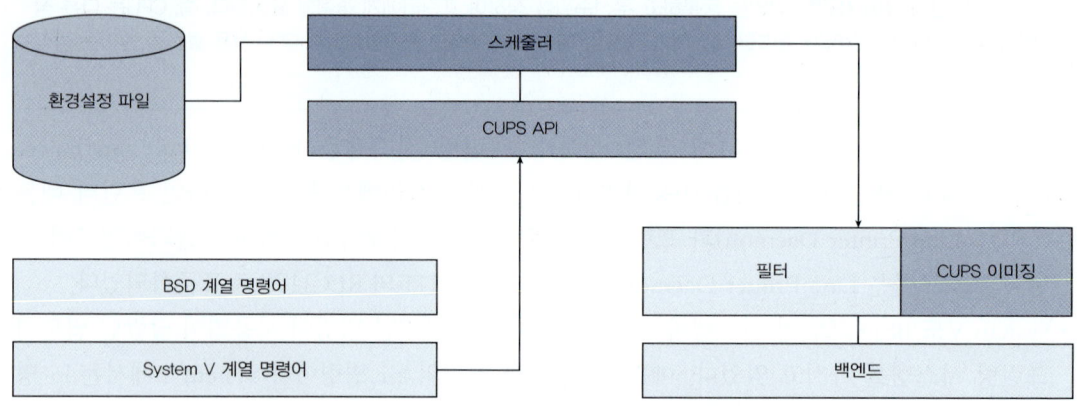

스케줄러 (Scheduler)	• IPP(Ineternet Printing Protocol) POST 요청을 통해 들어온 인쇄 요청을 처리하기 위한 HTTP/1.1 서버 데몬(cupsd) • 인쇄 처리뿐 아니라 프린터 상태 모니터, 관리도구 등의 역할도 수행 • 네트워크상의 사용 가능한 프린터를 찾을 수 있고 인쇄를 위한 적절한 필터와 백엔드를 찾아 인쇄 요청을 전달할 수 있음 • LPD 프로토콜(RFC-1179) 지원을 위한 cupsd-lpd 데몬도 실행

환경설정 파일
(Config Files)
	• 아파치의 http.conf와 유사한 형식으로 CUPS 프린터 데몬 환경설정 파일이 존재
	• 사용 가능한 프린터와 대기열의 목록을 설정하고 출력을 위한 형식 변환 규칙을 정의
	• 프린터의 기능을 설정하는 PPD(PostScript Printer Description) 파일을 정의
	  − cupsd.conf : cupsd 데몬의 환경설정 파일
	  − printers.conf : 각 프린터의 정보를 설정
	  − classes.conf : 각 프린터의 클래스에 대한 정보 설정

CUPS API	• 인쇄 작업의 대기열 추가, 프린터 정보 획득, HTTP와 IPP를 통한 리소스 접근, PPD 파일 조작 등 CUPS 관련 API를 제공 • 라이선스는 GNU LGPL을 따름
BSD 및 System V 명령어	기존의 프린팅 시스템과 호환성을 확보하기 위해서 BSD 명령어인 lpr, lpq, lprm, lpc 등과 System V 명령어인 lp, lpstat, cancel 등을 모두 제공

필터 (Filters)	• 인쇄물을 프린터가 이해할 수 있는 형식으로 변환하는 프로그램이다. • 리눅스에서는 일반적으로 인쇄를 위해 문서를 PostScript 형식으로 변환하여 프린터에 요청하는데, 모든 프린터가 PostScript를 지원하지는 않으므로 이를 변환해 주는 PostScript Raster 필터가 필요함 • 필터는 PostScript Raster 필터뿐만 아니라 다양한 파일과 이미지 형식을 지원하고, 여러 개의 필터 를 조합하여 출력 포맷을 만들 수도 있음
CUPS 이미징 (CUPS Imaging)	큰 이미지, 색 변환, 색 관리, 이미지 크기 변경 등 이미지와 관련된 라이브러리
백엔드 (Backends)	• 장치나 네트워크상의 컴퓨터로 프린트 데이터를 보내는 특별한 필터 • 병렬포트, 직렬포트, USB, LPD, IPP, AppSocket(JetDirect) 등 다양한 디바이스를 지원 • Samba 프로토콜도 지원하여 윈도우로 인쇄 출력이 가능

3) 프린터 추가하기

① 프린터 설정 방법

• 웹을 통하여 관리자 도구 실행할 수 있다(http://localhost:631 또는 http://127.0.0.1:631).

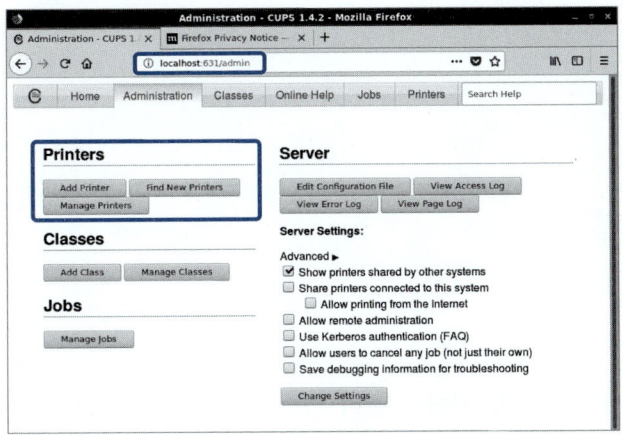

• 배포판마다 프린터 관리용 프로그램을 제공한다. 레드햇 계열 초기 버전에서는 printtool, printconf를 제공하다가 redhat-config-printer를 거쳐 현재는 system-config-printer를 통해 프린터를 추가할 수 있다.

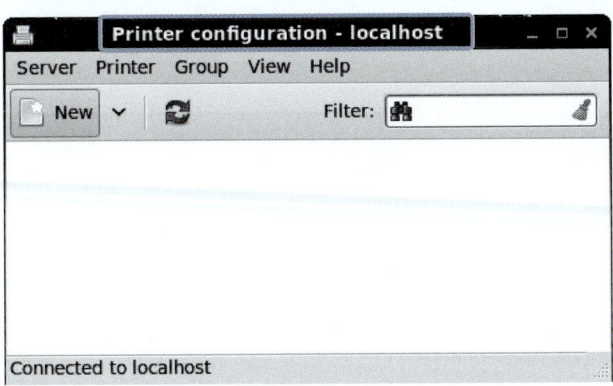

② 로컬 프린터 추가하기

- 프린터를 시스템에 직접 연결하면 하드웨어 추상화 계층(HAL ; Hardware Abstraction Layer) 과 hal-cups-utils 유틸리티에 의해 핫 플러그 이벤트를 인식하여 자동으로 설정된다.
- 프린터를 병렬 포트에 연결하면 /dev/lp0 장치 파일을 통해 접근이 가능하고, USB 포트에 연결하면 /dev/usb/lp0 장치 파일로 접근 가능하다.

③ 네트워크 프린터 추가하기

- system-config-printer 설정 화면에서 메뉴의 Server → New → Printer로 이동하거나 Ctrl+N 단축키를 통해 아래와 같은 다양한 네트워크 프린터를 추가할 수 있다.

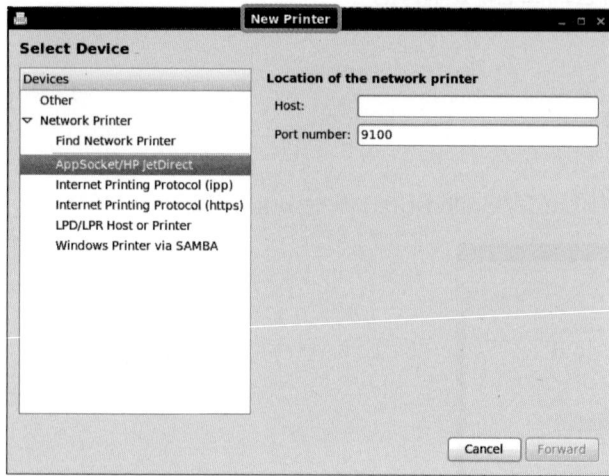

4) 프린트 출력하기

① lpr(BSD)

- 프린터에게 작업을 요청한 후에 프린트할 파일을 읽어서 출력 가능한 데이터를 LPD(Linux Printing Daemon)에게 전달한다. 파일을 지정하면 해당 파일을 작업 요청하고 지정되어 있지 않으면 표준 입력으로부터 데이터를 받아 LPD에게 전달한다.
- 형식

```
lpr [option] [filename]
```

- 옵션

-#	인쇄 매수를 지정(1~100장)
-m	작업이 완료되면 이메일로 알림을 줌
-P	지정한 프린터로 출력
-C, -T, -J	작업 이름과 제목을 설정

-r	- 출력할 파일을 지정 - 출력 완료 후 파일은 삭제됨
-l	- 이미 프린터에 맞게 형식이 맞춰진 출력할 파일을 지정하여,, 필터를 거치지 않고 출력 - 이 옵션은 -o raw 옵션과 동일

- 주요 예제
  - myfile.txt를 출력한다.

```
$ lpr myfile.txt
```

  - 리다이렉션을 통해 myfile.txt를 출력한다.

```
# cat myfile.txt | lpr
또는
# cat text.txt 〉 /dev/lp0
```

  - HL-2280DW프린터에 작업명을 francis's text file이라고 지정하고 printexample.txt를 2장 출력한다. 출력이 완료되면 파일은 삭제되고 이메일로 완료 메일이 발송된다.

```
lpr -P HL-2280DW -J "francis's text file" -#2 -m -r printexample.txt
```

② lp(System V)
- lpr과 유사하게 문서를 프린터로 출력한다.
- 형식

```
lp [option] [filename]
```

- 옵션

-d	- 출력할 프린터를 지정 - 개별 프린터를 지정할 수도 있고 프린터의 클래스를 지정할 수도 있음 - 클래스로 지정하는 경우 사용할 수 있는 프린터 중 첫 번째부터 프린트를 시도
-n	인쇄 매수를 지정(1~100매)

- 주요 예제
  - myfile.txt를 출력한다.

```
# lp myfile.txt
```

  - myfile.txt를 3장 출력한다.

```
# lp -n 3 myfile.txt
```

5) 프린트 취소하기

① lprm(BSD)

- 프린터의 대기열에 있는 작업 번호를 통해 인쇄 작업을 취소한다. 작업 번호를 지정하지 않으면 현재 작업이 취소된다. 여러 개의 작업 번호를 지정할 수도 있고 '−'를 사용하여 모든 작업을 취소할 수도 있다.
- 형식

```
# lprm [option] [filename]
```

- 옵션

−	프린터 대기열에 있는 모든 작업을 취소
−U	특정 사용자의 작업을 취소
−P	작업을 취소할 프린터를 지정
−h server[:port]	작업을 취소한 프린터 서버를 지정

- 주요 예제
  - 작업 번호 5를 취소한다.

```
# lprm 5
```

  - 모든 인쇄 작업을 취소한다.

```
# lprm −
```

  - mydest 프린터의 10번 작업을 취소한다.

```
# lprm −P mydest 10
```

② cancel(System V)

- 인쇄 작업을 취소한다. 취소할 작업 id를 지정하지 않으면 기본 프린터에 출력 중인 작업을 취소한다.
- 형식

```
cancel [option] [job−id]
```

• 옵션

-a	모든 인쇄의 작업을 취소
-U	서버에 연결할 때 사용할 사용자를 지정
-h hostname[:port]	인쇄를 취소할 서버를 지정
-u	특정 사용자가 소유한 인쇄 작업을 취소

• 주요 예제
  - 모든 프린터의 모든 작업을 취소한다.

```
# cancel -a
```

  - 작업 id가 printer-7인 작업을 취소한다.

```
# cancel printer-7
```

6) 프린트 작업 및 큐 관리하기

① lpc(BSD)

• 프린터와 CUPS 프린팅 시스템에서 제공하는 프린터 클래스 대기열을 제어한다. 프린트 대기열의 상태를 얻어 올 수도 있다.
• 옵션

status	모든 프린터 또는 클래스 대기열의 상태를 출력
help, ?	도움말을 출력
quit, exit	lpc 대화모드에서 빠져 나오는 명령어

• 주요 예제
  - 특정 프린터의 상태를 출력한다.

```
$ /usr/sbin/lpc status HL-2280DW
HL-2280DW:
    printer is on device 'dnssd' speed -1
    queuing is disabled
    printing is enabled
    no entries
    daemon present
```

② lpq(BSD)

- 프린터 대기열의 상태를 출력한다. 명령줄에서 프린터나 클래스를 지정하지 않는다면 기본 프린터의 정보를 출력한다.
- 형식

```
# lpq [option]
```

- 옵션

−a	모든 프린터의 인쇄 작업 정보를 출력
−l	프린터 대기열의 상태를 자세하게 출력
−P	상태를 출력한 프린터를 지정
+interval	'+10'으로 지정하면 10초마다 대기열이 비워질 때까지 상태를 출력

- 주요 예제
  - 프린터 대기열의 정보를 출력한다.

```
$ lpq
```

  - xp−610 프린터 대기열의 정보를 출력한다.

```
$ lpq −P xp−610
```

③ lpstat(System V)

- 현재 설정된 프린터와 클래스, 인쇄 작업에 대한 상태 정보를 출력한다. 아무것도 설정하지 않은 경우 현재 사용자가 대기열에 추가한 활성화된 작업에 대한 정보를 출력한다.
- 형식

```
# lpstat [option]
```

- 옵션

−d	기본 프린터가 무엇인지 보여 줌
−p	− 설정된 모든 프린터를 출력 − 출력 가능한 프린터가 무엇인지도 알려 줌
−t	−r, −d, −c, −v, −a, −p, −o 옵션을 모두 사용한 것과 동일하며 모든 상태 정보를 출력
−a	프린터 대기열이 요청을 받을 수 있는 상태인지 출력
−c	모든 클래스와 클래스에 속한 멤버 프린터가 무엇인지 출력
−s	자세한 정보가 아닌 요약 정보를 출력

- 주요 예제
  - 기본 프린터의 정보를 출력한다.

```
$ lpstat -d
system default destination: HL-2280DW
```

  - 프린터의 요약 정보를 출력한다.

```
$ lpstat -s
system default destination: HL-2280DW
members of class anyprint:
    HL-2280DW
    XP-610
device for anyprint: ///dev/null
device for HL-2280DW: dnssd://Brother%20HL-2280DW._pdl-datastream._tcp.local/
device for XP-610: dnssd://EPSON%20XP-610%20Series._ipp._tcp.local/?uuid=cfe92100-67c4-11d4-
```

  - 지정한 프린터가 요청을 받을 수 있는 상태인지 출력한다.

```
$ lpstat -a XP-610
XP-610 accepting requests since Thu 27 Apr 2017 05:53:59 PM EDT
```

04 사운드 카드

1) 리눅스 사운드의 개요

- 리눅스 커널은 역사적으로 리눅스 사운드를 구현하기 위해 대표적으로 2가지 오픈소스가 있다.
  - 하나는 오픈 사운드 시스템(OSS ; Open Sound System)이고, 다른 하나는 고급 리눅스 사운드 아키텍처(ALSA ; Advanced Linux Sound Architecture)이다.
- OSS는 유닉스 및 유닉스 호환 시스템에서 지원하나 ALSA는 리눅스에서만 지원한다.
  - 리눅스 커널 2.4까지는 OSS의 오디오 API를 포함하고 있었으나 리눅스 커널 2.5 이후부터 기능을 제거(Deprecate)하고 ALSA가 추가되었다.
  - OSS 개발 회사였던 4Front는 리눅스 커널 외의 운영체제를 위해 계속해서 OSS를 개발하였다.

2) 오픈 사운드 시스템(OSS ; Open Sound System)

① 정의

- 유닉스와 유닉스 호환 운영체제를 위한 사운드 생성 및 캡처 인터페이스이자 인터페이스를 구현하기 위한 디바이스 드라이버와 사운드 컨트롤러 자체를 말한다.

② 목표

- OSS의 목표는 사운드 하드웨어에 대해 잘 알지 못하더라도 사운드 응용 프로그램을 구현할 수 있는 기반 또는 시스템을 제공하는 것이다.

③ OSS의 API(Application Programming Interface)

- POSIX의 read, write, ioctl과 같은 표준 시스템 호출을 기반으로 API가 구성되어 있다.
- 사운드 입출력의 기본 장치는 /dev/dsp 이다. 다음은 /dev/dsp 사운드 장치로 랜덤 값(소음)을 쓰는 명령어이다.

```
$ cat /dev/random > /dev/dsp
```

④ 라이선스

- 본 프로젝트 초기에는 자유 소프트웨어(Free Software)였으나 프로젝트의 성공으로 개발 리더였던 Savolainen은 4Front Technologies과 계약하고 그 후 신기능과 개선된 내용은 4Front Technologies의 소유가 되었다. 리눅스 커뮤니티에서는 그런 이후로 OSS 대신 ALSA로 교체하기 이르렀다.
- 2007년 7월, 4Front Technologies는 오픈솔라리스를 위한 CDDL 라이선스와 리눅스를 위한 GPL 라이선스를 갖는 소스코드를 공개하였다.
- 2008년 1월, 4Front Technologies는 FreeBSD를 위한 BSD 라이선스로 잇따라 소스코드를 공개하였다.

3) 고급 리눅스 사운드 아키텍처(ALSA ; Advanced Linux Sound Architecture)

① 정의

- 사운드 카드 디바이스 드라이버를 위한 API를 제공하는 리눅스에 포함된 소프트웨어 프레임워크이다.

② 목표

- ALSA 프로젝트는 사운드 카드 하드웨어에 대한 자동 설정 기능과 시스템상 복수 개의 사운드 장치 지원을 목표로 시작되었다.

③ 특징

- 하드웨어 기반 MIDI 합성 기능을 제공한다.
- 다중 채널 하드웨어 믹싱 기능를 지원한다.
- 전이중(Full-duplex) 입출력을 제공한다.
- 멀티 프로세서 및 쓰레드 안전(Safe) 디바이스 드라이버를 제공한다.

④ 라이선스

- ALSA는 GPL(General Public License)과 LGPL(Lesser General Public License) 라이선스를 바탕으로 개발되고 있다.

4) 사운드 명령어

① alsactl

- ALSA 기반 사운드 카드 드라이버에 대한 고급 설정을 할 수 있는 명령어이며 다수의 사운드 카드를 제어할 수 있다.
- 형식

```
alsactl [options] [store|restore|init]
```

- 옵션

– d	디버그 모드이며 좀 더 로그가 풍부함
– f	– 환경설정 파일을 지정할 수 있음 – 지정하지 않으면 기본 파일은 /etc/asound.state

- 명령

store	사운드 카드에 대한 현재 정보를 환경설정 파일에 저장
restore	환경설정 파일의 설정에 따라 선택된 사운드 카드에 반영
init	– 사운드 장치를 기본값으로 초기화 – 디바이스가 알려진 장치가 아니라면 에러코드 99를 반환

- 주요 예제
    - 사운드 카드를 초기화한다.

```
$ sudo alsactl init
```

    - 사운드 카드 설정을 지정한 환경설정 파일의 설정으로 되돌린다.

```
$ sudo alsactl restore –f asound.state
```

② alsamixer

- 사운드 설정을 변경하고 볼륨을 조절하기 위한 ALSA 프로젝트의 그래픽 믹서 프로그램이다.
    - 사용자 인터페이스는 커서(Cursor) 형태이고 X 윈도우 시스템을 필요로 하지 않는다.
    - 다수의 사운드 카드를 지원한다.
- 아래 그림과 같이 텍스트 기반 그래픽 화면을 통해 사운드 카드를 제어할 수 있다.
    - ←과 → 키를 통해 채널을 선택할 수 있고, 선택한 채널의 볼륨을 조절하기 위해 ↑와 ↓ 키를 사용할 수 있다.

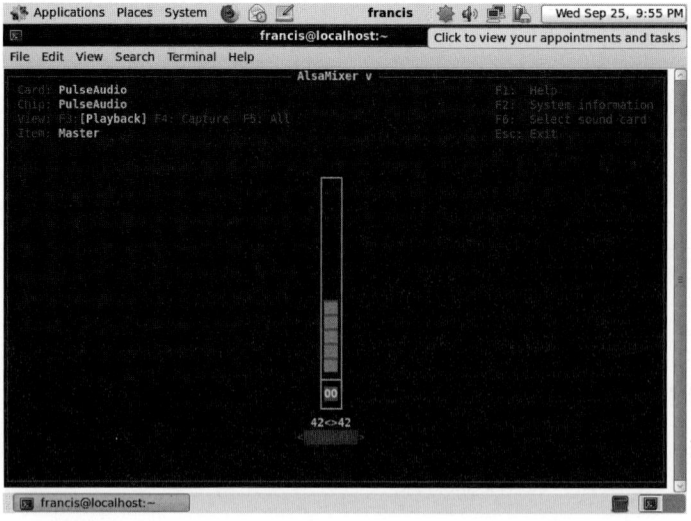

- 그래픽 프로그램이지만 터미널에서 다음의 옵션을 사용하여 조절할 수도 있다.

- c, - - card	사운드 카드가 여러 개라면 제어할 사운드 카드를 선택
- D, - device	제어할 믹서 장치를 선택
- V, - - view	- 재생 모드(Playback), 녹음 모드(Capture)를 선택하여 시작할 수 있음 - 둘 다 사용할 경우 모두(All) 옵션을 사용

③ cdparanoia

- 오디오 CD를 읽어서 CD의 재생정보와 음악 파일을 추출하는 유틸리티이다.
- 형식

```
cdparanoia [option]
```

- 옵션

- w, - - output - wav	마이크로소프트 RIFF WAV 형식으로 추출
- a, - - output - aiff	압축되지 않은 Apple AIFF-C 형식으로 추출
- B, - - batch	- 모든 트랙의 음악을 Cdda2wav 스타일로 추출 - 추출된 파일은 "track#." 파일 형식을 가짐

- 주요 예제
  - 오디오 CD를 읽어서 트랙당 WAV 형식의 파일로 추출한다.

```
$ cdparanoia -B
```

  - 5번 트랙부터 추출한다.

```
$ cdparanoia -B — -5
```

- 1, 2번 트랙을 추출한다.

```
$ cdparanoia -B -- -1-2
```

- 1번 트랙의 0:13.13부터 1:13.00 사이를 추출한다.

```
$ cdparanoia -B "1[:13.13]-1[1:13]"
```

05 스캐너

1) SANE(SANE ; Scanner Access Now Easy)

① 설명
- 이미지 스캐너 및 카메라 하드웨어에 대한 표준화된 액세스를 제공하기 위한 누구나 자유롭게 사용할 수 있는 API이다.

② 아키텍처
- 시스템 A의 libsane.so 동적 라이브러리는 pnm 파일과 mustek 스캐너, 네트워크 스캐너를 사용할 수 있도록 환경설정이 되어 있다. libsane.so 동적 라이브러리는 각 장치를 구동할 수 있는 libsane-dll.do라 불리는 드라이버를 링크하고 있다.
- 시스템 A의 네트워크를 경유하여 시스템 B의 장치를 이용할 때는 시스템 B의 saned 데몬이 시스템 A의 처리를 대리하여 마찬가지로 libsane.so의 도움을 받아 스캐너를 제어하게 된다.
- sane 패키지는 다양한 스캐너 및 카메라 장치에 대한 드라이버가 포함되어 있는 SANE 백엔드(SANE-backends)와 사용자가 사용할 수 있는 응용 프로그램인 SANE 프론트엔드(SANE-frontends)로 구성되어 있다.

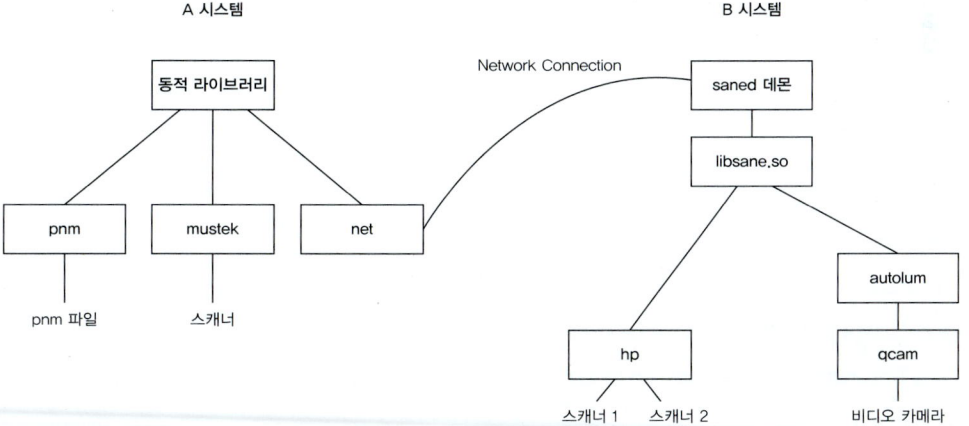

③ 지원 OS
- 리눅스 및 유닉스뿐만 아니라 OS/2, 윈도우, macOS도 지원한다.

④ 오픈소스 라이선스
- GPL 라이선스이다.

2) XSANE(X based interface for the SANE)

① 설명

- Oliver Rauch가 개발한 SANE의 프론트엔드(Frontends) 기능을 수행하는 GTK+로 개발된 그래픽 기반 응용 프로그램이다.
- 윈도우, 리눅스, 유닉스, OS2, macOS 운영체제를 지원한다. 하지만 윈도우의 경우 네트워크의 다른 운영체제의 스캐너를 사용하는 것만 가능하고 로컬의 스캐너를 지원하지 않는다.

② 기능

- xsane은 독립적으로 실행하거나 GIMP 이미지 조작 프로그램으로서 실행할 수 있다.
- xsane은 스캐너나 카메라의 다양한 형식의 이미지를 파일로 저장 가능하다.
- Fax나 프린터로 이미지를 보낼 수 있다.

③ 설치

- yum 명령을 사용하여 xsane를 설치할 수 있다.

```
$ sudo yum install xsane

xsane

Loaded plugins: fastestmirror, refresh-packagekit, security

Setting up Install Process

Loading mirror speeds from cached hostfile

 * base: mirror.kakao.com

 * extras: mirror.kakao.com

 * updates: mirror.kakao.com

base                                                          | 3.7 kB

00:00

extras                                                        | 3.3 kB

00:00

updates                                                       | 3.4 kB

00:00

Resolving Dependencies

--> Running transaction check

---> Package xsane.i686 0:0.997-8.el6 will be installed

--> Processing Dependency: xsane-common for package: xsane-0.997-8.el6.i686

--> Running transaction check

---> Package xsane-common.i686 0:0.997-8.el6 will be installed

--> Finished Dependency Resolution
```

④ 실행

• xsane 명령을 입력하면 스캐너를 찾고 프로그램이 실행된다.

```
$ xsane
```

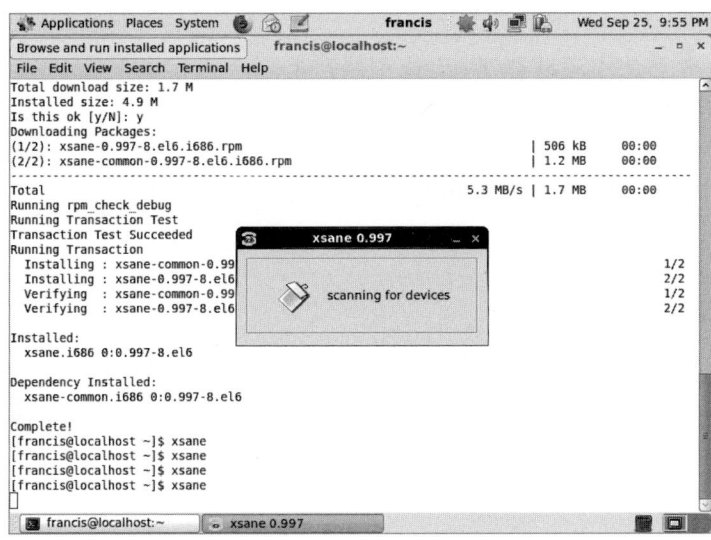

3) 스캐너 관련 명령어

① sane-find-scanner

• SANE 백엔드를 지원하는 SANE USB 및 SCSI 스캐너를 검색하기 위한 명령이다.

• SCSI 스캐너를 찾기 위해 /dev/sg0, /dev/scanner와 같은 기본 SCSI 장치 파일을 검사한다.

• USB 스캐너를 찾기 위해 /dev/usb/scanner, /dev/usbscanner와 같은 USB 커널 스캐너 장치 파일을 스캔한다.

• 병렬 포트로 연결된 대부분의 스캐너는 찾지 못한다. -p 옵션을 통하여 일부 스캐너가 검색 될 가능성은 있다.

• 옵션

-q	별도의 설명 없이 스캐너 장치만 출력
-v	- 옵션을 한 번 주면 장치 이름과 테스트 결과를 포함한 자세한 정보를 출력 - 옵션을 두 번 주면 SCSI INQUEIRY★ 정보와 USB 디바이스 디스크립터★ 정보도 보여 줌
-p	병렬 포트에 스캐너가 연결되어 있는지 체크

F **기적**의 TIP

★SCSI INQUIERY : SCSI 통신에서 사용하는 READ, WRITE, SEEK과 같은 명령 중에 하나로 장치에 대한 조회 기능을 수행한다.

★USB 디바이스 디스크립터(USB Device Descriptor) : USB 장치의 하드웨어 ID, 벤더 ID, USB 지원 버전, 포함된 기능의 개수 등 USB 장치의 기본 정보가 담긴 디스크립터이다.

- 주요 예제
  - 사용 가능한 스캐너가 있는지 체크하고 검색된 각각의 장치 파일을 줄 단위로 자세히 출력 한다.

```
$ sane-find-scanner -v
```

  - 오직 /dev/scanner 장치 파일에 연결된 SCSI 스캐너만을 검색한다.

```
$ sane-find-scanner /dev/scanner
```

  - 병렬 포트에 연결된 스캐너가 지원 가능한지 체크한다.

```
$ sane-find-scanner -p
```

② scanimage
- 평면 스캐너나 카메라와 같은 장치의 이미지 스캔을 제어하는 명령어이다. 스캔된 이미지 데이터는 PNM이나 TIFF 형식을 갖는다. 이 명령어는 SANE 인터페이스를 통해 스캔을 수행하기 때문에 sane 백엔드가 지원하는 디바이스라면 해당 명령어를 사용할 수 있다.
- 형식

```
Scanimage [option]
```

- 옵션

- d, - - device - name	- 장치 이름을 설정 - 장치 이름은 epson:/dev/sg0 이나 hp:/dev/usbscanner0과 같은 형식이어야 함
- - format	- 이미지 형식을 지정 - pnm이나 tiff를 지정할 수 있고, 지정하지 않으면 pnm이 기본값
-L, - - list-devices	사용 가능한 스캐너 장치 목록을 출력

- 주요 예제
  - 스캐너 장치 목록을 출력한다.

```
scanimage -L
```

  - 기본 설정으로 스캔을 수행하여 image.pnm을 생성한다.

```
scanimage >image.pnm
```

  - 100×100mm 크기로 스캔하고 tiff 형식으로 image.iff를 생성한다.

```
scanimage -x 100 -y 100 --format=tiff >image.tiff
```

③ scanadf

- 자동용지급지장치(ADF ; Automatic Document Feeder) 기능이 있는 스캐너에서 여러 장의 이미지를 스캔한다. 스캔을 장치에 요청하고 장치가 SANE_STATUS_NO_DOCS 상태 코드를 반환할 때까지 스캔을 수행한다.
- 형식

```
scanadf [option]
```

- 옵션

- d, - - device - name	SANE의 장치 파일명을 적는 옵션
- L, - - list - devices	사용 가능한 스캐너 장치 목록을 출력
- o, - - output - file	- 스캔 결과물 파일명을 지정 - 파일명에 %를 사용하면 페이지 번호로 대체됨

- 주요 예제
  - epson 스캐너를 사용하여 300dpi 해상도로 캡처한 후 image_0000, image_0001, … 형식으로 이미지 파일을 생성한다.

```
$ scanadf -d epson:/dev/sg0 —resolution 300 -o image_%04d
```

01 다음 중 리눅스 커널에 대한 설명으로 틀린 것은?

① 리눅스는 시스템 자원의 관리 역할을 프로그램에게 위임한다.

② 리눅스 커널 버전 확인은 'uname −r' 명령으로 할 수 있다.

③ 리눅스 커널은 HAL(Hardware Abstract Layer)를 이용하여 하드웨어 자원을 간접적으로 접근할 수 있도록 한다.

④ 커널 컴파일은 커널 소스를 이용하여 시스템에 최적화된 커널을 만드는 과정이다.

리눅스는 시스템 자원의 소유 및 관리 역할을 커널이 수행한다.

02 다음 중 셸에서 example.txt 파일을 프린터로 출력하는 명령으로 알맞은 것은?

① cat example.txt 〈 /dev/lp0

② lpstat −p example.txt

③ pr example.txt 〈 printer

④ lp −d /dev/lp0 example.txt

lp 명령의 −d 옵션을 사용하여 출력할 프린터 장치명을 지정하여 파일을 출력할 수 있다.

03 다음 중 프린트 관련 명령어에 대한 설명으로 틀린 것은?

① 리눅스에서 프린트 관련 명령어는 BSD 계열과 System V 계열로 나눌 수 있다.

② BSD 계열 명령어는 lpr, lprm, lpq 등이 있다.

③ System V 계열 명령어에는 lp, lpstat, cancel 등이 있다.

④ 대부분의 배포판에서는 BSD 계열보다는 System V 계열 명령어를 지원한다.

대부분의 배포판은 호환성을 위해 BSD 계열과 System V 계열 모두 제공한다.

04 다음에서 설명하는 명령으로 알맞은 것은?

> 커널 컴파일할 때 설정된 작업을 초기화하기 위해 사용하는 명령으로, 오브젝트 파일뿐만 아니라 설정된 환경 파일인 .config 파일까지 지우는 명령이다. 또한 추가로 백업 및 배치 파일까지 모두 제거한다.

① make clean

② make depmod

③ make mrproper

④ make distclean

커널 환경설정 파일 .config까지 지우는 명령어는 make mrproper이며, make distclean은 여기에 추가로 백업 및 배치 파일까지 모두 제거한다.

05 모듈의 의존성을 고려하여 모듈을 커널에 로드하는 명령은?

① modinfo
② insmod
③ rmmod
④ modprobe

• modprobe는 moules.dep 환경설정 파일을 참고해 의존성이 있는 모듈까지 자동으로 커널에 로드한다.
• insmod는 의존성 고려 없이 지정한 모듈만을 로드한다.

06 다음 중 리눅스에서 사운드 지원을 위한 대표적 오픈소스로 알맞은 것은?

① CUPS, LPRng
② LPRng, ALSA
③ OSS, ALSA
④ SANE, CUPS

리눅스 커널은 대표적으로 2가지 오픈소스가 있다. 하나는 오픈 사운드 시스템(OSS ; Open Sound System)이고, 또다른 하나는 고급 리눅스 사운드 아키텍처(ALSA : Advanced Linux Sound Architecture)이다.

07 다음 중 모듈에 대한 설명으로 틀린 것은?

① 리눅스에서 커널 모듈은 필요에 따라 커널 이미지에 합류시키거나 해제할 수 있다.
② 모듈 방식은 새로운 장치가 추가될 때마다 커널을 새롭게 컴파일 할 필요가 없다.
③ insmod 명령은 커널에 모듈을 적재하는 명령으로 의존성을 고려하여 자동으로 검색하고 삽입한다.
④ rmmod 명령은 커널에서 모듈을 제거하는 명령으로 사용 중인 모듈은 제거할 수 없다.

의존성을 고려하여 모듈을 로드하는 명령어는 modprobe이다.

08 다음 중 리눅스 시스템에 하드디스크를 추가하여 이용하는 과정에서 사용되는 명령으로 틀린 것은?

① mount
② backup
③ mkfs
④ fdisk

시스템에 하드디스크를 추가하기 위해서 fdisk를 통해 파티션을 생성하고, mkfs를 통해 포맷을 수행한 다음, mount를 통해 시스템에 연결한다. backup은 데이터 백업을 위한 명령이다.

09 다음 중 리눅스에서 사운드 카드용 장치에 대한 설명으로 틀린 것은?

① alsamixer는 여러 개의 사운드를 믹싱(Mixing)하는 GUI 프로그램이다.
② ALSA는 사운드 카드를 자동으로 구성하게 하고 다수의 사운드 장치 관리를 목적으로 한다.
③ OSS는 POSIX시스템 콜과 호환되지 않은 독립적인 시스템 콜을 사용한다.
④ alsactl 명령은 ALSA 사운드 카드를 초기화 하거나 정보를 환경설정 파일에 저장할 수 있다.

OSS는 표준 유닉스 장치 시스템콜(POSIX read, write, ioctl 등)에 기반을 두고 있다.

10 다음 중 SANE(Scanner Access Now Easy)에 대한 설명으로 틀린 것은?

① 이미지 스캐너 및 카메라 하드웨어에 대한 표준화된 액세스를 제공한다.
② 리눅스 및 유닉스뿐만 아니라 OS/2, 윈도우, macOS도 지원한다.
③ LGPL 라이선스이다.
④ SANE 패키지는 SANE 백엔드(SANE-backends)와 SANE 프론트엔드(SANE-fronends)로 구성되어 있다.

SANE은 GPL 라이선스이다.

11 프린터를 USB 포트에 연결했을 때 생성되는 장치 파일명으로 알맞은 것은?

① /dev/usb/lp0
② /dev/sg0
③ /dev/lp0
④ /dev/sr0

프린터를 USB 포트에 연결하면 /dev/usb/lp0 장치가 생성된다.

12 다음 중 /etc/passwd 파일을 2매 출력하려고 할 때 ( ) 안에 들어갈 명령으로 알맞은 것은?

```
# (      ) -# 2 /etc/passwd
```

① lp
② lpr
③ lpq
④ lpc

lpr 명령은 -# 옵션을 사용해 출력할 매수를 지정할 수 있다.

13 다음 중 커널 컴파일 단계에서 메뉴 방식으로 커널 컴파일 옵션을 설정하는 명령으로 알맞은 것은?

① make install
② make bzImage
③ make mrproper
④ make menuconfig

make menuconfig 명령을 사용하여 메뉴 방식으로 키보드의 위, 아래 화살표를 사용하여 손쉽게 커널 컴파일 옵션을 설정할 수 있다.

14 다음 결과에 해당하는 명령으로 알맞은 것은?

```
                          root@www:~                        _ □ ×
파일(F) 편집(E) 보기(V) 검색(S) 터미널(T) 도움말(H)
[root@www ~]#
00:00.0 Host bridge: Intel Corporation 440FX - 82441FX PMC [Natoma] (rev 02)
00:01.0 ISA bridge: Intel Corporation 82371SB PIIX3 ISA [Natoma/Triton II]
00:01.1 IDE interface: Intel Corporation 82371AB/EB/MB PIIX4 IDE (rev 01)
00:02.0 VGA compatible controller: InnoTek Systemberatung GmbH VirtualBox Graphi
cs Adapter
00:03.0 Ethernet controller: Intel Corporation 82540EM Gigabit Ethernet Controll
er (rev 02)
00:04.0 System peripheral: InnoTek Systemberatung GmbH VirtualBox Guest Service
00:05.0 Multimedia audio controller: Intel Corporation 82801AA AC'97 Audio Contr
oller (rev 01)
00:06.0 USB controller: Apple Inc. KeyLargo/Intrepid USB
00:07.0 Bridge: Intel Corporation 82371AB/EB/MB PIIX4 ACPI (rev 08)
00:0d.0 SATA controller: Intel Corporation 82801HM/HEM (ICH8M/ICH8M-E) SATA Cont
roller [AHCI mode] (rev 02)
[root@www ~]#
```

① lspci
② lsmod
③ lsblk
④ lscgroup

lspci는 시스템에 있는 PCI 장치 정보를 출력하는 명령어이다.

15 특정 모듈을 제거하면서 의존성 있는 모듈을 같이 제거하려고 할 때 ( ) 안에 들어갈 옵션으로 알맞은 것은?

```
# modprobe (    ) ip6table_filter
```

① -a
② -r
③ -d
④ -e

-r 옵션은 모듈을 제거할 때 의존성 있는 모듈을 검색한 후 사용하지 않을 시 함께 제거한다.

16 로컬 시스템에 직접 연결된 CUPS 프린터를 웹 브라우저를 이용해서 접속하려고 할 때 알맞은 주소는 무엇인가?

① http://localhost:631
② http://localhost:2654
③ http://localhost:5900
④ http://localhost:8080

시스템의 로컬에 연결된 프린터에 접근할 때 localhost 주소와 포트 631을 사용한다.

17 다음 ( ) 안에 들어갈 내용으로 알맞은 것은?

> 리눅스 커뮤니티에서는 사운드 카드용 장치 드
> 라이버를 제공하기 위해 초기에는 (㉠)(을)를 사
> 용했으나, 라이선스 문제 등으로 인해 현재는
> (㉡)(을)를 사용한다. (㉡)(은)는 사운드 카드 하
> 드웨어에 대한 자동 설정 기능과 시스템상 복
> 수개의 사운드 장치 지원을 목표로 시작되었다.

① ㉠ ALSA   ㉡ OSS/Free
② ㉠ SANE   ㉡ XSANE
③ ㉠ XSANE   ㉡ SANE
④ ㉠ OSS/Free   ㉡ ALSA

리눅스 커널은 사운드를 구현하기 위해 대표적으로 오픈 사운드 시스템
(OSS)와 고급 리눅스 사운드 아키텍처(ALSA)가 있다.

18 다음 중 커널 이미지 생성하는 명령으로 알맞은 것은?

① make bzImage
② make modules
③ make install
④ make help

커널 이미지 생성 방법으로 zImage와 bzImae가 있는데 zImage는 1MB 미
만의 작은 커널 크기일 때 유용하고 그 이상의 커널을 컴파일해야 할 때는
bzImage를 사용한다.

19 'uname −r' 명령의 결과가 2.6.32−696.el6.i686이다. 다음 중 모듈 간의 의존성을 기록한 파일의 경로로 알맞은 것은?

① /etc/modprobe.d/2.6.32−696.el6.i686/modules.dep
② /usr/src/kernels/2.6.32−696.el6.i686/modules.dep
③ /usr/local/src/2.6.32−696.el6.i686/modules.dep
④ /lib/modules/2.6.32−696.el6.i686/modules.dep

uname −r 명령을 통해 커널 버전을 획득할 수 있고 모듈 간 의존성 기록 파
일은 /lib/modules/$(uname −r)/modules.dep이다.

20 다음 설명에 해당하는 명령으로 알맞은 것은?

> System Ⅴ 계열 프린터 명령어로 현재 설정된
> 프린터와 클래스, 인쇄 작업에 대한 상태 정보를
> 출력한다. 아무것도 설정하지 않은 경우 현재 사
> 용자가 대기열에 추가한 활성화된 작업에 대한
> 정보를 출력한다.

① lpc
② lpinfo
③ lpstat
④ lpadmin

lpstat 명령은 현재 설정된 프린터의 정보를 보여주며 −d 옵션을 사용하면
기본 정보만을 출력한다.

03

시스템 보안 및 관리

학습 방향

이 챕터는 시스템 안정성과 보안을 유지하기 위해 로그 분석, 계정·접속 보안, 백업 구조를 흐름대로 이해하는 것이 핵심이다. 로그는 /var/log 구조와 rsyslog·journalctl 같은 기본 도구 중심으로 정리하고, 보안은 SSH 설정, PAM, SELinux처럼 시험에서 반복되는 항목을 우선적으로 다뤄야 한다. 백업은 전체·증분·차등 방식의 차이를 먼저 잡고 tar, dump, rsync 같은 명령어를 실습 흐름에 맞춰 비교하면 정리가 빨라진다. 전체적으로 '기록 확인 → 보안 설정 → 데이터 보호'라는 흐름으로 보면 학습이 자연스럽게 이어진다.

SECTION
01

출제빈도 상 중 하
반복학습 1 2 3

시스템 분석

빈출 태그 ▶ /var/log, messages, secure, syslogd, rsyslogd, journalctl, facility, priority,
logrotate, dmesg

▶합격 강의

01 시스템 로그 개요 및 분석

1) 시스템 로그의 개요

① 설명

- 모든 리눅스 시스템은 부팅을 하고 시스템이 동작하는 동안에 실행하는 애플리케이션과 각종 이벤트를 위한 로그 정보가 시간 순으로 파일에 저장된다. 이러한 로그 파일은 리눅스 시스템 관리할 때 직면할 수 있는 성능, 보안, 서버 오류 등 다양한 이슈를 해결하는 데 큰 도움이 된다.
- 대부분의 리눅스 로그는 /var/log 디렉터리 아래에 텍스트 형식 파일로 저장된다.
- syslogd나 rsyslogd와 같은 시스템 데몬에 의해 로그 파일이 생성된다.
- 레드햇 7 계열 이후에서는 systemd−journald와 rsyslogd 데몬에 의해 로그가 관리된다. sys-temd−journald는 부팅 시점부터 각 유닛에서 발생하는 모든 로그를 바이너리 타입으로 저널에 저장한다. 이 데이터는 시스템이 리부팅하면 사라진다. rsyslogd는 수집된 로그를 설정된 규칙에 따라 각 로그 파일에 저장하는 역할을 수행한다.

② 로그 확인하기

- /var/log 디렉터리로 이동하여 ls 명령어를 사용하여 어떤 로그 파일이 있는지 확인할 수 있다.

```
$ ls /var/log
$ ls /var/log
anaconda.ifcfg.log          httpd                   secure−20190922
anaconda.log                lastlog                 spice−vdagent.log
anaconda.program.log        maillog                 spooler
anaconda.storage.log        maillog−20190902        spooler−20190902
anaconda.syslog             maillog−20190909        spooler−20190909
anaconda.xlog               maillog−20190916        spooler−20190916
anaconda.yum.log            maillog−20190922        spooler−20190922
audit                       messages                sssd
boot.log                    messages−20190902       tallylog
btmp                        messages−20190909       vboxadd−install.log
btmp−20190902               messages−20190916       vboxadd−setup.log
ConsoleKit                  messages−20190922       vboxadd−setup.log.1
cron                        ntpstats                vboxadd−setup.log.2
```

cron-20190902	pm-powersave.log	vboxadd-setup.log.3
cron-20190909	ppp	vboxadd-setup.log.4
cron-20190916	prelink	vboxadd-uninstall.log
cron-20190922	sa	wpa_supplicant.log
cups	samba	wtmp
dmesg	secure	Xorg.0.log
dmesg.old	secure-20190902	Xorg.0.log.old
dracut.log	secure-20190909	Xorg.9.log
gdm	secure-20190916	yum.log

- 레드햇 계열의 대표적 시스템 로그 파일은 /var/log/messages이고, 데비안 계열은 /var/log/syslog이다.
- less 명령어로 로그 파일을 확인 하려면 루트 권한이 필요하다. 로그는 날짜 및 시간, 호스트명, 프로세스명, PID, 메시지 순으로 기록된다.

```
$ sudo less /var/log/messages
Sep 22 14:31:01 localhost rsyslogd: [origin software="rsyslogd" swVersion="5.8.10" x-pid="1502" x-info="http://www.rsyslog.com"] rsyslogd was HUPed
Sep 22 15:33:36 localhost seahorse-daemon[2970]: DNS-SD initialization failed: Daemon not running
Sep 22 15:33:36 localhost seahorse-daemon[2970]: init gpgme version 1.1.8
```

- 시스템 로그의 마지막 5줄만 확인한다.

```
$ sudo tail -f -n 5 /var/log/messages
```

2) 주요 시스템 로그 파일

- 리눅스 시스템이 생성하는 로그 파일의 유형은 애플리케이션 로그, 이벤트 로그, 서비스 로그, 시스템 로그이다.
- 다음은 리눅스 시스템이 생성하는 로그 목록이다(레드햇 계열 기준).

/var/log/messages	• 전체 시스템의 모든 동작 사항과 정보 메시지와 이벤트가 로그로 남겨짐 • 데비안 계열은 /var/log/syslog
/var/log/secure	• 시스템의 로그인 행위에 대하여 성공, 실패, 인증 과정에 대한 로그가 기록됨 • 데비안 계열은 /var/log/auth.log
/var/log/boot.log	부팅 시 발생하는 메시지와 부팅 정보가 로그로 기록됨
/var/log/maillog	• 메일 서버에서 발생하는 로그를 기록 • sendmail, dovecot 등의 메일 서비스와 smtpd와 같은 데몬이 로그를 기록

/var/log/kern	• 커널에서 발생하는 각종 에러 및 경고 로그와 정보 로그가 기록됨 • 사용자 커널(Custom Kernel)★ 개발 시 문제점을 해결할 때 도움이 됨
/var/log/dmesg	• 디바이스 드라이버가 남기는 로그가 저장되는 파일 • 보통 dmesg 명령어를 통해 로그를 확인할 수 있음
/var/log/faillog	• 로그인 실패 시 로그가 기록됨 • 무차별 대입 공격(Brute Force Attack)2과 같은 로그인 해킹에 대하여 간단히 점검할 수 있는 로그 파일
/var/log/cron	cron 데몬이 예약 작업 수행 시 발생하는 로그가 기록됨
/var/log/yum.log	yum 명령어를 통해 패키지 설치, 삭제 등 명령 수행 시 로그가 기록됨
/var/log/httpd/	웹 서버 아파치의 httpd 데몬이 기록하는 로그 파일
/var/log/mysql.log	데이터베이스 mysql 데몬이 기록하는 로그 파일
/var/log/xferlog	FTP 접속과 연관된 로그 파일
/var/log/lastlog	• 각 사용자의 마지막 로그인 기록을 보관하고 있음 • 바이너리 형식이며 lastlog 명령어로 로그를 확인할 수 있음
/var/log/wtmp	• 각 사용자의 매 로그인과 로그아웃 기록을 보관 • 바이너리 형식으로 last 명령어로 확인할 수 있음
/var/log/btmp	• 모든 로그인 실패 기록을 보관하고 있음 • 바이너리 형식이며 lastb 명령어로 확인할 수 있음
/var/log/utmp	사용자의 현재 로그인 상태를 보관하고 있음

> **기적**의 TIP
>
> ★커널(Custom Kernel) : 기본의 커널을 대상으로 성능 향상 및 개선을 위하여 수정, 자작, 편집된 커널을 뜻한다. 예를 들면 리니지 OS(Lineage OS)는 안드로이드 OS에 대한 유명한 커스텀 커널이다.
> ★무차별 대입 공격(Brute Force Attack) : 암호를 풀기 위해 경우의 수만큼 무작위로 입력하는 해킹 기법이다.

3) 시스템 로그 파일 명령어

① dmesg

• dmesg는 커널 링 버퍼(Kernel Ring Buffer)를 제어하거나 출력하는 명령이다. 옵션 없이 사용하면 기본으로 커널 링 버퍼의 모든 메시지를 출력한다.
• 형식

```
dmesg [options]
```

• 옵션

- c, - - read- clear	커널 링 버퍼의 내용을 출력 후 지움
- l, - - level	- 주어진 레벨만 출력 - alert, crit, err, warn, sgfault 레벨이 존재
- T, - - ctime	사람이 읽을 수 있는 형식, 즉 시간 및 날짜 형식으로 타임스탬프를 출력

• 주요 예제
 - 커널 링 버퍼의 모든 메시지를 출력한다.

```
$ dmesg
```

 - 에러 레벨이 에러(Error)와 경고(Warn)인 메시지만 출력한다.

```
$ dmesg -level=err, warn
```

 - 로그 메시지 중 타임스탬프 정보를 시간, 날짜 형식으로 변환하여 보여 준다.

```
$ dmesg -T
```

 - 커널 링 버퍼를 모두 출력하고 비운다.

```
$ dmesg -c
```

② lastlog
• /var/log/lastlog 파일의 마지막 로그 정보인 로그인 이름, 포트, 로그인 시간이 출력된다.
• 형식

```
lastlog [options]
```

• 옵션

- b, - - lbefore	지정한 날짜보다 오래된 로그만을 출력
- t, - - ltime	지정한 날짜보다 최근 로그만을 출력
- u, - - luser	지정한 사용자의 로그만 출력

• 주요 예제
 - 옵션 없이 명령어만 입력하면 로그를 확인할 수 있다

```
$ lastlog
```

 - 지정한 francis라는 사용자의 로그만을 출력한다.

```
$ lastlog -u francis
```

– 최근 1일 이내의 로그만을 출력한다.

```
$ lastlog −t 1
```

– 하루가 지난 로그만을 출력한다.

```
$ lastlog −b 1
```

③ last

- /var/log/wtmp 파일이 생성된 이후로 모든 사용자의 로그인, 로그아웃 기록을 출력한다. 옵션을 설정하여 특정 사용자의 기록만을 열람할 수도 있다.
- 형식

```
last [optins] [username …]
```

- 옵션

− n num	− 몇 줄을 출력할지 지정 −−num 옵션을 사용하여도 동일한 기능을 수행
− R	호스트명은 출력하지 않음
− a	− 출력 결과의 마지막 컬럼에 호스트명 필드를 추가하여 출력 −−−d 옵션과 함께 사용하면 유용
− d	− 외부 로그인에 한하여 원격 컴퓨터의 IP 주소뿐 아니라 호스트명도 저장 − 가능하다면 IP 주소를 호스트명으로 바꿔 출력
− x	시스템의 shutdown 로그와 실행 레벨 변화를 출력
− f file	/var/log/wtmp 대신에 지정한 파일을 보여 줌
− t YYYYMMDDHHMMSS	− 지정한 시간의 로그인 기록을 출력 − 특정 시간의 로그인 기록을 확인하는 데 유용함
− F	로그인과 로그아웃의 시간, 날짜 등 모든 정보를 출력
− i	−d 옵션과 같이 원격 컴퓨터의 호스트명 대신 IP 주소를 출력
− w	사용자의 전체 이름과 전체 도메인 이름을 출력

- 예제
  - /var/log/wtmp가 생성된 이후 로그를 출력한다.

```
$ last
```

  - 시스템이 reboot한 시간을 출력한다.

```
$ last reboot | less
```

– 시스템이 shutdown한 시간을 출력한다.

```
$ last −x | less
```

– 특정 사용자의 마지막 로그인 로그를 출력한다.

```
$ last francis
```

– 최근 기준 5줄만 출력한다.

```
$ last −5
```

– 지정한 파일인 /var/log/wtmp.1을 출력한다.

```
$ last −f /var/log/wtmp.1
```

④ lastb

- lastb 명령어의 사용법은 last 명령어와 유사하다. 다만 /var/log/btmp 로그 파일의 내용을 바탕으로 시스템의 모든 로그인 실패 기록을 출력한다는 점만 다르다.
- 명령어의 형식, 옵션, 예제는 last와 동일하다.

02 시스템 로그 관리

1) 시스템 로그 관리 개요

① 시스템 로그의 생성 및 관리

- 리눅스 초기에는 syslog 패키지를 통하여 로그를 수집하였으나 최근에는 원격 로깅 기능이 있는 rsyslog 패키지가 인기가 더 많다. 레드햇 계열 6.5부터는 syslog가 아닌 syslogd가 기본 탑재되었다.

② syslog

- 1980년대 sendmail 프로젝트의 일부로 에릭 알만(Eric Allman)이 개발하였다.
- 로그 파일에 로그를 출력하는 기능을 수행하는 syslogd 데몬이 필요하다.
- /etc/syslog.conf 설정 파일 기반 /var/log 디렉터리에 로그를 생성한다.

③ rsyslog

- 2004년 레이너 게르하르트(Rainer Gerhards)를 주축으로 오픈소스 프로젝트로 시작되었다. IP 통신을 통한 로그 기능 구현을 목적으로 하였다.
- rsyslog는 'The Rocket−fast System for Log Processing'의 줄임말이다.
- /sbin/rsyslogd 데몬을 통해 로그 기능을 수행하며 로컬에서는 초당 1만 개의 메시지를 진달힐 수 있다. /etc/rc.d/init.d/syslogd 스크립트를 통해 부팅 시 데몬이 시작된다.
- /etc/rsyslog.conf 설정 파일 기반 /var/log 디렉터리에 로그를 생성한다.

- 멀티 쓰레드를 지원하고, TCP, SSL, TLS, RELP 프로토콜을 지원한다. MySQL, Post-greSQL, Oracle과 같은 데이터베이스도 지원한다. 로그 목록 제한, 로그 필터링, 다양한 출력 포맷 기능을 제공한다.

2) rsyslog를 통한 로그 관리

① rsyslog(The Rocket-fast System for Log Processing) 설정 및 시작

- rsyslog가 설치되어 있는지 확인하고 없다면 설치해야 한다.

```
$ sudo rpm -qv rsyslog
$ sudo yum install rsyslog
```

- /etc/rsyslog.conf 파일을 통해서 로그 생성 규칙을 설정한다. 아래 설정을 찾아서 주석('#')을 해제한다.

```
$ vi /etc/rsyslog.conf
# Provides UDP syslog reception
$ModLoad imudp
$UDPServerRun 514
```

- 그리고 바로 아래 로그 생성 템플릿을 지정한다. /var/log/rsyslog 디렉터리 이하에 IP 주소, 로그 메시지, 연, 월, 일 형식으로 로그 파일을 생성한다.

```
$template FILENAME,"/var/log/rsyslog/%fromhost-ip%_messages_%$YEAR%-%$MONTH%-%$DAY%.log" *.*
?FILENAME
```

- rsyslogd를 재시작하기 위해서 'systemctl restart rsyslog'라고 입력한다.

```
$ sudo /etc/init.d/rsyslog restart
[sudo] password for francis:
Shutting down system logger:                    [  OK  ]
Starting system logger:                         [  OK  ]
```

② rsyslog 관련 파일

/etc/rc.d/init.d/rsyslog	• 시스템이 시작될 때 rsyslogd 데몬을 실행하는 스크립트 • start, stop, restart 옵션을 사용하여 스크립트를 시작, 중지, 재시작할 수 있음
/etc/rsyslog.conf	rsyslogd 데몬의 환경설정 파일
/etc/sysconfig/rsyslog	• rsyslogd 데몬을 실행할 때 옵션을 설정 • rsyslog v3부터는 옵션을 사용하지 않고 rsyslog.conf 설정 파일을 사용 • 이전 버전 호환성을 위해 rsyslogd의 -c 옵션을 통해 버전을 v3보다 낮게 지정하면, 옵션을 사용할 수 있음
/sbin/rsyslogd	rsyslogd 데몬의 파일 경로이다.

③ /etc/rsyslog.conf 파일

- 기본 구조

Global directives	− rsyslog 데몬의 전역 설정을 할 수 있음 − 예를 들어, 메시지 큐 크기($MainMessageQueueSize)를 설정하거나 외부 모듈($ModLoad)을 로드할 수 있음
Templates	− 로그 메시지의 형식을 템플릿으로 보관할 수 있음 − Rules 섹션에서 이 템플릿을 사용할 수 있음
Output channels	− 템플릿처럼 출력 채널에 대한 세부 설정을 저장해 놓고 Rule 섹션에서 규칙마다 다른 출력 채널을 지정할 수 있음 − 형식은 '$출력채널이름, 파일이름, 최대크기, 최대크기 시 실행할 명령어'
Rules(selector + action)	− 로그 출력 규칙을 설정 − 한 줄에 하나의 규칙을 지정할 수 있고 형식은 selector와 action 필드로 구성됨

- Rules 섹션의 각 Rule은 selector와 action으로 구성되고, selector는 다시 facility와 priority로 구성된다.

```
facility.priority          action
```

- 하나의 priority에 대해 facility는 ','를 통해 여러 개 설정이 가능하다. 또한 selector는 ';'를 통해 여러 개 지정이 가능하다.

facility	− 로그 메시지를 발생하는 프로그램을 지칭하며, ','를 통해 여러 개의 facility를 지정할 수도 있음 − facility의 종류는 auth, authpriv, cron, daemon, kern, lpr, mail, mark, news, security(auth와 동일), syslog, user, uucp, local0 ~ local7 중 하나
priority	− 로그 메시지의 수준을 뜻함 − 지정한 수준보다 높은 수준의 메시지만을 출력 − 수준이 높을수록 priority 값은 작음 − priority 값 앞에 '='을 지정하면 해당 수준만 출력하고, '!'을 지정하면 지정한 수준 외의 로그만 출력함
action	− selector에 선택된 로그에 대한 액션을 지정 − 보통은 로그 파일을 지정

- priority가 가질 수 있는 수준은 아래와 같다. 값이 작을수록 우선순위가 높다.

level	priority	설명
8	none	− 지정한 우선순위가 없음을 뜻함 − facility에 .none을 설정하면 해당 facility는 로그 메시지를 출력하지 않음
7	debug	디버깅 메시지
6	info	정보 메시지

5	notice	알림 메시지
4	warning, warn	경고 메시지
3	error, err	에러 메시지
2	crit	중요 메시지
1	alert	시스템을 사용할 수는 있지만, 위험이 발생했다는 메시지임
0	emerg, panic	시스템을 더 이상 운용할 수 없는 상태를 알리는 메시지

- action은 보통 로그 파일을 지정하지만 네트워크로 메시지를 전달하는 등 그 외의 설정이 가능하다.

file	지정한 파일에 로그를 기록
@host	UDP 프로토콜을 사용하여 지정한 호스트로 메시지를 전달
@@host	TCP 프로토콜을 사용하여 지정한 호스트로 메시지를 전달
omusrmsg:user	지정한 사용자가 로그인한 터미널로 전달
omusrmsg:*	현재 로그인되어 있는 모든 사용자의 터미널로 전달
콘솔 또는 터미널	지정한 터미널로 메시지를 전달

- 주요 예제
  - ';'를 통해 2개의 셀렉터가 설정되어 있다. 하나는 모든 facility의 crit 수준의 메시지만 /var/log/critical 파일에 로그를 기록한다. 또 다른 하나는 user 서비스의 경우 로그 메시지를 출력하지 않는다.

  ```
  *.=crit;user.none        /var/log/critical
  ```

  - 모든 facility에 대해 alert 이상 메시지가 발생하면, 모든 사용자에게 로그를 전달한다.

  ```
  *.alert                  omusrmsg:*
  ```

  - facility가 cron이 발생하는 모든 로그를 root 및 francis 사용자의 터미널로 전송한다.

  ```
  cron.*                   omusrmsg:root,francis
  ```

– authpriv가 발생하는 모든 로그를 /dev/tty1 터미널로 전송한다.

```
authpriv.*                    /dev/tty1
```

– mail이 발생하는 로그 중 debug를 제외한 모든 로그 메시지를 /var/log/mail-messages에 기록한다.

```
mail.*;mail.!=debug           /var/log/mail-messages
```

– auth와 authpriv가 발생하는 로그 메시지 중, alert 이상 메시지만 192.168.0.1 호스트에게 UDP 프로토콜을 사용하여 전달한다. 이때 기본 포트는 514이다.

```
auth,authpriv.alert           @192.168.0.1
```

3) 로테이션을 통한 로그 용량 관리

① logrotate 명령어 설명

- 로그 파일로 인해 시스템의 저장소가 꽉 차는 것을 막고, 디스크 공간을 효율적으로 사용할 수 있도록 설계한 시스템 관리자를 위한 유틸리티이다. 로그를 위한 하드 디스크를 추가하거나 파티션을 마련하여 /var 지점으로 마운트하여 사용하는 방법도 있지만, logrotate는 좀 더 간편하게 로그의 범람을 관리할 수 있다.
- 기본적으로 cron에 의해 하루에 한 번 등록된 스크립트를 실행한다. /etc/logrotate.conf 환경 설정을 읽어서 /usr/sbin/logrotate 명령을 실행하고 있으며, 실행이 실패하면 /usr/sbin/logrotate를 통해 오류 메시지를 로그로 남긴다.

```
$ sudo cat  /etc/cron.daily/logrotate
#!/bin/sh
/usr/sbin/logrotate /etc/logrotate.conf
EXITVALUE=$?
if [ $EXITVALUE != 0 ]; then
    /usr/bin/logger -t logrotate "ALERT exited abnormally with [$EXITVALUE]"
fi
exit 0
```

② logrotate 환경설정하기

- /etc/logrotate.conf를 통해 시스템 전체에 대한 환경설정을 하거나, 개별 서비스를 위해 /etc/logrotate.d에 환경설정을 할 수 있다.
- logrotate.conf의 기본 구성은 다음과 같다.

```
# 매주 로그 파일을 로테이트한다.
# daily, weekly, monthly, yearly를 사용할 수 있다.
weekly


# 최대 4번의 로테이트를 수행한다.
# logfile, logfile.1, logfile.2, logfile.3, logfile.4와 같이 로그 파일이 생성된다.
rotate 4


# 각 로테이션을 마치고 빈 로그 파일을 생성한다.
create


# 각 로그 파일의 마지막에 날짜를 붙인다.
dateext


# 로그 파일을 압축한다.
compress


# 지정한 경로의 환경설정 파일도 읽어서 로테이트를 적용한다.
include /etc/logrotate.d


# 특정 로그에 대해서만 설정 가능하다. 아래는 /var/log/wtmp 로그 파일에 대한 설정이다.
# 매달 로테이트를 최대 1회 실시하고 로그 파일은 0664 퍼미션, root 사용자, utmp 그룹 속성을 갖는다. 단 1달이 경
  과되지 않았더라도 용량이 1M가 넘으면 로테이트한다.

/var/log/wtmp {
    monthly
    create 0664 root utmp
    maxsize 1M
  rotate 1
}
```

/var/log/btmp는 매월 로테이트를 1회 수행하고 생성된 로그 파일은 0600 퍼미션, root 사용자, utmp 그룹의 속
  성을 갖는다. 로그 파일이 없으면 에러를 출력하지 않고 다음 파일로 넘어간다.

```
/var/log/btmp {
    missingok
    monthly
    create 0600 root utmp
    rotate 1
}
```

system-specific logs may be also be configured here.

③ 로테이션 이력 확인하기

- /var/lib/logrotate.status 파일에 로그 파일별로 로테이션이 이루어진 날짜를 확인할 수 있다.

```
$ cat /var/lib/logrotate/logrotate.status
logrotate state — version 2
"/var/log/ConsoleKit/history" 2019-9-2
"/var/log/yum.log" 2019-8-11
"/var/log/sssd/*.log" 2019-8-11
"/var/log/dracut.log" 2019-8-11
"/var/log/httpd/*log" 2019-8-11
"/var/log/wtmp" 2019-8-11
"/var/log/spooler" 2019-9-22
"/var/log/btmp" 2019-9-2
"/var/log/maillog" 2019-9-22
"/var/log/cups/*_log" 2019-8-11
"/var/log/wpa_supplicant.log" 2019-8-11
"/var/log/secure" 2019-9-22
"/var/log/ppp/connect-errors" 2019-8-11
"/var/log/messages" 2019-9-22
"/var/account/pacct" 2019-8-11
"/var/log/cron" 2019-9-22

(중간 생략)
```

4) journalctl을 통한 로그 관리

① 설명
- systemd에서 제공하는 커널 및 저널 로그를 관리하기 위한 명령어이다.

② 형식

```
journalctl [OPTIONS]
```

③ 예제
- 모든 로그를 출력한다.

```
# journalctl
── Logs begin at Sat 2021-01-02 12:15:47 KST, end at Sun 2021-01-03 23:19:51
Jan 02 12:15:47 localhost.localdomain systemd-journal[89]: Runtime journal is
Jan 02 12:15:47 localhost.localdomain kernel: Initializing cgroup subsys cpus
Jan 02 12:15:47 localhost.localdomain kernel: Initializing cgroup subsys cpu
Jan 02 12:15:47 localhost.localdomain kernel: Initializing cgroup subsys cpua
Jan 02 12:15:47 localhost.localdomain kernel: Linux version 3.10.0-1160.el7.x
```

- 모든 로그를 역순으로 출력한다.

```
# journalctl -r
```

- 지정한 수만큼 로그를 출력한다.

```
# journalctl - n 3
Jan 03 23:20:01 francis systemd[1]: Removed slice User Slice of root.
Jan 03 23:21:25 francis sudo[17727]:  francis : TTY=pts/0 ; PWD=/home/francis
Jan 03 23:21:26 francis sudo[17727]: pam_unix(sudo:session): session opened f
```

- 지정한 우선순위 이상의 모든 로그를 출력한다.

```
# journalctl - p warning
```

- 시스템 부팅 시의 모든 로그를 출력한다.

```
# journalctl ──list-boots
```

- 시스템 부팅 이후의 로그를 출력한다.

```
# journalctl -b
```

- 특정 날짜 이후 로그를 출력한다. today, yesterday, tomorrow와 같은 단어 및 'YYYY-MM-DD HH:MM:SS' 형식의 날짜 및 시간을 직접 입력할 수도 있다.

```
# journalctl  -since=today
```

- 특정 기간의 로그를 출력한다.

```
# journalctl —since=2021-01-01 —until=2021-01-31
```

➕ 더 알기 TIP

시스템 로그 관리 개요
- 리눅스 로그 관리는 수집 → 분류 → 저장 → 정리 흐름으로 이해해야 한다.
- 초기에는 syslog 기반이었으나, 원격 로그 처리와 성능 문제로 rsyslog가 주류가 되었다.
- 시험에서는 '어떤 로그 관리 도구가 네트워크 로그를 지원하는가' 형태로 자주 출제된다.

rsyslog를 통한 로그 관리
- rsyslog는 로그 수집 · 필터링 · 전송을 담당하는 핵심 도구이다.
- 멀티 스레드 기반으로 대량의 로그를 빠르게 처리할 수 있다.
- TCP, UDP, SSL, TLS를 모두 지원하므로 보안 로그 전송 환경에 적합하다.
- selector는 facility.priority 형식을 따르며, 이 순서가 바뀌면 오답이다.
- priority는 '지정한 수준 이상의 로그만 출력'한다는 점이 대표적인 함정이다.
- @host는 UDP, @@host는 TCP 전송을 의미한다.

로테이션을 통한 로그 용량 관리
- 로그 파일의 크기와 개수 관리는 rsyslog가 아닌 logrotate의 역할이다.
- logrotate는 cron에 의해 하루 1회 실행되는 구조이다.
- rotate 값은 '보관할 로그 파일 개수'를 의미한다.
- dateext 옵션이 설정되면 파일명에 날짜가 붙는다.
- /etc/logrotate.d는 서비스별 개별 로테이션 설정을 담당한다.
- /var/lib/logrotate.status는 로테이션 이력을 기록하는 파일이다.

journalctl을 통한 로그 관리
- journalctl은 systemd 기반 로그 조회 도구이다.
- 기존 텍스트 로그가 아닌 바이너리 로그를 관리한다.
- 부팅 단위(-b), 우선순위(-p), 기간(—since, —until) 조회가 핵심이다.
- rsyslog와 병행 사용되는 경우가 많으며, 대체 관계가 아니다.
- 시험에서는 'journalctl은 로그 수집 도구인가?' 같은 문제가 자주 출제된다.

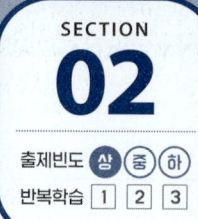
시스템 보안 및 관리

▶합격 강의

빈출 태그 ▶ BIOS 보안, shadow, UID 0, PermitRootLogin, ssh, PAM, SELinux, MAC, sysctl

01 시스템 보안 관리

1) 리눅스 보안의 소개

- 리눅스 및 유닉스를 탑재한 웹 서버의 전체 중 약 90.4%를 차지하고 있고, 유닉스 중 리눅스가 차지하는 비율은 64.8%로 상당수 웹 서버들이 리눅스를 채용하고 있다.

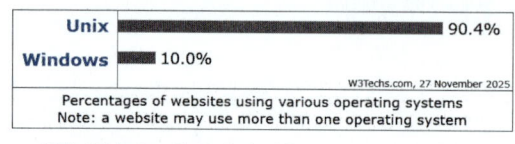
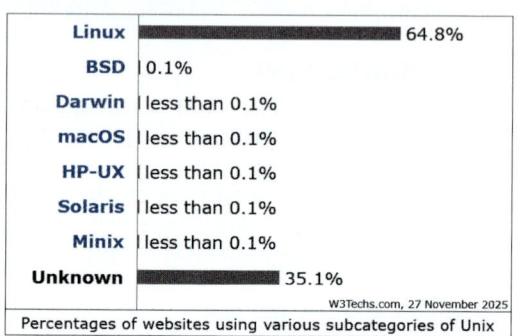

▲ 최근 웹사이트 운영체제 사용 및 시장 점유율 통계
(W3Techs.com, 2025.11.27. 기준, 복수응답)

- 리눅스는 아직 사용자를 위한 데스크톱으로서의 운영체제로는 인색한 편이지만, 다른 Windows 와 같은 범용 운영체제와 달리 리눅스는 오픈소스 소프트웨어라는 점에서 차이점이 있다.
- 오픈소스 소프트웨어이기 때문에 '보안에 취약하다'라는 지적은 리눅스 초기부터 꾸준히 지적되어 왔다. 또한 웹 서버, 데이터베이스, 네트워크 등의 영역에서 인기 있는 플랫폼이 되면서 해커들의 공격 대상이 되어 왔다.
- 하지만 오픈소스 소프트웨어이기에 전세계의 개발자들이 보안을 강화하기 위하여 재빠르게 보안 위협에 대응하여 패치를 만들고 업데이트하는 점은 강점이기도 하다.
- 리눅스의 강점을 최대한 활용하기 위해 지속적인 패치 적용과 보안 정책 마련 및 설정, 물리적 보안의 강화로 강력한 보안성을 달성할 수 있다.

2) 물리적 보안

① 물리적 보안의 설명

- 가장 기본이 되는 보안 통제 방안은 보안에 민감한 서버에 대하여 허가 받지 않은 사용자가 물리적으로 접근하지 못하게 하는 것이다.
- 리눅스의 시스템 및 네트워크 보안을 아무리 철저히 하더라도, 서버실에 걸어 들어가 서버의 케이스를 열고 하드디스크를 가지고 나올 수 있다면 아무런 의미가 없기 때문이다.

② 물리적 보안 방안

- 폐쇄회로텔레비전(CCTV)를 설치하여 서버를 감시한다.
- 동작 감지 또는 열화상 보안 카메라를 설치한다.
- 경비 시스템을 강화한다.
- 보안 ID를 발급하고 인가된 사용자만 출입할 수 있도록 한다.
- 자동 잠김 기능이 있는 강화도어를 설치한다. 보통 출입문을 해제하기 위해서는 비밀번호, 지문인식, 얼굴/홍채인식 등을 통해 사용자 인증을 받아야 한다.

3) 시스템 보안

① BIOS 보안

- BIOS 설정을 변경하여 CD-ROM이나 DVD-ROM 또는 USB 등으로 부팅한 다음, 리눅스의 복구모드로 진입 가능하므로 BIOS에 비밀번호를 설정한다.

② 패스워드 보안

- root 사용자는 허가되고 제한된 사용자에게만 부여해야 한다. UID가 0이면 root 사용자의 권한을 갖기 때문에 /etc/password 파일 중 UID가 0인 사용자가 있는지 점검한다.

```
$ cat /etc/passwd |grep x:0:
root:x:0:0:root:/root:/bin/bash
```

- 누구나 읽을 수 있는 /etc/password를 사용하지 않고 root 사용자만 읽을 수 있는 SHA512로 해시를 만들어내는 /etc/shadow를 사용하는 것이 안전하다. 하지만 아무 패스워드나 넣어 보는 무작위 대입 공격(Brute Force Attack)을 막아 내지는 못한다.
- 무작위 대입 공격을 방어하려면 강력한 패스워드를 설정해야 한다.
  - John The Ripper와 같은 크래킹 도구★는 이러한 패턴의 패스워드를 찾아내는 데 최적화되어 있으므로 영문대/소문자, 숫자를 포함하는 8글자의 패스워드도 안전하지 않다.
  - 따라서 사전에 존재하지 않는, 랜덤한 문자열이 연속된 패스워드가 강력한 것으로 알려져 있다.

🅿 기적의 TIP

★크래킹 도구(Cracking Tools) : 특정 목표에 피해를 주기 위한 해킹에 도움을 주는 프로그램을 말한다. 패스워드 크래킹 도구 중 John The Ripper, Crack, Slurpie가 유명하다.

- 강력한 패스워드 입력을 강제하기 위해 PAM(Pluggable Authentication Modules) 중 pam_cracklib.so를 사용할 수 있다.
- 사용자가 패스워드를 정기적으로 변경하도록 유도하기 위해 chage 명령어나 User Manager (system-config-users) 애플리케이션을 사용할 수 있다. 예를 들어 특정 사용자의 패스워드 만료일을 다음과 같이 90일로 설정할 수 있다.

```
$ chage -M 90 〈username〉
```

③ 관리자 계정 보안

- root 사용자의 로그인은 제한하고, su 또는 sudo 명령어를 통해 필요할 때 일시적으로 관리자 권한을 부여하는 것이 안전하다. root 사용자의 로그인 제한을 위해서는 /etc/passwd 파일의 root 사용자의 셸 설정을 /sbin/nologin으로 변경한다.
- SSH 프로토콜을 통한 root 사용자 로그인을 막기 위해서는 /etc/ssh/sshd_config 파일에서 PermitRootLogin no를 기입한다(만약 '#'로 주석 처리되어 있다면 주석을 제거함).

4) 서비스 및 운영 보안

① 필수 서비스만 사용

- 대부분의 리눅스 배포판은 사용자의 편의를 위하여, 비록 사용하지 않는 서비스나 응용 프로그램이라 하더라도 기본으로 설치가 된다. 이는 보안의 취약점이 될 수 있으므로, 사용하는 서비스만 남기고 나머지는 삭제하는 것이 좋다. 또는 최소 설치로 리눅스를 설치하고 필요한 내용만 추가로 설치하는 것도 방법이다.

② 시스템 정보 숨김

- 로그인할 때 /etc/issue 또는 /etc/issue.net의 내용이 사용자의 터미널에 출력된다. 기본적으로 배포판 버전과 커널 버전이 출력되는 경우가 많으므로, 보안상 해당 파일을 수정하는 것을 권장한다.

③ 부트로더 패스워드 설정

- root의 패스워드 분실 시 복구 모드로 진입하거나 단일 사용자 모드로 부팅하여, root의 패스워드를 변경할 수 있다. 이를 방지하기 위하여 부트로더에 패스워드를 설정한다. 다음은 grub에 패스워드를 설정하기 위해 grub-crypt 명령어를 사용하고 있다.

```
$ grub-crypt
Password:
Retype password:
$6$pakBC9luh7BlZDa3$pJ5vs/cgMsMDJ0ZCuZukH.FLayALEJnxjGdmAsbQ6L1zadMP4wpYz3cxRxibbfhg8ajwrLqw
1fx91oZQUhMii/
```

- grub-crypt를 통해 생성된 암호화된 비밀번호를 grub 환경설정에 적용하기 위해 파일을 연다.

```
$ sudo vi /boot/grub/grub.conf
```

- 다음과 같은 줄을 grub.conf에 추가한다.

```
password —encrypted $6$pakBC9luh7BlZDa3$pJ5vs/cgMsMDJ0ZCuZukH.FLayALEJnxjGdmAsbQ6L1zadMP4wp
Yz3cxRxibbfhg8ajwrLqw1fx91oZQUhMii/
```

④ 보안 서비스 사용

- 원격 터미널 접속을 위해 Telnet보다는 ssh(Secure Shell)를 사용한다. Telnet은 암호화되어 있지 않은 평문으로 패킷을 주고 받기 때문에 tcpdump, wireshark와 같은 패킷 캡쳐 도구를 통해 사용자의 정보가 노출될 수 있다.

5) 파일 시스템 보안

① 소유권과 허가권

- 파일 및 디렉터리의 소유권 및 허가권을 필요한 만큼만 설정한다. 특히 다른 사용자(Others)의 허가권을 rwx로 부여하는 것은 위험하다.
- 사용자에게 임시로 root 권한을 줄 수 있는 Set-UID(setuid), Set-GID(setgid), Sticky Bit와 같은 특수 권한의 사용은 관리되어야 한다.

② lsattr

- lsattr은 파일의 속성을 출력한다. 파일의 속성은 파일 허가권과 동일한 의미는 아니다.
- 형식

```
lsattr [option] file
```

- 옵션

−R	디렉터리 하위의 모든 파일과 디렉터리의 속성을 재귀적으로 출력
−a	'.' 으로 시작하는 파일을 포함한 모든 파일을 출력

- 주요 예제
  - 현재 디렉터리의 모든 파일과 디렉터리의 속성을 출력한다.

```
$ lsattr
————————————e— ./subdir
————————————e— ./file2
————————————e— ./file3
————————————e— ./file1
```

  - lsattr 명령어 실행과 동일하지만 숨긴 파일인 '.'로 시작하는 파일도 출력한다.

```
$ lsattr −a
————————————┼—e— ./..
————————————e— ./.
————————————e— ./subdir
————————————e— ./file2
————————————e— ./file3
————————————e— ./file1
```

– 특정 파일의 속성을 출력한다.

```
$ lsattr file1
————————————e— file1
```

– 특정 다수 파일의 속성을 출력한다.

```
$ lsattr file1 file2
————————————e— file1
————————————e— file2
```

– 현재 디렉터리의 모든 파일과 디렉터리와 해당 디렉터리 하위의 모든 내용을 출력한다.

```
$ lsattr —R
————————————e— ./subdir
```

```
./subdir:
————————————e— ./subdir/subfile2
————————————e— ./subdir/subfile1
————————————e— ./subdir/subfile3
————————————e— ./file2
————————————e— ./file3
————————————e— ./file1
```

③ chattr

• chattr은 파일의 속성을 수정하는 명령어이다.
• 형식

```
chattr [option] mode file
```

• 옵션

−R	디렉터리 하부의 모든 파일과 디렉터리의 속성을 재귀적으로 수정

• 모드

A	파일에 접근할 때 atime을 수정하지 않음
a	– 해당 파일은 오직 추가만 할 수 있음 – 덮어쓰거나 삭제하거나 이름을 변경할 수 없음
d	dump 명령어로 백업할 때 이 속성을 갖는 파일은 통과

i	해당 파일은 삭제되거나 이름을 변경할 수 없음
S	파일의 속성이 변경되었을 때 그 즉시 디스크에 저장됨
e	해당 파일은 블록 익스텐트(Block Extents)를 사용하여 저장됨.

- 주요 예제
  - file1 파일을 데이터 추가만 할 수 있는 속성인 'a'를 설정한다.

```
$ sudo chattr +a file1
[sudo] password for francis:
bash-4.1$ lsattr file1
——————a—————e— file1
```

  - file2를 삭제나 변경이 불가능한 속성을 설정한다.

```
$ sudo chattr +i file2 && lsattr file2
——————i—————e— file2
```

  - file2에 대해 'i' 옵션을 제거하고 'a' 옵션을 추가한다.

```
$ sudo chattr -i +a file2 && lsattr file2
——————a—————e— file2
```

④ getfacl

- 파일의 ACL(Access Control List)을 확인하는 명령어이다. getfacl은 파일의 이름, 소유자, 그룹과 ACL 정보를 함께 출력한다. 만약 ACL을 지원하지 않는 파일 시스템에서 getfacl 명령어를 사용하면 ACL 대신 허가권을 출력한다.
- 형식

```
getfacl [option] file or directory
```

- 옵션

-a, --access	파일의 ACL을 출력
-d, --default	기본 ACL을 출력
-R, --recursive	모든 파일과 디렉터리를 재귀적으로 탐색하여 ACL 정보를 출력
-p, --absolute-names	절대 경로를 입력

- 주요 예제
  - file1의 ACL 정보를 출력한다.

```
$ getfacl file1
# file: file1
# owner: francis
# group: francis
user::rw—
group::rw—
other::r——
```

  - 절대 경로를 사용하여 /etc/passwd의 ACL 정보를 출력한다.

```
$ getfacl —p /etc/passwd
# file: /etc/passwd
# owner: root
# group: root
user::rw—
group::r——
other::r——
```

⑤ setfacl

- 파일이나 디렉터리에 ACL을 설정하는 명령어이다.
- 리눅스의 기본 허가권은 파일에 대한 소유자, 그룹, 다른 사용자의 허가권만 지정할 수 있을 뿐 특정 사용자마다 허가권을 세밀하게 권한을 부여할 수 없다. ACL은 이러한 제약을 극복하고 각 파일이나 디렉터리의 접근에 대한 세밀한 권한을 부여하는 보안 통제 방식이다.
- ACL은 access ACL과 기본 ACL 두 가지가 있다.
  - access ACL은 지정한 파일이나 디렉터리에 설정한 임의의 ACL을 뜻한다.
  - 기본 ACL은 필수는 아니지만 디렉터리에 설정할 수 있다.
  - 즉, 기본 ACL이 설정된 디렉터리에 access ACL이 지정되지 않은 파일이 생성된다면 해당 파일은 디렉터리의 기본 ACL을 사용하게 될 것이다.
- 형식

```
setfacl [option] file or directory
```

• 옵션

– m, – – modify	파일이나 디렉터리의 ACL을 추가하거나 변경
– x, – – remove	파일이나 디렉터리의 ACL을 제거
– R, – – recursive	디렉터리 하위의 모든 파일이나 디렉터리에 대해 재귀적으로 ACL을 설정
– b, – – remove–all	모든 확장 ACL 엔트리를 제거

• ACL 엔트리

d[efault]:] [u[ser]:]uid [:perms]	– 사용자를 이름으로 권한을 지정하거나 UID에 대한 권한을 설정 – d는 기본 권한을 뜻함
[d[efault]:] g[roup]:gid [:perms]	그룹명이나 GID를 통해 권한을 설정할 수 있음
[d[efault]:] m[ask][:] [:perms]	유효 권한 마스크를 설정
[d[efault]:] o[ther][:] [:perms]	다른 사용자에 대한 권한을 설정

• 주요 예제
  – evan 사용자에게 file1 파일의 읽기 권한을 부여한다.

```
$ setfacl –m u:evan:r file1
```

  – 모든 사용자 및 그룹에게 file2 파일에 대한 읽기, 쓰기 권한을 부여한다.

```
$ setfacl –m m::rw file2
```

  – file1 파일에서 staff 그룹의 권한을 삭제한다.

```
$ setfacl –x g:staff file1
```

  – file1의 ACl 정보를 file2에 그대로 적용한다.

```
$ getfacl file1 | setfacl —set–file=– file2
```

  – /mydata 디렉터리에 기본 권한으로 francis가 rw 권한을 갖는다. 즉 /mydata 안에 새로운
    파일이 생성될 때 이 기본 권한을 따른다.

```
$ setfacl –m d:u:francis:rw /mydata
```

6) 네트워크 보안

① sysctl을 통한 보안 강화

- sysctl은 /proc/sys 디렉터리 이하의 커널 매개변수를 확인하거나 설정하는 명령어로서, 세부 커널 설정을 통해 리눅스 보안 강화에 도움을 줄 수 있다. 특히 /proc/sys/net 이하에는 네트워크 관련 커널 설정을 할 수 있는 경로이다.

- 형식

```
sysctl [option] variable[=value]
```

- 옵션

−a, −A	모드 커널 매개변수를 출력
−p	− sysctl 설정 파일을 로드 − 파일을 설정하지 않으면 /etc/sysctl.conf 파일을 로드
−n	지정한 변수의 값을 출력
−w	지정한 변수에 값을 저장

- 주요 예제
  - 모든 커널 파라미터를 출력한다. 여기서는 그 중 icmp 관련 내용만 출력하고 있다.

```
$ sudo sysctl −a | grep net.ipv4.icmp
net.ipv4.icmp_echo_ignore_all = 1
net.ipv4.icmp_echo_ignore_broadcasts = 1
net.ipv4.icmp_ignore_bogus_error_responses = 1
net.ipv4.icmp_errors_use_inbound_ifaddr = 0
net.ipv4.icmp_ratelimit = 1000
net.ipv4.icmp_ratemask = 6168
```

  - ping 요청에 대하여 응답을 주는지 확인하기 위해 커널 파라미터를 확인하고 있다.

```
$ sysctl −n net.ipv4.icmp_echo_ignore_all
0
```

  - ping 요청에 거부하기 위해 1로 설정한다.

```
$ do sysctl −w net.ipv4.icmp_echo_ignore_all=1
net.ipv4.icmp_echo_ignore_all = 1
```

– 현재 sysctl 설정 내용을 출력하고 있다. 특별히 파일을 지정하지 않았기 때문에 /etc/sysctl.conf의 내용을 출력한다.

```
$ sudo sysctl -p
net.ipv4.ip_forward = 0
net.ipv4.conf.default.rp_filter = 1
net.ipv4.conf.default.accept_source_route = 0
kernel.sysrq = 0
kernel.core_uses_pid = 1
net.ipv4.tcp_syncookies = 1
kernel.msgmnb = 65536
kernel.msgmax = 65536
kernel.shmmax = 4294967295
kernel.shmall = 268435456
```

• sysctl을 통한 보안 강화 예시

보안 위협	조치 방법
서버 날짜 정보 유출	/proc/sys/net/ipv4/tcp_timestamps를 0으로 설정하여 외부에서 서버의 날짜 정보를 확인할 수 없도록 함
SYN_FLOODNG 공격	– 이 공격은 TCP 연결 설정(3-way Handshake)의 특성을 이용한 공격으로, 클라이언트는 서버에 연결하기 위해 SYN 패킷을 전송하고 서버는 SYN, ACK 패킷을 응답하여 클라이언트의 ACK 응답을 최종적으로 기다림. 이때 백로그 큐에 연결 정보를 저장하는데, 이러한 ACK 응답 없는 연결이 누적되면 백로그 큐가 가득 차서 더 이상 서버가 연결을 받을 수 없는 상태가 됨 – /proc/sys/net/ipv4/tcp_syncookies를 1로 설정하여 TCP 세션 연결 시 ACK 패킷이 오지 않을 때 백로그 큐(Backlog Queue)를 낭비하지 않도록 함 – 또는 /proc/sys/net/ipv4/tcp_max_syn_backlog의 크기를 늘려줘서 백로그 큐가 가득 차지 않도록 함
ping 차단	– ping은 서버가 동작 중인지 확인하여 해킹을 위한 기본 단서가 되는 정보가 될 수도 있음 – /proc/sys/net/ipv4/icmp_echo_ignore_all의 값을 1로 바꿔서 ping에 대한 응답을 주지 않을 수 있음
스머프 공격 (Smurf Attack)	– IP 브로드캐스트 주소를 통해 컴퓨터 네트워크로 ICMP 패킷을 전송하는 분산 서비스 거부 공격 – 이를 차단하기 위해 /proc/sys/net/ipv4/icmp_echo_ignore_broadcasts를 1로 설정하여 예방할 수 있음
과다 세션 공격	– 세션을 수십 만 개를 만들어 서버가 더 이상 동작하기 어려운 상황을 민들 수 있는데, 이를 예방하기 위해 세션 종료시간을 짧게 설정할 수 있음 – /proc/sys/net/ipv4/tcp_fin_timeout에 원하는 만료시간(초 단위)를 설정함
tcp keepalive time 설정	/proc/sys/net/ipv4/tcp_keepalive_time의 값을 초 단위로 변경하여 시스템 자원 낭비 예방에 도움을 줄 수 있음

로컬 포트 사용범위 설정	/proc/sys/net/ipv4/ip_local_port_range를 변경하여 서버가 실제 사용하는 포트의 범위를 설정하여 실제 악성코드가 포트를 점유할 가능성을 줄일 수 있음
IP 포워딩 기능 제한	– 라우터가 아닌 서버가 IP 포워딩 기능을 갖는 것은 보안의 취약점이 될 수 있음 – 이를 방지하기 위해 /proc/sys/net/ipv4/ip_forward를 0으로 변경

➕ **더 알기** TIP

커널 설정을 영구적으로 반영하는 방법

- sysctl로 커널 설정을 변경하여도 시스템을 리부팅하면 원래의 값으로 복구된다. 영구적으로 저장하기 위해서는 /etc/sysctl.conf 에 원하는 커널 파라미터의 설정값을 지정한다.

```
$ sudo vi /etc/sysctl.conf

net.ipv4.icmp_echo_ignore_all = 1
```

- 또 다른 방법으로 /etc/rc.d/rc.local 파일을 수정하여 아래와 같은 명령어를 입력하면 된다.

```
echo 1 > /proc/sys/net/ipv4/icmp_echo_ignore_all

또는

sysctl –w net.ipv4.icmp_echo_ignore_all=1
```

02 SELinux(Security–Enhanced Linux)

1) SELinux의 개요

① SELinux의 필요성

- 리눅스는 root 권한을 획득하면 시스템의 모든 제어가 가능하다는 점이 때로는 심각한 보안 위협으로 다가오기도 한다.
  - 이를 막기 위해 root 권한 취약점에 대한 리포트를 모니터링하고 패치를 적용하려는 노력을 기울여야 한다.
- root 권한으로 실행하는 데몬을 최소로 유지해야 하지만, 포트 번호 1024 이하의 잘 알려진 포트(Well–known Port)의 경우 root만 사용할 수 있어 필연적으로 root 권한을 사용할 수밖에 없다.
  - 이를 해결하기 위해 root 권한이라 하더라도 미리 지정한 권한으로 리소스를 접근 가능하게 하는 강제 접근 제어가 가능하다면, root 권한이 탈취되더라도 시스템의 피해를 최소화할 수 있을 것이다.
- 이러한 배경으로 연구 개발을 진행한 리눅스가 SELinux이다.

② SELinux의 정의

- 미국의 NSA(National Security Agency)에 의해 연구된 프로젝트로 강제 접근 제어(MAC ; Mandatory Access Control)와 같은 접근 제어 정책을 제공하는 리눅스 커널 보안 모듈이다.

- MAC은 모든 주체(사용자, 프로그램, 프로세스)와 객체(파일, 디바이스)에 대해 국부적으로 허가하는 접근 제어 정책이다. 즉 모든 접근을 불가하게 하되, 정책에 따라 필요한 기능에 대해서만 사용 권한을 안전하게 부여하는 것이다.

③ SELinux의 특징

- 리눅스 커널의 기본 기능으로 일반적인 리눅스 배포판을 사용하면 기본으로 포함되어 있다.
- 리눅스 레드햇 등 리눅스 배포판에는 이미 사전에 잘 정의된 정책이 탑재되어 있다.
- 제로데이 공격(Zero-day Attack)★으로 시스템이 공격을 받더라도 피해를 최소화할 수 있다.

> **기적**의 TIP
>
> ★제로데이 공격(Zero-day Attack) : 특정 소프트웨어 및 운영체제의 취약점이 발견되지 않았거나 발견되었지만 아직 패치되지 않은 패킹을 말한다. 제로데이 공격은 취약점에 대한 대책이 아직 없기 때문에 취약점을 가지고 있는 컴퓨터는 무방비로 노출될 수밖에 없다.

2) SELinux의 설정 및 해제

① SELinux의 동작 모드

- SELinux의 동작 모드는 enforce, permissive, disable 세 가지가 있다. 레드햇 계열에서는 기본으로 enforce mode로 동작하고 정책에 위반되는 동작은 거부된다.

enforce	– SELinux의 정책을 적용한 상태 – 정책을 위반하는 동작은 차단됨
permissive	– 정책 위반 행위가 차단되지는 않지만 로그로 남겨짐 – 처음 SELinux를 도입할 때 permissive 모드에서 위반 동작을 해결하고 단계적으로 enforce 모드로 넘어가는 것도 좋은 방안임
disable	SELinux의 정책 적용을 비활성화함

② SELinux의 모드 확인하기

- sestatus 명령어로 모드를 확인할 수 있다. 현재는 permissive 모드임을 알 수 있다.

```
$ sestatus

SELinux status:          enabled

SELinuxfs mount:         /selinux

Current mode:            permissive

Mode from config file:   enforcing

Policy version:          24

Policy from config file: targeted

bash-4.1$
```

• setenforce 명령어로 enforce 모드로 변경할 수 있다.

```
$ sudo setenforce enforcing
$ sestatus
SELinux status:              enabled
SELinuxfs mount:              /selinux
Current mode:                enforcing
Mode from config file:       enforcing
Policy version:              24
Policy from config file:     targeted
```

• 또는 /etc/sysconfig/selinux 파일에 SELINUX 변수의 값을 수정하여 영구 반영할 수 있다.

```
# This file controls the state of SELinux on the system.
# SELINUX= can take one of these three values:
#      enforcing − SELinux security policy is enforced.
#      permissive − SELinux prints warnings instead of enforcing.
#      disabled − No SELinux policy is loaded.
SELINUX=enforcing
# SELINUXTYPE= can take one of these two values:
#      targeted − Targeted processes are protected.
#      mls − Multi Level Security protection.
SELINUXTYPE=targeted
```

03 시스템 보안 유틸리티

1) ssh(Secure Shell)

① ssh의 정의

• 원격의 서버나 시스템에 안전하게 연결하기 위한 프로토콜이다.
• 호스트와 클라이언트 간의 패킷을 암호화하여 주고 받음으로써 보안에 강하다.
• 포트 번호는 22번을 사용한다.

② ssh 연결 준비사항

• ssh 접속을 위한 클라이언트 설치가 필요하다. 레드햇 계열에서는 openssh−clients 패키지를 통하여 ssh 클라이언트를 설치할 수 있다.

```
$ sudo yum install −y openssh−clients
```

- 원격 컴퓨터에는 ssh 서버를 설치하고 실행 중이어야 한다.
- 원격 컴퓨터는 IP 주소 또는 도메인명을 제공해야 한다.

③ ssh 서버의 설치

- openssh-server 패키지를 설치한다.

```
$ sudo yum install -y openssh-server
```

- sshd 서비스를 시작한다.

```
$ systemctl start sshd
```

- 부팅할 때 자동으로 sshd 데몬을 시작하려면 다음과 같이 환경설정을 추가한다.

```
$ systemctl enable sshd
```

④ 비밀번호 인증을 통한 ssh 서버 접속

- openssh-clients 패키지를 설치하면 ssh 명령어를 사용할 수 있다. -l 옵션을 사용하여 로그인 시 사용할 계정을 입력하고 원격지의 IP 주소를 입력하면, ssh 연결을 간단히 할 수 있다. 또는 ssh francis@192.168.100.100과 같은 방식으로도 접속할 수 있다.

```
$ ssh -l francis 192.168.100.100
The authenticity of host '192.168.100.100 (192.168.100.100)' can't be established.
RSA key fingerprint is c3:de:69:09:0c:19:a6:c5:e1:ef:80:69:14:ad:2b:84.
Are you sure you want to continue connecting (yes/no)? yes
Warning: Permanently added '192.168.100.100' (RSA) to the list of known hosts.
francis@192.168.100.100's password:
Last login: Wed Oct 30 08:44:28 2019
-bash-4.1$
```

- 현재 로그인한 계정과 동일한 계정으로 ssh에 접속하려면 간단히 IP 주소만 입력해도 된다.

```
$ ssh 127.0.0.1
francis@127.0.0.1's password:
Last login: Sat Nov  2 20:51:21 2019 from localhost
```

- 만약 ssh 포트 번호가 22번이 아니고 1800이라면 -p 옵션을 사용하여 포트 번호를 변경하여 접속할 수 있다.

```
$ ssh -p 1800 francis@192.168.100.100
```

⑤ 인증키를 통한 ssh 자동 접속

- ssh-keygen 명령어로 개인키와 공개키를 생성하고 공개키를 원격 서버에 복사해 두면, 비밀 번호 입력 없이 ssh 접속이 가능하다. 다음부터는 그 과정을 자세히 설명하였다.
- ssh-keygen 명령어로 개인키와 공개키를 생성한다. -t 옵션을 통해 알고리즘을 결정할 수 있는 dsa 또는 rsa 등을 지정할 수 있다.

```
$ ssh-keygen -t dsa
Generating public/private dsa key pair.
Enter file in which to save the key (/home/francis/.ssh/id_dsa):
Enter passphrase (empty for no passphrase):
Enter same passphrase again:
Your identification has been saved in /home/francis/.ssh/id_dsa.
Your public key has been saved in /home/francis/.ssh/id_dsa.pub.
The key fingerprint is:
09:01:8c:4d:03:62:71:81:45:cd:3d:4d:e8:90:dc:54 francis@localhost.localdomain
The key's randomart image is:
+--[ DSA 1024]-----+
|.o*@O.*.=E        |
|.oo oB *.         |
|      +.          |
|     o.           |
|     S            |
|     |            |
|     |            |
|     |            |
|     |            |
+------------------+
```

- 홈디렉터리의 .ssh 디렉터리에 개인키인 id_dsa와 공개키인 id_dsa.pub가 생성되었다.

```
$ ls
id_dsa    id_dsa.pub  known_hosts
```

- ssh 서버에 .ssh 디렉터리를 생성한다.

```
$ ssh 192.168.100.100 mkdir .ssh
```

- scp 명령어를 사용하여 .ssh 디렉터리의 id_dsa.pub을 authorized_keys 이름으로 복사한다.

```
$ scp id_dsa.pub 192.168.100.100:.ssh/authorized_keys
```

- ssh 접속을 위한 준비는 모두 끝났으며, 비밀번호 없이 자동으로 접속할 수 있다.

```
$ ssh 192.168.100.100
Last login: Sat Nov  2 20:57:14 2019 from localhost
-bash-4.1$
```

⑥ sshd 환경설정

- sshd 데몬의 환경설정은 /etc/ssh/sshd_config에서 수행할 수 있다. ssh 클라이언트의 환경설정 파일은 /etc/ssh/ssh_config이다. 참고로 데몬 스크립트의 위치는 /usr/lib/systemd/system/sshd.service이다.
- sshd 데몬의 주요 환경설정 항목은 다음과 같다.

Port	• ssh가 사용하는 포토로서 기본값은 22 • 외부의 접근을 막기 위해서 다른 포트로 변경 가능
PermitRootLogin	• yes로 설정하면 ssh root@localhost와 같이 root 로 로그인하는 것이 가능 • 다만 보안 위협이 될 수 있기 때문에 no로 설정하는 것이 안전함

AllowUsers	• 허용된 사용자만 ssh 접속이 가능하도록 할 수 있음
	• 모두 사용 가능하게 하려면 공백으로 두고 특정 사용자로 지정하려면 다음과 같은 형식으로 설정
	  – AllowUsers francis chris
	  – francis와 chris 사용자만 ssh 접속이 가능

LoginGraceTime	• 사용자의 로그인을 기다리기 위한 대기 시간 • 보통 2m로 설정하는데, 무차별 대입 공격을 막기 위해 짧게 설정할수록 안전함
PasswordAuthentication	• 비밀번호 인증을 통한 접속 활성화 여부를 설정 • 공개키 인증을 사용하지 않는다면, 반드시 yes로 설정해야 함
PubkeyAuthentication	• 보안 강화를 위해 공개키 기반 인증을 사용할 수 있음 • yes는 사용, no는 미사용
TCPKeepAlive	• yes로 설정하면 지속적으로 keepalive 메시지를 전송하여 연결상태를 체크 • 네트워크 문제가 발생하면, 리소스를 계속적으로 점유하지 않도록 반환하고 연결도 끊음

2) PAM(Pluggable Authentication Module)

① PAM의 설명

- 리눅스 시스템에서 사용자가 애플리케이션이나 서비스를 이용하고자 할 때 동적으로 인증할 수 있는 공유 라이브러리 스위트이다.
- PAM은 저수준의 인증 모듈을 고수준의 API로 통합하여 애플리케이션에 대한 동적 인증 지원을 제공할 수 있다. 이를 통해 개발자는 인증 시스템의 세세한 사항을 알 필요 없이 동적 인증 기능을 수행하는 애플리케이션을 개발할 수 있다.

② PAM 환경설정하기

- PAM 환경설정을 위한 주요 항목은 /etc/pam.conf 파일과 /etc/pam.d 디렉터리이다. 만약 /etc/pam.d 디렉터리가 존재한다면 /etc/pam.conf의 설정은 무시된다. 아래는 /etc/pam.d 디렉터리의 파일 중 sshd의 환경설정 내용을 출력한 것이다.

```
$ cat /etc/pam.d/sshd
#%PAM-1.0
auth        required     pam_sepermit.so
auth        include      password-auth
account     required     pam_nologin.so
account     include      password-auth
password    include      password-auth
# pam_selinux.so close should be the first session rule
session     required     pam_selinux.so close
session     required     pam_loginuid.so
# pam_selinux.so open should only be followed by sessions to be executed in the user context
session     required     pam_selinux.so open env_params
session     required     pam_namespace.so
session     optional     pam_keyinit.so force revoke
session     include      password-auth
```

- 환경설정 파일은 module-type, control-flag, module-name, module-arguments로 구성된다. 각각에 대한 설명은 다음과 같다.

module-type	**모듈의 유형을 뜻함** – account : 사용자의 패스워드가 만료되었는지 서비스에 대한 접근이 허가되었는지 등 계정에 대한 검증 작업을 수행 – auth : 사용자를 실제로 인증 – password : 사용자의 패스워드를 갱신하고 auth 모듈과 연동됨 – session : 세션의 시작과 종료와 관련된 작업을 수행
control-flag	**PAM 관련 모듈은 시스템의 아키텍처에 따라 /lib/security 또는 /lib64/security에 위치하며, 각 PAM 모듈의 수행 결과에 따라 인증 성공·실패에 따른 처리 방안을 control-flags를 통해 정할 수 있음** – requisite : 이 플래그가 설정된 모듈의 체크는 반드시 성공되어야 하는 명령어로, 체크에 실패할 경우 그 즉시 실패를 반환 – required : 이 플래그가 설정된 모듈의 체크는 반드시 성공되어야 하는 명령어로, requisite와 달리 즉시 실패하지 않고 동일한 module-type의 모듈 체크를 모두 수행하고 나서 실패를 반환 – sufficient : 이 플래그가 설정된 모듈의 체크가 성공하면 더 이상 나머지 모듈들의 체크를 수행하지 않음(단, 이전에 requisite나 required의 실패는 없어야 함) – optional : 해당 모듈의 체크가 성공하든 실패하든 중요하지 않으나, 다른 모듈의 체크가 모두 성공했다면 이 모듈의 결과를 응용 프로그램에게 반환 – include : 지정한 환경설정 파일을 로드하여 적용

module-name	환경설정의 대상이 되는 모듈의 이름 즉, /lib/security 또는 /lib64/security에 위치한 모듈 명을 입력
module-arguments	module-name 항목에서 지정한 모듈에게 전달하려는 파라미터를 설정

3) PAM 환경설정 샘플

① PAM 환경설정 샘플

```
#%PAM-1.0
auth              required   pam_securetty.so
auth              required   pam_unix.so nullok
auth              required   pam_nologin.so
account           required   pam_unix.so
password required pam_cracklib.so retry=3
password required pam_unix.so shadow nullok use_authtok
session           required   pam_unix.so
```

② PAM 환경설정 샘플 설명

#	#으로 시작하는 줄은 주석
auth required pam_securetty.so	- 사용자가 root 권한으로 로그인하려고 할 때 /etc/security파일에 해당 사용자가 존재하는지 체크 - 존재한다면 로그인을 허가하고 존재하지 않는다면 로그인이 실패했음을 사용자에게 알림
auth required pam_unix.so nullok	- 사용자에게 패스워드를 입력받아, /etc/shadow 파일이 존재한다면 해당 파일의 정보와 체크하고, 그렇지 않으면 /etc/passwd 파일의 정보를 사용하여 패스워드 체크를 수행 - nullok은 공백 패스워드를 허용하겠다는 의미
auth required pam_nologin.so	마지막 인증 단계로서 /etc/nologin 파일이 존재하고 사용자가 root가 아니라면 인증을 실패함
account required pam_unix.so	- 패스워드 인증에 앞서 계정에 대한 검증 작업을 수행 - 예를 들면 계정이 만료되었는지 패스워드 변경 기간 내에 패스워드를 바꿨는지 등을 체크
password required pam_cracklib.so retry=3	- 패스워드가 만료되면 pam_cracklib.so는 새로운 패스워드를 입력하라는 메시지를 사용자에게 출력하며, 사용자가 새로운 패스워드를 입력하면 사진 기반 패스워드 크래킹 프로그램 등에 의해 쉽게 해킹될 수 있는지도 점검 - retry=3은 사용자가 해킹에 취약한 패스워드를 입력하였을 때 강한 패스워드를 입력할 기회를 2번 준다는 의미
password required pam_unix.so shadow nullok use_authtok	- pam_unix.so가 제공하는 passwd 인터페이스를 통해 사용자의 패스워드를 변경 - shadow는 사용자가 패스워드를 변경할 때 섀도 패스워드 파일을 생성함을 뜻한다 - nullok는 사용자가 공백 패스워드를 입력할 수 있다는 의미 - use_authtok는 사용자에게 새 패스워드를 묻지 않고 앞서 실행했던 password 모듈에서 받은 패스워드를 사용할 수 있도록 함

session required pam_unix.so	– vpam_unix.so가 세션 관리 역할을 수행 – 이 모듈은/var/log/secure에 세션 시작부터 끝까지 사용자명과 세션 유형을 로그로 남김

4) sudo(Super User DO)

① sudo 설명

- 사용자가 잠시 root 권한을 요구하는 프로그램을 실행해야 할 때 sudo 명령어를 사용할 수 있다. Windows의 '관리자 권한으로 실행' 기능과 유사하다.
- sudo 명령어는 아무나 사용할 수 있는 것은 아니고 /etc/sudoers 파일에 등록된 사용자만 사용할 수 있다. 이 파일은 직접 수정할 수도 있지만 안전한 편집을 위해 'visudo' 명령어를 사용하기를 권장한다.

② /etc/sudoers 파일 편집하기

- /etc/sudoers 파일에 사용자를 등록하는 형식은 다음과 같다.
  - 'user'는 사용자명이나 그룹명을 뜻하고 'hostname'은 로그인한 컴퓨터를 의미한다.
  - 'runas-user'는 해당 사용자가 실행하는 계정을 의미하고 'runas-group'은 해당 사용자가 실행하는 그룹을 의미한다.
  - 'commands'는 root 권한으로 실행을 허가하는 명령어를 뜻하며 여러 개 입력할 수 있다. 가령 ALL=ALL의 의미는 로그인 위치에 관계없이 모든 명령어에 대해 sudo 명령어를 사용할 수 있다는 의미이다.

```
user hostname=(runas-user:runas-group) commands
```

- visudo 명령어를 사용하여 /etc/sudoers 파일을 편집한다. francis 사용자는 로그인한 위치에 관계없이 모든 명령어에 대하여 sudo 명령어를 사용할 수 있다.

```
$ sudo visudo
## Next comes the main part: which users can run what software on
## which machines (the sudoers file can be shared between multiple
## systems).
## Syntax:
##
##      user    MACHINE=COMMANDS
##
## The COMMANDS section may have other options added to it.
##
## Allow root to run any commands anywhere
root    ALL=(ALL)       ALL
francis ALL=(ALL)       ALL
```

- 주요 예제
  - francis 사용자는 로그인 위치에 관계없이 어떤 사용자나 어떤 그룹으로서 어떤 명령어든 sudo 명령어를 실행할 수 있다.

```
francis ALL=(ALL:ALL) ALL
```

  - mygroup 그룹에 속한 사용자는 로그인 위치에 관계없이 어떤 사용자나 어떤 그룹으로서 어떤 명령어든 sudo 명령어를 실행할 수 있다.

```
%mygroup ALL=(ALL:ALL) ALL
```

  - chris 사용자는 myhost에서 로그인하였을 때 webuser 사용자와 webusers 그룹으로서 어떤 명령어든 sudo 명령어를 실행할 수 있다.

```
chris myhost=(webuser:webusers) ALL
```

③ sudo 명령어 사용하기

- sudo 명령어는 /etc/sudoers 설정된 사용자에 한하여 프로그램 실행 시 root 권한을 임시로 부여하는 명령어이다.
- 형식

```
sudo [option] username command
```

- 옵션

-u	root 사용자가 아닌 지정한 사용자의 권한으로 실행
-g	명령어를 실행할 때 지정한 그룹의 권한으로 실행

- 주요 예제
  - root 권한으로 shutdown 명령어에 -r now 인자를 입력하여 실행한다.

```
$ sudo shutdown -r now
```

  - chris 사용자의 권한으로 /home/chris 디렉터리를 ls한다.

```
$ sudo -u chris ls /home/chris
```

  - chris 사용자 및 mygroup의 권한으로 /home/chris/newfile 디렉터리를 생성한다.

```
$ sudo -u chris -g mygroup mkdir /home/chris/newfile
```

04 주요 보안 도구

1) nmap(Network Mapper)

① 설명

- nmap는 네트워크 탐지 및 보안 감사를 위한 오픈 소스 도구이다. 단일 호스트에 대한 스캔뿐 아니라 거대한 네트워크도 스캔할 수 있도록 설계되었다.
- nmap는 주로 호스트가 네트워크상에서 검색 가능한지 혹은 사용하고 있는 포트가 무엇이 있는지 스캔 용도로 주로 사용된다.

② 동작 원리

- nmap는 TCP 포트가 열려 있는지 닫혀 있는지 확인하기 위해 SYN 패킷을 113번 포트로 보내보고, 상대방 호스트가 SYN/ACK 패킷을 보내오면 열려 있고 RST 패킷을 보내오면 닫힌 포트로 판단한다. 이 방식은 TCP 연결 방식인 3-way Handshake의 방식을 역이용한 것이다.

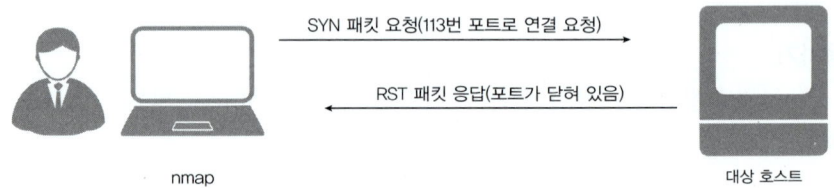

③ nmap의 설치

- yum 패키지 관리 도구를 통하여 간단히 설치할 수 있다.

```
$ sudo yum install -y nmap
```

④ 사용 예시

- 호스트 이름으로 스캔하면 호스트의 IP 주소, DNS 레코드, 포트 정보 등을 확인할 수 있다.

```
$ nmap google.com
Starting Nmap 5.51 ( http://nmap.org ) at 2019-11-05 14:12 KST
Nmap scan report for google.com (172.217.26.14)
Host is up (0.061s latency).
rDNS record for 172.217.26.14: nrt20s02-in-f14.1e100.net
Not shown: 998 filtered ports
PORT    STATE SERVICE
80/tcp  open  http
443/tcp open  https
Nmap done: 1 IP address (1 host up) scanned in 6.20 seconds
```

- localhost에 대하여 1∼10000 포트 사이를 스캔한다.

```
$ nmap -p 1-10000 localhost

Starting Nmap 5.51 ( http://nmap.org ) at 2019-11-05 14:18 KST

Nmap scan report for localhost (127.0.0.1)

Host is up (0.0000080s latency).

Other addresses for localhost (not scanned): 127.0.0.1

Not shown: 9995 closed ports

PORT     STATE SERVICE

22/tcp   open  ssh

25/tcp   open  smtp

111/tcp  open  rpcbind

631/tcp  open  ipp

6000/tcp open  X11

Nmap done: 1 IP address (1 host up) scanned in 0.33 seconds
```

- google.com에 대한 운영체제 정보를 취득한다. 이때 root 권한이 필요하다.

```
$ sudo nmap -O google.com

Starting Nmap 5.51 ( http://nmap.org ) at 2019-11-05 14:19 KST

Nmap scan report for google.com (172.217.26.46)

Host is up (0.024s latency).

rDNS record for 172.217.26.46: nrt12s17-in-f14.1e100.net

Not shown: 998 filtered ports

PORT     STATE SERVICE

80/tcp  open  http

443/tcp open  https

Warning: OSScan results may be unreliable because we could not find at least 1 open and 1 closed port

Device type: general purpose|switch

Running (JUST GUESSING): QEMU (90%), Bay Networks embedded (85%)

Aggressive OS guesses: QEMU user mode network gateway (90%), Bay Networks BayStack 450 switch (software

version 3.1.0.22) (85%), Bay Networks BayStack 450 switch (software version 4.2.0.16) (85%)

No exact OS matches for host (test conditions non-ideal).

OS detection performed. Please report any incorrect results at http://nmap.org/submit/.

Nmap done: 1 IP address (1 host up) scanned in 9.50 seconds
```

2) tcpdump

① 설명

- tcpdump 명령어는 네트워크 인터페이스의 송수신 패킷 캡처를 수행하는 명령행에서 실행할 수 있는 네트워크 트래픽 모니터링 도구이다.
- 그래픽 기반 프로그램으로는 wireshark가 유명하다.
- tcpdump 명령어는 네트워크 응용 프로그램이나 데몬의 오류나 네트워크의 상태를 분석하고 원인을 찾는 데 도움을 준다.

② 주요 예제

- eth0 인터페이스를 통해 송수신되는 패킷을 모두 캡처한다. −n 옵션을 사용하면 IP 주소를 호스트명으로 변환하지 않는다. 아래는 ping을 수행하여 ICMP 패킷이 수집되었음을 확인할 수 있다.

```
$ sudo tcpdump −i eth0 −n
tcpdump: verbose output suppressed, use −v or −vv for full protocol decode
listening on eth0, link−type EN10MB (Ethernet), capture size 65535 bytes
14:29:18.192545 IP 10.0.2.15.46804 > 192.168.100.151.domain: 2634+ A? google.com. (28)
14:29:18.229198 IP 192.168.100.151.domain > 10.0.2.15.46804: 2634 1/0/0 A 172.217.161.78 (44)
14:29:18.229652 IP 10.0.2.15 > 172.217.161.78: ICMP echo request, id 10845, seq 1, length 64
14:29:18.264131 IP 172.217.161.78 > 10.0.2.15: ICMP echo reply, id 10845, seq 1, length 64
14:29:18.264286 IP 10.0.2.15.39567 > 192.168.100.151.domain: 51152+ PTR? 78.161.217.172.in−addr.arpa. (45)
```

- eth0 인터페이스에 대하여 192.168.1.3 호스트의 5060 포트로 송수신되는 모든 패킷을 캡처하여/usr/src/dump 파일에 생성한다. −vvv 옵션을 사용하면 상세히 정보를 남긴다.

```
$ sudo tcpdump −i eth0 host 192.168.1.3 and port 5060 −n −vvv −w /usr/src/dump
```

3) tripwire

① 설명

- tripwire는 호스트 기반 침입 탐지 시스템으로서, 네트워크 침입 탐지보다는 외부 침입으로 인한 파일 시스템상의 주요 시스템 파일의 변경을 탐지하는 무결성 도구이다.
- 우수한 보안 장비를 사용하고 보안 패치를 꾸준히 한다고 하여도 항상 시스템의 결함은 있기 마련이다. 이러한 결함을 통해 시스템에 침입하여 백도어를 설치하고 백도어를 통하여 디도스 공격과 같은 해킹이 이루어지는 경우가 많다. 이러한 침투를 방어하기 위해서 시스템이 정상 운영 상태일 때 전체 파일들의 스냅샷을 보관하고 파일의 변경이 발생했을 때마다 스냅샷과 비교하여 침입이 이루어졌는지 판단할 수 있다. 만약 관리자가 변경하였거나 정상적인 방법으로 변경된 것이라면 스냅샷을 최신화할 것이다. 이러한 동작 원리로 침입 탐지를 하는 도구가 tripwire이다.

- 2000년도 트립와이어 사(Tipwire, Inc)가 소스코드를 컨트리뷰션(Contribution)★하였다. 라이선스는 GNU GPL 2.0 라이선스를 따른다. 트립와이어 사는 오픈소스용뿐만 아니라 상업용 버전도 별도로 제공하고 있다. 소스코드는 다음의 깃허브(Github)에서 찾아볼 수 있다.

```
https://github.com/Tripwire/tripwire-open-source
```

📑 **기적의 TIP**

★컨트리뷰션(Contribution) : 오픈소스 프로젝트에 가치를 더하는 모든 활동을 말한다. 코드 개선이나 버그 제보뿐 아니라 문서 정비, 테스트, 커뮤니티 참여와 지원까지 모두 포함된다. 이런 방식으로 프로젝트 발전에 직접 힘을 보태는 사람을 '컨트리뷰터(Contributor)'라고 한다.

② tripwire의 설치

- 아쉽게도 레드햇 계열에서는 기본적으로 tripwire가 포함되어 있지 않다. 그러나 epel-release 레파지터리를 설치하면 tripwire 패키지를 다운로드받을 수 있다.

```
$ sudo yum install epel-release
```

- tripwire 패키지를 설치한다.

```
$ sudo yum install tripwire
```

③ tripwire의 실행

- tripwire를 동작하기 위해서는 사이트 키(Site Key)와 로컬 키(Local Key)를 준비해야 한다.

```
$ sudo tripwire-setup-keyfiles
```

- 시스템의 최초 스냅샷을 생성한다.

```
$ sudo tripwire --init
```

- 새로운 파일이 생성되었음을 제대로 체크하는지 확인하기 위해 임의의 파일을 생성한다.

```
$ touch tripwire-check-files
```

- 스냅샷과 현재 파일 시스템의 상태를 비교해 본다.

```
$ sudo tripwire --check
```

- 결과 파일을 report.txt로 생성한다.

```
$ sudo twprint --print-report --twrfile /var/lib/tripwire/report/localhost.localdomain-20191105-151441.twr > report.txt
```

- report.txt의 결과의 중간을 보면 Tripwire Data Files 항목에 1개의 파일이 추가되었음을 확인할 수 있다.

```
$ less report.txt
(중간 생략)
          Rule Name              Severity Level    Added    Removed    Modified
          Invariant Directories        66           0          0          0
          Temporary directories        33           0          0          0
    *     Tripwire Data Files         100           1          0          0
          Critical devices            100           0          0          0
          User binaries                66           0          0          0
```

4) Nessus

① 설명

- Nessus는 상용 취약점 스캐너이다. 세계에서 가장 많이 사용하는 취약점 스캐너로 알려져 있다.
- Nessus Essentials는 교육용 목적으로 무료로 제공되고 있고, 좀 더 기능이 많은 Nessus Professional은 유료로 제공된다.
- 개발사인 Tenable, Inc는 전세계적으로 27,000개 이상의 조직에서 Nessus를 신뢰하고 사용하고 있다고 밝히고 있다.

② 특징

- 해커가 원격으로 접속해 민감한 데이터에 접근하는 취약점을 탐지한다.
- 오픈 메일 릴레이나 중요 패치 미적용 등과 같은 잘못된 시스템 설정을 탐지한다.
- 시스템 계정의 빈 패스워드나 기본 패스워드 등을 탐지한다.
- TCP/IP 스택의 패킷을 악의적으로 조작하여 서비스 거부 공격의 수행을 탐지한다.

③ Nessus 설치

- https://tenable.com/products/nessus에서 nessus Essentials를 리눅스 배포판에 맞게 다운로드 받는다.

⊕ Nessus-8.7.2-es7.x86_64.rpm	Red Hat ES 7 (64-bit) / CentOS 7 / Oracle Linux 7 (including Unbreakable Enterprise Kernel)	76.7 MB	Oct 10, 2019		Checksum
⊕ Nessus-8.7.2-es6.i386.rpm	Red Hat ES 6 i386(32-bit) / CentOS 6 / Oracle Linux 6 (including Unbreakable Enterprise Kernel)	79.5 MB	Oct 10, 2019		Checksum
⊕ Nessus-8.7.2-es6.x86_64.rpm	Red Hat ES 6 (64-bit) / CentOS 6 / Oracle Linux 6 (including Unbreakable Enterprise Kernel)	81.8 MB	Oct 10, 2019		Checksum
⊕ Nessus-8.7.2-es5.i386.rpm	Red Hat ES 5 i386(32-bit) / CentOS 5 / Oracle Linux 5 (including Unbreakable Enterprise Kernel)	79.5 MB	Oct 10, 2019		Checksum
⊕ Nessus-8.7.2-es5.x86_64.rpm	Red Hat ES 5 (64-bit) / CentOS 5 / Oracle Linux 5 (including Unbreakable Enterprise Kernel)	81.8 MB	Oct 10, 2019		Checksum

- 레드햇 계열 6 버전의 32bit CPU를 사용한다면 아래의 패키지를 다운로드 받아 rpm 패키지 관리자를 통해 설치한다.

```
$ sudo rpm -ivh Nessus-8.7.2-es6.i386.rpm
```

- nessus 데몬을 시작한다.

```
$ sudo /sbin/service nessusd start
```

- 브라우저에서 https://localhost.localdomain:8834/에 방문하여 nessus 설치를 완료한다.

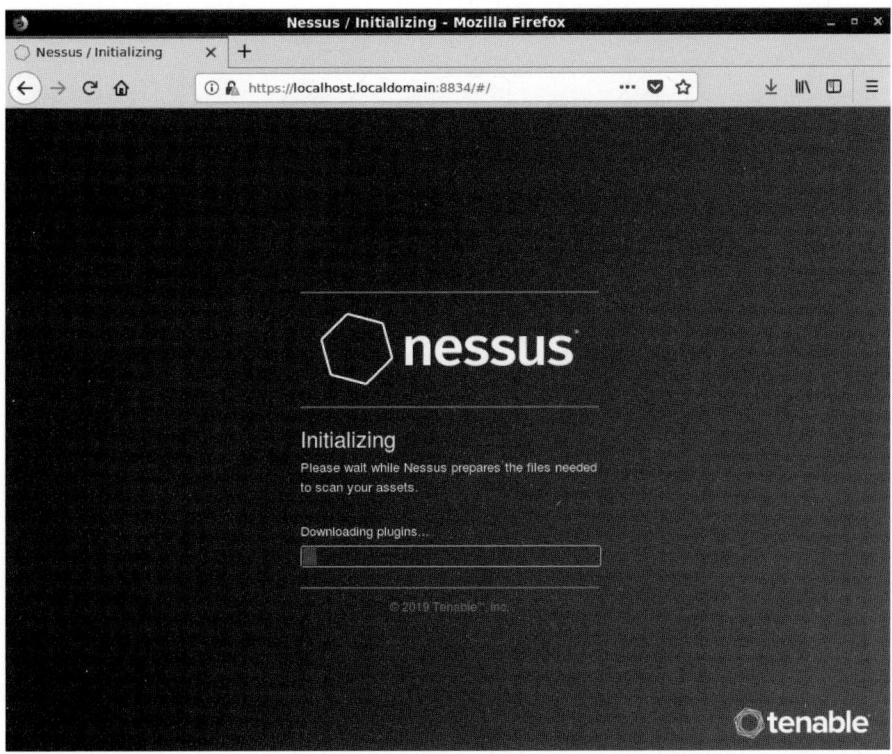

5) GnuPG(GNU Privacy Guard)

① 설명

- GnuPG는 PGP를 대체하기 위한 자유 소프트웨어이다. 본래 PGP(Pretty Good Privacy)는 1990년대 초반 Philip R. immermann이 메일 보안을 위해 개발하였고 현재는 전 세계적으로 이메일 보안의 표준으로 자리잡았다. GnuPG는 이러한 PGP를 완벽히 대체한다.
- GnuPG는 공개키 기반 암호화의 디지털 서명 관련 기능을 제공한다.

② 공개키 기반 암호화(Public-key Based Encryption, Decription)

- 기존의 고전적인 암호화 방식에서는 발신자와 수신자가 키를 공유하고 해당 키를 통해 평문을 암호화한 암호문을 주고 받았다. 그러나 이러한 방식은 키를 교환하는 과정에서 키가 유출될 가능성이 있기 때문에 보안상 위험성이 있다.

• 반면 공개키 기반 암호화를 사용하면 키 교환에 따른 키 유출을 막을 수 있다. 송신자는 공개키로 평문을 암호화하여 수신자에게 전송한다. 수신자는 개인키를 사용해 암호문을 복호화하여 평문을 얻을 수 있다. 이때 개인키 교환이 일어나지 않기 때문에 키 유출이 발생하지 않는다.

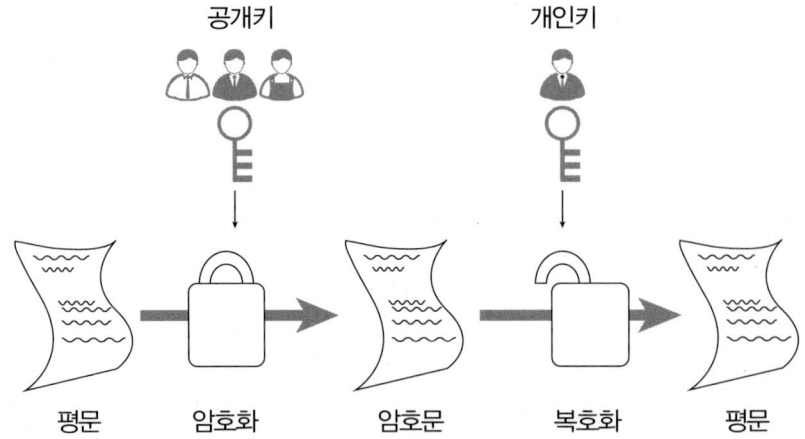

③ 디지털 서명(Digital Signature)

• 개인키는 다른 사람과 교환하지 않고 본인만 소유한다. 이러한 개인키로 원문을 암호화하고 (서명하고) 서명된 문서를 수신 측에게 보낸다. 수신자는 공개키를 통해 서명된 문서를 복호화하여 문서가 발신자로부터 온 문서인지 검증할 수 있다. 개인키와 공개키는 쌍이기 때문에 다른 개인키로 암호화되어 있다면 해당 공개키로 서명된 문서를 복호화할 수 없다.

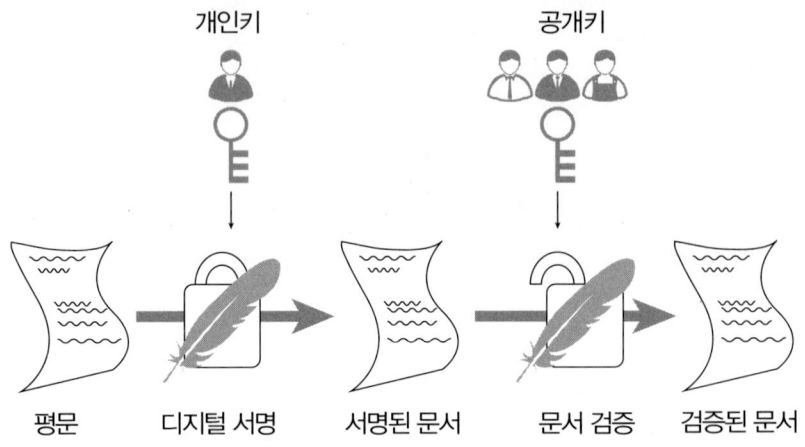

6) John The Ripper

① 설명

- John The Ripper는 무료 패스워드 크래킹 도구이다. 유닉스 시스템에서 처음 개발되었고 현재는 리눅스, Windows, macOS, 안드로이드를 비롯하여 다양한 운영체제에 포팅되었다.
- 기본 동작 원리는 미리 준비한 단어 사전을 기반으로 무작위 대입 공격(Brute Forcing Attack)을 수행하여 패스워드를 알아내는 방식을 취한다.
- John The Ripper는 공격자가 악용할 수 있는 크래킹 도구이지만, 관리자가 서버의 패스워드 강도를 점검하고 취약한 계정을 선제적으로 발견하는 진단 도구로도 활용될 수 있다.

> **+ 더 알기 TIP**
>
> **네트워크 점검 · 보안 기법의 핵심 원리**
>
> - **포트 스캐닝의 정밀도**
>   nmap는 단순한 포트 열림 여부 확인을 넘어 패킷 응답 패턴으로 운영체제를 추정하고, 방화벽이 필터링한 포트까지 분석한다. 이는 TCP 3-way Handshake의 변형(SYN · RST 응답)을 이용한 고급 스캐닝 기법으로, 실제 시험에서 '스캔 방식의 원리'가 자주 출제된다.
> - **패킷 레벨 분석의 필요성**
>   tcpdump는 애플리케이션 로그로는 보이지 않는 프로토콜 단위 흐름(ICMP, DNS, TCP flag)을 직접 캡처해 문제 원인을 분석한다. 특히 -i, -n, host, port 필터는 기본 문제로 자주 나온다.
> - **무결성 기반 침입 탐지 모델**
>   tripwire는 '정상 상태 스냅샷'을 기준으로 변경 여부를 판단하는 HIDS(Host-based Intrusion Detection System)의 대표 사례다. 시험에서는 '무결성 검증 → 스냅샷 생성 → 변경 탐지' 흐름이 핵심 포인트다.
> - **취약점 스캐너의 탐지 범위**
>   Nessus는 잘못된 설정, 약한 패스워드, 패치 누락, 서비스 거부 공격 가능성까지 포함하는 광범위한 취약점 점검 도구다. 흔히 '네트워크 보안 점검 도구 중 가장 널리 사용되는 상용 솔루션'으로 묻는다.
> - **공개키 기반 암호화의 구조적 이해**
>   GnuPG는 공개키 · 개인키 쌍으로 이루어진 비대칭 암호화와 디지털 서명을 모두 지원한다. 시험에서는 '공개키로 암호화 → 개인키로 복호화', '개인키로 서명 → 공개키로 검증' 구조를 정확히 구분해야 한다.

시스템 백업

빈출 태그 ▶ full backup, incremental, differential, tar, cpio, dump, restore, dd, rsync, snapshot

▶ 합격 강의

01 백업의 개요

1) 백업의 필요성

① 비즈니스 연속성

- 업무 시스템이나 금융권 서비스, 다양한 IT 서비스의 장애가 발생하더라도 복구하여 업무를 연속적으로 수행하는 것이 가능하려면 체계적 백업 전략 및 시스템 구축이 필수적이다.

② 데이터의 중요성

- 중요 실험의 결과물, 프로젝트의 산출물, 회계 데이터, 고객 정보 등을 유실하였을 경우 복구하는 과정까지 많은 노력과 시간이 필요하다.
- 때로는 가격으로는 측정하기 어려운 데이터의 유실 사고도 존재한다.

③ 시스템의 장애 발생 위험

- 사용자 실수, 관리자의 실수, 하드웨어의 오류, 프로그램 오류, 해커의 공격, 도난, 자연재해 등 시스템의 장애를 초래할 수 있는 요인은 다양하다.

2) 백업 전략의 요건

- 하드 디스크 오류, 바이러스 감염, 사고로 인한 데이터 유실, 재난 재해 등 다양한 데이터 손실 요인으로부터 복구가 가능해야 한다.
- 장애가 발생하기 이전에 정상적으로 동작하던 상태로 복구가 가능해야 한다.
- 최소한의 노력, 비용, 데이터 손실만을 허용하는 백업 전략이어야 한다.
- 초기 백업 구축 이후에는 사람의 관리를 최소로 하는 자동화 또는 반자동화된 백업 전략 및 시스템이어야 한다.

3) 백업 전략 수립 시 고려사항

① 무엇을 백업할 것인가?

- 백업의 대상에 따라 백업 전략의 방향이 달라진다.
- 백업할 데이터가 일반 문서인지 데이터베이스인지, 개인의 귀중한 사진 · 동영상 · 음악 파일인지, 일반적인 프로그램이나 유틸리티인지 식별해야 한다.
- 경우에 따라서는 데이터 하나하나가 아닌 전체 시스템을 대상으로 백업이 필요할 수도 있다.

② 어디에 백업할 것인가?

- 백업에는 로컬 백업과 오프사이트 백업이 있다.

- 로컬 백업(Local Backup) : 플로피 디스크, 테이프, 하드 디스크(IDE, SCSI, S-ATA), 광자기 드라이브(CD, DVD, Blu-ray), USB 메모리, SSD 등의 보조 저장 장치에 데이터를 저장하여 보관
- 오프사이트 백업(Offsite Backup) : 클라우드, 원격 시스템 등 지리적으로 떨어진 곳에 데이터를 보관
- 예상치 못한 재난이나 재해의 발생을 고려하여 로컬 백업뿐만 아니라 오프사이트 백업도 병행해야 한다.

③ 언제 백업할 것인가?

- 백업 주기를 결정해야 한다.
  - 운영체제의 경우 운영체제의 업그레이드 전까지는 파일 변경이 일어나지 않는다.
  - 애플리케이션의 경우 실행 빈도에 따라 데이터 변경이 잦아질 수 있다.
  - 사용자의 데이터는 사용자의 라이프 사이클에 따라 달라질 것이다.
- 백업 시작 시간을 결정해야 한다.
  - 백업은 시스템의 자원을 소모하는 작업이므로 백업으로 인해 업무의 방해나 사용자의 시스템 사용에 영향을 주지 않아야 한다.
  - 사용자 혹은 조직의 시스템 사용 시간을 최대한 피하는 것이 좋으므로 대부분 자정 전후의 시간이 좋은 백업 시간이다.

④ 적용할 백업 유형은 무엇인가?

- 백업에는 전체 백업, 증분 백업, 차등 백업이 있다.

전체 백업 (Full Backup)	- 전체 시스템이나 전체 하드 디스크, 또는 파티션 등 백업 대상을 모두 백업함 - 간단하고 확실하지만 변경되지 않은 데이터도 백업하므로 데이터 공간 효율성이 떨어짐
증분 백업 (Incremental Backup)	- 전체 백업 이후 변경된 데이터만 백업함 - 복구를 위해서는 전체 백업과 변경된 데이터 모두가 있어야 복원할 수가 있음
차등 백업 (Differential Backup)	- 전체 백업 이후 변경된 데이터만 백업하는 것은 증분 백업과 동일함 - 증분 백업은 백업할 때마다 별도의 백업 데이터가 생성되는 반면, 차등 백업은 지난번 백업에 이번 변경 데이터를 누적하여 백업 데이터를 생성하므로, 전체 백업 데이터와 가장 최근 백업 데이터만 있으면 전체를 복원할 수 있음

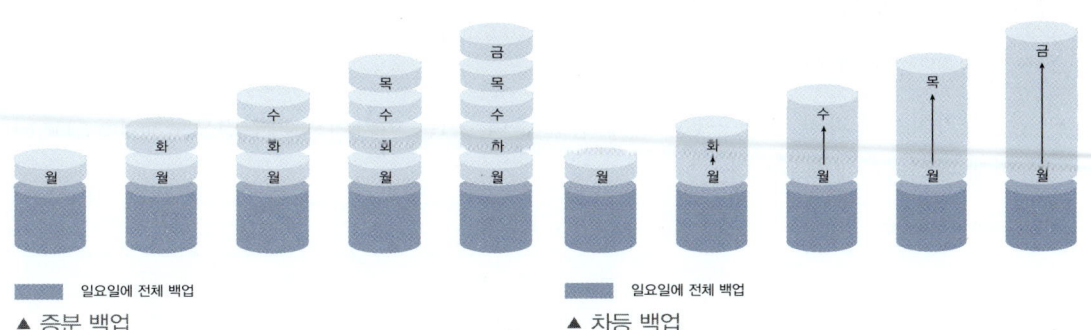

일요일에 전체 백업

▲ 증분 백업

일요일에 전체 백업

▲ 차등 백업

⑤ **백업의 압축과 암호화를 할 것인가?**

- 백업 데이터를 네트워크로 전송할 때 대역폭을 절약하거나 제한된 백업 매체의 용량을 최대한으로 이용하기 위해 압축을 고려할 수 있다.
- 백업 데이터에 개인 사용자 정보나 민감 정보가 포함되어 있을 때 암호화를 고려할 수 있다. 암호화에 사용하였던 키는 보관, 유실, 교환 등 유의해야 한다.

⑥ **백업을 어떻게 검증할 것인가?**

- 주기적으로 백업 데이터를 모의로 복원해 보고 백업 유틸리티 등 도움을 받아 백업 파일이 올바른지 확인하는 전략이 필요하다.

⑦ **백업 유틸리티 및 서비스**

- 사용자의 개입이 실수를 유발할 가능성을 항상 내재한다. 오픈소스 백업 유틸리티 등을 이용하여 자동화된 백업 서비스를 직접 구축하거나 신뢰할 만한 백업 솔루션을 도입하는 전략을 고려해 볼 수 있다.

02 파일 백업

1) tar

① **설명**

- tar 명령어는 여러 파일을 모아 아카이브 파일(Archive File)★을 생성하거나, 반대로 아카이브 파일로부터 원래 파일들을 추출할(Extract) 때 사용하는 명령어이다.
- 또한 압축 기능을 지원하여 디스크의 공간을 적게 차지한다.

> 📝 **기적**의 TIP
>
> ★아카이브(Archive) : 메타 데이터를 포함하고 있는 여러 파일에 대한 묶음이다. 여러 데이터를 하나의 파일로 만들 수 있어 파일의 관리가 편리하고 압축을 하면 디스크상 용량을 절약할 수 있다.

② **전체 백업(Full Backup)**

- -c는 아카이브의 생성, -v는 상세 정보 출력, -f는 아카이브 파일명 지정, -p는 접근 권한 유지를 의미하며 /path/to/dir의 모든 파일과 디렉터리를 묶어 archive.tar.gz를 생성한다. -v 옵션과 -p는 백업을 위한 필수 옵션은 아니다.

```
$ tar -cvfp archive.tar /path/to/dir
```

- -x는 아카이브의 파일 추출, -v는 상세 정보 출력, -f는 아카이브 파일명으로 archive.tar.gz을 현재 디렉터리에 복원한다.

```
$ tar -xvf archive.tar
```

• tar로 백업 시 −z 이나 −j 옵션 등을 사용하여 .gz이나 .bz2 형식으로 tar를 압축할 수도 있다.

```
$ tar −cvzfp archive.tar.gz /path/to/dir

또는

$ tar −cvjfp archive.tar.gz /path/to/dir
```

• .gz이나 .bz2 형식의 tar파일을 복원할 때에도 마찬가지로 −z이나 −j 옵션을 사용하면 된다.

```
$ tar −xvzf archive.tar.gz

또는

$ tar −xvjf archive.tar.bz2
```

③ 증분 백업(Incremental Backup)

• −g 옵션을 사용하여 변경된 파일 및 디렉터리 정보를 스냅샷으로 보관할 수 있다. 스냅샷 파일을 통해 tar를 만들 때마다 변경된 사항만 tar로 묶어 증분 백업을 수행할 수 있다. 이전 백업 파일이 없는 최초 백업 파일을 특별히 레벨 0(Level 0) 백업이라고 한다.

```
$ tar −g snapshot −cvfp archive−level0.tar /path/to/dir
```

• 레벨1 백업 시에는 기존에 생성된 레벨 0 백업의 스냅샷 파일을 통해 변경된 사항만 archive−level1.tar 백업 파일을 생성한다.

```
$ tar −g snapshot −cvfp archive−level1.tar /path/to/dir
```

• 레벨2 백업 시도 마찬가지로 기존에 생성된 레벨 1 백업의 스냅샷 파일을 통해 변경된 사항만 archive−level2.tar 백업 파일을 생성한다.

```
$ tar −g snapshot −cvfp archive−level2.tar /path/to/dir
```

• 복원 시에는 백업한 순서대로 복원하면 된다.

```
$ tar −xvf archive−level0.tar −C /
$ tar −xvf archive−level1.tar −C /
$ tar −xvf archive−level2.tar −C /
```

2) cpio

• 아카이브로 파일을 복사하거나 아카이브에서 파일을 추출할 때 사용한다.
• cpio 파일 포맷뿐만 아니라 tar 파일 형식도 지원한다. 지원하는 아카이브 형식은 바이너리, ASCII, HP−UX 바이너리, tar 형식이나.
• 아카이브에서 파일을 추출할 때 자동으로 파일 형식과 시스템의 바이트 오더(Byte−order)★를 인지한다.

★바이트 오더(Byte-order) : 컴퓨터 메모리상에 연속된 데이터를 배열하는 방법을 의미하며 엔디언(Endianess)이
라고도 한다. 대표적으로 큰 자리가 먼저 나오는 빅 엔디언(Big-endian)과 작은 자리가 먼저 나오는 리틀 엔디언
(Little-endian)으로 나눌 수 있다.

- tar와 cpio는 유사한 기능이지만, 태생적으로 tar는 많은 파일을 하나의 파일로 아카이브하기 위한 목적으로 개발되었고, cpio는 하나의 디렉터리에서 다른 디렉터리로 파일을 복사하기 위한 목적으로 개발되었다.
- 파일 시스템을 직접 접근하지 못하고 표준입력(STDIN)으로 입력을 받으며, 증분 백업이 불가하다.
- 또한 파일을 복사할 때 Copy-out 모드, Copy-in 모드, Copy-pass 모드 3가지가 있다. 백업 시에는 Copy-out 모드와 Copy-in 모드가 사용되고 파일 복사 시에는 Copy-pass 모드가 사용된다.
- 형식
  - Copy-out 모드 : name-list의 파일을 대상으로 아카이브를 생성
  - Copy-in 모드 : 아카이브에서 파일들을 추출
  - Copy-pass 모드 : name-list의 파일 지정한 디렉터리로 복사

```
〈Copy-out 모드〉
cpio -o 〈 name-list 〉 archive
〈Copy-in 모드〉
cpio -i 〈 archive
〈Copy-pass 모드〉
cpio -p destination-directory 〈 name-list
```

- 옵션

-o, --create	Copy-out 모드로 실행
-i, --extract	Copy-in 모드로 실행
-v, --verbose	처리 중인 파일들의 목록을 출력
-c	--H newc 명령어와 동일하며 SVR4 형식을 사용 - 기존 ASCII 형식으로 지정하기 위해서는 -H odc 옵션을 사용
-d, --make-directories	디렉터리를 생성
-t, --list	입력으로 들어오는 목록을 출력
-F, --file	표준 입력이나 표준 출력을 사용하지 않고, 아카이브할 파일을 지정할 때 사용

−B	− −−B 옵션을 사용하지 않으면 기본값인 512바이트 단위로 파일 복사가 이루어짐 − −−B 옵션을 사용하면 그의 10배인 5120바이트 단위로 복사가 이루어짐
−H, −−format	− 아카이브할 포맷 형식을 지정 − bin, odc, newc, crc, tar, ustar, hpbin, hpodc와 같은 포맷을 지정할 수 있음
−p, −−pass−through	Copy−pass 모드로 실행
−0, −−null	− 개행문자(Newline)가 아닌 null 문자로 종료되는 파일목록을 읽음 − find 명령어는 null 문자로 종료되는 파일 목록을 출력한다. 이때 이 옵션으로 파일을 받을 수 있음

- Copy−out 모드 주요 예제
  - 현재 경로의 모든 파일을 지정한 경로에 backup.tar를 생성한다. 파일 형식은 tar이다. 리다
    이렉션 대신 −F 옵션을 사용하여 파일을 지정할 수도 있다.

```
$ ls | cpio −ov −H tar 〉 home/test−account/backup.tar
```

- Copy−in 모드 주요 예제
  - backup.cpio 에서 파일들을 추출한다.

```
$ cpio −iv 〈 home/test−account/backup.cpio
```

  - backup.cpio 내의 파일 목록만을 출력한다.

```
$ cpio −ivt 〈 home/test−account/backup.cpio
```

- Copy−pass 모드 주요 예제
  - find로 찾은 파일 목록을 new−dir에 복사한다. find 명령어의 −depth 옵션은 디렉터리 내
    의 파일을 먼저 열거함을 의미하고 −print0 옵션은 파일 목록을 null 종료 스트링으로 생성
    함을 의미한다. cpio 명령어의 −−null 옵션은 null 종료 스트링의 목록을 받는다는 의미이
    고 −p는 Pass−through임을 의미하고 −d는 지정한 디렉터리로 복사함을 의미한다.

```
% find . −depth −print0 | cpio −−null −pvd new−dir
```

03 파일 시스템 및 디스크 백업

1) dump

- 주로 파티션 단위로 백업할 때 사용하는 명령어이다.
- 형식

```
dump [options] [backup_device] [backup_file_or_device]
```

- 옵션

−0∼9	− 레벨을 지정 − 0 단계는 전체 백업이며 1 단계부터는 부분 백업을 의미
−f	백업할 장치나 파일을 지정
−u	dump 완료 후 /etc/dumpdates라는 파일에 백업 정보를 기록

- 주요 예제
  - /dev/hda7 전체를 백업하여 backup.dump를 생성한다. 백업 정보는 /etc/dumpdates에 기록한다.

```
$ dump −0u −f backup.dump /dev/hda7
```

  - /home 디렉터리 전체를 /dev/nst0이라는 장치에 백업한다.

```
$ dump −0f /dev/nst0 /home
```

2) dd

- dd 명령어는 지정한 장치를 지정한 형식으로 변환하는 명령어이다. 보통 파티션이나 디스크 단위로 백업하는 용도로도 사용된다. 또는 CD 장치에서 ISO 이미지를 추출할 때도 사용된다.
- 형식

```
dd [option] …
```

- 옵션

if	표준 입력 대신에 지정한 파일이나 장치에서 읽음
of	표준 출력 대신에 파일이나 장치로 씀
bs	− 블록을 읽거나 쓸 때 크기를 지정 − 바이트 단위

- 주요 예제
  - /dev/sda1 장치를 /dev/sdb1 장치로 백업한다. 블록 크기는 1KB로 설정한다.

```
$ dd if=/dev/sda1 of=/dev/sdb1 bs=1k
```

  - /dev/sda 장치를 홈디렉터리의 disk.img 파일로 백업한다.

```
$ dd if=/dev/sda of=~/disk.img
```

3) restore

- dump 명령으로 생성한 백업 파일을 복원할 때 사용한다.
- 형식

```
restore [option] backup_name
```

- 옵션

-i	대화 모드를 통하여 복원할 파일을 지정
-f	- 복원할 파일을 지정 - 테이프(/dev/st0)나 디스크(/dev/sda1)같은 장치일 수도 있음
-r	- 파일 시스템을 복원 - 파일 시스템은 미리 마운트가 되어 있어야 함 - 보통은 0번 레벨의 전체 백업 이미지를 먼저 복원하고, 다음 차례대로 1, 2, … 레벨의 증분 백업 이미지를 복원

- 주요 예제
  - backup.dump 파일을 복원한다.

```
$ restore -rf backup.dump
```

  - 대화 모드에서 backup.dump 파일을 복원한다. ls 명령은 백업 파일의 내용을 살펴볼 수 있게 하는 명령어이고, extract는 복원하는 명령어이다.

```
$ restore -if backup.dump
restore > help
Available commands are:
        ls [arg] - list directory
        cd arg - change directory
        pwd - print current directory
        add [arg] - add 'arg' to list of files to be extracted
        delete [arg] - delete 'arg' from list of files to be extracted
        extract - extract requested files
        setmodes - set modes of requested directories
        quit - immediately exit program
        what - list dump header information
        verbose - toggle verbose flag (useful with "ls")
        prompt - toggle the prompt display
        help or '?' - print this list
```

04 네트워크 백업

1) rsync

- 네트워크로 연결된 리모트 컴퓨터의 파일들을 동기화하는 도구이며 속도가 빠르다.
- 로컬 컴퓨터와 다른 원격의 호스트, 원격 셸, rsync 데몬 간 파일 복사가 가능하다.
- 다양한 옵션을 제공하고 복사할 파일 목록을 지정하기 위한 유연한 방식을 제공한다.
- 전송할 파일과 원격지의 파일 간 차이점을 계산하여 전송하는 델타 전송(Delta-transfer) 알고리즘을 적용해 네트워크 전송 속도를 비약적으로 향상시키고 있다.
- 우수한 성능으로 반복되는 백업이나 미러링 등의 작업에 사용된다.

기능	설명
다양한 속성 복사	파일 링크, 장치, 소유자, 그룹, 접근 권한 복사 지원
제외 기능	GNU tar와 유사하게 제외 기능 제공
예외 기능	CVS의 무시 기능과 동일한 CVS 파일 예외 기능 제공
원격 셸	ssh, rsh와 같은 원격 셸 지원
사용자 권한	파일 복사를 할 때 루트 권한 불필요
파이프라인 전송	지연 시간 최소화를 위한 파이프 라인을 통한 파일 전송
익명 및 사용자 인증	미러링에 최적화된 익명(Anonymous)이나 사용자 인증 로그인이 가능한 rsync 데몬 제공

- 형식

```
$ rsync [option] source destination
```

- 옵션

-r, --recursive	지정한 디렉터리의 모든 파일 및 하위 디렉터리까지 복사
-l, --links	파일에 대한 링크를 그대로 보존하여 복사
-p, --perms	사용자 접근 권한을 그대로 보존하여 복사
-t, --times	파일 수정 시간을 원격지에 전송해 파일 복사 시 보존되도록 함
-g, --group	그룹 소유권을 그대로 보존하여 복사
-o, --owner	루트 사용자만이 가능하며 소유자를 그대로 보존하여 복사
-D, --devices, --specials	원격지의 캐릭터와 블록 디바이스, 소켓, FIFO 등 장치, 특수 파일로 복사 가능하게 하며, 루트 권한이 필요함
-H, --hard-links	하드 링크를 보존
-a, --archive	-rlptgoD와 동일한 옵션이며 여러 파일을 하나로 묶는 아카이브 모드로 동작

$-v, --verbose$	파일 복사 과정에 대한 상세한 정보를 출력
$-u, --update$	파일 수정 시간을 기준으로 판단하여 전송할 파일보다 최신 파일이 존재하는 경우 파일 전송을 건너뜀
$-z, --compress$	파일을 전송할 때 데이터를 압축해서 보내며, 네트워크 트래픽을 줄일 수 있기 때문에 대역폭이 작은 네트워크에서 사용하면 유리함
$-b, --backup$	백업할 때 동일한 파일이 존재하는 경우에 이름을 변경하거나 특정 디렉터리로 옮기거나 삭제할 수 있으며, 기본은 ~를 붙여서 이름을 변경
$-e, --rsh$	원격지와 연결할 프로그램을 지정하고, 기본값은 ssh이며 이를 대체할 수 있는 프로그램을 지정할 수 있음

• 주요 예제

– /home의 모든 파일을 속성까지 동일하게 원격지 francis 호스트의 public_html에 복사한다. 파일을 전송하는 사이 압축해서 보낸다.

```
$rsync -avz /home francis:public_html/
```

01 다음은 GRUB 패스워드를 설정하는 과정의 일부이다. ( ) 안에 들어갈 내용으로 알맞은 것은?

```
$ grub2-mkpasswd-pbkdf2
Enter password:
Reenter password:
PBKDF2 hash of your password is grub.
pbkdf2.sha512.10000.10479EF9336E9F9B
0BE733C24FE4B3A1363D26D1218ED1A8
EFFFD30E488B56EEC3CB0CA73A144E5
3D6176007BB8E3BB0BAF819583ECB6B
B7907036B42A0281FB.8E239876F5ABCA
54A1837FF7B63289A86BA6496B29D3
ABD45DE17805A069768FCD2268E248
BA50F4FFA515F6D442DF303FCC7BBA
96F9D85C22E543635C8AC5D
# vi /etc/grub.d/40_custom

#!/bin/sh
exec tail -n +3 $0
# This file provides an easy way to add
custom menu entries.  Simply type the
# menu entries you want to add after this
comment.  Be careful not to change
# the 'exec tail' line above.
set superusers="root"
(              ) root grub.pbkdf2.sha512.10
000.10479EF9336E9F9B0BE733C24FE4
B3A1363D26D1218ED1A8EFFFD30E488B
56EEC3CB0CA73A144E53D6176007BB8
E3BB0BAF819583ECB6BB7907036B42A02
81FB.8E239876F5ABCA54A1837FF7B63289
A86BA6496B29D3ABD45DE17805A069768
FCD2268E248BA50F4FFA515F6D442DF30
3FCC7BBA96F9D85C22E543635C8AC5D
```

① password_pbkdf2
② password
③ password_sha512
④ password_pbkdf2_sha512

암호화되지 않은 패스워드를 사용한 경우 password_pbkdf2 대신 password를 사용한다.

02 커널 메시지 중 에러 이상의 메시지만을 ihduser 사용자의 터미널에 나타나도록 rsyslog.conf 파일에 설정하는 내용으로 알맞은 것은?

① kern.err   ihduser
② kern.crit   @ihduser
③ @ihduser   kern.err
④ ihduser   kern.crit

설정 파일의 각 Rule은 Selector와 Action으로 구분된다. Selector는 다시 Facility와 Priority로 구성되고 Action은 Selector에 의해 선택된 로그에 대한 액션을 지정한다. 보통은 로그 파일을 지정한다.

03 다음 ( ) 안에 사용 가능한 명령어로 알맞은 것은?

```
# ls . | (    ) > home.backup
```

① tar 명령과 옵션
② cpio 명령과 옵션
③ dump 명령과 옵션
④ rsync 명령과 옵션

ls . 명령의 결과를 표준 입력으로 받을 수 있는 명령은 cpio뿐이다.

04 다음은 tar 명령을 이용해서 증분 백업(Incre-mental Backup)하는 과정이다. 복원 순서를 고르시오.

```
# tar list −cvfp home.tar /home
# tar list −cvfp home2.tar /home
# tar list −cvfp home3.tar /home
# tar list −cvfp home4.tar /home
```

① home.tar → home2.tar → home3.tar → home4.tar
② home4.tar → home3.tar → home2.tar → home.tar
③ home.tar → home3.tar → home2.tar → home4.tar
④ home.tar → home2.tar → home4.tar → home3.tar

증분 백업은 백업한 순서대로 복원하면 된다.

05 다음 설명에 사용할 수 있는 명령어로 알맞은 것은?

> Project 그룹에 속해있지 않은 ihduser에서 Project 그룹 소유의 document 파일에 쓰기 권한(w)이 가능하도록 설정한다.

① setfacl −m u:ihduser:w document
② setfacl −x u:ihduser:w document
③ setfacl −m g:ihduser:w document
④ setfacl −x g:ihduser:w document

리눅스의 기본 허가권은 파일에 대한 소유자, 그룹, 다른 사용자에 대해서만 허가권을 지정할 수 있다. 해당 그룹에 속하지 않은 사용자가 그룹 소유의 파일에 접근 가능하게 하려면 setfacl 명령의 −m 옵션을 통해 ACL을 설정해야 한다.

06 다음 설명에 해당하는 백업 도구로 가장 알맞은 것은?

> 로컬 컴퓨터와 다른 원격의 호스트, 원격 셸 간 파일 복사가 가능하다. 전송할 파일과 원격지의 파일간 차이점을 계산하여 전송하는 델타 전송(Delta−transfer) 알고리즘을 적용해 네트워크 전송 속도를 비약적으로 향상시키고 있다. 우수한 성능으로 반복되는 백업이나 미러링 등의 작업에 사용된다.

① dd
② cpio
③ rsync
④ dump

rsync는 두 대의 호스트에 저장된 파일을 서로 동기화하는 서버로 백업을 위해서도 유용하게 사용되는 명령이다.

07 다음 설명에 해당하는 보안 기능으로 알맞은 것은?

> 리눅스는 root 권한을 획득하면 시스템의 모든 제어가 가능하다는 점이 때로는 심각한 보안 위협으로 다가오기도 한다. 보통은 root 권한으로 실행하는 데몬을 최소로 유지하지만, 잘 알려진 포트(Well−known Port)의 경우 root만 사용할 수 있어 어쩔 수 없이 root 권한을 사용할 수밖에 없다. 이를 해결하기 위해 root 권한이라 하더라도 미리 지정한 권한으로 리소스를 접근 가능하게 하는 강력한 강제 접근 제어가 필요하다.

① Nessus
② GnuPG
③ John the Ripper
④ SELinux

SELinux는 강제 접근 제어(MAC)를 포함한 접근 제어 보안 정책을 지원하는 리눅스 커널 보안 모듈이나.

08 다음 중 각 계정에 대한 마지막 로그인 정보를 확인할 수 있는 명령으로 알맞은 것은?

① last
② lastb
③ lastlog
④ dmesg

lastlog는 각 계정에 대한 마지막 로그인 정보를 출력하는 명령이다.

09 다음 중 cat 명령으로 텍스트 모드로 열람이 가능한 로그 파일로 알맞은 것은?

① wtmp
② lastlog
③ btmp
④ secure

wtmp, lastlog, btmp를 열람하기 위해서는 전용 명령이 필요하다. wtmp는 last 명령이 필요하고, lastlog는 lastlog 명령이 필요하며, btmp는 lastb 명령이 필요하다.

10 다음 중 백업 대상이 되는 디렉터리의 조합으로 알맞은 것은?

| ㉠ /etc | ㉡ /tmp | ㉢ /usr | ㉣ /var |

① ㉠, ㉢, ㉣
② ㉠, ㉡, ㉢
③ ㉡, ㉢, ㉣
④ ㉠, ㉡, ㉢, ㉣

/tmp는 임시 파일을 저장하는 디렉터리로 백업이 불필요하다.

11 다음 중 rsync 명령에 관한 설명으로 틀린 것은?

① 네트워크로 연결된 원격지의 파일들을 동기화하는 유틸리티이다.
② ssh나 rsh를 이용하여 전송 가능하고 root 권한이 필요하다.
③ rcp에 비해 처리속도가 우수하고 다양한 기능을 제공한다.
④ 로컬 시스템 백업 시에는 별다른 서버 설정 없이 사용이 가능하다.

rsync 명령은 root 권한이 불필요하다.

12 다음 중 dd 명령어에 대한 설명으로 틀린 것은?

① 파티션이나 디스크 단위로 백업할 때 사용한다.
② 백업할 때 복사할 블록 단위를 지정 가능하다.
③ CD 장치에서 ISO 이미지를 추출하는 경우 사용 가능하다.
④ 파일 단위로 백업 가능하다.

dd(Data Dumper) 명령어는 데이터를 블록 단위로 변환 혹은 복사하는 명령어이다. 파일 단위로 백업은 불가하다.

13 SSH(Secure Shell)의 설명으로 틀린 것은?

① 원격 복사(scp)를 지원한다.
② 안전한 파일 전송(sftp)를 지원한다.
③ 기본 사용 포트는 22이다.
④ rsh와 같은 원격 셸을 지원하지는 않는다.

SSH는 rsh와 같은 원격 셸을 지원한다.

14 다음 설명하는 내용에 알맞은 것은?

2004년 레이너 게르하르트(Rainer Gerhards)를 주축으로 오픈소스 프로젝트로 시작되었다. IP 통신을 통한 로그 기능 구현을 목적으로 하였다. 멀티 쓰레드를 지원하고, TCP, SSL, TLS, RELP 프로토콜을 지원하며, MySQL, PostgreSQL, Oracle과 같은 데이터베이스도 지원한다. 로그 목록 제한, 로그 필터링, 다양한 출력 포맷 기능을 제공한다.

① logrotate
② rsyslog
③ lastlog
④ vsyslog

rsyslog는 로그 기록과 관련된 리눅스 초기의 syslog를 대체하여 성능을 대폭 강화한 패키지로 멀티 쓰레드 지원, TCP 프로토콜 지원, SSL 및 TLS 지원, 데이터베이스 로그 관리 지원 등과 같은 다양한 기능을 지원한다.

15 다음 중 PAM(Pluggable Authentication Modules)의 control-flag 설명 중 틀린 것은?

① requisite : 이 플래그가 설정된 모듈의 체크는 반드시 성공되어야 하며, 실패의 경우 즉시 실패를 반환
② required : 이 플래그가 설정된 모듈의 체크는 반드시 성공되어야 하나 실패하더라도 즉시 반환하지 않고 동일한 module-type의 모듈 체크를 일부 수행 후 실패를 반환
③ sufficient : 이 플래그가 설정된 모듈의 체크가 성공하면 더 이상 나머지 모듈을 체크하지 않음
④ optional : 해당 모듈의 체크가 성공하든 실패하든 중요하지 않음

required 항목은 반드시 성공되어야 하나 실패하더라도 동일한 module-type의 모듈 체크를 일부가 아닌 모두 수행한다.

16 다음 중 가장 최근에 시스템이 재부팅된 정보를 두 개의 항목으로 출력하려 할 때 알맞은 명령은?

① lastb -2 reboot
② lastb -L 2 reboot
③ last -2 reboot
④ last -L 2 reboot

last는 /var/log/wtmp 정보를 참조하여 로그인, 로그아웃, 리부팅 이력을 확인하는 명령이다. -num 옵션을 사용하여 출력할 항목의 개수를 정할 수 있다.

17 다음 중 sudo에 관련된 설명이 아닌 것은?

① 특정 사용자 또는 특정 그룹에 root 사용자 권한을 가질 수 있게 하는 도구이다.
② 환경설정 파일을 편집할 때 전문 편집 도구인 vi 명령어를 사용하는 것이 안전하다.
③ 적용된 사용자는 'sudo 명령어' 형태로 실행하며 root 권한을 대행한다.
④ 환경설정 파일은 /usr/bin/sudo이다.

환경설정 파일을 안전하게 편집하기 위해서는 전용 편집 도구인 visudo를 사용하는 것이 안전하다.

18 다음 설명에 알맞은 것은?

시스템이 부팅할 때 커널 링 버퍼에 출력되었던 로그가 기록되는 파일로, 보통 커널 부트 메시지 로그라고 한다.

① /var/log/secure
② /var/log/lastlog
③ /var/log/wtmp
④ /var/log/dmesg

부팅 시 시스템에 의해 기록되는 로그는 커널 링 버퍼에 축적되고 최종적으로는 /var/log/dmesg 파일에 보관된다. 이 내용은 dmesg 명령어로 내용을 확인할 수 있다.

19 다음 각 명령어와 관계있는 파일 연결이 틀린 것은?

① lastlog : /var/log/lastlog
② dmesg : /var/log/dmesg
③ last : /var/log/tmp
④ lastb : /var/log/btmp

last 명령어는 /var/log/wtmp 정보를 참조하여 로그인, 로그아웃, 재부팅 이력을 확인한다.

PART

03

네트워크 및
서비스의 활용

파트 소개

이 파트는 리눅스에서 제공되는 주요 네트워크 서비스의 구조와 설정 절차를 실무 흐름에 맞춰 정리한다. 웹·파일·메일·DNS·가상화 등 핵심 서비스의 역할과 동작 방식을 비교해 이해하고, 서비스 간 연동 방법을 묶어서 보는 것이 효과적이다. 또한 네트워크 침해 유형과 대응 전략을 함께 학습해 서비스 운영과 보안을 하나의 축으로 연결한다. 시험에서는 서비스 설정 파일, 데몬 구조, 기본 포트가 반복적으로 출제되므로 각 서비스별 핵심 요소를 체계적으로 정리하는 것이 중요하다.

CHAPTER

01

네트워크 서비스

학습 방향

네트워크 서비스는 구조가 대부분 비슷하므로 웹 서비스의 기본 흐름(HTTP · DNS · 서버 동작)을 먼저 잡은 뒤, 각 서비스(Apache · FTP · SMTP · DNS · 가상화)의 설정 방식을 비교하면 정리가 훨씬 쉽다. 핵심 서비스들의 원리는 공통적이니, 웹 → 파일 → 메일 → DNS 순으로 묶어서 흐름을 익히고, 이후 배포판별 차이와 세부 옵션을 비교하는 방식이 가장 효율적이다.

웹 관련 서비스

빈출 태그 ▶ HTML, HTTP, URL, Apache, Nginx, PHP, WAS, DNS, 포트80, 상태코드200

▶ 합격 강의

01 웹의 개념과 구성요소

1) 웹의 개요

- 웹(Web ; World Wide Web)이란 컴퓨터, 프로그램 등 다양한 시스템이 인터넷으로 상호 연결되어 문서와 정보를 공유하는 서비스를 의미한다.
- 웹은 웹 브라우저(Web Browser)를 사용하여 하이퍼텍스트(Hypertext) 형식으로 구성된 웹 문서를 탐색하며, 이때 하이퍼링크(Hyperlink)를 참조한다.

하이퍼텍스트	- 링크(Link)를 이용하여 상호 연결된 문서로, 즉시 접근하여 자유롭게 참조할 수 있는 형식으로 구성됨 - 웹은 HTML(HyperText Markup Language)과 HTTP(HyperText Transfer Protocol)를 이용하여 구현됨
하이퍼링크	- 하이퍼텍스트 문서에서 문서, 이미지 등 모든 자료를 연결하고 가리킬 수 있는 참조 정보 - 보통 URL(Uniform Resource Locator) 형식으로 구성되며, 인터넷상에서 유일한 위치를 가리킴

2) 웹의 구성요소

① 웹 문서(HTML)

- HTML은 W3C(http://www.w3c.org)에서 주관하여 관리한다.
- .html 확장자를 가진 정적 HTML 문서와 .php, .jsp, .asp 등의 확장자를 가진 동적 문서로 구성된다.
- 동적 웹 문서는 PHP(PHP−Hypertext Preprocessor), 자바 서블릿(Java Servlet), 파이썬(Python) 등 웹과 함께 설치된 외부 모듈에 의하여 동적으로 생성된다.
- HTML 문서에 자바 스크립트(JavaScript)와 같은 웹 브라우저(웹 클라이언트)에서 실행되는 프로그램 루틴을 추가하여, 정적 문서의 제한된 기능을 보완할 수 있다.

② 웹 서버

- 웹 브라우저(웹 클라이언트)의 요청에 따라 웹 문서를 전달하는 서비스 프로그램으로 Apache, IIS, Nginx, GWS와 같은 다양한 종류의 웹 서버가 존재한다.

• 주요 웹 서버의 특징

Apache	– 아파치 재단이 주도하는 대표적인 오픈소스 웹 서버 – 사용자의 요청에 따라 별도의 프로세스 혹은 쓰레드를 생성하여 처리 – Loadable Module 기능을 제공하여 서버의 동작을 확장할 수 있음
IIS	– 마이크로소프트(Microsoft)가 개발 및 제공하는 웹 서버 – 마이크로소프트 ASP(Active Server Page)를 지원하며, GUI(Graphic User Interface) 기반의 관리 콘솔을 이용한 설정 및 관리가 편리함
Nginx	– NGINX사가 개발 및 제공하는 웹 서버로 비동기 이벤트 방식으로 동작 – 로드밸런스(Load Balance), HTTP 캐시(Cache), 리버스 프록시(Reverse Proxy) 등의 기능을 기본으로 제공
GWS	구글이 제공하는 웹 서버(Google Web Server)

• 초기의 웹 서버는 웹 문서를 전달하는 단순한 기능만을 제공하였으나, 최근의 웹 서버는 동적 페이지, 로그인 및 세션 관리, 다중 웹 호스팅, QoS(Quality of Service) 제한 등 다양한 기능을 자체 기능 혹은 확장 모듈을 이용하여 제공한다.

➕ 더 알기 TIP

마이크로 서비스 아키텍처(MSA ; Micro Service Architecture)
• 최근 많은 서비스들이 웹을 기반으로 동작하고 있으며, 이를 효과적으로 개발하고 운영하는 것이 중요하다. 이를 위해 여러 가지 개발 방법론과 설계 기법이 등장하였는데, 그 중 마이크로 서비스 아키텍처가 주목받고 있다.
• 마이크로 서비스 아키텍처는 전체 서비스를 작은 단위의 독립적인 서비스로 설계 및 구현한 후, 상호 연동하는 방식으로 서비스를 개발한다.

③ 웹 브라우저
• 웹 브라우저는 사용자의 요청을 웹 서버에 전달하고 필요한 HTML 문서 및 관련 컨텐츠를 전송 받아 사용자에게 표시한다.
• 대표적인 웹 브라우저 프로그램 및 주요 특징은 다음의 표와 같다.

파이어폭스 (Firefox)	– 모질라(Mozilla) 재단에서 개발한 오픈소스 웹 브라우저로 리눅스, 윈도우, macOS 등 다양한 운영체제에서 동작 – 게코(Gecko) 엔진을 기반으로 HTML을 해석하여 화면에 표시
크롬 (Chrome)	– 구글(Google)에서 개발한 웹 브라우저로 구글이 제공하는 다양한 서비스와 잘 연동됨 – 웹킷(Webkit) 엔진을 기반으로 HTML을 해석하여 화면에 표시
오페라 (Opera)	노르웨이의 오페라 소프트웨어 ASA(Opera Software ASA)에서 개발한 웹 브라우저로 탭브라우징 등을 최초로 선보였음
Microsoft Edge	– 마이크로소프트 윈도우에 기본 탑재된 웹 브라우저 – ActiveX 컨트롤을 사용하지 않고 HTML5를 기반으로 동작
사파리(Safari)	애플 macOS에 기본 탑재된 웹 브라우저

- 최근 웹 브라우저는 북마크, 다운로드 목록 관리, 검색엔진 설정 등의 기능을 기본 제공하며, 제3자(3rd Party)가 개발한 부가기능 모듈을 추가하여 사용할 수 있다.
- 웹 브라우저가 제공하는 개발자 도구(Developer Tools)를 사용하여 웹의 동작 방식과 내부 구조를 분석할 수 있다.

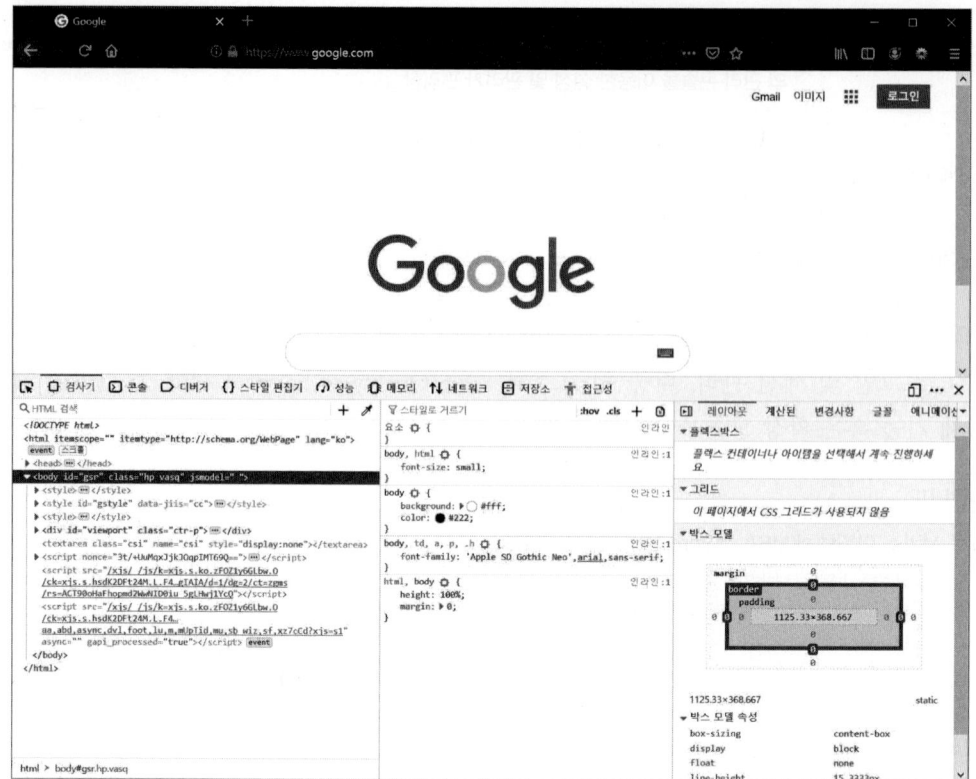

▲ 파이어폭스의 개발자 도구

④ HTTP 프로토콜(HTTP Protocol)

- 웹 브라우저와 웹 서버가 상호 통신하기 위해 사용하는 프로토콜로, 데이터를 요청 및 전송하기 위해 사용하는 표준 규약이다.
- HTTP 프로토콜의 세부 설명은 '**02** 웹의 동작 원리와 HTTP 프로토콜'을 참고한다.

➕ 더 알기 TIP

REST(Representational State Transfer)
- 자원(Resource)을 URI(Uniform Resource Identifier)로 명시하고 HTTP의 주요 메소드(Method)인 GET, POST, PUT, DELETE 등을 이용하여 처리하는 방식이다.
- 특히 웹을 기반으로 한 서비스들의 주요 기능을 호출하고 상호 연동하기 위한 표준 프로토콜로 많이 사용된다.

3) 웹의 발전 동향

- 정적 HTML 중심의 단순한 웹, 웹을 중심으로 한 서비스 플랫폼, 지능형 웹까지 시대별 웹의 발전 동향을 정리하면 다음의 표와 같다.

웹 1.0	– 1990년대의 정적 HTML 중심의 웹 – 웹 사이트를 체계적으로 분류한 디렉터리를 이용하여 자료를 검색
웹 2.0	– 2004년 오라일리(O'Reilly)가 주창한 참여, 공유, 개방 중심의 웹 – 위키피디아(Wikipedia)와 같은 집단지성을 활용한 서비스가 등장 – 웹이 서비스 플랫폼으로 확장되는 계기가 됨
웹 3.0	– 시멘틱 웹(Semantic Web) 기술을 기반으로 컴퓨터에 의해 정보를 처리하여 제공하는 지능형 웹 – 자원을 관계와 의미 정보로 처리할 수 있는 온톨로지(Ontology)로 표현하고, 사용자에게 맞춤형 콘텐츠 및 서비스를 제공한다.

➕ 더 알기 TIP

웹과 관련된 주요 용어

- 크로스 브라우징(Cross Browsing) : 웹 표준 기술을 활용하여 인터넷 익스플로러 · 크롬 · 사파리 등 브라우저 종류와 상관없이 동일한 정보를 제공하는 방식으로, 국내에서는 최소 3종 이상의 브라우저 지원을 권장
- 반응형 웹(Responsive Web) : 데스크톱(PC)과 모바일 장치 등 서로 다른 해상도 환경에 맞춰 웹 콘텐츠가 자동으로 조정되도록 구현하는 방식이며, HTML5와 CSS3를 주요 기술로 사용
- HTML5 : W3C가 제정한 차세대 HTML 표준으로, 구조적 웹 개발과 멀티미디어 재생, 비동기 기능 구현을 위한 다양한 태그(Tag)와 API(Application Programming Interface)를 포함

② 웹의 동작 원리와 HTTP 프로토콜

1) 웹의 동작 원리

① 웹의 기본 구조

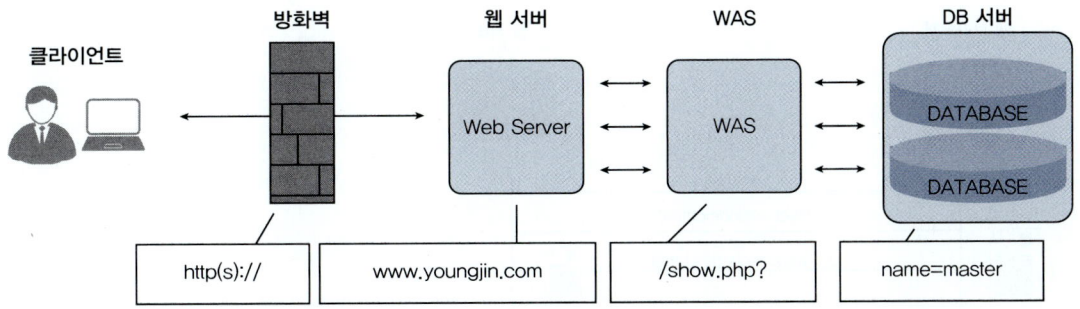

- 웹 서비스를 위한 서버 측의 구성은 기본적으로 방화벽, 웹 서버, WAS(Web Application Server), DB(Database) 서버로 구성된다.

- 웹 서비스의 구성 항목

방화벽 (Firewall)	– 네트워크를 이용한 악의적인 공격으로부터 내부망(Internal Network)과 내부 시스템을 보호하기 위한 보안 장비 – 주로 IP 주소와 포트(Port) 번호를 기반으로 서비스 접속의 허가 여부를 결정
웹 서버 (Web Server)	– HTTP 프로토콜을 이용하여 웹 클라이언트의 요청을 처리하고 응답 – 사용자의 요청에 빠르게 응답하며, 최적의 UI(화면구성)를 제공하는 것을 목적으로 함
웹 응용 서버 (WAS)	– 웹 기반 서비스의 응용(Application) 역할을 담당 – 웹 서버와 응용 서버를 분리하여 구성하므로, '사용자 요청에 대한 응답에 최적화된 웹 서버'의 장점과 '복잡한 로직을 처리하고 기능의 확장에 유리한 응용 서버'의 장점을 모두 제공하게 됨
DB(DataBase) 서버	서비스를 위한 주요 데이터(Data), 사용자 데이터 등을 저장하고 관리

② 웹 브라우저에 웹 페이지가 표시되는 과정

- 사용자가 'http://www.youngjin.com/show.php?name=master'와 같은 URL을 웹 브라우저의 주소창에 직접 입력하거나, 링크(Link)를 클릭한다.
- DNS(Domain Name System) 조회(Query)를 통하여 www.youngjin.com을 IP 주소로 변환한다.
- TCP의 3way-handshaking 연결 방식으로 웹 서버에 연결하며, 일반적으로 80 포트를 이용한다. 만일 HTTPS일 경우 443 포트를 이용하여 접속한다.
- HTTP 프로토콜을 이용하여 웹 서버에 '/show.php?name=master'를 요청(Request)한다.
- show.php는 서버에서 실행되는 기능으로, 관련 기능에 따라 WAS와 상호 연동한다. 이때, 필요할 경우 데이터베이스의 정보를 이용한다.
- 웹 서버는 최종 정보를 웹 브라우저에 응답(Response)하고, 웹 브라우저는 전송받은 내용을 표시한다.
- TCP의 4way-handshaking 연결 종료 방식으로 웹 서버와의 연결을 종료(Close)한다.

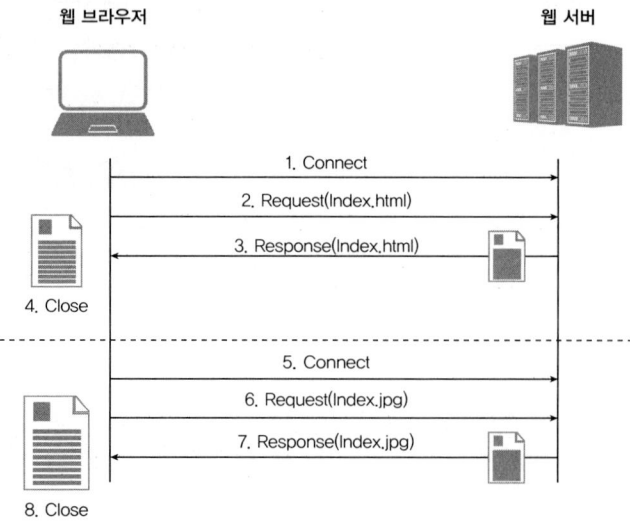

▲ 웹 브라우저의 웹 서버의 통신 방식(index.html과 index.jpg 요청 및 응답)

➕ 더 알기 TIP

HTTP v1.1의 Keep-Alive 기능 확인

- HTTP v1.0은 연결을 유지하지 않는 비연결성(Stateless) 방식으로 동작하며, HTTP 프로토콜을 이용하여 정보를 주고받은 후 연결을 종료한다. 따라서, 이미지 등 다양한 콘텐츠로 구성된 HTML을 표시하기 위해 여러 번 연결 및 연결 종료 과정을 거치게 된다.
- HTTP v1.1은 Keep-Alive라는 방식을 기본으로 지원한다. Keep-Alive는 특정 시간 동안 연결을 유지하며, 여러 개의 요청 및 응답을 처리하는 효율적인 방식이다.

2) HTTP 프로토콜

① HTTP(HyperText Transfer Protocol) 프로토콜

- 웹 클라이언트(HTTP Client, 웹 브라우저)와 웹 서버(HTTP Server) 사이에 데이터를 요청 및 전송하기 위한 표준 규약이다.

② HTTP 요청 메소드(Request Method)

- 클라이언트가 서버에게 데이터 및 관련 정보를 요청하기 위해 전달하는 명령어이다.
- HTTP의 주요 요청 메소드

GET	URL 형식으로 리소스(Resource) 데이터를 요청
HEAD	리소스의 헤더(Header) 정보를 요청하며, 서버는 응답 메시지로 본문(Body)을 제외한 헤더 정보만 사용
POST	– HTTP 요청을 헤더와 바디로 구분하여 사용하고, 요청할 내용을 바디에 담아 서버에 전송 – 주로, 폼(Form)문을 이용한 데이터 전송에 사용
PUT	새로운 문서를 만들거나 기존 정보를 갱신하기 위해 사용
DELETE	웹의 리소스(파일)를 삭제하기 위해 사용
CONNECT	프록시(Proxy)와 같은 중간 서버에 접속하기 위해 사용
TRACE	요청한 리소스가 수신되는 경로를 확인하기 위해 사용
OPTIONS	웹 서버가 제공하는 메소드를 확인하기 위해 사용

③ HTTP 응답과 응답코드(HTTP Response Code)

- 웹 클라이언트의 요청에 대한 응답 시, 웹 서버는 HTTP 프로토콜의 버전, 웹 서버 정보, 상태코드, 데이터 정보(Header 정보) 등을 함께 전송한다.
- 상태코드(Status Code)는 HTTP 규약(RFC 2616)에 정의된 값으로, 응답 정보 및 서버의 상태를 확인하는 데 사용할 수 있다.
- 상태코드의 세부 내용은 2025년 기준 'https://datatracker.ietf.org/doc/html/rfc2616#section-10'에서 확인할 수 있다.

• HTTP 상태코드는 총 다섯 갈래로 구분된다.

구분	상태코드	설명
HTTP 1xx (조건부응답, 정보교환)	100	Continue
	101	Switching Protocols
HTTP 2xx (성공)	200	OK(오류 없이 전송 성공)
	201	Created
	202	Accepted
	203	Non-Authoritative Information
	204	No Content
	205	Reset Content
	206	Partial Content
HTTP 3xx (리다이렉션)	300	Multiple Choices
	301	Moved Permanently
	302	Found
	303	See Other
	304	Not Modified
	305	Use Proxy
	307	Temporary Redirect
HTTP 4xx (요청오류)	400	Bad Request(클라이언트의 요청이 잘못되었음, 문법오류)
	401	Unauthorized(요청에 대한 권한이 부족함, 인증실패)
	402	Payment Required(결제가 필요한 요청)
	403	Forbidden(리소스에 대한 권한이 없음, 인가실패)
	404	Not Found(존재하지 않은 리소스를 요청하였음)
	405	Method Not Allowed(지정된 방식으로 요청할 수 없음)
	406	Not Acceptable
	407	Proxy Authentication Required
	408	Request Timeout(요청시간이 오래되어 연결을 끊음)
	409	Conflict

	410	Gone
	411	Length Required
	412	Precondition Failed
	413	Request Entity Too Large
	414	Request URI Too Large
	415	Unsupported Media Type
	416	Requested Range Not Satisfiable
	417	Expectation Failed
HTTP 5xx (서버오류)	500	Internal Server Error(서버 내부 오류)
	501	Not Implemented
	502	Bad Gateway
	503	Service Unavailable
	504	Gateway Timeout
	505	HTTP Version Not Supported

④ HTTP 헤더(Header) 구조

- HTTP 프로토콜의 요청과 응답은 헤더(부가 정보)와 바디(Body, 실제 데이터)로 구성된다.
- HTTP의 헤더와 바디는 개행 문자인 '\r\n'으로 구분된다. 즉, 헤더와 바디 사이에 한 개의 빈 줄(Line)이 존재한다.
- HTTP 헤더는 요청과 응답에 공통으로 사용되는 공통 헤더, HTTP 요청 헤더, HTTP 응답 헤더로 구분할 수 있다.
- HTTP 공통 헤더의 주요 항목

Date	HTTP 메시지를 생성한 일시로 RFC 1123을 따름 예 Date : Tue, 19 Nov 2019 04:13:24 GMT
Connection	Keep-Alive를 설정할 수 있음 예 Connection : keep-alive
Cache-Control	- Cache 속성을 설정 - no-store(캐시 지장히지 않음), no-cache(서버에 확인 후 캐시 사용), must-revalidate(만료된 캐시를 서버에 확인), public(공유 캐시에 저장), private(특정 사용자 환경에서만 저장), max-age(캐시 유효기간 명시) 등을 설정할 수 있음
Content-Type	- 이미지, 오디오, 텍스트 등 콘텐츠 종류를 지정 - 텍스트일 경우 문자 인코딩 방식을 지정할 수 있음 예 Content-Type : text/html; charset=utf-8

Content−Encoding	데이터의 압축 방식을 지정 예 Content−Encoding : gzip, deflate
Content−Length	전송할 데이터(Body)의 크기를 지정 예 Content−Length : 34

- HTTP 요청 헤더의 주요 항목

Method, URL, HTTP 버전	− GET, POST 등 HTTP 요청 메소드 − 요청하는 URL − HTTP 버전 정보 　예 Get /example/test.html HTTP/1.1
Accept	− 서버로부터 전송받고자 하는 콘텐츠의 마임(MIME) 타입을 지정하며, 이를 통해 웹 브라우저에 최적화된 타입의 데이터를 사용할 수 있음 − Accept−Charset(문자 인코딩 타입), Accept−Language(지원 언어), Accpet−Encoding(gzip과 같은 압축 형식) 등을 지정할 수 있음 　예 Accept : image/gif, image/png 　예 Accept−Languge : ko, en−US
If−Modified−Since	지정한 날짜 이후로 변경된 경우에만 수신하도록 지정 예 If−Modified−Since : Mon, 18 Jul 2016 12:15:00 GMT
User−Agent	웹 브라우저(웹 클라이언트)의 정보를 지정 예 User−Agent : Mozilla/5.0 (Windows NT 10.0; Win64; x64) Apple WebKit/537.36(KHTML, like Gecko) Chrome/78.0.3904.97 Safari/537.36
Cookie	웹 서버의 요청에 의해 클라이언트에 저장해 놓은 쿠키를 키와 값의 쌍으로 전송 예 대표적으로 Session ID가 있음
Host	대상 서버의 도메인 이름으로 포트 정보를 포함할 수도 있음 예 Host : www.youngjin.com
Origin	해당 요청이 어느 주소에서 시작되었는지 명시
Referer	− 이번 요청 이전의 페이지 주소를 지정 − 참고로 영문 철자는 Referrer가 맞으나 헤더 항목은 'Referer' 　예 Referer : https://www.google.com/

- HTTP 응답 헤더의 주요 항목

HTTP 버전, 응답코드	− HTTP 버전 정보 − HTTP 프로토콜에 정의된 응답코드 　예 HTTP/1.1 200 OK
Server	웹 서버의 정보를 명시 예 Server : Apache/2.2.24
Location	응답코드 301, 302 리다이렉션 상태에서 위치 정보를 지정

Set-Cookie	– 클라이언트에 저장할 쿠키 정보를 지정 – Expires(만료일), Secure(HTTPS에서만 사용), HttpOnly(스크립트에서 접근 불가), Domain(같은 도메인에서만 사용) 등을 함께 설정할 수 있음
Expires	해당 리소스의 유효 일시를 지정
Allow	응답코드 405 Method Not Allowed 상태에서 서버가 제공할 수 있는 HTTP 메서드를 지정

➕ 더 알기 TIP

웹의 동작 방식에 익숙하지 않다면, 웹 브라우저의 개발자 도구를 이용하여 웹 브라우저와 웹 서버의 동작을 확인할 수 있다. 리눅스 OS에 설치된 파이어폭스 브라우저의 '메뉴–개발자–네트워크' 항목에서 HTTP 요청과 응답 정보를 확인해 보자.

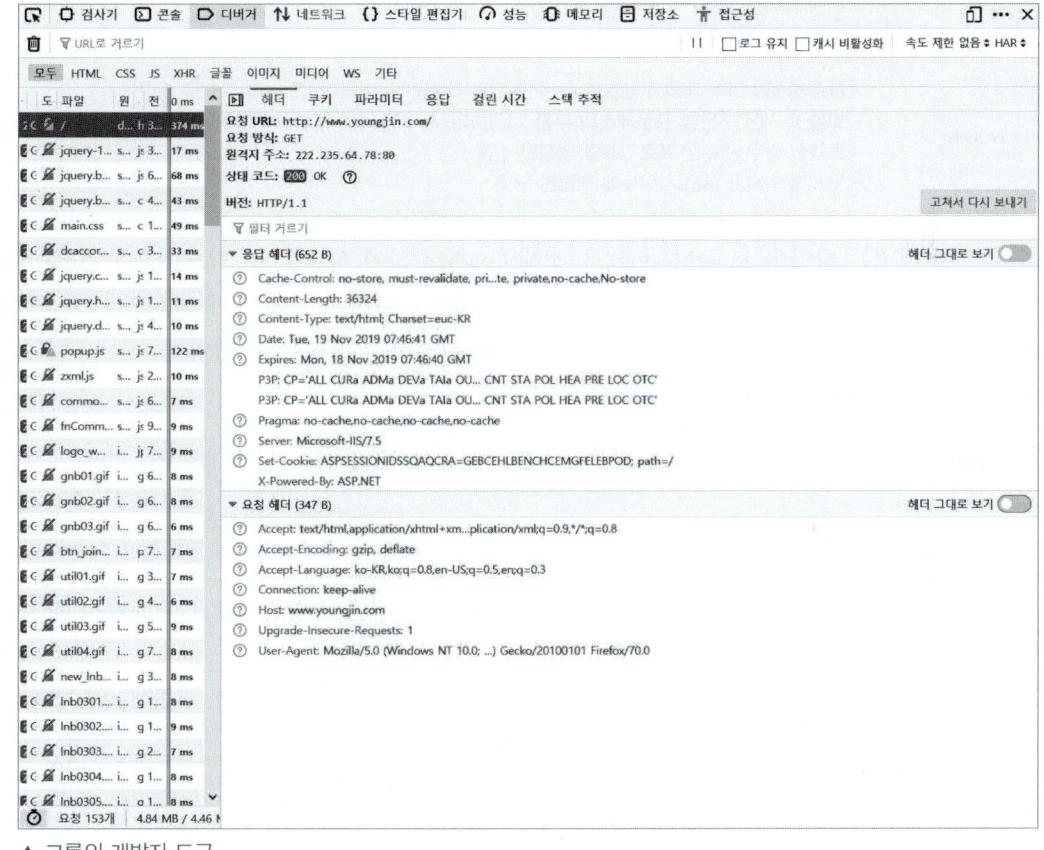

▲ 크롬의 개발자 도구

③ 웹 관련 서비스의 설치와 설정

1) 웹 서비스 구성을 위한 설치 목록과 고려사항

① 아파치(Apache) 웹 서버

- 아파치 웹 서버는 오픈소스로 제공되는 대표적인 웹 서버로 리눅스, 윈도우, macOS 등 다양한 운영체제에 설치하여 사용할 수 있다.

- 아파치 1.x는 프로세스 기반으로 동작하여, 하나의 사용자 요청을 하나의 프로세스가 담당하였다. 따라서 동시 접속자가 증가하면 프로세스의 수가 증가하여 시스템 성능에 영향을 준다.
- 아파치 2.x는 MPM(Apache Multi-Processing Module)을 지원하며, 프로세스(Process)와 쓰레드(Thread)를 이용하여 사용자 요청을 효과적으로 처리한다. MPM은 prefork와 worker의 두 가지 방식으로 클라이언트의 요청을 자식 프로세스들에게 할당한다.
- prefork 방식과 worker 방식의 특징

prefork	– 아파치 1.x와 같은 방식으로 하나의 프로세스가 하나의 쓰레드를 가짐 – 실행 중인 프로세스를 복제(Fork)하여 미리 동작시킨 후 클라이언트의 요청을 처리 – 쓰레드 간 메모리 공유를 하지 않으므로 상대적으로 안정적으로 동작하나 시스템 메모리를 많이 사용하는 구조 – 최대 1,024개의 자식 프로세스를 사용 – 리눅스의 기본 설정 방식
worker	– 프로세스당 여러 개의 쓰레드를 갖는 구조로, 각 쓰레드가 클라이언트의 요청을 처리 – 보통 초기에 구동할 프로세스의 수를 지정하며, 프로세스당 최대 쓰레드의 개수는 64개이며, 이를 초과할 경우 새로운 프로세스를 생성하게 됨 – 동시 접속자가 많은 사이트에 적합한 구조

- 아파치 웹 서버는 다양한 모듈(Module)을 적재(Loading)하여 사용할 수 있으며, 적재하는 방법은 정적인 방법과 동적인 방법으로 나뉜다. 아파치 2.x 버전은 동적 적재 방식만 지원하며, 시스템 자원을 효율적으로 사용하고 필요한 모듈을 편리하게 관리할 수 있다.
- 아파치 웹 서버의 모듈 적재 방법

구분	동작 방식	특징
정적 적재	– Static Object 방식 – 필요한 모듈을 아파치 웹 서버와 함께 컴파일한 후, 아파치 웹 서버의 시작 시 동시에 적재	– 필요한 모듈이 빠르게 동작 – 자주 사용하지 않는 모듈도 항상 적재되므로 시스템 효율이 떨어짐 – 새로운 모듈을 추가할 경우 컴파일 등 복잡한 과정이 필요함
동적 적재	– DSO(Dynamic Shared Object) 방식 – 아파치 웹 서버를 실행한 후, 사용자의 요청이 있을 경우 필요한 모듈을 적재	– 필요한 모듈을 원하시는 시점에 바로 적재할 수 있으며, 모듈의 추가 및 삭제가 편리함 – 모듈을 적재하는 시간이 필요하여, 사용자 요청에 대한 응답 시간이 다소 느려질 수 있음

➕ 더 알기 TIP

Apache 2.4부터 지원하는 Event MPM 방식은 클라이언트의 요청을 동작 중인 프로세스 혹은 쓰레드와 바로 연결하지 않고 '요청을 처리하는 별도의 쓰레드'를 이용하여 효율적으로 분산 처리하는 구조이다.

- 사용자별 맞춤 페이지, 게시판 등 다양한 서비스를 동적으로 제공하기 위하여, 일반적으로 PHP, MySQL 등을 함께 설치하여 사용한다. 이를 LAMP라고도 하며, Linux+Apache+MySQL+PHP를 함께 사용하는 환경을 의미한다. 최근에는 MySQL 대신 MariaDB를 이용하기도 한다.

② PHP(PHP–Hypertext Preprocessor)

- 웹 서비스의 로직을 구현하고 동적으로 웹 페이지를 생성할 수 있도록 고안된 스크립트 언어(Scripting Language)로 PHP Group에서 관리한다.
- PHP는 서버에서 실행되는 언어(Server–Side Script)이다.
- PHP는 DSO(Dynamic Shared Objects) 방식으로 동작한다.

③ MySQL

- MySQL은 관계형 데이터베이스(Relational Database) 관리 시스템이며, 유료 버전인 'MySQL Standard/Enterprise Edition'과 오픈소스 기반의 'MySQL Community Edition'이 있다.
- 오픈소스로 개발된 MySQL은 2008년 Sun Microsystems에 인수되었고, 2010년 Oracle Corporation이 Sun Microsystems을 인수하게 되어, 현재는 Oracle Corporation이 관리하고 있다. 이에 대한 오픈소스 진영의 활동에 의하여 MySQL에 기반한 MariaDB가 등장하였고, MySQL을 대체하는 추세이다.
- MySQL은 C, C++, JAVA, PHP 등 다양한 프로그래밍 언어를 위한 인터페이스를 제공하며, php–mysql 패키지를 이용하여 PHP와 연동할 수 있다.
- MySQL은 기본적으로 TCP 3306 포트를 이용하여 통신하며, PHP는 /tmp/mysql.sock 파일을 소켓(Socket)으로 이용하여 MySQL에 접속한다.

④ 웹 관련 서비스 컴파일 및 설치 시 고려사항

- 프로그램을 컴파일, 설치, 설정 및 운영하기 위하여 '관리자 권한'이 필요하다. 따라서, 'sudo 명령어' 혹은 'su 명령어'를 이용하여 관리자 권한으로 작업을 진행한다.

```
$ su −
Password:
[root@localhost ~]#
```

- 리눅스 배포판에 따라 아파치 웹 서버를 기본 포함하는 경우가 있다. 따라서 원활한 실습을 위하여 아파치 웹 서버의 설치 여부를 확인한 후 이를 제거한다.
- 아파치 웹 서버의 설치는 'httpd −v', 'rpm −qa | grep httpd'로 확인할 수 있다.

```
$ httpd −v
Server version: Apache/2.4.37
Server built:   Aug 17 2023 23:57:25



$ rpm −qa | grep httpd
...
httpd−2.4.37−62.module+el8.9.0+1436+2b7d5021.x86_64
...
```

- 아파치 웹 서버는 'systemctl status httpd 혹은 systemctl status httpd.service'로 서비스 실행 여부를 확인할 수 있고, 'systemctl stop httpd 혹은 systemctl stop httpd.service'로 서비스를 멈출 수 있다. 또한 'pkill −9 httpd'로 아파치 웹 서버의 데몬(Daemon)을 강제종료할 수도 있다.
- 아파치 웹 서버 패키지는 'yum remove httpd'로 제거할 수 있다.

```
$ yum remove httpd

...

Removing:

httpd     x86_64   2.4.37−62.module+el8.9.0+1436+2b7d5021  @appstream  4.3 M

...

Removed:

httpd−2.4.37−62.module+el8.9.0+1436+2b7d5021.x86_64

...


Complete!
```

- Apache, PHP, MySQL을 컴파일하기 위하여 컴파일러, 라이브러리, 헤더 파일 등 필요한 패키지를 설치해야 한다. 필요한 설치 패키지는 다음 내용을 참고한다.

➕ 더 알기 TIP

sudo와 dnf

- yum 명령어 실행 시 권한 관련 오류가 발생할 경우 sudo 명령어를 함께 이용한다. sudo 명령어는 다른 계정의 권한으로 명령을 실행할 수 있으며 특별한 옵션을 지정하지 않을 경우 기본으로 root 계정의 권한을 이용한다.
  − 오류 발생의 예 :
    $ yum remove httpd
    Error: This command has to be run with superuser privileges (under the root user on most systems).
  − sudo 명령을 함께 사용한 예 :
    $ sudo yum remove httpd
- 최근 리눅스는 yum과 함께 dnf를 함께 지원한다.
  − dnf(Dandified Yum)은 RHEL, CentOS, Rocky Linux와 같은 RPM 기반 리눅스 배포판을 위한 패키지 관리 도구로, yum의 낮은 성능과 종속성 문제 등을 개선한 도구이다.
  − dnf 명령을 사용한 Apache 설치 : $ sudo dnf install httpd
  − dnf 명령을 사용한 Apache 삭제 : $ sudo dnf remove httpd
- ※ 파트 03의 경우, 패키지(서비스)의 설치 및 관리에 yum을 주로 사용하고 있으나, 리눅스마스터 시험 문제 혹은 사지선다 항목 중에 yum과 dnf를 함께 이용할 수도 있으니 학습에 참고하기를 바란다.

```
$ yum −y install gcc pcre pcre−devel −−enablerepo=devel pcre−tools

...


Complete!
```

```
$ yum -y install perl-Data-Dumper openssl-devel cmake ncurses-devel gcc-c++
...

Complete!
```

```
$ yum -y install libxml2-devel libpng-devel
...

Complete!
```

- Apache와 PHP는 'configure → make → make install' 방식으로 소스코드를 컴파일 및 설치하여 사용할 수 있다. 특히 configure 시 다양한 속성을 설정할 수 있는데, './configure --help'로 세부 내용을 확인할 수 있다.
- MySQL은 'cmake → make install' 방식으로 소스코드를 컴파일 및 설치하여 사용할 수 있다.
- 일반적으로 'Apache → MySQL → PHP' 순으로 설치하며 동작을 확인한다.

+ 더 알기 TIP

소프트웨어[Apache, PHP, MySQL(MariaDB)]별 설치 방식 확인

- 소스코드를 이용한 방식
  - 소스코드 컴파일 및 설치 단계에서 필요한 기능을 세부적으로 설정할 수 있으며, 최신 변경 사항을 빠르게 반영할 수 있음
- 패키지 관리 프로그램 방식
  - 필요한 소프트웨어를 빠르고 편리하게 설치 및 운영할 수 있다. 일반적으로 패키지 관리 프로그램 방식을 많이 사용하고 있음
  - 다만, 실무 혹은 시험 대비를 위하여 프로그램을 컴파일 및 설치하는 데 사용하는 'configure, make 등'의 주요 옵션도 기억해 두는 것이 좋음
  - 단, 세부 옵션의 종류가 매우 많으므로 기출문제를 먼저 살펴본 후 학습 및 암기 대상을 적절히 선정해야 함

※ 본 도서에서는 시험의 범위와 학습 효율성을 고려하여 '적절한 버전의 소스코드, 패키지 및 구성옵션'을 선택하여 진행한다. 먼저, '소스코드를 이용하여 필요한 프로그램을 설치'하는 방법을 학습한 후, '패키지 관리 소프트웨어를 이용하여 필요한 프로그램을 다시 설치'하여 이후 과정을 진행하겠다.

- Apache, PHP, MySQL의 공식 사이트 및 소스코드 다운로드

구분	사이트 URL	대상 소스코드
Apache	http://httpd.apache.org	httpd-2.4.37.tar.bz2
PHP	http://www.php.net	php-5.6.31.tar.bz2
MySQl	http://www.mysql.com	mysql-boost-5.7.28.tar.gz

- 필요한 소스코드는 해당 홈페이지에서 다운로드하거나 wget 명령으로 직접 다운로드할 수 있다.
- wget은 'yum -y install wget'으로 설치할 수 있다.
- Apache : wget http://archive.apache.org/dist/httpd/httpd-2.4.37.tar.bz2
- PHP : wget https://www.php.net/distributions/php-5.6.31.tar.bz2
- MySQL : wget https://dev.mysql.com/get/Downloads/MySQL-5.7/mysql-boost-5.7.28.tar.gz

- 일반적으로 소스코드는 '/usr/local/src'에 다운로드하여 저장하며, 프로그램은 '/usr/local' 아래에 설치한다.
- 인터넷에서 소스코드 등을 다운로드할 경우, 임의의 변조 여부를 점검하기 위하여 MD5 해시값을 이용한다. 해시함수는 동일한 입력 데이터에 대하여 같은 해시값을 생성하므로, 이를 사용하여 데이터 변조 여부를 확인할 수 있다. 검증하는 방법은 'md5sum 함수를 이용하여 생성한 값을 사이트에서 제공하는 MD5값과 비교'하는 것이다.

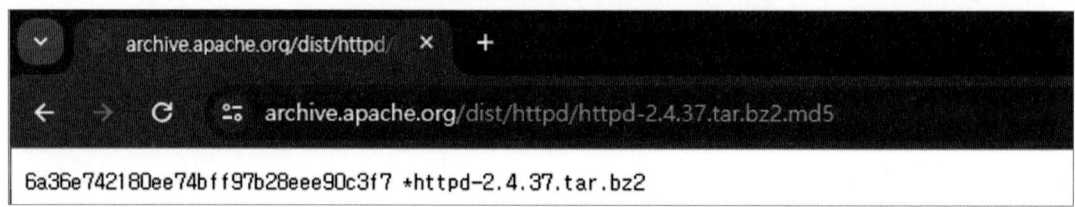

▲ 웹 브라우저에서 MD5 확인

```
$ ls
httpd-2.4.37.tar.bz2  httpd-2.4.37.tar.bz2.md5


$ cat httpd-2.4.37.tar.bz2.md5
6a36e742180ee74bff97b28eee90c3f7 *httpd-2.4.37.tar.bz2


$ md5sum httpd-2.4.37.tar.bz2
6a36e742180ee74bff97b28eee90c3f7  httpd-2.4.37.tar.bz2
```

2) 아파치 웹 서버 소스코드 컴파일과 설치

① APR(Apache Portability Runtime) 설치

- 설치하고자 하는 아파치 버전은 APR(Apache Portability Runtime)이 필요하므로, 이를 수동으로 설치한다.

```
$ wget http://mirror.apache-kr.org/apr/apr-1.7.4.tar.gz

...


$ tar xvfz apr-1.7.4.tar.gz

...


$ cd apr-1.7.4

...


$ ./configure --prefix=/usr/local/apr

...


$ make && make install

...
```

- 함께 설치할 apr-util은 expat-devel 라이브러리가 필요하므로, 'yum -y install expat-devel'로 먼저 설치 후 apr-util을 수동 설치한다.

```
$ yum -y install expat-devel

...


$ wget http://apache.mirror.cdnetworks.com/apr/apr-util-1.6.3.tar.gz

...


$ tar xvfz apr-util-1.6.3.tar.gz

...


$ cd apr-util-1.6.3

...


$ ./configure --with-apr=/usr/local/apr

...


$ make && make install

...
```

② 아파치 웹 서버 소스코드 준비

- wget 명령을 이용하여 아파치 웹 서버의 소스코드를 다운로드하고, tar 명령으로 압축을 해제한다. 만일 tar 명령을 이용한 압축 해제 시 bzip2 명령을 찾지 못할 경우, 'yum −y install bzip2' 명령으로 bzip2를 설치한 후 다시 시도한다.

```
$ wget http://archive.apache.org/dist/httpd/httpd−2.4.37.tar.bz2

...


$ tar xvfj httpd−2.4.37.tar.bz2

...
```

③ 소스코드 빌드 설정(Configure) 실행

- 압축을 해제한 소스 디렉터리로 이동한 후에 설정(Configure) 작업을 수행한다. configure는 소스코드를 컴파일하기 위하여 운영체제(OS)의 특징, 컴파일러, 라이브러리, 종속성(Dependency) 등을 설정한 후 Makefile을 생성한다.

```
$ cd httpd−2.4.37

...


$ ./configure −−prefix=/usr/local/apache −−enable−mods−shared=all

...


$ ls Makefile

Makefile
```

- configure의 옵션으로 다양한 속성을 지정할 수 있다. 사용할 수 있는 전체 옵션은 './configure −−help' 명령으로 확인할 수 있다.

```
$ ./configure −−help

'configure' configures this package to adapt to many kinds of systems.


Usage: ./configure [OPTION]... [VAR=VALUE]...


To assign environment variables (e.g., CC, CFLAGS...), specify them as

VAR=VALUE.  See below for descriptions of some of the useful variables.

...
```

• Apache 소스코드의 configure 주요 옵션

− − prefix=/usr/local/apache	− 아파치 웹 서버의 관련 파일들이 설치될 경로를 지정 − 예제의 경우 /usr/local/apache에 설치됨
− − enable−mods−shared=all	모든 모듈을 DSO 방식으로 설치하도록 구성
− − enable− so	− mod_so가 제공하는 DSO(Dynamic Shared Object) 기능을 사용 − enable−mods−shared 옵션을 이용할 경우 자동으로 포함됨
− − enable− ssl	mod_ssl이 제공하는 SSL/TLS 기능을 사용
− − with− mpm=MPM	MPM에 'prefork, worker' 등을 지정하여 MPM(Apache Multi−Processing Module) 동작 방식을 설정할 수 있음
− − with− port=PORT	아파치 웹 서버가 이용할 포트 번호를 지정하며, 기본 80 포트를 이용
− − disable− status	아파치 프로세스와 쓰레드에 대한 모니터링을 하지 않도록 설정
− − enable− disk− cache	디스크 캐싱 기능을 활성화함
− − enable− mem− cache	메모리 캐싱 기능을 활성화함

➕ 더 알기 TIP

Apache 소스코드의 configure는 매우 많은 옵션을 제공하므로 참고자료를 활용하여 학습한다.
• './configure ―help' 명령으로 세부 옵션을 확인한다.
• 아파치 공식 사이트의 한글 설명을 참고한다.
(https://httpd.apache.org/docs/2.4/ko/programs/configure.html)

④ 아파치 웹 서버의 소스코드 컴파일 및 설치

• make 명령으로 컴파일한 후, make install 명령어로 설치한다.

```
$ make

...


$ make install

...
```

⑤ 아파치 웹 서버 설치 및 확인

• 설정(Configure) 과정에서 설치 경로로 지정한 '/usr/local/apache'의 내용을 확인한다.

```
$ ls /usr/local/apache -l
...
drwxr-xr-x. 2 root root 4096 Dec 17 22:27 bin
...
```

• 'httpd -version' 명령으로 2.4.37 버전이 잘 설치되었는지 확인한다.

```
$ /usr/local/apache/bin/httpd -version
Server version: Apache/2.4.37 (Unix)
...
```

• 아파치 데몬(Daemon)을 실행한 후 telnet으로 접속을 확인한다. 이를 위해 먼저 telnet을 설치한다.

```
$ yum -y install telnet
...


$ /usr/local/apache/bin/httpd
AH00558: httpd: Could not reliably determine the server's fully qualified domain name, using localhost.localdo
main. Set the 'ServerName' directive globally to suppress this message



$ telnet localhost 80
Trying ::1...
Connected to localhost.
Escape character is '^]'.
```

• 리눅스 부팅 시 아파치 데몬을 자동으로 실행하기 위하여 /etc/rc.d/rc.local에 필요한 명령을 등록한다.

```
$ cat >> /etc/rc.d/rc.local
/usr/local/apache/bin/apachectl start
Ctrl + D
```

➕ 더 알기 TIP

최근 리눅스는 많은 서비스들을 systemd를 기반으로 관리하며, systemctl 명령을 이용하여 서비스를 시작, 멈춤, 등록(부팅 시 자동 실행) 혹은 등록 해제한다. 이전 버전의 리눅스에서 사용한 방식과 같이 '/etc/rc.d/rc.local'에 필요한 명령을 등록할 수도 있으나, 이 때 등록한 파일에 실행 권한을 부여해야 한다.

➕ 더 알기 TIP

• httpd.conf 파일을 수정하여 domain name관련 문제를 해결할 수 있다.
• 아파치 서버를 설치한 후 httpd 데몬을 구동하면 앞선 예제와 같이 domain name 관련 문제가 발생할 수 있는데, httpd.conf의 ServerName을 설정하여 원하는 도메인 이름을 지정하거나 IP 주소를 사용할 수 있다. 일단, vi 편집기를 사용하여 해당 내용의 주석을 해제해야 한다. 참고로 소스코드를 컴파일하여 설치할 경우 httpd.conf의 기본 경로는 'usr/local/apache/conf/httpd.conf'이다.

```
$ vi /usr/local/apache/conf/httpd.conf

...

ServerName www.example.com:80

...
```

• 아파치 서버를 재시작하여 관련 문제가 해결된 것을 확인한다.

```
$ /usr/local/apache/bin/apachectl restart
```

3) MySQL 소스코드 컴파일과 설치

① CMake 설치 및 빌드 진행 표시 특성

• cmake가 설치되어 있지 않은 경우, 'yum -y install cmake' 명령으로 설치한다.
• cmake를 이용하면 이후 make 과정에서 컴파일 등의 진행사항을 진행률(%)과 함께 색상(Color)으로 표시한다.

② MySQL 컴파일용 Boost 라이브러리 준비 및 인증서 오류 대응

• MySQL 컴파일에 필요한 boost 라이브러리를 다운로드한 후, 압축을 해제한다.
• 만일 certificate 관련 문제가 보고되면 --no-check-certificate 옵션을 명령에 추가한다.

③ MySQL 소스코드 준비

• wget 명령을 이용하여 소스코드를 다운로드하고, tar 명령으로 압축을 해제한다.

```
$ wget https://dev.mysql.com/get/Downloads/MySQL-5.7/mysql-boost-5.7.28.tar.gz

...

$ tar xvfz mysql-boost-5.7.28.tar.gz

...
```

④ 소스코드 빌드 설정(cmake) 실행

- 소스코드를 빌드하기 위해 필요한 라이브러리와 도구를 설치한다.

```
$ yum -y install libtirpc

...


$ yum -y install libtirpc-devel

...


$ dnf -y install epel-release

...


$ dnf config-manager --set-enabled powertools

...


$ dnf install rpcgen libtirpc-devel

...
```

- 압축을 해제한 소스 디렉터리로 이동한 후, cmake를 이용하여 환경설정 작업을 수행한다.

```
$ cd mysql-5.7.28/


$ cmake -DCMAKE_INSTALL_PREFIX=/usr/local/mysql \

-DDEFAULT_CHARSET=utf8 \

-DDEFAULT_COLLATION=utf8_general_ci \

-DENABLED_LOCAL_INFILE=1 \

-DMYSQL_DATADIR=/usr/local/mysql/data \

-DDOWNLOAD_BOOST=1 -DWITH_BOOST=../boost_1_59_0

...

-- Configuring done

-- Generating done

-- Build files have been written to: /usr/local/src/mysql-5.7.28
```

- MySQL 소스코드의 cmake 주요 옵션

-DCMAKE_INSTALL_PREFIX=/usr/local/mysql	- MySQL 파일들이 설치될 경로를 지정 - 예제의 경우 /usr/local/mysql에 설치됨
-DDEFAULT_CHARSET=utf8	문자 데이터의 인코딩 타입을 UTF8로 함

−DMYSQL_DATADIR=/usr/local/mysql/data	MySQL의 데이터가 저장되는 경로를 지정
−DDOWNLOAD_BOOST=1 −DWITH_BOOST=경로명	MySQL 컴파일 시 필요한 Boost 라이브러리의 위치를 지정

➕ 더 알기 TIP

- MySQL 소스코드의 cmake는 매우 많은 옵션을 제공한다(자세한 내용은 MySQL의 공식 문서를 참고).
  - MySQL 소스코드 설정 옵션 : https://dev.mysql.com/doc/refman/5.7/en/source-configuration-options.html
  - 설정된 옵션들은 'cmake −L' 명령으로 확인할 수 있다.

```
$ cmake −L

...

-- Running cmake version 2.8.12.2

-- Could NOT find Git (missing:  GIT_EXECUTABLE)

-- Configuring with MAX_INDEXES = 64U

-- CMAKE_GENERATOR: Unix Makefiles

-- SIZEOF_VOIDP 8

-- MySQL 5.7.28

-- Packaging as: mysql-5.7.28-Linux-x86_64

-- Local boost dir /usr/local/src/boost_1_59_0

-- Found /usr/local/src/boost_1_59_0/boost/version.hpp

-- BOOST_VERSION_NUMBER is #define BOOST_VERSION 105900

-- BOOST_INCLUDE_DIR /usr/local/src/boost_1_59_0

-- NUMA library missing or required version not available

-- OPENSSL_INCLUDE_DIR = /usr/include

...
```

※ 비록 최신 MySQL 소스코드는 cmake를 이용하여 Makefile을 생성하나, 기존 기출문제 중 일부에서 'configure를 사용하는 것으로 지문이 제시'된 것이 있다. 따라서 소프트웨어 버전 등에 따라 다소 다른(변형된) 문제가 출제되더라도 주어진 예문의 참/거짓을 잘 분석하여 접근하는 것이 필요하다.

⑤ MySQL의 소스코드 컴파일 및 설치

- make 명령으로 컴파일한 후, make install 명령어로 설치한다.

```
$ make

...

$ make install

...
```

⑥ MySQL 서버 설치 확인

- 설정(cmake) 과정에서 설치 경로로 지정한 '/usr/local/mysql'의 내용을 확인한다.

```
$ ls /usr/local/mysql -l
...
drwxr-xr-x, 2 root root   4096 Dec 19 00:25 bin
...
```

- 'mysql --version' 명령으로 5.7.28 버전이 잘 설치되었는지 확인한다.

```
$ /usr/local/mysql/bin/mysql --version
/usr/local/mysql/bin/mysql  Ver 14.14 Distrib 5.7.28, for Linux (x86_64) using  EditLine wrapper
```

⑦ MySQL 계정 생성과 소유권 변경

- MySQL의 사용자로 mysql 계정을 생성하여 사용한다.

```
$ useradd -d /usr/local/mysql mysql
```

⑧ MySQL의 기본 DB, 테스트 DB 및 테이블 생성

- 'mysqld --initialize' 명령을 이용하여 필요한 DB를 생성한다. 참고로 이전에 사용하던 '/usr/local/mysql/bin/mysql_install_db'는 더 이상 사용하지 않도록 지원중단(Deprecated)된 상태이며, 최신 버전에서 'mysqld --initialize' 명령으로 대체되었다.
- 명령의 실행 결과로 root@localhost로 접속하기 위한 임시 패스워드가 생성된다.

```
$ /usr/local/mysql/bin/mysqld --initialize
...

2023-12-19T13:22:57.443997Z 1 [Note] A temporary password is generated for root@localhost: eZGNplpbr8,W
```

> **➕ 더 알기 TIP**
>
> mysql_install_db를 대신하여 'mysqld --initialize' 명령을 사용하도록 변경되었으나, 기출문제의 지문에서는 여전히 'mysql_install_db'를 사용하는 경우가 있으니 주의해야 한다.

4) PHP 소스코드 컴파일과 설치

① PHP 소스코드 준비

- wget 명령을 이용하여 소스코드를 다운로드하고, tar 명령으로 압축을 해제한다.

```
$ wget https://www.php.net/distributions/php-5.6.31.tar.bz2
...

$ tar xvfj php-5.6.31.tar.bz2
...
```

② 소스코드 빌드 환경 설정(Configure) 실행

- 압축을 해제한 소스 디렉터리로 이동한 후, configure를 이용하여 환경설정 작업을 수행한다.

```
$ cd php-5.6.31/

...

$ ./configure --prefix=/usr/local/php \
--with-apxs2=/usr/local/apache/bin/apxs \
--with-mysql=/usr/local/mysql \
--with-config-file-path=/usr/local/apache/conf

...

Generating files

configure: creating ./config.status

...

Thank you for using PHP.
```

- PHP 소스코드의 configure 주요 옵션

− − prefix=/usr/local/php	− PHP 파일들이 설치될 경로를 지정 − 예제의 경우 /usr/local/php에 설치됨
− − with − apxs2	아파치에 DSO(Dynamic Shared Object)로 로딩하기 위해 사용하는 apxs의 위치를 지정
− − with − mysql	MySQL와 연동하기 위한 MySQL의 설치 경로를 지정
− − with − config − file − path	PHP 설정 파일인 php.ini가 위치할 경로를 지정

➕ 더 알기 TIP

configure 과정 중, mysql library 관련 오류가 발생할 수 있다.

- configure: error: Cannot find libmysqlclient_r under /usr/local/mysql
  Note that the mysql client library is not bundled anymore!
- 이는 mysql 혹은 php의 컴파일 옵션에 따라 필요한 라이브러리를 찾을 수 없기 때문이며, 최신 버전의 소스코드의 경우 관련 내용을 지원하지 않는 추세이다. 이러한 문제가 발생할 경우 다음과 같은 옵션을 이용하여 configure 과정을 진행할 수 있다.
- − −with−mysql= mysqlnd − −with−pdo−mysql=mysqlnd − −with−mysqli=mysqlnd

③ PHP의 소스코드 컴파일 및 설치

- make 명령으로 컴파일한 후, make install 명령어로 설치한다.

```
$ make
...
$ make install
...
```

④ PHP 설치 확인

- 설정(configure) 과정에서 설치 경로로 지정한 '/usr/local/php'의 내용을 확인한다.

```
$ ls /usr/local/php -l
...
drwxr-xr-x. 3 root root  17 Dec 19 22:32 php
...
```

- 'php --version' 명령으로 2.6.0 버전이 잘 설치되었는지 확인한다.

```
$ /usr/local/php/bin/php --version
PHP 5.6.31 (cli) (built: Dec 19 2023 22:32:30)
Copyright (c) 1997-2016 The PHP Group
Zend Engine v2.6.0, Copyright (c) 1998-2016 Zend Technologies
```

⑤ php.ini 파일 복사 및 웹 브라우저 연동 확인

- configure 과정에서 설정한 /usr/local/apache/conf 경로에 php.ini를 복사한다.

```
$ cp ./php.ini-production /usr/local/apache/conf/php.ini
```

- 아파치 웹 서버가 .php 파일을 인식할 수 있도록 httpd.conf 파일에 MIME 타입을 설정한다. 편집기로 vi 에디터를 이용한다.

```
$ vi /usr/local/apache/conf/httpd.conf
...
    AddType application/x-httpd-php .php .php5
    AddType application/x-httpd-source .phps
...
```

- 아파치 웹 서버를 재시작한다.

```
$ /usr/local/apache/bin/apachectl restart
```

- 아파치 웹 서버의 웹 페이지를 저장하는 /usr/local/apache/htdocs에 샘플 php 파일을 생성한 후 웹 브라우저를 이용하여 접속한다. phpinfo( )는 시스템에 설치된 PHP의 정보를 HTML 형식으로 출력하는 함수이다.

```
$ echo "〈?php phpinfo( ); ?〉" 〉 /usr/local/apache/htdocs/sampe.php
$ cat /usr/local/apache/htdocs/sample.php
〈?php phpinfo( ); ?〉
```

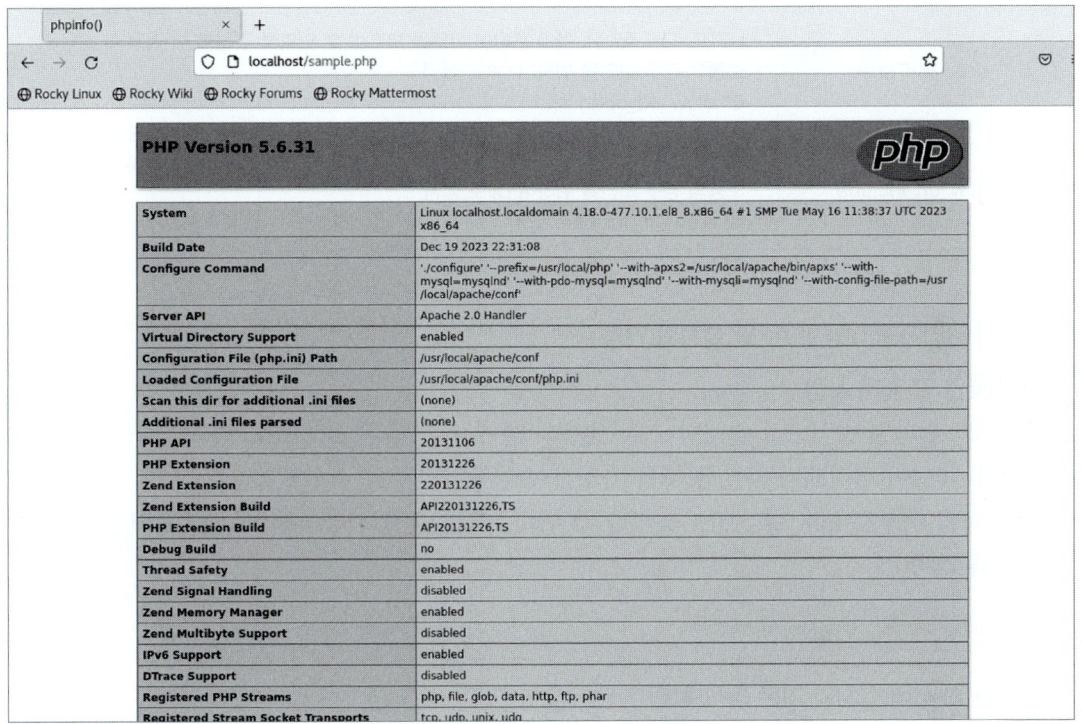

▲ 웹 브라우저에서 sample.php 확인

➕ 더 알기 TIP

php.ini의 short_open_tag 지시자

- PHP 5.3 버전부터 〈?php ~ ?〉 형식으로 소스코드를 작성하도록 변경되었으며, 이전에 사용하던 〈? ~ ?〉 방식은 더이상 지원하지 않는다.
- 이전 방식을 지원하려면 php.ini 파일의 Language Options 항목 중 short_open_tag = On으로 설정한다(기본 설정은 short_open_tag = Off).
- php.ini의 주요 설정 항목

short_open_tag	〈? ~ 〉 형식의 이전 소스코드 방식에 대한 지원 여부를 설정 예 short_open_tag = On
max_execution_time	요청을 처리할 최대 시간으로, 설정한 시간을 초과할 경우 타임아웃이 발생 예 max_execution_time = 30

display_errors	– PHP 프로그램 실행 중 오류 발생 시 해당 내용을 출력할 것인지 지정 – 보통 개발 시에만 On으로 설정하고 운영 시에는 Off로 설정 　예 display_errors = Off
post_max_size	PHP를 통하여 POST 방식으로 업로드 할 수 있는 최대 크기를 지정 예 post_max_size = 10M
max_file_uploads	한 번의 요청으로 업로드할 수 있는 파일의 최대 개수를 지정 예 max_file_uploads = 10
allow_url_open	– HTTP, FTP 등 URL을 이용하여 파일을 오픈할 수 있도록 구성할 수 있음 – 보통의 경우 보안을 위하여 Off로 설정 　예 allow_url_open = Off
allow_url_include	– HTTP, FTP 등 URL을 이용하여 파일을 포함(Include)할 수 있도록 구성할 수 있음 – 보통의 경우 보안을 위하여 Off로 설정 　예 allow_url_include= Off

5) 패키지 관리자를 이용한 APM 설치와 연동

① 사전 확인 및 준비 사항

- 소스코드 컴파일 방식으로 설치한 기존 내용과 별개로 진행하는 것으로, 리눅스 초기 설치 상태에서 APM이 설치되지 않은 상황을 가정하여 진행한다.
- APM 설치 여부를 rpm 명령으로 확인할 수 있다. 이때 표시되는 내용은 리눅스 버전 등에 따라 다를 수 있다.

```
$ rpm -qa | egrep "^(httpd|php|mysql)"
```

② 아파치 웹 서버 설치와 기본 동작 확인

- 'yum -y install httpd' 명령으로 아파치 웹 서버를 설치한다.

```
$ yum -y install httpd

...


Installed:

httpd-2.4.37-62.module+el8.9.0+1436+2b7d5021.x86_64

...


Complete!
```

- 아파치 웹 서버를 실행한 후 데몬(Daemon)의 동작을 확인한다. 만일 netstat 명령어가 존재하지 않을 경우, 'yum -y install net-tools'로 네트워크 관련 명령어들을 설치한다. net-tools를 설치하면 ifconfig, netstat와 같은 네트워크 관련 명령어를 사용할 수 있다.

```
$systemctl start httpd.service


$ netstat -nlp | grep httpd

tcp     0     0 :::80                    :::*                    LISTEN     10173/httpd


$ ps -ef | grep httpd

root        1709        1     0     11:30 ?      00:00:00     /usr/sbin/httpd -DFOREGROUND

apache      1710     1709     0     11:30 ?      00:00:00     /usr/sbin/httpd -DFOREGROUND

...
```

➕ 더 알기 TIP

- 최신 리눅스는 대부분의 서비스 관리 스크립트들이 '.service'로 끝나는 파일인 서비스 유닛(Unit)으로 변경되었으며 systemctl 명령어로 제어된다. 따라서 이전 버전의 리눅스에서 사용하던 방식과 같이 service 명령을 이용하여 서비스를 제어할 경우 systemctl 명령을 사용하는 방식으로 재요청(Redirecting)된다.

```
$ service httpd start

Redirecting to /bin/systemctl start httpd.service
```

- httpd.service의 구성 예시

```
$ ls /lib/systemd/system | grep http

httpd.service

$ cat /lib/systemd/system/httpd.service

[Unit]

Description=The Apache HTTP Server

After=network.target remote-fs.target nss-lookup.target

Documentation=man:httpd(8)

Documentation=man:apachectl(8)


[Service]

Type=notify

EnvironmentFile=/etc/sysconfig/httpd

ExecStart=/usr/sbin/httpd $OPTIONS -DFOREGROUND

ExecReload=/usr/sbin/httpd $OPTIONS -k graceful

ExecStop=/bin/kill -WINCH ${MAINPID}
```

```
# We want systemd to give httpd some time to finish gracefully, but still want

# it to kill httpd after TimeoutStopSec if something went wrong during the

# graceful stop. Normally, Systemd sends SIGTERM signal right after the

# ExecStop, which would kill httpd. We are sending useless SIGCONT here to give

# httpd time to finish.

KillSignal=SIGCONT

PrivateTmp=true


[Install]

WantedBy=multi-user.target
```

- Type : notify는 유닛 구동 후 systemd에 시그널을 보냄
- EnvironmentFile : 유닛에서 사용할 환경 변수 파일을 지정
- ExecStart : 시작 명령을 정의
- ExecReload : 재구성을 수행할 명령을 정의
- ExecStop : 중지 명령을 정의
- WantedBy : 'systemctl enable' 명령어로 등록할 때 필요한 항목을 지정

➕ 더 알기 TIP

systemctl 명령을 이용하여 서비스를 제어할 경우 명령어 형식에서 '.service'를 생략할 수도 있다. 예를 들어 'systemctl start httpd.
service'과 'systemctl start httpd'는 동일하게 httpd 서비스를 시작한다. 시험 문제의 지문에서 가장 적절한 답을 선택해야 할 경우
이러한 내용도 함께 참고하기를 바란다.

• 웹 브라우저를 이용하여 localhost(127.0.0.1)에 접속하면 기본 HTML 문서를 확인할 수 있다.

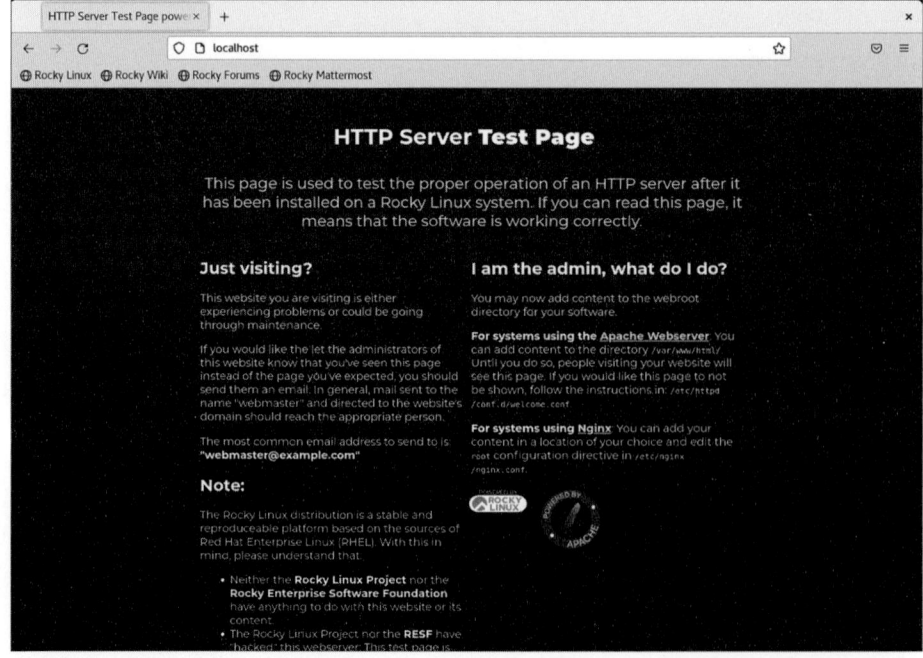

▲ 웹 브라우저 접속 확인

③ MySQL 설치와 기본 동작 확인

➕ 더 알기 TIP

MySQL의 설치 및 활용 관련 실습 내용은 최신 Rocky Linux 및 MySQL 8을 기준으로 진행한다. 그러나 기출문제 동향 등을 고려하여 시험 대비 학습은 MySQL의 버전과 관계 없이 전반적으로 학습하기를 권장한다.

- yum 명령을 이용하여 MySQL 설치에 필요한 파일을 설치한다.

```
$ yum -y install https://dev.mysql.com/get/mysql80-community-release-el8-4.noarch.rpm

...

Installed:

  mysql80-community-release-el8-4.noarch


Complete!
```

- MySQL Repository 설치 상태를 확인한다.

```
$ yum repolist enabled | grep "mysql.*-community.*"
mysql-connectors-community          MySQL Connectors Community
mysql-tools-community               MySQL Tools Community
mysql80-community                   MySQL 8.0 Community Server
```

- Rocky Linux 기본 패키지에 포함된 mysql 패키지를 비활성화한다.

```
$ yum module disable mysql

...

Disabling modules:

 mysql

...

Complete!
```

- 'yum -y install mysql-community-server' 명령으로 mysql을 설치한다.

```
$ yum -y install mysql-community-server

...

Installed:

...

mysql-community-server-8.0.35-1.el8.x86_64

...

Complete!
```

- 'systemctl start mysqld.service' 명령어로 MySQL 서버를 실행한다. 이때 '패스워드 설정' 등 보안 관련 메시지를 확인하며, 이후 설정에 참고할 수 있다. MySQL 서비스 실행 여부는 'systemctl status mysqld.service' 명령으로 확인할 수 있다.

```
$ systemctl start mysqld.service


$ systemctl status mysqld.service
...
    Active: active (running) since Wed 2023-12-20 00:54:59 KST; 1min 38s ago
...
Process: 38574 ExecStartPre=/usr/bin/mysqld_pre_systemd (code=exited, status=0/SUCCESS)
 Main PID: 38601 (mysqld)
     Status: "Server is operational"
...
Dec 20 00:54:56 localhost.localdomain systemd[1]: Starting MySQL Server...
Dec 20 00:54:59 localhost.localdomain systemd[1]: Started MySQL Server.
```

➕ 더 알기 TIP

최근 리눅스는 'systemctl' 명령을 이용하여 mysql의 시작, 종료 등을 관리하도록 권장한다. 그러나 리눅스마스터 1급 기출문제 등을 고려할 때 'mysqld_safe -user=root &'가 mysql 시작을 위한 명령어로 제시될 수 있다. 관련 명령어의 지원 여부는 mysql의 버전에 따라 다를 수 있다.

- mysqladmin 명령을 이용하여 root의 패스워드를 변경한다. 여기서는 새로운 패스워드로 'Ab@1234567'을 이용하기로 한다. 설치 과정 중 생성된 임시 패스워드는 '/var/log/mysqld.log'에서 확인할 수 있다.

```
$ cat /var/log/mysqld.log | grep "A temporary password"
2023-12-19T15:32:54.859577Z 6 [Note] [MY-010454] [Server] A temporary password is generated for root@localhost: ,Z4pu_vm1o/d


$ mysqladmin -uroot -p',Z4pu_vm1o/d' password Ab@1234567
```

- MySQL에 접속하여 기본 정보를 확인한다.

```
$ mysql -uroot -p'Ab@1234567'
...

Type 'help;' or '\h' for help. Type '\c' to clear the current input statement.
```

```
mysql> show databases;

+--------------------+
| Database           |
+--------------------+
| information_schema |
| mysql              |
| performance_schema |
| sys                |
+--------------------+
4 rows in set (0.04 sec)

mysql> quit
Bye
```

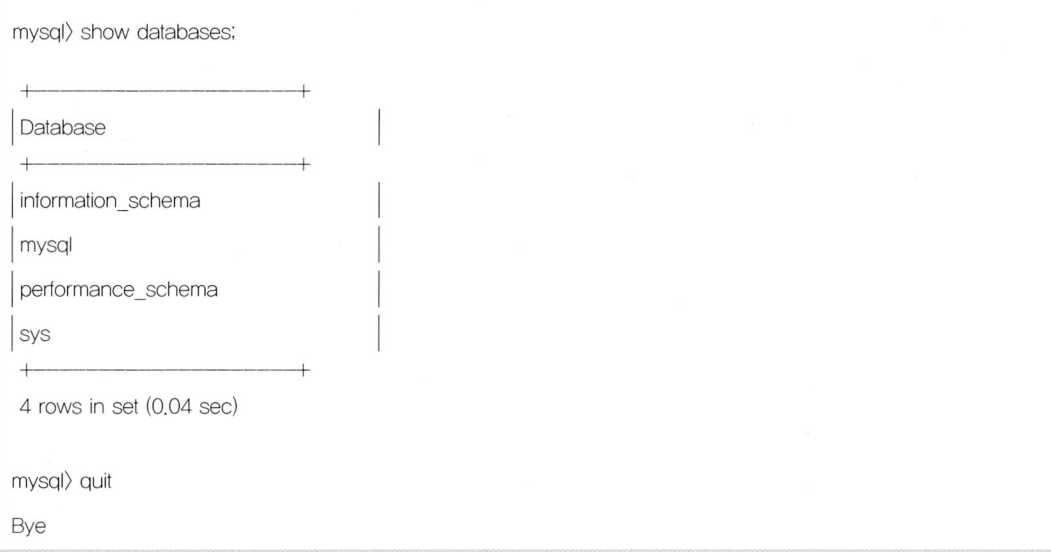

+ 더 알기 TIP

mysql 패스워드는 설정된 정책에 따라 변경해야 한다. 패스워드를 위한 기본 정책은 user id를 포함하지 않을 것, 8자 이상, 대소문자를 최소 1개 이상, 숫자를 최소 1개 이상, 특수문자를 최소 1개 이상 사용해야 한다는 것이다.

```
$ mysql -uroot -p'Ab@1234567'

...

Type 'help;' or '\h' for help. Type '\c' to clear the current input statement.

mysql> SHOW VARIABLES LIKE 'validate_password%';

+--------------------------------------------------+--------+
| Variable_name                                    | Value  |
+--------------------------------------------------+--------+
| validate_password.changed_characters_percentage  | 0      |
| validate_password.check_user_name                | ON     |
| validate_password.dictionary_file                |        |
| validate_password.length                         | 8      |
| validate_password.mixed_case_count               | 1      |
| validate_password.number_count                   | 1      |
| validate_password.policy                         | MEDIUM |
| validate_password.special_char_count             | 1      |
+--------------------------------------------------+--------+
8 rows in set (0.02 sec)
```

- MariaDB는 MySQL과 동일한 소스코드를 기반으로 개발된 GPL v2 라이선스 기반의 오픈소스 관계형 데이터베이스 관리 시스템(RDBMS)이다.
- ORACLE이 MySQL의 라이선스를 변경한 것에 반발하여 오픈소스 진영에 의해 개발된 것으로 MySQL과 높은 호환성을 유지할 뿐 아니라 더 높은 성능을 제공한다고 알려져 있다.
- MongoDB는 비정형 데이터 혹은 문서지향(Document-oriented) 데이터베이스 관리 시스템으로 빅데이터와 함께 언급되는 대표적인 NoSQL DBMS이다.
- MongoDB를 위한 저장소를 등록한 후 설치하여 사용할 수 있다.

```
$ vi /etc/yum.repos.d/mongodb.repo


[MongoDB]

name=MongoDB Repository

baseurl=http://repo.mongodb.org/yum/redhat/$releasever/mongodb-org/4.2/$basearch/

gpgcheck=1

enabled=1

gpgkey=https://www.mongodb.org/static/pgp/server-4.2.asc


$ yum -y install mongodb-org

...

Installed:

mongodb-org-4.2.25-1.el8.x86_64

...

$ mongo --version

MongoDB shell version v4.2.25

...
```

④ PHP 설치와 기본 동작 확인

- yum 명령으로 PHP 및 관련 모듈을 설치한다.

```
$ yum -y install php php-mysqlnd

...


Installed:

...

php-7.2.24-1.module+el8.4.0+413+c9202dda.x86_64

...


Complete!
```

- PHP 동작을 php 명령을 이용하여 확인한다.

```
$ php -r 'echo "Hello Linux Master\n";'
Hello Linux Master
```

- 아파치 웹 서버가 .php 파일을 인식할 수 있도록 '/etc/httpd/conf/httpd.conf' 파일에 PHP 관련 정보를 설정한다. AddType을 사용하여 특정한 확장자를 해석하는 방식을 지정하며, DirectoryIndex는 웹 서버에서 기본 페이지로 인식할 파일명을 지정한다.

```
$ vi /etc/httpd/conf/httpd.conf
...
AddType application/x-httpd-php .php .php3 .php4 .php5
...
DirectoryIndex index.html index.php
...
```

- 아파치 웹 서버를 재시작한다. 이때 apache 웹 서버와 함께 제공되는 apachectl 명령을 이용할 수 있다.

```
$ apachectl restart
```

⑤ Apache, PHP, MySQL 연동 테스트

- vi 편집기를 이용하여 'PHP – MySQL' 연동 소스코드를 '/var/www/html/testdb.php'로 작성한다. 참고로, '/etc/httpd/conf/httpd.conf'의 내용 중 DocumentRoot에 '/var/www/html'이 지정되어 있으므로 '/var/www/html' 디렉터리를 홈페이지를 저장하는 디렉터리로 이용한다.

```
$ vi /var/www/html/testdb.php

<?php

$sqldb = new mysqli("localhost", "root", "Ab@1234567", "mysql");

if ($sqldb->connect_errno) {
    printf("Connect failed: %s\n", $sqldb->connect_error);
    exit();
}

$result = $sqldb->query("SHOW TABLES");
```

```
while ($row=$result->fetch_object()){
 print_r($row);
}
while ($row=$result->fetch_object()){
 print_r($row);
}
$result->close();
$sqldb->close();

?>
```

- 웹 서버에 요청을 전달하고 결과를 확인할 수 있는 curl 명령으로 testdb.php에 접속하여 "SHOW TABLES;" 실행 결과를 확인한다.
- curl 명령을 이용한 TABLE 정보 확인

```
$ curl localhost/testdb.php
stdClass Object
(
    [Tables_in_mysql] => columns_priv
)
stdClass Object
(
    [Tables_in_mysql] => db
)
...
stdClass Object
(
    [Tables_in_mysql] => user
)
```

⑥ 서비스 자동 실행 등록 및 방화벽 설정

- systemctl 명령을 이용하여 리눅스 부팅 시 자동으로 실행되도록 구성한 후, 구성 내용을 확인한다.

```
$ systemctl enable mysqld.service

$ systemctl enable httpd.service

...

$ systemctl list-unit-files —type service | egrep "mysqld|httpd"

httpd.service                          enabled

mysqld.service                         enabled
```

- 필요할 경우, 아파치 웹 서버를 외부에서 접속할 수 있도록 기본 포트인 80 포트를 방화벽에서 연다. 이때, 리눅스의 방화벽 관리 명령어인 firewall-cmd를 이용한다.

```
$ firewall-cmd —get-active-zones

...

public

interfaces: ens32


$ firewall-cmd —permanent —zone=public —add-service=mysql

success


$ firewall-cmd —permanent —zone=public —add-service=http

success


$ firewall-cmd —reload

success
```

6) 아파치 웹 서버의 구조와 세부 설정

① 아파치 웹 서버의 주요 디렉터리(Directory)

- 아파치 웹 서버를 소스코드 컴파일 방식으로 설치하면 configure 설정에 따라 '/usr/local/apache'에 관련 파일이 설치된다.

```
$ ls /usr/local/apache -l

...

drwxr-xr-x.  2 root root 4096 Dec 17 22:27 bin

...

drwxr-xr-x.  2 root root 4096 Dec 17 22:27 modules
```

- /user/local/apache의 주요 디렉터리

bin	아파치 웹 서버의 실행 및 관리를 위한 프로그램들이 저장된 경로
build	컴파일 등에 사용한 스크립트 파일들이 저장된 경로
cgi-bin	CGI(Common Gateway Interface) 스크립트 파일들이 저장된 경로
conf	– 아파치 웹 서버의 환경설정 파일(httpd.conf)이 저장된 경로 – conf/extra 디렉터리에는 추가 설정 파일들이 저장됨
error	HTTP 에러가 발생할 경우 표시될 메시지 문서가 저장된 경로
htdocs	HTML 등 웹 페이지가 저장되는 기본 경로
icons	아파치 웹 서버가 사용하는 이미지들이 저장된 경로
include	헤더 파일들이 위치
logs	아파치 웹 서버의 동작 시 발생하는 로그 파일이 저장됨
man	Manual 파일이 저장되어 있는 경로
manual	HTML 파일 형식으로 아파치 관련 매뉴얼을 저장
modules	아파치 웹 서버가 사용하는 모듈 파일이 저장된 경로

- 아파치 웹 서버를 패키지 관리자를 이용하여 설치하면, 리눅스 시스템의 디렉터리 특징에 따라 아파치 관련 파일들이 저장된다. 관련 내용은 'rpm -ql httpd' 명령으로 확인할 수 있다.
- 아파치 웹 서버의 주요 디렉터리(설정 파일의 내용에 따라 변경될 수 있음)

/var/www/html	HTML 등 웹 페이지가 저장되는 기본 경로
/var/www/cgi-bin	CGI(Common Gateway Interface) 스크립트 파일들이 저장된 경로
/var/www/error	HTTP 에러가 발생할 경우 표시될 메시지 문서가 저장된 경로로, 필요에 따라 생성하여 사용 ⑩ HTTP_NOT_FOUND.html.var
/var/www/icons	아파치 웹 서버가 사용하는 이미지들이 저장된 경로로, 필요에 따라 생성하여 사용
/var/logs/httpd	**access_log, error_log 등, 아파치 웹 서버의 웹 로그가 저장되는 경로** – access_log : 홈페이지 방문자들의 방문 정보를 기록 – error_log : 에러 발생 시 관련 내용을 기록
/etc/httpd/conf	아파치 웹 서버의 환경설정 파일(httpd.conf)이 저장된 경로
/etc/httpd/conf.d	**아파치 웹 서버의 추가 설정 파일이 저장된 경로** – autoindex.conf : 디렉터리 내용의 로딩 방식을 결정 – userdir.conf : 사용자 홈페이지 디렉터리를 설정 – welcome.conf : 초기 기본 페이지를 설정

/usr/lib64/httpd/modules	− 아파치 웹 서버가 사용하는 모듈 파일이 저장된 경로 − mod_alias.so와 같은 파일명을 따르며, DSO(Dynamic Shared Object) 방식으로 적재되며, 이를 위해 httpd.conf 설정 파일에서 LoadModule 구문을 이용

② 아파치 웹 서버의 실행 파일 목록

- 패키지 관리자를 이용하여 설치한 경우, /usr/bin 혹은 /usr/sbin에 아파치 웹 서버 관련 실행 파일이 저장된다.
- 아파치 웹 서버의 주요 실행 파일

ab	아파치 벤치마킹(Benchmarking) 도구
apachectl	− 아파치 웹 서버의 실행, 종료, 재시작을 위한 도구 − 아파치 웹 서버 설정 파일인 httpd.conf를 검사하는 기능도 제공
htpasswd	암호 인증이 필요한 웹 페이지를 대상으로 아이디와 암호를 생성
htdigest	사용자 인증 파일을 생성하고 업데이트하는 도구
httpd	아파치 웹 서버의 데몬(Daemon) 프로그램
logresolve	아파치 웹 서버의 로그 파일에서 IP 주소를 호스트 네임으로 변환(Resolving)하는 도구
rotatelogs	아파치 웹 서버의 로그 로테이트(Log Rotate)를 위한 도구

- httpd 명령은 'httpd [옵션] [파일이름]'의 형식을 따르며, 주요 실행 옵션은 다음과 같다.

−t	환경설정 파일인 httpd.conf의 문법적 오류를 점검
−f	특정 환경설정 파일을 지정하여 아파치 데몬(Daemon)을 실행
−S	현재 설정된 가상 호스트 목록을 출력
−l	아파치 웹 서버와 함께 컴파일 된 모듈의 목록을 출력 예) $ httpd −l Compiled in modules: 　core.c 　prefork.c 　http_core.c 　mod_so.c
−M	로딩된 모든 모듈의 목록을 출력(static, shared) 예) $httpd −M Loaded Modules: 　core_module (static) 　actions_module (shared)

- apachectl 명령(스크립트)은 'apachectl [명령]'의 형식을 따르며, 세부 실행 옵션은 다음과 같다.

start	아파치 데몬을 시작
stop	아파치 데몬을 중지
restart	아파치 데몬을 재시작하고, 실행 중이 아닌 상태일 경우에는 데몬을 시작
configtest	환경설정 파일인 httpd.conf의 문법적 오류를 점검
graceful	현재 연결된 클라이언트의 접속을 유지하면서 설정 파일인 httpd.conf를 다시 읽어서 구성
status 혹은 fullstatus	− 웹 서버의 상태를 출력 − fullstatus는 mod_status의 모든 상태를 출력하며 mod_status 모듈이 설치되고, httpd.conf 의 〈Location / server−status〉 영역이 설정되어 있어야 동작

③ 아파치 웹 서버의 환경설정 파일

- 아파치 웹 서버의 환경설정은 '/etc/httpd/conf/httpd.conf' 파일을 기본으로 이용하나, 아파치 2.2 이후의 버전부터 관리의 편의성을 위해 별도의 설정 파일로 구성할 수도 있다. 별도의 설정 파일은 '/etc/httpd/conf.d' 디렉터리에 저장된다.
- 별도의 설정 파일은 '/etc/httpd/conf/httpd.conf' 설정 파일에서 Include 지시자로 포함할 수 있다. 기본값으로, 'Include conf.d/*.conf'로 설정되어 모든 설정 파일들이 포함된다.
- 아파치 웹 서버의 주요 설정 파일

httpd.conf	아파치 웹 서버의 기본 설정 파일
httpd−mpm.conf	MPM(Apache Multi−Processing Module) 관련 설정 파일
httpd−multilang−errordoc.conf	HTTP 에러 처리에 대한 다국어 문서를 설정하는 파일
httpd−autoindex.conf	디렉터리 목록의 표시 방법을 설정하는 파일
httpd−userdir.conf	개인 사용자의 홈 디렉터리를 설정하는 파일
httpd−info.conf	아파치 웹 서버의 실행 상태 모니터링을 위한 설정 파일
httpd−vhosts.conf	버추얼 호스트를 설정하는 파일
httpd−dav.conf	− WebDAV(Web−based Distributed Authoring and Version)를 설정하는 파일 − WebDAV : 웹 서버에서 파일 목록의 조회, 수정, 삭제 등을 할 수 있는 프로토콜
httpd−default.conf	웹 서버의 기본 설정값을 설정하는 파일
httpd−languages.conf	웹 문서의 언어를 설정하는 파일
httpd−manual.conf	아파치 매뉴얼 문서를 지원하기 위한 설정 파일
httpd−ssl.conf	SSL(Secure Socket Layer) 지원을 위한 설정 파일

- 설정 파일을 변경한 후, 'apachectl restart' 등으로 아파치 웹 서버를 재시작하여야 설정 내용이 적용된다.

④ httpd.conf를 이용한 아파치 웹 서버의 기본 설정

- /etc/httpd/conf/httpd.conf의 주요 설정 항목은 다음과 같다.

항목	설명
ServerRoot	• 아파치 웹 서버의 주요 파일들이 저장된 최상위 디렉터리를 절대경로로 지정 • 기본값 : ServerRoot = "/etc/httpd"
Listen	• 아파치 웹 서버가 사용할 TCP 포트 번호를 지정 • 기본값 : Listen 80
LoadModule	• DSO(Dynamic Shared Object) 방식으로 로딩할 모듈을 지정 • Include conf.d/*.conf와 같이 지정하여, 모듈을 로딩하기 위한 별도의 설정 파일을 포함하여 사용할 수도 있음 　⑩ LoadModule php5_module modules/libphp5.so
User	• 아파치 실행 데몬(Daemon)의 사용자 권한을 지정 • 시스템 보안을 위하여 root로 설정하지 않도록 함 • 기본값 : User apache
Group	• 아파치 실행 데몬의 그룹 권한을 지정 • 시스템 보안을 위하여 root로 설정하지 않도록 함 • 기본값 : Group apache
ServerAdmin	• 아파치 웹 서버 관리자의 이메일 주소를 지정하여, 서버에 문제가 발생할 경우 에러메시지에 함께 표시 • 기본값 : ServerAdmin root@localhost
ServerName	• 서버의 호스트 이름을 지정 • 기본값 : ServerName www.example.com:80 • 기본 설정값이 주석(#)으로 처리되어 있으므로, 적절한 값으로 변경하여 적용
DocumentRoot	• 웹 문서가 저장되는 기본 디렉터리 경로를 지정 • 기본값 : DocumentRoot "/var/www/html"
DirectoryIndex	웹 디렉터리를 방문할 경우 처음으로 열릴(Open) 파일 목록을 정의 　⑩ DirectoryIndex index.html index.htm index.php index.jsp
AccessFilename	• 각 디렉터리별 추가 설정을 위해 각각 저장하는 설정 파일을 지정하는데, 보통 접근제어(Access Control) 방식 등을 지정할 때 사용 • 기본값 : AccessFileName .htaccess
ErrorLog	• 아파치 웹 서버의 에러로그 파일의 위치를 지정 • 기본값 : ErrorLog logs/error_log
LogLevel	• 에러로그를 기록하는 수준을 결정 • 기본값 : LogLevel warn • 로그레벨의 종류는 이후에 설명할 별도의 단락을 참고
DefaultType	• 기본 MIME 타입을 지정하며, 별도의 타입을 등록하지 않는 문서(콘텐츠)에 대한 기본값으로 동작 • 기본값 : DefaultType text/plain
AddType	파일 확장자에 대한 MIME(Multipurpose Internet Mail Extension)을 등록하여, 해당 파일에 대한 처리 방식을 지정 　⑩ AddType application/x-httpd-php .php .php5

AddDefaultCharset	• 웹 문서들의 기본 문자셋을 지정 • AddDefaultCharset UTF−8
TypesConfig	서버가 처리할 수 있는 MIME 타입을 기술한 mime.types 파일의 위치를 지정 예 TypesConfig /etc/mime.types
MIMEMagicFile	대상 파일 자체(내용)을 참고하여 MIME 타입을 결정할 수 있으며, 이에 대한 힌트 (Hint)를 담은 파일을 지정 예 MIMEMagicFile conf/magic
ErrorDocument	• 다음 3가지의 오류 처리 방식을 등록 − plain text : 에러 발생 시 일반 오류 메시지 출력 − local redirect : 정의된 오류 발생 시 특정 페이지로 리다이렉트 − external redirect : 정의된 오류 발생 시 외부 사이트로 리다이렉트 예 ErrorDoucment 500 "The server made a boo boo." ErrorDocument 404 /missing.html ErrorDocument 402 http://www.example.com/subscription_info.html
Alias	특정 경로에 대한 별칭(Alias)을 설정 예 Alias /icons/ "/var/www/icons/"
Redirect	특정 URL로 접근 시 다른 URL 경로로 이동하도록 설정 예 Redirect permanent /foo http://www.example.com/bar
include	별도의 설정 파일을 포함하며, 기본값은 'Include conf.d/*.conf' 예 Include conf.d/http−mpm.conf
AddEncoding	• 특정 웹 브라우저를 대상으로 압축된 형식으로 데이터를 전송할 수 있도록 설정 • 단, 모든 웹 브라우저가 지원하는 것은 아님 예 AddEncoding x−gzip .gz .tgz
AddLanguage	웹 페이지에서 지원하는 언어를 설정 예 AddLanguage ca .ca
LanguagePriority	웹 페이지 언어를 표시할 때 우선순위를 지정 예 LanguagePriority en ca ca
AddCharset	웹 페이지 해석 시 사용하는 문자집합(Character Set)을 설정 예 AddCharset UTF−8 .utf8
AddHandler	• .cgi와 같은 확장자를 가진 파일을 cgi−script와 같은 처리 기능과 연결 • 이후에 설명할 'Options 지시자에 ExecCGI가 설정'되어 있어야 동작 예 AddHandler cgi−script .cgi
ScriptAlias	CGI 스크립트를 특정한 위치(디렉터리)에서만 제공하도록 설정하여, 임의 실행을 방 지하는 보안 관련 설정 예 ScriptAlias /cgi−bin/ "/var/www/cgi−bin"

〈Directory 디렉터리명〉 ~ 〈/Directory〉	• 지정한 디렉터리에 대한 권한, 제어 방식, 옵션 등을 지정 • 아파치 웹 서버의 가장 중요한 설정 중의 하나로, 'Options, AllowOverride, Order, Allow, Deny' 등의 세부 설정 항목이 존재 　- Options : 지정한 디렉터리 및 하위 디렉터리의 모든 파일들에 대한 접근 및 제어 방식을 지정함. 예를 들어 '디렉터리 목록 표시 여부' 등이 있음 　- AllowOverride : 아파치 웹 서버의 접근 통제 파일인 '.htaccess' 파일의 사용 방식 등을 관리 　- Order : 웹 서버로의 접근을 필터링하는 순서를 지정 　- Allow from : 지정한 호스트 혹은 IP 주소로부터 접속을 허용 　- Deny from : 지정한 호스트 혹은 IP 주소로부터 접속을 금지 ⑩ 〈Directory /var/www/html〉 　Options Indexes FollowLinks 　Options FileInfo AuthConfig Limit 　AllowOverride None 　Order allow,deny 　Allow from all 〈/Directory〉 • 참고로 'Require all denied'는 모든 접근을 거부한다는 의미이고, 'Require all granted'는 모든 접근을 허용한다는 의미 • Options, AllowOverride의 세부 설정은 이후에 설명할 별도의 단락을 참고
〈FileMatch 파일명형식〉 ~ 〈/FileMatch〉	지정한 파일명 형식을 갖는 파일에 대하여, 접근 통제 등 관리 방식을 설정 ⑩ '.htaccess'와 같이 '.ht'로 시작하는 파일들을 접근할 수 없도록 설정 〈FileMatch "^\.ht"〉 Require all denided 〈/FileMatch〉
〈IfModule 모듈명〉 ... 〈/IfModule〉	• 지정한 모듈에 대한 세부 동작 옵션을 설정 • 주요한 모듈에 대한 설정은 이후에 설명할 별도의 단락을 참고

• 'httpd −M' 명령을 이용하여 현재 로딩된 모듈 항목을 확인할 수 있고, 'httpd −L' 옵션으로 설정 가능한 지시자를 확인할 수 있다.

```
$ httpd −M
Loaded Modules:
 core_module (static)
 so_module (static)
 http_module (static)
 ...


$ httpd −L
```

```
〈Directory (core.c)

      Container for directives affecting resources located in the specified directories

      Allowed in *.conf only outside 〈Directory〉, 〈Files〉, 〈Location〉, or 〈If〉

〈Location (core.c)

      Container for directives affecting resources accessed through the specified URL paths

      Allowed in *.conf only outside 〈Directory〉, 〈Files〉, 〈Location〉, or 〈If〉

...
```

• 〈Directory〉 ~ 〈/Directory〉의 세부 설정 항목

- Options의 주요 설정 항목

None	None을 설정하면 이외의 다른 모든 설정들이 무시되며, 결과적으로 접근이 거부됨
All	• Multiviews를 제외한 모든 설정값이 적용됨 • 기본 설정값
Indexes	• default.html, index.php 등 기본 파일이 존재하지 않을 경우, 해당 디렉터리의 모든 파일 목록을 보여줌 • 서버의 파일 목록이 표시되고 웹 브라우저를 이용하여 접근할 수 있게 되어 보안 취약점이 발생하므로 설정하지 않는 것을 권장
FollowSymLinks	• 디렉터리 내에서 심볼릭 링크 사용을 허가 • 웹 브라우저에서 링크 파일의 경로까지 확인할 수 있게 되어 보안 취약점이 발생하므로 설정하지 않는 것을 권장
ExecCGI	CGI(Common Gateway Inferface)의 실행을 허락
Includes	• SSI(Server Side Includes)를 허용 • mod_include.c 모듈이 아파치 웹 서버에 로딩되어 있어야 함
IncludesNOEXEC	SSI는 허락하나 #exec는 허용하지 않음
MultiViews	웹 브라우저의 요청과 웹 문서의 종류를 참고하여 가장 적합한 페이지를 보여 주는 설정

- AllowOverride의 주요 설정 항목

None	• '.htaccess'와 같이 AccessFileName에 지정한 파일을 엑세스(Access) 인증 파일로 사용하지 않고 무시하며, Override도 허용하지 않음 • 일반적으로 제한적인 접근만 허용하고자 할 때 사용
All	• httpd.conf의 AccessFileName 항목으로 설정한 파일을 이용하며, Override를 허용 • AccessFileName은 보통 '.htaccess'로 지정되어 있음
AuthConfig	• AccessFileName에 지정된 파일에 대하여 클라이언트(사용자) 인증 지시자 사용을 허락 • AuthDBMGroupFile, AuthDBMUserFile, AuthGroupFile, AuthName, AuthType, AuthUserFile, Require 등과 같은 지시자가 있음
FileInfo	• AccessFileName에 지정된 파일에 대하여 문서 유형을 제어하는 지시자 사용을 허락 • AddEncoding, AddLanguage, AddType, DefaultType, ErrorDocument, LanguagePriority 등과 같은 지시자가 있음

Indexes	• AccessFileName에 지정된 파일에 대하여 디렉터리 인덱싱을 제어하는 지시자 사용을 허락 • AddDescription, AddIcon, AddIconByEncoding, AddIconByType, DefaultIcon, DirectoryIndex, FancyIndexing, HeaderName, IndexIgnore, IndexOptions, ReadmeName 등과 같은 지시자가 있음
Limit	• AccessFileName에 지정된 파일에 대하여 호스트 접근을 제어하는 지시자 사용을 허락 • Allow, Deny, Order 등과 같은 지시자가 있음
Options	• AccessFileName에 지정된 파일에 대하여 특정 디렉터리 옵션을 제어하는 지시자 사용을 허락 • Options, XBitHack 등과 같은 지시자가 있음

➕ 더 알기 TIP

〈Directory 디렉터리명〉 ~ 〈/Directory〉 항목 중 'Order, Allow, Deny'를 이용하여 접근 통제를 설정할 수 있다.

구성 예제	설명
Order Deny,Allow Deny from all Allow from 192.11.11.0/255.255.255.0	• 접근 제어 시 Deny를 먼저 적용한 후 Allow를 적용 　− Deny from all : 모든 접근을 거부 　− Allow from 192.11.11.0/24 : 192.11.11.0/24의 IP 대역에서 접근 가능 • Order 뒤에 오는 Allow와 Deny는 대소문자를 구별하지 않으나, 콤마(,)로만 분리되고 중간에 공백이 있으면 안 됨 • IP 대역 지정 시 '192.11.11', '192.11.11.(끝에 점 있음)', '192.11.11.0/255.255.255.0' 등 다양한 방법으로 설정할 수 있음 • Deny나 Allow에 해당하지 않는 클라이언트의 접근을 허락
Order Allow,Deny Allow from 192.11.11.10 Deny from testHacking.com	• 접근 제어는 Allow를 먼저 적용 후 Deny를 적용 　− Allow form 192.11.11.10 : 지정한 IP에서 접근 가능 　− Deny from testHacking.com : 지정한 도메인(호스트)에서 접근할 수 없음 • Deny나 Allow에 해당하지 않는 클라이언트의 접근을 거부
Order Mutual−failure Allow from [허락주소] Deny from {금지주소}	Allow from에는 포함되어 있고, Deny from에는 없는 호스트만 접근할 수 있음

• LogLevel의 세부 설정 항목
　− LogLevel의 세부 항목은 /etc/rsyslog.conf 설정 내의 우선순위와 동일하다.

emerg	• 최상위 레벨로, 매우 위험한 상태에 대한 메시지 • 시스템을 사용할 수 없는 수준의 긴박한 상황을 의미
alert	즉각적인 조치가 필요한 상황에서 발생하는 메시지
crit	시스템에 치명적인 문제가 발생한 상황에 대한 메시지
error	에러(error)가 발생한 상황에 대한 메시지
warn	주의를 요하는 경고 메시지

notice	일반적인 알림이나 중요한 수준의 메시지
info	프로그램 동작 상황 등 일반적인 정보
debug	최하위 레벨로, 프로그램 개발을 위한 디버깅(Debugging) 관련 메시지

⑤ log_config_module을 이용한 로그 방식 설정

• log_config_module의 설정 형식

```
〈IfModule log_config_Module〉

LogFormat "%h %l %u %t \"%r\" 〉 %s %b \"%{Referer}i\" \"%{User-Agent}i\"" combined

LogFormat "%h %l %u %i \"%r\" 〉 %s %b" common


〈IfModule_logio_module〉

 LogFormat "%h %l %u %t \"%r\" 〉 %s %b \"%{Referer}i\" \"%{User-Agent}i\" %l %O" combinedio

〈/IfModule〉


CustomLog logs/access_log common

#CustomLog logs/access_log combined


〈/IfModule〉
```

• LogFormat 항목은 기록하는 로그의 형식을 지정한다.
• LogFormat에서 사용하는 주요 지시자

%h	요청을 보낸 클라이언트(원격) 호스트명
%A	아파치 웹 서버의 로컬 IP 주소
%p	요청이 처리되는 포트 번호
%H	요청 프로토콜
%l	– 클라이언트가 전송한 원격 로그인 아이디(ID) – htpasswd를 이용하여 특정 디렉터리에 대한 인증을 설정할 경우, 사용자가 입력한 로그인 아이디
%u	– 사용자 인증을 위한 유저명(User Name) – 요청한 URL이 기본 HTTP 인증을 요구할 경우 사용하는 유저명
%U	클라이언트가 요청한 URL 경로
%t	아파치 데몬(Daemon)이 요청을 받은 시간
%T	아파치 데몬이 요청을 처리하는 데 소요한 시간
%r	클라이언트 요청한 내용 중 첫 번째 라인

%s	– 클라이언트의 요청에 따른 서버의 처리 상태 – %)s를 이용하면 가장 마지막 상태코드만 기록
%b	HTTP 헤더를 제외한 전체 용량(Bytes)으로, CLF 형식과 같이 전송내역이 없는 경우 '–'을 사용
%B	HTTP 헤더를 제외한 전체 전송량(Bytes)
%[헤더이름]	지정한 헤더 이름에 해당하는 정보 ⑩ %{User–Agent} : 클라이언트(웹 브라우저)의 정보
%I	요청(Request)의 헤더를 포함하여 수신한 전송량(Bytes)
%O	헤더를 포함하여 전송한 전송량(Bytes)

- CustomLog는 웹 서버에 대한 접근 정보를 기록하는 로그 파일(access_log)의 위치를 지정한
다. 이때 'combined 옵션'을 지정하면 'access, agent, referer' 정보를 하나의 파일에 모두 저장
한다.

⑥ httpd–userdir.conf를 이용한 사용자별 홈 페이지 구성

- 사용자별 홈페이지를 지원하기 위하여 mod_userdir 모듈을 이용하며, 관련 항목을 설정한다.

```
〈IfModule mod_userdir.c〉

    #UserDir disabled

UserDir public_html


〈/IfModule〉


〈Directory /home/*/public_html〉

    AllowOverride FileInfo AuthConfig Limit

    Options MultiViews Indexes SymLinksIfOwnerMatch IncludesNoExec

    〈Limit GET POST OPTIONS〉

        Order allow,deny

        Allow from all

    〈/Limit〉

    〈LimitExcept GET POST OPTIONS〉

        Order deny,allow

        Deny from all

    〈/LimitExcept〉

〈/Directory〉
```

• UserDir 지시자의 세부 내용

UserDir	가장 중요한 지시자로, 사용자별 홈 페이지의 사용 여부를 결정 – UserDir disabled : 사용하지 않으며 'UserDir disabled 계정명'과 같은 방식으로 특정 사용자만 제외할 수도 있음 – UserDir [폴더명] : 웹 페이지를 저장할 기본 경로는 public_html이며, 기본적으로 /home/사용자명/public_html 디렉터리에 HTML 등의 문서를 저장하고, chmod 755 등의 명령으로 해당 디렉터리에 대한 접근 권한을 허가해 두어야 함

• 사용자별 홈 페이지는 '~(틸다)계정명'으로 접근한다. 만일, master가 계정명이라면 'http://www.example.com/~master'가 URL이 된다.

⑦ httpd-vhosts.conf를 이용한 가상 호스트(Virtual Host) 구성

• VirtualHost를 이용하여 하나의 IP 주소로 여러 개의 도메인(호스트)을 설정할 수 있으며, 사용을 원하는 호스트별로 〈VirtualHost〉 ~ 〈/VirtualHost〉 항목을 각각 추가한다.

```
〈VirtualHost *:80〉

    ServerAdmin webmaster@dummy-host.example.com

    DocumentRoot /www/docs/dummy-host.example.com

    ServerName dummy-host.example.com

    ErrorLog logs/dummy-host.example.com-error_log

    CustomLog logs/dummy-host.example.com-access_log common

〈/VirtualHost〉
```

• VirtualHost의 주요 설정 항목

〈VirtualHost *:80〉	– IP 주소, 포트 번호와 함께 가상 호스트를 추가 – 기본 설정은 〈VirtualHost *:80〉 이며, * 대신 원하는 주소(IP Address)를 지정할 수 있음
ServerName	도메인(호스트)의 이름을 지정
ServerAlias	기본 도메인 이름 외 다른 호스트 이름(별칭)을 추가할 때 사용 예 ServerName example.com ServerAlias www.example.com

• 'httpd -S' 명령으로 VirtualHost의 설정 상태를 점검할 수 있다.

```
$ httpd -S

VirtualHost configuration:

ServerRoot: "/etc/httpd"

Main DocumentRoot: "/var/www/html"

...
```

⑧ httpd-autoindex.conf를 이용한 디렉터리 목록 표시 방법 설정

- 디렉터리 목록을 표시하는 것이므로 앞서 설명한 'Options 항목에 Indexes'를 추가하여, 디렉터리 리스팅(Directory Listing)이 활성화되어 있어야 한다.

```
Alias /icons/ "/var/www/icons/"


〈Directory "/var/www/icons"〉

    Options Indexes MultiViews FollowSymLinks

    AllowOverride None

    Order allow,deny

    Allow from all

〈/Directory〉

...

IndexOptions FancyIndexing VersionSort NameWidth= • HTMLTable Charset=UTF-8

AddIconByEncoding (CMP,/icons/compressed.gif) x-compress x-gzip


AddIconByType (TXT,/icons/text.gif) text/*

AddIconByType (IMG,/icons/image2.gif) image/*

...

DefaultIcon /icons/unknown.gif

...

AddDescription "GZIP compressed document" .gz

...

ReadmeName README.html

HeaderName HEADER.html

IndexIgnore .?? • *~ *# HEADER • README • RCS CVS *.v *.t
```

- autoindex의 주요 설정 항목

IndexOptions	**디렉터리를 표시(Listing)하는 방법을 지정** - Standard : 표준 디렉터리 형식으로 표시 - FancyIndexing : 이후의 설정값에 따라 보다 보기 좋은 모습으로 표시
AddIconByType	파일 및 확장자에 따라 표시될 이미지를 지정
DefaultIcon	별도로 정의되지 않은 파일에 대한 기본 표시 이미지를 지정
AddDescription	파일 뒤에 표시될 간단한 설명을 지정
ReadmeName	디렉터리 내용 표시 후, 가장 아랫부분에 표시할 README 파일을 지정
HeaderName	디렉터리 내용 표시 전, 가장 윗부분에 표시할 HEADER 파일을 지정
IndexIgnore	디렉터리 표시에서 제외할 파일을 지정

⑨ default.conf를 이용한 웹 서버의 기본 설정 지정

- default.conf 혹은 http−default.conf를 이용하여 아파치 웹 서버의 기본 설정값을 지정할 수 있다.
- 아파치 웹 서버의 주요 기본 설정 항목

Timeout	• 클라이언트의 요청에 대한 응답 제한 시간을 초 단위로 지정 • 기본값 : Timeout 60
KeepAlive	• 하나의 TCP 세션을 이용하여 여러 요청을 처리하기 위한 KeepAlive 기능을 설정 • TCP 세션은 하나의 프로세스 혹은 쓰레드와 연결되므로 결과적으로 프로세스 혹은 쓰레드를 종료하지 않고 계속 사용하게 됨 • 기본값 : KeepAlive On
MaxKeepAliveRequests	• KeepAlive가 On으로 설정된 경우, 처리할 수 있는 최대 요청 수를 지정하는데, TCP 연결을 유지하고 있는 프로세스 혹은 쓰레드가 MaxKeepAliveRequests에 설정된 만큼을 처리하게 되면 종료 • 기본값 : MaxKeepAliveRequests 100(0으로 지정하면 무제한)
KeepAliveTimeout	• KeepAlive가 On인 상태에서 설정한 시간 동안 클라이언트의 요청이 없을 경우 연결을 종료 • 기본값 : KeepAliveTimeout 5(초 단위 지정)
UseCanonicalName	• Off : 클라이언트가 제공하는 호스트 이름과 포트로, URL과 서버 이름을 설정 • On : ServerName 지시자를 이용하여 URL과 서버 이름을 설정 • 기본값 : UseCanonicalName Off
AccessFileName	• 디렉터리별 접근제어를 설정하는 파일명을 지정 • 기본값 : AccessFileName .htaccess
ServerToken	• 클라이언트(웹 브라우저)에 전송할 서버의 정보 수준을 지정 − Full : 웹 서버의 종류, 버전, 운영체제의 종류, 설치된 모듈 정보 등 − OS : 웹 서버의 종류, 버전, 운영체제의 종류 − Min : 웹 서버의 종류와 버전 − Prod : 웹 서버의 종류 • 기본값 : ServerToken Full
ServerSignature	• 아파치 웹 서버가 생성하는 오류 메시지 등에서 '아파치 버전, 가상호스트 정보, 관리자 이메일 주소 등' 추가 정보를 포함할지 결정 − On : 아파치 버전, 가상 호스트 정보 − Email : 아파치 버전, 가상 호스트 정보, 관리자 이메일 주소 − Off : 표시하지 않음 • 기본값 : ServerSignature On
HostnameLookups	• 로그 기록 시 클라이언트의 IP 정보를 표시하는 방법을 설정 − On : 도메인명으로 기록함(단, DNS 조회가 필요하여 웹 서버의 성능이 저하될 수 있음) − Off : IP 주소로 기록함 • 기본값 : HostnameLookups Off

⑩ httpd-info.conf를 이용한 웹 서버 상태 정보 구성

- 웹 브라우저를 이용하여 웹 서버의 상태 정보를 확인할 수 있도록 관련 정보를 설정한다.
- 〈Location /server-status〉 ~ 〈/Location〉을 이용하면, 'http://www.exapmle.com/server-status'와 같은 URL을 이용하여 서버의 상태를 확인할 수 있다.

```
〈Location /server-status〉
    SetHandler server-status
    Order deny,allow
    Deny from all
    Allow from .example.com
〈/Location〉
```

- 'ExtendedStatus On'으로 설정하면 최대한의 정보를, 'ExtendedStatus Off'로 설정하면 최소한의 정보를 제공한다. 기본은 'ExtendedStatus Off'이다.
- 〈Location /server-info〉 ~ 〈/Location〉을 이용하면, 'http://www.exapmle.com/server-info와 같은 URL을 이용하여 서버의 정보를 확인할 수 있다. 이때 'mod_info.c 모듈'이 로딩된 상태여야 한다.

```
〈Location /server-info〉
    SetHandler server-info
    Order deny,allow
    Deny from all
    Allow from .example.com
〈/Location〉
```

⑪ httpd-mpm.conf를 이용한 MPM(Apache Multi-Processing Module) 설정

- mpm_prefork_module을 이용하여 prefork 동작 방식을 설정한다.

```
〈IfModule mpm_prefork_module〉
    StartServers            5
    MinSpareServers         5
    MaxSpareServers         10
    MaxRequestWorkers       150
    MaxConnectionPerChild   0
〈/IfModule〉
```

• mpm_prefork_module의 주요 설정 항목

StartServers	아파치 웹 서버 구동 시, 초기 실행할 자식 프로세스의 개수를 지정
MinSpareServers	- 유휴 프로세스의 최소 유지 개수를 지정 - 클라이언트의 요청 수가 증가하여 유휴 프로세스의 개수가 설정한 값보다 작은 상태가 되면 새로운 자식 프로세스를 생성
MaxSpareServers	- 유휴 프로세스의 최대 유지 개수를 지정 - 클라이언트의 요청 수가 감소하여 유휴 프로세스의 개수가 설정한 값보다 큰 상태가 되면 동작 중인 자식 프로세스를 종료
MaxRequestWorkers	- 동시에 접속할 수 있는 클라이언트의 최대값을 설정 - 이전 버전에서는 MaxClients로 지원함
MaxConnectionPerChild	- 아파치 자식 프로세스 하나가 처리할 최대 요청 수를 설정 - 설정한 요청 수를 처리하면 프로세스는 종료됨 - 0으로 설정하면 무한대가 됨 - 이전 버전에서는 MaxRequestsPerChild로 지원함

• mpm_worker_module을 이용하여 prefork 동작 방식을 설정한다.

```
〈IfModule mpm_worker_module〉

    StartServers            2

MinSpareThread             25

MaxSpareThread             75

    ThreadsPerChild         25

MaxRequestWorkers         150

MaxConnectionPerChild       0

〈/IfModule〉
```

• mpm_prefork_module의 주요 설정 항목

StartServers	아파치 웹 서버 구동 시, 초기 실행할 자식 프로세스의 개수를 지정
MinSpareThread	새로운 요청을 처리하기 위해 대기하고 있는 쓰레드의 최소 개수를 지정
MaxSpareThread	새로운 요청을 처리하기 위해 대기하고 있는 쓰레드의 최대 개수를 지정
ThreadPerChild	하나의 아파치 프로세스가 생성할 쓰레드의 개수를 지정
MaxRequestWorkers	- 동시에 접속할 수 있는 클라이언트의 최대값을 설정 - 이전 버전에서는 MaxClients로 지원함
MaxConnectionPerChild	- 아파치 쓰레드 하나가 처리할 최대 요청 수를 설정 - 0으로 설정하면 무한대가 됨 - 이전 버전에서는 MaxRequestsPerChild로 지원함

⑫ htpasswd 명령을 이용한 아파치 웹 서버 사용자 인증

- 아파치 웹 서버의 특정 페이지에 사용자 인증을 설정할 수 있다.
- 웹 페이지에 사용자 인증 설정 방법

웹 사용자 생성	htpasswd 명령으로 사용자를 생성 ⑩ htpasswd -c /etc/password master : master 사용자를 생성하고, 계정 파일로 /etc/ 　password 파일을 이용
httpd.conf 설정	대상 디렉터리의 AllowOverride 항목에 'AuthConfig'를 지정 ⑩ 〈Directory "/var/www/html/admin"〉 AllowOverride AuthConfig 〈/Directory〉
.htaccess 생성	인증 대상 디렉터리에 '.htaccess' 파일을 생성 ⑩ 파일명 : /var/www/html/admin/.htaccess 　 AuthType Basic 　 AuthName "Master Login" 　 AuthUserFile /etc/password 　 Require valid-user

- .htaccess의 주요 설정 항목

AuthType	Basic, Digest 방식의 인증 방식을 지정
AuthName	웹 브라우저의 인증 창에 표시될 이름(메시지)을 설정
AuthUserFile	사용자 계정 파일을 지정
Require	접속을 허가할 사용자를 지정 - Require valid-user : 사용자 계정 파일에 등록된 사용자 모두를 허가 - Require [사용자명, 사용자명 …] : 특정 사용자 계정만 허가

- htpasswd 명령어는 'htpasswd [옵션] [계정파일] [사용자명]'을 실행 옵션으로 하여 사용자 계정 파일을 관리한다.

```
$ htpasswd
Usage:
          htpasswd [-cimB25dpsDv] [-C cost] [-r rounds] passwordfile username
          htpasswd -b[cmB25dpsDv] [-C cost] [-r rounds] passwordfile username
password

          htpasswd -n[imB25dps] [-C cost] [-r rounds] username
          htpasswd -nb[mB25dps] [-C cost] [-r rounds] username password
```

−c	Create a new file.
−n	Don't update file; display results on stdout.
−b	Use the password from the command line rather than prompting for it.
−i	Read password from stdin without verification (for script usage).
−m	Force MD5 encryption of the password (default).
−2	Force SHA−256 crypt() hash of the password (secure).
−5	Force SHA−512 crypt() hash of the password (secure).
−B	Force bcrypt aencryption of the password (very secure).
−C	Set the computing time used for the bcrypt algorithm (higher is more secure but slower, default: 5, valid: 4 to 31).
−r	Set the number of rounds used for the SHA−256, SHA−512 algorithms (higher is more secure but slower, default: 5000).
−d	Force CRYPT encryption of the password (8 chars max, insecure).
−s	Force SHA−1 encryption of the password (insecure).
−p	Do not encrypt the password (plaintext, insecure).
−D	Delete the specified user.
−v	Verify password for the specified user.

On other systems than Windows and NetWare the '−p' flag will probably not work.

The SHA−1 algorithm does not use a salt and is less secure than the MD5 algorithm.

• .htpasswd의 주요 옵션

−c	− 사용자 계정 파일을 생성 − 최초 한 번은 −c 옵션으로 계정 파일을 만들어야 하나, 이후에는 생략할 수 있음
−D	지정한 사용자를 사용자 계정 파일에서 제거
−s	SHA 암호화 방식으로 사용자 계정 파일을 암호화함

⑬ mod_ssl을 이용한 HTTPS 사용

• 웹 클라이언트와 웹 서버 간 HTTP(Hyper Text Transfer Protocol) 기반 통신 시, 데이터는 일반 평문(Plain Text)으로 전송되어 프록시(Proxy) 혹은 패킷 캡쳐 도구를 이용하여 내용을 알아낼 수 있다. 따라서 중요한 데이터를 보호하기 위하여 별도의 암호화 방법이 필요하다.

• 아파치 웹 서버는 mod_ssl 모듈을 이용하여 HTTPS(HTTP over Secure Socket Layer) 방식으로 암호화 통신을 할 수 있으며, 이때 443포트를 기본 포트로 이용한다.

• SSL(Secure Socket Layer)은 암호화 기법을 이용하여 인터넷에서 안전하게 데이터를 전송하는 프로토콜로, 비대칭키를 사용하여 신원 확인과 대칭키 교환을 수행하고, 이 대칭키를 이용하여 빠르게 데이터를 암호화한다.

아파치 웹 서버의 여러 가지 설정 방법

- /etc/httpd/conf/http.conf의 단일 설정 항목을 이용한다.
- /etc/httpd/conf/http.conf 내에서 〈IfMdoule 모듈명〉 ~ 〈/IfModule〉의 관련 모듈 설정을 이용한다. 이때 해당 모듈이 로딩되어야 한다.
- /etc/http/conf.d 디렉터리에 모듈별 설정 파일(conf)을 작성한 후 /etc/httpd/conf/http.conf에 포함한다. DSO 방식으로 모듈 적재가 필요할 경우 'LoadModule 지시자'를 포함하게 된다.

※ 단, 이러한 설정 방식은 아파치 웹 서버의 버전에 따라 조금씩 다를 수도 있다. 따라서 시험 문제에 따라 여러가지 방식으로 물어볼 수 있으므로 각 항목에 대한 설정 키워드를 기억하기를 바란다. 예를 들면 "MIME 타입을 등록할 때는 AddType을 이용한다." 라고 기억하면 된다.

시스템 로그 관리 정리

- 시스템 로그는 커널 및 각종 서비스에서 발생하는 메시지를 수집 · 저장하여 시스템 상태를 기록한다.
- 전통적으로는 syslog/syslogd를 사용하였으나, 최근 리눅스 배포판에서는 rsyslog를 기본으로 사용한다.
- 로그 파일은 기본적으로 /var/log 디렉터리 하위에 생성된다.

rsyslog를 통한 로그 관리

- rsyslog는 네트워크 기반 로그 수집을 지원하는 고성능 로그 데몬이다.
- 설정 파일은 /etc/rsyslog.conf이며, 데몬 파일은 /sbin/rsyslogd이다.
- 로그 규칙은 facility.priority action 형식으로 설정한다.
- priority는 지정한 수준 이상의 로그를 모두 포함한다.
- 설정 변경 후에는 systemctl restart rsyslog로 데몬을 재시작해야 한다.
- 원격 로그 전송 시 UDP는 @host, TCP는 @@host 형식을 사용한다.

로그 로테이션을 통한 용량 관리

- 로그 로테이션은 로그 파일의 크기 증가로 인한 디스크 부족을 방지하기 위한 관리 기법이다.
- logrotate는 기본적으로 cron에 의해 주기적으로 실행된다.
- 전체 설정은 /etc/logrotate.conf, 개별 서비스 설정은 /etc/logrotate.d/에서 관리한다.
- rotate는 보관할 로그 파일의 개수를 의미한다.
- compress는 로그 파일을 gzip으로 압축한다.
- 로테이션 이력은 /var/lib/logrotate.status 파일에 기록된다.

journalctl을 통한 로그 관리

- journalctl은 systemd 환경에서 커널 및 서비스 로그를 조회하는 명령어이다.
- 로그는 텍스트가 아닌 바이너리 형태로 저장된다.
- journalctl -b는 현재 부팅 이후의 로그를 출력한다.
- journalctl -u 서비스명은 특정 유닛의 로그를 출력한다.
- 로그 저장 정책은 /etc/systemd/journald.conf에서 설정한다.

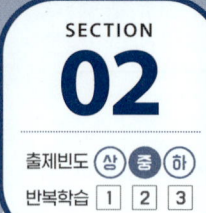
인증 관련 서비스

▶ 합격 강의

빈출 태그 ▶ Authentication, Authorization, LDAP, DN, RDN, ObjectClass, NIS, ypbind,
ypserv, /etc/yp.conf

01 인증 관련 서비스의 개요

1) 리눅스 인증의 개요

① 인증과 인가의 개념

• 리눅스 시스템의 인증(Authentication)이란, '시스템을 사용하는 클라이언트(사용자)가 등록된 사용자인지 확인'하는 것이다.

• 인가(Authorization)란, '인가된 클라이언트(사용자)에게 권한을 부여'하는 것으로 어떤 권한인지에 따라 사용할 수 있는 서비스 혹은 자원이 달라지게 된다.

② 리눅스의 기본 인증 방법

• 사용자 계정을 /etc/passwd, /etc/shadow 등에 등록한 후, 사용자가 로그인 시 입력한 아이디와 패스워드를 등록된 정보와 비교하여 인증을 수행한다.

③ 네트워크 기반 인증 서비스의 필요성

• 리눅스의 기본 인증 방법은 하나의 시스템과 적은 인원을 대상으로 사용할 경우에는 큰 불편이 없겠으나, 다수의 시스템을 운영할 경우 '사용자 등록, 패스워드 관리 등'에 어려움이 따른다.

• 이러한 불편을 해결하기 위하여 네트워크 기반 인증 서비스가 필요하다. 네트워크 기반 인증 서비스는 인증에 필요한 정보를 인증 서버에 등록한 후, 필요한 시스템(클라이언트 시스템)에 인증 관련 정보를 제공한다.

• 대표적으로 NIS(Network Information Service)와 LDAP(Lightweight Directory Access Protocol)가 있다.

2) NIS와 LDAP 서비스의 주요 특징

① NIS 서비스의 주요 특징

• 호스트명, 사용자명, 사용자 암호 등과 같은 시스템 정보를 검색하고 관리하기 위하여 썬(Sun)사가 개발한 서비스로, RPC(Remote Procedure Call)를 이용한다.

• NIS 서버에 등록된 사용자 계정, 암호, 그룹 정보 등을 네트워크를 이용하여 다른 시스템(클라이언트)에게 제공한다. 따라서 여러 호스트들이 동일한 계정 정보를 사용할 수 있다.

• NIS를 이용하여 telnet, samba, ssh 등의 서비스에서 사용자 인증을 할 수 있다.

NIS 서비스의 역사

- Sun Microsystems사가 YP(Yellow Pages)라는 이름으로 네트워크 기반 인증 서비스를 개발하였는데, YP라는 이름이 다른 회사 (British Telecom)의 등록 상표이기에 NIS로 출시하였다. 이러한 이유로 NIS 서비스의 주요 명령어가 yp로 시작하게 된 것이다.
- 이후 기존 NIS의 보안과 확장성을 향상시킨 NIS+가 등장하였으며, RPC에서 데이터 암호화와 인증을 지원하고 권한 설정, 복제 (Replication) 등을 지원한다.

② LDAP 서비스의 주요 특징

- 디렉터리 서비스(Directory Service)를 조회하고 수정하는 TCP 기반 응용 프로토콜이다.
- X.500 DAP(Directory Access Protocol)를 기반으로 하고, 컴퓨팅 자원을 많이 소비하는 단점을 개선하기 위해 보다 경량화된 모델로 개발되었다.
- RDBMS(Relational DataBase Management System)에 비하여 빠른 검색 속도를 제공하지만 자주 변경되는 정보의 관리에는 다소 불리하다.
- LDAP 서버에는 여러 엔트리(Entry)가 트리 구조로 구성되어 있다. 각 엔트리는 다수의 속성으로 구성되어 있으며, 각 속성은 '이름, 값'의 형식을 가진다.
- LDAP의 주요 속성

속성	설명	속성	설명
c	국가 이름	ou	부서 이름
st	주 이름(우리나라는 도)	cn	전체 이름(이름+성)
l	도시 혹은 지역	sn	성
street	도로명 주소	givenName	이름
dn	조직 내 고유한 식별자	dc	도메인 네임 요소
rdn	상대(relative) DN	mail	이메일 주소
o	조직(회사) 이름	telephoneNumber	전화번호

- 각 엔트리는 DIT(Directory Information Tree)라는 트리 구조로 조직화되며, DN(Distinguished Name)라는 고유한 식별자로 지칭된다. DN은 RDN(Relative Distinguished Name)으로 구성된다. 예를 들어 디렉터리 파일의 경우 '/home/master/whoami.md'와 같은 전체 경로를 DN이라 할 수 있다. 여기에서 'whoami.md'가 RDN이며, '/home/master'는 상위 엔트리의 DN이 된다.
- 국가, 조직과 같이 동일한 설정을 갖는 그룹의 개념으로 objectClass가 있으며, LDAP에 새로운 엔트리를 생성할 때 특정한 objectClass에 속하도록 설정하면 해당 objectClass의 속성을 상속받게 된다.
- 마이크로소프트(Microsoft)의 Active Directory는 LDAP을 기반으로 인증 서비스를 제공한다.

02 NIS 서비스 사용하기

1) NIS 서버 설치와 구성

① NIS 서비스 구성을 위한 사전 작업

- NIS는 RPC를 이용하므로 'systemctl start rpcbind' 명령으로 RPC 데몬(Daemon)을 구동시킨다. 이때 서버와 클라이언트 호스트 모두에서 RPC를 구동해야 한다. 부팅 시 항상 rpcbind가 실행되도록 하려면 'systemctl enable rpcbind' 명령을 추가로 실행한다.

```
$ systemctl start rpcbind


$ systemctl enable rpcbind

...


$ ps -ef | grep rpc
rpc      801        1    0    21:08    ?       00:00:00 /usr/bin/rpcbind -w -f
root     810        2    0    21:08    ?       00:00:00 [rpciod]
root     10984    2253   0    23:14    pts/0   00:00:00 grep --color=auto rpc
```

- 실습을 위하여 /etc/hosts 파일에 IP와 도메인을 등록한다. IP 주소는 'ip addr' 명령으로 확인할 수 있다. /etc/hosts 파일을 이용하면 외부 DNS 질의(Query) 없이 도메인과 IP 매핑(Mapping)을 사용할 수 있다. /etc/hosts 파일을 수정한 후 network 서비스를 다시 시작한다. 역시 서버와 클라이언트 모두에 적용한다.

```
$ vi /etc/hosts


192.168.8.133 server.youngjin-nistest.com
192.168.8.134 client.youngjin-nistest.com


$ systemctl restart NetworkManager
```

② NIS 서버 설치

- NIS 서버의 패키지 이름은 ypserv이므로 'yum —y install ypserv' 명령으로 설치한다. 패키지 설치가 완료되면 '/usr/lib/systemd/system'에 NIS 관련 서비스 파일들이 설치된다.

```
$ yum —y install ypserv

...

Installed:

 ...

 ypserv—4.1—1.el8.x86_64

Complete!



$ ls /usr/lib/systemd/system/ | grep ^yp
yppasswdd.service
ypserv.service
ypxfrd.service
```

- NIS 관련 서비스 파일의 역할

ypserv.service	NIS 서버의 메인 데몬을 구동
yppasswdd.service	NIS 사용자 패스워드를 관리
ypxfrd.service	NIS 서버와 NIS 클라이언트 간의 맵핑 속도를 높임

③ NIS 도메인명 설정

- nisdomainname 명령을 이용하거나 /etc/sysconfig/network 파일에 수동 등록하여 NIS 도메인 명을 설정한다. /etc/sysconfig/network 파일에 등록하면, 재부팅 시에도 자동으로 적용할 수 있다.

```
$ nisdomainname youngjin—nistest.com

$ vi /etc/sysconfig/network

...

NISDOMAIN=youngjin—nistest.com
```

• nisdomainname 명령으로 설정한 도메인명을 확인할 수 있다.

```
$ nisdomainname

youngjin—nistest.com
```

④ NIS 사용자 계정 생성
• NIS 클라이언트에서 사용할 계정을 생성한다.

```
$ useradd nisuser


$ passwd nisuser

Changing password for user nisuser.

New password:

Retype new password:

passwd: all authentication tokens updated successfully.
```

⑤ NIS 관련 데몬 실행
• ypserv, yppasswdd, ypxfrd를 시작한 후, 동작 상태를 확인한다.

```
$ systemctl start ypserv.service yppasswdd.service ypxfrd.service

$ ps aux | grep yp

...

root    2947    0.0    0.0    42484    1316    ?    Ss    21:55    0:00 /usr/sbin/ypserv —f
root    2950    0.0    0.0    42540    1320    ?    Ss    21:55    0:00 /usr/sbin/rpc.ypxfrd —f
root    3564    0.0    0.0    46816    1168    ?    Ss    22:30    0:00 /usr/sbin/rpc.yppasswdd —f
```

⑥ NIS 정보 갱신 및 적용
• 사용자 추가 등 NIS관련 설정 후 NIS 정보를 갱신하여야 한다.
• '/var/yp' 디렉터리로 이동한 후 make를 실행하거나, 'make —c /var/yp' 명령을 이용할 수 있다.

```
$ cd /var/yp


$ make

gmake[1]: Entering directory '/var/yp/youngjin—nistest.com'

Updating passwd.byname...

...

gmake[1]: Leaving directory '/var/yp/youngjin—nistest.com'.
```

- make를 완료하면 /var/yp 디렉터리에 NIS 서버 이름의 디렉터리가 만들어지고, NIS 관련 정보를 갖고 있는 맵(Map) 파일들이 생성된다. 만일 새로운 사용자를 추가하면 해당 맵 파일도 다시 갱신하여야 한다.

```
$ ls
Makefile  youngjin-nistest.com


$ ls youngjin-nistest.com/
group.bygid    mail.aliases    protocols.byname     services.byname
group.byname   netid.byname    protocols.bynumber   services.byservicename
hosts.byaddr   passwd.byname   rpc.byname
hosts.byname   passwd.byuid    rpc.bynumber
```

- NIS 관련 서비스를 재시작하여 설정한 것을 반영하고, 부팅 시 자동으로 시작되도록 한다.

```
$ systemctl restart ypserv.service yppasswdd.service ypxfrd.service


$ systemctl enable ypserv.service yppasswdd.service ypxfrd.service
Created symlink /etc/systemd/system/multi-user.target.wants/ypserv.service → /usr/lib/systemd/system/ypserv.
service.
Created symlink /etc/systemd/system/multi-user.target.wants/yppasswdd.service → /usr/lib/systemd/system/
yppasswdd.service.
Created symlink /etc/systemd/system/multi-user.target.wants/ypxfrd.service → /usr/lib/systemd/system/ypxfrd.
service.
```

➕ 더 알기 TIP

- 리눅스에서 다양한 서비스를 설치하고 운영할 때 방화벽 설정을 확인하는 것이 좋다.
- 앞서 진행한 내용에 따라 NIS 서버를 설치하였으나 이후 NIS 클라이언트와 통신하지 못하는 문제가 발생한다면, 다른 설정에 문제가 없을 경우 방화벽 기능을 해제한 후 다시 확인한다. 단, 이는 테스트를 위한 조치이며 실제 운영 환경의 경우 방화벽을 활성화하는 것을 권장한다.

```
$ systemctl stop firewalld
```

2) NIS 클라이언트 설치와 구성

① NIS 클라이언트 구성을 위한 사전 작업

- NIS 서비스 설치의 준비과정과 동일하게, RPC 데몬을 구동하고 hosts 파일에 테스트를 위한 도메인과 IP 매핑을 등록한다.

② NIS 클라이언트 설치

- NIS 클라이언트의 패키지인 'ypbind와 yp-tools'를 yum 명령을 이용하여 설치한다.

- ypbind는 바인드 정보를 관리하며, NIS 서버와 클라이언트를 연결한다.

```
$ yum -y install ypbind yp-tools
```

③ NIS 도메인명 설정

- nisdomainname 명령을 이용하거나 /etc/sysconfig/network 파일에 수동 등록하여 NIS 도메인명을 설정한다. /etc/sysconfig/network 파일에 등록하면 재부팅 시에도 자동으로 적용할 수 있다.

```
$ nisdomainname youngjin-nistest.com


$ vi /etc/sysconfig/network

...

NISDOMAIN=youngjin-nistest.com
```

- nisdomainname 명령으로 설정한 도메인명을 확인할 수 있다.

```
$ nisdomainname

youngjin-nistest.com
```

④ NIS 서비스(서버)와 도메인 정보 설정

- /etc/yp.conf 파일에 NIS 서비스(서버)와 도메인 정보를 설정한다.

```
$ vi /etc/yp.conf

...

server server.youngjin-nistest.com

ypserver server.youngjin-nistest.com

domain youngjin-nistest.com
```

⑤ NIS 클라이언트 데몬인 ypbind 시작하기

```
$ systemctl start ypbind.service


$ ps aux | grep ypbind


root       38338  0.0  0.7 366104  5972 ?        Ssl  01:05   0:00 /usr/sbin/ypbind -n


$ systemctl enable ypbind.service
Created symlink /etc/systemd/system/multi-user.target.wants/ypbind.service → /usr/lib/systemd/system/ypbind.
service.
```

⑥ authconfig 명령을 이용한 클라이언트 설정

```
$ authconfig ――enablenis ――nisdomain=youngjin―nistest.com \
――nisserver=server.youngjin―nistest.com ――enablemkhomedir ――update
```

⑦ NIS의 계정 정보를 이용한 로그온

- SSH를 이용하여 client 호스트에 로그온하며, 이때 계정 아이디와 패스워드는 NIS 서버에 등록한 것(nisuser)을 이용한다.

```
$ ssh ―l nisuser 192.168.45.216
The authenticity of host '192.168.45.216 (192.168.45.216)' can't be established.
ECDSA key fingerprint is SHA256:KY8o51j8YiyMk3kya6xlevcoqxqdNQsqXZPTvCl+ZZw.
Are you sure you want to continue connecting (yes/no/[fingerprint])? yes
Warning: Permanently added '192.168.45.216' (ECDSA) to the list of known hosts.
nisuser@192.168.45.216's password:
Activate the web console with: systemctl enable ――now cockpit.socket


Creating home directory for nisuser.
[nisuser@localhost ~]$
```

- 위에서 NIS 서버로부터 전송받은 사용자 정보를 이용하여 로그온한 것을 확인할 수 있다. 참고로 'Creating home directory for niuser'와 같이 사용자 디렉터리가 자동으로 생성된 이유는 authconfig에서 옵션을 설정했기 때문이다. 일반적으로 NIS 서버만 동작시킨 상태에서는 사용자 디렉터리가 생성되지 않는다.

3) NIS 관련 주요 명령어

nisdomainname	NIS 도메인 이름을 설정하거나 설정된 이름을 표시 예 nisdomainname youngjin―nistest.com
ypwhich	• NIS를 이용하여 로그인한 후, 인증에 사용한 NIS 서버를 조회 예 [nisuser@client ~]$ ypwhich server.youngjin―nistest.com • ―m 옵션 : NIS 서버의 맵(Map) 정보를 출력 예 [nisuser@client ~]$ ypwhich ―m passwd.byname server.youngjin―nistest.com hosts.byaddr server.youngjin―nistest.com ...

ypcat	• NIS 서버의 구성파일(맵 파일)의 내용을 확인 **예** [nisuser@server ~]$ ypcat hosts.byname 172.30.1.29　　client.youngjin-nistest.com 172.30.1.12　　server.youngjin-nistest.com [nisuser@server ~]$ ypcat passwd.byname master:6GWbe1J8JqIyJvMgc$ec7ISisHp6bxKoPZBGxojPzWYgUOMuJuzUr1j QAfGmga6lS1NrlykdXl0h8VUr25SepYWvNPEXbENJo4dolAB1:500:500::/home/ master:/bin/bash nisuser:6RE7gkrPg$YJaDgfd6OCauLQOULc9wqmeRyzUmMKkhGwdahBU8.e1 CHKbWy70TuF1UXfpertSv6C1W93Z0pPUx/TKO2JsJu/:501:501::/home/nisuser:/ bin/bash • ypcat의 대상이 되는 파일명에서 '.byname'은 생략할 수 있음
yptest	NIS 클라이언트에서 NIS의 동작 및 설정 등을 확인하고 도메인명, 맵 파일 목록, 사용자 계정 정보 등을 출력 **예** $ yptest Test 1: domainname Configured domainname is "youngjin-nistest.com" Test 2: ypbind Used NIS server: server.youngjin-nistest.com …
yppasswd	NIS 서버에 등록된 사용자의 비밀번호를 변경 **예** yppasswd nisuser
ypchsh	NIS 서버에 등록된 사용자의 셸(Shell)을 변경 **예** ypchsh nisuser
ypchfn	NIS 서버에 등록된 사용자의 정보를 변경 **예** ypchfn nisuser

파일 관련 서비스

▶ 합격 강의

빈출 태그 ▶ SMB, CIFS, nmbd, smbd, smb.conf, NFS, /etc/exports, root_squash, vsftpd, 포트21

01 삼바(SAMBA) 서비스 사용하기

1) 삼바 서비스의 개요

① 삼바 서비스의 특징

- 삼바는 GPL 기반의 자유 소프트웨어로 리눅스와 윈도우 간 디렉터리, 파일, 프린터, USB 등을 공유하는 데 사용할 수 있다.
- 삼바는 TCP/IP를 기반으로 NetBIOS상에서 동작하는 SMB(Server Message Block) 프로토콜을 이용한다.
- 삼바에서 설정한 그룹과 호스트명이 윈도우의 Network Neighborhood에 컴퓨터 이름으로 표시된다. 또한 삼바를 사용하면 상대 호스트의 IP 주소 대신 컴퓨터 이름을 이용하여 접속할 수 있다. 이를 WINS(Windows Internet Name Service)라 한다.
- CIFS(Common Internet File System)는 SMB를 인터넷까지 확장한 표준 프로토콜로, 유닉스와 윈도우 환경을 동시에 지원한다.

② 삼바 서버의 구성 요소

- 삼바 서버는 크게 smbd와 nmbd로 구성되어 있다.

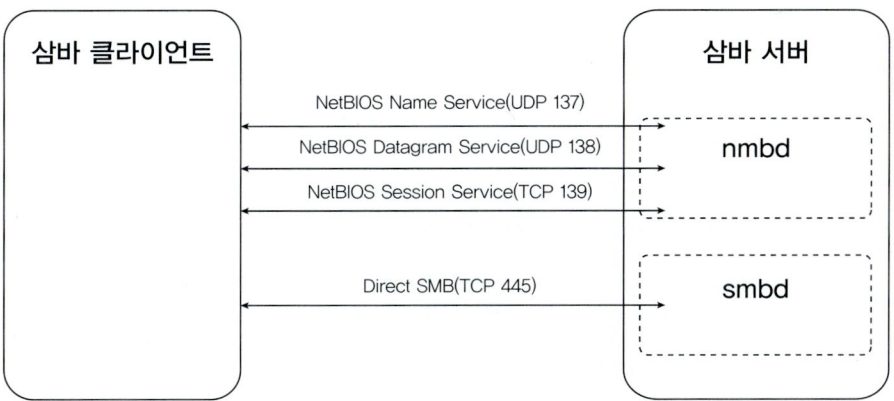

▲ 삼바 서버의 동작

- 삼바 서버의 구성 요소

nmbd	– UDP 137, 138번 포트를 이용하여 컴퓨터(호스트)를 브로드 캐스팅 방식으로 검색한 후, TCP 139번 포트를 이용하여 컴퓨터 이름으로 접속 – nmbd는 WINS 서비스를 위한 데몬으로, nmbd를 이용하지 않고도 SAMBA 서비스를 구성할 수 있으나, Network Neiborhood에 표시되지 않고 컴퓨터 이름으로 접속할 수 없게 됨
smbd	– 삼바 프로토콜의 주요 기능을 담당하며, TCP 445번 포트를 이용 – 삼바 서버의 IP 주소만 알고 있어도 IP 주소를 이용한 직접 접속 방법으로 삼바 서비스를 사용할 수 있음

- 삼바 서버의 구성 내용에 따라 TCP 139, 445번 포트와 UDP 137, 138번 포트를 방화벽에서 열어 주어야 한다.

2) 삼바 서비스 설치와 구성

① 삼바 관련 패키지 설치

- 패키지 관리 프로그램(yum)을 이용하여 삼바 관련 패키지를 설치한다.

```
$ yum -y install samba samba-common samba-client
...
Installed:
...
samba-4.18.6-2.el8_9.x86_64
samba-client-4.18.6-2.el8_9.x86_64
...
Complete!
```

- 삼바 관련 주요 패키지

samba	삼바 데몬(Daemon), 관련 라이브러리 및 스크립트 등을 포함하는 핵심 패키지
samba-common	– 삼바 서버 및 클라이언트에서 공통으로 사용하는 설정 및 명령어를 포함 – 대표적으로 smb.conf 설정 파일과 설정 파일을 검사하는 testparm 등이 있음
samba-client	smbclient, smbtree 등 삼바 클라이언트 관련 명령어를 포함

➕ **더 알기** TIP

삼바 관련 패키지

- samba-swat(Samba Web Administration Tool)은 삼바의 설정 파일인 smb.conf를 웹을 이용하여 관리할 수 있도록 지원하는 패키지이다.
- TCP 901번 포트를 이용하여 'http://youngjin-smbtest.com:901'과 같은 형식으로 접근할 수 있다.

---

② 삼바 서비스 실행

- 주요 서비스 데몬인 smb와 nmb를 시작하고 동작을 확인한다. 이때, 'systemctl −l status ⟨service⟩' 명령어 형식을 이용할 수 있다.

```
$ systemctl start smb.service nmb.service

$ systemctl −l status smb.service nmb.service
  ● smb.service − Samba SMB Daemon
    Loaded: loaded (/usr/lib/systemd/system/smb.service; disabled; vendor preset: disabled)
    Active: active (running) since Thu 2023−12−21 01:28:15 KST; 27s ago
...

  ● nmb.service − Samba NMB Daemon
    Loaded: loaded (/usr/lib/systemd/system/nmb.service; disabled; vendor preset: disabled)
    Active: active (running) since Thu 2023−12−21 01:28:15 KST; 27s ago
...
```

- 'systemctl enable ⟨service⟩' 명령어 형식을 이용하여 부팅 시 자동으로 실행하도록 설정할 수 있다. 'systemctl disable ⟨service⟩' 명령어 형식을 이용하면 자동실행을 해제할 수 있다.
- 서비스의 설정을 변경한 경우, 'systemctl restart ⟨service⟩' 명령어 형식을 이용하여 서비스를 재실행해야 한다.

```
$ systemctl enable smb.service nmb.service

Created  symlink  /etc/systemd/system/multi−user.target.wants/smb.service  →  /usr/lib/systemd/system/
smb.service.

Created  symlink  /etc/systemd/system/multi−user.target.wants/nmb.service  →  /usr/lib/systemd/system/
nmb.service.
```

③ smb.conf를 이용한 삼바 서비스 설정

- 삼바 서버는 /etc/samba/smb.conf를 환경설정 파일로 이용한다.
- smb.conf 설정 파일은 Global Section과 Share Definition 영역으로 구분되며, '[ ]' 기호를 이용하여 세부 섹션(Section)을 구성한다.
- smb.conf의 주요 구성 항목

주석	# 혹은 ; 로 시작하는 행은 주석(Comment)
섹션	'[ ]'를 이용하여 섹션(Section)을 정의하며, 이후 정의한 값들은 해당 섹션 내에서 유효 −[global] : 삼바 서비스의 전체 설정을 담당 −[디렉터리명] : 해당 디렉터리에 대한 공유 설정 등을 지정하는데, 예를 들어 [homes]는 사용자별 홈 디렉터리 접근 방식을 설정 −[printers] : 프린터 공유 방식을 설정

값 설정	'name = value' 형식으로 옵션에 대한 값을 설정

• Global Section의 주요 설정 항목

workgroup	– 공유 그룹명을 지정하며, 윈도우의 작업 그룹과 같이 동작 – 기본값 : workgroup = MYGROUP
server string	– 서버에 대한 설명 – 기본값 : server string = Samba Server Version %v
netbios name	이름을 이용하여 접속할 때 사용하는 명칭 예 netbios name = MYSERVER
interfaces	여러 개의 네트워크 인터페이스를 갖고 있을 경우 어떠한 것을 이용할지 설정하는데, 이때 lo(localhost)는 생략할 수 없음 예 interfaces = lo eth0 192.168.12.2/24 192.168.13.2/24
hosts allow	– 삼바 서버에 접근할 수 있는 호스트를 지정하며, 접근 통제의 역할을 수행 예 hosts allow = 127. 192.168.12. 192.168.13. EXCEPT 192.168.1.11 – 위 예제는 127.0.0.0 · 192.168.12.0 · 192.168.13.0 대역만 접속을 허용하고 EXCEPT 192.168.1.11은 해당 호스트만 제외하며, 네트워크 대역은 192.168.12.0/255.255.255.0처럼 표기할 수도 있다는 뜻임 – 'hosts allow = smbHost'와 같은 형식을 이용하여 접속 가능한 호스트 이름을 지정할 수도 있음
log file	– 삼바 서버의 로그 파일을 지정 – 기본값 : log file = /var/log/samba/log.%m
max log size	– 로그 파일의 최대 크기를 KB 단위로 설정하는데, 설정한 값을 초과하면 .old 확장자를 갖는 파일로 변환된 후 새로운 로그 파일을 이용하게 됨 – 0으로 설정하면 크기 제약 없이 사용하게 됨 – 기본값 : max log size = 50
security	– 클라이언트가 삼바 서버에 접근할 때 인증 레벨을 부여하는 보안 옵션을 설정 – 세부 내용은 별도의 표를 참고 – 기본값 : security = user
passdb backend	– security가 user일 경우 사용하는 패스워드 저장 방식을 지정 – 기본값 : passdb backend = tdbsam
hide dot files = no	리눅스의 숨길 파일이 윈도우 운영체제의 파일 목록에 표시됨

• smb.conf의 security 옵션

user	– 삼바 서버에 접속할 시, OS에 로그온한 사용자명으로 패스워드를 확인 – 기본 설정값
share	– 인증 없이 삼바 서버에 접근할 수 있음 – Deprecated(이후 사용하지 않도록 권장)되었음
server	– 윈도우 서버와 같은 다른 삼바 서버에 사용자명과 패스워드를 전달하여 확인 – Deprecated(이후 사용하지 않도록 권장)되었음
domain	– 윈도우 서버의 도메인 컨트롤러(Domain Controller)에 사용자명과 패스워드를 전달하여 확인 – samba 3.0부터 ads를 지정하여 Active Directory Service를 이용할 수 있음

• Share Definition : 공유 폴더의 주요 설정 옵션

[디렉터리 이름]	'[ ]' 사이에 공유 폴더 이름을 지정 예 [homes]
comment	공유 폴더에 대한 설명을 기술 예 comment = Home Directories
path	공유 디렉터리의 절대 경로를 지정 예 path = /var/www/html
read only = yes	읽기만 가능하도록 설정
writable = yes	쓰기 가능하도록 설정
write list = [사용자명]	– 쓰기 가능한 사용자를 지정 – @를 앞에 붙여서 그룹을 지정할 수 있음 예 write list = smbuser @manager
valid users = [사용자명]	접근 가능한 사용자를 지정하며, 만일 별도로 지정하지 않을 경우 전체 사용자가 접근 가능하게 됨
public = no	개인 사용자만 사용할 수 있도록 설정
browseable = no	이용 가능한 공유 리스트에 표시되지 않도록 설정
create mask = 값	파일을 생성할 때 사용되는 기본 접근 모드를 지정(예 0644)
follow symlinks = no	심볼릭 링크를 따르지 않도록 설정하여 잠재적인 보안 위협을 제거
printable = yes	삼바 프린터를 네트워크 프린터로 공유

➕ **더 알기** TIP

/etc/samba/smb.conf 설정 사례

```
[www]

comment = Web Directory

path = /usr/local/apache/htdcos

valid users = ihduser kaituser (구분자로 , 사용 가능)

writable = yes 또는 write list = ihduser kaituser
```

• 윈도우에서 접근할 때 표시되는 폴더 이름은 www으로 설정한다.
• 간단한 설명은 'Web Directory'이다.
• 공유 디렉터리 경로는 /user/local/apache/htdcos이다.
• 접근 가능한 사용자는 ihduser 및 kaituser만 가능하며, 두 사용자 모두 파일 생성 및 삭제 권한을 부여한다.

④ 삼바를 이용할 사용자 등록과 패스워드 설정

• 삼바를 이용할 리눅스 계정을 등록한다.

```
$ adduser smbuser

$ passwd smbuser
Changing password for user smbuser.
New password:
Retype new password:
passwd: all authentication tokens updated successfully.
```

• 필요할 경우 /etc/samba/smbusers 설정 파일을 이용하여 리눅스 계정과 삼바 이용자명을 매
  핑한다. /etc/samba/smbusers 파일은 시스템의 계정과 관계없는 삼바의 고유한 설정 파일
  이다. 다음 내용은 'root는 administrator 및 admin으로 매칭'되고, 'nobody는 guest, pcguest,
  smbguest로 매칭'된 것을 보여 준다.

```
$ vi /etc/samba/smbusers
# Unix_name = SMB_name1 SMB_name2 ...
root = administrator admin
nobody = guest pcguest smbguest
```

• smbpasswd 명령을 이용하여 삼바 계정과 패스워드를 설정한다. 이때 삼바 계정은 리눅스 시
  스템에 등록된 계정이어야 한다. smbpasswd는 삼바 사용자의 생성·삭제·패스워드 변경·
  사용자 활성(Enable)·비활성화(Disable) 등을 수행하는 명령어로 'smbpasswd [옵션] [사용자
  계정]'을 실행 형식으로 한다. 아무런 옵션을 지정하지 않으면 패스워드를 변경하며, 사용자
  계정을 지정하지 않으면 현재 로그인한 사용자를 대상으로 한다.

• smbpasswd의 주요 옵션(root 권한 필요)

-a	- 삼바 사용자 계정을 추가하고 패스워드를 설정 - 추가하는 삼바 계정은 리눅스 시스템에 등록된 계정이어야 함
-x	삼바 사용자 계정을 제거
-d	삼바 사용자 계정을 비활성화
-e	삼바 사용자 계정을 활성화
-n	- 패스워드를 제거하여, 패스워드 없이 로그인이 가능하도록 설정 - smb.conf 설정 항목으로 'null passwords = yes'를 추가해야 함

```
$ smbpasswd −a smbuser
New SMB password:
Retype new SMB password:
Added user smbuser.
```

- pdbedit 명령을 이용하여 삼바 사용자 목록 및 세부 내용을 확인할 수 있다. pdbedit 명령은 'pdbedit [옵션] [사용자계정]'을 실행 형식으로 하며, 삼바 사용자 계정과 패스워드가 기록된 passdb.tdb의 내용을 보거나 정보를 설정할 수 있다.
- pdbedit 명령의 주요 옵션

−L	등록된 삼바 사용자의 목록을 출력
−v	사용자 목록 출력 시 상세한 정보를 표시
−u	사용자 이름을 지정
−a	− 삼바 사용자 계정을 추가하고 패스워드를 설정 − 추가하는 삼바 계정은 리눅스 시스템에 등록된 계정이어야 함
−r	삼바 사용자 계정을 변경
−x	삼바 사용자 계정을 제거

```
$ pdbedit −L
smbuser:1002:


$ pdbedit −v −u smbuser
Unix username:       smbuser
...
Home Directory:      \\LOCALHOST\smbuser
...
Password last set:   Thu, 21 Dec 2023 01:34:57 KST
...
Last bad password   : 0
Bad password count  : 0
...
```

3) 삼바 서비스 이용하기

① 삼바 클라이언트 패키지 설치

• 삼바 서버에 접속하여 삼바 서비스를 이용할 클라이언트 호스트에 samba-common samba-client 패키지를 설치한다.

```
$ yum -y install samba-common samba-client

...

Installed:
  samba-client-4.18.6-2.el8_9.x86_64


Complete!
```

② 삼바 서버에 접속

• smbclient 명령어를 이용하여 삼바의 공유 디렉터리 정보를 확인하고, 서버에 접속한다.
• smbclient는 'smbclient [옵션] [호스트명]'의 명령 형식을 따르며, 접속 후 '?' 명령을 입력하면 사용 가능한 명령어 리스트를 확인할 수 있다.
• 호스트의 공유 폴더 이름은 '//172.30.1.12/[공유폴더]/' 혹은 '\\172.30.1.12\[공유폴더]\'와 같이 지정할 수 있다. 단, '\'을 이용할 경우 실제 입력 시 '\\\\172.30.1.12\\[공유폴더]\\'와 같이 '\'를 2개씩 이용해야 한다.
• smbclient의 주요 옵션

-L, --list	삼바 서버의 공유 디렉터리 정보를 표시
-M, --message	Ctrl + d 와 함께 사용하여 메시지를 전송
-U [사용자 이름], --user	사용자 이름을 지정
-p [TCP 포트], --port	서버의 TCP 포트 번호를 지정

```
$ smbclient -L 192.168.45.223 -U smbuser
Password for [SAMBA\smbuser]:

        Sharename        Type            Comment
        ---------        ----            -------
        print$           Disk            Printer Drivers

        IPC$             IPC             IPC Service (Samba 4.18.6)

        smbuser          Disk            Home Directories
SMB1 disabled — no workgroup available
```

```
$ smbclient //192.168.45.223/smbuser/ -U smbuser
Password for [SAMBA\smbuser]:
Try "help" to get a list of possible commands.
smb: \> q
```

+ 더 알기 TIP

smbclient를 이용하여 서버에 접속할 경우 '%'를 추가하여 계정과 패스워드를 함께 지정할 수 있다.

```
$ smbclient //192.168.45.223/smbuser/ -U smbuser%패스워드
Try "help" to get a list of possible commands.
smb: \>
```

③ SMB 파일 시스템 마운트(Mount)

- mount 명령을 이용하여 삼바 공유 디렉터리를 로컬 시스템에 마운트하여 마치 로컬 디렉터리인 것과 같이 사용할 수 있다.
- 먼저 마운트할 디렉터리를 만든 후 mount 명령을 사용하여 마운트를 진행한다. 이후 df 명령과 ls 명령으로 파일 시스템을 확인할 수 있다.
- 다음 예제의 명령 중 'mount -t cifs' 대신 'mount.cifs'를 사용할 수도 있다.

```
$ mkdir /smbuser


$ mount -t cifs //192.168.45.223/smbuser /smbuser -o user=smbuser,password=userpassword


$ df
 Filesystem        1K-blocks       Used      Available       Use%     Mounted on
 devtmpfs           921668          0         921668          0%       /dev

...

//192.168.45.223/smbuser    78596612   40652  78555960   1%  /smbuser
```

+ 더 알기 TIP

- mount 명령을 이용하여 삼바 공유 폴더를 로컬 시스템에 마운트하여 사용할 때, permission deny가 발생할 수 있다. 이는 서버 시스템의 SELinux(보안커널) 설정에 따른 것으로, 보안상 권장하지 않는 방법이나 서버 시스템에서 'setenforce 0' 명령을 실행하면 문제를 해결할 수 있다.
- 문제 사례

```
$ ls -l /smbuser/
ls: reading directory /smbuser/: Permission denied
```

4) 삼바 관련 기타 명령어

smbstatus	삼바의 현재 접속 정보를 확인하는 명령어
testparm	삼바의 설정 정보를 확인하는 명령어
nmblookup	삼바 서버의 NetBIOS 이름으로 IP 주소를 조회할 수 있는 명령어
smbcontrol	삼바 데몬(Daemon)에 메시지를 보내어 제어할 수 있음

02 NFS(Network File System) 서비스 사용하기

1) NFS 서비스의 개요

① NFS 서비스의 특징

- NFS는 TCP/IP를 이용하여 원격 호스트(컴퓨터)의 파일 시스템을 마치 로컬 호스트(PC)에 있는 것처럼 마운트(Mount)하여 사용할 수 있는 서비스이다.
- RPC(Remote Procedure Call)을 이용하여 NFS 관련 명령어를 전달하므로 rpcbind 데몬이 필요하다.

② NFS 서비스를 위한 주요 패키지

- rpcbind : rpcbind, rpcinfo 등의 명령어를 포함하며 RPC 서비스를 위해 사용
- nfs-utils : NFS 관련 데몬(Daemon) 및 명령어를 포함

2) NFS 서비스 설치와 구성

① NFS 관련 패키지 설치

- 패키지 관리 프로그램(yum)을 이용하여 NFS 관련 패키지를 설치한다. 이미 설치된 상황이면 업데이트(Update) 혹은 관련 정보가 출력된다.

```
$ yum -y install rpcbind nfs-utils

...


Installed:

  ...

nfs-utils-1:2.3.3-59.el8.x86_64    rpcbind-1.2.5-10.el8.x86_64

...


Complete!
```

② NFS 서버 설정

- /etc/exports 파일을 이용하여 NFS 서비스를 설정한다.
- '[공유 디렉터리] [접속 허가 호스트](옵션) …'의 형식을 이용하여 공유할 목록을 하나씩 지정한다.
- 접속 허가 호스트는 IP 주소, 도메인 이름 등을 사용할 수 있으며, 와일드카드(*)를 이용하여 모든 호스트를 허가할 수도 있다.
- 설정 예시

```
/home/youngjin-nfs 172.30.1.0/24(rw,no_root_squash)
```

- 위 예시의 /home/youngjin-nfs와 같이 rw(읽기 및 쓰기)로 옵션을 지정한 경우, 해당 디렉터리의 퍼미션(Permission)에 rw 권한이 있어야 한다. 실습 예제의 경우 모든 권한을 부여하였으나 보안을 고려하여 최소한의 권한으로 설정하는 것을 권장한다.

```
$ echo "/var/youngjin-nfs 192.168.45.0/24(rw,no_root_squash)" >> /etc/exports

$ cat /etc/exports
/var/youngjin-nfs 192.168.45.0/24(rw,no_root_squash)

$ mkdir /var/youngjin-nfs

$ chmod 777 /var/youngjin-nfs
```

- /etc/exports 파일의 주요 옵션

ro	읽기 전용으로 지정(기본값)
rw	읽기 및 쓰기로 지정
no_subtree_check	하위 디렉터리 검사를 금지
async	데이터 변경을 기록할 때 비동기적으로 처리
sync	기본 설정값이며, 데이터 변경을 기록할 때 동기적으로 처리하는데, 변경된 사항이 기록된 후 응답
secure	기본 설정값이며, 포트 번호가 1024 이하의 요청만 허가
no_root_squash	root 권한 접근을 허용
root_squash	root 권한 접근을 거부하기 위하여 클라이언트의 root 요청을 nobody(또는 nfsnobody)로 매핑시킴(기본값)
all_squash	NFS 클라이언트에서 접근하는 모든 사용자(root 포함)의 권한을 nobody(또는 nfsnobody)로 매핑시킴
anonuid	특정 계정의 권한(uid)을 할당

- NFS 서버의 환경설정 옵션 중 'root, 사용자의 접근 권한 설정' 항목을 꼭 확인한다.
- 'no_root_squash, root_squash, anonuid'는 시험에 자주 나오는 설정 항목이다.

③ NFS 관련 데몬 실행

- rpcbind와 nfs 데몬을 실행하고 확인한다. nfs-server 대신 nfs-server.service를 사용해도 된다.

```
$ systemctl start rpcbind nfs-server


$ systemctl enable rpcbind nfs-server

Created symlink /etc/systemd/system/multi-user.target.wants/nfs-server.service → /usr/lib/systemd/system/
nfs-server.service.


$ systemctl -l status nfs-server
● nfs-server.service - NFS server and services
  Loaded: loaded (/usr/lib/systemd/system/nfs-server.service; enabled; vendor preset: disabled)
  Drop-In: /run/systemd/generator/nfs-server.service.d
          └─order-with-mounts.conf
  Active: active (exited) since Thu 2023-12-21 02:16:07 KST; 50s ago
...
```

3) NFS 서비스 이용하기

① NFS 서버에 연결

- mount 명령을 이용하여 NFS 서버에 연결한다.
- NFS를 위한 mount 명령은 'mount -t nfs [NFS 서버] : [대상 디렉터리] [마운트 디렉터리]'의 형식을 따르며 'mount -t nfs' 대신 'mount.nfs'를 이용할 수도 있다.

```
$ mkdir /var/youngjin-local


$ mount -t nfs 192.168.45.223:/var/youngjin-nfs /var/youngjin-local


$ df /var/youngjin-local/
Filesystem                          1K-blocks      Used   Available   Use%   Mounted on

192.168.45.223:/var/youngjin-nfs    22914176    6634624    16279552    29%   /var/youngjin-local
```

- unmount 명령을 이용하여 마운트한 디렉터리를 제거할 수 있으며 'unmount [마운트 디렉터리]'의 형식을 따른다.

② /etc/fstab을 이용한 마운트

- /etc/fstab 파일은 장치를 마운트할 때 참조하는 파일로 /etc/fstab에 관련 정보를 설정하여 부팅 시 자동으로 마운트되도록 구성할 수 있다.

- 설정 예시

192.168.45.223/var/youngjin-nfs	/var/youngjin-local	nfs	timeo=15,soft,retrans=3	0 0
ⓐ	ⓑ	ⓒ	ⓓ	ⓔⓕ

- /etc/fstab의 주요 설정 옵션

ⓐ 파일 시스템 장치명	파티션 혹은 장치의 위치를 지정
ⓑ 마운트 포인트	어떠한 디렉터리로 연결할 것인지 지정
ⓒ 파일 시스템 종류	nfs, NTFS, ext3, iso9660 (DVD) 등을 지정
ⓓ 마운트 옵션	- timeo : 타임아웃 후 첫 번째 재전송 요구 시간을 지정 - retrans : 타임아웃 후 재전송 요청 회수를 지정 - soft : retrans에 설정한 값만큼 요청 - hard : 무한 반복하여 요청 - auto : 부팅 시 자동 마운트로 지정 - rw(읽기/쓰기), nouser(root만 마운트 가능), exec(실행 허용), Set-UID(SetUID, SetGID 허용), quota(Quota 설정 가능) 등을 추가 지정할 수 있음
ⓔ 덤프	백업 여부를 지정(0 : 불가능, 1 : 가능)
ⓕ 무결성 검사	fsck에 의한 무결성 검사 우선순위를 지정(0 : 하지 않음)

4) NFS 관련 기타 명령어

rpcinfo	RPC 관련 정보를 표시하는 명령어
exportfs	• NFS 서버의 익스포트(Export)된 디렉터리 정보, 즉 공유 목록을 관리하는 명령어 • 'exports [옵션] [호스트명]'의 형식을 따름 • -v : 상세한 내용을 출력 • -r : /etc/exports 설정 파일을 다시 읽어 들임 • -a : 모든 디렉터리를 대상으로 함 • -u : export된 디렉터리를 해제
showmount	• 마운트 관련 정보를 표시하는 명령어로 NFS 서버의 익스포트된 정보를 확인하기 위해 사용할 수도 있음 • 'showmont [옵션] [호스트명]'의 형식을 따름 • -a : '호스트명:디렉터리' 형식으로 모든 내용을 출력 • -e : 지정한 호스트에서 익스포트된 정보를 출력 • -d : NFS 클라이언트 호스트(PC)에서 마운트한 목록을 출력
nfsstat	NFS 관련 상태정보를 표시하는 명령어

03 FTP(File Transport Protocol) 서비스 사용하기

1) FTP 서비스의 개요

① FTP 서비스의 특징

- FTP는 TCP/IP를 이용하여 FTP 서버(Server)와 FTP 클라이언트(Client) 간 파일을 전송(Transport)하기 위한 프로토콜(Protocol)이다.
- FTP는 기본적으로 등록된 사용자(계정)만 접속하여 사용할 수 있으나, 익명의 사용자(Anonymous User)를 지원하는 경우도 있다. 단, 익명 사용자는 보안에 취약할 수 있으므로 권장하지 않는다.
- CentOS 등 리눅스에서 기본 제공하는 vsftpd(Very Secure FTP Daemon)는 가장 대표적인 FTP 프로그램으로, 보안을 중요시하여 익명 사용자 디렉터리의 권한(Permission)이 777이면 로그인을 제한한다.

> ### ➕ 더 알기 TIP
>
> - FTP는 명령 전달을 위한 제어 포트와 데이터 전달을 위한 전송 포트를 각각 사용하며, 동작 방식으로 능동 모드(Active Mode)와 수동 모드(Passive Mode)가 있다.
> - 제어 포트로 21번 포트를 이용하여 사용자 인증, 명령 등을 전달한다.
> - FTP의 능동 모드와 수동 모드의 동작 방식 비교

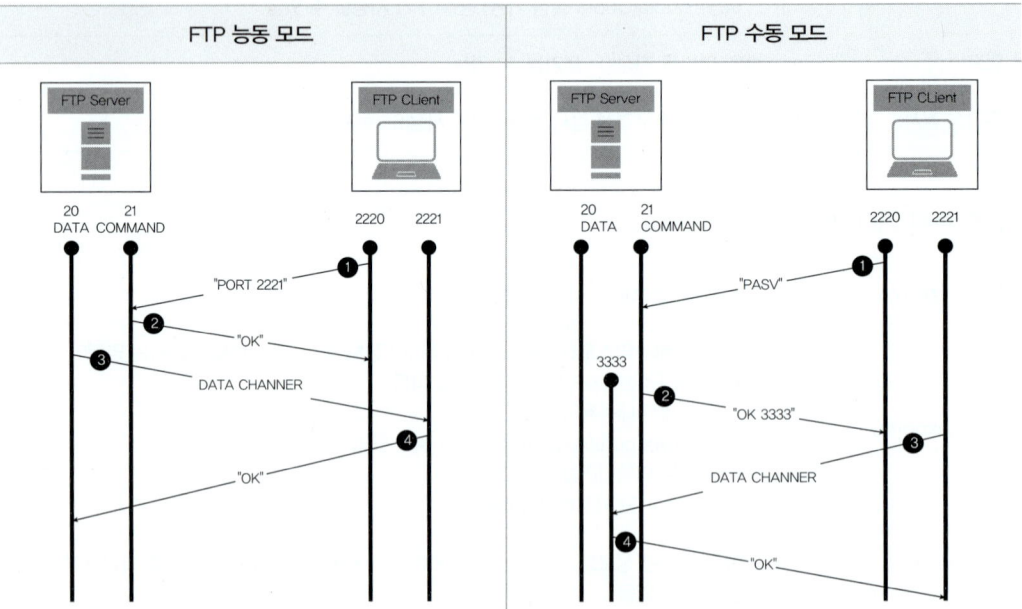

FTP 능동 모드	FTP 수동 모드
• 클라이언트가 데이터 포트로 사용할 포트 번호를 서버에게 알려 주며, 이를 이용하여 서버가 클라이언트로 접속하는 방식 • 서버는 자신의 데이터 포트로 20번을 사용하므로, 클라이언트 호스트가 방화벽 뒤(내부)에 있을 경우 접속에 문제가 발생할 수 있음 • 이를 해결하기 위하여 수동 모드를 사용	• 서버가 데이터 포트로 사용할 포트 번호를 클라이언트에 알려 주며, 이를 이용하여 클라이언트가 서버로 접속하는 방식 • 포트 번호는 보통 1024 이후의 번호를 사용

2) FTP 서비스 설치와 구성

① FTP 관련 패키지 설치

- 'yum −y install vsftpd' 명령을 이용하여 vsftpd 패키지를 설치한다.

```
$ yum −y install vsftpd

...

Installed:
  vsftpd−3.0.3−36.el8.x86_64

Complete!
```

- vsftpd 관련 파일 목록

/etc/vsftpd/vsftpd.conf	vsftpd의 주 설정 파일
/etc/pam.d/vsftpd	vspftd의 PAM(Pluggable Authentication Module) 설정 파일
/etc/vsftpd/ftpusers	PAM과 연관된 설정 파일로 FTP 서비스에 접근할 수 없는 사용자(계정)를 지정
/etc/vsftpd/user_list	− 주 설정 파일인 vsftpd.conf의 설정 내용에 따라 다르게 동작 − 'userlist_enable=YES'로 설정되어야 user_list를 사용하게되며, 기본값은 설정된 상태 − 'userlist_deny=YES'는 기본값으로, user_list에 등록된 계정을 FTP 접속 거부 목록으로 처리한다는 의미 − 'userlist_deny=NO'로 설정되면, user_list에 등록된 사용자는 FTP 서비스를 사용할 수 있음

② FTP 서버 설정

- /etc/vsftpd/vsftpd.conf 파일을 이용하여 vsftpd의 동작 환경을 설정한다.
- vsftpd.conf의 주요 설정 항목

anonymous_enable=YES	익명(Anonymous) 사용자의 접속을 허가
anon_upload_enable=YES	익명 사용자의 업로드를 허가
anon_mkdir_write_enable=YES	익명 사용자가 새로운 디렉터리를 만드는 것을 허가
local_enable=YES	로컬 계정 사용자의 접속을 허가
write_enable=YES	FTP 쓰기(Write) 명령을 허가
local_umask=022	기본 umask 값인 077을 지정한 값(022)으로 변경
chroot_local_user=YES	접속한 사용자의 홈 디렉터리를 최상위 디렉터리가 되도록 지정
chroot_list_enable=YES	홈 디렉터리의 상위 디렉터리로 이동할 수 있는 사용자 목록을 사용

ls_recurse_enable=YES	ls −R 명령으로 하위 디렉터리까지 검색할 수 있도록 함
chroot_list_file=[파일명]	/etc/vsftpd/chroot_list와 같이 상위 디렉터리로 이동할 수 있는 사용자 목록을 담은 파일을 지정
chown_uploads=YES	익명 사용자가 업로드한 파일의 소유권을 변경
chown_username=[계정명]	익명 사용자가 업로드한 파일의 소유권을 갖게 될 사용자를 설정
pam_service_name=[이름]	vsftpd와 같이 PAM 인증에 사용할 설정 파일의 이름을 지정
userlist_enable=YES	/etc/vsftpd/user_list를 사용
tcp_wrapper=YES	tcp_wrapper를 이용하여 접근 제어를 수행
session_support=YES	wtmp에 로그를 남겨 last 명령으로 접속 여부를 확인할 수 있음
dirmessage_enable=YES	디렉터리 이동 시 해당 디렉터리의 메시지(.message 파일의 내용)가 표시됨
ftpd_banner=[메시지]	FTP 접속 시 표시될 환영 메시지를 설정
xferlog_enable=YES	FTP 관련 로그를 기록
xferlog_file=[경로명]	/var/log/xferlog와 같이 로그 파일 경로를 지정
xferlog_std_format=YES	로그 파일이 표준 포맷을 사용하도록 설정
listen_port=[포트 번호]	21과 같이 vsftpd의 접속 포트를 지정
ftp_data_port=[포트 번호]	20과 같이 데이터 전송에 사용할 포트를 지정
connect_from_port_20=YES	20번 포트를 데이터 포트로 사용하도록 함
listen=YES	스탠드어론(Standalone) 모드로 동작 시 설정하는 항목
listen_ipv6=YES	IPv6를 이용하여 listen하도록 함
idle_session_timeout=[초]	Idle 상태에서 접속을 유지할 최대 시간을 설정(기본 300초)
data_connection_timeout=[초]	Data connection을 끊기 전까지의 대기시간을 설정(기본 60초)
max_clients=[최대값]	접속할 수 있는 클라이언트(Client)의 최대 허용 건수를 지정
max_per_ip=[최대값]	한 IP 주소당 접속할 수 있는 최대 허용 건수를 지정

③ vsftpd 데몬 실행

- 'systemctl start vsftpd.service' 명령으로 데몬을 실행한다.

```
$ systemctl start vsftpd.service


$ ps aux | grep vsftpd

root      41215  0.0  0.0  27120   420 ?       Ss   02:25   0:00 /usr/sbin/vsftpd /etc/vsftpd/vsftpd.conf


$ systemctl enable vsftpd.service

Created symlink /etc/systemd/system/multi-user.target.wants/vsftpd.service → /usr/lib/systemd/system/vsftpd.

service.
```

3) FTP 서비스 이용하기

① FTP 클라이언트 설치

- 'yum -y install ftp' 명령으로 ftp 클라이언트를 설치한다.

```
$ yum -y install ftp

...


Installed:

  ftp-0.17-78.el8.x86_64


Complete!
```

② vsftpd 서버에 접속 및 명령 확인

- 접속 후 'help' 명령을 입력하면 사용할 수 있는 ftp 관련 명령어들을 확인할 수 있다.

```
$ ftp 192.168.45.223

Connected to 192.168.45.223 (192.168.45.223).

220 (vsFTPd 3.0.3)

Name (192.168.45.223:root): master

331 Please specify the password.

Password:

230 Login successful.

Remote system type is UNIX.

Using binary mode to transfer files.


ftp> help

Commands may be abbreviated.  Commands are:

!           debug       mdir        sendport    site
$           dir         mget        put         size
account     disconnect  mkdir       pwd         status
append      exit        mls         quit        struct
ascii       form        mode        quote       system
bell        get         modtime     recv        sunique
binary      glob        mput        reget       tenex
bye         hash        newer       rstatus     tick
case        help        nmap        rhelp       trace
cd          idle        nlist       rename      type
cdup        image       ntrans      reset       user
chmod       lcd         open        restart     umask
close       ls          prompt      rmdir       verbose
cr          macdef      passive     runique     ?
delete      mdelete     proxy       send
```

➕ 더 알기 TIP

- FTP 서버 접속 과정 중 '500 OOPS: cannot change directory:/home/master'와 같은 메시지와 함께 접속에 실패할 경우 'SELinux(Security-Enhanced Linux)의 FTP 관련 보안 설정을 확인'한다.
- 'setsebool allow_ftpd_full_access on' 명령 및 vsftpd 재실행으로 관련 문제를 해결할 수 있다.

```
$ setsebool allow_ftpd_full_access on

$ systemctl restart vsftpd.service
```

SECTION
04
출제빈도 (상)(중)(하)
반복학습 [1] [2] [3]

메일 관련 서비스

빈출 태그 ▶ Sendmail, Postfix, SMTP, POP3, IMAP, MTA, MUA, 큐(queue), mailq, 포트25

▶ 합격강의

01 메일(Mail) 관련 서비스의 개요

1) 메일 서비스의 개념과 구성 요소

① 메일 서비스의 개념

- 메일 서비스는 'mailuser@youngjin-mail.com'과 같이 '아이디@메일서버명' 형식의 메일 주소를 이용하여 인터넷을 통해 전자메일(e-mail)을 주고 받을 수 있는 서비스이다.

② 메일 서비스 관련 프로토콜(Protocol)

SMTP	• Simple Mail Transfer Protocol • 인터넷에서 이메일을 전송하기 위해 사용하는 프로토콜로, 메일 서버 간의 송수신뿐만 아니라 메일 클라이언트에서 메일 서버로 메일로 보낼 때 사용 • TCP 25번 포트를 이용
POP 혹은 POP3	• Post Office Protocol 혹은 Post Office Protocol Version 3 • 메일 서버에 도착한 메일을 수신하는 프로토콜로, 클라이언트 프로그램으로 메일을 가져온 후 서버에서 해당 메일을 삭제 • TCP 110번 포트를 이용
IMAP	• Internet Messaging Access Protocol • 메일 서버에 도착한 메일을 수신하는 프로토콜이며, POP과 다르게 이메일 메시지를 서버에 남겨 두었다 나중에 삭제할 수 있음 • TCP 143번 포트를 이용

③ 메일 서비스의 관련 프로그램

MTA	• Mail Transfer Agent • SMTP 프로토콜을 이용하여 메일을 전송하는 프로그램 예 sendmail, qmail, postfix 등
MDA	• Mail Delivery Agent • 일종의 대리인 역할을 수행하는 프로그램으로 메일 박스(Mail Box)에 도착한 메일을 대행해서 가져오거나 전달하는 역할을 수행하는 프로그램 • 대표적인 프로그램으로 procmail이 있으며, procmail은 스팸 메일 필터링이나 메일 정렬 등의 역할도 수행
MUA	• Mail User Agent • 사용자가 메일을 수신 혹은 발신할 때 사용하는 프로그램 예 kmail(KDE 기반), evolution(X 윈도우 기반), mutt(텍스트 기반)

메일 서비스 관련 프로토콜과 프로그램

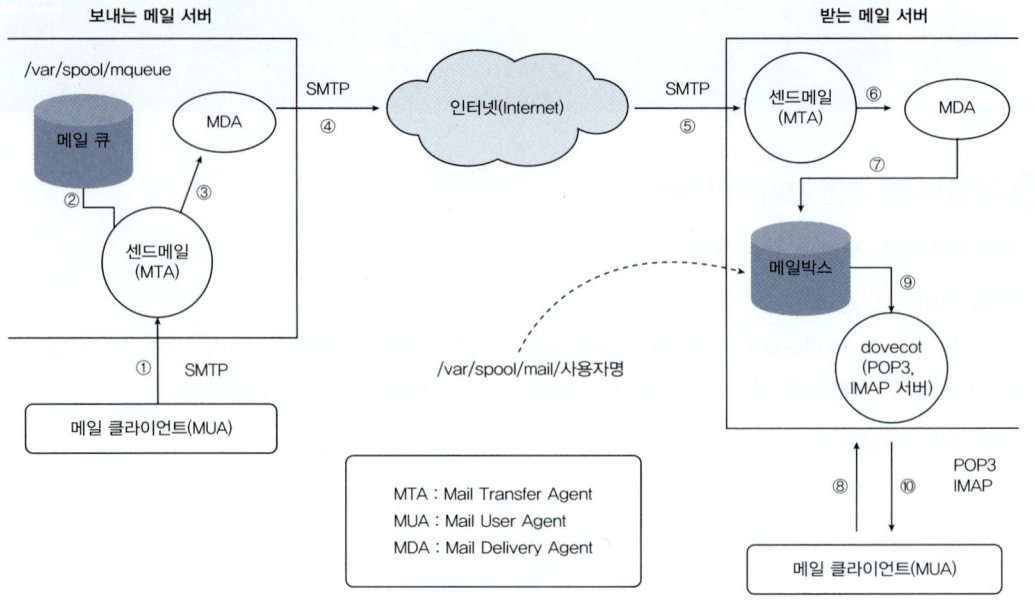

```
MTA : Mail Transfer Agent
MUA : Mail User Agent
MDA : Mail Delivery Agent
```

02 메일 관련 서비스 사용하기

1) 메일 서비스 설치와 구성

① 메일 관련 패키지 설치

• 'yum -y install sendmail' 명령을 이용하여 메일 서비스 관련 패키지를 설치한다.

```
$ yum -y install sendmail

...

Installed:

  ...

  sendmail-8.15.2-34.el8.x86_64

  ...

Complete!
```

② sendmail의 주요 설정 파일

- sendmail은 메일 서비스를 설정하기 위하여 다양한 설정 파일을 이용한다. 이때 설정 파일의 생성 및 관리를 위하여 여러 유틸리티(Utility)를 함께 사용한다.
- sendmail의 주요 설정 파일

/etc/mail/sendmail.cf	sendmail의 기본(Main) 설정 파일
/etc/mail/sendmail.mc	– sendmail의 설정을 편리하게 관리할 수 있는 보조 파일이며, m4 유틸리티를 'm4 sendmail.mc 〉 sendmail.cf'와 같이 사용하여 sendmail.cf를 생성 – sendmail-cf 패키지가 필요
/etc/aliases	– 메일의 별칭 혹은 특정 계정으로 수신한 이메일을 다른 계정으로 전달하도록 설정하며, 보통 여러 사람에게 전달할 때 사용 – '[수신 계정]: [전달 계정]'의 형식을 따르며, :include:[파일 이름]'으로 사용자 이름이 저장된 파일을 설정할 수 있음 – sendmail이 참조하는 파일은 /etc/aliases.db이므로 /etc/aliases를 수정한 후 newaliases나 sendmail -bi 명령으로 적용 예 webmaster: ihduser, kaituser admin: :include:/etc/mail_admin
/etc/mail/access	– 메일 서버에 접속하는 호스트의 접근을 제어하는 설정 파일로 스팸 메일 방지 등에 사용할 수 있음 – 설정은 '[정책 대상] [정책]' 형식으로 작성하는데, 정책 대상에는 도메인명 · IP · 메일주소를 사용할 수 있고, 정책으로는 릴레이 허용(RELAY) · 거부(DISCARD) · 거부 후 메시지 전송(REJECT) · DNS 조회 실패 시에도 허용(OK) 중 하나를 사용 – 'makemap hash /etc/mail/access 〈 /etc/mail/access'와 같은 명령으로 '/etc/mail/access.db'에 적용 예 Connect:127.0.0.1 OK From:abnormal@youngjin-mail.com REJECT To:youngjin-mail.com RELAY
/etc/mail/virtusertable	– 가상의 메일 계정으로 들어오는 메일을 특정 계정으로 전달하는 정보를 설정 – 'makemap hash /etc/mail/virtusertable 〈 /etc/mail/virtusertable'와 같은 명령으로 '/etc/mail/virtusertable.db'에 적용한다. 예 info@foo.com foo-info info@bar.com bar-info
/etc/mail/local-host-names	sendmail에서 수신할 메일의 도메인과 호스트, 즉 메일 수신지를 설정하며 sendmail을 다시 시작하여 적용 예 youngjin-mail.com
~/.forward	사용자 개인이 수신한 메일을 다른 메일로 포워딩(Forwarding)할 때 설정하는 파일로, 원하는 메일 주소를 한 줄씩 추가

③ '/etc/mail/sendmail.cf' 파일 설정

- '/etc/mail/sendmail.cf' 파일은 sendmail의 주 설정 파일로 sendmail의 기본 동작 방식을 지정한다.
- '#'으로 시작하는 행은 주석(Comment)이다.
- sendmail.cf의 주요 설정 항목

Cw	- 메일 수신 호스트의 이름을 설정하며, 보통 도메인명을 이용 - 만일, 여러 개의 도메인을 이용할 경우 'Fw' 항목으로 관련 설정 파일을 별도로 지정할 수 있음 - 기본값 : Cwlocalhost
Fw	- 여러 개의 도메인명을 수신 호스트의 이름으로 이용할 경우 관련 설정 파일을 지정 - 기본값 : Fw/etc/mail/local-host-names

Ft	- Trusted user를 설정하는데, 메일 발신 시 발송자의 주소를 변경할 수 있음
	- 기본값 :
	  Ft/etc/mail/trusted-users
	  Troot
	  Tdaemon
	  Tuucp

Dj	- 메일 발송 시 발신 도메인 이름을 강제로 지정 - 발신 도메인의 이름은 일반적으로 sendmail이 자동으로 결정하므로 특별한 경우에만 사용 📌 Djyoungjin-mail.com
Dn	- sendmail이 회신(Return) 메일을 보낼 때 사용하는 사용자 이름을 지정 - 기본값 : DnMAILER-DAEMON
FR-o	- Relay를 허용할 도메인을 설정 - 기본값 : FR-o /etc/mail/relay-domains
Kvirtuser	- 한 대의 메일 서버에서 동시에 운영하는 여러 개의 가상 호스트에서 동일한 계정을 공유하여 사용할 수 있도록, 관련 설정 파일을 지정 - 기본값 : Kvirtuser hash -o /etc/mail/virtusertable.db
Kaccess	- sendmail의 접근 제어를 담당하며 특정 호스트 혹은 도메인에 대한 접근 허가 여부를 설정한 파일을 지정 - 기본값 : Kaccess hash -T⟨TMPF⟩ -o /etc/mail/access.db
O AliasFile	- 특정 계정으로 전송된 메일을 다른 계정으로 전달할 수 있도록 설정한 파일을 지정 - 기본값 : O AliasFile=/etc/aliases
O MaxMessageSize	- 메일 메시지의 최대 크기를 바이트 단위로 지정하는데, 주석 혹은 0으로 설정하면 제한 없이 사용할 수 있음 📌 O MaxMessageSize=0
O ForwardPath	- 사용자 개인이 수신한 메일을 다른 메일로 포워딩(Forwarding)할 때 사용하는 설정 파일을 지정 - 기본값 : O ForwardPath=$z/.forward.$w:$z/.forward

O DaemonPortOptions	– SMTP 데몬(Daemon)의 옵션을 설정 – 기본값 : O DaemonPortOptions=Port=smtp,Addr=127.0.0.1, Name=MTA – Addr을 '127.0.0.1'로 설정하면 localhost에서만 사용할 수 있고, '0.0.0.0'으로 설정하면 모든 주소에서 사용할 수 있는데, 참고로 SMTP의 기본 포트 번호는 25번임
O DeliveryMode	– sendmail의 동작 방식을 지정 – 기본값 : O DeliveryMode=background
O Timeout.queuereturn	– 설정한 기간 동안 메일이 발송되지 않을 경우 보낸 사람에게 반송됨 – 기본값 : O Timeout.queuereturn=5d
O QueueDirectory	– 메일 전송 시 사용하는 큐(Queue) 디렉터리를 지정 – 기본값 : O QueueDirectory=/var/spool/mqueue

④ sendmail 관련 주요 명령어

sendmail	– sendmail을 관리하는 명령어로 'sendmail [옵션]'의 명령 형식을 따름 – 주요 옵션 : −bp(메일 큐의 상태 표시), −bi(aliases 정보 갱신), −oQ(특정 큐의 상태 표시) ⑩ sendmail −bp −oQ/var/spool/clientmqueue
mailq	– 메일 큐의 내용을 표시하는 명령어로 'mailq [옵션]'의 명령 형식을 따름 – 'mailq −Ac' 명령은 /etc/mail/submit.cf에서 지정한 /var/spool/clientmqueue 큐, 즉 submission program이 보내는 메일 큐의 상태를 표시

⑤ sendmail 서비스 실행과 확인

```
$ systemctl start sendmail.service


$ netstat −anp | grep LISTEN −w | grep :25
tcp     0     0 127.0.0.1:25          0.0.0.0:*          LISTEN          163478/sendmail: ac


$ systemctl enable sendmail.service
...
```

➕ 더 알기 TIP

리눅스 버전에 따라 SMTP 서버로 postfix를 기본으로 탑재하는 경우가 있다. 만일 sendmail을 이용한 실습 등에 어려움이 있을 경우 'systemctl stop postfix.service' 명령으로 postfix 서비스를 종료한다.

```
$ systemctl stop postfix.service
```

2) 메일 서비스 이용하기

① telnet을 이용한 메일 발송

- SMTP의 세부 동작을 이해하기 위하여, telnet을 이용한 메일 발송을 살펴본다.
- 만일, telnet 프로그램이 설치되지 않은 경우 'yum -y install telnet' 명령으로 설치한다.

```
$ telnet localhost 25

Trying 127.0.0.1...

Connected to localhost.

Escape character is '^]'.

220 localhost.localdomain ESMTP Sendmail 8.15.2/8.15.2; Thu, 21 Dec 2023 02:53:49 +0900

mail from:<chris@youngjin-mail.com>

250 2.1.0 <chris@youngjin-mail.com>... Sender ok

rcpt to:<aMailUser@youngjin-mail.com>

250 2.1.5 < aMailUser@youngjin-mail.com>... Recipient ok

data

354 Enter mail, end with "." on a line by itself

From : chris@youngjin-mail.com

To : aMailUser@youngjin-mail.com

subject : Hello


Hello

.

250 2.0.0 xAUKo9ic006649 Message accepted for delivery

quit

221 2.0.0 localhost.localdomain closing connection

Connection closed by foreign host.
```

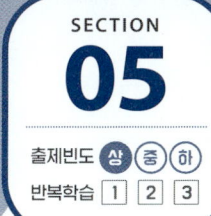
DNS 관리 서비스

▶ 합격 강의

빈출 태그 ▶ DNS, BIND, named, zone, SOA, A레코드, NS레코드, CNAME, TTL, 포트53

01 DNS(Domain Name System)의 개요

1) DNS의 개념과 구성 요소

① DNS 서비스의 개념

- 도메인 이름(Domain Name)과 IP 주소를 상호 변환하는 서비스이다.
- 예를 들면, 'youngjin-domain.com'과 '172.30.1.3'을 매핑한 후 상호 변환하여 사용할 수 있다.

② DNS 서버의 동작과 종류

- DNS 서버는 도메인을 관리하고, 클라이언트의 요청에 따라 '도메인명 ↔ IP 주소'를 변환하여 응답한다.
- DNS는 TCP/53, UDP/53 포트를 이용한다.
- DNS의 동작 순서

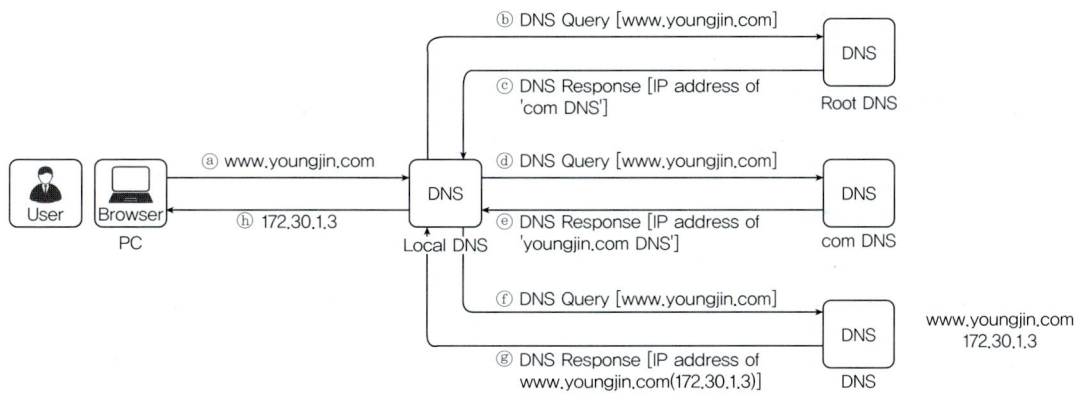

- ⓐ : 클라이언트에서 'www.youngjin.com'을 입력하면, Local DNS에 관련 IP 주소를 질의 (Query)
- ⓑ : Local DNS에 호스트 네임에 대한 정보가 없을 경우 Root DNS에 질의를 시작
- ⓒ : Root DNS에도 관련 정보가 없을 경우 다른 DNS 서버(com DNS)에 질의하도록 함
- ⓓ~ⓔ : Local DNS는 .com을 관리하는 DNS에게 질의하고 관련 정보가 없을 경우 다시 질의할 다른 DNS 서버의 주소를 응답받음
- ⓕ~ⓖ : Local DNS는 'www.youngjin.com'을 관리하는 DNS에게 질의하고 관련 정보가 있을 경우 IP 주소를 응답받음
- ⓗ : Local DNS는 'www.youngjin.com'에 대한 IP 주소를 캐싱(Caching)하고 클라이언트에게 전달

- DNS 서버의 종류

Primary Name Server	Master Server라고도 하며, 필수 항목
Secondary Name Server	- Slave DNS라고도 하며, Primary Server의 zone 파일을 백업 - Master DNS에 문제가 있을 경우 보조 DNS로 사용할 수 있음
Caching Name Server	도메인 관리 없이 리졸빙(Resolving) 역할만 수행하는 서버로, 도메인에 대한 리졸빙 결과를 저장하고 해당 요청이 있을 시 바로 응답하여 속도를 향상시키는 역할을 담당

➕ 더 알기 TIP

/etc/hosts 파일을 이용하여 로컬 호스트에서만 사용할 수 있는 DNS 정보를 설정할 수 있다. 외부 DNS 서버에 질의하기 전에 /etc/hosts 파일의 내용을 먼저 참조한다.

```
$ vi /etc/hosts

127.0.0.1    localhost localhost.localdomain localhost4 localhost4.localdomain4

::1          localhost localhost.localdomain localhost6 localhost6.localdomain6


192.168.45.223 server.youngjin-nistest.com

192.168.45.216 client.youngjin-nistest.com
```

02 DNS 서비스 사용하기

1) DNS 서비스 설치

① DNS 관련 패키지 설치

- 리눅스의 DNS 서버 프로그램 이름은 bind이며, named라는 데몬 이름을 갖는다.
- 'yum -y install bind' 명령으로 DNS 관련 패키지인 bind, bind-libs, bind-utils를 설치한다.

```
$ yum -y install bind

...


Upgraded:

  ...

  bind-libs-32:9.11.36-11.el8_9.x86_64

  bind-libs-lite-32:9.11.36-11.el8_9.x86_64

  bind-license-32:9.11.36-11.el8_9.noarch

bind-utils-32:9.11.36-11.el8_9.x86_64
```

```
        python3-bind-32:9.11.36-11.el8_9.noarch

Installed:

    bind-32:9.11.36-11.el8_9.x86_64


Complete!
```

- 패키지를 설치하면 bind 관련 파일과 디렉터리 및 주요 설정 파일을 확인할 수 있다.
- bind 관련 파일과 디렉터리

/etc/named.conf	• 존(Zone) 파일, 리버스 존(Reverse Zone) 파일을 비롯한 DNS 서버의 주요한 환경을 설정하는 설정 파일 • zone 파일은 도메인 이름과 IP 주소 혹은 관련 리소스 간 매핑(Mapping)을 포함하고, 리소스 레코드(Resource Record)로 구성됨 • 리버스 존(Reverse Zone) 파일을 이용하여 IP 주소에 대한 도메인 정보 조회를 제공할 수 있음
/var/named	루트(Root) 도메인 서버의 정보를 담은 named.ca, 사용자가 설정한 zone 파일 등을 저장하는 디렉터리

➕ 더 알기 TIP

- 'bind-chroot' 패키지를 이용하여 bind의 보안을 향상시킬 수 있다.
- bind-chroot를 사용하면 데몬(Daemon)과 설치한 사용자(Root)만 설치 경로를 알 수 있도록 시스템의 루트(/) 디렉터리를 가상의 디렉터리로 변환한다.
- bind-chroot 이용에 따른 디렉터리로 변경

기본 디렉터리	bind-chroot에 따른 디렉터리
/etc/named.conf	/var/named/chroot/etc/named.conf
/var/named	/var/named/chroot/var/named

2) /etc/named.conf 파일 설정

① /etc/named.conf의 형식

- 크게 주석문과 구문으로 구성된다.
- 주석은 /* ~ */, //, # 등을 모두 사용할 수 있다.
- options, acl, logging, zone 등의 주요 구문이 있으며, 각 구문은 중괄호({ })로 둘러싸고 끝날 때는 세미콜론(;)을 붙인다.
- 별도의 파일에 정의 후 include 지시자를 이용하여 포함할 수 있다.

② options 구문의 설정 항목

• options 구문의 설정 예

```
options {
        listen-on port 53 { 127.0.0.1; };
        listen-on-v6 port 53 { ::1; };
        directory                        "/var/named";
        dump-file                        "/var/named/data/cache_dump.db";
        statistics-file                  "/var/named/data/named_stats.txt";
        memstatistics-file               "/var/named/data/named_mem_stats.txt";
        recursing-file                   "/var/named/data/named.recursing";
        secroots-file                    "/var/named/data/named.secroots";
        allow-query                      { localhost; };
        recursion yes;

        dnssec- enable yes;
        dnssec- validation yes;

        /* Path to ISC DLV key */
        bindkeys-file                    "/etc/named.iscdlv.key";

        managed-keys-directory           "/var/named/dynamic";
        pid-file                         "/run/named/named.pid";
        session-keyfile                  "/run/named/session.key";
};
```

• options 구문의 주요 설정 항목

directory	zone 파일의 저장 디렉터리를 설정하며, 반드시 필요한 항목 예 directory "/var/named";
dump-file	정보 갱신 시 저장 파일로 사용할 dump-file의 파일명을 지정 예 dump-file "/var/named/data/cache_dump.db";
statistics-file	통계 정보를 저장할 파일명을 지정 예 statistics-file "/var/named/data/named_stats.txt";
memstatistics-file	메모리 통계 정보를 저장할 파일명을 지정 예 memstatistics-file "/var/named/data/named_mem_stats.txt";
recursing-file	recursing query 정보를 저장하는 파일명을 지정
forward	• forwarders 옵션과 함께 사용하며 only 혹은 first 값을 가짐 　− forward only : 도메인 주소에 대한 질의를 다른 서버에게 넘김 　− forward first : 다른 서버에서 응답이 없을 경우 자신이 응답하도록 설정

forwarders	• forward를 처리할 서버를 지정 • 여러 개의 서버를 세미콜론으로 구분하여 설정
allow-query	네임 서버에 질의할 수 있는 호스트를 지정 ⑩ allow-query　　{ localhost; };
allow-transfer	존(Zone) 파일 내용을 복사(Transfer)할 대상을 제한 ⑩ allow- transfer { 172.3.1.0/24; };
datasize	DNS 정보 캐싱에 사용할 메모리 크기를 제한 ⑩ datasize 128M;
recursion	• 하위 도메인 검색 허용 여부를 지정 • yes로 설정하면 네임 서버에 설정하지 않은 도메인을 질의할 경우, 캐싱 네임 서버의 　역할로 동작하여 DNS 질의를 수행 　⑩ recursion yes;

③ logging 구문의 설정 항목

• bind 네임 서버의 로깅 방식을 설정한다.

• logging 구문의 설정 예제

```
logging {
        channel default_debug {
                file "data/named.run";
                severity dynamic;
        };
};
```

④ acl 구문의 설정 항목

• acl(Access Control List) 구문은 여러 호스트들을 하나의 이름으로 지정하여 options 구문의
allow-query, allow-transfer 등에 사용할 수 있도록 한다. 따라서, options 구문 이전에 설정
해야 한다.

• acl 구문의 설정 예 : ihd란 이름을 별칭으로 사용

```
acl "ihd" { 192.168.2.24; 192.168.4/24; };
```

⑤ zone 구문의 설정 항목

• zone 구문은 도메인을 관리하기 위한 데이터 파일인 Zone 파일을 지정한다.

• zone 구문의 기본 형식과 예제

기본 형식	설정 예제

zone [도메인명] IN {
  type [master | slave | hint];
  file [존 파일명];
};
	zone "." IN {
	type hint;
	file "named.ca";
	};
	zone "linux.or.kr" IN {
	type master;
	file "linux.zone";
	};

– hint : 루트 도메인을 지정 – master : 1차 네임 서버를 지정 – slave : 2차 네임 서버를 지정	– '.'은 루트 도메인을 의미 – 리버스 존의 설정은 IP 주소(예 210.109.3.5) 중 마지막을 제 외하고 '3.109.210.in-addr.arpa'와 같은 형식을 따름

➕ 더 알기 TIP

/etc/named.conf 파일을 복잡하지 않게 관리하기 위하여, root zone을 제외한 zone 정보를 /etc/named.rfc1912.zones에 설정한 후 include 구문으로 포함하는 것을 권장한다.

```
// named.rfc1912.zones:
//
// Provided by Red Hat caching-nameserver package
//
// ISC BIND named zone configuration for zones recommended by
// RFC 1912 section 4.1 : localhost TLDs and address zones
// and http://www.ietf.org/internet-drafts/draft-ietf-dnsop-default-local-zones-02.txt
// (c)2007 R W Franks
//
// See /usr/share/doc/bind*/sample/ for example named configuration files.
//

zone "localhost.localdomain" IN {
        type master;
        file "named.localhost";
        allow-update { none; };
```

```
};

zone "localhost" IN {
        type master;
        file "named.localhost";
        allow-update { none; };
};

...
```

3) Zone 파일 설정

① Zone 파일의 특징

- zone 파일은 도메인 이름과 IP 주소 혹은 관련 리소스 간 매핑(Mapping)을 포함하고, 리소스 레코드(Resource Record)로 구성된다.
- 리버스 존(Reverse Zone) 파일을 이용하여 IP 주소에 대한 도메인 정보 조회를 제공할 수 있다.
- 일반적으로 Zone 파일명은 '도메인명.zone'을 따르고, Reverse Zone 파일명은 '도메인명.rev'를 따른다.
- ';'을 이용하여 주석(Comment)을 추가할 수 있다.

② zone 파일의 구조

- zone 파일의 예제

```
$TTL 1D
@       IN SOA ns.ihd.or.kr. kait.ihd.or.kr. (
        2020080302      ;Serial
        7200            ;Refresh
        3600            ;Retry
        1209600         ;Expire
        3600            ;Minimum
)
IN NS ns.ihd.or.kr.
IN A 192.168.12.22
IN MX 10 ihd.or.kr.
www IN A 192.168.12.22
www1 IN CNAME www
```

- zone 파일의 구성 항목

$TTL	– Time To Live의 약자로 설정한 정보를 다른 DNS 서버에서 조회하였을 경우 캐시에 보관할 시간을 지정 – Zone 파일의 첫 번째 라인에 위치해야 함 – 기본 시간 단위는 초(Second)이며 W(Week), D(Day), M(Minute) 단위로 설정할 수 있음
SOA 레코드	– Start Of Authority의 약자로 도메인 관리자 메일, 일련번호 등 DNS 핵심 정보를 지정 – '@' 기호는 /etc/named.conf에서 설정한 오리진(Origin) 도메인을 의미하며, 도메인을 직접 지정할 때는 마지막에 반드시 '.'을 붙여야 함 – SOA 레코드의 세부 속성은 별도의 표를 참조
개별 도메인 (리소스 레코드)	– '[도메인명] [IN] [Class] [Record Type] [우선순위] [도메인 혹은 IP]'의 형식으로 구성 – 세부 속성은 별도의 표를 참조

- SOA 레코드의 주요 속성

Nameserver	네임 서버(Name Server)의 호스트명과 도메인명을 지정 ⑩ youngjin-dns.com.('.'으로 끝남)
Contact_email_address	'계정.도메인.' 형식으로 관리자의 이메일 주소를 지정 ⑩ admin.youngjin-dns.com.('.'으로 끝남)
Serial_number	– Zone 파일이 갱신되면 증가하게 되는 일종의 일련번호 – 보통 'YYYYMMDDNN' 형식을 사용하며, NN은 수정 횟수를 기입
Refresh_number	보조 네임 서버가 정보 업데이트를 위해 주 네임 서버에 얼마나 자주 접근 · 점검할 것인지 지정 ⑩ 1D 등
Retry_number	보조 네임 서버가 주 네임 서버로 접근 실패한 경우 재시도할 주기를 지정 ⑩ 1H 등
Expire_number	Retry_numbr에 설정한 주기로 재시도할 때의 만기 시간을 지정 ⑩ 1W 등
Minimum_number	일종의 TTL과 같은 개념으로 정보의 최소 보관 시간을 지정 ⑩ 3H 등

- 개별 도메인의 주요 속성

도메인명	– 도메인(호스트)명에는 '도메인 이름, 호스트 이름, 공백, @ 등'이 올 수 있음 – '*'은 호스트명, '@'은 현재 도메인을 가리키며, 공백은 바로 위 자원을 이용하게 됨 – 도메인 이름을 사용할 경우 마지막에 '.'을 추가해야 함
IN	일반적으로 인터넷 클래스인 IN을 사용하며, 레코드에 대한 클래스를 지정
Class	
Record Type	– 레코드의 타입을 지정 – 세부 항목은 '주요 레코드 타입' 표를 참고

• zone 파일의 주요 레코드 타입

A(Address Mapping Records)	도메인 이름에 해당하는 IPv4 주소
AAAA(IPv6 Address Records)	도메인 이름에 해당하는 IPv6 주소
CNAME(Canonical Name)	도메인 이름의 별칭
HINFO(Host Information)	CPU, OS 유형 등 호스트에 대한 정보
MX(Mail exchanger)	도메인 이름에 대한 메일 교환 서버
NS(Name Server)	호스트에 대한 공식 네임 서버
PTR(Reverse-lookup Pointer records)	IP 주소를 기반으로 도메인 이름 반환
SOA(Start of Authority)	도메인 관리자 메일, 일련번호 등 DNS 핵심 정보 지정
TXT(Text)	임의의 텍스트 문자열 저장

4) DNS 관련 주요 명령어

① DNS 서비스 시작과 상태 점검

• systemctl 명령어를 이용하여 named 서비스를 실행하고 자세한 동작 상태를 확인할 수 있다.

```
$ systemctl start named.service


$ systemctl -l status named.service
● named.service - Berkeley Internet Name Domain (DNS)
   Loaded:   loaded (/usr/lib/systemd/system/named.service; disabled; vendor preset: disabled)
   Active:   active (running) since ...
```

② DNS 관련 주요 명령어

named-checkzone	• zone 파일의 문법적 오류를 점검 • 'named-checkzone [도메인명] [zone파일경로]'의 명령 옵션을 이용
named-checkconf	• /etc/named.conf 환경설정 파일의 문법적 오류를 점검 • 'named-checkconf [파일경로]'의 명령 옵션을 이용
rndc status	DNS 서버의 자세한 상태를 확인할 수 있음
host	• 도메인을 조회하는 명령어 • dig 명령을 이용하면 좀더 자세한 정보를 확인할 수 있음

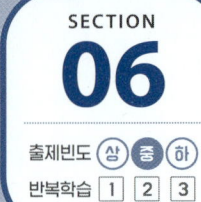

가상화 관리 서비스

▶ 합격강의

빈출 태그 ▶ KVM, QEMU, libvirt, virsh, 브리지네트워크, 가상NIC, 하이퍼바이저, 게스트OS,
virt-manager, 이미지파일(qcow2)

01 가상화(Virtualization) 서비스의 개요

1) 가상화의 특징

① 가상화의 개념

- 가상화 서비스란 CPU, 메모리, 디스크와 같은 하나의 물리적인 자원을 여러 개의 논리적인 자원으로 나누거나 다수의 물리적인 자원을 하나의 논리적인 자원으로 통합하여 서비스하는 기술을 의미한다.

② 가상화의 특징

- 가상화는 논리적인 자원 풀(Resource Pool)에 기반한 효율적인 자원 활용, 물리적인 공간 절약, 데이터 및 서비스에 대한 가용성 증가, 중앙 집중 관리에 따른 보안성 향상 등의 장점을 제공한다.
- 가상화 서비스의 대표적인 특징은 다음 표와 같다.

공유 (Sharing)	여러 개의 가상 자원이 하나의 동일한 물리적 자원에 연결되거나, 동일한 물리적 자원을 사용하는 것
프로비저닝 (Provisioning)	- 사용자의 요구사항에 맞게 할당·배치·배포할 수 있도록 만들어 놓는 것 - 가상화 기반의 자원 할당은 물리적 단위보다 더 세밀한 조각 단위로 가능
단일화 (Aggregation)	- 여러 개의 물리적 자원을 논리적으로 통합하여 하나의 자원으로 사용할 수 있도록 제공 - 자원 전체 용량의 증가 혹은 관리를 단순화할 수 있음
에뮬레이션 (Emulation)	- 리적인 특징이 다른 장치를 범용적인 모델로 인식하여 사용할 수 있도록 지원하는 것 - 물리적 자원 자체에는 원래부터 존재하지 않았지만 가상 자원은 어떤 기능들이나 특성들을 마치 처음부터 존재했던 것처럼 가질 수 있음
절연 (Insulation)	- 하나의 가상화 서비스에 문제가 발생하여도 다른 서비스로 장애가 전이되지 않도록 관리하는 것 - 가상화 자원들 또는 가상화 자원을 사용하는 사용자에게 아무런 영향을 미치지 않으면서 물리적인 자원들을 교체할 수 있음

2) 가상화 서비스 방식과 기술

① 하드웨어 레벨의 가상화 방식

- 하드웨어 레벨의 가상화 방식(종류)은 크게 전가상화(Full Virtualization)과 반가상화(Para Virtualization)로 구분할 수 있다.
- VMM(Virtual Machine Monitor)이 물리적인 하드웨어를 가상머신의 하드웨어와 매핑하고, 게스트(Guest) 운영체제의 자원 사용을 관리한다.
- 전가상화 방식과 반가상화 방식의 특징

구분	전가상화	반가상화
개념도		
설명	- Intel-VT(Virtualization Technology), AMD-V 등 CPU의 물리적 가상화 지원 기능을 이용하여 하드웨어를 완전히 가상화 - 윈도우, 리눅스 등 다양한 게스트 OS를 수정없이 사용할 수 있음	- 게스트 OS는 하이퍼바이저에 하드웨어의 제어를 요청하여 동작 - 하이퍼바이저가 하드웨어 사용을 통제하므로 상대적으로 높은 성능을 제공 - 게스트 OS의 수정이 필요하여 리눅스 등 오픈 소스가 주로 지원

② 호스트 기반 가상화(Host Based Virtualization) 방식

- 호스트 기반 가상화는 호스트 운영체제에 VMM을 설치하고 가상머신(Virtual Machine)을 생성한다.
- 대표적으로 VirtualBox, VMware Player 등이 있다.

➕ 더 알기 TIP

운영체제 가상화 방식

하드웨어에 설치된 하나의 운영체제 위에 가상화 계층을 두어 가상화 서비스를 제공하며, 컨테이너(Container) 방식과 하드웨어 에뮬레이션(Hardware Emulation) 방식으로 구분된다.
- 컨테이너 방식 : 호스트 운영체제의 커널을 공유하며, 각각의 애플리케이션별로 격리된 컨테이너를 생성한다. 대표적으로 Docker가 있으며, 경량화된 가상화 방식
- 하드웨어 에뮬레이션 방식 : 하드웨어를 소프트웨어 방식으로 에뮬레이션

③ 리눅스의 대표적인 가상화 기술

• KVM과 XEN의 특징

KVM	- KVM은 인텔 CPU가 지원하는 VT-x 및 AMD-V를 기반으로 CPU 전가상화를 지원하는 기술로 리눅스 커널 2.6.20부터 포함되었음 - KVM은 CPU 에뮬레이터인 QEMU를 이용하여 리눅스/윈도우 등 다중 가상머신을 운영 - 비록 CPU 반가상 기술을 지원하지 않으나 이더넷, Disk I/O, 그래픽 등은 반가상화를 지원 - 호스트 서버에서 보면 게스트 서버는 하나의 프로세스로 간주되기 때문에 오버헤더가 거의 없음
XEN	- 1990년대 케임브리지 대학교에서 시작되어 만들어진 오픈소스 - XEN은 CPU 전가상화, 반가상화를 모두 지원하는 하이퍼바이저(Hypervisor) 기반의 가상화 기술로 리눅스뿐만 아니라 윈도우, Solaris 등을 지원 - CPU 반가상화 지원으로 다른 기술과 비교해서 물리적 서버 대비 효율성이 가장 좋음 - 반가상화 구성 시에 호스트와 다른 아키텍처의 게스트는 실행할 수 없음 - 전가상화 구성 시에는 QEMU 기반으로 동작

• 버추얼박스(VirtualBox) : 오라클이 주도하여 개발 및 배포하고 있는 x86 기반 가상화 소프트웨어

• 도커(Docker) : 하이퍼바이저를 사용하거나 게스트 운영체제를 설치하지 않고, 서버 운영에 필요한 프로그램과 라이브러리만 이미지로 만들어 프로세스처럼 동작시키는 경량화된 가상화 기술

➕ 더 알기 TIP

• /proc/cpuinfo 파일의 flag 값을 확인하여 CPU 가상화 지원 여부를 점검할 수 있다.
  - Intel VT-x를 지원할 경우 vmx가 포함된다.
  - AMD-V를 지원할 경우에는 svm이 포함된다.
• VirtualBox 프로그램을 이용하여 리눅스를 설치할 경우 게스트 OS에서 CPU 가상화 기능을 사용할 수 없다(기본 설정). 이때, 게스트 OS의 환경설정에서 중첩 가상화(Nested Virtualization) 기능을 활성화하면 게스트 OS에서도 CPU 가상화 기능을 사용할 수 있다.
• VirtualBox 사용 시 [설정] - [시스템] - [프로세스] - [확장된 기능]에서 설정할 수 있다.

```
$ egrep 'svm|vmx' /proc/cpuinfo

flags           : fpu vme de pse tsc msr pae mce cx8 apic sep mtrr pge mca cmov pat pse36 clflush mmx

fxsr sse sse2 ss ht syscall nx rdtscp lm constant_tsc nopl xtopology nonstop_tsc eagerfpu pni pclmulqdq

vmx ssse3 fma cx16 ...
```

④ 가상화 지원 소프트웨어 플랫폼

- 가상화 서비스를 구성하고 관리할 수 있는 다양한 소프트웨어 플랫폼이 존재한다.
- 가상화 지원 소프트웨어 주요 플랫폼

Cloudstack	- 시트릭스(Citirix)에서 오픈소스로 공개한 클라우드 컴퓨팅 프로젝트로, 쉬운 사용성과 다양한 도입 사례가 장점 - KVM, XEN, XEN Server, VMWare 등의 하이퍼바이저를 지원
OpenStack	- IaaS(Infrastructure as a Service) 형태의 클라우드 컴퓨팅을 구축할 수 있는 오픈소스 프로젝트로 다양한 커뮤니티 활동이 장점 - KVM, XEN, QEMU, LXC, VMware ESX/ESXi, PowerVM, Hyper-V 등의 하이퍼바이저를 지원
OpenNebula	- 이기종 분산 데이터 센터 인프라(Infrastructure)를 관리하기 위한 클라우드 컴퓨팅 플랫폼 - KVM, XEN, VMWare ESXI, Hyper-V 등의 하이퍼바이저를 지원
OpenShift	Docker와 Kubernetes를 제공하는 컨테이너 애플리케이션 플랫폼

⑤ 가상화 지원 소프트웨어의 디스크 이미지 형식

- 특히 버추얼박스는 전용의 디스크 이미지 형식을 사용할 뿐만 아니라 다른 가상화 소프트웨어가 지원하는 디스크 형식도 함께 지원한다.
- 가상화 디스크 이미지의 주요 형식

VDI(Virtual Disk Image)	버추얼박스에서만 사용할 수 있는 전용 디스크 이미지 형식
VHD (Virtual Hard Disk)	버추얼박스, Hyper-V, Xen에서 사용할 수 있는 디스크 이미지 형식
VMDK (Virtual Machine Disk)	버추얼박스, VMware Player에서 사용할 수 있는 디스크 이미지 형식

02 가상화 관련 주요 명령어

virt-top	가상화 현황을 top과 유사한 형식으로 출력
virsh	텍스트 기반의 콘솔 환경에서 가상 머신을 관리해 주는 도구로 생성, 시작, 재시작, 종료, 강제 종료 등의 기능을 수행
virt-manager	가상 머신을 손쉽게 시작 및 종료할 수 있고, 가상 머신의 CPU 사용량, 호스트 CPU 사용량 등을 모니터링할 수 있는 GUI 기반의 도구
libvirt	Linux에서 가상화 지원을 위한 API, 데몬(Daemon), 라이브러리, 관리 툴들의 모음
libvirtd	libvirt 관리 시스템의 서버 데몬으로 관리도구와 통신하여 원격 도메인의 명령을 전달
xm	Xen을 관리하는 명령어

SECTION 07

출제빈도 상 중 하
반복학습 1 2 3

기타 서비스

▶ 합격 강의

빈출 태그 ▶ DHCP, NTP, chronyd, syslog, rsyslog, SSH, OpenSSH, SCP, rsync, xinetd

01 슈퍼 데몬

1) 슈퍼 데몬(Super Daemon)의 개요

① 슈퍼 데몬의 개념

- 리눅스의 inetd 방식은 사용자의 요구에 따라 필요한 서비스를 실행하고, 요청을 완료하면 서비스를 종료하여 시스템 자원을 효율적으로 사용한다. inetd와 같이 다른 서비스를 실행 및 관리하는 데몬을 슈퍼 데몬(Super Server Daemon)이라 한다.
- inetd 방식은 standalone 방식과 비교하여 사용자 요청에 대한 처리 시간이 느리지만, 다양한 서비스를 제한된 시스템 자원으로 운영하기에 효율적이다.
- inetd 방식은 '/etc/inetd.conf' 설정 파일을 이용하여 서비스 사용 여부를 지정하며, 접근제어(Access Control)을 위하여 TCP Wrapper를 사용한다.

② 최근 리눅스의 서비스 관리 방식

- xinetd 방식으로 이용하던 많은 서비스들이 단독 데몬으로 전환되거나 systemd에 의한 관리 방식으로 통합되었다.
- systemd 방식은 socket 기능(On-demand Activation)을 통해 효율적으로 메모리를 관리할 수 있으며, 이에 따라 기존 xinetd를 통해 제공하던 rsync, telnet 등의 서비스가 systemd 방식으로 통합되었다.
- TCP Wrapper를 사용하려면 xinetd 방식으로 서비스되거나 libwrap 라이브러리를 사용해야 한다. 대표적으로 sshd의 경우 TCP Wrapper를 사용할 수 있다.
- xinetd, TCP Wrapper를 지원하는 서비스가 제한적이므로 접근 제한이 필요할 경우 이후 설명할 iptables, firewalld 사용을 권장한다.

➕ **더 알기 TIP**

리눅스마스터 1급 자격검정은 최근 리눅스를 기준으로 하므로 xinetd 방식과 TCP Wrapper의 중요성이 상대적으로 축소되었다. 그러나 출제 가능성이 있으므로 주요 특징 및 설정 방식에 대하여 확인할 필요가 있다. 관련 이해를 돕기 위하여 이후 설명 중 일부는 기출문제의 내용에 따라 이전 버전 리눅스(CentOS 6)의 내용을 포함한다.

③ xinetd의 특징

- 리눅스 커널 2.4 버전 이후 최신 리눅스 배포판은 inetd를 확장한 xinetd를 사용한다.
- 'yum -y install xinetd' 명령으로 xinetd를 설치할 수 있다.
- xinetd의 기본 설정 파일은 '/etc/xinetd.conf'이다.

```
# This is the master xinetd configuration file. Settings in the
# default section will be inherited by all service configurations
# unless explicitly overridden in the service configuration. See
# xinetd.conf in the man pages for a more detailed explanation of
# these attributes.

defaults
{
# The next two items are intended to be a quick access place to
# temporarily enable or disable services.
#
#       enabled         =
#       disabled        =

# Define general logging characteristics.
        log_type        = SYSLOG daemon info
        log_on_failure  = HOST
        log_on_success  = PID HOST DURATION EXIT

# Define access restriction defaults
#
#       no_access       =
#       only_from       =
#       max_load        = 0
        cps             = 50 10
        instances       = 50
        per_source      = 10

# Address and networking defaults
#
#       bind            =
#       mdns            = yes
        v6only          = no

# setup environmental attributes
```

```
#
#       passenv         =
        groups          = yes
        umask           = 002


# Generally, banners are not used. This sets up their global defaults
#
#       banner          =
#       banner_fail     =
#       banner_success  =
}


includedir /etc/xinetd.d
```

• /etc/xinetd.conf의 주요 설정

instances	– 동시에 서비스할 수 있는 서버의 최대 수를 지정 – UNLIMITED로 지정하면 제약없이 동작
log_type	– 로그 기록 방식을 지정하며 SYSLOG와 FILE 두 가지 형식을 지원 – SYSLOG : 'SYSLOG syslog_facility [syslog_level]' 형식을 따름 – FILE : 'FILE 파일명 [limit 옵션]'의 형식을 따르며, limit 옵션은 로그 파일의 크기를 결정
log_on_success	– 서버 시작, 종료 및 접속 시 기록할 내용을 지정 – PID, HOST(원격 호스트 IP), USERID(원격 사용자 ID), EXIT(종료 시의 상태), DURATION(세션 지속 상태) 등의 값을 조합해서 사용할 수 있음
log_on_failure	– 서버가 시작될 수 없거나 접근이 거부되었을 때 기록할 내용을 지정 – HOST, USERID, ATTEMPT(실패한 시도) 등의 값을 조합해서 사용할 수 있음
cps	– 초당 최대 요청과 이를 초과할 경우 접속 제한 시간을 설정 – 'cps = 25 30'일 경우 초당 요구 사항이 25개 이상일 경우 30초 동안 연결을 제한
only_from	이용 가능한 원격 호스트를 지정
no_access	– 서비스를 이용할 수 없는 호스트를 지정 – only_from과 no_access에 함께 지정된 경우에는 서비스를 이용할 수 없음
per_source	– 동일한 IP 주소로부터 접속할 수 있는 최대 접속 수를 지정 – UNLIMITED로 지정하면 제약없이 접속할 수 있음
enabled	– 사용할 수 있는 서비스 목록을 서비스명으로 지정 – 각 서비스 설정에 'disable = yes'로 설정된 경우에도 서비스를 허가하게 됨 **예** enabled = telnet
disabled	– 접근을 금지할 서비스 목록을 서비스명으로 지정 – 만일 enabled와 disabled 모두 설정된 경우 해당 서비스는 접근할 수 없음

includedir /etc/xinetd.d	– 각각의 서비스(Daemon) 설정을 개별 파일에서 지정 – 이 속성을 이용하면 xinetd.conf에서 해당 서비스를 설정할 수 없음

- '/etc/xinetd.d/' 디렉터리에 각 서비스들의 설정이 저장된다. CentOS 6를 기준으로 예를 들면 '/etc/xinet.d/rsync'는 rsync 서비스의 동작 설정을 담는다.

```
default: off
# description: The rsync server is a good addition to an ftp server, as it \
#        allows crc checksumming etc.
service rsync
{
        disable         = yes
        flags           = IPv6
        socket_type     = stream
        wait            = no
        user            = root
        server          = /usr/bin/rsync
        server_args     = ——daemon
        log_on_failure  += USERID
}
```

- xinetd 방식 서비스의 주요 설정 항목

service	서비스 이름으로 /etc/services 파일에 등록한 서비스 이름을 따름
type	**RPC, INTERNAL, UNLISTED와 같은 서비스 타입을 지정** – RPC : RPC 서비스 – INTERNAL : /etc/services에 서비스 이름이 등록되었으며 well-known 포트를 이용 – UNLISTED : 표준 서비스가 아닌 경우로 서비스 포트번호를 함께 지정해야 함
disable	설정한 서비스 사용 여부를 결정하며 'no'로 설정해야 사용할 수 있음
socket_type	– TCP일 경우 stream, UDP일 경우 dgram으로 설정 – IP로 직접 접근해야 하는 서비스는 raw를 설정
port	서비스의 포트 번호를 지정
wait	– xinetd가 서비스 요청을 받을 경우 이후 요청을 즉시 처리할 것인지 기다릴 것인지 결정 – 'no'로 설정하면 즉시 다음 요청을 처리
user	서비스의 실행 권한을 지정
server	서비스 요청을 담당할 데몬 파일의 위치를 절대 경로로 지정
log_on_failure	+ 혹은 -를 이용하여 /etc/xinet.conf에서 지정한 log_on_failure 항목을 변경

access_times	access_times = 06:00-17:00와 같은 형식으로 서비스 이용 가능 시간을 지정
redirect	서비스를 다른 서버로 포워딩(Forwarding)하도록 지정 ⑩ redirect = 192.169.10.12
nice	서비스의 우선 순위를 -20~19까지의 값으로 지정

- xinetd는 자체적으로 접근 제어 기능과 확장된 로깅 기능 등을 제공하며, TCP Wrapper를 이용한 접근 제어도 가능하다.

2) TCP Wrapper

① TCP Wrapper의 개념

- inetd 데몬에 의해 관리되는 서비스는 TCP Wrapper에 의해 접근 제어를 할 수 있다.
- TCP Wrapper의 데몬 이름은 tcpd이다.
- TCP Wrapper는 '/etc/hosts.allow' 파일과 '/etc/hosts.deny' 설정 파일을 이용하여 접근 제어를 제공한다.
- 접근을 허가하는 호스트는 '/etc/hosts.allow'에 등록하고, 접근을 거부하는 호스트는 '/etc/hosts.deny'에 등록한다.
- 설정 파일은 hosts.allow → hosts.deny 순으로 적용된다. 따라서 hosts.allow와 hosts.deny의 규칙이 중복되면 hosts.deny 규칙은 무시된다. 일반적으로 hosts.deny에 접근을 금지할 목록을 지정한 후 hosts.allow에 허가 목록을 지정한다.

➕ 더 알기 TIP

Rocky Linux 8의 경우 TCP Wrapper가 기본적으로 지원되지 않는다. 따라서 /etc/hosts.deny, /etc/hosts.allow 파일이 존재하지 않을 수 있다. 관련 패키지 설치와 설정을 통해 TCP Wrapper를 사용할 수 있으나, firewalld 모듈(서비스) 등을 이용하여 보안을 설정하는 것을 권장하기 때문이다.
다만, 리눅스마스터 1급의 기존 기출문제 동향을 고려하여 TCP Wrapper 관련 사항을 키워드 암기 중심으로 학습하기를 권장한다.

② TCP Wrapper 설정 파일

- /etc/hosts.allow와 /etc/hosts.deny의 설정 방법은 동일하며 하나의 줄(Line)에 하나의 규칙을 사용한다. 만일 2줄 이상으로 기술해야 할 경우 역슬래시(\)를 이전 줄의 마지막에 입력한다.
- 설정 형식은 '[데몬 목록] : [클라이언트 목록] : [셸 명령어]'를 따른다.
- TCP Wrapper 설정 파일의 주요 항목

데몬 목록	- 서비스의 실행 데몬 이름을 지정 - 콤마(,)를 이용하여 여러 개의 데몬 이름을 지정할 수 있음 - 함께 사용할 수 있는 예약어는 별도의 표로 설명
클라이언트 목록	- 접근 제어의 대상이 되는 호스트 이름 혹은 IP 주소를 지정 - [사용자이름@호스트]의 형식으로 사용자를 함께 지정할 수 있음 - 콤마(,)를 이용하여 여러 개의 클라이언트를 지정할 수 있음 - 함께 사용할 수 있는 예약어는 별도의 표로 설명

셀 명령어	설정한 항목과 일치할 경우 실행할 셀 명령어로 Twist 방식과 Spawn 방식을 사용할 수 있음 - twist 방식 : 현재 실행 중인 프로세스의 실행 이미지를 교체하여 실행하는 방식으로 명령의 결과를 클라이언트에게 전송 - spawn 방식 : 새로운 자식 프로세스를 생성하는 방식으로 명령의 결과를 클라이언트에게 전송하지 않음

• TCP Wrapper의 목록 지정을 위한 주요 예약어

ALL	- 데몬 목록, 클라이언트 목록 모두에 사용할 수 있음 - 모든 서비스 데몬 혹은 모든 클라이언트를 의미
LOCAL	localhost와 같이 '.'을 포함하지 않는 모든 호스트를 의미
KNOWN	클라이언트의 IP와 호스트 이름을 알 수 있는 경우
UNKNOWN	클라이언트의 IP와 호스트 이름을 알 수 없는 경우
PARANOID	DNS lookup을 이용하여 호스트 이름으로 IP 주소를 확인할 수 있는 경우
EXCEPT	예외 항목을 지정

• 셀 명령어의 주요 특수 문자

%a	클라이언트의 IP 주소
%A	서버의 IP 주소
%c	사용자 이름, 호스트 이름, IP 주소 등의 클라이언트 정보
%d	서비스의 이름
%h	클라이언트의 호스트 이름 혹은 IP 주소
%H	서버의 호스트 이름 혹은 IP 주소
%n	클라이언트의 호스트 이름
%N	서버의 호스트 이름
%u	클라이언트의 사용자 이름
%p	서비스 데몬 프로세스 아이디
%s	데몬 프로세스, 호스트 이름, IP 주소 등의 서버 정보
%%	% 문자

• TCP Wrapper 설정 사례

[hosts.allow] ALL : 192.168.9.0/255.255.255.0	192.168.9.0 네트워크 대역에 속한 모든 클라이언트의 접속을 허가
[hosts.allow] ALL EXEPT in.telnetd : ALL	telnetd를 제외한 모든 서비스에 대하여 모든 클라이언트의 접속을 허가
[hosts.allow] in.telnetd : .youngin.com EXCEPT \ www.youngjin.com	www.youngjin.com을 제외한 youngjin.com 도메인의 모든 호스트에 대하여 telnetd 서비스의 접근을 허가
[hosts.allow] sshd : 192.168.9.7 : severity local0.alert	192.168.9.7에서 sshd 서비스를 사용할 수 있도록 설정하되 syslog을 기록
[hosts.allow] sshd : 192.168.9.2 : deny	비록 hosts.allow에 설정되어 있으나 deny를 기술하여 접근을 금지
[hosts.deny] in.telnetd : 192.168.9.10 : twist /bin/ echo \ "%a is denied"	192.168.9.10 호스트가 telnetd 서비스를 사용하지 못하도록 하며, 접속 시도 시 메시지를 전달

➕ **더 알기 TIP**

TCP Wrapper의 설정에서 서비스명이 아니라 실행될 데몬 이름을 지정하는 것을 확인한다. 텔넷을 예로 들면 'telnet'이 아니라 'in.telnetd'가 된다.

02 프록시 서비스

1) 프록시(Proxy)의 개요

① 프록시의 개념

• 프록시는 클라이언트와 서버 사이에 위치하여, 요청과 응답 과정에서 데이터를 중계하는 역할을 담당한다.

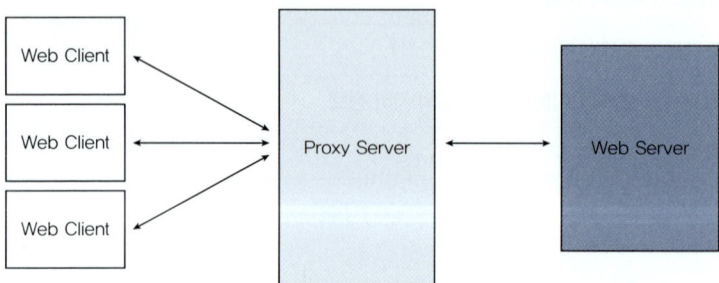

▲ 프록시의 개념도

② 프록시 사용의 목적

- 일반적으로 서버의 데이터를 캐시(Cache)하여 인터넷 전송 속도를 빠르게 하기 위해 사용하며, 서버의 가용성(Availability) 향상을 위한 부하분산(Load Balancing)에 사용할 수도 있다.
- 프록시 서버의 사용 분야

응답 속도 향상	클라이언트의 네트워크 위치와 가까운 곳에 프록시 서버를 두고, 자주 사용하는 서버의 컨텐츠를 저장하여 빠른 응답 속도를 제공
서버 부하 분산	다수의 서버를 서버팜(Server Farm)으로 구성한 후 클라이언트의 요청이 있을 시 정해준 규칙에 따라 특정 서버에 서비스 요청을 전달
접근 통제	프록시 서버에 설정한 접근 통제 정책에 따라 클라이언트의 요청을 전달 혹은 제거
악성코드 유입 방지	클라이언트가 요청한 컨텐츠를 전달하기 전에 프록시 서버에 설치된 백신(Vaccine) 프로그램으로 악성코드 여부를 점검

2) 리눅스 프록시 서버(Squid)

① Squid 서버의 특징

- Squid는 리눅스에서 사용할 수 있는 대표적인 프록시 서버로 홈페이지는 'http://www.squid-cache.org'이다.
- Squid는 GPL(General Public License)를 따르는 오픈소스 소프트웨어이며 캐싱(Caching)을 통하여 HTTP, FTP, gopher 등 서비스의 데이터 응답속도를 향상시킨다.
- Squid 서버는 기본 포트로 TCP/3128을 이용한다.

② Squid 서버의 설치

- 'yum -y install squid' 명령으로 패키지를 설치한다.

```
$ yum -y install squid

...

Installed:

  ...

  squid-7:4.15-7.module+el8.9.0+1599+7025d9cc.3.x86_64

Complete!
```

- Squid 서버를 실행하고 서비스 실행을 확인한다.

```
$ systemctl start squid.service

$ systemctl -l status squid.service

● squid.service - Squid caching proxy
...
   Active: active (running) since Thu 2023-12-21 03:16:31 KST; 27s ago
...
   CGroup: /system.slice/squid.service
         ├─ 185241 /usr/sbin/squid ──foreground -f /etc/squid/squid.conf
         ├─ 185247 (squid-1) ──kid squid-1 ──foreground -f /etc/squid/squid.conf
         └─ 185249 (logfile-daemon) /var/log/squid/access.log
...
Dec 21 03:16:31 localhost.localdomain systemd[1]: Started Squid caching proxy.
```

③ Squid 서버의 설정

- Squid는 '/etc/squid/squid.conf' 파일을 환경설정 파일로 이용한다.
- '/etc/squid/squid.conf'의 주요 옵션 항목

cache_dir [옵션]	• 캐시 데이터가 저장될 경로명을 지정 • 옵션 : cache_dir ufs [경로] [캐시 데이터 크기, MB] [첫번째 디렉터리 수] [두 번째 디렉터리 수] • ufs : squid의 저장 포맷 📗 cache_dir ufs /var/spool/squid 100 16 256
http_port [포트 번호]	사용할 포트 번호를 지정 📗 http_port 3128
acl [별칭] src [IP 주소 대역] acl [별칭] dst [IP 주소 대역] acl [별칭] port [포트 번호] acl [별칭] srcdomain [도메인명] acl [별칭] dstdomain [도메인명]	• acl 구문으로 별칭을 지정한 후, 별칭에 대한 접근 권한을 설정 – http_access allow [별칭] : 접근 허가 – http_access deny [별칭] : 접근 거부 📗 acl local src 192.168.10.0/255.255.255.0 http_access allow local http_access deny all acl Safe_ports port 80 acl Safe_ports port 21 http_access deny !Safe_ports
cache_mem [크기]	캐시의 크기를 설정 📗 cache_mem 2048 MB
cache_log [로그 파일경로]	로그 파일을 지정

03 DHCP 서비스

1) DHCP(Dynamic Host Configuration Protocol) 서비스의 개요

① DHCP 서비스의 특징

- DHCP 서비스는 클라이언트 호스트가 사용할 IP 주소, 게이트웨이(Gateway) 주소, 네임 서버(Name Server) 주소 등을 자동으로 할당하는 서비스이다.
- 제한된 IP 주소 풀(Pool)을 다수의 클라이언트에게 동적(Dynamic)으로 할당하여 IP 주소 사용의 효율을 향상시킬 수 있다. 이때 DHCP 프로토콜을 이용하여 IP 주소의 임대기간을 설정할 수 있다.
- 저장 장치가 없는 호스트에게 IP를 자동으로 부여하고 네트워크 부팅을 지원하기 위해 사용할 수 있다. 이때 사용하는 프로토콜이 BOOTP(Bootstrap Protocol)이다.
- DHCP는 UDP 프로토콜과 브로드캐스트(Broadcast) 통신 방식을 이용한다.

② DHCP 서비스의 설치

- 'yum -y install dhcp-server' 명령으로 DHCP 서비스를 설치한다.

```
$ yum -y install dhcp-server

...

Installed:

  ...

  dhcp-server-12:4.3.6-49.el8.x86_64


Complete!
```

2) DHCP 서비스의 설정

① DHCP 서비스 설정 파일

- DHCP 데몬(Daemon)인 dhcpd는 /etc/dhcp/dhcpd.conf를 설정 파일로 사용한다. 이때, 설정 문장 뒤에는 반드시 세미콜론(;)이 있어야 한다.

> **+ 더 알기 TIP**
>
> dhcp를 설치한 후 /etc/dhcp/dhcp.conf의 내용을 확인하면, 특별한 구성내용 없이 예제를 확인하라고 안내한다.
>
> ```
> # DHCP Server Configuration file.
> #   see /usr/share/doc/dhcp*/dhcpd.conf.example
> #   see dhcpd.conf(5) man page
> ```
>
> 따라서 안내한 내용에 따라 example을 복사하여 사용한다. 참고로, '*'은 버전을 의미하며 2021년 기준 4.2.50이다.

- DHCP의 로그 메시지를 다른 곳으로 전달하려면 log-facility 항목을 이용한다.

```
log-facility local7;
```

- 특정 호스트에 고정(Fixed) IP를 할당할 경우 fixed-address 항목을 이용한다. 사용하는 형식은 'host [호스트이름] { 설정내용 }'이다.

```
host ihd_pc {
hardware ethernet 08:00:07:12:c0:a5;
fixed-address 192.168.12.22;
}
```

- 클라이언트에 할당할 IP 주소의 대역을 서브넷(Subnet)과 넷마스크(Network) 정보와 함께 지정한다.

```
suebnet 192.168.10.0 netmask 255.255.255.0 {
range 192.168.10.10 192.168.10.200;
option domain-name "youngjin-dchp.com";
option domain-name-servers name.youngjin.com;
option routers 192.168.10.1;
option broadcast-address 192.168.10.255;
default-lease-time 600;
max-lease-time 7200;
}
```

- dhcpd.conf의 주요 설정 항목

range	클라이언트에 할당할 IP 범위를 지정
range dynamic-bootp	DHCP 클라이언트와 BOOTP 클라이언트를 함께 지원
option domain-name	도메인 이름을 지정
option domain-name-servers	네임 서버를 지정
option routers	게이트웨이 주소를 지정
option broadcast-address	브로드캐스팅 주소를 지정
default-lease-time	초(Second) 단위로 임대요청 만료시간을 지정
max-lease-time	초 단위로 클라이언트가 사용할 IP의 최대 시간을 지정
option subnet-mask	서브넷 마스크를 지정
fixed-address	특정 MAC 주소를 갖는 시스템에 고정적인 IP 주소를 할당

04 VNC 서비스

1) VNC(Virtual Network Computing) 서비스의 개요

① VNC 서비스의 특징

- VNC 서비스는 비트맵 이미지 기반의 RFB(Remote Frame Buffer) 프로토콜을 이용하고 GUI(Graphic User Interface) 방식으로 원격 컴퓨터에 접속 및 사용하는 기능을 제공한다.
- VNC 클라이언트는 VNC 서버의 화면을 전송받아 표시하고 마우스, 키보드 등 컨트롤 정보를 서버에 전달한다.
- VNC 서버는 서버 컴퓨터의 화면을 공유하기 위해 사용하며, VNC 클라이언트로부터 전달받은 마우스·키보드 신호를 통해 통제된다.
- VNC는 'TCP/5900+[디스플레이 번호]'를 기본 포트로 사용하며 동시에 여러 클라이언트가 접속하여 화면을 공유할 수 있다.

② VNC 서비스의 설치

- 'yum −y install tigervnc−server' 명령으로 VNC 서비스를 설치한다.

```
$ yum −y install tigervnc−server

...

Installed:

  ...

  tigervnc−server−1.13.1−2.el8.x86_64


Complete!
```

2) VNC 서비스의 설정과 실행

① VNC 서버의 접속 방법

- 세션 공유 방법과 독립 세션 방법으로 VNC 서버에 접속할 수 있다.
- 세션 공유 접속과 독립 세션 접속 방법

구분	특징	참고사항
세션 공유 접속	로컬과 원격 호스트가 화면, 키보드, 마우스를 공유하는 방식	암호, 알림 등의 정보도 함께 설정할 수 있음
독립 세션 접속	별도의 세션을 이용하여 접속하는 방식	환경설정 파일인 /usr/lib/systemd/system/vncserver@.service에 관련 항목을 설정

② VNC 서비스 설정

- VNC 서비스의 환경설정 파일은 /usr/lib/systemd/system/vncserver@.service이다.

```
# The vncserver service unit file
#
# Quick HowTo:
# 1. Copy this file to /etc/systemd/system/vncserver@.service
# 2. Replace <USER> with the actual user name and edit vncserver
#    parameters in the wrapper script located in /usr/bin/vncserver_wrapper
# 3. Run 'systemctl daemon-reload'
# 4. Run 'systemctl enable vncserver@:<display>.service'


...


[Unit]
Description=Remote desktop service (VNC)
After=syslog.target network.target

[Service]
Type=simple

# Clean any existing files in /tmp/.X11-unix environment
ExecStartPre=/bin/sh -c '/usr/bin/vncserver -kill %i > /dev/null 2>&1 || :'
ExecStart=/usr/bin/vncserver_wrapper <USER> %i
ExecStop=/bin/sh -c '/usr/bin/vncserver -kill %i > /dev/null 2>&1 || :'

[Install]
WantedBy=multi-user.target
```

- 설정 파일의 안내에 따라 /etc/systemd/system/vncserver@.service로 복사할 경우, 복사한 파일을 참조하게 된다.
- 설정 파일 내용 중 '<USER>'를 원하는 사용자 계정명으로 변경한다. 만일 master 계정명을 이용한다면 'ExecStart=/usr/bin/vncserver_wrapper master %i'가 된다.

- vncpasswd 명령으로 VNC 서버에 접속할 때 사용할 비밀번호를 설정한다. 패스워드는 사용자 홈디렉토리 ~/.vnc/passwd에 저장된다.

```
$ su master


$ vncpasswd
Password:
Verify:


...


$ ls ~/.vnc/passwd
/home/master/.vnc/passwd
```

③ VNC 서비스 관련 주요 명령어

vncpasswd	VNC 서버에 접근할 때 사용할 패스워드를 설정하는 명령어
Xvnc	vncserver에 의해 실행되는 VNC 서버
vncconfig	VNC 서비스의 설정을 관리하고 제어하는 명령어

④ VNC 서비스 실행

- 'systemctl daemon-reload' 명령으로 변경한 설정을 적용한다.
- 'systemctl start vncserver@:1.service' 명령으로 VNC 서비스를 실행하고, 실행을 확인한다. 여기에서 '1'은 디스플레이 번호이다.

```
$ systemctl daemon-reload


$ systemctl start vncserver@:1.service


$ systemctl enable vncserver@:1.service
```

3) VNC 서비스 사용하기

① VNC 클라이언트 설치

- 'yum -y install vnc' 혹은 'yum -y install tigervnc' 명령으로 VNC 클라이언트(뷰어)를 설치한다.

```
$ yum -y install tigervnc

...



Installed:

  ...

  tigervnc-1.13.1-2.el8.x86_64

    ...



Complete!
```

② vncviewer 실행과 VNC 접속 정보 입력

• VNC 접속 정보는 '[VNC 서버 주소] : [디스플레이 번호]'의 형식을 이용한다.

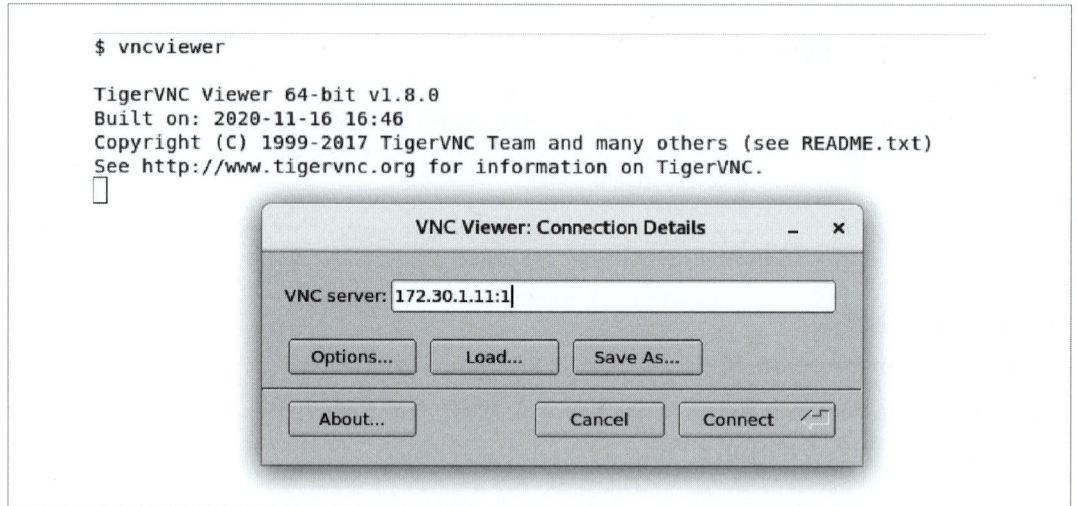

▲ vncviewer를 이용한 서비스 접속

• 설정한 비밀번호를 입력한 후, VNC 서버(호스트)를 원격으로 이용한다.

05 NTP 서비스

1) NTP(Network Time Protocol) 서비스의 개요

① NTP 서비스의 특징

• NTP 서비스는 컴퓨터 간 시간을 동기화하는 NTP 프로토콜을 이용하여 NTP 서버와 시간을 동기화한다.

• NTP는 협정세계시(UTC ; Coordinated Universal Time)를 기준으로 1/1000초까지 시간을 동기화할 수 있다.

• NTP는 UDP/123을 기본 포트로 이용한다.

② NTP의 계급(Stratum) 구조

- NTP는 클럭소스 수준의 계층적, 반 계층화(Semilayered)된 시스템을 사용하고 이 계층 구조의 각 수준을 계급(Stratum)이라 한다.
- 계급 수준은 레퍼런스 시계에서 거리를 정의한다.
- 원자시계 또는 GPS와 같은 장치인 0단계부터 가장 낮은 15단계의 계층으로 구성된다. Stratum 16은 비동기 장치를 의미한다.
- 숫자가 낮은 계급(단계)가 높은 계급(단계)보다 더 품질이 우수하다.

2) NTP 서비스의 설치와 설정

① NTP 서비스의 설치와 실행

- 'yum −y install ntp' 명령으로 NTP 서비스를 설치한다.

```
$ yum −y install ntp
...
Installed:
  ntp.x86_64 0:4.2.6p5−29.el7.centos.2

Complete!
```

- NTP 서비스를 시작한다.

```
systemctl start ntpd.service
```

② NTP 서비스의 설정

- NTP 서비스는 '/etc/ntp.conf'를 설정 파일로 이용한다.
- /etc/ntp.conf의 주요 설정 항목

driftfile	− NTP 데몬에 의해 자동으로 생성되는 driftfile의 위치를 지정 − driftfile은 시간 오차의 평균값을 저장하여 시간을 정확하게 유지하는 역할을 함 예 driftfile /var/lib/ntp/drift
restrict	NTP 서버에 접근할 수 있는 클라이언트를 제한 예 restrict 192.168.1.0 mask 255.255.255.0 nomodify notrap
server	NTP 서버를 지정 예 server 0.centos.pool.ntp.org iburst
keys	대칭키 암호화를 위한 키 파일을 지정 예 keys /etc/ntp/keys

3) NTP 서비스의 명령어

① NTP 서비스 관련 주요 명령어

ntpdate	• 'ntpdate [서버주소]' 명령 옵션으로 원격 서버와 시간을 동기화 • −d 옵션을 이용하면 원격 서버와 시간 차이를 확인할 수 있는데, Debugging 모드로 동작하며 로컬 시간을 업데이트하지 않음 　예 ntpdate ntp.youngjin.com
ntpq	• NTP 질의(Query) 명령어 • −p 옵션으로 연결된 서버의 상태를 출력 ``` remote refid st t when poll reach delay offset jitter == 203.248.240.140 204.123.2.5 2 u 4 64 1 5.504 17.083 0.000 ```

• ntpq의 질의 명령어 목록은 'help' 명령으로 확인할 수 있다.

```
$ ntpq

ntpq〉 help

ntpq commands:

:config            delay              mreadvar           readlist

addvars            exit               mrl                readvar

associations       help               mrv                rl

authenticate       host               ntpversion         rmvars

cl                 hostnames          opeers             rv

clearvars          keyid              passociations      saveconfig

clocklist          keytype            passwd             showvars

clockvar           lassociations      peers              timeout

config−from−file   lopeers            poll               version

cooked             lpassociations     pstatus            writelist

cv                 lpeers             quit               writevar

debug              mreadlist          raw

ntpq〉 quit
```

➕ 더 알기 TIP

최근 리눅스에서 앞서 설명한 ntp 서비스의 설치에 문제가 있을 경우 chrony를 이용할 수 있다. chrony는 NTP(Network Time Protocol)을 구현한 프로그램으로 최근 리눅스의 경우 기본 NTP 프로그램으로 사용된다.

4) chrony의 설치와 활용

① chrony의 설치와 실행

- 'yum −y install chrony' 명령으로 chrony를 설치한다. 최근 리눅스의 경우 chrony가 이미 설치, 설정 및 실행되어 있을 수 있다.

```
$ yum −y install chrony

...
```

- chrony 서비스를 시작한다.

```
$ systemctl start chronyd

$ sudo systemctl enable chronyd

$ sudo systemctl status chronyd
 ● chronyd.service − NTP client/server
    Loaded: loaded (/usr/lib/systemd/system/chronyd.service; enabled; vendor preset: enabled)
    Active: active (running) ...
```

② chrony 서비스의 설정

- chrony 서비스는 '/etc/chrony.conf'를 설정 파일로 이용한다.
- /etc/chrony.conf의 주요 설정 항목

pool	– 공개된 서버들의 목록을 포함한 풀(Pool)을 지정 ⬡ pool 2.rocky.pool.ntp.org iburst – server 설정 항목을 이용하여 개별 서버를 지정할 수도 있다.
stratumweight	계급(Stratum)당 보정해야 할 거리의 값을 지정 ⬡ stratumweight 0
driftfile	– 시스템의 클럭 보정 정보를 저장하는 파일을 지정 – driftfile /var/lib/chrony/drift
makestep	– 시스템의 시간이 크게 빠르거나 느릴 때 조정하는 방식을 지정 ⬡ makestep 1.0 3 : 시스템 시작 후 처음 3회 시간 동기화 에서 시스템의 시간과 NTP 서버의 시간의 차이가 1초 이상일 경우 즉시 조정
allow	NTP 서버에 접근 가능한 클라이언트 주소 범위를 지정 ⬡ allow 192.168.0.0/16
keyfile	인증 시 사용할 키 파일을 지정 ⬡ keyfile /etc/chrony.keys
logdir	로그 파일의 경로를 지정 ⬡ logdir /var/log/chrony

- /etc/chrony.conf를 변경한 경우 'systemctl restart chronyd' 명령으로 chrony 서비스를 재실행한다.

③ chronyc 명령어의 활용

- chronyc 명령어를 이용하여 chrony 서비스를 제어할 수 있다.

```
$ chronyc
chrony version 4.2
Copyright (C) 1997-2003, 2007, 2009-2021 Richard P. Curnow and others
chrony comes with ABSOLUTELY NO WARRANTY.  This is free software, and
you are welcome to redistribute it under certain conditions.  See the
GNU General Public License version 2 for details.


chronyc> help
System clock:
tracking                        Display system time information
...


Time sources:
sources [-a] [-v]               Display information about current sources
...


NTP sources:
activity                        Check how many NTP sources are online/offline
...
```

• chronyc 명령어를 이용하여 NTP 소스 정보를 확인할 수 있다.

```
$ sudo chronyc sources -v


  .-- Source mode   '^' = server, '=' = peer, '#' = local clock.
 / .- Source state   '*' = current best, '+' = combined, '-' = not combined.
| /               'x' = may be in error, '~' = too variable, '?' = unusable.
||                                      .- xxxx [ yyyy ] +/- zzzz
||     Reachability register (octal) -.          | xxxx = adjusted offset.
||     Log2(Polling interval) --.      |         | yyyy = measured offset.
||                           \  |         | zzzz = estimated error.
||                            | |      \
MS Name/IP address       Stratum Poll Reach LastRx Last sample
===============================================================================
^* send.mx.cdnetworks.com       2    10   377    126    +426us[ +340us]      59ms
^+ 121.174.142.82               3    10   377    821    +869us[ +782us]      46ms
^+ mail.innotab.com             3     9   377    274    -2097us[-2184us]     65ms
^- 132.226.17.96                2    10   277     62    -5336us[-5336us]     84ms
```

• chronyc 명령어를 이용하여 시간 동기화를 즉시 실행할 수 있다.

```
$ sudo chronyc -a makestep
200 OK
```

• chronyc 명령어를 이용하여 NTP시간 동기화 여부를 확인할 수 있다.

```
$ sudo chronyc tracking
Reference ID    : D3E9284E (send.mx.cdnetworks.com)
Stratum         : 3
...
```

01 HTTP 요청 메소드(Request Method) 중 다음 설명에 해당하는 것은?

> HTTP 요청을 헤더와 바디(본문)로 구분하여 사용하고, 요청할 내용을 바디에 담아 서버에 전송한다. 주로 폼(Form)문을 이용한 데이터 전송에 사용한다.

① POST
② PUT
③ GET
④ OPTIONS

HTTP 요청 중 GET 메소드는 URL 형식으로 리소스(Resource) 데이터를 요청하고, POST 방식은 HTTP 요청을 헤더와 바디로 구분하여 사용하며 요청할 내용을 바디에 담아 서버에 전송한다.

02 다음 내용 중 HTTP 상태(응답)코드와 설명이 잘 연결된 것은?

① 100 : 요청 성공
② 200 : 리다이렉션
③ 404 : 존재하지 않는 리소스 요청(Not Found)
④ 500 : 리소스에 대한 권한이 없음(Forbidden)

HTTP 상태코드는 1xx (조건부응답, 정보교환), 2xx (성공), 3xx (리다이렉션), 4xx (요청오류), 5xx (서버오류)로 구분된다.

03 아파치 웹 서버의 모듈 적재 방법 중 하나인 DSO(Dynamic Shared Object) 방식의 설명 중 잘못된 것은?

① 아파치 웹 서버 실행 후, 사용자 요청이 있을 경우 필요한 모듈을 적재한다.
② 새로운 모듈을 추가할 경우 아파치 소스코드를 다시 컴파일하여 적용한다.
③ 요청 후 모듈 적재 시간이 필요하여, 응답시간이 다소 느린 단점이 있다.
④ 모듈의 추가 및 삭제가 편리하다.

필요한 모듈을 아파치 웹 서버와 함께 컴파일한 후, 아파치 웹 서버의 시작 시 동시에 적재하는 방법은 Static Object 방식이다.

04 아파치 웹 서버의 주 설정 파일인 httpd.conf의 세부 항목에 대한 설명으로 적절한 것은?

① ServerRoot : HTML 파일 등 웹 컨텐츠가 저장된 디렉터리를 지정
② ServerTokens : 아파치 웹 서버와 웹 브라우저가 암호화 통신을 할 때 사용하는 키를 저장
③ KeepAlive : On으로 설정하면 한 번의 연결당 요청과 응답을 한 번만 처리
④ UserDir : 일반 사용자의 웹 디렉터리를 지정

ServerRoot는 웹 서버의 설치 디렉터리를 지정하며 ServerTokens는 HTTP 응답헤더에 포함하여 전송할 서버의 정보 수준을 결정한다. KeepAlive가 On으로 설정되면 아파치의 한 프로세스로 특정 사용자의 지속적인 요청작업을 계속 처리한다.

05 다음은 mysql을 소스코드 컴파일 방식으로 설치하는 과정 중 하나이다. 다음 중 ( ) 안에 들어갈 내용으로 알맞은 것은?

```
$ cd mysql-5.7.28/

$ (          ) -DCMAKE_INSTALL_PREFIX=/
usr/local/mysql \
-DDEFAULT_CHARSET=utf8 \
-DDEFAULT_COLLATION=utf8_general_ci \
-DENABLED_LOCAL_INFILE=1 \
-DMYSQL_DATADIR=/usr/local/mysql/data
\
-DDOWNLOAD_BOOST=1 -DWITH_
BOOST=../boost_1_59_0

...
-- Configuring done
-- Generating done
```

① cmake`   ② make
③ config`   ④ build

mysql 소스코드를 압축 해제한 소스 디렉터리로 이동한 후 cmake를 이용하여 환경설정 작업을 수행한다. cmake를 이용하면 이후 make 과정에서 컴파일 등 진행사항을 진행률(%)과 함께 색상(Color)으로 표시한다.

06 NIS 서버 및 클라이언트 관련 명령어에 대한 설명 중 잘못된 것은?

① ypwhich : NIS를 이용하여 로그인 한 후, 인증에 사용한 NIS 서버를 조회
② ypcat : NIS 서버의 구성파일(맵 파일)의 내용을 확인
③ yppasswd : NIS 서버에 등록된 사용자의 비밀번호를 변경
④ yptest : NIS 서비스의 품질을 확인하기 위하여 네트워크 응답 속도를 측정

yptest는 NIS 클라이언트에서 NIS의 동작 및 설정 등을 확인하고 도메인명, 맵 파일 목록, 사용자 계정 정보 등을 출력한다.

07 다음은 어떤 서비스에 대한 설명인가?

- 디렉터리 서비스(Directory Service)를 조회하고 수정하는 TCP 기반 응용 프로토콜이다.
- RDBMS(Relational DataBase Management System)에 비하여 빠른 검색 속도를 제공하지만 자주 변경되는 정보의 관리에는 다소 불리하다.
- 서버에는 여러 엔트리(Entry)가 트리 구조로 구성되어 있으며 각 엔트리는 다수의 속성으로 구성되어 있다. 각 속성은 '이름, 값'의 형식으로 구성된다.

① NIS 서비스
② LDAP 서비스
③ SELinux
④ MongoDB

오답 피하기

① NIS : NIS 서버에 등록된 사용자 계정, 암호, 그룹 정보 등을 네트워크를 이용하여 다른 시스템(클라이언트)에게 제공하므로 여러 호스트들이 동일한 계정 정보를 사용할 수 있음
③ SELinux : 강제 접근 제어(MAC)를 포함한 접근 제어 보안 정책을 지원하는 리눅스 커널 보안 모듈
④ MongoDB : 도큐먼트(Document) 기반으로 비정형 데이터를 저장하고 관리

08 다음 중 NIS에 대한 설명으로 알맞은 것은?

① nisdomainname 명령을 이용하면 설정한 NIS 도메인명이 리부팅 후에도 유지된다.
② ypxfrd는 NIS 서버와 NIS 클라이언트의 시간을 동기화한다.
③ /etc/sysconfig/network에 NIS 도메인명을 설정하여 부팅 시 항상 적용되도록 할 수 있다.
④ NIS 패키지를 설치하면 '/etc/rc.d/init.d'에 관련 데몬 스크립트가 설치된다.

오답 피하기

① nisdomainname에 설정한 NIS 도메인명은 리부팅 시 사라진다.
② ypxfr는 NIS 서버와 NIS 클라이언트 간의 맵핑 속도를 높인다.
④ CentOS 7에서는 /usr/lib/systemd/system에 NIS 관련 서비스 파일들이 설치된다.

09 다음 중 삼바(SAMBA)에 대한 설명으로 틀린 것은?

① 삼바는 리눅스와 윈도우 간 디렉터리 및 파일 공유 시 사용된다.
② nmblookup 명령은 삼바 서버의 Net BIOS 이름으로 IP 주소를 조회할 수 있다.
③ smbstatus 명령은 현재 삼바 서버에 접속 중인 클라이언트의 목록을 확인할 수 있다.
④ smb.conf의 세부 항옥 중 valid-users 는 삼바 서버에 접근 가능한 사용자를 지정한다.

삼바 서버에 접근 가능한 사용자를 지정하는 항목은 'valid users'이다.

10 NFS 서버에서 /data 디렉터리에 대한 접근 권한을 조건과 같이 설정하였다. 다음 중 관련 설명으로 알맞은 것은?

/data 192.168.5.0/24(rw, root_squash)

① IP 주소가 192.168.5.24인 호스트만 읽기 및 쓰기 권한이 가능하고 root 권한이 인정된다.
② IP 주소가 192.168.5.24인 호스트만 읽기 및 쓰기 권한이 가능하지만 root 권한은 인정되지 않는다.
③ 192.168.5.0 주소 대역 호스트들은 모두 읽기 및 쓰기가 가능하고 root 권한이 인정되지 않는다.
④ 192.168.5.0 주소 대역 호스트들은 모두 읽기 및 쓰기가 가능하고 root 권한이 인정된다.

rw는 읽기 및 쓰기 권한을 허가하고, root_squash는 root 권한 접근을 거부하기 위하여 클라이언트의 root 요청을 nobody(또는 nfsnobody)로 매핑시킨다.

11 다음 중 FTP 서비스에 관련 설명으로 틀린 것은?

① Active 모드는 방화벽에 의해 데이터 전송을 위한 연결이 거부될 수도 있다.
② Passive 모드는 서버가 데이터 포트로 사용할 포트 번호를 클라이언트에게 알려 준다.
③ Active 모드일 경우 FTP 서버는 TCP/20 포트를 데이터 포트로 사용한다.
④ /etc/vsftpd/ftpusers에 FTP 서비스에 접근할 수 있는 사용자를 지정한다.

/etc/vsftpd/ftpusers는 PAM과 연관된 설정 파일로 FTP 서비스에 접근할 수 없는 사용자(계정)을 지정한다.

12 다음 중 이메일 서비스 관련 프로토콜에 대한 설명으로 틀린 것은?

① SMTP는 인터넷에서 이메일을 전송하기 위해 사용하는 프로토콜로 TCP 21번 포트를 이용한다.
② POP3는 메일 서버에 도착한 메일을 수신하는 프로토콜로 TCP 110번 포트를 이용한다.
③ IMAP은 메일 서버에 도착한 메일 수신하는 프로토콜로 TCP 143 포트를 이용한다.
④ POP3는 메일 수신 후 서버에서 해당 메일을 삭제하나 IMAP은 남겨 놓을 수 있다.

SMTP는 TCP 25번 포트를 이용하며, TCP 21번 포트는 FTP가 컨트롤 명령을 전달할 때 사용하는 포트이다.

13 다음 중 /etc/mail/access의 정보를 읽어들여 관련 DB 정보를 업데이트하는 명령으로 알맞은 것은?

① mailq −Ac
② makemap hash /etc/mail/access 〈 \ /etc/mail/access
③ sendmail −bi
④ m4 sendmail.mc 〉 sendmail.cf

14 다음 설명에 해당하는 서버로 알맞은 것은?

Slave DNS라고도 하며 Primary Server의 zone 파일을 백업한다. Master DNS에 문제가 있을 경우 보조 DNS로 사용할 수 있다.

① Primary Name Server
② Secondary Name Server
③ Caching Name Server
④ Proxy Server

15 다음 중 DNS 서버에서의 zone 파일에서 MX 타입을 선언하는 이유로 가장 알맞은 것은?

① 도메인에 대한 질의 시 IP 주소가 조회되도록 설정한다.
② IP 주소에 대한 질의 시 도메인 주소가 조회되도록 설정한다.
③ 도메인에 대한 일종의 별칭을 지정할 때 사용한다.
④ 도메인 이름에 대한 메일 교환 서버 정보를 지정하기 위해 사용한다.

16 텍스트 기반의 콘솔 환경에서 가상머신을 관리해 주는 도구로 생성, 시작, 재시작, 종료, 강제 종료 등의 기능을 수행하는 것은?

① virt−top
② virt−manager
③ virsh
④ libvirtd

17 다음 중 리눅스 슈퍼데몬에 대한 설명으로 가장 알맞은 것은?

① inetd 방식은 리눅스 커널 2.4 버전 이후 사용되는 방식이다.
② 서비스 요청이 빈번하고 빠른 응답속도가 필요한 경우에 적합하다.
③ telnet, rlogin, ftp 등이 일반적으로 inetd 방식으로 실행된다.
④ tcp_wrapper의 /etc/hosts.allow, /etc/hosts.deny를 이용하여 접근제어를 수행한다.

① 리눅스 커널 2.4 버전 이후의 배포판은 inetd를 확장한 xinetd를 사용한다.
② inetd 방식은 비교적 서비스 요청이 많지 않은 서비스에 적합하며, 관리 편의성이 좋다.
③ CentOS 7의 경우 CentOS 6까지 xinetd 방식으로 이용하던 많은 서비스들이 단독 데몬으로 전환되거나 systemd에 의한 관리 방식으로 통합되었다.

18 다음은 squid.conf에서 특정 네트워크 대역만 사용할 수 있도록 허가하는 과정이다. ( ) 안에 들어갈 내용으로 가장 알맞은 것은?

```
(    ) localnet src 192.168.12.0/255.255.255.0
(    ) localnet
```

① access, http allow
② range, http_allow
③ acl, http access allow
④ acl, http_access allow

Squid 서버에서의 접근 제어
acl 구문으로 별칭을 지정한 후 http_access를 이용하여 별칭에 대한 접근 권한을 설정한다.
• http_access allow [별칭] : 접근 허가
• http_access deny [별칭] : 접근 거부

19 다음 중 dhcpd.conf 파일에서 특정 MAC 주소를 갖는 시스템에 고정적인 IP 주소를 할당하기 위해 사용하는 것은?

① fixed-address
② default-address
③ range
④ dynamic-address

특정 호스트에 고정(Fixed) IP를 할당할 경우 fixed-address 항목을 이용한다. 사용하는 형식은 'host [호스트이름] { 설정내용 }'이다.

```
host ihd_pc {
hardware ethernet 08:00:07:12:c0:a5;
fixed-address 192.168.12.22;
}
```

20 다음 중 VNC 관련 명령어에 대한 설명으로 잘못된 것은?

① systemctl start vncserver@:1.service : 디스플레이 번호를 1로 하여 VNC 서비스를 실행
② vncpasswd : VNC 서버에 접근할 때 사용할 패스워드를 설정하는 명령어
③ Xvnc : vncserver에 의해 실행되는 VNC Client(Viewer)
④ vncconfig : VNC 서비스의 설정을 관리하고 제어하는 명령어

Xvnc는 vncserver에 의해 실행되는 VNC 서버이다.

CHAPTER

02

네트워크 보안

학습 방향

네트워크 보안 위협은 공격 기법과 도구가 서로 연관되어 있으므로 먼저 스니핑 · 스푸핑 · DoS/DDoS와 같은 대표 침해 유형과 해킹 프로그램의 개념을 확실히 이해한 뒤, 방화벽 · IDS/IPS · Snort · iptables · firewalld로 이어지는 보안 솔루션의 동작 원리와 설정 명령을 비교하며 학습하면 정리가 쉽다. 공격과 방어를 한 흐름에서 묶어 보면서, 시험에 자주 등장하는 용어와 옵션 위주로 반복 정리하면 효과적으로 대비할 수 있다.

SECTION 01 네트워크 침해 유형 및 특징
SECTION 02 대비 및 대처 방안

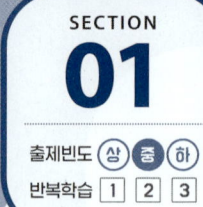

네트워크 침해 유형 및 특징

빈출 태그 ▶ 스니핑, Promiscuous Mode, tcpdump, 스푸핑, IP 스푸핑, ARP 스푸핑, DNS 스푸핑,
DoS, DDoS, 랜섬웨어

01 네트워크 침해 유형 및 특징

1) 스니핑(Sniffing) 공격

① 스니핑 공격의 개념

- 한 서브 네트워크 내에서 전송되는 패킷의 내용을 임의로 확인하는 공격 기법이다.

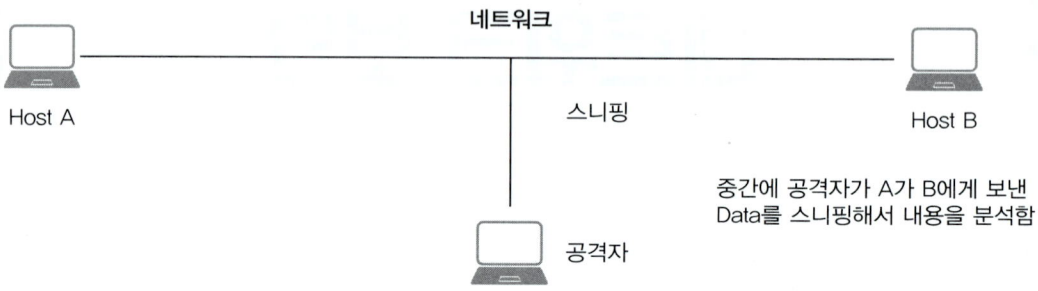

② 네트워크 무차별 모드(Promiscuous Mode)와 TCP Dump

- 네트워크 설정을 무차별 모드로 변경한 후 TCP Dump를 이용하면, 네트워크 내의 모든 패킷을 확인할 수 있다.
- 'ifconfig [네트워크 인터페이스 이름] promisc' 명령으로 무차별 모드로 변경하며, 'ifconfig [네트워크 인터페이스 이름] −promisc'로 일반 모드(Normal Mode)로 다시 전환할 수 있다.
- tcpdump는 네트워크 패킷을 확인하는 명령어이며 자세한 내용은 홈페이지(http://www.tcpdump.org)의 설명을 참고한다.

```
$ ifconfig eth0 promisc


$ ifconfig
eth0: flags=4419〈UP,BROADCAST,RUNNING,PROMISC,MULTICAST〉 mtu 1500
        inet 192.168.45.223  netmask 255.255.255.0  broadcast 172.30.1.255
        inet6 fe80::2c4:1308:f36b:2416  prefixlen 64  scopeid 0x20〈link〉
        ether 00:1c:42:5c:3e:57  txqueuelen 1000  (Ethernet)
```

```
        RX packets 109666   bytes 163427744 (155.8 MiB)

        RX errors 0   dropped 0   overruns 0   frame 0

        TX packets 47011   bytes 3225075 (3.0 MiB)

        TX errors 0   dropped 0 overruns 0   carrier 0   collisions 0

...

$ tcpdump -ni eth0

tcpdump: verbose output suppressed, use -v or -vv for full protocol decode

listening on eth0, link-type EN10MB (Ethernet), capture size 262144 bytes

02:55:00.958680 IP 192.168.45.223.ssh 〉 192.168.45.107.56814: Flags [P.], seq 3965367017:3965367225, ack
1494840206, win 256, options [nop,nop,TS val 649458 ecr 1071932512], length 208

...

$ ifconfig eth0 -promisc
```

③ 스니핑 공격의 대응 방안

- 중요한 데이터는 SSL(Secure Socket Layer)와 같은 암호화 통신 방식을 이용한다.

2) 스푸핑(Spoofing) 공격

① 스푸핑 공격의 개념

- 네트워크 서비스 혹은 패킷 정보를 임의로 변경하여 공격에 사용하는 기법이다.
- IP 주소, DNS 주소, MAC 주소 등의 정보를 변조하여 공격의 탐지 및 역추적을 어렵게 한다.

② 스푸핑 공격의 세부 기법 및 대응 방안

IP Spoofing	- TCP/IP의 구조적 취약점을 악용하여, 공격자가 자신의 IP를 변조하므로 IP 기반 인증 등의 서비스를 무력화시키는 공격기법 - 대응 방안 : IP 기반 인증을 최소화하고 TCP sequence 번호를 예측하지 못하도록 무작위로(Random) 구성
ARP Spoofing	- IP 주소를 MAC 주소로 변환하는 ARP 프로토콜의 취약점을 악용한 공격 - IP 주소와 MAC 주소의 매핑 정보를 네트워크에 브로드캐스트하여 대상 호스트들의 ARP 테이블이 악의적인 정보로 변조되도록 함 - 대응 방안 : 'arp -s [IP] [MAC]' 명령을 이용하여 정적 ARP 매핑 정보를 등록
DNS Spoofing	- DNS 요청에 위조된 정보를 응답 패킷으로 보내는 공격 기법 - DNS Spoofing에 의하여 www.youngjin-test.com에 대한 IP 주소가 공격자의 IP 주소로 응답될 경우 사용자는 공격자의 IP에 위치한 악의적인 서비스로 접속하게 됨

3) DoS(Denial of Service)와 DDoS(Distributed DoS) 공격

① DoS 공격의 개념

- DoS 공격은 공격 대상(Victim)의 시스템 및 네트워크 취약점 등을 공격하여 과도한 부하를 발생시키고 정상적인 서비스를 불가능하게 하는 가용성 침해 공격이다.

② DoS 공격의 유형

파괴 공격	시스템의 한계 용량을 초과하는 부하를 발생시켜 연산장치, 저장장치, 데이터 등을 파괴하는 공격
시스템 자원 고갈 공격	반복적인 프로세스 생성, 메모리 할당, 데이터 중복 저장 등을 통해 CPU, 메모리, 디스크 등 주요 자원을 고갈시키는 공격
네트워크 자원 고갈 공격	대용량의 과도한 패킷을 유발하여 네트워크 대역폭을 고갈시키는 공격

- 아래는 시스템 자원 중 프로세스 자원을 고갈시키기 위한 공격 코드의 예이다.

<pre>#include <unistd.h>
main ( ) {
    while(1)
            fork( );
    return(0);
}</pre>
	주어진 소스코드는 프로세스 생성을 무한 반복하여 실행하여 프로세스 자원을 고갈시킴

③ DoS 공격의 세부 기법

Ping of Death	• ICMP Echo 패킷을 정상적인 크기(64K)보다 매우 크게 전송하여 시스템에 문제를 일으키는 공격 기법 • 전송된 데이터는 라우팅(Routing)되는 동안 작은 조각(Fragment)로 분할되어 전송 및 처리되므로 과도한 부하가 발생하게 됨
Teardrop Attack	• IP fragmentation에 따라 패킷을 재조립할 때 오프셋(Offset)을 임의로 변조하여 문제를 일으키는 공격 기법 • 잘못된 오프셋 정보는 재조립 과정에서 과부하 및 시스템 크래쉬(Crash)를 유발할 수 있음
TCP SYN Flooding	• TCP의 3-way 핸드셰이킹(Handshaking) 연결 방식을 악용한 공격 기법 • 공격자는 TCP 연결 시 사용하는 SYN flag를 대량으로 공격 대상(Victim)에게 발송하며, SYN-ACK에 대한 최종 응답(ACK)을 전송하지 않음 • 피해 시스템은 TCP 연결을 처리하기 위해 자원을 계속 할당하게 되므로 정상적인 서비스 수행이 어렵게 됨

UDP Flooding	• 대량의 UDP 패킷을 전송하여 공격 대상의 자원을 소모시키는 공격 기법 • 공격받은 시스템은 UDP 패킷을 처리하기 위해 서비스 및 포트를 반복해서 점검하게 되므로 정상적인 서비스 처리에 방해를 받게 됨 • 공격 시 발신자(Source)의 IP 주소가 임의로 변조(Spoofing)되므로 응답 메시지는 공격자에게 전달되지 않음
Land Attack	공격 대상에 IP 패킷을 보낼 때 '발신자 IP, 수신자 IP를 모두 공격 대상의 IP'로 하여 문제를 일으키게 하는 공격 기법
Smurf Attack	• 공격자는 IP 주소를 공격 대상의 IP 주소로 위장하고 ICMP Request 패킷을 브로드캐스트(Broadcast)를 통해 다수의 시스템에 전송 • 브로드캐스트를 수신한 다수의 시스템은 ICMP Echo Reply 패킷을 공격자가 아닌 공격 대상으로 전송하게 되면서 부하를 발생시킴
Mail Bomb	• 동일한 이메일 주소를 대상으로 대량의 메일을 동시에 발송하는 공격 기법 • Mail Bomb 공격은 네트워크 자원뿐 아니라 메일 데이터 저장을 위한 디스크 자원도 고갈시킴
NTP 증폭 공격	• NTP 서비스의 monlist 요청 방식을 악용한 DDoS 공격 기법 • 공격자(Attacker)의 적은 공격 패킷이 증폭되어 공격 대상(Victim)에 전송되므로 피해가 증가하는 공격 기법

④ DDoS(Distributed Denial of Service)

- DDoS 공격은 공격을 위한 에이전트(Agent)를 분산된 시스템에 배치한 후, DoS 공격을 동시에 실행하는 공격 기법이다.

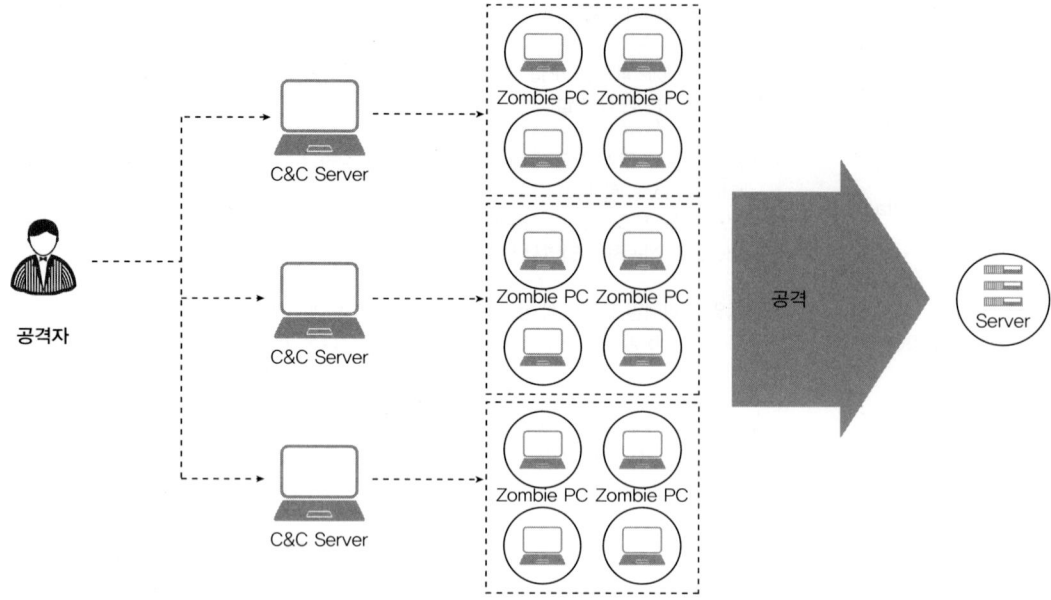

- Agent에 명령을 내리는 명령 서버(호스트)를 C&C(Command & Control) 서버라 한다.
- Agent가 설치되어 DDoS 공격에 사용되는 호스트를 좀비 PC라 하며, 좀비 PC들의 네트워킹을 봇넷(Botnet)이라 한다.
- DDoS 공격을 위해 다양한 도구가 사용될 수 있다.

Stacheldraht	– Linux 시스템용 분산 서비스 거부 공격(DDoS)의 에이전트 역할을 하는 악성코드(Malware)로 Smurf 공격에 사용될 수 있음 – 통신 시 암호화 기능을 지원하며 공격자 확인을 위하여 패스워드를 지정할 수 있음
TFN	공격자 시스템과 마스터 시스템 간 연결이 평문으로 되어 있으며 UDP Flooding, TCP SYN Flooding, ICMP 브로드캐스트 공격이 가능
TFN 2K	– TFN의 발전된 형태로 UDP, TCP, ICMP를 복합적으로 사용하고 포트도 임의로 결정되며 암호화를 사용 – 지정된 TCP 포트에 백도어를 실행할 수 있음
Trinoo	UDP Flooding 분산 서비스 거부 공격을 할 수 있는 통합 도구

⑤ DoS 및 DDoS 공격의 대응 방안

- 침입 차단 시스템(Intrusion Prevention System)을 이용하여 패킷 및 포트 필터링을 수행한다.
- 침입 탐지 시스템(Intrusion Detection System)을 이용하여 공격을 탐지한다.
- 로드 밸런싱(Load Balancing)을 통한 대용량 트래픽 분산 처리를 구성한다.
- 시스템 최신 패치 적용으로 취약점을 제거한다.
- 불필요한 서비스를 제거하고 포트를 닫는다.

02 해킹 프로그램을 이용한 공격

1) 무작위 공격(Brute Force Attack) 도구

① 무작위 공격의 개념과 특징

- 무작위 공격은 사전 파일(Dictionary File)을 기반으로 임의의 정보를 무작위로 대입하여 인증을 우회할 수 있는 공격 기법이다.
- root, Administrator와 같이 고정된 아이디를 사용할 경우, 패스워드 입력에 무작위 공격을 사용할 수 있으므로 보안에 취약하게 된다.

② 무작위 공격 도구 및 대응 방안

- 리눅스 시스템의 대표적인 무작위 공격 도구로 'John the Ripper'가 있다.
- 입력 회수 제한 등을 통하여 무작위 공격에 대응할 수 있다.

2) 기타 해킹 프로그램 및 악성 코드

Prorat	해킹 대상 시스템에 원격 접속 및 제어하여 해킹을 수행할 수 있는 전용 프로그램
Netbus	네트워크를 통해 Microsoft Windows 컴퓨터 시스템을 원격으로 제어하기 위한 소프트웨어
Back orifice	• 윈도우의 TCP/IP 기능을 이용하여 시스템끼리 원격 제어 • 안철수 연구소의 V3 백신에서는 Win-Trojan/BO.57856 트로이목마(해킹툴)로 감지하여 삭제를 권장
랜섬웨어	• 시스템을 잠그거나 데이터를 암호화하여 사용할 수 없도록 만든 후 금전을 요구하는 악성 프로그램 • 최근 국내 웹 호스팅 업체가 이 공격으로 인해 큰 비용을 지불하였음
트로이목마	정상적인 프로그램으로 가장하였으나, 내부에 악성 코드를 담고 있는 프로그램을 의미
웜바이러스	스스로 실행되는 악성 소프트웨어로 자기 복제와 다른 시스템으로 전파되는 특징을 가짐

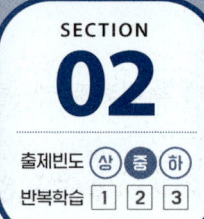

SECTION
02

출제빈도 상 중 하
반복학습 1 2 3

대비 및 대처 방안

▶ 합격 강의

빈출 태그 ▶ 방화벽, Bastion Host, IDS, HIDS, NIDS, IPS, Snort, iptables, NAT, firewalld

01 보안 솔루션을 이용한 대비 및 대처

1) 방화벽(Firewall)

① 방화벽의 개념과 주요 기능

- 방화벽은 외부로부터 들어오는 악의적인 트래픽을 막고, 허가된 트래픽만 내부 네트워크로 유입될 수 있도록 통제하는 하드웨어 혹은 소프트웨어를 의미한다.
- 방화벽은 내부에서 외부로 나가는 패킷도 룰(Rule)에 따라 통제할 수 있다.
- 방화벽은 '접근제어(Access Control), 로깅(Logging) 및 감사 추적(Auditing), 사용자 및 호스트 인증(Authentication)' 기능 등을 제공한다.

② 방화벽의 종류

스크리닝 라우터	• Screening Router 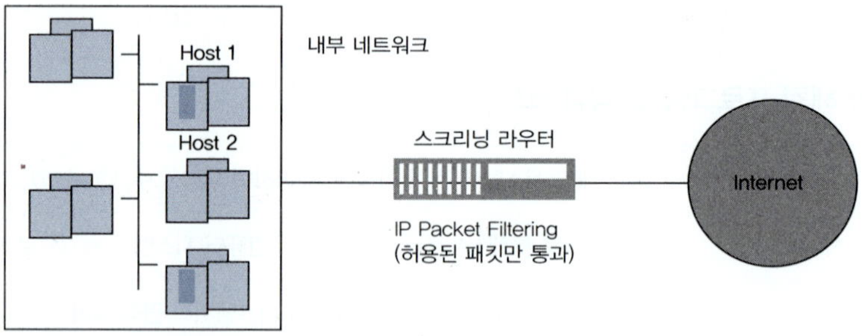 Host 1, Host 2, 내부 네트워크, 스크리닝 라우터, Internet, IP Packet Filtering (허용된 패킷만 통과) • 내부 네트워크와 외부 네트워크를 방화벽 기능을 탑재한 라우터로 연결 • 장점 : 필터링 속도가 빠르고, 네트워크 전체를 방어할 수 있음 • 단점 : 패킷 필터링 규칙 구성, 검증 및 로그 관리가 어려움
베스천 호스트	• Bastion Host 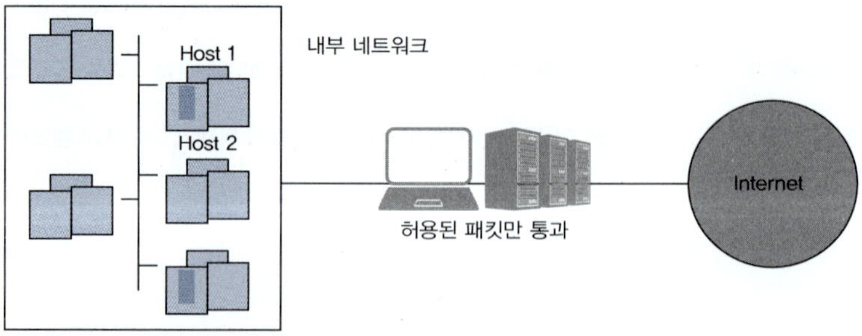 Host 1, Host 2, 내부 네트워크, Internet, 허용된 패킷만 통과 • 방화벽 기능을 탑재한 호스트를 이용하여 내부 네트워크와 외부 네트워크를 연결 • 장점 : 호스트 기반의 소프트웨어로 지능적인 정보 분석을 지원 • 단점 : Bastion Host 자체에 보안 취약점이 있을 수 있음

듀얼홈 게이트웨이	• Dual-Homed Gateway 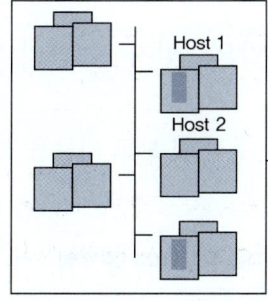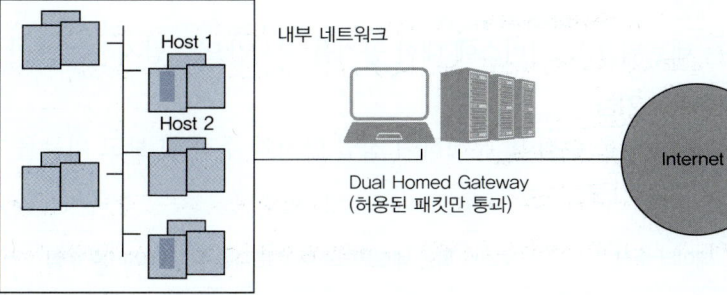 • 2개의 네트워크 카드를 내장한 Bastion을 이용하여 외부 네트워크와 내부 네트워크를 각각 연결 • 장점 : 네트워크가 분리되어 내부 IP 주소가 노출 안되므로 높은 보안성을 제공 • 단점 : Bastion Host 자체에 보안 취약점이 있을 수 있음
스크린드 호스트 게이트웨이	• Screened Host Gateway 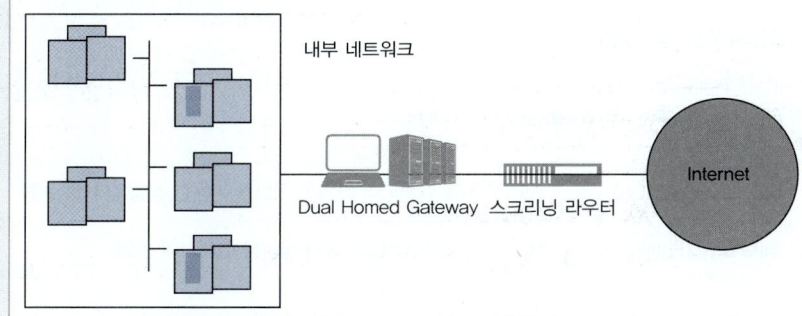 • Dual-Homed Gateway와 Screening Router를 혼합한 형태 • 장점 : 네트워크와 응용 계층에서 함께 방어하므로 높은 보안성을 제공 • 단점 : 시스템 구축 비용이 높으며 스크리닝 라우터의 라우팅 테이블 변조 공격에 취약
스크린드 서브넷 게이트웨이	• Screened Subnet Gateway 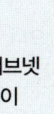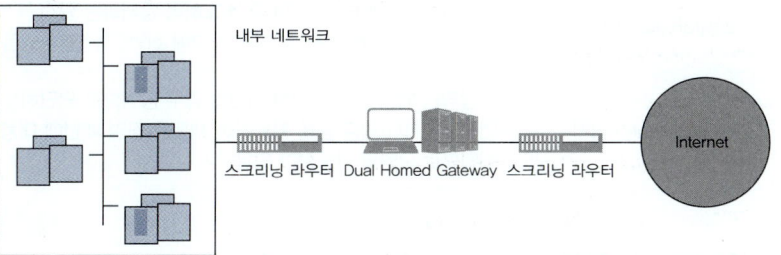 • Screening Router를 Bastion Host를 중심으로 양쪽에 연결하는 형태 • Bastion Host는 Proxy 서버를 이용하여 명확하게 허용되지 않은 모든 트래픽을 거부 • 장점 : 다단계로 방어하므로 높은 보안성을 제공 • 단점 : 구축 비용이 높으며 서비스 응답성이 낮아질 수 있음

2) 침입 탐지 시스템(IDS ; Intrusion Detection System)

① IDS 개념
- IDS는 네트워크 및 서비스에 대한 공격을 실시간으로 탐지하는 보안 시스템이다.

② IDS의 주요 기능
- IDS는 데이터를 수집 및 분석하여 침입 탐지와 추적 및 보고 기능을 제공한다.
- IDS의 주요 기능

데이터 수집	호스트 혹은 네트워크로부터 분석을 위한 데이터를 수집
정보 분석	시스템에 설정한 패턴 DB 및 분석 룰(Rule)을 이용하여 정보를 분석
침입 탐지	분석한 정보를 기반으로 침입 여부를 실시간으로 탐지
추적 및 보고	통계적 분석과 보고 기능으로 공격의 근원과 패턴을 리포팅(Reporting)함

③ IDS의 시스템 유형
- 데이터 소스를 기준으로 호스트 기반(HIDS)와 네트워크 기반(NIDS)으로 구분할 수 있다.
- HIDS와 NIDS의 운영 방식

호스트 기반(HIDS)	서버에 직접 설치되어 다양한 정보를 이용한 침입 탐지를 수행
네트워크 기반(NIDS)	네트워크 세그먼트별로 탐지 장비를 설치하여 운영

- 침입 탐지 방식을 기준으로 오용(Misuse) 탐지 방식과 이상(Anormaly) 탐지 방식으로 구분할 수 있다.
- 오용 탐지 방식과 이상 탐지 방식의 특징

오용(Misuse) 탐지	- 알려진 공격 패턴을 등록한 후 비교하여 탐지하는 방식 - 오탐율은 낮으나 알려지지 않은 공격에 취약한 단점이 있음
이상(Anormaly) 탐지	- 정상적인 패턴 대비 이상한 패턴일 경우 공격으로 판단하는 방식 - 인공지능 알고리즘 등을 활용하여 새로운 공격 패턴에 대응할 수 있으나, 정상적인 행동을 침입으로 오탐할 가능성이 있음

3) 침입 방지 시스템(IPS ; Intrusion Prevention System)

① IPS의 개념
- IPS는 침입 탐지의 수동적인 방어 시스템에서 더 발전하여 능동적인 방어와 차단 등 사전 공격대응을 중심으로 한 보안 시스템이다.
- IPS는 침입 경고 이전에 공격을 차단하는 것을 주요 목적으로 한다.

02 Snort를 이용한 대비 및 대처

1) Snort의 개요

① Snort의 특징

- Snort는 리눅스 시스템에서 사용할 수 있는 공개형 IDS 프로그램으로 관련 홈페이지는 http://www.snort.org이다.
- Snort는 크게 '스니퍼(Sniffer), 프리 프로세서(Pre-processor), 탐지 엔진, 로깅(출력)'으로 구성되어 있다.

② Snort의 주요 기능

- Snort는 탐지 룰(Rule)을 이용하여 네트워크 트래픽을 분석하고 침입을 탐지할 수 있다.
- snort의 주요 기능

패킷 스니퍼	네트워크의 패킷을 읽고 표시
패킷 로거(Logger)	모니터링한 패킷을 저장 및 로그에 기록
네트워크 IDS	– 네트워크 패킷을 분석하여 공격을 탐지 – Buffer Overflow 공격, Port Scan 등 다양한 공격을 탐지할 수 있음

2) Snort의 Rule 설정

① Snort Rule의 구조

- Snort Rule은 크게 헤더(Header)와 룰 옵션(Rule Options)으로 구분된다.

헤더(Header)	– action : 동작 방식 – protocol : 점검 대상 프로토콜 – source IP/Port : 소스 IP 및 포트 – direction : 패킷의 흐름 방향 – destination IP/Port : 목표 IP 및 포트
룰 옵션(Rule Options)	– General, Payload, non-payload, post-detection의 4가지로 분류할 수 있음 – 이중 Payload 탐지 룰 옵션을 주로 사용

- Snort Rule 헤더의 예제

항목	action	protocol	source IP	source Port	direction	destination IP	destination Port
예시	alert	tcp	10.0.2.2	80	–⟩	10.0.2.7	80
의미	경고 발생	TCP 프로토콜	소스 IP	소스 포트	네이버 방향	목표 IP	목표 포트

- Snort Rule 옵션의 주요 항목

msg	출력할 메시지를 지정
sid	설정한 룰의 식별자를 지정하며 사용자가 작성한 룰은 1000000 이상으로 함
content	페이로드(Payload) 내부에서 검색할 문자열을 지정
depth	검사할 바이트 수를 지정
offset	검사를 시작할 위치를 지정
distance	앞에 설정한 룰의 결과에서 지정한 숫자(바이트 수)만큼 떨어진 지점부터 검사 ⑩ content:"Hi";content:"Hello":distance:1;이면, "Hi" 문자를 찾은 뒤 1바이트 이후부터 "Hello" 문자열을 검사
within	시작점부터 검사하되 지정한 바이트 수 내에서만 검사
nocase	문자열 검색 시 대소문자를 구별하지 않음
sameip	소스와 목표 IP 주소가 동일한 것을 검사

② Snort Rule의 설정 예제

- 외부에서 내부(192.168.10.0/24) 대역의 80포트로 이동하는 패킷 중 "passwd" 문자열이 포함된 패킷이 발견되면 "passwd detected"라는 alert 메시지를 발생시킨다.

```
alert tcp any any -> 192.168.10.0/24 80 (msg:"passwd detected"; content:"passwd"; nocase; sid:1000001;)
```

- Land Attack을 탐지한다.

```
alert ip any any -> any any (msg:"Land Attack"; sameip; sid:1000001;)
```

➕ 더 알기 TIP

Suricata 도구

- Suricata : Snort를 베이스로 개발되었고 Snort Rule과 호환됨
- Suricata 홈페이지 : http://suricata-ids.org
- Suricata의 장점 : 멀티 코어, GPU(Graphic Process Unit) 기반 가속화 등을 지원하여 처리 속도가 빠름

03 iptables를 이용한 대비 및 대처

1) iptables의 개요

① iptables의 특징

- iptables는 리눅스의 방화벽이라고도 하며, 패킷 필터링 정책을 사용하여 특정 패킷을 분석하고 허용 혹은 차단할 수 있다. 또한 NAT(Network Translation Address)에도 사용할 수 있다.
- iptables는 커널의 넷필터(Netfilter) 모듈을 이용하여 네트워크 패킷을 필터링한다.
- iptables의 정책은 '모든 것을 허용한 후, 일부 패킷 제한 방식', 또는 '모든 것을 거부한 후, 일부 패킷 허용 방식'을 이용할 수 있다.

➕ 더 알기 TIP

- 최근 리눅스는 firewalld를 기본 방화벽으로 사용하고 iptables 대비 편리한 사용성을 제공한다. 그러나 iptables를 사용하면 보다 상세하고 명확한 규칙 설정이 가능하므로 iptables는 여전히 중요하다. firewalld도 내부적으로 iptables를 기반으로 동작한다.
- firewalld 대신 iptables를 기본으로 사용하는 방법은 다음과 같다.

```
$ systemctl stop firewalld

$ systemctl disable firewalld
Removed symlink /etc/systemd/system/multi-user.target.wants/firewalld.service.
Removed symlink /etc/systemd/system/dbus-org.fedoraproject.FirewallD1.service.

$ yum -y install iptables-services

...

Installed:
    iptables-services-1.8.5-9.el8.x86_64

Complete!

$ systemctl start iptables

$ systemctl enable iptables
Created symlink /etc/systemd/system/multi-user.target.wants/iptables.service → /usr/lib/systemd/system/
iptables.service.

$ systemctl -l status iptables
● iptables.service - IPv4 firewall with iptables
    Loaded: loaded (/usr/lib/systemd/system/iptables.service; enabled; vendor preset: disabled)
    Active: active (exited) since ...
```

② iptables의 패킷 흐름

- 다음 그림은 iptables의 테이블과 체인 설정에 따른 패킷 흐름 개념도이다.
- iptables의 주요 테이블과 체인 및 관련 명령 옵션은 이후 설명을 참고한다.

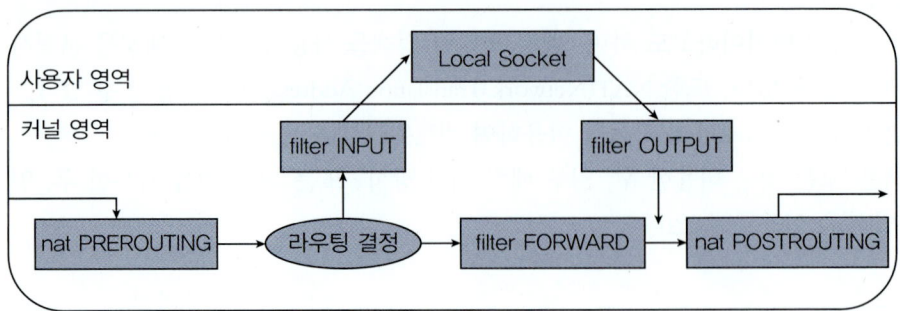

2) iptables의 테이블 구조

① iptables의 테이블 종류

- iptables는 filter, nat, mangle, raw, security의 5가지 테이블을 지원하며, 각 테이블별로 고유한 사슬(Chain)을 지정하고 정책을 설정한다. 필요할 경우 사용자 정의 사슬을 정의할 수도 있다.
- iptables의 테이블

filter	iptables의 기본 테이블로 패킷 필터링 기능을 담당
nat	– Network Address Translation. 즉, IP 주소 및 포트를 변환하고 관리 – 하나의 공인 IP를 여러 호스트가 사용하고자 할 때 주로 사용
mangle	성능 향상을 위한 TOS(Type of Service) 설정과 같이 패킷 데이터를 변경하는 특수 규칙을 적용
raw	연결추적(Connection Tracking)을 위한 세부 기능을 제공
security	SELinux(보안커널)에서 사용하는 접근제어 규칙을 적용

② iptables의 filter 테이블

- iptables의 filter 테이블에는 미리 정의된 3가지 체인이 있으며, 이를 이용하여 네트워크 패킷을 대상으로 정해진 규칙을 수행하고 패킷 필터링 및 방화벽 기능을 수행한다.
- filter 테이블의 체인

INPUT	호스트를 목적지로 유입되는 패킷을 필터링하는 데 사용
OUTPUT	호스트를 출발지로 하여 나가는 패킷을 필터링하는 데 사용
FOWARD	라우터로 사용되는 호스트를 통과하는 패킷이다. 즉, 호스트 컴퓨터가 목적지가 아닌 패킷을 관리

③ iptables의 nat 테이블

- iptables의 nat 테이블에는 미리 정의된 4가지 체인이 있다.
- nat 테이블의 체인

PREROUTING	패킷의 도착지 주소를 변경
POSTROUTING	패킷의 출발지 주소를 변경하며 masquerade라고도 함
OUTPUT	호스트에서 밖으로 흐르는 패킷의 도착지 주소를 변경
INPUT	호스트 밖에서 안으로 흐르는 패킷의 주소를 변경

3) iptables 사용하기

① iptables의 사용법

- 'iptables [−t 테이블이름] [action] [체인이름] [match 규칙] [−j 타깃]'의 형식을 이용한다.
- iptables의 명령 형식 구성 항목

−t 테이블이름	− iptables의 테이블인 filter, nat, mangle, raw 중 하나를 테이블 이름으로 지정 − 테이블의 기본값이 filter이므로 filter 테이블 작업에서는 '−t' 옵션을 생략할 수 있음
action	− 체인을 대상으로 수행할 명령을 지정 − 관련 내용은 별도의 표를 이용하여 설명
체인이름	− '−t 테이블이름'으로 지정한 테이블의 체인을 지정 − 체인 이름은 대소문자를 구분하므로 주의해야 함
match 규칙	− 패킷을 처리하기 위해 점검할 조건을 지정 − 관련 내용은 별도의 표를 이용하여 설명
−j 타깃	− 규칙을 만족할 경우 처리하는 방식을 지정 − 관련 내용은 별도의 표를 이용하여 설명

- 체인을 대상으로 한 주요 action 항목

−N, −−new−chain	새로운 정책 체인을 만듦
−X, −−delete−chain	INPUT, OUTPUT, FORWARD를 제외한 비어 있는 정책 체인을 제거
−L, −−list	현재 정책 체인 목록을 표시
−F, −−flush	지정한 체인에 설정된 모든 정책을 삭제
−C	패킷을 테스트
−P, −−policy	체인의 기본 정책을 설정
−Z, −−zero	체인 내의 모든 규칙들의 패킷과 바이트 카운트를 0으로 설정

• 체인 내부를 대상으로 한 주요 action 항목

– A(– – append)	새로운 정책을 가장 마지막에 추가/등록
– I [체인] [라인번호] (– – insert)	지정한 라인번호에 추가
– D [체인] [라인번호] (– – delete)	정책을 제거
– R [체인] [라인번호] (– – replace)	정책을 수정

• 주요 match 규칙 항목

– s, – – source	출발지 IP, 도메인을 설정
– d, – – destination	목적지 IP, 도메인을 설정
!	뒤에 따라오는 규칙은 제외
– p, – – protocol	tcp, udp, icmp 등 프로토콜을 설정
– i, – – in– interface	입력 네트워크 인터페이스를 선택
– o, – – out– interface	출력 네트워크 인터페이스를 선택
– – sport	– 소스 포트를 설정 – ':'를 이용하여 포트의 범위를 설정할 수 있음
– – dport	– 타깃 포트를 설정 – ':'를 이용하여 포트의 범위를 설정할 수 있음
– – tcp– flags	SYN, ACK, FIN, RST, URG, PSH, ALL, NONE 등 TCP flag를 지정
– – syn	TCP flag로 SYN만 가진 것을 지정
– – icmp– type	– ICMP 타입을 지정 – echo– request(8), echo– reply(0), destination– unreachable(3) 등이 있음
– m, – – match	특정 모듈, 규칙과 매치
– – state	연결 상태와 매치
– – string	응용 계층의 데이터 바이트 순서와 매치

• 기타 부가 옵션 항목

– n, – – numeric	출력 정보를 숫자로 표시
– v, – – verbose	패킷, 바이트 수 등 부가 정보를 함께 표시
– – line– numbers	정책 앞에 번호를 붙여 출력

- '-j 타깃'에 사용할 수 있는 옵션 항목

ACCEPT	패킷을 허가
REJECT	– 패킷을 거부하며 상대에게 응답 메시지를 전송 – TCP일 경우 리셋(Reset) 메시지를 전송 – UDP일 경우 Port Unreachable 메시지를 전송
DROP	패킷을 거부하고 버림
LOG	– 패킷을 syslog에 전달하여 기록 – 로그 파일의 경로는 /var/log/message
RETURN	호출 체인 내에서 패킷 처리를 계속 진행

② iptables를 이용한 패킷 필터링 예제

- INPUT 체인에서 소스 주소가 192.168.10.7이고 목적지 주소가 localhost인 패킷을 거부한다.

```
$ iptables –A INPUT –s 192.168.10.7 –d localhost –j DROP
```

- INPUT 체인에서 소스 주소가 192.168.10.7인 ICMP 패킷을 거부하며 대상 호스트에 메시지를 전달한다.

```
$ iptables –A INPUT –s 192.168.10.7 –p icmp –j REJECT
```

- INPUT 체인에서 소스 주소가 192.168.10.0 대역이고 ICMP 패킷이 아닌 경우 모든 패킷을 허용한다.

```
$ iptables –A INPUT –s 192.168.10.0/24 ! –p icmp –j ACCEPT
```

- www.youngin–test.com에 접속하는 것을 차단하기 위하여 OUTPUT 체인에 관련 정책을 등록한다.

```
$ iptables –A OUTPUT –p tcp –d www.youngjin–test.com ––dport 80 –o eth0 –j DROP
```

- INPUT 체인에 설정된 정책을 번호와 함께 출력한다.

```
$ iptables –L INPUT ––line–numbers
```

- INPUT 체인의 3번째 정책을 제거한다.

```
$ iptables –D INPUT 3
```

- 기본 설정으로 들어오는 모든 패킷을 거부하게 하고 192.168.10.7에서 오는 패킷만 허용한다.

```
$ iptables –P INPUT DROP
$ iptables –A INPUT –s 192.168.10.7 –j ACCEPT
```

- 기본 설정으로 들어오는 모든 패킷을 허가하고 소스 주소가 192.168.10.7일 경우에 거부한다.

```
$ iptables -P INPUT ACCEPT
$ iptables -A INPUT -s 192.168.10.7 -j DROP
```

- 들어오는 패킷 중 TCP 포트 번호가 10번~100번인 것을 거부하나, HTTP 서비스를 위한 80 포트는 허용한다. 만일 중복된 정책이 있을 경우 먼저 등록된 정책이 적용된다.

```
$ iptables -A INPUT -p tcp -dport 80 -j ACCEPT
$ iptables -A INPUT -p tcp -dport 10:100 -j DROP
```

- 초당 허용 접속 개수를 제한하여 TCP flooding 공격에 대응한다.

```
$ iptables -A INPUT -p tcp --dport 80 --syn -m limit --limit 100/s -j ACCEPT
```

③ iptables 설정 정책 저장과 자동 적용

- iptables 설정 정책은 시스템이 리부팅되면 사라지게 되므로 파일로 저장하고 부팅과 함께 재 설정해야 한다.
- iptables-save는 iptables 정책을 파일로 저장하는 명령어로 'iptables-save 〉 파일명'의 형식을 따른다.

```
$ iptables-save
# Generated by iptables-save v1.8.5 on Thu Dec 21 04:21:53 2023
*filter
:INPUT ACCEPT [0:0]
:FORWARD ACCEPT [0:0]
:OUTPUT ACCEPT [4508:650420]
-A INPUT -m state --state RELATED,ESTABLISHED -j ACCEPT
-A INPUT -p icmp -j ACCEPT
-A INPUT -i lo -j ACCEPT
-A INPUT -p tcp -m state --state NEW -m tcp --dport 22 -j ACCEPT
-A INPUT -j REJECT --reject-with icmp-host-prohibited
-A FORWARD -j REJECT --reject-with icmp-host-prohibited
COMMIT
# Completed on Thu Dec 21 04:21:53 2023

$ iptables-save 〉 firewall.sh
```

- iptables−restore는 저장된 iptables 정책파일을 읽어들여 적용하는 명령어로 'iptables−restore 〈 파일명'의 형식을 따른다.

```
$ iptables−restore 〈 firewall.sh
```

- 'service iptables save' 명령으로 iptables 정책을 /etc/sysconfig/iptables에 저장할 수 있다. 이렇게 저장한 정책값은 iptables 서비스 시작 시 자동으로 읽어들여 적용된다.

```
$ service iptables save
iptables: Saving firewall rules to /etc/sysconfig/iptables:[  OK  ]

$ systemctl stop iptables

$ systemctl start iptables
```

4) iptables를 이용한 NAT 구성

① NAT의 개념

- NAT(Network Address Translation)은 네트워크 주소를 변환하는 기능을 수행한다.
- NAT를 이용하면 하나의 공인 IP를 다수의 호스트가 공유해서 사용할 수 있다.
- NAT는 운영 방식에 따라 여러가지 종류로 구분할 수 있다.

Network 구분	− Normal NAT : 사설 IP를 공인 IP로 변환 − Reverse NAT : 공인 IP를 사설 IP로 변환 − Exclude NAT : NAT를 적용하지 않는 host/network를 지정 − Redirect NAT : 특정 시스템으로 지정한 곳으로 포워딩
IP 개수, 고정 여부	− Dynamic NAT : 다수의 사설 IP와 다수의 공인 IP를 동적으로 매핑 − Static NAT : 사설 IP와 공인 IP를 1:1로 고정하여 매핑
주소 변경 여부	− SNAT(Source NAT) : 소스 IP 주소를 변경 − DNAT(Destination NAT) : 목적지 IP 주소를 변경

② iptables의 NAT 지원 방식

- iptables는 SNAT과 DNAT을 지원한다.
- iptables의 SNAT을 이용하면 공인 IP 주소 하나를 다수의 호스트가 공유하여 인터넷을 사용할 수 있게 된다.
- iptables의 DNAT을 이용하면 하나의 공인 IP로 여러 개의 서버에 접속하도록 구성할 수 있다.

③ iptables를 이용한 SNAT 구성

- SNAT은 소스 IP 주소를 변경하는 것으로 외부 서비스에 연결하여 통신할 때 사설 IP를 공인 IP로 변경하게 된다.
- SNAT은 NAT 테이블의 POSTROUTING 체인에 정책을 설정한다.
- SNAT 설정 예제

$ iptables −t nat −A POSTROUTING −o eth0 −j SNAT −−to 222.235.10.7	−−t nat : nat 테이블을 선택 −−A POSTROUTING : POSTROUTING 체인에 정책을 설정 −−o eth0 : eth0 네트워크 인터페이스를 통해 나가는 패킷을 대상으로 함 −−j SNAT : SNAT으로 설정 −−−to 222.235.10.4 : SNAT이므로 소스 주소를 222.234.10.4로 변경
$ iptables −t nat −A POSTROUTING −o eth0 −j SNAT −−to 222.235.10.7−222.234.10.25	IP 대역(범위)를 지정하여 소스 주소를 변경할 수 있음
$ iptables −t nat −A POSTROUTING −o eth0 −j SNAT −−to MASQUERADE	MASQUERADE는 유동 IP 주소로, 소스 주소를 변경할 수 있음

④ iptables를 이용한 DNAT 구성

- DNAT은 목적지 IP 주소를 변경하는 것으로 NAT 테이블의 PREROUTING 체인에 정책을 설정한다.
- DNAT 설정 예제

$ iptables −t nat −A PREROUTING −p tcp −d 222.235.10.7 −−dport 80 −j DNAT −−to 192.168.10.7:80	−−t nat : nat 테이블을 선택 −−A PREROUTING : PREROUTING 체인에 정책을 설정 −−p tcp : TCP 프로토콜을 대상으로 함 −−d 222.235.10.7 : 목적지 주소가 222.235.10.7인 경우를 점검 −−−dport 80 : 목적지 포트가 80인 경우를 점검 −−j DNAT : DNAT으로 설정 −−−to 192.168.10.7:80 : 목적지 주소를 192.168.10.7로, 포트를 80으로 변경하여 연결
$ iptables −t nat −A PREROUTING −i eth1 −p tcp −−dport 80 −j REDIRECT −−to−port 8080	− 웹 브라우저의 프록시 옵션을 설정하지 않고, 네트워크 상에서 투명하게 동작하는 '투명 프록시'를 설정 −−i eth1 : eth1 네트워크 인터페이스로 수신되는 모든 패킷을 대상으로 함

+ 더 알기 TIP

리눅스에서 NAT을 사용하려면 /proc/sys/net/ipv4/ip_forward의 값이 1로 설정되어 있어야 한다.

```
$ cat /proc/sys/net/ipv4/ip_forward

0


$ echo 1 〉 /proc/sys/net/ipv4/ip_forward


$ cat /proc/sys/net/ipv4/ip_forward

1
```

+ 더 알기 TIP

동작 원리 · 아키텍처 이해

- iptables는 커널의 Netfilter 기반으로 동작하는 Stateful Firewall이며, 연결 상태 추적은 nf_conntrack 모듈이 담당한다.
- 단순 규칙 나열이 아니라 연결 상태(NEW, ESTABLISHED, RELATED)를 기준으로 패킷을 처리하는 구조를 이해해야 한다.
- IPv6 환경에서는 iptables가 적용되지 않으며, ip6tables 또는 nftables를 사용해야 한다.

상태 추적(Stateful) 및 매치 방식

- 실무에서는 ESTABLISHED, RELATED 상태를 먼저 허용하고 NEW 연결만 제어하는 패턴을 기본으로 사용한다.
- —m state는 구 방식이며, 최신 커널에서는 —m conntrack ——ctstate 사용이 권장된다.
- 시험에서는 두 옵션이 혼용된 보기로 출제되어 신구 문법 구분 능력을 묻는다.

NAT · FORWARD 체인 관련 핵심 포인트

- DNAT 설정만으로는 트래픽이 통과되지 않으며, filter 테이블의 FORWARD 체인에 ACCEPT 규칙이 반드시 필요하다.
- FORWARD 체인은 '라우터일 때만 사용'이 아니라, DNAT · 포트포워딩 환경에서 항상 관여한다.
- NAT 문제에서는 iptables 규칙보다 먼저 ip_forward 값(1 여부)을 확인하는 것이 실무적인 접근이다.

성능 · 운영 관점의 실무 선택 기준

- MASQUERADE는 유동 IP 환경에 적합하지만, 고정 공인 IP 서버에서는 SNAT이 성능상 유리하다.
- LOG 타깃은 반드시 rate—limit와 함께 사용해야 하며, 그렇지 않으면 로그 폭주로 장애가 발생할 수 있다.
- iptables는 즉시 반영되지만, 저장하지 않으면 재부팅 시 모두 초기화된다.

운영 중 정책 변경 시 주의사항

- SSH 접속 중 iptables —F 실행은 즉시 접속 단절 위험이 있으므로 운영 환경에서는 피한다.
- 실무에서는 임시 허용 규칙을 먼저 추가한 뒤 정책을 수정하는 순서를 사용한다.
- firewalld 중지 후에도 기존 iptables 규칙이 남아 있을 수 있어, 상태 확인 없이 설정하면 정책 충돌이 발생한다.

최신 흐름 · 시험 출제 포인트

- 최신 리눅스에서는 iptables가 내부적으로 nftables 백엔드를 사용하는 경우가 있다.
- 시험은 여전히 iptables 문법 중심이지만, 'iptables → nftables로의 전환 흐름'을 이해하고 있는지를 묻는 문제가 출제된다.

04 firewalld 사용하기

1) firewalld의 개요

① firewalld의 개념 및 특징

- 최근 리눅스에서 방화벽 규칙(Rule)을 관리하는 데몬으로, CentOS 6에서 기본 사용되던 iptables를 대신한다.
- 동적 관리 방식을 지원하여 firewalld 데몬을 다시 실행하지 않고 방화벽 규칙을 변경할 수 있다.
- D-Bus(Desktop Bus) 인터페이스를 제공하여 다른 서비스 및 응용 프로그램에서 방화벽 설정을 관리할 수 있도록 한다. D-Bus는 같은 시스템에서 실행 중인 프로그램 간 통신이 가능하도록 IPC(Inter-Process Communication), RPC(Remote Procedure Call) 메커니즘을 제공한다.
- GUI(Graphic User Interface) 환경에서는 firewall-config를 이용하여 편리하고 직관적으로 방화벽을 설정할 수 있고, CUI(Character/Console User Interface) 환경에서는 firewall-cmd 명령을 이용하여 빠르게 방화벽을 설정할 수 있다.

```
$ firewall-cmd --version

0.9.3
```

- 런타임(Runtime) 방식은 firewalld를 재실행하거나 시스템을 리부팅하면 설정한 규칙이 사라진다.
- 영구적(Permanent) 방식은 firewalld를 재실행하거나 시스템을 리부팅하여도 설정한 규칙이 유지되며, '--permanent' 옵션을 사용한다.
- 타임아웃(Timeout) 방식은 특정 시간 동안만 설정한 규칙이 유지되며, '--timeout' 옵션을 사용한다.

② firewalld의 영역(Zone)과 서비스(Service)

- firewalld는 네트워크 연결의 신뢰도에 따라 영역(Zone)을 구분하여 사용하므로 방화벽 규칙(Rule)을 효율적으로 관리할 수 있다.

```
$ ls -l /usr/lib/firewalld/zones/

...

-rw-r--r--. 1 root root 299   Apr 13   2022 block.xml

-rw-r--r--. 1 root root 293   Apr 13   2022 dmz.xml

-rw-r--r--. 1 root root 291   Apr 13   2022 drop.xml

-rw-r--r--. 1 root root 304   Apr 13   2022 external.xml

-rw-r--r--. 1 root root 397   Apr 13   2022 home.xml

-rw-r--r--. 1 root root 412   Apr 13   2022 internal.xml
```

```
—rw—r——r——. 1 root root 162 Apr 13 2022 trusted.xml

—rw—r——r——. 1 root root 339 Apr 13 2022 work.xml


$ cat /usr/lib/firewalld/zones/public.xml

〈?xml version="1.0" encoding="utf-8"?〉

〈zone〉

〈short〉Public〈/short〉

〈description〉For use in public areas. You do not trust the other computers on networks to not harm your com

puter. Only selected incoming connections are accepted.〈/description〉

〈service name="ssh"/〉

〈service name="dhcpv6-client"/〉

〈service name="cockpit"/〉

〈/zone〉
```

- firewalld의 주요 영역(Zone) : 기본적으로 나가는 패킷은 허용(Accept)

public	– ssh, dhcpv6-client를 제외한 들어오는 패킷을 거부(Reject) – 거부 방식은 상대방에게 ICMP 응답을 보냄
dmz	ssh를 제외한 들어오는 패킷을 거부
drop	– 들어오는 패킷을 폐기(Drop) – 폐기 방식은 별도의 응답을 보내지 않음
trusted	들어오는 패킷을 허용

- firewalld는 '프로토콜, 포트, 필요한 모듈' 등에 대한 정보를 서비스로 정의하여 사용한다. 특정 서비스에 대한 설정을 변경하고 싶을 경우, 관련 서비스 파일(.xml)을 편집한 후 'firewall-cmd --reload' 명령을 실행한다.

```
$ ls -l /usr/lib/firewalld/services/

...

—rw—r——r——. 1 root root 399 Apr 13 2022 amanda-client.xml

—rw—r——r——. 1 root root 427 Apr 13 2022 amanda-k5-client.xml

—rw—r——r——. 1 root root 283 Apr 13 2022 amqps.xml

—rw—r——r——. 1 root root 273 Apr 13 2022 amqp.xml

—rw—r——r——. 1 root root 285 Apr 13 2022 apcupsd.xml
```

```
...
$ cat /usr/lib/firewalld/services/http.xml
<?xml version="1.0" encoding="utf-8"?>
<service>
<short>WWW (HTTP)</short>
<description>HTTP is the protocol used to serve Web pages. If you plan to make your Web server publicly
available, enable this option. This option is not required for viewing pages locally or developing Web pages.</
description>
<port protocol="tcp" port="80"/>
</service>
```

➕ 더 알기 TIP

firewall-cmd의 명령 옵션

'firewall-cmd [옵션]'을 주요 명령어 형식으로 하며, 전체 옵션은 2024년 1월 기준 'https://firewalld.org/documentation/man-pages/firewall-cmd.html'에서 확인할 수 있다.

2) firewall-cmd의 주요 예제

- firewall-cmd --state : 방화벽 실행 상태를 확인

```
$ firewall-cmd --state
running
```

- firewall-cmd --reload : 방화벽 설정을 다시 로드하는데, 이때 '--permanent' 옵션을 지정하지 않고 설정한 규칙은 모두 사라지게 됨

```
$ firewall-cmd --reload
success
```

- firewall-cmd --get-zones : 존(Zone) 목록을 출력

```
$ firewall-cmd --get-zones
block dmz drop external home internal nm-shared public trusted work
```

- firewall-cmd --get-default-zone : 기본 존을 출력

```
$ firewall-cmd --get-default-zone
public
```

- firewall-cmd --get-active-zones : 활성화된 존을 출력

```
$ firewall-cmd --get-active-zones
public
   interfaces: ens32
```

- firewall-cmd --add-service=http --add-service=https : HTTP, HTTPS 서비스를 추가
- firewall-cmd --add-port=21/tcp : TCP/21 포트를 추가
- firewall-cmd --zone=public --list-all : public zone의 사용 가능한 서비스, 포트 목록을 출력

```
$ firewall-cmd --add-service=http --add-service=https
Success


$ firewall-cmd --add-port=21/tcp
success


$ firewall-cmd --zone=public --list-all
public (active)
   target: default
   icmp-block-inversion: no
   interfaces: ens32
   sources:
   services: dhcpv6-client http https ssh
   ports: 21/tcp
...
```

- firewall-cmd --remove-port=21/tcp : --zone 옵션을 지정하지 않으면 기본(Default) 존을 대상으로 하며, TCP/21 포트를 제거

```
$ firewall-cmd --remove-port=21/tcp
success
```

- firewall-cmd --add-port=8080-8090/tcp : TCP/8080~TCP/8090 포트를 추가

```
$ firewall-cmd --add-port=8080-8090/tcp
success
```

- firewall−cmd −−permanent −−add−service=ftp : FTP 서비스를 영구적으로 추가

```
$ firewall-cmd —permanent —add-service=ftp
success
```

- firewall−cmd −−set−default−zone=block : 기본 존을 block으로 변경

```
$ firewall-cmd —set-default-zone=block
success


$ firewall-cmd —get-default-zone
block
```

- firewall−cmd −−add−forward−port=port=80:proto=tcp:toport=8080 : TCP/80 포트로 들어온 패킷을 8080포트로 포워딩

```
$ firewall-cmd —add-forward-port=port=80:proto=tcp:toport=8080
success



$ firewall-cmd —list-all
...
  forward-ports:
      port=80:proto:tcp:toport=8080:toaddr=
...
```

- firewall−cmd −−permanent −−add−icmp−block=echo−request : −−permanent 옵션을 이용하였으므로 'firewall−cmd −−reload' 명령을 실행해도 내용이 유지되며, 또한 ICMP Echo−Request에 응답하지 않도록 함

```
$ firewall−cmd −−permanent −−add−icmp−block=echo−request
Success


$ firewall−cmd −−reload
success


$ firewall−cmd −−list−all
...
    icmp−blocks: echo−request
...
```

01 네트워크 침해 공격 기법에 대한 설명 중 틀린 것은?

① Sniffing 공격을 위하여 네트워크 모드를 Normal 모드로 변경해야 한다.
② Spoofing 공격은 IP 주소, MAC 주소 등의 정보를 변조하여 역추적을 어렵게 한다.
③ TCP SYN Flooding는 TCP의 3-way 핸드셰이킹 연결 방식을 악용한다.
④ Mail Bomb은 동일한 이메일 주소를 대상으로 대량의 메일을 동시에 발송하는 공격 기법이다.

sniffing 공격은 네트워크 인터페이스를 무차별(Promiscuous) 모드로 변경한 후 패킷을 확인한다.

02 다음은 DoS 공격 중 하나를 설명한다. 어떤 공격인가?

> 공격 대상에 IP 패킷을 보낼 때 '발신자 IP, 수신자 IP를 모두 공격 대상의 IP'로 하여 문제를 일으키게 하는 공격 기법이다.

① Land Attack
② Teardrop Attack
③ Ping of Death
④ NTP 증폭 공격

오답 피하기
② Teardrop Attack : IP fragmentation에 따라 패킷을 재조립할 때 오프셋(Offset)을 임의로 변조하여 문제를 일으키게 하는 공격 기법
③ Ping of Death : ICMP Echo 패킷을 정상적인 크기(64K)보다 매우 크게 전송하여 시스템에 문제를 일으키게 하는 공격 기법
④ NTP 증폭 공격 : NTP 서비스의 monlist 요청 방식을 악용한 DDoS 공격 기법

03 다음에서 설명하는 방화벽으로 알맞은 것은?

> 2개의 네트워크 카드를 내장한 Bastion을 이용하여 외부 네트워크와 내부 네트워크를 각각 연결한다. 네트워크가 분리되어 내부 IP 주소가 노출되지 않으므로 높은 보안성을 제공한다.

① 배스천 호스트
② 듀얼(이중) 홈 게이트웨이
③ 스크린 호스트 게이트웨이
④ 스크린 서브넷 게이트웨이

오답 피하기
• 배스천 호스트 : 방화벽 기능을 탑재한 호스트를 이용하여 내부 네트워크와 외부 네트워크를 연결
• 스크린 호스트 게이트웨이 : Dual-Homed Gateway와 Screening Router를 혼합한 형태
• 스크린 서브넷 게이트웨이 : Screening Router를 Bastion Host를 중심으로 양쪽에 연결하는 형태
• 스크리닝 라우터 : 내부 네트워크와 외부 네트워크를 방화벽 기능을 탑재한 라우터로 연결

04 IDS(Instrusion Detection System)에 대한 설명 중 틀린 것은?

① IDS는 네트워크 및 서비스에 대한 공격을 실시간으로 탐지하는 보안 시스템이다.
② IDS의 HIDS방식은 서버에 직접 설치되어 다양한 정보를 이용한 침입 탐지를 수행한다.
③ IDS 탐지 방식 중 오용 탐지는 정상적인 패턴 대비 이상한 패턴일 경우 공격으로 판단한다.
④ IDS는 데이터를 수집 및 분석하여, 침입 탐지와 추적 및 보고 기능을 제공한다.

오용 탐지는 알려진 공격 패턴을 등록한 후 비교하여 탐지하는 방식이다.

05 다음 설명에 대한 보안 관련 소프트웨어로 가장 알맞은 것은?

> 리눅스 시스템에서 사용할 수 있는 공개형 IDS 프로그램으로, 크게 '스니퍼(Sniffer), 프리프로세서(Preprocessor), 탐지 엔진, 로깅(출력)'으로 구성되어 있다.

① snort
② iptables
③ ifconfig
④ John the Ripper

오답 피하기

② iptables : 리눅스의 방화벽이라고도 하며 패킷 필터링 정책을 사용하여 특정 패킷을 분석하고 허용 혹은 차단할 수 있음
④ John the Ripper : 리눅스 시스템의 대표적인 무작위 공격 도구

06 다음 snort 룰에 대한 설명으로 잘못된 것은?

> alert tcp any any −〉 192.168.10.0/24 80 (msg: "passwd detected"; content:"passwd"; no-case; sid:1000001;)

① 점검하는 프로토콜은 TCP이다.
② 192.168.10.0 대역의 네트워크 IP와 80 포트를 대상으로 유입 패킷을 점검한다.
③ "PASSWD" 문자열은 점검하지 않는다.
④ 설정한 룰의 식별자는 1000001이다.

nocase가 지정되어 대소문자를 구별하지 않고 문자열을 비교한다.

07 iptables의 체인 중 다음 설명에 가장 적합한 것은 무엇인가?

> 라우터로 사용되는 호스트를 통과하는 패킷이다. 즉, 호스트 컴퓨터가 목적지가 아닌 패킷을 대상으로 한다.

① INPUT
② FOWARD
③ OUTPUT
④ PREROUTING

오답 피하기

① INPUT : 호스트를 목적지로 유입되는 패킷을 대상으로 함
③ OUTPUT : 호스트를 출발지로 하여 나가는 패킷을 대상으로 함
④ PREROUTING : SNAT 구성을 위해 사용하는 체인

08 다음 중 iptables 정책 파일을 읽어들여 적용하는 명령으로 알맞은 것은?

① iptables−restore firewall.sh
② iptables−save −s firewall.sh
③ iptables−save 〉 firewall.sh
④ iptables−restore 〈 firewall.sh

• iptables−restore는 저장된 iptables 정책 파일을 읽어들여 적용하는 명령어로 'iptables−restore 〈 파일명'의 형식을 따른다.
• iptables−save는 iptables 정책을 파일로 저장하는 명령어로 'iptables−save 〉 파일명'의 형식을 따른다.

09 다음 iptables의 설정에 대한 설명으로 잘못된 것은?

> $ iptables −t nat −A POSTROUTING −o eth0 −j SNAT −−to 222.235.10.7

① '−t nat'으로 nat 테이블을 선택한다.
② Destination IP를 변경하는 설정이다.
③ '−o eth0' 지정으로 eth0 네트워크 인터페이스를 통해 나가는 패킷을 대상으로 한다.
④ '−A POSTROUTING'으로 POST ROUTING 체인을 대상으로 정책 설정한다.

SNAT(Source NAT)은 소스 IP 주소를 변경한다.

10 iptables의 설정에서 '−j' 옵션과 함께 사용할 수 있는 항목에 대한 설명으로 잘못된 것은?

① ACCEPT : 패킷을 허가
② REJECT : 패킷을 거부하며, TCP 패킷일 경우 리셋(Reset) 메시지를 전송
③ DROP : 패킷을 거부하며, UDP 패킷일 경우 Port Unreachable 메시지를 전송
④ LOG : 패킷을 syslog에 전달하여 기록

DROP은 아무 메시지 없이 패킷을 거부하고 버린다.

11 다음 중 리눅스 방화벽에 대한 설명으로 잘못된 것은?

① 최근 리눅스는 firewalld를 방화벽 규칙을 관리하는 데몬으로 이용한다.
② firewalld는 규칙을 적용하기 위하여 반드시 서비스를 재시작해야 한다.
③ firewalld는 영역(Zone)과 서비스(Service)를 이용하여 방화벽 규칙을 관리할 수 있다.
④ firewall−cmd 명령어를 이용하여 방화벽 규칙을 설정할 수 있다.

---

firewalld는 동적 관리 방식을 지원하여 firewalld 데몬을 다시 실행하지 않고 방화벽 규칙을 변경할 수 있다. 또한 'firewall−cmd −−reload' 명령을 이용하면 규칙을 다시 로딩하여 적용할 수 있다.

12 firewall−cmd 명령 옵션에 대한 설명으로 잘못된 것은?

① −−permanent : 영구적인 방식으로 규칙을 설정하나 'firewall−cmd −−reload' 명령을 실행하면 설정한 내용이 제거됨
② −−timeout : 특정 시간 동안만 설정한 규칙이 유지됨
③ −−zone : 규칙을 적용할 영역(Zone)을 지정
④ −−list−all : 사용 가능한 서비스, 포트 목록을 출력

−−permanent 옵션을 이용하면, 'firewall−cmd −−reload' 명령을 실행하거나 시스템을 리부팅하여도 설정한 규칙이 유지된다.

13 다음 firewall-cmd 명령에 대한 설명으로 잘못된 것은?

> 명령어 : firewall-cmd --add-forward-port
> =port=80:proto=tcp:toport=8080

① firewall-cmd를 이용하여 포트 포워딩을 설정한다.
② TCP/80 포트를 대상으로 한다.
③ 포워딩 타깃 포트는 8080이다.
④ --zone 옵션을 지정하지 않았으므로 자동으로 Trusted 영역(Zone)을 대상으로 설정된다.

--zone 옵션을 지정하지 않으면 기본(Default) 존을 대상으로 설정된다.

14 다음 firewall-cmd 명령 옵션에 대한 설명으로 잘못된 것은?

① --add-service=http : HTTP 서비스를 추가
② --add-port=21/tcp : TCP/21 포트를 추가
③ --remove-service=https : HTTPS 서비스를 제외
④ --add-port=8080-8090/tcp : 지원하지 않는 형식으로 오류가 발생

--add-port=8080-8090/tcp는 TCP/8080~TCP/8090 포트를 추가한다.

자격증은 이기적!

합격입니다.

리눅스마스터
1급(1·2차) 기본서

2권·문제집

"이" 한 권으로 합격의 "기적"을 경험하세요!

차례

이 책의 구성

STEP 1 해설과 함께 보는 최신 기출문제

STEP 2 해설과 따로 보는 최신 기출문제

해답과 함께, 1차 · 2차 각각
3회분으로 모범답안 확인하기

해답과 따로, 1차 · 2차 각각
3회분으로 실전 감각 기르기

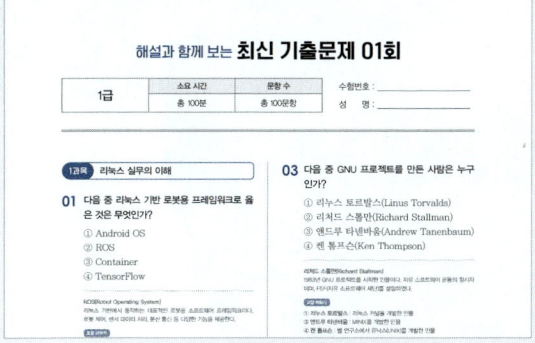

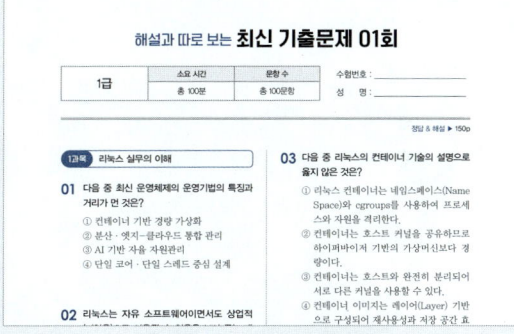

✔ 학습한 이론의 적용 및 약점 보완 가능

✔ 방대한 기출문제의 기조 파악

✔ 문제 아래의 정답과 해설로 오개념 보충하기

✔ 문제·해답 분리형으로 실전 감각 기르기

✔ 꼼꼼한 해설로 3중(보충, 응용, 심화) 학습 가능

✔ 다양한 팁으로 학습 능률 향상

PART

04

1차 시험 기출문제

CHAPTER

01

해설과 함께 보는
최신 기출문제

해설과 함께 보는 **최신 기출문제 01회**

1급	소요 시간	문항 수
	총 100분	총 100문항

수험번호 : _____

성　　명 : _____

1과목 **리눅스 실무의 이해**

01 다음 중 리눅스 기반 로봇용 프레임워크로 옳은 것은 무엇인가?

① Android OS
② ROS
③ Container
④ TensorFlow

ROS(Robot Operating System)
리눅스 기반에서 동작하는 대표적인 로봇용 소프트웨어 프레임워크이다. 로봇 제어, 센서 데이터 처리, 분산 통신 등 다양한 기능을 제공한다.

오답 피하기
① Android OS : 모바일 운영체제
③ Container : 애플리케이션 격리 및 배포 기술
④ TensorFlow : 머신러닝/딥러닝 라이브러리

02 다음 중 명함 크기 정도의 소형 보드에서 실행할 수 있는 범용 운영체제를 고르시오.

① Rocky Linux
② Android OS
③ Raspberry Pi OS
④ Arduino

Raspberry Pi OS는 데비안 리눅스를 기반으로 라즈베리파이 보드에 맞게 최적화한 범용 운영체제이다.

오답 피하기
① Rocky Linux : 주로 서버 · PC 환경에서 사용
② Android OS : 모바일 환경용
④ Arduino : 일반 운영체제를 탑재하지 않음

03 다음 중 GNU 프로젝트를 만든 사람은 누구인가?

① 리누스 토르발스(Linus Torvalds)
② 리처드 스톨만(Richard Stallman)
③ 앤드루 타넨바움(Andrew Tanenbaum)
④ 켄 톰프슨(Ken Thompson)

리처드 스톨만(Richard Stallman)
1983년 GNU 프로젝트를 시작한 인물이다. 자유 소프트웨어 운동의 창시자이며, FSF(자유 소프트웨어 재단)를 설립하였다.

오답 피하기
① 리누스 토르발스 : 리눅스 커널을 개발한 인물
③ 앤드루 타넨바움 : MINIX를 개발한 인물
④ 켄 톰프슨 : 벨 연구소에서 유닉스(UNIX)를 개발한 인물

04 다음 중 재배포 시 원본 소스코드나 수정한 소스코드를 반드시 포함할 필요는 없지만, 라이선스를 따른다는 사실을 명시해야 하는 라이선스는 무엇인가?

① GPL
② LGPL
③ Apache License
④ MPL

① GPL : 소스코드 공개 의무가 있으며 2차적 저작물도 동일한 GPL로 배포해야 함
② LGPL : 라이브러리에 한정하여 GPL보다 완화된 조건을 적용하며, 재빌드 없이 라이브러리 링크 시에는 소스코드 전체 공개 의무가 없음
④ MPL : 수정한 파일 단위로만 공개 의무가 있으며 전체 프로젝트를 공개할 필요는 없음

---

05 카피레프트(Copyleft)를 실제 구현한 라이선스를 고르시오.

① Apache License
② GPL
③ BSD License
④ MIT License

카피레프트(Copyleft)
저작권(Copyright)의 반대 개념으로, 소프트웨어의 사용 · 수정 · 배포의 자유를 보장하면서도 파생 저작물 또한 동일한 라이선스를 따르도록 강제하는 방식이다. 이를 구현한 라이선스에는 대표적으로 GPL(General Public License)이 있다.

06 AI 학습을 위한 리눅스 서버를 구축할 때 가장 중요한 하드웨어 요소로 알맞은 것은?

① SSD 용량
② GPU 구성
③ 네트워크 대역폭
④ 메모리 용량

AI 학습을 위해서는 대규모 연산 처리를 빠르게 수행할 수 있는 하드웨어가 필요하다. 특히 딥러닝 학습 시에는 병렬 연산 능력이 뛰어난 GPU(Graphics Processing Unit)의 성능과 구성이 가장 중요한 요소로 작용한다.

07 다음 중 가장 빠른 디스크 인터페이스는?

① SATA
② SCSI
③ NVMe
④ IDE

디스크 인터페이스 속도는 기술 발전에 따라 크게 달라진다. 초기의 IDE(Parallel ATA) → SCSI → SATA 순으로 발전하였고, 최근에는 PCIe 기반의 NVMe(Non-Volatile Memory Express)가 가장 빠른 성능을 제공한다.

08 다음 중 기본 부트 항목을 설정하는 것으로 알맞은 것은?

① grub2-install
② grub2-mkconfig
③ grub2-set-default
④ grub2-editenv list

GRUB2에서 기본 부트 항목은 grub2-set-default 명령으로 설정한다. 이 명령은 기본으로 부팅할 엔트리를 지정하며, /boot/grub2/grubenv 파일에 기록된다.

오답 피하기
① grub2-install : GRUB 부트로더를 디스크에 설치하는 명령
② grub2-mkconfig : 현재 시스템 설정을 바탕으로 grub.cfg 파일을 생성하는 명령
④ grub2-editenv list : grubenv 파일의 내용을 조회하는 명령

09 다음 (   )에 들어갈 알맞은 명령어는 무엇인가?

```
$ systemctl (   )
graphical.target
```

① set-default
② get-default
③ isolate
④ show-default

실행 결과로 graphical.target이 출력된 것으로 보아 현재 기본 target을 확인하는 명령으로 추정되므로 정답은 ②이다.

오답 피하기
①·③ 반드시 target 이름을 파라미터로 받아야 하므로 단독 실행 시 해당 출력이 나올 수 없다.
④ 존재하지 않는 옵션이므로 정답 후보에서 제외된다.

10 다음 중 X 윈도우 시스템의 구성요소로 거리가 먼 것은?

① DISPLAY
② X 프로토콜
③ X 클라이언트
④ X 라이브러리

DISPLAY는 X 서버와 클라이언트 간 연결을 지정하는 환경 변수이나, 다른 보기에 비하면 X 윈도우의 구성요소와는 거리가 멀다.

오답 피하기
② **X 프로토콜** : X 서버와 클라이언트 간 통신 규약
③ **X 클라이언트** : 애플리케이션 측 구성요소
④ **X 라이브러리** : 클라이언트 프로그래밍 지원용 구성요소

11 다음 셸 스크립트를 실행했을 때 (   )에 들어갈 알맞은 출력은?

```
$ cat test.sh
#!/bin/bash
if [ $# -gt 4 ]; then
    echo "-(error)"
    exit 1
fi
echo ". ${@:1:3}"

$ ./test.sh a b c test.sh
(                    )
```

① . a b c test.sh
② . a b c
③ . a b
④ -(error)

$\{@:1:3\}$는 $@에서 첫 번째부터 3개의 인자를 추출해 출력한다. '-gt 4' 조건은 인자가 4개 초과일 때만 참이므로, 현재 입력(4개)에서는 -(error)가 출력되지 않는다.

12 다음 스크립트를 실행할 경우 발생할 수 있는 문제로 알맞은 것은?

```
#!/bin/bash
while true
do
    dd if=/dev/zero of=/tmp/testfile bs=1M
done
```

① 프로세스 과다 생성
② 메모리 부족
③ 디스크 고갈
④ CPU 과다 사용

스크립트는 무한 반복으로 /dev/zero에서 입력을 받아 testfile 파일로 1MiB(1,048,576바이트)씩 계속 쓰기하므로, 시간이 지나면 저장공간이 가득 차 디스크 고갈이 발생한다.

13 다음 중 비로그인(Non-login) 셸의 예로 알맞은 것은?

① tty 로그인
② ssh 로그인
③ 그래픽 환경에서 터미널 실행
④ 시스템 초기 로그인

비로그인 셸은 로그인 과정을 거치지 않고 실행되는 셸이다. GUI 환경에서 터미널을 실행할 때의 bash는 로그인 절차 없이 바로 실행되므로 비로그인 셸에 해당한다.

14 다음 명령어 실행 결과에 대한 설명으로 옳은 것은?

```
# nice −10 bash
```

① 현재 nice 값에 10을 더하여 우선순위를 낮춘다.
② bash 프로세스를 절대값으로 nice 값 10으로 시작하여 우선순위를 낮춘다.
③ bash 프로세스를 절대값으로 nice 값 −10으로 시작하여 우선순위를 높인다.
④ root 권한이 없어 해당 명령은 실행되지 않는다.

nice −10은 −n 10과 같으며, 현재 nice 값에 +10을 더해 우선순위를 낮춘다. 음수 값(우선순위 높이기)은 일반적으로 root 권한이 필요하다.

15 다음 중 Ctrl + Z 가 발생하는 시그널 번호로 알맞은 것은?

① 9
② 15
③ 20
④ 26

Ctrl + Z 를 입력하면 SIGTSTP 시그널이 발생한다. SIGTSTP의 시그널 번호는 20이다.

오답 피하기

① 9 : SIGKILL로, 프로세스를 강제 종료하는 시그널
② 15 : SIGTERM으로, 종료 요청을 의미하는 시그널
④ 26 : Ctrl+Z 키보드 입력의 ASCII 코드값일 뿐 시그널 번호가 아님

16 IP 마지막 옥텟이 120이고 서브넷 마스크 마지막 옥텟이 192인 네트워크에서, 게이트웨이 주소로 가능한 끝자리는 무엇인가?

① 127
② 128
③ 129
④ 정답 없음

서브네팅 기법

• 서브넷 마스크 255.255.255.192는 마지막 옥텟의 블록 크기가 64임을 의미한다. 따라서 네트워크 범위는 0~63, 64~127, 128~191, 192~255로 나뉜다.
• 끝자리가 120이면 이는 64 – 127 대역에 속한다. 이때 네트워크 주소는 64, 브로드캐스트 주소는 127이다. 따라서 게이트웨이 주소로 사용할 수 있는 범위는 65~126이다.

17 다음 그림과 같은 커넥터를 사용하는 케이블은 무엇인가?

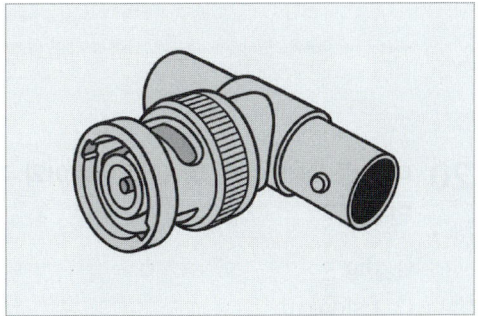

① UTP 케이블
② STP 케이블
③ BNC 케이블
④ 광섬유 케이블

BNC 케이블은 동축 케이블(Coaxial Cable)의 한 종류로, 네트워크와 영상 장비 등에 사용되는 케이블이다.

오답 피하기

① UTP 케이블 : 비차폐 꼬임선 케이블
② STP 케이블 : 차폐 꼬임선 케이블
④ 광섬유 케이블 : 광신호 전송용 케이블

18 다음 중 게이트웨이 주소를 확인하는 명령어를 고르시오.

① ip gw show
② ip gateway show
③ ip route show
④ ip address show

게이트웨이 주소는 라우팅 테이블에서 확인하며, 이를 확인하는 명령어는 ip route show이다. ip route와 ip route list도 같은 기능을 한다.

19 네트워크 장치 목록만을 출력하는 명령어로 거리가 먼 것은?

① nmcli d
② ifconfig −a
③ ip link show
④ netstat −i

netstat −i는 네트워크 인터페이스의 통계 정보를 출력하는 명령어이다.

20 다음 중 DNS 설정 및 관리 명령어와 거리가 먼 것은?

① dig
② nslookup
③ host
④ traceroute

traceroute는 네트워크 경로 추적에 사용되는 명령어로, DNS 관리와 직접적인 관련이 없다.

2과목 **리눅스 시스템 관리**

21 다음 설명에 해당하는 명령으로 가장 알맞은 것은?

> ihduser 계정의 만료일은 2025−12−31로 설정되어 있다. 그러나 휴직을 일찍 시작하게 되어, 오늘부터 시스템 로그인을 즉시 차단해야 한다.

① passwd −d ihduser
② passwd −e ihduser
③ passwd −l ihduser
④ passwd −u ihduser

passwd −l은 계정을 즉시 잠가 로그인 불가 상태로 만든다.

오답 피하기
① −d : 계정 암호를 삭제하여 암호 없이 로그인할 수 있게 함
② −e : 암호를 즉시 만료시켜 다음 로그인 시 암호를 강제로 변경하게 함
④ −u : 잠겨 있는 계정을 해제하여 로그인할 수 있게 함

22 다음 중 usermod 명령어에서 사용자 이름을 변경하는 옵션은 무엇인가?

① −g
② −n
③ −l
④ −u

정답인 −l 옵션은 기존 사용자 이름을 새로운 이름으로 변경할 때 사용한다.

오답 피하기
① −g : 사용자의 기본 그룹을 변경함
② −n : usermod 명령어에는 없는 옵션
④ −u : 사용자의 UID(사용자 식별 번호)를 변경함

23 다음 설명에 해당하는 명령어를 보기에서 고르시오.

> 일시적으로 다른 사용자의 권한으로 명령을 실행하며, 주로 root 권한을 얻는 데 사용한다.

① su

② runas

③ elevate

④ 정답 없음

- -

설명은 sudo 명령어에 해당하지만, 보기에 sudo가 없으므로 정답은 존재하지 않는다.

24 다음 중 사용자 계정 생성 시 부여되는 UID의 시작값을 설정할 수 있는 파일은 무엇인가?

① /etc/passwd

② /etc/shadow

③ /etc/group

④ /etc/login.defs

- -

/etc/login.defs 파일은 사용자 계정 생성 시 UID와 GID의 시작값, 패스워드 정책 등 기본 설정을 정의할 수 있는 파일이다.

> **오답 피하기**
> ① /etc/passwd : 사용자 계정 정보(UID, GID, 홈 디렉터리, 셀 등)가 저장되는 파일
> ② /etc/shadow : 사용자 비밀번호와 관련된 정보(암호화된 비밀번호, 만료일 등)가 저장되는 파일
> ③ /etc/group : 그룹 계정 정보가 저장되는 파일

25 다음 중 사용자 및 그룹의 설정 및 관리 명령어가 아닌 것은?

① useradd

② groupdel

③ passwd

④ dmesg

- -

dmesg는 커널 메시지를 출력하는 명령어로, 사용자 및 그룹 관리와는 관련이 없다.

> **오답 피하기**
> ① useradd : 사용자 계정 생성
> ② groupdel : 그룹 삭제
> ③ passwd : 계정 비밀번호 설정 · 변경

26 다음 명령어에서 빈칸에 들어갈 알맞은 명령어를 고르시오.

> $ (   ) '{print $1}' lin.txt

① awk

② cut

③ sed

④ grep

- -

awk 명령어가 적당하며, 제시된 명령어는 공백으로 각 행을 나눈 뒤 첫 번째 필드($1)를 출력한다.

> **오답 피하기**
> ② cut : -d와 -f 옵션을 사용해야 함
> ③ sed : 주로 패턴을 통한 문자열 치환 · 삭제 시 사용
> ④ grep : 패턴을 통한 검색에 사용

27 다음 실행 결과를 보고 알맞은 명령어를 고르시오.

```
File: test.sh
  Size: 88        Blocks: 8        IO Block:
65536  regular file
Device: fd00h/64768d      Inode: 100663430
Links: 1
Access: (0755/-rwxr-xr-x)  Uid: (    0/
root)  Gid: (    0/    root)
Context: unconfined_u:object_r:admin_
home_t:s0
Access: 2025-08-14 06:22:20.814226714
-0400
Modify: 2025-08-14 06:22:16.004206448
-0400
Change: 2025-08-14 06:22:16.004206448
-0400
 Birth: 2025-08-14 05:23:45.685121071
-0400
```

① dd
② stat
③ ls
④ file

....

제시된 출력은 파일의 크기, 블록 수, IO 블록 크기, 접근 권한, 소유자, SELinux 컨텍스트, 각종 타임스탬프 등을 상세히 보여 준다. 이는 stat 명령어의 결과이다.

28 다음 중 디스크 단위 하드웨어 용량 정보를 확인할 때 사용하는 명령어로 알맞은 것은?

① du -h
② parted -l
③ df -h
④ blkid

....

parted -l은 연결된 디스크의 파티션 테이블과 전체 용량 정보를 확인할 수 있다.

오답 피하기

① du -h : 파일 및 디렉터리별 사용량 표시
③ df -h : 마운트된 파일시스템의 사용량 및 남은 용량 표시
④ blkid : 블록 장치의 UUID · 파일시스템 타입 등 메타데이터를 표시

29 다음 중 특수권한에 대한 설명으로 옳지 않은 것은 무엇인가?

① SUID는 실행 파일에 설정하면 해당 프로그램이 파일 소유자의 권한으로 실행된다.
② SGID를 디렉터리에 설정하면 그 안에서 생성되는 파일의 그룹이 디렉터리의 그룹으로 상속된다.
③ 디렉터리에 Sticky Bit를 설정하면 파일의 소유자, 디렉터리 소유자, root만 삭제할 수 있다.
④ Sticky Bit는 디렉터리에 사용할 수 없다.

....

Sticky Bit는 디렉터리에도 사용할 수 있으며, 디렉터리 내 파일 삭제 · 이름 변경의 권한을 파일 소유자 · 디렉터리 소유자 · root로 제한하는 기능이다.

30 다음 중 /var/log 디렉터리를 현재 디렉터리에 logs라는 이름으로 연결하여 손쉽게 접근하려고 할 때 설정하는 명령으로 알맞은 것은?

① ln logs /var/log
② ln /var/log logs
③ ln −s logs /var/log
④ ln −s /var/log logs

디렉터리를 연결하려면 심볼릭 링크를 생성해야 하며, ln −s [대상] [링크이름] 형식을 따른다.

31 Ctrl + Z 를 눌렀을 때 전송되는 시그널은?

① SIGSTOP
② SIGKILL
③ SIGTERM
④ SIGTSTP

Ctrl + Z 는 현재 포어그라운드 프로세스에 SIGTSTP 시그널을 보내 일시 중지 상태로 만든다.

32 다음 중 fork와 exec의 동작 설명으로 옳은 것은?

① fork는 부모 프로세스의 복사본으로 자식 프로세스를 만들고, exec는 현재 프로세스를 새로운 프로그램으로 덮어써 PID를 그대로 유지한다.
② fork는 현재 프로세스를 종료하고, exec는 새로운 자식 프로세스를 생성한다.
③ fork와 exec 모두 새로운 PID를 부여한다.
④ exec는 현재 프로세스를 복사하여 자식 프로세스를 만든다.

fork는 부모 프로세스의 복사본으로 자식 프로세스를 새로 만들고, exec는 현재 프로세스를 새로운 프로그램으로 덮어써 PID가 그대로 유지된다.

33 다음 중 시그널(Signal) 목록을 확인할 수 있는 명령어는 무엇인가?

① ps −l
② killall −q
③ kill −l
④ top −n 1

kill −l 명령어는 시스템에서 사용할 수 있는 시그널 목록을 출력한다.

오답 피하기
① ps −l : 프로세스를 상세(Long) 형식으로 출력하는 옵션
② killall −q : 프로세스를 조용히(Quiet) 종료하는 옵션이며, 시그널 목록과는 무관함
④ top −n 1 : 프로세스를 1회 갱신하여 출력하는 옵션으로, 시그널 목록과는 무관함

34 다음 명령어 실행 결과에 알맞은 것은?

```
$ (        )
1234
5678
```

① ps −ef
② pidof bash
③ pgrep bash
④ top

pidof bash는 "1234 5678" 형태로 한 줄로 출력되지만, pgrep bash는 줄바꿈으로 PID를 출력한다.

35 다음 중 작업 제어(Job Control)에서 작업 번호 2번으로 실행 중인 백그라운드 프로세스를 포어그라운드로 불러오는 명령은 무엇인가?

① fg 2
② fg %2
③ fg $2
④ fg @2

fg %2는 작업 번호가 2번인 백그라운드 프로세스를 포어그라운드로 전환하는 명령이다.

오답 피하기

① fg 2 : 단순한 정수만 지정하는 문법은 지원하지 않음
③ fg $2 : 셸 변수 참조 문법이라 잘못됨
④ fg @2 : 잘못된 문법임

36 다음 중 tar 명령어로 압축을 수행할 때 명령어와 결과 파일의 연결이 올바른 것을 모두 고르시오.

ㄱ. tar −cJf archive.tar.gz
ㄴ. tar −cjf archive.tar.xz
ㄷ. tar −czf archive.tar.bz2

① ㄱ
② ㄴ
③ ㄷ
④ 없음

문제의 ㄱ, ㄴ, ㄷ 모두 옵션과 확장자가 일치하지 않으므로 올바른 연결이 없다.
• −J : xz 압축 옵션, 확장자는 .tar.xz가 되어야 함
• −j : bzip2 압축 옵션, 확장자는 .tar.bz2가 되어야 함
• −z : gzip 압축 옵션, 확장자는 .tar.gz가 되어야 함

37 다음 중 gcc에서 소스 파일을 컴파일하여 실행 파일을 만들 때 사용하는 옵션은 무엇인가?

① −c
② −g
③ −o
④ −I

−o는 컴파일 결과로 생성될 실행 파일의 이름을 지정하는 옵션이다.

오답 피하기

① −c : 오브젝트 파일만 생성함
② −g : 디버깅 정보를 포함함
④ −I : 헤더 파일 검색 경로를 추가함

38 다음 중 리눅스에서 커널 소스 코드가 위치하는 기본 디렉터리로 알맞은 것은?

① /etc/kernels
② /usr/src/kernels
③ /var/kernels
④ /opt/src/kernels

/usr/src/kernels은 리눅스 시스템에서 커널 소스가 일반적으로 위치하는 디렉터리이다.

39 다음 중 dnf 명령어의 기능 설명으로 올바르지 않은 것은?

① dnf install httpd : httpd 패키지를 설치함
② dnf remove httpd : httpd 패키지를 제거함
③ dnf update : 전체 패키지를 최신 버전으로 업데이트함
④ dnf kernel : 커널 부팅 옵션을 설정함

dnf kernel은 존재하지 않는 명령으로, 커널 부팅 옵션을 설정하는 기능은 grub2 관련 명령어로 수행한다.

오답 피하기

① dnf install : 패키지 설치
② dnf remove : 패키지 제거
③ dnf update : 패키지 업데이트

40 다음 명령어 중 압축률이 가장 낮은 것은?

① gzip
② bzip2
③ xz
④ tar

---

tar 명령어는 단순히 여러 파일을 하나로 묶는 아카이빙 도구일 뿐, 자체적으로 압축을 수행하지 않는다.

41 로키 리눅스 환경에서 커널 이미지를 다시 생성할 때 사용하는 make 타깃으로 알맞은 것은?

① zImage
② gzImage
③ bzImage
④ xzImage

커널 이미지를 다시 생성할 때는 zImage와 bzImage가 후보가 될 수 있으나, 로키 리눅스는 범용 배포판으로 커널 크기가 커서 bzImage가 적당하다.

42 다음 중 커널 모듈의 의존성을 관리하기 위해 사용하는 명령어는 무엇인가?

① insmod
② rmmod
③ depmod
④ modprobe

---

depmod는 커널 모듈들의 의존성을 분석하여 modules.dep 파일을 생성하거나 갱신하는 명령어이다.

오답 피하기
① insmod : 단일 모듈을 커널에 적재함
② rmmod : 적재된 모듈을 제거함
④ modprobe : 의존성까지 고려하여 모듈을 적재하거나 제거함

43 Rocky Linux 8에서 블루투스 기능과 관련된 커널 모듈 이름으로 알맞은 것은?

① bluetooth.service
② bluetooth.conf
③ bluetooth.ko
④ bluetooth.lib

커널 모듈의 확장자는 '.ko'이다.

오답 피하기
① bluetooth.service : systemd 서비스 단위 파일 확장자
② bluetooth.conf : 설정 파일 확장자
④ bluetooth.lib : Windows 환경의 정적 라이브러리 파일 확장자

44 다음 중 커널 환경설정과 거리가 먼 것은?

① make menuconfig
② make xconfig
③ make gconfig
④ make install

커널 환경설정은 커널 소스를 컴파일하기 전, 다양한 옵션을 선택할 수 있도록 제공되는 단계이다. make menuconfig, make xconfig, make gconfig는 모두 커널 환경설정 도구이지만, make install은 컴파일된 커널을 시스템에 설치하는 과정으로 환경설정과는 거리가 있다.

45 다음 중 커널 모듈의 특징으로 옳지 않은 것은?

① 필요에 따라 커널에 동적으로 로드하거나 제거할 수 있다.
② 운영 중인 커널에 기능을 추가하거나 제거할 수 있다.
③ 모듈 간의 의존성을 고려하지 않고 항상 독립적으로 동작한다.
④ 디바이스 드라이버나 파일시스템 기능 등을 모듈 형태로 제공할 수 있다.

커널 모듈은 커널을 재컴파일하지 않고도 필요한 기능을 동적으로 추가하거나 제거할 수 있는 상섬이 있다. 그러나 모듈 간에도 의존성이 존재할 수 있으며, 이를 고려해야 한다.

46 다음 실행 결과를 보고 적합한 mdadm 옵션을 고르시오.

```
/dev/md0:
        Version : 1.2
  Creation Time : Thu Aug 10 15:23:01 2023
     Raid Level : raid1
     Array Size : 1046528 (1022.00 MiB
1071.59 MB)
  Used Dev Size : 1046528 (1022.00 MiB
1071.59 MB)
   Raid Devices : 2
  Total Devices : 2
    Persistence : Superblock is persistent
    Update Time : Thu Aug 10 15:25:34 2023
          State : clean
 Active Devices : 2
Working Devices : 2
 Failed Devices : 0
  Spare Devices : 0
```

① mdadm −C
② mdadm −D
③ mdadm −S
④ mdadm −L

mdadm −D(—detail)은 지정한 RAID 배열 장치의 상세 정보를 출력한다.

오답 피하기
① −C(—create) : 새로운 RAID 배열 생성
③ −S(—stop) : 지정한 RAID 배열 중지
④ −L(—level) : RAID 레벨 지정 시 사용

47 다음 실행 결과를 보고 적합한 LVM 명령어를 고르시오.

PV	VG	Fmt	Attr	PSize	PFree
/dev/sda2	vg0	lvm2	a−−	100.00g	20.00g
/dev/sdb1	vg0	lvm2	a−−	200.00g	50.00g

① pvs
② pvdisplay
③ vgs
④ vgdisplay

실행 결과는 모든 물리 볼륨(PV)에 대한 요약 정보를 출력하고 있다. 가장 적합한 명령어는 pvs이다.

오답 피하기
② pvdisplay : 물리 볼륨의 상세 정보를 출력
③ · ④ vgs, vgdisplay : 볼륨 그룹(VG) 정보를 확인

48 다음의 조건에서 사용할 수 있는 총용량으로 알맞은 것은?

- 디스크 개수 : 8개
- 각 디스크 용량 : 10GB
- RAID 레벨 : RAID 6
- 핫 스페어(Hot Spare) : 1개

① 40GB
② 50GB
③ 60GB
④ 70GB

RAID 6은 패리티 디스크 2개를 사용하여 2개의 디스크 장애까지 복구할 수 있다. 8개 중 2개는 패리티, 1개는 핫 스페어로 제외되므로 5개의 디스크만 데이터 저장에 사용되어 50GB가 된다.

49 다음 중 인쇄 명령어에서 # 옵션으로 출력할 수 있는 것은?

① lp
② lpstat
③ lpr
④ cancel

lpr 명령어는 인쇄 작업을 제출하는 명령어이며, -# 옵션을 사용하여 여러 부수를 지정한다.

> **오답 피하기**
> ① lp : 인쇄 명령어이지만 -# 대신 -n 옵션으로 부수 지정
> ② lpstat : 인쇄 대기열 상태를 확인하는 명령어
> ④ cancel : 인쇄 작업을 취소하는 명령어

50 다음 중 LVM(Logical Volume Manager)의 구성 순서로 알맞은 것은?

① LV → VG → PV
② PV → VG → LV
③ VG → PV → LV
④ PV → LV → VG

LVM은 먼저 물리적 볼륨(PV ; Physical Volume)을 생성하고, 이를 묶어 볼륨 그룹(VG ; Volume Group)을 만든 뒤, 최종적으로 논리적 볼륨(LV ; Logical Volume)을 생성한다.

51 다음 중 rsyslog에서 발생 빈도가 가장 적은 Priority 수준은?

① crit
② alert
③ error
④ emerg

emerg는 rsyslog에서 가장 높은 심각도(Priority 0)로, 시스템 전체에 즉각적인 주의가 필요한 상황에서만 발생한다. 따라서 발생 빈도가 가장 적다.

> **오답 피하기**
> ① crit(2) : 심각한 오류 상황이지만 시스템이 완전히 중단되지는 않음
> ② alert(1) : 즉시 조치가 필요한 상황
> ③ error(3) : 일반적인 오류 상황

52 syslog.conf에서 모든 facility에 대해 error 수준 이상의 로그를 로그인한 특정 사용자에게 로그를 보내고자 한다. 올바른 설정은 무엇인가?

① *.err user
② *.=err user
③ *.error omusrmsg:user
④ *.=error omusrmsg:user

> **오답 피하기**
> ② *.=err : 'error 등급'만을 의미하므로 '이상' 조건과 맞지 않음
> ③·④ omusrmsg : rsyslog의 모듈 표기이므로 전통 syslog 설정과 다름

53 다음 중 로그인 실패(잘못된 로그인) 기록을 저장하는 로그 파일은 무엇인가?

① /var/log/xferlog
② /var/log/lastlog
③ /var/log/wtmp
④ /var/log/btmp

> **오답 피하기**
> ① /var/log/xferlog : FTP 전송 내역 로그
> ② /var/log/lastlog : 각 계정의 마지막 로그인 시각 기록
> ③ /var/log/wtmp : 로그인/로그아웃 및 시스템 부팅·종료 기록

54 다음 중 journald와 rsyslog의 관계에 대한 설명으로 옳지 않은 것은?

① journald는 systemd 환경에서 기본 로그 관리 기능을 제공한다.
② journald는 로그를 이진(Binary) 형식으로 저장하며, journalctl을 통해 확인할 수 있다.
③ rsyslog는 주로 로그를 원격 서버로 전송하거나 다양한 출력 포맷으로 변환하는 데 활용된다.
④ journald와 rsyslog는 서로 호환되지 않으므로 동시에 사용할 수 없다.

journald는 systemd 기반 환경에서 기본 로그를 수집하고 관리하며, rsyslog는 이를 연계하여 원격 전송이나 다양한 포맷 출력을 지원할 수 있다. 따라서 journald와 rsyslog는 동시에 병행 운영이 가능하다.

55 다음은 /var/log/btmp 로그 파일을 대상으로 한 logrotate 설정이다. 이에 대한 설명으로 옳지 않은 것은 무엇인가?

```
/var/log/btmp {
    monthly
    create 0600 root utmp
    rotate 1
}
```

① 실패한 로그인 기록이 /var/log/btmp에 저장된다.
② 로그 파일은 매달 1회 로테이트된다.
③ rotate 1 설정은 보관본을 1개만 유지함을 의미한다.
④ 로그 파일이 없더라도 에러 없이 무시된다.

이 설정은 missingok 옵션이 없으므로, 로그 파일이 없으면 에러가 발생한다.

56 다음 중 파티션 단위로 백업할 때 사용할 수 있는 명령어의 조합으로 알맞은 것은?

① tar, cp
② dd, dump
③ rsync, scp
④ cpio, mv

파티션 단위로의 백업
• dd는 지정한 블록 단위로 디바이스 전체를 복제할 수 있어서, 파티션 단위 백업에 사용된다.
• dump는 파일시스템 단위 백업 도구로, 파티션 전체를 백업할 수 있다.

오답 피하기
tar, cp, rsync, scp, cpio, mv 등은 주로 파일·디렉터리 단위 복사/이동에 사용된다.

57 다음 설명에 해당하는 네트워크 공격 기법을 고르시오.

출발지 IP 주소와 목적지 IP 주소를 동일하게 설정하여, 대상 시스템이 자기 자신에게 응답을 보내도록 함으로써 시스템 과부하를 유발하는 공격이다.

① Smurf Attack
② Land Attack
③ Ping of Death
④ Teardrop Attack

Land Attack은 출발지와 목적지 IP를 동일하게 설정하여 대상이 자기 자신에게 응답을 보내도록 하는 공격이다.

오답 피하기
① Smurf attack : 브로드캐스트 주소를 이용한 ICMP 반사 공격
③ Ping of Death : 비정상적으로 큰 ICMP 패킷을 전송해 시스템 오류 유발
④ Teardrop attack : 비정상적인 IP 조각화 오프셋으로 재조립 오류 유발

58 다음 중 xfsdump 명령어의 기능 설명으로 옳은 것은?

① -l 옵션은 백업 레벨을 지정하며, 0은 전체 백업을 의미한다.
② -f 옵션은 백업 압축 방식을 지정한다.
③ -M 옵션은 XFS를 ext4로 변환하여 저장한다.
④ -d 옵션은 디버그 모드를 해제한다.

-l 옵션은 xfsdump에서 백업 레벨을 지정하며, 0은 전체 백업, 1~9는 해당 레벨의 증분 백업을 의미한다.

59 다음 중 백업 필요성이 가장 적은 디렉터리를 고르시오.

① /etc   ② /home
③ /boot   ④ /lib

/lib는 OS 기본 라이브러리 디렉터리로, 배포판 패키지에서 재설치가 가능하므로 백업 필요성이 가장 낮다.

① /etc : 시스템 설정 파일이 있어 반드시 백업해야 함
② /home : 사용자 데이터가 있어 반드시 백업해야 함
③ /boot : 부팅에 필요한 파일이 있으므로 백업해야 함

60 다음 괄호에 들어갈 백업 명령어로 알맞은 것은?

```
# (       ) -f home.backup /home
```

① tar   ② cpio
③ dump   ④ 정답 없음

명령 형식이 백업 명령어의 문법을 준수하지 않아 실제로 실행되지 않는다.

① tar : 백업 생성 시 -c 옵션이 필요하며, -cf home.backup /home 형태가 맞음
② cpio : 표준입력에서 파일 목록을 받아야 하며, 단순히 -f로 대상 파일 지정 불가
③ dump : 주로 블록 디바이스 단위 백업에 사용하며, 이 구문과는 맞지 않음

---

61 다음 중 HTTP 응답 코드에 대한 설명으로 가장 적절한 것은?

① 200 : OK, 서버가 요청을 이해하지 못했을 때 반환하는 코드임
② 301 : Moved Permanently, 요청한 리소스가 임시로 다른 위치로 이동되었음을 의미함
③ 403 : Forbidden, 클라이언트가 인증되지 않아 접근할 수 없다는 의미임
④ 404 : Not Found, 클라이언트가 요청한 리소스가 존재하지 않을 때 반환되는 코드임

① 200 : OK, 오류없이 전송 성공
② 301 : Moved Permanently, 요청한 리소스가 영구적으로 다른 위치로 이동
③ 403 : Forbidden, 리소스에 대한 권한이 없음

선생님의 노하우
401은 Unauthorized, 요청에 대한 권한이 부족(인증실패)함을 표현하는 코드이다.

62 주요 웹 서버의 특징으로 가장 적절하지 않은 것은?

① Apache : 사용자의 요청에 따라 별도의 프로세스 혹은 쓰레드를 생성하여 처리함
② IIS : ASP(Active Server Page)를 지원함
③ Nginx : 동기식 이벤트 방식으로 동작함
④ GWS : 구글이 제공하는 웹 서버(Google Web Server)임

Nginx는 NGINX사가 개발하고 제공하는 웹 서버로, 비동기식 이벤트 방식으로 동작한다.

---

63 아파치 웹 서버의 주요 실행 파일에 대한 설명으로 가장 적절하지 않은 것은?

① httpd : 아파치 웹 서버 데몬 프로그램
② apachectl : 아파치 웹 서버의 실행, 종료, 재시작을 위한 도구
③ htpasswd : 암호 인증이 필요한 웹 페이지 대상으로 아이디, 패스워드 생성
④ logresolve : 아파치 웹 서버의 로그 로테이트(Log Rotate)를 위한 도구

logresolve는 아파치 웹 서버의 로그 파일에서 IP 주소를 호스트 네임으로 변환하는 도구이다. 아파치 웹 서버의 로그 로테이트(Log Rotate)를 위한 도구는 rotatelogs이다.

64 아파치 웹 서버의 주요 설정 파일인 httpd. conf의 설정 항목에 대한 설명으로 가장 적절하지 않은 것은?

① DocumentRoot : 웹 디렉터리를 방문할 경우 처음으로 열릴(Open) 파일 목록을 정의함
② ServerRoot : 아파치 웹 서버의 주요 파일들이 저장된 최상위 디렉터리를 절대경로로 지정함
③ ErrorLog : 아파치 웹 서버의 에러로그 파일의 위치를 지정함
④ 〈Directory 디렉터리명〉 ~ 〈/Directory〉 : 지정한 디렉터리에 대한 권한, 제어 방식 등을 지정함

DocumentRoot는 웹 문서가 저장되는 기본 디렉터리 경로를 지정한다. 웹 디렉터리를 방문할 경우 처음으로 열릴(Open) 파일 목록을 정의하는 항목은 DirectoryIndex이다.

65 아파치 웹 서버의 데몬(프로그램) 명령어인 httpd -t 대한 설명으로 가장 적절한 것은?

① 아파치 웹 서버와 함께 컴파일 시 포함된 모듈의 목록을 출력한다.
② 아파치 웹 서버의 버전을 확인한다.
③ 아파치 웹 서버에 로딩된 모듈의 목록을 출력한다.
④ 환경 설정 파일인 httpd.conf의 문법적 오류를 점검한다.

아파치 서버 명령어 옵션
• httpd -v : 아파치 웹 서버의 버전을 확인
• httpd -M : 아파치 웹 서버에 로딩된 모듈의 목록을 출력
• httpd -t : 환경 설정 파일인 httpd.conf의 문법적 오류를 점검

66 PHP 소스코드 컴파일 후 설치를 진행하려고 한다. 관련 명령어와 실행 순서로 가장 적절한 것은?

① make → make install
② wget → tar
③ ls → php --version
④ build → make

소스코드를 이용하여 PHP를 설치하려면, 소스코드가 저장된 폴더로 이동하여 **make 명령어**로 컴파일한 후, **make install 명령어**로 설치한다.

오답 피하기
소스코드의 컴파일과 설치
• wget은 소스코드를 다운로드하기 위해 사용할 수 있다.
• tar는 압축된 소스코드의 압축을 해제하기 위해 사용할 수 있다.
• ./configure는 환경을 설정하고 Makefile을 생성한다.

67 다음은 MySQL을 설치한 후 기본 데이터베이스를 생성하는 과정이다. ( ) 안에 들어갈 내용으로 가장 적절한 것은?

```
# cd /usr/local/mysql/bin
# mysqld (          ) --user=root
```

① --init_db
② --safe
③ --initialize
④ --install_db

---

mysqld --initialize' 명령을 이용하여 필요한 DB를 생성할 수 있다.

F 선생님의 노하우

기존에 사용되던 mysql_install_db를 대신하여 'mysqld --initialize' 명령을 사용하도록 변경되었으나 기출문제의 지문에서는 여전히 'mysql_install_db'를 사용하는 경우가 있으니 주의해야 한다.

68 다음 중 NIS 서비스의 특징으로 가장 적절한 것은?

① 관계형 데이터 관리에 특화된 서비스로 MySQL에 비하여 빠른 검색 속도를 제공하지만, 자주 변경되는 정보의 관리에는 다소 불리하다.
② RPC(Remote Procedure Call)을 이용한다.
③ 여러 엔트리(Entry)가 트리 구조로 구성된다.
④ Microsoft의 Active Directory의 기반이 되는 서비스이다.

NIS(Network Information Service)는 썬(Sun Microsystems)사가 개발한 네트워크 기반 인증 서비스로, RPC(Remote Procedure Call)을 이용한다.

오답 피하기

LDAP(Lightweight Directory Access Protocol)
① RDBMS(Relational DataBase Management System)에 비하여 검색 속도는 빠르지만 자주 변경되는 정보의 관리에는 다소 불리하다.
③ LDAP 서버에는 여러 엔트리가 트리 구조로 구성되어 있다. 각 엔트리는 다수의 속성으로 구성되어 있으며 각 속성은 '이름, 값'의 형식을 갖는다.
④ 디렉터리 서비스(Directory Service)를 조회하고 수정하는 TCP 기반 응용 프로토콜로, 마이크로소프트(Microsoft)의 Active Directory는 LDAP을 기반으로 인증 서비스를 제공한다.

69 다음 중 NIS 관련 주요 명령어에 대한 설명으로 가장 적절하지 않은 것은?

① ypwhich : NIS 도메인 이름을 설정하거나 설정된 이름을 표시함
② yptest : NIS 클라이언트에서 NIS의 동작 및 설정 등을 확인함
③ yppasswd : NIS 서버에 등록된 사용자의 비밀번호를 변경함
④ ypchsh : NIS 서버에 등록된 사용자의 셸(Shell)을 변경함

---

ypwhich는 NIS를 이용하여 로그인한 후, 인증에 사용한 NIS 서버를 조회한다.

70 삼바(SAMBA) 관련 주요 패키지 중에서 삼바 관련 라이브러리 및 스크립트 등을 포함하는 서버 실행에 필요한 핵심 패키지는 무엇인가?

① samba-client
② samba
③ samba-common
④ samba-server

오답 피하기

① samba-client : smbclient, smbtree 등 삼바 클라이언트 관련 명령어를 포함
③ samba-common : 삼바 서버 및 클라이언트에서 공통으로 사용하는 설정 및 명령어를 포함
④ samba-server : 실제 리눅스 표준 저장소에 존재하지 않음

71 삼바 서비스가 사용하는 설정 파일인 smb. conf의 공유 폴더 옵션 항목 중, 접근 가능한 사용자를 지정하는 설정 항목은 무엇인가?

① public users
② accept users
③ writable users
④ valid users

접근 가능한 사용자를 지정하는 설정 항목은 valid users이다.

오답 피하기

쓰기 권한의 설정

valid users로 접근 대상을 정하고, 쓰기 권한을 세분화한다.
- write list : 쓰기 가능한 사용자 지정
- writable : 쓰기 가능하도록 설정
- public = no : 개인 사용자만 사용할 수 있도록 수정

72 다음 중 삼바 관련 명령어에 대한 설명으로 가장 적절하지 않은 것은?

① smbcontrol : 마운트 관련 정보를 표시함
② testparm : 삼바의 설정 정보를 확인함
③ nmblookup : 삼바 서버의 NetBIOS 이름으로 IP 주소를 조회할 수 있음
④ smbstatus : 삼바의 현재 접속 정보를 확인하는 명령어임

smbcontrol은 삼바 데몬(Daemon)에 메시지를 보내어 제어할 수 있는 명령어이다.

73 다음 중 NFS 서비스의 특징으로 가장 적절한 것은?

① GPL 기반의 자유 소프트웨어로 리눅스와 윈도우 간 디렉터리, 파일, 프린터 등을 공유하는 데 사용할 수 있다.
② RPC(Remote Procedure Call)을 이용하여 NFS 관련 명령어를 전달하므로 rpcbind 데몬이 필요하다.
③ TCP 139, 445번 포트와 UDP 137, 138번 포트를 방화벽에서 열어 주어야 한다.
④ CIFS(Common Internet File System)은 유닉스와 윈도우 환경을 동시에 지원한다.

NFS(Network File System)서비스는 TCP/IP를 이용하여 원격 호스트의 파일 시스템에 마운트(Mount)하여 사용하며, RPC(Remote Procedure Call)을 이용하여 NFS 요청을 전달하므로 rpcbind 데몬이 필요하다.

오답 피하기

Samba의 주요 특징

① GPL 기반의 자유 소프트웨어로 리눅스와 윈도우 간 디렉터리, 파일, 프린터 등을 공유하는 데 사용한다.
③ smbd와 nmbd로 구성되며, TCP 139, 445번 포트와 UDP 137, 138번 포트를 이용한다.
④ CIFS는 SMB(Server Message Block)를 인터넷까지 확장한 표준 프로토콜이다.

74 NFS의 설정 파일인 /etc/exports의 항목 중, root 권한 접근을 허용하는 항목은 무엇인가?

① rw
② secure
③ no_root_squash
④ root_squash

오답 피하기

① rw : 읽기 및 쓰기로 지정
② secure : 기본값 설정이며, 포트 번호가 1024 이하의 요청만 허가
④ root_squash : root 권한 접근을 거부하기 위하여 클라이언트의 root 요청을 nobody로 매핑시킴

75 '/etc/fstab' 파일은 시스템 부팅 시 자동으로 파일 시스템을 마운트하기 위한 설정 파일이다. 아래 예시에 대한 설명으로 가장 적절하지 않은 것은?

192.168.1.100/var/youngjin-nfs	/mnt/backup	nfs	hard	0	0
①	②	③		④	

① 192.168.1.100/var/youngjin-nfs : 파일 시스템 장치명
② /mnt/backup : 마운트 지점
③ nfs : 파일 시스템 종류
④ 0 : fsck에 의한 무결성 검사 우선순위 지정

덤프(백업) 여부를 지정하는 설정 옵션이다(0은 불가능, 1은 가능).

76 vsftpd.conf의 주요 설정 항목에 대한 설명이다. 가장 적절하지 않은 것은?

① anonymous_enable=YES : 익명(Anonymous) 사용자의 접속을 허가함
② write_enable=YES : FTP 쓰기(Write) 명령을 허가함
③ local_umask=022 : 기본 umask 값을 지정한 값(022)으로 변경함
④ max_clients : 한 IP 주소당 접속할 수 있는 최대 허용 건수를 지정함

---

max_per_ip가 한 IP 주소당 접속할 수 있는 최대 허용 건수를 지정한다. max_clients는 접속할 수 있는 클라이언트의 최대 허용 건수를 지정한다.

77 메일 서비스 관련 프로토콜(Protocol)과 프로그램에 대한 설명으로 가장 적절하지 않은 것은?

① SMTP : TCP 25번 포트를 이용하며, 인터넷에서 이메일을 전송하기 위한 프로토콜
② POP : TCP 110번 포트를 이용하며, 메일 서버에 도착한 메일을 수신하는 프로토콜
③ MTA : SMTP 프로토콜을 이용하여 메일을 전송하는 프로그램
④ MDA : 사용자가 메일을 수신 혹은 발신할 때 사용하는 프로그램으로 대표적으로 kmail, mutt 등이 있음

MDA(Mail Delivery Agent)는 메일 박스(Mail Box)에 도착한 메일을 대행해서 가져오거나 전달하는 역할을 수행하는 프로그램이다. 대표적인 프로그램으로 procmail이 있다.

78 sendmail의 주요 설정 파일 중 하나인 /etc/mail/access에 대한 설명으로 가장 적절하지 않은 것은?

① 메일 서버에 접속하는 호스트의 접근을 제어하는 설정파일로 스팸 메일 방지 등에 사용할 수 있다.
② 설정 방법은 '[정책 대상] [정책]'의 형식을 사용한다.
③ 정책 대상은 'IP'만 사용한다.
④ 정책은 허용(RELAY), 거부(DISCARD), 거부 후 메시지 전송(REJECT), DNS 조회 실패 시에도 허용(OK)을 지정할 수 있다.

정책 대상은 '도메인명, IP, 메일주소'를 사용한다.

79 다음 중 DNS 레코드 유형에 대한 설명으로 가장 적절한 것은?

① A 레코드 : 도메인 이름에 해당하는 IPv6 주소
② MX 레코드 : 도메인 이름에 대한 메일 교환서버
③ CNAME 레코드 : 도메인을 숫자 포트 번호와 연결
④ PTR 레코드 : 도메인을 다수의 별칭으로 연결

오답 피하기
① A레코드 : 도메인 이름에 해당하는 IPv4 주소
③ CNAME 레코드: 도메인 이름의 별칭
④ PTR 레코드 : IP주소를 기반으로 도메인 이름 반환

80 /etc/named.conf 파일의 options 설정 항목에 대한 설명으로 가장 적절하지 않은 것은?

① directory : logging 파일 저장 디렉터리를 설정함
② dump-file : 정보 갱신 시 저장 파일로 사용할 dump-file 의 파일명을 지정함
③ allow_query : 네임 서버에 질의할 수 있는 호스트를 지정함
④ recursion : 하위 도메인 검색 허용 여부를 지정함

directory
BIND가 zone 파일 등을 찾을 기준 디렉터리 경로를 지정하는 옵션이다. 여러 옵션 중에서도 필요한 항목이다.
⑩ directory "/var/named";

81 다음 중 DNS 명령어 중에서 zone 파일의 문법적 오류를 점검하는 명령어는 무엇인가?

① host
② named-checkconf
③ named-checkzone
④ rndc status

오답 피하기
① host : 도메인을 조회하는 명령어
② named-checkconf: /etc/named.conf 환경설정 파일의 문법적 오류를 점검하는 명령어
④ rndc status : DNS 서버의 자세한 상태를 확인하는 명령어

82 다음은 DNS의 zone 파일에 대한 설명이다. ㉠~㉣에 들어갈 내용으로 가장 적절한 것은?

- zone파일은 (㉠)와(과) (㉡) 주소 혹은 관련 리소스 간 매핑(Mapping)을 포함하고, 리소스 레코드로 구성된다.
- (㉢) 파일을 이용하여 IP 주소에 대한 도메인 정보를 조회할 수 있다. 일반적으로 zone파일은 '(㉣).zone'의 형식을 따른다.

① ㉠ 도메인명   ㉡ IP
　 ㉢ 리버스 존   ㉣ 도메인명
② ㉠ 텍스트   ㉡ IP
　 ㉢ 리소스 레코드   ㉣ 도메인명
③ ㉠ 도메인명   ㉡ IP
　 ㉢ 리버스 존   ㉣ 레코드명
④ ㉠ 리버스 존   ㉡ IP
　 ㉢ 리소스 레코드   ㉣ 도메인명

zone파일은 도메인 이름과 IP 주소 혹은 관련 리소스 간 매핑(mapping)을 포함하고, 리소스 레코드로 구성된다. 리버스 존(Reverse zone) 파일을 이용하여 IP 주소에 대한 도메인 정보 조회를 제공할 수 있고, 일반적으로 zone파일은 '도메인명.zone'을 따르고, reverse zone파일명은 '도메인명.rev'를 따른다.

83 다음은 /etc/hosts 파일에 대한 설명이다. ㉠ ~㉣에 들어갈 내용으로 가장 적절한 것은?

- /etc/hosts 파일을 이용하면 로컬 호스트에서 만 사용할 수 있는 (㉠) 정보를 설정할 수 있다.
- 파일의 각 행에는 일반적으로 (㉡) 주소, (㉢), 그리고 별칭(Alias) 순서로 구성되며, 외부 서비스에 질의하는 것보다 (㉣) 참조 한다.

① ㉠ DNS ㉡ IP
㉢ 게이트웨이 ㉣ 이후에

② ㉠ DHCP ㉡ IP
㉢ 호스트명 ㉣ 먼저

③ ㉠ DHCP ㉡ IP
㉢ 게이트웨이 ㉣ 이후에

④ ㉠ DNS ㉡ IP
㉢ 호스트명 ㉣ 먼저

/etc/hosts 파일을 이용하면 로컬 호스트에서만 사용할 수 있는 DNS 정보 를 설정할 수 있으며 외부 DNS 서버에 질의하기 전에 /etc/hosts 파일의 내용을 먼저 참조한다.

84 다음 중 가상화 서비스의 대표적인 특징인 프 로비저닝(Provisioning)에 대한 설명으로 가 장 적절한 것은?

① 사용자 요구사항에 맞게 할당·배치· 배포할 수 있도록 만들어 놓은 것을 의 미한다.
② 하나의 물리적인 자원을 다수의 가상 자원 들이 공유해서 사용하는 것을 의미한다.
③ 여러 개의 물리적 자원을 논리적으로 통 합하여 하나의 자원으로 사용할 수 있다.
④ 물리적인 특징이 다른 장치를 범용적인 모델로 인식하여 사용할 수 있도록 지원 하는 것을 의미한다.

프로비저닝 (Provisioning)
사용자의 요구에 따라 시스템 자원이나 서비스를 자동으로 할당·배치·배 포할 수 있도록 준비하는 과정을 말한다. 가상화 환경에서는 자원을 물리적 단위보다 더 세밀한 논리적 단위(조각 단위)로 나누어 유연하게 할당할 수 있다.

85 다음 중 리눅스 기반 가상화 기술에 대한 설명 으로 가장 적절한 것은?

① Xen과 KVM은 모두 전가상화만을 지원 하는 기술이다.
② Docker는 하드웨어 가상화를 통해 각각 의 게스트 OS를 구동하는 기술이다.
③ KVM은 리눅스 커널에 통합된 하이퍼바 이저로 QEMU와 함께 사용된다.
④ 가상화 기술을 사용할 경우 실제 CPU나 메모리를 사용할 수 없고, 모두 에뮬레 이션으로 동작한다.

오답 피하기
① Xen은 전가상화, 반가상화를 모두 지원하는 기술이다.
② Docker는 컨테이너 기반의 경량화된 가상화 기술이다.
④ 가상화는 실제 하드웨어 자원을 사용하며, 일부는 가상 하드웨어로 에뮬 레이션 된다.

86 리눅스의 대표적인 가상화 기술인 XEN에 대한 설명으로 가장 적절하지 않은 것은?

① 1990년대 케임브리지 대학교에서 시작되어 만들어진 오픈소스이다.
② XEN은 CPU 전가상화, 반가상화를 모두 지원한다.
③ 전가상화 구성 시에는 CPU에뮬레이터인 QEMU를 기반으로 동작한다.
④ 반가상화 구성 시에 호스트와 다른 아키텍처의 게스트를 실행할 수 있다.

XEN은 CPU기반 반가상화 지원으로 다른 기술과 비교해 물리적 서버 대비 효율성이 가장 좋으나, 반가상화 구성 시에 호스트와 다른 아키텍처의 게스트를 실행할 수 없다.

87 가상화 관련 명령어 중 가상화 현황을 top과 유사한 형식으로 출력하도록 하는 명령어는 무엇인가?

① virsh
② virt-top
③ vm-top
④ libvirt

① virsh : 콘솔환경에서 가상머신을 관리해 주는 도구
③ vm-top : 실제 존재하지 않는 명령어
④ libvirt : Linux에서 가상화 지원을 위한 API, 데몬(Daemon), 라이브러리 관리 도구의 모음

88 다음 중 xinetd의 주요 특징에 대한 설명으로 가장 적절한 것은?

① xinetd는 GUI 기반 서비스만 제어할 수 있으며 CLI 환경에서는 사용할 수 없다.
② xinetd는 모든 네트워크 서비스를 항상 실행 상태로 유지한다.
③ xinetd는 보안 설정, 액세스 제어, 로깅 기능 등을 지원하는 향상된 슈퍼데몬이다.
④ xinetd의 기본 설정 파일은 '/etc/hosts.allow'이다.

xinetd는 inetd보다 보안 및 기능이 강화된 슈퍼데몬으로, 호스트 기반 접근 제어, 시간 기반 실행 제어, 로깅, 서비스 제한 등의 기능을 제공한다. 또한 xinetd는 기본 설정 파일로 /etc/xinetd.conf를 사용하며, 개별 서비스 설정은 /etc/xinetd.d/ 디렉터리에 저장된다.

① xinetd는 완전히 CLI 기반 데몬이며, GUI와 무관하다.
② xinetd는 요청이 있을 때만 해당 서비스를 실행하는 방식이다. 즉, on-demand 방식이지, 항상 대기하는 상주형이 아니다.
④ /etc/hosts.allow는 TCP Wrappers 설정 파일이며, xinetd의 기본 설정 파일은 /etc/xinetd.conf이고, 개별 서비스 설정은 /etc/xinetd.d/ 디렉터리에 저장된다.

89 TCP Wrapper를 이용하여 모든 호스트에 대하여 SSH 서비스에 접속할 수 없도록 차단하되, 특정 호스트(192.168.1.50)만 허용하려고 한다. 가장 적절한 설정 방법은 무엇인가?

① /etc/hosts.deny 파일에 sshd: 192.168.1.50을 추가한다.
② /etc/hosts.allow 파일에 sshd: 192.168.1.50을 추가하고, /etc/hosts.deny 파일에 sshd: ALL을 추가한다.
③ /etc/hosts.allow 파일에 sshd: ALL을 추가하고, /etc/hosts.deny 파일에 sshd: 192.168.1.50을 추가한다.
④ /etc/hosts.allow 파일에 ALL: ALL을 추가한다.

접근 제어 순서
• /etc/hosts.allow → 먼저 검사(여기에서 허용되면 무조건 통과)
• /etc/hosts.deny → 이후 검사(여기에서 차단되면 접속 거부)

90 프록시 서버인 squid 서버의 특징으로 가장 적절하지 않은 것은?

① 기본 포트로 TCP 3128 번호를 사용한다.
② GPL(General Public License)을 따르는 오픈소스 소프트웨어이다.
③ 캐싱(Caching)을 통하여 HTTP 서비스의 데이터 응답속도를 향상시킬 수 있으나 FTP는 직접 지원하지 못한다.
④ '/etc/squid/squid.conf' 파일을 환경설정 파일로 이용한다.

squid는 GPL(General Public License)을 따르는 오픈소스 소프트웨어이며 캐싱(Caching)을 통하여 HTTP, FTP, gopher 등 서비스의 데이터 응답속도를 향상시킨다.

91 다음은 squid.conf 파일을 이용하여 192.168.10.0/24 네트워크 대역만 프록시를 사용할 수 있도록 허가하는 예시이다. 괄호 안에 들어갈 내용으로 가장 적절한 것은?

```
( ㉠ ) allow_localnet src 192.168.10.0/24
( ㉡ ) allow allow_localnet
( ㉢ ) deny all
```

① ㉠ http_access   ㉡ acl
   ㉢ http_access
② ㉠ acl   ㉡ http_access
   ㉢ http_access
③ ㉠ acl   ㉡ http_access
   ㉢ deny
④ ㉠ http_access   ㉡ http_access
   ㉢ acl

squid 접근 제어 설정 및 ACL 구성
• acl : 접근 제어 목록 정의(acl [별칭] src [IP 주소 대역])
• http_access : 접근 정책 적용

92 다음 중 NTP 서비스에 대한 설명으로 가장 적절하지 않은 것은?

① 컴퓨터 간 시간을 동기화하는 NTP 프로토콜을 이용하여 NTP서버와 시간을 동기화 한다.
② NTP는 UDP/123을 기본 포트로 이용한다.
③ NTP서비스는 '/etc/ntp.conf'를 설정파일로 이용한다.
④ NTP서버 접속방법으로는 세션 공유 접속, 독립 세션 접속 방법이 있다.

세션 공유 방법과 독립 세션 방법은 VNC 서버 접속 방식에 대한 설명이다.

93 다음 중 Chrony 서비스에 대한 설명으로 가장 적절하지 않은 것은?

① Chrony는 NTP 프로토콜을 구현한 서비스로, 빠른 시간 동기화가 필요한 환경에 적합하다.
② Chrony는 기본적으로 chronyd 데몬과 chronyc 클라이언트 명령어로 구성된다.
③ Chrony의 주요 설정 파일은 /etc/chrony.conf 이다.
④ Chrony는 정확한 동작을 위해 TCP/123 포트를 사용하여 시간 동기화를 수행한다.

Chrony도 NTP와 동일하게 UDP 123번 포트를 사용한다.

94 다음 중 Promiscuous Mode(무차별 모드)에 대한 설명으로 가장 적절한 것은?

① Promiscuous Mode는 네트워크 인터페이스가 통과하는 모든 패킷을 수신할 수 있도록 하는 모드로, 스니핑 공격에 사용될 수 있다.
② Promiscuous Mode가 설정되면 네트워크 인터페이스는 스니핑 방지를 위해 패킷을 모두 암호화한다.
③ Promiscuous Mode는 네트워크 인터페이스가 자신에게 목적지가 지정된 패킷만 수신하도록 제한하는 모드이다.
④ Promiscuous Mode는 FTP나 Telnet 프로토콜에서 암호화된 데이터를 전송하기 위한 보안 모드이다.

네트워크 무차별 모드(Promiscuous Mode)는 네트워크 내의 모든 패킷을 확인할 수 있고, 'ifconfig [네트워크 인터페이스 이름] promisc' 명령으로 설정할 수 있다.

95 다음 중 DoS(Denial of Service)공격 유형에 대한 설명으로 적절하지 않은 것은 무엇인가?

① Ping of Death : ICMP 패킷을 정상적인 크기(64K)보다 크게 전송하여 시스템에 문제를 일으키는 공격
② TCP SYN Flooding : TCP의 3-way 핸드셰이킹 연결 방식을 악용한 공격
③ NTP 증폭 공격 : NTP 서비스의 monlist 요청 방식을 악용한 DDoS공격
④ UDP Flooding : IP Fragmentation에 따라 패킷을 재조립할 때 오프셋을 임의로 변조하여 문제를 일으키는 공격

UDP Flooding은 대량의 UDP 패킷을 전송하여 공격 대상의 자원을 소모시키는 공격 기법이다. Teardrop Attack가 IP Fragmentation에 따라 패킷을 재조립할 때 오프셋을 임의로 변조하여 문제를 일으키는 공격으로, 잘못된 오프셋 정보는 재조립 과정에서 과부하를 유발할 수 있다.

96 다음 iptables 명령어의 동작 설명으로 가장 적절한 것은 무엇인가?

```
iptables -A INPUT -p tcp --dport 22 -s
192.168.1.0/24 -j ACCEPT
```

① 192.168.1.0/24 네트워크에서 들어오는 TCP 22번 포트(SSH) 요청을 허용한다.
② 모든 IP로부터 들어오는 SSH 요청을 거부한다.
③ 192.168.1.0/24 네트워크에서 들어오는 모든 프로토콜의 트래픽을 차단한다.
④ 22번 포트에서 발생하는 출력 트래픽을 모두 허용한다.

각 옵션에 대한 해설
해당 명령어는 '192.168.1.0/24 네트워크에서 들어오는 TCP 22번 포트(SSH) 요청을 허용'하는 규칙이다.
• -A INPUT : INPUT 체인에 규칙 추가 (외부에서 들어오는 트래픽 제어)
• -p tcp : 프로토콜 지정 → TCP
• --dport 22 : 대상 포트 → 22번 (SSH 서비스)
• -s 192.168.1.0/24 : 출발지 IP 대역 지정 (192.168.1.0 ~ 192.168.1.255)
• -j ACCEPT : 해당 조건을 만족하는 패킷은 허용

97 다음은 iptables의 주요 특징에 대한 설명이다. ( )에 들어갈 내용으로 가장 적절한 것은?

> • iptables는 리눅스의 (㉠)(이)라고도 하며 (㉡) 필터링 정책을 사용하여 특정 (㉢)을(를) 분석하고 (㉢) 혹은 차단한다.
> • iptables는 커널의 넷필터 모듈을 이용하여 네트워크 패킷을 필터링한다.
> • 규칙은 특정 체인에 삽입되며, 설정된 규칙을 확인하려면 (㉣) 옵션을 사용한다.

① ㉠ 필터 ㉡ 패킷
　㉢ 차단 ㉣ -Z
② ㉠ 방화벽 ㉡ 소켓
　㉢ 허용 ㉣ -P
③ ㉠ 방화벽 ㉡ 패킷
　㉢ 차단 ㉣ -L
④ ㉠ 방화벽 ㉡ 패킷
　㉢ 허용 ㉣ -C

iptables는 리눅스의 방화벽이라고도 하며, 패킷 필터링 정책을 사용하여 특정 패킷을 분석하고 허용하거나 차단한다. 현재 정책 체인 목록을 표시하기 위한 옵션 값으로 -L을 사용한다.

98 다음 중 firewalld에 대한 설명으로 적절하지 않은 것은?

① firewalld는 동적 방화벽 관리 도구로 firewalld 데몬을 다시 실행하지 않고 방화벽 규칙을 변경할 수 있다.
② firewalld는 zone(영역) 기반 정책을 제공하여 네트워크 인터페이스에 보안 수준을 다르게 적용할 수 있다.
③ firewalld는 firewall-cmd 명령어로 제어할 수 있다.
④ firewalld는 커널 모듈 없이 동작하며, netfilter 모듈을 사용하지 않는다.

firewalld도 기존 iptables와 동일하게 netfilter 커널 모듈을 기반으로 동작한다.

99 다음에서 설명하는 DoS 공격 기법으로 가장 적절한 것은?

> 공격 대상에 IP 패킷을 보낼 때 '발신재P', '수신재P'를 모두 공격 대상의 IP로 하여 문제를 일으키게 하는 공격 기법이다.

① Smurf Attack
② Teardrop Attack
③ Land Attack
④ TCP SYN Flooding

오답 피하기
① Smurf Attack : 공격 대상의 IP주소로 위장하고 ICMP Request 패킷을 브로드캐스트를 통해 다수의 시스템에 전송하는 공격 기법
② Teardrop Attack : IP Fragmentation에 따라 패킷을 재조립할 때 오프셋을 임의로 변조하여 문제를 일으키는 공격 기법
④ TCP SYN Flooding : TCP의 3-way 핸드셰이킹 연결 방식을 악용한 공격 기법

100 다음은 Snort Rule 설정의 기본 형식을 보여주는 예시이다. ㉠~㉢에 들어갈 내용으로 가장 적절한 것은?

> 외부에서 내부(192.168.10.0/24) 대역의 80포트(웹서버)로 이동하는 패킷 중 "passwd" 문자열이 포함된 패킷이 발견되면 "passwd detected"라는 alert 메시지를 발생시킨다.
>
> alert (㉠) (㉡) → (㉢) (msg:"passwd detected"; content:"passwd";nocase;sid:1000001;)

	㉠	㉡	㉢
①	TCP	all all	192.168.10.0/24 80
②	HTTP	any all	192.168.0.0 80
③	HTTP	all any	192.168.0.0/80
④	TCP	any any	192.168.10.0/24 80

Snort 룰
• 기본 구조 : 〈동작〉 〈프로토콜〉 〈출발지 IP〉 〈출발지 포트〉 → 〈목적지 IP〉 〈목적지 포트〉 〈옵션〉
• 프로토콜 : TCP(HTTP는 Snort 규칙에서는 직접 사용하지 않음)
• 출발지 IP/포트 : any any(외부 출발지, 포트 제한 없음)
• 목적지 IP/포트 : 192.168.10.0/24 80(내부 네트워크 웹 서버 대상)

해설과 함께 보는 **최신 기출문제 02회**

1급	소요 시간	문항 수	수험번호 : _____
	총 100분	총 100문항	성 명 : _____

---

01 다음 (   ) 안에 포함될 내용으로 가장 적절한 것은 무엇인가?

> 리눅스는 대부분의 코드가 C 언어로 작성되어 있어 다양한 CPU 아키텍처로의 (㉠)(이)가 높고, 리눅스의 소스코드 및 프로그램은 자유롭게 사용, 수정, 배포할 수 있는 (㉡)이다.

① ㉠ 이식성   ㉡ 자유 소프트웨어
② ㉠ 범용성   ㉡ 상용 소프트웨어
③ ㉠ 이식성   ㉡ 상용 소프트웨어
④ ㉠ 범용성   ㉡ 자유 소프트웨어

리눅스는 플랫폼 종속적인 부분을 최소화하여 어셈블리 언어로 작성하고, 나머지 대부분을 C 언어로 구현했기 때문에 다양한 하드웨어에 쉽게 이식할 수 있다. 또한, 리눅스는 소프트웨어의 실행, 복제, 배포뿐만 아니라 소스코드에 대한 학습, 수정, 개선의 자유를 제공하는 자유 소프트웨어이다.

02 다음에서 설명하는 리눅스 운영체제의 기술적인 특징으로 가장 적절한 것은 무엇인가?

> 운영체제의 파일 시스템, 프로세스 관리, 메모리 관리, 입출력 기능 등 핵심 기능을 하나의 커널 공간에서 실행되는 단일 코드 베이스로 통합한 구조를 의미한다.

① 리다이렉션
② 파이프
③ 모노리딕 커널
④ 마이크로 커널

오답 피하기

① **리다이렉션** : 명령어의 입력이나 출력을 파일이나 다른 명령어로 전달하는 기능
② **파이프** : 한 명령의 출력을 다른 명령의 입력으로 연결해 데이터 흐름을 처리하는 방식
④ **마이크로커널** : 운영체제의 핵심 기능을 최소화하고, 나머지 기능을 사용자 공간에서 실행하는 커널 구조

03 다음 중 동일한 계열의 리눅스 배포판으로 묶이지 않은 것은?

① CentOS, Fedora
② Ubuntu, Raspbian
③ Rocky Linux, openSuse
④ 하모니카, 구름OS

Rocky Linux, openSUSE : Rocky Linux는 Red Hat 계열의 배포판이고, openSUSE는 SUSE 계열의 배포판으로 서로 다른 계열이다.

오답 피하기

① CentOS, Fedora : 둘 다 Red Hat 계열의 배포판
② Ubuntu, Raspbian : 둘 다 Debian 기반의 배포판
④ 하모니카, 구름OS : 둘 다 한국에서 개발된 배포판이며, Ubuntu 기반

04 다음 중 LVM(Logical Volume Manager)의 설명으로 틀린 것은?

① 물리적 볼륨을 논리적 볼륨으로 결합하여 저장 공간을 유연하게 관리할 수 있다.
② 디스크를 추가하지 않고도 기존 볼륨의 크기를 동적으로 확장하거나 축소할 수 있다.
③ 디스크 스냅샷 기능을 제공하여 특정 시점의 데이터를 백업할 수 있다.
④ 파일 시스템의 성능을 향상시키기 위한 캐싱 기능을 기본적으로 제공한다.

LVM은 캐싱 기능을 기본적으로 제공하지 않으며, 파일 시스템의 성능 개선보다는 디스크 공간 관리와 관련된 유연성을 제공하는 것이 주요 목적이다.

05 다음 (   ) 안에 들어갈 내용으로 가장 적절한 것은 무엇인가?

리눅스 부팅 시 가장 먼저 실행되어 다른 모든 프로세스의 부모 역할을 하는 프로세스를 (㉠)(이)라고 한다. 현대 리눅스 배포판에서 (㉠)(을)를 대체하며, 병렬 처리를 통해 더 빠른 부팅 속도를 제공하는 시스템 관리 도구는 (㉡)이다.

① ㉠ init   ㉡ systemd
② ㉠ grub   ㉡ systemctl
③ ㉠ bash   ㉡ cron
④ ㉠ init   ㉡ sysV

리눅스에서는 부팅 시 가장 먼저 실행되는 프로세스 관리 시스템으로 전통적으로 init이 사용되었다. 그러나 레드햇 계열 배포판 7 버전 이후에서는 systemd가 이를 대체하여 병렬 처리로 빠른 부팅을 지원한다.

06 다음 중 systemd에서 제공하는 Unit 유형이 아닌 것은?

① Service Unit
② Device Unit
③ Socket Unit
④ Process Unit

systemd에서는 Service Unit, Target Unit, Device Unit, Mount Unit, Path Unit, Socket Unit, Timer Unit 등을 제공한다. 프로세스는 Service Unit에 의해 간접적으로 관리된다고 볼 수 있다.

07 다음 중 GRUB2 패스워드를 잃어버렸을 때 가장 부적절한 대처 방법은 무엇인가?

① BIOS 설정을 초기화하고 리눅스를 재설치한다.
② root 비밀번호를 잃어버리지 않았다면, GRUB 설정을 편집하여 복구할 수 있다.
③ 부팅 시 GRUB 메뉴에서 E 를 눌러 GRUB 설정을 편집한 후, 패스워드를 재설정한다.
④ GRUB 메뉴 접근이 불가하다면 복구 디스크를 통해 부팅한 후 GRUB 설정을 편집한다.

root 비밀번호를 알고 있다면 GRUB 메뉴를 통해 GRUB 설정을 변경하여 패스워드를 재설정할 수 있다. root 비밀번호 마저 잃어버렸다면 복구 디스크를 통해 GRUB 설정 편집을 시도해야 한다. BIOS 설정 초기화 및 리눅스 재설치는 불필요한 방법이다.

08 systemd를 사용하여 전원 관리하는 명령이 아닌 것은?

① systemctl halt
② systemctl reboot
③ systemctl status
④ systemctl hibernate

systemctl status는 특정 서비스나 시스템의 현재 상태를 확인하는 명령어로, 전원 관리와는 관련이 없다. 반면, halt, reboot, hibernate는 각각 시스템 종료, 재부팅, 절전 모드로 전환하는 전원 관리 명령어이다.

09 다음 (　　　) 안에 들어갈 내용으로 가장 적절한 것은 무엇인가?

> (　　　)은는 실제 파일과 디렉터리의 데이터 위치를 알고 있는 자료구조이다. (　　　)은는 파일 권한, 하드링크 수, 소유자 id, 파일 크기, 마지막 접근시간 등의 정보를 담고 있다.

① 블록 그룹
② 부트 섹터
③ 아이노드
④ 슈퍼 블록

오답 피하기

① 블록 그룹 : 대형 파일 시스템을 더 작은 그룹으로 나누어 관리하기 위한 구조로, 각 그룹은 슈퍼 블록, 그룹 디스크립터 테이블, 데이터 블록, 아이노드 테이블 등을 포함
② 부트 섹터 : 디스크의 첫 번째 섹터로, 운영체제를 부팅하기 위한 정보를 포함
④ 슈퍼 블록 : 파일 시스템의 크기, 빈 블록 수, 사용된 블록 수 등의 블록 그룹의 전체적인 정보를 저장

10 다음 중 X 윈도우의 설명 중 틀린 것은?

① 서버 클라이언트 구조를 기반으로 X 프로토콜을 통해 플랫폼 종속적 GUI 환경을 구현한다.
② X 서버는 키보드, 마우스, 화면과 같은 실제 장치와 직접 통신을 수행하고 관리한다.
③ X 클라이언트는 Xlib을 사용하여 작성된 응용 프로그램이다.
④ X 서버와 X클라이언트가 정보를 주고받기 위해 X프로토콜을 사용한다.

X 윈도우 시스템은 플랫폼 독립적인 GUI 환경을 제공한다. 즉, X 프로토콜을 통해 특정 플랫폼에 종속되지 않고, 다양한 운영체제에서 사용할 수 있는 범용적인 그래픽 시스템을 구현한다.

11 다음 (　　) 안에 들어갈 내용으로 알맞은 것은?

```
[ihd@www ~] (      ) HOME
/home/ihd
```

① printenv
② echo
③ cat
④ env

printenv를 사용하면 환경변수의 내용을 조회할 수 있다. echo 명령어도 환경변수를 조회할 수 있다. 하지만 $HOME과 같이 환경변수를 의미하는 '$'를 변수 이름 앞에 붙여 줘야 한다.

12 다음 중 셸의 메타문자가 아닌 것은?

① 〉〉
② *
③ | |
④ %

셸 메타문자는 셸에서 특별한 의미를 가지는 문자로, 명령어 입력 시 해석을 달리하여 명령어 실행에 영향을 준다.

오답 피하기

① 〉〉: 리다이렉션을 통해 출력을 파일에 추가하는 메타문자
② * : 와일드카드로, 파일 이름 패턴에서 모든 문자를 의미하는 메타문자
③ || : 논리 OR 연산자로, 첫 번째 명령이 실패하면 두 번째 명령을 실행하는 메타문자

13 kill 명령어에 대한 설명으로 틀린 것은?

① SIGKILL과 같은 특정 시그널을 다른 프로세스에게 전달할 수 있다.
② root 사용자만이 다른 사용자가 생성한 프로세스를 kill할 수 있다.
③ root 사용자만이 사용자가 직접 생성한 프로세스를 kill할 수 있다.
④ −l 옵션을 통해 리눅스가 제공하는 시그널 목록을 확인할 수 있다.

사용자는 자신이 생성한 프로세스를 직접 kill할 수 있다. 그러나 다른 사용자가 생성한 프로세스나 시스템 프로세스를 종료하려면 root 권한이 필요하다.

14 다음 중 좀비 프로세스에 대한 설명으로 가장 적절한 것은?

① 좀비 프로세스는 메모리와 CPU 자원을 계속해서 소비하는 프로세스이다.
② 좀비 프로세스는 부모 프로세스가 종료될 때 자동으로 사라진다.
③ 좀비 프로세스는 실행이 완료되었지만, 부모 프로세스가 종료 상태를 수거하지 않아 남아 있는 프로세스이다.
④ 좀비 프로세스는 kill 명령어로 쉽게 종료할 수 있다.

좀비 프로세스는 자식 프로세스가 실행을 완료했으나, 부모 프로세스가 자식의 종료 상태를 수거하지 않아 프로세스 테이블에 남아 있는 상태이다. 좀비 프로세스는 CPU와 메모리 자원을 소모하지 않지만, 프로세스 테이블의 엔트리를 차지한다. 또한 kill 명령어로 직접 종료할 수는 없다.

15 다음 중 셸 스크립트에서 위치 매개변수에 대한 설명으로 틀린 것은?

① $0은 현재 실행 중인 스크립트의 이름을 나타낸다.
② $1, $2 등은 스크립트 실행 시 전달된 인자(Argument)를 나타낸다.
③ $#은 스크립트에 전달된 인자의 총 개수를 나타낸다.
④ $*은 인자를 배열로 처리하여 개별 인자를 나눠 출력한다.

'$*'는 인자 전체를 하나의 문자열로 처리하며, 개별 인자 사이에 구분자를 추가하지 않고 출력한다. 인자를 각각 나누어 출력하려면 '$@'를 사용해야 한다.

16 TCP/IP의 4가지 계층에 대한 설명이다. ( ) 안에 들어갈 알맞은 항목은?

> - (㉠) : 데이터가 물리적으로 네트워크로 전송
> - (㉡) : 네트워크 간 패킷의 라우팅
> - (㉢) : 데이터의 신뢰성 있는 전송
> - (㉣) : 어플리케이션과 사용자의 상호 작용

① ㉠ 물리 계층
  ㉡ 데이터링크 계층
  ㉢ 전송 계층
  ㉣ 응용 계층

② ㉠ 네트워크 액세스 계층
  ㉡ 인터넷 계층
  ㉢ 전송 계층
  ㉣ 응용 계층

③ ㉠ 네트워크 액세스 계층
  ㉡ 데이터링크 계층
  ㉢ 전송 계층
  ㉣ 응용 계층

④ ㉠ 네트워크 액세스 계층
  ㉡ 인터넷 계층
  ㉢ 프리젠테이션 계층
  ㉣ 응용 계층

TCP/IP는 네트워크 액세스 계층, 인터넷 계층, 전송 계층, 응용 계층의 4가지 계층으로 구성된다.

17 다음 중 특수 목적 IP 주소에 대한 설명으로 틀린 것은?

① 127.0.0.1은 루프백 주소로, 자신의 컴퓨터를 가리키며 네트워크 인터페이스를 거치지 않고 내부에서 통신할 때 사용된다.

② 169.254.0.0 ~ 169.254.255.255는 APIPA 범위로, DHCP 서버로부터 IP 주소를 받지 못할 경우 자동으로 할당되는 IP 주소 범위이다.

③ 255.255.255.255는 브로드캐스트 주소로, 네트워크의 모든 호스트에게 데이터를 전송할 때 사용된다.

④ 192.168.0.0 ~ 192.168.255.255는 사설 IP 주소 범위로, 인터넷에서 직접 사용된다.

192.168.0.0 ~ 192.168.255.255 는 사설 IP 주소 범위로, 인터넷에서 직접 사용되지 않고 내부 네트워크 구축시 사용된다.

18 다음 ( ) 안에 들어갈 내용을 순서대로 나열한 것은?

> IP가 192.168.123.132/26 의 서브넷 마스크는 (   )이고 네트워크 주소는 (   )이다. 실제 사용 가능한 호스트의 수는 (   )개이다.

① 255.255.255.240, 192.168.123.128, 14
② 255.255.255.192, 192.168.123.128, 62
③ 255.255.255.224, 192.168.123.0, 30
④ 255.255.255.248, 192.168.123.64, 6

/26은 네트워크 주소가 26비트이고 호스트 주소가 6비트임을 암시한다. 따라서 서브넷 마스크는 255.255.255.192가 되고 네트워크 주소는 192.168.123.128이 된다. 호스트 주소가 6비트이므로 2^6 = 64개의 주소 중 네트워크 주소와 브로드캐스트 주소를 제외한 62개의 호스트가 가능하다.

19 ip 명령어에 대한 설명 중 틀린 것은?

① ifconfig 명령어를 대체할 수 있는 명령어이다.

② 네트워크 인터페이스에 IP를 할당하거나 제거할 수 있다.

③ 네트워크 인터페이스를 활성화하거나 비활성화할 수 있다.

④ 라우팅 정보를 출력하기 위해서는 ip 명령어 대신 route 명령어를 사용해야 한다.

ip route 명령어를 사용하여 라우팅 정보를 출력하거나 수정할 수 있다. route 명령어는 이전의 명령어이며, 현대 시스템에서는 ip route가 이를 대체할 수 있다.

20 다음 설명에 해당하는 명령어로 알맞은 것은?

네트워크 장애 분석을 위하여 패킷이 어떤 경로로 전송되는지 추적하기 위한 명령어이다.

① traceroute

② netstat

③ mii-tool

④ dig

오답 피하기

② netstat : 네트워크 연결, 라우팅 테이블, 인터페이스 통계 등을 보여 주는 명령어

③ mii-tool : 네트워크 인터페이스의 링크 상태를 확인하고 설정하는 도구

④ dig : DNS 서버에서 호스트 이름을 IP 주소로 변환하거나, 도메인 네임 정보를 확인하는 명령어

2과목 **리눅스 시스템 관리**

21 다음 중 리눅스의 루트 계정 관리 방안에 대한 설명으로 틀린 것은?

① root 권한이 필요할 때 root 사용자로 로그인하는 것보다 sudo 명령어를 통해 임시로 권한을 획득하여 명령어를 실행한다.

② /etc/passwd 파일을 조사하여 UID 의 설정이 0인 복수의 사용자가 있는지 점검한다.

③ 환경 변수 TMOUT 설정을 하여 자동 로그아웃이 되도록 한다.

④ 모든 관리 작업을 root 계정으로 수행하는 것이 보안상 유리하다.

일반 사용자 권한으로 가능한 작업은 해당 권한으로 수행하고, 반드시 root 권한이 필요한 경우에만 sudo를 사용하는 것이 보안상 유리하다.

22 다음 설명과 같은 상황에서 사용자 계정을 관리하는 방안과 가장 거리가 먼 것은?

운영팀에 새로 입사한 인턴은 3개월 간 근무를 한다. 인턴은 3개월간 시스템에 로그인하여 백업이 잘되는지 모니터링하는 업무를 수행한다.

① 사용자 계정을 추가 시 useradd -e 명령어를 사용한다.

② 사용자의 그룹은 운영팀으로 지정하고 적절한 권한을 부여한다.

③ passwd -e 명령어를 사용하여 사용자가 다음 로그인시 패스워드를 직접 변경하도록 유도한다.

④ 3개월 이후 사용자 계정이 만료되도록 chage -e 명령어를 사용한다.

계정 만료 후 패스워드가 비활성화 될 때까지 유예기간을 설정하는 명령어는 chage -E이다. chage -e 명령어는 존재하지 않는다. 참고로, useradd -e 명령어를 통해 사용자 계정을 생성하면서 만료일을 동시에 설정할 수 있다.

23 다음은 특정 파일의 내용을 출력한 결과이다. 이 파일을 출력하는 명령어로 알맞은 것은 무엇인가?

[root@www ~] #
root:6D2v/NwzEl6u9nOvL$oNSNUZZPaO
UXGD8Mmx6/6BfbcKuGRM::0:99999:7:::
bin:*:19326:0:99999:7:::
daemon:*:19326:0:99999:7:::
adm:*:19326:0:99999:7:::
lp:*:19326:0:99999:7:::
sync:*:19326:0:99999:7:::
shutdown:*:19326:0:99999:7:::
halt:*:19326:0:99999:7:::
mail:*:19326:0:99999:7:::
(중간 생략)
[root@www ~] #

① cat /etc/shadow
② cat /etc/passwd
③ cat /etc/gshadow
④ cat /etc/group

/etc/shadow 파일은 사용자의 암호화된 비밀번호 및 패스워드 정책 관련 정보를 저장하는 파일이다. 파일은 총 9개의 필드로 구성되어 있으며, 각 필드는 다음과 같다.
- **암호화된 패스워드** : 실제 암호화된 사용자 비밀번호
- **마지막 변경일** : 패스워드가 마지막으로 변경된 날짜
- **최소 사용 일수** : 패스워드를 변경할 수 있는 최소 일수
- **최대 사용 일수** : 패스워드가 유효한 최대 일수
- **경고 기간** : 패스워드 만료 전에 경고하는 기간
- **비활성화 기간** : 패스워드 만료 후 계정을 비활성화하기까지의 기간
- **만료일** : 계정이 만료되는 날짜
- **예약** : 예약 필드로 현재는 사용되지 않는다.

24 리눅스에서 newgrp 명령어의 역할과 관련된 설명 중 가장 적절한 것은 무엇인가?

① 현재 세션에서 새로운 그룹을 생성하는 명령어이다.
② 현재 사용자의 기본 그룹을 변경하여, 새로운 그룹의 권한을 적용받는 명령어이다.
③ 시스템에 등록된 모든 그룹을 출력하는 명령어이다.
④ 사용자의 그룹 목록을 /etc/group 파일에 저장하는 명령어이다.

newgrp 명령어는 사용자가 현재 세션에서 다른 그룹으로 전환하여 해당 그룹의 권한을 일시적으로 적용 받도록 하는 명령어이다.

25 다음 명령어 중 성격이 다른 하나는 무엇인가?

① grpck
② login
③ su
④ ls

ls는 파일을 관리하는 명령어로 파일 및 디렉토리의 목록과 정보를 조회한다. 나머지 gprck, login, su는 사용자와 그룹 관리와 관련된 명령어이다.

오답 피하기
① grpck : 그룹 파일의 무결성을 검사하는 명령어
② login : 사용자가 시스템에 로그인할 때 사용하는 명령어
③ su : 다른 사용자 계정으로 전환하는 명령어

26 다음 명령어의 실행결과로 알 수 있는 내용으로 틀린 것은 무엇인가?

```
$ ls -l /usr/sbin/adduser
lrwxrwxrwx. 1 root root 7 Oct  1  2022 /usr/
sbin/adduser -> useradd
```

① 일반사용자에게 useradd 파일을 실행할 권한이 없다.
② root 그룹의 사용자는 adduser 파일에 대한 읽기 권한이 존재한다.
③ adduser 파일의 소유자는 root이다.
④ adduser 파일을 실행하면 useradd 명령어가 실행된다.

/usr/sbin/adduser는 심볼릭 링크 파일로, 모든 사용자에게 읽기, 쓰기, 실행 권한을 부여하고 있다. 그러나 이 명령어가 가리키고 있는 실제 파일 useradd의 실행 권한은 해당 출력 결과만으로는 확인할 수 없다. 심볼릭 링크 자체의 권한과 실제 파일의 권한은 별도로 관리되므로 useradd 파일의 권한을 추가로 확인해야 한다.

27 다음 명령어의 수행과 실행 결과에서 (   )에 들어갈 값은 무엇인가?

```
$ umask (      )
$ touch myfile
$ ls -l myfile
-rw-r--r--. 1 francis francis 0 Sep 19
15:39 myfile
```

① 0022
② 0033
③ 0644
④ 0666

---

umask는 파일을 생성할 때 기본 권한에서 차감되는 값을 의미한다. 파일의 기본 생성 권한은 0666이다. myfile이 생성된 후 0644 권한이 부여되었으므로, umask 값은 0022가 되어야 한다.

28 다음 명령어의 수행과 수행 결과에 대한 설명 중 틀린 것은?

```
$ ls -ld /tmp
drwxrwxrwt. 18 root root 4096 Sep 19 15:58 /
tmp
```

① /tmp 는 디렉터리이다.
② 누구나 /tmp 디렉터리에 파일을 생성할 수 있다.
③ 모든 사용자는 /tmp 디렉터리에서 다른 사용자가 생성한 파일을 삭제할 수 있다.
④ 디렉터리 자체의 정보를 출력하기 위해 -d 옵션을 사용한다.

/tmp 디렉터리는 스티키 비트(t)가 설정되어 있어, 모든 사용자가 파일을 생성할 수 있지만, 자신이 생성한 파일만 삭제할 수 있다. 다른 사용자가 생성한 파일은 삭제할 수 없다.

29 다음 실행 결과의 상황에서 디렉터리 dir1을 삭제하는 방법으로 적절한 것은 무엇인가?

```
$ ls -lR
.:
total 0
drwxrwxr-x. 3 francis francis 18 Sep 19
16:57 dir1
./dir1:
total 0
 drwxrwxr-x. 2 francis francis 6 Sep 19
16:57 dir2
./dir1/dir2:
 total 0
```

① rmdir dir1
② rm -f dir1
③ rmdir -p dir1/dir2
④ rmdir -rf dir1

---

rmdir 명령어는 비어 있는 디렉터리만 삭제할 수 있다. rmdir -p 명령어는 경로에 있는 비어 있는 하위 디렉터리부터 상위 디렉터리까지 순차적으로 삭제한다. 따라서 dir2가 비어 있으므로, 이 명령어로 dir2와 dir1을 삭제할 수 있다.

30 다음 중 스왑(Swap)과 관련된 설명으로 틀린 것은 무엇인가?

① Swapon 명령어를 사용하여 활성화된 스왑 공간을 확인할 수 있다.
② swapoff 명령어는 스왑 공간을 비활성화하는 데 사용된다.
③ 스왑 공간은 메모리가 부족할 때 디스크의 일부를 메모리처럼 사용하는 영역이다.
④ 스왑 공간은 항상 물리적 메모리보다 우선적으로 사용된다.

스왑 공간은 물리적 메모리가 부족할 때 사용되며, 물리적 메모리보다 우선적으로 사용되지 않는다. 메모리가 부족할 때만 디스크의 일부를 메모리처럼 사용하는 영역이다. swapon 명령어는 활성화된 스왑 공간을 확인하는 데 사용되며, swapoff 명령어는 스왑 공간을 비활성화하는 데 사용된다.

31 다음 (   ) 안에 들어갈 내용으로 알맞은 것은?

(㉠) 명령어는 현재 실행 중인 백그라운드 작업 목록을 표시하고, 포어그라운드에서 중지된 작업을 (㉡) 명령어로 백그라운드에서 다시 실행할 수 있다.

① ㉠ fg   ㉡ bg
② ㉠ jobs   ㉡ fg
③ ㉠ jobs   ㉡ bg
④ ㉠ ps   ㉡ bg

오답 피하기

ps는 프로세스 목록을 출력하는 명령어로, 백그라운드 작업에 특화된 명령어가 아니며 fg는 백그라운드 작업을 포어그라운드로 가져오는 명령어이므로 적절하지 않다.

32 다음 중 nohup 명령어에 대한 설명으로 올바르지 않은 것은 무엇인가?

① nohup 명령어는 터미널 세션이 종료된 후에도 프로세스를 계속 실행할 수 있게 한다.
② nohup 명령어를 사용하면 기본적으로 nohup.out 파일에 출력이 저장된다.
③ nohup 명령어는 프로세스를 백그라운드에서 자동으로 실행한다.
④ nohup 명령어는 시스템이 종료되면 해당 프로세스도 종료된다.

nohup 명령어는 터미널 세션이 종료되더라도 프로세스를 계속 실행하게 하지만, 자동으로 백그라운드 실행을 수행하지는 않는다. 백그라운드에서 실행하려면 명령어 뒤에 &를 추가해야 한다.

33 다음 실행 결과와 관련된 설명으로 틀린 것은?

```
$ ls -l /etc/at.*
-rw-r--r--. 1 root root 1 Sep 29  2022 /
etc/at.deny
$ cat /etc/at.deny

$
```

① /etc/at.allow와 /etc/at.deny 환경 설정 파일을 통해 일반 사용자가 at 명령어를 사용하거나 불가하게 설정할 수 있다.
② /etc/at.deny 설정 파일은 root 사용자만 수정할 수 있다.
③ /etc/at.allow 파일이 존재하지 않으므로 일반 사용자는 at 명령어를 사용할 수 없다.
④ /etc/at.deny 설정 파일에 지정된 사용자가 없다.

/etc/at.allow 파일이 존재하지 않는 경우, 기본적으로 /etc/at.deny 파일을 참조하여 at 명령어 사용이 제한된다. 만약 /etc/at.deny 파일도 비어 있으면, 모든 사용자가 at 명령어를 사용할 수 있다.

34 다음 ( ) 안에 들어갈 수 있는 명령어로 알맞은 것은?

```
# ( ) nano*
```

① kill
② pkill
③ bg
④ killall

pkill은 주어진 정규 표현식에 부합하는 프로세스를 찾아 종료한다. 따라서 nano*와 같은 패턴을 사용해 nano로 시작하는 모든 프로세스를 종료할 수 있다.

오답 피하기

① kill : 프로세스 ID(PID)를 대상으로 함
③ bg : 잡 ID를 대상으로 함
④ killall : 프로세스 이름을 기반으로 작동하지만, 정규 표현식을 지원하지 않기 때문에 적절하지 않음

35 다음 /proc 디렉터리에 대한 설명 중 틀린 것은?

① /proc은 시스템의 다양한 정보를 제공하며 디스크에 물리적으로 존재하는 디렉터리이다.
② 실행 중인 프로세스의 명령줄 인자, 작업 디렉터리, 환경변수 등 세부 정보를 포함하고 있다.
③ 프로세스에 대한 정보 외에도 시스템의 CPU, 장치, 파일시스템 등의 정보도 포함한다.
④ /proc/self/maps를 열람하면 현재 프로세스의 메모리 맵을 확인할 수 있다.

/proc 디렉터리는 가상 파일 시스템으로, 디스크에 물리적으로 저장된 파일이 아닌 메모리 상에서 동적으로 생성된 파일들로 구성된다. 이 디렉터리는 프로세스와 시스템 정보를 실시간으로 제공하며, 프로세스별 정보 및 CPU, 메모리 등 시스템 자원에 대한 정보를 포함하고 있다.

36 다음 패키지 관리 도구 중 다른 역할을 하는 하나를 고르시오.

① yum
② apt
③ rpm
④ zipper

yum, apt, zypper는 모두 고수준의 패키지 관리 도구로, 패키지 의존성을 자동으로 해결하고, 패키지 저장소를 통해 패키지를 관리할 수 있다. 반면, rpm은 저수준의 패키지 관리 도구로 개별 패키지를 설치, 삭제하거나 정보 확인만을 수행하며 의존성 해결을 자동으로 처리하지 않는다.

37 다음 중 rpm 명령어의 패키지 검증과 관련된 설명으로 틀린 것은?

① rpm −V 명령어는 패키지 파일의 무결성을 검증하는 데 사용된다.
② 검증 결과에서 '5'는 다이제스트(해시값)에 문제가 있음을 나타낸다.
③ 검증 결과에서 'S'는 파일의 소유권(Ownership)과 관련된 문제가 있음을 나타낸다.
④ 검증 결과가 아무것도 출력되지 않으면 해당 패키지는 정상임을 의미한다.

검증 결과에서 'S'는 파일크기가 다름을 의미한다. 'U'는 파일의 소유권이 문제가 있음을 나타낸다.

38 다음 (   ) 안에 들어갈 수 없는 명령어는 무엇인가?

> # yum (   ) mariadb

① install
② remove
③ update
④ clean

clean 옵션은 패키지 캐시 또는 메타데이터를 정리하는 명령어로, 특정 패키지와 관련된 명령어가 아니다.

39 다음 중 tar 또는 tar.gz 파일이 정상적으로 생성되었는지 검증하는 방법으로 올바른 것은?

① tar −tvf archive.tar 명령어를 사용하여 tar 파일의 해시값을 확인하여 무결성을 확인한다.
② tar −xvf archive.tar 명령어로 tar 파일을 실제로 추출하여 파일들이 정상적으로 해제되는지 확인한다.
③ gunzip −t archive.tar.gz 명령어를 tar.gz 파일을 실제로 추출하여 파일들이 정상적으로 해제되는지 확인한다.
④ tar −cvf archive.tar 명령어로 tar 파일의 내부 파일 목록을 확인한다.

오답 피하기
① tar −tvf : tar 파일의 내부 파일 목록을 확인할 수 있어 간접적으로 파일이 정상적으로 생성되었는지 확인할 수 있음
③ gunzip : 직접적으로 무결성을 체크할 수 있는 −t 옵션을 제공
④ tar −cvf : tar를 생성하는 역할을 수행

40 다음 실행 결과에 해당하는 명령어로 알맞은 것은?

> #
> 893 libs found in cache '/etc/ld.so.cache'
>   p11−kit−trust.so (libc6,x86−64) =>
>   /lib64/p11−kit−trust.so
>   libzstd.so.1 (libc6,x86−64) => /lib64/libz-
>   std.so.1
>   libzhuyin.so.13 (libc6,x86−64) => /lib64/
>   libzhuyin.so.13
>   libz.so.1 (libc6,x86−64) => /lib64/libz.so.1
>   libyelp.so.0 (libc6,x86−64) => /lib64/lib-
>   yelp.so.0
>   libyaml−0.so.2 (libc6,x86−64) => /lib64/
>   libyaml−0.so.2
>   libyajl.so.2 (libc6,x86−64) => /lib64/
>   libyajl.so.2
>   libxtables.so.12 (libc6,x86−64) =>
>   /lib64/libxtables.so.12
> #

① rpm −i
② yum install
③ ldd −v
④ ldconfig − p

ldconfig는 시스템의 공유 라이브러리의 캐시를 관리하는 역할을 수행한다. 특히 −p 옵션은 시스템의 라이브러리 캐시에 등록된 라이브러리 목록과 경로를 출력하는 명령어이다. 주어진 출력은 /etc/ld.so.cache에 저장된 라이브러리 목록을 보여 주고 있다.

41 다음 ( ) 안에 올 수 있는 명령어는?

```
$ (     )
5.15.0-60-generic
$
```

① uname -a
② uname -s
③ uname -r
④ uname - v

-r 옵션은 커널의 정식 버전번호를 출력하여 어떤 커널 릴리스를 사용하고 있는지 명확하게 알려 준다.

오답 피하기

① -a 옵션 : 관련 모든 정보를 출력
② -s 옵션 : 커널이름을 출력
④ -v 옵션 : 커널이 빌드된 날짜 및 빌드 번호 등 커널 컴파일과 관련된 정보를 출력

42 다음에서 상황에서 가장 먼저 사용할 수 있는 적절한 명령어는 무엇인가?

리눅스 커널을 컴파일할 때 필요한 모듈을 선택하고, 필요한 환경 설정을 완료하였다. 그리고 커널 컴파일 또한 이상 없음을 확인하였다. 이제 이러한 설정을 유지한 채 초기 상태에서 커널을 다시 컴파일하려고 한다.

① make clean
② make mrproper
③ make distclean
④ make config

오답 피하기

② make mrproper : make clean의 동작을 하면서 커널 환경 설정까지 모두 정리
③ make distclean : make mrproper의 동작을 하면서 추가로 백업 및 패치 파일도 모두 제거
④ make config : 커널 설정을 새로 구성하거나 수정하는 명령어로, 커널 컴파일 전 초기 상태로 만드는 과정과는 무관함

43 모듈 간의 의존성을 고려하여 모듈을 언로드할 수 있는 명령어는 무엇인가?

① rmmod
② modprobe
③ insmod
④ lsmod

modprobe -r은 지정한 모듈을 제거할 때, 해당 모듈에 의존하는 다른 모듈도 함께 제거한다.

오답 피하기

① rmmod : 모듈을 제거하는 기능은 있지만, 의존성이 있는 모듈이 있을 경우 제거에 실패함
③ insmod : 모듈을 커널에 로드하는 명령어이
④ lsmod : 현재 커널에 로드된 모듈의 목록과 정보를 출력하는 명령어

44 다음 파일을 생성할 수 있는 명령어는 무엇인가?

```
$
kernel/drivers/net/ethernet/e1000e/e1000e.
ko: kernel/net/core/libphy.ko
kernel/drivers/net/ethernet/mii.ko
kernel/drivers/scsi/scsi_mod.ko: kernel/
drivers/scsi/scsi_common.ko
kernel/fs/nfs/nfs.ko: kernel/fs/lockd/lockd.ko
kernel/fs/sunrpc/sunrpc.ko
kernel/net/ipv4/tcp_cubic.ko: kernel/net/
ipv4/tcp_cong.ko
kernel/drivers/input/serio/i8042.ko:
```

① lsmod
② modprobe
③ modinfo
④ depmod

depmod는 모듈 간 의존성 정보를 분석하여 modules.dep 파일을 생성하는 명령어이다.

45 다음은 커널 컴파일 과정의 일부이다. 커널 컴파일 과정 순서로 알맞은 것은?

> 가. make install
> 나. make menuconfig
> 다. make bzImage
> 라. make modules

① 나 → 다 → 라 → 가
② 가 → 나 → 다 → 라
③ 나 → 라 → 다 → 가
④ 라 → 다 → 가 → 나

커널 컴파일을 시작하기 전에 커널 설정을 구성하고, 부팅 가능한 커널 이미지를 생성한다. 그리고 커널 외부에서 동적으로 로드할 모듈을 컴파일하고 최종적으로 생성된 커널 이미지와 모듈을 시스템에 설치한다.

46 다음은 하드디스크를 새로 장착한 후, 시스템에 마운트하기까지의 과정이다. 올바른 순서를 고르시오.

> 가. mount /dev/sd5 /mnt
> 나. fdisk -l
> 다. mkfs.ext4 /dev/sdb5
> 라. fdisk /dev/sdb

① 나 → 다 → 라 → 가
② 가 → 나 → 다 → 라
③ 나 → 라 → 다 → 가
④ 라 → 다 → 가 → 나

리눅스 시스템에서 하드디스크를 새로 장착한 후, 확인 → 파티션 생성 → 포맷 → 마운트 순서로 작업이 진행된다.

47 다음 중 CUPS(Common Unix Printing System)와 관련이 없는 항목은 무엇인가?

① cupsd
② lpadmin
③ ppd
④ fstab

fstab은 파일 시스템의 마운트 정보를 포함하는 환경설정 파일이다.

오답 피하기

① cupsd : CUPS의 데몬으로, 프린트 요청을 관리하고 처리하는 핵심 서비스
② lpadmin : CUPS에서 프린터를 관리하는 명령어로, 프린터 추가, 제거, 속성 설정을 할 수 있음
③ ppd(PostScript Printer Description) : 프린터 모델의 기능과 옵션을 설명하는 환경설정 파일

48 다음 중 리눅스에서 프린터 작업의 대기열 상태 조회와 관련이 없는 것은 무엇인가?

① lpstat
② lpc
③ lpq
④ lpr

lpr은 프린터 작업을 전송하는 명령어로 대기열 상태 조회와는 관련이 없다.

오답 피하기

① lpstat : 프린터와 관련된 상태 정보 및 대기열 상태를 조회하는 명령어
② lpc : LPD(Linux Printing Daemon) 관리 명령어로, 대기열의 상태 정보를 관리할 수 있지만 CUPS에서는 대기열의 상태 정보만 한정적으로 제공함
③ lpq : 프린터 대기열 상태를 확인하는 명령어로, 현재 대기 중인 프린터 작업 목록을 조회할 수 있음

49 다음 중 ALSA(Advanced Linux Sound Architecture)가 제공하는 기능으로 올바르지 않은 것은 무엇인가?

① 하드웨어 기반 MIDI 합성 기능
② 다중 채널 하드웨어 믹싱
③ 사운드 카드 자동 인식
④ 반이중(Half-duplex) 입출력 기능

ALSA는 전이중(Full-duplex) 오디오 입출력을 지원하며, 동시에 오디오의 입력과 출력을 처리할 수 있다.

50 리눅스에서 이미지 스캔을 수행하는 명령어를 고르시오.

① sane-find-scanner

② scanimage

③ scanadf

④ xsane

---

scanimage는 이미지 스캔을 수행하는 대표적인 명령어이다.

오답 피하기

① sane-find-scanner : 스캐너 장치를 탐지하는 명령어로, 스캔을 직접 수행하지는 않음
③ scanadf : ADF(Automatic Document Feeder)를 사용하는 스캐너에서 여러 장의 문서를 자동으로 스캔하는 명령어
④ xsane : GUI 기반의 스캔 프로그램으로, 명령어가 아닌 그래픽 프로그램

51 다음 설명에 해당하는 로그 파일로 알맞은 것은?

> 로그인 실패 기록을 보관하는 바이너리 형식의 로그 파일로, lastb 명령어로 확인할 수 있다.

① /var/log/wtmp

② /var/log/btmp

③ /var/log/utmp

④ /var/log/xtmp

오답 피하기

① /var/log/wtmp : 로그인 및 로그아웃 기록을 보관
③ /var/log/utmp : 현재 로그인한 사용자 정보를 기록
④ /var/log/xtmp : 존재하지 않는 파일

52 다음 조건에 해당하는 로그 파일 설정으로 알맞은 것은?

> 가. mail 서비스가 발생하는 로그 중 디버그 (Debug) 메세지 이상의 로그를 기록 한다.
> 나. 커널 관련 로그는 경고(Warning) 수준 이상의 로그를 기록한다.

① mail.debug; kern.warning

② mail.=debug; kern.warning

③ mail.debug; kern.warning

④ mail.=debug; kern.=warning

'.' 은 지정한 수준 이상의 로그를 기록함을 의미하며, '.='은 지정한 수준의 로그만 기록함을 의미한다.

53 다음 상황에서 사용할 수 있는 적절한 명령어는 무엇인가?

> 리눅스 시스템에서 로그 파일을 저장할 수 있는 공간에 제약이 있다. 저장공간의 한계로 오래된 로그는 삭제되어도 무방하다.

① logrotate

② journalctl

③ dmesg

④ truncate

오답 피하기

② journalctl : 저널 형식으로 보관된 systemd의 로그를 조회하는 명령어
③ dmesg : 커널 메시지를 출력하는 명령어
④ truncate : 특정 크기의 파일을 만드는 명령어

54 다음 중 rsyslog 명령어에 대한 설명으로 틀린 것은?

① rsyslog는 시스템 로그 메시지를 수집하고 저장하는 데 사용된다.
② rsyslog는 원격 서버로 로그를 전송할 수 있다.
③ rsyslog는 로그 메시지에 따라 다양한 처리 규칙을 설정할 수 있다.
④ rsyslog의 환경설정 파일은 /var/log이다.

rsyslog의 환경설정 파일은 /etc/rsyslog.conf이다.

55 다음 (   )에 알맞은 내용은 무엇인가?

sysctl 명령어를 사용해 커널 매개변수를 동적으로 변경할 수 있지만, 시스템이 재부팅되면 설정이 초기화된다. 이를 영구적으로 적용하려면 (   ) 파일의 수정이 필요하다.

① /etc/sysctl.conf
② /etc/fstab
③ /etc/rsyslog.conf
④ /etc/crontab

오답 피하기
② /etc/fstab : 파일 시스템 마운트와 관련된 설정 파일
③ /etc/rsyslog.conf : 로그 관리 설정 파일
④ /etc/crontab : 크론 작업을 관리하는 설정 파일

56 리눅스 시스템의 보안을 강화하는 방법으로 성격이 다른 것은?

① 불필요한 네트워크 서비스를 종료한다.
② 방화벽 설정을 통해 외부 접근을 제한한다.
③ 루트 사용자 계정을 직접 사용하여 원격 접속을 제한한다.
④ 지문 인식을 통한 출입문 인증을 강화한다.

④는 물리적 보안에 해당하며, 시스템 외부에서의 접근 제어와 관련이 있다.

오답 피하기
①·②·③은 리눅스 시스템 내부의 보안을 강화하는 기술적 방법이다.

57 다음 설명과 관련 있는 명령어는 무엇인가?

리눅스의 기본 허가권은 소유자, 그룹, 다른 사용자에 대하여 지정할 수 있다. 이 한계를 극복하기 위해 파일이나 디렉터리 접근에 대한 세밀한 권한을 부여하는 보안 통제 기능이다.

① umask
② setfacl
③ chmod
④ chown

파일 접근 제어 목록(ACL)을 설정하는 명령어로, 파일 및 디렉터리에 대한 읽기, 쓰기, 실행 권한을 부여할 수 있다.

58 SYN_FLOODING 공격을 방어하기 위한 방법으로 올바른 것은?

① /proc/sys/net/ipv4/tcp_timestamps 를 0으로 설정
② /proc/sys/net/ipv4/tcp_syncookies를 1로 설정
③ /proc/sys/net/ipv4/icmp_echo_ignore_all 를 1로 설정
④ /proc/sys/net/ipv4/icmp_echo_ignore_broadcasts를 1로 설정

tcp_syncookies 설정은 SYN Flooding 공격을 방어하기 위해 SYN 쿠키를 활성화하는 설정이다. 이는 SYN 패킷이 과도하게 발생할 때 시스템 자원을 보호하는 효과가 있다.

59 다음 중 SELinux의 동작모드가 아닌 것은?

① Enforcing
② Permissive
③ Disabled
④ Restrictive

오답 피하기

① Enforcing : 정책을 강제 적용하는 모드
② Permissive : 정책을 적용하지 않고 경고만 기록하는 모드
③ Disabled는 SELinux : 비활성화된 상태임을 의미

60 다음 중 백업과 관련이 적은 명령어는?

① rsync
② cpio
③ restore
④ cron

cron은 주기적으로 백업 작업을 스케줄링하는 데 사용할 수 있지만, 백업을 직접 수행하는 명령어는 아니다.

61 다음 중 아파치 웹 서버의 특징으로 가장 적절하지 않은 것은 무엇인가?

① 아파치 재단에서 주도하는 대표적인 오픈소스 웹 서버이다.
② 사용자의 요청에 따라 별도의 프로세스 혹은 쓰레드를 생성하여 처리한다.
③ Loadable Module 기능을 제공하여 서버의 동작을 확장한다.
④ 비동기 이벤트 방식으로 동작하며, 로드 밸런스와 리버스 프록시 등의 기능을 기본으로 제공한다.

비동기 이벤트 방식으로 동작하며, 로드밸런스, HTTP 캐시, 리버스 프록시 등의 기능을 기본으로 제공하는 대표적인 웹 서버는 NGINX가 개발한 Nginx 웹 서버이다.

62 다음 중 아파치 웹 서버의 설치 여부를 확인하는 방법으로 가장 적절하지 않은 것은 무엇인가?

① httpd −v
② telnet localhost 80
③ sudo dnf list installed | grep httpd
④ sudo systemctl status httpd

- 아파치 웹 서버가 설치되어 있지 않은 경우 sudo systemctl status httpd는 'Unit httpd.service coud not be found.'와 같은 메시지를 표시한다.
- 최근 리눅스는 yum과 함께 dnf를 함께 지원하며 패키지(서비스)를 설치하고 관리할 수 있다.
- telnet localhost 80 명령은 아파치 웹 서버가 80 포트로 실행된 경우 정상적으로 응답한다. 웹 서버가 설치되어 있어도 실행되지 않은 경우라면 정상 응답하지 않는다.

63 아파치 웹 서버를 소스코드를 이용하여 설치하려고 한다. 다음 중 관련 명령어의 실행 순서로 가장 적절한 것은 무엇인가?

① configure → make → make install
② config → build → make install
③ make → configure → build
④ make → build → make install

아파치 웹 서버를 소스코드를 이용하여 설치하는 방법은 일반적으로 소스코드가 저장된 폴더에서 ./configure −−prefix=/usr/local/apache −−enable−mods−shared=all → make → make install 와 같은 순서를 따른다.

64 아파치 웹 서버의 데몬(프로그램) 명령어인 httpd의 실행 옵션에 대한 설명으로 가장 적절하지 않은 것은 무엇인가?

① httpd −t : 환경 설정 파일인 httpd.conf의 문법적 오류를 점검
② httpd −S : 서버의 실행 중인 상태(Status)를 상세하게 표시
③ httpd −l : 아파치 웹 서버와 함께 컴파일 된 모듈의 목록을 출력
④ httpd −M : 아파치 웹 서버에 로딩된 모듈의 목록을 출력

---

httpd −S는 현재 설정된 가상 호스트의 목록을 출력한다.

65 아파치 웹 서버의 기본 설정 항목 중 웹 디렉터리를 방문할 경우 처음으로 열릴(Open) 파일 목록을 지정하는 것으로 가장 적절한 것은 무엇인가?

① LoadModule
② DocumentRoot
③ DirectoryIndex
④ DefaultType

오답 피하기

① LoadModule : DSO(Dynamic Shared Object) 방식으로 로딩할 모듈을 지정
② DocumentRoot : 웹 문서가 저장되는 기본 디렉터리 경로를 지정
④ DefaultType : 기본 MIME 타입을 지정

66 다음은 아파치 웹 서버의 접근 통제를 위한 설정의 예이다. 관련 설명으로 가장 적절하지 않은 것은 무엇인가?

> Order Allow, Deny
> Allow from 192.11.11.10
> Deny from test.Hacking.com

① 192.11.11.10 IP는 접근 가능하다.
② test.Hacking.com 에서는 접근할 수 없다.
③ 192.11.11.0 에서는 접근할 수 있다.
④ 192.168.56.112 에서는 접근할 수 없다.

Order Allow, Deny 로 설정된 경우, 기본적으로 클라이언트의 접근을 거부한다.

67 PHP의 주요 설정 파일인 php.ini의 항목에 대한 설명으로 가장 적절하지 않은 것은 무엇인가?

① max_file_uploads : 업로드할 수 있는 파일의 최대 크기(Size)
② allow_url_open : HTTP, FTP 등 URL을 이용하여 파일을 오픈할 수 있도록 구성
③ short_open_tag : ⟨? ~ ⟩형식의 이전 소스코드 방식에 대한 지원 여부를 설정
④ max_execution_time : 요청을 처리할 최대 시간 설정

max_file_uploads는 한 번의 요청으로 업로드할 수 있는 파일의 최대 개수를 지정한다.

68 MySQL의 root 패스워드를 변경하기 위해 사용할 명령어로 가장 적절한 것은 무엇인가?

① mysqladmin
② useradd
③ passwd
④ mysql – p

mysqladmin 명령어를 이용하여 MySQL의 root 패스워드를 변경할 수 있다.

69 다음 중 LDAP 서비스의 특징으로 가장 적절하지 않은 것은 무엇인가?

① TCP 기반의 프로토콜이다.
② LDAP 서버에는 여러 엔트리가 트리 구조로 구성된다.
③ LDAP의 엔트리는 다수의 속성으로 구성되며 속성은 '이름, 값'의 형식을 가진다.
④ RDBMS(Relational DataBase Management System)에 비하여 느린 응답 속도를 가지나, 자주 변경되는 정보의 관리에 유리하다.

LDAP은 RDBMS(Relational DataBase Management System)에 비하여 빠른 검색 속도를 제공하지만 자주 변경되는 정보의 관리에는 다소 불리하다.

70 다음 중 NIS 서버의 구성(맵 파일)의 내용을 확인하는 명령어로 가장 적절한 것은 무엇인가?

① ypwhich
② ypcat
③ ypchsh
④ nisdomainname

① ypwhich : NIS를 이용하여 로그인한 후, 인증에 사용한 NIS 서버를 조회
③ ypchsh : NIS 서버에 등록된 사용자의 셸(Shell)을 변경
④ nisdomainname : NIS 도메인 이름을 설정하거나 설정된 이름을 표시

71 삼바(SAMBA) 서비스의 특징에 대한 설명으로 가장 적절하지 않은 것은 무엇인가?

① 삼바는 GPL 기반의 자유 소프트웨어로 리눅스와 윈도우 간 디렉터리와 파일을 공유한다. 단, USB와 같은 장치는 지원하지 않는다.
② TCP/IP를 기반으로 한 SMB(Server Message Block) 프로토콜을 이용한다.
③ WINS(Windows Internet Name Service)를 이용하여 IP 대신 컴퓨터 이름을 이용할 수 있다.
④ CIFS(Common Internet File System)은 SMB를 인터넷까지 확장한 표준 프로토콜이다.

삼바는 GPL 기반의 자유 소프트웨어로 리눅스와 윈도우 간 디렉터리, 파일, 프린터, USB 등을 공유하는 데 사용할 수 있다.

72 삼바(SAMBA) 관련 구성요소 및 패키지에 대한 설명으로 가장 적절하지 않은 것은 무엇인가?

① nmbd : UDP 137, 138 포트를 이용하며 호스트를 검색하고, TCP 139번 포트를 이용하여 호스트에 접속
② smbd : TCP 445 포토를 이용하며, 삼바 프로토콜의 주요 기능을 담당
③ samba : 삼바 관련 라이브러리 및 스크립트 등을 포함하는 핵심 패키지
④ samba-common : 삼바 클라이언트의 기능을 외부로 제공하기 위한 표준 라이브러리

samba-common은 삼바 서버 및 클라이언트에서 공통으로 사용하는 설정 및 명령어를 포함하여 제공한다.

선생님의 노하우

삼바에 관한 문제는 데몬 역할·포트·패키지 구성을 섞어 출제되는 경우가 많다. nmbd는 이름 해석과 브라우징(WINS/NetBIOS) 역할을 담당하며, 네트워크 검색에 관여하지만 파일 공유의 핵심은 아니다. 파일 공유와 인증, 실제 서비스 처리는 smbd가 담당하며, TCP 445 포트가 시험에서 자주 등장한다. 또한 samba 패키지는 서버 중심, samba-common은 서버·클라이언트 공통 구성요소라는 점을 구분해야 한다. 특히 '클라이언트 전용', '외부 제공' 같은 표현이 나오면 오답일 가능성이 높다. 삼바는 기능(역할) → 데몬 → 포트 → 패키지 순으로 정리해 두면 시험에서 실수를 줄일 수 있다.

73 삼바 서비스가 사용하는 설정 파일인 smb.conf의 security 옵션 항목 중, 삼바 서버에 접속 시 OS에 로그온한 사용자명으로 패스워드를 확인하는 것으로 가장 적절한 것은 무엇인가?

① user
② share
③ server
④ domain

② share : 인증 없이 삼바 서버에 접근할 수 있음
③ server : 윈도우 서버와 같은 다른 삼바 서버에 사용자명과 패스워드를 전달하여 확인
④ domain : 윈도우 서버의 도메인 컨트롤러(Domain Controller)에 사용자명과 패스워드를 전달하여 확인

🏳 **선생님의 노하우**
share, server는 deprecated (이후 사용하지 않도록 권장)되었다.

74 삼바 서비스 설정의 Share Definition(공유 폴더의 주요 설정) 항목 중 접근 가능한 사용자를 지정하는 항목은 무엇인가?

① comment
② valid users
③ write list
④ public

① comment : 공유 폴더에 대한 설명을 기술
③ write list : 쓰기 가능한 사용자를 지정
④ public = no : 개인 사용자만 사용할 수 있도록 설정

75 NFS의 설정 파일인 /etc/exports의 항목에 대한 설명으로 가장 적절하지 않은 것은 무엇인가?

① no_root_squash : root 권한의 접근을 금지함
② root_squash : root 요청을 nobody(또는 nfsnobody)로 매핑시킴
③ all_squash : 모든 사용자(root 포함)의 권한을 nobody(또는 nfsnobody)로 매핑시킴
④ anonuid : 특정 계정의 권한(uid)을 할당

no_root_squash는 root 권한 접근을 허용한다.

76 vsftpd 서버 관련 설정 파일에 대한 설명으로 가장 적절하지 않은 것은 무엇인가?

① /etc/vsftpd/vsftpd.conf : vsftpd 서버의 기본 설정 파일
② /etc/vsftpd/ftpusers : vsftpd 서버에 접근할 수 있는 사용자를 지정
③ /etc/vsftpd/user_list : 'userlist_deny=NO'로 설정되면, user_list에 등록된 사용자는 FTP서비스를 사용할 수 있음
④ /etc/pam.d/vsftpd : vspftd의 PAM(Pluggable Authentication Module)설정 파일

/etc/vsftpd/ftpusers는 vsftpd 서버에 접근할 수 없는 사용자를 지정한다.

77 메일 관련 프로토콜과 프로그램에 대한 설명으로 가장 적절하지 않은 것은 무엇인가?

① SMTP : TCP 25번 포트를 이용하며, 이 메일을 전송하기 위한 프로토콜
② IMAP : TCP 143번 포트를 이용하며 메일 서버에 도착한 메일을 수신하는 프로토콜
③ MDA : 메일 박스에 도착한 메일을 가져오거나 전달하는 역할을 수행하는 프로그램
④ MUA : 사용자가 메일을 수신 혹은 발신할 때 사용하는 프로그램으로 대표적으로 procmail이 있음

- MUA의 대표적인 프로그램으로 kmail(KDE 기반), evolution(X 윈도우 기반), mutt(텍스트 기반) 등이 있다.
- procmail은 대표적인 MDA 프로그램이다. MDA는 일종의 대리인 역할을 수행하는 프로그램으로 메일박스(MailBox)에 도착한 메일을 대행해서 가져오거나 전달하는 역할을 수행한다.

78 sendmail의 주요 설정 파일 중 하나인 /etc/aliases에 대한 설명으로 가장 적절하지 않은 것은 무엇인가?

① 메일의 별칭 혹은 특정 계정으로 수신한 이메일을 다른 계정으로 전달하도록 설정한다.
② webmaster: ihduser,kaituser와 같은 형식을 따른다.
③ sendmail --reload 명령으로 적용한다.
④ admin: :include:/etc/mail_admin 와 같은 형식으로 사용자 이름이 지정된 파일을 지정할 수 있다.

/etc/aliases를 수정한 후 newaliases나 sendmail -bi명령으로 적용한다.

79 다음은 /etc/mail/access 의 내용을 수정 한 후 이를 적용하기 위한 명령어 중 일부이다. (   ) 안에 포함될 명령으로 가장 적절한 것은 무엇인가?

> $ (   ) hash /etc/mail/access 〈 /etc/mail/access

① makemap
② newaccess
③ sendmail --reload
④ make

/etc/mail/access는 메일 서버에 접속하는 호스트의 접근을 제어하는 설정파일로 'makemap hash /etc/mail/access 〈 /etc/mail/access'와 같은 명령으로 '/etc/mail/access.db'에 적용한다.

80 다음 중 sendmail의 /etc/mail/sendmail.cf 설정 파일 항목에 대한 설명으로 가장 적절하지 않은 것은 무엇인가?

① Cw : 메일수신 호스트의 이름을 설정
② Dj : 메일 발송 시 발신 도메인 이름을 강제로 지정
③ Dn : sendmail이 회신(Return) 메일을 보낼 때 사용하는 사용자 이름을 지정
④ FR-o : Trusted user를 설정

FR-o는 Relay를 허용할 도메인을 설정한다. Trust user는 Ft 항목으로 설정한다. 계정(권한)이 Trusted user로 설정되면 메일 발신 시 발송자의 주소를 변경할 수 있다.

81 sendmail 관련 주요 명령어 중 메일 큐의 내용을 표시하는 명령으로 가장 적절한 것은 무엇인가?

① sendmail --show-queue
② mailq
③ mailqueue
④ showmail

mailq는 메일 큐의 내용을 표시하는 명령어로, 'mailq [옵션]'의 명령 형식을 따른다.

82 다음 중 DNS 및 리눅스 DNS 서비스에 대한 설명으로 가장 적절한 것은 무엇인가?

① DNS는 TCP 53번 포트와 UDP 53번 포트를 모두 이용한다.
② /etc/host 파일을 이용하여 로컬 호스트에서만 사용할 수 있는 항목을 설정할 수 있다.
③ DNS 서버의 종류 중 secondary Name Server는 도메인 관리 없이 리졸빙(Resolving) 역할만 수행한다.
④ DNS는 도메인 이름에 대한 IP를 관리하며, IP를 이용하여 도메인명을 역으로 확인할 수는 없다.

오답 피하기
② /etc/hosts 파일을 이용하여 로컬 호스트에서만 사용할 수 있는 DNS 정보를 설정할 수 있음
③ Caching Name Server는 도메인 관리 없이 리졸빙(Resolving)역할만 수행하는 서버로 응답속도를 향상시키는 역할을 담당
④ DNS의 PTR 레코드는 IP에 대한 도메인명을 확인하기 위해 사용할 수 있음

83 DNS 관련 프로그램인 bind의 보안성을 향상하기 위하여 사용할 수 있으며 bind 관련 기본 디렉터리를 가상의 디렉터리로 변환하는 패키지는 무엇인가?

① bind-hide
② bind-chroot
③ bind-secure
④ bind-root

bind-chroot를 사용하면 데몬(Daemon)과 설치한 사용자(root)만 설치 경로를 알 수 있도록 bind 관련 기본 디렉터리를 가상의 디렉터리로 변환한다.

84 /etc/named.conf 설정 파일에 대한 설명으로 가장 적절하지 않은 것은 무엇인가?

① 주석은 /* ~ */, //, # 등을 모두 사용할 수 있다.
② options, acl, logging, zone 등의 주요 구문이 있으며, 각 구문은 대괄호([ ])로 둘러싼다.
③ 주요 구문의 마지막에는 세미콜론(;)을 붙인다.
④ 별도의 파일에 설정을 정의한 후 include 지시자로 포함할 수 있다.

options, acl, logging, zone 등의 주요 구문이 있으며, 각 구문은 중괄호 '{ }'로 둘러싸고 끝날 때는 세미콜론 ';'을 붙인다.

85 /etc/named.conf의 options 구문에 대한 설명으로 가장 적절하지 않은 것은 무엇인가?

① directory : zone 파일의 저장 디렉터리를 설정하며, 반드시 필요한 항목
② forward only : forwarders와 함께 사용하며 도메인 주소에 대한 질의를 다른 서버에게 넘김
③ allow-query : 네임 서버에 질의할 수 있는 호스트를 지정
④ allow-transfer : 하위 도메인 검색허용 여부를 지정

---

allow-transfer는 존(zone)파일 내용을 복사(Transfer)할 대상을 제한한다. 하위 도메인 검색허용 여부를 지정하는 명령어는 recursion이다.

86 SOA(Start Of Authority) 레코드의 속성에 대한 설명으로 가장 적절하지 않은 것은 무엇인가?

① Serial_number : Zone 파일이 갱신되면 증가하게 되는 일종의 일련번호
② Refresh_number : 보조 네임 서버가 정보 업데이트를 위해 주 네임서버에 얼마나 자주 접근·점검할 것인지 지정
③ Nameserver : 네임 서버(Name Server)의 호스트명과 도메인명을 지정하며, 세미콜론(;)으로 끝남
④ Retry_number : 보조 네임 서버가 주 네임 서버로 접근을 실패한 경우 재시도할 주기를 지정

Nameserver의 지정은 youngin.com. 과 같이 '.'으로 끝난다.

87 리눅스 가상화 중 반가상화에 대한 설명으로 가장 적절하지 않은 것은 무엇인가?

① 게스트 OS는 하이퍼바이저에 하드웨어의 제어를 요청하여 동작한다.
② 하이퍼바이저가 하드웨어 사용을 통제하므로 상대적으로 높은 성능을 제공한다.
③ 윈도우, 리눅스 등 다양한 게스트 OS를 수정 없이 사용할 수 있다.
④ XEN은 CPU 전가상화, 반가상화를 모두 지원하는 하이퍼바이저(Hypervisor) 기반의 가상화 기술이다.

반가상화는 게스트 OS의 수정이 필요하여 리눅스 등 오픈소스가 주로 지원한다.

88 리눅스에서 사용할 수 있는 가상화 기술 혹은 가상화를 지원하는 프로그램에 대한 설명으로 가장 적절하지 않은 것은 무엇인가?

① Docker : 게스트 운영체제의 설치가 필요없는 경량화된 가상화 기술
② VirtualBox : 오라클이 주도하여 개발 및 배포하고 있는 가상화 소프트웨어
③ OpenStack : SaaS 형태의 클라우드 컴퓨팅을 구축할 수 있는 상용 프로그램
④ KVM : 인텔 CPU가 지원하는 VT-x 및 AMD-V를 기반으로 CPU 전가상화를 지원하는 기술

OpenStack은 IaaS (Infrastructure as a Service)형태의 클라우드 컴퓨팅을 구축할 수 있는 오픈소스 프로젝트이다.

89 가상화 관련 주요 명령어 혹은 관련 도구에 대한 설명으로 가장 적절하지 않은 것은 무엇인가?

① virt-top : 가상화 현황을 top(CPU 자원 상태 등 표시)과 유사한 형식으로 출력
② virsh : 텍스트 기반의 콘솔 환경에서 가상머신을 관리해 주는 도구
③ virt-manager : 가상 머신을 손쉽게 시작 및 종료할 수 있고, 가상 머신의 CPU 사용량, 호스트 CPU 사용량 등을 모니터링할 수 있는 GUI 기반의 도구
④ virtlib : 가상화 관리 도구와 통신하여 원격 도메인의 명령을 전달

virtlib는 없는 명령어이다. Linux에서 가상화 지원을 위한 API, 데몬(Daemon), 라이브러리, 관리 툴들의 모음은 libvirt이다. libvirtd는 libvirt 관리 시스템의 서버 데몬으로, 관리도구와 통신하여 원격 도메인의 명령을 전달한다.

90 가상화 지원 소프트웨어의 디스크 이미지 형식에 대한 설명으로 가장 적절하지 않은 것은 무엇인가?

① VDI(Virtual Disk Image) : 버추얼박스에서만 사용할 수 있는 고유의 이미지 형식
② VHD(Virtual Hard Disk) : 버추얼박스, Hyper-V, Xen에서 사용할 수 있는 디스크 이미지 형식
③ VMDK(Virtual Machine Disk) : 버추얼박스, VMWare Player에서 사용할 수 있는 디스크 이미지 형식
④ OVA(Open Virtualization Appliance) : 가상 머신의 디스크 이미지를 변환하기 위한 표준 규약

OVA(Open Virtualization Appliance)는 제품 및 플랫폼 간의 가상 장치 교환을 지원하기 위한 파일 형식, 즉, 가상머신을 배포하고 이동할 수 있도록 설계된 패키지 형식이다.

91 다음 중 프록시 서버의 사용 분야로 가장 거리가 먼 것은 무엇인가?

① 데이터 캐시 : 컨텐트 요청에 대한 응답 속도 향상
② 요청 전달 : 다수의 서버로 서버 팜(Server Farm)을 구성한 후 규칙에 따라 요청을 전달하여 부하분산을 지원
③ 컨텐트 점검 : 전송 컨텐트를 분석 혹은 점검하여 악성 코드 전달을 방지
④ 구성 비용 절감 : 웹 서버와 응용 서버를 하나로 통합 및 대체하여 운영 비용 절감

프록시 서버는 일반적으로 서버의 데이터를 캐시(Cache)하여 인터넷 전송 속도를 빠르게 하기 위해 사용하며, 서버의 가용성(Availability) 향상을 위한 부하분산(Load Balancing), 악성코드 유입 방지, 접근 통제 등에 활용할 수 있다.

92 리눅스에서 사용할 수 있는 대표적인 프록시 서버의 명칭으로 가장 적절한 것은 무엇인가?

① named
② squid
③ dhcpd
④ smbd

오답 피하기
① named : DNS 서비스의 명칭
③ dhcpd : DHCP 서비스의 명칭
④ smbd : SAMBA 관련 서비스의 명칭

93 DHCP의 설정 파일인 dhcpd.conf의 항목에 대한 설명으로 가장 적절하지 않은 것은 무엇인가?

① range : 클라이언트에 할당할 IP 범위를 지정
② option domain-name-servers : 네임 서버를 지정
③ option routers : 게이트웨이 주소를 지정
④ fixed-address : 임대 요청 만료 기간 없이 할당된 주소를 계속 유지하도록 지정

---

fixed-address는 특정 MAC 주소를 갖는 시스템에 고정적인 IP주소를 할당한다.

94 리눅스 원격 접속 및 제어를 위한 서비스 혹은 프로그램에 대한 설명으로 가장 적절하지 않은 것은 무엇인가?

① VNC(Virtual Network Computing) : 비트맵 기반 RFB(Remote Frame Buffer) 프로토콜을 이용하여 원격 접속
② vncpasswd : VNC 서버에 접근할 때 사용할 패스워드를 설정하는 명령어
③ tigervnc : 대표적인 VNC Client 프로그램
④ ssh : TCP 21번 포트를 이용하며 암호화를 이용한 안전한 명령어 전달 및 제어를 지원

---

ssh는 TCP 22번을 기본 포트로 이용한다. TCP 21번 포트는 FTP를 위한 기본 제어 포트이다.

95 NTP 서비스 및 관련 명령어에 대한 설명으로 가장 적절하지 않은 것은 무엇인가?

① /etc/ntp.conf를 기본 설정 파일로 이용하며, server 항목에 NTP 서버를 지정한다.
② 계급(Stratum)을 이용하며 숫자가 낮은 계급(단계)가 더 품질이 우수하다.
③ ntpdate는 NTP 질의(Query) 명령어이다.
④ chrony는 NTP(Network Time Protocol)을 구현한 프로그램이다.

---

ntpdate는 원격 서버와 시간을 동기화한다.

96 리눅스에서 ifconfig 명령을 실행한 결과 다음과 같은 결과를 얻었다. 네트워크 기반 공격 중 어떤 공격을 의심할 수 있는가?

```
[root@localhost ~]# ifconfig
        enp0s3: flags=4419(UP,BROADCAS
T,RUNNING,PROMISC,MULTICAST>
mtu 1500
        inet 10.0.2.54  netmask 255.255.255.0
broadcast 10.0.2.255
        inet6 fe80::a00:27ff:fe5b:e837  prefixlen
64  scopeid 0x20<link>
        ether 08:00:27:5b:e8:37  txqueuelen
1000  (Ethernet)
        RX packets 444  bytes 67236 (65.6
KiB)
        RX errors 0  dropped 0  overruns 0
frame 0
        TX packets 465  bytes 51027 (49.8 KiB)
        TX errors 0  dropped 0 overruns 0
carrier 0  collisions 0
```

① 스니핑(Sniffing)
② 스푸핑(Spoofing)
③ DoS(Denial of Service)
④ Malware

네트워크 정보에 PROMISC(Promiscuous Mode)가 설정되어 있으므로 패킷 모든 패킷 데이터를 확인할 수 있다.

97 DoS(Denial of Service) 공격에 대한 설명으로 가장 적절하지 않은 것은 무엇인가?

① Ping of Death : ICMP Echo 패킷을 정상적인 크기(64K)보다 매우 크게 전송하여 시스템에 문제를 일으키는 공격기법

② Land Attack : 발신 IP주소를 공격 대상의 IP주소로 위장한 후 공격대상에게 전송하는 공격기법

③ UDP Flooding : 대량의 UDP 패킷을 전송하여 공격 대상의 자원을 소모시키는 공격기법

④ Teardrop Attack : 다양한 포트 번호를 이용한 접속 시도로 공격 대상 서버에서 동작하는 서비스를 발견하는 공격 기법

Teardrop Attack은 IP fragmentation에 따라 패킷을 재조립할 때 오프셋(Offset)을 임의로 변조하여 문제를 일으키는 공격기법이다. Port Scanning은 공격 대상 서버에서 오픈되어 있는 포트번호를 탐지(스캐닝)하여 서비스를 발견하는 기법이다.

98 리눅스를 대상으로 한 해킹 혹은 악성 프로그램에 대한 설명으로 가장 적절하지 않은 것은 무엇인가?

① 랜섬웨어(Ransomware) : 데이터를 암호화하여 사용할 수 없도록 만든 후 금전을 요구하는 악성 프로그램

② 트로이목마(Trojan Horse) : 시스템 취약점을 이용하여 원격 접속 후 제어하여 해킹을 시도하는 악성 도구

③ 웜바이러스(Warm Virus) : 스스로 실행되는 악성 소프트웨어로 자기 복제와 다른 시스템으로 전파되는 특징이 있음

④ 루트킷(Rootkit) : 해커와 같이 일반적으로 권한이 없는 사용자가 접근할 수 없는 영역에 접근하여 시스템을 제어하도록 설계된 악성 소프트웨어의 모음

트로이목마 (Trojan Horse)는 정상적인 프로그램으로 가장하였으나 내부에 악성코드를 담고 있는 프로그램이다.

99 리눅스 시스템에서 사용할 수 있는 대표적인 공개형 IDS 프로그램의 명칭으로 가장 적절한 것은 무엇인가?

① Snort
② iptables
③ firewalld
④ ifconfig

② iptables : 리눅스의 방화벽이라고도 하며 패킷 필터링 정책을 사용하여 특정 패킷을 분석하고 허용 혹은 차단할 수 있음
③ firewalld : 최근 리눅스에서 방화벽 규칙(Rule)을 관리하는 데몬
④ ifconfig : 네트워크 설정을 확인하고 제어하는 명령어

100 다음 iptables rule에 대한 설명으로 가장 적절하지 않은 것은 무엇인가?

```
iptables -A INPUT -s 192.168.10.7 -d
localhost -j DROP
```

① Source IP가 192.168.10.7인 패킷에 대하여 동작한다.

② 목적지 주소가 설정 시스템(localhost)인 경우에 동작한다.

③ 룰에 해당하는 패킷을 대상으로 한다.

④ 192.168.10.7에 거부가 되었음을 전달한다.

DROP은 패킷을 거부하고 버리는 명령어이다. 패킷을 거부하고 상대방에게 응답 메시지를 전송하는 것은 REJECT이다.

해설과 함께 보는 **최신 기출문제 03회**

1급	소요 시간	문항 수
	총 100분	총 100문항

수험번호 : _____

성   명 : _____

---

01 다음 중 배포된 리눅스의 순서가 초기부터 최근 순으로 알맞게 나열된 것은?

① SLS – SUSE – Slackware
② SLS – Slackware – SUSE
③ Ubuntu – Debian – SLS
④ Debian – Ubuntu – SLS

리눅스 배포판의 역사
• SLS(Softlanding Linux System) : 1992에 발표된 초기 리눅스 배포판
• Slackware : 1993년에 출시되었으며, 패트릭 볼커딩에 의해 개발됨
• Debian : 1993년에 출시되었으며, 패키지 설치 및 관리의 단순함이 특징
• SUSE : 1994년에 출시되었으며, 유료 라이선스인 SUSE Linux Enterprise와 무료 버전인 openSUSE로 구분됨
• Fedora : 2003년에 출시되었으며, RPM 기반의 소프트웨어가 결합된 레드햇 계열의 리눅스 배포판
• Ubuntu : 2004년에 출시되었으며, 사용자 편의성에 초점을 맞춘 데비안 계열의 리눅스
• CentOS : 2004년에 출시되었으며, RHEL(RedHat Enterprise Linux)과 호환을 강조한 레드햇 계열의 리눅스 배포판

02 다음 설명에 해당하는 리눅스 배포판으로 알맞은 것은?

> Offensive Security에서 만든 데비안 기반의 리눅스로 정보 보안을 테스트하기 위해 해킹과 관련된 도구와 설명서 등을 내장하고 있다.

① Knoppix   ② BackTrack
③ Kali Linux   ④ Linux Mint

오답 피하기
① Knoppix : 데비안 계열의 리눅스로 컴퓨터 구동 시 압축된 파일을 램 디스크에 풀어서 바로 사용하는 Linux Live Image(CD)의 특징이 있음
② BackTrack : 현재 지원이 종료된 배포판으로, 슬랙스 등을 기반으로 하였으며 정보 보안을 테스트하기 위한 도구와 설명 등을 담고 있음
④ Linux Mint : 독점 소프트웨어인 자바, 플래시 등을 기본으로 포함하여 편리함을 강조

03 다음 설명에 해당하는 라이선스로 알맞은 것은?

> 해당 라이선스가 적용된 소프트웨어를 다운로드하여 부분 혹은 전체를 개인적 또는 상업적 목적으로 이용할 수 있다. 재배포 시에도 소스코드 또는 수정한 소스코드를 포함하여 반드시 공개하도록 요구하지 않는다. 다만 재배포할 경우에 해당 라이선스를 포함시키고 관련 소프트웨어임을 명확히 밝혀야 한다.

① GPL
② MPL
③ BSD
④ Apache

오답 피하기
① GPL : 수정한 소스코드 혹은 GPL 소스코드를 활용한 소프트웨어 모두 GPL로 공개해야 함
② MPL : 수정한 소스코드를 MPL로 공개하되, 단순히 활용만 할 경우 공개하지 않아도 됨
③ BSD : 라이선스 및 저작권을 명시해야 하나, 배포 시 라이선스 사본 첨부에 대한 내용은 명시되어 있지 않음

04 다음 설명과 관련된 기술로 가장 알맞은 것은?

> 물리적인 메모리의 부족 현상을 해결하기 위한 방법으로 디스크의 일부를 사용한다.

① 스와핑(Swapping)
② 파이프(Pipe)
③ 라이브러리(Library)
④ 가상 콘솔(Virtual Console)

오답 피하기
② 파이프(Pipe) : 프로세스의 표준 출력을 다른 프로세스의 표준 입력으로 보낼 수 있는 프로세스 간 통신 방식
③ 라이브러리(Library) : 여러 프로그램이 사용하는 공통의 기능을 구현한 것으로 동적 라이브러리, 정적 라이브러리로 구분됨
④ 가상 콘솔(Virtual Console) : 하나의 화면에서 여러 개의 콘솔을 사용할 수 있는 기능으로 리눅스는 총 6개의 가상 콘솔을 제공

05 다음 설명으로 알맞은 것은?

> 영국의 한 재단이 학교와 개발도상국에서 기초 컴퓨터 과학 교육을 증진시키기 위해 개발한 신용카드 크기의 싱글 보드 컴퓨터이다. 리눅스, 유닉스 등 다양한 운영체제 설치가 가능하다.

① Arduino
② Micro Bit
③ Raspberry pi
④ Scratch

오답 피하기
① Arduino : 오픈소스 하드웨어와 소프트웨어를 기반으로 하는 단일 마이크로컨트롤러 보드와 개발 환경
② Micro Bit : 오픈소스 하드웨어와 ARM 기반의 임베디드 시스템
④ Scratch : 그래픽 환경에서 코딩(Coding)을 할 수 있는 프로그래밍 언어와 관련 도구

06 다음은 LVM에 관한 설명이다. (　　) 안에 들어갈 내용으로 알맞은 것은?

> 실제 디스크의 분할된 파티션으로 (㉠)을 생성하고, (㉠)을 모아서 생성된 것을 (㉡)이라고 한다. (㉢)은 (㉡)에서 사용자가 필요한 만큼 할당해서 만들어지는 공간이라고 볼 수 있다.

① ㉠ 볼륨그룹　　㉡ 물리적 볼륨
　 ㉢ 논리적 볼륨
② ㉠ 볼륨그룹　　㉡ 논리적 볼륨
　 ㉢ 물리적 볼륨
③ ㉠ 물리적 볼륨　㉡ 볼륨그룹
　 ㉢ 논리적 볼륨
④ ㉠ 논리적 볼륨　㉡ 볼륨그룹
　 ㉢ 물리적 볼륨

LVM
• 개념 : 가상의 블록 스토리지를 구성하여 디스크 장치를 논리적으로 관리하는 시스템으로, 유연한 용량 조절, 크기 조정이 가능한 스토리지 풀(Pool), 디스크 스트라이핑 및 미러 설정 등의 장점이 있음
• 주요 구성요소
　– PV(Physical Volume) : 블록 장치 전체 혹은 파티션들을 LVM에서 사용할 수 있도록 변환한 것
　– PE(Physical Extent) : PV를 구성하는 일정한 크기의 블록으로 LVM2에서 기본 4MB 크기를 가짐
　– VG(Volume Group) : PV들의 집합(Group)으로 LV를 할당할 수 있음
　– LV(Logical Volume) : 사용자가 최종적으로 사용하게 되는 논리적 스토리지
　– LE(Logical Extent) : LV를 구성하는 일정한 크기의 블록으로 PE이 1:1로 매핑됨

07 다음 중 6개의 하드디스크로 여분(Spare)없이 RAID-6를 구성하는 경우, 실제 사용 가능한 디스크의 비율로 가장 알맞은 것은?

① 33.3%
② 50%
③ 66.7%
④ 83.3%

디스크 비율의 산출
• RAID-6은 2차 패리티 정보를 분산 저장하여 2개의 저장 장치에 문제가 발생한 경우에도 복구할 수 있다. N개의 디스크를 RAID-6 형식으로 구성할 경우, 실제 사용 가능한 용량은 (N-2)개의 디스크 크기와 같다.
• 6개의 하드디스크를 RAID-6으로 구성할 경우 실제 사용 가능한 디스크 공간은 4개가 되므로, 약 66.7%의 비율이 된다.

08 다음 중 시그널(Signal)이 발생하는 키 조합으로 틀린 것은?

① Ctrl + C
② Ctrl + D
③ Ctrl + Z
④ Ctrl + /

시그널(Signal)

- 개념 : 커널이나 프로세스가 다른 프로세스에게 비동기적으로 사건(Event)를 전달하기 위해 사용하는 기능으로, 시그널을 받은 프로세스는 해당 사건에 적절한 동작으로 반응하게 됨
- 주요 목록

시그널	번호	설명
SIGHUP	1	로그아웃 혹은 모뎀 접속을 끊음
SIGINT	2	Ctrl+C를 입력하면 발생하며, 프로세스를 종료함.
SIGQUIT	3	Ctrl+/를 입력하면 발생하며, 코어 덤프와 함께 프로세스를 종료함
SIGKILL	9	프로세스를 즉시 종료시킴
SIGTERM	15	소프트웨어 종료 시그널로 트래킹(Tracking)할 수 있음
SIGCONT	18	SIGSTOP 혹은 SIGTSTP에 의해 정지된 프로세스를 다시 실행
SIGSTOP	19	정지 시그널로 프로세스를 무조건 정지시킴
SIGTSTP	20	− Ctrl+Z를 입력하면 발생하며, 프로세스의 실행을 정지시킨 후 다시 실행하기 위해 대기 − 트래킹할 수 있음

오답 피하기

Ctrl+D는 터미널 입력 상태에서 EOF(End Of File)를 의미한다.

09 다음 ⊙ 및 ⓒ에 들어갈 명령어로 알맞은 것은?

```
$ user1=lin
$ ( ⊙ ) | grep ^user.
user1=lin
$ ( ⓒ ) | grep ^user.
$ export user2=joon
$ ( ⊙ ) | grep ^user.
user1=lin
user2=joon
$ ( ⓒ ) | grep ^user.
user2=joon
```

① ⊙ set   ⓒ unset
② ⊙ set   ⓒ env
③ ⊙ env   ⓒ set
④ ⊙ env   ⓒ unset

각 명령어에 대한 설명

- set : Bash의 셸 변수를 관리하는 명령어로 'set NAME=VALUE'의 형식, 혹은 'NAME=VALUE'와 같이 생략된 형식을 사용할 수 있는데, 인자 없이 set 명령만 실행하면 현재 설정된 값을 출력
- unset : set으로 설정한 값을 제거
- env : 운영체제의 환경변수를 관리하는 명령어로 'env NAME=VALUE'로 설정, 'env −u NAME'으로 제거할 수 있는데, 인자 없이 env 명령만 실행하면 현재 설정된 환경변수 값을 출력
- export : 셸 변수를 환경변수로 사용할 수 있도록 하는 명령어

오답 피하기

- 지문의 'user1=lin'은 set 명령어를 이용한 설정 방식이다. 따라서, 'set | grep ^user.' 명령을 이용하여 NAME이 user.로 시작하는 설정 항목을 출력한다.
- 지문의 'env | grep ^user.'는 env 명령을 이용하여 설정한 환경변수 중 NAME이 user.로 시작하는 설정 항목을 출력한다. 결과적으로 아무것도 출력하지 않게 된다.
- 지문의 'export user2=joon'은 셸 변수를 생성한 후 이를 환경변수로 사용할 수 있도록 한다. 따라서 set과 env 명령 모두에서 user2 항목이 출력된다.

10 다음 중 원격지에서 X 클라이언트를 이용하기 위한 설정을 사용자 기반의 키 인증을 진행할 때 사용하는 명령어와 관련 파일의 조합으로 알맞은 것은?

① 명령어 : xhost
관련 파일 : .authorized_keys
② 명령어 : xhost
관련 파일 : .Xauthority
③ 명령어 : xauth
관련 파일 : .authorized_keys
④ 명령어 : xauth
관련 파일 : .Xauthority

각 명령어에 대한 설명
• xauth : 사용자의 $HOME/.Xauthority 파일 안에 있는 MIT–MAGIC–COOKIEs 키 값을 이용하여 X 서버에 대한 접근을 제어
• xhost : X 서버에 접근 가능한 클라이언트를 지정 혹은 해제하는 명령어로 'xhost + [IP 혹은 도메인명]'으로 접근을 허용하고 'xhost – [IP 혹은 도메인명]'으로 접근을 해제

11 다음과 같은 허가권(Permission)을 갖는 파일들이 위치하는 디렉터리로 가장 알맞은 것은?

brw-rw----

① /boot
② /dev
③ /proc
④ /var

지문에서 제시된 허가권은 brw–rw––––로 파일 유형이 블록 디바이스이다. 따라서 하드웨어 장치에 대한 장치 파일을 저장하고 있는 /dev 디렉터리가 가장 알맞은 답이 된다.

① /boot : 커널 파일이나 initrd 등 부팅이 필요한 파일이 위치하는 디렉터리
③ /proc : 메모리에 존재하는 모든 프로세스들이 파일 형태로 매핑되는데, 이 디렉터리를 통해 프로세스의 상태 정보, 하드웨어 정보, 기타 시스템 정보를 확인할 수 있음
④ /var : 로그, 스풀 파일 등 임시로 생성되거나 상황에 따라 생성되거나 삭제될 수 있는 데이터가 보관

12 다음 설명과 가장 관계가 깊은 것은?

telnet, rlogin 등과 같은 서비스를 이용하는 사용자는 적지만 반드시 서비스를 해야 하는 경우에 효율적인 메모리 관리가 가능하다.

① exec
② fork
③ inetd
④ standalone

① exec : 현재 실행 중인 프로세스를 새로운 프로세스(명령)로 상태 변경하여 실행
② fork : 자식 프로세스를 만드는 방법으로, 부모 프로세스의 상태를 복사하여 새로운 자식 프로세스를 만들고 실행
④ standalone : 서비스를 담당하는 프로세스(데몬)를 항상 실행하여 서비스하는 방식으로, 메모리 등의 자원을 계속 차지한다는 부담이 있지만 상대적으로 많은 사용자에게 빠른 응답을 제공할 수 있음

13 다음 설명에 해당하는 시그널(Signal)로 알맞은 것은?

로그아웃과 같이 터미널에서 접속이 끊겼을 때 보내지는 시그널이다. 데몬 관련 환경설정 파일을 변경시키고 변화된 내용을 적용하기 위해 재시작할 때 이 시그널이 사용된다.

① SIGHUP
② SIGINT
③ SIGSTOP
④ SIGQUIT

② SIGINT : Ctrl + C를 입력하면 발생하며, 프로세스를 종료
③ SIGSTOP : 정지 시그널로 프로세스를 무조건 정지시킴
④ SIGQUIT : Ctrl + \를 입력하면 발생하며, 코어 덤프와 함께 프로세스를 종료

14 다음 중 최근 입력한 명령어 5개를 출력하는 명령으로 알맞은 것은?

① !5
② !-5
③ history 5
④ history -5

---

history는 입력한 명령어 목록을 확인하는 명령이며, 'history [숫자]'의 명령 형식으로 최근 입력한 명령어 중 원하는 개수만 확인할 수 있다.

오답 피하기

!5는 history로 확인할 수 있는 명령어 목록 중 5번째 항목을 재실행한다.

---

15 다음 중 X 관련 프로그램의 종류가 나머지 셋과 다른 것은?

① Xfce
② KWin
③ Metacity
④ Mutter

Xfce는 유닉스 계열 플랫폼을 위한 데스크톱 환경으로 GTK 툴킷을 기반으로 한다.

오답 피하기

② KWin : X 윈도우 시스템의 창 관리자(Window Manager)
③ Metacity : GNOME2 데스크톱 환경을 위한 기본 창 관리자
④ Mutter : GNOME3 데스크톱 환경을 위한 기본 창 관리자로 Metacity를 대체하였음

---

16 다음 중 /etc/sysconfig/network-scripts/ifcfg-eth0 파일에 기록할 수 있는 설정값으로 틀린 것은?

① DNS1
② NAME
③ PEERDNS
④ NETWORKING

/etc/sysconfig/network-scripts/ifcfg-eth0
• 개념 : eth0 네트워크 장치의 설정 파일
• 주요 설정 항목

설정 항목	설명
DEVICE	설정 대상이 되는 네트워크 인터페이스 이름을 지정
BOOTPROTO	IP 주소 할당 방법을 설정
HWADDR	네트워크 장치의 MAC 주소를 지정
BROADCAST	브로드캐스트(Broadcast) 주소를 지정
IPADDR	IP 주소를 지정
NETMASK	넷마스크(Netmast)를 지정
NETWORK	네트워크 주소를 지정
GATEWAY	게이트웨이 주소를 지정
ONBOOT	시스템 시작 시 자동 활성화 여부를 설정
PEERDNS	DCHP 서버의 DNS 정보를 resolv.conf 파일에 저장할지 사용 여부를 설정
DNS1	1차 DNS 서버의 주소를 지정
DNS2	2차 DNS 서버의 주소를 지정
USRCTL	일반 계정 권한으로 제어할 수 있는지 허가 여부를 설정
NM_CONTROLLED	네트워크 매니저(Network Manager) 사용 여부를 설정

17 다음과 같이 IP를 설정하였을 때 적용되는 특징으로 알맞은 것은?

```
# ifconfig eth0 192.168.12.22 netmask
255.255.255.0 up
# route add -net 192.168.12.0 netmask
255.255.255.0 eth0
# route add default gw 192.168.12.1
```

① 재부팅되면 IP 정보가 초기화된다.
② 설정된 서브넷 마스크는 B클래스이다.
③ 네트워크 데몬을 재시작해야 정보가 갱신된다.
④ /etc/sysconfig/network-scripts/ifcfg-eth0 파일에 IP 정보가 저장된다.

···

재부팅하거나 네트워크 데몬을 재시작하면 /etc/sysconfig/network-scripts/ifcfg-eth0 환경설정 파일에 따라 네트워크가 재설정된다. 즉 ifconfig 및 route로 직접 설정한 것은 삭제된다.

오답 피하기

② 설정된 서브넷 마스크는 C 클래스이다.
③ 네트워크 데몬을 재시작하면 정보가 네트워크 설정 파일에 따라 초기화된다.
④ ifconfig 및 route 명령을 사용하더라도 환경설정 파일에 반영되지는 않는다.

18 다음 중 OSI 7 계층에 대한 설명으로 틀린 것은?

① 물리 계층은 상위 계층에서 전송된 데이터를 물리적인 전송 매체를 통해 전송 단위를 바이트(Bytes) 형태로 전송한다.
② 전송 계층은 송신 프로세스와 수신 프로세스 간의 연결(Connection) 기능을 제공하고 안전한 데이터 전송을 지원한다.
③ 네트워크 계층은 데이터를 패킷(Packet) 단위로 분할하여 전송하며 데이터 전송과 경로 선택에 관한 서비스를 제공한다.
④ 데이터링크 계층은 상위 계층인 네트워크 계층에서 받은 데이터를 프레임(Frame)이라는 논리적인 단위로 구성하고 필요한 정보를 덧붙여 물리 계층으로 전달한다.

OSI(Open System Interconnection Reference Model) 7 LAYER
• 개념 : 컴퓨터 네트워크 프로토콜 모델과 통신 방식을 7개의 계층으로 나누어 설명한 모델로 국제표준화기구(ISO)에서 정의함
• 주요 특징

계층	설명
Layer 7	– 응용(Application) 계층으로 메시지(Message) 단위로 데이터를 전송 – 응용 프로세스 간 정보 교환을 담당 – HTTP, FTP 등의 프로토콜이 포함
Layer 6	– 표현(Presentation) 계층으로 코드 변환, 데이터 압축 등의 기능을 담당 – JPG, MPEG 등의 프로토콜이 포함
Layer 5	– 세션(Session) 계층으로 양 끝 단의 프로세스가 통신할 수 있도록 연결을 담당 – NetBIOS, SSH 등의 프로토콜이 포함
Layer 4	– 전송(Transport) 계층으로 종단 간 데이터 전송을 위한 제어와 에러를 관리 – TCP는 세그먼트(Segment), UDP는 데이터그램(Datagram) 단위로 데이터를 전송 – TCP, UDP 등의 프로토콜과 게이트웨이(Gateway) 장비가 포함
Layer 3	– 네트워크(Network) 계층으로 패킷(Packet) 단위로 데이터를 전송 – 한 호스트에서 다른 호스트로 패킷을 라우팅 – IP 등의 프로토콜과 라우터 장비가 포함
Layer 2	– 데이터링크(Data Link) 계층으로 프레임(Frame) 단위로 데이터를 전송 – Point to Point 간 신뢰성 있는 정보를 보장하기 위하여 오류 검출 및 제어와 흐름제어 기능을 수행 – 이더넷(Ethernet), PPP 등의 프로토콜과 브릿지(Bridge), 스위치(Switch) 장비가 포함됨
Layer 1	– 물리(Physical) 계층으로 비트(Bit) 단위로 데이터를 전송 – RS-232, RS-449 등의 프로토콜과 허브(Hub), 리피터(Repeater) 장비가 포함됨

오답 피하기

물리 계층은 비트(Bit) 단위로 데이터를 전송한다.

19 다음 중 도메인에 관한 설명으로 틀린 것은?

① 도메인은 역트리(Inverted Tree) 형태의 계층적 구조로 되어 있다.
② 도메인 네임은 국제인터넷 주소자원 관리 기관인 W3C에서 관리하고 있다.
③ 최상위 도메인은 일반 최상위 도메인과 국가 코드 최상위 도메인으로 구분된다.
④ 도메인 네임 시스템이 등장하기 이전에는 /etc/hosts 파일을 사용하여 IP 주소를 매핑하였다.

도메인과 도메인 네임
• 도메인 네임은 국제 인터넷 주소지원 관리기관(ICANN)에서 관리한다.
• 도메인(Domain)은 도메인 레지스트리(Domain Registry)를 이용하여 관리하며, 인터넷에서 도메인 이름을 이용하여 시스템에 접속할 수 있도록 한다.

20 다음 중 ihduser 사용자가 cron 작업을 등록했을 때 생성되는 파일로 알맞은 것은?

① /etc/cron/ihduser
② /etc/cron.d/ihduser
③ /var/cron.d/ihduser
④ /var/spool/cron/ihduser

----

cron 설정 파일은 /var/spool/cron/에 위치한다. 사용자가 ihduser이므로 /var/spool/cron/ihduser가 정답이다.

2과목   리눅스 시스템 관리

21 다음 명령과 동일한 효과를 얻을 수 있는 작업으로 알맞은 것은?

```
# usermod -L ihduser
```

① /etc/passwd의 첫 번째 필드의 맨 앞에 !를 덧붙여서 로그인을 막는다.
② /etc/passwd의 두 번째 필드의 맨 앞에 !를 덧붙여서 로그인을 막는다.
③ /etc/shadow의 첫 번째 필드의 맨 앞에 !를 덧붙여서 로그인을 막는다.
④ /etc/shadow의 두 번째 필드의 맨 앞에 !를 덧붙여서 로그인을 막는다.

----

usermod
• 개념 : 사용자 셸, 홈 디렉터리, 그룹, UID, GID 등 사용자 설정을 변경하는 명령어로 'usermod [옵션] [사용자명]'의 명령 형식을 따름
• 주요 옵션

옵션	설명
-l	사용자의 로그인 이름을 변경
-L(--lock)	사용자의 로그인을 일시적으로 정지
-e	계정 만기일을 'YYYY-MM-DD' 혹은 'MM/DD/YY' 형식으로 지정
-f	패스워드 만기일이 지난 후 유예 기간을 설정
-d	사용자의 홈 디렉터리 경로를 지정
-p	사용자의 패스워드를 변경
-s	사용자의 로그인 shell을 지정
-u	사용자의 ID를 변경
-g	존재하는 그룹의 이름이나 GID를 이용하여 사용자 그룹을 변경
-G	현재 지정된 그룹에 추가할 그룹을 지정하며, 복수 개로 지정할 수 있음

/etc/passwd
• 개념 : 로그인할 때 필요한 UID · GID · 홈 디렉터리 · 셸 등의 사용자의 계정 정보를 포함하는 파일로, 세부 필드 중 비밀번호 필드에 x를 설정하면, 암호화된 패스워드를 /etc/shadow 파일에 저장하여 사용하게 됨

• 주요 필드

필드	설명
사용자명	로그인할 때 사용하는 사용자 이름이며 1에서 32의 길이를 가짐
비밀번호	x를 설정하면 암호화된 패스워드를 /etc/shadow에 보관하고 있다는 의미
GID	/etc/group 파일에 보관된 주 그룹 ID
사용자 설명	사용자에 대한 추가 설명을 할 수 있는 필드
홈 디렉터리	사용자에게 할당된 기본 디렉터리이며 절대 경로로 설정
셸	셸의 위치를 절대 경로로 지정

/etc/shadow

• 개념 : 사용자 패스워드를 해시 알고리즘으로 암호화한 값과 패스워드와 연관된 여러 속성을 담고 있는 파일로, /etc/shadow의 두 번째 필드인 암호화된 비밀번호의 맨 앞에 !를 덧붙여서 로그인을 막을 수 있음

• 주요 필드

필드	설명
사용자명	로그인 사용자 이름
비밀번호	– 암호화된 사용자의 패스워드로, 형식은 idsalt$hashed – $id는 암호화 알고리즘으로, 또한 암호화 해독을 어렵게 하기 위한 솔트를 의미하는 $salt와 실제 사용자 패스워드의 해시값인 $hashed로 구성됨
마지막 변경일	마지막으로 패스워드를 변경한 날짜를 1970년 1월 1일 이후로 계산한 값
패스워드 최소 사용일	패스워드 변경 후 최소 유지해야 하는 일수
패스워드 최대 사용일	패스워드가 유효한 최대 일수
패스워드 만료 경고일	패스워드가 만료되어 사용자에게 패스워드를 변경하라고 경고하는 일수
유예기간	패스워드 만료 후 계정이 비활성화될 때까지의 일수
만료일	사용자의 계정의 비활성화 날짜를 1970년 1월 1일 이후로 계산한 값

22 오류 확인을 위해 해당 패키지 파일이 설치하는 파일 및 디렉터리를 확인하려고 한다. 다음 ( ) 안에 들어갈 내용으로 알맞은 것은?

> $ rpm ( ) nmap-5.51.6.el6.i386.rpm

① -qlp
② -qfp
③ -qdp
④ -qcp

기본 질의 옵션인 '-q'와 목록 확인을 위한 'ㄴ', 패키지를 대상으로 하는 '-p' 옵션을 함께 사용하여 '-qlp'가 된다.

RPM

• 개념 : 레드햇 기반 리눅스에서 패키지 관리를 지원하는 명령어
• 기본 옵션

옵션	설명
-v	자세한 정보를 출력
--quiet	에러 메시지 외에는 다른 정보를 출력하지 않음
--version	rpm의 버전을 출력한다.

• rpm의 설치 및 업데이트 옵션

옵션	설명
-i	동일한 패키지가 설치되어 있지 않은 경우, 패키지를 새로 설치
-h	설치 혹은 업그레이드 진행 상황을 # 문자를 이용하여 표시
-U	– 패키지를 업그레이드함 – 기존에 설치된 패키지가 없을 경우 새로 설치
-F	이전 버전이 설치되어 있는 경우에만 업그레이드함
--force	기존에 패키지가 설치되어 있더라도 강제로 설치
--nodeps	패키지 설치 및 업그레이드 시 의존성을 점검하지 않음
--test	실제 설치하지 않고 잠재적 충돌이 있는지 체크

• 제거 옵션

옵션	설명
-e	패키지를 삭제
--nodeps	패키지 삭제 시 의존성을 점검하지 않음
--test	실제 삭제하지 않고 모의로 삭제
--allmatches	패키지의 모든 버전을 제거

• 질의 옵션

옵션	설명
−q	질의를 위해 기본적으로 사용해야 하는 옵션으로 패키지 이름, 버전, 릴리즈 등 간단한 정보가 표시됨
−i	패키지 정보, 이름, 버전, 설명 등 패키지에 대한 자세한 정보를 표시
−l	패키지의 목록을 출력
−f	지정한 파일을 설치한 패키지를 출력
−a	설치된 모든 패키지에 대하여 질의
−c	패키지의 설정 파일이나 스크립트 파일을 출력
−s	패키지의 각 파일 상태를 normal, not installed, re-placed로 표시

• 검증 옵션

옵션	설명
−V	검증 시 사용하는 기본 옵션
−a	시스템에 설치되어 있는 모든 패키지에 대해 검증

23 다음 명령의 결과에 대한 설명으로 가장 알맞은 것은?

```
# nice −10 bash
```

① bash 프로세스의 NI 값을 −10으로 변경한다.
② bash 프로세스의 NI 값을 10으로 변경한다.
③ bash 프로세스의 NI 값을 10만큼 감소시킨다.
④ bash 프로세스의 NI 값을 10만큼 증가시킨다.

---

nice [−n 조정수치] [프로세스명]
기존 값에서 조정수치만큼 변경된 우선순위로 새로운 프로세스를 생성한다. 이때 '[−n 조정수치]' 대신 '[−조정수치]'를 사용할 수 있다.

24 다음 중 1주일에 3회 실행되는 crontab 설정으로 알맞은 것은?

① 1,3,5 0 * * 0 /etc/work.sh
② 0 1,3,5 * * 0 /etc/work.sh
③ 0 * * 1,3,5 0 /etc/work.sh
④ 0 0 * * 1,3,5 /etc/work.sh

---

0 0 * * 1, 3, 5 /etc/work.sh는 월, 수, 금을 지정하여 1주일에 3회 실행된다.

crontab
• 개념 : 시스템에서 주기적으로 수행할 작업을 지정하는 명령어
• 형식

[minute] [hour] [day_of_month] [month] [weekday] [com−mand]

 − minute(분) : 0~59
 − hour(시) : 0~23
 − day_of_month(일) : 1~31
 − month(월) : 1~12
 − weekday(요일) : 0~6(일요일~토요일)
 − command(명령) : 실행하고자 하는 명령어

25 다음 명령의 결과에 대한 설명으로 알맞은 것은?

```
# grep -v linux.lin.txt
```

① lin.txt에서 linux라는 문자열이 없는 줄을 출력한다.
② lin.txt에서 linux라는 문자열이 있는 줄의 개수만 출력한다.
③ lin.txt에서 linux라는 문자열이 중복되어 있는 줄을 제거하고 출력한다.
④ lin.txt에서 linux라는 문자열의 대소문자를 무시하고 문자열이 있으면 무조건 출력한다.

grep
• 개념 : 텍스트 파일을 한 줄씩 읽어서 지정한 패턴과 일치하는 문자열을 보여 주는 명령어로, 'grep [옵션] [패턴] [파일]'의 명령어 형식을 이용함
• 주요 옵션

옵션	설명
-b(--byte-offset)	- 지정한 패턴과 일치하는 줄의 offset을 줄 앞에 출력 - 만약 -o 옵션과 함께 사용하면 패턴과 일치하는 위치마다 offset을 출력
-c(--count)	패턴과 일치하는 줄이 몇 줄인지 표시
-h(--no-filename)	파일 이름을 출력하지 않음
-I(--ignore-case)	패턴과 입력 파일 모두 대소문자를 구분하지 않음
-n(--line-number)	출력 결과에 1부터 시작하는 행 번호를 붙임
-v(--invert-match)	패턴과 매칭되지 않는 항목을 출력
-w(--word-regexp)	패턴과 한 단어가 일치하는 줄을 출력
-x(--line-regexp)	패턴과 전체 줄과 일치할 때 출력
-l(--files-with-matches)	정상적인 파일 출력 대신에 파일 이름을 출력
-r(--recursive)	지정한 디렉터리의 모든 파일에 대하여 패턴을 찾음
-oC--only-matching)	패턴과 일치하는 부분만 출력
-H(--extended-regexp)	패턴을 확장 정규식으로 사용
-F(--fixed-strings)	패턴을 고정된 문자열의 리스트로 사용

26 다음 설명에 해당하는 명령으로 알맞은 것은?

> ihduser는 kait 그룹의 일원이다. 추가로 admin 그룹의 일원이 되도록 작업한다.

① groupmod -n admin ihduser
② groupmod -g admin ihduser
③ usermod -g admin ihduser
④ usermod -G admin ihduser

usermod
• 개념 : 사용자 셸·홈 디렉터리·그룹·UID·GID 등 사용자 설정을 변경하는 명령어
• 형식 : 'usermod [옵션] [사용자명]'의 명령 형식을 따르며, 옵션으로 '-G'를 지정하면 추가 그룹을 지정할 수 있음

오답 피하기
• groupmod : 그룹 관련 속성을 변경하는 명령어
• usermod -g admin ihduser : -g 옵션은 사용자의 그룹을 변경하는 옵션

27 다음 중 사용자의 패스워드에 적용되는 해시 알고리즘의 이름을 확인할 수 있는 파일로 알맞은 것은?

① /etc/passwd
② /etc/shadow
③ /etc/login.defs
④ /etc/default/useradd

오답 피하기
① /etc/passwd : 로그인할 때 필요한 UID, GID, 홈 디렉터리, 셸 등의 사용자의 계정 정보를 포함
② /etc/shadow : 사용자 패스워드를 해시 알고리즘으로 암호화한 값과 패스워드와 연관된 여러 속성을 담고 있는 파일
④ /etc/default/useradd : useradd 명령으로 사용자 생성 시 사용되는 기본 설정값이 저장된 환경설정 파일

28 다음 파일의 소유자를 ihduser, 소유 그룹 권한은 kait로 변경하는 명령으로 알맞은 것은?

```
# ls −l lin.txt
−rw−r−−r−−. 1 lin ihd 1222 May 13 00:13
lin.txt
```

① chown ihduser.kait lin.txt
② chgrp ihduser.kait lin.txt
③ gpasswd ihduser.kait lin.txt
④ groupmod ihduser.kait lin.txt

----

chown
파일이나 디렉터리의 사용자 및 그룹의 소유권을 변경하기 위한 명령어로, 'chown [옵션] owner[:group] [파일명]'의 명령어 형식을 따른다.

오답 피하기

② chgrp : 그룹의 소유권만 변경하는 명령어
③ gpasswd : 그룹의 패스워드를 변경하는 명령어
④ groupmod : 그룹 관련 속성을 변경하는 명령어

29 다음 중 30행인 lin.txt 파일에서 11번째 행부터 20번째 행까지만 출력하는 명령으로 알맞은 것은?

① head −n 11 lin.txt | tail
② head −n 20 lin.txt | tail
③ tail −n 10 lin.txt | head
④ tail −n 11 lin.txt | head

각 명령어에 대한 설명

head	• 지정한 파일의 앞 부분을 출력하는 명령어로, 'head [옵션] [파일]'의 명령어 형식을 따름 • '−n [숫자]'를 이용하여 출력할 수를 지정하며, 옵션을 지정하지 않으면 첫 10줄을 출력
tail	• 지정한 파일의 끝 부분을 출력하는 명령어로, 'tail [옵션] [파일]'의 명령어 형식을 따름 • '−n [숫자]'를 이용하여 출력할 수를 지정하며, 옵션을 지정하지 않으면 마지막 10줄을 출력
head −n 20 lin.txt | tail	• lin.txt의 첫 20줄을 출력하되 파이프 명령으로 그 결과를 tail에 전달하므로, 출력된 20줄 중 마지막 10줄만 출력됨 • 결과적으로 lin.txt의 11번째 행부터 20번째 행까지 출력됨

30 yum을 이용해서 텔넷 서버 패키지를 검색한 후에 설치하는 과정이다. ㉠ 및 ㉡에 들어갈 내용으로 알맞은 것은?

```
# yum ( ㉠ ) telnet
# yum ( ㉡ ) telnet−server
```

① ㉠ info   ㉡ search
② ㉠ search ㉡ info
③ ㉠ search ㉡ install
④ ㉠ info   ㉡ install

----

yum
• 개념 : 패키지 관리 명령어로 /etc/yum.repos.d/ 디렉터리의 저장소 파일(.repo)을 참조하여 동작
• 주요 명령 옵션

명령 옵션	설명
install	패키지를 설치
check−update	업데이트 가능 목록을 확인
remove	패키지를 삭제
search	인터넷에서 설치 가능한 패키지를 확인
info	패키지 정보를 확인
list	관련 단어가 포함되어 있는 패키지 목록을 확인

31 다음 설명에 해당하는 프로그램 설치 과정으로 가장 알맞은 것은?

> 대상 프로그램을 파생시키는 방법을 지정하는 Makefile이라는 파일을 읽어 들여서 소스코드에 실행 가능한 프로그램과 라이브러리를 자동으로 빌드하는 과정이다.

① configure
② make
③ make clean
④ make install

오답 피하기

① configure : 현재 OS 종류, 컴파일러 종류, 주요 라이브러리의 위치 등 소스코드 빌드에 필요한 환경설정을 참고하여 Makefile을 생성
③ make clean : 컴파일 이전 상태로 만든다. 즉, 컴파일로 생성한 파일을 삭제
④ make install : make 파일로 만들어진 파일을 타깃 디렉터리로 복사(설치)

32 ihduser 사용자의 모든 프로세스를 강제 종료하는 경우 (   ) 안에 들어갈 명령으로 알맞은 것은?

> # (   ) −9 −u ihduser

① kill
② pgrep
③ pkill
④ signal

---

pkill
• 개념 : 지정한 패턴을 이용하여 일치하는 프로세스를 종료하는 명령어로, 'pkill [옵션] [패턴]'의 명령 형식을 이용
• 주요 명령 옵션

명령 옵션	설명
−signal(−−signal sig nal)	보낼 시그널을 지정
−g(−−pgroup pgrp,...)	지정한 그룹의 프로세스 중 패턴이 매칭되는 프로세스에게 시그널을 보냄
−G(−−group gid,...)	지정한 리얼 그룹 ID(Real Group ID)의 프로세스 중 패턴이 매칭되는 프로세스에게 시그널을 보냄
−t(−−terminal term,...)	특정 터미널과 연관된 프로세스 중 패턴이 매칭되는 프로세스에게 시그널을 보냄
−u(−−euid euid,...)	특정 이펙티브 사용자 ID(Effec tive User ID)의 프로세스 중 패턴이 매칭되는 프로세스에게 시그널을 보냄
−U(−−uid uid,...)	특정 리얼 사용자 ID(Real User ID)의 프로세스 중 패턴이 매칭되는 프로세스에게 시그널을 보냄

오답 피하기

① kill : 지정한 프로세스(Process ID)에 특정 시그널(Signal)을 보내는데, 시그널을 지정하지 않는 경우 기본값으로 종료를 위한 TERM 시그널을 이용
② pgrep : 프로세스 이름 전체 또는 일부가 매칭되거나 특정 프로세스 속성을 기반으로 현재 실행 중인 프로세스를 검색하는 명령어
④ signal : 프로세스가 다른 프로세스에게 어떤 의미를 담은 신호를 보내기 위한 방식

33 find 명령이 실행 중인 상태이다. 다음 중 이 명령을 계속 실행하면서 다른 작업을 수행하기 위한 과정으로 알맞은 것은?

> # find / −name '*.txt' 2>/dev/null > text.list

① Ctrl + D를 누른 후에 bg 명령을 실행한다.
② Ctrl + D를 누른 후에 fg 명령을 실행한다.
③ Ctrl + Z를 누른 후에 bg 명령을 실행한다.
④ Ctrl + Z를 누른 후에 fg 명령을 실행한다.

현재 find 명령이 포어그라운드에서 구동되고 있어서 프롬프트가 안 돌아온 상태이다. find는 계속 동작하게 두고, 셸을 다시 써서 다른 명령도 입력하고 싶은 상황이다. 따라서 Ctrl+Z를 입력해 프로세스를 대기(Suspend) 상태로 변경하고, bg 명령어로 프로세스를 백그라운드에서 실행하게 해야 한다.

오답 피하기

• Ctrl+D : 터미널 입력 상태에서 EOF(End Of File)를 의미
• fg : 백그라운드로 실행 중인 프로세스를 포어그라운드로 전환하는 명령어

34 다음 중 데비안 패키지 관리 기법으로 거리가 먼 것은?

① dselect
② zypper
③ synaptic
④ aptitude

---

zypper는 오픈수세의 패키지 관리 도구이다.

오답 피하기

① dselect : 데비안 패키지 관리 도구로 메뉴 방식을 이용
③ synaptic : 데비안 패키지 관리 도구로 그래픽 유저 인터페이스를 이용
④ aptitude : 데비안 패키지 관리 도구로 Ncurses 인터페이스를 기반으로

35 다음 중 압축의 효율성이 좋은 프로그램부터 알맞게 나열된 것은?

① gzip 〉 bzip2 〉 xz
② bzip2 〉 gzip 〉 xz
③ xz 〉 gzip 〉 bzip2
④ xz 〉 bzip2 〉 gzip

압축 프로그램의 개발 순서는 'gzip → bzip2 → xy'로 압축의 효율성이 향상되었다.

36 다음 중 사용자 쿼터를 이용하기 위해 /etc/fstab 파일에 등록하는 설정값으로 알맞은 것은?

① quota.user
② aquota.user
③ usrquota
④ userquota

/etc/fstab
• 개념 : /etc/fstab 파일은 장치 마운트 시 참조되는 설정 파일로, 해당 파일에 장치를 등록하면 부팅 시 자동 마운트되며, 특히 4번째 필드에 usr-quota와 grpquota를 지정하여 사용자 및 그룹 쿼터를 설정할 수 있음
• /etc/fstab의 주요 설정 옵션

옵션	설명
파일 시스템 장치명	파티션 혹은 장치의 위치를 지정
마운트 포인트	어떠한 디렉터리로 연결할 것인지 지정
파일 시스템 종류	nfs, NTFS, ext3, iso9660 (DVD) 등을 지정
마운트 옵션	– timeo : 타임아웃 후 첫 번째 재전송 요구 시간을 지정 – retrans : 타임아웃 후 재전송 요청 횟수를 지정 – soft : retrans에 설정한 값만큼 요청 – hard : 무한 반복하여 요청 – auto : 부팅 시 자동 마운트로 지정 – rw(읽기/쓰기), nouser(root만 마운트 가능), exec(실행 허용), suid(Set-UID, Set-GID 허용), quota(Quota 설정 가능) 등을 추가 지정할 수 있음
덤프	백업 여부를 지정(0 : 불가능, 1 : 가능)
무결성 검사	fsck에 의한 무결성 검사 우선순위를 지정(0 : 하지 않음)

37 다음 중 분할된 디스크의 파티션별로 사용량을 확인하는 명령은?

① du
② df
③ free
④ blkid

----

df는 시스템에 마운트 된 전체 디스크 사용량을 확인하는 명령어이다.

오답 피하기
① du : 디렉터리를 기준으로 디스크 사용량을 확인하는 명령어
③ free : 물리 메모리의 사용량, 스왑 메모리의 사용량, 커널의 메모리의 사용량, 사용 가능한 메모리의 양 등 메모리의 사용 상태를 출력하는 명령어
④ blkid : 블록 디바이스의 속성과 UUID 등 정보를 출력해 주는 명령어

38 다음 그림에 해당하는 명령으로 알맞은 것은?

```
                                    root@www:~
파일(F) 편집(E) 보기(V) 검색(S) 터미널(T) 도움말(H)
[root@www ~]#
uid=0(root) gid=0(root) groups=0(root) context=unconfined_u:unconfined_r:unconfi
ned_t:s0-s0:c0.c1023
[root@www ~]#
```

① w
② id
③ who
④ lslogins

----

id는 현재 접속한 나의 계정 및 그룹에 관련된 정보를 동시에 확인하는 명령어이다.

오답 피하기
① w : 로그인한 사용자와 사용자가 수행 중인 작업을 출력하는 명령어이다.
③ who : 로그인한 사용자의 로그인명, 터미널, 로그인 시간 등을 출력하는 명령어이다.
④ lslogins : 시스템 사용자의 정보를 출력하는 명령어이다.

39 다음과 같은 형식이 기재된 파일로 알맞은 것은?

> ihduser:x:501:

① /etc/passwd
② /etc/shadow
③ /etc/group
④ /etc/gshadow

/etc/group는 그룹에 속한 사용자를 관리하는 파일로 '[그룹명]:[패스워드]:[그룹ID]:[멤버목록]'으로 구성된다. 이때 암호화된 패스워드를 사용할 경우 'x'가 표시되고 /etc/gshadow 파일을 이용한다.

오답 피하기

① /etc/passwd : 로그인할 때 필요한 UID, GID, 홈 디렉터리, 셸 등의 사용자의 계정 정보를 포함하며 '[사용자명]:[비밀번호]:[사용재D]:[그룹ID]:[사용자설명]:[홈디렉터리]:[셸]'로 구성되며, 이때 암호화된 패스워드를 사용할 경우 'x'가 표시되고 /etc/shadow 파일을 이용

② /etc/shadow : 사용자 패스워드를 해시 알고리즘으로 암호화한 값과 패스워드와 연관된 여러 속성을 담고 있는 파일

④ /etc/gshadow : 그룹의 암호화된 비밀번호 정보를 포함하고 있는 파일

40 ihduser 사용자가 다음 로그인 시에 패스워드를 반드시 바꾸도록 설정하려고 한다. 다음 ( ) 안에 들어갈 내용을 알맞은 것은?

> # passwd ( ) ihduser

① -e
② -n
③ -w
④ -x

passwd
• 개념 : 사용자의 패스워드를 설정, 변경, 삭제하는 명령어
• 주요 옵션

옵션	설명
-l	계정을 잠금 설정(Lock)하여 로그인이 불가능하게 설정
-u	계정을 잠금 해제(Unlock)하여 로그인이 가능하게 설정
-S	계정 정보를 자세히 출력
-d	계정에 설정된 암호를 제거하여 패스워드 없이 로그인이 가능하게 설정
-n	패스워드 변경 후 최소한 사용해야 하는 날짜 수를 지정
-x	패스워드의 유효기간을 지정
-w	패스워드 만료 전 경고 날짜를 지정
-i	패스워드 만료 후 로그인이 불가능해질 때까지의 기간을 지정
-e	다음 로그인 시 패스워드를 무조건 변경하도록 강제

41 커널 컴파일 단계에서 기존에 수행한 작업이 있는 경우, 관련 파일을 제거하는 과정을 수행할 수 있다. 다음 (   ) 안에 들어갈 수 있는 내용을 가장 강력한 명령의 순서부터 알맞게 나열한 것은?

> [root@www linux-4.12.2]# make (   )

① clean > mrproper > distclean
② mrproper > clean > distclean
③ mrproper > distclean > clean
④ distclean > mrproper > clean

각 명령어에 대한 설명
• distclean : 소스코드를 처음 다운로드 받은 후 압축을 해제한 상태로 만듦
• mrproper : 컴파일 환경설정 값, 버전 정보 등 컴파일에 영향을 주는 정보들을 삭제
• clean : 컴파일로 생성한 파일을 삭제하여 컴파일 이전 상태로 만듦

42 다음 중 지정한 모듈과 의존성이 있는 모듈을 제거하기 위해 (   ) 안에 들어갈 내용으로 알맞은 것은?

> # (   ) -r ip6table_filter

① insmod
② rmmod
③ depmod
④ modprobe

----

modprobe
• 개념 : 적재 가능한 커널 모듈(LKM ; Loadable Kernel Module)을 리눅스 커널에 추가하거나 제거하는 명령어로, -r 옵션을 이용하여 의존성을 고려하여 모듈을 언로드할 수 있음

• 주요 옵션

옵션	설명
-l(--list)	로드 가능한 모듈의 리스트를 출력
-r(--remove)	– 모듈을 제거 – 의존성이 있는 모듈이 존재하고 참조가 없다면 이들도 함께 자동으로 언로드 – 여러 모듈을 지정할 수도 있음
-c(--showconfig)	모듈 관련 환경설정 파일의 내용을 모두 출력

오답 피하기
① insmod : 커널에 모듈을 로드하는 명령어
② rmmod : 커널에서 모듈을 제거하는 명령어로, 사용 중인 모듈은 제거할 수 없음
③ depmod : 커널 모듈을 로드하기 위한 의존성을 점검하는 명령어

43 다음 중 사용 가능한 모듈 목록을 출력할 때 사용하는 명령으로 알맞은 것은?

① lsmod
② depmod
③ modinfo
④ modprobe

----

modprobe는 적재 가능한 커널 모듈(LKM ; Loadable Kernel Module)을 리눅스 커널에 추가하거나 제거하는 명령어로, -l 옵션을 이용하여 로드 가능한 모듈의 리스트를 출력할 수 있다.

오답 피하기
① lsmod : 현재 로드된 모듈의 리스트와 정보를 출력하는 명령어
② depmod : 커널 모듈을 로드하기 위한 의존성을 점검하는 명령어
③ modinfo : 지정한 모듈에 대한 정보를 출력하는 명령어이다. 경로가 주어지지 않는다면 /lib/modules/$(uname -r) 경로에서 모듈을 찾음

44 다음 중 ㉠ 및 ㉡에 들어갈 내용으로 알맞은 것은?

> 모듈 간의 의존성 정보는 (㉠) 파일에 기록되어 있고, 이 파일을 갱신하고 관리해 주는 명령어가 (㉡)이다.

① ㉠ modprobe.conf ㉡ modprobe
② ㉠ modprobe.conf ㉡ depmod
③ ㉠ modules.dep ㉡ modprobe
④ ㉠ modules.dep ㉡ depmod

모듈 간 의존성 정보의 기록과 관리
- modprobe : 적재 가능한 커널 모듈(LKM : Loadable Kernel Module)을 리눅스 커널에 추가하거나 제거하는 명령어로, modprobe.conf 설정 파일을 이용
- depmod : 커널 모듈을 로드하기 위한 의존성을 점검하는 명령어로, modules.dep 설정 파일을 이용

45 다음 중 프린터 관련 프로토콜인 IPP(Internet Printing Protocol)가 사용하는 포트번호로 알맞은 것은?

① 92   ② 631
③ 3096   ④ 3396

IPP(Internet Printing Protocol)는 631 포트를 이용하며 네트워크 프린터와 통신할 때 사용하는 프로토콜이다.

46 다음 중 CentOS 6 버전에서 X 윈도우 기반의 프린터 설정 도구를 실행하는 명령으로 알맞은 것은?

① printconf
② printtool
③ redhat-config-printer
④ system-config-printer

레드햇 계열 배포판의 초기에는 printtool, printconf를 제공하다가 red-hat-config-printer를 거쳐 현재는 system-config-printer를 통해 프린터를 설정한다.

47 다음 중 파일의 내용을 출력할 때 사용하는 명령어의 조합으로 알맞은 것은?

① lp, lpr
② lp, lpq
③ lpr, lpq
④ lpr, lpstat

프린트 관련 주요 명령어

명령어	설명
lpr	• 파일 내용을 프린트 • '-#' 옵션을 이용하여 출력 매수를 지정 • '-P' 옵션을 이용하여 프린터를 지정
lprm	큐에 대기 중인 작업을 제거
lp	• 프린터에 프린트를 요청 • '-n' 옵션을 이용하여 출력 매수를 지정 • '-d' 옵션을 이용하여 프린터 혹은 프린터 클래스를 지정 • '-t' 옵션을 이용하여 표제를 설정
cancel	프린트를 취소
lpq	프린터 큐의 작업 목록을 출력하는 명령어
lpstat	프린터 상태 정보를 표시하는 명령어

48 다음 중 리눅스에서 사용하는 프린팅 시스템의 조합으로 알맞은 것은?

① CUPS, ALSA
② CUPS, LPRng
③ LPRng, ALSA
④ LPRng, SANE

- ALSA : 사운드 카드용 장치 드라이버를 위한 API를 제공하는 소프트웨어 프레임워크
- SANE(Scanner Access Now Easy) : 이미지 스캐너 및 카메라 장치를 위한 표준 접근 방식을 제공하는 API(Application Programming Interface)

49 다음 중 X 윈도우 환경에서만 사용 가능한 커널 컴파일 도구로 알맞은 것은?

① make config
② make nconfig
③ make gconfig
④ make menuconfig

① make config : bash 혹은 csh에서 실행하는 텍스트 기반 환경설정 도구
② make nconfig : 텍스트 기반 메뉴로 색상(Color)과 F1~F9의 기능키를 제공
④ make menuconfig : 텍스트 기반의 메뉴를 제공하여 옵션을 설정

50 다음 중 사운드카드를 제어하는 명령으로 알맞은 것은?

① OSS
② xsane
③ alsactl
④ cdparanoia

① OSS(Open Sound System) : 유닉스와 유닉스 호환 운영체제를 위한 사운드 생성 및 캡처 인터페이스이자, 인터페이스를 구현하기 위한 디바이스 드라이버와 사운드 컨트롤러 자체
② xsane : 이미지 스캐너 및 카메라 하드웨어에 대한 표준화된 액세스를 제공하기 위한 누구나 자유롭게 사용할 수 있는 API
④ cdparanoia : 오디오 CD를 읽어서 CD의 재생 정보와 음악 파일을 추출하는 유틸리티

51 다음 중 시스템 백업에 대한 설명으로 틀린 것은?

① tar, cpio와 같은 유틸리티는 증분 백업이 가능하다.
② 리눅스에서는 tar, dd, dump, cpio, rsync와 같은 유틸리티로 백업이 가능하다.
③ 백업의 종류에는 전체 백업(Full Backup)과 부분 백업(Partial Backup)으로 구분된다.
④ 부분 백업은 증분 백업(Incremental Backup)과 차등 백업(Differential Backup)으로 구분된다.

증분 백업은 전체 백업 이후 변경된 데이터만 백업하는 것으로 tar 명령은 -g 옵션을 이용하여 증분 백업을 지원하나 cpio는 증분 백업을 지원하지 않는다.

52 tar 명령을 이용해 2019년 1월 1일 이후로 변경된 파일을 백업하려고 한다. 다음 중 ( ) 안에 들어갈 내용으로 알맞은 것은?

```
# tar -c -v (      ) '1 Jan 2019' -f backup.
tar /backup
```

① -D

② -H

③ -I

④ -N

---

tar
- 개념과 특징 : 파일을 압축하거나 압축된 파일을 해제하는데, 주로 -N 옵션을 이용하며, 지정한 날짜 이후의 파일을 대상으로 함
- 기본 옵션(아래 옵션 중 하나는 꼭 추가되어야 함)

옵션	설명
A(--catenate)	기존 압축 파일(Archive File)에 tar 파일들을 추가(Append)
c(--create)	새로운 파일을 만드는데, 만일 동일한 파일이 존재할 경우 덮어씀
d (--diff)	압축 파일과 파일 시스템의 차이를 비교
r(--append)	기존 tar 파일의 마지막에 파일을 추가
t(--list)	tar 파일 내 압축되어 있는 파일 목록을 출력
u(--update)	기존 파일보다 새로운 파일을 경우 파일을 추가
x(--extract)	압축된 파일의 압축을 해제

- 부가 옵션

옵션	설명
v(--verbose)	진행 중인 파일 정보를 표시
f(--file)	파일명을 지정
h(--dereference)	심볼릭 링크가 가리키는 파일을 대상으로 압축
s(--same-order)	저장된 파일 목록과 같은 순서로 압축을 해제
z(--gzip)	.tar.gz 형식으로 압축하거나 압축을 해제
j(--bzip2)	.tar.bz2 방식으로 압축된 파일을 읽거나 압축을 해제
x(--extract)	압축된 파일의 압축을 해제

J	.tar.xz 방식으로 압축된 파일을 읽거나 압축을 해제
p(--same-permissions)	모든 퍼미션 정보를 유지
Z(-- com-press)	Compress를 이용하여 압축하거나 압축을 해제
G(--incremental)	예전 GNU 형식으로 증분 백업을 수행
g(--listed-incremental)	새로운 GNU 형식으로 증분 백업을 수행

---

53 다음 중 로그 관련 파일의 설명으로 알맞은 것은?

① /var/log/xferlog : FTP 접속과 관련된 작업이 기록된 파일

② /var/log/lastlog : 시스템이 부팅할 때 출력되었던 로그들이 기록된 파일

③ /var/log/wtmp : 콘솔, telnet, ftp 등으로 접속이 실패한 경우가 기록된 파일

④ /var/log/btmp : 콘솔, telnet, ftp 등으로 접속한 사용자 기록, 시스템을 재부팅한 기록 등의 로그가 쌓이는 파일

오답 피하기

② /var/log/lastlog : lastlog 명령어가 참조하며, 각 계정에 대한 마지막 로그인 정보가 기록된 파일

③ /var/log/wtmp : last 명령어가 참조하며, 로그인, 로그아웃, 재부팅 이력을 기록한 파일

④ /var/log/btmp : lastb 명령어가 참조하며, 로그인 실패 정보를 기록한 파일

54 서버의 커널 변수를 제어하여 TCP 연결 상태를 3시간 동안 유지하도록 변경하려고 한다. 다음 중 커널 변수 값을 설정하기 위한 명령으로 알맞은 것은?

① sysctl -w net.ipv4.tcp_fin_timeout =3
② sysctl -w net.ipv4.tcp_keepalive_time=3
③ echo 10800 > /proc/sys/net/ipv4/tcp_fin_timeout
④ echo 10800 > /proc/sys/net/ipv4/tcp_keepalive_time

명령어에 대한 설명
- echo 명령은 인자도 전달된 값을 화면에 출력하는 명령어이며, >를 이용하여 특정 파일로 출력 방향을 변경(Redirect)할 수 있다.
- TCP 연결 상태를 유지하는 시간을 설정하는 파일은 /proc/sys/net/ipv4/tcp_keepalive_time이며, 10,800(초)로 3시간을 설정한다.

sysctl
- 개념 : /proc/sys 디렉터리 이하의 커널 매개변수를 확인하거나 설정하는 명령어로서 세부 커널 설정을 통해 리눅스 보안 강화에 도움을 줄 수 있음
- 형식 : sysctl [옵션] 변수[=값]
- sysctl의 주요 옵션

옵션	설명
-a, -A	모든 커널 매개변수를 출력
-p	- sysctl 설정 파일을 로드 - 파일을 설정하지 않으면 /etc/sysctl.conf 파일을 로드
-n	지정한 변수의 값을 출력
-w	지정한 변수에 값을 저장

55 2일 전 로테이션이 실행되지 않는 시스템에 ihd 사용자가 시스템에 로그인하여 시스템 일부를 수정하였다. 다음 중 ihd 사용자가 로그인에 성공한 기록을 확인하기 위한 명령으로 틀린 것은?

① last
② last ihd
③ lastb ihd
④ lastlog -t 5

lastb는 /var/log/btmp 로그 파일을 참조하여 로그인 실패 기록을 확인한다.

오답 피하기
①·② last : /var/log/wtmp 정보를 참조하여 로그인, 로그아웃, 재부팅 이력을 확인
④ lastlog : /var/log/lastlog 정보를 참조하여 각 계정에 대한 마지막 로그인 정보를 출력

56 다음 중 logrotate로 구현할 수 있는 작업으로 틀린 것은?

① 30분마다 한 번씩 로그 로테이트를 수행한다.
② 로그 크기가 250MB가 되면 로그 로테이트를 수행한다.
③ 로그 로테이트로 생성되는 백로그 파일을 3개로 제한한다.
④ 로그 로테이트가 된 후 '/usr/bin/killall -HUP httpd' 명령을 실행한다.

logrotate
- 개념 : 시간에 따라 크기가 커질 수 있는 로그 파일을 일정 기간(시간/주/월/년), 크기 등 지정 조건에 따라 백업하는 명령어이며, /etc/logrotate.conf 설정 파일을 이용
- 설정 예시

예시	설명

/var/log/wtmp {
weekly
create 0600 root utmp
rotate 4
}
	- /var/log/wtmp 로그에 대한 설정
	- 매주 로그 파일을 백업하고 새롭게 바꿈
	- 신규 로그 파일의 퍼미션을 0600으로 하고, root를 소유자로 utmp를 소유그룹으로 함
	- rotate 4는 로그 파일을 4세대 분으로 남기는데, 이 경우 weekly로 로그를 백업하므로 총 4week 분이 남겨짐

57 /var/log/messages 파일은 시스템에서 발생되는 표준 메시지가 쌓이는 파일로, 날짜 및 시간, 메시지가 발생한 호스트명, 메시지를 발생한 내부 시스템이나 응용 프로그램의 이름, 발생된 메시지 순으로 기록된다. 다음 중 내부 시스템이나 응용 프로그램의 이름과 발생된 메시지를 구분하는 기호로 알맞은 것은?

① 콜론(:)
② 콤마(,)
③ 파이프(|)
④ 세미콜론(;)

내부 시스템이나 응용 프로그램의 이름과 발생된 메시지를 구분하는 기호는 콜론(:)이다.

58 chattr 명령을 이용하여 파일 속성을 변경하려고 한다. 다음 중 속성 변경에 사용되는 기호로 틀린 것은?

① +
② −
③ ＊
④ =

chattr
• 개념 : 파일의 속성을 수정하는 명령어로, '+모드'로 속성을 추가하고, '−모드'로 속성을 제거할 수 있으며, '=모드'를 이용하면 지정한 모드로 속성이 변경됨
• 설정할 수 있는 모드

모드	설명
A	파일에 접근할 때 atime을 수정하지 않음
a	• 해당 파일은 오직 추가만 할 수 있음 • 덮어쓰거나 삭제하거나 이름을 변경할 수 없음
d	dump 명령어로 백업할 때 이 속성을 갖는 파일은 통과
i	해당 파일은 삭제되거나 이름을 변경할 수 없음
S	파일의 속성이 변경되었을 때 그 즉시 디스크에 저장
B	해당 파일은 블록 익스텐트(block extents)를 사용하여 서상

59 다음 중 보안 도구 중 하나인 tripwire에 대한 설명으로 알맞은 것은?

① tripwire의 모태는 유닉스 계열 패스워드 크랙 도구(Password Crack tool)이다.
② 명령 행에서 사용하는 네트워크 트래픽 모니터링 도구로서 외부 호스트로부터 들어오는 패킷들을 검사할 수 있다.
③ 1992년 퍼듀(Purdue) 대학의 컴퓨터 보안 전문가인 Eugene Spafford 박사와 대학원생인 Gene Kim에 의해 개발되었다.
④ 네트워크 탐지 도구 및 보안 스캐너로 시스템에서 서비스 중인 포트를 스캔하여 관련 정보를 출력하는 기능을 제공한다.

tripwire
호스트 기반 침입 탐지 시스템으로서 네트워크 침입 탐지보다는 외부 침입으로 인한 파일 시스템상의 주요 시스템 파일의 변경을 탐지하는 무결성 점검 도구이다. 즉, 지정한 디렉터리, 파일에 대한 스냅샷(Snapshot) 정보를 데이터베이스에 저장한 후, 관련 정보를 비교하여 무결성을 점검한다.

60 다음에서 설명하는 백업 유틸리티로 알맞은 것은?

> • 원격지의 파일들을 동기화 하는 유틸리티이다.
> • 링크된 파일이나 디바이스 파일도 복사가 가능하다.
> • GNU tar와 옵션이 유사하다.
> • ssh나 rsh를 이용하여 전송이 가능하다.

① rcp
② cpio
③ rsync
④ restore

오답 피하기
① rcp : remote copy의 약자를 딴 명령어로 원격 호스트 간 파일을 복사할 수 있음
② cpio : 대상 파일들을 복사하거나 하나의 파일로 아카이빙(Archiving) 혹은 아카이빙된 파일을 복원하는 명령어
④ restore : dump 명령으로 생성한 백업 파일을 복원할 때 사용하는 명령어

61 웹 브라우저를 사용해서 웹 서버에 접속했더니 그림과 같이 표시되었다. 다음 중 해당 내용과 관련된 httpd.conf의 Options 항목으로 알맞은 것은?

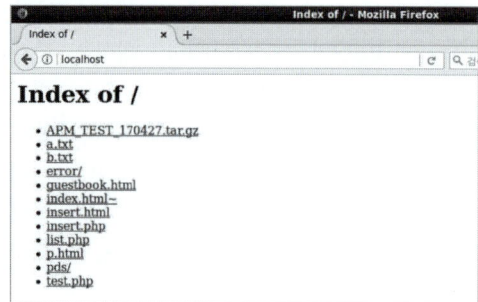

① Include
② Indexes
③ DirectoryIndex
④ FollowSymLinks

Indexes는 default.html, index.php 등 기본 파일이 존재하지 않을 경우, 해당 디렉터리의 모든 파일 목록을 보여 준다. 서버의 파일 목록이 표시되고 웹 브라우저를 이용하여 접근할 수 있으므로 보안 취약점이 발생한다. 따라서 설정하지 않는 것을 권장한다.

오답 피하기
① Include : 별도의 설정 파일을 포함하며, 기본값은 'Include conf.d/*.conf'
③ DirectoryIndex : 웹 디렉터리를 방문할 경우 처음으로 열릴(Open) 파일 목록을 정의
④ FollowSymLinks : 디렉터리 내에서 심볼릭 링크 사용을 허가하는데, 웹 브라우저에서 링크 파일의 경로까지 확인할 수 있으므로 보안 취약점이 발생하기 때문에, 설정하지 않는 것을 권장

62 다음 중 VM1이라는 가상머신을 종료시키는 명령으로 알맞은 것은?

① virsh off VM1
② virsh halt VM1
③ virsh stop VM1
④ virsh shutdown VM1

virsh
텍스트 기반의 콘솔 환경에서 가상 머신을 관리해 주는 도구로 생성, 시작, 재시작, 종료, 강제 종료 등의 기능을 수행한다. 'virsh start'로 가상 머신을 시작하고, 'virsh shutdown'으로 가상 머신을 종료할 수 있다. 'virsh reboot'는 리부팅, 'virsh list'는 VM 목록 확인, 'virsh destroy'는 VM을 강제종료한다.

63 다음 중 레드햇(Red Hat)사에서 개발한 LDAP 서버 프로그램으로 알맞은 것은?

① 389 Directory Server
② Active Directory Server
③ Tivoli Server
④ OpenLDAP

오답 피하기
② Active Directory Server : 마이크로소프트에서 개발한 LDAP(Light-weight Directory Access Protocol) 기반의 인증 서비스
③ Tivoli Server : IBM에서 개발한 LDAP 기반의 서비스
④ OpenLDAP : OpenLDAP 프로젝트에 의해 개발된 LDAP 오픈소스

64 다음 조건일 때 NFS 클라이언트에서 설정하는 내용으로 알맞은 것은?

> • NFS 서버의 주소 : 192.168.5.13
> • NFS 서버의 공유 디렉터리명 : /nfsdata
> • NFS 클라이언트에서 마운트할 디렉터리명 : /ndata

> # vi /etc/fstab
> (   ) timeo=15,soft,retrans=3 0 0

① /ndata   192.168.5.13:/nfsdata   nfs
② /ndata   nfs   192.168.5.13:/nfsdata
③ 192.168.5.13:/nfsdata   /ndata   nfs
④ 192.168.5.13:/nfsdata   nfs   /ndata

/etc/fstab는 장치를 마운트할 때 참조하는 파일로 /etc/fstab에 관련 정보를 설정하여 부팅 시 자동으로 마운트되도록 구성할 수 있다.
예 172.30.1.12:/var/youngjin-nfs /var/youngjin-local nfs timeo=15, soft,retrans=3 0 0

65 다음 ⊙ 및 ⓒ에 들어갈 HTTP 요청 메소드로 알맞은 것은?

> • (⊙) : 서버에서 자료를 가져오는 요청
> • (ⓒ) : 서버에 정보를 전송해서 저장하는 요청

① ⊙ POST   ⓒ GET
② ⊙ GET   ⓒ POST
③ ⊙ PUT   ⓒ GET
④ ⊙ PUT   ⓒ POST

HTTP 요청 메소드
• 개념 : 웹 클라이언트가 서버에 데이터 및 관련 정보를 요청하기 위해 전달하는 것
• 주요 요청 메소드

메소드	설명
GET	URL 형식으로 리소스(Resource) 데이터를 요청
HEAD	리소스의 헤더(Header) 정보를 요청하며, 서버는 응답 메시지로 본문(Body)을 제외한 헤더 정보만 사용
POST	– HTTP 요청을 헤더와 바디로 구분하여 사용하고, 요청할 내용을 바디에 담아 서버에 전송 – 주로 폼(Form)문을 이용한 데이터 전송에 사용
PUT	새로운 문서를 만들거나 기존 정보를 갱신하기 위해 사용
DELETE	웹의 리소스(파일)를 삭제하기 위해 사용
CONNECT	프록시(Proxy)와 같은 중간 서버에 접속하기 위해 사용
TRACE	요청한 리소스가 수신되는 경로를 확인하기 위해 사용
OPTIONS	웹 서버가 제공하는 메소드를 확인하기 위해 사용

66 다음 그림과 같이 php 연동 여부를 확인하려고 할 때 ( ) 안에 들어갈 내용으로 알맞은 것은?

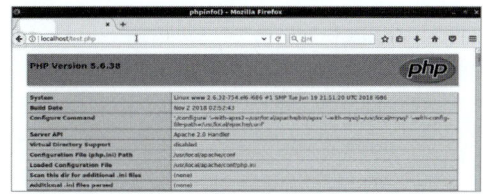

```
<?php
   (     )
?>
```

① testphp( );
② testinfo( );
③ phpinfo( );
④ infophp( );

phpinfo( )는 PHP 관련 정보를 출력하는 함수로 PHP 연동 상태를 확인하기 위해 사용한다.

67 다음 중 NIS 서버에서 맵 파일들이 생성되는 디렉터리로 알맞은 것은?

① /var/yp
② /var/ypbind
③ /var/ypserv
④ /var/ypconv

NIS 관련 설정 후 NIS 정보를 갱신하면 /var/yp 디렉터리에 NIS 서버 이름의 디렉터리가 만들어지고 NIS 관련 정보를 갖고 있는 맵(Map) 파일들이 생성된다.

68 삼바 서버의 설정이 다음과 같은 경우에 윈도우에서 접근할 때 나타나는 폴더명으로 알맞은 것은?

```
[www]
comment = share
path = /web
public = yes
write list = @insa
```

① www
② share
③ web
④ insa

Share Definition
• 개념 : SAMBA 서버에서 공유 폴더의 이름, 경로, 접근 권한 등 주요 설정 옵션을 지정하는 영역
• 주요 설정 옵션

설정 옵션	설명
[디렉터리 이름]	'[ ]' 사이에 공유 폴더 이름을 지정 ⓔ [homes]
comment	공유 폴더에 대한 설명을 기술 ⓔ comment = Home Directories
path	공유 디렉터리의 절대 경로를 지정 ⓔ path = /var/www/html
read only = yes	읽기만 가능하도록 설정
writable = yes	쓰기가 가능하도록 설정
write list = [사용자명]	– 쓰기가 가능한 사용자를 지정 – @를 앞에 붙여서 그룹을 지정할 수 있음 ⓔ write list = smbuser @manager
valid users = [사용자명]	접근 가능한 사용자를 지정하며, 만일 별도로 지정하지 않을 경우 전체 사용자가 접근 가능하게 됨
public = no	개인 사용자만 사용할 수 있도록 설정
browseable = no	이용 가능한 공유 리스트에 표시되지 않도록 설정
create mask = 값	파일을 생성할 때 사용되는 기본 모드를 지정(ⓔ 0644)
follow symlinks = no	심볼릭 링크를 따르지 않도록 설정하여 잠재적인 보안 위협을 제거

69 다음 중 vsftpd.conf에서 익명의 사용자도 업로드가 가능하도록 지정하는 설정으로 알맞은 것은?

① anon_upload_enable=ON
② anon_upload_enable=OFF
③ anon_upload_enable=YES
④ anon_upload_enable=NO

vsftpd.conf
• 개념 : /etc/vsftpd/vsftpd.conf 파일을 통해 익명/사용자 접속, 권한, 전송 방식 등 FTP 서버 프로그램인 vsftpd의 동작 환경과 주요 설정 항목을 지정하는 구성 파일
• 주요 설정 항목

항목	설명
anonymous_enable=YES	익명(Anonymous) 사용자의 접속을 허가
anon_upload_enable=YES	익명 사용자의 업로드를 허가
local_enable=YES	로컬 계정 사용자의 접속을 허가
write_enable=YES	FTP 쓰기(Write) 명령을 허가
local_umask=022	기본 umask 값인 077을 지정한 값(022)으로 변경
chroot_local_user=YES	접속한 사용자의 홈 디렉터리를 최상위 디렉터리가 되도록 지정
chroot_list_enable=YES	홈 디렉터리의 상위 디렉터리로 이동할 수 있는 사용자 목록을 사용
chroot_list_file=[파일명]	/etc/vsftpd/chroot_list와 같이 상위 디렉터리로 이동할 수 있는 사용자 목록을 담은 파일을 지정
chown_uploads=YES	익명 사용자가 업로드한 파일의 소유권을 변경
chown_username=[계정명]	익명 사용자가 업로드한 파일의 소유권을 갖게 될 사용자를 설정
pam_service_name=[이름]	vsftpd와 같이 PAM 인증에 사용할 설정 파일의 이름을 지정
userlist_enable=YES	/etc/vsftpd/user_list를 사용

tcp_wrapper=YES	tcp_wrapper를 이용하여 접근제어를 수행
session_support=YES	wtmp에 로그를 남겨 last 명령으로 접속 여부를 확인할 수 있음
dirmessage_enable =YES	디렉터리 이동 시 해당 디렉터리의 메시지(.message 파일의 내용)가 표시됨
ftpd_banner=[메시지]	FTP 접속 시 표시될 환영 메시지를 설정
xferlog_enable=YES	FTP 관련 로그를 기록
xferlog_file=[경로명]	/var/log/xferlog와 같이 로그 파일 경로를 지정
xferlog_std_format =YES	로그 파일이 표준 포맷을 사용하도록 설정
listen_port=[포트번호]	21과 같이 vsftpd의 접속포트를 지정
ftp_data_port =[포트번호]	20과 같이 데이터 전송에 사용할 포트를 지정
listen=YES	스탠드얼론(Standalone) 모드로 동작 시 설정하는 항목
idle_session_timeout =[초]	Idle 상태에서 접속을 유지할 최대 시간을 설정(기본 300초)
data_connection_time out=[초]	Data connection을 끊기 전까지의 대기시간을 설정(기본 60초)
max_clients=[최대값]	접속할 수 있는 클라이언트(Client)의 최대 허용 건수를 지정
max_per_ip=[최대값]	한 IP 주소당 접속할 수 있는 최대 허용 건수를 지정

70 다음 중 NFS 서버를 설정할 때 사용하는 root_squash 옵션에 대한 설명으로 알맞은 것은?

① root 사용자만 nfsnobody 권한으로 매핑시키고, 일반 사용자 권한은 그대로 인정된다.
② root 사용자는 권한이 인정되고, 일반 사용자를 nfsnobody 권한으로 매핑시킨다.
③ root 사용자와 일반 사용자 모두 nfsnobody 권한으로 매핑시킨다.
④ root 사용자와 일반 사용자 모두 권한이 그대로 인정된다.

root 사용자의 접근 권한 설정

설정값	설명
no_root_squash	root 권한 접근을 허용
root_squash	root 권한 접근을 거부하기 위하여, 클라이언트의 root 요청을 nobody(또는 nfs-nobody)로 매핑시킴(기본값)
all_squash	NFS 클라이언트에서 접근하는 모든 사용자 (root 포함)의 권한을 nobody(또는 nfsnobody)로 매핑시킴
anonuid	특정 계정의 권한을 할당

71 다음 ㉠ 및 ㉡에 들어갈 내용이 알맞게 짝지어진 것은?

> (㉠) 프로토콜은 서버에 도착한 메일을 클라이언트에서 직접 내려 받아 읽도록 해 주는 프로토콜로 클라이언트가 메일을 가지고 가면 서버에 있는 메일은 삭제된다. 이 프로토콜은 (㉡)번 포트를 사용한다.

① ㉠ IMAP ㉡ 110
② ㉠ IMAP ㉡ 143
③ ㉠ POP3 ㉡ 110
④ ㉠ POP3 ㉡ 143

POP3는 메일 서버에 도착한 메일을 수신하는 프로토콜로, 클라이언트 프로그램으로 메일을 가져온 후 서버에서 해당 메일을 삭제한다. TCP/110번 포트를 이용한다.

오답 피하기

IMAP은 메일 서버에 도착한 메일을 수신하는 프로토콜이며, POP3과 다르게 이메일 메시지를 서버에 남겨 두었다 나중에 삭제할 수 있다. TCP 143번 포트를 이용한다.

72 다음 중 발신 도메인을 ihd.or.kr로 강제 적용할 때 설정하는 sendmail.cf 파일의 내용으로 알맞은 것은?

① Cwihd.or.kr
② Fwihd.or.kr
③ Djihd.or.kr
④ Oihd.or.kr

sendmail.cf
• 개념 : sendmail의 기본 동작 방식을 지정하는 sendmail의 주 설정 파일
• 주요 설정 항목

설정 항목	설명
Cw	– 메일 수신 호스트의 이름을 설정하며, 보통 도메인명을 이용 – 만일 여러 개의 도메인을 이용할 경우 'Fw' 항목으로 관련 설정 파일을 별도로 지정 가능 – 기본값 : Cwlocalhost
Fw	– 여러 개의 도메인명을 수신 호스트의 이름으로 이용할 경우 관련 설정 파일을 지정 – 기본값 : Fw/etc/mail/local-host-names
Ft	– Trusted user를 설정 – Trusted user는 메일 발신 시 발송자의 주소를 변경 가능 – 기본값 : Ft/etc/mail/trusted-users 　　　　　　Troot 　　　　　　Tdaemon 　　　　　　Tuucp
Dj	– 메일 발송 시, 발신 도메인 이름을 강제로 지정 – 발신 도메인의 이름을 일반적으로 sendmail이 자동으로 결정하므로 특별한 경우에만 사용 **예** Djyoungjin-mail.com
Dn	– sendmail이 회신(Return) 메일을 보낼 때 사용하는 사용자 이름을 지정 – 기본값 : DnMAILER-DAEMON
FR-o	– Relay를 허용할 도메인을 설정 – 기본값 : FR-o /etc/mail/relay-domains
Kvirtuser	– 한 대의 메일 서버에서 동시에 운영하는 여러 개의 가상 호스트에서 동일한 계정을 공유하여 사용할 수 있도록 관련 설정 파일을 지정 – 기본값 : Kvirtuser hash - o /etc/mail/virtusertable.db

Kaccess	– sendmail 접근제어를 담당하며, 특정 호스트 혹은 도메인에 대한 접근 허가 여부를 설정한 파일을 지정 – 기본값 : Kaccesshash – T〈TMPF〉 – o /etc/mail/access.db
O AliasFile	– 특정 계정으로 전송된 메일을 다른 계정으로 전달할 수 있도록 설정한 파일을 지정 – 기본값 : O AliasFile=/etc/aliases
O MaxMessageSize	– 메일 메시지의 최대 크기를 바이트 단위로 지정 – 주석 혹은 0으로 설정하면 제한 없이 사용 가능 **엔** O MaxMessageSize=0
O ForwardPath	– 사용자 개인이 수신한 메일을 다른 메일로 포워딩(Forwarding)할 때 사용하는 설정 파일을 지정 – 기본값 : O ForwardPath=$z/.forward.$w:$z/.forward
O DaemonPortOptions	– SMTP 데몬(Daemon)의 옵션을 설정 – 기본값 : O DaemonPortOptions=Port=smtp,Addr=127.0.0.1,Name=MTA – Addr을 '127.0.0.1'로 설정하면 localhost에서만 사용할 수 있고, '0.0.0.0'으로 설정하면 모든 주소에서 사용할 수 있음 – 참고로 SMTP의 기본 포트 번호는 25번
O DeliveryMode	– sendmail의 동작 방식을 지정 – 기본값 : O DeliveryMo=back ground
O Timeout.queuer- eturn	– 설정한 기간에 메일이 발송되지 않을 경우, 보낸 사람에게 반송됨 – 기본값 : O Timeout.queuereturn=5d
O QueueDirectory	– 메일 전송 시 사용하는 큐(Queue) 디렉터리를 지정 – 기본값 : O QueueDirectory=/var/spool/mqueue

73 다음 설명에 해당하는 메일 관련 파일로 알맞은 것은?

> 여러 회사의 도메인을 운영하는 호스팅 회사의 메일 서버이다. 여러 회사에서 webmaster라는 이메일 계정을 요구하였다. 이러한 요구를 처리하기 위해 사용되는 파일이다.

① /etc/aliases
② /etc/mail/access
③ /etc/mail/virtusertable
④ /etc/mail/local-host-names

/etc/mail/virtusertable은 가상의 메일 계정으로 들어오는 메일을 특정 계정으로 전달하는 정보를 설정한다.

오답 피하기

① /etc/aliases : 메일의 별칭 혹은 특정 계정으로 수신한 이메일을 다른 계정으로 전달하도록 설정하며, 보통 여러 사람에게 전달할 때 사용
② /etc/mail/access : 메일 서버에 접속하는 호스트의 접근을 제어하는 설정 파일로 스팸 메일 방지 등에 사용할 수 있음
④ /etc/mail/local-host-names : sendmail에서 수신할 메일의 도메인과 호스트, 즉 메일 수신자를 설정하며 sendmail을 다시 시작하여 적용

74 다음은 /etc/named.conf 파일 설정의 일부이다. (   ) 안에 들어갈 내용으로 알맞은 것은?

```
options {
    (    ) "/var/named";
}
```

① type
② file
③ directory
④ recursion

etc/named.conf
• 개념 : 존(Zone) 파일, 리버스 존(Reverse Zone) 파일을 비롯한 DNS 서버의 주요한 환경을 설정하는 설정 파일
• 형식 : options, acl, logging, zone 등의 주요 구문이 있으며, 각 구문은 중괄호({ })로 둘러싸고 끝날 때는 세미콜론(;)을 사용
• options 구문의 설정 예시

```
options {
    listen-on port 53 { 127.0.0.1; };
    listen-on-v6 port 53 { ::1; };
    directory        "/var/named";
    dump-file        "/var/named/data/cache_
dump.db";
    statistics-file        "/var/named/data/named_
stats.txt";
    memstatistics-file  "/var/named/data/named_
mem_stats.txt";
    allow-query        { localhost; };
    recursion yes;

    dnssec-enable yes;
    dnssec-validation yes;

    /* Path to ISC DLV key */
    bindkeys-file "/etc/named.iscdlv.key";

    managed-keys-directory "/var/named/dynam-
ic";
};
```

• options 구문의 주요 설정 항목

설정 항목	설명
directory	zone 파일의 저장 디렉터리를 설정하며, 반드시 필요한 항목 ⑩ directory "/var/named";
dump-file	정보 갱신 시 저장 파일로 사용할 dump-file의 파일명을 지정 ⑩ dump-file "/var/named/data/cache_dump.db";
statistics-file	통계 정보를 저장할 파일명을 지정 ⑩ statistics-file "/var/named/data/named_stats.txt";
memstatistics-file	메모리 통계 정보를 저장할 파일명을 지정 ⑩ memstatistics-file "/var/named/data/named_mem_stats.txt";
forward	– forwarders 옵션과 함께 사용하며, only 혹은 first 값을 가짐 – forward only : 도메인 주소에 대한 질의를 다른 서버에게 넘김 – forward first : 다른 서버에서 응답이 없을 경우, 자신이 응답하도록 설정
forwarders	– forward를 처리할 서버를 지정 – 여러 개의 서버를 세미콜론으로 구분하여 설정
allow-query	네임서버에 질의할 수 있는 호스트를 지정 ⑩ allow-query { localhost; };
allow-transfer	존(zone) 파일 내용을 복사(transfer)할 대상을 제한 ⑩ allow-transfer {172.3.1.0/24;};
datasize	DNS 정보 캐싱에 사용할 메모리 크기를 제한 ⑩ datasize 128M;
recursion	– 하위 도메인 검색 허용 여부를 지정 – yes로 설정하면, 네임 서버에 설정하지 않은 도메인을 질의할 경우 캐싱 네임 서버의 역할로 동작하여 DNS 질의를 수행 ⑩ recursion yes;

75 다음은 zone 파일 설정의 일부이다. 관리자 계정이 ihduser, 도메인이 ihd.or.kr일 경우 ( ) 안에 들어갈 내용으로 알맞은 것은?

```
@ IN SOA ns.ihd.or.kr. ( ) (
201902152120 ; serial
――― 이하 생략 ―――
```

① ihduser.ihd.or.kr
② ihduser.ihd.or.kr.
③ ihduser@ihd.or.kr
④ ihduser@ihd.or.kr.

관리자 계정은 '계정.도메인.' 형식으로 지정하며, '.'으로 끝나야 한다.

76 다음 설명에 해당하는 가상화의 종류로 알맞은 것은?

> 게스트 운영체제와 VMM(Virtual Machine Monitor)과의 원활한 통신을 위해 게스트 운영체제의 커널 일부분을 수정하여 적용한다.

① 전가상화
② 반가상화
③ 호스트 기반가상화
④ 운영체제 레벨 가상화

반가상화는 게스트 OS는 하이퍼바이저에 하드웨어의 제어를 요청하여 동작하며, 게스트 OS의 수정이 필요하다.

오답 피하기

① **전가상화** : Intel-VT(Virtualization Technology), AMD-V 등 CPU의 물리적 가상화 지원 기능을 이용하여 하드웨어를 완전히 가상화하며, 게스트 OS를 수정 없이 사용할 수 있음
③ **호스트 기반 가상화** : 호스트 운영체제에 VMM을 설치하고 가상 머신(Virtual Machine)을 생성하며, 대표적으로 VirtualBox, VMware Player 등이 있음
④ **운영체제 레벨 가상화** : 여러 개의 격리된 사용자 공간 인스턴스를 운영체제 커널 내부에서 생성하여 관리하는 가상화 방식

77 다음 중 다양한 하이퍼바이저(Hypervisor)들을 통합 관리하기 위해 플랫폼에 해당하는 기술로 틀린 것은?

① Openstack
② Cloudstack
③ vSphere
④ Eucalyptus

vSphere는 VMware의 클라우드 컴퓨팅 가상화 플랫폼이다.

오답 피하기

① **Openstack** : IaaS(Infrastructure as a Service) 형태의 클라우드 컴퓨팅을 구축할 수 있는 오픈소스 프로젝트로, 다양한 커뮤니티 활동이 장점임
② **Cloudstack** : 시트릭스(Citirix)에서 오픈소스로 공개한 클라우드 컴퓨팅 프로젝트로, 쉬운 사용성과 다양한 도입 사례가 장점임
④ **Eucalyptus** : 사설 및 하이브리드 클라우드를 구축할 수 있는 오픈소스 소프트웨어로 Amazon Web Service와 호환 가능한 플랫폼을 구축할 수 있음

78 다음 설명에 해당하는 가상화 기술로 알맞은 것은?

> CPU를 포함해서 이더넷 카드, Disk I/O, VGA 그래픽 인터페이스 등의 반가상화를 지원한다.

① KVM
② XEN
③ Docker
④ VirtualBox

XEN은 CPU 전가상화, 반가상화를 모두 지원하는 하이퍼바이저(Hypervisor) 기반의 가상화 기술로 리눅스뿐만 아니라 윈도우, Solaris 등을 지원한다.

오답 피하기

① **KVM** : 인텔 CPU가 지원하는 VT-x 및 AMD-V를 기반으로 CPU 전가상화를 지원하는 기술로 리눅스 커널 2.6.20부터 포함되었음. 비록 CPU 반가상 기술을 지원하지 않으나 이더넷, Disk I/O, 그래픽은 반가상화를 지원
③ **Docker** : 하이퍼바이저를 사용하거나 게스트 운영체제를 설치하지 않고, 서버 운영에 필요한 프로그램과 라이브러리만 이미지로 만들어 프로세스처럼 동작시키는 경량화된 가상화 기술
④ **VirtualBox** : 오라클이 주도하여 개발 및 배포하고 있는 x86 기반 가상화 소프트웨어

79 DNS 서버의 IP 주소가 192.168.12.22이고, 도메인이 ihd.or.kr이다. 다음 중 리버스 존(Reverse Zone) 파일을 지정할 때 (   ) 안에 들어갈 내용으로 알맞은 것은?

```
zone "(              )"   IN   {
type master;
file "linux.rev";
};
```

① 192.168.12.in-addr.arpa
② 12.168.192.in-addr.arpa
③ ihd.or.kr.in-addr.arpa
④ kr.or.ihd.in-addr.arpa

Reverse zone은 IP 주소를 도메인으로 변경하는 역할을 하며, 이름은 네트워크 ID를 역순으로 나열하고 in-addr.arpa를 붙인다.

80 다음 중 설치한 후에 해당 기술이 포함된 커널로 재부팅해야만 서비스 운영이 가능한 가상화 기술로 알맞은 것은?

① KVM
② XEN
③ Docker
④ VirtualBox

XEN은 반가상화를 지원하는 하이퍼바이저(Hypervisor) 기반의 가상화 기술이다. 게스트 OS는 하이퍼바이저에 하드웨어의 제어를 요청하여 동작하며, 게스트 OS의 수정이 필요하다.

오답 피하기
① KVM : 전가상화를 지원하며, 게스트 OS를 수정 없이 사용할 수 있음
③ Docker : 게스트 운영체제를 설치하지 않는 경량화된 가상화 기술
④ VirtualBox : 오라클이 주도하여 개발 및 배포하고 있는 x86 기반 가상화 소프트웨어

81 아파치 2.x 버전 웹 서버의 포트 번호를 8080으로 변경하려고 한다. 다음 중 httpd.conf에 설정하는 항목 값으로 알맞은 것은?

① Port 8080
② Port :8080
③ Listen 8080
④ Listen :8080

httpd.conf
• 개념 : 아파치 웹 서버가 환경설정 파일(/etc/httpd/conf/httpd.conf)로 이용
• 주요 설정 항목

설정	내용
ServerRoot	웹 서버의 주요 파일들이 저장된 최상위 디렉터리를 지정
Listen	웹 서버가 이용할 포트 번호를 지정
ServerName	웹 서버의 호스트이름을 지정
DocumentRoot	HTML과 같은 웹 서버의 컨텐츠가 저장되는 루트 디렉터리를 지정
UserDir	일반 사용자의 웹 디렉터리를 지정
ServerAdmin	관리자의 메일 주소를 시정
DirectoryIndex	웹 브라우저(클라이언트)의 요청에 따라 지정한 순서의 파일을 응답으로 전송
ServerTokens	HTTP 응답헤더에 포함하여 전송할 서버의 정보 수준으로, 보안을 위해 최소 정보만 사용하도록 prod로 설정하는 것을 권장
KeepAlive	On으로 설정하면 아파치의 한 프로세스로 특정 사용자의 지속적인 요청 작업을 계속 처리

82 다음 중 xinetd.conf 파일에서 instances 항목에 대한 설명으로 알맞은 것은?

① 사용 가능한 서비스의 목록을 지정한다.
② 동시에 서비스할 수 있는 서버의 최대 개수를 지정한다.
③ 동일한 IP 주소로 접속할 수 있는 서비스의 수를 지정한다.
④ 초당 요청 수가 일정 개수 이상일 경우에 지정한 시간 동안 접속 연결을 중단한다.

/etc/xinetd.conf
• 개념 : xinetd 방식으로 동작하는 서비스 전체에 대한 설정 파일로, 개별 데몬에 대한 설정 파일은 '/etc/xinetd.d' 디렉터리에 저장됨
• 주요 기본 설정

주요 기본 설정	내용
instances	– 동시에 서비스할 수 있는 서버의 최대 수를 지정 – UNLIMITED로 지정하면 제약 없이 동작
log_type	– 로그 기록 방식을 지정하며, SYSLOG와 FILE 두 가지 형식을 지원 – SYSLOG : 'SYSLOG syslog_facility [syslog_level]' 형식을 따름 – FILE : 'FILE 파일명 [limit 옵션]'의 형식을 따르며, limit 옵션은 로그 파일의 크기를 결정
log_on_suc cess	– 서버 시작, 종료 및 접속 시 기록할 내용을 지정 – PID, HOST(원격 호스트 IP), USERID(원격 사용자 ID), EXIT(종료 시의 상태), DURATION(세션 지속 상태) 등의 값을 조합해서 사용할 수 있음
log_on_failure	– 서버가 시작될 수 없거나 접근이 거부되었을 때, 기록할 내용을 지정 – HOST, USERID, ATTEMPT(실패한 시도) 등의 값을 조합해서 사용할 수 있음
cps	– 초당 최대 요청과 이를 초과할 경우 접속 제한 시간을 설정 – 'cps = 25 30'일 경우 초당 요구 사항이 25개 이상일 경우 30초 동안 연결을 제한
only_from	이용 가능한 원격 호스트를 지정
per_source	– 동일한 IP 주소로부터 접속할 수 있는 최대 접속 수를 지정 – UNLIMITED로 지정하면 제약 없이 접속할 수 있음
includedir / etc/xinetd.d	– 각각의 서비스(daemon) 설정을 개별 파일에서 지정 – 이 속성을 이용하면 xinetd.conf에서 해당 서비스를 설정할 수 없음

선생님의 노하우
• 최근 리눅스의 경우 CentOS 6까지 xinetd 방식으로 이용하던 많은 서비스들이 단독 데몬으로 전환되거나 systemd에 의한 관리방식으로 통합되었다.
• systemd 방식은 socket 기능(ondemand activation)을 통해 효율적으로 메모리를 관리할 수 있으며, 이에 따라 기존 xinetd를 통해 제공하던 rsync, telnet 등의 서비스가 systemd 방식으로 통합되었다.

83 다음 ( ) 안에 들어갈 내용으로 알맞은 것은?

```
# vi (    )
NISDOMAIN=ihd.or.kr
```

① /etc/yp.conf
② /etc/ypbind.conf
③ /etc/ypserv.conf
④ /etc/sysconfig/network

/etc/sysconfig/network에 NIS 도메인명을 설정하여 시스템 부팅 시 항상 적용되도록 할 수 있다.

오답 피하기
① /etc/yp.conf : NIS 서비스(서버)와 도메인 정보를 설정하며, ypbind의 환경설정 파일로 사용됨 (예 server server.youngjin-nistest.com)
③ /etc/ypserv.conf : ypserv를 위한 옵션을 저장

84 다음 중 NIS 서버의 사용자 계정 정보가 저장되는 맵 파일명으로 알맞은 것은?

① passwd.userid

② passwd.username

③ passwd.byid

④ passwd.byname

NIS 서버에서 사용자 관련 정보를 저장하는 맵 파일은 passwd.byname이며, NIS 데이터베이스의 키 값을 출력하는 ypcat에 파라미터(Parameter)로 지정하여 정보를 출력할 수 있다.

85 다음 중 리눅스 시스템에서 윈도우 시스템에 공유된 디렉터리명을 확인할 때 사용하는 명령으로 알맞은 것은?

① smbstatus

② testparm

③ smbclient

④ nmblookup

smbclient
• 개념 : 삼바의 공유 디렉터리 정보를 확인하고, 서버에 접속하는 명령어
• 주요 옵션

옵션	내용
−L	삼바 서버의 공유 디렉터리 정보를 표시
−M	Ctrl+D와 함께 사용하여 메시지를 전송
−U [사용자 이름]	사용자 이름을 지정
−p [TCP 포트]	서버의 TCP 포트 번호를 지정

오답 피하기
① smbstatus : 삼바의 현재 접속 정보를 확인하는 명령어
② testparm : 삼바의 설정 정보를 확인하는 명령어
④ nmblookup : 삼바 서버의 NetBIOS 이름으로 IP 주소를 조회할 수 있는 명령어

86 다음 중 PAM 관련 설정 파일에서 사용되는 파일로 기본 설정이 접근 거부될 사용자 목록 파일은?

① /etc/vsftpd/ftpuser

② /etc/vsftpd/ftpusers

③ /etc/vsftpd/user_list

④ /etc/vsftpd/users_list

/etc/vsftpd/ftpusers는 PAM과 연관된 설정 파일로 FTP 서비스에 접근할 수 없는 사용자(계정)를 지정한다.

오답 피하기
③ /etc/vsftpd/user_list는 vsftpd.conf의 항목 중 'userlist_enable=YES'로 설정되어야 사용할 수 있으며, 'userlist_deny=YES' (기본값)로 설정된 경우 등록된 사용자(계정)는 FTP 서비스에 접근할 수 없다.

87 다음 중 MTA(Mail Transfer Agent)에 속하는 프로그램으로 틀린 것은?

① kmail

② qmail

③ postfix

④ sendmail

kmail은 KDE 기반 이메일 클라이언트로 GUI를 이용하여 이메일을 주고 받을 수 있는 MUA(Mail User Agent) 프로그램이다.

88 회사에서 두 개의 도메인을 사용하는 관계로 두 개의 도메인 모두 메일을 받을 수 있도록 파일에 등록하는 과정이다. 다음 (   ) 안에 들어갈 파일명으로 알맞은 것은?

```
# vi (       )
ihd.or.kr
kait.or.kr
```

① /etc/aliases
② /etc/mail/access
③ /etc/mail/virtusertable
④ /etc/mail/local-host-names

/etc/mail/local-host-names는 sendmail에서 수신할 메일의 도메인과 호스트, 즉 메일 수신지를 설정하며 sendmail을 다시 시작하여 적용한다.

오답 피하기

① /etc/aliases : 메일의 별칭 혹은 특정 계정으로 수신한 이메일을 다른 계정으로 전달하도록 설정하며, 보통 여러 사람에게 전달할 때 사용
② /etc/mail/access : 메일 서버에 접속하는 호스트의 접근을 제어하는 설정 파일로 스팸 메일 방지 등에 사용할 수 있음
③ /etc/mail/virtusertable : 가상의 메일 계정으로 들어오는 메일을 특정 계정으로 전달하는 정보를 설정

89 다음 (   ) 안에 들어갈 명령으로 알맞은 것은?

```
# cd /etc/mail
# (       ) sendmail.mc 〉 sendmail.cf
```

① m4
② makemap hash
③ newaliases
④ sendmail -bi

/etc/mail/sendmail.mc
sendmail의 설정을 편리하게 관리할 수 있는 보조 파일이며, m4 유틸리티를 'm4 sendmail.mc 〉 sendmail.cf'와 같이 사용하여 sendmail.cf를 생성한다.

오답 피하기

② makemap hash : /etc/mail/access를 기반으로 access.db 만드는 명령
③ newaliases : /etc/aliases 수정 후 DB 갱신
④ sendmail -bi : /etc/aliases 변경 사항을 aliases.db에 반영하는 명령

🏳 선생님의 노하우

• ②의 /etc/mail/access는 메일 서버에 접속하는 호스트의 접근을 제어하는 설정 파일로, 스팸 메일 방지 등에 사용할 수 있으며, 'makemap hash /etc/mail/access 〈 /etc/mail/access'와 같은 명령으로 '/etc/mail/access.db'에 적용한다.
• ③·④의 /etc/aliases는 메일의 별칭 혹은 특정 계정으로 수신한 이메일을 다른 계정으로 전달하도록 설정하며, 보통 여러 사람에게 전달할 때 사용한다. sendmail이 참조하는 파일은 /etc/aliases.db이므로 /etc/aliases를 수정한 후 newaliases나 sendmail -bi 명령으로 적용한다.

90 다음은 존 파일(Zone File)의 일부 내용이다. ( ) 안에 들어갈 내용으로 알맞은 것은?

> www IN ( ) 192.168.12.22

① A
② AAAA
③ NS
④ CNAME

A는 Address Mapping Records, 도메인 이름에 해당하는 IPv4 주소를 의미한다.

오답 피하기

② AAAA : IPv6 Address Records, 도메인 이름에 해당하는 IPv6 주소를 의미
③ NS : Name Server, 호스트에 대한 공식 네임서버를 의미
④ CNAME : Canonical Name, 도메인 이름에 대한 별칭을 의미

91 다음 설명에 해당하는 DNS 서버의 종류로 가장 알맞은 것은?

> 관리하는 도메인이 없어도 리졸빙(Resolving)만을 위해 구성하는 서버이다. 도메인에 대한 리졸빙 결과를 저장하고 서버에 기록된 정보에 대한 요청이 들어오는 경우에 직접 조회하지 않고 바로 응답주는 역할을 수행한다.

① Caching DNS
② Secondary DNS
③ Master DNS
④ Slave DNS

오답 피하기

② Secondary DNS : Slave DNS라고도 하며, Primary Name Server의 zone 파일을 백업
③ Master DNS : Primary Name Server라고도 하며, 필수 항목
④ Slave DNS : Secondary DNS의 다른 이름

92 다음은 squid.conf에서 포트 번호를 지정하는 항목이다. ( ) 안에 들어갈 내용으로 알맞은 것은?

> ( ) 3128

① port
② listen
③ http_port
④ proxy_port

squid
• 개념 : '/etc/squid/squid.conf' 파일을 환경설정 파일로 이용하는 명령어
• 주요 옵션 항목

옵션	설명
cache_dir [옵션]	• 옵션 : cache_dir ufs [경로] [캐시데이터크기] [첫번째디렉터리수] [두번째디렉터리수] • ufs : squid의 저장 포맷 **예** cache_dir ufs /var/spool/squid 100 16 256
http_port [포트번호]	사용할 포트 번호를 지정 **예** http_port 3128

acl [별칭] src [IP 주소대역]
acl [별칭] dst [IP 주소대역]
acl [별칭] port [포트번호]
acl [별칭] src-domain [도메인명]
acl [별칭] dstdo-main [도메인명]
	• acl 구문으로 별칭을 지정한 후, 별칭에 대한 접근 권한을 설정
	  – http_access allow [별칭] : 접근 허가
	  – http_access deny [별칭] : 접근 거부
	예
	acl local src 192.168.10.0/ 255.255.255.0
	http_access allow local
	http_access deny all
	
	acl Safe_ports port 80
	acl Safe_ports port 21
	http_access deny !Safe_ports

cache_mem [크기]	캐시의 크기를 설정 **예** cache_mem 2048 MB
cache_log [로그파일경로]	로그 파일을 지정

93 다음은 dhcpd.conf에서 게이트웨이 주소를 지정하는 항목이다. ( ) 안에 들어갈 내용으로 알맞은 것은?

> option ( ) 192.168.12.1;

① gateway
② gateway-address
③ routers
④ routers-address

dhcpd
• 개념 : DHCP 데몬(Daemon)인 dhcpd는 /etc/dhcp/dhcpd.conf를 설정 파일로 이용하며, 이때 설정 문장 뒤에는 반드시 세미콜론(;)이 있어야 함
• 주요 설정 항목

설정 항목	설명
range	클라이언트에 할당할 IP 범위를 지정
range dynamic-bootp	DCHP 클라이언트와 BOOTP 클라이언트를 함께 지원
option domain-name	도메인 이름을 지정
option domain-name-servers	네임서버를 지정
option routers	게이트웨이 주소를 지정
option broadcast-address	브로드캐스팅 주소를 지정
default-lease-time	초(Second) 단위로 임대요청 만료시간을 지정
max-lease-time	초 단위로 클라이언트가 사용할 IP의 최대 시간을 지정
option subnet-mask	서브넷 마스크를 지정
fixed-address	특정 MAC 주소를 갖는 시스템에 고정적인 IP 주소를 할당한

94 다음 중 VNC 서버의 환경설정 파일에서 해상도를 지정하는 옵션으로 알맞은 것은?

> VNCSERVERARGS[2]="( ) 1024x768"

① -set
② -pixel
③ -resolution
④ -geometry

CentOS 6 기준으로 정답이 ④번이다.

선생님의 노하우

• 최근 리눅스의 VNC 서비스 설정 파일은 /usr/lib/systemd/system/vncserver@.service 이다. 파일을 편집한 후 vncserver@:1.service와 같은 파일명으로 복사하여 저장한다. 여기서 '1'은 디스플레이 번호이다.
• 해상도 설정이 필요할 경우, 설정 파일의 ExecStart 항목에 -geometry 옵션을 지정한다. (예 Exec-Start=/usr/bin/vncserver_wrapper master %i- geometry 1024x76)

95 다음 ( ) 안에 들어갈 내용으로 알맞은 것은?

> NTP(Network Time Protocol)는 여러 계층으로 구성되는데, 이러한 계층을 ( )(이)라고 한다. 이 계층에서 최상위 계층은 0이 부여되는데 세슘 원자시계, GPS 시계 등과 같은 장치이다.

① class
② grade
③ layer
④ stratum

계급(Stratum)은 원자시계 또는 GPS와 같은 장치인 0단계부터 가장 낮은 15단계의 계층으로 구성되며, 숫자가 낮은 계급(단계)이 높은 계급(단계)보다 품질이 더 우수하다.

96 iptables 명령의 '-j LOG' 옵션을 통해서 특정 호스트에 대한 로그를 기록하도록 정책을 설정하였다. 다음 중 관련 로그가 기록되는 파일로 알맞은 것은?

① /var/log/btmp
② /var/log/secure
③ /var/log/iptables
④ /var/log/messages

....

/var/log/messages는 전체 시스템의 모든 동작 사항과 정보 메시지와 이벤트가 로그로 남겨진다.

오답 피하기

① /var/log/btmp : 로그인 실패를 기록하며, lastb 명령으로 확인
② /var/log/secure : 시스템의 로그인 행위에 대하여 성공, 실패, 인증 과정에 대한 로그가 기록됨

97 다음과 같은 설정을 통해 ssh 침입을 시도하는 특정 호스트를 차단하려고 할 때 적용할 수 있는 파일로 알맞은 것은?

sshd: 192.168.7.4

① /etc/hosts.deny
② /etc/ssh/sshd_config
③ /etc/syscofing/iptlables
④ /etc/syscofing/selinux

....

xinetd 데몬에 의해 관리되는 서비스는 TCP Wrapper에 의해 접근 제어를 할 수 있으며, TCP Wrapper는 '/etc/hosts.allow' 파일과 '/etc/hosts.deny' 설정 파일을 이용하여 접근 제어를 제공한다.

오답 피하기

② /etc/ssh/sshd_config는 sshd 데몬의 환경설정 파일이다.

선생님의 노하우

• 최근 리눅스의 경우 CentOS 6까지 xinetd 방식으로 이용하던 많은 서비스들이 단독 데몬으로 전환되거나 systemd에 의한 관리방식으로 통합되었다.
• systemd 방식은 socket 기능(ondemand activation)을 통해 효율적으로 메모리를 관리할 수 있으며, 이에 따라 기존 xinetd를 통해 제공하던 rsync, telnet 등의 서비스가 systemd 방식으로 통합되었다.

98 다음 중 INPUT 사슬에 대한 기본 정책을 거부로 설정하는 명령으로 알맞은 것은?

① iptables −F INPUT DROP
② iptables −N INPUT DROP
③ iptables −P INPUT DROP
④ iptables −X INPUT DROP

---

iptables

• iptables의 개념
 − iptables는 리눅스의 방화벽이라고도 하며 패킷 필터링 정책을 사용하여 특정 패킷을 분석하고 허용 혹은 차단할 수 있다.
 − iptables는 filter, nat, mangle, raw의 4가지 테이블을 지원하며 각 테이블별로 고유한 사슬(Chain)을 지정하고 정책을 설정한다.
 − iptables의 filter 테이블에는 미리 정의된 3가지 체인이 있으며, 이를 이용하여 네트워크 패킷을 대상으로 정해진 규칙을 수행하고 패킷 필터링 및 방화벽 기능을 수행한다.

• iptables의 형식

iptables [−t테이블이름] [action] [체인이름] [match규칙] [−j타깃]

• iptables의 테이블

테이블 이름	설명
filter	iptables의 기본 테이블로 패킷 필터링 기능을 담당
nat	− Network Address Translation. 즉, IP 주소 및 포트를 변환하고 관리 − 하나의 공인 IP를 여러 호스트가 사용하고자 할 때 주로 사용
mangle	성능 향상을 위한 TOS(Type of Service) 설정과 같이 패킷 데이터를 변경하는 특수 규칙을 적용
raw	연결추적(Connection Tracking)을 위한 세부 기능을 제공
security	SELinux(보안커널)에서 사용하는 접근제어 규칙을 적용

• filter 테이블의 체인
iptables의 filter 테이블에는 미리 정의된 3가지 체인이 있으며, 이를 이용하여 네트워크 패킷을 대상으로 정해진 규칙을 수행하고 패킷 필터링 및 방화벽 기능을 수행한다.

체인	설명
INPUT	호스트를 목적지로 유입되는 패킷을 필터링하는 데 사용
OUTPUT	호스트를 출발지로 하여 나가는 패킷을 필터링하는 데 사용
FORWARD	라우터로 사용되는 호스트를 통과하는 패킷, 즉 호스트 컴퓨터가 목적지가 아닌 패킷을 관리

• 체인을 대상으로 한 주요 action 항목

체인	설명
−N	− −−new−chain − 새로운 정책 체인을 만듦
−X	− −−delete−chain − INPUT, OUTPUT, FORWARD를 제외한 비어 있는 정책 체인을 제거
−L	− −−list − 현재 정책 체인 목록을 표시
−F	− −−flush − 지정한 체인에 설정된 모든 정책을 삭제
−C	패킷을 테스트
−P	− −−policy − 체인의 기본 정책을 설정
−Z	− −−zero − 체인 내의 모든 규칙들의 패킷과 바이트 카운트를 0으로 설정

🅕 선생님의 노하우

최근 리눅스는 firewalld를 기본 방화벽으로 사용하고 iptables 대비 편리한 사용성을 제공한다. 그러나 iptables를 사용하면 보다 상세하고 명확한 규칙 설정이 가능하므로 iptables는 여전히 중요하며, firewalld도 내부적으로 iptables를 기반으로 동작한다. 이후 출제 문제의 패턴을 예상하기 어려우므로 firewalld와 iptables를 모두 확인해 두어야 한다.

99 다음 설명에 해당하는 공격 유형으로 알맞은 것은?

> 공격자가 임의로 자신의 IP 주소 및 포트를 공격 대상 서버의 IP 주소 및 포트와 동일하게 하는 방식이다. 이러한 공격은 공격 대상의 패킷이 외부로 나가지 못하고 되돌아오도록 한다.

① TCP SYN Flooding
② Teardrop Attack
③ Land Attack
④ Smurf Attack

오답 피하기

① TCP SYN Flooding : TCP의 3-way 핸드셰이킹 연결 방식을 악용한 공격 기법으로, 공격자는 TCP 연결 시 사용하는 SYN flag를 대량으로 공격 대상(Victim)에게 발송하며 SYN-ACK에 대한 최종 응답(ACK)을 전송하지 않음
② Teardrop Attack : IP fragmentation에 따라 패킷을 재조립할 때 오프셋(Offset)을 임의로 변조하여 문제를 일으키는 공격 기법
④ Smurf Attack : 공격자는 IP 주소를 공격 대상의 IP 주소로 위장하고 ICMP Request 패킷을 브로드캐스트(Broadcast)를 통해 다수의 시스템에 전송함. 브로드캐스트를 수신한 다수의 시스템은 ICMP Echo Reply 패킷을 공격자가 아닌 공격 대상으로 전송하게 되면서 부하를 발생시킴

100 다음 소스코드와 관련 있는 DoS 공격 유형으로 알맞은 것은?

```
#include <unistd.h>
#include <sys/file.h>
main( ) {
int fd;
char buf[1000];
fd=creat("/etc/attack",0777);
while(1)
write(fd,buf,sizeof(buf));
}
```

① 디스크 자원 고갈
② 메모리 자원 고갈
③ 프로세스 자원 고갈
④ 무작위 대입 공격

/etc/attack 파일을 만든 후, 데이터를 계속 기록하게 되므로 디스크 자원이 고갈된다.

소스코드 발췌	설명

...
fd=creat("/etc/attack", 0777);
while(1)
write(fd,buf,sizeof(buf));
...
	• /etc/attack 파일을 생성
	• while(1)이므로, 이후 문장을 무한 반복
	• 1,000byte 크기의 데이터를 계속 기록하게 됨

오답 피하기

④ 무작위 대입 공격은 데이터를 입력 받는 영역에 임의의 데이터를 반복해서 조작 및 입력하는 공격 기법으로, 주로 패스워드 등을 우회하여 인증을 시도하기 위해 사용한다.

CHAPTER

02

해설과 따로 보는
최신 기출문제

해설과 따로 보는 **최신 기출문제 01회**

1급	소요 시간	문항 수
	총 100분	총 100문항

수험번호 : _____

성   명 : _____

정답 & 해설 ▶ 150p

1과목 리눅스 실무의 이해

01 다음 중 최신 운영체제의 운영기법의 특징과 거리가 먼 것은?

① 컨테이너 기반 경량 가상화
② 분산 · 엣지–클라우드 통합 관리
③ AI 기반 자율 자원관리
④ 단일 코어 · 단일 스레드 중심 설계

02 리눅스는 자유 소프트웨어이면서도 상업적(기업용)으로 이용될 수 있음을 보여 주는 배포판은?

① Debian
② Red Hat Enterprise Linux
③ Arch Linux
④ Rocky Linux

03 다음 중 리눅스의 컨테이너 기술의 설명으로 옳지 않은 것은?

① 리눅스 컨테이너는 네임스페이스(Name Space)와 cgroups를 사용하여 프로세스와 자원을 격리한다.
② 컨테이너는 호스트 커널을 공유하므로 하이퍼바이저 기반의 가상머신보다 경량이다.
③ 컨테이너는 호스트와 완전히 분리되어 서로 다른 커널을 사용할 수 있다.
④ 컨테이너 이미지는 레이어(Layer) 기반으로 구성되어 재사용성과 저장 공간 효율을 제공한다.

04 SBOM(Software Bill of Materials)의 주된 목적은 무엇인가?

① 소스 코드 압축을 줄이기 위함
② 배포물에 포함된 구성요소와 메타데이터(버전 · 라이선스)를 기록하여 취약점 · 라이선스 관리를 돕기 위함
③ 소프트웨어 빌드 시간을 단축하기 위함
④ 실행중인 프로세스의 리소스 사용량을 추적하기 위함

05 다음 중 MIT 라이선스에 관한 설명으로 옳은 것은?

① 파생 저작물에 동일한 라이선스를 적용하도록 강제한다.
② 소스 코드의 재배포와 상업적 이용을 포함해 비교적 관대한(퍼미시브) 조건을 허용한다.
③ 배포 시 특허 권리 포기와 관련된 조항을 강제한다.
④ 소스코드 공개를 의무화한다.

06 고성능 저지연 스트리밍을 위한 리눅스 서버를 구축할 때 가장 중요한 하드웨어 요소로 알맞은 것은?

① SSD 용량
② GPU 구성
③ 네트워크 대역폭 및 NIC
④ 메모리 용량

07 다음 중 직렬(Serial) 디스크 인터페이스가 아닌 것은?

① SATA
② SCSI
③ NVMe
④ IDE

08 GRUB2에서 사용자가 직접 수정할 수 있는 환경설정 파일은 무엇인가?

① /boot/grub2/grub.cfg
② /etc/default/grub
③ /boot/grub2/grubenv
④ /boot/grub/grub.cfg

09 다음 중 현재 시스템을 즉시 지정한 부팅 타겟으로 전환하는 명령어는 무엇인가?

① systemctl set−default
② systemctl isolate
③ systemctl get−default
④ systemctl enable

10 다음 중 X 윈도우 시스템(X Window System)의 구성요소가 아닌 것은?

① X Server
② X Client
③ Window Manager
④ Wayland compositor

11 다음 스크립트의 빈칸에 들어갈 출력결과로 옳은 것은?

```
#!/bin/bash
args=("$@")
echo "${args[1]}"

#./test.sh a b c
(   )
```

① ① a
② b
③ c
④ error

12 다음과 같이 정의된 스크립트의 출력으로 옳은 것은?

```
#!/bin/bash
STR='ABC123abc123ABC'
echo "${STR#*1}"
```

① 23abc123ABC
② 23ABC
③ ABC123abc123ABC
④ ${STR#*1}

13 다음 중 비대화형(Non-interactive) 셸의 설명으로 옳지 않은 것은?

① 프롬프트를 표시하지 않고 표준 입력(또는 스크립트 파일)으로부터 명령을 실행한다.
② 로그인 시 자동으로 /etc/profile과 ~/.bash_profile을 읽어 환경을 설정한다.
③ BASH_ENV 환경변수에 지정된 초기화 스크립트를 자동으로 실행한다.
④ 표준 입력이 터미널이면 보통 인터랙티브 모드로 동작한다.

14 다음 중 리눅스의 프로세스 우선순위 설정에 대한 설명으로 옳지 않은 것은?

① nice 명령으로 프로세스 시작 시 우선순위를 조정할 수 있고, renice 명령으로 실행 중인 프로세스의 우선순위를 변경할 수 있다.
② PR(Priority)는 0부터 139까지이며, 100~139는 실시간 프로세스에 해당한다.
③ NI(Nice)는 -20부터 19까지 범위를 가지며, 값이 낮을수록 우선순위가 높다.
④ 음수 Nice 값은 root 사용자만 설정할 수 있다.

15 다음 중 프로세스 상태 코드 설명으로 옳지 않은 것은?

① R : 프로세스가 현재 실행 중 또는 실행 준비(Runnable) 상태
② D : I/O와 같은 인터럽트할 수 있는 슬립(Sleep) 상태
③ S : 특정 이벤트나 시그널이 도착할 때까지 기다리는 인터럽트 가능한 슬립 상태
④ Z : 좀비 프로세스(프로세스가 종료되었으나 부모가 아직 수거하지 않음)

16 IP 마지막 옥텟이 130이고 서브넷 마스크 마지막 옥텟이 192인 네트워크에서, 브로드캐스트 주소의 끝자리는 무엇인가?

① 127
② 128
③ 191
④ 255

17 다음과 같은 상황에 가장 먼저 점검해야 할 장비는?

사내 로컬 망에서는 통신이 정상이나 인터넷에 접속할 수 없다. A 서브넷(10.0.1.0/24) 내 호스트들은 서로 통신이 되며, A에서 라우터 인터페이스(10.0.1.1)에는 ping이 통하지만 traceroute가 라우터 IP에서 멈춘다.

① 스위치
② 허브
③ 라우터
④ DNS 서버

18 다음 출력 결과를 생성한 명령어로 가장 알맞은 것은?

```
default via 192.0.2.1 dev eth0 proto static
10.0.1.0/24 dev eth0 proto kernel scope link
src 10.0.1.10
```

① ip route show
② route −n
③ ip addr show
④ netstat −rn

19 다음 출력 결과를 생성한 명령어로 가장 알맞은 것은?

DEVICE	TYPE	STATE	CONNECTION
ens33	ethernet	connected	ens33
virbr0	bridge	connected	virbr0
lo	loopback	unmanaged	−−
virbr0-nic	tun	unmanaged	−−

① ifconfig −a
② ip addr show
③ nmcli device status
④ netstat −i

20 다음 중 DNS 관리 명령어와 관계없는 것은 무엇인가?

① dig
② nslookup
③ host
④ traceroute

2과목 리눅스 시스템 관리

21 ihduser 계정을 2025−12−31까지만 유효하도록 만료일을 설정하려고 한다. 다음 명령어 중 가장 알맞은 것은?

① passwd −d 2025−12−31 ihduser
② passwd −e 2025−12−31 ihduser
③ usermod −L 2025−12−31 ihduser
④ chage −E 2025−12−31 ihduser

22 다음 중 사용자가 다음 로그인 시 반드시 새 비밀번호를 지정하게 하는 명령어는 무엇인가?

① passwd −d ihduser
② passwd −e ihduser
③ chage −l ihduser
④ usermod −L ihduser

23 다음 설명에 해당하는 명령어는?

다른 사용자의 환경으로 완전히 전환하여 그 사용자의 로그인 셸을 시작하거나 그 사용자 권한으로 명령을 실행할 수 있는 명령어

① su
② sudo
③ runas
④ elevate

24 다음 중 newgrp 명령어의 사용사례로 적절하지 않은 것은?

① 공유 프로젝트 디렉터리에서 팀 그룹으로 기본 그룹을 바꿔 파일을 생성하여 해당 그룹 소유로 만들 때
② 특정 작업(⑩ 로그 또는 빌드 산출물 생성)을 위해 일시적으로 다른 그룹 권한으로 대화형 작업을 수행할 때
③ 권한 동작을 테스트하거나 문제 해결을 위해 해당 그룹 권한으로 환경을 바꿔 실험할 때
④ 자동화 스크립트에서 단일 명령만 다른 그룹 권한으로 실행하도록 사용할 때

25 다음 중 /etc/passwd 파일의 구조에 대한 설명으로 옳지 않은 것은?

① 각 줄은 사용자명:암호:UID:GID:사용자정보:홈디렉토리:로그인셸 순으로 구성된다.
② 암호(해시)는 보안상 /etc/shadow에 보관되며 /etc/passwd의 암호 칸에는 보통 x 등이 들어간다.
③ 사용자정보 필드는 사용자의 전체 이름, 사무실, 전화번호 등 인적 정보를 담는 필드이다.
④ /etc/passwd 파일은 이진(Binary) 포맷으로 되어 있어 직접 텍스트 편집하면 안 된다.

26 다음에서 빈칸에 들어갈 옵션으로 알맞은 것은?

```
$ cat passwd.txt
alice:x:1000:1000:Alice:/home/alice:/bin/bash
bob:x:1001:1001:Bob:/home/bob:/bin/bash

$ awk (          ) passwd.txt
alice /home/alice
bob /home/bob
```

① −F: '{print $1, $6}'
② −F: '{print $1 $6}'
③ −F:: '{print $1 $6}'
④ −F: '{print $0, $5}'

27 다음 실행 결과를 보고 알맞은 명령어를 고르시오.

```
$ (     ) archive.tar.gz
archive.tar.gz: gzip compressed data, last
modified: Mon Jun  1 12:34:56 2025, from
Unix
```

① file archive.tar.gz
② tar −tzf archive.tar.gz
③ gzip −l archive.tar.gz
④ zcat archive.tar.gz

28 파일시스템 단위의 inode 사용량을 확인하는 데 가장 적합한 명령어는 무엇인가?

① df −i
② ls −i /path/to/file
③ stat /path/to/file
④ du −h /path/to/dir

29 다음 중 setuid에 대한 설명으로 옳지 않은 것은?

① 실행 가능한 바이너리(실행파일)에 SUID 를 설정하면 그 프로그램을 실행할 때 파 일 소유자의 권한으로 동작한다.

② SUID 비트가 쉘 스크립트에 설정되어 있으면 모든 리눅스 시스템에서 실행 시 파일 소유자의 권한으로 동작한다.

③ 실행 권한이 없는 (데이터) 파일에 SUID 를 설정해도 특권 상승 효과는 없다.

④ 실행 권한이 없는 파일에 SUID를 설정 하면 ls −l에서 소유자 실행 자리의 문자 가 대문자 S로 표시된다.

30 하드링크로 연결된 두 파일 중 하나의 파일 권 한을 변경하면 결과로 옳은 것은?

① 한 파일의 권한 변경이 다른 파일에도 적용된다.

② 한 파일만 변경되고 다른 파일엔 영향없다.

③ 하드링크는 권한 변경 불가하다.

④ 대상 파일의 권한으로 복원된다.

31 다음 단축키 중 터미널에서 시그널을 보내지 않는 것은?

① Ctrl + C
② Ctrl + Z
③ Ctrl + \
④ Ctrl + D

32 프로세스의 포어그라운드 · 백그라운드 전환 관련 명령어가 아닌 것은?

① fg
② bg
③ jobs
④ setsid

33 시스템에서 CPU 점유율이 높은 프로세스를 빠르게 찾기 위한 명령어와 옵션으로 가장 적 합한 것은?

① ps aux −−sort=−%cpu | head −n 10
② top
③ ps −eo pid,cmd
④ du −h /

34 /proc 디렉터리에 대한 설명으로 옳지 않은 것은?

① /proc은 커널과 프로세스 정보를 제공 하는 가상 파일시스템이다.

② /proc에 있는 파일들은 실제 디스크에 저장되어 있어 디스크 용량을 차지한다.

③ /proc에는 각 프로세스별로 PID 이름의 디렉터리가 존재한다.

④ /proc/sys을 통해 런타임에 커널 파라 미터를 조정할 수 있다.

35 다음 실행결과에 대한 설명으로 옳지 않은 것은?

```
$ sleep 300
[1]+  Stopped            sleep 300
$ bg %1
[1]+ sleep 300 &
```

① bg %1 명령은 일시정지된 작업을 백그 라운드에서 재개한다.

② [1]+ Stopped … 메시지는 해당 작업 이 Ctrl + Z 에 의해 중단되었음을 나타 낸다.

③ %1은 PID 1을 뜻한다.

④ bg %1은 재개 시 대상 작업에 SIGCONT 신호를 보낸다.

36 압축된 archive.tar.gz 파일의 내부 파일 목록만 확인하려면 가장 적합한 명령은?

① tar −xzf archive.tar.gz
② tar −tzf archive.tar.gz
③ tar −czf archive.tar.gz
④ tar −rvf archive.tar.gz

37 다음 설명에 알맞은 명령어를 고르시오.

> 이 명령에는 크로스플랫폼에서 소스코드를 빌드할 수 있도록 해당 시스템에 적합한 빌드 파일을 생성하는 도구이다.

① autoconf
② cmake
③ make
④ automake

38 리눅스의 유지보수 정책에 대한 설명으로 옳지 않은 것은?

① Mainline은 Linus가 관리하는 메인 개발 트리로 새로운 기능이 빠르게 통합되는 곳이다.
② LTS는 장기간(수년) 보안 · 버그 수정을 제공하는 버전이다.
③ EOL(End of Life)은 해당 버전이 더 이상 보안 업데이트나 버그 수정을 받지 않는 상태이다.
④ rc는 베타 릴리즈 버전을 뜻한다.

39 리눅스 운영서버의 패키지를 최신으로 업그레이드하는 절차로 적절하지 않은 것은 무엇인가?

① 가상머신 스냅샷 또는 파일시스템 스냅샷을 생성한다.
② 스테이징 환경에서 먼저 업데이트를 시험한다.
③ 운영환경에서 dnf −y upgrade를 자동으로 즉시 실행한다.
④ 업데이트 후 dnf history로 트랜잭션을 확인하고 필요 시 dnf history undo로 롤백 계획을 수립한다.

40 파일의 타임스탬프 정보를 보전하면서 압축하려면 어떤 명령이 가장 적합한가?

① gzip
② xz
③ tar
④ zip

41 커널 설정파일(.config)에서 소소한 옵션 변경을 한 뒤, 바로 커널 이미지를 생성하기 위한 가장 적합한 첫 단계는 무엇인가?

① make clean
② make mrproper
③ make distclean
④ make bzImage

42 insmod와 modprobe의 차이에 대한 설명으로 옳지 않은 것은?

① insmod는 지정한 .ko 파일만 커널에 삽입하며 의존성을 자동으로 해결하지 않는다.

② modprobe는 모듈명을 사용하여 modules.dep를 참조해 필요한 의존 모듈을 자동으로 로드한다.

③ insmod는 모듈명을 통해 모듈을 적재한다.

④ modprobe는 modprobe −r로 모듈 제거가 가능하다.

43 다음 중 커널 모듈에 대한 설명으로 옳지 않은 것은?

① 커널 모듈은 런타임에 동적으로 로드하거나 언로드할 수 있다.

② 모듈을 로드하려면 루트 권한이 필요하다.

③ 커널 모듈은 .ko 파일 형태이다.

④ 커널 모듈을 다시 빌드하려면 make modules 등으로 커널 이미지를 재생성해야 한다.

44 /etc/modprobe.d 디렉터리의 역할을 설명한 보기 중 옳지 않은 것은?

① 모듈 로드 시 사용할 파라미터 · 옵션을 지정하는 설정 파일을 저장한다.

② 특정 이름을 모듈명으로 매핑하는 alias 설정을 정의할 수 있다.

③ 특정 모듈이 자동으로 로드되지 않도록 블랙리스트로 설정할 수 있다.

④ 커널 모듈(.ko) 바이너리 파일을 보관하는 디렉터리이다.

45 다음 중 리눅스 커널에 대한 설명으로 옳지 않은 것은?

① 리눅스 커널은 리누스 토발즈가 처음 개발했고 GPL v2로 공개된 이후 전 세계 개발자가 기여하는 커뮤니티 프로젝트이다.

② 리눅스 커널은 선점형 멀티태스킹, 가상 메모리, 스레딩 등을 지원한다.

③ 리눅스 커널은 마이크로커널(Micro kernel) 아키텍처를 사용한다.

④ uname −r로 현재 커널 버전을 확인할 수 있고, 최신 커널 소스는 kernel.org에서 다운로드할 수 있다.

46 다음 중 mdadm에 대한 설명으로 옳지 않은 것은?

① mdadm은 소프트웨어 RAID 배열을 생성 · 관리하는 도구이다.

② mdadm −D 옵션은 지정한 RAID 장치의 상세 정보를 출력한다.

③ mdadm −C 옵션은 기존 RAID를 정지(Stop)시키는 데 사용된다.

④ mdadm −A는 기존 구성 정보를 이용해 RAID 배열을 조립하는 데 사용된다.

47 다음 중 LVM 명령어의 설명으로 옳지 않은 것은?

① pvs는 모든 물리 볼륨(PV)의 요약 정보를 출력한다.

② pvdisplay는 물리 볼륨의 상세 정보를 출력한다.

③ vgs는 논리 볼륨(LV)을 생성하는 명령어이다.

④ lvcreate는 새 논리 볼륨(LV)을 생성하는 명령어이다.

48 다음 중 RAID의 특징으로 옳지 않은 것은 무엇인가?

① RAID 0은 데이터를 스트라이핑하여 성능을 향상시키지만 복원 기능은 제공하지 않는다.

② RAID 1은 디스크를 미러링하여 데이터 복제본을 유지하므로 최소 2개의 디스크가 필요하다.

③ RAID 5는 블록 단위 스트라이핑과 단일 분산 패리티를 사용하며 디스크 1개 고장을 견딜 수 있다.

④ RAID 6은 단일 패리티를 사용하여 디스크 1개 고장만 견딜 수 있다.

49 다음 설명에 해당하는 인쇄 명령어는 무엇인가?

CUPS 환경에서 파일을 특정 프린터로 인쇄 대기열에 제출할 때 주로 사용하며, −d 프린터명으로 대상 프린터를 지정할 수 있다.

① lp
② lpr
③ lpstat
④ lpq

50 다음은 /proc/partitions의 일부 출력이다. 이 출력에 대한 설명으로 옳지 않은 것은?

```
major minor  #blocks  name
  8    0   15728640  sda
  8    1     512000  sda1
  8    2   15215616  sda2
  8   16    8388608  sdb
  8   17         1  sdb1
  8   21    8385867  sdb5
253    0   13639680  dm−0
253    1    1572864  dm−1
```

① /proc/partitions는 시스템의 블록 디바이스와 파티션 정보를 보여 준다.

② major/minor는 커널이 사용하는 디바이스 번호(major/minor)를 나타낸다.

③ name 열에는 디바이스명(예 sda, sda1, dm−0 등)이 표시된다.

④ #blocks 열은 각 파티션의 용량을 바이트(Byte) 단위로 직접 표시한다.

51 일반적으로 rsyslog가 기록하는 로그 파일은 어느 것인가?

① /var/log/messages
② /var/log/dmesg
③ /var/log/wtmp
④ /var/log/lastlog

52 rsyslog.conf에서 모든 facility에 대해 error 수준 이상의 로그를 로그인한 특정 사용자에게 전달하려 한다. 다음 중 올바른 설정은 무엇인가?

① *.err   ihduser
② *.=err   :omusrmsg:ihduser
③ *.err   :omusrmsg:ihduser
④ *.=err   ihduser

53 다음 중 로그인 실패(잘못된 로그인) 기록을 확인하기 위한 명령어는 무엇인가?

① last
② lastb
③ lastlog
④ dmesg

54 journalctl 명령어를 사용하여 경고(Warning) 이상의 로그를 시스템 전체에서 출력하려면 어떤 명령이 가장 적합한가?

① journalctl -p warning
② journalctl -p warning..warning
③ journalctl *.warning
④ journalctl *.=warning

55 다음 중 logrotate에 대한 설명으로 옳지 않은 것은?

① logrotate는 로그를 주기적으로 회전(rotate) · 압축 · 삭제하여 디스크 사용을 관리하는 유틸리티이다.
② 일반적으로 /etc/cron.daily/logrotate에 의해 하루에 한 번 /usr/sbin/logrotate /etc/logrotate.conf가 실행된다.
③ logrotate가 실행 실패해도 시스템 로그에는 아무런 기록이 남지 않는다.
④ 서비스별 설정은 /etc/logrotate.d/에 파일을 두어 관리할 수 있다.

56 관리자 계정의 보안을 강화하기 위한 방안으로 가장 거리가 먼 것은?

① SSH에서 PermitRootLogin no로 설정하고 root 계정의 로그인 셸을 /sbin/nologin으로 변경한다.
② 관리자 권한이 필요한 명령어 사용이 필요한 경우에만 root 계정으로 직접 로그인한다.
③ sudo를 사용해 필요한 순간에만 관리자 권한을 부여하고 /etc/sudoers로 권한을 세밀히 제한한다.
④ root와 동등한 권한을 가진 UID 0 계정이 없는지 정기적으로 점검한다.

57 Smurf attack에 대한 설명으로 옳은 것은 무엇인가?

① 피해자의 IP를 발신자 주소로 위조한 ICMP 에코 요청을 네트워크 브로드캐스트 주소로 전송하여 다수의 호스트가 피해자에게 응답하게 함으로써 트래픽을 증폭시키는 DDoS 공격이다.
② 작은 DNS 쿼리를 이용해 큰 응답을 반사시켜 증폭하는 DNS 증폭 공격의 다른 이름이다.
③ TCP의 SYN 패킷을 연속적으로 보내 서버의 연결 큐를 포화시키는 공격이다.
④ 특정 포트로 UDP 패킷을 보내 응답을 유발하여 증폭시키는 공격과 동일한 개념이다.

58 다음 중 안전한 백업 방법에 어긋나는 것은 무엇인가?

① 전체 백업과 증분(또는 차등) 백업을 조합해 비용과 복구 시간을 고려해 설계한다.
② cron으로 정기 백업을 돌려 백업 파일을 같은 서버의 특정 폴더에만 보관한다.
③ 백업 주기와 보존 기간은 비즈니스 요구(RPO · RTO)에 맞춰 정한다.
④ 백업이 제대로 되는지 확인하려면 정기적으로 실제로 복원해 보는 테스트를 한다.

59 아래 백업 상황에 적합한 명령어를 보기에서 고르시오.

- 물리 디스크 /dev/sda 전체를 블록 단위로 백업하고, 필요할 때 그 이미지로 디스크 전체를 복원하여 동일한 상태로 되돌리고자 한다.
- 파일시스템 수준이 아니라 디스크(블록) 전체 복제가 필요하다.

① dd
② dump
③ tar
④ rsync

60 다음 중 네트워크를 통한 증분 백업(Incremental Backup)에 가장 적합한 명령어는 무엇인가?

① dd
② rsync
③ tar
④ dump

61 웹 서비스를 위한 서버 측 구성은 기본적으로 방화벽, 웹서버, WAS, DB 서버로 구성된다. 다음 중 웹 서비스의 구성 항목에 대한 설명으로 옳지 않은 것은?

① 방화벽(Firewall) : 네트워크를 이용한 악의적 공격으로부터 내부시스템을 보호하기 위한 보안 장비
② 웹서버(Web Server) : HTTP 프로토콜을 이용하여 웹 클라이언트의 요청을 처리하고 응답함
③ 웹 응용서버(WAS) : 사용자의 요청에 빠르게 응답하며, 이미지 파일을 빠르게 제공하는 것을 목적으로 함
④ DB(DataBase)서버 : 서비스를 위한 주요 데이터 등을 저장하고 관리함

62 다음 중 HTTP 프로토콜의 주요 요청 메소드에 대한 설명으로 옳은 것은?

① GET : 프록시(Proxy)와 같은 중간 서버에 접속하기 위해 사용
② PUT : 새로운 문서를 만들거나 기존 정보를 갱신하기 위해 사용
③ HEAD : 주로, 폼(Form)문을 이용한 데이터 전송에 사용
④ TRACE : 웹 서버가 제공하는 메소드를 확인하기 위해 사용

63 다음 중 아파치(Apache) 웹 서버 2.x 버전에서 사용하는 MPM(Multi-Processing Module)에 대한 설명으로 옳은 것은?

① Prefork 방식은 하나의 부모 프로세스가 여러 개의 스레드(Thread)를 생성하여 요청에 응답하므로 안정성이 매우 높다.

② Event 방식은 Worker 방식과 구조는 유사하지만, Keep-Alive 상태의 유휴 연결 처리를 별도의 스레드에 맡기지 않아 리소스 낭비가 심하다.

③ Worker 방식은 여러 개의 자식 프로세스를 생성하고 각 자식 프로세스가 여러 개의 스레드를 생성하여 클라이언트 요청을 처리하므로, Prefork 방식보다 메모리를 효율적으로 사용한다.

④ MPM은 아파치 1.x 버전부터 도입된 핵심 기능이며, 모든 MPM 방식은 스레드 기반으로 동작하여 거의 동일한 성능을 보인다.

64 다음 중 HTTP 응답 코드 중 클라이언트의 요청이 잘못된 것(Bad Request)을 의미하는 코드로 가장 적절하는 것은?

① 200
② 400
③ 405
④ 500

65 주요 웹 서버의 특징으로 옳은 것은?

① Apache : 아파치 재단이 주도하는 오픈 소스 웹 서버

② IIS : ASP(Active Server Page)를 지원하며, CLI(Command Line Interface) 기반 관리 콘솔을 이용

③ Nginx : 동기식 이벤트 방식으로 동작

④ GWS : 마이크로소프트가 제공하는 웹 서버

66 다음 중 아파치 웹 서버의 /usr/local/apache의 주요 디렉터리에 대한 설명으로 옳지 않은 것은?

① man : HTML 파일 형식으로 아파치 관련 매뉴얼을 저장

② bin : 아파치 웹 서버의 실행 및 관리를 위한 프로그램들을 저장 경로

③ htdocs : HTML 등 웹페이지가 저장된 기본 경로

④ conf : 아파치 웹 서버의 환경설정 파일이 저장된 경로

67 아파치 2.2 이후의 버전부터 별도의 설정 파일을 사용할 수 있다. 다음 중 아파치 웹 서버의 주요 설정 파일에 대한 설명으로 가장 적절하지 않은 것은?

① httpd.conf : 여러 웹사이트의 Document Root를 포함하여 가상 호스트 설정을 전문으로 담당하는 설정 파일

② httpd-vhosts.conf : httpd.conf 파일에 Include 지시어를 이용해 포함되는 가상 호스트 설정 파일

③ httpd-ssl.conf : SSL(Secure Socket Layer) 지원을 위한 설정 파일

④ httpd-userdir.conf : 개인 사용자 홈 디렉터리를 설정하는 파일

68 다음은 MySQL을 설치한 후 기본 데이터베이스를 생성하는 명령어이다. ( ) 안에 내용으로 옳은 것은?

```
# cd /usr/local/mysql/bin
# (      ) ──initialize ──user=root
```

① mysqladmin
② mysqld
③ mysql
④ mysql_secure_installation

69 Apache 웹 서버와 PHP를 연동하기 위해, PHP 동작 확인을 위한 테스트 파일을 /usr/local/apache/htdocs/info.php 로 작성하려고 한다. ( ) 안에 포함될 내용으로 가장 적절한 것은?

```
〈?php (  )(); ?〉
```

① phpinfo
② echo
③ print
④ printf

70 mysqladmin을 사용하여 root 계정의 비밀번호를 변경하는 명령 구문이다. ( ) 안에 포함될 내용으로 옳은 것은?

```
mysqladmin ─u root ─p ( ) '새비밀번호'
```

① update
② set
③ password
④ grant

71 다음 중 LDAP 서비스의 특징으로 가장 적절한 것은?

① 디렉터리 서비스(Directory Service)를 조회하고 수정하는 TCP 기반 응용 프로토콜이다.
② RPC(Remote Procedure Call)을 이용한다.
③ samba 서비스 인증에서는 사용할 수 있으나 telnet 서비스 인증에는 사용할 수 없다.
④ 호스트명, 사용자명 등과 같은 시스템 정보를 검색하고 관리하기 위해 썬(Sun)사가 개발한 서비스이다.

72 NIS 클라이언트로 설정된 리눅스에서 ypcat passwd 명령을 실행했을 때, 실제로 수행하는 동작으로 옳은 것은?

① 로컬 시스템의 /etc/passwd 파일 내용을 참조하여 NIS 데이터베이스와 동기화 작업을 시작한다.
② NIS 마스터 서버에 질의하여, 서버의 /var/yp/ 디렉터리에 생성된 passwd 맵(Map) 파일의 내용을 전송받아 출력한다.
③ 현재 시스템에 로그인한 모든 사용자의 목록과 로그인 시간을 NIS 서버 로그에 기록한다.
④ NIS 서버에 접속하여 로컬 /etc/passwd 파일의 내용과 일치하지 않는 계정이 있는지 비교하고 보고한다.

73 삼바 서비스의 설정 파일인 smb.conf의 Global Section에서 윈도우의 작업 그룹명을 지정하는 항목은 무엇인가?

① security
② workgroup
③ server string
④ netbios name

74 삼바(SAMBA)에서 사용자 계정을 생성하여 사용하고자 한다. 로컬 리눅스 계정과 삼바 사용자 계정을 추가한 후 패스워드를 설정하기 위해 사용하는 명령어는 무엇인가?

① smbd
② smbusers
③ smbaccess
④ smbpasswd

75 smbclient 명령어를 이용하여 삼바의 공유 디렉터리 정보를 확인하고 서버에 접속할 수 있다. 아래 예시에서 사용한 −L옵션 대한 설명으로 옳은 것은?

> smbclient −L 192.168.45.223 −U smbuser

① 서버에 로그인하여 smbuser가 소유한 파일들을 모두 다운로드한다.
② smbuser의 공유 디렉터리를 클라이언트에 마운트한다.
③ 삼바 서버의 공유 디렉터리 정보를 표시한다.
④ 192.168.45.224 IP를 block(Lock)한다.

76 다음 중 NFS 서비스의 주요 특징에 대한 설명으로 옳지 않은 것은?

① TCP/IP를 이용하여 원격 호스트의 파일 시스템에 마운트(Mount)하여 사용하는 서비스이다.
② RPC(Remote Procedure Call)을 이용하여 NFS 관련 명령어를 전달한다.
③ 주요 패키지로 rpm−nets, nfs−utils이 있다.
④ /etc/exports 파일을 이용하여 NFS 서비스를 설정한다.

77 NFS의 설정 파일인 /etc/exports의 항목 중, 데이터 변경을 기록할 때 비동기적으로 처리하기 위한 항목은 무엇인가?

① ro
② rw
③ sync
④ async

78 '/etc/fstab' 파일은 시스템 부팅 시 자동으로 파일 시스템을 마운트하기 위한 설정 파일이다. 아래 예시에 대한 설명으로 옳은 것은?

> 192.168.45.233/var/youngjin- nfs   /var/youngjin- local   nfs   auto   1   0
> ①   ②   ③   ④

① 192.168.45.233/var/youngjin−nfs : 마운트 포인트
② /var/youngjin−local : 파일 시스템 장치명
③ auto : 무결성 검사 우선순위 지정
④ 1 : 덤프(백업) 여부(0은 불가능, 1은 가능)

79 vsftpd.conf 파일은 vsftpd의 동작 환경을 설정하는 파일이다. 주요 설정 항목 중 chroot_local_user=YES에 대한 설명으로 옳은 것은?

① 로컬 사용자를 자신의 홈 디렉터리로 제한한다.
② 로컬 사용자의 비밀번호를 암호화한다.
③ 모든 사용자의 홈 디렉터리를 공유한다.
④ 익명 사용자 접속을 허용한다.

80 메일 서비스 관련 프로그램 중에서 메일을 사용자의 메일박스로 전달하는 프로그램은?

① MDA
② MTA
③ MUA
④ IMAP

81 sendmail의 주 설정 파일인 '/etc/mail/sendmail.cf'에서 메일 발신 시 발송자의 주소를 변경할 수 있는 설정 항목은 무엇인가?

① Cw
② Fw
③ Ft
④ Dj

82 다음은 /etc/hosts 파일 설정에 대한 예시이다. 괄호 안에 들어갈 내용으로 가장 적절한 것은 무엇인가?

```
(       )   server.youngjin-nistest.com
```

① MAC주소
② IP주소
③ 게이트웨이 주소
④ 도메인 서버 주소

83 다음은 /etc/named.conf 의 zone 설정의 일부이다. "youngjin.com" IN { ... }; 관련 구문에 대한 설명으로 옳은 것은?

```
zone "youngjin.com" IN {
    type master;
    file "/var/named/youngjin.com.zone";
};
```

① youngjin.com 도메인의 존(Zone) 정보를 정의한다.
② youngjin.com 서버의 호스트명을 정의한다.
③ youngjin.com의 파일 서비스를 설정한다.
④ youngjin.com을 DNS 캐시 서버로 지정한다.

84 다음은 SOA 레코드에 대한 예시이다. 이에 대한 설명으로 옳은 것은?

```
@   IN  SOA  ns1.example.com.  admin.example.com. (
    2025082201 ; Serial
    3600       ; Refresh
    900        ; Retry
    604800     ; Expire
    86400 )    ; Minimum TTL
```

① Serial 값은 zone 파일이 변경될 때마다 감소시킨다.
② Refresh는 Slave 서버가 Master 서버로부터 존 데이터를 갱신하는 주기를 의미한다.
③ Retry는 Slave 서버가 갱신에 실패했을 때 더 이상 시도하지 않는 시간이다.
④ Expire는 Slave 서버가 존 데이터를 캐싱할 수 있는 TTL 값이다.

85 다음 중 DNS 관련 주요 명령어 중에서 도메인을 조회하는 명령어로 옳은 것은?

① host
② named-checkconf
③ named-checkzone
④ nscheck

86 다음 중 가상화 서비스의 대표적인 특징에 대한 설명으로 옳지 않은 것은?

① 공유(Sharing) : 여러 가상 자원들이 하나의 동일한 물리적 자원과 연결
② 단일화(Aggregation) : 여러 물리적 자원을 논리적으로 통합하여 하나의 자원으로 사용
③ 절연(Insulation) : 사용자 요구사항에 맞게 자원을 할당 · 배치 · 배포
④ 에뮬레이션(Emulation) : 물리적인 특징이 다른 장치를 범용적인 모델로 인식하여 사용

87 다음 중 가상화 지원 소프트웨어 플랫폼에 대한 설명으로 옳은 것은?

① CloudStack은 시트릭스에서 오픈소스로 공개한 클라우드 컴퓨팅 프로젝트이다.
② OpenStack은 SaaS(Software as a Service) 형태의 클라우드 컴퓨팅을 구축한다.
③ OpenNebula는 이기종 분산 데이터 센터 인프라를 관리하기 위한 플랫폼이다.
④ OpenShift는 Docker와 Kubernetes를 제공하는 가상머신 애플리케이션 플랫폼이다

88 가상화 지원 디스크 이미지 형식 중 버추얼박스에서만 사용할 수 있는 전용 디스크 이미지 형식은 무엇인가?

① VDI(Virtual Disk Image)
② VHD(Virtual Hard Disk)
③ VMDK(Virtual Machine Disk)
④ KVM

89 /etc/xinetd.conf 파일에서 설정할 수 있는 옵션에 대한 설명으로 옳지 않은 것은?

① log_type : 로그 기록 방식을 지정
② instances : 동시에 서비스할 수 있는 서버의 최대 수
③ disabled : xinted 서비스 전체를 비활성화하여 동작을 멈추게 하기 위한 설정
④ cps : 초당 최대 요청과 이를 초과할 경우 접속 제한 시간 설정

90 다음은 TCP Wrapper 설정에 관한 예시이다. 이에 대한 설명으로 옳은 것은?

```
# /etc/hosts.allow
sshd : 192.168.9.*

# /etc/hosts.deny
sshd : ALL
```

① sshd 서비스는 모든 클라이언트가 접속할 수 있다.
② sshd 서비스는 192.168.9.*네트워크에서만 접속할 수 있다.
③ sshd 서비스는 192.168.9.*네트워크를 제외한 모든 네트워크에서 접속할 수 있다.
④ sshd 서비스는 어떤 클라이언트도 접속할 수 없다.

91 리눅스 서버에서 사용할 수 있는 squid 서버의 특징으로 옳은 것은?

① 시스템 부팅 시 데몬 프로세스를 관리한다.
② DNS 요청을 해석하고 네임 서비스를 제공한다.
③ 웹 콘텐츠 캐싱 및 접근 제어를 제공한다.
④ 메일 송수신 서비스를 중계한다.

92 다음은 /etc/squid/squid.conf 설정 파일의 내용 중 일부이다. 이에 대한 설명으로 옳은 것은?

```
acl local src 192.168.10.0/24
http_access allow local
http_access deny all
```

① 모든 네트워크에서 사용이 가능하다.
② 192.168.10.0/24 네트워크만 사용이 허용된다.
③ 192.168.10.0/24 네트워크를 제외한 나머지 네트워크에서만 허용된다.
④ 어떤 네트워크에서도 사용이 불가능하다.

93 다음은 DHCP 서비스 설정파일에 대한 예시이다. 클라이언트가 할당받는 게이트웨이 주소는 무엇인가?

```
subnet 192.168.10.0 netmask 255.255.255.0 {
    range 192.168.10.10 192.168.10.200;
    option routers 192.168.10.1;
    option domain-name-servers 192.168.1.9;
}
```

① 192.168.10.10
② 192.168.10.200
③ 192.168.10.1
④ 192.168.1.9

94 다음 중 NTP서비스에 대한 설명으로 옳지 않은 것은?

① 협정세계시(UTC)를 기준으로 한다.
② 1/100초까지 시간을 동기화할 수 있다.
③ UDP/123을 기본 포트로 이용한다.
④ /etc/ntp.conf를 설정 파일로 이용한다.

95 다음은 네트워크 스니핑 공격과 관련된 설명이다. ( ) 안의 내용으로 옳은 것은?

스니핑 공격은 네트워크상의 패킷을 가로채어 비밀번호, 계정 정보 등을 탈취하는 공격이다. 이때, 공격자는 네트워크 인터페이스 카드를 ( ) 모드로 설정하여 자신에게 전달되지 않은 패킷까지 수신할 수 있다.

① Promiscuous Mode
② Normal Mode
③ Secure Mode
④ Broadcast Mode

96 다음 중 DoS(Denial of Service)공격 유형에 대한 설명으로 옳지 않은 것은?

① Ping of Death : 대량의 UDP 패킷을 전송하여 공격 대상의 자원을 소모시키는 공격 기법

② Teardrop Attack : IP fragmentation에 따라 패킷을 재조립할 때 오프셋을 임의로 변조하여 문제를 일으키는 공격

③ NTP 증폭 공격 : NTP 서비스의 monlist 요청 방식을 악용한 DDoS공격

④ UDP Flooding : 대량의 UDP 패킷을 전송하여 공격 대상의 자원을 소모시키는 공격 기법

97 다음은 Snort Rule 헤더의 기본 구조이다. 이에 대한 설명으로 옳은 것은?

action protocol source_ip source_port -〉 destination_ip destination_port (options)

① action은 로그 기록 방식만 지정한다.
② protocol은 IP 주소를 의미한다.
③ -〉 기호는 데이터의 방향성을 나타낸다.
④ options는 Snort Rule 작성 시 필수 항목이다.

98 다음 iptables의 테이블 종류에 대한 설명으로 옳지 않은 것은?

① raw : SELinux(보안커널)에서 사용하는 접근제어 규칙 적용

② nat : IP주소 및 포트를 변환하고 관리

③ mangle : 성능 향상을 위한 TOS(Type of Service) 설정 및 특수 규칙 적용

④ filter : iptables의 기본 테이블로 패킷 필터링 기능을 담당

99 다음 중 iptables 명령어의 기본 형식으로 가장 적절한 것은?

① iptables [action] [타깃] [options]
② iptables [테이블이름] [action] [체인이름] [규칙] [타깃]
③ iptables [규칙] [체인이름] [action] [테이블이름] [타깃]
④ iptables [타깃] [action] [options]

100 다음 중 firewalld에 대한 설명으로 옳은 것은?

firewall-cmd --permanent --zone=public --add-service=http

① 영구적으로 public 존에서 HTTP 서비스를 허용한다.
② public 존의 HTTP 서비스를 차단한다.
③ 일시적으로만 public 존에서 HTTP 서비스를 허용한다.
④ public 존에서 HTTP 서비스만 허용한다.

해설과 따로 보는 **최신 기출문제 02회**

1급	소요 시간	문항 수	수험번호 : _____
	총 100분	총 100문항	성　명 : _____

정답 & 해설 ▶ 155p

1과목　리눅스 실무의 이해

01 리눅스의 일반적인 특징이 아닌 것은?

① 이식성
② 프리웨어
③ 멀티 태스킹
④ 멀티 유저

02 다음 중 소스코드 공개를 요구하지 않는 라이선스는?

① LGPL
② MPL
③ MIT
④ GPL

03 다음 설명에 적합한 리눅스 배포판으로 가장 알맞은 것은?

CentOS의 개발 중단 이후, 기존 CentOS 사용자들을 위해 탄생한 배포판으로, CentOS의 개발 목표를 지속적으로 달성하기 위해 커뮤니티 주도로 개발하고 있는 리눅스 배포판이다.

① Kali Linux
② Rocky Linux
③ Arch Linux
④ Ubuntu

04 다음 설명에 해당하는 프로그램으로 알맞은 것은?

애플리케이션을 컨테이너로 패키징하여 이미지로 빌드하고, 이러한 이미지를 배포 및 실행할 수 있게 해주는 오픈소스 프로그램이다.

① Docker
② Nginx
③ OpenStack
④ Kubernetes

05 다음 설명에 해당하는 기술로 알맞은 것은?

여러 대의 서버나 시스템에 작업 부하를 분산시켜 전체적인 성능과 처리 능력을 향상시키는 클러스터 기술이다.

① 고계산용 클러스터
② 부하분산 클러스터
③ 고가용성 클러스터
④ 스토리지 클러스터

06 다음 설명을 적용하지 않은 RAID 방식은?

디스크의 읽기 및 쓰기 향상을 위해 연속된 데이터를 여러 개의 디스크에 라운드로빈 방식으로 기록 하는 기술이다.

① RAID 1　　② RAID 2
③ RAID 3　　④ RAID 4

07 다음 설명에 해당하는 디스크 전송 기술은?

> 고성능 서버를 위해 병렬 처리와 저지연 특성을
> 갖춘 PCIe 인터페이스를 사용하는 디스크 전송
> 기술이다.

① S−ATA
② SAS
③ SCSI
④ NVMe

08 다음 용어 중 역할이 다른 하나는 무엇인가?

① MBR   ② LILO
③ GRUB   ④ GRUB2

09 다음 중 systemd에 대한 설명으로 틀린 것은 무엇인가?

① init 프로세스를 대체한다.
② 부팅 시 서비스가 병렬로 시작될 수 있는 기능을 제공한다.
③ 데몬을 필요한 순간에만 실행하는 온디맨드 액티베이션 기능을 제공한다.
④ 데몬, 타겟, 장치, 타이머 유닛을 제공한다.

10 다음 설명에 해당하는 파일시스템은?

> 최대 1EB의 파일시스템과 16TB의 파일 크기를
> 지원하며 익스텐트(Extent) 기술을 적용하여 단편
> 화를 줄이고 성능을 향상시킨 파일시스템이다.

① ext   ② ext2
③ ext3   ④ ext4

11 다음 중 셸에 대한 설명으로 옳지 않은 것은?

① 셸은 사용자 요청에 따라 시스템 콜을 호출한다.
② 모든 셸은 명령어 기반의 대화형 사용자 인터페이스이다.
③ 리눅스의 대표적인 셸은 bash이다.
④ 셸을 통해 파일, 프로세스 관리, 배치 처리 및 시스템 환경 설정을 수행할 수 있다.

12 다음 설명에 해당하는 파일은 무엇인가?

> 로그인한 상태에서 새로운 터미널을 열 때 마다
> 로드되는 설정파일이다.

① /etc/profile
② ~/.bash_profile
③ ~/.bashrc
④ ~/.bash_logout

13 다음 셸 스크립트의 실행 결과는 무엇인가?

```
#!/bin/bash
i=10
until [ $i −lt 5 ]
do
    i=$((i−2))
done
echo "$i"
```

① 6
② 4
③ 5
④ 3

14 다음 설명에 해당하는 명칭으로 가장 알맞은 것은?

> 현재 프로세스의 이미지를 새로운 프로그램의 이미지로 교체하여 새로운 프로그램을 실행하는 함수이다.

① fork   ② init
③ exec   ④ systemd

15 다음은 실행 중인 명령어를 중지한 후, 포그라운드에서 다시 실행하도록 전환하는 과정이다. (　　) 안에 들어갈 알맞은 것은 무엇인가?

> $ tar −czf backup.tar.gz /home/user
>
> $ (㉠)
> [2]+ Stopped tar −czf backup.tar.gz /home/user
>
> $ (㉡)

① ㉠ CTRL^C   ㉡ fg
② ㉠ CTRL^Z   ㉡ fg
③ ㉠ CTRL^D   ㉡ bg
④ ㉠ CTRL^Z   ㉡ bg

16 OSI 7계층 중 다음 기술과 가장 연관성이 높은 계층은 무엇인가?

> SDN(Software Defined Networking)은 제어 영역(Control Plane)과 데이터 전달 영역(Data Plane)을 분리하여, 네트워크의 경로 설정과 패킷 전송을 소프트웨어적으로 제어하는 기술이다.

① 데이터 링크 계층
② 네트워크 계층
③ 전송 계층
④ 응용 계층

17 다음 설명에 해당하는 포트 번호는 무엇인가?

> 리눅스 시스템 관리에서 원격 접속과 명령어 실행을 위해 가장 많이 사용되며, 보안적으로 필수적인 포트이다.

① 22
② 80
③ 443
④ 514

18 다음 중 IPv6에 대한 설명으로 틀린 것은?

① IPv6는 IPv4의 주소 고갈 문제를 해결하기 위해 등장한 규격이다.
② IPv6 주소의 길이는 128비트이다.
③ DHCPv6는 라우터가 제공하는 프리픽스와 인터페이스 식별자를 통해 IP 주소를 할당한다.
④ 흐름 레이블(Flow Label)을 통해 QoS 처리가 가능하다.

19 다음 실행결과에 해당하는 명령어는 무엇인가?

> $
> gateway (192.168.1.1) at 00:1a:2b:3c:4d:5e [ether] on eth0
> printer (192.168.1.50) at 00:1b:44:11:3a:b7 [ether] on eth0
> laptop (192.168.1.21) at 28:cf:e9:12:ab:cd [ether] on eth0

① ip   ② route
③ arp   ④ ping

20 다음 명령어 중 다른 성격을 갖은 하나는 무엇인가?

① nslookup
② dig
③ host
④ ip

2과목 리눅스 시스템 관리

21 다음은 SSH 서비스에서 root 로그인을 막기 위한 설정 과정이다. (   ) 안에 들어갈 알맞은 내용을 고르시오.

```
# vi ( ㉠ )

( ㉡ ) no

# systemctl restart sshd
```

① ㉠ /etc/ssh/sshd_config,
   ㉡ PermitRootLogin
② ㉠ /etc/ssh/sshd_config,
   ㉡ AllowRootLogin
③ ㉠ /etc/hosts.allow,
   ㉡ PermitRootLogin
④ ㉠ /etc/ssh/sshd_config,
   ㉡ AllowUsers

22 다음은 /etc/passwd 파일의 일부 내용이다. 이에 대한 설명 중 틀린 것은 무엇인가?

```
john:x:1001:1001:Team1:/home/john:/bin/bash
mary:x:1002:1002:Team2:/home/mary:/bin/sh
```

① john의 UID는 1001이며, 기본 셸은 bash를 사용한다.
② john의 홈디렉터리는 /home/john이다.
③ mary의 GID는 1002이며 그룹명은 Team2이고 그룹 정보는 /etc/group에 보관된다.
④ john과 mary의 비밀번호는 /etc/shadow에 보관되어 있다.

23 다음은 useradd 명령어의 사용 예이다. 이에 대한 설명 중 틀린 것은 무엇인가?

```
# useradd −m −s /bin/bash −G developers john
```

① −m 옵션은 사용자 계정의 홈 디렉터리를 생성한다.
② −s 옵션은 사용자가 로그인할 때 사용할 셸을 지정하며, 여기서는 /bin/bash이다.
③ −G 옵션은 사용자를 추가할 기본 그룹을 지정하며, 여기서는 developers 그룹이다.
④ john은 새로 생성된 사용자의 이름이다.

24 다음 중 su 명령어와 sudo 명령어의 특징에 대한 설명으로 옳지 않은 것은 무엇인가?

① su 명령어로 root 계정으로 전환 시, 해당 세션에서는 root 권한이 지속되므로 모든 명령어를 root 권한으로 실행할 수 있다.

② sudo 명령어는 /etc/sudoers 파일을 통해 특정 사용자에게 특정 명령어의 실행 권한을 부여할 수 있다.

③ sudo 명령어로 실행된 명령어는 로그 파일에 기록되지만, su 명령어로 전환된 후의 명령어는 로그에 기록되지 않는다.

④ su와 sudo 명령어 모두 사용 시 root 비밀번호를 입력해야 하며, 이를 통해 보안을 강화한다.

25 다음은 설명과 관련된 명령어는 무엇인가?

/etc/passwd 파일에 저장된 사용자 암호를 /etc/shadow 파일로 옮겨서 더 안전하게 관리하려고 한다.

① pwconv   ② pwunconv
③ grpconv   ④ grpunconv

26 다음 명령어는 특정 디렉터리를 그룹이 공용 작업 공간으로 사용하기 위해 설정하는 명령어이다. 괄호에 들어갈 알맞은 내용을 고르시오.

(㉠) developers /project
chmod (㉡) /project

① ㉠ chown ㉡ 2775
② ㉠ chgrp ㉡ 2775
③ ㉠ chown ㉡ 755
④ ㉠ chgrp ㉡ 775

27 다음 설명에 해당하는 내용을 고르시오.

원본 파일과 동일한 inode를 공유하며, 원본 파일이 삭제되어도 대상 파일은 유지된다.

① 심볼릭 링크
② 파일 링크
③ 하드 링크
④ 소프트 링크

28 다음 설명에 해당하는 명령어를 고르시오.

빈 파일을 생성하거나 특정 파일의 타임스탬프를 변경하여 make 명령어가 해당 파일을 강제로 다시 빌드하도록 유도한다.

① touch
② cp
③ ln
④ mv

29 다음은 example.txt 파일의 내용이다. 다음 실행 결과의 ( ) 안에 알맞은 내용을 고르시오.

```
$ cat example.txt
Hello World
This is an example text file.
wc is a useful command.

$ ( ㉠ ) example.txt
3 ( ㉡ ) 69 example.txt
```

① ㉠ sort ㉡ 13
② ㉠ sort ㉡ 11
③ ㉠ wc ㉡ 13
④ ㉠ wc ㉡ 11

30 다음은 어떤 명령어의 실행 결과를 나타낸 것인가?

```
$
sysfs on /sys type sysfs (rw,nosuid,nodev,noexec,relatime)
/dev/sda1 on / type ext4 (rw,relatime,errors=remount-ro)
tmpfs on /run type tmpfs (rw,nosuid,noexec,relatime,size=403796k,mode=755)
/dev/sda2 on /home type ext4 (rw,relatime)
```

① df
② mount
③ lsblk
④ fdisk -l

31 다음은 top 명령어의 실행 예시이다. 이에 대한 설명 중 틀린 것을 고르시오.

```
$ top
PID   USER  PR  NI  VIRT    RES    SHR   S  %CPU  %MEM  TIME+    COMMAND
1234  john  20   0  123456  65432  1234  S  1.3   0.4   0:05.67  myprocess
2345  mary  19  -1  234567  12345  2345  R  2.5   1.0   0:15.02  anotherproc
3456  root  14   5  345678  45678  3456  S  0.7   0.2   0:02.15  rootproc
```

① 1234번 프로세스의 PR 값은 20이며, NI 값이 0이기 때문에 기본 우선순위를 가진다.
② NI 필드는 niceness 값을 나타내며, -20에서 19까지 변경할 수 있다
③ 가장 우선순위가 높은 프로세스는 2345번이다.
④ 2345번 프로세스의 PR 값이 19로, 이는 NI 값이 -1이기 때문에 우선순위가 기본보다 높아졌다.

32 다음 설명에 해당하는 명령어로 알맞은 것은?

여러 프로세스를 실행하고 있는 데몬을 한 번의 명령어로 모두 종료할 때 유용한 명령어이다.

① kill
② pgrep
③ terminate
④ killall

33 다음 실행결과는 어떤 명령어의 결과인가?

```
$
2   Tue Feb  6 14:00:00 2024 a user1
5   Wed Feb  7 09:30:00 2024 a user2
8   Thu Feb  8 18:45:00 2024 a user1
```

① cron
② at
③ atq
④ atrm

34 다음 설명과 맞는 cron 설정파일을 고르시오.

매주 월요일 새벽 3시에 /home/user/backup.sh 스크립트를 실행하는 작업을 예약한다.

① 0 3 * * 1 /home/user/backup.sh
② 0 3 * * * /home/user/backup.sh
③ 0 3 1 * * /home/user/backup.sh
④ 0 3 * * 0 /home/user/backup.sh

35 다음의 설명과 부합하지 않는 ps 명령어 옵션은 무엇인가?

> 다른 사용자의 프로세스와 터미널에 연결되지 않은 프로세스를 포함한 시스템의 모든 프로세스를 표시한다.

① aux
② ax
③ −ef
④ −f

36 다음 중 Rocky Linux 패키지 관리 도구와 거리가 먼 것은?

① rpm
② dnf
③ yum
④ apt

37 yum 패키지 관리도구의 레파지터리에 대한 설명으로 틀린 것은?

① 보안상 사내 전용 레파지터리를 운영할 수 있다.
② /etc/yum.repos.d 디렉터리에서 레파지터리 설정은 여러 개의 .conf 파일로 관리된다.
③ /etc/yum.repos.d 디렉터리의 변경이 있는 경우 yum clean all 명령어 실행이 필요할 수 있다.
④ EPEL 레파지터리를 설치하면 널리 알려진 패키지들을 간단히 추가할 수 있다.

38 다음 중 ldd 명령어에 대한 설명으로 옳지 않은 것은?

① ldd 명령어는 실행 파일이나 공유 라이브러리가 사용하는 동적 라이브러리를 확인하는 데 사용된다.
② ldd 명령어는 실행 파일이 참조하는 라이브러리 경로와 파일 이름을 출력한다.
③ ldd 명령어는 동적 라이브러리를 검사하는 동안 실행 파일을 실행시킨다.
④ ldd 명령어는 주로 디버깅 목적이나 의존성 확인을 위해 사용된다.

39 다음 상황에 맞는 tar 명령어 옵션으로 알맞은 것은?

> 특정 디렉터리 /home/user/data를 압축하여 data.tar.gz 파일로 저장하려고 한다. 또한, 압축 진행 상황을 확인하면서 압축하려고 한다.

① tar −xvf
② tar −cvzf
③ tar −cvf
④ tar − xvzf

40 다음 중 설치된 패키지 목록을 확인하는 YUM 명령어는?

① yum list installed
② yum list available
③ yum search
④ yum provides

41 다음 중 리눅스 커널을 컴파일하는 과정에 대한 설명으로 옳지 않은 것은?

① make menuconfig 명령어는 커널 설정 메뉴를 텍스트 기반의 인터페이스로 제공한다.
② make 명령어는 커널 소스 파일을 컴파일하여 바이너리 커널 이미지를 생성한다.
③ make modules_install 명령어는 컴파일된 커널 모듈을 /lib/modules/ 에 설치한다.
④ 커널 컴파일 후 반드시 grub-install 명령어를 사용하여 새 커널을 부팅 메뉴에 추가해야 한다.

42 다음 설명에 해당하는 것을 고르시오.

> 커널의 기능을 확장하기 위해 메모리에 동적으로 로드 및 언로드할 수 있는 커널 오브젝트 파일을 무엇이라고 하는가?

① 라이브러리
② 모듈
③ 커널
④ 오브젝트

43 다음은 어느 명령어의 실행 결과 일부이다. 해당하는 명령어를 고르시오.

```
$
filename: /lib/modules/5.4.0-26-generic/
kernel/drivers/net/ethernet/intel/e1000/
e1000.ko version: 7.3.21-k8-NAPI
license: GPL
description: Intel(R) PRO/1000 Network
Driver
```

① insmod
② rmmod
③ modprobe
④ modinfo

44 다음 중 /etc/modprobe.d/ 디렉터리 아래에 위치한 모듈 설정 파일의 설명으로 틀린 것은?

① options는 특정 모듈이 로드될 때, 그 모듈의 동작을 제어하는 옵션을 설정하는 데 사용된다.
② 부팅 시 자동으로 모듈을 로드하기 위해 설정 파일에 모듈명을 기재한다.
③ remove는 특정 모듈을 자동으로 제거한다.
④ blacklist는 특정 모듈의 로드를 금지하기 위해 사용된다.

45 다음 중 커널 환경설정과 관련된 명령어와 관계 없는 것은?

① make config
② make menuconfig
③ make xconfig
④ make mrproper

46 다음 설명에 해당하는 명령어는 무엇인가?

> 하드디스크의 파티션을 생성, 삭제, 수정할 수 있으며, MBR 파티션 테이블을 사용하는 디스크에 대해 파티션 관리를 제공하는 명령어이다.

① mkfs
② df
③ fdisk
④ mount

47 다음 설명에 해당하는 것은 무엇인가?

> 최신 파티션 방식으로, 무제한 파티션, 대용량 디스크 지원, 안정성, UEFI 시스템 호환 등의 특징이 있다.

① 주 파티션
② 확장 파티션
③ MBR 파티션
④ GPT 파티션

48 다음 리눅스 프린트 시스템에 대한 설명 중 틀린 것을 고르시오.

① CUPS(공통 UNIX 프린트 시스템)는 리눅스에서 가장 널리 사용되는 프린트 시스템이다.
② 리눅스 프린트 시스템은 IPP(Internet Printing Protocol)를 지원하며, 네트워크를 통한 프린트 서버 기능도 제공한다.
③ CUPS는 웹 인터페이스를 제공하지 않으며, 모든 설정은 터미널에서만 가능하다.
④ CUPS는 다양한 프린터 드라이버를 지원하며, 사용자가 직접 PPD 파일을 업로드할 수도 있다.

49 다음 오픈 사운드 시스템(OSS ; Open Sound System)에 대한 설명 중 틀린 것을 고르시오.

① 리눅스 및 다양한 UNIX 계열 운영 체제에서 사운드를 처리하기 위한 초기 사운드 시스템이다.
② ALSA(Advanced Linux Sound Architecture)보다 후에 개발되었으며, 현대 리눅스 시스템에서 주로 사용된다.
③ 사운드 카드에 직접 접근하여 하드웨어 수준에서 오디오 처리를 제어한다.
④ 상용 라이선스로 제공되었으나 이후 오픈 소스로 전환되었다.

50 다음 SANE(Scanner Access Now Easy)에 대한 설명 중 틀린 것을 고르시오.

① SANE는 리눅스 및 UNIX 계열 운영 체제에서 스캐너 하드웨어에 접근할 수 있도록 설계된 표준 인터페이스이다.
② SANE는 주로 네트워크 스캐너를 지원하며, 로컬에 연결된 스캐너는 지원하지 않는다.
③ SANE는 다양한 스캐너 드라이버를 제공하며, 많은 제조사의 스캐너와 호환된다.
④ SANE는 사용자가 스캔을 제어하고, 스캔 설정을 세밀하게 조정할 수 있는 다양한 옵션을 지원한다.

51 다음 중 로키 리눅스 8의 시스템 로그의 특징에 대한 설명으로 틀린 것은?

① 시스템 로그는 보안, 커널, 인증, 하드웨어 등 다양한 이벤트와 시스템 동작 정보를 기록한다.
② 로그 파일은 주로 /var/log 디렉터리에 저장되며, 로그 파일별로 기록되는 정보가 다르다.
③ syslog 와 rsyslog 데몬에 의해 시스템 로그가 관리된다.
④ 시스템 로그는 서버 모니터링, 문제 해결, 보안 점검 등 다양한 용도로 활용된다.

52 다음 설명에 해당하는 로그 관리 데몬을 고르시오.

> 이 데몬은 시스템 및 커널 로그를 수집하고 저장하는 역할을 하며, 로그를 이진 형식으로 저장하여 검색과 필터링을 용이하게 한다. 시스템 이벤트, 인증, 하드웨어 메시지 등 다양한 정보를 관리한다.

① syslog
② rsyslog
③ systemd-journald
④ logrotate

53 다음 중 rsyslog 관련 파일에 대한 설명으로 틀린 것은?

① /etc/syslog.conf 파일은 rsyslog의 메인 설정 파일로, 로그의 형식, 필터링, 저장 위치 등을 설정할 수 있다.
② /var/log/messages 파일은 일반적인 시스템 이벤트와 커널 메시지 등의 로그를 저장하는 기본 로그 파일이다.
③ /etc/rsyslog.d/ 디렉터리에는 추가적인 rsyslog 설정 파일을 포함할 수 있으며, 개별 서비스나 애플리케이션에 대한 로그 규칙을 정의할 수 있다.
④ /var/log/secure 파일은 사용자 인증과 관련된 로그 파일이다.

54 rsyslog.conf 파일의 다음 예시와 같은 Omusrmsg에 대한 설명으로 거리가 먼 것은?

> authpriv.* omusrmsg:mary

① 이 설정은 사용자가 로그인한 모든 터미널로 관련 로그를 실시간으로 전송한다.
② 모든 사용자에게 전송하기 위해서는 'omusrmsg:*'를 사용할 수 있다.
③ omusermsg는 다수의 사용자에게 로그를 전송하는 기능은 없다.
④ 사용자가 여러 터미널에 로그인한 경우, 로그는 모든 로그인된 터미널로 전송된다.

55 다음 중 journalctl 명령어의 옵션에 대한 설명으로 틀린 것은?

① -f : 실시간으로 로그를 출력하며, 새로운 로그가 생성될 때마다 자동으로 갱신됨

② -u [서비스명] : 특정 서비스에 대한 로그를 필터링하여 출력

③ --vacuum-size : 시스템 로그를 압축하여 용량을 줄이는 옵션

④ --since : 지정된 시점 이후의 로그만 출력

56 다음 중 리눅스 진영이 오픈소스의 보안 취약성 문제를 극복하기 위해 수행한 활동에 대한 설명으로 틀린 것은?

① SELinux와 같은 보안 확장 기능을 통해 시스템의 권한 관리와 보안을 강화하고, 엄격한 보안 정책을 적용할 수 있다.

② 커뮤니티와 기업이 협력하여 취약점을 신속하게 발견하고 패치하는 시스템을 구축하여 보안 대응 속도를 높였다.

③ 모든 리눅스 배포판은 일관되게 동일한 보안 정책을 따른다.

④ AppArmor와 같은 보안 모듈을 도입하여 응용 프로그램 단위의 보안 정책을 설정하고, 시스템 보호를 위한 세밀한 접근 제어를 제공하고 있다.

57 다음 설명에 해당하는 명령어를 고르시오.

리눅스에서 파일의 속성을 변경하기 위해 사용되는 명령어로, 특정 파일을 삭제 불가능하거나 변경 불가능하도록 설정할 수 있다.

① chmod   ② chown
③ chattr   ④ lsattr

58 다음 중 sysctl을 통해 보안 강화를 할 수 있는 설정으로 틀린 것은?

① net.ipv4.tcp_timestamps = 0 : TCP 타임스탬프를 비활성화하여 타임스탬프 기반의 공격을 방지

② net.ipv4.tcp_syncookies = 1 : SYN 플러딩 공격을 방지하기 위해 TCP Syncookies 기능을 활성화

③ net.ipv4.icmp_echo_ignore_all = 0 : 모든 ICMP Echo 요청을 무시하여 Ping 공격을 방지

④ net.ipv4.tcp_keepalive_time = 600 : TCP 연결 유지 시간을 설정하여 불필요한 연결을 빠르게 종료

59 다음 중 재난 및 재해 대비를 위한 시스템 백업 및 서버 이중화 방안으로 가장 거리가 먼 것은?

① 오프사이트 백업을 통해 데이터를 다른 물리적 위치에 저장하여, 한 장소에서 발생한 재해로부터 데이터를 보호한다.

② 서버 이중화(HA ; High Availability)를 통해 주요 서버의 다운타임을 최소화하고, 하나의 서버에 문제가 발생하더라도 다른 서버가 자동으로 서비스를 대체하도록 한다.

③ 클라우드 백업을 사용하여 중요한 데이터를 외부 클라우드에 저장하고, 필요시 재해 발생 시에도 빠르게 복구할 수 있도록 한다.

④ RAID 구성을 통해 데이터의 이중화를 보장하여 재해 시 데이터를 완벽하게 보호할 수 있다.

60 다음 중 rsync 명령어의 옵션에 대한 설명으로 틀린 것은?

① -a : 아카이브 모드로, 디렉터리 구조, 소유권, 권한, 타임스탬프, 심볼릭 링크 등을 유지하여 복사
② -v : 상세 모드로, 전송 중인 파일 목록 및 진행 상황을 출력
③ -z : 파일 전송 시 압축을 사용하여 네트워크 트래픽을 줄이고 전송 속도를 높임
④ -r : 파일 권한과 타임스탬프를 유지하면서 디렉터리와 하위 파일을 복사

3과목 네트워크 및 서비스의 활용

61 다음 중 웹 서비스를 위한 구성요소에 대한 설명으로 가장 적절하지 않은 것은 무엇인가?

① 웹 문서는 .html을 확장자로 가진 정적 문서와 .php, .jsp 등의 확장자를 가진 동적 문서로 구성된다.
② Apache Web 서버는 비동기 이벤트 방식으로 동작하며, PHP를 기본 지원한다.
③ JavaScript는 웹 브라우저에서 실행되는 프로그램 루틴(기능)을 추가하여 사용자 동작에 반응할 수 있다.
④ Nginx는 로드밸런싱, HTTP Cache, 리버스 프록시 등의 기능을 제공한다.

62 HTTP 프로토콜에 대한 설명으로 가장 적절하지 않은 것은 무엇인가?

① HTTP 요청 메소드 중 GET 메소드는 요청할 내용을 바디에 담아 서버에 전송한다.
② HTTP 요청 메소드 중 POST 메소드는 HTML Form 문에서 데이터를 전송할 때 사용할 수 있다.
③ HTTP 응답 코드 중 404는 존재하지 않은 리소스를 요청한 경우 전달된다.
④ HTTP 응답 코드 중 502는 Bad Gateway에 해당하며 주로 연동하는 서비스에 문제가 있을 경우 전달된다.

63 HTTP 프로토콜의 요청 헤더에서 '웹 브라우저의 정보'를 확인할 수 있는 항목으로 가장 적절한 것은 무엇인가?

① Accept
② Cookie
③ User-Agent
④ Host

64 아파치 웹 서버의 동작 방식에 대한 설명으로 가장 적절하지 않은 것은 무엇인가?

① prefork : 실행 중인 프로세스를 복제(Fork)하여 미리 동작시킨 후 클라이언트의 요청을 처리
② worker : 리눅스의 기본 설정으로 1개의 프로세스를 통해 전체 요청을 처리
③ 정적적재 : 아파치 웹 서버의 소스 컴파일 시 필요한 모듈을 함께 포함
④ 동적적재 : 아파치 웹 서버를 실행한 후, 사용자의 요청이 있을 경우 필요한 모듈을 적재

65 아파치 웹 서버의 기본 설정 항목 중 웹 문서가 저장되는 기본 디렉터리 경로를 지정하는 항목으로 가장 적절한 것은 무엇인가?

① LoadModule
② DocumentRoot
③ DirectoryIndex
④ ServerRoot

66 다음은 Apache Web 서버의 소스코드를 다운로드 하는 과정에서 무결성을 점검하기 위한 명령어의 일부이다. (　　) 안에 포함될 명령어로 가장 적절한 것은 무엇인가?

```
$ ls
httpd−2.4.37.tar.bz2 httpd−2.4.37.tar.bz2.md5

$ cat httpd−2.4.37.tar.bz2.md5
6a36e742180ee74bff97b28eee90c3f7
*httpd−2.4.37.tar.bz2

$ (      ) httpd−2.4.37.tar.bz2
6a36e742180ee74bff97b28eee90c3f7
httpd−2.4.37.tar.bz2
```

① md5sum
② checksource
③ checksum
④ makemap

67 MySQL을 컴파일, 설치 및 초기화하는 과정에서 사용하는 명령어에 대한 설명으로 가장 적절하지 않은 것은 무엇인가?

① cmake : MySQL의 소스코드를 빌드하기 위한 환경설정 작업을 수행
② make −−initialize : MySQL에 필요한 DB를 생성
③ make install : 생성한 실행 파일을 대상(Target) 디렉터리로 복사(설치)
④ mysql −−version : 설치한 MySQL의 버전을 확인할 수 있음

68 PHP를 이용한 파일 업로드 시 업로드 파일의 크기를 10M로 제한하고자 한다. 이때 사용할 수 있는 php.ini의 설정 항목으로 가장 적절한 것은 무엇인가?

① post_max_size
② max_file_uploads
③ allow_max_size
④ short_open_tag

69 리눅스 시스템에서 사용할 수 있는 인증 방식에 대한 설명으로 가장 적절하지 않은 것은 무엇인가?

① /etc/passwd, /etc/shadow 파일을 이용하여 사용자 로그인 시 패스워드를 이용하여 인증할 수 있다.
② NIS는 대표적인 네트워크 기반 인증 서비스로 RPC(Remote Procedure Call)를 이용한다.
③ LDAP은 UDP를 이용하여 RDMBS 보다 빠른 검색 속도를 제공한다.
④ LDAP의 주요속성 중 dn은 조직 내 고유한 식별자를 가질 수 있다.

70 다음 중 NIS 서버와 NIS 클라이언트 간의 매핑 속도를 높이기 위해 사용하는 서비스로 가장 적절한 것은 무엇인가?

① ypserv.service
② yppasswdd.service
③ ypxfrd.service
④ rpcbind

71 NIS 서비스에 사용자를 추가하는 등 NIS 관련 설정 후 NIS 정보를 갱신하려고 한다. 이때 사용할 수 있는 명령어로 가장 적절한 것은 무엇인가?

① make -c /var/yp
② yptest
③ ypwhich
④ systemctl restart rpcbind

72 삼바(SAMBA)가 사용하는 설정 파일인 smb.conf의 설정항목에 대한 설명으로 가장 적절하지 않은 것은 무엇인가?

① server string : 서버에 대한 설명을 지정
② netbios name : IP 주소를 이용하여 직접 접속하기 위해 설정
③ log file : 삼바 서버의 로그 파일을 지정
④ interfaces : 여러 개의 네트워크 인터페이스를 갖고 있을 경우 어떠한 것을 이용할지 설정

73 삼바 서비스 설정의 Share Definition(공유 폴더의 주요 설정) 항목에 대한 설명으로 가장 적절하지 않은 것은 무엇인가?

① path : 공유 디렉터리의 상대 경로를 지정
② valid users : 별도로 지정하지 않을 경우 전체 사용자가 접근 가능하게 됨
③ public = no : 개인 사용자만 사용할 수 있도록 설정
④ write list : 쓰기 가능한 사용자를 지정

74 리눅스 계정과 삼바 이용자명을 매핑하기 위해 사용할 수 있는 설정 파일로 가장 적절한 것은 무엇인가?

① valid_users
② samba_users
③ smbusers
④ smbpasswd

75 삼바의 계정과 패스워드를 설정하는 smb-passwd의 주요 옵션에 대한 설명으로 가장 적절하지 않은 것은 무엇인가?

① -a : 모든 삼바 사용자 계정의 정보를 출력
② -x : 삼바 사용자 계정을 제거
③ -d : 삼바 사용자 계정을 비활성화
④ -e : 삼바 사용자 계정을 활성화

76 NFS를 위한 설정 파일인 /etc/exports의 구성 항목에 대한 설명으로 가장 적절하지 않은 것은 무엇인가?

① no_subtree_check : 하위 디렉터리 검사를 금지
② async : 데이터 변경을 기록할 때 비동기적으로 처리
③ no_root_squash : root 권한 접근을 거부
④ secure : 기본 설정값이며, 포트 번호가 1024 이하의 요청만 허가

77 다음은 /etc/fstab 설정의 예이다. 관련 항목에 대한 설명으로 가장 적절하지 않은 것은 무엇인가?

```
192.168.45.223:/var/youngjin-nfs /var/youngjin-
local nfs timeo=15,soft,retrans=3 0 0
```

① 파일 시스템의 장치명은 192.168.45.223:/var/youngjin-nfs이다.
② 마운트 포인트는 /var/youngjin-local이다.
③ NFS의 파일 시스템으로 ext3가 사용된다.
④ 백업과 무결성 검사는 하지 않는다.

78 vsftp의 설정파일인 vsftpd.conf의 항목에 대한 설명으로 가장 적절하지 않은 것은 무엇인가?

① anonymous_enable=YES : 익명(anonymous) 사용자의 접속을 허가
② local_enable=YES : 접속한 사용자의 홈 디렉터리를 최상위 디렉터리가 되도록 지정
③ max_per_ip : 한 IP 주소당 접속할 수 있는 최대 허용 건수를 지정
④ userlist_enable=YES : /etc/vsftpd/user_list를 사용하며, /etc/vsftpd/user_list에 등록된 사용자는 vsftp를 사용할 수 없음

79 다음 중 vsftp의 보안성을 확보하기 위해 설정할 수 있는 항목으로 가장 적절하지 않은 것은 무엇인가?

① /etc/vsftpd/user_list에 접속 가능한 사용자 계정을 등록한다.
② anon_upload_enable=NO로 설정하여 익명 사용자의 업로드를 제한한다.
③ session_support=YES로 설정하여 wtmp에 로그를 남긴다.
④ xferlog_enable=YES로 설정하여 로그를 기록한다.

80 다음 중 sendmail의 주요 설정파일에 대한 설명으로 가장 적절하지 않은 것은 무엇인가?

① /etc/mail/sendmail.mc : sendmail의 설정을 편리하게 관리할 수 있는 보조 파일이며, makemap 명령어를 이용하여 sendmail.cf를 생성

② /etc/aliases : 메일의 별칭 혹은 특정 계정으로 수신한 이메일을 다른 계정으로 전달하도록 설정

③ /etc/mail/access : 메일 서버에 접속하는 호스트의 접근을 제어하는 설정 파일

④ /etc/mail/virtusertable : 가상의 메일 계정으로 들어오는 메일을 특정 계정으로 전달하는 정보를 설정

81 sendmail의 설정 파일인 sendmail.cf의 설정 항목 중 Relay를 허용할 도메인을 설정하는 항목으로 가장 적절한 것은 무엇인가?

① Cw   ② Fw
③ Dj   ④ FR-o

82 다음은 DNS 서비스와 관련이 있는 설정 파일의 예이다. 해당 설정 파일의 이름으로 가장 적절한 것은 무엇인가?

```
127.0.0.1      localhost localhost.localdomain
localhost4 localhost4.localdomain4 ::1
localhost         localhost.localdomain
localhost6 localhost6.localdomain6

192.168.45.223 server.youngjin-nistest.com
192.168.45.216 client.youngjin-nistest.com
```

① /etc/hosts
② /etc/hosts.allow
③ /etc/pam
④ /etc/named.conf

83 DNS의 설정파일인 /etc/named.conf 파일의 특징에 대한 설명으로 가장 적절하지 않은 것은 무엇인가?

① 크게 주석문과 구문으로 구성된다.
② 주석은 /* ~ */, #, -- 등을 사용할 수 있다.
③ options, acl, zone 등의 주요 구문이 있으며, 구문의 끝에는 세미콜론(;)을 붙인다.
④ include 지시자를 이용하여 별도의 설정 파일을 포함할 수 있다.

84 DNS의 zone 파일에 대한 설명으로 가장 적절하지 않은 것은 무엇인가?

① 도메인 이름과 IP 주소 혹은 관련 리소스 간 매핑(Mapping)을 포함한다.
② ';'을 이용하여 주석(Comment)을 추가할 수 있다.
③ SOA 레코드는 $TTL 항목을 가지며 설정한 정보를 다른 DNS 서버에서 조회하였을 경우 캐시에 보관할 시간을 지정한다.
④ 도메인명, 레코드 클래스, 레코드 타입을 갖는 개발 도메인 속성을 포함한다.

85 DNS가 관리하는 레코드 타입에 대한 설명으로 가장 적절하지 않은 것은 무엇인가?

① A : 도메인 이름에 해당하는 IPv4 주소
② CNAME : 도메인 이름의 별칭
③ MX : IP 주소를 기반으로 도메인 이름 반환
④ NS : 호스트에 대한 공식 네임 서버

86 DNS와 관련된 주요 명령어에 대한 설명으로 가장 적절하지 않은 것은 무엇인가?

① named-checkzone : zone 파일의 문법적 오류를 점검
② named-checkconf : /etc/named.conf 환경설정 파일의 문법적 오류를 점검
③ rndc status : DNS 서버의 자세한 상태를 확인할 수 있음
④ dig : DNS 서비스를 재실행하여 설정 파일을 적용

87 리눅스 가상화 서비스의 대표적인 특징으로 가장 적절하지 않은 것은 무엇인가?

① 프로비저닝(Provisioning) : 사용자의 요구사항에 맞게 할당, 배치, 배포할 수 있도록 만들어 놓는 것
② 단일화(Aggregation) : 여러 개의 물리적 자원을 논리적으로 통합하여 하나의 자원으로 사용할 수 있도록 제공
③ 절연(Insulation) : 서비스 구간을 분할하여 독립적으로 사용할 수 있도록 함
④ 에뮬레이션(Emulation) : 물리적인 특징이 다른 장치를 범용적인 모델로 인식하여 사용할 수 있도록 지원하는 것을 의미

88 리눅스의 대표적인 가상화 기술에 대한 설명으로 가장 적절하지 않은 것은 무엇인가?

① KVM은 인텔 CPU가 지원하는 VT-x 및 AMD-V를 기반으로 CPU 전가상화를 지원하는 기술이다.
② KVM은 CPU 반가상 기술을 지원하지 않으므로 이더넷, Disk I/O, 그래픽 등은 전용의 에뮬레이터를 이용한다.
③ XEN은 CPU 전가상화, 반가상화를 모두 지원하는 하이퍼바이저(Hypervisor) 기반의 가상화 기술이다.
④ XEN은 전가상화 구성 시 QEMU 기반으로 동작한다.

89 CPU의 가상화 지원 여부를 확인하기 위해 참고할 수 있는 파일로 가장 적절한 것은 무엇인가?

① /proc/cpuinfo
② /proc/stat
③ /dev/cpu
④ /etc/stat

90 리눅스 슈퍼 데몬(Super Daemon)에 대한 설명으로 가장 적절하지 않은 것은 무엇인가?

① 사용자의 요구에 따라 필요한 서비스를 실행하고, 요청을 완료하면 서비스를 종료하여 시스템 자원을 효율적으로 사용한다.
② standalone 방식과 비교하여 사용자 요청에 대한 처리 시간이 빠르고 효율적이다.
③ TCP Wrapper를 이용하여 접근을 통제할 수 있다.
④ /etc/xinetd.conf를 기본 설정 파일로 사용한다.

91 TCP Wrapper 설정에 대한 설명 중 가장 적절하지 않은 것은 무엇인가?

①
```
[hosts.allow]
ALL : 192.168.9.0/255.255.255.0
```
192.168.9.0 네트워크 대역에 속한 모든 클라이언트의 접속을 허가한다.

②
```
[hosts.allow]
ALL EXEPT in.telnetd : ALL
```
telnetd를 제외한 모든 서비스에 대하여 모든 클라이언트의 접속을 허가한다.

③
```
[hosts.allow]
sshd : 192.168.9.2 : deny
```
hosts.allow에 설정되어 있으므로 deny 지정은 무시된다.

④
```
[hosts.allow]
sshd : 192.168.9.7 : severity local0.alert
```
192.168.9.7에서 sshd 서비스를 사용할 수 있도록 설정하되 syslog을 기록한다.

92 클라이언트와 서버 사이에 위치하여, 요청과 응답 과정에서 데이터를 중계하는 역할을 담당하는 프로그램(서비스)의 명칭으로 가장 적절한 것은 무엇인가?

① squid
② smbd
③ named
④ dhcpd

93 DHCP의 설정 파일인 dhcpd.conf의 항목에 대한 설명으로 가장 적절하지 않은 것은 무엇인가?

① fixed-address : 특정 MAC 주소를 갖는 시스템에 고정적인 IP 주소를 할당
② default-lease-time : 초(Second) 단위로 임대요청 만료시간을 지정
③ option subnet-mask : 서브넷 마스크를 지정
④ ip-range : 클라이언트에 할당할 IP 범위를 지정

94 VNC(Virtual Network Computing)에 대한 설명으로 가장 적절하지 않은 것은 무엇인가?

① 비트맵 기반 RFB(Remote Frame Buffer) 프로토콜을 이용하여 원격 접속 및 사용하는 기능을 제공한다.
② 세션 공유 접속 방식은 로컬과 원격 호스트가 화면, 키보드, 마우스를 공유하는 방식이다.
③ 독립 세션 접속 방식은 별도의 세션을 이용하여 접속하는 방식이다.
④ vncpasswd 명령으로 VNC 서버에 접속할 때 사용할 비밀번호를 /etc/passwd 파일에 설정한다.

95 NTP 서비스의 설정 파일인 /etc/ntp.conf의 항목에 대한 설명으로 가장 적절하지 않은 것은 무엇인가?

① driftfile : NTP 서버의 우선순위를 지정
② restrict : NTP 서버에 접근할 수 있는 클라이언트를 제한
③ server : NTP 서버를 지정
④ keys : 대칭키 암호화를 위한 키 파일을 지정

96 chrony 서비스의 설정 파일인 /etc/chrony.conf의 항목에 대한 설명으로 가장 적절하지 않은 것은 무엇인가?

① pool : 공개된 서버들의 목록을 포함한 풀(Pool)을 지정
② stratumweight : 계급(Stratum) 당 보정해야 할 거리의 값을 지정
③ allow : NTP 서버에 접근 가능한 클라이언트 주소 범위를 지정
④ makestep : NTP 서버에 요청할 시간 간격을 지정

97 다음은 네트워크 interface인 eth0를 무차별 모드로 변경하기 위한 명령이다. ( ) 안에 포함될 명령어와 옵션으로 가장 적절하게 짝지어진 것은 무엇인가?

$ ( ) eth0 ( )

① ifconfig , promisc
② netconfig , promiscuous
③ ifconfig , promiscuous
④ netconfig , promisc

98 IP 주소를 MAC 주소로 변환하는 과정을 변조하여 공격방식으로 가장 적절한 것은 무엇인가?

① IP Spoofing
② ARP Soofing
③ DNS Spoofing
④ E-Mail Spoofing

99 다음은 Land Attack을 탐지하기 위한 Snort Rule의 일부이다. ( ) 안에 포함될 항목으로 가장 적절한 것은 무엇인가?

alert ip any any -〉 any any (msg:"Land Attack"; ( ); sid:1000001;)

① sameip
② src==dst
③ ipsame
④ equalip

100 iptables의 테이블 종류 중 패킷 필터링을 위해 사용할 수 있는 항목은 무엇인가?

① filter
② nat
③ raw
④ firewall

1급	소요 시간	문항 수
	총 100분	총 100문항

수험번호 : _____

성   명 : _____

정답 & 해설 ▶ 161p

1과목 **리눅스 실무의 이해**

01 다음 설명에 해당하는 라이선스로 알맞은 것은?

> 공개 소프트웨어 중의 하나를 선택해서 상업용 제품을 만들려고 한다. 수정된 소스코드에 대한 공개나 어떠한 표시도 하지 않으려고 한다.

① GPL
② MPL
③ BSD
④ LGPL

02 다음 중 나머지 셋과 다른 종류에 속하는 리눅스 배포판으로 알맞은 것은?

① Ubuntu
② Linux Mint
③ Elementary OS
④ Vector Linux

03 다음 중 리눅스 기반 운영체제로 틀린 것은?

① Tizen
② webOS
③ QNX
④ GENIVI

04 다음 그림에 해당하는 클러스터링 기법으로 알맞은 것은?

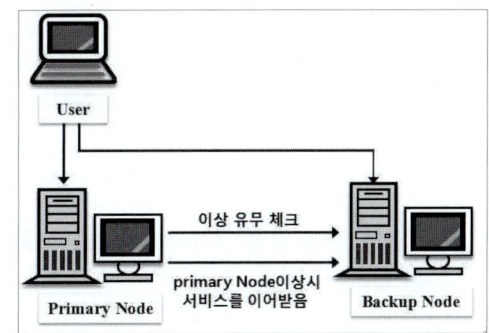

① 고계산용 클러스터
② 부하분산 클러스터
③ 고가용성 클러스터
④ 베어울프 클러스터

05 다음 중 유닉스(UNIX)를 개발한 인물로 알맞은 것은?

① 리누스 토발즈
② 켄 톰슨
③ 빌 조이
④ 리처드 스톨먼

06 다음은 grub.conf 파일의 일부이다. 관련 설정에 대한 설명으로 알맞은 것은?

```
default=1
timeout=100
```

① 10초 동안 대기한 후에 메뉴 선택이 없으면 첫 번째 항목의 운영체제로 부팅한다.
② 100초 동안 대기한 후에 메뉴 선택이 없으면 첫 번째 항목의 운영체제로 부팅한다.
③ 10초 동안 대기한 후에 메뉴 선택이 없으면 두 번째 항목의 운영체제로 부팅한다.
④ 100초 동안 대기한 후에 메뉴 선택이 없으면 두 번째 항목의 운영체제로 부팅한다.

07 다음 그림의 명령 결과에 대한 설명으로 알맞은 것은?

```
[lin@www ~]$ ls
joon.txt
[lin@www ~]$ mv joon.txt lin.txt || echo "OK"
```

① mv 명령의 사용법 오류로 인해 오류 메시지가 나타난다.
② mv 명령의 사용법 오류로 인해 오류 메시지 및 OK가 화면에 출력된다.
③ joon.txt는 lin.txt로 이름이 변경되고 화면에 아무것도 출력되지 않는다.
④ joon.txt는 lin.txt로 이름이 변경되고 화면에 OK라고 출력된다.

08 다음 중 X 클라이언트 프로그램을 X 서버로 전송하기 전에 변경해야 할 환경 변수로 알맞은 것은?

① TERM
② XTERM
③ DISPLAY
④ TERMINAL

09 6개의 하드디스크로 RAID를 구성하려고 한다. 1개는 여분(Spare) 디스크로 구성하고, 나머지 디스크로 RAID-5을 구성했을 경우에 실제 사용 가능한 디스크의 비율로 가장 알맞은 것은?

① 33.3%
② 50%
③ 66.7%
④ 83.3%

10 다음 중 번호값이 가장 큰 시그널(Signal)로 알맞은 것은?

① SIGTERM
② SIGINT
③ SIGTSTP
④ SIGQUIT

11 다음 설명에 해당하는 용어로 알맞은 것은?

보통 부팅 시에 실행되어 해당 프로세스가 메모리에 상주하면서 클라이언트의 요청을 처리하는 방식이다. 웹, 메일 등과 같이 빈번한 요청이 들어오는 서비스인 경우에 이 방식으로 동작한다.

① exec   ② inetd
③ xinetd   ④ standalone

12 다음 중 포어그라운드 프로세스를 백그라운드 프로세스로 전환할 때 사용하는 키 조합으로 알맞은 것은?

① Ctrl + C
② Ctrl + D
③ Ctrl + Z
④ Ctrl + W

13 다음 중 장치 파일명의 종류가 나머지 셋과 다른 것은?

① IDE 디스크
② SCSI 디스크
③ S-ATA 디스크
④ SSD(Solid State Drive)

14 다음 설명에 해당하는 용어로 알맞은 것은?

런 레벨 5로 부팅할 경우에 사용자 이름과 암호를 요청하고 유효한 값이 입력되면 세션을 시작해 주는 역할을 수행한다.

① 데스크톱 환경
② 윈도 매니저
③ 디스플레이 매니저
④ X 프로토콜

15 다음 바로 직전에 수행한 명령을 재실행할 때 사용할 때 명령으로 알맞은 것은?

① !0
② !1
③ !!
④ history -1

16 다음 설명에 해당하는 서브넷마스크값의 네트워크 접두어로 알맞은 것은?

C클래스에 속하는 하나의 네트워크 주소 대역을 할당받았다. 이 주소 대역을 2개의 네트워크로 나누면 총 사용 가능한 전체 호스트의 개수는 252개가 된다.

① /24
② /25
③ /26
④ /27

17 다음 중 netstat의 State 결과값이 ESTAB-LISHED일 때 내용으로 알맞은 것은?

① 3 Way-Handshaking이 완료된 후 서버와 클라이언트가 서로 연결된 상태
② 서버에서 클라이언트로 들어오는 패킷을 위해 소켓을 열고 기다리는 상태
③ 로컬 시스템의 클라이언트 애플리케이션이 원격 호스트에 연결을 요청한 상태
④ 원격 호스트가 종료되고 소켓도 닫힌 상태에서 마지막 ACK 패킷을 기다리는 상태

18 다음 중 리눅스에서 지원하는 네트워크 하드웨어 장치명과 설명으로 알맞은 것은?

① lo : 로컬 루프백(Local Loopback)을 나타내는 장치로 물리적으로 존재하는 인터페이스
② enpx : CentOS 6 이전 버전에서 사용되었던 이더넷 카드 인터페이스 장치
③ pppx : 패럴렐 케이블을 사용하는 패럴렐 라인 인터페이스 장치
④ docker0 : 경량화된 서버 가상화 기술인 Docker를 사용할 경우 설정되는 네트워크 장치

19 다음 설명에 해당하는 OSI 7 계층으로 가장 알맞은 것은?

> 이 계층은 데이터를 패킷(Packet) 단위로 분할하여 전송하며 데이터 전송과 경로 선택에 관한 서비스를 제공한다. 이 계층은 패킷을 최종 수신측까지 정확하게 전송할 수 있도록 경로를 담당한다. 즉 송신호스트에서 전송한 데이터가 수신호스트에 도착하기 위해서는 여러 개의 중개 시스템을 거치는데, 올바른 경로를 선택할 수 있도록 지원하는 역할을 수행한다.

① 데이터링크 계층
② 네트워크 계층
③ 전송 계층
④ 세션 계층

20 다음에서 설명하는 장치의 이름으로 가장 알맞은 것은?

> • OSI 모델의 물리 계층, 데이터 링크 계층, 네트워크 계층의 기능을 지원하는 장치
> • 자신과 연결된 네트워크 및 호스트 정보를 유지하고 관리해야 하며, 어떤 경로를 이용해야 빠르게 전송할 수 있는지를 판단하는 장치

① Router
② Bridge
③ Gateway
④ Repeater

21 다음 중 1시간 주기로 실행되는 crontab 설정으로 알맞은 것은?

① 1 * * * * /etc/joon.sh
② * 1 * * * /etc/joon.sh
③ * * 1 * * /etc/joon.sh
④ * * * 1 * /etc/joon.sh

22 다음 그림의 결과에서 lin 사용자가 /project 디렉터리에 파일을 생성했을 경우에 해당 파일의 그룹 소유권과 관련된 설명으로 알맞은 것은?

```
[root@www ~]# id lin
uid=505(lin) gid=508(kait) groups=508
(kait),504(project)
[root@www ~]# ls —ld /project
drwxrws——T. 2 root project 4096 Nov 17
08:08 /project
[root@www ~]#
```

① 파일의 그룹 소유권은 아이디와 동일한 lin이 된다.
② 파일의 그룹 소유권은 주 그룹인 kait가 된다.
③ 파일의 그룹 소유권은 2차 그룹인 project가 된다.
④ lin 사용자는 주 그룹을 project로 전환해야만 접근이 가능하므로 파일을 생성할 수 없다.

23 다음 그림에 해당하는 명령으로 알맞은 것은?

```
[root@www ~]#        /bin/ls
        linux-gate.so.1 =>  (0x00554000)
        libselinux.so.1 => /lib/libselinux.so.1
        (0x004a5000)
        librt.so.1 => /lib/librt.so.1
        (0x00365000)
        libcap.so.2 => /lib/libcap.so.2
        (0x00dbf000)
        libacl.so.1 => /lib/libacl.so.1
        (0x04e03000)
        libc.so.6 => /lib/libc.so.6
        (0x0017c000)
        libdl.so.2 => /lib/libdl.so.2
        (0x0035e000)
        /lib/ld-linux.so.2 (0x80093000)
        libpthread.so.0 => /lib/libpthread.
        so.0 (0x00341000)
        libattr.so.1 => /lib/libattr.so.1
        (0x00cb5000)
```

① ldd
② blkid
③ ldconfig
④ ld.so.conf

24 다음 중 다수의 텍스트 파일이 10MB 정도로 묶여 있는 tar 파일을 압축하려고 할 때 가장 압축률이 좋은 명령으로 알맞은 것은?

① xz
② gzip
③ bzip2
④ compress

25 rpm 파일을 설치하기 전에 어떠한 파일들이 설치되는지 미리 확인해 보려고 한다. 다음 (   ) 안에 들어갈 내용으로 알맞은 것은?

```
# rpm (   ) totem-2.28.6-2.el6.i686.rpm
```

① -qlf
② -qlr
③ -qlc
④ -qlp

26 다음에 제시된 프로세스의 우선순위를 높이려고 한다. (   ) 안에 들어갈 내용으로 알맞은 것은?

```
# ( ㉠ ) ( ㉡ ) bash
```

① ㉠ nice   ㉡ -10
② ㉠ nice   ㉡ --10
③ ㉠ renice   ㉡ -10
④ ㉠ renice   ㉡ --10

27 다음 중 root 사용자가 lin 사용자의 예약된 cron 작업을 제거하는 명령으로 가장 알맞은 것은?

① crontab -d -u lin
② crontab -e -u lin
③ crontab -r -u lin
④ crontab -x -u lin

28 사용자 디스크 용량을 제한하기 위해 쿼터를 설정하려고 한다. 다음 중 /etc/fstab에 설정해야 하는 내용으로 알맞은 것은?

① 4번째 필드에 usrquota라는 옵션을 추가한다.
② 4번째 필드에 userquota라는 옵션을 추가한다.
③ 5번째 필드에 usrquota라는 옵션을 추가한다.
④ 5번째 필드에 userquota라는 옵션을 추가한다.

29 다음 그림과 같이 파일 및 디렉터리가 생성된다. umask 명령을 실행했을 경우에 출력되는 값으로 알맞은 것은?

```
[lin@www ~]$ ls
[lin@www ~]$ touch a.txt
[lin@www ~]$ mkdir aaa
[lin@www ~]$ ls -l
total 4
-rw-------. 1 lin lin    0 Apr 15 18:07 a.txt
drwx------. 2 lin lin 4096 Apr 15 18:07
aaa
[lin@www ~]$
```

① 7000
② 0700
③ 0007
④ 0077

30 다음 중 특정 사용자가 자신이 속한 주(Primary) 그룹을 다른 그룹으로 변경할 때 사용하는 명령으로 알맞은 것은?

① groupmod
② gpasswd
③ newgrp
④ groups

31 다음 명령의 결과에 대한 설명으로 가장 알맞은 것은?

```
# passwd -d lin
```

① lin 사용자는 패스워드 입력 없이 로그인이 가능하다.
② lin 사용자는 다음 로그인 시에 반드시 패스워드를 변경해야 한다.
③ lin 사용자는 패스워드에 잠금이 설정되어서 일시적으로 로그인이 불가하다.
④ lin 사용자는 패스워드가 삭제되어서 관리자가 패스워드를 설정할 때까지 로그인이 불가하다.

32 다음 설명과 관련 있는 파일명으로 알맞은 것은?

> 사용자를 추가할 때에 2020년 12월 31일까지만 로그인이 가능하도록 지정하려고 한다.

① /etc/skel
② /etc/passwd
③ /etc/login.defs
④ /etc/default/useradd

33 다음 중 yum을 이용해서 'telnet'이라는 문자열이 들어있는 패키지를 검색하는 명령으로 알맞은 것은?

① yum −f telnet
② yum search telnet
③ yum −search telnet
④ yum −−search telnet

34 다음 중 시그널이름과 번호를 확인할 수 명령으로 알맞은 것은?

① kill −l
② killall −l
③ pkill −l
④ pgrep −l

35 다음 중 백그라운드로 수행 중인 작업번호가 2인 프로세스를 포어그라운드로 전환하는 명령으로 알맞은 것은?

① fg −2
② fg &2
③ fg %2
④ fg −n 2

36 다음 중 ihd라는 그룹명을 kait로 변경하는 명령으로 알맞은 것은?

① groupmod −n ihd kait
② groupmod −n kait ihd
③ groupmod −N ihd kait
④ groupmod −N kait ihd

37 다음 그림에 해당하는 명령으로 알맞은 것은?

```
[root@www ~]#
17:58:10 up 6:31, 2 users, load average: 0.00,
0.00, 0.00
USER  TTY   FROM   LOGIN@ IDLE   JCPU  PCPU  WHAT
root  tty1  :0     02:27  15:31m 34.99s 34.99s /usr/bin/xorg :
root  pts/0 :0.0   02:27  0.00s  0.21s  0.15s  w
```

① w
② who
③ users
④ whoami

38 다음 그림에 해당하는 명령어로 알맞은 것은?

```
[root@www ~]#
Filesystem Size  Used Avail Use% Mounted
                                      on
/dev/sda1  15G 6.3G 7.4G   46% /
tmpfs      2.0G 304K 2.0G   1% /dev/shm
/dev/sda3 2.0G 3.2M 1.9G    1% /data
```

① du
② df
③ quota
④ repquota

39 다음 중 10줄이 기록된 텍스트 파일인 lin.txt 파일에서 4번째 줄부터 7번째 줄까지 출력하는 명령으로 알맞은 것은?

① head −7 lin.txt | tail −3
② head −7 lin.txt | tail −4
③ tail −10 lin.txt | head −3
④ tail −10 lin.txt | head −4

40 다음 명령의 실행 결과에 대한 설명으로 알맞은 것은?

```
# gcc lin.c
```

① lin.o라는 오브젝트 파일이 생성된다.
② lin이라는 오브젝트 파일이 생성된다.
③ lin이라는 실행 파일이 생성된다.
④ a.out라는 실행 파일이 생성된다.

41 다음 중 커널 컴파일의 작업 내용과 명령어로 알맞은 것은?

① 커널 컴파일 옵션 설정 작업 : make mrproper
② 커널 소스의 설정값 초기화 : make menuconfig
③ 커널 모듈 생성을 위한 컴파일 작업 : make modules
④ 커널 모듈 파일 복사 및 grub.conf 파일 수정 작업 : make modules_install

42 특정 모듈을 제거하면서 의존성있는 모듈을 같이 제거하려고 할 때 (   ) 안에 들어갈 옵션으로 알맞은 것은?

```
# modprobe (    ) ip6table_filter
```

① −a
② −d
③ −e
④ −r

43 새로운 디스크를 인식하려고 한다. 다음 중 디스크 인식 여부를 확인하는 명령으로 가장 알맞은 것은?

① mount
② fdisk −l
③ cat /etc/fstab
④ cat /etc/mtab

44 다음 중 모듈에 대한 설명으로 틀린 것은?

① 모듈 관련 명령어로는 lsmod, insmod, rmmod가 있다.
② 모듈이 커널에 내장되는 방식을 모놀리식 방식이라고 한다.
③ 리눅스 모듈의 경우 C컴파일러로 만들어진 '*.ko' 파일 형태이다.
④ 사용 가능한 모듈은 /lib/modules/커널버전/kernel 디렉터리 안에서 확인할 수 있다.

45 다음 중 커널 컴파일을 하기 위한 과정으로 틀린 것은?

① 커널 컴파일 전에 반드시 리부팅을 해야 할 필요는 없다.
② 리눅스 커널 버전의 소스를 /usr/src/kernels에 다운로드하여야 한다.
③ 어셈블러, GCC, make 유틸리티 등 개발도구가 사전에 설치되어 있어야 한다.
④ 커널 초기화 시 'make clean' 명령을 이용하면 .config 파일을 삭제하지 않고 초기화 할 수 있다.

46 새로운 디스크를 추가 할당하고 리부팅하였으나 해당 디스크가 마운트되어 있지 않았다. 다음 중 리부팅 후에도 자동으로 마운트되도록 설정하는 파일로 알맞은 것은?

① /etc/fstab
② /etc/groups
③ /etc/exports
④ /proc/partitions

47 다음 중 프린트 작업의 'Request-ID'를 확인하는 명령어로 알맞은 것은?

① lp
② lpc
③ lpstat
④ cancel

48 다음 중 자동 문서 공급 장치가 장착된 스캐너에서 스캔할 때 사용하는 명령으로 알맞은 것은?

① xcam
② scanadf
③ scanimage
④ sane−find−scanner

49 다음 중 CUPS 프린팅 시스템의 특징으로 알맞은 것은?

① 설정 정보는 /etc/printcap 파일에 저장된다.
② BSD 계열 유닉스에서 사용하기 위해 개발되었다.
③ 로컬에 직접 연결한 프린터를 네트워크 프린터처럼 설정이 가능하다.
④ 초기에는 printconf, printtool과 같은 도구를 사용하여 설정을 하였다.

50 다음 중 uname 명령을 이용하여 커널 버전을 확인하는 옵션으로 알맞은 것은?

① −n
② −o
③ −r
④ −s

51 다음 설명에 해당하는 백업 도구의 옵션과 의미로 틀린 것은?

> 장치 파일이나 네트워크 파일 등의 특수 파일도 백업이 가능하고 백업본의 크기도 작고, 백업본에 손상된 부분이 있더라도 손상된 부분을 제외하고 나머지 부분을 복구한다. 아울러, 기존의 명령어를 사용하여 백업을 진행하므로 다양한 조건을 활용하여 백업이 가능하다.

① −t(−−list) : 내용만 확인할 때 사용
② −b(−−incremental) : 증분 백업으로 백업할 때 사용
③ −d(−−make-directories) : 필요한 경우 디렉터리를 생성
④ −i(−−extract) : 표준입력으로 백업한 자료를 불러올 때 사용

52 다음 설명과 관련된 파일 시스템 보안에 관한 내용으로 알맞은 것은?

```
# setfacl −R −m g:docker:rwx docker/
```

① ext2부터 지원하는 시스템으로 파일권한 외 13가지 속성을 제어한다.
② 파일이나 디렉터리에 접근 권한을 제어할 수 있도록 만든 시스템이다.
③ 설명은 docker 디렉터리에 대한 접근권한 리스트를 확인하는 명령이다.
④ 사용자를 인증하고 그 사용자의 서비스에 대한 접근을 제어하는 모듈화된 방법이다.

53 다음 중 리눅스 주요 보안 도구와 기능 설명에 대해 알맞은 것은?

① nmap : 모든 파일들에 대한 데이터베이스를 만들어 파일의 변조 여부를 검사
② nessus : 운영 중인 서버에 불필요하게 작동하고 있는 서비스 포트를 확인할 수 있음
③ tripwire : 서버의 보안 취약점을 검사해주는 도구로 문제가 되는 서비스에 대한 정보를 알려 줌
④ tcpdump : 조건식을 설정하여 네트워크 인터페이스를 거치는 패킷 헤더 정보를 출력할 수 있음

54 다음 중 SSH(Secure Shell)의 설명으로 틀린 것은?

① 패킷을 암호화하여 telnet이나 rlogin에 비해 안전하다.
② ssh-keygen을 이용하면 인증키를 이용한 접속이 가능하다.
③ 기본 설정 포트는 22번이며 원격 셸, scp, sftp 기능을 지원한다.
④ ssh2는 ssh1을 개선한 것으로 하위호환성을 완벽하게 지원한다.

55 다음은 /var/log/xferlog 파일의 구성에 관한 설명이다. (   ) 안에 들어갈 내용으로 알맞은 것은?

> 전송된 지시를 나타내는 영역은 (㉠)이다. 사용자가 어떤 형태로 login했는지를 나타내는 영역은 (㉡)이다. special-action-flag 영역에서 (㉢)(은)는 어떠한 Action도 발생하지 않은 경우를 뜻한다.

① ㉠ direction
  ㉡ access-mode
  ㉢ _
② ㉠ direction
  ㉡ completion-status
  ㉢ !
③ ㉠ transfer-type
  ㉡ access-mode
  ㉢ !
④ ㉠ transfer-type
  ㉡ completion-status
  ㉢ _

56 다음 설명에 해당하는 로그 관련 주요 파일로 알맞은 것은?

> 콘솔, telnet, ftp 등 이용하여 접속한 사용자 기록, 시스템을 재부팅한 기록 등의 로그가 쌓이는 파일이다. 바이너리 파일로 last라는 명령으로 확인할 수 있다.

① /var/log/btmp
② /var/log/wtmp
③ /var/log/lastlog
④ /var/log/messages

57 다음 중 sudo에 관련된 설명으로 틀린 것은?

① 특정 사용자 또는 특정 그룹에 root 사용자 권한을 가질 수 있게 하는 도구이다.
② visudo는 환경설정 파일을 편집할 때 사용하는 명령이다.
③ 적용된 사용자는 'sudo 명령어' 형태로 실행하며 root 권한을 대행한다.
④ 환경설정 파일은 /etc/sudo이다.

58 다음 중 dmesg 명령에 관한 설명으로 알맞은 것은?

① 커널 변수의 값을 제어하여 시스템을 최적화할 수 있는 명령이다.
② 커널 링 버퍼(Kernel Ring Buffer)의 내용을 출력하고 제어하는 명령이다.
③ /var/log/dmesg 파일에 기록된 환경변수 설정값을 출력하는 명령이다.
④ 커널 부트 메시지 로그를 보여 주는 명령으로 실행 시 /var/log/dmesg에 기록된다.

59 다음 설명에 해당하는 명령으로 가장 알맞은 것은?

> 파일 시스템 전체를 백업할 때 사용하는 유틸리티로 보통 파티션 단위로 백업할 때 사용한다. 전체 백업과 증분 백업을 지원하고, 0~9 단계의 레벨을 가지고 증분 백업을 지원한다.

① dd
② cpio
③ dump
④ rsync

60 다음 중 rsync 명령에 관한 설명으로 틀린 것은?

① rcp(Remote Copy)에 비해 처리속도가 빠르다.
② 내부 파이프라인을 통하여 전송기간을 줄인다.
③ ssh을 이용하여 전송 가능하나 root 권한이 필요하다.
④ 링크된 파일도 복사 가능하고 소유권도 유지하여 복사할 수 있다.

3과목 **네트워크 및 서비스의 활용**

61 다음은 MySQL 5.7.28 버전을 설치한 후에 mysql에서 사용하는 기본 데이터베이스를 생성하는 과정이다. (   ) 안에 들어갈 내용으로 알맞은 것은?

> \# cd /usr/local/mysql/bin
> (   ) ――initialize ――user=root

① ./mysql
② ./mysqld
③ ./mysqld_safe
④ ./safe_mysqld

62 다음 설명과 같을 때 메인보드의 BIOS에서 활성화 여부를 확인해야 하는 항목으로 알맞은 것은?

> 가상화가 지원되는 최신의 AMD CPU를 구입하여 사용 중이다. 서버 가상화 프로그램을 실행하였더니 가상화 지원 여부가 비활성화 상태라는 오류 메시지를 접하게 되었다.

① VT-x   ② SVM
③ VDI   ④ VMX

63 다음 ( ) 안에 들어갈 수 있는 설정 내용으로 틀린 것은?

```
# vi /etc/exports
/nfsdata (    )
```

① *.ihd.or.kr
② 192.168.12.
③ 192.168.12.0/255.255.255.0
④ 192.168.5.0/24

64 다음은 /etc/named.conf 파일 설정의 일부이다. ( ) 안에 들어갈 내용으로 알맞은 것은?

```
( ㉠ ) only;
( ㉡ )   168.126.63.1;  ;
```

① ㉠ forwarders   ㉡ allow-query
② ㉠ forwarders   ㉡ forward
③ ㉠ forward   ㉡ forwarders
④ ㉠ allow-query   ㉡ forward

65 다음 설명에 웹 서버 프로그램으로 알맞은 것은?

> 2004년에 등장한 웹 서버 프로그램으로 가벼움과 높은 성능을 목표로 한다. 제공되는 기능으로는 리버스 프록시, 로드 밸런서, HTTP cache 기능 등이 있다.

① Nginx
② Apache HTTP Server
③ GWS(Google Web Server)
④ IIS(Internet Information Server)

66 다음은 httpd.conf 파일의 문법적 오류를 명령어를 사용해서 점검하는 과정이다. ( ) 안에 들어갈 내용으로 알맞은 것은?

```
# httpd (    )
```

① -t
② -f
③ -S
④ -l

67 다음 중 LDAP에 대한 설명으로 틀린 것은?

① X.500 Directory Access Protocol 기반으로 만들어진 통신 규약이다.
② RDBMS에 비교해서 검색 속도가 빠르다.
③ 자주 변경되는 정보인 경우에 RDBMS보다 더욱 뛰어난 성능을 발휘한다.
④ 읽기 위주의 검색 서비스에서 상당히 좋은 성능을 발휘한다.

68 다음 설명과 같은 경우에 구성해야 할 서버로 가장 알맞은 것은?

> 다수의 텔넷 서버를 운영 중이다. 하나의 서버를 이용해서 텔넷 서버로 접속하는 사용자의 아이디 및 패스워드를 인증하려고 한다.

① SSH
② NFS
③ NIS
④ IIS

69 다음은 NIS 서버에서 사용자 관련 정보가 저장되는 파일명으로 알맞은 것은?

① uid.byname
② user.byname
③ hosts.byname
④ passwd.byname

70 NFS 서버의 IP 주소가 192.168.5.130이고 공유된 디렉터리가 /data일 때 NFS 클라이언트에서 마운트하는 과정이다. 다음 (   ) 안에 들어갈 내용으로 알맞은 것은?

```
# mount −t nfs (   ) /mnt
```

① /192.168.5.13/data
② //192.168.5.13/data
③ 192.168.5.13:/data
④ WW192.168.5.13:/data

71 다음 중 메일 관련 프로그램의 종류가 다른 것은?

① qmail
② postfix
③ dovecot
④ sendmail

72 다음 설명과 관련 있는 설정 파일명으로 알맞은 것은?

하나의 메일 서버에 각각 ihd.co.kr이라는 도메인을 갖는 회사와 kait.co.kr이라는 도메인을 갖는 회사의 호스팅 서비스를 운영 중이다. 이 두 개 회사에서 ceo라는 E−mail 계정을 요구하였다.

① /etc/aliases
② /etc/mail/local−host−names
③ /etc/mail/virtusertable
④ /etc/mail/sendmail.cf

73 다음 설명과 관련 있는 설정 파일명으로 알맞은 것은?

webmaster라는 계정으로 들어오는 메일을 회사의 고객지원실에 근무하는 다수의 사용자에게 메일을 전달하려고 한다.

① /etc/aliases
② /etc/mail/local−host−names
③ /etc/mail/virtusertable
④ /etc/mail/sendmail.cf

74 다음은 zone 파일에서 메일 서버를 설정하는 과정이다. 도메인이 ihd.or.kr이고, 관리자 계정이 kaituser일 때 (   ) 안에 들어갈 내용으로 알맞은 것은?

```
@    IN SOA ns.ihd.or.kr. (   ) (
                202004011200 ; serial
                −− 이하 생략 −−
```

① kaituser@ihd.or.kr
② kaituser@ihd.or.kr.
③ kaituser.ihd.or.kr
④ kaituser.ihd.or.kr.

75 다음 설명에 해당하는 가상화의 기능으로 알맞은 것은?

> IP 네트워크상에서 가상 SCSI 버스를 구현하는 iSCSI나 물리적 디스크 스토리지상에서 가상 테이프 스토리지 등이 이에 해당한다.

① 단일화(Aggregation)
② 에뮬레이션(Emulation)
③ 절연(Insulation)
④ 프로비저닝(Provisioning)

76 다음 그림과 같은 방식의 가상화 기술로 알맞은 것은?

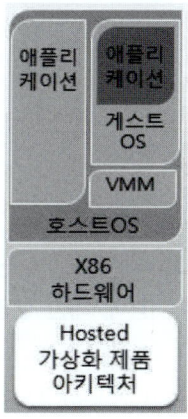

① VMware ESXi Server
② XenServer
③ Docker
④ VirtualBox

77 다음 설명과 같은 경우에 도입해야 할 가상화 기술로 알맞은 것은?

> VMware 기반의 가상 머신과 XenServer 기반의 가상 머신을 통합 관리하고자 한다.

① VirtualBox
② RHEV
③ Docker
④ Openstack

78 다음 중 xinetd 기반으로 동작하는 텔넷 서버를 활성화하기 위한 설정으로 알맞은 것은?

① disable = no
② disable = yes
③ enable = no
④ enable = yes

79 다음 중 TCP wrapper를 이용한 접근 제어가 가능한 서비스로 틀린 것은?

① sshd
② vsftpd
③ in.telnetd
④ squid

80 다음 설명과 같은 경우에 구성해야 할 서버로 알맞은 것은?

> 회사 내부에서 100여 대의 서버들을 운영 중이다. 이 서버들의 시간이 일치하지 않아서 동기화하는 서버를 구축하려고 한다,

① VNC 서버
② NTP 서버
③ Proxy 서버
④ DHCP 서버

81 다음 NTP 서버에서 계층을 나타내는 용어로 알맞은 것은?

① Layer
② Frame
③ Class
④ Stratum

82 아파치 웹 서버 2.4 버전에서 서버의 포트 번호를 8080으로 운영하려고 한다. 다음 중 관련 설정으로 알맞은 것은?

① Port 8080
② Listen 8080
③ http_port 8080
④ http_listen 8080

83 다음 중 이름과 성의 조합을 나타내는 LDAP의 속성 키워드로 알맞은 것은?

① ou
② cn
③ sn
④ dc

84 다음은 NIS 클라이언트에서 NIS 서버 및 도메인명을 지정하는 과정이다. ( ) 안에 들어갈 파일명으로 알맞은 것은?

```
# vi (   )
server nis.ihd.or.kr
ypserver nis.ihd.or.kr
domain ihd.or.kr
```

① /etc/hosts
② /etc/yp.conf
③ /etc/ypbind.conf
④ /etc/sysconfig/network

85 다음 중 삼바 서버와 관련 있는 프로토콜의 조합으로 가장 알맞은 것은?

① SMB, CIFS
② RPC, SMB
③ RPC, CIFS
④ SMB, IPC

86 다음은 중 삼바 서버의 환경설정의 일부이다. ( ) 안에 들어갈 내용으로 알맞은 것은?

```
[www]
comment = Web Directory
(     ) = /usr/local/apache/htdocs
```

① directory
② public
③ path
④ root

87 다음 중 vsftpd 설치 시에 제공되는 /etc/vsftpd/ftpusers 파일의 기능에 대한 설명으로 알맞은 것은?

① vsftpd 서버에 접근이 가능한 사용자 목록 파일이다.
② vsftpd 서버에 접근이 불가능한 사용자 목록 파일이다.
③ vsftpd 서버에 접근이 가능한 호스트의 IP 주소 목록 파일이다.
④ vsftpd 서버에 접근이 불가능한 호스트의 IP 주소 목록 파일이다.

88 다음 중 메일 클라이언트가 메일 서버에 도착한 E-mail을 가져올 때 사용되는 프로토콜의 조합으로 알맞은 것은?

① SNMP, SMTP
② IMAP, SMTP
③ SMTP, POP3
④ IMAP, POP3

89 다음 중 메일을 보낸 후에 외부로 메일이 전송되었는지 여부를 확인하는 명령으로 알맞은 것은?

① m4
② mailq
③ mail -v
④ sendmail -bi

90 다음 중 DNS 서버가 등장하는 계기가 된 파일로 알맞은 것은?

① /etc/hosts
② /etc/host.conf
③ /etc/networks
④ /etc/sysconfig/network

91 다음은 /etc/named.conf 파일 설정의 일부로 Zone 파일이 위치하는 디렉터리를 지정하는 내용이다. 다음 (   ) 안에 들어갈 내용으로 알맞은 것은?

( ) "/var/named";

① zone
② path
③ include
④ directory

92 다음 중 리버스 존(Reverse Zone) 파일에만 사용하는 레코드 타입으로 알맞은 것은?

① RX
② MX
③ PTR
④ CNAME

93 다음 그림에 해당하는 프로그램을 실행하는 명령으로 알맞은 것은?

① virsh
② libvirtd
③ virt-top
④ virt-manager

94 다음 설명과 같은 경우에 구성해야 할 서버로 알맞은 것은?

리눅스 서버와 윈도우 클라이언트 간의 데스크톱 공유를 하려고 한다.

① VNC 서버
② NTP 서버
③ Proxy 서버
④ DHCP 서버

95 다음은 httpd.conf 파일에서 웹 문서가 위치하는 디렉터리를 변경하는 과정이다. (   ) 안에 들어갈 내용으로 알맞은 것은?

> (   ) "/usr/local/apache/html"

① ServerRoot
② ServerAdmin
③ ServerName
④ DocumentRoot

96 다음과 같은 설정을 통해 ssh 침입을 시도하는 특정 호스트를 차단하려고 할 때 적용할 수 있는 파일로 알맞은 것은?

> sshd: 192.168.7.4

① /etc/hosts.deny
② /etc/ssh/sshd_config
③ /etc/syscofing/iptlables
④ /etc/syscofing/selinux

97 다음 중 iptables에 구성되어 있는 각 테이블의 설명으로 알맞은 것은?

① filter : IP의 주소를 변환시키는 역할을 수행하는 테이블
② mangle : 패킷 필터링을 담당하는 iptables의 기본 테이블
③ nat : 패킷 데이터를 변경하는 특수 규칙을 적용하는 테이블
④ raw : 넷필터의 연결추적 하위 시스템과 독립적으로 동작해야 하는 규칙을 설정하는 테이블

98 다음에서 설명하는 네트워크 침해 유형으로 알맞은 것은?

> 데이터를 전송하기 위해서는 패킷을 분할하고 시퀀스 넘버를 생성하는데, 이러한 시퀀스 넘버를 조작하거나 중첩시켜 내부에 과부하를 발생시키는 공격 방법

① Land Attack
② Smurf Attack
③ Teardrop Attack
④ TCP SYN Flooding

99 다음 중 DDoS 공격 도구의 종류가 다른 것은?

① Boink
② Trinoo
③ TFN 2K
④ Stacheldraht

100 다음 중 iptables 관련 로그가 기록되는 로그 파일로 알맞은 것은?

① /var/dmesg
② /var/log/secure
③ /cat/log/xferlog
④ /var/log/messages

해설과 따로 보는
최신 기출문제
정답 & 해설

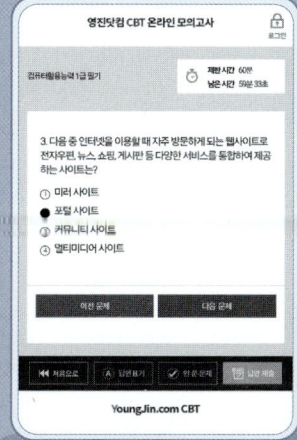

◀ 접속

CBT 온라인 문제집

① QR 코드 찍기(PC는 홈페이지 접속)
② 랜덤 모의고사 무료 응시
③ 풀이 후 자동 채점
④ 해설 즉시 확인 가능

정답 & 해설

최신 기출문제 01회

2-94쪽

01 ④	02 ②	03 ③	04 ②	05 ②
06 ③	07 ④	08 ②	09 ②	10 ④
11 ②	12 ①	13 ②	14 ②	15 ②
16 ③	17 ③	18 ①	19 ③	20 ④
21 ④	22 ②	23 ①	24 ④	25 ④
26 ①	27 ①	28 ①	29 ③	30 ①
31 ④	32 ③	33 ①	34 ②	35 ③
36 ③	37 ③	38 ④	39 ③	40 ③
41 ④	42 ③	43 ④	44 ④	45 ③
46 ③	47 ③	48 ④	49 ①	50 ④
51 ①	52 ③	53 ②	54 ①	55 ③
56 ①	57 ①	58 ②	59 ①	60 ②
61 ①	62 ③	63 ③	64 ②	65 ①
66 ①	67 ③	68 ②	69 ①	70 ③
71 ②	72 ③	73 ②	74 ④	75 ③
76 ③	77 ④	78 ④	79 ①	80 ①
81 ③	82 ②	83 ①	84 ②	85 ①
86 ③	87 ③	88 ①	89 ③	90 ②
91 ③	92 ②	93 ③	94 ②	95 ①
96 ①	97 ③	98 ①	99 ②	100 ①

1과목 리눅스 실무의 이해

01 ④

최신 운영체제는 멀티코어 병렬처리, 가상화(특히 컨테이너), 분산·엣지 통합, 그리고 AI를 이용한 자율적 자원관리 등으로 발전해 왔으므로 '단일 코어·단일 스레드 중심 설계'는 현대적 특성과 거리가 멀다.

02 ②

Red Hat Enterprise Linux는 오픈소스 기반에 기업용 유료 서포트와 장기 안정성을 결합한 엔터프라이즈 배포판으로, 리눅스가 상업적(기업용) 환경에서 활용될 수 있음을 보여 주는 대표적 사례이다.

오답 피하기

① Debian : 커뮤니티 중심 배포판
③ Arch Linux : 롤링 릴리스형 개발자 친화적 배포판
④ Rocky Linux : 커뮤니티 주도 엔터프라이즈 호환 배포판

03 ③

리눅스 컨테이너는 호스트의 커널을 공유하는 구조이므로 서로 다른(독립적인) 커널을 사용하는 것이 불가능하다.

04 ②

SBOM은 배포물에 포함된 패키지·버전·라이선스 등의 목록과 메타데이터를 기록해 취약점 대응과 라이선스 준수를 용이하게 하는 문서이다.

05 ②

MIT 라이선스는 저작권 고지를 유지하는 조건하에 재배포와 상업적 이용, 파생물의 재라이선스 등을 허용하는 관대한(Permissive) 라이선스이다.

06 ③

고성능·저지연 스트리밍은 데이터 전달의 대역폭과 네트워크 지연(Latency)에 의해 성능이 결정되므로, 충분한 네트워크 대역폭과 NIC가 가장 중요하다.

07 ④

IDE는 병렬 ATA(Parallel ATA, PATA)로 설계된 인터페이스로, 데이터 신호를 병렬로 전송하는 방식이다.

08 ②

/etc/default/grub은 GRUB의 전역 기본값을 지정하는 편집 가능한 설정 파일이다. 이 파일을 수정한 뒤 grub2-mkconfig -o 명령어로 구성 파일을 재생성해야 변경이 반영된다.

09 ②

systemctl isolate은 현재의 유닛 트리를 즉시 변경하여 지정한 타겟으로 전환하고, 해당 타겟에 속한 서비스들만 활성화하여 그 상태로 시스템을 시작하도록 하는 명령어이다.

오답 피하기

① systemctl set-default : 다음 부팅부터 기본 타겟을 설정함
③ systemctl get-default : 현재 설정된 기본 타겟을 조회함
④ systemctl enable : 부팅 시 해당 유닛을 자동으로 활성화하도록 설정함

10 ④

Wayland는 X 윈도우 시스템의 구성요소가 아니라 별도의 디스플레이 프로토콜이자 컴포지터로, X의 대체 기술이다.

11 ②

args=("$@")로 위치 매개변수를 배열에 복사하면 인덱스는 0부터 시작한다. 따라서 args[0]=a, args[1]=b이므로 출력은 b이다.

12 ①

${var#pattern}: 앞에서부터(맨 앞) 패턴과 가장 짧게 매치되는 부분을 제거한다. 따라서, *1의 가장 짧은 매치는 첫 번째 1까지(ABC1)이므로 제거하면 23abc123ABC가 남는다.

13 ②

비대화형 셸은 주로 스크립트나 배치에서 사용되며 프롬프트 없이 표준입력이나 스크립트 파일로부터 명령을 실행한다. 로그인 셸이 자동으로 읽는 /etc/profile, ~/.bash_profile은 비대화형 셸에서 자동으로 읽히지 않는다.

14 ②

PR 값은 0~99는 실시간 프로세스, 100~139는 일반 사용자 프로세스에 해당한다.

15 ②

D 상태는 I/O 등으로 인한 인터럽트 할 수 없는 슬립(Sleep) 상태로, 시그널로 깨우지 못하는 상태이다.

16 ③

서브넷 마스크 마지막 옥텟 192는 블록 크기 256-192 = 64를 의미하므로 구간은 0~63, 64~127, 128~191, 192~255로 나뉜다. IP 끝자리가 130이므로 128~191 구간에 속하며 이 구간의 브로드캐스트 주소 끝자리는 191이다.

17 ③

traceroute가 라우터 IP에서 멈춘다는 것은 로컬을 벗어나 외부로 나가는 경로가 라우터 쪽에서 차단되었거나 포워딩이 실패하고 있음을 시사한다. 따라서 라우팅 테이블 · 포워딩 상태 · ACL/방화벽을 우선 점검해야 한다.

> **오답 피하기**
> ① 동일 서브넷 내 통신이 정상이라 스위치 문제일 가능성은 낮다.
> ② 허브는 물리 계층 장비로 이번 증상과 직접적 관련이 없다.
> ④ DNS 문제라면 IP 대상에 대한 ping/traceroute는 영향을 받지 않는다.

18 ①

출력은 라우팅 테이블을 ip 명령 형식으로 보여 주는 것이다. default via ... dev ...와 같은 줄을 출력하는 명령은 ip route show이다. route -n이나 netstat -rn도 라우팅 정보를 보여 주지만 문제의 형식과는 다르다.

19 ③

출력은 NetworkManager 도구인 nmcli의 결과 형식이다. DEVICE, TYPE, STATE, CONNECTION과 같은 컬럼이 표시되며, 네트워크 장치의 연결 상태를 한눈에 확인할 수 있다.

20 ④

dig, nslookup, host는 DNS 질의 및 레코드 확인을 위한 대표적인 명령어이다. traceroute는 패킷이 목적지까지 도달하는 경로를 추적하는 명령어로, DNS 관리와는 관련이 없다.

2과목 리눅스 시스템 관리

21 ④

계정 만료일을 지정하려면 chage -E YYYY-MM-DD 사용자명(또는 usermod -e YYYY-MM-DD 사용자명)을 사용해 지정한 날짜 이후 계정을 자동으로 비활성화하도록 설정한다.

22 ②

passwd -e 사용자는 해당 계정의 암호를 즉시 만료시켜 다음 로그인 시 비밀번호 변경을 강제한다.

> **오답 피하기**
> ① passwd -d : 계정의 암호를 삭제함
> ③ chage -l : 계정의 패스워드 만료/정책 정보를 조회(List)하는 명령
> ④ usermod -L : 계정을 즉시 잠가 로그인 불가로 만듦

23 ①

su는 다른 사용자로 완전 전환하여 그 사용자의 환경(로그인 셸, 환경 변수 등)으로 접근하거나 -c로 명령을 실행할 수 있다.

24 ④

newgrp는 현재 셸의 기본 그룹을 바꿔 새 셸을 실행하는 대화형용 명령이므로, 자동화 스크립트에서 단일 명령만 실행하려는 용도로는 적합하지 않다.

25 ④

/etc/passwd는 콜론(:)으로 구분된 텍스트 파일로 사용자 계정 정보를 행 단위로 저장하는 파일이다.

26 ①

-F:로 필드 구분자를 콜론(:)으로 지정하면 $1은 사용자명, $6은 홈디렉터리가 된다. {print $1, $6}는 기본 출력 구분자(Output Field Separator)인 공백을 사이에 넣어 두 필드를 출력한다.

27 ①

file 명령은 파일의 형식(타입)을 판별하여 사람이 읽기 쉬운 문자열을 출력한다. gzip 압축 파일의 경우 gzip compressed data ... 형태로 표시한다.

28 ①

df -i는 파일시스템별로 총 inode 수, 사용된 inode 수, 사용 가능한 inode 수를 보여 주므로 inode 사용량을 전체 단위로 확인하는데 적합하다.

> **오답 피하기**
> ② ls -i : 파일의 inode 번호만 출력함
> ③ stat : 특정 파일의 상세 메타데이터(inode 번호 포함)를 출력함
> ④ du -h : 디스크 사용량(바이트/블록)만 사람이 읽기 쉬운 단위로 출력함

29 ②

SUID는 주로 실행 가능한 바이너리에 적용되어 그 프로그램이 파일 소유자의 권한으로 동작하도록 한다. 셸 스크립트에 대한 SUID 동작은 보안상 이유로 대부분의 리눅스 시스템에서 무시된다.

30 ①

하드링크는 같은 파일(같은 inode)을 가리키는 여러 이름일 뿐이다. 따라서 inode에 저장된 소유자(uid)나 권한(Mode)을 바꾸면, 그 inode를 가리키는 모든 이름에 동일하게 반영된다.

31 ④

Ctrl + D 는 표준입력에 EOF(End-Of-File)를 보낼 뿐 POSIX 시그널을 생성하지 않는다.

> **오답 피하기**
> ① Ctrl + C : 인터럽트(SIGINT) 전송
> ② Ctrl + Z : 일시정지(SIGTSTP) 전송
> ③ Ctrl + \ : 종료 및 코어덤프(SIGQUIT) 전송

32 ④

setsid는 새로운 세션을 생성해 프로세스를 터미널로부터 분리하는 명령어로 직접적인 포어그라운드/백그라운드 전환과는 관련이 없다.

33 ①

ps aux ──sort=-%cpu | head ─n 10은 프로세스 목록을 %CPU 기준으로 내림차순 정렬하여 상위 CPU 사용 프로세스를 빠르게 확인하기에 적합한 명령어이다.

오답 피하기

② top : 인터랙티브 프로세스 모니터링용
③ ps ─eo pid,cmd : CPU 사용률 컬럼 미포함
④ du ─h / : 디스크 사용량 확인용

34 ②

/proc의 항목들은 커널이 동적으로 제공하는 가상 파일들로 실제로 디스크 공간을 차지하지 않는 것이다.

35 ③

%1은 셸의 작업(Job) 번호이다.

36 ②

tar 아카이브의 내용을 추출하지 않고 확인하려면 ─t(list) 옵션을 사용하며, gzip 압축된 경우 ─z와 함께 ─tzf를 사용하면 된다.

37 ②

CMake는 크로스플랫폼에서 다양한 네이티브 빌드 파일(예 Makefile, Visual Studio 프로젝트, Ninja 파일 등)을 생성하는 도구이다.

오답 피하기

① autoconf : configure 스크립트 생성 도구
③ make : Makefile을 사용해 빌드(컴파일)를 실행하는 도구
④ automake : Makefile.in(또는 템플릿) 생성 도구

38 ④

rc는 Release Candidate의 약자로 정식 릴리스 직전의 최종 후보 버전을 뜻하며, 베타 릴리스와는 구분되는 개념이다.

39 ③

운영환경에서 ─y 옵션으로 자동 즉시 업그레이드를 실행하면 의존성 충돌이나 중요 패키지의 예기치 않은 제거 등으로 서비스 중단을 초래할 수 있으므로 부적절하다.

40 ③

여러 파일의 수정시간을 포함한 메타데이터를 보전하려면 파일을 먼저 아카이브한 뒤 압축하는 방식이 필요하므로 tar로 묶어(tar ─cf) 그 결과를 압축(─z 또는 ─J)하는 방법이 적합하다.

41 ④

소규모 설정 변경은 증분 빌드로 반영되므로 전체 정리는 불필요하고, 바로 이미지 타깃을 빌드하는 make bzImage가 적합하다.

42 ③

insmod는 파일 경로로 지정한 .ko를 그대로 삽입하는 도구이며 모듈명을 통한 탐색이나 의존성 자동 처리를 하지 않는다.

43 ④

커널 모듈은 보통 make modules 또는 make로 별도로 빌드할 수 있으며, 반드시 커널 이미지를 다시 생성해야 하는 것은 아니다.

44 ④

/etc/modprobe.d는 modprobe가 참조하는 options · alias · blacklist 등의 설정(.conf)을 저장하는 디렉터리이다. 커널 모듈 바이너리 파일을 보관하는 저장소는 아니다.

45 ③

리눅스 커널은 마이크로커널이 아니라 모놀리딕 커널이다.

46 ③

mdadm ─C는 create용 옵션이며, RAID를 중지(Stop)하려면 mdadm ─S 또는 mdadm ──stop을 사용한다.

오답 피하기

① mdadm : 소프트웨어 RAID를 생성 · 관리하는 유틸리티
② mdadm ─D(또는 ──detail) : 지정한 md 장치의 상세 정보를 출력
④ mdadm ─A(또는 ──assemble) : 기존 디스크들로 배열을 조립하는 명령

47 ③

vgs는 볼륨 그룹(VG)의 요약 정보를 출력하는 명령어이며, 논리 볼륨 생성은 lvcreate를 사용한다.

48 ④

RAID 6은 이중 패리티(Double Parity)를 사용하여 두 개의 디스크 고장까지 견딜 수 있는 수준의 내결함성을 제공한다.

49 ①

설명은 CUPS의 lp 명령어에 해당한다. lp는 파일을 프린터 대기열로 제출하는 표준 명령이며 ─d로 프린터를 지정할 수 있다.

오답 피하기

② lpr : 전통적인 BSD 계열 인쇄 명령
③ lpstat : 프린터/대기열의 상태를 조회하는 명령
④ lpq : 현재 대기열의 작업 목록을 보여주는 명령

50 ④

/proc/partitions는 블록 디바이스와 파티션 정보를 보여주며 major/minor는 디바이스 번호, name은 디바이스명을 나타낸다. #blocks는 블록 수(일반적으로 1KiB 단위)를 표시하므로 바이트 단위로 직접 표기하지는 않는다.

51 ①

/var/log/messages는 일반적인 시스템 로그를 rsyslog가 기록하는 대표적인 파일이다.

오답 피하기

② /var/log/dmesg : 부팅 시 커널 링 버퍼를 덤프한 파일이거나 dmesg 명령 출력 파일
③ /var/log/wtmp : 최근 로그인, 로그 아웃 기록을 위한 이진 형식 파일
④ /var/log/lastlog : 사용자별 마지막 로그인 기록을 위한 이진 형식의 파일

52 ③

*.err 셀렉터는 모든 facility의 error 이상(err, crit, alert, emerg)을 의미하며, 로그인한 사용자로 메시지를 전송하려면 :omusrmsg:username을 사용해야 한다.

53 ②

lastb 명령어는 /var/log/btmp 를 읽어 최근의 잘못된 로그인 시도 목록을 출력한다.

오답 피하기

① last : 정상 로그인 · 재부팅 기록을 조회할 때 사용됨(/var/log/wtmp)
③ lastlog : 사용자별 마지막 로그인 시각을 확인할 때 사용됨(/var/log/lastlog)
④ dmesg : 커널 링버퍼의 메시지를 확인할 때 사용됨(/var/log/dmesg)

54 ①

–p warning은 warning 이상(warning, err, crit, alert, emerg)을 출력한다.

오답 피하기

–p warning..warning은 정확히 warning만을 의미한다. 가령, warning..err는 warning에서 err까지를 가리킨다.

55 ③

cron.daily 스크립트는 종료값을 확인하여 실패 시 logger로 경고를 남기므로 실패 기록이 시스템 로그에 남는다.

56 ②

직접 root로 로그인하면 감사 · 책임 추적이 어렵기 때문에 바람직하지 않다. 대신 sudo 명령어를 통하여 권리자 권한이 필요한 명령어를 사용함이 안전한다.

57 ①

오답 피하기

② DNS 증폭은 DNS 서버를 이용한 반사 · 증폭 공격으로 Smurf와는 다른 기법이다.
③ SYN 플러딩은 TCP 핸드셰이크를 악용한 다른 유형의 DoS 공격이다.
④ UDP 기반 증폭(예 NTP/DNS 증폭)은 존재하지만, Smurf는 ICMP 브로드캐스트 기반이다.

58 ②

백업을 원본과 같은 서버에만 보관하면 하드웨어 고장 · 랜섬웨어 · 재난 시 백업도 함께 손실되므로, 반드시 다른 물리적/논리적 위치(예 다른 서버, 오프사이트, 클라우드)에 복제해 보관해야 한다.

59 ①

dd는 블록 복사 도구로서 디스크 전체(/dev/sda)를 바이트/블록 단위로 이미지 파일로 만들어 전체 디스크를 복원할 수 있으므로 적합하다.

오답 피하기

② dump : 파일시스템(특정 파티션)의 백업을 위해 사용되는 유틸리티로, 블록 단위 전체 디스크 이미지는 아님
③ tar : 파일 · 디렉터리 단위의 아카이브(백업) 도구로 파일시스템 레벨 백업용임
④ rsync : 파일 단위(증분) 동기화/백업 도구로 블록 레벨 전체 디스크 이미지를 생성하지 않음

60 ②

rsync는 파일 단위로 변경된 내용만 전송(델타 전송)하므로 네트워크를 통해 효율적인 증분 백업을 수행하기에 적합하다.

오답 피하기

① dd : 블록 단위 전체 이미지 복사(풀 백업)이므로 증분에 부적절함
③ tar : –g 옵션으로 증분 가능하나 네트워크 증분 전송과 실시간 동기화에는 rsync보다 덜 편리함
④ dump : 파일시스템 레벨의 증분 덤프를 지원하나 현대적 네트워크 증분 백업 용도에는 잘 쓰이지 않음

3과목 네트워크 및 서비스의 활용

61 ③

웹 응용서버(WAS)는 웹 기반 서비스의 응용(Application) 역할을 담당하며, 복잡한 로직을 처리하며 기능의 확장에 유연한 구조를 갖는다.

62 ②

오답 피하기

① GET : URL 형식으로 리소스(Resource) 데이터를 요청
③ HEAD : 리소스의 헤더(Header)정보를 요청
④ TRACE : 요청한 리소스가 수신되는 경로를 확인하기 위해 사용

63 ③

오답 피하기

① Prefork 방식은 스레드를 사용하지 않는 순수 프로세스 기반 모델이다.
② Event 방식은 Worker 방식의 구조를 기반으로 Keep–Alive 문제를 해결하기 위해 등장했다. 따라서 리소스 낭비를 줄이고 동시 접속 처리 능력이 향상되었다.
④ MPM은 아파치 2.x 버전부터 도입되었다.

64 ②

400은 Bad Request로, 명령어의 문법 오류로 인해 클라이언트의 요청이 잘못됨을 나타내는 코드이다.

오답 피하기

① 200 : 오류없이 전송 성공
③ 405 : Method Not Allowed, 지정된 방식으로 요청할 수 없음
④ 500 : Internal Server Error, 서버 내부 오류

65 ①

오답 피하기

② IIS : GUI(Graphic User Interface) 기반 관리 콘솔을 이용함
③ Nginx는 NGINX사가 개발하고 제공하는 웹 서버로 비동기식 이벤트 방식으로 동작함
④ GWS : 구글이 제공하는 웹 서버(Google Web Server)

66 ①

man은 Manual 파일이 저장되어 있는 경로이다. manual이 HTML 파일 형식으로 아파치 매뉴얼이 저장된 경로이다.

67 ①

httpd.conf는 아파치 웹 서버의 기본 설정 파일로, 서버 루트 디렉터리 설정, 포트 설정, 로깅 설정 등이 포함된다.

68 ②

오답 피하기

① mysqladmin : MySQL 서버를 관리하기 위한 유틸리티
③ mysql : MySQL 서버에 접속하여 SQL 명령을 실행하는 클라이언트 프로그램
④ mysql_secure_installation : MySQL 서버 설치 후 보안 설정을 간편하게 해 주는 스크립트

69 ①

phpinfo는 PHP 환경 설정을 상세하게 보여 주는 함수이며, 서버의 중요한 정보를 공개하므로, 운영 환경에서는 보안을 위해 비활성화하는 것이 일반적이다.

70 ③

비밀번호 변경을 위해 password 명령(옵션)을 사용한다. 즉, mysqladmin –u root –p password '새비밀번호'가 옳바른 형식이다.

71 ①

LDAP(Lightweight Directory Access Protocol)는 디렉터리 서비스(Directory Service)를 조회하고 수정하는 TCP 기반 응용 프로토콜이다.

72 ②

ypcat 명령어는 NIS 클라이언트에서 특정 NIS 맵(Map)의 내용을 조회하기 위해 사용된다.

73 ②

오답 피하기

① security : 클라이언트가 삼바 서버에 접근할 때 인증 레벨을 부여하는 보안 옵션
③ server string : 서버에 대한 설명
④ netbios name : 이름을 이용하여 접속할 때 사용하는 명칭

74 ④

smbpasswd는 삼바 사용자의 생성과 삭제, 패스워드 변경, 사용자 활성(Enable) 및 비활성화(Disable) 등을 수행하는 명령어로 'smbpasswd [옵션][사용자계정]'을 실행 형식으로 한다.

75 ③

smbclient의 주요 옵션

• –L, ––list : 서버의 공유 자원 목록을 조회
• –M, ––message : Ctrl + D 와 함께 사용하여 메시지를 전송
• –U [사용자 이름], ––user : 사용자 이름을 지정
• –p [TCP 포트], ––port : 서버의 TCP 포트 번호를 지정

76 ③

NFS서비스를 위한 주요 패키지

• rpcbind : rpcbind, rpcinfo 등의 명령어를 포함하며 RPC 서비스를 위해 사용
• nfs–utils : NFS 관련 데몬(Daemon) 및 명령어를 포함

77 ④

오답 피하기

① ro : 읽기 전용으로 지정(기본값)
② rw : 읽기 및 쓰기로 지정
③ sync : 데이터 변경을 기록할 때 동기적으로 처리하며, 변경된 사항이 기록된 후 응답함(기본값)

78 ④

/etc/tstab 파일은 장치를 마운트할 때 참조하는 설정 파일이다. 이 파일은 [파일시스템 장치명] [마운트 포인트] [파일 시스템 종류] [마운트 옵션] [덤프] [무결성 검사] 순으로 구성된다.

79 ①

chroot_local_user은 접속한 사용자의 홈 디렉터리를 최상위 디렉터리가 되도록 지정하는 설정 항목이다.

80 ①

오답 피하기

② MTA : SMTP 프로토콜을 이용하여 메일을 전송하는 프로그램
③ MUA : 사용자가 메일을 수신 혹은 발신할 때 사용하는 프로그램
④ IMAP : 메일 서버에 도착한 메일을 수신하는 프로토콜

81 ③

Ft는 Trust user를 설정한다. Trust user는 메일 발신 시 발송자의 주소를 변경할 수 있다.

오답 피하기

① Cw : 메일 수신 호스트의 이름을 설정하며, 보통 도메인명을 이용함
② Fw : 여러 개의 도메인명을 수신 호스트의 이름으로 이용할 경우 관련 설정 파일을 지정함
④ Dj : 메일 발송 시 발신 도메인 이름을 강제로 지정함

82 ②

/etc/hosts 파일을 이용하면 로컬 호스트에서만 사용할 수 있는 DNS 정보를 설정할 수 있으며 외부 DNS 서버에 질의하기 전에 /etc/hosts 파일의 내용을 먼저 참조한다. /etc/hosts 파일의 첫 번째 필드는 IP 주소이다.

83 ①

/etc/named.conf의 zone 구문은 도메인을 관리하기 위한 데이터 파일인 zone파일을 지정한다. 일반적으로 zone 구문의 기본 형식은 아래 형식을 따른다.

```
zone [도메인명] IN {
    type [master | slave | hint];
    file [존 파일명];
};
```

84 ②

Refresh는 Slave가 Master에 질의하는 주기이다.

오답 피하기

① Serial은 Zone 파일이 갱신되면 증가하게 되는 일종의 일련번호이다.
③ Retry는 Refresh 실패 시 재시도하는 주기이다.
④ Expire는 Slave가 Master와 동기화 실패 시 해당 존이 더 이상 유효하지 않게 되는 시간이다.

85 ①

오답 피하기

② named–checkconf : /etc/named.conf 환경설정 파일의 문법적 오류를 점검
③ named–checkzone : zone 파일의 문법적 오류를 점검

86 ③

절연(Insulation) 또는 격리(Isolation)는 하나의 가상화 서비스에 문제가 발생하여도 다른 서비스로 장애가 전이되지 않도록 관리하는 것이다.

87 ③

오답 피하기

① CloudStatck : Cloud.com이 개발했고, 이후 시트릭스가 인수하여 아파치 재단에 기부해 오픈소스로 관리됨
② OpenStack : IaaS(Infrastructure as a Service) 형태의 클라우드 컴퓨팅을 구축할 수 있는 오픈소스 프로젝트
④ OpenShift : Docker와 Kubernetes를 기반으로 하는 컨테이너 애플리케이션 플랫폼

88 ①

오답 피하기

① VHD(Virtual Hard Disk) : 버추얼박스, Hyper-V, Xen에서 사용할 수 있는 디스크 이미지 형식
③ VMDK(Virtual Machine Disk) : 버추얼박스, VMWare Player에서 사용할 수 있는 디스크 이미지 형식
④ KVM : 리눅스의 대표적인 가상화 기술이며, CPU 전가상화를 지원함

89 ③

disabled는 접근을 금지할 개별 서비스 목록을 서비스명으로 지정한다. enabled은 사용할 수 있는 개별 서비스 목록을 서비스명으로 지정한다.

90 ②

/etc/hosts.allow를 확인하여 192.168.9.* 대역을 허용한다. 그 외 모든 네트워크는 /etc/hosts.deny 규칙에 의해 차단된다.

91 ③

squid는 대표적인 리눅스 프록시 서버로서 GPL(General Public License)을 따르는 오픈소스 소프트웨어이며 캐싱(Caching)을 통하여 HTTP, FTP, gopher 등 서비스의 데이터 응답속도를 향상시킨다.

92 ②

acl local src 192.168.10.0/24로 정의된 대역만 허용(http_access allow)되고, 나머지는 deny all에 의해 차단된다.

93 ③

설정파일에 대한 설명

• range : 클라이언트에 할당할 IP 범위를 지정
• option routers : 게이트웨이 주소를 지정
• option domain-name-servers : 네임 서버를 지정

94 ②

NTP 서비스는 컴퓨터 간 시간을 동기화하며, 1/1000초까지 시간을 동기화할 수 있다.

95 ①

일반적으로 NIC(Network Interface Card)는 자신에게 온 패킷만 수신한다. 그러나 네트워크 무차별 모드(Promiscuous Mode)로 변경한 후 TCP Dump를 이용하면, 네트워크 내의 모든 패킷을 확인할 수 있어 스니핑(Sniffing) 공격에 악용된다.

96 ①

• UDP Flooding : 대량의 UDP 패킷을 전송하여 공격 대상의 자원을 소모시키는 공격 기법
• Ping of Death : ICMP 패킷을 정상적인 크기보다 크게 전송하여 시스템에 문제를 일으키는 공격

97 ③

Snort 룰 대한 설명

• action : alert, log, pass, drop 등 동작을 정의
• protocol : tcp, udp, icmp 등의 프로토콜
• options : 부가 조건, 메시지, 패턴 매칭 등 선택 항목

98 ①

raw는 연결추적(Connection Tracking)을 위한 세부 기능을 제공한다.

99 ②

'iptables [-t 테이블이름] [action] [체인이름] [match 규칙] [-j 타깃]'의 형식을 이용한다.

100 ①

firewalld

• ——add-service=http : http 서비스 허용
• ——zone=public : public 존에 적용
• ——permanent : 영구 적용 (재부팅/재시작 후에도 유지)

최신 기출문제 02회   2-112쪽

01 ②	02 ③	03 ②	04 ①	05 ②
06 ①	07 ④	08 ①	09 ④	10 ④
11 ②	12 ②	13 ②	14 ③	15 ②
16 ②	17 ①	18 ③	19 ②	20 ④
21 ①	22 ③	23 ③	24 ④	25 ①
26 ②	27 ③	28 ①	29 ②	30 ②
31 ③	32 ②	33 ③	34 ①	35 ④
36 ④	37 ③	38 ③	39 ②	40 ①
41 ④	42 ②	43 ④	44 ③	45 ④
46 ②	47 ②	48 ③	49 ②	50 ②
51 ③	52 ③	53 ①	54 ③	55 ③
56 ③	57 ③	58 ③	59 ④	60 ④
61 ②	62 ①	63 ③	64 ②	65 ②
66 ①	67 ②	68 ①	69 ③	70 ③
71 ①	72 ②	73 ①	74 ③	75 ①
76 ③	77 ②	78 ②	79 ①	80 ①
81 ②	82 ①	83 ②	84 ③	85 ②
86 ④	87 ③	88 ②	89 ③	90 ②
91 ③	92 ①	93 ④	94 ④	95 ①
96 ④	97 ①	98 ②	99 ①	100 ①

01 ②

프리웨어는 무료로 사용할 수 있지만, 소스 코드가 공개되지 않으며 수정이나 재배포의 자유가 없는 소프트웨어를 말한다. 그러나 리눅스는 자유 소프트웨어로서, GNU GPL 라이선스하에 소스 코드가 공개되어 있고, 누구나 수정 및 재배포가 가능하다.

02 ③

MIT는 소스코드 공개를 요구하지 않는 관대한 라이선스이다.

오답 피하기

① LGPL : 라이브러리의 수정된 부분에 대해 소스코드 공개를 요구한다.
② MPL : 수정된 파일의 소스코드 공개를 요구한다.
④ GPL : 수정한 소스코드뿐만 아니라 소스코드를 활용한 소프트웨어의 소스코드도 공개를 요구한다.

03 ②

오답 피하기

① Kali Linux : 보안 테스트와 윤리적 해킹을 위한 전문 배포판이다.
③ Arch Linux : 단순하고 유연하면서 경량을 추구하는 배포판이다.
④ Ubuntu : 데비안 기반의 사용자 친화적인 배포판이다.

04 ①

오답 피하기

② Nginx : 웹 서버나 리버스 프록시로 많이 쓰이고 로드 밸런서로도 활용하는 프로그램
③ OpenStack : 클라우드 인프라를 구축하는 데 사용하는 오픈소스 플랫폼
④ Kubernetes : Docker 같은 컨테이너들을 관리하고 오케스트레이션해 주는 도구

05 ②

오답 피하기

① 고계산용 클러스터 : 복잡한 계산이나 시뮬레이션을 빠르게 처리하기 위한 과학계산용 클러스터
③ 고가용성 클러스터 : 시스템의 안정성과 지속적인 서비스를 보장하기 위해 이중화된 클러스터
④ 스토리지 클러스터 : 대용량 데이터 저장을 위해 여러 스토리지를 연결한 클러스터

06 ①

주어진 설명은 스트라이핑(Striping) 기술에 대한 설명이다. RAID 2, 3, 4는 모두 스트라이핑 기술을 사용하여 각각 비트, 바이트, 블록 단위로 데이터를 여러 디스크에 나누어 기록하며 동시에 입출력을 수행한다. 반면 RAID 1은 미러링(Mirroring) 기술을 사용하여 데이터의 안정성을 위해 동일한 데이터를 두 개 이상의 디스크에 복제하여 저장한다.

07 ④

오답 피하기

① S-ATA : 일반 소비자 컴퓨터 환경에 적합하며 6Gbps 대역폭 수준의 직렬 방식 인터페이스
② SAS : 대량의 데이터 처리와 고성능 요구 환경에 적합하며 12GBPS 대역폭 수준의 직렬 방식 인터페이스
③ SCSI : 병렬 연결 방식을 사용하지만 단일 명령어큐를 사용하여 명령어를 순차적으로 처리하기 때문에 속도가 느림

08 ①

부트로더는 컴퓨터 부팅 시 운영체제를 선택하고 로드하는 역할을 수행한다. LILO, GRUB, GRUB2는 모두 부트로더의 예시이다. 반면, MBR(Master Boot Record)는 하드 디스크의 첫 번째 섹터에 위치하며, 부트로더의 위치 정보와 부팅에 필요한 정보를 담고 있는 영역이다.

09 ④

systemd의 유닛은 시스템 및 서비스를 관리하기 위한 단위이다. 서비스, 타겟, 장치, 타이머 유닛 등을 제공한다. 데몬 유닛은 올바른 용어가 아니며 서비스 유닛을 사용해야 한다.

10 ④

ext, ext2, ext3는 이러한 고용량 지원과 익스텐트 기능을 제공하지 않는다. 반면, ext4는 익스텐트(Extent)를 통해 연속적인 데이터 블록을 한 번에 할당하여 단편화를 최소화하고, 대용량 파일 처리에 적합하도록 성능을 개선한 파일시스템이다.

11 ②

셸은 명령어를 통한 CLI 인터페이스뿐만 아니라 GUI 인터페이스로도 구현될 수 있다. 또한 셸은 스크립트를 사용하여 비대화형으로 자동 작업을 처리할 수도 있다.

12 ③

~/.bashrc 는 사용자가 별도로 로그인하지 않고도 새로운 셸이 시작될 때 적용된다.

오답 피하기

① /etc/profile : 시스템 전반의 설정을 정의하는 파일로, 사용자가 로그인할 때 한 번 로드됨
② ~/.bash_profile은 로그인 셸이 시작될 때 실행되는 사용자별 설정 파일
④ ~/.bash_logout은 사용자가 로그아웃할 때 실행되는 설정 파일

13 ②

스크립트는 i=10으로 시작하고, i가 5보다 작아질 때까지 반복한다. 반복문 내에서 i는 매번 2씩 감소한다. i가 5보다 작아질 때 조건이 참이 되며, 반복문이 종료된다. 따라서 echo "$i"의 출력 결과는 4이다.

14 ③

오답 피하기

① fork : 현재 프로세스를 복제하여 자식 프로세스를 생성하는 함수
② init : 시스템 부팅 시 실행되는 첫 번째 프로세스로, 모든 프로세스의 부모 역할을 함
④ systemd : 현대 리눅스 시스템에서 init 프로세스를 대체하는 시스템 및 서비스 관리 도구

15 ②

CTRL^Z는 실행중인 명령어를 중지 상태로 만들며 fg 명령어는 중지된 프로세스를 포어그라운드로 전환한다.

오답 피하기

• CTRL^C : SIGINT 시그널을 전송하여 프로그램을 종료
• CTRL^D : EOF(End of File)을 입력하여 파일의 입력을 종료
• bg : 중지된 프로세스를 백그라운드로 전환

16 ②

SDN은 네트워크의 경로 설정과 패킷 전달을 소프트웨어적으로 제어하는 기술로, 이는 네트워크 계층과 밀접하게 관련이 있다.

오답 피하기

① 데이터 링크 계층 : 동일 네트워크 내의 프레임 전송과 물리적 링크 제어를 담당
③ 전송 계층 : 종단 간 연결 및 데이터 전송의 신뢰성을 제공하는 계층
④ 응용 계층 : 사용자가 직접 마주하는 애플리케이션 서비스를 제공하는 계층

17 ①

SSH(Secure Shell) 프로토콜은 원격 접속과 명령어 실행을 위해 사용되며, 포트 번호는 22이다.

오답 피하기

② 80번 포트 : HTTP 웹 트래픽을 처리하는 데 사용됨
③ 443번 포트 : HTTPS 암호화된 웹 트래픽을 처리하는 데 사용됨
④ 514번 포트 : Syslog를 통해 시스템 로그를 전송하는 데 사용됨

18 ③

DHCPv6는 IPv4의 DHCP와 유사하게 중앙의 서버가 각 노드에 IP 주소를 할당하는 방식이다. IPv6에서는 DHCPv6 없이도 SLAAC(Stateless Address Autoconfiguration)을 통해 IP 주소를 자동으로 할당할 수 있다. SLAAC 방식에서는 네트워크에 연결된 장치가 라우터로부터 프리픽스 정보를 받아, 자신의 인터페이스 식별자를 결합하여 IP 주소를 생성한다.

19 ③

문제의 실행 결과는 ARP(Address Resolution Protocol) 테이블을 보여주는 결과이다. arp 명령어는 네트워크의 IP 주소와 해당 MAC 주소 간의 매핑 정보를 확인하는 데 사용된다.

20 ④

nslookup, dig, host는 모두 DNS 조회와 관련된 명령어이나, ip는 네트워크 인터페이스 및 라우팅과 관련된 정보를 설정하거나 확인하기 위한 명령어이다.

2과목 리눅스 시스템 관리

21 ①

SSH 설정 파일은 /etc/ssh/sshd_config이다. PermitRootLogin 옵션을 no로 설정하면 root 사용자의 SSH 로그인을 막을 수 있다. 설정을 변경한 후 systemctl restart sshd 명령어로 적용한다.

22 ③

Team2는 그룹명이 아니라 사용자 정보(주석) 필드로, 추가적인 설명을 나타낸다.

23 ③

-G 옵션은 사용자가 속할 보조 그룹을 설정하는 데 사용된다. 기본 그룹을 지정하려면 -g 옵션을 사용해야 한다.

24 ④

su 명령어는 root 비밀번호가 필요하지만 sudo 명령어는 사용자의 비밀번호를 요구한다.

25 ①

pwconv 명령어는 /etc/passwd 파일에 저장된 사용자 암호를 /etc/shadow 파일로 옮겨서 관리하는 명령어

오답 피하기

② pwunconv : /etc/shadow 파일에 있는 암호 정보를 /etc/passwd로 복원하는 명령어
③ grpconv : 그룹 정보를 /etc/group에서 /etc/gshadow로 옮기는 명령어
④ grpunconv : /etc/gshadow 파일의 그룹 정보를 다시 /etc/group으로 되돌리는 명령어

26 ②

• chown은 파일의 소유자와 그룹을 동시에 변경하는 명령어이다. 공용 작업 공간으로 설정하기 위해서는 그룹 소유권만 변경하면 되므로, chgrp 명령어가 적절하다.
• 그룹이 공용으로 작업할 수 있도록 하기 위해서는 /project 디렉터리의 그룹 소유권을 변경하고, Set-GID 비트를 설정하여 디렉터리 내에 생성된 모든 파일이 동일한 그룹 소유권을 갖도록 해야 한다.

27 ③

심볼릭 링크(소프트 링크)는 원본 파일의 경로를 참조하는 방식이다. 원본 파일이 삭제되면 심볼릭 링크는 더 이상 유효하지 않게 된다.

오답 피하기

파일 링크는 존재하지 않는 용어이다.

28 ①

오답 피하기

cp 명령어는 파일을 복사하는 명령어이고, ln 명령어는 파일 링크를 생성하는 명령어이다. 마지막으로 mv는 파일의 이름을 변경하거나 파일의 위치를 이동하는 명령어이다.

29 ③

wc 명령어의 실행 결과이다. wc 명령어는 줄 수, 단어의 수, 파일의 크기를 출력한다.

30 ②

mount 명령어의 출력 결과이다. mount 명령어는 현재 마운트된 파일 시스템의 목록을 출력하며, 파일 시스템의 타입, 마운트 위치, 마운트 옵션 등의 정보를 상세히 보여 준다.

오답 피하기

① df : 파일 시스템의 디스크 사용량을 표시하는 명령어로, 용량 관련 정보가 주로 출력됨
③ lsblk : 블록 장치의 정보를 나열하는 명령어이며, 마운트 정보가 포함될 수 있지만 형식이 다름
④ fdisk -l : 디스크의 파티션 정보를 나열하며, 파일 시스템의 마운트 여부와는 관련이 없음

31 ③

우선순위가 가장 높은 프로세스는 3456이다. PR 값이 작을수록 우선순위가 높다. 참고로, PR 값은 NI 값이 적용된 최종 우선순위 값을 의미한다.

32 ④

같은 이름을 가진 여러 프로세스를 한 번에 종료할 수 있는 명령어로, 여러 프로세스를 동시에 종료해야 할 때 유용하다.

33 ③

해당 실행 결과는 현재 예약된 작업 목록을 출력하는 것으로, 이 기능을 수행하는 명령어는 atq이다. at 명령어는 예약 작업을 추가하는 데 사용하며, atrm 명령어는 예약된 작업을 삭제하는 데 사용된다.

34 ①

0 3 * * 1는 cron 설정 형식으로, 각 필드는 다음을 의미한다.
- 분 : 0(0분)
- 시간 : 3(새벽 3시)
- 일 : *(매일)
- 월 : *(매월)
- 요일 : 1(월요일)

따라서, 이 설정은 매주 월요일 새벽 3시에 /home/user/backup.sh 스크립트를 실행하는 것이다.

35 ④

a 옵션은 현재 사용자뿐 아니라 모든 사용자의 프로세스를 출력하고, x 옵션은 터미널에 연관되지 않은 프로세스를 출력하며, 이 두 옵션은 모두 BSD 스타일이다. 동일한 효과를 내는 UNIX 스타일 옵션으로는 시스템 전체 프로세스를 출력하는 −e 옵션이 있다.

36 ④

Rocky Linux는 레드햇 계열의 CentOS를 계승한 오픈소스 기반의 리눅스 배포판이다. rpm, dnf, yum은 모두 레드햇 계열에서 사용하는 패키지 관리 도구로, Rocky Linux에서도 동일하게 사용된다. 반면, apt는 데비안 계열(예 Ubuntu)의 패키지 관리 도구로, Rocky Linux와는 관련이 없다.

37 ②

/etc/yum.repos.d 디렉터리에서 레포지토리 설정은 .conf 파일이 아닌 여러 개의 .repo 파일로 관리된다.

38 ③

ldd 명령어는 실행 파일을 직접 실행하지 않는다.

39 ②

tar 명령어에서의 옵션
- c 옵션 : 새 압축 파일 생성
- z 옵션 : gzip 형식으로 압축 수행
- f 옵션 : 출력 파일명 지정

40 ①

yum list installed는 시스템에 설치된 패키지 목록을 확인하는 명령어이다.

오답 피하기
② yum list available : 설치할 수 있는 사용 가능한 패키지 목록을 조회
③ yum search : 패키지를 이름 또는 설명으로 검색
④ yum provides : 특정 파일이 어떤 패키지에 속해 있는지를 확인

41 ④

커널 컴파일 과정에서 make install을 하면, 새로 컴파일된 커널이 자동으로 부팅 메뉴에 추가된다. 이때 GRUB 부트로더의 설정 파일이 자동으로 업데이트되어 새 커널을 선택할 수 있게 된다. 그래서 grub−install은 부트로더 자체를 새로 설치할 때 쓰는 명령어로 일반적인 커널 컴파일 후에는 쓸 필요가 없다.

42 ②

모듈(Module)에 대한 설명이다. 모듈은 커널의 기능을 확장하거나 하드웨어 드라이버를 추가할 때 사용되며, 시스템이 실행 중인 상태에서도 메모리에 동적으로 로드하거나 언로드할 수 있다.

43 ④

이 실행 결과는 커널 모듈의 정보를 출력하고 있으며, 모듈 파일 경로, 버전, 라이선스, 설명 등의 정보를 확인할 수 있다. 이러한 정보를 제공하는 명령어는 modinfo이다.

44 ③

remove는 모듈이 제거될 때 실행될 명령어를 지정한다.

45 ④

make mrproper는 커널 설정을 구성하는 명령어가 아니라, 대상 디렉터리에서 중간 파일, 임시 파일, 이전 설정 파일 등을 모두 제거하여 디렉터리를 초기화하는 명령어이다. 이를 통해 이전 빌드에서 남은 불필요한 파일들을 정리하고, 새로운 컴파일을 위한 깨끗한 환경을 준비할 수 있다.

46 ③

오답 피하기
① mkfs : ext4, xfs 등 파일 시스템을 생성하는 명령어
② df : 현재 마운트된 파일 시스템의 디스크 사용량을 표시하는 명령
④ mount : 디스크 파티션이나 파일 시스템을 시스템에 마운트하는 명령어

47 ④

보기의 설명은 GPT(Guid Partition Table)에 대한 설명이다.
파티션의 유형과 특징
- 무제한 파티션 : GPT는 MBR과 달리 4개의 파티션 제한이 없으므로 거의 무제한에 가까운 파티션을 만들 수 있음
- 대용량 디스크 지원 : GPT는 2TB 이상의 디스크와 최대 9.4ZB(제타바이트)까지 지원
- 더 안전함 : GPT는 파티션 테이블의 복사본을 디스크의 시작과 끝에 저장하므로, 데이터 손상 시 복구할 수 있는 백업이 존재
- UEFI 시스템과 호환 : GPT는 BIOS 대신 UEFI 기반 시스템에서 주로 사용되며, 최신 운영 체제에서 부팅 파티션으로 자주 사용

48 ③

CUPS는 웹 인터페이스를 제공하여 사용자가 브라우저를 통해 프린터를 관리할 수 있으며, 터미널뿐만 아니라 GUI에서도 설정이 가능하다. 기본적으로 localhost:631에서 접근 가능하다.

49 ②

OSS는 ALSA보다 먼저 개발되었으며, ALSA가 OSS의 한계를 극복하기 위해 등장했다. 현대 리눅스 시스템에서는 주로 ALSA가 사용되고, OSS는 일부 레거시 시스템에서만 사용된다.

50 ②

SANE는 네트워크 스캐너뿐만 아니라 로컬에 연결된 스캐너도 지원한다. USB, SCSI 등의 연결을 통해 로컬 스캐너에 접근할 수 있다.

51 ③

syslog는 더 이상 사용되지 않으며, 시스템 로그는 systemd−journald와 rsyslog에 의해 관리된다.

52 ③

syslog와 rsyslog는 로그를 텍스트 형식으로 저장하며, 로그 파일은 /var/log 디렉터리 아래에 저장된다. 반면에, systemd-journald는 로그를 이진 형식으로 저장하여 검색과 필터링을 더 효율적으로 처리할 수 있다. 이진 형식으로 저장된 로그는 journalctl 명령어를 사용하여 확인할 수 있으며, 다양한 필터링 옵션을 통해 필요한 로그를 쉽게 조회할 수 있다.

53 ①

/etc/syslog.conf 파일은 전통적인 syslog 시스템에서 사용되는 설정 파일로, rsyslog와는 다른 구성을 가진다. rsyslog 의 메인 설정 파일은 /etc/rsyslog.conf 파일이다.

54 ③

여러 사용자에게 로그를 전송할 수 있으며, omusrmsg:user1, user2, user3과 같이 설정하면 다수의 사용자에게 로그를 전달할 수 있다.

55 ③

—vacuum-size는 로그가 차지하는 디스크 용량이 지정한 크기를 초과할 때, 오래된 로그를 삭제하는 기능을 한다.

56 ③

모든 리눅스 배포판이 동일한 보안 정책을 따르지는 않는다. 각 배포판은 서로 다른 보안 요구 사항에 맞게 보안 정책을 커스터마이즈할 수 있다. 참고로 AppArmor는 우분투와 같은 데비안 계열에서 기본으로 설치되는 보안 모듈로, SELinux와 유사한 MAC(Mandatory Access Control) 정책을 제공하지만, 설정과 적용 방식에서 약간의 차이가 있다.

57 ③

chattr 명령어는 파일의 읽기 전용, 삭제 금지 등과 같은 파일 속성을 변경하는 명령어로, 파일 시스템 레벨에서 파일을 보호하는 데 사용된다.

58 ③

net.ipv4.icmp_echo_ignore_all을 0으로 설정하면 모든 ICMP Echo 요청을 허용하게 된다. Ping 공격을 방지하려면 1로 설정하여 ICMP Echo 요청을 무시해야 한다.

59 ④

RAID 구성은 로컬 백업 방안의 하나로, 로컬에서 재난이나 재해가 발생할 경우 데이터가 손상되므로 오프사이트 백업 방안이 꼭 필요하다.

60 ④

-r 옵션은 디렉터리와 그 하위 파일 및 서브디렉터리를 재귀적으로 복사하는 옵션이다. 파일 권한과 타임스탬프를 유지하기 위해서는 -a 옵션도 함께 사용해야 한다.

3과목 네트워크 및 서비스의 활용

61 ②

Apache Web 서버는 사용자 요청에 따라 별도의 프로세스 혹은 쓰레드를 생성하여 처리하며, 일반적으로 별도의 모듈을 탑재하여 PHP를 지원한다.

62 ①

HTTP 요청 메소드 중 요청할 내용을 바디에 담아 서버에 전송하는 방식은 POST이다.

63 ③

오답 피하기
① Accept : 서버로부터 전송받고자 하는 콘텐츠의 마임(MIME) 타입을 지정
② Cookie : 웹 서버의 요청에 의해 클라이언트에 저장해 놓은 쿠키를 키와 값의 쌍으로 전송
④ Host : 서버의 도메인 이름을 지정

64 ②

worker 방식
• 프로세스당 여러 개의 쓰레드를 갖는 구조이다.
• 각 쓰레드가 클라이언트의 요청을 처리한다.
• 일반적으로 프로세스당 최대 쓰레드의 개수는 64개이며, 초과할 경우 새로운 프로세스를 생성하게 된다.

65 ②

오답 피하기
① LoadModule : DSO(Dynamic Shared Object) 방식으로 로딩할 모듈을 지정
③ DirectoryIndex : 웹 디렉터리를 방문할 경우 처음으로 열릴(Open) 파일 목록을 정의
④ ServerRoot : 아파치 웹 서버의 주요 파일들이 저장된 최상위 디렉터리를 절대경로로 지정

66 ①

무결성은 해당 파일이 변경되지 않음을 확인하는 것으로 md5sum 으로 MD5 해시값을 계산한 후 비교하여 무결성을 점검할 수 있다.

67 ②

MySQL에 필요한 DB를 생성하는 명령은 mysqld —initialize이다.

68 ①

오답 피하기
② max_file_uploads : 한 번의 요청으로 업로드할 수 있는 파일의 최대 개수를 지정
④ short_open_tag : 〈? ~ 〉 형식의 이전 소스코드 방식에 대한 지원 여부를 설정

69 ③

LDAP은 TCP를 기반으로 동작하며 RDBMS에 비하여 빠른 검색 속도를 제공하지만 자주 변경되는 정보의 관리에는 다소 불리하다.

70 ③

오답 피하기
① ypserv.service : NIS 서버의 메인 데몬을 구동
② yppasswdd.service : NIS 사용자 패스워드를 관리
④ rpcbind : RPC Daemon을 담당

71 ①

오답 피하기
② yptest : NIS 클라이언트에서 NIS의 동작 및 설정 등을 확인하고 도메인명, 맵 파일 목록, 사용자 계정 정보 등을 출력
③ ypwhich : NIS를 이용하여 로그인한 후, 인증에 사용한 NIS 서버를 조회
④ rpcbind : RPC Daemon을 담당

72 ②

netbios name은 이름을 이용하여 접속할 때 사용하는 명칭이다.

73 ①

path는 공유 디렉터리의 절대 경로를 지정한다.

74 ③

/etc/samba/smbusers 설정 파일을 이용하여 리눅스 계정과 삼바 이용자 명을 매핑할 수 있다.

75 ①

-a는 삼바 사용자 계정을 추가하고 패스워드를 설정한다.

76 ③

no_root_squash는 root 권한 접근을 허용한다.

77 ③

파일 시스템으로 nfs가 지정되었다.

78 ②

local_enable=YES는 로컬 계정 사용자의 접속을 허가한다.

79 ①

/etc/vsftpd/user_list에 등록된 사용자 계정은 vsftp를 사용할 수 없다.

80 ①

/etc/mail/sendmail.mc : sendmail의 설정을 편리하게 관리할 수 있는 보조 파일이며, m4 유틸리티를 'm4 sendmail.mc 〉 sendmail.cf'와 같이 사용하여 sendmail.cf를 생성한다.

81 ④

① Cw : 메일 수신 호스트의 이름을 설정하며, 보통 도메인명을 이용
② Fw : 여러 개의 도메인명을 수신 호스트의 이름으로 이용할 경우 관련 설정 파일을 지정
③ Dj : 메일 발송 시 발신 도메인 이름을 강제로 지정

82 ①

/etc/hosts 파일을 이용하여 로컬 호스트에서만 사용할 수 있는 DNS 정보를 설정할 수 있다.

83 ②

주석은 /* ~ */, //, # 등을 사용할 수 있다.

84 ③

$TTL는 zone 파일에 별도로 존재하는 항목이다.

85 ③

MXsms 도메인 이름에 대한 메일 교환 서버이다. IP 주소를 기반으로 도메인 이름을 반환하는 것은 PTR이다.

86 ④

dig는 도메인을 조회하는 명령어이다.

87 ③

절연(Insulation)은 하나의 가상화 서비스에 문제가 발생하여도 다른 서비스로 장애가 전이되지 않도록 관리하는 것이다.

88 ②

KVM은 비록 CPU 반가상 기술을 지원하지 않으나 이더넷, Disk I/O, 그래픽 등은 반가상화를 지원한다.

89 ①

/proc/cpuinfo 파일의 flag 값을 확인하여 CPU 가상화 지원 여부를 점검할 수 있다.
• Intel VT-x를 지원할 경우 vmx가 포함된다.
• AMD-V를 지원할 경우에는 svm이 포함된다.

90 ③

슈퍼 데몬(inetd, xinetd)방식은 Standalone 방식과 비교하여 사용자 요청에 대한 처리 시간이 느리지만, 다양한 서비스를 제한된 시스템 자원으로 운영하기에 효율적이다.

91 ③

비록 hosts.allow에 설정되어 있으나 deny를 지정하여 접근을 금지한다.

92 ①

클라이언트와 서버 사이에 위치하여, 요청과 응답 과정에서 데이터를 중계하는 역할을 담당하는 서비스는 프록시 서버로 대표적으로 squid를 사용할 수 있다.

② smbd : SAMBA 관련 서비스의 명칭
③ named : DNS 서비스의 명칭
④ dhcpd : DHCP 서비스의 명칭

93 ④

클라이언트에 할당할 IP 범위를 지정하는 설정 항목은 range이다.

94 ④

vncpasswd 명령으로 VNC 서버에 접속할 때 사용할 비밀번호를 설정하며, 패스워드는 사용자 홈디렉터리~/.vnc/passwd에 저장된다.

95 ①

driftfile은 NTP 데몬에 의해 자동으로 생성되는 driftfile의 위치를 지정하며, 시간 오차의 평균값을 저장하여 시간을 정확하게 유지하는 역할을 한다.

96 ④

makestep은 시스템의 시간이 크게 빠르거나 느릴 때 조정하는 방식을 지정한다.

97 ①

네트워크 interface를 무차별 모드로 변경하기 위하여 ifconfig eth0 promisc 와 같은 명령어를 사용할 수 있다.

98 ②

ARP Spoofing은 IP 주소를 MAC 주소로 변환하는 ARP 프로토콜의 취약점을 악용한 공격이다.

99 ①

- Land Attack : 공격 대상에 IP 패킷을 보낼 때 '발신자 IP, 수신자 IP'를 모두 공격 대상의 IP'로 하여 문제를 일으키게 하는 공격 기법이다.
- snort rule에서는 sameip로 탐지 옵션을 지정할 수 있다.

100 ①

오답 피하기

② nat : Network Address Translation. 즉, IP 주소 및 포트를 변환하고 관리
③ raw : 연결추적(Connection Tracking)을 위한 세부 기능을 제공

최신 기출문제 03회   2-131쪽

01	③	02	④	03	③	04	③	05	②
06	④	07	③	08	③	09	③	10	③
11	③	12	③	13	①	14	③	15	③
16	②	17	①	18	④	19	②	20	①
21	①	22	③	23	①	24	①	25	④
26	②	27	③	28	①	29	④	30	③
31	①	32	④	33	③	34	①	35	③
36	②	37	①	38	③	39	②	40	④
41	③	42	④	43	③	44	②	45	②
46	①	47	③	48	③	49	③	50	③
51	②	52	②	53	④	54	④	55	①
56	②	57	④	58	②	59	③	60	③
61	②	62	②	63	②	64	③	65	①
66	①	67	③	68	③	69	④	70	③
71	③	72	③	73	①	74	④	75	②
76	④	77	④	78	①	79	④	80	②
81	④	82	②	83	②	84	②	85	③
86	③	87	④	88	④	89	②	90	①
91	④	92	③	93	④	94	①	95	④
96	①	97	④	98	③	99	①	100	④

1과목   리눅스 실무의 이해

01 ③

BSD 라이선스는 수정된 소스코드에 대한 공개가 의무사항이 아니다.

오답 피하기

① GPL 라이선스를 따르는 공개 소프트웨어의 소스코드를 수정히어 적용하였다면 관련 소스코드 공개가 반드시 필요하다.
② MPL 공개 소프트웨어의 소스코드를 수정하였다면 이에 대한 공개가 필요하나 그 외의 소스코드를 공개할 필요는 없다.
④ LGPL 공개 소프트웨어와 동적 링크하여 사용한다면 소스코드 공개가 필요하지 않다. 하지만 정적 링크하여 사용한다면 오브젝트 파일의 제공이 필요하므로 상용 프로그램에서는 적당하지 않다.

02 ④

Vector Linux는 슬랙웨어 계열 리눅스이다.

오답 피하기

Ubuntu, Linux Mint, Elementary OS는 데비안 계열 리눅스이다.

03 ③

QNX는 첫 상용 마이크로 커널 운영체제이며, 자동차 산업에서 주로 사용하고 있는 유닉스 기반 실시간 상업용 운영체제이다.

04 ③

오답 피하기

① 고계산용 클러스터 : 고성능 계산 능력을 제공하며 주로 과학 계산용으로 활용됨
② 부하분산 클러스터 : 로드 밸런서를 통해 대규모의 트래픽을 여러 대의 서버로 분산
④ 베어울프 클러스터 : 저렴한 PC를 이더넷과 같은 LAN으로 연결하여 클러스터 구성 후 병렬화한 프로그램 실행하여 슈퍼 컴퓨터를 구현

05 ②

유닉스는 1970년대 초반 벨 연구소의 켄 톰슨, 데니스 리치 등이 처음 개발하였다.

오답 피하기

① 리누스 토발즈 : 핀란드 헬싱키에서 태어난 소프트웨어 개발자이자 리눅스 커널과 깃(Git)을 개발한 인물
③ 빌 조이 : C언어를 기반으로 강력한 셸 프로그래밍 기능을 가진 C셸을 개발한 인물
④ 리처드 스톨먼 : 자유 소프트웨어 운동의 중심 인물이며 GNU 프로젝트와 자유 소프트웨어 재단(Free Software Foundation)의 설립자

06 ④

default는 사용자가 아무런 선택을 하지 않을 때 기본으로 선택되는 운영체제를 의미한다. 0번은 grub.conf상의 첫 번째 운영체제이고 1번은 두 번째 운영체제이다. timeout은 사용자가 운영체제를 선택할 때까지 기다리기 위한 대기시간(초 단위)을 의미한다.

07 ③

mv 명령어로 지정한 파일이나 경로를 지정한 파일이나 경로로 이동하거나 이름을 변경할 수 있다. '||' 은 앞 명령어가 성공하면 그 결과를 출력하고 실패하면 그 다음 명령어를 실행한다.

08 ③

DISPLAY 환경 변수는 X 클라이언트 프로그램이 윈도우를 표시할 X 서버의 주소를 설정하기 위한 환경 변수이다.

09 ③

RAID-5는 블록 수준 스트라이핑을 사용하고 디스크마다 패리티를 저장한다.

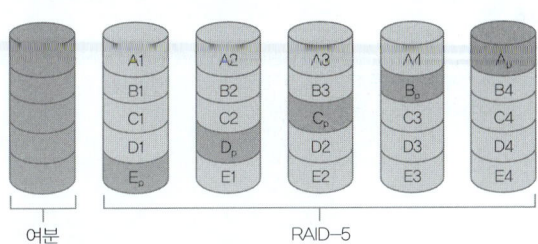

여분   RAID-5

10 ③

SIGTERM은 15, SIGINT는 2, SIGTSTP는 20, SIGQUIT는 3의 번호값을 갖는다.

11 ④

① exec는 프로세스 실행 방식 중 하나이다. fork( )를 통해 부모 프로세스를 복제한 후 자식 프로세스가 생성되고 exec( )를 통해 자식 프로세스의 프로그램으로 교체된다.
②·③ inetd와 xinetd 데몬이 상주하고 있다가 사용자의 서비스 요청이 있을 때만 관련 데몬을 시작해 준다. 이를 통해 필요 시에만 데몬을 시작할 수 있는 이점이 있다.

🅕 선생님의 노하우

systemd는 사용자의 요청이 있을 경우 관련된 서비스를 시작하는 온디맨드(on-demand) 기능을 제공하고 있다.

12 ③

① Ctrl + C : SIGINT 시그널이 발생하며 프로세스를 종료
② Ctrl + D : EOF(End Of File)를 의미
④ Ctrl + W : Ctrl + Q와 동일하다. SIGQUIT 시그널이 발생하며 코어 덤프와 함께 프로세스를 종료

13 ①

IDE 또는 ATA는 /dev/hdX 파일명을 갖고 S-ATA, USB, SSD, SCSI는 /dev/sdX 파일명을 갖는다.

14 ③

디스플레이 매니저에 대한 설명으로 로그인 매니저(Login Manager)라고도 한다.

① 데스크톱 환경 : 윈도 매니저뿐만 아니라 계정 관리, 디바이스 관리, 시작 프로그램 관리, 네트워크 관리, 문서 관리 등 데스크톱 구성을 위한 모든 애플리케이션을 포함한 패키지 형태
② 윈도 매니저 : 윈도 생성 위치, 윈도의 이동/크기 변경, 윈도의 외관(Look and Feel) 등 윈도 그래픽 요소를 관리하는 매니저 프로그램
④ X 프로토콜 : X 서버와 X 클라이언트 간의 통신 규약

15 ③

① !!은 히스토리 목록의 첫 번째를 실행한다.
② !0은 오류가 발생한다.
④ history 30이라고 입력하면 이전 히스토리 3개만을 보여 주는데, history -1은 오류가 발생한다.

16 ②

C클래스의 접두어는 /24이다. 즉 24비트를 네트워크 주소로 사용하고 나머지 8비트를 호스트 주소로 사용할 수 있다. 이를 2개의 네트워크로 나누려면 1개의 추가 비트가 필요하다.

17 ①

② LISTEN 상태
③ SYN_SENT 상태
④ TIME-WAIT 상태

18 ④

① lo : 논리적으로 존재
② enpx : pci 버스상의 디바이스를 나타냄
③ pppx : ptp(Point-to-Point) 연결을 위한 장치이다. 패럴렐 포트는 lpx 장치명을 가짐

19 ②

① 데이터링크 계층 : 프레임(Frame) 단위로 데이터를 전송
③ 전송 계층 : 종단 간의 데이터 전송을 위한 제어와 에러를 관리
④ 세션 계층 : 양 끝의 프로세스가 통신할 수 있도록 연결을 담당

20 ①

② Bridge : 여러 개의 네트워크 세그먼트를 연결하기 위해 데이터 프레임의 MAC 주소를 보고 해당 포트로 포워딩하는 OSI 2계층의 네트워크 장비
③ Gateway : 서로 다른 프로토콜이나 통신망을 사용하는 네트워크를 연결하기 위한 네트워크 장비
④ Repeater : 신호를 증폭하고 재생하여 전송 거리를 늘려 주는 OSI 1계층 네트워크 장비

2과목 　리눅스 시스템 관리

21 ①

crontab은 분(Minute), 시(Hour), 일(Day of Month), 월(Month), 요일(Day of Week) 순으로 설정한다. 매 시간 1의 의미는 결국 1시간 주기임을 뜻한다.

22 ③

setgid 사용 권한이 설정되어 있으므로 /project 디렉터리에 생성한 파일은 /project 디렉터리를 소유한 그룹에 속하게 된다.

lin 사용자의 2차 그룹은 project이고 /project 디렉터리의 그룹 허가권이 rws이므로 파일을 생성할 수 있다.

23 ①

지정한 프로그램의 의존성을 확인하는 명령어를 고른다.

② blkid : 블록 디바이스의 속성과 UUID 등 정보를 출력해 주는 명령어
③ ldconfig : 빠른 동적 라이브러리 경로 검색을 위한 /etc/ld.so.cache 파일을 생성하는 명령어
④ ld.so.conf : 동적 라이브러리의 경로를 설정하기 위한 환경설정 파일

24 ①

일반적으로 압축률은 gzip 〈 bzip2 〈 xz 순으로 성능이 우수한 것으로 알려져 있다.

25 ④

기본 질의 옵션인 '-q'와 목록 확인을 위한 '-l'과 패키지 대상으로 하는 옵션을 찾는다.

26 ②

인자로 지정한 프로그램의 우선순위를 변경할 수 있는 명령어인 nice를 사용하고 우선순위를 높이기 위해서는 우선순위의 값을 낮춰야 한다. 우선순위의 범위는 −20~19이다.

> **오답 피하기**
>
> renice는 현재 실행 중인 프로세스의 우선순위를 변경하기 때문에 인자로 PID를 입력해야 한다.

27 ③

> **오답 피하기**
>
> -e는 crontab 설정을 편집한다.

28 ①

/etc/fstab의 첫 번째 필드는 디바이스 장치명, 두 번째 필드는 마운트 위치, 세 번째 필드는 파일 시스템 유형, 네 번째 필드는 마운트 옵션, 다섯 번째 필드는 덤프 여부, 여섯 번째 필드는 파일 시스템 점검 여부이다.

29 ④

디렉터리 생성과 권한
- a.txt 파일의 허가권은 0600이고, 파일의 기본 허가권은 666이다.
- aaa 디렉터리의 허가권은 0700이고, 디렉터리의 기본 허가권은 777이다.
- 기본 허가권에서 umask의 보수를 구한 후 AND 연산한 값이 생성 파일 및 디렉터리의 기본 허가권이 된다.

30 ③

> **오답 피하기**
>
> ① groupmod : GID, 그룹 이름 등의 그룹 관련 속성을 변경
> ② gpasswd : 그룹의 패스워드를 변경
> ④ groups : 특정 사용자나 현재 로그인한 사용자가 속한 그룹을 표시

31 ①

-d 옵션은 패스워드를 삭제한다. 패스워드 삭제의 의미는 로그인 시 입력해야 할 패스워드가 없어진다는 것이으로 로그인 시 비밀번호 입력이 불필요하다.

> **오답 피하기**
>
> ② -e 옵션 : 패스워드를 만료하고 다음 로그인 시 변경될 패스워드를 요구
> ③ -l 옵션 : 패스워드에 락(Lock)을 걸어 로그인을 막는데, -u 옵션으로 락을 해제할 수 있음

32 ④

> **오답 피하기**
>
> ① /etc/skel : 홈 디렉터리 생성 시 기본으로 제공할 파일이 존재
> ② /etc/passwd : 사용자 계정의 아이디, 그룹 정보 등 계정 정보를 포함하고 있음
> ③ /etc/login.defs : 로그인 수행 시 PASS_MAX_DAYS, UID_MIN, GID_MIN과 같은 기본 설정을 포함하고 있음

33 ②

> **오답 피하기**
>
> dpkg 명령어는 --search를 사용한다.

34 ①

> **오답 피하기**
>
> ② killall -l을 통해 사용 가능한 시그널의 목록을 확인할 수 있으나 번호는 확인할 수 없다.
> ③·④ pkill과 pgrep은 -l 옵션을 제공하지 않는다.

35 ③

fg 2도 동일한 역할을 수행한다. fg 명령만 사용하면 가장 최근의 잡을 포어그라운드로 전환한다.

36 ②

그룹명을 변경하기 위해 -n 옵션 뒤에 변경할 그룹명을 입력한다.

37 ①

w 명령어는 현재 로그인한 사용자가 어떤 시스템에서 로그인했는지 출력

> **오답 피하기**
>
> ② who : 현재 호스트에 로그인되어 있는 모든 사용자의 정보를 출력
> ③ users : 현재 로그인한 사용자의 사용자명을 출력
> ④ whoami : 현재 호스트에 로그인되어 있는 모든 사용자의 사용자명을 출력

38 ②

df는 파일 시스템의 전체 크기, 가용 용량 등 파일 시스템에 대한 자세한 정보를 출력

> **오답 피하기**
>
> ① du : 디렉터리 또는 파일이 차지하는 공간의 정보를 출력
> ③ quota : 지정한 사용자 또는 그룹의 디스크 사용량과 쿼터 정보를 출력
> ④ repquota : 현재 시스템상 사용자 및 그룹의 파일 시스템 사용량과 쿼터 정보를 출력

39 ②

head 명령어는 앞에서부터 지정한 줄 수만큼 출력한다. tail 명령어는 파일 끝을 기준으로 지정한 줄 수만큼 출력한다.

40 ④

gcc는 지정한 소스코드를 컴파일하여 목적 파일을 생성한 후 실행 파일을 생성한다.

> **오답 피하기**
>
> - 목적 파일만을 생성하기 위해서는 -c 옵션을 사용한다.
> - 실행 파일명을 변경하기 위해서는 -o 옵션을 사용한다.

41 ③

> **오답 피하기**
>
> ① make mrproper : 기존의 오브젝트 파일, 환경 파일, 다양한 백업 파일을 모두 제거
> ② make menuconfig : 커널 컴파일 시 원하는 커널의 기능을 메뉴를 통해 활성화
> ④ make modules_install : 컴파일된 커널 모듈을 복사

42 ④

rmmod는 모듈의 의존성을 고려하지 않고 모듈을 언로드하나 modprobe 는 모듈과 관련 있는 모듈을 먼저 언로드하고 지정한 모듈을 언로드할 수 있다.

43 ②

오답 피하기

① mount : 디스크를 파일 시스템의 특정 경로로 마운트하는 명령어
③ /etc/fstab : 시스템 부팅 시 자동으로 마운트할 대상을 설정하기 위한 환경설정 파일
④ /etc/mtab : 현재 마운트되어 있는 파일 시스템 목록을 기록

44 ②

모놀리식 커널은 입출력 기능, 네트워크 기능, 장치 지원 등 운영체제의 일반적인 기능을 커널 메모리 공간에 적재, 실행하는 운영체제 아키텍처를 말한다. 상반된 운영체제 아키텍처로 마이크로 커널이 있다.

45 ②

커널 소스를 반드시 정해진 경로에 다운로드해야 하는 것은 아니며 일반적으로 /usr/src/kernels 경로에 다운로드할 뿐이다.

46 ①

오답 피하기

② /etc/groups : 그룹에 속한 사용자를 관리하기 위한 환경설정 파일
③ /etc/exports : 서버의 모든 공유 디렉터리를 표시
④ /proc/partitions : 시스템의 파티션 정보를 포함하고 있음

47 ③

lpstat은 설정한 프린터와 클래스, 인쇄 작업에 대한 상태 정보를 출력한다.

오답 피하기

① lp : 문서를 프린터로 출력
② lpc : 프린터와 CUPS 프린팅 시스템에서 제공하는 프린터 클래스 대기열을 제어
④ cancel : 인쇄 작업을 취소

48 ②

오답 피하기

① xcam : 그래픽 기반 평면 스캐너나 카메라로부터 이미지를 스캔할 수 있는 SNE의 프론트엔드 프로그램
③ scanimage : 평면 스캐너나 카메라와 같은 장치의 이미지 스캔을 제어하는 명령어
④ sane-find-scanner : SANE 백엔드를 지원하는 스캐너를 검색하기 위한 명령

49 ③

오답 피하기

① /etc/printcap은 LPRng를 위한 환경설정 파일
② BSD 계열뿐 아니라 System V 계열에서도 사용할 수 있음
④ LPRng의 초기에는 printconf, printtool와 같은 도구를 사용함

50 ③

오답 피하기

① -n : 네트워크 호스트 이름을 출력
② -o : 운영체제를 출력
④ -s : 커널 이름을 출력

51 ②

지시문은 cpio에 대한 설명이다.

오답 피하기

cpio는 증분 백업 기능을 제공하지 않는다.

52 ②

setfacl은 리눅스 기본 허가권의 대상이 소유자, 그룹, 다른 사용자로만 지정할 수 있는 한계를 극복하기 위해 ACL을 설정하는 명령어이다.

오답 피하기

/docker 디렉터리에 대해 docker 그룹에게 rwx 권한을 부여하고 있다.

53 ④

오답 피하기

① nmap : 네트워크 탐지 도구 및 보안 스캐너로 시스템의 서비스 중인 포트를 스캔하여 관련 정보를 출력
② nessus : 상용 취약점 스캐너
③ tripwire : 호스트 기반 침입 탐지 시스템

54 ④

ssh2는 ssh1과 호환되기는 하지만 ssh1 서버가 반드시 필요하다. 즉, ssh2 만으로는 ssh1을 지원할 수 없다.

55 ①

• FTP 로그 파일이며 proftpd 또는 vsftpd 데몬의 활동이 기록된다. direction은 Outgoing, Incoming과 같은 전송의 방향을 뜻한다.
• access-mode는 익명 사용자, 패스워드 방식 게스트 사용자, 실제 인증된 사용자와 같은 로그인 방식을 뜻한다.
• special actions flag에는 파일 압축됨을 뜻하는 'C', 파일이 압축되지 않음을 뜻하는 'U', 파일이 아카이브됨을 뜻하는 'T'를 포함한다.

56 ②

오답 피하기

① /var/log/btmp : 모든 로그인 실패 기록을 바이너리 형식으로 보관하고 있으며 lastb 명령어로 확인할 수 있음
③ /var/log/lastlog : 각 사용자의 마지막 로그인 기록을 바이너리 형식으로 보관하며, lastlog 명령어로 확인할 수 있음
④ /var/log/messaes : 전체 시스템의 모든 동작 사항과 정보 메시지와 이벤트를 로그로 남기는데, 텍스트 형식이기 때문에 grep과 같은 명령어로 원하는 로그만 필터해서 볼 수 있음

57 ④

sudo 명령어의 환경설정 파일은 /etc/sudoers이다.

58 ②

/var/log/dmesg 파일에 시스템에 대한 전반적인 동작상 로그가 저장되며 시스템에 문제가 되었을 때 원인을 파악할 때 가장 먼저 보는 로그이기도 하다.

오답 피하기

커널 부트 메시지는 /var/log/boot.log 로그 파일에 저장된다.

59 ③

오답 피하기

① dd : 데이터를 블록 단위로 변환 혹은 복사하는 명령어이며 파일 단위 백업은 불가
② cpio : 대상 파일들을 복사하거나 하나의 파일로 아카이빙 혹은 아카이빙된 파일을 복원하는 명령어
④ rsync : 특정 디렉터리를 동기화하거나 백업하는 명령어

60 ③

rsync는 root 권한 없이 모든 사용자가 사용할 수 있다.

3과목 네트워크 및 서비스의 활용

61 ②

'mysqld —initialize' 명령을 이용하여 필요한 DB를 생성한다.

62 ②

• /proc/cpuinfo 파일의 flag 값을 확인하여 CPU 가상화 지원 여부를 점검할 수 있다.
• Intel VT-x를 지원할 경우 vmx가 포함된다.

> **– Invel VT-x 지원을 확인하는 예제**
> $ egrep 'svm|vmx' /proc/cpuinfo
> flags   : fpu vme de pse tsc msr pae mce cx8 apic
> sep mtrr pge mca cmov pat pse36 clflush mmx fxsr sse sse2 ss
> ht syscall nx rdtscp lm constant_tsc nopl xtopology nonstop_tsc
> eagerfpu pni pclmulqdq vmx ssse3 fma cx16 ···

• AMD-V를 지원할 경우 svm이 포함된다.

오답 피하기

① VT-x : Intel CPU가 지원하는 CPU 가상화 기술
③ VDI : VDI(Virtual Desktop Infrastructure), 서버에 설치된 가상 PC 환경에 접속하여 데이터와 응용 프로그램을 사용하는 기술(환경)

63 ②

NFS 서버의 설정

• NFS 서버가 참조하는 /etc/exports의 설정 정보
  – 공유 디렉터리명
  – 접근 가능한 클라이언트 : 네트워크 IP 주소 혹은 주소 대역 설정
  – 공유 옵션 : ro(read-only) rw(read-write), 사용자의 접근 권한
• root 사용자의 접근 권한 설정

설정값	설명
no_root_squash	root 권한 접근을 허용
root_squash	root 권한 접근을 거부하기 위하여, 클라이언트의 root 요청을 nobody(또는 nfsnobody)로 매핑시킴(기본값)
all_squash	NFS 클라이언트에서 접근하는 모든 사용자(root 포함)의 권한을 nobody(또는 nfsnobody)로 매핑시킴
anonuid	특정 계정의 권한을 할당

64 ③

/etc/named.conf

• /etc/named.conf의 형식 : options, acl, logging, zone 등의 주요 구문이 있으며, 각 구문은 중괄호({ })로 둘러싸고 끝날 때는 세미콜론(;)을 사용
• options 구문의 주요 설정 항목

설정	항목 설명
directory	존(Zone) 파일의 저장 디렉터리를 설정하며, 반드시 필요한 항목 예 directory "/var/named";
dump-file	정보 갱신 시 저장 파일로 사용할 dumpfile의 파일명을 지정 예 dump- file "/var/named/data/cache_dump.db";
statistics-file	통계 정보를 저장할 파일명을 지정 예 statistics- file "/var/named/data/named_stats.txt";
memstatistics-file	메모리 통계 정보를 저장할 파일명을 지정 예 memstatistics-file "/var/named/data/named_mem_stats.txt";
forward	– forwarders 옵션과 함께 사용하며, only 혹은 first 값을 가짐 – forward only : 도메인 주소에 대한 질의를 다른 서버에게 넘김 – forward first : 다른 서버에서 응답이 없을 경우, 자신이 응답하도록 설정함
forwarders	– forward를 처리할 서버를 지정 – 여러 개의 서버를 세미콜론으로 구분하여 설정
allow-query	네임서버에 질의할 수 있는 호스트를 지정 예 allow-query { localhost; };
allow-transfer	존(Zone) 파일 내용을 복사(Transfer)할 대상을 제한 예 allow-transfer { 172.3.1.0/24; };

65 ①

② Apache HTTP Server : 아파치 재단이 주도하는 대표적인 오픈소스 웹 서버
③ GWS(Google Web Server) : 구글이 제공하는 웹 서버(Google Web Server)
④ IIS(Internet Information Server) : 마이크로소프트(Microsoft)가 개발 및 제공하는 웹 서버

66 ①

httpd.conf
• 형식

httpd [옵션] [파일이름]

• 주요 실행 옵션

옵션	설명
−t	환경설정 파일인 httpd.conf의 문법적 오류를 점검
−f	특정 환경설정 파일을 지정하여 아파치 데몬(Daemon)을 실행
−S	현재 설정된 가상 호스트 목록을 출력
−l	아파치 웹 서버와 함께 컴파일된 모듈의 목록을 출력 **예** $ httpd −l 　Compiled in modules: 　core.c 　prefork.c 　　http_core.c 　　mod_so.c
−M	로딩된 모든 모듈의 목록을 출력(static, shared) **예** $ httpd −M 　Loaded Modules: 　core_module (static) 　actions_module (shared)

67 ③

RDBMS(Relational DataBase Management System)에 비하여 빠른 검색 속도를 제공하지만 자주 변경되는 정보의 관리에는 다소 불리하다.

68 ③

NIS는 NIS 서버에 등록된 사용자 계정, 암호, 그룹 정보 등을 네트워크를 이용하여 다른 시스템(클라이언트)에게 제공한다. 따라서 여러 호스트들이 동일한 계정 정보를 사용할 수 있다.

① SSH : 원격의 서버나 시스템에 안전하게 연결하기 위한 프로토콜이다. 호스트와 클라이언트 간의 패킷을 암호화하여 주고받음으로써 보안에 강함
② NFS : TCP/IP를 이용하여 원격 호스트(컴퓨터)의 파일 시스템을 마치 로컬 호스트(PC) 있는 것처럼 마운트하여 사용할 수 있는 서비스
④ IIS : 마이크로소프트가 개발 및 제공하는 웹 서버

69 ④

③ hosts.byname으로 호스트 관련 정보를 확인할 수 있다.

70 ③

NFS를 위한 mount 명령은 'mount − t nfs [NFS 서버]:[대상 디렉터리] [마운트 디렉터리]'의 형식을 따르며 'mount − t nfs' 대신 'mount.nfs'를 이용할 수도 있다.

71 ③

dovecot은 IMAP, POP3 이메일 서버 프로그램이다.

① qmail : MTA(Mail/Message Transfer Agent)의 역할을 담당하는 프로그램
② postfix : 메일 서버 역할(Mail Transfer Agent, MTA)을 수행하는 프로그램
④ sendmail : SMTP 프로토콜을 이용하여 메일을 전송하는 대표적인 MTA 프로그램

72 ③

/etc/mail/virtusertable은 가상의 메일 계정으로 들어오는 메일을 특정 계정으로 전달하는 정보를 설정하는데, 'makemap hash /etc/mail/virtusertable ⟨ /etc/mail/virtusertable'와 같은 방식으로 '/etc/mail/virtusertable.db'에 적용한다.

① /etc/aliases : 메일 별칭과 전달 계정을 설정하는 파일로, sendmail이 실제로 참조하는 /etc/aliases.db를 갱신하기 위해서는 /etc/aliases 수정 후 newaliases나 'sendmail −bi' 명령으로 적용
② /etc/mail/local−host−names : sendmail에서 수신할 메일의 도메인과 호스트, 즉 메일 수신지를 설정하며 sendmail을 다시 시작하여 적용
④ /etc/mail/sendmail.cf : sendmail의 기본(Main) 설정 파일

73 ①

/etc/aliases는 메일의 별칭 혹은 특정 계정으로 수신한 이메일을 다른 계정으로 전달하도록 설정하며, 보통 여러 사람에게 전달할 때 사용한다. sendmail이 참조하는 파일은 /etc/aliases.db이므로 /etc/aliases를 수정한 후 newaliases나 'sendmail −bi' 명령으로 적용한다.

② /etc/mail/local−host−names : sendmail에서 수신할 메일의 도메인과 호스트, 즉 메일 수신지를 설정하며, sendmail을 다시 시작하여 적용
③ /etc/mail/virtusertable : 가상 메일 계정의 전달 정보를 설정하는 파일이며, 'makemap hash /etc/mail/virtusertable ⟨ /etc/mail/virtusertable' 방식으로 내용을 반영해 /etc/mail/virtusertable.db에 적용
④ /etc/mail/sendmail.cf : sendmail의 기본(Main) 설정 파일

74 ④

'계정.도메인.' 형식으로 관리자의 이메일 주소를 지정한다.

75 ②

오답 피하기

① 단일화(Aggregation) : 가상의 자원을 여러 개의 물리적 자원들에 걸쳐서 만들 수 있으며 이를 통해 외견상 전체 용량을 증가시키고, 전체적인 관점에서 활용과 관리를 단순화시킬 수 있음
③ 절연(Insulation) : 하나의 가상화 서비스에 문제가 발생하여도 다른 서비스로 장애가 전이되지 않도록 관리하는 것
④ 프로비저닝(Provisioning) : 사용자의 요구사항에 맞게 할당, 배치, 배포할 수 있도록 만들어 놓는 것

76 ④

VirtualBox은 오라클이 주도하여 개발 및 배포하고 있는 x86 기반 가상화 소프트웨어이다.

오답 피하기

① VMware ESXi Server : 가상 컴퓨터를 배치하고 서비스를 제공할 목적으로 VMware가 개발한 엔터프라이즈 계열 Type-1 하이퍼바이저 서버
② XenServer : 오픈소스 반가상화 하이퍼바이저인 Xen을 기반으로 함
③ Docker : 하이퍼바이저를 사용하거나 게스트 운영체제를 설치하지 않고, 서버 운영에 필요한 프로그램과 라이브러리만 이미지로 만들어 프로세스처럼 동작시키는 경량화된 가상화 방식

77 ④

Openstack은 IaaS(Infrastructure as a Service) 형태의 클라우드 컴퓨팅을 구축할 수 있는 오픈소스 프로젝트로 다양한 커뮤니티 활동이 장점이다.

오답 피하기

① VirtualBox : 오라클이 주도하여 개발 및 배포하고 있는 x86 기반 가상화 소프트웨어
② RHEV : Red Hat Enterprise Virtualization, KVM 기반의 오픈소스 가상화 솔루션
③ Docker : 하이퍼바이저를 사용하거나 게스트 운영체제를 설치하지 않고, 서버 운영에 필요한 프로그램과 라이브러리만 이미지로 만들어 프로세스처럼 동작시키는 경량화된 가상화 방식

78 ①

• xinetd의 기본 설정 파일은 '/etc/xinetd.conf'이며, '/etc/xinetd.d/' 디렉터리에 각 서비스들의 설정이 저장된다.
• xinetd 방식 서비스의 설정에서 'disabled = no'로 설정해야 서버를 활성화할 수 있다.

📝 선생님의 노하우
• 최근 리눅스의 경우 CentOS 6까지 xinetd 방식으로 이용하던 많은 서비스들이 단독 데몬으로 전환되거나 systemd에 의한 관리방식으로 통합되었다.
• systemd 방식은 socket 기능(On-demand Activation)을 통해 효율적으로 메모리를 관리할 수 있으며, 이에 따라 기존 xinetd를 통해 제공하던 rsync, telnet 등의 서비스가 systemd 방식으로 통합되었다.

79 ④ (CentOS 6 기준)

📝 선생님의 노하우
• 최근 리눅스의 경우 CentOS 6까지 xinetd 방식으로 이용하던 많은 서비스들이 단독 데몬으로 전환되거나 systemd에 의한 관리방식으로 통합되었다.
• systemd 방식은 socket 기능(On-demand Activation)을 통해 효율적으로 메모리를 관리할 수 있으며, 이에 따라 기존 xinetd를 통해 제공하던 rsync, telnet 등의 서비스가 systemd 방식으로 통합되었다.

• TCP Wrapper를 사용하려면 xinetd 방식으로 서비스되거나 libwrap 라이브러리를 사용해야 한다. 대표적으로 sshd의 경우 TCP Wrapper를 사용할 수 있다.
• 최근 리눅스는 xinetd, TCP Wrapper를 제공하는 서비스가 제한적이므로, 접근 제한이 필요할 경우 firewalld 혹은 iptables 사용을 권장한다.

80 ②

NTP 서버는 NTP 서버를 이용하여 시간을 동기화하는 서비스이다.

오답 피하기

① VNC 서버 : 비트맵 이미지 기반의 RFB(Remote Frame Buffer) 프로토콜을 이용하고 GUI(Graphic User Interface) 방식으로 원격 컴퓨터에 접속 및 사용하는 기능을 제공
③ Proxy 서버 : 클라이언트와 서버 사이에 위치하여, 요청과 응답 과정에서 데이터를 중계하는 역할을 담당하고, 일반적으로 서버의 데이터를 캐시(Cache)하여 인터넷 전송 속도를 빠르게 하기 위해 사용하는데, 서버의 가용성(Availability) 향상을 위한 부하분산(Load Balancing)에 사용할 수도 있음
④ DHCP 서버 : 클라이언트 호스트가 사용할 IP 주소, 게이트웨이(Gateway) 주소, 네임 서버(Name Server) 주소 등을 자동으로 할당

81 ④

NTP(Network Time Protocol)의 계층은 Stratum이라 하며, 원자시계 또는 GPS와 같은 장치인 0단계부터 가장 낮은 15단계의 계층으로 구성된다. Stratum16은 비동기 장치를 의미한다.

82 ②

httpd.conf

• 개념 : 아파치 웹 서버가 환경설정 파일(/etc/httpd/conf/httpd.conf)로 이용하는 것
• 주요 설정 항목

설정	내용
ServerRoot	웹 서버의 주요 파일들이 저장된 최상위 디렉터리를 지정
Listen	웹 서버가 이용할 포트 번호를 지정
ServerName	웹 서버의 호스트이름을 지정
DocumentRoot	HTML과 같은 웹 서버의 컨텐트가 저장되는 루트 디렉터리를 지정
UserDir	일반 사용자의 웹 디렉터리를 지정
ServerAdmin	관리자의 메일 주소를 지정
DirectoryIndex	웹 브라우저(클라이언트)의 요청에 따라 지정한 순서의 파일을 응답으로 전송
ServerTokens	HTTP 응답헤더에 포함하여 전송할 서버의 정보 수준으로, 보안을 위해 최소 정보만 사용하도록 prod로 설정하는 것을 권장
KeepAlive	On으로 설정하면 아파치의 한 프로세스로 특정 사용자의 지속적인 요청 작업을 계속 처리

83 ②

cn

- cn의 개념 : 전체 이름(이름+성)을 나타내는 LDAP의 속성 키워드
- LDAP의 주요 속성

속성	설명	속성	설명
c	국가 이름	ou	부서 이름
st	주 이름 (우리나라는 도)	cn	전체 이름 (이름+성)
l	도시 혹은 지역	sn	성
street	도로명 주소	giveName	이름
dn	조직 내 고유한 식별자	dc	도메인 네임 요소
rdn	상대(Relative) DN	mail	이메일 주소
o	조직(회사) 이름	telephone Number	전화번호

84 ②

/etc/yp.conf는 NIS 바인드 정보를 관리하는 ypbind의 환경설정 파일이다.

오답 피하기

① /etc/hosts는 도메인 이름과 IP 주소의 매핑 정보를 설정하는 파일
④ /etc/sysconfig/network : /etc/sysconfig/network에 NIS 도메인명을 설정하여 부팅 시 항상 적용되도록 할 수 있음

85 ①

삼바(SAMBA) 서버용 프로토콜

- 삼바는 TCP/IP 기반의 NetBIOS상에서 동작하는 SMB(Server Message Block) 프로토콜을 이용한다.
- CIFS(Common Internet File System)는 SMB를 인터넷까지 확장한 표준 프로토콜로, 유닉스와 윈도우 환경을 동시에 지원한다.

오답 피하기

- RPC : Remote Procedure Call, 위치에 상관 없이 원격 함수나 프로시저를 실행할 수 있게 하는 프로세스 간 통신 방법
- IPC : Inter Process Communication, 두 프로세스가 상호 통신하여 정보를 교환하는 방법

86 ③

삼바 서버

- 특징 : 삼바 서버는 /etc/samba/smb.conf를 환경설정 파일로 이용하며, 공유 폴더(항목)별로 설정값을 지정
- 공유 폴더의 주요 설정 옵션

설정 옵션	설명
[디렉터리 이름]	'[ ]' 사이에 공유 폴더 이름을 지정
comment	공유 폴더에 대한 설명을 기술
path	공유 디렉터리의 절대 경로를 지정
read only = yes	읽기만 가능하도록 설정
writable=yes	쓰기 가능하도록 설정
write list = [사용자명]	쓰기 가능한 사용자를 지정

valid users = [사용자명]	접근 가능한 사용자를 지정하며, 만일 별도 지정하지 않을 경우 전체 사용자가 접근 가능하게 됨
public = no	개인 사용자만 사용할 수 있도록 설정
browseable = no	이용 가능한 공유 리스트에 표시되지 않도록 설정
create mask = 값	파일을 생성할 때 사용되는 기본 모드를 지정 (예 0644)
follow symlinks = no	심볼릭 링크를 따르지 않도록 설정하여 잠재적인 보안 위협을 제거

87 ②

/etc/vsftpd/ftpusers에 등록된 모든 계정은 접속이 차단된다. vsftpd의 설정 파일인 /etc/vsftpd/vsftpd.conf의 항목 중 'userlist_enable=YES'로 설정하면 ftpusers와 함께 user_list에 등록된 모든 계정도 접속 차단된다.

88 ④

프로토콜의 종류

- POP3 : 메일을 수신하는 프로토콜
- IMAP : 이메일 서버로부터 이메일을 가져오는 데 사용하며, POP3와 달리 이메일 메시지를 서버에 남겨 두었다 나중에 삭제할 수 있음

오답 피하기

SMTP는 Simple Message Transfer Protocol, 인터넷에서 이메일을 전송하기 위해 사용하는 프로토콜이다.

89 ②

mailq는 메일 큐의 내용을 표시한다.

오답 피하기

① m4 : 'm4 sendmail.mc 〉 sendmail.cf'와 같이 사용하여 sendmail.cf를 생성
④ sendmail —bi : /etc/aliases의 정보를 읽어들여 관련 DB 정보인 /etc/aliases.db를 업데이트

90 ①

/etc/hosts는 로컬 호스트에서만 사용할 수 있는 DNS 정보를 설정할 수 있다. 외부 DNS 서버에 질의하기 전에 /etc/hosts 파일의 내용을 먼저 참조한다.

오답 피하기

④ /etc/sysconfig/network는 시스템 전체에 적용할 기본 게이트웨이 주소, 호스트명, 네트워크 연결 허용 여부, 게이트웨이 장치 파일 설정, NIS 도메인 이름을 설정한다.

91 ④

오답 피하기

① zone : zone 구문은 도메인을 관리하기 위한 데이터 파일인 zone 파일을 지정
③ include : 별도의 파일에 정의한 설정을 include 지시자를 이용하여 포함할 수 있음

92 ③

오답 피하기

② MX : 도메인 이름에 대한 메일 교환 서버
④ CNAME : Canonical Name. 도메인 이름에 대한 별칭

93 ④

virt-manager는 가상 머신을 손쉽게 시작 및 종료할 수 있고, 가상 머신의 CPU 사용량, 호스트 CPU 사용량 등을 모니터링할 수 있는 GUI 기반의 도구이다.

오답 피하기

① virsh : 텍스트 기반의 콘솔 환경에서 가상 머신을 관리해 주는 도구로 생성, 시작, 재시작, 종료, 강제종료 등의 기능을 수행
② libvirtd : libvirt 관리 시스템의 서버 데몬으로 관리 도구와 통신하여 원격 도메인의 명령을 전달
③ virt-top : 가상화 현황을 top과 유사한 형식으로 출력

94 ①

VNC 서버는 비트맵 이미지 기반의 RFB(Remote Frame Buffer) 프로토콜을 이용하고 GUI(Graphic User Interface) 방식으로 원격 컴퓨터에 접속 및 사용하는 기능을 제공한다.

오답 피하기

② NTP 서버 : NTP 서버를 이용하여 시간을 동기화하는 서비스
③ Proxy 서버 : 클라이언트와 서버 사이에서 요청 · 응답 데이터를 중계하며, 캐시를 활용해 전송 속도를 높이고 부하분산을 통해 서버의 가용성을 향상시킴
④ DHCP 서버 : 클라이언트 호스트가 사용할 IP 주소, 게이트웨이(Gateway) 주소, 네임 서버(Name Server) 주소 등을 자동으로 할당

95 ④

DocumentRoot는 HTML과 같은 웹 서버의 컨텐츠가 저장되는 루트 디렉터리를 지정한다.

오답 피하기

① ServerRoot : 웹 서버의 주요 파일들이 저장된 최상위 디렉터리를 지정
② ServerAdmin : 관리자의 메일 주소를 지정
③ ServerName : 웹 서버의 호스트이름을 지정

96 ①

• TCP Wrapper는 '/etc/hosts.allow' 파일과 '/etc/hosts.deny' 설정 파일을 이용하여 접근 제어를 제공한다.
• 접근을 허가하는 호스트는 '/etc/hosts.allow'에 등록하고 접근을 거부하는 호스트는 '/etc/hosts. deny'에 등록한다. 설정 파일은 hosts.allow → hosts.deny 순으로 적용된다. 따라서 hosts.allow와 hosts.deny의 규칙이 중복되면 hosts.deny 규칙은 무시된다.

🏠 선생님의 노하우

• 최근 리눅스의 경우 CentOS 6까지 xinetd 방식으로 이용하던 많은 서비스들이 단독 데몬으로 전환되거나 systemd에 의한 관리방식으로 통합되었다.
• systemd 방식은 socket 기능(On-demand Activation)을 통해 효율적으로 메모리를 관리할 수 있으며, 이에 따라 기존 xinetd를 통해 제공하던 rsync, telnet 등의 서비스가 systemd 방식으로 통합되었다.
• TCP Wrapper를 사용하려면 xinetd 방식으로 서비스되거나 libwrap 라이브러리를 사용해야 한다. 대표적으로 sshd의 경우 TCP Wrapper를 사용할 수 있다.
• 최근 리눅스는 xinetd, TCP Wrapper를 제공하는 서비스가 제한적이므로, 접근 제한이 필요할 경우 firewalld 혹은 iptables 사용을 권장한다.

97 ④

raw는 넷필터의 연결 추적(Connection Tracking) 시스템과 독립적으로 동작해야 하는 규칙을 설정한다.

오답 피하기

① filter : iptables의 기본 테이블로 패킷 필터링 기능을 담당
② mangle : 성능 향상을 위한 TOS(Type of Service) 설정과 같이 패킷 데이터를 변경하는 특수 규칙을 적용
③ nat : Network Address Translation, 즉, IP 주소 및 포트를 변환하고 관리

🏠 선생님의 노하우

CentOS 구은 firewalld를 기본 방화벽으로 사용하고 iptables 대비 편리한 사용성을 제공한다. 그러나 iptables를 사용하면 보다 상세하고 명확한 규칙 설정이 가능하므로 iptables는 여전히 중요하며, firewalld도 내부적으로 iptables를 기반으로 동작한다. 이후 출제 문제의 패턴을 예상하기 어려우므로 firewalld와 iptables를 모두 확인해 두어야 한다.

98 ③

오답 피하기

① Land Attack : 공격 대상에 IP 패킷을 보낼 때 '발신자 IP, 수신자 IP를 모두 공격 대상의 IP'로 하여 문제를 일으키게 하는 공격 기법
② Smurf Attack : IP 브로드캐스트 주소를 통해 컴퓨터 네트워크로 ICMP 패킷을 전송하는 분산 서비스 거부 공격
④ TCP SYN Flooding : TCP 연결 설정(3-way Handshake)의 특성을 이용한 공격으로, TCP 연결 설정 과정에서 클라이언트가 SYN을 보내고 서버가 SYN/ACK을 응답한 뒤 최종 ACK이 오지 않는 미완료 연결이 백로그 큐에 누적되도록 유도해, 큐가 가득 차서 서버가 새로운 연결을 처리하지 못하게 만드는 공격

99 ①

Boink는 데이터를 전송할 때 처음에는 순서대로 시퀀스 번호를 보내나 중간부터 반복되는 시퀀스 번호를 보내어 패킷 조립 시 문제를 일으키는 공격 도구이다.

오답 피하기

② Trinoo : UDP Flooding 분산 서비스 거부 공격을 할 수 있는 통합 도구
③ TFN 2K : TFN의 발전된 형태로 UDP, TCP, ICMP를 복합적으로 사용하고 포트도 임의로 결정되는데, 지정된 TCP 포트에 백도어를 실행할 수 있음
④ Stacheldraht : Linux 시스템용 분산 서비스 거부 공격(DDoS ; Distributed Denial of Service)의 에이전트 역할을 하는 악성코드(Malware)로 Smurf 공격에 사용될 수 있음

100 ④

오답 피하기

② /var/log/secure는 시스템의 로그인 행위에 대하여 성공, 실패, 인증 과정에 대한 로그가 기록된다.

PART

05

2차 시험 기출문제

해설과 함께 보는
최신 기출문제

1급	소요 시간	문항 수
	총 100분	총 16문항

수험번호 : _____

성   명 : _____

01~10 단답식

01 다음은 디스크 백업을 수행하는 과정이다. 조건에 맞게 ( ) 안에 알맞은 내용을 쓰시오.

> 가. /dev/sda 디스크 전체를 /backup/sda.img 파일로 백업하고, 백그라운드에서 실행한다.
> # (①) if=/dev/sda of=/backup/sda.img (②)
>
> 나. 실행 중인 작업이 다른 업무에 영향을 주지 않도록 우선순위를 최대한 낮춘다.
> # (③) (④) 1234

> ■ 조건
> • ①은 명령어이다.
> • ②은 백그라운드 실행을 위한 기호이다.
> • ③은 명령어, ④은 그 명령어에 필요한 옵션 또는 인자이다.

답안

①

②

③

④

정답

① dd
② &
③ renice
④ +19 또는 19

해설

① dd 명령은 디스크나 파티션의 내용을 블록 단위로 복사 · 백업하는 명령어이다.
② & 기호를 붙이면 명령이 백그라운드에서 실행된다.
③ renice 명령은 실행 중인 프로세스의 nice 값을 변경한다.
④ nice 값의 범위는 −20~19이며, 값이 클수록 우선순위가 낮다. 따라서 가장 낮은 우선순위는 19이다.

02 다음은 네트워크 설정과 관련된 문제이다. 조건에 맞게 (　) 안에 알맞은 내용을 쓰시오.

> 가. eth0 인터페이스에 IP 주소와 Subnet Mask를 설정한다.
> # ip (①) (②) 192.168.12.120/26 dev eth0
>
> 나. eth0 인터페이스에 Gateway 주소를 설정한다.
> # ip (③) add default via (④) dev eth0

■ 조건
- ①~③은 ip 명령어의 옵션이다. (줄인 옵션은 허용하지 않음)
- ④은 Gateway 주소로서, 주어진 IP 주소와 Subnet Mask에 따른 '네트워크 주소 + 1' 값이다.

답안

①

②

③

④

- -

정답

① address
② add
③ route
④ 192.168.12.65

해설

①·② ip address add 명령은 네트워크 인터페이스에 IP 주소와 Subnet Mask를 설정한다.
③ ip route add 명령은 라우팅 테이블에 기본 게이트웨이를 등록한다.
④ Subnet Mask 255.255.255.192는 /26에 해당하며, 이 구간의 네트워크 주소는 192.168.12.64이다. 따라서 게이트웨이는 '네트워크 주소 + 1'인 192.168.12.65가 된다.

03 다음은 사용자를 생성하고 sudo 권한을 부여한 뒤 로키 리눅스 기본 패키지 관리자를 통해 패키지를 설치하는 과정이다. 조건에 맞게 ( ) 안에 알맞은 내용을 쓰시오.

가. Frank 사용자를 생성한다.
(①) Frank

나. Frank 사용자에게 sudo 권한을 부여한다.
(②) (③) Frank

다. Frank 사용자로 로그인 상태이며, httpd 패키지를 설치한다.
$ sudo (④) install httpd

■ 조건
- ①, ②, ④은 명령어이다.
- ③은 ② 명령어에 사용하는 옵션과 그룹명이다.

답안

①

②

③

④

- -

정답

① useradd
② usermod
③ -aG wheel
④ dnf

해설

① useradd 명령은 새로운 사용자를 생성한다.
② usermod 명령은 기존 사용자의 속성을 수정한다. -aG 옵션은 기존 그룹을 유지하면서 보조 그룹을 추가하며, wheel 그룹은 Red Hat 계열에서 sudo 권한을 부여하기 위해 사용되는 특수 그룹이다.
④ dnf는 Rocky Linux의 기본 패키지 관리 명령어이다. sudo dnf install httpd 명령으로 httpd 패키지를 설치할 수 있다.

04 다음은 연구소 저장소의 디스크 쿼터 데이터베이스를 주기적으로 관리하기 위한 과정이다. 조건에 맞게 ( ) 안에 알맞은 내용을 쓰시오.

> 가. /lab-storage 파일시스템의 쿼터 데이터베이스를 점검 · 갱신하는 스크립트를 작성한다.
> # vi /usr/local/sbin/quota_checker.sh
> #!/bin/bash
>
> # 마운트 상태에서도 실행하며, 강제로 수행한다.
> (①) (②) /lab-storage ≫ /var/log/quota_checker.log (③)
>
> 나. 실행 권한을 부여한다.
> # chmod +x /usr/local/sbin/quota_checker.sh
>
> 다. quota_checker.sh를 매주 주기적으로 실행할 수 있도록 조치한다.
> # cp /usr/local/sbin/quota_checker.sh /etc/(④)

> ■ 조건
> • ①은 명령어이다.
> • ②은 쿼터 점검 시 필요한 옵션이다.
> • ③은 표준에러를 표준출력과 같은 곳으로 보내는 리다이렉션이다.
> • ④은 디렉터리명이다.

답안

①

②

③

④

정답

① quotacheck
② -mf
③ 2)&1
④ cron.weekly

해설

① quotacheck 명령은 파일시스템의 쿼터 정보를 점검하고 데이터베이스를 갱신한다.
② -m은 마운트된 상태에서도 실행할 수 있게 하고, -f는 강제 실행 옵션이다.
③ 2)&1은 표준에러를 표준출력과 동일한 파일로 합쳐 기록한다.
④ /etc/cron.weekly는 주 단위로 실행되는 스크립트를 저장하는 디렉터리이며, 여기에 스크립트를 두면 시스템의 cron 서비스에 의해 매주 자동 실행된다.

05 다음은 시스템 자원 모니터링과 프로세스 제어에 관한 작업이다. 조건에 맞게 (   ) 안에 알맞은 내용을 작성하시오.

가. 현재 CPU 점유율이 높은 프로세스를 정렬하여 상위 10개만 출력한다.
ps (①) pid,comm,%cpu (②) | (③) −n 10

나. 지정된 프로세스(PID : 1234) 강제로 종료한다.
(④) 1234

■ 조건
- ①, ②은 옵션명이다.
- ③은 명령어이다.
- ④은 명령어와 옵션이다.

답안

①
②
③
④

. . . .

정답

① −eo
② −−sort=−%cpu
③ head
④ kill −9

해설

① −e 옵션은 모든 프로세스를 대상으로 출력하며, −o 옵션은 출력 항목을 지정한다.
② −−sort=−%cpu 옵션은 CPU 사용률을 기준으로 내림차순 정렬한다.
③ head −n 10 명령은 출력된 결과 중 상위 10줄만 표시한다.
④ kill −9 1234는 PID 1234 프로세스를 강제 종료한다.

06 다음은 패키지 관리 과정이다. 조건에 맞게 ( ) 안에 알맞은 내용을 쓰시오.

httpd 서비스의 실행 오류가 발견되어 httpd 패키지를 재설치하려고 한다.

가. httpd 패키지의 정보를 확인한다.
dnf (①) httpd

나. 설치된 패키지 중 httpd가 있는지 확인한다.
dnf list (②) httpd

다. 패키지 관리자의 캐시를 삭제한 후, httpd 패키지를 다시 설치한다.
dnf (③) all
dnf (④) httpd

■ 조건
①~④은 dnf 명령어의 옵션이다.

답안

①

②

③

④

정답
① info
② installed
③ clean
④ reinstall

해설
① info는 httpd 패키지의 상세 정보를 확인한다.
② installed는 현재 시스템에 설치된 패키지 목록을 표시한다.
③ clean은 dnf의 캐시 파일 및 임시 데이터를 삭제한다.
④ reinstall은 지정한 패키지를 다시 설치하는 명령이다.

07 다음은 커널 컴파일 과정이다. 조건에 맞게 ( ) 안에 알맞은 내용을 작성하시오.

커널 컴파일을 위한 모든 환경설정을 마친 상태이며, 이제 커널을 컴파일하여 설치하려고 한다.

가. 커널 이미지를 생성한다.
make (①)

나. 커널에서 사용할 모듈을 컴파일한다.
make (②)

다. 컴파일된 모듈, 이미지 순서로 설치한다.
make (③)
make (④)

■ 조건
①~④은 make 명령어 뒤에 오는 타깃(Target)이다.

답안

①

②

③

④

정답

① bzImage
② modules
③ modules_install
④ install

해설
① make bzImage는 부팅할 수 있는 커널 이미지를 생성한다.
② make modules는 커널에서 사용할 모듈들을 컴파일한다.
③ make modules_install은 컴파일된 모듈들을 /lib/modules/커널버전/ 디렉터리에 설치한다.
④ make install은 컴파일된 커널 이미지를 /boot 디렉터리에 설치하고 부트로더 설정을 갱신한다.

08 다음은 소프트웨어 RAID-1구성을 위한 과정이다. 조건에 맞게 ( ) 안에 알맞은 내용을 작성하시오.

주어진 디스크는 /dev/sdb, /dev/sdc 이며, RAID 장치는 /dev/md0이다.

가. RAID-1 장치를 생성한다.
mdadm ──create /dev/md0 (①) ──raid-devices= (②)

나. RAID 장치의 상태를 확인한다.
cat (③)

다. RAID 장치를 부팅 시 자동으로 인식하도록 설정 파일을 갱신한다.
mdadm (④) 〉〉 /etc/mdadm.conf

라. RAID 장치를 파일시스템으로 초기화하고 마운트한다.
mkfs.ext4 /dev/md0
mount /dev/md0 /mnt/raid

■ 조건
• ①, ④은 mdadm 명령어의 옵션이다.
• ②은 숫자와 장치 경로의 조합이다.
• ③은 파일 경로이다.

답안

①
②
③
④

정답
① ──level=1
② 2 /dev/sdb /dev/sdc
③ /proc/mdstat
④ ──detail ──scan

해설
① ──level=1은 RAID-1(Mirroring)을 지정하는 옵션이다.
② 2 /dev/sdb /dev/sdc는 RAID 장치를 구성할 디스크 2개를 의미한다.
③ /proc/mdstat는 현재 커널에 인식된 RAID 장치들의 상태를 확인하는 파일이다.
④ ──detail ──scan은 시스템에 존재하는 RAID 배열을 설정 파일에 기록할 수 있는 형식으로 출력한다.

09 다음은 LVM 구성을 위한 과정이다. 조건에 맞게 ( ) 안에 알맞은 내용을 작성하시오.

주어진 디스크는 /dev/sdb, /dev/sdc이며, 논리 볼륨 이름은 lv_data, 볼륨 그룹 이름은 vg_storage이다.

가. 주어진 디스크를 물리 볼륨으로 초기화한다.
(①) /dev/sdb /dev/sdc

나. 물리 볼륨을 묶어 볼륨 그룹을 생성한다.
(②) vg_storage /dev/sdb /dev/sdc

다. 볼륨 그룹에서 5GB 크기의 논리 볼륨을 생성한다.
lvcreate −n lv_data (③)

라. 생성한 논리 볼륨을 ext4 파일시스템으로 포맷한다.
(④) /dev/vg_storage/lv_data

마. 마운트 지점을 생성하고, 논리 볼륨을 마운트한다.
mkdir /mnt/lv_data
mount /dev/vg_storage/lv_data /mnt/lv_data

■ 조건
• ①, ②, ④은 명령어이다.
• ③은 lvcreate 명령어를 위한 옵션과 대상이다.

답안

①

②

③

④

· ·

정답

① pvcreate
② vgcreate
③ −L 5G vg_storage
④ mkfs.ext4

해설

① pvcreate는 지정한 디스크(/dev/sdb, /dev/sdc)를 물리 볼륨(PV)으로 초기화하는 명령어이다.
② vgcreate는 생성된 물리 볼륨들을 묶어 볼륨 그룹(VG)을 만드는 명령어이다.
③ −L 5G vg_storage는 논리 볼륨을 5GB 크기로 생성하고, vg_storage라는 볼륨 그룹에 속하도록 지정한다.
④ mkfs.ext4는 논리 볼륨을 ext4 파일시스템으로 초기화하는 명령어이다.

10 다음은 systemd-journald를 통한 로그 관리 과정이다. 조건에 맞게 (   ) 안에 알맞은 내용을 작성하시오.

가. 전체 로그를 기본 페이지 단위로 출력한다.
(①)

나. 부팅 이후 생성된 로그만 확인한다.
(①) (②)

다. priority가 error 이상인 로그만 출력한다.
(①) (③)

라. 특정 서비스(SSHD) 관련 로그만 확인한다.
(①) (④)

■ 조건
• ①은 명령어이다.
• ②~④은 옵션이다.

답안

①
②
③
④

정답

① journalctl
② -b
③ -p err
④ -u sshd

해설

① journalctl은 systemd journal에 저장된 로그를 출력하는 기본 명령어이다.
② -b 옵션은 현재 부팅 이후의 로그만 출력한다.
③ -p err는 error 이상의 priority 로그만 필터링한다.
④ -u sshd는 특정 유닛(서비스)의 로그만 출력한다.

11 다음은 아파치 웹 서버를 설치하고 서비스를 활성화하는 과정이다. 조건에 맞게 (   ) 안에 알맞은 내용을 쓰시오. (12점)

가. 아파치 웹 서버를 설치한다.
sudo dnf install −y (①)

나. 설치된 아파치 웹 서비스를 활성화하고 시작한다.
sudo systemctl enable (①)
sudo systemctl start (①)

다. Apache 버전을 확인한다.
httpd −(②)

라. 설치 상태를 확인한다.
rpm −(③) | (④) httpd

■ 조건
- ①에는 설치할 Apache 패키지 및 서비스 이름을 기입한다.
- ②에는 Apache 서버의 버전 정보를 출력하는 명령어 옵션을 기입한다. (− 없이 옵션만 작성)
- ③에는 RPM 패키지 목록을 조회하는 명령어 옵션을 기입한다. (− 없이 옵션만 작성)
- ④에는 출력 결과물에서 특정 문자열(httpd)을 찾는 명령어를 기입한다.

답안

①
②
③
④

정답

① httpd
② v
③ qa
④ grep

해설

① sudo dnf install −y httpd 명령으로 Apache (httpd) 패키지를 설치한다. 또한 systemctl enable httpd 명령어를 통해 부팅 시 자동 시작을 설정하고, systemctl start httpd로 서비스를 즉시 시작한다.
② httpd −v는 Apache 서버의 버전 정보를 확인할 때 사용하는 옵션이다.
③ rpm −qa는 설치된 모든 RPM 패키지를 나열할 때 사용하는 옵션이다.
④ grep는 출력 결과물에서 특정 문자열을 찾을 때 사용하는 명령어이다.

12 다음은 NIS서버 설치, 도메인명 설정, NIS 클라이언트에서 사용할 계정을 생성하는 과정이다. 조건에 맞게 ( ) 안에 알맞은 내용을 쓰시오. (8점)

가. NIS 서버 설치를 위해 필요한 패키지를 설치한다.
yum (①) −y ypserv ypbind yp−tools

나. NIS 도메인명을 설정한다.
(②) youngjin−nistest.com

다. 부팅 시에도 도메인명이 자동으로 적용될수 있도록 설정한다.
vi /etc/sysconfig/(③)

  …

  NISDOMAIN=youngjin−nistest.com

라. 설정한 도메인명을 확인한다.
(②)

마. NIS 클라이언트에서 사용할 계정을 생성한다.
(④) nisuser
passwd nisuser

■ 조건
• ①에는 yum의 명령어 옵션을 기입한다.
• ②에는 NIS 도메인명을 설정하는 명령어를 기입한다.
• ③에는 리눅스 네트워크 설정 파일명을 기입한다.
• ④에는 사용자를 추가하는 리눅스 명령어를 기입한다.

답안

①

②

③

④

- -

정답
① install
② nisdomainname
③ network
④ useradd

해설
① install 옵션은 yum에서 패키지를 설치할 때 사용되는 명령어 옵션이다.
② nisdomainname은 리눅스 시스템에서 NIS(Network Information Service) 도메인 이름을 설정하거나 확인하는 명령어이다.
③ /etc/sysconfig/network는 리눅스 시스템에서 네트워크 설정 정보를 담고 있는 설정 파일이다.
④ useradd는 새로운 사용자 계정을 생성하는 명령어이며, 사용자의 홈 디렉터리 · 셸 · 사용자 정보 등을 함께 설정할 수 있다.

13 다음은 squid 프록시 서버 환경설정 파일(/etc/squid/squid.conf)이다. 설정 항목에 맞게 ( ) 안에 값을 쓰시오. (8점)

가. 클라이언트의 요청을 수신할 포트 번호를 3128로 지정한다.
http_port (①)

나. 192.168.10.0/24 대역의 호스트 별칭을 master로 지정한다.
    203.0.113.50 IP 주소를 blockedhost라는 별칭으로 지정한다.
(②)
(③)

다. blockedhost 별칭은 접근을 차단하고, master별칭은 접근을 허용하도록 설정한다.
(④)
(⑤)

■ 조건
- ①에는 프록시 서버에서 사용할 포트를 기입한다.
- ②에는 네트워크 대역 ACL 정의 전체를 작성한다.
- ③에는 특정 호스트 ACL 정의 전체를 작성한다.
- ④에는 차단 규칙 설정 전체를 작성한다.
- ⑤에는 허용 규칙 설정 전체를 작성한다.

답안

①

②

③

④

....

정답

① 3128
② acl master src 192.168.10.0/24 또는 acl master src 192.168.10.0/255.255.255.0
③ acl blockedhost src 203.0.113.50
④ http_access deny blockedhost
⑤ http_access allow master

해설

① http_port 3128은 Squid 프록시 서버 기본 포트(3128)로 클라이언트 요청을 수신한다.
② acl master src 192.168.10.0/24는 제시된 네트워크 대역을 master라는 ACL 별칭으로 등록한다.
③ acl blockedhost src 203.0.113.50은 제시된 외부 IP 주소를 blockedhost라는 ACL 별칭으로 등록한다.
④ http_access deny blockedhost는 blockedhost ACL에 해당하는 IP 접근을 차단한다.
⑤ http_access allow master는 master ACL에 해당하는 네트워크 접근을 허용한다.
※ squid 접근 제어는 순차 적용되므로, deny 규칙을 allow 규칙보다 먼저 작성한다.

14 iptables 명령어를 사용하여 방화벽 규칙을 설정하는 과정이다. 조건에 맞게 (   ) 안에 알맞은 내용을 쓰시오. (12점)

가. 방화벽 기존 규칙을 초기화한다.
iptables (①)

나. 방화벽 기본 규칙으로 들어오는 패킷에 대하여 거부한다.
iptables −P INPUT (②)

다. TCP프로토콜의 8080번 포트로 들어오는 패킷은 허용한다.
(③)

라. 설정한 정책을 저장한다.
(④) 〉 firewall.sh

■ 조건
- ①은 iptables의 단일 옵션이다.
- ②에는 기본 규칙으로 들어오는 패킷에 대한 포트를 차단하는 설정값을 기입한다.
- ③에는 설정을 위한 전체 명령을 한 줄로 기술한다.
- ④에는 iptables 설정 값을 저장하는 명령어를 기술한다.

답안

①

②

③

④

. . . .

정답

① −F
② DROP
③ iptables −A INPUT −p tcp −−dport 8080 −j ACCEPT
④ iptables−save

해설

① −F는 방화벽 규칙을 초기화하는 옵션이다.
② DROP은 기본 정책을 DROP으로 설정하면, 허용 규칙 이외의 모든 패킷이 차단된다.
③ iptables −A INPUT −p tcp −−dport 8080 −j ACCEPT에서 −A는 룰 추가, −p는 프로토콜 지정, −dport는 목적포트 지정, −j ACCEPT는 패킷이 룰에 적합한 경우 허용하는 명령어이다.
④ iptables−save는 설정한 iptables 정책을 저장하기 위해 사용하는 명령어이다.

15 다음은 ftp서버의 환경설정 파일(/etc/vsftpd/vsftpd.conf)이다. 조건에 맞게 (   ) 안에 알맞은 내용을 쓰시오. (8점)

가. 로컬 계정 사용자의 접속을 허가한다.
(①)

나. 익명의 사용자 접속을 허용하지 않는다.
(②)

다. 업로드 기능을 활성화한다.
(③)

라. 한 IP 주소당 접속할 수 있는 최대 허용 건수를 3건으로 지정한다.
(④)

■ 조건
①~④에 필요한 설명 항목을 정확히 기술한다.

답안

①

②

③

④

정답

① local_enable=YES
② anonymous_enable=NO
③ write_enable=YES
④ max_per_ip=3

해설

① local_enable은 로컬 계정 사용자의 접속을 허가한다(YES=허가, NO=불가).
② anonymous_enable은 익명 사용자의 접속 여부를 설정한다(YES=허가, NO=불가).
③ write_enable은 FTP 쓰기(업로드) 허용 여부를 설정한다(YES=쓰기, NO=쓰기 불가).
④ max_per_ip는 한 IP당 접속할 수 있는 최대 허용 건수를 지정한다.

16 다음은 sendmail을 이용하여 메일을 발송하고 메일 큐를 관리하는 과정에 대한 설명이다. ( ) 안에 알맞은 내용을 쓰시오. (12점)

> 가. 메일 본문 내용을 표준 입력으로 받아 sendmail 명령어와 함께 수신자 주소를 넘기면 메일을 발송할 수 있다. 이때 제목을 포함한 메일을 보내기 위하여 '(①):메일 제목 형식'을 이용한다.
>
> 나. 메일 큐에 쌓여 있는 메일을 확인하기 위한 명령은 sendmail (②)이다.
>
> 다. 메일 큐에 있는 메일을 즉시 재전송하기 위해 sendmail (③) 명령을 사용한다.
>
> 라. 메일 큐에서 특정 메시지를 제거하기 위하여, (④) /var/spool/mqueue/〈QueueID〉를 이용할 수 있다.

> ■ 조건
> • ①에는 메일 발송 시 제목을 나타내는 형식을 기입한다.
> • ②, ③에는 sendmail의 관련 옵션을 기입한다.
> • ④은 특정 메시지를 제거하기 위해 사용할 수 있는 단일 명령어이다.

답안

①
②
③
④

정답

① Subject
② -bp
③ -q
④ rm

해설

① Subject는 메일 발송 시 메일 제목을 나타내는 헤더 형식이다.
　(관련 명령어 조합의 **예** echo -e "Subject: 테스트 메일\n\n본문 내용" | sendmail user@example.com)
② sendmail -bp는 메일 큐 상태 확인 명령어와 관련 옵션이다.
③ sendmail -q는 큐에 있는 모든 메시지를 즉시 재전송하는 명령어와 관련 옵션이다.
④ rm /var/spool/mqueue/〈QueueID〉는 특정 메시지를 직접 삭제할 때 사용할 수 있다.

1급	소요 시간	문항 수
	총 100분	총 16문항

수험번호 : _____

성   명 : _____

01~10 단답식

01 다음은 사용자를 관리하는 과정이다. 조건에 맞게 (   ) 안에 알맞은 내용을 적으시오. (4점)

새로 입사한 인턴 사원을 위해 ihduser 사용자 계정을 생성하였다.
useradd −m ihduser

가. 패스워드 변경일을 2025−9−30로 설정하고, 계정 만기일을 2025−12−31로 설정한다.
(①) (②) −E 2025−12−31 ihduser

나. 패스워드 변경 최대기간을 3일로 설정한다.
(①) (③) ihduser

다. ihduser의 패스워드 입력 오류로 계정이 잠겼으므로, 이를 해제한다.
(④) ihduser

■ **조건**
- ①은 명령어이다.
- ②, ③은 ①번에 대한 옵션과 설정값을 기입한다.
- ④은 명령어와 명령어에 대한 옵션을 기입한다.

답안

①

②

③

④

··

정답
① chage
② −d 2025−09−30 (또는 −−lastday)
③ −M 3 (또는 −−maxdays)
④ usermod −U (또는 −−unlock)

해설
① 사용자의 비밀번호 및 계정 상태를 관리하는 명령어이다.
② 비밀번호 마지막 변경일을 2025년 9월 30일로 설정한다.
③ 비밀번호 최대 사용 기간을 3일로 설정한다.
④ 잠긴 계정을 해제하는 명령어이다.

02 다음은 웹사이트의 권한 설정 과정이다. 조건에 맞게 ( ) 안에 알맞은 내용을 적으시오. (4점)

가. 지정한 경로와 하위 경로에 대하여 소유자에게 읽기 · 쓰기 권한을 부여하고, 다른 사용자에게는 읽기 권한을 부여한다.
(①) (②) /var/www/html

나. 지정한 경로와 하위 경로에 대하여 디렉터리를 모두 찾아 소유자에게 읽기 · 쓰기 · 실행 권한을 부여하고, 다른 사용자에게는 읽기 · 실행 권한을 부여한다.
find /var/www/html (③) (④) {} \;

■ 조건
• ①은 명령어이다.
• ②은 ①번의 옵션과 옵션값이다.
• ③, ④은 find 명령어의 옵션과 옵션값이다.

답안

①

②

③

④

정답

① chmod
② −R 644 (또는 −−recursive)
③ −type d
④ −exec chmod 755

해설

① 파일 및 디렉터리의 권한을 변경하는 명령어이다.
② 재귀적으로 /var/www/html과 그 하위 디렉토리 및 파일에 대해 소유자에게 읽기 · 쓰기 권한을 부여하고, 다른 사용자에게는 읽기 권한만 부여한다.
③ 디렉터리만 찾는 옵션이다.
④ 찾은 디렉터리에 대해 chmod 755 명령을 실행하여, 소유자는 읽기 · 쓰기 · 실행 권한을, 다른 사용자에게는 읽기 · 실행 권한을 부여한다.

03 다음은 시스템의 프로세스 관리 과정이다. 조건에 맞게 (   ) 안에 알맞은 내용을 적으시오. (4점)

가. 프로세스 목록을 메모리 사용량을 기준으로 정렬하여 표시한다.
(①) -eo cmd,%mem --(②)=-%mem | head

나. 메모리 점유율이 높은 프로세스의 식별자를 확인한다.
(③) java

다. 해당 프로세스를 강제 종료한다.
(④) 24601

■ 조건
- ①은 명령어이다.
- ②은 ①의 옵션과 옵션값이다.
- ③, ④은 find 명령어의 옵션과 옵션값이다.

답안

①

②

③

④

- -

정답

① ps
② sort
③ pgrep
④ kill -9 (또는 -SIGKILL)

해설

① 시스템의 프로세스를 확인하는 명령어이다.
② 메모리 사용량(%mem)을 기준으로 내림차순으로 정렬한다.
③ 프로세스 이름으로 해당 프로세스의 PID(프로세스 식별자)를 찾는 명령어이다.
④ 프로세스 24601을 강제로 종료하는 명령어. -9는 SIGKILL 신호로, 즉시 종료를 의미한다.

04 다음은 패키지 관리 과정이다. 조건에 맞게 (   ) 안에 알맞은 내용을 적으시오. (4점)

> gcc 명령어의 실행 오류가 발견되어 관련 개발 도구 패키지를 재설치하려고 한다.
>
> 가. Development Tools 그룹패키지의 정보를 확인한다.
> # yum (①) 'Development Tools'
>
> 나. 설치된 패키지 중 gcc가 있는지 확인한다.
> # yum list (②) | grep −i 'gcc'
>
> 다. 패키지 관리자의 캐시를 삭제한 후, Development Tools 그룹 패키지를 다시 설치한다.
> # yum (③) all
> # yum (④) "Development Tools"
> # yum groupinstall "Development Tools"

■ 조건
①~④은 yum 명령어의 옵션이다.

답안

①

②

③

④

....

정답

① groupinfo
② installed
③ clean
④ groupremove

해설

① 패키지 그룹에 대한 정보를 확인하는 명령어이다.
② 현재 시스템에 설치된 패키지 목록을 표시한다.
③ 명령어는 패키지 관리자의 캐시 파일 및 임시 데이터를 삭제한다.
④ 특정 패키지 그룹을 제거한다.

05 다음은 모듈 관리 과정이다. 조건에 맞게 (   ) 안에 알맞은 내용을 적으시오. (4점)

가. e1000 모듈을 로드하면서 연관된 모듈도 함께 로드한다.
(①) e1000

나. e1000 모듈이 로드될 때마다 적용할 설정 파일을 생성한다.
vi /etc/(②)/e1000.conf

다. e1000.conf 파일에 e1000 모듈의 성능을 조절하기 위해 InterruptThrottleRate 매개변수를 3으로 설정한다.
(③)

라. 부팅 시 자동으로 e1000 모듈이 로드되도록 설정 파일을 생성한다.
vi /etc/(④)/e1000.conf

■ 조건
- ①은 명령어이다.
- ②, ④은 디렉터리명이다.
- ③은 ②에서 생성한 파일에 기입할 설정 내용이다.

답안

①
②
③
④

- -

정답
① modprobe
② modprobe.d
③ options e1000 InterruptThrottleRate=3
④ modules-load.d

해설
① 모듈을 로드할 때 해당 모듈과 연관된 다른 모듈(의존성 모듈)도 자동으로 함께 로드하는 명령어이다.
② /etc/modprobe.d/ 디렉터리는 커널 모듈이 로드될 때 필요한 설정을 저장하는 위치이다.
③ options 키워드를 사용하여 특정 모듈에 대해 설정할 매개변수를 지정한다.
④ /etc/modules-load.d/ 디렉터리는 시스템 부팅 시 자동으로 로드할 모듈을 지정하는 위치이다.

06 다음은 RAID 관리 과정이다. 조건에 맞게 ( ) 안에 알맞은 내용을 적으시오. (4점)

가. 다음은 2개의 하드디스크를 이용해서 미러링(Mirroring) 기술이 적용된 RAID를 구성하는 과정이다.
(①) (②) /dev/md0 (③) /dev/sdb1 /dev/sdc1

나. RAID 구성이 완료된 장치의 정보를 확인하다.
cat (④)

■ 조건
- ①은 명령어이다.
- ②은 ①에 대한 단일 옵션이다.
- ③, ④은 ①에 대한 복수 옵션이다.

답안

①
②
③
④

정답

① mdadm
② --create (또는 -C)
③ --level=1 --raid-devices=2 (또는 -l=1 -n=2)
④ /proc/mdstat

해설

① RAID 관리를 위한 명령어이다.
② RAID를 생성하기 위한 옵션이다.
③ --level=1은 RAID 1(미러링)을 구성한다는 의미이고, --raid-devices=2는 두 개의 디스크를 사용하여 미러링을 구성한다는 옵션이다.
④ 현재 시스템에 설정된 RAID 배열 상태를 보여 주는 파일이며 RAID 배열의 동작 여부와 상태를 확인한다.

07 다음은 시스템 로그 관련 설정을 하는 과정이다. 조건에 맞게 (   ) 안에 알맞은 내용을 적으시오. (4점)

> 가. 모든 서비스(Facility)에 대해 우선순위(Priority) 1단계의 위험한 상황인 경우에 root 및 ihduser 사용자의 터미널로
> 관련 로그를 전송한다.
> (①)(②)
>
> 나. 커널 서비스(Facility)에서 발생하는 error 수준의 메시지만 /var/log/kern_error에 기록한다.
> (③) /var/log/kern_error
>
> 다. 인증 서비스 관련 로그는 로컬 시스템의 세 번째 터미널로 전송한다.
> authpriv.* (④)

> ■ 조건
> • ①, ③은 facility.priority 형식으로 기입한다.
> • ②, ④은 관련 설정(Action)을 기입한다.

답안

①

②

③

④

정답

① *.alert
② root,ihduser (또는 :omusrmsg:root,ihduser)
③ kern=err
④ /dev/tty3

해설

① 우선순위 1단계는 alert이다.
② 사용자명 입력도 가능하지만 :omusrmsg:를 통해 명확하게 사용자에게 전송한 사실을 표시할 수 있다.
③ 커널 서비스는 kern이다.
④ /dev/tty3는 세번째 터미널을 의미한다.

08 다음은 시스템 관련 로그 정보를 명령어를 사용해서 확인하는 과정이다. 조건에 맞게 (   ) 안에 알맞은 내용을 적으시오. (4점)

가. ihduser 사용자의 최종 접속한 로그 기록만 출력한다.
(①) ihduser

나. 로그인뿐 아니라 로그아웃 기록도 확인하기 위한 로그 파일의 조회를 시도한다.
cat (②) | grep 'ihduser'

다. (②)가 바이너리 형식으로 조회가 불가능하여, 관련 명령어를 통해 조회한다.
(③) ihduser

라. 가장 최근의 로그인 실패 기록 중 3개를 출력한다.
(④)

■ 조건
- ①은 관련 명령어를 기입하고, 만약 관련 옵션이 필요한 경우에는 옵션도 한 번에 기입한다. (**예** ls, ls − al)
- ②은 사용자 로그와 관련된 파일 위치 및 파일명이다.
- ③, ④은 관련 명령어 또는 관련 명령어 및 옵션의 조합으로 한 번에 기입한다.

답안

①

②

③

④

- -

정답

① lastlog −u
② /var/log/wtmp
③ last
④ lastb −n 3 (또는 lastb −3)

해설

① ihduser 사용자의 최종 로그인 기록을 확인한다.
② 로그인 및 로그아웃 기록이 저장된 로그 파일이다.
③ ihduser 사용자의 로그인/로그아웃 기록을 조회한다.
④ 가장 최근에 로그인 시도를 실패한 횟수 3건을 조회한다.

09 다음은 파일 속성(attribute)을 사용해서 보안을 강화하는 과정이다. 조건에 맞게 (   ) 안에 알맞은 내용을 적으시오. (4점)

금융 데이터 관리팀에서 관리하는 디렉터리에 대한 보안을 강화하는 과정이다. 금융 데이터 관리팀의 계정은 finance_group에 속해 있다.

가. 디렉터리에 대한 ACL 권한을 확인한다.
(①) /customer_data

나. 디렉터리에 대한 모든 권한을 제거한다.
(②) /customer_data

다. 디렉터리에 대하여 금융 데이터 관리 팀에게 기본적로 읽기 권한을 부여한다.
(③) /customer_data

라. 디렉터리에 파일을 읽고, 쓸 수 있는 권한은 admin 사용자에게만 부여한다.
(④) /customer_data

■ 조건
- ①은 명령어이다.
- ②~④은 명령어와 옵션의 조합이다.

답안

①

②

③

④

정답

① getfacl
② setfacl −b
③ setfacl −m d:g:finance_group:r
④ setfacl −m u:admin:rw

해설

① 파일 또는 디렉터리의 ACL 권한을 확인할 때 사용한다.
② −b 옵션은 지정된 파일 또는 디렉터리의 모든 ACL 설정을 삭제한다.
③ d: 옵션은 디렉터리에 추가되는 파일에 대해 기본적으로 설정될 권한을 지정하는 데 사용한다.
④ 특정 사용자에게 권한 부여는 setfacl −m u:〈사용자〉:〈권한〉 형식을 따른다.

10 다음은 /dev/sda1을 파일로 백업하는 과정이다. 조건에 맞게 (　　　) 안에 알맞은 내용을 적으시오. (4점)

> 가. /dev/sda1 디스크를 backup.img 파일로 백업한다.
> # (①) (②)
>
> 나. backup.img를 /dev/sdb1 디스크로 복원한다.
> # (③) (④)

■ 조건
- ①, ③은 관련 명령어만 기입한다.
- ②, ④은 ①, ③에 사용되는 명령어의 옵션, 옵션 및 인자값 등을 한 번에 기입한다.

답안

①

②

③

④

정답

① dd
② if=/dev/sda1 of=backup.img
③ dd
④ if=backup.img of=/dev/sdb1

해설

dd 명령어로 지정한 파티션 또는 디스크를 백업 또는 복원할 수 있다. if 옵션으로 입력 파일(장치)를 지정하고 of 옵션으로 출력 파일(장치)를 지정한다.

11 다음은 아파치 웹 서버를 설치하고 PHP와 연동하기 위한 설정 과정이다. 조건에 맞게 (   ) 안에 알맞은 내용을 적으시오. (12점)

가. 아파치 웹서버를 설치한다.
sudo dnf −y (①) httpd

나. 아파치 웹 서버가 설치되어 있음을 확인한다.
sudo dnf (②) installed | grep httpd

다. PHP를 설치한다.
sudo dnf −y (①) php

라. /etc/httpd/conf/httpd.conf 파일에 PHP 파일을 해석할 수 있는 MIME 타입을 추가하고 PHP 파일을 기본 페이지로 인식할 수 있도록 설정한다.
vi /etc/httpd/conf/httpd.conf
                                        (중간 생략)
(③) application/x−httpd−php.php.php3.php4.php5
                                        (중간 생략)
(④) index.html index.php

■ 조건
- ①, ②에는 dnf의 명령어 옵션을 기입한다.
- ③에는 설정을 위한 항목명만 기입한다.
- ④에는 설정을 위한 항목명만 기입한다.

답안

①

②

③

④

정답
① install
② list
③ AddType
④ DirectoryIndex

해설
① install 옵션은 dnf에서 패키지를 설치할 때 사용하는 옵션이다.
② list 옵션은 dnf에서 설치된 패키지 목록을 출력할 때 사용하는 옵션이다.
③ AddType은 파일확장자에 대한 MIME(Multipurpose Internet Mail Extension)을 등록하고, 해당 파일에 대한 처리 방식을 지정한다.
④ DirectoryIndex는 웹 디렉터리를 방문할 경우 처음으로 열릴(Open) 파일목록을 정의한다.

12 다음은 삼바 서버를 설정하고 사용하기 위한 과정 중 일부이다. 조건에 맞게 (   ) 안에 알맞은 내용을 적으시오. (8점)

가. /etc/samba/smb.conf 의 설정 값을 다음 조건에 따라 지정한다.
- 윈도우에서 접근할 폴더의 이름은 www이다.
- 공유 디렉터리 경로는 /usr/local/apache/htdocs이다.
- 접근 가능한 사용자는 youngjin 이다.
- 파일 생성과 삭제 권한을 부여한다.

```
# vi /etc/samba/smb.conf
```
                                    (중간 생략)
```
[www]
comment = Web Directory
( ① ) = /usr/local/apache/htdcos
( ② ) = youngjin
( ③ ) = yes
```

나. 삼바 사용자 계정으로 youngjin을 추가하고 패스워드를 설정한다.
```
# ( ④ ) -a youngjin
```

■ 조건
- ①~③에는 설정을 위한 항목명만 기입한다.
- ④에는 관련 명령어만 기입한다.

답안

①

②

③

④

정답

① path
② valid users
③ writeable
④ smbpasswd

해설

① path는 공유 디렉터리의 절대경로를 지정한다.
② valid users는 접근 가능한 사용자를 지정한다.
③ writable은 쓰기 가능하도록 설정한다.
④ smbpasswd는 삼바 계정과 패스워드를 설정하고 관리하는 명령어이다.

13 다음은 sendmail에서 메일의 별칭 혹은 특정 계정으로 수신한 이메일을 다른 계정으로 전달하도록 설정하는 과정이다. 조건에 맞게 ( ) 안에 알맞은 내용을 적으시오. (8점)

가. 관련 설정 파일을 vi 편집기로 편집을 시작한다.
\# vi /etc/(①)

나. webmaster로 전송된 메일을 youngjin으로 전달하도록 설정한다.
(②)

다. admin 계정으로 전달된 메일을 /etc/mail_admin 파일에 저장된 계정으로 전달하도록 설정한다.
admin: (③) /etc/mail_admin

라. 관련 내용을 저장한 후 적용한다.
\# (④)

■ 조건
- ①은 설정 파일의 명칭이다.
- ②은 설정항목명과 설정의 조합이다.
- ③은 설정을 위해 사용하는 형식명이다.
- ④은 하나의 명령어이며 추가 옵션은 없다.

답안

①

②

③

④

정답
① aliases
② webmaster: youngjin
③ :include:
④ newaliases

해설
① /etc/aliases는 메일의 별칭 혹은 특정 계정으로 수신한 이메일을 다른 계정으로 전달하기 위해 사용하는 설정 파일이다.
② '[수신계정]: [전달계정]'의 형식으로 설정한다.
③ ':include:[파일명]'을 이용하여 사용자 이름이 지정된 파일을 설정한다.
④ newaliases 명령으로 설정한 내용을 적용한다.

14 다음은 DNS 서버의 Zone 파일을 설정하는 과정이다. 조건에 맞게 (   ) 안에 알맞은 내용을 적으시오. (12점)

```
( ① ) 1D
@    IN ( ② ) ns.youngjin.com. admin.youngjin.com. (
     2020080302    ;Serial
     7200          ;Refresh
     3600          ;Retry
     1209600       ;Expire
     3600          ;Minimum
)
IN ( ③ ) 10 youngjin.com.
( ④ )
```

■ 조건
- ①은 설정한 정보를 다른 DNS 서버에서 조회하였을 경우 캐시에 보관할 시간을 지정하기 위해 사용한다.
- ②은 도메인 관리자 메일, 일련번호 등 DNS의 핵심 정보를 지정하기 위한 레코드를 의미하기 위해 사용한다.
- ③은 youngjin.com으로 메일을 받을 수 있도록 설정하는 항목을 위해 사용한다.
- ④은 www 도메인을 사용하는 호스트의 IP 주소를 192.168.56.22로 설정한다.

답안

①

②

③

④

정답

① $TTL
② SOA
③ MX
④ www IN A 192.168.56.22

해설

① $TTL은 Time To Live의 약자로 설정한 정보를 다른 DNS 서버에서 조회하였을 경우 캐시에 보관할 시간을 지정한다. (Zone 파일의 첫 번째 라인에 위치)
② SOA는 Start Of Authority의 약자로, 도메인 관리자 메일, 일련번호 등 DNS 핵심 정보를 지정하는 레코드 타입이다.
③ MX는 도메인 이름에 대한 메일 교환 서버를 지정하는 레코드 타입이다.
④ www IN A 192.168.56.22는 www에 대한 IP 주소 v4 (A 타입)을 지정한다.

15 다음은 'Order, Allow, Deny'를 이용하여 아파치 웹 서버의 접근 통제를 설정하는 과정이다. 조건에 맞게 (　　) 안에 알맞은 내용을 적으시오. (8점)

Order (①), (②)
(③)
(④)

■ 조건
- ①, ②은 Allow, Deny에 해당하지 않는 클라이언트의 접근은 기본 허락하도록 설정하는 방식이다.
- ③은 모든 접근을 거부한다.
- ④은 네트워크 주소가 192.168.0.0에 해당하는 IP 대역에서 접근할 수 있다.

답안

①

②

③

④

정답
① Deny
② Allow
③ Deny from all
④ Allow from 192.168.0 혹은 Allow from 192.168.0. (끝에 .이 있음) 혹은 192.168.0.0/255.255.225.0

해설
①, ② Order Deny, Allow는 Deny를 먼저 적용한 후 Allow를 적용한다는 의미이며, Deny나 Allow에 해당하지 않는 클라이언트는 접근을 기본적으로 허가한다.
③ Deny from all은 모든 접근을 거부한다.
④ Allow from 192.168.0.0/255.255.255.0은 192.168.0.0/24의 IP 대역에 해당하는 클라이언트의 접근을 허가한다.

16 다음은 iptables를 이용하여 방화벽 규칙(Rule)을 설정하고 관리하는 과정이다. 조건에 맞게 (   ) 안에 알맞은 내용을 적으시오. (12점)

가. 방화벽 규칙을 초기화한다.
iptables (①)

나. 방화벽의 기본 규칙을 들어오는 패킷에 대하여 거부(DROP)한다.
iptables (②) INPUT DROP

다. TCP 프로토콜의 80번 포트를 대상으로 들어오는 패킷은 허용한다.
(③)

라. 설정한 정보를 파일로 저장하여, 이후 다시 사용할 수 있도록 한다.
(④) 〉 firewall.rules

■ 조건
• ①, ②은 iptables의 단일 옵션이다.
• ③은 설정을 위한 전체 명령을 한 줄로 기술한다.
• ④은 명령어만 기술한다.

답안

①

②

③

④

- -

정답
① -F
② -P
③ iptables -A INPUT -p tcp --dport 80 -j ACCEPT
④ iptables-save

해설
① -F는 방화벽 룰을 초기화하는 옵션이다.
② -P는 방화벽의 기본 정책을 지정하는 옵션이다.
③ iptables -A INPUT -p tcp --dport 80 -j ACCEPT의 각 부분에 대한 해설은 아래와 같다.
  • -A : 룰 추가   • -p : 프로토콜 지정   • --dport : 목적 포트 지정   • -j ACCEPT : 룰에 해당될 경우 허용하도록 지정
④ iptables-save 〉 파일명은 지정한 파일명으로 설정한 방화벽 룰을 저장한다.

[P] **선생님**의 노하우
※ **iptables-restore < 파일명**은 지정한 파일명으로부터 방화벽 룰을 읽어들여 설정한다.

해설과 함께 보는 최신 기출문제 03회

1급	소요 시간	문항 수
	총 100분	총 16문항

수험번호 : _____

성   명 : _____

01~10 단답식

01 다음 조건에 맞게 사용자 정보를 변경하려고 할 때 (   ) 안에 알맞은 내용을 적으시오. (4점)

#(①)(②)(③)(④) ihduser

■ 조건
- ihduser의 사용자명을 kaituser로 변경한다.
- 홈 디렉터리를 /home/ihduser에서 /home/kaituser로 변경하고, 기존에 소유했던 파일이나 디렉터리도 그대로 이용할 수 있도록 한다.
- ①에는 해당 명령어를 기재한다.
- ②~④에는 명령어의 옵션 또는 옵션과 관련된 인자값을 기재한다.

답안

①

②

③

④

⋯⋯

정답

① usermod
② -l kaituser
③ -d /home/kaituser
④ -m
※ ②~④은 순서에 관계없이 작성하며, ①의 명령어를 틀렸을 경우 옵션 채점에서 제외한다.

해설

usermod
- 기능 : usermod 명령어로 기존 사용자의 설정을 변경할 수 있음
- 옵션

옵션	설명
-d(--home)	- 사용자의 홈 디렉터리를 변경 - 만일 -m 옵션을 함께 사용한다면 현재의 홈 디렉터리의 내용이 새로운 홈 디렉터리로 복사되고 디렉터리가 존재하지 않는다면 생성도 함
-l(--login)	사용자의 로그인 이름을 변경
-m(--move-home)	- 사용자의 홈 디렉터리의 내용을 새로운 홈 디렉터리로 옮김 - -d 옵션과 함께 사용

02 다음은 사용자를 관리하는 과정이다. 조건에 맞게 (   ) 안에 알맞은 내용을 적으시오. (4점)

가. ihduser 사용자가 패스워드 입력 없이 사용자명만 입력하면 로그인이 가능하도록 설정한다.
(①) (②) ihduser

나. kaituser는 다음 로그인 시에 패스워드를 반드시 바꾸도록 설정한다.
(①) (③) kaituser

다. examuser의 패스워드가 만료된 후 3일이 지나면 로그인이 불가능하도록 설정한다.
(①) (④) examuser

■ 조건
- ①에는 해당 명령어를 기재한다. ①의 명령어가 틀리면 ②~④은 배점하지 않는다.
- ②~④에는 명령어의 옵션 또는 옵션과 관련된 인자값을 기재하는데, 옵션과 관련된 인자값은 하나의 괄호로 처리한다. (예) – d /home/ihduser)

답안

①
②
③
④

정답
① passwd
② –d
③ –e
④ –i 3

해설
passwd
- 기능 : 사용자의 패스워드를 변경하거나 삭제할 수 있음
- 옵션

옵션	설명
–d(––delete)	사용자의 패스워드를 삭제
–e(––expire)	– 사용자의 패스워드를 만료시킴 – 사용자는 다음 로그인할 때 패스워드를 변경해야 함
–i(––inactive)	사용자의 패스워드가 만료된 이후로 사용자 계정을 비활성화할 때까지 유예기간을 지정

03 다음은 사용자의 디스크 쿼터(Disk Quota)를 설정하는 과정이다. (   ) 안에 알맞은 내용을 적으시오. (4점)

가. /etc/fstab 파일에서 /home 관련된 영역의 4번째 필드에 추가로 기재해야 할 옵션 값을 적는다.
(①)

나. /home 영역을 다시 마운트한다.
(②) /home

다. 파일 시스템을 체크하여 quota 기록 파일을 생성한다.
(③) /home

라. kaituser 사용자에 대한 쿼터를 설정한다.
(④) kaituser

■ 조건
• ①에는 관련 값만 기재한다.
• ②에는 명령어와 관련 옵션을 한 번에 기재한다.
• ③에는 해당 명령어를 기재한다.
• ④에는 해당 명령어만 기재한다. (실행되는 명령어를 기재)

답안

①
②
③
④

⋯⋯

정답

① usrquota
② mount -o remount
③ quotacheck 또는 quotacheck -mf
③ edquota 또는 edquota -

해설

usrquota와 grpquota
- usrquota 명령어로 사용자의 디스크 쿼터를 설정할 수 있다.
- grpquota를 지정하면 그룹의 디스크 쿼터를 설정할 수 있다.

mount
- 기능 : 특정 장치를 파일 시스템의 특정 경로로 마운트할 수 있는데, 특히 -o 옵션은 아래 표와 같은 다양 세부 옵션을 지정할 수 있음
- 옵션

옵션	설명
default	이 명령어의 기본 설정값으로, rw, suid, dev, auto, nouser, async 옵션이 설정됨
ro	읽기 전용으로 마운트
rw	읽기·쓰기 모두 가능하도록 마운트
remount	이미 마운트된 파일 시스템을 재마운트

quotacheck
- 기능 : 지정한 파일 시스템에 대한 사용량을 체크하여 쿼터 기록 파일을 생성하거나 기존의 파일을 갱신
- 옵션

옵션	설명
-m(--no-remount)	파일 시스템을 읽기 전용으로 remount하는 동작을 수행하지 않음
-f(--force)	이미 쿼터 기능이 활성화된 상태에서 사용량을 체크하여 새로 쿼터 파일을 생성하고자 할 때 사용

edquota
- 기능 : 사용자 또는 그룹을 위한 쿼터를 편집하는 명령어
- 옵션

옵션	설명
-u	이 명령어의 기본값으로, 지정한 사용자의 사용자 쿼터를 설정

04 다음은 파일 및 디렉터리를 관리하는 과정이다. 조건에 맞게 (   ) 안에 알맞은 내용을 적으시오. (4점)

가. /usr/local/apache/htdocs 디렉터리를 /var/www/html로도 접근이 가능하도록 링크를 설정한다.
\# (①) (②) (③)

나. /project/lin.sh 파일의 내용과 동일한 내용이 보존되도록 /backup/lin.sh를 생성한다. /project/lin.sh 파일이 삭제
　되어도 /backup/lin.sh 파일의 내용은 그대로 유지되도록 한다.
\# (①) (④)

■ 조건
- ①에는 해당 명령어를 기재한다. ①의 명령어가 틀리면 ②~④은 배점하지 않는다.
- ②~③은 명령어의 옵션 또는 옵션과 관련된 인자값을 기재하는데, 옵션과 관련된 인자값은 하나의 괄
　호로 처리한다. (예 −d /home/ihduser)
- ④은 ①에 기재되는 명령어를 제외하고 나머지 모든 내용을 하나로 기재한다.

답안

①
②
③
④

- -

정답
① ln
② −s /usr/local/apache/htdocs
③ /var/www/html
④ /project/lin.sh /backup/lin.sh
※ ②~③은 조합해서 순서가 맞으면 정답으로 처리한다.

해설
ln
- 기능 : 하드 링크와 심볼릭 링크를 설정할 수 있음
- ln으로 설정한 하드 링크와 심볼릭 링크의 차이

구분	하드 링크	심볼릭 링크
명령어	ln test.txt t	ln −s test.text t
특징	• 동일한 i−node를 가짐 • i−node로 바로 데이터에 접근 • 같은 파일 시스템에서만 가능 • 디렉터리는 지원하지 않음	• i−node가 다름 • 데이터 접근 시, 원본 i−node를 경유 • 다른 파일 시스템에서도 가능 • 디렉터리도 가능

05 다음 조건에 맞게 프로세스의 우선순위를 변경하려고 할 때 ( ) 안에 알맞은 내용을 적으시오. (4점)

가. 로그인해서 사용 중인 bash의 NI 및 PRI 값을 확인한다.
(①)

나. bash 프로세스에 설정된 NI값을 10만큼 감소시켜 우선순위를 높인다.
(②) bash

다. PID가 513인 프로세스의 NI값을 할당 가능한 최댓값으로 지정해서 우선순위를 높인다.
(③) (④) 513

■ 조건
• ①에는 명령어 또는 명령어와 옵션 조합으로 기재한다.
• ②에는 명령어를 기재한다.
• ③에는 해당 명령어만 기재한다. ③의 명령어가 틀리면 ④은 배점하지 않는다.
• ④에는 명령어의 설정값, 옵션, 옵션과 관련된 인자값 등을 기재하는데, 옵션과 관련된 인자값이 있는
경우에는 하나의 괄호로 처리한다. (예 − d /home/ihduser)

답안

①
②
③
④

- -

정답
① ps −l 또는 top
② nice −−10 또는 nice −n −10
③ renice
④ −20 또는 −n −20

해설
ps
• 기능 : ps 명령어에 −l 옵션을 사용하여 PRI 및 NI 값을 확인할 수 있음
• 옵션

옵션	설명
−l	• 긴 포맷(Long Format)으로 출력 • F, S, UID, PID, PPID, C, PRI, NI, ADDR, SZ, WCHAN, TTY, TIME, CMD 순으로 출력
l	• BSD 형식의 긴 형식으로 출력 • F, UID, PID, PPID, PRI, NI, VSZ, RSS, WCHAN, STAT, TTY, TIME, CMD 순으로 출력

top
• top 명령어는 현재 실행 중인 프로세스에 대한 정보를 실시간으로 제공한다.
• PID, USER, PR, NI, VRT, RES, SHR, S %CPU, %MEM, TIME+, COMMAND와 같은 정보를 보여 준다.

nice
• nice는 프로세스의 우선순위를 의미하는 nice(NI) 값을 설정한다.
• nice는 프로세스를 시작할 때 NI(nice) 값을 지정하는 명령이며, renice는 실행 중인 프로세스의 NI 값을 변경하는 명령이다.
• NI 값은 '−n 값' 형태로 지정하며, '−n' 옵션은 생략하고 '−10'처럼 값만 바로 써도 동일하게 동작한다.

06 다음은 ihduser 사용자가 설정한 cron 작업을 조정하는 과정이다. (　　　) 안에 알맞은 내용을 적으시오. (4점)

가. ihduser 사용자가 설정한 cron 작업 내용을 확인한다.
\# (①) (②) ihduser

나. ihduser 사용자가 설정한 cron 작업 내용을 수정한다.
\# (①) (③) ihduser

다. ihduser 사용자가 설정한 cron 작업 파일을 삭제한다.
\# (①) (④) ihduser

■ 조건
- ①에는 명령어만 기재한다.
- ②~④에는 필요한 옵션을 한 번에 기재한다.

답안

①

②

③

④

정답

① crontab
② -l -u (또는 -lu)
③ -e -u (또는 -eu)
④ -r -u (또는 -ru)

해설

crontab
- 기능 : 사용자가 반복적으로 수행할 작업을 예약할 때 사용
- 옵션

옵션	설명
file	특정 파일에 설정되어 있는 내용을 크론 설정 파일에 반영
-u	user crontab을 열람하고 수정할 수 있는 사용자를 지정
-l	현재 crontab 설정을 표시
-r	현재 crontab 설정을 제거
-e	– crontab 설정을 편집 – 환경변수 VISUAL 또는 EDITOR에 지정되어 있는 편집기가 실행됨

07 다음은 rpm으로 설치된 특정 패키지 제거 및 이후에 발생된 문제점을 찾는 과정이다. 조건에 맞게 ( ) 안에 알맞은 내용을 적으시오. (4점)

가. rpm 패키지로 설치된 mysql를 제거하는데, 의존성은 무시한다.
rpm (①) mysql

나. mysql 패키지를 제거했더니, postfix가 정상적으로 동작하지 않는다. postfix의 실행 명령어의 위치 정보를 출력하는 명령을 적는다.
(②) postfix

다. postfix가 참고하는 동적 라이브러리 정보를 확인하는 명령을 기재한다.
(③) (④)

■ 조건
- ①에는 필요한 옵션을 한 번에 기재한다.
- ②에는 실행되는 명령어만 기재한다. 옵션이나 인자값은 기재하지 않는다.
- ③에는 명령어만 기재한다.
- ④에는 관련 파일의 경로를 절대경로로 기재한다. (제공된 리눅스 버전 기준)

답안

①

②

③

④

....

정답
① -e --nodeps
② which 또는 whereis
③ ldd
④ /usr/sbin/postfix

해설
rpm
- 기능 : 소스코드 또는 패키지를 시스템에 설치하기 위한 오픈소스 패키지 관리 시스템
- 옵션

옵션	설명
-e	지정한 패키지를 삭제
--nodeps	패키지를 설치하거나 업그레이드하기 전에 의존성 체크를 하지 않음

문제에 사용된 다른 명령어
- which는 특정 명령어의 절대 경로를 출력하고 whereis는 명령어의 실내 경로, 소스 위치, 도움말(man) 패키지 파일의 위치를 출력하나,
- ldd는 지정한 프로그램의 의존성을 확인하는 명령어이다.

08 다음은 C언어로 작성된 소스 파일을 전달 받아 컴파일하는 과정이다. 조건에 맞게 (   ) 안에 알맞은 내용을 적으시오. (4점)

가. 묶인 파일의 압축을 해제하는데, 파일 목록 등과 같은 진행 과정은 화면에 표시하지 않는다.
\# tar (①) project.tar.xz

나. sum.c를 컴파일하여 sum.o라는 목적(Object) 파일을 생성한다.
\# (②) (③) sum.c

다. sum.o 및 add.o와 같이 2개의 목적 파일을 이용해서 calc라는 실행 명령을 생성한다.
\# (②) (④) sum.o add.o

■ 조건
- ①에는 압축 등 꼭 필요한 옵션만 한 번에 기재한다.
- ②에는 명령어만 기재한다.
- ③, ④에는 명령어의 옵션 또는 옵션과 관련된 인자값을 기재하는데, 옵션과 관련된 인자값은 하나의 괄호로 처리한다. (예 −d /home/ihduser)

답안

①

②

③

④

....

정답
① Jxf 또는 −Jxf
② gcc
③ −c
④ −o calc

해설

tar
- 기능 : 파일을 압축하거나 압축된 파일을 해제
- 옵션

옵션	설명
J	.tar.xz 방식으로 압축된 파일을 읽거나 압축 해제
x(−−extract)	압축된 파일의 압축을 해제
f(−−file)	파일명을 지정

gcc
- 기능 : GNU 프로젝트에서 개발하였고 C, C++, Objective−C, Fortran, Java, Ada, Go 등 다양한 프로그래밍 언어를 지원하는 컴파일러
- 옵션

옵션	설명
−o	컴파일할 때 기본 이름 대신에 실행 파일의 이름을 지정하는 옵션
−c	− 지정한 소스코드를 컴파일하여 목적 파일(.o 파일)을 생성 − 이때 목적 파일을 하나로 합치는 링크는 수행하지 않음
−std	컴파일할 언어의 버전을 선택 예 −std=c11이라고 하면 C언어 11 버전으로 컴파일을 수행

09 다음은 모듈 관련 작업을 진행하는 과정이다. 조건에 맞게 (　　) 안에 알맞은 내용을 적으시오. (4점)

가. 사용 가능한 모듈 목록 정보를 출력한다.
(①) (②)

나. ip6table_filter 모듈을 제거하면서 관련 모듈도 같이 제거한다.
(①) (③) ip6table_filter

다. 3c59x.ko 모듈 관련 정보를 출력한다.
(④) 3c59x.ko

■ 조건
- ①, ④에는 명령어만 기재한다.
- ②, ③에는 명령어의 옵션만 기재한다.

답안

①

②

③

④

정답

① modprobe
② -l
③ -r
④ modinfo

해설

modprobe
- 기능 : modprobe는 모듈의 의존성을 고려해 모듈을 커널에 로드하거나 언로드함
- 옵션

옵션	설명
-l(--list)	로드 가능한 모듈의 리스트를 출력
-r(--remove)	- 모듈을 제거 - 의존성이 있는 모듈이 존재하고 참조가 없다면 이들도 함께 자동으로 언로드 - 여러 모듈을 지정할 수도 있음
-c(--showconfig)	모듈 관련 환경설정 파일의 내용을 모두 출력

modinfo
modinfo는 지정한 모듈에 대한 정보를 출력한다.

선생님의 노하우

최근 리눅스의 경우 modprobe의 -l 옵션은 더이상 제공되지 않는다. 커널 모듈 목록은 /lib/modules 디렉터리 이하 커널 버전에 따라 분류되어 관리되고 있다. modprobe -l 명령어 대신에 다음과 같은 명령어의 조합을 사용해 볼 수 있다.

```
# find /lib/modules/$(uname -r) -type f -name '*.ko*' | more
```

10 다음은 명령어를 이용해서 로그를 확인하는 과정이다. 조건에 맞게 (   ) 안에 알맞은 내용을 적으시오. (4점)

가. 최근에 재부팅한 정보 2개만 출력한다.
#(①)

나. 로컬 시스템의 3번째 터미널 창(/dev/tty3)에 로그인이 성공한 정보를 출력한다.
#(②)

다. kaituser가 로그인에 실패한 정보를 출력한다.
#(③)

라. ihduser의 최종 로그인한 정보를 출력한다.
#(④)

■ 조건
①, ④에는 명령어, 옵션, 옵션과 관련된 인자값 등 결과를 확인할 수 있는 방법을 하나의 명령으로 기재한다.

[답안]

①
②
③
④

···

[정답]
① last −2 reboot 또는 last −n 2 reboot
② last 3 또는 last tty3
③ lastb kaituser
④ lastlog −u ihduser 또는 lastlog −−user ihduser

[해설]
last
• last는 모든 사용자의 로그인, 로그아웃 기록을 출력한다.
• 인자로 'reboot'를 이용하면 재부팅한 정보만 출력하는데, '−' 옵션이나 '−n' 옵션을 사용해 출력할 개수를 설정할 수도 있다.

lastb
• lastb는 접속 실패 정보를 출력하는 명령어이다.
• 'lastb [옵션] [사용자명]'을 명령어 형식으로 이용한다.

lastlog
• lastlog는 /var/log/lastlog 정보를 참조하여 각 계정에 대한 마지막 로그인 정보를 출력한다.
• 인자로 '−u' 또는 '−−user'을 이용하여 특정 사용자에 대한 정보만 출력할 수 있다.

11~16 작업식

11 다음 조건에 따라 아파치 웹 서버 환경설정을 진행하려고 한다. 관련 환경설정 파일의 항목과 값을 적으시오. (8점)

> 가. 허가 거부된 페이지에 접근할 경우에 제공되는 페이지를 설정한다.
> (①) (②) /forbidden.html
>
> 나. 인증되지 않은 경우에 제공되는 페이지를 설정한다.
> (①) (③) /unauth.html
>
> 다. 존재하지 않는 웹 문서에 접근할 때 제공되는 페이지를 설정한다.
> (①) (④) /not_found.html

> **■ 조건**
> 항목과 값 입력 시 대소문자를 구분하여 정확히 기재한다. (**예** LogLevel warn)

답안

①

②

③

④

정답

① ErrorDocument
② 403
③ 401
④ 404

해설

ErrorDocument
- ErrorDocument의 기능 : ErrorDocument로 오류 처리 방식을 등록할 수 있는데, 오류 처리 방식에는 plain text, local redirect, external redirect가 있음
- HTTP 4xx(요청오류) 상태코드

상태코드		설명
400	Bad Request	클라이언트의 요청이 잘못되었음(문법오류)
401	Unauthorized	요청에 대한 권한이 부족함(인증실패)
402	Payment Required	결제가 필요한 요청
403	Forbidden	리소스에 대한 권한이 없음(인가실패)
404	Not Found	존재하지 않은 리소스를 요청하였음
405	Method Not Allowed	지정된 방식으로 요청할 수 없음
408	Request Timeout	요청시간이 오래되어 연결을 끊음

12 다음은 NIS 클라이언트에서 명령어를 사용해서 다양한 정보를 조회하고 변경하는 과정이다. 조건에 맞게 ( ) 안에 알맞은 내용을 적으시오. (12점)

가. 지정된 NIS 서버 이름을 출력한다.
(①)

나. NIS 서버의 맵 파일을 출력한다.
(①) (②)

다. NIS 서버의 사용자 관련 정보를 출력한다.
(③) passwd.byname

라. NIS 서버에 등록된 lin 사용자의 패스워드를 변경한다.
(④) lin

■ 조건
- ①, ③, ④에는 관련 명령어만 기재한다.
- ②은 명령어의 옵션을 기재한다. ①의 명령어가 틀리면 ②은 배점하지 않는다.

답안

①
②
③
④

··

정답

① ypwhich
② -m
③ ypcat
④ yppasswd

해설

NIS 서버 관련 명령어
- ypwhich는 NIS를 이용하여 로그인한 후 인증에 사용한 NIS 서버를 조회하며, '-m' 옵션을 사용하여 NIS 서버의 맵(Map) 정보를 출력한다.
- ypcat은 NIS 서버의 구성 파일(맵 파일)의 내용을 확인한다.
- yppasswd는 NIS 서버에 등록된 사용자의 비밀번호를 변경한다.

13 다음은 NFS 서버 및 클라이언트에서 명령어를 사용해서 정보를 확인하는 과정이다. 조건에 맞게 ( ) 안에 알맞은 내용을 적으시오. (12점)

> 가. NFS 서버에서 외부에 공유된 내용을 세부적인 설정 정보를 포함해서 자세히 출력한다.
> # (①)
>
> 나. NFS 클라이언트에서 NFS 서버인 192.168.12.22의 공유된 정보를 확인한다.
> # (②) 192.168.12.22
>
> 다. RPC 관련 정보를 확인한다.
> # (③)
>
> 라. NFS 서버 또는 NFS 클라이언트에서 NFS 관련 상태 정보를 출력한다.
> # (④)

> ■ 조건
> ①~④에는 명령어 또는 명령어와 옵션 조합으로 기재한다.

답안

①

②

③

④

정답

① exportfs -v
② showmount -e
③ rpcinfo 또는 nfsstat -r
④ nfsstat

해설

NFS 서버 및 클라이언트 관련 명령어

• exportfs는 NFS 서버의 익스포트(Export)된 디렉터리 정보(공유 목록)를 관리하는 명령어로 'exportfs [옵션][호스트명]' 형식을 사용하며, '-v' 옵션을 지정하면 상세 정보를 출력한다.
• showmount는 NFC 클라이언트에서 NFS 서버의 익스포트된 정보를 확인하는 명령어로 'showmount [옵션][호스트명]'의 형식을 따른다.
• rpcinfo는 메모리에 로딩된 PRC 기반 서비스 테이블을 관리하는 명령어이다.
• nfsstat은 NFS 및 RPC 연결에 대한 통계 정보를 표시하는 명령어이다.

14 다음은 삼바 서버를 설정하는 과정이다. 조건에 맞게 ( ) 안에 알맞은 내용을 적으시오. (8점)

> 가. 윈도우 운영체제에서 이름으로 접근할 때의 명칭은 ihd_com으로 지정한다.
> (①)
>
> 나. 공유 그룹명은 IHD로 지정한다.
> (②)
>
> 다. 서버에 대한 설명은 IHD server로 지정한다.
> (③)
>
> 라. 접근할 수 있는 호스트는 192.168.5.0 네트워크에 대역에 속한 모든 호스트들과 로컬 시스템으로 제한한다.
> (④)

> ■ 조건
> ①~④에는 관련 항목과 값을 한 번에 기재한다.

답안

①
②
③
④

정답

① netbios name = ihd_com
② workgroup = IHD
③ server string = IHDserver
④ hosts allow= 127. 192.168.5.
※ 분리자로 콤마(,)를 사용할 수 있다.

해설

삼바 서버의 환경설정
• 파일의 특징 : 삼바 서버의 환경설정 파일은 /etc/samba/smb.conf에 위치하며, Global Section과 Share Definition 영역으로 구성되어 있음
• 관련 명령어

옵션	설명
netbios name	접속 시 사용할 이름을 지정
workgroup	공유 그룹명을 지정(윈도우의 작업 그룹과 동일)
server string	서버에 대한 설명을 지정
hosts allow	삼바 서버에 접근할 수 있는 호스트를 지정

15 하나의 메일 서버에 여러 도메인을 사용하는 환경에서 동일한 메일 계정을 요구받아 관련 설정을 하는 과정이다. 조건에 맞게 ( ) 안에 알맞은 내용을 적으시오. (8점)

가. linux.com 도메인의 webmaster 계정은 ihduser에게 전달되도록 설정하고, windows.com 도메인의 webmaster 계정은 kaituser에게 전달되도록 설정한다.
vi (①)
(②)
(③)

나. 수정된 내용을 반영하는 makemap 명령어를 기술한다.
(④)

■ 조건
• ①에는 관련 파일명을 절대경로로 기재한다.
• ②, ③에는 관련 설정을 하나씩 기재한다. (순서 무관)
• ④에는 설정한 내용이 적용되도록 실행하는 명령어를 한 번에 기재한다.

답안

①

②

③

④

정답

① /etc/mail/virtusertable
② webmaster@linux.com ihduser
③ webmaster@windows.com kaituser
④ makemap hash /etc/mail/virtusertable 〈 /etc/mail/virtusertable
※ ②, ③은 순서에 관계없이 작성한다.

해설

메일 서비스와 관련된 명령어
• /etc/mail/virtusertable 환경설정 파일에 가상 계정으로 들어오는 메일을 특정 계정으로 전달하는 정보를 설정할 수 있다.
• 'makemap hash /etc/mail/virtusertable 〈 /etc/mail/virtusertable' 명령으로 변경사항을 '/etc/mail/irtusertable.db'에 적용할 수 있다.

16 다음은 TCP Wrapper를 이용해 외부의 호스트들의 접근을 제어하는 과정이다. 현재 관련 파일 설정을 통해 모든 호스트에 대한 접근이 거부된 상태일 경우 작업 사항에 맞게 ( ) 안에 알맞은 내용을 적으시오. (12점)

가. 특정 호스트들에 대한 허가 관련 설정을 위해 관련 파일을 편집기로 작업한다.
vi (①)

나. 모든 서비스에 대해 로컬호스트와 ihd.or.kr 도메인을 사용하는 호스트들은 모두 허가한다.
(②)

다. 텔넷 서비스는 192.168.5.13번 호스트만 허가한다.
(③)

라. ssh는 192.168.5.0 네트워크 대역에 속한 모든 호스트를 허가한다.
(④)

■ 조건
• ①번에는 해당 파일명을 절대경로로 기재한다.
• ②~④번에는 관련 항목의 설정값을 하나씩 기재한다.

답안

①

②

③

④

정답

① /etc/hosts.allow
② ALL: localhost, .ihd.or.kr
③ in.telnetd: 192.168.5.13
④ sshd: 192.168.5. 또는 sshd: 192.168.5.0/255.255.255.0
※ 분리자로 공백( )을 사용할 수 있다.

해설

TCP Wrapper와 관련된 명령어
• 특징 : TCP Wrapper는 /etc/hosts.allow 파일과 /etc/hosts.deny 설정 파일을 이용하여 접근 제어를 제공
• 관련 명령어

상태코드	설명
/etc/hosts.allow	특정 호스트에 대한 허가 관련 설정을 할 수 있음
ALL:	모든 서비스를 지정
in.telnetd	텔넷 서비스를 지정
sshd	ssh서비스를 지정

🏳 **선생님의 노하우**

• 최근 리눅스의 경우 CentOS 6까지 xinetd 방식으로 이용하던 많은 서비스들이 단독 데몬으로 전환되거나 systemd에 의한 관리방식으로 통합되었다.
• systemd 방식은 socket 기능(On-demand Activation)을 통해 효율적으로 메모리를 관리할 수 있으며, 이에 따라 기존 xinetd를 통해 제공하던 rsync, telnet 등의 서비스가 systemd 방식으로 통합되었다.
• TCP Wrapper를 사용하려면 xinetd 방식으로 서비스되거나 libwrap 라이브러리를 사용해야 한다. 대표적으로 sshd의 경우 TCP Wrapper를 사용할 수 있다.
• 최근 리눅스는 xinetd, TCP Wrapper를 제공하는 서비스가 제한적이므로, 접근 제한이 필요할 경우 firewalld 혹은 iptables 사용을 권장한다.

CHAPTER

02

해설과 따로 보는
최신 기출문제

1급	소요 시간	문항 수
	총 100분	총 16문항

수험번호 : _____

성   명 : _____

정답 & 해설 ▶ 270p

1~10 **단답식**

01 다음 조건에 맞게 사용자 정보를 생성하고 변경하려고 할 때 (   ) 안에 알맞은 내용을 적으시오. (4점)

> 가. UID가 2100, 홈 디렉터리가 /home/youngjinman인 사용자 youngjinman을 생성하시오.
> # useradd (①) 2100 (②) youngjinman
>
> 나. youngjinman의 암호를 linuxmaster12!로 설정하시오. (단, 암호의 해시여부는 고려하지 않음)
> # usermod (③) youngjinman
>
> 다. 기본 그룹 youngjingrp을 생성하고, youngjinman을 지정하시오.
> # groupadd youngjingrp
> # usermod (④) youngjinman

> ■ 조건
> • ①에는 사용자 생성하기 위한 useradd 명령어 중 UID를 설정하는 옵션을 기입한다.
> • ②에는 홈 디렉터리를 /home/youngjinman으로 지정하는 옵션 및 설정값을 기입한다.
> • ③에는 사용자의 암호를 linuxmaster12!로 지정하는 옵션 및 설정값을 기입한다. (단, 암호의 해시여부는 고려하지 않는다.)
> • ④에는 youngjinman의 기본 그룹을 youngjingrp으로 지정하는 옵션 및 설정값을 기입한다.

답안

①

②

③

④

02 다음은 파일 및 디렉터리를 관리하는 과정이다. 조건에 맞게 ( ) 안에 알맞은 내용을 적으시오.

가. /myhome 디렉터리를 생성하고 소유자는 youngjinman, 그룹은 testgroup으로 설정한다.
mkdir /myhome
chown (①) /myhome

나. /myhome 디렉터리에 생성되는 모든 파일이 그룹 소유권을 자동으로 상속받도록 설정한다.
chmod (②) /myhome

다. /myhome 디렉터리에 대해 그룹(testgroup)은 읽기 · 쓰기 · 실행 권한을 갖고, 다른 사용자(others)는 접근하지
    못하도록 한다. (단, 소유자는 모든 권한을 갖는 것으로 함)
chmod (③) /myhome

라. /myhome 디렉터리에 homework.txt 파일을 생성한 후, 해당 파일의 소유자를 youngjinman, 그룹을 testgroup
    으로 설정한다.
touch (④)
chown youngjinman:testgroup /myhome/homework.txt

■ 조건
• ①에는 사용자 및 그룹 소유권 변경을 위한 명령어 형식을 기입한다.
• ②에는 Set-GID 비트를 설정한다.
• ③에는 소유자, 그룹, 다른 사용자 허가권을 8진수 숫자로 기입한다.
• ④에는 파일을 생성하기 위해 파일명이 포함된 전체 경로를 입력한다.

답안

①
②
③
④

03 다음은 프로세스를 확인하는 과정이다. 조건에 맞게 (   ) 안에 알맞은 내용을 쓰시오.

가. 현재 실행 중인 프로세스를 트리(Tree) 형태로 확인한다.
(①)

나. PID 2234의 정보를 10초 단위로 갱신하여 표출한다.
top −(②) 2234 −d 10

다. 현재 실행 중인 모든 프로세스의 정보를 전체 포맷(Full Format)으로 출력한다.
ps −(③)

라. 특정 프로세스(sshd)의 동작 여부를 확인한다.
ps −ef |(④) sshd

■ 조건
• ①에는 실행 중인 프로세스의 계층을 트리 구조로 보여 주는 명령어만 기입한다.
• ②에는 지정한 PID의 프로세스를 모니터링하는 옵션을 기입한다.
• ③에는 모든 프로세스, 전체 포맷으로 출력하는 옵션을 기입한다.
• ④에는 출력 결과에서 특정 문자열(sshd)이 포함된 프로세스를 검색한다.

답안

①

②

③

④

04 다음은 yum을 이용하여 아파치 웹 서버(httpd)를 확인 후 설치하는 과정이다. 조건에 맞게 (   ) 안에 알맞은 내용을 쓰시오.

가. 시스템에 httpd 패키지가 설치되어 있는지 확인한다.
\# yum (①) installed | grep (②)

나. httpd 패키지가 설치되어 있지 않다면, 설치 과정 중 별도의 확인 없이 설치가 한 번에 이루어지도록 한다.
\# yum install (③) httpd

다. 설치된 httpd 패키지의 버전, 아키텍처, 요약 설명 등의 기본 정보를 출력한다.
\# yum (④) httpd

■ 조건
- ①에는 사용 가능한 패키지들의 목록과 관련된 정보를 출력하는 옵션을 기입한다.
- ②에는 출력 결과에서 특정 문자열(httpd)을 검색한다.
- ③에는 설치 과정 중 별도의 확인 없이 설치가 한 번에 진행되도록 하는 옵션을 기입한다.
- ④에는 지정한 패키지의 정보를 출력하는 옵션을 기입한다.

답안

①

②

③

④

05 다음은 파티션 생성 후 마운트하는 과정이다. 조건에 맞게 (   ) 안에 알맞은 내용을 쓰시오.

가. 현재 디스크의 파티션 정보를 확인한다.
(①) -l

나. /dev/sdb 디스크에 진입하여 새로운 파티션(/dev/sdb1)을 생성한다.
(②) /dev/sdb

다. 새로운 파티션(/dev/sdb1)을 ext4 파일시스템으로 포맷한다.
(③) /dev/sdb1

라. /mnt/data 디렉터리를 생성하고 /dev/sdb1을 해당 위치에 마운트한다.
mkdir /mnt/data
mount (④) /mnt/data

■ 조건
• ①, ②에는 디스크 파티션을 확인 · 생성 · 삭제 · 수정 및 관리하는 명령어를 기입한다.
• ③에는 ext4 파일 시스템으로 포맷하는 명령어를 기입한다.
• ④에는 마운트 대상의 명칭을 기입한다.

답안

①
②
③
④

06 다음은 시스템 로그 관련 설명이다. (   ) 안에 알맞은 명령어나 옵션을 쓰시오.

> 가. 현재 시스템의 전체 로그를 systemd에서 제공하는 커널 및 저널로그를 관리하는 명령어는 (①)이다.
>
> 나. 시스템이 부팅 이후의 로그를 확인하려면 '# journalctl (②)'를 이용하고, 5줄의 로그를 출력하려면 '# journalctl (③) 5'를 이용한다.
>
> 다. 모든 로그를 역순으로 출력하려면 '# journalctl (④)'를 이용하여 확인한다.

> ■ 조건
> • ①에는 커널 및 저널 로그를 관리하는 명령어를 기입한다.
> • ②~④에는 journalctl 명령어에 대한 옵션을 기입한다.

답안

①

②

③

④

07 다음은 리눅스에서 로그인 이력을 확인하는 과정이다. 조건에 맞게 (   ) 안에 알맞은 내용을 쓰시오.

가. 최근 사용자 로그인 기록을 확인하기 위해 사용하는 명령어는 (①)이다.

나. (②) 파일이 생성된 이후로 모든 사용자의 로그인, 로그아웃 기록을 출력한다.

다. 로그인 실패 기록을 확인하기 위해 사용하는 명령어는 (③)이다.

라. lastb 명령어가 참조하는 로그 파일은 (④)이다.

■ 조건
• ①에는 로그인, 로그아웃 로그 정보를 출력하는 명령어를 기입한다.
• ②에는 로그인, 로그아웃 로그 정보가 기록되는 파일 전체 경로를 기입한다.
• ③에는 시스템의 모든 로그인 실패 기록을 출력하는 명령어를 기입한다.
• ④에는 로그인 실패 로그 정보가 기록되는 파일 전체 경로를 기입한다.

답안

①

②

③

④

08 다음은 파일의 속성을 확인하고 변경하는 과정이다. 조건에 맞게 (   ) 안에 알맞은 내용을 쓰시오.

가. 파일의 속성을 확인한다.
(①) /home/youngjin

나. /home/youngjin/file1 파일이 삭제되지 않도록 속성을 추가한다.
(②) +i /home/youngjin/file1

다. /data/project/file2 파일의 ACL(Access Control List) 정보를 확인한다.
(③) /data/project/file2

라. /data/project/file2 파일에 대해 사용자 youngjinman에게 읽기 권한을 추가한다.
(④) -m u:youngjinman:r /data/project/file2

■ 조건
• ①에는 파일 속성을 출력하는 명령어를 기입한다.
• ②에는 파일의 속성을 수정하는 명령어를 기입한다.
• ③에는 파일의 ACL(Access Control List)을 확인하는 명령어를 기입한다.
• ④에는 파일의 ACL을 설정하는 명령어를 기입한다.

답안

①
②
③
④

09 다음은 SSH서버를 설치하고, 사용자 계정을 생성하여 원격 로그인을 허용하는 과정이다. 조건에 맞게 ( ) 안에 알맞은 내용을 쓰시오.

가. ssh서버(openssh−server 패키지)를 설치한다.
(①) install −y openssh−server

나. sshd 서비스를 실행하고, 부팅 시 자동으로 실행되도록 설정한다.
(②) start sshd
(②) enable sshd

다. 원격 접속에 사용할 계정 youngjinman 를 생성하고 암호를 P@ssw0rd12로 설정한다.
(③) youngjinman
echo 'P@ssw0rd12' | passwd −−stdin youngjinman

라. /etc/ssh/sshd_config 파일을 수정한다. 파일 내용 중 youngjinman만 원격 로그인 가능하도록 설정한다.
vi /etc/ssh/sshd_config
··· (아래는 파일 내용) ···
(④) youngjinman

■ 조건
• ①에는 필요한 패키지와 의존하는 다른 패키지들을 함께 다운로드하고 설치하는 명령어를 기입한다.
• ②에는 서비스의 시작·중지·재시작·상태 확인 등 시스템 서비스의 상태를 관리하는 명령어를 기입한다.
• ③에는 리눅스에서 새 사용자 계정을 생성하는 명령어를 기입한다.
• ④에는 특정 사용자만 접속하도록 설정하는 지시어를 기입한다.

답안

①

②

③

④

10 다음은 시스템 백업 및 복구 작업을 수행하는 과정이다. ( ) 안에 들어갈 알맞은 명령어나 옵션을 쓰시오.

가. /dev/sdb1 파티션을 /backup/sdb1.dump 파일로 전체 백업한다.
(①) −0uf /backup/sdb1.dump /dev/sdb1

나. /dev/sda 디스크를 블록 크기 4M 단위로 설정하여, /backup/disk.img 이미지 파일로 저장한다.
(②) if=/dev/sda of=/backup/disk.img bs=4M

다. 백업한 /backup/sdb1.dump 파일을 /mnt/restore 디렉터리에 복구한다.
cd /mnt/restore
(③) −rf /backup/sdb1.dump

라. 특정 파일만 선택적으로 복원하기 위해 대화형 모드로 실행한다.
restore (④) /backup/sdb1.dump

■ 조건
• ①에는 백업할 때 사용하는 명령어를 기입한다.
• ②에는 지정한 형식으로 변환하여 백업하는 명령어를 기입한다.
• ③, ④에는 백업파일을 복원하는 명령어와 옵션을 기입한다.

답안

①

②

③

④

11 다음은 아파치 웹 서버, MySQL, PHP를 설치하는 과정이다. 조건에 맞게 ( ) 안에 알맞은 내용을 쓰시오. (12점)

가. 아파치 웹 서버를 설치하고 서비스 시작한 다음, 부팅 시 자동 실행되도록 설정한다.
```
# sudo dnf install ( ① ) -y
# sudo systemctl start ( ① )
# sudo systemctl enable ( ① )
```

나. MySQL 소스 코드의 압축을 해제한다.
```
# tar -( ② ) mysql-8.0.tar.gz
# cd mysql-8.0
```

다. 소스 컴파일을 위한 초기 설정을 하고 컴파일 및 설치한다.
```
#  ./configure
# ( ③ )
# ( ③ ) install
```

… 〈중간 과정 생략〉 …

라. PHP 및 MySQL 연동 모듈을 설치한다.
```
# dnf install php php-mysql -y
```

… 〈중간 과정 생략〉 …

마. PHP 동작 확인을 위해 /var/www/html/info.php 파일을 작성한다.
```
〈?php ( ④ )(); ?〉
```

■ 조건
- ①에는 설치할 아파치 웹서버의 패키지 및 서비스 이름을 기입한다.
- ②에는 tar 명령에 대한 옵션을 다음 조건에 따라 지정한다.
  - 압축 해제 과정을 출력하고, gzip 형태의 압축 형식 및 파일이름을 지정한다.
- ③에는 소스코드를 컴파일 후 설치한다.
- ④에는 PHP 설치 후 동작을 확인하기 위해 php의 정보를 표시하는 PHP 함수명을 기술한다.

답안

①
②
③
④

12 다음은 삼바(SAMBA)서버를 설치하고, /share/youngjin 디렉터리를 공유하는 과정이다. 게스트 접근은 허용하지 않고, younguser의 접근만 허용하도록 설정하려고 한다. 조건에 맞게 (   ) 안에 알맞은 내용을 쓰시오. (12점)

> 가. /etc/samba/smb.conf 파일에 다음과 같이 공유 설정을 추가한다.
> [www]
>   path = (①)
>   writable = yes
>   browseable = yes
>   valid users = younguser
>   (②) = no
>
> 나. 공유 디렉터리를 생성하고 소유자를 지정한다.
> # mkdir -p (①)
> # chown younguser:younguser (①)
>
> 다. 삼바 사용자 계정 younguser를 추가한다.
> # (③) -a younguser
>
> 라. 방화벽에서 SAMBA 서비스를 허용하고 SAMBA 서비스를 시작한다.
> # firewall-cmd --permanent --add-service=samba
> # firewall-cmd --reload
> # systemctl enable --(④) smb

> ■ 조건
> • ①에는 공유할 디렉터리 경로를 기입한다.
> • ②에는 게스트 접근 여부를 지정하기 위한 설정 항목을 기입한다.
> • ③에는 삼바 계정과 패스워드를 설정하고 관리하는 명령어를 기입한다.
> • ④에는 해당 서비스를 시작하기 위해 지정할 옵션을 기입한다.

답안

①

②

③

④

13 다음은 FTP 서버 환경설정 파일(/etc/vsftpd/vsftpd.conf)이다. 제시한 설정 조건에 따라 (   ) 안에 알맞은 값을 쓰시오. (8점)

■ 설정 조건
• 익명 사용자 접속은 허용하지 않는다.
• 로컬 사용자 계정으로 접속할 수 있어야 한다.
• 업로드 및 쓰기 작업이 가능해야 한다.
• 사용자가 자신의 홈 디렉터리 상위로 이동하지 못하도록 한다.
....

가. /etc/vsftpd/vsftpd.conf 파일을 제시한 조건에 따라 설정한다.

anonymous_enable=(①)
(②)=YES
write_enable=(③)
(④)=YES

■ 조건
①~④에는 vsftpd의 동작 환경을 설정하기 위한 주요 항목을 설정한다.

답안

①

②

③

④

14 도메인 이름이 youngjin.com인 DNS 서버를 구축하려고 한다. 제시한 설정 조건을 만족하는 zone 파일을 작성하기 위해 (   ) 안에 알맞은 값을 쓰시오. (8점)

- 설정 조건
- SOA 레코드의 관리자 메일 주소는 admin.youngjin.com이다.
- 네임서버는 ns1.youngjin.com이다.
- 웹 서버의 IP 주소는 192.168.10.223이다.
- 메일 서버의 IP 주소는 192.168.10.225이며 우선 순위는 10이다.

....

```
$TTL 1D
@  IN  SOA  ( ① ).youngjin.com. ( ② ).youngjin.com. (
            2325082501    ; Serial
            7200          ; Refresh
            3600          ; Retry
            1209600       ; Expire
            3600          ; Minimum
)
IN  NS    ( ① ).youngjin.com.
www IN  ( ③ ) 192.168.10.223
mail IN  ( ③ ) 192.168.10.225
@    IN  MX 10 ( ④ ).youngjin.com.
```

■ 조건
①~④에는 설정 조건을 따르는 값을 기입한다.

답안

①

②

③

④

15 다음은 리눅스 서버에서 iptables를 이용하여 NAT 설정을 수행하는 과정이다. 주어진 설정 조건에 따라 ( ) 안에 알맞은 값을 쓰시오. (12점)

■ 설정 조건
- 외부 IP에 해당하는 210.10.105.10은 동적 IP이다.
- 외부에서 210.10.105.10:80 로 접속하면 내부 웹 서버(192.168.10.101:80)로 연결한다.
- 외부에서 210.10.105.10:21 로 접속하면 내부 FTP 서버(192.168.10.201:21)로 연결한다.
- NAT와 포트포워딩 설정을 적용한다.

....

가. 외부에서 오는 HTTP 요청(80 포트)을 내부 웹 서버로 전달하는 DNAT 규칙을 설정한다.
iptables −t (①) −A PREROUTING −d 210.10.105.10 −p tcp −−dport 80 −j DNAT −−to−destination (②)

나. 외부에서 오는 FTP 요청(21 포트)을 내부 FTP 서버로 전달하는 DNAT 규칙을 설정한다.
iptables −t (①) −A PREROUTING −d 210.10.105.10 −p tcp −−dport 21 −j DNAT −−to−destination (③)

다. 내부 서버가 외부와 통신할 수 있도록 NAT의 규칙을 추가한다.
iptables −t nat −A POSTROUTING −s 192.168.10.0/24 −o eth0 −j (④)

■ 조건
- ①에는 DNAT 설정을 위한 테이블 선택 옵션을 기입한다.
- ②, ③에는 연결할 서버의 IP, PORT 정보를 기입한다.
- ④에는 NAT 규칙을 기입한다.

답안
①
②
③
④

16 TCP Wrapper를 이용하여 접근 제어를 설정하는 과정이다. 주어진 설정 조건에 맞게 (   ) 안에 알맞은 값을 쓰시오. (8점)

- 설정 조건
- 기본적으로 모든 서비스를 차단한다.
- sshd 서비스에 대해 내부망 192.168.10.0/24 대역의 접근을 허용한다.
- vsftpd 서비스에 대해 특정 호스트 10.10.0.10만 접근을 허용한다.

....

가. /etc/hosts.deny 파일에 다음 내용을 추가하여 기본 정책을 차단한다.
(①) : ALL

나. /etc/hosts.allow 파일에 다음 내용을 추가하여 내부망에 대해 ssh의 접근을 허용한다.
(②) : (③)

다. /etc/hosts.allow 파일에 다음 내용을 추가하여 특정 호스트의 FTP의 접근을 허용한다.
(④) : 10.10.0.10

- 조건
- ①, ②에는 주어진 조건에 따른 대상 항목을 기입한다.
- ③에는 허용할 클라이언트 대상을 기입한다.
- ④에는 접근을 허용할 데몬을 기입한다.

답안

①

②

③

④

1급	소요 시간	문항 수
	총 100분	총 16문항

수험번호 : _____

성   명 : _____

정답 & 해설 ▶ 274p

1~10   단답식

01 다음은 리눅스 셸 스크립트를 작성하고 실행하는 과정이다. 조건에 맞게 (   ) 안에 알맞은 내용을 적으시오. (4점)

가. ~/test.sh를 파일명으로 하여 리눅스 셸 스크립트를 작성한다. 다음은 ~/test.sh의 내용 중 일부이다.

```
#! /bin/bash
( ① ) hello
{
    echo "Hello World"
}

numParam = ( ② )

# 파라미터의 개수가 1개이면, 첫번째 파라미터의 내용을 출력한다.
if [ $numParam -eq 1 ]
then
    echo "$1"
fi

hello
```

나. ~/test.sh의 소유자에게만 실행 권한을 추가한다. 단, 기타의 권한은 변경 없이 유지한다.
chmod (③) ~/test.sh

다. 새로운 셸을 통해 ~/test.sh를 실행한다.
(④) ~/test.sh

■ 조건
- ①에는 셸 스크립트에서 함수를 정의하기 위한 키워드만 기재한다.
- ②은 셸 스크립트 실행 시 함께 전달되는 파라미터(인자)의 개수를 의미한다.
- ③은 소유자에게만 실행 권한을 추가하기 위한 옵션으로, 실행 권한 이외의 권한은 기존 내용을 유지한다.
- ④에는 셸 스크립트를 실행하는 명령어만 기재한다.

답안

①

②

③

④

02 다음은 프로세스의 우선순위를 변경하기 위한 명령어의 예이다. 조건에 맞게 (   ) 안에 알맞은 내용을 적으시오. (4점)

가. 프로세스가 실행될 때의 NI값을 확인한다.
(①)

나. myfile.txt를 인자로 하여 nano 프로세스를 실행한다. 이때 기존 NI 값에서 13을 증가시킨다.
(①) (②) nano myfile.txt

다. 현재 실행 중인 PID(Process ID)가 987인 프로세스와 master 사용자의 모든 프로세스를 13으로 설정한다.
(③) 13 −p 987
(③) 13 (④) master

■ 조건
- ①은 프로세스가 실행될 때의 기본 NI 값을 출력하는 명령어이다.
- ②은 NI값을 13 증가시키기 위한 옵션이다.
- ③은 실행 중인 프로세스의 NI값을 변경할 수 있는 명령어이다.
- ④은 사용자 계정을 지정하기 위한 옵션이다.

답안

①

②

③

④

03 다음은 커널 모듈을 관리하기 위한 명령어의 활용 예이다. 조건에 맞게 (   ) 안에 알맞은 내용을 적으시오. (4점)

가. /proc/modules 파일을 기반으로 현재 로드된 모듈의 리스트와 정보를 출력한다.
(①)

나. 새롭게 작성한 dummy 모듈을 로드한다.
(②) /home/francis/dummy.ko

다. 모듈을 로드할 때 의존성 문제가 발생하였다. 이를 해결하기 의존성 있는 모듈을 먼저 로드한 후 지정한 모듈을 로딩한다.
(③) dummy

라. 모듈을 제거하되, 의존성 있는 모듈이 존재하고 참조가 없다면 이들도 함께 언로드한다.
(③) (④) dummy

■ 조건
• ①은 현재 로드된 모듈의 리스트와 정보를 출력하는 명령어이다.
• ②은 모듈을 로드하는 명령어이다.
• ③은 모듈의 의존성을 고려하여 모듈을 커널에 로드 혹은 언로드하는 명령어이다.
• ④은 모듈을 제거하기 위해 사용하는 옵션이다.

답안

①

②

③

④

04 다음은 ~/hello.txt의 내용을 프린트로 출력하고 관리하기 위한 명령어이다. 조건에 맞게 (　　　) 안에 알맞은 내용을 적으시오. 단, BSD 프린팅 시스템의 명령어를 사용한다. (4점)

가. ~/hello.txt의 내용을 10장 출력한다.

(①) ~/hello.txt

나. 대기된 상태로 아직 출력되지 않은 내용을 출력 작업에서 삭제한다.

(②)

■ 조건
- ①은 BSD 프린팅 시스템의 프린트 출력을 지시하는 명령어이며 10장을 출력하기 위한 옵션을 함께 지정한다.
- ②은 BSD 프린팅 시스템의 프린트 취소하는 명령어이며, 프린터 대기열의 모든 작업을 취소하는 옵션을 함께 지정한다.

답안

①

②

05 다음은 리눅스 보안을 위하여 로그인, 로그아웃 등의 현황을 점검하는 과정이다. 조건에 맞게 (   ) 안에
알맞은 내용을 적으시오. (4점)

가. btmp 로그파일을 참고하여 실패한 로그인 정보의 최근 3번의 기록을 출력한다.
(①) −3

나. lastlog 로그파일을 참고하여 3일 이내의 사용자 로그인 기록을 출력한다.
(②) (③) 3

다. wtmp 로그파일을 참고하여 최근 3번의 로그인, 로그아웃 기록을 출력한다.
(④) −3

■ 조건
• ①은 btmp 로그파일의 내용을 출력하는 명령어이다.
• ②, ③은 lastlog 로그파일의 내용을 출력하는 명령어와 날짜를 지정하는 옵션이다. 이때 지정한 날짜보
  다 최근의 로그인 기록을 출력한다.
• ④은 wtmp 로그파일의 내용을 출력하는 명령어이다.

답안

①

②

③

④

06 다음은 리눅스 보안 강화를 위하여 커널 매개변수를 관리하는 과정이다. 조건에 맞게 (　　　) 안에 알맞은 내용을 적으시오. (4점)

> 가. /proc/sys 디렉터리 이하의 모든 커널 매개 변수를 출력한다.
> #(①)-a
>
> 나. ICMP Echo(PING) 요청에 대한 응답을 거부하도록 설정한다.
> #(①)(②) net.ipv4.icmp_echo_ignore_all=1
>
> 다. TCP SYN FLOODING 공격에 대응하기 위하여 SYNCOOKIE를 설정한다.
> #(①)(②)(③)=1
>
> 라. 스머프 공격(Smurf Attack) 공격에 대응하기 위하여 ICMP BROADCAST를 차단한다.
> #(①)(②) /proc/sys/net/ipv4/icmp_echo_ignore_broadcasts=(④)

■ 조건
- ①은 proc/sys 디렉터리 이하의 커널 매개변수를 확인하거나 설정하는 명령어이다.
- ①, ②은 커널 매개변수에 값을 지정하기 위한 명령어와 옵션이다.
- ③은 SYNCOOKIE 사용을 지정하는 커널 매개변수이다.
- ④은 /proc/sys/net/ipv4/icmp_echo_ignore_broadcasts 매개변수의 동작을 활성화(지정)하기 위한 설정 값이다.

답안

①

②

③

④

07 다음은 리눅스 사용자 계정과 로그인 관련 설정을 정의하는 과정이다. 조건에 맞게 ( ) 안에 알맞은 내용을 적으시오. (4점)

가. 사용자 계정에 할당되는 사용자 ID(UID)의 최소 및 최대값을 확인하기 위하여 설정 파일의 내용을 확인한다.
cat (①)

나. 패스워드의 최대 사용일을 확인한다.
cat (①) | grep (②)

다. 패스워드의 최소 길이를 확인한다.
cat (①) | grep (③)

라. 사용자가 새로운 파일을 만들 경우 설정되는 기본 권한의 기준을 확인한다.
cat (①) | grep (④)

■ 조건
• ①은 패스워드 최대 사용일, 패스워드 최소 사용일, 패스워드 만료 경고일, useradd 명령어 사용 시 홈 디렉터리 생성 여부 등, 리눅스 사용자 계정 관리 및 인증 설정을 지정하는 설정 파일로 절대경로로 기입한다.
• ②은 패스워드 최대 사용일을 지정하는 항목의 이름이다.
• ③은 패스워드 최소 길이를 지정하는 항목의 이름이다.
• ④은 새로운 파일을 만들 경우 설정되는 기본 권한을 위한 값을 지정하는 항목의 이름이다.

답안
①
②
③
④

08 다음은 리눅스 커널 컴파일을 위한 과정이다. 조건에 맞게 (　　) 안에 알맞은 내용을 적으시오. (4점)

가. 커널 소스코드를 다운로드 하고 압축을 해제한 후 관련 폴더로 이동한다.
(①) https://git.kernel.org/torvalds/t/linux−4.17−rc2.tar.gz
tar tar xvzf linux−4.17−rc2.tar.gz
cd linux−4.17−rc2

나. 커널 환경설정을 하기 전 기존의 오브젝트 파일, config 파일, 다양한 백업 파일을 모두 제거한다. 만약 처음 커널
　　컴파일하는 것이라면 이 과정을 생략할 수 있다.
make (②)

다. make menuconfig 명령어를 이용하여 원하는 커널의 기능을 활성화한다.
make menuconfig

라. 1MB 이상의 커널을 컴파일하여 커널 이미지를 생성한다.
make (③)

마. 커널에서 사용할 모듈을 컴파일하고 설치한다.
make modules
sudo make (④)
sudo make modules_install

바. 시스템을 재부팅한다.
sudo reboot now

■ 조건
• ①은 웹 URL을 이용하여 해당 URL이 지정한 파일을 다운로드받는 명령어이다.
• ②은 커널 환경설정을 포함하여 모든 파일을 모두 제거하는 옵션이다.
• ③은 커널을 컴파일하는 옵션으로 1MB 이상의 커널을 컴파일할 때 사용한다.
• ④은 컴파일(빌드)한 모듈을 모듈을 /lib/modules/kernel−version 이하에 설치하는 옵션이다.

답안

①

②

③

④

09 다음은 SSH 서버를 설치한 후 루트(root) 로그인을 허용하기 위한 과정이다. 조건에 맞게 (　　　) 안에 알맞은 내용을 적으시오. (4점)

가. ssh 서버를 설치 및 실행하고, 리부팅 시에도 자동실행하도록 지정한다.
sudo yum −y intall sshd
sudo (①) start sshd
sudo (①) (②) sshd

나. ssh 서버의 루트 로그인을 허용하기 위하여 설정 파일을 편집한다.
sudo vi /etc/ssh/sshd_config
...
...
(③) yes
...

다. 설정을 적용하기 위하여 ssh 서버를 재실행한다.
(①) (④) sshd

■ 조건
• ①은 서비스를 실행, 종료, 재실행, 자동실행하기 위해 사용할 수 있는 명령어이다.
• ②은 리부팅 시에도 자동실행하도록 지정하는 옵션이다.
• ③은 root 로그인을 허용하기 위한 설정항목으로 대소문자를 구분하여 기술한다.
• ④은 서비스의 종료와 실행을 연이어 수행하는 옵션이다.

답안

①
②
③
④

10 다음은 리눅스 명령어를 실행하고 제어하는 과정 중 일부이다. 조건에 맞게 (   ) 안에 알맞은 내용을 적으시오. (4점)

가. SSH를 이용하여 원격접속 후 ping 명령을 백그라운드로 실행한다. 이때 터미널을 종료하여도 명령어가 계속 실행되도록 한다.
(①) ping google.com (②)
[1] 733824
…

나. 현재 실행 중인 작업의 목록을 확인한다.
(③)
[1]+ Running   (①) ping google.com (②)

다. 실행한 ping 명령을 강제 종료한다.
ps
733706 pts/0   00:00:00 bash
733824 pts/0   00:00:00 ping
733838 pts/0   00:00:00 ps

kill (④)
ps
…
[1]+ Terminated   (①) ping google.com
…

■ 조건
- ①은 터미널을 이용하여 로그인한 세션이 종료되어도 프로세스를 계속 실행할 수 있도록 지정하는 명령어이다.
- ②은 프로그램을 백그라운드로 실행하기 위하여 지정한다.
- ③은 현재 실행 중인 작업의 목록을 확인하는 명령어이며, 별도의 옵션 없이 명령어만으로 동작한다.
- ④은 실행 중인 ping 명령을 강제 종료하기 위해 지정하는 kill의 인자값이다. 단, 지정하는 인자의 개수는 1개이다.

답안

①
②
③
④

11 다음은 메일 서버의 접근통제 설정과정 중 일부이다. 조건에 맞게 ( ) 안에 알맞은 내용을 적으시오.
(8점)

■ 설정 조건
- 127.0.0.1에서 연결을 시도하는 모든 호스트를 허용한다.
- 발신자의 이메일 주소가 abnormal@youngjin-mail.com인 경우, 모든 이메일을 거부 후 메시지를 전송한다.
- 목적지 주소가 youngjin-mail.com 도메인일 경우, 중계를 허용한다.

··

vi (①)
Connect:127.0.0.1 OK
From:abnormal@youngjin-mail.com (②)
To:youngjin-mail.com (③)

..

(④)

systemctl restart sendmail

■ 조건
- ①은 메일 서버에 접속하는 호스트의 접근을 제어하는 설정 파일의 전체 경로이다.
- ②은 거부를 의미하는 정책 설정값이다.
- ③은 중계를 의미하는 정책 설정값이다.
- ④은 편집한 설정파일로부터 해시맵 파일을 생성하는 명령어이다.

답안

①

②

③

④

12 다음 조건에 따라 아파치 웹 서버 환경설정 파일의 설정항목과 값을 적으시오. (12점)

> 가. 아파치 웹서버의 기본 포트를 7070으로 지정한다.
> (①)
>
> 나. 아파치 웹 서버의 서버이름을 www.youngjin−master.com으로 하고 기본 포트는 7070으로 한다.
> (②)
>
> 다. 웹 서버 관리자의 이메일 주소를 master@youngjin−master.com으로 지정한다.
> (③)
>
> 라. 기본 MIME 타입을 text/plain으로 지정한다.
> (④)

■ 조건
①~④은 설정 항목명과 값을 대소문자를 구분하여 한 줄로 정확히 작성한다.

답안

①

②

③

④

13 다음 조건에 따라 squid 프록시 서버 환경설정 파일의 설정항목과 값을 적으시오. (12점)

> 가. 사용할 포트 번호를 8888로 설정한다.
> (①)
>
> 나. 192.168.10.0 대역의 호스트 별칭을 master로 지정하고, master의 접근을 허가한다.
> (②)
> (③)
>
> 다. 캐시의 크기를 2048MB로 설정한다.
> (④)

> ■ 조건
> ①~④은 설정 항목명과 값을 대소문자를 구분하여 한 줄로 정확히 작성한다.

답안

①

②

③

④

14 다음 조건에 따라 firewalld 방화벽의 규칙을 설정 및 적용하는 명령어를 작성하시오. (8점)

> 가. 서비스명을 이용하여 아파치 웹서버를 위한 포트를 추가한다.
> (①)
>
> 나. 포트번호를 이용하여 vsftp를 위한 포트번호인 20, 21 포트를 추가한다.
> (②)
>
> 다. firewalld를 재실행하지 않고 추가(설정)한 내용을 적용한다.
> (③)

> ■ 조건
>
> ①~③은 명령어와 관련 옵션(인자)을 대소문자를 고려하여 한 줄로 작성한다. 단, 모든 설정은 public zone을 대상으로 하고, 리부팅 시에도 적용되도록 한다.

답안

①

②

③

15 다음은 네트워크 접근통제를 위한 iptables 명령어의 예이다. 조건에 따라 명령어와 관련 옵션을 작성하시오. (12점)

가. INPUT 체인에서 소스 주소가 192.168.10.7이고 목적지 주소가 localhost인 패킷을 거부한다.
(①)

나. INPUT 체인에서 소스 주소가 192.168.10.7인 ICMP 패킷을 거부하며 대상 호스트에 메시지를 전달한다.
(②)

다. www.youngin-test.com의 80번 포트에 접속하는 것을 차단하기 위하여 OUTPUT 체인에 관련 정책을 등록한다. 단, 사용하는 네트워크 인터페이스의 이름은 eth0이다.
(③)

라. INPUT 체인에 설정된 정책을 번호와 함께 출력한다.
(④)

■ 조건
①~③은 명령어와 관련 옵션(인자)를 대소문자를 고려하여 한 줄로 작성한다.

답안
①
②
③
④

16 다음은 네트워크 침입 탐지를 위한 snort 룰의 설정 예이다. 조건에 따라 알맞은 설정 항목(옵션)을 적으시오. (8점)

■ 설정 조건
- 외부에서 내부(192.168.10.0/24) 대역의 80포트로 이동하는 패킷 중 'passwd' 문자열이 포함된 패킷이 발견되면 'passwd detected'라는 경고 메시지를 발생시킨다.
- 단, passwd는 대소문자를 구분하지 않고 비교하여 포함여부를 판단한다.

....

(①) tcp any any → 192.168.10.0/24 80 ((②):"passwd detected"; (③):"passwd"; (④); sid:1000001;)

■ 조건
①~④번은 작성하고자 하는 룰에 따른 설정(옵션)으로 대소문자를 구분하여 하나의 단어로 작성한다.

답안

①

②

③

④

1급	소요 시간	문항 수
	총 100분	총 16문항

수험번호 : _____

성   명 : _____

정답 & 해설 ▶ 279p

1~10 **단답식**

01 다음은 사용자를 관리하는 과정이다. 조건에 맞게 (   ) 안에 알맞은 내용을 적으시오. (4점)

> 가. 고계산용 클러스터를 구축하기 위해 ihduser 사용자의 패스워드 입력 없이 로그인이 가능하도록 설정한다.
> # (①) (②) ihduser
>
> 나. ihduser의 사용자의 패스워드 변경일을 2020년 9월 18일로 설정하고, 계정 만기일을 2020년 12월 31일로 설정한다.
> # (③) −d 18523 (④) 2020−12−31 ihduser

> ■ 조건
> • ①, ③에는 관련 명령어만 기입한다.
> • ②, ④에는 각각 ①, ③에 사용되는 명령어의 옵션을 하나만 기입한다. 명령어가 틀리면 채점하지 않는다.

답안

①

②

③

④

02 다음은 사용자의 디스크 사용량을 제한하기 위해 쿼터(Disk Quota)를 설정하는 과정이다. 조건에 맞게 (　　) 안에 알맞은 내용을 적으시오. (4점)

가. 사전 준비 사항
사용자의 디스크 쿼터를 설정하기 위해서는 (①) 파일에서 설정하려는 파티션과 관련된 항목의 (②) 번째 필드에 (③)을 추가로 기입하고 재마운트하거나 재시작해야 한다.

나. 사용자 쿼터 정보가 기록되는 파일을 생성한다.
(④) /home

■ 조건
• ①에는 파일명을 절대 경로로 기입한다.
• ②에는 관련 필드에 해당하는 정수 값만 기입한다.
• ③에는 추가로 설정해야 할 내용만 기입한다.
• ④에는 관련 명령어만 기입한다.

답안

①

②

③

④

03 다음은 cron을 이용한 프로세스 스케줄링을 관리하는 과정이다. 조건에 맞게 (   ) 안에 알맞은 내용을 적으시오. (4점)

가. ihduser가 예약한 작업의 시간을 변경하려고 한다.
(①) (②) ihduser

나. /etc/check.sh는 월 · 목 · 금요일에 오전 4시 5분에 실행한다.
(③) /etc/check.sh

다. /etc/heartbeat.sh 명령을 10분 주기로 실행한다.
(④) /etc/heartbeat.sh

■ 조건
- ①에는 관련 명령어만 기입한다.
- ②에는 ①에 사용되는 명령어의 옵션이나 설정값을 한 번에 기입한다. 명령어가 틀리면 채점하지 않는다. (**예** −l −u, −alF, −g ihd)
- ③, ④에는 cron 항목 중에 날짜 및 시간 관련 5가지 설정에 대해서만 조건과 형식에 맞게 순차적으로 기입한다.

답안

①

②

③

④

04 다음은 rpm 명령을 이용해서 패키지를 관리하는 과정이다. 조건에 맞게 (　　) 안에 알맞은 내용을 적으시오. (4점)

가. vsftpd 패키지와 의존적인 관계에 있는 파일, 라이브러리, 패키지 목록을 출력한다.
rpm (①) vsftpd

나. /etc/shadow 파일을 설치한 패키지 정보를 출력한다.
rpm (②) /etc/shadow

다. 지정한 패키지 파일이 설치될 파일이나 디렉터리를 미리 확인한다.
rpm (③) totem-2.28.6-2.el6.i686.rpm

라. vsftpd 패키지의 환경설정 파일 정보만 출력한다.
rpm (④) vsftpd

■ 조건
①~④에는 관련 옵션만 한 번에 기입한다. (예 −l −u, −alF, −l)

답안

①

②

③

④

05 다음은 모듈 관련 작업 및 커널 컴파일을 진행하는 과정이다. 조건에 맞게 (　　　) 안에 알맞은 내용을 적으시오. (4점)

가. 모듈 간의 의존성이 기록된 파일명을 절대 경로로 기입한다.
(①)

나. 커널 모듈 간의 의존성을 관리하는 명령으로 ①에 해당하는 파일과 맵 파일을 생성한다.
(②)

다. 커널 컴파일 과정에서 선택한 모듈(m으로 선택)을 생성하는 명령을 기입한다.
(③)

라. 커널 컴파일 과정에서 생성한 모듈을 설치하는 명령을 기입한다.
(④)

■ 조건
• ①에는 응시한 리눅스 버전에 맞게 파일명을 절대 경로로 기입한다.
• ②～④에는 관련 명령어만 기입한다.

답안

①

②

③

④

06 다음은 시스템 및 주변 장치 정보를 확인하는 과정이다. 조건에 맞게 (　　　) 안에 알맞은 내용을 적으시오. (4점)

가. 시스템에 장착된 CPU 정보를 확인할 수 있는 파일명을 절대 경로로 기입한다.
(①)

나. 시스템에 장착된 메모리 정보를 확인할 수 있는 파일명을 절대 경로로 기입한다.
(②)

다. 시스템에서 사용 중인 RAID 정보를 확인할 수 있는 파일명을 절대 경로로 기입한다.
(③)

라. 시스템에서 사용 중인 커널 버전 정보를 확인할 수 있는 파일명을 절대 경로로 기입한다.
(④)

■ 조건
①~④에는 파일명을 절대 경로로 기입한다.

답안

①

②

③

④

07 다음은 시스템 로그 관련 설정을 하는 과정이다. 조건에 맞게 (　　) 안에 알맞은 내용을 적으시오. (4점)

가. 모든 서비스(Facility)에 대해 가장 최고 수준(Priority)의 위험한 상황인 경우에 root 및 ihduser 사용자의 터미널로
　　관련 로그를 전송한다.
(①)　　(②)

나. 메일 서비스에서 발생하는 error 수준의 메시지만 /var/log/mail_error에 기록한다.
(③)　　/var/log/mail_error

다. 인증 서비스 관련 로그는 로컬 시스템의 두 번째 터미널로 전송한다.
authpriv.*　　　(④)

■ 조건
- ①, ③에는 facility.priority 형식으로 기입한다.
- ②, ④에는 관련 설정(Action)을 기입한다.

답안

①
②
③
④

08 다음은 시스템 관련 로그 정보를 명령어를 사용해서 확인하는 과정이다. 조건에 맞게 (   ) 안에 알맞은 내용을 적으시오. (4점)

가. ihduser 사용자의 로그인 정보를 출력한다.

\# (①) ihduser

나. ihduser 사용자의 최종 접속한 로그 기록만 출력한다.

\# (②) ihduser

다. ihduser 사용자의 로그 실패 기록을 출력한다.

\# (③) ihduser

라. 가장 최근에 로그인에 실패한 3개의 기록을 출력한다.

\# (④)

■ 조건
- ①에는 관련 명령어를 기입하는데, 만약 관련 옵션이 필요한 경우에는 옵션도 한 번에 기입한다. (예) ls, ls −al)
- ②~④에는 관련 명령어 또는 관련 명령어 및 옵션의 조합으로 한 번에 기입한다.

답안

①

②

③

④

09 다음은 ssh 클라이언트에서 ssh 서버인 192.168.12.22로 접근하는 과정이다. 조건에 맞게 (   ) 안에 알맞은 내용을 적으시오. (4점)

> 가. 현재 ihduser로 로그인되어 있는 상태이다. kaituser로 계정을 변경해서 접근하는 명령을 기입한다.
> $ ssh (①)
>
> 나. ssh 서버의 포트 번호가 180번으로 변경된 경우에 접근하는 명령을 기입한다.
> $ ssh (②)
>
> 다. ssh 서버의 홈 디렉터리에 data 디렉터리는 생성하는 명령을 기입한다.
> $ ssh (③)
>
> 라. ssh 서버에 키 기반 인증을 위해 ssh 클라이언트에서 관련 키 쌍을 생성하는 명령을 기입한다.
> $ (④)

> ■ 조건
> • ①~③에는 옵션 및 관련 인자값 등을 한 번에 기입한다. (**예** −a, −g ihd)
> • ④에는 관련 명령어를 기입하는데, 옵션이 필요한 경우에는 한 번에 기입한다.

답안

①

②

③

④

10 다음은 /dev/sda1을 /dev/sdb1으로 백업하는 과정이다. 조건에 맞게 (   ) 안에 알맞은 내용을 적으시오. (4점)

> /dev/sda1을 블록 사이즈를 4KB 단위로 하여 /dev/sdb1으로 백업한다.
> # (①) (②)

> ■ 조건
> • ①에는 관련 명령어만 기입한다.
> • ②에는 ①에 사용되는 명령어의 옵션, 옵션 및 인자값 등을 한 번에 기입한다.

답안

①

②

11 다음은 아파치 웹 사용자 인증을 위해 설정하는 과정이다. 조건에 맞게 ( ) 안에 알맞은 내용을 적으시오. (12점)

가. 아파치 웹 사용자로 ihduser를 생성하고, 저장되는 파일명은 /etc/password로 지정한다. (단, /etc/password는 처음 생성하는 파일임)

(①) (②) /etc/password ihduser

나. httpd.conf 파일에 인증할 디렉터리 관련 설정을 한다.
〈Directory "/usr/local/apache/htdocs/admin"〉
    AllowOverride (③)
〈/Directory〉

다. 아파치 웹 사용자 인증 대상 디렉터리인 /usr/local/apache/htdocs에 생성할 파일명을 기입한다.
(④)

■ 조건
- ①에는 관련 명령어만 기입한다.
- ②에는 ①에 사용되는 명령어의 옵션을 기입한다. 명령어가 틀리면 채점하지 않는다.
- ③에는 설정값만 기입한다.
- ④에는 해당 디렉터리 안에 생성할 파일명을 기입한다.

답안

①

②

③

④

12 다음은 삼바 서버 관련해서 설정 내용을 확인하는 과정이다. 조건에 맞게 (　　) 안에 알맞은 내용을 적으시오. (8점)

가. 삼바 클라이언트에서 삼바 서버로 운영 중인 192.168.5.13의 공유 디렉터리를 확인한다.
(①) (②) 192.168.5.13

나. 공유된 디렉터리가 192.168.5.13의 data 디렉터리로 확인되었다. 접근하는 명령을 기입한다.
(①) (③)

다. 삼바 서버에서 환경설정 파일인 smb.conf 파일의 설정 여부를 확인한다.
(④)

■ 조건
• ①에는 관련 명령어만 기입한다.
• ②에는 ①에 사용되는 명령어의 옵션을 기입한다. 명령어가 틀리면 채점하지 않는다.
• ③에는 지정한 디렉터리에 접근할 때 사용하는 설정값만 기입한다.
• ④에는 관련 명령어만 기입한다.

답안

①

②

③

④

13 다음은 하나의 메일 서버에 여러 도메인을 사용하는 환경에서 동일한 메일 계정을 요구하여 설정하는 과정이다. 조건에 맞게 (   ) 안에 알맞은 내용을 적으시오. (8점)

가. ihd.or.kr 계정과 kait.or.kr 계정 모두 ceo라는 메일 계정을 요구한 상태이다. ihd.or.kr의 ceo 메일 계정은 ih-duser로 포워딩하고, kait.or.kr의 ceo 메일 계정은 kaituser로 포워딩한다.

\# vi (①)

(②)

(③)

나. 위의 설정을 적용할 명령을 기입한다.

(④)

■ 조건

• ①에는 관련 파일명을 절대 경로로 기입한다.

• ②, ③에는 관련 설정을 한 줄씩 기입한다. (순서는 무관)

• ④에는 관련 설정을 적용할 명령을 한 줄로 기입한다.

답안

①

②

③

④

14 다음은 DNS 서버의 환경설정 파일에 관련 내용에 따라 설정하는 과정이다. 조건에 맞게 (　　　) 안에 알맞은 내용을 적으시오. (12점)

> 가. IP 주소가 192.168.5.13 및 192.168.12.22인 호스트와 192.168.6.0 네트워크 대역에 속한 호스트를 ihd라는 하나의 명칭으로 지정한다.
> (①)
>
> 나. 도메인에 대한 질의를 다른 DNS 서버인 168.126.63.1로 넘기는데, 이 서버에서 응답이 없을 경우에만 질의응답을 처리한다.
> (②)
> (③)
>
> 다. 네임 서버에 질의할 수 있는 호스트를 192.168.28.0 네트워크 대역에 속한 호스트, 192.168.12.17, ihd로 묶인 호스트만 가능하도록 설정한다.
> (④)

■ 조건
• ①~④에는 관련 설정 내용을 한 줄씩 기입한다.
• ②, ③에는 순서 무관하게 기입한다.

답안

①

②

③

④

15 다음은 TCP Wrapper를 이용해서 접근 제어를 설정하는 과정이다. 조건에 맞게 (   ) 안에 알맞은 내용을 적으시오. (8점)

가. 모든 서비스에 대한 모든 호스트의 접근을 차단한다.
vi /etc/hosts.deny
(①)

나. 텔넷 서비스에 대해 192.168.5.0 네트워크 대역에 속한 호스트의 접근을 허가한다.
(②)

다. ssh 서비스에 대해 IP 주소가 192.168.5.13인 호스트만 허가한다.
(③)

라. vsftpd 서비스에 대해 ihd.or.kr 도메인에 속한 호스트만 허가한다.
(④)

■ 조건
- ①에는 제시된 조건과 관련된 설정값을 한 줄로 기입한다.
- ②~④은 /etc/hosts.allow에 설정하는 과정이고, 제시된 조건과 관련된 설정값을 한 줄씩 기입한다.

답안

①

②

③

④

16 다음 그림과 같이 하나의 공인 IP 주소를 이용해서 다수의 서버를 연결하여 구성한 상태이고, iptables 를 이용해서 방화벽 규칙(Rule)을 설정하는 과정이다. 조건에 맞게 (   ) 안에 알맞은 내용을 적으시오. (12점)

외부로부터 들어오는 웹 서비스 요청을 내부의 사설 IP 주소가 192.168.0.4인 웹 서버로 전달한다.

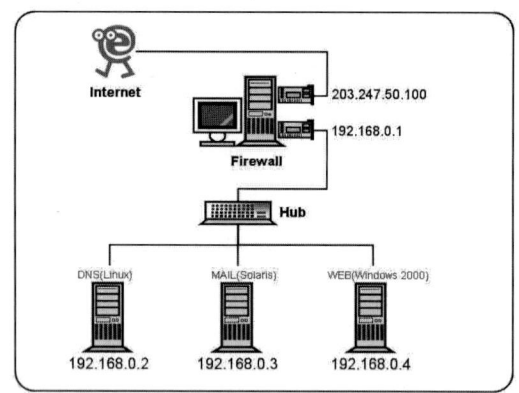

iptables −t (①) −A (②) −p (③) −d 203.247.50.100 (④) −j
(⑤) −−to (⑥)

■ 조건
①~⑥에는 명령어의 옵션, 설정값, 옵션 및 인자값을 조건에 맞게 기입한다.

답안

①

②

③

④

⑤

⑥

해설과 따로 보는
최신 기출문제
정답 & 해설

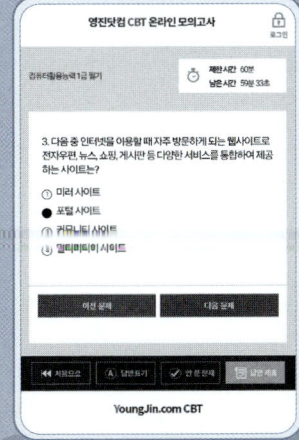

◀ 접속

CBT 온라인 문제집

① QR 코드 찍기(PC는 홈페이지 접속)
② 랜덤 모의고사 무료 응시
③ 풀이 후 자동 채점
④ 해설 즉시 확인 가능

최신 기출문제 01회

2-222쪽

01 ① -u
  ② -d /home/youngjinman
  ③ -p linuxmaster12!
  ④ -g youngjingrp

02 ① youngjinman:testgroup
  ② g+s
  ③ 770
  ④ /myhome/homework.txt

03 ① pstree
  ② p
  ③ ef
  ④ grep

04 ① list
  ② httpd
  ③ -y
  ④ info

05 ① fdisk
  ② fdisk
  ③ mkfs.ext4
  ④ /dev/sdb1

06 ① journalctl
  ② -b
  ③ -n
  ④ -r

07 ① last
  ② /var/log/wtmp
  ③ lastb
  ④ /var/log/btmp

08 ① lsattr
  ② chattr
  ③ getfacl
  ④ setfacl

09 ① yum
  ② systemctl
  ③ useradd
  ④ AllowUsers

10 ① dump

　② dd

　③ restore

　④ −if

11 ① httpd

　② xvzf

　③ make

　④ phpinfo

12 ① /share/youngjin

　② guest ok 혹은 public

　③ smbpasswd

　④ now

13 ① NO

　② local_enable

　③ YES

　④ chroot_local_user

14 ① ns1

　② admin

　③ A

　④ mail

15 ① nat

　② 192.168.10.101:80

　③ 192.168.10.201:21

　④ MASQUERADE

16 ① ALL

　② sshd

　③ 192.168.10.

　④ vsftpd

01~10　단답식

01

① · ② 사용자 계정 생성하기 위해 useradd 명령어를 사용하며 주요 옵션은 아래와 같다.

　• −u(−−uid UID) : 사용자의 유일한 UID값 지정

　• −d(−−home) : 홈 디렉터리 지정

③ usermod를 사용하여 사용자 설정을 변경하며, 주요 옵션은 아래와 같다.

　• −p(−−password) : 암호화된 패스워드를 설정

　• −g(−−gid) : 존재하는 그룹의 이름이나 GID를 입력

　• −G(−−groups) : 현재 지정된 그룹에 추가할 그룹 지정

　• −u(−−uid UID) : 사용자의 유일한 UID값 지정

④ groupadd 명령어는 'groupadd [options] groupname' 형식으로 새로운 그룹을 생성한다.

02

① chown [options] owner[:group] file(s) 형식으로 파일 및 디렉터리의 소유자와 그룹을 변경한다.

② 그룹 허가권(g)에 's'를 추가(+)하여 Set−GID 비트를 설정한다.

③ chmod는 기호 혹은 8진수 숫자를 통해 허가권을 변경한다. 이때, 읽기는 4, 쓰기는 2, 실행은 1로 표기하며, 권한을 주지 않으려면 0으로 표기한다.

④ 'touch [option] filename'에서 touch는 파일의 마지막 접근 시간, 수정 시간, 변경 시간과 같은 파일스탬프 정보를 수정하며, 파일이 없는 경우 빈 파일을 생성한다.

03

① pstree는 실행 중인 프로세스를 트리 형식으로 출력한다.

② top은 시스템에서 현재 실행 중인 프로세스에 대한 정보를 실시간으로 제공하며, 'top [options]' 형식으로 실행한다. 옵션 '-p'는 지정한 PID의 프로세스를 모니터링한다.

③ ps는 시스템에서 실행 중인 프로세스에 관한 정보를 보여 주는 도구이며, 'ps [options]' 형식으로 실행한다. 옵션 '-f'는 전체 포맷으로 출력, 옵션 '-e'는 모든 프로세스를 출력한다.

④ grep명령어는 텍스트 파일이나 명령어 출력 결과에서 특정 패턴(문자열, 정규표현식 등)을 검색하는 도구이다.

04

① · ③ · ④ yum은 RPM 설치 방식을 개선한 패키지 관리자이며, 패키지 의존성을 레파지터리에서 검색하여 쉽게 패키지를 설치한다. 'yum [options] [command][package명]' 형식으로 명령어를 실행하며, 옵션에 대한 설명은 아래와 같다.
- -y : 모든 선택에 'yes'로 답변, 설치가 한 번에 진행
- list : 사용 가능한 패키지들 목록과 관련된 정보 출력
- info : 지정한 패키지의 정보를 출력

② 파이프 명령어와 조합된 grep httpd 명령어를 이용하여 httpd 문자열이 포함된 프로세스를 검색한다.

05

① · ② fdisk는 리눅스 환경에서 디스크 파티션을 생성, 삭제, 수정하고 관리하는 도구이다.
- # fdisk -l : 파티션 목록 확인
- # fdisk [디스크 장치명] : 파티션 설정 모드 진입

③ mkfs.ext4 명령어를 사용하여 생성한 논리적 파티션(/dev/sdb1)을 포맷한다.

④ mount는 파티션된 저장장치를 특정 디렉터리에 연결하여 해당 장치의 파일에 접근할 수 있다. 'mount [옵션] [장치] [디렉터리]' 형식으로 명령어를 실행한다.

06

① · ② · ③ · ④ 시스템 로그 관리를 위한 'journalctl' 명령어는 systemd에서 제공하는 커널 및 저널로그를 관리한다. 옵션에 대한 설명은 아래와 같다.
- -b : 시스템 부팅 이후의 로그를 출력
- -n : 지정한 수만큼 로그를 출력
- -r : 모든 로그를 역순으로 출력
- -p : 지정한 우선순위 이상의 모든 로그 출력
- --since : 특정 날짜 이후의 로그 출력

07

① · ② last명령어는 '/var/log/wtmp' 파일이 생성된 이후로 모든 사용자의 로그인, 로그아웃 기록을 출력한다.

③ · ④ lastb명령어의 사용법은 last명령어와 유사하며, 다만 '/var/log/btmp' 로그 파일의 내용을 바탕으로 시스템의 모든 로그인 실패 기록을 출력한다.

08

① lsattr : 파일의 속성 확인
- -R : 디렉터리 하위의 모든 파일과 디렉터리 속성을 재귀적으로 출력
- -a : '.'으로 시작하는 숨김 파일을 포함한 모든 파일을 출력

② chattr : 파일의 속성을 수정하는 명령어
- -R : 디렉터리 하위의 모든 파일과 디렉터리 속성을 재귀적으로 수정

③ getfacl : 파일의 ACL(Access Control List)을 확인하는 명령어
- -a(--access) : 파일의 ACL을 출력
- -d(--default) : 기본 ACL을 출력

④ setfacl : 파일의 ACL을 설정하는 명령어
- -m(--modify) : 파일이나 디렉터리의 ACL을 추가하거나 변경
- -x(--remove) : 파일이나 디렉터리의 ACL을 제거

09

① yum : RPM 설치하는 방식을 개선한 패키지 관리자로, yum은 패키지가 가지고 있는 의존성을 체크하여 쉽게 설치할 수 있으며, 주요 옵션으로는 −y(별도 확인 없이 설치를 한 번에 진행), −v(자세한 정보 출력)이 있음

② systemctl : Linux에서 systemd를 사용하여 서비스를 관리하고 제어하는 명령어
- 서비스 시작 : systemctl start [서비스 이름].service
- 서비스 중지 : systemctl stop [서비스 이름].service
- 서비스 재시작 : systemctl restart [서비스 이름].service

③ useradd : 사용자를 생성하는 명령어이며, 형식은 'useradd [options] username'을 따름

④ /etc/ssh/sshd_config 파일의 AllowUsers 설정 : SSH 서버에 접속할 수 있는 특정 사용자를 지정하는 데 사용되는 명령어로, 파일에 AllowUsers를 추가하고, 접속을 허용할 사용자 이름을 공백으로 구분하여 나열함

10

① dump는 주로 파티션 단위로 백업할 때 사용하는 명령어이다. 'dump [options][backup_device][backup_file_or_device]' 형식을 따르며, 주요 옵션은 아래와 같다.
- −0~9 : 백업 레벨 지정(0단계는 전체 백업, 1단계부터는 부분 백업)
- −f : 백업할 장치나 파일 지정
- −u : dump 완료 후 /etc/dumpdates라는 파일에 백업 정보 기록

② dd는 지정한 장치를 지정한 형식으로 변환하는 명령어이다. 'dd [option] ...' 형식을 따른다.

③ · ④ restore는 dump 명령으로 생성한 백업 파일을 복원할 때 사용한다. 'restore [option] backup_name' 형식을 따르며, 주요 옵션은 아래와 같다.
- −i : 대화 모드를 통해 복원할 파일을 지정
- −f : 복원할 파일을 지정
- −r : 파일 시스템을 복원

11~16 작업식

11

① sudo dnf install −y httpd 명령으로 아파치 웹서버 (httpd) 패키지를 설치한다. 또한 systemctl enable httpd 명령어를 통해 부팅 시 자동 시작을 설정하고, systemctl start httpd로 즉시 서비스를 시작한다.

② tar : 여러 개의 파일을 하나로 묶거나 풀 때 사용하는 명령어
- −x : tar 아카이브에서 파일 추출(파일 풀 때 사용)
- −v : 처리되는 과정을 출력
- −z : gzip 압축 적용
- −f : 대상 tar 아카이브 지정

③ make : 소스 코드를 컴파일
- make install : 컴파일된 실행 파일을 시스템에 설치함

④ phpinfo : PHP 정보와 설정을 보여 주는 함수

12

① path : 공유 폴더의 주요 설정 옵션으로 공유 디렉터리의 절대 경로를 지정

② guest ok : 게스트 접근 허용 여부를 설정하는 옵션이다. public을 이용할 수도 있음

③ smbpasswd : 삼바의 계정과 패스워드를 설정한다. 이때 삼바 계정은 리눅스 시스템에 등록된 계정이어야 함

④ systemctl enable −−now 〈유닛명〉 형식으로 등록 및 활성화(실행)를 함께 수행할 수 있음

13

① anonymous_enable=NO : 익명 사용자의 접속을 금지함

② local_enable=YES : 로컬 계정 접속 허가함

③ write_enable=YES : FTP 쓰기(Write) 명령을 허가함

④ chroot_local_user=YES : 접속한 사용자의 홈 디렉터리를 최상위 디렉터리가 되도록 설정함

⊞ 선생님의 노하우

※ 참고 : vsftpd 버전에 따라 allow_writeable_chroot=YES 설정도 필요할 수 있다.

14

① · ② SOA(Start of Authority) 레코드에는 주 네임서버와 관리자 메일 주소를 지정한다.

③ A 레코드 : Ipv4 주소를 지정하기 위해 사용함

④ MX(Mail Exchanger) : 도메인 이름에 대한 메일 교환 서버를 지정함

15

① −t nat : nat 테이블을 선택함

② · ③ DNAT는 목적지 IP주소를 변경하는 것으로 NAT테이블의 PREROUTING 체인 정책을 설정한다. 특정 포트(80, 21)로 들어온 트래픽을 내부 서버로 전달한다.

• 80 → 192.168.10.101:80 (웹 서버)

• 21 → 192.168.10.201:21 (FTP 서버)

④ MASQUERADE : 외부 서비스에 연결하여 통신할 때 사설 IP를 (동적) 공인 IP로 변경함

16

① · ② · ③ TCP Wrapper는 '/etc/hosts.allow', '/etc/hosts.deny' 설정 파일을 이용해 접근을 제어하며, 설정 시 [데몬 목록][클라이언트 목록][셸 명령어]'의 형식을 따른다.

• ALL : 모든 서비스 혹은 모든 클라이언트

• 192.168.10.0/24 대역을 TCP Wrapper에서 표현하기 위해 192.168.10. 혹은 192.168.10.0/255.255.255.0 혹은 192.168.10.* 을 이용한다.

④ Rocky Linux등 리눅스에서 사용할 수 있는 vsftpd는 가장 대표적 FTP 프로그램이다.

최신 기출문제 02회

2-238쪽

01 ① function

② $#

③ u+x

④ bash 또는 /bin/bash

02 ① nice 또는 sudo nice

② −13 또는 −n13 또는 −−adjustment=13

③ renice 또는 sudo renice

④ −u

03 ① lsmod 또는 sudo lsmod

② insmod 또는 sudo insmod 또는 modprobe 또는 sudo modprobe

③ modprobe 또는 sudo modprobe

④ −r 또는 −−remove

04 ① lpr −# 10

② lprm −

05 ① lastb

② lastlog

③ −t 또는 −−time

④ last

06 ① sysctl

② −w

③ /proc/sys/net/ipv4/tcp_syncookies

④ 1

07 ① /etc/login.defs

② PASS_MAX_DAYS

③ PASS_MIN_LEN

④ UMASK

08 ① wget
  ② mrproper
  ③ bzImage
  ④ install
09 ① systemctl
  ② enable
  ③ PermitRootLogin
  ④ restart
10 ① nohup
  ② &
  ③ jobs
  ④ 733824
11 ① /etc/mail/access
  ② REJECT
  ③ RELAY
  ④ makemap hash /etc/mail/access 〈 /etc/mail/access
12 ① Listen 7070
  ② ServerName www.youngjin-master.com:7070
  ③ ServerAdmin master@youngjin-master.com
  ④ DefaultType text/plain
13 ① http_port 8888
  ② acl master src 192.168.10.0/255.255.255.0 또는 acl master src 192.168.10.0/24
  ③ http_access allow master
  ④ cache_mem 2048 MB
14 ① firewall-cmd --zone=public --permanent --add-service=http
  ② firewall-cmd --zone=public --permanent --add-port=20-21/tcp 또는 firewall-cmd --zone=public
     --permanent --add-port=20/tcp --add-port=21/tcp
  ③ firewall-cmd --reload
15 ① iptables -A INPUT -s 192.168.10.7 -d localhost -j DROP
  ② iptables -A INPUT -s 192.168.10.7 -p icmp -j REJECT
  ③ iptables -A OUTPUT -p tcp -d www.youngjin-test.com --dport 80 -o eth0 -j DROP
  ④ iptables -L INPUT --line-numbers
16 ① alert
  ② msg
  ③ content
  ④ nocase

01~10 **단답식**

01

① 셸 스크립트 내에서 함수를 정의할 경우 function 키워드를 이용한다.
② 환경변수의 값을 참조할 경우 환경변수 앞에 $을 붙인다. 이때 $#은 셸스크립트에 전달되는 인자의 개수를 의미하며, $1, $2, $3… 은 각각 첫 번째, 두 번째, 세 번째… 인자의 값을 의미한다.
③ chmod 명령의 인자로 u+x를 지정하면 기존 권한은 유지하며 소유자에게 실행권한을 추가한다. 만일 744와 같이 지정하면 소유자에게 실행권한이 설정되지만, 기존 권한이 변경될 수 있다.
④ bash 명령어를 이용하여 새로운 셸을 통해 스크립트를 실행한다.

02

① · ② nice 명령과 그 옵션에 대해 묻는 문제이다.
- nice는 프로세스의 우선순위를 의미하는 nice 값을 설정하는데, 추가 옵션 없이 실행하면 프로세스가 생성될 때 기본 nice 값을 출력한다.
- nice 명령의 옵션으로 −n, −−adjustment를 이용하거나 − 숫자 형식을 지정하여 NI값을 추가(증가)할 수 있다.

③ · ④ renice 명령과 그 옵션에 대해 묻는 문제이다.
- renice는 현재 실행 중인 프로세스의 NI값을 변경할 수 있다.
- renice는 −u 옵션과 함께 계정을 지정하여 특정 사용자가 실행한 프로세스를 대상으로 명령을 수행할 수 있다.

03

① lsmod : 현재 로드된 모듈의 리스트와 정보를 출력
② insmod : 커널에 특정 모듈을 직접 로드함
③ modprobe : 모듈 간 의존성을 확인하여 필요한 모듈을 먼저 로드한 뒤 대상 모듈을 로드하거나 언로드함
④ modprobe : −r 또는 −−remove 옵션으로 모듈을 제거하는데, 의존성이 있는 모듈이 존재하고 참조가 없다면 이들도 함께 자동으로 언로드함

04

① lpr : BSD 프린팅 시스템의 프린트 출력 명령어이며, −# 옵션으로 출력 매수를 지정함
② lprm : BSD 프린팅 시스템의 프린트 취소 명령어이며, − 옵션을 지정하여 프린터 대기열에 있는 모든 작업을 취소함

05

① lastb : btmp 로그파일을 기반으로 로그인 실패 기록을 출력하며, −n 숫자 또는 −숫자 옵션으로 최근 출력할 라인 수를 지정
② · ③ lastlog : lastlog 로그파일을 참고해 로그인 이름 · 포트 · 시간 등을 출력하며, −t 또는 −−time 옵션으로 지정 날짜 이후의 최근 로그인 기록만 조회
④ last : wtmp 파일 생성 이후의 모든 사용자 로그인 · 로그아웃 기록을 출력하며, −n 숫자 또는 −숫자 옵션으로 최근 출력할 라인 수를 지정

06

① · ② sysctl은 proc/sys 디렉터리 이하의 커널 매개변수를 확인하거나 설정하는 명령어이며, −w 옵션으로 지정한 변수에 값을 지정한다.
③ /proc/sys/net/ipv4/tcp_syncookies은 SYNCOOKIE를 설정하기 위한 커널 매개변수이다.
④ icmp_echo_ignore_broadcasts=1로 설정하여 해당 매개변수의 기능을 활성화(지정)할 수 있다.

07

① /etc/login.defs의 개념
- /etc/login.defs는 패스워드 최대 사용일, 패스워드 최소 사용일, 패스워드 만료 경고일 등을 설정할 수 있는 환경설정 파일이다.

② · ③ · ④ /etc/login.defs의 세부 설정 항목

환경설정	내용
MAIL_DIR	사용자의 메일 보관함 위치
PASS_MAX_DAYS	패스워드를 사용할 수 있는 최대일
PASS_MIN_DAYS	패스워드를 기본적으로 유지해야 하는 최소일
PASS_MIN_LEN	패스워드의 최소 길이
PASS_WARN_AGE	패스워드 만료 전 경고 일수
UID_MIN	useradd 명령어를 통해 UID 자동 생성 시 최솟값
UID_MAX	useradd 명령어를 통해 UID 자동 생성 시 최댓값
GID_MIN	groupadd 명령어를 통해 GID 자동 생성 시 최솟값
GID_MAX	groupadd 명령어를 통해 GID 자동 생성 시 최댓값
CREATE_HOME	− useradd 명령어 사용 시 홈 디렉터리 생성 여부를 지정 − useradd의 −m 옵션을 사용한다면 이 설정보다 우선함
UMASK	− 사용자의 umask값을 설정 − 설정값이 없으면 022로 설정됨
USERGROUPS_ENAB	− Yes로 설정되어 있다면 userdel을 통해 사용자 삭제 시 그룹도 삭제됨 − 단 그룹에 속한 사용자가 없어야 함
ENCRYPT_METHOD	− 패스워드 암호화를 위한 기본 알고리즘을 설정 − DES, MD5, SHA256, SHA512 등의 값을 가질 수 있음

08

① wget : URL로 지정된 파일이나 내용을 로컬 파일로 다운로드하는 명령어
② make mrproper : 커널 환경설정 전에 기존 오브젝트 파일·config 파일·백업 파일 등을 모두 제거하는 명령어로, 처음 커널을 컴파일하는 경우에는 생략할 수 있음
③ make bzImage : make bzImage는 1MB 이상의 커널을 컴파일해 커널 이미지를 생성하는 명령어로, zImage 컴파일에서 "System is too big" 오류가 발생하면 모듈화를 늘리거나 bzImage를 사용하며 생성된 커널은 bzip2로 압축해야 함
④ sudo make install : sudo make install은 컴파일이 완료된 모듈을 /lib/modules/kernel-version 이하에 설치

09

① · ② · ④의 systemctl 명령어를 이용하여 서비스를 제어할 수 있으며, start(시작), stop(멈춤), enable(자동 실행), disable(자동 실행 해제), restart(재실행), status(상태 확인)의 옵션을 이용할 수 있다.
③ PermitRootLogin 설정값을 이용하여 루트 로그인을 제어(허용 혹은 금지)할 수 있다.

10

① nohup : 'no hangup'을 의미하며, 로그아웃 시 세션에 전달되는 HUP 시그널을 무시하여 사용자가 로그아웃하더라도 프로세스를 계속 실행하도록 함
② & : 명령어 실행 시 추가하면 백그라운드로 실행됨
③ jobs : 백그라운드로 실행 중인 프로세스나 현재 중지된 프로세스의 목록을 출력하는 명령어
④ 733824 : kill 명령어는 인자로 지정한 PID(예 733824)의 프로세스를 종료하며, 시그널을 지정하지 않으면 기본적으로 종료를 위한 TERM 시그널을 전송

11~16 작업식

11

① /etc/mail/access은 메일 서버에 접속하는 호스트의 접근을 제어하는 설정 파일이다.
② · ③의 정책은 '릴레이(중계) 허용(RELAY), 거부(DISCARD), 거부 후 메시지 전송(REJECT)' 등을 지정할 수 있다.
④ makemap hash /etc/mail/virtusertable 〈 /etc/mail/virtusertable'와 같은 명령으로 '/etc/mail/virtusertable.db'에 적용한다.

12

/etc/httpd/conf/httpd.conf
• 기능 : 아파치 웹서버의 기본 설정 파일
• 주요 설정 항목(① · ② · ③ · ④)

주요 설정 항목	설명
ServerRoot	– 아파치 웹 서버의 주요 파일들이 저장된 최상위 디렉터리를 절대경로로 지정 – 기본값 : ServerRoot = "/etc/httpd"
Listen	– 아파치 웹 서버가 사용할 TCP 포트 번호를 지정 – 기본값 : Listen 80
LoadModule	– DSO(Dynamic Shared Object) 방식으로 로딩할 모듈을 지정 – Include conf.d/*.conf와 같이 지정하여, 모듈을 로딩하기 위한 별도의 설정 파일을 포함하여 사용할 수도 있음 예 LoadModule php5_module modules/libphp5.so
User	– 아파치 실행 데몬(daemon)의 사용자 권한을 지정 – 시스템 보안을 위하여 root로 설정하지 않도록 함 – 기본값 : User apache
Group	– 아파치 실행 데몬의 그룹 권한을 지정 – 시스템 보안을 위하여 root로 설정하지 않도록 함 – 기본값 : Group apache
ServerAdmin	– 아파치 웹 서버 관리자의 이메일 주소를 지정하여, 서버에 문제가 발생할 경우 에러메시지에 함께 표시 – 기본값 : ServerAdmin root@localhost
ServerName	– 서버의 호스트 이름을 지정 – 기본값 : ServerName www.example.com:80 – 기본 설정값이 주석(#)으로 처리되어 있으므로, 적절한 값으로 변경하여 적용
DocumentRoot	– 웹 문서가 저장되는 기본 디렉터리 경로를 지정 – 기본값 : DocumentRoot "/var/www/html"

DirectoryIndex	웹 디렉터리를 방문할 경우 처음으로 열릴(Open) 파일 목록을 정의 ⒟ DirectoryIndex index.html index.htm index.php index.jsp
AccessFilename	– 각 디렉터리별 추가 설정을 위해 각각 저장하는 설정 파일을 지정 보통 접근제어(Access Control) 방식 등을 지 정할 때 사용 – 기본값 : AccessFileName .htaccess
ErrorLog	– 아파치 웹 서버의 에러로그 파일의 위치를 지정 – 기본값 : ErrorLog logs/error_log
LogLevel	– 에러로그를 기록하는 수준을 결정 – 기본값 : LogLevel warn – 로그레벨의 종류는 이후에 설명할 별도의 단락을 참고
DefaultType	– 기본 MIME 타입을 지정하며, 별도의 타입을 등록하지 않는 문서(콘텐츠)에 대한 기본값으로 동작 – 기본값 : DefaultType text/plain

13

/etc/squid/squid.conf
- 기능 : squid 프록시 서버의 기본 설정 파일이자, 아파치 웹서버의 기본 설정 파일
- 주요 설정 항목(① · ② · ③ · ④)

옵션	설명
cache_dir [옵션]	• 캐시 데이터가 저장될 경로명을 지정 • 옵션 : cache_dir ufs [경로] [캐시 데이터 크기, MB] [첫번째 디렉터리 수] [두 번째 디렉터리 수] • ufs : squid의 저장 포맷 ⒟ cache_dir ufs /var/spool/squid 100 16 256
http_port [포트 번호]	사용할 포트 번호를 지정 ⒟ http_port 3128
acl [별칭] src [IP 주소 대역] acl [별칭] dst [IP 주소 대역] acl [별칭] port [포트 번호] acl [별칭] srcdomain [도메인명] acl [별칭] dstdomain [도메인명]	• acl 구문으로 별칭을 지정한 후, 별칭에 대한 접근 권한을 설정 – http_access allow [별칭] : 접근 허가 – http_access deny [별칭] : 접근 거부 ⒟ acl local src 192.168.10.0/255.255.255.0 http_access allow local http_access deny all acl Safe_ports port 80 acl Safe_ports port 21 http_access deny !Safe_ports
cache_mem [크기]	캐시의 크기를 설정 ⒟ cache_mem 2048 MB
cache_log [로그 파일경로]	로그 파일을 지정

14

firewalld는 최근 리눅스에서 방화벽 규칙을 관리하는 데몬으로, 기존에 사용되던 iptables를 대신한다. 기존의 iptables와 달리 firewalld는 서비스 중단 없이 실시간으로 방화벽 규칙을 변경할 수 있어 보다 유연한 방화벽 관리를 제공한다. firewall-cmd는 firewalld를 제어하는 명령어로, 방화벽 규칙을 추가하거나 제거하고, 설정을 관리하는 데 사용한다.

15

iptables는 리눅스의 방화벽이라고도 하며 패킷 필터링 정책을 사용하여 특정 패킷을 분석하고 허용 혹은 차단할 수 있다.

16

① alert : 경고 메시지를 발생시키고 로그를 남김
② msg : 출력할 메시지를 지정
③ content : 페이로드(Payload) 내부에서 검색할 문자열을 지정
④ nocase : 문자열 검색 시 대소문자를 구별하지 않음

Snort Rule의 주요 옵션 항목

옵션	설명
msg	출력할 메시지를 지정
sid	설정한 룰의 식별자를 지정하며 사용자가 작성한 룰은 1000000 이상으로 함
content	페이로드(Payload) 내부에서 검색할 문자열을 지정
depth	검사할 바이트 수를 지정
offset	검사를 시작할 위치를 지정
distance	앞에 설정한 룰의 결과에서 지정한 숫자(바이트 수)만큼 떨어진 지점부터 검사 ⑩ content:"Hi";content:"Hello":distance:1;이면, "Hi" 문자를 찾은 뒤 1바이트 이후부터 "Hello" 문자열을 검사
within	시작점부터 검사하되 지정한 바이트 수 내에서만 검사
nocase	문자열 검색 시 대소문자를 구별하지 않음
sameip	소스와 목표 IP 주소가 동일한지를 검사

최신 기출문제 03회

2-254쪽

01 ① passwd

② -d 또는 --delete

③ chage

④ -E 또는 --expiredate

02 ① /etc/fstab

② 4

③ usrquota

④ quotacheck

03 ① crontab

② -e -u 또는 -eu

③ 5 4 * * 1,4,5 (1,4,5 대신에 mon,thu,fri)

④ */10 * * * * 또는 0-59/10 * * * * 또는 0,10,20,30,40,50 * * * *

04 ① -qR 또는 -q --requires

② -qf 또는 -qif

③ -qlp

④ -qc

05 ① /lib/modules/커널버전/modules.dep

(커널 버전 : 2.6.33.3-85.fc13.i686, 2.6.33.3-85.fc13.x86_64)

② depmod

③ make modules

④ make modules_install

06 ① /proc/cpuinfo

② /proc/meminfo

③ /proc/mdstat

④ /proc/version

07 ① *.emerg 또는 *.panic

② root,ihduser 또는 :omusrmsg:root,ihduser

③ mail.=error 또는 mail.=err

④ /dev/tty2

08 ① last

② lastlog −u

③ lastb

④ lastb −n 3 또는 lastb −3

09 ① kaituser@192.168.12.22 또는 −l kaituser 192.168.12.22

② −p 180 192.168.12.22

③ 192.168.12.22 mkdir data (또는 ~/data)

④ ssh−keygen

10 ① dd

② if=/dev/sda1 of=/dev/sdb1 bs=4096 (또는 bs=4k)

11 ① htpasswd

② −c

③ AuthConfig

④ .htaccess

12 ① smbclient

② −L

③ \\\\192.168.5.13\\data 또는 //192.168.5.13/data

④ testparm

13 ① /etc/mail/virtusertable

② ceo@ihd.or.kr ihduser

③ ceo@kait.or.kr kaituser

④ makemap hash /etc/mail/virtusertable 〈 /etc/mail/virtusertable

14 ① acl "ihd" { 192.168.5.13; 192.168.12.22; 192.168.6/24; }; (또는 192.168.6.0/24)

② forward first;

③ forwarders { 168.126.63.1; }; (②번과 ③번은 순서 무관)

④ allow−query { 192.168.28/24; 192.168.12.17; ihd; }; (또는 192.168.28.0/24)

15 ① ALL: ALL

② in.telnetd: 192.168.5. (또는 192.168.5.0/255.255.255.0)

③ sshd: 192.168.5.13

④ vsftpd: .ihd.or.kr

16 ① nat

② PREROUTING

③ tcp

④ −−dport 80

⑤ DNAT

⑥ 192.168.0.4:80

01~10 **단답식**

01

passwd

• 기능 : 사용자의 패스워드를 설정 · 변경 · 삭제하는 명령어

• 주요 옵션

옵션	설명
−l	계정을 잠금(Lock)으로 로그인이 불가능하게 설정

-u	계정을 잠금 해제(Unlock)하여 로그인이 가능하게 설정
-S	계정 정보를 자세히 출력
-d	계정에 설정된 암호를 제거하여 패스워드 없이 로그인이 가능하게 설정
-n	패스워드 변경 후 최소한 사용해야 하는 날짜 수를 지정
-x	패스워드의 유효기간을 지정
-w	패스워드 만료 전 경고 날짜를 지정
-i	패스워드 만료 후 로그인이 불가능해질 때까지의 기간을 지정
-e	다음 로그인 시 패스워드를 무조건 변경하도록 강제

chage
- 기능 : 사용자 패스워드의 만료일을 설정 혹은 변경할 수 있음
- chage의 형식

chage [옵션] [사용자 계정]

- chage의 주요 옵션

옵션	설명
-d	패스워드 변경일을 지정
-E	사용자 계정의 만료일을 지정
-I	패스워드 유효기간 종료 후 계정이 비활성화될 일(Day)수를 지정 웹 10으로 설정하면 암호 만료일부터 10일간 새로운 암호를 입력하라는 메시지가 표시되며, 10일이 지나면 계정이 만료된다.
-m	패스워드를 변경할 수 있는 최소일수를 지정
-M	패스워드 변경일 이후 패스워드의 유효일수를 지정
-W	패스워드 만료 기간 이전 며칠간 경고 메시지를 표시할지 지정
-l [사용자]	지정한 사용자의 패스워드 만기 정보를 출력

02

① · ② /etc/fstab
- 개념과 구성 : 리눅스 부팅 시 자동으로 장치를 마운트할 때 참조하는 파일로, 총 6개의 필드 정보를 사용
- /etc/fstab의 개념과 구성

옵션	설명	
파일 시스템 장치명	파티션 혹은 장치의 위치	
마운트 포인트	어떠한 디렉터리로 연결할 것인지 지정	
파일 시스템 종류	nfs, NTFS, ext3, ext4, iso9660(DVD) 등	
마운트 옵션	• auto : 부팅 시 자동 마운트 • nouser : root만 마운트 가능 • Set-UID : SetUID, SetGID 허용 • default : rw, nouser, auto, exec, Set-UID 등	• rw : 읽기/쓰기 • exec : 실행 허용 • quota : Quota 설정 가능
덤프	• 백업 여부 지정	• 0 : 불가능, 1 : 가능
무결성 검사	• fsck에 의한 무결성 검사 우선순위 • 0 : 하지 않음, 1 : 우선순위 1로 검사, 2 : 우선순위 2로 검사	

③ /etc/fstab의 4번째 필드에 usrquota를 지정하여 사용자의 디스크 쿼터를 설정할 수 있고, grpquota를 시징하어 그룹의 디스크 쿼터를 설정할 수 있다.

④ quotacheck는 파일 시스템을 검사하여 쿼터 설정을 최신으로 갱신한다.

03

crontab
- 기능 : 사용자가 반복적으로 수행할 작업을 예약할 때 사용하는 명령어
- 형식

[minute] [hour] [day_of_month] [month] [weekday] [command]

- minute(분) : 0~59
- hour(시) : 0~23
- day_of_month(일) : 1~31
- month(월) : 1~12
- weekday(요일) : 0~6(일요일~토요일)
- command(명령) : 실행하고자 하는 명령어

- 주요 옵션

옵션	설명
file	특정 파일에 설정되어 있는 내용을 크론 설정 파일에 반영
-u user	crontab을 열람하고 수정할 수 있는 사용자를 지정
-l	현재 crontab 설정을 표시
-r	현재 crontab 설정을 제거
-e	- crontab 설정을 편집 - 환경변수 VISUAL 또는 EDITOR에 지정되어 있는 편집기가 실행됨

04

rpm
- 기능과 특징
  - 명령어는 레드햇 기반 리눅스에서 패키지 관리를 지원한다.
  - '의존성 목록을 확인'할 경우, '-R' 혹은 '--requires' 옵션을 사용한다.
  - '패키지 파일이 설치될 파일이나 디렉터리를 미리 확인'할 경우, 기본 질의 옵션인 '-q'와 목록 확인을 위한 '-l', 패키지를 대상으로 하는 '-p' 옵션을 함께 사용하여 '-qlp'가 된다.
- 기본 옵션

옵션	설명
-v	자세한 정보를 출력
--quiet	에러 메시지 외에는 다른 정보를 출력하지 않음
--version	rpm의 버전을 출력

- 설치 및 업데이트 옵션

옵션	설명
-i	동일한 패키지가 설치되어 있지 않은 경우 패키지를 새로 설치
-h	설치 혹은 업그레이드 진행 상황을 # 문자를 이용하여 표시
-U	패키지를 업그레이드 하는데, 기존에 설치된 패키지가 없을 경우 새로 설치
-F	이전 버전이 설치되어 있는 경우에만 업그레이드
--force	기존에 패키지가 설치되어 있더라도 강제로 설치
--nodeps	패키지 설치, 업데이트 및 삭제 시 의존성을 점검하지 않음
--test	실제 설치하지 않고 잠재적 충돌이 있는지 체크

• 제거 옵션

옵션	설명
-e	패키지를 삭제
--nodeps	패키지 삭제 시 의존성을 점검하지 않음
--test	실제 삭제하지 않고 모의로 삭제
--allmatches	패키지의 모든 버전을 제거

• 질의 옵션

옵션	설명
-q	질의를 위해 기본적으로 사용해야 하는 옵션으로 패키지 이름, 버전, 릴리즈 등 간단한 정보가 표시됨
-i	패키지 정보, 이름, 버전, 설명 등 패키지에 대한 자세한 정보를 표시
-l	패키지의 목록을 출력
-f	지정한 파일을 설치한 패키지를 출력
-a	설치된 모든 패키지에 대하여 질의
-c	패키지의 설정 파일이나 스크립트 파일을 출력
-s	패키지의 각 파일 상태를 normal, not installed, replaced로 표시

• 검증 옵션

옵션	설명
-V	검증 시 사용하는 기본 옵션
--test	실제 삭제하지 않고 모의로 삭제

05

커널의 컴파일과 의존성 관리
• 커널 모듈 의존성 관리
  – 커널 모듈의 의존성 정보를 담고 있는 파일의 위치는 '/lib/modules/커널버전/modules.dep'이다.
  – depmod 명령으로 의존성을 검사하여 modules.dep 파일을 갱신한다.
• 커널 컴파일 관련 make 명령어
  – make mrproper : 커널 소스의 설정값을 초기화
  – make xconfig : X 윈도우 환경의 Qt 기반 설정 도구를 사용하여 커널 컴파일 옵션을 설정
  – make bzImage : 압축된 커널 이미지를 만듦
  – make modules : 커널 환경설정에서 모듈로 설정한 기능들을 컴파일
  – make modules_install : 컴파일된 커널 모듈을 /lib/modules 아래에 설치
  – make install : 컴파일한 모듈을 설치

06

/proc
• 기능 : 프로세스와 시스템 정보를 계층적인 파일 구조로 관리하는 특수한 파일 시스템
• 주요 파일명

파일명	설명
/proc/cmdline	부팅 시 커널로드할 때 인자로 넘어온 옵션 정보
/proc/cpuinfo	CPU 제조사, 모델, 속도, 코어 개수 등 CPU 정보
/proc/devices	현재 시스템에 로드된 디바이스 드라이버 목록
/proc/fb	프레임 버퍼 정보
/proc/filesystems	커널이 지원하는 파일 시스템 목록
/proc/interrupts	시스템에서 사용 중인 인터럽트(IRQ) 정보
/proc/iomem	메모리맵 I/O 정보
/proc/ioports	포트 I/O 정보

/proc/kallsyms	커널 심볼 정보
/proc/loadavg	1분, 5분, 15분간 시스템의 평균 부하량
/proc/meminfo	전체 메모리 크기, 캐시, 활성화, 비활성화, 스왑 등 메모리 정보
/proc/misc	기타 장치의 정보
/proc/mounts	마운트된 장치의 정보
/proc/partitions	파티션 정보
/pro/stat	시스템의 상태 정보
/proc/swaps	스왑 파일 및 파티션의 크기와 사용량 및 우선순위
/proc/uptime	시스템 동작 시간
/proc/version	리눅스 커널 정보

07

로그의 저장과 출력

- 로그의 저장 : /etc/rsyslog.conf 파일을 이용하여 리눅스 시스템의 다양한 로그 파일 저장 방식을 설정할 수 있음
- 로그의 출력
  - 로그 출력 규칙을 설정하는 Rules 섹션의 각 Rule은 Selector와 Action으로 구성되고, Selector는 다시 Facility와 Priority로 구성된다.

facility.priority action

  - 하나의 Priority에 대해 Facility는 ','를 통해 여러 개 설정이 가능하며, Selector는 ';'를 통해 여러 개 지정이 가능하다.
  - Priority가 가질 수 있는 수준은 다음과 같으며, 값이 작을수록 우선순위가 높다.
  - Action은 보통 로그 파일을 지정하지만 네트워크로 메시지를 전달하는 등 그 외의 설정이 가능하다.
- Rule 섹션 구성요소

구분	설명
Facility	- 로그 메시지를 발생하는 프로그램이며, ','를 통해 여러 개의 facility를 지정할 수도 있음 - Facility의 종류는 auth, authpriv, cron, daemon, kern, lpr, mail, mark, news, security(auth와 동일), syslog, user, uucp, local0~local7 중 하나임
Priority	- 로그 메시지의 수준을 뜻함 - 지정한 수준보다 높은 수준의 메시지만을 출력 - 수준이 높을수록 Priority 값은 작음 - Priority 값 앞에 '='을 지정하면 해당 수준만 출력하고 '!'를 지정하면 지정한 수준 외의 로그만 출력 - '*'은 모든 메시지를 출력
Action	- Selector에 선택된 로그에 대한 액션을 지정 - 보통은 로그 파일을 지정

- Priority의 수준과 메시지의 의미

Level	Priority	설명
8	none	- 지정한 우선순위가 없음 - Facility에 .none을 설정하면 해당 Facility는 로그 메시지를 출력하지 않음
7	debug	디버깅 메시지
6	info	정보 메시지
5	notice	알림 메시지
4	warning, warn	경고 메시지
3	error, err	에러 메시지
2	crit	중요 메시지
1	alert	시스템을 사용할 수는 있지만 위험이 발생했다는 메시지

• Action의 종류와 기능

Action	설명
file	지정한 파일에 로그를 기록
@host	UDP 프로토콜을 사용하여 지정한 호스트로 메시지를 전달
@@host	TCP 프로토콜을 사용하여 지정한 호스트로 메시지를 전달
user	지정한 사용자가 로그인한 터미널로 전달
*	현재 로그인되어 있는 모든 사용자의 터미널로 전달
콘솔 또는 터미널	지정한 터미널로 메시지를 전달

08

last
• 기능 : /var/log/wtmp 정보를 참조하여 로그인, 로그아웃, 리부팅 이력을 확인하는 명령어
• 형식

last [옵션] [사용자명]

lastb
• 기능 : /var/log/btmp 로그 파일을 참조하여 로그인 실패 기록을 확인
• 형식

lastb [옵션] [사용자명]

• 주요 옵션

옵션	설명
-f [파일명]	로그 로테이션이 설정된 경우, 다른 로그 파일의 기록을 볼 수 있도록 파일명을 지정
-t [YYYYMMDDHHMMSS]	지정한 시간 이전의 로그 기록을 출력
-n [숫자]	가장 최근부터 해당 숫자만큼만 출력
-[숫자]	-n [숫자]와 동일함
-R	호스트 필드는 출력하지 않음
-a	호스트 필드를 가장 마지막에 출력
-d	로컬을 제외한 외부 접속정보만 출력
-F	로그인 및 로그아웃 시간을 출력
-w	사용자의 전체 이름 혹은 전체 도메인 이름을 출력

lastlog
• 기능
  - /var/log/lastlog 정보를 참조하여 각 계정에 대한 마지막 로그인 정보를 출력한다.
  - 인자로 '-u' 또는 '--user'을 이용하여 특정 사용자에 대한 정보만 출력할 수 있다.
• 형식

lastlog [옵션]

09

① · ② ssh를 이용한 원격 접속 시 'ssh [사용자계정]@[원격지IP]' 형식을 이용한다. 이때, 접속 후 수행할 명령문도 함께 입력할 수 있다.
• ssh 명령의 주요 옵션

주요 옵션	설명
-l	원격 시스템 로그인에 사용할 계정을 지정
-p	원격 호스트 연결에 사용할 포트 번호를 지정
-v	자세한 정보를 표시

④ ssh-keygen 명령어로 개인키와 공개키를 생성하고 공개키를 원격 서버에 복사해 두면 비밀번호 입력 없이 ssh 접속이 가능하다.

10

dd
- 기능 : 데이터를 블록 단위로 변환 혹은 복사하는 명령어로 파티션이나 디스크 단위의 백업에 사용할 수 있음
- 주요 옵션

옵션	설명
if	표준 입력 대신에 지정한 파일이나 장치에서 읽음
of	표준 출력 대신에 파일이나 장치로 씀
bs	블록을 읽거나 기록할 때 사용하는 크기를 바이트 단위로 지정

11~16 · 작업식

11

htpasswd
- 기능
  - 사용자 계정 파일을 관리한다.
  - htpasswd는 특정 페이지에 사용자 인증을 설정하기 위하여 대상 디렉터리의 AllowOverride 설정 항목에 AuthConfig를 지정한다. 또한 대상 디렉터리에 '.htaccess' 파일을 생성한다.
- 형식

> htpasswd [옵션] [계정파일] [사용자명]

- 주요 옵션

항목	설명
-c	- 사용자 계정 파일을 생성 - 최초 1번은 -c 옵션으로 계정 파일을 만들어야 하나, 이후에는 생략할 수 있음
-D	지정한 사용자를 사용자 계정 파일에서 제거
-s	SHA 암호화 방식으로 사용자 계정 파일을 암호화함

- '.htaccess' 파일 예제

```
예제 파일명 : /var/www/html/admin/.htaccess
AuthType Basic
AuthName "Master Login"
AuthUserFile /etc/password
Require valid-user
```

- '.htaccess'의 주요 설명 항목

항목	설명
AuthType	Basic, Digest 방식의 인증 방식을 지정
AuthName	브라우저의 인증 창에 표시될 이름(메시지)를 설정
AuthUserFile	사용자 계정 파일을 지정
Require	• 접속을 허가할 사용자를 지정 - Require valid-user : 사용자 계정 파일에 등록된 사용자 모두를 허가 - Require [사용자명, 사용자명 …] : 특정 사용자 계정만 허가

12

smbclient
- 기능(①) : 삼바의 공유 디렉터리 정보를 확인하고, 서버에 접속
- 형식

> smbclient [옵션] [호스트명]

• 주요 명령 옵션(②)

옵션	설명
−L	삼바 서버의 공유 디렉터리 정보를 표시
−M	메시지를 전송
−U [사용자 이름]	사용자 이름을 지정
−p [TCP 포트]	서버의 TCP 포트 번호를 지정

③ 호스트의 공유 폴더 이름은 '//172.30.1.12/[공유폴더]/' 혹은 '\\172.30.1.12\[공유폴더]\'와 같이 지정할 수 있다. 단, '\'을 이용할 경우 실제 입력 시 '\\\\172.30.1.12\\[공유폴더]\\'와 같이 '\'를 2개씩 이용해야 한다.
④ testparm은 삼바의 설정 정보를 확인하는 명령어이다.

13

① /etc/mail/virtusertable은 가상의 메일 계정으로 들어오는 메일을 특정 계정으로 전달하는 정보를 설정한다.
② · ③ **예**

```
info@foo.com foo-info
info@bar.com bar-info
```

④ 'makemap hash /etc/mail/virtusertable 〈 /etc/mail/virtusertable'와 같은 명령으로 '/etc/mail/virtusertable.db'에 적용한다.

14

/etc/named.conf
• /etc/named.conf의 기능
/etc/named.conf는 DNS 서버가 환경설정 파일로 이용하는 파일이다.
• /etc/named.conf의 형식
  − options, acl, logging, zone 등의 주요 구문이 있으며, 각 구문은 중괄호 "{ }"로 둘러싸고 끝날 때는 세미콜론 ";"을 사용한다.
  − 특히 acl(Access Control List) 구문은 여러 호스트들을 하나의 이름으로 지정하여 options 구문의 allow-query, allow-transfer 등에 사용할 수 있어야 하므로, options 구문 이전에 설정해야 한다.
  − acl 구문의 설정 예('ihd'라는 이름을 별칭으로 사용)

```
acl "ihd" { 192.168.2.24; 192.168.4/24; };
```

  − options 구문의 주요 설정 항목

설정 항목	설명
directory	zone 파일의 저장 디렉터리를 설정하며, 반드시 필요한 항목 **예** directory "/var/named";
dump-file	정보 갱신 시 저장 파일로 사용할 dump-file의 파일명을 지정 **예** dump-file "/var/named/data/cache_dump.db";
statistics-file	통계 정보를 저장할 파일명을 지정 **예** statistics-file "/var/named/data/named_stats.txt";
memstatistics-file	메모리 통계 정보를 저장할 파일명을 지정 **예** memstatistics-file "/var/named/data/named_mem_stats.txt";
forward	− forwarders 옵션과 함께 사용하며, only 혹은 first 값을 가짐 − forward only : 도메인 주소에 대한 질의를 다른 서버에게 넘김 − forward first : 다른 서버에서 응답이 없을 경우, 자신이 응답하도록 설정
forwarders	− forward를 처리할 서버를 지정 − 여러 개의 서버를 세미콜론으로 구분하여 설정
allow-query	네임서버에 질의할 수 있는 호스트를 시칭 **예** allow-query { localhost; };
allow-transfer	존 파일 내용을 복사할 대상을 제한 **예** allow- transfer { 172.3.1.0/24; };

15

TCP Wrapper

• TCP Wrapper의 특징
 – TCP Wrapper는 /etc/hosts.allow 파일과 /etc/hosts.deny 설정 파일을 이용하여 접근 제어를 제공한다.
 – 접근을 허가하는 호스트는 '/etc/hosts.allow'에 등록하고 접근을 거부하는 호스트는 '/etc/hosts. deny'에 등록한다.
 – 설정 파일은 hosts.allow → hosts. deny 순으로 적용되므로 hosts.allow와 hosts.deny의 규칙이 중복되면 hosts.deny 규칙은 무시된다.
• 관련 명령어

옵션	설명
/etc/hosts.allow	특정 호스트에 대한 허가 관련 설정을 할 수 있음
ALL:	모든 서비스를 지정
in.telnetd	텔넷 서비스를 지정
sshd	ssh서비스를 지정

> **선생님의 노하우**
>
> • 최근 리눅스의 경우 CentOS 6까지 xinetd 방식으로 이용하던 많은 서비스들이 단독 데몬으로 전환되거나 systemd에 의한 관리방식으로 통합되었다.
> • systemd 방식은 socket 기능(ondemand activation)을 통해 효율적으로 메모리를 관리할 수 있으며, 이에 따라 기존 xinetd를 통해 제공하던 rsync, telnet 등의 서비스가 systemd 방식으로 통합되었다.
> • TCP Wrapper를 사용하려면 xinetd 방식으로 서비스되거나 libwrap 라이브러리를 사용해야 한다. 대표적으로 sshd의 경우 TCP Wrapper를 사용할 수 있다.
> • 최근 리눅스는 xinetd, TCP Wrapper를 제공하는 서비스가 제한적이므로, 접근 제한이 필요할 경우 firewalld 혹은 iptables 사용을 권장한다.

16

NAT(Network Address Translation)

• NAT의 특징
 – NAT은 네트워크 주소를 변환하는 기능을 수행한다.
 – iptables는 SNAT과 DNAT을 지원하는데, SNAT을 이용하면 공인 IP 주소 하나를 다수의 호스트가 공유하여 인터넷을 사용할 수 있으며, DNAT을 이용하면 하나의 공인 IP로 여러 개의 서버에 접속하도록 구성할 수 있다.
• DNAT의 특징
 – DNAT은 목적지 IP 주소를 변경하는 것으로 NAT 테이블의 PREROUTING 체인에 정책을 설정한다.
 – iptables DNAT 설정의 예시는 아래와 같다.

[예제]

```
$ iptables -t nat -A PREROUTING -p tcp -d 222.235.10.7 --dport 80 -j DNAT --to 192.168.10.7:80
```

• -t nat : nat 테이블을 선택
• -A PREROUTING : PREROUTING 체인에 정책을 설정
• -p tcp : TCP 프로토콜을 대상으로 함
• -d 222.235.10.7 : 목적지 주소가 222.235.10.7인 경우를 점검
• --dport 80 : 목적지 포트가 80인 경우를 점검
• -j DNAT : DNAT으로 설정
• -- to 192.168.10.7:80 : 목적지 주소를 192.168.10.7로, 포트를 80으로 변경하여 연결